Helmut Kohl

Erinnerungen

1982 – 1990

Helmut Kohl

Erinnerungen

1982 – 1990

Droemer

Besuchen Sie uns im Internet:
www.droemer.de

Die Folie des Schutzumschlags sowie die Einschweißfolie sind
PE-Folien und biologisch abbaubar.
Dieses Buch wurde auf chlor- und säurefreiem Papier gedruckt.

Umschlaggestaltung: ZERO Werbeagentur, München
Umschlagfoto: Konrad R. Mueller / Agentur Focus
Bildredaktion: Sylvie Busche (Ltg.), Margit Schultzke
Satz: Ventura Publisher im Verlag
Druck und Bindung: Ebner & Spiegel, Ulm
Printed in Germany
ISBN-13: 978-3-426-27320-3
ISBN-10: 3-426-27320-9

2 4 5 3 1

Für Hannelore

Inhalt

Vorwort 11

Teil I
Zwischenzeit
(1982 – 1983)

1. Neues Bündnis 17
2. Koalition der Mitte 26
3. Weichenstellung 35
4. Erste Regierungserklärung 49
5. Schmerzliche Einschnitte 55
6. Außenpolitische Akzente 58
7. Operation Neuwahlen 67
8. Vorwahlkampf 77
9. Kontinuität mit anderen Akzenten 83
10. Siegesgewiss 87
11. Bestätigung 92
12. Erste Ratspräsidentschaft 98
13. Zwanzig Jahre Élysée-Vertrag 102

Teil II
Erste Regierung
(1983 – 1987)

1. Zweites Kabinett 115
2. Doppelrolle 128
3. Gipfelpolitik 133
4. Lehrstücke 146

5. Perspektiven ... 152
6. Für alle Deutschen ... 160
7. Zur Lage der Nation ... 168
8. Milliardenkredit ... 173
9. Stationierung ... 191
10. Naher Osten ... 203
11. Asien ... 209
12. Israel ... 218
13. Kein Sicherheitsrisiko ... 235
14. Präsidentschaftspoker ... 242
15. Wirtschaftliche Erneuerung ... 261
16. Deutsch-deutscher Gipfel ... 269
17. Bittere Wirklichkeit ... 277
18. Rückschläge und Vertrauen ... 281
19. Parteiangelegenheiten ... 292
20. Der Weg des Geldes ... 297
21. Verdun ... 309
22. Nachbarn im Westen und im Osten ... 314
23. Begräbnisdiplomatie ... 320
24. Politischer Gegner ... 324
25. Personalpolitik ... 332
26. Vierzig Jahre danach ... 338
27. Bitburg ... 348
28. Strategische Verteidigungsinitiative (SDI) ... 361
29. Heikles Treffen ... 367
30. Nationalbewusstsein ... 375
31. Mühsamer Fortschritt ... 383
32. Dienstreisen ... 390
33. Lieblingskind ... 396
34. Dank an Amerika ... 403
35. Tschernobyl ... 408
36. Umweltministerium ... 418
37. Richtungswahl ... 426
38. Undichte Mauer ... 432
39. Vertrauen schaffen ... 438
40. Dilemma ... 446

41. Dauerwahlkampf 452
42. Durchsetzungswahl 463

Teil III
Zweite Regierung
(1987 – 1990)

1. Enttäuschung 475
2. Flankenschutz 480
3. Regierungsfahrplan 488
4. Drittes Kabinett 492
5. Zentrale Ziele 503
6. Hoher Besuch 510
7. Stadtjubiläum 515
8. Niederlagen 524
9. Umstrittene Annäherung 537
10. Deutsch-deutsche Gipfeldiplomatie 544
11. Im Dienst Europas 580
12. Unvergessliche Reisen 610
13. Ein Tor geht auf 621
14. Kulturpolitik 624
15. Durchbruch 635
16. Moskau ruft 649
17. Freundliche Aufnahme 659
18. In tiefer Trauer 665
19. Gute Verbündete 673
20. Schwierige Phase 680
21. Grundsätze 686
22. Sieg und Niederlage 700
23. DDR – privat 706
24. Kurs halten 712
25. Die Karawane zieht weiter 720
26. Toronto-Gipfel 727
27. Gipfel der Harmonie 732
28. Tiefer Einschnitt 739
29. Neues Denken 753

30. Der Karlspreis 773
31. Geschichtsstunden 778
32. Mehr als politische Gesten 788
33. Zuversicht 796
34. Neue Dynamik 816
35. Haus der Geschichte 827
36. Überraschungen 832
37. Desaster 839
38. Handlungsbedarf 847
39. Festakte 860
40. Keine Entfremdung 868
41. Bonn-Jubiläum 875
42. Zukunftsfähigkeit 878
43. Schlüsselbegegnung 885
44. Wahldebakel und Gipfelpolitik 896
45. Augenmaß und Umsicht 904
46. Eskalation 915
47. Gescheiterter Putsch 924
48. Massenexodus 941
49. Tage der Entscheidung 954
50. Mauerfall 964
51. Offensive 988
52. Schlüsselerlebnisse 1020
53. Erwartungen und Befürchtungen 1032
54. Einsichten 1048
55. Durchbruch 1062
56. Keine Milliarden 1071
57. Abstimmungen 1075
58. Überwältigender Sieg 1084

Anhang

Zeittafel 1091
Literaturauswahl 1105
Bildnachweis 1106
Register 1111

Vorwort

Im vorliegenden zweiten Band meiner Erinnerungen beschreibe ich die aufregendsten Jahre meiner sechzehnjährigen Kanzlerschaft. Der Band beginnt im Oktober 1982 mit meiner Wahl zum Bundeskanzler und der eindrucksvollen Bestätigung der politischen Wende bei der vorgezogenen Bundestagswahl im März 1983. Er endet nach dem Mauerfall mit den ersten freien Wahlen in der DDR. Die Volkskammerwahl im März 1990, die einen großartigen Sieg für die »Allianz für Deutschland« und damit für die CDU brachte, machte den Weg für die Wiedervereinigung unseres Landes frei, die 1982 bei meinem Regierungsantritt noch nicht absehbar war.

Ich beschreibe nicht nur die mit unserem Kurs der Erneuerung der sozialen Marktwirtschaft eingeleitete Wende in der Wirtschafts- und Finanzpolitik, sondern vor allem auch die intensiven Bemühungen um eine neue, alles entscheidende Sicherheits- und Abrüstungspolitik. Dass wir den Nato-Doppelbeschluss gegen den erbitterten Widerstand der Oppositionsparteien und weiter Teile der gesellschaftlichen Gruppen durchsetzten, halte ich bis heute für das wichtigste Verdienst der von mir geführten Regierungskoalition.

Ohne den Nato-Doppelbeschluss wäre die Geschichte anders verlaufen. Er war eine der entscheidenden Voraussetzungen für die Wiedervereinigung. Ganz verschiedene politische Entscheidungen griffen hier ineinander, und wenn die Geschichte auch nur in einem Teilbereich anders verlaufen wäre – bei den Abrüstungsverhandlungen auf internationaler Ebene, in der Europapolitik oder in der Sicherheitspolitik, in den bilateralen Beziehungen zu den Vereinigten Staaten, zu Frankreich oder der Sowjetunion –, dann hätte die Wiedervereinigung unserer beiden deutschen Staaten aller Wahrscheinlichkeit nach noch lange auf sich warten lassen.

So tritt der Weg, der zur deutschen Einheit führte, bei vielen Themen und Ereignissen, die ich beschreibe, mal offen zutage, während er ein andermal mehr im Hintergrund verläuft. Präsent aber war dieses Ziel immer, und viele Entscheidungen sind davon geprägt worden. Ganz besonders wichtig war die deutsche Frage natürlich im Ringen um mehr Freiheit für die Menschen in der DDR.

Zu den großen Entscheidungen dieser Jahre gehören auch die innerparteilichen Klärungsprozesse in der erfolgreichen Koalition der Mitte, für die ich als CDU-Bundesvorsitzender viel Kraft einsetzte. Auch auf diese innerparteiliche Dynamik, die manche Entscheidung befördert und manche behindert hat, gehe ich ausführlich ein.

Ich beschreibe den Besuch des DDR-Generalsekretärs Erich Honecker in Bonn und meine intensiven Bemühungen, gemeinsam mit dem sowjetischen Reformpolitiker Michail Gorbatschow die deutsch-sowjetischen Beziehungen auf eine ganz neue Grundlage zu stellen. Das deutsch-sowjetische Verhältnis mit all seinen Verästelungen spielt in meinen Erinnerungen eine wichtige Rolle.

Einen noch breiteren Raum nehmen die Höhen und Tiefen der deutsch-französischen Freundschaft ein, die durch die besonderen persönlichen Beziehungen zwischen François Mitterrand und mir eine neue Qualität bekommen hatte. Dafür steht nicht zuletzt der Händedruck über den Schlachtfeldern von Verdun als Symbol und sichtbarer Ausdruck der Aussöhnung unserer beiden Völker. Die deutsch-französische Freundschaft war und ist Grundlage für die Verständigung über ein geeintes Europa. Bei meinem Amtsantritt 1982 waren die Aussichten auf Fortschritte beim europäischen Einigungsprozess auf dem Nullpunkt. Der Begriff »Eurosklerose« war weit verbreitet. Wer, wie ich, an die Zukunft der europäischen Einigung glaubte, galt als unpolitisch und Utopist.

Schließlich der deutsche Einigungsprozess: Mit dem Milliardenkredit für die DDR begannen spürbare Reiseerleichterungen für die Menschen und der Abbau todbringender Sperranlagen an der innerdeutschen Grenze. Die Deutschlandpolitik, die ich stets als politische Domäne des Bundeskanzlers behandelt habe und die hohe Priorität hatte, erfährt eine ausführliche Würdigung.

Es folgen die dramatischen Ereignisse des Jahres 1989, die Fluchtbewegungen von Ost nach West und die atemberaubende innerdeutsche Entwicklung bis zum Mauerfall im November 1989. Dazu gehört auch die Kurzsichtigkeit einiger sogenannter Parteifreunde. Während ich versuchte, auf die weltpolitischen Veränderungen Einfluss zu nehmen und sie mitzugestalten, planten vermeintliche Gefährten meinen Sturz als Parteivorsitzender und Bundeskanzler.

Von entscheidender Wichtigkeit für die Wiedervereinigung waren die Rolle Ungarns und der Sowjetunion sowie der innere Zerfall des DDR-Regimes. Ohne die Bedeutung des Beitrags unserer Landsleute schmälern zu wollen, die in der DDR gegen das Regime demonstrierten, waren es doch vor allem die Staats- und Regierungschefs der USA und der Sowjetunion und ihre weitsichtige Politik, die die deutsche Einheit erst möglich machten.

Für mich sind persönliche Begegnungen und Erfahrungen immer ebenso wichtig gewesen wie die sogenannte große Politik der Staatsempfänge und Gipfelgespräche. Mein Besuch als Bundeskanzler in der DDR im Dezember 1989, als ich in Dresden vor Tausenden Bürgern im Schatten der Ruine der Frauenkirche sprach, oder mein erster Gang durch das Brandenburger Tor, als es kurz vor Weihnachten 1989 für wenige Stunden erstmals wieder geöffnet wurde, sind unvergessliche Erlebnisse von großer Eindringlichkeit, die sich meinem Herzen eingeprägt haben.

*

Für die Arbeit an diesem zweiten Band meiner Erinnerungen haben meine Mitarbeiter und ich zahlreiche Quellen jener Zeit studiert und ausgewertet. Dazu gehören unter anderem die Protokolle des CDU-Präsidiums und des CDU-Bundesvorstands sowie der CDU/CSU-Bundestagsfraktion. Besonders wichtig waren für mich die Gesprächsprotokolle der Staats- und Regierungschefs der vier

Siegermächte des Zweiten Weltkriegs, auf die ich erstmals für dieses Buch zurückgreifen konnte. Als Erinnerungsstütze dienten auch die Ergebnisprotokolle sämtlicher Sitzungen des Bundeskabinetts vom Oktober 1982 bis März 1990. Die vorzügliche Quellenlage habe ich gerne genutzt und in meinen Erinnerungen auch einen dokumentarischen Akzent gesetzt. Dass hier Fakten sprechen, ist um so wichtiger, als sich so manche Legenden bereits zu verfestigen drohen.

Dankenswerterweise konnte ich mich auf die tatkräftige Hilfe der Mitarbeiter des Archivs der Christlich-Demokratischen Politik der Konrad-Adenauer-Stiftung stützen. Die wichtigsten Werke der berücksichtigten Literatur sind am Ende des Buches verzeichnet. Für die Beschreibung des deutschen Vereinigungsprozesses 1989/90 konnte ich auch auf mein Buch *Ich wollte Deutschlands Einheit* zurückgreifen.

Danken möchte ich einigen Freunden und Weggefährten für manchen nützlichen Hinweis.

Mein besonderer Dank geht wieder an einige Wissenschaftler und Publizisten, die meine Arbeit kritisch begleiteten.

Mein größter Dank gilt auch diesmal Hannelore, meiner verstorbenen Frau. Ihrem eindringlichen Wunsch, ich solle unbedingt meine Memoiren schreiben, bin ich gern und mit großem persönlichem Einsatz gefolgt. Ihr widme ich in Dankbarkeit auch diesen Band über die ersten Jahre meiner Kanzlerschaft. Ohne ihre Unterstützung wäre mein Leben so nie verlaufen.

Ludwigshafen,
im September 2005

Teil I
Zwischenzeit

(1982 – 1983)

1.
Neues Bündnis

Der Zerfall der sozialliberalen Koalition im Herbst 1982 vollzog sich rasend schnell. Nachdem die vier FDP-Bundesminister Hans-Dietrich Genscher (Auswärtiges Amt), Otto Graf Lambsdorff (Wirtschaft), Gerhart Rudolf Baum (Inneres) und Josef Ertl (Landwirtschaft) am 17. September 1982 zurückgetreten und damit einem Rauswurf durch Kanzler Helmut Schmidt zuvorgekommen waren, wurde es für uns ernst. Sowohl die CDU/CSU-Opposition wie die in sich gespaltene FDP-Fraktion mussten handeln. Nach der Erklärung des Bundeskanzlers über die Auflösung der sozialliberalen Koalition kam Hans-Dietrich Genscher im Bundestagsplenum auf mich zu und meinte, nun sei es an der Zeit, miteinander zu reden. So arrangierten wir an diesem Freitag, dem 17. September, tatsächlich die erste Verabredung zwischen uns beiden seit der parlamentarischen Sommerpause.

Die Art und Weise, wie Helmut Schmidt in seiner Rede mit dem kleineren Koalitionspartner, genauer: mit dem Spitzenpersonal der FDP, umgegangen war, schien mir unverantwortlich. Der sonst so beherrschte Hamburger ließ kein gutes Haar an den führenden Repräsentanten der Freien Demokraten. Mit seinen Attacken fachte Schmidt die erbitterten Auseinandersetzungen in der FDP noch zusätzlich an; die Partei drohte in Schmidt-Anhänger auf der einen Seite und in Befürworter eines Koalitionswechsels auf der anderen zu zerfallen.

Zu den prominentesten Vertretern der Schmidt-Anhänger in der FDP-Fraktion zählten die Staatsministerin im Auswärtigen Amt Hildegard Hamm-Brücher und Innenminister Gerhart Rudolf Baum. Beide wollten um fast jeden Preis an der alten Koalition festhalten. Verunsichert durch die Wucht der innerparteilichen Kritik an einem bevorstehenden Koalitionswechsel, geriet die FDP in die tiefste Krise ihrer Geschichte. Hans-Dietrich Genscher hatte allergrößte Mühe, die erbittert streitenden Parteiflügel zusammenzuhalten.

Wenn ich heute auf diese dramatischen Tage im Herbst 1982 zurückblicke, staune ich immer wieder, dass es uns überhaupt gelungen ist, in so kurzer Zeit und mit solch weitreichenden politischen Konsequenzen in der Wirtschafts-, Finanz-, Sicherheits- und Außenpolitik eine tragfähige Koalition mit den Freien Demokraten zu begründen.

*

Drei Tage nach der Bildung einer SPD-Minderheitsregierung trafen sich FDP, CDU und CSU zu einer ersten Gesprächsrunde in meinem Arbeitszimmer im Bundeshaus, um eine Koalitionsvereinbarung zu erarbeiten. Auf seiten der FDP nahmen Hans-Dietrich Genscher und Wolfgang Mischnick teil; von unserer Seite gehörten der CSU-Vorsitzende und bayerische Ministerpräsident Franz Josef Strauß, der Vorsitzende der CSU-Landesgruppe Friedrich Zimmermann, der schleswig-holsteinische Ministerpräsident Gerhard Stoltenberg und ich zur Verhandlungskommission. Später stießen eine Reihe von Experten für Wirtschafts-, Sozial-, Finanz-, Außen- und Verteidigungspolitik hinzu, unter anderem Heiner Geißler, Norbert Blüm und Manfred Wörner. Trotz aller Schwierigkeiten, die die FDP intern hatte, spürte ich von Anfang an den festen Willen unserer Gesprächspartner, eine neue Koalition zu wagen. Allerdings war ausgeprägtes Fingerspitzengefühl gefragt, um die andere Seite nicht noch zusätzlich in Bedrängnis zu bringen. Politischer Druck und zu hohe Erwartungen an inhaltliche Zugeständnisse der FDP waren jetzt absolut fehl am Platz. Entsprechend hohen Wert legte ich auf ein kollegiales Verhandlungsklima. Der Stress mochte so hoch sein, wie er wollte, die menschlichen Bindungen durften darunter nicht leiden.

In langen Sitzungen unterzogen beide Fraktionen die Ergebnisse

Die erste Gesprächsrunde der künftigen Koalition traf sich in meinem Arbeitszimmer

der Koalitionsverhandlungen einer kritischen Prüfung. Am 28. September 1982 erklärten schließlich vierunddreißig FDP-Abgeordnete in geheimer Abstimmung ihre Bereitschaft, am 1. Oktober gemeinsam mit der CDU/CSU-Fraktion für das konstruktive Misstrauensvotum zu stimmen. Achtzehn FDP-Abgeordnete votierten mit Nein, zwei enthielten sich. Als Hans-Dietrich Genscher und Wolfgang Mischnick mir diese Botschaft überbrachten, fiel uns allen ein Stein vom Herzen.

Auch in der Unionsfraktion ließ ich an jenem Dienstag eine Probeabstimmung über den Antrag nach Artikel 67 des Grundgesetzes durchführen. Er hatte folgenden Wortlaut:

»Der Bundestag möge beschließen: Der Deutsche Bundestag spricht Bundeskanzler Helmut Schmidt das Misstrauen aus und wählt als seinen Nachfolger den Abgeordneten Dr. Helmut Kohl zum Bundeskanzler der Bundesrepublik Deutschland.

Der Bundespräsident wird ersucht, Bundeskanzler Helmut Schmidt zu entlassen.«

Mit Handzeichen wurde der Antrag einstimmig beschlossen.

*

Mit gespannter Zuversicht sah ich dem 1. Oktober entgegen. Wenige Stunden vor der Entscheidung sorgten neue Zählappelle in unserer Fraktion für Aufregung, weil eine Ruhrgebietsaktion der CDU einige Parlamentarier davon abhielt, in Bonn zu erscheinen. Allerdings zweifelte ich zu keinem Zeitpunkt daran, dass die Union geschlossen hinter dem Antrag stehen würde. Auf die Abgeordneten und auf das Fraktionsmanagement war Verlass.

Helmut Schmidt eröffnete die Debatte im Deutschen Bundestag mit scharfen Angriffen gegen die FDP, vor allem gegen den FDP-Vorsitzenden und zurückgetretenen Bundesaußenminister Hans-Dietrich Genscher. Anschließend sprach Rainer Barzel, den ich nach seiner bitteren Erfahrung mit dem Misstrauensantrag gegen Willy Brandt von 1972 bewusst darum gebeten hatte, das Neuwahlverfahren für die Unionsparteien zu begründen.

Als nächste traten der SPD-Fraktionsvorsitzende Herbert Wehner und CDU-Generalsekretär Heiner Geißler ans Rednerpult. Anschließend hielt der FDP-Fraktionsvorsitzende Wolfgang Mischnick eine bewegende Rede. Nicht wenigen FDP-Parlamentariern standen die Tränen in den Augen. Zum Schluss der Bundestagsdebatte gaben Gerhart Rudolf Baum und Hildegard Hamm-Brücher persönliche Erklärungen ab, in denen sie sich gegen das konstruktive Misstrauensvotum aussprachen.

Dann kam der Antrag zur Abstimmung. Von den 495 gültig abgegebenen Stimmen erhielt ich 256 Jastimmen. Das waren 7 Stimmen mehr als die 249, die ich zur absoluten Mehrheit für die Wahl zum Bundeskanzler benötigt hätte, aber 23 weniger, als die Koalition 1980 besaß.

Um 15.12 Uhr erklärte Bundestagspräsident Richard Stücklen:

In der Debatte über das konstruktive Misstrauensvotum griff Helmut Schmidt die FDP scharf an

»Damit ist der Antrag der Fraktionen der CDU/CSU und FDP angenommen. Ich stelle fest, der Abgeordnete Dr. Helmut Kohl ist zum Bundeskanzler der Bundesrepublik Deutschland gewählt.«

Erleichterung und eine unbeschreibliche Freude waren die vorherrschenden Gefühle in diesem Augenblick. Erst jetzt merkte ich, unter welcher Anspannung ich in den letzten Tagen gestanden hatte. Bis zuletzt war da ein Rest Unsicherheit gewesen, ob die neue Koalition ihre erste Bewährungsprobe bestehen würde. Nun brandete minutenlanger Jubel auf. Erstmals in der Geschichte des bundesdeutschen Parlamentarismus seit 1949 war ein Kanzler durch das konstruktive Misstrauensvotum abgewählt worden. Ich wechselte von der Oppositionsbank direkt ins Bundeskanzleramt.

Zu den ersten, die mich beglückwünschten, gehörten Friedrich Zimmermann, Hans-Dietrich Genscher und Wolfgang Mischnick. Ihnen folgten Helmut Schmidt und Willy Brandt, die mir mit versteinerter Miene gratulierten. Bis zuletzt schienen sie nicht an einen Erfolg des Misstrauensvotums geglaubt zu haben.

Wenige Minuten nach der Wahl trat ich vor die Fernsehkameras und erklärte, ich wolle verhindern, dass in diesem Land neue Gräben aufgerissen würden. Es gehe jetzt um eine geistig-moralische

»Der Abgeordnete Dr. Helmut Kohl ist zum Bundeskanzler der Bundesrepublik Deutschland gewählt«: Willy Brandt gratuliert

Anstrengung. Ich sprach auch von einem großen Tag in der deutschen Parlamentsgeschichte und versicherte, dass es dabei bleibe: Am 6. März 1983 werde ein neuer Bundestag gewählt. Ich wollte Neuwahlen, ich wollte das Votum der Wähler für mich und unsere Politik.

Hannelore und unsere Söhne Walter und Peter waren bereits am Tag zuvor nach Bonn gekommen. Von der Diplomatentribüne des Bundestags aus hatten sie die Reden und den anschließenden Wahlgang verfolgt. Jetzt gehörten sie natürlich zu den ersten Gratulanten in der Lobby des Hohen Hauses. Hier entstand eines der schönsten Fotos an diesem Tag: die herzliche Umarmung mit meiner Frau und meinen Kindern.

In den vergangenen Tagen hatten Hannelore und ich regelmäßig telefoniert. Jetzt fielen wir uns mit einer Freude und Erleichterung in die Arme, die nur jemand verstehen konnte, der den ungeheuerlichen Stress der letzten Monate, Wochen und Tage hautnah mitbekommen hatte. Ungeachtet der grundsätzlichen Skepsis, mit der Hannelore meinem Aufstieg in weitere politische Ämter gegen-

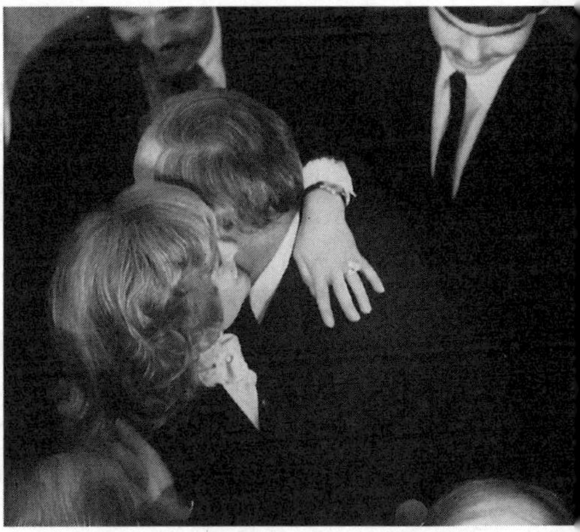

Von der Zuschauertribüne aus verfolgen Walter, Peter und Hannelore die Reden zum Misstrauensantrag – nach der Wahl ist die Freude riesengroß

überstand, strahlte sie vor Glück über meine Wahl zum Bundeskanzler. Sie war in diesem Augenblick so stolz auf mich, wie es sicher jede Frau in einer solchen Situation auf ihren Mann gewesen wäre.

Mit Hannelore und unseren Söhnen begab ich mich in die Bundestagsfraktion. Starker Beifall und nicht enden wollende Bravorufe hießen uns willkommen. Allerdings flossen auch reichlich Tränen. Das waren bewegende Augenblicke für uns alle, Sekunden und Minuten, die unvergessen bleiben.

Zum letzten Mal eröffnete ich die Sitzung als Fraktionsvorsitzender. In meiner kurzen Ansprache blickte ich voller Dankbarkeit auf die letzten Tage mit ihren dramatischen Ereignissen zurück und wagte einen optimistischen Blick auf die vor uns liegenden Wochen bis zur vorgezogenen Bundestagswahl am 6. März 1983. Zum Schluss meiner Ausführungen schlug ich Alfred Dregger zum Nachfolger im Amt des Fraktionsvorsitzenden vor.

*

Vor meiner Ernennung hatte Bundespräsident Karl Carstens den abgewählten Bundeskanzler und die Minister des SPD-Minderheitskabinetts, deren Amtszeit mit der des Regierungschefs erloschen war, empfangen, um ihnen die Entlassungsurkunden auszuhändigen. Wenige Minuten später kam ich ins Bundespräsidialamt – in einem grauen Cut, wie es protokollarisch gefordert und seit Gründung der Bundesrepublik üblich war. Das fiel manchen Zeitgenossen deshalb besonders auf, weil Helmut Schmidt einst um die Erlaubnis gebeten hatte, im schwarzen Anzug kommen zu dürfen. Karl Carstens überreichte mir die Ernennungsurkunde und wünschte mir Glück und Erfolg und ein segensreiches Wirken für unser Land.

Um 17.30 Uhr an diesem denkwürdigen Tag leistete ich vor dem Parlament den Eid, das Original des Grundgesetzes in der Hand. Nach Konrad Adenauer, Ludwig Erhard, Kurt Georg Kiesinger, Willy Brandt und Helmut Schmidt war ich der sechste Bundeskanzler und der vierte aus den Reihen der Unionsparteien. In diesem erhebenden Moment spürte ich die hohen Erwartungen, die an mich gestellt wurden, und hatte doch nur eine leise Ahnung von dem, was auf mich zukam.

Am Abend dieses Tages wurde erst einmal gefeiert. Meine engsten Freunde und wichtigsten Mitarbeiter mit ihren Ehepartnern hatte ich ins Restaurant Herrenhaus Buchholz in Alfter nahe Bonn eingeladen. Dazu stießen einige Politiker, die mich schon lange begleitet hatten. Unter den Gästen befand sich auch der Chef der Deutschen Bank, Alfred Herrhausen, der zu den wichtigsten wirtschaftspolitischen Beratern während meiner Kanzlerschaft zählen sollte.

Mein Freund und Weggefährte Gerd Bacher, amtierender Generalintendant des Österreichischen Rundfunks, der bei der Bundestagswahl 1976 einst mein Wahlkampfmanager gewesen war, hielt eine kurze Ansprache mit viel Wiener Charme. Er geizte nicht mit launigen Bemerkungen über den neuen Kanzler und skizzierte ein Zukunftsszenario all der bevorstehenden Veränderungen in der Bonner Politik. Eindringlich beschrieb er, was die Menschen in unserem Land von mir erwarteten.

Bundespräsident Karl Carstens überreicht mir die Ernennungsurkunde

Selten habe ich Hannelore in so ausgelassener Feierlaune erlebt wie an diesem Abend. Auch für sie veränderte sich unser gemeinsames Leben an diesem Tag spürbar. Nun war sie nicht mehr die Gattin des Bonner Oppositionsführers, sondern die Frau des Bundeskanzlers, über deren Funktion und Aufgaben weder im Grundgesetz noch in irgendeinem »Geschäftsverteilungsplan« irgend etwas festgelegt ist. Den Weg von der Ministerpräsidentengattin zur Frau des Parteivorsitzenden und Oppositionsführers hatte sie mit Bravour zurückgelegt. Jetzt musste sie sich wieder neu orientieren, und es war ihr vom ersten Tag an bewusst, dass sich erhebliche Erwartungen auch auf sie richteten.

2.
Koalition der Mitte

Den Umzug bewältigten wir mit Bordmitteln: Zusammen mit Hannelore, Walter und Peter und den beiden Fahrern Eckhard Seeber und Gabriel Schuld zogen wir anderntags, am 2. Oktober 1982, ins Bundeskanzleramt ein. Wir hatten bewusst den Samstag gewählt, um ungestört von der Presse zu sein. Während die Journalisten übers Wochenende Pause machten, packten alle mit an, auch meine engsten Mitarbeiter: Juliane Weber, Eduard Ackermann, Horst Teltschik und Wolfgang Bergsdorf. Professionelle Möbelpacker hätten es kaum besser machen können.

Mein künftiges Büro hatte Helmut Schmidt vollständig geräumt, und auch das Vorzimmer war bezugsfertig. Es gab kein einziges Stück Papier, das er mir hinterlassen hätte. Als ich sechzehn Jahre später aus dem Kanzleramt wieder auszog, hielt ich es anders und übergab meinem Nachfolger eine Menge wichtiger Unterlagen.

Unbehelligt von Fernsehkameras und journalistischen Beobachtern konnten wir unsere neue Wirkungsstätte einrichten. Die Bundesflagge, die ich hier aufstellte, hatte es zuvor im Kanzlerbüro nicht gegeben. Ich brachte aber auch einige ganz persönliche Dinge mit, wie die Mineraliensammlung, eine Sammlung von Gedenkplaketten, ein zeitgenössisches Gemälde von Joseph von Görres, dem bedeutenden Publizisten des neunzehnten Jahrhunderts, und einige besonders schöne Stiche mit Motiven aus meiner pfälzischen Heimat. Später erwarb ich ein Aquarium, das bis zum Ende meiner Kanzlerschaft 1998 das Arbeitszimmer schmückte.

Noch am Tag des Einzugs lernte ich bei einer sachkundigen Führung durchs Haus die Räumlichkeiten des Kanzleramts kennen. Gleichzeitig wurden wir mit den Sicherheitsvorschriften der Regierungszentrale vertraut gemacht. Die Funktionalität dieses mächtigen Gebäudes beeindruckte mich.

Mit meinem Amtsantritt war ich zugleich Hausherr im Kanzleramt und Vorgesetzter von über vierhundert Beamten und Angestellten geworden, denen gegenüber ich eine unmittelbare Fürsorgepflicht hatte. Bilanzierend kann ich heute nur feststellen, wie positiv meine Erfahrungen mit den Mitarbeitern des Kanzleramts waren. Bis zuletzt fühlte ich mich hier außerordentlich wohl. Einige Angestellte und Beamte mögen mir gegenüber anfangs noch Vorbehalte gehabt haben. Bei meiner Verabschiedung 1998 aber gingen die Emotionen hoch, und es liefen viele Tränen.

*

Für die Regierungsbildung blieb nicht mehr allzuviel Zeit. Zwischen dem Einzug ins Kanzleramt und der Vorstellung der Regierungsmannschaft am 4. Oktober 1982 lagen nur noch wenige Stunden. Das Telefon in Ludwigshafen stand kaum still. Die Ministerriege war weitestgehend vorgegeben, zumal das Personaltableau der FDP kaum Überraschungen enthielt. Kein Zweifel bestand daran, dass Hans-Dietrich Genscher wieder das Auswärtige Amt übernehmen und dass Otto Graf Lambsdorff ins Bundeswirtschaftsministerium zurückkehren würde. Gleiches galt für Josef Ertl, der weiterhin Minister für Ernährung, Landwirtschaft und Forsten sein sollte.

Offen war vorübergehend nur die Frage, wen die FDP zum Justizminister küren würde. Hans-Dietrich Genscher hätte es gern gesehen, wenn der frühere Innenminister Gerhart Rudolf Baum ebenfalls ins neue Kabinett eingetreten wäre, denn das hätte trotz des Koalitionswechsels eine gewisse politische Kontinuität signalisiert. Doch als erklärter Gegner der neuen Koalition wollte Baum verständlicherweise kein Ministeramt annehmen. Nach seiner Absage war Burkhard Hirsch im Gespräch, den ich aber nicht wollte. Im Jahr 2000 nahm er Rache und wollte meiner Regierung und mir anhängen, im Kanzleramt Akten vernichtet zu haben.

Obwohl jede Koalitionsfraktion allein über die Verteilung ihrer Ressorts entschied, spürte Genscher früh genug meine Abneigung und fand rasch eine personelle Alternative: Die Liberalen entschieden sich für Hans Engelhard. Der angesehene Rechtspolitiker der FDP-Fraktion übernahm das Justizministerium, das dem liberalen Koalitionspartner anstelle des Innenministeriums zufiel.

Es bedurfte nicht allzu vieler Gespräche mit Franz Josef Strauß, um die Besetzung der vier CSU-Ressorts zu regeln. Strauß selbst stand mitten in der Endphase des bayerischen Landtagswahlkampfs, bei dem er sich erneut um das Amt des Ministerpräsidenten bewarb. Rasch verständigten wir uns: Friedrich Zimmermann sollte Innenminister werden. Das Innenressort war neben dem Außenamt das wichtigste und zugleich riskanteste Bonner Ministerium, denn es war eine Art Schleudersitz für jeden Ressortchef. Im Bereich der inneren Sicherheit konnte der kleinste Fehler eines mittleren Beamten den Minister das Amt kosten. Um so wichtiger war es, dass hier mit Friedrich Zimmermann ein guter und erfahrener Politiker zum Zuge kam, der noch dazu hohen juristischen Sachverstand hatte. Zimmermann war nicht nur stellvertretender CSU-Vorsitzender, sondern seit 1976 Vorsitzender der CSU-Landesgruppe in Bonn. Als mein bisheriger Stellvertreter an der Spitze der CDU/CSU-Bundestagsfraktion hatte er mein volles Vertrauen.

Werner Dollinger übernahm das Verkehrsministerium. Dollinger, Mitbegründer der CSU und Vorsitzender des mächtigen CSU-Bezirksverbands Nürnberg, hatte bereits als Bundesschatzminister noch unter Adenauer Erfahrungen gesammelt, unter Ludwig Erhard war er kurze Zeit Minister für wirtschaftliche Zusammenarbeit, und in der Großen Koalition, im Kabinett Kiesinger/Brandt, war er von 1966 bis 1969 für das Post- und Fernmeldewesen verantwortlich.

Der CSU-Bundestagsabgeordnete Oscar Schneider, zuvor zehn Jahre lang Vorsitzender des Bundestagsausschusses für Raumordnung, Bauwesen und Städtebau und ein besonders treuer Mitstreiter, wurde jetzt Bundesbauminister. Der Jurist Schneider war der gebildetste »Baumensch«, dem ich je begegnet bin. Zu jedem politischen Vorgang schien er vier Lexika im Kopf zu haben, und obendrein verfügte er über einen so ausgeprägten Kunstsachverstand, wie ich ihn unter aktiven Politikern nicht mehr erlebt habe.

Jürgen Warnke, der künftige Minister für wirtschaftliche Zusammenarbeit, besaß einen ausgezeichneten Ruf als versierter Exportfachmann. Jahrelang war er Hauptgeschäftsführer des Verbands der Keramischen Industrie in Bayern gewesen. Als Landtags- und Bundestagsabgeordneter der CSU vertrat er zielstrebig die Interessen des Mittelstands und war einer der profiliertesten Vertreter auf dem Gebiet der regionalen Strukturpolitik. Von ihm erwartete ich eine Neuorientierung der Entwicklungspolitik. Sie musste den Interessen deutscher Außenpolitik verpflichtet sein und »Hilfe zur Selbsthilfe« organisieren.

Auch bei der Besetzung der weiteren Ressorts gab es zwischen Strauß und mir so gut wie keine Differenzen. Was uns allerdings an den Rand des Bruchs brachte, war die Behandlung der FDP. Total über Kreuz lagen wir außerdem bei der Frage, wann Bundestagsneuwahlen angesetzt werden sollten. In der Hoffnung, damit die absolute Mehrheit für die Unionsparteien zu erreichen, wollte Strauß die Bürger so schnell wie möglich an die Wahlurnen bitten. Dass Neuwahlen nach dem Grundgesetz so schnell gar nicht herbeizuführen waren, hinderte ihn nicht daran, die FDP bis zur Weißglut zu ärgern, sie zu verunsichern, zu demütigen und ihre Existenzängste zu schüren. Strauß wollte die FDP überflüssig machen und sie mit dem Votum der Wähler aus dem Bundestag herauskatapultieren. Darin traf er sich seltsamerweise mit Helmut Schmidt – beide konnten ihre Abneigung gegen die FDP kaum verhehlen. Der tief verletzte Sozialdemokrat gab den Liberalen die alleinige Schuld an seinem Sturz, und Strauß wusste, dass er nur dann als Bundesaußenminister und Vizekanzler zurück nach Bonn kommen könnte, wenn die FDP an der Fünfprozenthürde scheitern würde.

Ich hingegen setzte auf eine Konsolidierung der Liberalen und darauf, dass Neuwahlen in angemessenem Abstand zum Koalitionswechsel stattfinden sollten. Ohne eine langfristige Bindung an die FDP sah ich für die Union wenig politische Gestaltungsmöglichkeiten für das nächste Jahrzehnt.

Ungeachtet dieser grundlegenden Meinungsverschiedenheiten ging es jetzt aber zunächst einmal um die Regierungsbildung, um ein Regierungsprogramm für die neue Koalition der Mitte und vor allem um den verfassungsmäßig richtigen Weg, Neuwahlen im Frühjahr 1983 durchzuführen.

Als die CDU/CSU-Bundestagsfraktion am 4. Oktober 1982 zusammenkam, stand die Wahl der Fraktionsspitze auf der Tagesordnung. Außerdem wollte ich die Kabinettsliste der künftigen Regierungskoalition vorstellen.

Zuvor hatte die CSU-Landesgruppe ihren neuen Vorsitzenden gewählt: Theo Waigel war mit 48 von 49 abgegebenen Stimmen zum Nachfolger von Friedrich Zimmermann bestimmt worden, der ins Bundesinnenministerium wechseln sollte. Meinem Vorschlag, Alfred Dregger zum Vorsitzenden der CDU/CSU-Bundestagsfraktion zu wählen, folgten 213 Abgeordnete. Es gab 3 Neinstimmen und 4 Enthaltungen. Das war ein enormer Vertrauensvorschuss, den es zuvor und auch in späteren Jahren so eindrucksvoll selten gab.

Dreizehn Jahre Oppositionsarbeit steckten der Fraktion in den Knochen – eine viel zu lange Zeit. Jetzt waren wir Regierungsfraktion, und für die meisten Abgeordneten war das eine ganz neue Erfahrung. Nun kam es darauf an, aufs engste mit der Regierung zu kooperieren: mit dem Bundeskanzler, den Ministern und Staatssekretären und vor allem mit der FDP. Gefragt waren Fairness zwischen den Koalitionsparteien und die Entwicklung eines neuen Selbstverständnisses der Fraktionen, die sich weder als Gegner noch als Diener der Regierung verstehen sollten, sondern als ihr Partner.

Noch eine weitere wichtige Personalentscheidung fiel auf dieser Fraktionssitzung: Wolfgang Schäuble, der bereits im Juni 1981 auf meinen Vorschlag hin zum Parlamentarischen Geschäftsführer der Fraktion gewählt worden war, stand für die Wahl zum Ersten Parlamentarischen Geschäftsführer an, den die CDU-Abgeordneten der gemeinsamen Bundestagsfraktion zu bestimmen hatten. Schäuble war seit 1972 für den Wahlkreis Offenburg Mitglied des Deutschen Bundestags und seit 1976 Vorsitzender des Bundesfachausschusses Sport. Ich kannte dieses große politische Talent schon aus der Zeit, als Schäuble sich noch in der Jungen Union Südbaden engagierte und dem baden-württembergischen CDU-Landesvorstand angehörte. Jetzt wurde er mit einem beachtlichen Ergebnis zum Ersten Parlamentarischen Geschäftsführer gewählt: 163 Abgeordnete stimmten für ihn, es gab 6 Neinstimmen und 3 Enthaltungen.

Nach diesen Wahlen machte ich ein paar grundsätzliche Bemerkungen zur Partnerschaft zwischen Fraktion und Regierung. Ich hatte viele Jahre hindurch eine Regierungsfraktion in einem Landtag geführt und noch länger in Rheinland-Pfalz einer Regierungsfraktion als Regierungschef gegenübergestanden, so dass mir die Konstellation grundsätzlich vertraut war. Ich versprach – trotz aller Belastungen, die mein neues Amt mit sich bringen würde –, den Abgeordneten in meiner Eigenschaft als Bundesvorsitzender der CDU mit Rat und Tat zur Verfügung zu stehen.

Auch wenn die Zeit drängte, weil die Ministervereidigung beim Bundespräsidenten kurz bevorstand, erläuterte ich das Personaltableau, soweit es die von der CDU gestellten Minister betraf:

Bundesminister der Finanzen sollte der schleswig-holsteinische Ministerpräsident Gerhard Stoltenberg werden, der schon seit langem Sprecher der Union war, wenn es um Fragen der Finanzpolitik ging. Er hatte sich nicht erst bei den Koalitionsverhandlungen als sachkundiger und geschickter Verhandlungspartner profiliert. Für mich war er ein unentbehrlicher Finanzexperte, mit dem ich mich auch persönlich immer besser verstand. Aus meiner Sicht hatte er in der Union nur einen einzigen Konkurrenten um das Ministeramt: den rheinland-pfälzischen Finanzminister Johann Wilhelm Gaddum. Zwar hätte ich Gaddum gerne an meiner Seite in Bonn gehabt, doch der Kieler Ministerpräsident, der mächtig nach Bonn strebte, erhielt den Vorzug, zumal mit ihm auch einer der prominentesten Vertreter der norddeutschen CDU im Bonner Kabinett vertreten war.

Rainer Barzel, meinen Vorgänger im Parteivorsitz, der 1962 schon einmal für ein Jahr »Minister für gesamtdeutsche Fragen« gewesen war – so lautete die damalige Bezeichnung für dieses Ressort –, berief ich zum Bundesminister für innerdeutsche Beziehungen. Mir lag sehr daran, Barzel mit seinen großen politischen Erfahrungen in mein erstes Kabinett einzubinden. Seine Berufung war auch als ein Stück Wiedergutmachung gedacht. Ich wollte zeigen, dass die Partei mit ihm im reinen war und von innerparteilicher Zerstrittenheit keine Rede mehr sein konnte.

Dass Norbert Blüm das Bundesministerium für Arbeit und Sozialordnung übernahm, war geradezu vorgezeichnet und für jedermann einleuchtend. Blüm, Senator für Bundesangelegenheiten des Landes Berlin, seit 1977 Bundesvorsitzender der Christlich-Demokratischen Arbeitnehmerschaft (CDA) und mein Stellvertreter im Parteivorsitz, zögerte keinen Moment, im ersten Kabinett der christlich-liberalen Regierungskoalition eine einflussreiche Position zu übernehmen.

Gleiches galt für Manfred Wörner. Der ehemalige Oberstleutnant der Reserve und aktive Starfighterpilot hatte in der Union keinen ernstzunehmenden Konkurrenten für das Amt des Bundesverteidigungsministers.

Heiner Geißler, den ich 1967 als Sozialminister nach Mainz berufen hatte und der seit 1977 als CDU-Generalsekretär vorzügliche Arbeit leistete, bot ich das Ministerium für Jugend, Familie und Gesundheit an, das er zusätzlich zu seiner aufreibenden Parteifunktion übernahm.

Unumstritten war auch die Berufung des erfolgreichen Unternehmers und feinsinnigen Kultur- und Sprachwissenschaftlers Christian Schwarz-Schilling zum Minister für das Post- und Fernmeldewesen.

Heinz Riesenhuber war für das Amt des Bundesministers für Forschung und Technologie vorgesehen. Seit 1976 im Deutschen Bundestag, war der Frankfurter Chemiker und Wirtschaftsmanager seit 1980 energiepolitischer Sprecher und Vorsitzender des Bundesfachausschusses für Energie und Umwelt. Das Energieprogramm der CDU hatte Riesenhuber maßgeblich mitformuliert. Er befürwortete ebenso wie ich den behutsamen Ausbau der Kernenergie und hatte sich besonders durch seine emotionslose, aber hochkompetente und sachbezogene Argumentationsweise profiliert.

Das erste Kabinett Kohl

Die einzige Frau im neuen Bundeskabinett war die Sozial- und Wirtschaftswissenschaftlerin Dorothee Wilms, die das Ministerium für Bildung und Wissenschaft übernahm. Ich kannte sie als äußerst engagierte stellvertretende CDU-Bundesgeschäftsführerin in den siebziger Jahren und von ihrer Arbeit in der Bundestagsfraktion, der sie wie ich seit 1976 angehörte. Wenn wir die Bundestagswahl 1976 nicht knapp verloren hätten, wäre sie schon damals Kabinettsmitglied geworden. Jetzt gelangte sie endlich zu Ministerwürden.

Bei dieser Kabinettsliste hatte ich neben der fachlichen Qualifikation natürlich auch auf die landsmannschaftliche Zugehörigkeit geachtet, also darauf, dass die jeweiligen Landesverbände der Partei und auch die CDU-Arbeitsgemeinschaften gebührend berücksichtigt waren. Anders als bei manchen meiner Vorgänger im

Kanzleramt spielte die Konfession bei meinen personellen Überlegungen dagegen so gut wie keine Rolle.

Dennoch blieb es nicht aus, dass bei der Berufung in Ministerämter nicht alle Seiten zufriedengestellt werden konnten. So gehörten beispielsweise Blüm und Geißler dem rheinland-pfälzischen CDU-Landesverband an, der damit überproportional stark im Kabinett vertreten war. Dafür versuchte ich bei der Ernennung von Staatssekretären einen angemessenen Ausgleich zu schaffen, allen voran im Bundeskanzleramt und im Auswärtigen Amt. Philipp Jenninger, seit 1973 Parlamentarischer Geschäftsführer der CDU/CSU-Bundestagsfraktion, holte ich als Staatsminister ins Bundeskanzleramt, wo sein Arbeitsschwerpunkt der Deutschlandpolitik gelten sollte, und als Staatsminister für Bundesratsangelegenheiten gewann ich Friedrich Vogel, den langjährigen Rechtsexperten der Unionsfraktion. Eine ganze Weile hatte ich sogar überlegt, wieder ein eigenes Bundesministerium für die Angelegenheiten des Bundesrats einzurichten. Nicht zuletzt aus Kostengründen war ich jedoch wieder davon abgekommen, obwohl dies einer langjährigen Tradition der Union sehr wohl entsprochen hätte. Die Pflege der Beziehungen zur zweiten Kammer sah ich trotzdem immer als außerordentlich wichtig an. Wie sehr mir an einem gelebten kooperativen Föderalismus gelegen war, machte ich darum auch dadurch deutlich, dass ich gleich die erste Bundesratssitzung nach meiner Amtsübernahme besuchte.

Staatsminister im Auswärtigen Amt wurden der langjährige außenpolitische Experte der Unionsfraktion Alois Mertes und Jürgen Möllemann, der auf Wunsch Hans-Dietrich Genschers berufen wurde.

Dann ging es Schlag auf Schlag an jenem denkwürdigen Montag: Gegen 13 Uhr stellte ich dem Bundespräsidenten mein erstes christlich-liberales Bundeskabinett vor. Karl Carstens überreichte den Ministern in einer feierlichen Zeremonie die Ernennungsurkunden, und anschließend fand die Vereidigung der kompletten Regierungsmannschaft im Bundestagsplenum statt.

3.
Weichenstellung

Es stand für mich außer Frage, dass mich meine erste Auslandsreise als Bundeskanzler nach Frankreich führen musste. Um ein deutliches Zeichen der Völkerfreundschaft zu setzen und die besondere Bedeutung der deutsch-französischen Beziehungen zu unterstreichen, machte ich noch am 4. Oktober 1982, dem Tag der Regierungsbildung, einen Antrittsbesuch beim französischen Staatspräsidenten. François Mitterrand hatte an jenem Montag zwar einen Staatsbesuch geplant und wollte Paris verlassen, doch er verschob seine Reisepläne, um mich zu empfangen.

Ich erinnere mich noch gut an diesen ersten Flug, den ich als Bundeskanzler mit einer Maschine der Flugbereitschaft der Bundeswehr machte. Gegen 19 Uhr starteten wir vom Köln/Bonner Flughafen, von wo aus ich in den kommenden sechzehn Jahren noch unzählige Male zu Flügen ins In- und Ausland aufbrechen sollte.

Im Élysée-Palast gab es dann ein Abendessen im kleinen Kreis. Neben den Außenministern Hans-Dietrich Genscher und Roland Dumas nahmen daran auch die beiden Botschafter unserer Länder teil. An diesem Abend begegnete ich zum ersten Mal François Mitterrand – jenem Mann, der in deutscher Kriegsgefangenschaft gewesen war, aktiv in der Résistance mitgewirkt und als Kommunalpolitiker und Minister in zahlreichen Pariser Regierungen politische Verantwortung übernommen hatte. Ich begegnete einem Politiker, der als Oppositionspolitiker und Parteivorsitzender schon manche Höhen und Tiefen erlebt hatte und schwere Niederlagen einstecken musste, bevor er das einflussreichste Amt erringen konnte, das die französische Republik zu vergeben hat. Ich lernte einen Menschen kennen, der wie ich aus einem toleranten katholischen Haus stammte, in einer bürgerlichen Großfamilie mit sieben Geschwistern aufgewachsen war und zielstrebig an die Spitze der französischen Sozialisten gelangt war. Mitterrand war ein hochgebildeter und feinsinniger Mann, der sich in den verschlungenen Pfaden der Europapolitik blendend auskannte und über die innenpolitischen Probleme in der Bundesrepublik ebensoviel wusste wie über die Querelen innerhalb der SPD.

Der überzeugte Sozialist hatte 1981 vier kommunistische Minister im Kabinett zugelassen und gleichzeitig penibel darauf geachtet, dass die Außenpolitik nicht von der Kommunistischen Partei beeinflusst wurde. Schließlich trat Mitterrand, der die Sowjetunion wegen der Besetzung Afghanistans massiv angegriffen hatte, konsequent für die westliche Nachrüstung ein, und so kamen wir bei unserem äußerst angenehmen Gedankenaustausch unter vier Augen bald auch auf dieses Thema zu sprechen. Mitterrand unterstrich mit großem Ernst, am Nato-Doppelbeschluss festhalten und ihn mit allen Konsequenzen durchsetzen zu wollen. Der Präsident, ein politischer Realist wie kaum ein anderer, zeigte großes Interesse an meiner Einstellung zu dieser Schicksalsfrage und fragte mich direkt, ob sich die neue Bonner Regierungskoalition der Pariser Position anschließen werde. Ich spürte deutlich seine Genugtuung und Erleichterung, als ich ihm ein uneingeschränktes Ja zur Antwort gab. Es ist gut möglich, dass diese Aussage damals ein kleiner, aber wichtiger Beitrag war zur Begründung unserer langjährigen Freundschaft, die über ein Zweckbündnis zweier Regierungschefs weit hinausging.

Auch über unsere Vorgänger sprachen wir an diesem Abend im Élysée, über Helmut Schmidt und über Mitterrands ärgsten Widersacher Valéry Giscard d'Estaing, die eine innige Männerfreundschaft verband. Dann kam das Gespräch auf Charles de Gaulle, und selten in meinem Leben habe ich so viele freundliche Worte über de Gaulle gehört wie damals. Kein Wunder: Die Art und Weise, wie Mitterrand das Amt des Präsidenten ausfüllte, erinnerte mich sehr stark an de Gaulle, den ich mehrfach erlebt hatte.

Ausführlich erläuterte ich dem französischen Staatspräsidenten,

Noch am 4. Oktober 1982 bin ich zu einem Blitzbesuch bei François Mitterrand nach Paris gereist

dass ich im März 1983 auch deshalb Neuwahlen in der Bundesrepublik herbeiführen wollte, um in der Nachrüstungsfrage die Wähler entscheiden zu lassen und um von ihnen einen klaren Auftrag zu bekommen, den Nato-Doppelbeschluss durchzusetzen. Meine Risikobereitschaft schien Mitterrand zu gefallen, denn er ermunterte mich, die Legitimation für politisches Handeln bei einer Bundestagswahl einzuholen.

Als ich kurz nach Mitternacht den Heimflug nach Bonn antrat, hatte ich ein gutes Gefühl. François Mitterrand hatte meinen Antrittsbesuch in Paris so verstanden, wie ich es mir gewünscht hatte: als Geste, die ausdrücken sollte, wie wichtig mir die Fortsetzung und Intensivierung unserer Beziehungen und der Ausbau der deutsch-französischen Freundschaft im Geiste Adenauers und de Gaulles waren. Wir hatten nicht nur einen breiten Konsens in fast allen Fragen der internationalen Politik erzielt, sondern auch einen persönlichen Kontakt zueinander gefunden, der für die Zukunft unserer beiden Länder von nicht zu unterschätzender Bedeutung war.

*

Mein Blitzbesuch in Brüssel einen Tag nach diesem Treffen diente ebenfalls der Weichenstellung. Es galt von Anfang an, klare Prioritäten auch in der Außenpolitik zu setzen. Insbesondere wollte ich die Entschlossenheit der neuen Regierung unterstreichen, sich in der Europapolitik zu engagieren. Wenn wir in diesem Jahrzehnt nicht einen entscheidenden Fortschritt in Europa machten, würden wir die große Chance meiner Generation versäumen. Darum maß die neue Regierung den Problemen der europäischen Einigung und aktuellen Fragen, die das europäische Parlament betrafen, hohe Priorität bei. Mit meiner Brüssel-Reise wollte ich dem Europäischen Parlament meine Reverenz erweisen.

Noch am gleichen Tag telefonierte ich mit der britischen Regierungschefin Margaret Thatcher, mit der ich mich zu einem baldigen Besuch verabredete.

Eine ungewöhnlich freundschaftliche Botschaft erreichte mich vom amerikanischen Präsidenten. Ronald Reagan und seine Administration in Washington hatten hohe Erwartungen an uns. Auch deshalb sollte mein Amerika-Besuch nicht lange auf sich warten lassen.

Auf Dauer war das Tempo, das wir vorlegten, schon rein physisch nicht durchzuhalten, und ich hatte auch nicht die Absicht, so weiterzuleben, zumal zum Regieren auch genügend Zeit der Kontemplation bleiben muss. Ein Glück, dass ich vom lieben Gott mit einer solchen Pferdenatur ausgestattet war! Hannelore sah mich immer seltener – am späten Abend oder tief in der Nacht und am frühen Morgen. Auch die Wochenenden waren ausgebucht und boten so gut wie keine Erholung. Es galt, der gespannten Öffentlichkeit Handlungsfähigkeit zu beweisen. Lange Atempausen waren daher nicht gefragt, Aktionismus aber ebensowenig. Trotzdem blieb weit über die ersten Regierungswochen hinaus der Termindruck und damit eine ungeheure Anspannung.

*

Mein erster ausländischer Besucher war Michail S. Solomenzew, Ministerpräsident der Russischen Sozialistischen Föderativen Sowjetrepublik (RSFSR), der größten Republik in der Sowjetunion. Solomenzew, Kandidat des Politbüros, der sich zufällig in der Bundesrepublik aufhielt, überbrachte mir am 7. Oktober 1982 eine Botschaft von Leonid Breschnew, dem Generalsekretär der KPdSU. Wieder einmal bewies sich der Realitätssinn sowjetischer Führer.

Ich kannte meinen Gast schon von einem offiziellen Moskau-Besuch her und erinnerte mich noch sehr genau an unsere damaligen Gespräche. Jetzt gab sich Solomenzew von einer ungewöhnlichen Offenheit und betonte im Namen der sowjetischen Führung, dass die Sowjetunion nach wie vor für eine Fortentwicklung der Beziehungen zur Bundesrepublik auf Grundlage des Prinzips der friedlichen Koexistenz und des Moskauer Vertrags eintrete. Er unterstrich, dass die sowjetische Führung gegenüber der CDU/CSU nie voreingenommen gewesen sei oder sein werde. Man habe in der Sowjetunion vielmehr mit großer Aufmerksamkeit vermerkt, dass die neue Bundesregierung die Absicht hege, die Politik des Friedens, der Entspannung und des Dialogs fortzusetzen. Es schloss sich ein langer Monolog an, der sich wesentlich auf die wirtschaftliche Seite unserer Beziehungen konzentrierte.

Nun war die Reihe an mir, und so machte ich zunächst einige persönliche Bemerkungen: Mit meiner Wahl zum Bundeskanzler sei zum ersten Mal ein Vertreter der Nachkriegsgeneration Regierungschef der Bundesrepublik Deutschland geworden. Bei Kriegsende sei ich ein fünfzehnjähriger Schüler gewesen, aber schon alt genug, um die damalige Zeit erleben und begreifen zu können. Daher sei für mich der Friede nicht irgendeine nachrangige Frage, sondern der zentrale Auftrag der Politik, entsprechend gehe es ganz konkret darum, Frieden und Freundschaft für das eigene Land zu erhalten.

Im weiteren Verlauf des einstündigen Gesprächs kam ich auf einige Probleme zu sprechen, die unsere Beziehungen belasteten. Die Genfer Abrüstungsverhandlungen, erläuterte ich, seien das Kernstück meiner Regierungspolitik. Ich versicherte dem russischen Gast unmissverständlich, dass unser Land unter meiner Regierung fest zu den Bündnisbeschlüssen und auch zum Nato-Doppelbeschluss stehe.

Offen äußerte ich meine Sorge über den Rückgang der Zahl deutschstämmiger Aussiedler, und ebenso deutlich sprach ich die uns alle bedrückende Entwicklung in Polen an, das unter Kriegsrecht stand. Auch zu den Vorgängen in Afghanistan nach der sowjetischen Besetzung sparte ich nicht mit Kritik, und der russische Ministerpräsident bemühte sich aufrichtig, auf alle angesprochenen Problemfelder eine Antwort zu geben.

Was ich Solomenzew und meinen anderen Gesprächspartnern zu vermitteln suchte, waren die Grundzüge der Bonner Außenpolitik, die sich von jener der Vorgängerregierung in wesentlichen Punkten unterschied. Deshalb waren die außenpolitischen Aktivitäten unmittelbar nach der Regierungsübernahme so wichtig.

Aber auch innenpolitisch galt es Flagge zu zeigen. In diesen ersten temporeichen Tagen, in denen jede Stunde verplant und mit Gesprächen ausgebucht war, traf ich unter anderem mit den Repräsentanten der Gewerkschaften zusammen, die uns alles andere als wohlgesinnt waren. Gleichwohl waren die Begegnungen hochinteressant. Neben den Spitzen des Deutschen Gewerkschaftsbunds, der Deutschen Angestellten-Gewerkschaft, des Deutschen Beamtenbunds und des Christlichen Gewerkschaftsbunds – letztere waren erstmals zu Gesprächen im Kanzleramt – kam ich auch mit Vertretern des Bundeswehrverbands zusammen.

Von den DGB-Gewerkschaften kamen vom ersten Tag an deutliche Signale, dass sie der neuen Regierung zum Teil mit gewissem Lustgewinn »Feuer« geben würden. Wir taten gut daran, uns auf kritische Begleiter unserer Finanz-, Wirtschafts- und Sozialpolitik einzustellen.

Natürlich traf ich mich auch mit Unternehmerverbänden und formulierte im ersten ausführlichen Meinungsaustausch mit den namhaften Repräsentanten der deutschen Wirtschaft meine Erwartungen: Die Wirtschaft möge sich verpflichten, alles zu tun, um Ausbildungsplätze für die jungen Leute zu schaffen und nach der Lehre Arbeitsplätze anzubieten. Dieses Thema beschäftigte mich während der gesamten Kanzlerschaft, und auch die Nachfolgeregierung wurde es nicht los.

*

Die erste Kabinettssitzung
im Bundeskanzleramt

Unmittelbar nach der Amtsübernahme galt es, zügig die erste Regierungserklärung vorzubereiten, die knapp zwei Wochen nach meiner Wahl auf der Tagesordnung des Deutschen Bundestags stand. Auch auf der ersten Kabinettssitzung der neuen Regierungskoalition am 7. Oktober 1982 war sie das wichtigste Thema. Ich erläuterte den engen Zeitplan zur Abgabe der Beiträge für die einzelnen Ressorts und forderte die Minister nachdrücklich auf, diese Termine einzuhalten.

Fast noch wichtiger – zumindest in ihrer Außenwirkung – war die Entscheidung, die Gehälter von Mitgliedern der Bundesregierung und von Parlamentarischen Staatssekretären zu kürzen. Dieser einstimmige Kabinettsbeschluss auf der ersten Sitzung der neuen Koalitionsregierung war ein wichtiges Signal für Sparwillen, Einschränkung und beispielhaftes Handeln. Dabei lag uns völlig fern, uns in die laufenden Gehalts- und Lohnverhandlungen einzumischen.

Diese erste Kabinettssitzung, die achtundneunzigste in der laufenden Legislaturperiode, dauerte lediglich zwei Stunden. Wenn man den FDP-Ministern glauben durfte, schien sie sich vor allem im Atmosphärischen wohltuend von den vorangegangenen Kabinettssitzungen abzuheben. Offenbar hatten sich unsere liberalen Partner nach dreizehn Jahren sozialliberaler Koalition zuletzt immer häufiger an eisige Kälte seitens des Koalitionspartners gewöhnen müssen. Es war mir wichtig, die Arbeitsatmosphäre so kollegial wie möglich zu gestalten und Konfliktlagen nur soweit zuzulassen, wie sie unvermeidlich schienen. Von der ersten Sitzung an war unsere Zusammenarbeit von dem Willen getragen, partnerschaftlich miteinander umzugehen, und bis in die letzten Kabinettssitzungen 1998 wurde diese Linie fast ausnahmslos durchgehalten.

Von Anfang an legte ich Wert darauf, dass Horst Teltschik und Eduard Ackermann an den Kabinettssitzungen teilnahmen. Damit war der direkte Informationsfluss innerhalb meines unmittelbaren Beraterumfelds gesichert.

Die wichtigsten politischen Entscheidungen aber fielen von Anbeginn unserer Regierungsübernahme in den regelmäßigen Koalitionsgesprächen, die zwischen den Parteivorsitzenden, den Fraktionschefs und den Generalsekretären von CDU, CSU und FDP stattfanden. Dieses Gremium, das unter meiner Leitung in vierzehntägigen Abständen tagte, bestimmte kurz- und mittelfristig die gemeinsame politische Richtung. Ich sorgte dafür, dass die anstehenden Entscheidungen gut vorbereitet und in den dringendsten Fällen zwischen Genscher, Strauß und mir vorab geklärt waren.

So bedurfte es nicht stundenlanger Debatten im Kabinett und keiner lautstarken Auseinandersetzungen. Die spielten sich eher in aller Öffentlichkeit außerhalb des Kanzleramts ab, und oft waren München und Bonn die Pole. Was ernsthafte Machtkämpfe waren und was lediglich Schaukämpfe waren, war dabei nicht immer gleich zu unterscheiden.

*

Rasche Entscheidungen waren jetzt auch hinsichtlich einer Fülle von Personalfragen im Kanzleramt gefragt. Dass es dabei zu der

Mit dem neuen Regierungssprecher Diether Stolze, dem Chef des Kanzleramts Waldemar Schreckenberger und Horst Teltschik, meinem wichtigsten politischen Mitarbeiter

einen oder anderen Fehlbesetzung kam, ist fast unausweichlich, doch glücklicherweise betraf keine davon mein direktes Umfeld.

Schon früh hatte ich beschlossen, Waldemar Schreckenberger zum Staatssekretär und Chef des Kanzleramts zu berufen. Mein Ludwigshafener Schulfreund, eineinhalb Jahre älter als ich, hatte im rheinland-pfälzischen Staatsdienst bereits eine erfolgreiche Beamtenkarriere hinter sich, als ich ihn in die Mainzer Staatskanzlei berief. Mehr als sieben Jahre lang stand er mir in meiner Ministerpräsidentenzeit treu zur Seite. Nachdem ich 1976 nach Bonn gewechselt war, wurde er unter meinem Nachfolger Bernhard Vogel Leiter der Staatskanzlei. 1981 übernahm der eher bescheidene, aber fachlich außerordentlich beschlagene Pfälzer das rheinland-pfälzische Justizministerium, ein Amt, das ihm wie auf den Leib geschnitten schien.

Für mich zählt Waldemar Schreckenberger zu den weltweit bedeutendsten Experten für Rechtsphilosophie. Nach seinem Studium der Rechtswissenschaften und Philosophie in Mainz und Heidelberg war er mit einer Untersuchung über den Rechtsbegriff bei Immanuel Kant zum Dr. jur. promoviert worden und hatte sich 1976 an der Universität Mainz habilitiert. Dort wurde er im gleichen Jahr Professor für Rechtspolitik, Sozialphilosophie und Rechtssoziologie. Als Chef des Bundeskanzleramts hatte er keinen leichten Stand und musste gegen viele Widersacher kämpfen, die ihm das Leben außerordentlich schwer machten. Das lag nicht zuletzt an der von Sozialdemokraten beherrschten Regierungszentrale, in der die Parteizugehörigkeit nicht selten mehr zählte als Beamtenloyalität.

Wie unverzichtbar Waldemar Schreckenberger für mich war, zeigte sich schon bei der juristischen Absicherung des Prozedere zur Herbeiführung von Neuwahlen. Ohne seinen Sachverstand und sein einfühlsames Zusammenspiel mit dem Bundespräsidialamt und dem Innenministerium wäre die Auflösung des Bundestags nach Artikel 68 des Grundgesetzes nicht so reibungslos verlaufen.

Es gab noch einen weiteren »Import« aus Rheinland-Pfalz: Horst Teltschik. Nachdem ich ihn 1972 zunächst als Referenten in die Mainzer Staatskanzlei geholt hatte, leitete er schon seit 1976 mein Büro als Vorsitzender der CDU/CSU-Bundestagsfraktion. »Entdeckt« hatte ich den ehemaligen Assistenten des prominenten Berliner Politologen Richard Löwenthal als Leiter der Gruppe Außen- und Deutschlandpolitik in der Bonner CDU-Bundesgeschäftsstelle.

Horst Teltschik, einst führendes RCDS-Mitglied, hatte Politische Wissenschaft, Neuere Geschichte und Völkerrecht studiert und wurde eine entscheidende Hilfe bei außenpolitischen Reden, die ich als Ministerpräsident, CDU-Bundesvorsitzender und als Bonner Oppositionsführer zu halten hatte. Er war als außenpolitischer Berater unentbehrlich, und das sollte auch in Zukunft so bleiben. Dank seiner hohen analytischen Begabung, seinem Sachverstand und seiner enormen Arbeitskraft wuchs er rasch und immer mehr zu einem meiner wichtigsten politischen Mitarbeiter heran, dessen Kompetenz sich zudem nicht in außenpolitischen Fragestellungen erschöpfte.

Nach dem Regierungswechsel im Oktober 1982 zog Horst Teltschik mit mir ins Bundeskanzleramt und übernahm als Ministerialdirektor die Leitung der Abteilung »Auswärtige und innerdeutsche Beziehungen, Entwicklungspolitik, Äußere Sicherheit«. Auch er hatte keinen leichten Stand, denn gegen meinen treuen Wegbegleiter gab es von seiten des Auswärtigen Amts massive Einwände, war doch die außenpolitische Abteilung des Bundeskanzlers bis dahin immer mit einem erfahrenen Beamten aus ebenjenem Ministerium besetzt worden. Nun fühlten sich nicht nur die hohen Ministerialbeamten, sondern auch der Bundesaußenminister brüskiert. Ich bestand jedoch auf der Berufung des oft gescholtenen Seiteneinsteigers und musste sie auch nie bereuen. Allerdings war damit die Rivalität zwischen meinem außenpolitischen Berater und den hochrangigen Köpfen im Auswärtigen Amt vorprogrammiert. Im Lauf der Jahre erwuchsen daraus einige unnütze Querelen, die mitunter zu erheblichen Belastungen wurden – auch zwischen Hans-Dietrich Genscher und mir.

Zu meinen engsten und auf seinem Gebiet einflussreichsten Mitarbeitern zählte auch Eduard Ackermann, der mir seit 1976 als Pressesprecher der Unionsfraktion zur Seite stand. »Carbonara«, wie ich den zwei Jahre älteren Niederrheiner wegen seiner Vorliebe für italienische Speisen gerne nenne, leitete seit 1958 die Pressestelle der Unionsfraktion. Er hatte vier meiner Vorgänger gedient: den Fraktionsvorsitzenden Heinrich Krone (1955–1961), Heinrich von Brentano (1961–1964), Rainer Barzel (1964–1973) und Karl Carstens (1973–1976). In diesen vierundzwanzig aufreibenden Jahren musste Ackermann mit sehr unterschiedlichen Charakteren und Temperamenten auskommen, die seine Anpassungsfähigkeit nicht selten auf eine harte Probe stellten. Seine ausgeprägte Fähigkeit, dienende Funktionen mit großem Engagement wahrzunehmen, ist wohl der Schlüssel für seine langjährige erfolgreiche Bonner Pressearbeit.

Eduard Ackermann kannte wie kein anderer die Kräfteverhältnisse in den Parteigremien. Und, was fast noch wichtiger war, er verfügte über exzellente Kontakte zur Presse von rechts bis links, von den Printmedien bis zu Rundfunk und Fernsehen, und war bestens vertraut mit dem Bonner Pressedschungel. So war es eine

Selbstverständlichkeit, dass ich den studierten Historiker, Germanisten und Philosophen mit in die Regierungszentrale nahm, wo er Leiter der neuen Abteilung »Kommunikation, Dokumentation und politische Planung« wurde. Hinter dieser etwas bürokratischen Bezeichnung verbarg sich die ganze Palette der Beratung in allen Fragen der Presse- und Öffentlichkeitsarbeit. Mit den Aufgaben eines Regierungssprechers hatte das nichts zu tun. In diese Rolle ist Eduard Ackermann auch nie geschlüpft. Er agierte hinter und nicht auf der politischen Bühne, aber das tat er mit einer hohen Effizienz.

Relativ schnell entschied ich mich 1982, wer Chef des Presse- und Informationsamts werden sollte. Dieser Job zählt zu den schwierigsten Ämtern, die eine Regierung zu besetzen hat, denn neben der erfolgreichen Leitung dieser großen Behörde gehört dazu vor allem die Tätigkeit als Sprecher der Bundesregierung. In Diether Stolze, dem Mitherausgeber der Hamburger Wochenzeitung *Die Zeit,* fand ich einen anerkannten Publizisten für diesen Posten. Damit hatte ich einen hochkarätigen Wirtschaftsjournalisten als Nachfolger von Klaus Bölling gewonnen.

In der schwierigen wirtschafts- und finanzpolitischen Situation, in der sich unser Land befand, war DietherStolze der richtige Mann zum richtigen Zeitpunkt. Von ihm versprach ich mir nicht nur sachverständigen Rat, sondern die kompetente, schlüssige und verständliche Darstellung unserer Politik, vor allem der Wirtschafts- und Finanzpolitik, für die breite bundesrepublikanische Öffentlichkeit. Wem ich damals auch immer begegnete: Diese Personalie, die unsere politischen Gegner ziemlich überraschte, wurde allgemein begrüßt. Obwohl von Haus aus kein Ökonom, war Stolze der langjährige angesehene Leiter der Wirtschaftsredaktion der *Zeit* gewesen – ein kluger, liberalkonservativer Zeitgenosse, der auch die volle Unterstützung des liberalen Koalitionspartners genoss.

Ein anderer wichtiger Mitarbeiter zog zwar nicht ins Bundeskanzleramt, wechselte aber gleichwohl seinen Arbeitsplatz: Nach meiner Wahl zum Bundeskanzler übernahm Wolfgang Bergsdorf im Bundespresseamt die Leitung der Abteilung Inland. Seit meinem Wechsel an die CDU-Spitze 1973 hatte Bergsdorf das Büro

Juliane Weber hat seit 1963 mit mir zusammengearbeitet

des Bundesvorsitzenden im Konrad-Adenauer-Haus geleitet. Er hielt die Kontakte zu wichtigen politischen und gesellschaftlichen Organisationen. Neben seiner beachtlichen wissenschaftlichen Qualifikation schätze ich bis heute den weiten, umfassenden Bildungshorizont des Professors für Politikwissenschaft, der jetzt Rektor der Universität Erfurt ist. Zu Bergsdorf wie zu Teltschik besteht bis heute eine enge persönliche Verbundenheit.

Schon in Mainz gehörte Juliane Weber zum engsten Führungszirkel, die ich 1963 als Sekretärin für die Spitze der CDU-Landtagsfraktion gewonnen hatte. Auch in meiner Zeit als Bonner Oppositionsführer leitete sie mit großer Geschicklichkeit das Sekretariat. Jetzt übernahm sie mein Vorzimmer im Bundeskanzleramt und führte es bis zu meinem Abschied 1998. Wir haben über vierzig Jahre zusammengearbeitet und waren immer ein eingespieltes Team. Im Sommer 2005 ging sie in Pension.

Juliane Weber hat eine ungewöhnliche politische Begabung. Vor allem aber ist sie fähig, Vertrauen zu erwerben und Vertrauen zu schenken. Sie besitzt eine hohe Sensibilität für andere und versteht es, mit Menschen aus allen Gesellschaftsschichten umzugehen. Wer sie im Gespräch erlebt hat, sei es mit internationalen Gästen von höchstem Rang, sei es mit Industriekapitänen oder mit Arbeitern, der weiß, wovon ich spreche. Bis heute ist Juliane Weber eine ausgezeichnete Organisatorin und zuverlässige Managerin. Dass sie sich mit Hannelore von Anfang an gut verstand, war ein Geschenk, das ich immer zu schätzen wusste.

Juliane Weber, Horst Teltschik, Wolfgang Bergsdorf, Eduard Ackermann und Diether Stolze – das war der Kreis meiner engsten Mitarbeiter, die ab Oktober 1982 täglich zur sogenannten Morgenlage zusammentrafen. Hinzu kam Staatsminister Philipp Jenninger, im Kanzleramt vor allem zuständig für die Deutschlandpolitik und seit Jahren für mich ein wichtiges Bindeglied zur Bundestagsfraktion. Auch der Chef des Bundeskanzleramts, Waldemar Schreckenberger, nahm an der täglichen Lagebesprechung teil.

*

Die Landtagswahlen in Bayern wurden von der CSU am 10. Oktober haushoch gewonnen. Zwar zeigte sich Franz Josef Strauß über den Stimmenverlust von 0,8 Prozent bei einem Ergebnis von 58,3 Prozent verärgert und schob die Schuld daran auf das Unbehagen bestimmter Wählergruppen über das parlamentarische Verfahren beim Bonner Kanzlersturz und meiner Wahl zum Schmidt-Nachfolger. In Wahrheit waren es hausgemachte politische Probleme in Bayern, die ein Erstarken der Grünen befördert hatten. Ich erinnere an die Auseinandersetzungen um den Bau neuer Kernkraftwerke und einer atomaren Wiederaufbereitungsanlage in Wackersdorf.

Die Verratskampagne, die die SPD gegen die FDP führte, zeigte in Bayern ihre erste Wirkung: Die FDP verlor fast 3 Prozentpunkte und verfehlte damit den Einzug in den bayerischen Landtag. Anders als die CSU hatte die FDP wirklich Anlass zur Verzweiflung. Der liberale Bonner Koalitionspartner musste gewaltig aufpassen, nicht auch noch aus anderen Länderparlamenten herauskatapultiert zu werden.

4.
Erste Regierungserklärung

Nur wenige Tage nach dem Misstrauensvotum gegen Helmut Schmidt hatten die Arbeiten an der Regierungserklärung begonnen. Weder in der Regierungs- noch in der Parteizentrale lag eine fertige Rede oder auch nur ein Vorentwurf in der Schublade. Es gab auch noch keinen fest etablierten Stab von Redenschreibern und weiteren Helfern im Kanzleramt. Improvisation war angesagt.

Horst Teltschik beauftragte ich mit der Federführung. Unter seiner Leitung waren nicht nur meine Getreuen Eduard Ackermann und Wolfgang Bergsdorf an der Ausarbeitung beteiligt, sondern auch Baldur Wagner, Leiter der Politischen Abteilung in der CDU-Parteizentrale, und – ebenfalls aus der Parteizentrale – Warnfried Dettling sowie der Historiker Michael Stürmer, damals Lehrstuhlinhaber für Neuere und Neueste Geschichte an der Universität Erlangen und Gastprofessor an der Pariser Sorbonne. Außerdem half noch der Politologe Werner Weidenfeld mit, zu dieser Zeit Professor für Politikwissenschaft an der Mainzer Johannes-Gutenberg-Universität. Die Themenschwerpunkte waren durch die Koalitionsverhandlungen weitestgehend vorgegeben: Es ging um die Grundausrichtung deutscher Politik und um wichtige Perspektiven für die Zukunft unseres Landes.

Allerdings handelte es sich nicht um eine der üblichen Regierungserklärungen für den Zeitraum einer normalen Legislaturperiode von vier Jahren, denn in nur sechs Monaten, am 6. März 1983, sollten ja bereits Neuwahlen stattfinden. Deshalb ging es mir zunächst einmal »nur« um ein konkretes Dringlichkeitsprogramm, das durchaus zeitliche Perspektiven zuließ.

Hätte ich soviel Redezeit zur Verfügung gehabt wie Nikita Chruschtschow, als er auf dem XX. Parteitag der KPdSU 1956 mit einer achteinhalbstündigen Rede die Entstalinisierung einleitete, wäre ich willens gewesen, einen umfassenden Katalog aller Aufgaben des menschlichen und politischen Lebens darzustellen. Es handelte sich aber bei meiner Erklärung um eine Eröffnungsbilanz, die einerseits schonungslos mit der Vorgängerregierung abzurechnen hatte, während andererseits berücksichtigt werden musste, dass die FDP dreizehn Jahre mit in der Regierungsverantwortung gestanden hatte. Das war eine psychologische Hürde, denn in der jetzigen politischen Konstellation und in der Koalition mit uns konnte die FDP nicht alles verteufeln, was sie jahrelang mitgetragen und mitverursacht hatte.

Wichtig schien mir, unseren Mitbürgern deutlich zu machen, dass wir in einer äußerst schwierigen wirtschaftlichen Lage die Regierung übernommen hatten. Tag für Tag stieß der neue Finanzminister Gerhard Stoltenberg auf Daten und Fakten, die uns sehr erschreckten. Irgend etwas zu beschönigen oder zu verbergen machte keinen Sinn. Wir mussten unseren Mitbürgern das wahre Ausmaß der Schwierigkeiten drastisch vor Augen führen. Das war der Ausgangspunkt für die neue Regierung.

Die Regierungserklärung durfte sich aber nicht nur auf den desaströsen ökonomischen Zustand unserer Republik konzentrieren. Mir ging es um das Bewusstsein, dass die Krise in unserem Land nur zu bewältigen war, wenn wir die geistig-moralische Krise erkannten, die der wirtschaftlichen zugrunde lag. Wir mussten die geistig-moralische Wende vor die ökonomische setzen und nicht umgekehrt. Alles, was der Staat, was eine handlungsfähige Regierung in der Wirtschafts-, Finanz- und Sozialpolitik besser machen konnte, würde wirkungslos bleiben, wenn es nicht gelänge, auch im Denken und Handeln unserer Mitbürger eine Wende, eine grundsätzliche Neubesinnung einzuleiten. Allein mit Geld, mit Gesetzen, mit Behördenfleiß war die jetzige Krise nicht zu überwinden. Wenn wir diese Herausforderung begriffen, könnten wir auch die materiellen Gegebenheiten wieder in Ordnung bringen. Das war eine Grundüberzeugung, die ständig zu wiederholen ich nicht müde wurde und die natürlich auch ihren Niederschlag in der Regierungserklärung fand.

Die geistig-moralische Krise war das Resultat einer seit über einem Jahrzehnt betriebenen Verunsicherung, einer Verunsicherung im Verhältnis zu unserer Geschichte, zu vielen grundlegenden ethischen Werten und sozialen Tugenden, zu Staat und Recht, und letztlich auch einer Verunsicherung in unserem nationalen Selbstverständnis. Dafür war eine Mobilisierung der geistig-moralischen Kraft unseres Volkes notwendig. Geistig-politische Führung erforderte dabei mehr als Appelle und Reden, sie erforderte das ganz persönliche Beispiel. Die Politik musste die praktische Verwirklichung ihrer Ziele wieder deutlicher und überzeugender mit den Wertaussagen unserer Verfassung und mit den geistig-moralischen Grundlagen unseres Gemeinwesens in Einklang bringen.

Zur geistig-politischen Wende gehörten für mich zwei zentrale Punkte: die Bereitschaft, die Freiheit zu verteidigen, und die Verlässlichkeit der Deutschen im Bündnis. Den Nato-Doppelbeschluss durchzusetzen war ein elementarer Wendepunkt in der deutschen Außen- und Sicherheitspolitik der achtziger Jahre. Gleichzeitig hielten wir selbstverständlich am Ziel der deutschen Einheit fest.

*

Es gab eine Reihe von Entwürfen, die ständig überarbeitet werden mussten. Die meisten Vorlagen aus den Ministerien waren viel zu umfangreich und nicht selten unbrauchbar. In den letzten Tagen vor meinem Bundestagsauftritt kümmerte ich mich selbst sehr zeitaufwendig um die letzte Fassung der Regierungserklärung. Nur was sich als tatsächlich machbar erwies, sollte in diese erste Regierungserklärung aufgenommen werden. Immer wieder gab ich zu bedenken, dass bei allen Vorhaben der kurze Zeitraum bis zu den Neuwahlen am 6. März 1983 zu berücksichtigen sei. Politische Vorstellungen und Wünsche, die in diesem knappen Zeitraum nicht befriedigend zu behandeln waren, wurden erst gar nicht näher betrachtet. Über die Fortschritte bei der Erarbeitung der

Regierungserklärung hielt ich Hans-Dietrich Genscher und Alfred Dregger ständig auf dem laufenden.

Schließlich stellten wir die Regierungserklärung unter den Leitgedanken »Koalition der Mitte: Für eine Politik der Erneuerung«. Ich appellierte an die Bürger, Opfer zu bringen, und bat um Unterstützung, um die wirtschaftliche und geistige Krise zu meistern. Vor allem bekräftigte ich unser Versprechen, am 6. März Neuwahlen abzuhalten.

In der eineinhalbstündigen Rede am 13. Oktober 1982 zeichnete ich ein düsteres Bild von der politischen und wirtschaftlichen Situation der Bundesrepublik, wobei ich in den ersten Sätzen recht häufig den Begriff »Krise« verwendete. Den Sozialdemokraten warf ich vor, Kanzler Helmut Schmidt in der Innen- und Außenpolitik im Stich gelassen und die schwere Wirtschaftskrise verschuldet zu haben, in der sich unser Land befand. Dann stellte ich ein Dringlichkeitsprogramm zur Überwindung der Krise vor. Schwerpunkte waren dabei die Schaffung neuer Arbeitsplätze, die Sicherung des sozialen Netzes, eine Ausländerpolitik, die sowohl Integration als auch Rückkehr ermöglicht, und eine Erneuerung der Grundlagen in der deutschen Außen- und Sicherheitspolitik. Ich trat für eine engere Freundschaft zu Amerika ein und bekannte mich wie frühere Regierungen zur Nato, zur Abrüstung und zur Einigung Europas, wobei ich den festen Willen meiner Regierung unterstrich, den Nato-Doppelbeschluss über Mittelstreckenwaffen zu erfüllen, und zwar sowohl den Verhandlungsteil als auch – wenn notwendig – den Nachrüstungsteil.

In der Ost- und Deutschlandpolitik versprach ich, auf der Grundlage des vertraglich fixierten Modus vivendi aktive Friedenspolitik zu betreiben und dabei die Interessen der Menschen in den Mittelpunkt zu stellen. Für West-Berlin kündigte ich ein verstärktes Engagement meiner Regierung an mit dem Ziel, die Wirtschaftskraft der isolierten Stadt zu stärken.

Zum Schluss formulierte ich sieben Grundsätze unserer Politik:

»*Erstens:* Wir glauben an die Würde des Menschen, seine Einzigartigkeit und seine Freiheit. Dies verbindet uns alle.

Die erste Regierungserklärung

Zweitens: Wir sind davon überzeugt, dass freie Initiative und Leistung für den einzelnen wie für das Ganze besser sind als staatliche Lenkung und Bevormundung. Wir vertrauen auf den Bürger, der seine Zukunft in seine Hände nimmt.
Drittens: Wir wissen, dass Leistung, das schöpferische Schaffen der Menschen, einen sozialen Sinn hat und auch soziale Verpflichtung ist. Wer Leistung verweigert, obwohl er leisten könnte, handelt unsozial. Er beutet seinen Nächsten aus.
Viertens: Wir halten es für gerecht, den Zusammenhang zwischen Leistung und Gegenleistung wieder stärker herauszustellen. Wer diesen Zusammenhang leugnet, macht unser Volk ärmer und gefährdet die Grundlagen sozialer Sicherheit.
Fünftens: Wir treten dafür ein, dass der Schwache und Notleidende einen Anspruch auf solidarische Hilfe aller hat. Aber wir wissen, dass die Menschen mehr brauchen als Geld und Betreuung.
Sechstens: Wir vertrauen auf den Willen zur Gemeinsamkeit in unserem Volk. Wir wissen, dass es Partnerschaft und Solidarität über alle Gruppen und soziale Grenzen hinweg gibt.
Siebtens: Wir glauben daran, dass es vornehmste Pflicht freier

> Bürger ist, keine Anstrengung zu unterlassen, um die Freiheit zu verteidigen und anderen die Hoffnung auf Freiheit zu erhalten.«

Zum Ende der Rede zitierte ich Konrad Adenauer. Er hatte in seiner Regierungserklärung vom 20. September 1949 vor dem Deutschen Bundestag gesagt:

> »Wir hoffen – das ist unser Ziel –, dass es uns mit Gottes Hilfe gelingen wird, das deutsche Volk aufwärts zu führen und beizutragen zum Frieden in Europa und in der Welt.«

Dies galt 1949 genauso wie 1982 und wie heute.

*

In der anschließenden Debatte wurde vor allem über die Wirtschafts- und Finanzpolitik heftig gestritten. Der SPD-Opposition fiel nicht mehr ein, als das Regierungsprogramm als »Sammelsurium von Einfällen ohne Konzept« abzutun. Damit konnte ich ja noch leben. Unerträglich dagegen fand ich die unwürdigen und gehässigen Attacken gegen Hans-Dietrich Genscher, mit dem Horst Ehmke und Hans Apel hart ins Gericht gingen. Wortbruch und Verrat wurden ihm vorgeworfen, es wurde sogar behauptet, der FDP-Vorsitzende habe hinter dem Rücken Helmut Schmidts und der eigenen Partei mit mir den Weg für eine Koalition geebnet. Dass dies nicht der Wahrheit entsprach, wusste Ehmke genausogut wie andere politische Beobachter in Bonn.

Hans-Dietrich Genscher verteidigte sein Vorgehen entschieden und zerstörte schon damals eine Reihe von Legenden, die der ehemalige Regierungssprecher Klaus Bölling in seinem mit heißer Nadel gestrickten *Tagebuch* als Schuldzuweisung an die FDP ersonnen hatte.

5.
Schmerzliche Einschnitte

In der Aussprache über meine Regierungserklärung zeigten die Oppositionspolitiker wenig Nervenstärke. So hatten sie sich die Lage nach dem Verlust der Macht nicht vorgestellt. Was sie sich von den neuen Ministern Norbert Blüm, Heiner Geißler und vor allem von Gerhard Stoltenberg anhören mussten, war für sie nur schwer zu ertragen. Die schonungslose Offenlegung der Finanzlage des Bundes fiel für die Sozialdemokraten verheerend aus. Die Erblast, die wir übernehmen mussten, war wesentlich katastrophaler und schwerwiegender, als wir es alle vermutet hatten.

Mitte Oktober war offensichtlich geworden, dass sich für 1982 ein zusätzlicher Fehlbetrag von rund 5 Milliarden Mark ergab. Die Gründe für dieses peinliche Prüfungsergebnis aus dem Finanzministerium lagen auf der Hand. Die Wirtschaftsprognosen und Steuerschätzungen der abgewählten Regierung waren viel zu optimistisch gewesen, und der Konjunkturverlauf in den Sommermonaten hatte das Problem noch verschärft.

Die Regierung unter Bundeskanzler Helmut Schmidt hatte vor allem in den letzten Wochen und Monaten vor ihrem Ende eine unverantwortliche Politik der Vertuschung und der Verheimlichung unangenehmer Erkenntnisse betrieben. Es gab noch einen zweiten Tatbestand, der uns den Neuanfang erschwerte: Wir übernahmen die politische Verantwortung in einer Phase, in der wir noch für eine gewisse Periode mit einem weiteren Rückgang der konjunkturellen Entwicklung rechnen mussten. Das machte uns auch Sorgen für das Jahr 1983. So mussten wir einen zweiten Nachtragshaushalt einbringen, um das Defizit in den Griff zu bekommen. Ein radikaler Schnitt auf mehreren Politikfeldern schien uns unausweichlich zu sein, auch wenn dabei Einschnitte gemacht werden mussten, die wir in Oppositionszeiten heftig kritisiert hätten, so in der Sozial-, Renten- und Familienpolitik oder bei der Erhöhung der Beiträge zur Arbeitslosenversicherung.

Bevor das Bundeskabinett die entsprechenden Maßnahmen beschloss, wurde in den Bundestagsfraktionen von Unionsparteien und FDP heftig diskutiert. Die Fraktionsmitglieder mussten davon überzeugt werden, dass es keine Alternative zu den geplanten Sparmaßnahmen gab. Gerhard Stoltenberg, der die Hauptlast bei der Haushaltssanierung trug, engagierte sich in bewundernswerter Weise für die Durchsetzung des Sparprogramms und versuchte mit der nötigen Gelassenheit, auch den letzten Zweifler in der Fraktion für die Gesetzesvorschläge der neuen Bundesregierung zu gewinnen. Ganz wichtig war die frühzeitige Einbindung der Koalitionsfraktionen in den Gesetzgebungsprozess. Nur so konnten am Ende die unverzichtbaren Maßnahmen zum Erfolg führen.

Die Kabinettssitzung vom 27. Oktober 1982 war nicht nur die längste, sondern auch die bisher wichtigste seit der Regierungsübernahme. Nach fast achtstündiger Dauer wurden einschneidende Gesetzesentwürfe zur Konsolidierung der Staatsfinanzen beschlossen, unter anderem Entwürfe eines zweiten Nachtrags zum Bundeshaushalt 1982, des Bundeshaushalts 1983 und des »Gesetzes zur Wiederbelebung der Wirtschaft und Beschäftigung und zur Entlastung des Bundeshaushalts (Haushaltsbegleitgesetz 1983)«.

Die Ausgaben des Bundes waren 1982 gegenüber 1981 um 5,9 Prozent auf 246,6 Milliarden DM gestiegen. Für 1983 war eine Steigerung um 2,9 Prozent auf 253,8 Milliarden DM vorgesehen. Zur Begrenzung des Ausgabenanstiegs sollten soziale Leistungen gekürzt, Subventionen abgebaut, die Lohn- und Gehaltssteigerung im öffentlichen Dienst begrenzt und der Zuschuss an die Bundesanstalt für Arbeit verringert werden.

Zu den steuerlichen Kabinettsbeschlüssen zählten die Rücknahme der von der alten Regierung vorgesehenen Begrenzung des Steuervorteils beim Ehegattensplitting sowie die Anhebung des Steuersatzes bei der Besteuerung der Rücklagen für Betriebspensionen. Beschlossen wurde auch die Erhöhung der Mehrwertsteuer zum 1. Juli 1983 von 13 auf 14 Prozent beziehungsweise von 6,5 auf 7 Prozent. Gleichzeitig mit dem Wegfall der Abzugsmöglichkeit von Kinderbetreuungskosten wurde ein Kinderfreibetrag von 432 DM je Kind eingeführt.

Der Beitragssatz zur Arbeitslosenversicherung wurde zum 1. Januar 1983 von 4 auf 4,6 Prozent erhöht. Auch die gesetzliche Rentenversicherung blieb nicht unberührt: Die Rentenanpassung wurde vom 1. Januar auf den 1. Juli 1983 verschoben, und die Rentner wurden mit 1 Prozent des Rentenbetrags an den Kosten ihrer Krankenversicherung beteiligt. Schließlich beschloss das Bundeskabinett die Erhöhung der Beitragssätze zur gesetzlichen Rentenversicherung von 18 auf 18,5 Prozent vom 1. September 1983 an.

Alles in allem brachte das »Haushaltsbegleitgesetz 1983« per Saldo eine Entlastung der Haushalte der Gebietskörperschaften um rund 18 Milliarden DM.

Mitte Dezember 1982 schließlich verabschiedete der Deutsche Bundestag mit der Mehrheit der Koalitionsfraktionen das gesamte Paket zur Haushaltssanierung und zur Wiederbelebung der Wirtschaft. Auch über unseren finanz-, sozial- und wirtschaftspolitischen Kurs konnten die Wähler also bei der angestrebten Bundestagsneuwahl im März 1983 abstimmen.

Nicht wenige Kritiker auch in den eigenen Reihen warnten angesichts dieser Perspektive vor übertriebenem »Kaputtsparen«, weil sie eine Abstrafung bei der März-Wahl befürchteten. Doch es gab keine vernünftige Alternative. Zwar setzte ich auf Vernunft und Einsicht der Mehrheit unserer Bürger, doch blieb auch für mich ein Quentchen Unsicherheit. Wie würden die Wähler in der Wahlkabine entscheiden?

6.
Außenpolitische Akzente

Die schwerste Wirtschaftskrise seit Bestehen der Bundesrepublik Deutschland hatte eine weltweite Dimension, war aber auch auf Fehlentwicklungen im eigenen Land zurückzuführen. Damit waren die Ansatzpunkte unserer Wirtschaftspolitik vorgegeben: Kampf gegen Wachstumsschwäche und Arbeitslosigkeit durch verstärkte Anstrengungen im eigenen Land und enge Abstimmung dieser Politik mit den Partnerländern. So richtig es war, dass wirtschaftliche Gesundung im eigenen Land beginnen musste, so wichtig war eine wirkungsvolle Zusammenarbeit auf bilateraler Ebene: in der Europäischen Gemeinschaft, im Kreis der westlichen Industrieländer, aber auch in den verschiedenen UN-Organisationen.

Trotz der anstrengenden Bemühungen um die zwingend notwendige Haushaltssanierung durfte ich daher die außenpolitischen Verpflichtungen der neuen Bonner Regierung nicht aus dem Auge verlieren. Zwischen zeitaufwendigen Kabinettssitzungen, Fraktionsgeprächen und Treffen von Präsidium und Vorstand der Bundespartei standen wichtige außenpolitische Besuchstermine an. Auch hier galt es, Akzente zu setzen und Weichen zu stellen.

Meinem Blitzbesuch in Paris folgten am 21. und 22. Oktober 1982 die 40. deutsch-französischen Konsultationen, zu denen Frankreichs Staatspräsident mit großem Gefolge nach Bonn kam. Die deutsch-französische Zusammenarbeit, die vor nun bald zwanzig Jahren im Élysée-Vertrag von Konrad Adenauer und Charles de Gaulle begründet worden war, verstanden wir nicht als eine Zusammenarbeit, die andere ausschloss. Sie befruchtete vielmehr auch den Zusammenhalt und die Zusammenarbeit in der Europäischen Gemeinschaft und festigte das Atlantische Bündnis. Aus gemeinsamer Besorgnis über Fragen der Sicherheit vereinbarten wir regelmäßige Vierer-Gespräche der Außen- und Verteidigungsminister beider Länder. Damit aktivierten wir nach neunzehn Jahren zum ersten Mal eine wichtige im Élysée-Vertrag getroffene Übereinkunft.

Aber unser Augenmerk beschränkte sich keinesfalls nur auf die Zusammenarbeit der Regierungen, sondern galt auch den damals mehr als tausend Städtepartnerschaften, dem Austausch zwischen Universitäten und vor allem auch der Begegnung junger Menschen. Das Deutsch-Französische Jugendwerk beispielsweise hatte es bis 1982 über vier Millionen jungen Franzosen und Deutschen ermöglicht, einander besser kennen- und verstehen zu lernen.

Es blieb allerdings noch viel zu tun: Eine wichtige Voraussetzung für das gegenseitige Verständnis unserer Völker war und ist die Kenntnis der Sprache des anderen. Vor allem der jungen Generation mussten wir die Chancen deutlich machen, die das Erlernen und die Beherrschung der Sprache des jeweils anderen ihnen bietet. Ich war zum Beispiel immer sehr froh darüber, dass unser Sohn Peter in Frankreich die Schule besuchen konnte.

In den ersten vier Wochen meiner Kanzlerschaft begegnete ich zweimal der britischen Regierungschefin Margaret Thatcher. Sie war 1970 als einzige Frau in die Regierung von Edward Heath eingetreten, in der sie als Ministerin für Bildung fungierte. Nach der Wahlniederlage 1975 übernahm sie die Führung der konservativen Opposition im Unterhaus und wurde noch im gleichen Jahr Parteichefin der Konservativen. 1979 gewann die Conservative Party mit absoluter Mehrheit die Neuwahlen zum Unterhaus, und Margaret Thatcher wurde die erste weibliche Regierungschefin Großbritanniens. Bis zu ihrem Sturz 1990 begegneten wir uns viele Male. Die gefürchtete »eiserne Lady« sollte mir noch manches Kopfzerbrechen bereiten. Vor allem beim Wiedervereinigungsprozess 1989 spielte sie eine unfreundliche, ja gefährliche Rolle.

Am 28. und 29. Oktober 1982 kam die britische Premiermini-

Beim Begrüßungszeremoniell mit dem französischen Präsidenten, der mit großem Gefolge zu den 40. deutsch-französischen Konsultationen gekommen ist

sterin zum zwölften deutsch-britischen Gipfeltreffen nach Bonn. Im Mittelpunkt unserer Begegnung standen im wesentlichen europäische und internationale Fragen, bei denen wir weitestgehende Übereinstimmung erzielten. Mit großer Befriedigung nahm ich die britische Zusage zur Kenntnis, die Rheinarmee und die britischen Luftstreitkräfte auf deutschem Boden ungeschmälert zu erhalten. Die Präsenz britischer Soldaten am Rhein und in Berlin stärkte das Nato-Bündnis und festigte unsere politischen Beziehungen.

Im Anschluss an das Gipfeltreffen stattete die Premierministerin Berlin einen Besuch ab. Für mich war dies ein überzeugender Ausdruck des Engagements, mit dem Großbritannien zusammen mit Frankreich und den Vereinigten Staaten Freiheit und Sicherheit unserer alten Hauptstadt verbürgte. Es mag heute etwas altmodisch klingen, ist aber wahr: Die Bundesregierung war Frau Thatcher für diese Geste der Freundschaft und Verbundenheit mit allen Deutschen von Herzen dankbar.

Mein Besuch in Rom am 2. November 1982 diente ebenso wie die Besuche in anderen europäischen Hauptstädten einer ersten

Margaret Thatcher bereitete mir immer wieder Kopfzerbrechen

Kontaktaufnahme mit einem wichtigen Partner in der Europäischen Gemeinschaft und in der Atlantischen Allianz. In Gesprächen, die ich an diesem Dienstag mit den Spitzenpolitikern der regierenden Democrazia Cristiana und der Sozialistischen Partei führte, ergab sich eine große Übereinstimmung in Fragen der europäischen Einigung.

Besonders beeindruckt war ich von meiner Unterredung mit Papst Johannes Paul II., der sich leidenschaftlich für religiöse Freiheit und Menschenrechte und für den Dialog mit Andersdenkenden einsetzte. Mit herzlichen Worten würdigte der Papst die große Hilfsbereitschaft der Deutschen gegenüber seinen Landsleuten in Polen.

Nicht unerwähnt lassen möchte ich mein Treffen mit dem luxemburgischen Ministerpräsidenten Pierre Werner am 5. November. Mir war aus mehreren Gründen an dieser Begegnung besonders gelegen: zum einen weil ich den luxemburgischen Regierungschef und sein Engagement für die europäische Einigung sehr schätzte, zum anderen weil ich mich als ehemaliger Ministerpräsident von Rheinland-Pfalz Luxemburg persönlich verbunden fühlte, und nicht zuletzt auch deshalb, weil sich europäische Zusammenarbeit gerade auch im Respekt vor einem kleineren europäischen Nachbarn zu bewähren hatte.

Bei meinem offiziellen Besuch in den USA vom 14. bis 16. November 1982 beeindruckte mich der überaus freundschaftliche und sehr herzliche Empfang, den Präsident Ronald Reagan und die Mitglieder der amerikanischen Regierung mir, meiner Frau und unserer Delegation bereiteten.

1982 leisteten die Vereinigten Staaten nun schon seit mehr als drei Jahrzehnten einen entscheidenden Beitrag zur Sicherung des Friedens in Europa. Die amerikanische Regierung war mit uns davon überzeugt, dass die unverminderte Präsenz amerikanischer Truppen in Europa als Garantie für die gemeinsame Sicherheit unerlässlich bliebe.

Acht amerikanische Präsidenten und sechs deutsche Bundeskanzler hatten ungeachtet aller innenpolitischen Veränderungen in unseren Ländern zu dieser deutsch-amerikanischen Partnerschaft beigetragen. Diese Partnerschaft zu festigen sah ich als eine meiner wichtigsten Aufgaben an. Dazu gehörte, dass wir bei den Vereinigten Staaten für unsere Interessen warben, dazu gehörte aber auch, dass wir die USA nach unseren Möglichkeiten und Kräften darin unterstützten, die gemeinsamen Interessen der freien Industriestaaten zu sichern.

Der Tod von Staats- und Parteichef Leonid Breschnew wenige Tage zuvor, am 10. November, und die Bestellung von Jurij Andropow zu seinem Nachfolger als Generalsekretär gaben dem Meinungsaustausch mit Präsident Reagan und mit Außenminister George Shultz über die Ost-West-Beziehungen besondere Bedeutung. Gerade in dieser Lage war die auf Festigkeit und Verhandlungsbereitschaft zugleich gegründete Politik des Bündnisses besonders wichtig.

Der Präsident und ich waren uns über die Bedeutung des Nato-Doppelbeschlusses für ein Gleichgewicht der militärischen Kräfte einig. Erneut unterstrich ich, welch großen Wert wir auf ernsthafte Abrüstungsverhandlungen in Genf legten und dass wir die laufenden Verhandlungen mit großer Aufmerksamkeit verfolgten. Unabdingbare Voraussetzung für einen Erfolg dieser Verhandlungen war unsere feste Entschlossenheit, die Mittelstreckenwaffen zu stationieren, wenn dies notwendig werden sollte. Für diesen Fall galten die im Doppelbeschluss vereinbarten Zahlen der zu stationierenden Systeme und die Vereinbarungen über die zeitlichen Abläufe der Vorbereitungsarbeiten.

Ich erinnere mich noch gut an diese allererste Reise als Bundeskanzler nach Amerika, der noch viele folgen sollten. Mein Besuch 1982 bestätigte klar, dass es sich lohnte, in Freundschaft und in kooperativem Geist, aber auch in aller Offenheit miteinander zu sprechen. Das war eine politische Maxime, an der ich mich in den sechzehn Jahren meiner Kanzlerschaft mit Erfolg orientierte.

Offenheit hieß immer auch, die eigenen Interessen klar darzulegen. So erinnerte ich Ronald Reagan daran, dass wir ein geteiltes Land an der Nahtstelle zwischen Ost und West waren und dass Mauer und Stacheldraht mitten durch Deutschland führten. Diese Lage zwischen den Blöcken brachte es mit sich, dass wir Deutsche für Entwicklungen der Weltpolitik sensibler waren als andere. Besonders exponiert war in dieser Hinsicht Berlin, eine Stadt, die dem Präsidenten von seinem kürzlichen Besuch noch sehr gegenwärtig war, und so sprach ich mit Reagan auch darüber, dass uns Berlins wirtschaftliche Lage Sorge bereitete.

Der 40. Präsident der Vereinigten Staaten, ein Mann der vielgeschmähten »konservativen Revolution«, machte auf mich einen nachhaltigen Eindruck. Sein klarer Blick auf die Weltlage, seine realistische Einschätzung des Ost-West-Gegensatzes und seine sprichwörtlichen Interessen und Sympathien für Deutsche, deutsche Geschichte und europäische Kultur überraschten mich. Gerade mal zwei Jahre im Amt, hatte Ronald Reagan innen- wie außenpolitisch ein Tempo vorgelegt, das mich faszinierte. Seine Erfolge vor allem auf wirtschaftspolitischem Gebiet waren für jedermann ersichtlich. In seiner achtjährigen Amtszeit konnte ich eine Menge positiver Überraschungen erleben. Für den Augenblick war ich dankbar, in Washington einen Politiker von diesem Format näher kennen- und schätzengelernt zu haben. Mit ihm verband mich weit mehr als die häufig bemühten freundschaftlichen Beziehungen, wie sie unter amtierenden Politikern so gern zitiert werden.

Ein Abstecher nach New York brachte mich auch mit UNO-Generalsekretär Pérez de Cuéllar zusammen, der eine Reihe politischer Krisen in einzelnen Regionen der Welt ansprach. Bei diesem Treffen im UNO-Hauptquartier versicherte ich, dass auch die neue Bundesregierung ihre aktive und konstruktive Mitarbeit in den Vereinten Nationen fortsetzen werde.

Schon seit vielen Jahren hatten meine Gespräche mit den Mitgliedern des American Jewish Committee und weiteren Vertretern jüdischer Organisationen in New York Tradition. Jetzt begegnete ich ihnen zum ersten Mal als Bundeskanzler. Auf die Frage nach den außenpolitischen Schwerpunkten der neuen Bundesregierung insbesondere gegenüber Israel und der Palästinensischen Befreiungsfront verwies ich auf meine Ämter als Parteivorsitzender und als Bundeskanzler. Als Parteivorsitzender stand ich in der Tradition Adenauers, der sich hier in New York erstmals mit Ministerpräsident Ben Gurion getroffen hatte. Als Bundeskanzler gehörte ich als erster in diesem Amt der Nachkriegsgeneration an. Meine Eltern seien keine Nazis gewesen und ich selbst sei bei Ende der Nazi-Zeit erst fünfzehn Jahre alt gewesen, erläuterte ich. Ich wisse aber natürlich, was geschehen sei, und ich könne meinen Kindern nur wünschen, dass sie nie den Versuchungen ihrer Großeltern ausgesetzt würden.

Was das Verhältnis zu Israel anging, so verwies ich auf Grundsatzbeschlüsse meiner Partei, wonach die guten Beziehungen zwischen beiden Staaten weiter gefestigt werden müssten, und stellte eine baldige Reise nach Israel in Aussicht. Gleichzeitig erläuterte ich einige Aspekte unserer besonderen Probleme: Die deutsche Kulturgeschichte sei aufs engste mit der arabischen Welt verbunden, und diese alten Beziehungen mit den Arabern würden wir genauso erhalten wollen, wie wir unsere neugewonnene Freundschaft mit dem Volk und dem Staat Israel ausbauen und verstärken wollten.

Mehrfach wurde das Problem des Rechtsradikalismus in der Bundesrepublik angesprochen. Ich versuchte meine Gesprächs-

Mit Ronald Reagan, den ich am 14. November in Washington traf, verbanden mich mehr als freundschaftliche Beziehungen

partner zu beruhigen und versicherte ihnen, dass wir dieses Problem sorgfältig beobachteten. Seit mehr als zwanzig Jahren hatte ich mich intensiv mit dem Neonazismus befasst, und so konnte ich guten Gewissens bestreiten, dass es bei der jungen Generation zu einer wesentlichen Zunahme rechtsextremer Tendenzen gekommen wäre. Dennoch gelang es mir nicht ganz, die Ängste der jüdischen Gesprächspartner in New York vor einem Wiedererstarken des Nazismus in der Bundesrepublik zu zerstreuen.

*

Diese und viele weitere Gespräche und Begegnungen in den ersten acht Wochen meiner Kanzlerschaft zeigten die Außen- und Sicherheitspolitik der neuen Bundesregierung in klaren Konturen: Das Nordatlantische Bündnis und die Freundschaft und Partnerschaft mit den Vereinigten Staaten von Amerika waren das Fundament unserer Sicherheitspolitik. Nur auf dieser Grundlage war wirkliche Entspannungspolitik möglich. Diesem Ziel dienten Vereinbarungen zu Rüstungskontrolle und Abrüstung, mit denen das

Gleichgewicht der militärischen Kräfte auf einem möglichst niedrigen Niveau festgeschrieben werden sollte.

Der Dialog in den Ost-West-Beziehungen blieb nützlich und notwendig. Er trug dazu bei, die Teilung Europas und Deutschlands für die Menschen erträglicher zu machen und langfristig zu überwinden. Auch wenn die Unionsparteien einst die Schlussakte von Helsinki abgelehnt hatten, bestand die neue Bundesregierung jetzt auf strikter Einhaltung der Abmachungen und trat für eine Stärkung des KSZE-Prozesses ein, der 1973 mit der ersten »Konferenz für Sicherheit und Zusammenarbeit in Europa« (KSZE) begonnen hatte. Teilnehmer dieser blockübergreifenden Konferenz in Helsinki waren die USA, Kanada, die Sowjetunion und alle europäischen Staaten außer Albanien. Vor allem drei Elemente prägten die Schlussakte von Helsinki: die Anerkennung der Nachkriegsgrenzen, eine stärkere wirtschaftliche Zusammenarbeit zwischen West und Ost und Zugeständnisse des Ostblocks in bezug auf die Achtung der Menschenrechte.

7.
Operation Neuwahlen

Ich weiß nicht, was passiert wäre, hätte ich die Parteigremien oder die Bundestagsfraktion über die Frage entscheiden lassen, ob es vorgezogene Neuwahlen des Bundestages geben sollte oder ob wir den Rest der Legislaturperiode bis zum nächsten regulären Wahltermin 1984 abwarten sollten. Die Meinungen in dieser Frage gingen weit auseinander, nicht nur bei der FDP, auch in unseren Reihen.

Helmut Schmidt verlangte nach seinem Sturz natürlich sofort Neuwahlen, möglichst noch im November, und Franz Josef Strauß blies ins gleiche Horn. Beide hatten nur eins im Sinn: die Schädigung der FDP, Genschers politisches Aus. Bei sofortigen Neuwahlen, so ihr Kalkül, würden ihn die Wähler abstrafen und nicht mehr für ihn votieren, weil sie es ihm übelnahmen, den Koalitionswechsel mitvollzogen zu haben. Von Anfang an hatte ich mich gegen diese Strategie eingesetzt.

Ich bin mir bis heute nicht sicher, ob es im CDU-Bundesvorstand oder im CDU-Präsidium für meinen Weg eine eindeutige Mehrheit gegeben hätte. Von der CSU wusste jedermann, dass sie in dieser wichtigen Frage geschlossen hinter Strauß stand. Für Neuwahlen ein halbes Jahr nach Regierungsübernahme hätte sich zum damaligen Zeitpunkt in den Parteigremien der CSU nie und nimmer eine Mehrheit gefunden. Also musste ich dieses Thema von Anfang an kleinhalten, es möglichst selten ansprechen, schon gar nicht in der Öffentlichkeit breittreten.

In den Koalitionsvereinbarungen vom September 1982 stand kein einziges Wort über Neuwahlen. Zwischen Hans-Dietrich Genscher und mir gab es zu diesem Zeitpunkt jedoch längst die klare Absprache, Neuwahlen nach einem angemessenen zeitlichen Übergang herbeizuführen. Doch selbst zwischen uns beiden war der Weg dorthin keineswegs ausdiskutiert. Auch der gelernte Jurist Genscher wusste damals noch nicht vorauszusehen, wie Neuwahlen zu bewerkstelligen sein könnten. Klar war nur, dass sie kommen müssten.

Hans-Dietrich Genscher hatte in den ersten Wochen unserer neuen Zusammenarbeit alle Hände voll zu tun, die zerstrittene FDP zusammenzuhalten. Beinahe täglich meldeten sich Liberale zu Wort, die zum Teil mit großem Getöse die Partei verließen und manch anderen zum Parteiaustritt ermunterten. Dieser Aderlass drohte zur ernsthaften Gefahr für die FDP zu werden. Als dann auch noch ein Gegenkandidat gekürt wurde, der Genscher vom Parteivorsitz verdrängen sollte, gingen nicht nur bei den Genscher-Getreuen die Alarmglocken an.

Hinzu kam eine unerträgliche Propagandalawine der SPD, die Genscher des Koalitionsbruchs bezichtigte. So goss Helmut Schmidt noch einmal kräftig Öl ins Feuer, als er Ende Oktober 1982 vor der SPD-Bundestagsfraktion erklärte, er werde aus gesundheitlichen Gründen nicht mehr als Spitzenkandidat seiner Partei für das Amt des Bundeskanzlers antreten, und bei der Gelegenheit erneut Teile der FDP auf die Anklagebank setzte. Unter diesen Umständen hatte Genscher es verdammt schwer, sich Gehör zu verschaffen und die Wahrheit über die Schuldfrage unters Volk zu bringen.

Auf dem Berliner Parteitag der FDP vom 5. bis 7. November 1982 trat der Parteivorsitzende mit großer Überzeugungskraft der Legende vom Verrat entgegen. Seine Botschaft entsprach der Wirklichkeit: Es war die SPD, die Helmut Schmidt im Stich gelassen hatte, und nicht die FDP.

In einer Kampfabstimmung setzte sich Genscher gegen seinen Konkurrenten Uwe Ronneburger durch. Zuvor hatten sich Befürworter und Gegner des Koalitionswechsels mehrere Stunden lang harte Wortgefechte geliefert. Am Ende billigten die Parteitagsdelegierten mit 210 gegen 181 Stimmen bei 7 Enthaltungen zwar Genschers Weg, doch die Partei schien gespalten zu sein. Aber bis zum

Neuwahltermin im März 1983 blieb noch genügend Zeit zur Konsolidierung – zumindest hofften das viele Beobachter aus dem Regierungslager und auch ich.

Schon früh hatten Hans-Dietrich Genscher und ich uns auf den 6. März 1983 als Termin für Neuwahlen verständigt. Bis dahin musste das schwierige Prozedere zur Auflösung des Bundestags erfolgreich abgeschlossen sein. Darüber in aller Öffentlichkeit zu reden verbot schon die Achtung vor dem Amt des Bundespräsidenten, der in dieser Sache aktiv werden musste und selbst über den Wahltermin zu bestimmen hatte.

In meiner Regierungserklärung vom 13. Oktober 1982 nannte ich den 6. März erstmals ganz bewusst als Wunschtermin der Regierungskoalition. Damit war das Thema endgültig in der Öffentlichkeit und Gesprächsstoff Nummer eins. Was uns unsere politischen Gegner nicht zugetraut hatten, sollte nun Realität werden.

In meiner Partei hatte ich seit der Wahl zum Bundeskanzler immer wieder vorsichtig darauf hingewiesen, dass Neuwahlen unumgänglich seien, denn wir brauchten mindestens eine Legislaturperiode, um die großen Reformvorhaben in Angriff nehmen zu können. Auch in der Bundestagsfraktion sprach ich dieses Thema wiederholt an und ging mit einer solchen Selbstverständlichkeit davon aus, als wären Neuwahlen fester Bestandteil der Koalitionsverhandlungen gewesen. Sie waren es jedoch nicht, es gab lediglich mündliche Absprachen. Zwar wurden immer wieder warnende Worte vor erneutem Machtverlust laut, aber es entstand keine ernsthafte Debatte über das Für oder Wider von Bundestagsneuwahlen. Alfred Dregger verstand es, auf seine Weise und mit seiner ganzen Autorität als Fraktionsvorsitzender Debatten darüber zu unterbinden und den Wahltermin als unumkehrbar darzustellen. Neben ihm war es vor allem Gerhard Stoltenberg, der bei seinen Erklärungen über die wahre Finanzlage des Bundes in der Fraktion immer wieder darauf hinwies, dass die zwingenden langfristigen finanzpolitischen Entscheidungen ohne ein klares Wählervotum nicht zu bewerkstelligen seien. In seiner nüchternen norddeutschen Art argumentierte er mit Zahlen und Fakten, die eine

Diskussion über Sinn oder Unsinn von Neuwahlen praktisch ausschlossen.

Die FDP ihrerseits hatte sich spätestens auf dem Berliner Parteitag endgültig darauf festgelegt, die Bürger zu befragen, ob sie der neuen Koalition den Regierungsauftrag erteilen würden. Auch wenn Teile der CSU nach wie vor über den späten Wahltermin murrten und um die absolute Mehrheit der Unionsparteien fürchteten, blieb der Schwesterpartei angesichts dieser Lage nichts anderes übrig, als mitzuziehen. Und spätestens nach einem Gespräch, zu dem ich alle Parteivorsitzenden eingeladen hatte, sprachen sich auch die Sozialdemokraten für Neuwahlen im März 1983 aus. Meine eigene Partei folgte wort- und klaglos dem Parteichef und Bundeskanzler. Damit war der Zug Richtung Neuwahlen längst abgefahren und konnte von niemandem mehr aufgehalten werden. Die Stimmen, die Neuwahlen für einen schweren Fehler hielten und die Union schon wieder auf den Oppositionsbänken wähnten, verstummten zwar keineswegs, sie fanden aber auch keine besondere Resonanz.

Noch war allerdings die Frage, wie der Bundestag aufgelöst werden könne, ohne das Grundgesetz zu verletzen und einen möglichen Einspruch des Bundesverfassungsgerichts zu provozieren, nicht geklärt. Die eigentliche Operation Neuwahlen stand uns erst noch bevor.

Dabei fiel dem Bundespräsidenten die entscheidende Rolle zu. Ich wusste, wie sehr Karl Carstens der Union und auch mir geneigt war. Aber ein Staatsrechtler wie Carstens tat nichts gegen seine Überzeugung. Ihm musste ein Weg zur Auflösung des Parlaments vorgezeichnet werden, der juristisch Bestand hatte, auch vor dem Bundesverfassungsgericht. Es gab nur ein einziges, sehr kompliziertes Verfahren dazu: Nach Artikel 68 des Grundgesetzes hatte der Bundeskanzler die Möglichkeit, die Mitglieder des Deutschen Bundestags zu fragen, ob für die Weiterarbeit der Bundesregierung eine hinreichende parlamentarische Basis gegeben sei. Diese Frage wollte ich zur gegebenen Zeit stellen. Artikel 68, Absatz 1 des Grundgesetzes hat folgenden Wortlaut:

»Findet der Antrag des Bundeskanzlers, ihm das Vertrauen auszusprechen, nicht die Zustimmung der Mehrheit der Mitglieder des Bundestages, so kann der Bundespräsident auf Vorschlag des Bundeskanzlers binnen einundzwanzig Tagen den Bundestag auflösen. Das Recht erlischt, sobald der Bundestag mit der Mehrheit seiner Mitglieder einen anderen Bundeskanzler wählt.«

Ein solches Verfahren hatte es in der Geschichte der Bundesrepublik Deutschland erst zweimal gegeben: Im September 1972 stellte Bundeskanzler Willy Brandt diesen Antrag mit dem erklärten Ziel, durch Ablehnung des Antrags in die Lage versetzt zu werden, dem Bundespräsidenten die Auflösung des Bundestages vorzuschlagen. Damit wollte er die damalige parlamentarische Pattsituation auflösen. Zehn Jahre später, im Februar 1982, hatte Bundeskanzler Helmut Schmidt einen solchen Antrag gestellt, um sich der Zustimmung der damaligen Koalition zu vergewissern. Auch wenn die Gründe im Jahr 1972 andere waren, knüpfte ich an das von Bundeskanzler Brandt damals genannte Ziel an, um den Weg zu Neuwahlen zu öffnen.

*

Das Grundgesetz ist wahrscheinlich eine der klügsten Verfassungen der Welt, auf jeden Fall ist es die beste deutsche Verfassung. Immerhin hatten 1949 auch die westlichen Siegermächte Frankreich, Großbritannien und die USA an seiner Entstehung mitgewirkt. Nicht im Grundgesetz vorgesehen ist allerdings die Möglichkeit zur Auflösung des Parlaments. In Verfassungen vergleichbarer Länder dagegen, zum Beispiel in Österreich, Italien oder Großbritannien, ist der jeweilige Regierungschef, Ministerpräsident oder Premierminister in der Lage, das Parlament aufzulösen, ohne jemanden zu fragen. In der Bundesrepublik war man sich dieser Problematik durchaus bewusst, und so trat 1978 eine Enquetekommission für Verfassungsfragen in Bonn zusammen, in der alle Mitglieder übereinstimmend der Meinung waren, die Regelung zur Auflösung des Bundestags müsse geändert werden. Doch leider kam es nicht zu einer Neuregelung, denn alle Parlamentskommissionen erledigen nur das, was unbedingt jetzt und gleich erledigt werden muss. Und eine Regelung zur Parlamentsauflösung wurde damals nicht als Thema angesehen, das dringend einer Gesetzesnovellierung bedurfte.

Es führte also kein Weg an der durchaus problematischen Anwendung von Artikel 68 des Grundgesetzes vorbei. Wir hatten durch den Koalitionswechsel eine parlamentarische Mehrheit, sonst wäre ich am 1. Oktober 1982 nicht zum Bundeskanzler gewählt worden. Und an diesen Mehrheitsverhältnissen hatte sich auch nichts geändert. Um den formalen Anforderungen zu genügen und den Weg zu Neuwahlen zu ebnen, musste diese Mehrheit nun aber dem von ihr gewählten Bundeskanzler in der Vertrauensfrage die Gefolgschaft verweigern.

Es kam zu einer intensiven öffentlichen Diskussion über den Anwendungsbereich des Artikels 68 des Grundgesetzes wie auch über andere Wege zur Auflösung des Bundestags während einer Legislaturperiode. Einige prominente Verfassungsrechtler äußerten sich kritisch und meinten, die Parlamentsauflösung nach Artikel 68 sei verfassungsrechtlich höchst bedenklich, ja sogar verfassungswidrig. Sie argumentierten, dass eine Vertrauensfrage des Bundeskanzlers in der gegebenen Lage keine echte Vertrauensfrage sei, da ich über eine deutliche Mehrheit im Parlament verfügen würde. Daher wäre es ein Missbrauch des Instruments der Vertrauensfrage, wollten wir auf diesem, in der Verfassung nicht vorgesehenen Weg die Auflösung des Bundestags erreichen.

Andere hingegen vertraten den Standpunkt, dass unter besonderen Umständen auch ein Bundeskanzler, der bisher das Vertrauen der Mehrheit gehabt habe, den Weg nach Artikel 68 beschreiten könne. Das sei beispielsweise dann möglich, wenn die politischen Verhältnisse unstabil seien oder es zweifelhaft sei, ob er auch in Zukunft eine solide Mehrheit haben werde.

Was wäre wohl geschehen, wenn zu dieser Zeit ein anderer als Karl Carstens Bundespräsident gewesen wäre? Sein Vorgänger im Amt, Walter Scheel, hatte sich bereits dezidiert gegen die Parlamentsauflösung ausgesprochen. Der Mann, der so gerne noch eine zweite Amtszeit gehabt hätte, gab zu Protokoll, dass er wüsste, was er zu tun hätte, wenn er noch im Amt wäre.

Das ließ den amtierenden Bundespräsidenten ziemlich kalt. Karl Carstens führte auch mit den Spitzenvertretern der SPD-Opposition mehrere Gespräche und gerierte sich nicht einen Moment als Interessenvertreter einer Partei. Er knüpfte einige Bedingungen an das Verfahren und gab sich alle nur erdenkliche Mühe, um einen staatsrechtlich einwandfreien Weg auszuarbeiten.

Nachdem ich ihm am 10. November 1982 erstmals mein Ansinnen vorgetragen hatte, den Antrag nach Artikel 68 des Grundgesetzes zu stellen, hatte ich mit ihm eine Reihe intensiver Gespräche, bei denen er viele Fragen stellte und auf seine ernsthaften Bedenken hinwies. Der Bundespräsident machte mir klar, dass es neben der Abstimmungsniederlage weitere Elemente geben müsse, die den eingeschlagenen Weg verständlich machten. Um die vorgeschriebenen Schritte einleiten zu können, müsse er ganz persönlich die Überzeugung gewinnen, dass die Koalitionsregierung in wichtigen Fragen der Innen- und Außenpolitik keine Mehrheit im Parlament habe. Ähnlich äußerte sich der Bundespräsident gegenüber Hans-Dietrich Genscher und Franz Josef Strauß, der den von mir eingeschlagenen Weg inzwischen unterstützte.

Unentbehrliche Überzeugungsarbeit leistete Alfred Dregger im Bundespräsidialamt. In seiner Funktion als Vorsitzender der größten Regierungsfraktion übernahm er eine wichtige Aufgabe, als er dem Bundespräsidenten unumwunden erklärte, dass die Unionsfraktion dieser Bundesregierung nach Annahme des Haushalts und des Sofortprogramms keine weitere Unterstützung geben werde, weil die Fraktion der Öffentlichkeit gegenüber im Wort sei und zu dem Versprechen stehe, das ich in meiner Regierungserklärung gegeben hatte. Uns war es ernst mit der Absicht, Neuwahlen zu erreichen.

In diesen politisch aufgeheizten Bonner Tagen stand mir Waldemar Schreckenberger als herausragender Fachberater zur Seite. Der Chef des Bundeskanzleramts hielt engen Kontakt zum Bundespräsidialamt. In Schreckenberger traf der Bundespräsident auf einen Gesprächspartner, wie er für die Klärung der anstehenden Fragen qualifizierter nicht hätte sein können.

Schließlich stellte ich am 13. Dezember 1982 im Deutschen Bundestag die Vertrauensfrage. Drei Tage später verabschiedete das Bonner Parlament in Dritter Lesung mit einer eindrucksvollen Mehrheit das Haushaltsgesetz für 1983 sowie die Begleitgesetze dazu. Damit war unser begrenzter Auftrag erfüllt, nämlich die Fahrt unseres Landes in den finanziellen Abgrund zu bremsen, erste Signale für den wirtschaftlichen Aufschwung zu setzen, die Irritationen über die Position der Bundesrepublik Deutschland im westlichen Bündnis auszuräumen und unser Land wieder zu einem kalkulierbaren Friedensfaktor in der internationalen Politik zu machen. So war es nur folgerichtig, dass die Unionsfraktion nun einen Appell direkt an die Adresse des Bundespräsidenten richtete, dass sie nicht mehr bereit sei, dieser oder einer anderen Regierung die parlamentarische Unterstützung zuzusagen. Dieser Beschluss sei unumstößlich.

Am Tag nach der Verabschiedung des Haushalts für das Jahr 1983 wurde über meinen Antrag zur Auflösung des Bundestags beraten. Es war zunächst meine Aufgabe, den Parlamentariern die Gründe für diesen Schritt zu erläutern. Ich verwies auf das Dringlichkeitsprogramm, das mittlerweile verabschiedet worden war. Damit sei keine parlamentarische Grundlage mehr für die Weiterarbeit der Koalition gegeben. Nun sollten die Koalitionsparteien die Wähler bitten, ihnen den Auftrag für eine langfristige Politik der neuen Koalition der Mitte zu geben. Noch einmal hob ich die wichtigsten Gesichtspunkte hervor:

> »Die Koalition braucht als Grundlage für die notwendige, langfristige und breit angelegte Politik der Erneuerung eine Entscheidung des Wählers.
> Alle im Deutschen Bundestag vertretenen Parteien wollen Neuwahlen. Es gibt keine Mehrheit des Bundestages, die bereit ist, eine andere Regierung zu wählen.
> Mit ihrem Wunsch nach Neuwahlen entsprechen die Parteien einem Wunsch der großen Mehrheit unserer Bevölkerung.

Meine Damen und Herren, ich bitte Sie, diese Entscheidung zu der von mir gestellten Frage nach Ihrem Gewissen zu treffen.«

Der Bundesvorsitzende der SPD, Willy Brandt, trug rechtliche Bedenken gegen das von mir gewählte Verfahren vor, vermied es aber, mein Vorgehen als verfassungswidrig oder als Verletzung der Verfassung zu bezeichnen. Unmissverständlich stellte er klar, dass auch die deutschen Sozialdemokraten zu Neuwahlen bereit seien.

Bedenkenträger gab es in allen Parteien reichlich, vor allem unter denjenigen Abgeordneten, die der FDP den Rücken gekehrt hatten. Doch auch ihre Argumente klangen wenig überzeugend. Überzeugend fiel dagegen das Abstimmungsergebnis über die Vertrauensfrage aus: 8 Abgeordnete stimmten mit Ja, 227 Parlamentarier stimmten mit Nein, und 259 enthielten sich. Damit war mir das Vertrauen entzogen, und ich eilte noch am gleichen Tag zum Bundespräsidenten, dem ich mündlich wie schriftlich vorschlug, das Parlament aufzulösen.

Jetzt begann für den Bundespräsidenten die im Grundgesetz vorgeschriebene Frist von einundzwanzig Tagen, innerhalb deren er die Entscheidung treffen muss, ob er den Bundestag auflösen oder die bisherige Regierung als Minderheitsregierung im Amt belassen will. Er nutzte diese Zeit für weitere Unterredungen, unter anderem mit Gerhard Stoltenberg. Der Finanzminister versicherte Karl Carstens, im Interesse einer Konsolidierung des Haushalts bis 1984 seien drastische Maßnahmen erforderlich. Da der Koalition unter den jetzt gegebenen Bedingungen dazu jedoch die Kraft fehle, seien Neuwahlen im Interesse des Landes unumgänglich.

Am 5. Januar 1983 kam es in dieser Sache zu einem letzten Treffen des Bundespräsidenten mit den Vertretern der Regierungskoalition. Noch einmal wurden wir gefragt, ob nicht doch noch eine Chance bestehe, die Koalition fortzusetzen. Diese Frage wurde von allen Teilnehmern der Runde eindeutig verneint. Karl Carstens stellte daraufhin seine baldige Entscheidung in Aussicht und kritisierte bei dieser Gelegenheit den von Genscher und mir schon im Herbst 1982 angepeilten Neuwahltermin 6. März 1983. Die

Entscheidung darüber stehe ihm und keinem anderen zu. Natürlich hatte er recht. Seine Rüge änderte aber nichts an den Fakten, die wir in bester Absicht schon früh geschaffen hatten.

Jetzt ging es Schlag auf Schlag. Schon am nächsten Tag löste der Bundespräsident den Bundestag auf. Zugleich setzte er den Termin für die Neuwahl des Bundestags auf den 6. März 1983 fest.

*

Damit war ein schwieriger Entscheidungsprozess zu Ende gegangen, der dem dringenden Wunsch der Koalition der Mitte entsprach. Ich weiß von vielen Gesprächen mit Karl Carstens, dass diese Entscheidung zur Parlamentsauflösung für ihn die schwierigste seiner gesamten Amtszeit war.

Trotz der Kritik namhafter Verfassungsrechtler am Zustandekommen der Parlamentsauflösung sollte das Bundesverfassungsgericht dem Bundespräsidenten schließlich recht geben.

Zur Klärung dieser Frage hatten vier Bundestagsabgeordnete aus allen drei Fraktionen einen Organstreit gegen den Bundespräsidenten angestrengt. Am 16. Februar 1983 erging die mit großer Spannung erwartete Entscheidung: Die Karlsruher Richter wiesen die Anträge der Parlamentarier als unbegründet zurück. Damit war vom höchsten deutschen Gericht bestätigt worden, dass die Auflösung des Bundestags verfassungsrechtlich nicht zu beanstanden war. Nicht nur im Bundespräsidialamt, sondern auch bei mir und meinen Mitstreitern in Regierung, Fraktion und Union wurde das Urteil mit einem Aufatmen vermerkt.

8. Vorwahlkampf

Lange vor der Entscheidung des Bundespräsidenten über die Neuwahlen gab es in allen Parteien strategische Überlegungen, wie der unmittelbar bevorstehende und gewollte Wahlkampf erfolgreich zu bestehen sei. Anfang November 1982 setzte das CDU-Präsidium auf meinen Vorschlag eine Kommission mit dem Auftrag ein, einen Programmentwurf zu entwickeln, der als Grundlage für Verhandlungen mit der CSU dienen sollte. Unter der Leitung von Generalsekretär Heiner Geißler gehörten diesem Gremium die Abgeordneten Kurt Biedenkopf, Norbert Blüm, Volker Rühe, Wolfgang Schäuble, Christian Schwarz-Schilling und Walter Wallmann an.

Vorsorglich wies ich darauf hin, dass die CDU einen Wahlkampf führen werde, der der Lage des Landes mit seinen über zwei Millionen Arbeitslosen angemessen sein werde. Es durfte also keine Materialschlacht werden, sondern es sollte ein betont sachlicher Wahlkampf sein. Viel stärker als bei früheren Wahlkämpfen waren wir diesmal auf die Verbreitung unserer Politik in den Medien, insbesondere im Fernsehen angewiesen, weil der bevorstehende Bundestagswahlkampf ungewöhnlich kurz werden würde und in den Wintermonaten stattfinden musste. Da in dieser Zeit ein Wahlkampf auf Straßen und Plätzen im sonst üblichen Umfang nicht möglich war, planten wir über zwanzig Großveranstaltungen in Hallen, bei denen ich als Hauptredner auftreten sollte. Auch der Einsatz von Werbemitteln wurde konzentriert, da die Partei in den Wintermonaten nicht in der gewohnten Weise Material verteilen konnte. Kommerzielle Verteilungswege und insbesondere Anzeigen mussten als Ersatz dienen.

Während des Vorwahlkampfs bis Weihnachten konzentrierte sich die Partei auf zwei wichtige Themen: Einerseits strichen wir die Verantwortung der SPD für die wirtschaftspolitische Erblast heraus, die wir bei Regierungsantritt vorgefunden hatten, und stellten gleichzeitig alle Leistungen der neuen Regierung zur Haushaltssanierung heraus. Andererseits beschrieben wir eindringlich die Gefahr eines rot-grünen Bündnisses.

Nach der Weihnachtspause begann dann im Januar 1983 der Hauptwahlkampf, der bis zum Freitag vor dem Wahlsonntag am 6. März 1983 reichte. Bis dahin galt es nicht nur, die Partei zu mobilisieren, sondern auch wichtige Regierungsgeschäfte wahrzunehmen.

Mitten im Vorwahlkampf brachten die Wahlen zur Hamburger Bürgerschaft am 19. Dezember einen Stimmungseinbruch, der für die kommenden Auseinandersetzungen nichts Gutes versprach: Die SPD errang die absolute Mehrheit, während die CDU im Vergleich zur letzten Bürgerschaftswahl mehr als 4 Prozentpunkte verlor. Die FDP wurde weit abgeschlagen und schaffte auch bei dieser Wahl nicht die Fünfprozenthürde. Gegen den populären alten und neuen Bürgermeister Klaus von Dohnanyi hatte unser Spitzenkandidat, CDU-Schatzmeister Walther Leisler Kiep, nichts auszurichten vermocht.

In der Vaterstadt von Ex-Kanzler Helmut Schmidt gab es aber auch eine klare Absage an ein rot-grünes Bündnis, und so musste diese Wahl wohl als die letzte Schmidt-Wahl interpretiert werden, obwohl Helmut Schmidt gar nicht zur Wahl stand. Die SPD in Hamburg profitierte offenbar von ihrem eigenen Scheitern in der Bundespolitik. Damit waren diese Bürgerschaftswahlen alles andere als eine Testwahl für die Bundestagswahl am 6. März.

Bei der Bundestagswahl hatten die Bürger zu entscheiden zwischen einer Politik der Mitte und einer rot-grünen Koalition, die unsere Republik unregierbar machen würde. Bis dahin wollten wir noch schonungsloser als bisher die Verantwortung der Sozialdemokraten für die größte Wirtschafts- und Sozialkrise der Nachkriegszeit offenlegen und den Wählern noch deutlicher die innerhalb von wenigen Wochen erbrachten Leistungen der jetzigen

Im Wahlkampf 1983

Bundesregierung vor Augen führen. In den Gremien machte ich mich auch dafür stark, dass die Partei und ihre Funktionsträger den politischen Gegner von nun an aggressiver angreifen und um jede Stimme kämpfen müssten.

*

Nachdem Helmut Schmidt seinen Verzicht auf eine erneute Kanzlerkandidatur erklärt hatte, entschied sich die sozialdemokratische Führungsspitze für Hans-Jochen Vogel als Kandidaten. Er sollte mich aus dem Kanzleramt verdrängen. Gleichzeitig gewannen bei den Sozialdemokraten jene Kräfte an Boden, die für eine Zusammenarbeit mit den Grünen und Alternativen eintraten. Der Wechsel von Helmut Schmidt zu Hans-Jochen Vogel bedeutete eine Richtungsentscheidung der SPD für einen rot-grünen Pakt.

Dabei hatte Hans-Jochen Vogel lange Zeit den Eindruck erweckt, dass er sich mit den Linken in der SPD und den Grünen nur schwer anfreunden würde. Als Münchner Oberbürgermeister ließ der ehrgeizige Einserjurist kaum eine Gelegenheit aus, die Ideologisierung seiner bayerischen Genossen scharf anzugreifen und als unvereinbar mit der SPD zu tadeln. Immerhin war der Linksruck seiner Partei in Bayern der eigentliche Grund dafür gewesen, dass er nach zwölf Jahren im Amt nicht wieder als Münchner Oberbürgermeister kandidierte, sondern bei der Bundestagswahl 1972 als bayerischer SPD-Spitzenkandidat in den Bundestag einzog. Noch im gleichen Jahr wurde er von Bundeskanzler Willy Brandt zum Bundesminister für Raumordnung, Städtebau und Bauwesen berufen. Das war für den fleißigen und kompetenten Verwaltungsfachmann sicherlich eine große Auszeichnung. Nach Brandts Rücktritt im Mai 1974 übernahm Vogel dann im Kabinett von Helmut Schmidt das Justizressort. Seine Loyalität zum Kanzler und sein ungebrochener Arbeitseinsatz wurden allgemein gelobt.

In der Folgezeit erfüllte er in der SPD Nothelfer-Funktionen. So sprang er Anfang 1981 als Nachfolger des zurückgetretenen Berliner Bürgermeisters Dietrich Stobbe ein. Bei der Wahl zum Berliner Abgeordnetenhaus im Mai 1981 konnte er sich gegen den populären Herausforderer von der CDU, Richard von Weizsäcker, allerdings nicht durchsetzen und musste sich mit dem Amt des Berliner SPD-Oppositionsführers begnügen.

Als die SPD nach Helmut Schmidts Sturz und seinem Rückzug aus der Politik einen neuen Kanzlerkandidaten suchte, ließ er sich von seiner Partei wieder in die Pflicht nehmen und Ende Oktober 1982 vom SPD-Parteivorstand einstimmig zum Kanzlerkandidaten nominieren. Im Januar 1983 bestätigte der Dortmunder SPD-Sonderparteitag seine Spitzenkandidatur.

Mein sozialdemokratischer Herausforderer jagte mir weder Angst noch Schrecken ein. Sicherlich hatte Theo Waigel, der ihn aus Bayern relativ gut kannte, in seiner Einschätzung recht, wenn er ihn als Opportunisten beschrieb, denn er war immer dort an-

Hans-Jochen Vogel ist der Spitzenkandidat der SPD

zutreffen, wo sich Mehrheiten versammelten. In München hielt er es mit den Rechten, und auch in Bonn versuchte er es zuerst mit der SPD-Rechten, den sogenannten Kanalarbeitern, bei denen er auf Dauer jedoch keine politische Heimat zu finden schien. Daraufhin driftete er ein wenig nach links.

So gab es denn nach Vogels Nominierung zum Kanzlerkandidaten keinen Grund zur Verzagtheit. Es galt vielmehr, den Bürgern ein Stück Optimismus zurückzugeben und ihnen Mut für die Zukunft zu machen. Diese Wahl würde nach meiner festen Überzeugung nicht aufgrund ökonomischer Daten und Fakten oder den Vor- und Nachteilen der Raketenstationierung entschieden. Wir würden diese Wahl nur dann gewinnen, wenn wir moralisch-ethische Kategorien in den Wahlkampf einbrachten: die Wahrheit sagen, wahrhaftig, ehrlich und offen argumentieren, Mut haben, den Menschen zu sagen, wie es um sie steht, was auf sie zukommt, und zeigen, dass wir die politische Kraft der Zukunft sind. Diese

Botschaft galt es, unter das Wahlvolk zu bringen, Tag für Tag, Woche für Woche, bis zum 6. März 1983.

*

Seit der Wahl zum Bundeskanzler bekam ich eine so große Menge an Briefen wie noch nie. Aber nicht nur hinsichtlich der Menge, sondern auch vom Inhalt, vom Grundton her, hatte ich solche Briefe bisher nicht erhalten. Diese mehreren tausend Briefe lasen sich anders als alles, was ich gewöhnlich an Begeisterung auf Kundgebungen erlebte. Hier war Bescheidenheit Trumpf, nicht das triumphierende »Wir sind die Stärksten«. Ich registrierte eine eher verhaltene, beinahe innerliche Zustimmung in den persönlichen Gesten vieler Mitbürger. Es waren Gesten des Mitgefühls für den schwierigen politischen Neuanfang, wie sie sich beispielsweise darin äußerten, durch Gebete für unser Land und für mich am Gelingen der großen Aufgabe mithelfen zu wollen.

Zum ersten Mal seit vielen Jahren spürte ich eine neue Grundströmung in unserem Land. Vielleicht war es die oft zitierte »schweigende Mehrheit«, die sich auf diese Art zu Wort meldete und die große Hoffnungen auf die neue Regierungskoalition und den neuen Kanzler setzte.

9.
Kontinuität mit anderen Akzenten

In der Deutschlandpolitik setzte ich auf Kontinuität zu meinen Vorgängern, wobei der Kernpunkt für mich die Besinnung auf die deutsche Geschichte war. Zwar konnte die Einheit nicht erzwungen werden, aber dennoch durfte dieses Ziel niemals aufgegeben werden. Nicht umsonst hieß es in der Präambel des Grundgesetzes und im Brief zur deutschen Einheit vom 12. August 1970, dass das gesamte deutsche Volk aufgefordert bleibt, in freier Selbstbestimmung die Einheit Deutschlands zu vollenden.

Dieses Ziel zu verfolgen bedeutete aber nicht zwangsläufig, über den Dissens zwischen den beiden deutschen Staaten schweigend hinwegzugehen. Und so hielt ich im Gegensatz zu meinen Vorgängern schon in der Regierungserklärung fest: »Mauer, Stacheldraht und Schießbefehl sind und können nicht das letzte Wort zwischen Ost und West sein, in Deutschland, in Europa und in der Welt.«

Als sich Karl Carstens und SED-Generalsekretär Erich Honecker am Rande der Trauerfeierlichkeiten für den sowjetischen Parteichef Leonid Breschnew am 14. November 1982 in Moskau trafen, ließ ich dem SED-Vorsitzenden durch den Bundespräsidenten ausrichten, dass mir Kontinuität und Dialog wichtig seien. Carstens versicherte Honecker in meinem Namen, die DDR könne fest davon ausgehen, dass die bisherige Politik Bonns fortgesetzt werde.

Zwei Wochen später bestätigte ich diese Botschaft in einem Schreiben an Erich Honecker:

> »Der Grundlagenvertrag sowie die anderen Abkommen und Regelungen zwischen den beiden deutschen Staaten bleiben

Grundlage und Rahmen für die Entwicklung der Beziehungen. Die Bundesregierung ist an guten Beziehungen zur Deutschen Demokratischen Republik interessiert. Das liegt im wohlverstandenen Interesse der Menschen und ist zugleich ein Beitrag für den Frieden und die Sicherheit in Europa.
Ich habe alle mit den Beziehungen zur Deutschen Demokratischen Republik befassten Bundesminister gebeten, die laufenden Verhandlungen mit der Regierung der Deutschen Demokratischen Republik fortzusetzen. Nehmen Sie dies bitte als Ausdruck unseres festen Willens, die Möglichkeiten des Grundlagenvertrages auszuschöpfen und so dazu beizutragen, dass die zwischen den beiden deutschen Staaten bestehenden Gegensätze die komplizierte internationale Lage nicht zusätzlich belasten. [...]
Ich teile mit Ihnen die Überzeugung, dass von deutschem Boden nie wieder Krieg ausgehen darf. Auf Grund ihrer gemeinsamen Geschichte schulden die beiden deutschen Staaten ihren europäischen Nachbarn die Beherrschung ihrer Gegensätze und tragen in besonderem Maße Verantwortung für die Sicherheit des Friedens in Europa. In einer problembeladenen Welt müssen wir – auch hier rechne ich fest mit Ihrem Einvernehmen – alles tun, um trotz der Zugehörigkeit beider Staaten zu unterschiedlichen Bündnissystemen die Zielsetzungen der Schlussakte der Konferenz für Sicherheit und Zusammenarbeit in Europa zu verwirklichen. Die künftige Zusammenarbeit zwischen der Bundesrepublik Deutschland und der Deutschen Demokratischen Republik sollte positive Impulse für Zusammenarbeit und Dialog in Europa geben. An dieser Aufgabe sollten wir beharrlich arbeiten. Wir dürfen dabei nicht aus dem Auge verlieren, dass die Menschen in beiden Staaten den Stand der Entwicklung der Beziehungen auch daran messen werden, wie weit es gelingt, Probleme zu lösen, die das Leben belasten.
Sie wissen, welch hohes Gewicht die neue Bundesregierung im Interesse der Menschen auf Verbesserungen im Reise- und Besucherverkehr legt. Von ausschlaggebender Bedeutung ist

nach wie vor, den drastischen Rückgang des Reiseverkehrs zu beseitigen, der durch die von der Regierung der Deutschen Demokratischen Republik verfügte Erhöhung des Mindestumtausches eingetreten ist. Dies würde dazu beitragen, eine schon mehr als zwei Jahre fortwirkende Belastung der Gesamtbeziehungen abzubauen.

Mein Vorgänger hat Sie bei seinem Besuch am Werbellinsee in die Bundesrepublik Deutschland eingeladen. Die Menschen knüpfen an ein solches Treffen hohe Erwartungen. Ich halte an dieser Einladung fest. Sobald der Zeitpunkt für beide Seiten geeignet erscheint, sollten wir nicht zögern, einen Termin zu verabreden [...].

Die neue Bundesregierung tritt für Verlässlichkeit und Berechenbarkeit in den Beziehungen ein. Es ist mein Wunsch, alle Möglichkeiten auszuschöpfen, um dem Wohl der Menschen und dem Frieden zu dienen.«

Dieser Brief enthielt die Grundlagen unserer Politik, wie sie bis zum Ende der achtziger Jahre Gültigkeit hatten. Zum Beginn meiner Regierungszeit wollte ich damit eine wichtige Weichenstellung für die kommenden Jahre geben, vor allem auch für die Zeit nach der vorgezogenen Neuwahl des Bundestages, bei der hoffentlich auch die deutschlandpolitischen Perspektiven bestätigt werden würden.

Erich Honecker antwortete eine gute Woche später, am 7. Dezember 1982, auf meinen Brief, indem er sich für die Erneuerung der Einladung zum Besuch der Bundesrepublik bedankte und in seinem recht freundlich gehaltenen Schreiben meine wichtigsten Ausführungen teilte. Ernste Besorgnis äußerte er über die für 1983 vorgesehene Stationierung neuer nuklearer Mittelstreckenwaffen in Westeuropa, auch auf dem Territorium der Bundesrepublik. Das Thema blieb uns noch lange erhalten und war öfters Anlass zu heftigem Streit. Im Lauf der Jahre führte es nicht nur zu Propagandaattacken von seiten der DDR, sondern sogar zu einer massiven materiellen Unterstützung der Stationierungsgegner durch Ost-Berlin.

In meiner Wahrnehmung war Erich Honecker zu dieser Zeit ein Kommunist reinsten Wassers, der die Interessen des Warschauer

Pakts so vehement vertrat wie kaum ein anderer Politiker. Die Interessen der DDR waren eng verzahnt mit den globalen Interessen der sowjetischen Machthaber, und die sowjetische Einflussnahme auf die DDR war auf Schritt und Tritt zu spüren. Die DDR war der Musterschüler im Warschauer Pakt und ein glühender Verteidiger der Moskauer Außenpolitik. Honecker wollte und konnte nicht anders, als jene Abgrenzungspolitik zu pflegen, die von der Sowjetunion vorgegeben wurde. Deshalb lag der Schlüssel für menschliche Erleichterungen, für alle Fortschritte in den deutsch-deutschen Beziehungen für mich von Anfang an in Moskau.

Gleichzeitig aber galt es, mit Erich Honecker Mittel und Wege der Kooperation zu finden. Priorität hatten dabei menschliche Erleichterungen. Diesem Ziel ordnete ich meine gesamten Aktivitäten auf dem Feld der Deutschlandpolitik unter. Vom Tag meines Amtsantritts an machte ich sie zu meiner Sache, zur Chefsache.

Ich nahm mir vor, mit Honecker gut auszukommen, und suchte den direkten Kontakt zu dem gebürtigen Saarländer. Am 24. Januar 1983 telefonierte ich erstmals mit ihm und versicherte ihn erneut der Kontinuität in der Deutschlandpolitik meiner Regierung auch für die Zeit nach der vorgezogenen Bundestagswahl am 6. März 1983. Gerade während des immer härter werdenden Bundestagswahlkampfs war es mir wichtig, jegliche Irritationen in den deutsch-deutschen Beziehungen auszuräumen. Verlässlichkeit und Berechenbarkeit hatten Priorität, wie immer die Wahl ausgehen sollte.

Wie mit Erich Honecker, so telefonierte ich auch mit dem französischen Präsidenten Mitterrand, mit der britischen Premierministerin Margaret Thatcher oder mit dem amerikanischen Präsidenten Ronald Reagan. Schon in den ersten Monaten meiner Regierungszeit wurde das Telefon wie selbstverständlich zum Instrument vertraulichen Gedankenaustauschs. So hatte ich unmittelbaren Zugang zu den wichtigsten politischen Partnern – eine Praxis, die ich während meiner sechzehnjährigen Amtszeit mit großem Erfolg pflegte und die meinen Regierungsstil prägte.

10.
Siegesgewiss

Die Tage zwischen Weihnachten und Neujahr nutzten wir, um für den bevorstehenden Wahlkampf die Weichen zu stellen, unsere Parteimitglieder zu motivieren und ihnen Argumentationshilfen an die Hand zu geben. Nach neuesten Umfragen lagen die Unionsparteien Ende 1982 bundesweit zwischen 48 und 50 Prozent, was eine absolute Mehrheit der Mandate bedeutet hätte. Zwar waren die Wahlen noch nicht gewonnen, doch wir hatten eine gute Chance, wenn wir bis zum Schluss kämpften.

Selbstbewusst und offensiv galt es, auch die unpopulären Sparmaßnahmen zu erklären, zu denen wir gezwungen waren. Wir mussten eine Menge Schutt wegräumen und die Fundamente der sozialen Marktwirtschaft erneuern. Dabei war das Sparen kein Selbstzweck. Es diente allein dem Ziel, Arbeit zu schaffen und die soziale Sicherheit zu garantieren. Darum ging es bei dieser Wahlauseinandersetzung nicht allein um den Erfolg der Union, es ging um die Zukunft unseres Vaterlands.

Das mit der CSU abgestimmte Wahlprogramm konzentrierte sich auf die Themen wirtschaftlicher Aufschwung, Kampfansage an die Arbeitslosigkeit und Bekenntnis zu Frieden und Abrüstung. Ich konnte es in den Spitzengremien der Partei nicht oft genug sagen, dass die Ministerpräsidenten und Kommunalpolitiker vor allem unsere eigenen Erfolge in ihren Wahlkampagnen berücksichtigen sollten: die Senkung der Zinsen, die Stabilisierung der Preise, eine Wertsteigerung der D-Mark und die Belebung der Bauwirtschaft. Unter dem Motto »Frieden schaffen mit weniger Waffen« rückte auch das Thema Abrüstung und Entspannung immer mehr in den Mittelpunkt der Auseinandersetzungen. Das war mir gerade recht, denn es war bitter nötig, den Wählern die schwierige Problematik des Nato-Doppelbeschlusses zu verdeutlichen. Zwischen den beiden Teilen, zwischen Stationierung und Verhandlungen, bestand eine Wechselwirkung, sie bedingten einander.

Der erste Teil behandelte die Nachrüstung und Aufstellung neuer Mittelstreckenraketen auf westlicher Seite als Reaktion auf die bereits erfolgte sowjetische Vorrüstung in diesem Bereich. Der zweite Teil stellte fest, dass wir ernsthaft und seriös über die Begrenzung der Mittelstreckenraketen bei der Nato wie beim Warschauer Pakt diskutieren wollten. Gemeinsam mit unseren Freunden in Europa wollten wir alles in unserer Macht Stehende tun, um unseren Verbündeten in Amerika dabei zu helfen. Wieder und wieder hatte ich gegenüber dem amerikanischen Präsidenten und seinen Ministern unsere Erwartung betont, dass die Amerikaner angesichts der Bedrohung unserer Existenz durch die sowjetische Überlegenheit im Bereich der Mittelstreckenraketen alle Anstrengungen unternehmen sollten, um in den Verhandlungen zu einer einvernehmlichen Rüstungsbegrenzung zu kommen. Ich sah hier eine gewisse Erfolgsaussicht, und mit der neuen Führung in Moskau mussten wir diese Chance in Genf nutzen.

Fest davon überzeugt, dass die Aussichten für ein positives Ergebnis in Genf um so besser waren, je klarer die Position des Westens war, sprach ich dieses Thema auf allen Wahlveranstaltungen an. Wenn wir der Versuchung erlägen, uns einseitig darauf festzulegen, in der Bundesrepublik keine Pershing II und landgestützten Marschflugkörper zu stationieren, dann schwächte das die amerikanische Verhandlungsposition in Genf. Gelänge es der Sowjetunion, Westdeutschland aus dem Nato-Beschluss über die Stationierung von Mittelstreckenraketen herauszulösen, dann brauchte sie in Genf gar nicht mehr ernsthaft zu verhandeln.

An der Nahtstelle zwischen Ost und West war die Bundesrepublik eine Art Seismograph – jede Verschlechterung des politischen Klimas, jeder Temperatursturz in den Ost-West-Beziehungen, wurde im geteilten Berlin und in Bonn sofort spürbar. Unsere Position war darum absolut klar: Wir gehörten zum Westen, wir befanden uns nicht in Äquidistanz zu Moskau und Washington, sondern wir waren Mitglieder des westlichen Bündnisses, und ohne die Anwesenheit amerikanischer Soldaten hier, ohne die britische Rheinarmee und ohne die Franzosen, kurzum: ohne das Bündnis gäbe es unsere demokratische Grundordnung nicht.

Ich spürte in den Wahlveranstaltungen, wie wichtig den Wählern eine klare Linie in der Sicherheitspolitik war. Die große Mehrheit unseres Volkes verstand, worum es dabei ging, und teilte meine Überzeugung, dass wir uns nicht erpressen oder unter Druck setzen lassen durften. Darum musste die Stationierung durchgesetzt werden, sollten die Verhandlungen fehlschlagen.

Auch dafür brauchten wir bei der Bundestagswahl am 6. März 1983 eine breite Mehrheit, und ich setzte mich in den zwei Monaten des Hallenwahlkampfs mit meiner ganzen Kraft dafür ein, dass wir die Politik der Erneuerung und Friedenssicherung mit einer neuen parlamentarischen Legitimation fortsetzen konnten.

Hannelore hatte ich fast immer an meiner Seite. Sie war eine Sympathieträgerin, die von unseren Anhängern stürmisch gefeiert wurde. In diesen Wochen der Entscheidung leistete sie für die Partei vermutlich mehr und erreichte am Ende mehr als mancher prominente Wahlkämpfer der Unionsparteien.

*

Für die Schlussphase des ganz auf mich zugeschnittenen Wahlkampfs beschlossen wir im CDU-Bundesvorstand den Slogan »Aufwärts mit Deutschland. Jetzt den Aufschwung wählen«. Es ging um eine bessere Zukunft für die Bundesrepublik: Aufschwung mit der CDU – oder Rückfall in die Wirtschaftskrise mit der SPD.

Drei Wochen vor der Wahl entschlossen wir uns zu einem ungewöhnlichen Schritt und appellierten an die Mitglieder und Anhänger der Sozialdemokratischen Partei, am 6. März CDU zu wählen, weil der SPD-Kanzlerkandidat in der Außenpolitik wie in der Wirtschaftspolitik den Kurs des früheren Bundeskanzlers Helmut Schmidt verlassen hatte. Die Vogel-SPD war nicht mehr die Schmidt-SPD.

Hans-Jochen Vogel hatte seine Bereitschaft erklärt, nach der

Im Wahlkampf ist Hannelore fast immer an meiner Seite

Bundestagswahl mit den Grünen und Alternativen punktuell zusammenzuarbeiten und sich notfalls von ihnen auch zum Kanzler wählen zu lassen. Diese Anbiederung an die Grünen und an die neutralistische Bewegung sorgte nicht nur in der SPD, sondern auch im Ausland für wachsendes Unbehagen. Es schien damals nur einer froh zu sein über diesen Kurs, und das war der Generalsekretär der KPdSU Jurij Andropow. Denn der hatte bei Vogels Besuch in Moskau einen Satz gesagt, dessen ganze Tragweite nun erst verständlich wurde: »Wir hoffen, dass Sie an die Regierung kommen.«

Solange das westliche Bündnis zusammenhielt, war der Friede nicht gefährdet und die Sorge vor einem Atomkrieg unbegründet. Der Friede in Europa in den vergangenen fast dreißig Jahren war das Ergebnis der Verteidigungsbereitschaft und der Verteidigungsfähigkeit der Länder des freien Westens und des Gleichgewichts der Kräfte zwischen Ost und West. Ohne Nato-Doppelbeschluss hätte es die Genfer Abrüstungsverhandlungen überhaupt nicht gegeben, und ohne das Festhalten der Bündnispartner an diesem Beschluss hätte es nicht die ersten Angebote der Sowjetunion gegeben, ihre Überrüstung zu verringern.

Auch in der Wirtschaftspolitik verließ die Vogel-SPD den Kurs von Helmut Schmidt und machte mit den rot-grünen Ideologen gemeinsame Sache. Jede Aufschwungprognose, ob sie nun vom Handel, den Banken oder den Gewerkschaften kam, wurde von der SPD zerredet, obwohl doch klar sein musste, dass der beginnende Aufschwung die Unterstützung aller brauchte. Darum appellierten wir an die Arbeitslosen und an die Arbeitnehmer, sich genau zu überlegen, wem sie in der nächsten Legislaturperiode zutrauten, dass Wirtschaft und Finanzen wieder in Ordnung kämen.

11.
Bestätigung

Die letzten demoskopischen Umfragen unmittelbar vor der Wahl bestätigten die guten Wahlaussichten für die Union. Auch der positive Trend für die Liberalen ließ eine Fortsetzung der Koalition mit der FDP immer realistischer erscheinen. Innerhalb des Blocks SPD und Grüne/Alternative befanden sich die Grünen auf dem Vormarsch. Zu diesem Zeitpunkt rechnete ich bereits fest mit dem Einzug der Grünen in den Deutschen Bundestag.

Die FDP hatte ich während des gesamten Wahlkampfs einigermaßen geschont. Wenn es aber um die Zweitstimme ging, kannte ich keine Kompromisse, Leihstimmen für die Liberalen lehnte ich immer ab. Ich hatte nicht die geringsten Zweifel, dass die Liberalen trotz unserer Zweitstimmenkampagne den Sprung über die Fünfprozenthürde schaffen würden.

Dann lief einer der spannendsten Wahlabende in der Geschichte der Republik ab. Nicht nur für die FDP brachen Minuten des Zitterns und Zagens an, als die ersten Hochrechnungen von ARD und ZDF eine absolute Mehrheit der Unionsparteien voraussagten. Immerhin hatten die Liberalen ihren Wählern versprochen, in diesem Fall keine Koalition mit uns einzugehen. Eine neuerliche Zerreißprobe wäre ihnen dann nicht erspart geblieben.

Auch ich war über diese Prognosen einigermaßen überrascht. Der Gedanke, dass bei einem solchen Wahlausgang der Vizekanzler und Außenminister nicht Hans-Dietrich Genscher, sondern Franz Josef Strauß heißen würde, stimmte mich nicht gerade euphorisch. Doch brauchte ich mich Gott sei Dank nicht allzu lange um die Liberalen zu sorgen. Ganz knapp verfehlten wir die absolute Mehrheit und erreichten gleichwohl ein sensationelles Wahlergebnis: Mit 48,8 Prozent der Wählerstimmen konnten wir mehr als zufrieden sein. Wir knüpften an die großen Wahlerfolge der Adenauer-Ära an und erzielten unser zweitbestes Ergebnis in der Geschichte der Bundesrepublik Deutschland. Mit 7,0 Prozent erreichte die FDP ein beachtliches Ergebnis und schaffte sicherer als von vielen erwartet die Rückkehr in den Bundestag. Die Sozialdemokraten rutschten erheblich ab und blieben mit ihrem Kanzlerkandidaten Hans-Jochen Vogel wie in den sechziger Jahren mit 38,2 Prozent unter der 40-Prozent-Marke. Die Wahlbeteiligung lag bei erfreulichen 89,1 Prozent.

Unerwartet gut schnitten die Grünen ab, die sich erstmals um den Einzug in das Bonner Parlament beworben hatten. Zwar hatten sie mit 5,6 Prozent der Wählerstimmen erhebliche Mühe, die Fünfprozenthürde zu überwinden, doch immerhin waren sie jetzt die mit siebenundzwanzig Mandaten ausgestattete vierte Partei. Rechte Gruppierungen hatten auch diesmal keinerlei Chance, in das Bonner Parlament einzuziehen.

Allen Grund zum Feiern hatten auch meine Freunde in Rheinland-Pfalz, wo am gleichen Tag Landtagswahlen waren. Bernhard Vogel und seine Mannschaft konnten einen hohen Sieg erringen: die absolute Mehrheit, von der die CDU in meiner Heimat heute nur noch träumt.

Noch in der Wahlnacht bekannte ich mich ausdrücklich zu einer Koalition der Mitte mit der FDP. Wir hatten unser Wahlziel erreicht, eine klare Mehrheit für dieses Regierungsbündnis zu bekommen. Spekulationen über die personelle Zusammensetzung des Kabinetts oder über eine mögliche Regierungsbeteiligung des CSU-Vorsitzenden anzustellen lehnte ich ab. Ich war für den nächsten Tag mit Franz Josef Strauß verabredet, wusste aber bereits jetzt, dass es in der Regierungskoalition aus Union und FDP für ihn keinen Platz geben würde. Dafür hatte er die FDP in den letzten Jahren und besonders in den letzten Monaten und Wochen viel zu sehr verletzt. Seine Strategie, die absolute Mehrheit einer Partei zu erringen, hatte sich als falsch erwiesen. Strauß verweigerte sich sein Leben lang der Einsicht, dass dies seit den fünfziger Jahren in der Bundesrepublik nicht mehr möglich war.

Jetzt ging es erst einmal um eine angemessene Siegesfeier. In den Kanzlerbungalow geladen hatte ich die engsten Mitarbeiter, zu denen sich im Lauf des Abends immer mehr FDP-Kolleginnen und -Kollegen gesellten. Hannelore war aufgeräumt wie selten. Auch ihr war die Spannung in den letzten vierundzwanzig Stunden vor Schließung der Wahllokale anzumerken gewesen. Jetzt zählte sie zu den fröhlichsten Menschen in der großen Bungalow-Runde. Sie hatte allen Grund zu feiern. Ihre aufreibenden Wahlkampfeinsätze an meiner Seite hatten sie viel Kraft gekostet, aber ihr Einsatz hatte sich gelohnt.

*

Es war ein historischer Tag für die Union. Bei dieser Bundestagswahl hatte die größte Wählerverschiebung in Deutschland seit fünfzehn Jahren stattgefunden: 1,6 Millionen ehemalige SPD-Wähler konnten für die Union gewonnen werden. Diesen Erfolg hatte der unermüdliche Einsatz aller Funktionsträger und der Mitarbeiter der Bundesgeschäftsstelle möglich gemacht.

Für mich war dieses Wahlergebnis auch eine überzeugende Bestätigung der Außen- und Sicherheitspolitik der Bundesregierung und der sie tragenden Parteien. Unser Land war dadurch für die westlichen Verbündeten wieder kalkulierbarer und verlässlicher geworden. Die Bundesrepublik blieb weiterhin ein stabiler Pfeiler des Atlantischen Bündnisses.

Die Wahlanalytiker zerbrachen sich den Kopf. Mit diesem Wahlausgang hatten selbst die größten Optimisten nicht gerechnet. Nach nur fünf Monaten Regierungszeit fand die Koalition einen ungewöhnlich hohen Rückhalt im Volk.

Wenn ich mir heute noch einmal die Zahlen und Daten aus dem Wahljahr 1983 vergegenwärtige, bin ich noch immer erstaunt. Doch vieles wird auch klarer, als es damals auf den ersten Blick erschien.

Schon 1973, zu Beginn meiner Amtsübernahme als CDU-Bundesvorsitzender, hatte ich die Parole ausgegeben, die Union müsse die Rathäuser erstürmen. Jetzt, im zehnten Jahr meines Parteivorsitzes, machte sich diese flächendeckende Anstrengung besonders bemerkbar: In der Kommunalpolitik lag ein großer Teil unseres Wahlerfolgs, denn wer in den Rathäusern keine feste Position besitzt, kann keine Mehrheiten in den Bundesländern und im Bund erringen. Das gilt heute wie damals.

Hinzu kam ein weiterer Aspekt: Glaubwürdigkeit war das wichtigste Element in diesem Wahlkampf. Wir hatten den Wählern reinen Wein eingeschenkt, sie nicht hinters Licht geführt. Wir hatten ihnen vor der Wahl die Wahrheit über den Zustand des Landes gesagt und uns nicht gescheut, die Opfer zu benennen, die wir ihnen nach der Wahl abverlangen mussten. Das war in einigen Fällen wirklich bitter, ich erinnere nur an die Kürzungen beim Schüler- und Studenten-Bafög.

In den fünf Monaten seit unserer Regierungsübernahme mussten wir im Bereich der Gesetzgebung eine Menge durchpauken, wovon nicht alles hundertprozentig stimmig war. In der Eile und unter dem Druck der Veränderung unterliefen uns Fehler, die bei größerer Gelassenheit und längerem Bedenken sicher vermieden worden wären. Deshalb nahm ich mir noch in der Wahlnacht vor, was ich später auch vor der Fraktion sagte: Der unglaubliche Zeitdruck musste ein Ende haben. Weder Regierung noch Fraktion konnten in diesem Tempo weiterarbeiten. Ich versprach der Bundestagsfraktion, jetzt niemanden mehr unter Zeitdruck zu setzen. Die Fraktion als Abstimmungsmaschinerie entsprach nicht meinen Vorstellungen von Parlamentarismus. Andererseits hatte die fünfmonatige Regierungserfahrung auch gezeigt, wie konstruktiv das Zusammenspiel von Regierung und Fraktion vonstatten ging, wie gering die Distanz zwischen den Mitgliedern der Regierung und denen der CDU/CSU-Bundestagsfraktion war. Für den Wahlerfolg der Unionsparteien war dieses fast vergessene Element nicht zu unterschätzen.

Aufschlussreich waren auch die Daten und Fakten der Demoskopen. Das Forschungsinstitut in der Konrad-Adenauer-Stiftung legte überraschende Zahlen vor:

Was seit 1957 nicht mehr eingetreten war, geschah diesmal: Der Abstand von CDU und CSU von der SPD betrug jetzt 10,6 Prozent – eine einmalig große Distanz. Wir erreichten 52,1 Prozent aller Erststimmen und waren in neun von elf Bundesländern stärkste Partei.

Inhaltlich hatten wir auch deshalb gewonnen, weil wir im Gegensatz zum Angst-Wahlkampf der SPD einen Hoffnungs-Wahlkampf führten. Die Sozialdemokraten hatten den Menschen angst gemacht vor Raketen, sie machten den Rentnern angst, den Mietern. Die SPD verlor an Vertrauen, weil Kassandra nicht gewählt wird.

Schließlich waren wir den Sozialdemokraten organisatorisch weit überlegen. Reibungsverluste zwischen den Parteiführungen, den Parteizentralen, der Bundestagsfraktion und dem Bundeskanzleramt hatte es diesmal so gut wie nicht gegeben. Vielleicht lag das an der ungewöhnlichen Aufbruchstimmung, an dem festen Willen, die Regierungsmacht nicht mehr aus der Hand zu geben und bis zum letzten Tag um das Vertrauen der Wähler zu kämpfen.

Nach dem Krieg waren die Unionsparteien angetreten, um die historische politische Spaltung unseres Volkes in Konfessionen, soziale Schichten und Landsmannschaften zu überwinden. Das war eine große Leistung der Union, die dadurch zu einer Volkspartei wurde. Bei der Bundestagswahl 1983 wurden die beiden Unionsparteien von den Bürgern ausdrücklich bestätigt. Damit war wieder einmal Willy Brandts These widerlegt worden, dass es nur links von der Union eine Mehrheit gäbe. Dieses Wahlergebnis zeigte deutlich, dass es links von der Union nur eine zersplitterte Minderheit gab. Für meine Parteifreunde und mich war das eine wichtige Botschaft dieser Bundestagswahl.

Es gab also eine Menge guter Gründe, warum dieser Wahlausgang so erfolgreich war. Als CDU-Generalsekretär Heiner Geißler am Tag nach der Wahl vor der Fraktion anhand von vielen Zahlen die wichtigsten Hintergründe erläuterte, erinnerte er zu Recht an die Jahre nach dem Machtverlust der Union in Bonn vor dreizehn Jahren und daran, wie die Presse uns den inneren Zerfall und Niedergang prophezeit hatte. Wir aber hatten die Jahre in der Opposition zu einer politischen Erneuerung genutzt und die Partei für größere Wählerschichten geöffnet. Mit unseren Grundsatzprogrammen hatten wir politisches Terrain zurückgewonnen, was sich jetzt auszahlte. Gleichzeitig würdigte Heiner Geißler meine Arbeit als Parteivorsitzender in den vergangenen zehn Jahren und bescheinigte mir, wie sehr ich auf Reformen gedrungen hatte. Seine Lobeshymne auf den Kanzler beendete er mit einem Churchill-Zitat, das die Lage nicht besser hätte beschreiben können: »Mut ist die wichtigste politische Tugend; von ihr hängt alles ab.« Es war tatsächlich unsere Risikobereitschaft, ja unser Mut gewesen, der uns letztlich zu diesem großen Wahlerfolg geführt hatte.

Innerhalb der Unionsparteien festigte dieser Erfolg meine Position spürbar. Jetzt war ich die unbestritten stärkste Figur, das musste selbst der CSU-Vorsitzende anerkennen. Während wir alle überglücklich auf die nächsten Wochen schauten, begann der bayerische Ministerpräsident, über seine politische Zukunft zu grübeln, die sich ihm nicht gerade positiv darstellte.

12. Erste Ratspräsidentschaft

Die Reaktion unserer Nachbarn auf den Wahlsieg fiel außerordentlich positiv aus. Die politische Legitimation durch die Mehrheit der Bundesbürger stärkte die Position meiner Regierung auch in den Mitgliedsstaaten der Europäischen Gemeinschaft und ihren Institutionen. Bereits am 3. und 4. Dezember 1982 hatte ich als neuer Bundeskanzler die Arbeit des Europäischen Rats kennengelernt, als sich die Staats- und Regierungschefs der damals noch zehn Mitgliedsstaaten in Kopenhagen trafen. Den meisten Regierungschefs war ich schon mehrfach persönlich begegnet, und die meisten Themen auf der langen Tagesordnung des Rats waren mir ebenfalls vertraut.

Bei diesem ersten Europäischen Gipfel in Kopenhagen ging es vor allem um die wirtschaftliche und soziale Lage der Gemeinschaft. Es gab mehr Fragen als schlüssige Antworten. Immer wieder war die Versuchung da, nationale Alleingänge zu unternehmen, nationale Sonderwege in der Haushaltspolitik, in der Wirtschafts,- Währungs- und Handelspolitik einzuschlagen. Es wäre jedoch verhängnisvoll gewesen, diesen Versuchungen nachzugeben. Ein Bruch der wirtschaftlichen Solidarität durch Handelsprotektionismus hätte die ökonomische Krise nur verschärft. Unser aller Bereitschaft, auch Opfer für diese Solidarität zu erbringen, das Risiko mit dem Partner zu teilen und es nicht auf ihn abzuwälzen, stellte uns in den kommenden Monaten und Jahren auf eine harte Probe. Doch nur durch Solidarität in der Europäischen Gemeinschaft und im Bündnis konnten wir die schwere Wirtschaftskrise durchstehen und aus ihr herausfinden.

Darüber hatten wir einen fruchtbaren Gedankenaustausch in

Beim EU-Gipfeltreffen in Kopenhagen im Dezember 1982 (v.l.n.r.: Amintore Fanfani, Margaret Thatcher, Charles Haughey, Königin Margrethe, Prinz Henrik, François Mitterrand und Pierre Werner)

Kopenhagen. Ich schlug vor, dass wir unter anderem die Mittel des Sozialfonds dafür einsetzen sollten, Jugendliche in Ausbildung und Lehre und danach in Arbeit zu bringen. Dies sollte ein wichtiger Beitrag dafür sein, junge Bürger in Europa wieder an die europäische Idee heranzubringen.

Als wir am 1. Januar 1983 turnusgemäß die Präsidentschaft in der Gemeinschaft übernahmen, sah ich es als unsere vorrangige Aufgabe an, den freien Binnenmarkt zu erhalten. Das war auch ein Ergebnis der Erfahrungen von Kopenhagen. Ein weiterer wichtiger Punkt für die nächsten Monate waren die Beitrittsverhandlungen mit Spanien und Portugal, für die ich mich nachdrücklich einsetzte. Alle demokratischen Kräfte unseres Landes hatten im letzten Jahrzehnt die Wiedergewinnung demokratischer Freiheiten in Portugal und Spanien unterstützt und beide Länder ermutigt, ihre demokratische Erneuerung mit dem Weg nach Europa zu verbinden. Nun galt es, daran festzuhalten, damit unser Wort Gültigkeit behielt, damit unsere Politik glaubwürdig blieb, was natürlich auch von den Spaniern und den Portugiesen erwartet wurde.

Eine der wichtigsten Aufgaben der deutschen Präsidentschaft war der Genscher-Colombo-Plan, die sogenannte Europäische Akte weiterzuentwickeln und zu verabschieden. Am 6. November 1981 hatten die Außenminister der Bundesrepublik und Italiens, Hans-Dietrich Genscher und Emilio Colombo, dem Europäischen Parlament den »Entwurf einer Europäischen Akte« vorgelegt. Schwerpunkte dieses Genscher-Colombo-Plans waren institutionelle Veränderungen und die förmliche Einbindung der Europäischen Politischen Zusammenarbeit (EPZ) in die Europäische Gemeinschaft (EG). Außerdem sollte die Rolle des Europäischen Rats (ER) als »Lenkungsorgan« festgeschrieben werden. Der Europäische Rat, der sich aus den Staats- und Regierungschefs der Mitgliedsstaaten sowie dem Präsidenten der EG-Kommission zusammensetzt, unterstützt von den Außenministern und einem Mitglied der EG-Kommission, tritt mindestens zweimal, in der Regel dreimal jährlich unter dem Vorsitz desjenigen Staats- oder Regierungschefs zusammen, dessen Land auch im Ministerrat turnusmäßig den Vorsitz innehat.

Der Genscher-Colombo-Plan sah weiter vor, dass das Europäische Parlament vermehrt an den Entscheidungen des Rats beteiligt werden sollte, ohne jedoch ein Mitentscheidungsrecht zu haben. Außerdem sollten die Sicherheitspolitik und die kulturelle Zusammenarbeit in den Aufgabenbereich der EG aufgenommen werden. Auf diesen kühnen Plan hatten sich die Regierungen bisher jedoch weder in der Form noch in der Sache verständigen können.

Jetzt versuchte ich, mit der Europäischen Akte die bereits bestehenden Pfeiler der europäischen Einigung, nämlich die Europäische Gemeinschaft und die Europäische Politische Zusammenarbeit, unter dem gemeinsamen Dach des Europäischen Rats zusammenzuführen. Die Umsetzung der Reformvorschläge schien mir durchaus noch während unserer Präsidentschaft möglich zu sein. Das galt auch für unseren ehrgeizigen Plan, neue Bereiche der

Zusammenarbeit zu eröffnen: in der Kultur-, in der Rechts- und der Innenpolitik, in der Zusammenarbeit mit Blick auf die wirtschaftlichen und politischen Aspekte unserer Sicherheit. So wäre es möglich, auf dem Weg zur Europäischen Solidarität weiter voranzukommen.

Ein besonders wichtiger Punkt, wenn auch ein besonders kritischer, wie ich offen zugeben muss, war die Stärkung des Europäischen Parlaments und die Verbesserung des Entscheidungsverfahrens in der Gemeinschaft. Ich war der festen Überzeugung, in diesem Jahrzehnt den entscheidenden Schritt auf dem Weg zur politischen Einigung Europas wagen zu sollen. Dies war die historische Aufgabe unserer Generation. Nicht nur im Jahr 1983 arbeiteten wir mit voller Kraft und mit großem Enthusiasmus daran.

13.
Zwanzig Jahre Élysée-Vertrag

Am 22. Januar 1983 konnten die Bundesrepublik und Frankreich auf zwei Jahrzehnte erfolgreicher Zusammenarbeit, politischer Abstimmung und zunehmender freundschaftlicher Bindungen zwischen den beiden Völkern zurückblicken. Zwanzig Jahre zuvor hatten Konrad Adenauer und Charles de Gaulle ihre Unterschrift unter den Élysée-Vertrag gesetzt, wie der deutsch-französische Freundschaftsvertrag nach dem Ort seiner Unterzeichnung genannt wird. Dieses große Vertragswerk besiegelte die Aussöhnung zwischen den beiden Ländern und schuf damit die Grundlage für die europäische Einigung. Dem deutsch-französischen Zusammenwirken war es zu verdanken, dass es Ende der siebziger Jahre bemerkenswerte Fortschritte in Fragen der europäischen Einigung gegeben hatte, beispielsweise durch die Initiative von Präsident Valéry Giscard d'Estaing und meinem Amtsvorgänger Helmut Schmidt zur Einführung des Europäischen Währungssystems (EWS).

Die enge Beziehung zwischen Schmidt und Giscard schien einem leidlichen Verhältnis zwischen dem französischen Staatspräsidenten und mir im Weg zu stehen. Die Begegnungen, die ich als CDU-Bundesvorsitzender und Oppositionsführer in Bonn mit ihm hatte, waren durchweg unerfreulich verlaufen. Mühsam schleppten sich die seltenen Gespräche dahin. Der mächtige Franzose demonstrierte bei jeder Gelegenheit, dass er eigentlich keinen Kontakt zu dem Deutschen aus der Pfalz wollte. Das machte ihn mir nicht sympathischer, doch in der Politik kann sich niemand seine Gesprächspartner aussuchen.

Es ärgerte mich maßlos – und ich habe es als Beleidigung empfunden –, dass Giscard bei seinen Abstechern nach Rhöndorf zum Deutsch-Französischen Jugendwerk nicht ein einziges Mal das Grab Konrad Adenauers besuchte. Ich hatte einmal angeregt, für einen Moment die Fahrt in das zwischen Bonn und Remagen am rechten Rheinufer gelegene Städtchen zu unterbrechen, um wenige hundert Meter von der Bundesstraße entfernt dem ersten Kanzler der Bundesrepublik die Ehre eines Besuchs an seinem Grab zu erweisen. Mein Vorschlag wurde nicht akzeptiert.

Die völlig unerwartete Abwahl Giscard d'Estaings und der Sieg Mitterrands 1981 hatten die deutsch-französischen Beziehungen vorübergehend ins Stocken gebracht. Der Sozialist Mitterrand und der Sozialdemokrat Helmut Schmidt fanden keinen Zugang zueinander. Für ihr distanziertes Verhältnis mag es viele Ursachen gegeben haben. Mit Sicherheit spielte die enge Freundschaft zwischen dem Sozialdemokraten Schmidt und dem Konservativen Giscard dabei eine Rolle.

Um so erstaunlicher war es, wie gut sich die Beziehungen zwischen dem neuen Präsidenten in Paris und dem neuen Bundeskanzler in Bonn entwickelten. Dabei hatte ich zunächst geglaubt, ein vergleichbar enges Verhältnis wie zwischen Giscard und Schmidt könne zwischen dem Sozialisten Mitterrand und dem Christdemokraten Kohl nicht entstehen. Da die Sozialistische Internationale (SI), der Zusammenschluss der sozialistischen und sozialdemokratischen Parteien unter dem Vorsitz des SPD-Bundesvorsitzenden Willy Brandt, starken Einfluss darauf hatte, wie sich die Beziehungen zu den europäischen Spitzenpolitikern und ihren Ländern gestalteten, sah ich im deutsch-französischen Verhältnis eine Menge Probleme auf uns zukommen und erwartete eine eher schwierige Partnerschaft zwischen Mitterrand und mir. Weder er noch ich sahen damals die positive Entwicklung voraus.

Gleich bei unseren ersten Begegnungen nach meiner Wahl zum Bundeskanzler war die Unvoreingenommenheit des Franzosen mir gegenüber zu spüren. Anders als viele politische Größen, die ich bisher kennengelernt hatte, war Mitterrand fähig, sich von Papieren seiner Berater völlig zu lösen. Was mag man ihm nicht alles an Einschätzungen über den Bonner Kanzler vorgelegt haben. Doch dieser Mann machte sich sein eigenes Bild. Er vertraute lieber seinem persönlichen Eindruck als dem geschriebenen Wort wichtigtuerischer Analytiker. Auf der Basis eigener Erfahrungen, eigener Eindrücke und der Sensibilität eines erfahrenen Politikers entstand so das Vertrauensverhältnis zwischen François Mitterrand und mir, das ich nur als Glücksfall für unsere beiden Völker charakterisieren kann.

Mitterrands Offenheit und Unvoreingenommenheit kamen meinem Umgangsstil und meinem politischen Temperament sehr entgegen. In dieser Atmosphäre gab es keine Schwierigkeiten, meine Vorstellungen und Wünsche zu äußern. Etwas Verschmitztes trat in seine Augen, als ich ihm vorschlug, aus Anlass des Jahrestags des deutsch-französischen Vertragswerks eine Rede vor den Abgeordneten des Deutschen Bundestags zu halten, und ohne auch nur einen Moment zu zögern, sagte er zu.

Oft habe ich überlegt, ob er bei dieser spontanen Zusage auch wirklich alles bedacht hatte. Immerhin befanden wir uns mitten im Bundestagswahlkampf für die vorgezogenen Neuwahlen. Zudem gab es in der Bundesrepublik eine harte Auseinandersetzung um die richtigen Schritte in der Abrüstungspolitik. Nicht zuletzt ging es auch um die Sozialdemokratische Partei, die den Sturz ihres Bundeskanzlers noch lange nicht verschmerzt hatte, und es ging um einen Kanzlerkandidaten Hans-Jochen Vogel, dessen Partei wie die des französischen Staatspräsidenten Mitglied der Sozialistischen Internationale war und doch in Fragen der Raketenstationierung eine ganz andere Position einnahm als dieser.

Am 20. Januar 1983 saß Mitterrand in meinem Zimmer und nahm letzte Korrekturen an seinem Redemanuskript vor. Ich hatte ihm einen eigenen Raum im Kanzleramt angeboten, damit er in Ruhe seine Rede überarbeiten konnte, Mitterrand aber wies das Angebot freundlich zurück und blieb in konzentrierter Gelassenheit bei mir sitzen. Es überraschte mich, als er mich um meine Meinung zu einigen Formulierungen befragte und konkrete Einschätzungen hören wollte. Das war eine ungewöhnliche und überraschende Geste, die mir bis heute präsent ist. Solch einen Vertrauensbeweis bringt man sonst nur engen Vertrauten ent-

François Mitterrand vor dem Deutschen Bundestag

gegen. Ich fühlte mich entsprechend geehrt und habe es ihm nie vergessen.

Bei seinem großen Auftritt vor dem Bundestag rief der französische Staatspräsident die Regierungen und Völker beider Länder auf, in Freundschaft und Solidarität die Zusammenarbeit weiter zu vertiefen. Ausführlich ging er auf das Vertragswerk von 1963 ein und erinnerte an dessen wesentliche Punkte:

> »Wer hätte sich nach so langen Kämpfen denken können, dass in diesem letzten Viertel des zwanzigsten Jahrhunderts Deutschland und Frankreich zusammentreffen, nicht um den Jahrestag einer Schlacht zu begehen, eines Waffenstillstands oder eines Friedensvertrags, sondern um eines Tages zu gedenken, an dem Versöhnung geschlossen wurde.«

Es habe lange gedauert, und es seien viele Kriege geführt worden, bevor endlich dieser Punkt erreicht werden konnte.

»Die größten Grausamkeiten barbarischer Diktatoren haben wir erlebt, ein besetztes Frankreich, ein zerrissenes Deutschland, ein verwüstetes, ausgelaugtes, erschöpftes Europa. Der gemeinsame Wille der Europäer war erforderlich, all dies zu überwinden, vor allem der gemeinsame Wille der Deutschen und Franzosen.«

Der Präsident zitierte den großen französischen Schriftsteller Victor Hugo, der 1842 sogar von Blutsverwandtschaft zwischen Frankreich und Deutschland gesprochen und gemeint hatte, eine Verbindung beider Länder könne der Welt den Frieden bringen.

Fragen der Sicherheit und der Zukunftsperspektiven der Europäischen Gemeinschaft standen dann im Mittelpunkt seiner Rede. Mitterrand bekräftigte das Prinzip des militärischen Gleichgewichts als Voraussetzung der Friedenserhaltung und warnte vor einer Abkoppelung Westeuropas von Amerika. Vor den deutschen Abgeordneten formulierte der Präsident noch einmal seine Position, dass die französischen Streitkräfte bei den Genfer Verhandlungen »nicht berücksichtigt werden können«. Gleichzeitig unterstrich er, dass die Gespräche in Genf die Möglichkeit böten, eine Gefahr aus der Welt zu schaffen, die vor allem jene europäischen Partner bedrohe, die keine Kernwaffen besäßen. Allerdings sei die gemeinsame Entschlossenheit der Nato-Mitglieder die Grundvoraussetzung dafür, dass die Mittelstreckenraketen in Westeuropa nicht stationiert würden. Für diese Äußerung erhielt der sozialistische Präsident nur von den Bänken der CDU/CSU und FDP Zuspruch. In den Reihen der sozialdemokratischen Opposition rührte sich kaum eine Hand für ihn.

Mitterrands Warnung vor einer Abkopplung der Verteidigung Westeuropas von den Vereinigten Staaten und sein Plädoyer für eine Politik des Gleichgewichts der Kräfte als Voraussetzung der Friedenssicherung waren willkommene Argumente gegen die sicherheitspolitischen Vorstellungen führender SPD-Politiker. Fragen der Sicherheit in Europa waren damals wie heute kein nationales Thema, sondern gingen alle westeuropäischen Staaten gleichermaßen an. Findige Rechercheure entdeckten sogar, dass Mitterrand in diese Passagen seiner Rede beinahe wörtlich Äußerungen des früheren Bundeskanzlers Helmut Schmidt aufgenommen hatte.

Mitterrands Verbitterung über die sicherheitspolitischen Vorstellungen seiner sozialdemokratischen Freunde muss gewaltig gewesen sein, wenn er derart dezidiert in Fragen von Abrüstung und Nachrüstung Positionen der Bonner Regierungskoalition unterstützte. Kommentatoren sprachen denn auch von einer öffentlichen Ohrfeige für die Sozialdemokraten. Tatsächlich war die SPD in Westeuropa völlig isoliert.

Mitterrands Rede erfuhr weltweit große Aufmerksamkeit. Jenseits aller parteipolitischen Auseinandersetzungen und wahltaktischen Überlegungen war ich hocherfreut über seinen Auftritt im Deutschen Bundestag. Nicht nur in bezug auf das Thema Abrüstung, sondern bei allen wichtigen Lebensfragen beider Völker gab es eine beeindruckende Übereinstimmung zwischen uns.

Als ich am anderen Tag zu den Feierlichkeiten nach Paris flog, war mir und meiner Delegation die Befriedigung über Mitterrands Bundestagsrede noch anzumerken. Vor dreihundertfünfzig geladenen Gästen, Repräsentanten der deutsch-französischen Zusammenarbeit, erneuerte ich im Hôtel des Monnaies unser Bekenntnis zum westlichen Bündnis. Im Verlauf der Rede trat ich den in Frankreich weitverbreiteten Ängsten vor einer Schaukelpolitik der Bundesrepublik zwischen Ost und West entgegen: »Wir sind keine Wanderer zwischen den Welten«, sagte ich. »Unser Platz ist im Atlantischen Bündnis, ist an der Seite unserer amerikanischen und französischen Freunde.« Eine Annäherung an die Sowjetunion zu Lasten des westlichen Bündnisses werde es nicht geben.

Dass ich nicht vor der französischen Nationalversammlung sprach, mag damals den einen oder anderen Zeitgenossen beschäftigt haben. Für mich war das zu keinem Zeitpunkt ein Thema. Ich wollte die außergewöhnliche Geste, vor dem Parlament des Gastlands aufzutreten, allein dem französischen Präsidenten vorbehalten. Bisher hatte nur ein einziges Mal ein ausländischer Staatsmann vor den französischen Parlamentariern das Wort ergriffen, und zwar kein geringerer als der achtundzwanzigste Präsident der

Vereinigten Staaten, Woodrow Wilson. Doch was Wilson damals, im Juli 1919, nach dem Sieg über Deutschland, über die französische Außenpolitik während des Ersten Weltkriegs sagte, hatte die Parlamentarier dermaßen verärgert, dass seitdem nie mehr ein ausländischer Regierungschef eingeladen worden war.

Keine Frage, die Feierlichkeiten zum 20. Jahrestag des Élysée-Vertrags brachten der Bonner Regierungskoalition neuen Auftrieb. Der politische Gleichklang zwischen Frankreich und der Bundesrepublik, zwischen François Mitterrand und mir, verschaffte uns in der westlichen Welt eine Menge Achtung, Zustimmung und Unterstützung. In den Ländern jenseits des Eisernen Vorhangs dagegen ernteten wir erhebliche Vorbehalte bis hin zu schroffer Ablehnung. Doch politische Standfestigkeit und Prinzipientreue machte auch auf die Führer im Warschauer Pakt Eindruck, wie ich im Lauf der Jahre immer wieder erfahren konnte. Damals war immerhin Respekt vor der Geschlossenheit im Nato-Bündnis zu spüren.

*

Wenige Tage nach der erfolgreichen Bundestagswahl vom 6. März 1983 übermittelte mir Finanzminister Gerhard Stoltenberg eine persönliche Botschaft des französischen Staatspräsidenten. Der in Bonn ziemlich unbekannte Staatssekretär im französischen Finanzministerium Michel Camdessus, der spätere Generaldirektor des Internationalen Währungsfonds, hatte seinem Amtskollegen im Finanzministerium eigenhändig ein Schreiben des Präsidenten übergeben, wie Stoltenberg in seinen Memoiren schreibt. Darin betonte Mitterrand, dass Frankreich vor weitreichenden und schwerwiegenden Entscheidungen stehe, und unterstrich die besondere Bedeutung der Haltung Deutschlands in der Europapolitik und speziell in der Währungsfrage. Der Präsident zielte in seinem vertraulichen Brief eindeutig auf eine schnelle Veränderung der Wechselkurse zur Stabilisierung des Franc. Da wir im ersten Halbjahr 1983 die Ratspräsidentschaft übernommen hatten und demnach auch den Vorsitz in allen Räten der Europäischen Gemeinschaft, trugen wir eine besondere Verantwortung.

Die politische Lage in Frankreich war außerordentlich kompliziert und verfahren. Die Spannungen in der französischen Regierung und in der Regierungspartei hatten zu Rissen im Regierungsbündnis geführt, die uns nicht verborgen geblieben waren. Mitterrand hatte diesen ungewöhnlichen Weg gewählt und seine Botschaft an diesem 16. März 1983 über Michel Camdessus vermittelt, weil es sich um eine besonders vertrauliche Initiative handelte.

Noch am gleichen Abend lud ich Bundesbankpräsident Karl Otto Pöhl, Hans-Dietrich Genscher, Gerhard Stoltenberg und den Chef des Bundeskanzleramts, Waldemar Schreckenberger, zu einem Meinungsaustausch ein. Am Ende des Treffens war klar, dass in Paris ein Streit entbrannt war über die Frage, ob die sozialistische Innenpolitik oder die europäische Kooperation den Vorrang haben sollte. Die Stimmen für die Freigabe des Europäischen Währungssystems (EWS), für Kapitalverkehrskontrollen und möglicherweise sogar Handelsbeschränkungen waren unüberhörbar. Ein solch weitreichender Kurswechsel würde einen schweren Rückschlag bedeuten und nicht absehbare Konsequenzen für die europäische Entwicklung haben. Andererseits konnte die Lösung nicht in einer einseitigen deutschen Aufwertung ohne einen angemessenen französischen Beitrag liegen, fand der geballte Sachverstand im Kanzleramt. Nach Ansicht der Runde rechtfertigten die ökonomischen Daten einen solchen Schritt nicht. Überdies war bekannt, dass mehrere Regierungen eine nennenswerte Abwertung gegenüber der D-Mark strikt ablehnten.

Da Mitterrand schon den ungewöhnlichen Weg eingeschlagen hatte, seine Nachricht streng vertraulich zu übermitteln, schien mir die Sache so bedeutsam zu sein, dass ich den Finanzminister bereits am nächsten Tag nach Paris schickte. Auch diese Reise vollzog sich in ungewöhnlicher Geheimhaltung. Stoltenberg traf mit Mitterrand in der französischen Hauptstadt zusammen, ohne von irgendeinem Journalisten bemerkt zu werden. Er erläuterte dem französischen Präsidenten die Bonner Haltung: Deutschland könne bei einer Veränderung der Paritäten einen größeren Schritt tun, wenn Frankreich zu einer eigenen Abwertung bereit sei. Das war unser Angebot.

Die Lage war zu jenem Zeitpunkt außerordentlich ernst, denn eine Abkehr Frankreichs vom EWS hätte eine Distanzierung von der Europäischen Gemeinschaft bedeutet und wäre ein katastrophaler Fehler gewesen.

Die endgültige Entscheidung über die schwierigen Fragen fiel schließlich wenige Tage später auf der Sondersitzung der Finanzminister und Notenbankpräsidenten in Brüssel. Mit einigen Unterbrechungen dauerte die Sitzung fast achtundvierzig Stunden. Einhellige Meinung in diesem Kreis war, es gebe keine Notwendigkeit, die Paritäten gegenüber der D-Mark zu verändern. Frankreich solle abwerten und eine Stabilitätspolitik verfolgen, um das Vertrauen der Märkte wiederzugewinnen.

Mitten in der Nacht rief Gerhard Stoltenberg aus Brüssel an und bat um klare Handlungsanweisungen. Der französische Finanzminister Jacques Delors war zwischendurch mehrfach zu Konsultationen nach Paris geflogen. Alles sah so aus, als würde der französische Vorstoß scheitern. Stoltenberg erklärte, es gebe im Kreis der EG-Finanzminister keine Unterstützung für die französische Haltung. Ich sah mich nun in der Pflicht und gab Stoltenberg zu verstehen, dass ich die Meinung der Finanzexperten in Brüssel nicht teile und auch gegen den geballten Sachverstand des Bundeskanzleramts zu handeln bereit sei. Es galt, unseren französischen Nachbarn und ihrem Präsidenten in einer schwierigen Lage zu helfen. In dieser langen Nacht setzte ich mich über alle Bedenkenträger hinweg und erteilte Stoltenberg die Weisung, sich für eine Aufwertung der D-Mark einzusetzen. Er könne ja den Ministerkollegen erläutern, so mein ernstgemeinter Ratschlag, dass der deutsche Bundeskanzler zwar nichts von Währungspolitik verstehe, aber derzeit Ratsvorsitzender sei und diese Entscheidung treffe, um nichts gegen die französische Währung zu unternehmen.

Am folgenden Tag machte Stoltenberg im Brüsseler Plenum den entscheidenden Vorschlag, den schließlich alle seine Ressortkollegen akzeptierten: Die D-Mark und einige andere Währungen wurden um 5,5 Prozent aufgewertet, der Franc und die italienische Lira um 2,5 Prozent abgewertet.

Im nachhinein war diese Entscheidung, bei der sich vor allem

Deutsche und Franzosen als verlässliche Partner zeigten, mehr als eine Wechselkurskorrektur. Aus heutiger Sicht war es eine der wichtigsten politischen Vereinbarungen der achtziger Jahre. Jacques Delors hat völlig recht, wenn er die Nacht von Brüssel als erfolgreichen Test der deutsch-französischen Partnerschaft bewertet. Im übrigen entschied sich Mitterrand nun auch für einen marktwirtschaftlichen Kurs und orientierte sich deutlicher als zuvor auf Europa. In Paris gewannen der Abbau des Defizits, die Bekämpfung der Inflation und die Stärkung des Francs spürbar Vorrang.

Die Nacht von Brüssel und den Einfluss des seinerzeit amtierenden deutschen Ratspräsidenten haben die Franzosen so schnell nicht vergessen. Auch für die Beziehungen zwischen Mitterrand und mir mag der März 1983 von entscheidender Bedeutung gewesen sein. Das Vertrauensverhältnis zwischen uns beiden erlebte einen starken Schub, der sich schon bald als segensreich für beide Länder erweisen sollte.

Ich glaube, dass diese Nacht für Mitterrand entscheidend war. Es muss ihn beeindruckt haben, dass dieser Deutsche für ihn seine eigenen Karten verschlechterte. Wir haben jedoch nie darüber gesprochen.

Nur wer die historischen Tatsachen bedenkt, kann wirklich ermessen, wie klug und bedeutend eine Politik, die auf die deutsch-französische Freundschaft setzte, für die Zukunft unseres Landes war. Die Vision der großen Züricher Rede von Winston Churchill vom 19. September 1946, dass Deutsche und Franzosen endlich zueinander finden, um gemeinsam das Haus Europa zu bauen, sollte erstaunlich rasch Realität werden. Die nationalistischen Irrtümer der Vergangenheit wiederholten sich nicht. Nur relativ wenige Jahre später, 1963, besiegelten Präsident Charles de Gaulle und Bundeskanzler Konrad Adenauer mit dem deutsch-französischen Vertrag die Aussöhnung der Nachbarvölker und legten das Fundament für eine dauerhafte Freundschaft.

Teil II
Erste Regierung

(1983 – 1987)

1. Zweites Kabinett

Am 13. März 1983, eine Woche nach dem Sieg in Bonn, bescherte die Landtagswahl in Schleswig-Holstein der CDU die absolute Mehrheit in Kiel. Nach nur fünfmonatiger Regierungszeit war es dem Stoltenberg-Nachfolger Uwe Barschel gelungen, für die CDU 49 Prozent zu erzielen. Mit ihrer Koalitionsaussage zugunsten der SPD, die sich immerhin auf 43,7 Prozent der Wählerstimmen verbessern konnte, erlebte die FDP ein Debakel: Nur 2,2 Prozent der Wähler votierten für die Liberalen, denen der Einzug ins Kieler Parlament damit versagt blieb. Zum zweiten Mal innerhalb einer Woche hatte die CDU einen großartigen Erfolg errungen – und knüpfte damit an die so erfolgreichen früheren Ministerpräsidenten Friedrich-Wilhelm Lübke, Kai-Uwe von Hassel, Helmut Lemke und Gerhard Stoltenberg an.

Unmittelbar nach der Bundestagswahl hatte ich mit den Parteivorsitzenden Hans-Dietrich Genscher und Franz Josef Strauß Gespräche über Vorbereitung und Zeitplan der Koalitionsverhandlungen und der Regierungsbildung geführt und auf ein zügiges Vorgehen gedrängt.

In einem ersten Vieraugengespräch mit dem CSU-Vorsitzenden verständigten wir uns darauf, das gemeinsame Wahlprogramm für die Bundestagswahlen 1980 und 1983 als Gesprächsgrundlage für unsere beiden Parteien zu nehmen. Bevor wir in Verhandlungen mit dem Koalitionspartner FDP gingen, mussten wir zunächst einmal mit uns selbst ins reine kommen. Gleich zur ersten Sitzung am 15. März 1983 drückte mir die CSU-Führung ein hundertsechzig Seiten umfassendes Positionspapier in die Hand. Fleißig wie unsere bayerischen Kollegen nun einmal sind, hatten sie gute Vorarbeit geleistet. Für die CDU nahmen an dieser ersten Sitzung unter meiner Leitung Heiner Geißler, Gerhard Stoltenberg und Alfred Dregger teil. Im Einvernehmen mit dem CDU-Präsidium konnte die Verhandlungskommission von unserer Seite um Ernst Albrecht, Norbert Blüm, Kurt Biedenkopf und Lothar Späth erweitert werden.

CDU und CSU waren sich in diesen anstrengenden Märztagen rasch einig. Als dann die Koalitionsverhandlungen mit der FDP begannen, überraschte mich die Kompromissbereitschaft auf allen Seiten. Pfiffige Journalisten fanden heraus, dass noch nie in der Geschichte der Bundesrepublik Koalitionsverhandlungen so schnell und reibungslos über die Bühne gegangen waren wie nach dieser Bundestagswahl. Vielleicht gab es allerdings auch kaum ein Koalitionspapier, das so viele Fragen offen ließ. Das mag an der Taktik aller drei beteiligten Parteien gelegen haben, nicht alles und jedes festzuschreiben, was einer viel intensiveren Überlegung und Planung bedurft hätte, als es in den wenigen Tagen nach der Wahl überhaupt möglich war.

Streit war natürlich vorprogrammiert. Politik hat eben wenig mit Statik zu tun, wie jeder weiß, der sich politisch engagiert. Deshalb war ich wie die übrigen Beteiligten mit den in einem sechsseitigen Papier zusammengefassten Ergebnissen der Koalitionsvereinbarungen sehr einverstanden. Alle Fraktionen billigten das Koalitionspapier, wenn auch zum Teil erst nach stürmischen Debatten. Die unterschiedlichen Flügel übten zum Teil massive Kritik an einzelnen Abschnitten. Das war auch gut so.

Ich gab immer wieder zu Protokoll: Was war gegen die Einigung auf Grundsätze und Leitlinien und gegen den Verzicht auf umfangreiche Maßnahmenkataloge einzuwenden, wenn wir alle wussten, dass wir schon übermorgen von der politischen Entwicklung überrollt werden könnten? Wir wollten uns genügend Spielraum lassen. Mochten unsere politischen Gegner auch noch so sehr behaupten, wir würden nur vage Versprechungen geben und viele Fragen offen lassen – ich war vom Ergebnis der Koalitionsgespräche überzeugt und hielt unsere Vereinbarung für ein gutes Programm der praktischen Vernunft.

Dieses Programm war zunächst für die Legislaturperiode von 1983 bis 1987 gedacht. Gleichwohl gaben alle drei Partner bereits jetzt zu erkennen, dass sie diese Koalition darüber hinaus fortsetzen wollten. Eine ganze Reihe von Fragen war ohnehin nur langfristig zu klären.

Die wichtigsten Koalitionsabsprachen betrafen die Haushalts-, Steuer- und Sozialpolitik. In der Strukturpolitik ging es um die Außenwirtschaft und die EG, um Energie und Stahl, Verkehr und Landwirtschaft und die Medienpolitik. Die Innen- und Rechtspolitik schließlich konzentrierte sich vor allem auf die Themen Wahlrecht, Ausländerpolitik, Verfassungstreue im öffentlichen Dienst, Vermummung und Passivbewaffnung, Kontaktsperregesetz, Datenschutz, Umweltschutz, die Reform des Abtreibungsparagraphen, Gleichstellung von Mann und Frau und die Kulturpolitik des Bundes. Innenpolitische Themen dominierten den Aufgabenkatalog. Die Außen- und Sicherheitspolitik fehlte in den Koalitionsvereinbarungen, weil die große Linie unter den Koalitionären völlig unstrittig war. Wir hatten einen klaren Wählerauftrag, einen Arbeitsauftrag, den es zu erfüllen galt.

Mit der Annahme der Koalitionsvereinbarungen waren die Voraussetzungen für die Kanzlerwahl gegeben. Am 28. März trat das neugewählte Parlament zu seiner konstituierenden Sitzung zusammen. Verzögert wurde meine Wahl durch zähe Debatten über die Geschäftsordnung. Die neue Fraktion der Grünen wünschte eine Aussprache über die Rede des Alterspräsidenten Willy Brandt. Der SPD-Bundesvorsitzende hatte in seiner bemerkenswerten Ansprache »zur Pflege der demokratischen und politischen Kultur« aufgerufen. Darüber eine Parlamentsdebatte zu führen wurde von den übrigen Fraktionen jedoch abgelehnt.

Zum neuen Bundestagspräsidenten wählten die Parlamentarier Rainer Barzel, der dem Bundestag seit 1957 angehörte und in meinem ersten Kabinett Minister für innerdeutsche Beziehungen gewesen war. Diese Personalentscheidung brachte mir großen Ärger ein, denn seit 1979 hatte der einflussreiche CSU-Bundestagsabgeordnete Richard Stücklen dieses Amt bekleidet. Zuvor war der Franke, der seit 1949 Mitglied des Bonner Parlaments war, von 1976 bis

1979 Vizepräsident des Hohen Hauses gewesen. Auch nach der März-Wahl wollte er unbedingt der Mann an der Spitze des Parlaments bleiben. Doch in der CDU rumorte es schon seit einiger Zeit gewaltig, denn als stärkste Gruppe im Deutschen Bundestag hatten natürlich die Christdemokraten das Anrecht, diese Position mit einem Vertreter aus den eigenen Reihen zu besetzen. Außerdem gab es in meiner Partei eine starke Strömung, die darauf drängte, dass der ehemalige CDU-Bundesvorsitzende und langjährige Fraktionschef der Unionsparteien dieses Amt übernehmen sollte.

Trotz all der früheren Auseinandersetzungen zwischen ihm und mir wollte auch ich mich diesem Wunsch, der nicht zuletzt von den nordrhein-westfälischen Freunden massiv vertreten wurde, nicht verschließen. Von seiner politischen Kompetenz, seiner sprachlichen Brillanz und seinem rhetorischen Talent sowie seiner Fähigkeit her, divergierende Interessen unter einen Hut zu bringen, war Rainer Barzel die Idealbesetzung. Bis weit in einflussreiche Kreise der CSU hinein war man dieser Meinung.

Richard Stücklen, der zusammen mit Franz Josef Strauß und gegen Friedrich Zimmermann und mich leidenschaftlich dafür plädiert hatte, die Neuwahlen unmittelbar nach dem erfolgreichen Misstrauensvotum abzuhalten, zeigte sich allerdings wenig bereit, zugunsten von Rainer Barzel auf das Amt des Bundestagspräsidenten zu verzichten. Bis zu seinem Tod im Jahr 2002 behauptete er, ich hätte ihm dieses Amt 1982 versprochen und nun mein Versprechen gebrochen. Außerdem kritisierte Stücklen immer wieder Fraktionschef Dregger, der sich um diese Personalentscheidung angeblich nicht gekümmert habe und, von mir vor vollendete Tatsachen gestellt, klaglos die Barzel-Kandidatur akzeptiert hätte.

Wahr ist, dass ich gerade die Frage der Kandidatur zum Bundestagspräsidenten frühzeitig und ausgiebig mit dem Vorsitzenden der Unionsfraktion diskutierte. Alfred Dregger hatte keinerlei Einwände, sondern unterstützte mit guten Gründen von Anfang an die Entscheidung für Rainer Barzel.

Richard Stücklen war zutiefst verbittert, zumal auch Franz Josef Strauß die Legende aufrechterhielt, er habe sich für ihn eingesetzt und bei mir dafür gekämpft, dass sein Parteifreund nicht in die zweite Reihe zurücktreten musste. In Wahrheit hatte Strauß überhaupt nichts unternommen, um Richard Stücklen wieder ins Amt zu holen. Das Gegenteil war der Fall. Strauß hatte seinem alten Freund Rainer Barzel längst versprochen, dass er seine Kandidatur voll unterstützen werde. Über diese Zusage verfügte Barzel bereits, bevor es zwischen Richard Stücklen und mir zum großen Krach kam. Ich bedaure sehr, dass dieser Streit niemals beigelegt werden konnte.

Mit großer, parteiübergreifender Mehrheit wurde Rainer Barzel am 29. März 1983 zum neuen Präsidenten des Deutschen Bundestags gewählt. Zu Vizepräsidenten bestimmten die Parlamentarier Annemarie Renger (SPD), Heinz Westphal (SPD), Richard Stücklen (CSU) und Richard Wurps (FDP).

Abends wählten mich die Abgeordneten von CDU/CSU und FDP dann erneut zum Bundeskanzler. Von den 486 gültigen Stimmen votierten 271 für mich, 214 Abgeordnete stimmten gegen mich, und ein Parlamentarier enthielt sich der Stimme. Die Regierungsfraktionen quittierten dieses Ergebnis stehend mit langanhaltendem Beifall.

Unmittelbar nach der Wahl fuhr ich zum Bundespräsidenten in die Villa Hammerschmidt, wo mir Karl Carstens die Ernennungsurkunde übergab. Kurz nach zwanzig Uhr an jenem 29. März leistete ich vor dem Plenum des Parlaments den Eid auf die Verfassung.

Auch wenn die Regierungskoalition über insgesamt 278 Abgeordnete verfügte und mir demnach sieben Abgeordnete ihre Stimme versagt hatten, konnte mir das nicht die Hochstimmung nehmen. Mit der vorgezogenen Bundestagswahl war ich für meine Partei und für mich persönlich ein hohes Risiko eingegangen, und so mag auch der eine oder andere Parlamentarier gemeint haben, mir in der geheimen Abstimmung einen kleinen Denkzettel verpassen zu müssen.

Stolz und Dankbarkeit waren die vorherrschenden Gefühle in den ersten Minuten nach meiner Wahl. Dankbar war ich den Wählern, den unzähligen Helfern in der Partei, meinen engsten Mitarbeitern und politischen Freunden und vor allem meiner Familie, an erster Stelle Hannelore. Sie hatte als Sympathieträgerin gekämpft und keinen geringen Anteil am hohen Wahlsieg der

Die Bundestagswahl vom 6. März 1983 hat die neue Regierung bestätigt – am 29. März gratuliert der Bundespräsident anlässlich der Überreichung der Ernennungsurkunde

Union errungen. In diesem Augenblick genoss sie sichtlich meine Bestätigung als Bundeskanzler.

Das Personalkarussell drehte sich nur leicht, bis auf zwei Posten blieb das Bundeskabinett in seiner bisherigen Zusammensetzung bestehen. Doch ging es immerhin um zwei wichtige Ressorts, die von den Unionsparteien neu zu besetzen waren. Die Nachfolge Rainer Barzels als Minister für innerdeutsche Beziehungen vollzog sich ohne große Komplikationen. Ich entschied mich für den Schlesier Heinrich Windelen, lange Jahre CDU-Landesvorsitzender von Westfalen-Lippe, ein Wertkonservativer mit großem Rückhalt in der Partei. Er hatte als mein loyaler Stellvertreter im Fraktionsvorsitz und als Vorsitzender im Haushaltsausschuss sowie als Bundestagsvizepräsident in den vergangenen Jahren eine Menge politische Erfahrungen gesammelt und galt seit längerem als ministrabel.

Den glühenden Verfechtern der sozialliberalen Entspannungspolitik waren Windelens Auftritte auf Vertriebenentreffen ein Dorn im Auge. Bei den Vertriebenen jedoch galt er – auch ohne Funktionär zu sein – als hochgeschätzter Interessenvertreter. Dass die SPD-Opposition seine Berufung kritisierte, weil er einst als erbitterter Gegner der Brandtschen Ostpolitik aufgetreten war, berührte mich in keiner Weise. Heinrich Windelen war in den deutschlandpolitischen Kurs eingebunden, den wir mit der FDP verabredet hatten, und er fügte sich bereitwillig und konstruktiv ein. Leitlinien dieses Kurses waren die Einbettung der Deutschlandpolitik in die Politik der europäischen Integration und eine pragmatische Kooperation mit der DDR auf allen Gebieten. Ohnehin wurde die operative Deutschlandpolitik im Bundeskanzleramt gemacht und vom Ministerium für innerdeutsche Beziehungen in all den Jahren kraftvoll unterstützt. Heinrich Windelen gehörte zu den nach außen hin wenig spektakulär agierenden Politikern, die für unser Land, vor allem für die beispiellose Integration der Millionen von Vertriebenen, Herausragendes leisteten.

Schwieriger verlief die Regelung der Nachfolge von Landwirtschaftsminister Josef Ertl. Die FDP musste wegen des Wahlausgangs auf ein Ressort verzichten und besetzte nur noch drei Ministerposten: das Außen-, Wirtschafts- und Justizministerium. Nach vierzehnjähriger Arbeit als Ressortchef für Ernährung, Landwirtschaft und Forsten hatte Josef Ertl keinen Ehrgeiz mehr, länger im Amt zu verweilen. Vor allem das Gerangel um die europäische Agrarpolitik hatte der FDP-Politiker satt und wollte endlich wieder das sein, was er eigentlich immer war: Bauer auf der eigenen Scholle.

Ich war diesem liberalen Bayern schon seit langem besonders zugetan, weil ich seine offene und direkte Art schätzte. Ich mochte ihn als Menschen und Politiker, als zuverlässigen Weggenossen und mutigen Kollegen, der sich in den für die FDP so schweren Zeiten des Bonner Koalitionswechsels 1982 als unbeirrbarer Verfechter einer neuen Regierungsmehrheit erwies. Außerdem war er ein exzellenter Ressortchef und ein geschickter Verhandler beim Brüsseler Agrarpoker. Beinhart und prinzipientreu erlebten ihn seine Amtskollegen auf der Brüsseler Bühne. Josef Ertl kämpfte mit allen legalen Mitteln für die Interessen der bundesdeutschen Landwirte, niemals mit Scheuklappen, niemals auf Kosten anderer, immer konstruktive Kompromisse im Visier. Jeder, der ihm nachfolgte, würde es schwer haben, es ihm gleichzutun. Auch deshalb war die Suche nach einem Nachfolger nicht ganz einfach, aber erschwert wurde sie vor allem durch einen Gesichtspunkt, der im Hintergrund für Streit und Unruhe sorgte.

Nach Meinung von Franz Josef Strauß hatte sich die Union

durch den späten Wahltermin im März 1983 um die absolute Mehrheit im Bonner Parlament gebracht. Die FDP hatte zwar gegenüber der achtziger Wahl 3 Prozentpunkte verloren; aber mit 7 Prozent der Stimmen ein beachtliches Ergebnis erzielt, nachdem sie in den Meinungsumfragen lange Zeit bei 3,5 bis 4 Prozent gehandelt worden war.

Damit hatten sich für den bayerischen Ministerpräsidenten alle Möglichkeiten zerschlagen, Hans-Dietrich Genscher zum Verzicht auf das Auswärtige Amt zu bewegen. Gleiches galt aus CSU-Sicht für das Wirtschaftsministerium, das von Otto Graf Lambsdorff geleitet wurde. Der FDP dieses Ressort abspenstig zu machen wäre nach Ansicht von Strauß allenfalls möglich gewesen, wenn die FDP nur ganz knapp über die Fünfprozenthürde gekommen und die CSU doppelt so stark geworden wäre. Für diesen Fall hatte der bayerische Ministerpräsident ernsthaft daran gedacht, der FDP das Innenministerium als Ausgleich anzubieten. Damit hätte er gleichzeitig dem Amtsinhaber Friedrich Zimmermann demonstrieren können, dass sein erfolgreiches Zusammenspiel mit mir unmittelbare Folgen für ihn hatte.

Ich hielt diese Münchner Planspiele für völlig abwegig, und das sagte ich dem CSU-Vorsitzenden in mehreren Telefonaten und persönlichen Begegnungen auch ganz unumwunden. Auf die erste Frage von Franz Josef Strauß nach meiner Wahl, was ich ihm in Bonn anbieten könne, erwiderte ich, mit Ausnahme des Außenministeriums, das der FDP, genauer: dem FDP-Bundesvorsitzenden Hans-Dietrich Genscher zustehe, ließe sich über alles reden. Zu »allem« gehörte natürlich auch das Finanzressort, das Gerhard Stoltenberg leitete. Im Ernstfall hätte ich dem früheren Kieler Ministerpräsidenten ein anderes Amt anbieten müssen. Darüber hatte ich mit ihm auch mehrfach vertraulich gesprochen, und Gerhard Stoltenberg wäre zu einem Ressortwechsel bereit gewesen.

Strauß erregte sich maßlos darüber, dass ich ihm das Außenressort verwehrte, er vermochte seine Entrüstung kaum in Worte zu fassen. Als er wieder auf den Boden der Tatsachen kam, setzte er nach und fragte mich in rüdem Ton: »Was bietest du mir, wenn ich nicht nach Bonn komme?« Meine spontane Antwort: »Nichts.«

Daraufhin begann er zu klagen, er müsse auf dem bevorstehenden CSU-Parteitag etwas vorweisen können, wenn er nicht als schlechter Verhandlungsführer dastehen wolle. Schließlich sei die CSU zwar eine Landespartei, aber mit vernehmbar bundesweitem Anspruch, und er müsse den Delegierten dringend eine Kompensation für seinen Verzicht auf ein Ministeramt vorweisen können.

Um dieses außerordentlich zähe und letztlich unproduktive Gespräch zu einem guten Ende zu bringen, machte ich Franz Josef Strauß einen Vorschlag, der kaum abzulehnen war: Für den Fall, dass er nicht nach Bonn wechsele, könne die CSU einen fünften Ministerposten besetzen. Schließlich war das Landwirtschaftsressort nach Ertls Abgang vakant. Die CDU verfügte meines Erachtens über keinen Kandidaten für dieses Amt, der eine so wichtige Wählergruppe an die Unionsparteien zu binden vermochte.

In der CSU aber war der beste Mann zu finden, den es in den Unionsparteien für diesen Job gab. Längst hatte ich ein Auge auf den Kemptener Bundestagsabgeordneten Ignaz Kiechle geworfen, der als Landwirt den elterlichen Hof bewirtschaftet hatte, bevor er in die Politik ging. Der Vorsitzende der Arbeitsgruppe für Ernährung, Landwirtschaft und Forsten der CDU/CSU-Bundestagsfraktion war genau der richtige Mann zur richtigen Zeit. Als ich seinen Namen fallen ließ, kam von Franz Josef Strauß nach kurzer Irritation über mein überraschendes Angebot vernehmbare Zustimmung.

Was mir mancher Strauß-Mitarbeiter als ausgemachte Unverschämtheit auslegte und als »Fernbleibprämie für FJS« deutete, entpuppte sich langfristig als Glücksfall. Ich hatte zwei Fliegen mit einer Klappe geschlagen: Strauß blieb endgültig in Bayern, das Kompensationsangebot hatte gezogen. Und mit Kiechle hatte ich einen Landwirtschaftsminister gewonnen, wie er nicht besser ins Bundeskabinett hätte passen können. Nebenbei hatte Strauß frühzeitig erkannt, wie wichtig ein CSU-Mann für die Landwirtschaft im Agrarland Bayern war. Erst als Jahre später in der europäischen Agrarpolitik massive, beinahe unüberbrückbare Probleme auftauchten, verfluchte mich der CSU-Vorsitzende, denn jetzt hatte der CSU-Mann Kiechle den Zorn der Bauernlobby weit über die Grenzen Bayerns hinaus auszuhalten.

Trotz meines Angebots dachte Franz Josef Strauß zumindest einen Moment lang darüber nach, doch noch nach Bonn zu wechseln, um Vizekanzler und – wie einst unter Konrad Adenauer – Verteidigungsminister zu werden. Von meiner Seite aus war das eine ernstgemeinte Option. Allerdings bedeutete eine solche Personalkonstellation gleichzeitig den Verzicht auf ein Ressort, denn schließlich sollte es bei fünf Ministerposten für die CSU bleiben. Letztlich verständigten wir uns auf die bereits getroffene Abmachung: fünf Ministerposten in der bekannten Besetzung für die CSU. In der Endphase des Personalpokers wollte Strauß keinem Parteifreund die Ministerwürde streitig machen.

Taktische Winkelzüge, psychologische Gesichtspunkte, personalbezogene Entscheidungen schienen in dieser Zeit mitunter wichtiger zu sein als alles andere. In der Klage darüber vergisst man manchmal, dass die Demokratie wesentlich von politischen Kompromissen lebt. Und Personalentscheidungen befinden nicht nur über Erfolg und Misserfolg von Regierungen und der sie tragenden Parteien, sondern sie sind tatsächlich der Kern politischer Führung und Gestaltung. Im vielgeschmähten »System Kohl« konnte ich diesen Weg erfolgreich praktizieren.

Die Ernennung der Kabinettsmitglieder fand in feierlichem Rahmen statt. Karl Carstens, der Neuwahlen durch sein mutiges und staatsmännisches Verhalten erst möglich gemacht hatte, schien dieses Bundeskabinett besonders ans Herz gewachsen zu sein. Er rief die Minister dazu auf, mit Augenmaß an die Überwindung der Arbeitslosigkeit, die Lösung der Umweltfragen und die Ordnung der Staatsfinanzen heranzugehen. Sparsamkeit müsse zu einer öffentlichen Tugend werden. Die Bürger der Bundesrepublik seien bereit, die notwendigen Opfer zu bringen, wenn sie davon überzeugt seien, dass die Lasten gerecht verteilt würden. Einmal mehr hatte der Bundespräsident damit den richtigen Ton getroffen und sich abermals als »politischer Präsident« präsentiert.

Am 30. März 1983 erfolgte dann die Vereidigung der siebzehn Minister im Deutschen Bundestag. Die Abgeordneten der Grünen nahmen weder an meiner Vereidigung noch an der der Bundesminister teil. Die Begründung für ihr spätpubertäres Verhalten klang

Die Regierungsbank
mit dem neuen Kabinett

hohl: Als ob die Bundesregierung mit ihrer Sicherheits- und Verteidigungspolitik Gefahren für die Bundesbürger heraufbeschwören würde!

Die Auseinandersetzung mit der neuen Partei im politischen Alltag des Bundestages stand uns noch bevor. Allerdings waren wir gut gerüstet, und es sollte sich zeigen, dass sich die Regierungskoalition in allen existentiellen Fragen unseres Landes gegen die massiven Verleumdungskampagnen der Grünen und Alternativen am Ende erfolgreich durchsetzte – zum Wohl unseres Volkes.

*

Bereits am 30. Januar 1983, fünf Wochen vor der Bundestagswahl, hatte ich die Minister aufgefordert, bis zum 12. April Entwürfe für die Regierungserklärung einzureichen. Bei aller Bereitschaft zu unkonventionellem Vorgehen lag mir daran, den üblichen Amtsweg einzuhalten. Im Kanzleramt wurden die Entwürfe unter der Leitung von Amtschef Waldemar Schreckenberger dann zu einem Redeentwurf verarbeitet, über den es in einer Ministerbesprechung am 26. April eine vertrauliche Vorabstimmung gab. Eine vorläufige Endfassung der Regierungserklärung ließ ich anschließend den Parteivorsitzenden Strauß und Genscher zustellen. Schließlich informierte ich die Kabinettskollegen im Rahmen eines Abendessens im Kanzlerbungalow über die wesentlichen Inhalte der endgültigen Fassung meiner zweiten Regierungserklärung.

Obwohl die Regierungserklärung eindeutig auf den Koalitionsvereinbarungen zwischen Unionsparteien und FDP aufbaute, kam es zwischen FDP und CSU immer wieder zu Streitigkeiten, die zu einem besonderen Merkmal meiner Kanzlerschaft werden sollten. So stritt sich die auf Kontinuität bedachte FDP zum Beispiel öffentlich mit der energisch die politische Wende fordernden CSU über die Afrika- und Deutschlandpolitik. Dabei gab es für alle Bereiche der Politik ganz klare Absprachen zwischen den Koalitionsparteien, mithin auch für die Deutschland- und Afrikapolitik. Trotzdem bestimmte der Disput zwischen Strauß und Genscher lange Zeit die außenpolitische Diskussion.

In meiner Regierungserklärung am 4. Mai 1983 verwies ich auf meine erste Erklärung von 1982 und bemühte mich um Kontinuität. Diesmal ging es allerdings nicht um ein kurzfristiges Dringlichkeitsprogramm, sondern um ein Regierungsprogramm für eine ganze Legislaturperiode und darüber hinaus. Ich verzichtete ganz auf eine Abrechnung mit der Vorgängerregierung und konzentrierte mich statt dessen unter der Überschrift »Programm der Erneuerung« auf meine eigenen Absichten, die ich in sechs Leitgedanken zusammenfasste:

- Erneuerung der sozialen Marktwirtschaft (Arbeit, Finanzen, Renten)
- Gesellschaft mit menschlichem Gesicht (Sozialpolitik)
- Technologische Herausforderung (Bildung, Technologie, Umwelt)
- Freiheitlicher Rechtsstaat (Innenpolitik, Ausländerpolitik)
- Frieden, Freiheit, Sicherheit (Außen- und Sicherheitspolitik)
- Die Nation bewahren (Deutschlandpolitik).

Mit den Mitteln der Straße demonstrieren die Grünen während meiner Regierungserklärung im Deutschen Bundestag

Die Regierungserklärung war ein schwieriger Balanceakt zwischen den Parteien und ihren widerstreitenden Flügeln. Was Kritiker als »Katalog der Unverbindlichkeiten« bezeichneten, war ein realistisches Programm dieser Koalition der Mitte. Bewusst formulierte ich häufig nur Absichten, weil es angesichts der Unberechenbarkeit politischer Entwicklungen gar nicht anders möglich war. Allerdings legte ich mich in allen für unser Land existentiellen Fragen fest, namentlich bei der Außen- und Sicherheitspolitik und in der Deutschlandpolitik. So war diese Regierungserklärung eine gute Grundlage für eine volle Legislaturperiode und die Zeit danach.

Was die Oppositionsparteien in der mehrtägigen Debatte über die Regierungserklärung boten, bewegte mich kaum. Allerdings brachten die Grünen einen Umgangston in den Deutschen Bundestag ein, der mir unangenehm aufstieß.

2.
Doppelrolle

Die CDU war wieder Regierungspartei. Die uns übertragene Macht war ein Mandat auf Zeit. Wir durften uns nicht an die Macht gewöhnen. Wir durften sie nicht als Privat- oder Parteibesitz behandeln. Wir durften uns schon gar nicht auf ihr ausruhen.

Der Souverän, das Volk der Bundesrepublik Deutschland, hatte uns die Macht zum Preis von mehr Arbeit, mehr Verantwortung und mehr Pflichterfüllung anvertraut. Deshalb hatten wir auch keine Pfründe zu verteilen, sondern Arbeit, Aufgaben, Pflichten. Die politische Verantwortung würde uns nur so lange überlassen bleiben, wie wir fähig waren zu einer überzeugenden und glaubwürdigen Politik. Deshalb musste unsere Partei offen bleiben für neue Fragen und Anforderungen, sensibel für neue Probleme, nicht zuletzt junger Leute, und fähig zu wirklich kreativen Lösungen.

Die Partei hatte in den Jahren der Opposition einen langen Atem bewiesen, und es war richtig, dass wir nicht nach Bonn starrten, dass wir unsere Position in den Bundesländern von Landtagswahl zu Landtagswahl festigten, so dass wir jetzt auch die stärkste politische Kraft in den Bundesländern waren. Und es war gut und richtig – das hatte ich 1973 bei meiner Wahl zum Parteivorsitzenden gesagt –, dass wir antraten, um die Mehrheit in den Rathäusern wiederzugewinnen, dass wir beharrlich um Vertrauen warben, und dass wir uns dort durchsetzen konnten, wo Bürger Staat und Gemeinschaft am nächsten erleben: in der Kommunalpolitik. Das war die Voraussetzung für den Erfolg in Bonn. Es war auch vernünftig und gut, dass wir geduldig über viele Jahre die programmatischen Grundlagen unserer Partei erneuerten. Und es war notwendig, dass wir Ende September/Anfang Oktober 1982 mit vollem Risiko die Wende eingeleitet hatten.

Wir hatten den Bürgern die Wahrheit gesagt, und wir hatten damit jetzt die notwendige Legitimation erworben, um Entscheidungen auch dort durchzusetzen, wo sie schwer zu tragen waren. Dass die CDU das Vertrauen der Mehrheit der Bürger auf allen drei staatlichen Ebenen hatte: im Bund, in den Ländern und in den Gemeinden, bewies, dass wir die Wahl am 6. März nicht allein deswegen gewonnen hatten, weil die Sozialdemokraten regierungsunfähig geworden waren. Wir hatten sie gewonnen, weil das Vertrauen bei uns war, weil unsere Mitbürger uns zutrauten, die Zukunftsprobleme des Landes lösen zu können.

Die Union war also Regierungspartei, aber sie war nicht die Regierung. So wie die Machtverhältnisse im Bundestag waren, konnte unsere Regierungsarbeit nur als Gemeinschaftswerk mit unserem Koalitionspartner erfolgreich sein. Das bedeutete: Unsere Entscheidungs- und Handlungsfähigkeit hing auch davon ab, dass wir uns mit der FDP fair einigten. Die letzten sieben Monate seit dem 1. Oktober 1982, seit dem Beginn der neuen Koalition, waren ein Zeugnis dafür, dass man in fairer Partnerschaft gemeinsam gute Arbeit leisten konnte.

Trotz der Probleme, die selbständige Partner miteinander auszutragen haben, durfte nach unserem Verständnis Partnerschaft nicht in eigensüchtige Nörgelei ausarten. Sie durfte nicht zu Schaukämpfen persönlicher Profilierungsversuche missbraucht werden.

Fünfzehn Jahre war es mittlerweile her, dass wir uns zum letzten Mal auf einem Parteitag als Regierungspartei hatten präsentieren können. Insofern war der 31. Bundesparteitag der CDU vom 25. bis 26. Mai 1983 im Kölner Kongresszentrum ein Höhepunkt in der Geschichte unserer Partei. Erstmals seit meiner Wahl zum Parteivorsitzenden hielt ich eine Parteitagsrede als Bundeskanzler.

Große Aufmerksamkeit spürte ich bei meinen Ausführungen über das Bonner Regierungsprogramm, bei meiner Mahnung an die Parteiflügel. Auch die Querelen zwischen Strauß und Genscher ließ ich nicht unerwähnt, allerdings ohne sie beim Namen zu nennen: »Die Bundesregierung der Bundesrepublik Deutschland hat ihren Sitz in Bonn. Und ich denke, das weiß jeder in der Union – um es einfach auszudrücken: Wir lassen die Kirche im Dorf und das politische Entscheidungszentrum der Republik in Bonn. Wer etwas anderes will, der soll es sagen, und wir werden ihm antworten.«

Damit zielte ich auf Bemühungen von Strauß, der es nicht lassen konnte, sich mit lautstarken Querschlägen aus München zu Wort zu melden, die immer wieder der FDP galten. Die Wende, so schallte es aus bayerischen Landen, dürfe nicht auf die Wirtschafts-, Finanz- und Sozialpolitik beschränkt bleiben, vielmehr sei auch die geistig-moralische Wende in Gesellschaft und Staat erforderlich. Es fiel dem CSU-Chef schwer, zu begreifen, dass die Union nicht über die absolute Mehrheit im Bonner Parlament verfügte, sondern eine Koalitionsregierung mit den Freien Demokraten gebildet hatte.

Der zweite Tag des Kölner Parteitags stand ganz unter dem Thema »Jugendarbeitslosigkeit«. Unter der Leitung von Generalsekretär Heiner Geißler wurde dieser Tag als offene Podiumsdiskussion gestaltet, mit Sachverständigen und anschließender Plenardiskussion. Dabei gab es eine Neuerung, die für viele politische Beobachter überraschend kam, denn es erhielten nicht nur Parteitagsdelegierte Rederecht, sondern auch eine Reihe von Gästen aus Jugendorganisationen und -verbänden.

Selbstverständlich war das Thema »Jugendarbeitslosigkeit« nicht zu trennen von allgemeinen Arbeitsmarktfragen. So entwickelte sich dieser Teil des Kölner Parteitags zu einer aufschlussreichen und spannenden Diskussion über eines der brennendsten Probleme unserer Zeit.

Schließlich fasste der 31. CDU-Parteitag eine Reihe wichtiger Beschlüsse: zur Bekämpfung der Jungendarbeitslosigkeit, zur Verbesserung der flankierenden Maßnahmen des Arbeitsmarkts, zur Weiterentwicklung des Systems der Alterssicherung und zum Mutterschaftsgeld. Auch in der öffentlichen Diskussion über die Raketenstationierung als Weg zur Sicherung des Friedens setzte der Parteitag wichtige Akzente.

Die Führungsfrage innerhalb der Unionsparteien, die der Union während der Oppositionszeit das Leben oft so schwer gemacht hatte, hatte sich mit der Wiedergewinnung der Regierungsmacht in Bonn und meiner Wahl zum Bundeskanzler erledigt. Davon zeugte auch die überwältigende Mehrheit von 631 Jastimmen gegen 17 Neinstimmen bei 13 Enthaltungen, die ich bei meiner Wiederwahl als Parteivorsitzender erhielt. Mit 95,46 Prozent erzielte ich das bis dahin drittbeste Ergebnis, das mir die Delegierten zu meiner großen Freude und Genugtuung bescherten.

Zu stellvertretenden Vorsitzenden wurden gewählt: Gerhard Stoltenberg und Richard von Weizsäcker (je 675 Stimmen), Norbert Blüm (660), Lothar Späth (532), Hanna-Renate Laurien (516), Ernst Albrecht (500) und der neue CDU-Fraktionsvorsitzende im Düsseldorfer Landtag Bernhard Worms (444), der den Platz seines Vorgängers Kurt Biedenkopf einnahm. Bundesschatzmeister Walther Leisler Kiep wurde mit 639 Stimmen im Amt bestätigt. Von den übrigen zwanzig Mitgliedern des Präsidiums erhielten Walter Wallmann (663), Bernhard Vogel (652) und Manfred Wörner (624) die meisten Stimmen.

Mir lag viel daran, dass die CDU auch als Regierungspartei ihr ganz eigenes, unverwechselbares Profil behielt. Als Kanzlerwahlverein sah ich meine Partei überhaupt nicht. Auch deshalb kümmerte ich mich wie kaum ein anderer Kanzler intensiv um die CDU. Mit der Doppelrolle war ein erheblicher Zeitaufwand für die Partei verbunden, denn trotz des Wechsels vom Oppositionsführer zum Bundeskanzler gab es für mich keinerlei zeitliche Einschränkung, wenn es um die Belange der Union ging. Auf allen Ebenen der Partei hielt ich das Netzwerk persönlicher Kontakte aufrecht und pflegte intensiv persönliche Beziehungen und Loyalitäten bis weit in die Kreisverbände der CDU hinein. Dabei war das Telefon unverzichtbar, denn so konnte ich weiterhin das direkte Gespräch mit Mandats- und Funktionsträgern der Partei ebenso pflegen wie mit Mitgliedern der Bundesregierung.

Das CDU-Präsidium, das nach dem Parteistatut auch die laufenden und dringenden Geschäfte des Bundesvorstands erledigte, fungierte als wichtiges Bindeglied zwischen Regierung und Bundespartei und zu den CDU-geführten Bundesländern. Als Kanzler und Bundesvorsitzender achtete ich besonders auf die politische Generallinie der Partei, auf die ich spürbaren Einfluss nahm. Regelmäßige Treffen und eine intensive Korrespondenz mit dem CSU-Vorsitzenden Strauß waren unverzichtbar, um programmatisch wie personell frühzeitige Abstimmungen zwischen den Schwesterparteien zu erreichen.

3.
Gipfelpolitik

Ich hatte die Pressekommentare über den Kölner CDU-Parteitag noch nicht gelesen, als ich bereits nach Amerika aufbrechen musste. Für den 28. bis 30. Mai hatte Präsident Reagan zum Weltwirtschaftsgipfel nach Williamsburg im US-Bundesstaat Virginia eingeladen. Hier fand das sogenannte G-7-Treffen der sieben wichtigsten Industrienationen statt, an dem ich erstmals teilnahm. Zu den G 7 gehörten damals die Vereinigten Staaten, Japan, Frankreich, Großbritannien, Italien, Kanada und die Bundesrepublik Deutschland. Reihum ist immer ein anderes Land Gastgeber.

Zuletzt war ich Ende April 1983 auf Wunsch des amerikanischen Präsidenten sehr kurzfristig nach Washington gereist, um mit ihm unter anderem über den bevorstehenden G-7-Gipfel zu sprechen. Die Probleme lagen auf dem Tisch: die Entwicklung der Weltwirtschaft, die konjunkturelle Entwicklung in weiten Teilen der Welt, die Arbeitslosigkeit in vielen Ländern, die katastrophale Entwicklung der Finanzlage einer beachtlichen und leider steigenden Zahl von Staaten und die daraus resultierenden Folgen für die Politik. Von Brasilien und Argentinien bis Jugoslawien und Polen war die Lage schwierig. Schließlich ging es bei unserem Meinungsaustausch auch um kontroverse Themen zwischen Europa, Amerika und Japan. Natürlich besprachen wir auch sicherheitspolitische Fragen, die in Williamsburg eine Rolle spielen würden.

Bei diesem Blitzbesuch vor dem G-7-Treffen hatte ich gespürt, dass die Bundesrepublik in vielen Bereichen ein ausgesprochen gutes Image hatte, zu dem nicht zuletzt Helmut Schmidt beigetragen hatte. Registriert hatte ich aber auch ein Defizit an Wissen über die tatsächliche politische Lage im geteilten Deutschland. Außerdem mangelte es selbst in gebildeten Kreisen an elementaren Kenntnissen über unsere Geschichte und Kultur. Mag sein, dass es dafür eine Fülle von Gründen gab, aber für mich stand fest, dass die auswärtige Kulturpolitik unserer Vorgängerregierungen offenbar fleißig daran gearbeitet hatte, ein Bild von unserem Land zu vermitteln, das mit den tatsächlichen Gegebenheiten nur wenig zu tun hatte.

Bei meinem April-Besuch in Washington erfuhr ich, dass die amerikanischen Juden die Einrichtung eines Holocaust-Museums planten. Mitten in Washington sollte es errichtet werden, in bester Lage, unmittelbar neben dem Nationalmuseum für Amerikanische Geschichte, auf dem Weg zwischen Weißem Haus und Congress Hill, den jährlich drei bis vier Millionen Besucher passieren, um diese Stätten zu besuchen. Für das große repräsentative Gebäude inklusive Umbau wurden über 120 Millionen Dollar gesammelt. Damit wurde ein Museum von unschätzbarem Wert gebaut, das heute zu den am meisten frequentierten Washingtoner Museen gehören soll. 1993 fertiggestellt, ist das United States Holocaust Memorial Museum (USHMM) Mahnmal und Gedenkstätte zugleich. Hier werden Millionen von Besuchern mit der Schreckensherrschaft der Nationalsozialisten konfrontiert.

Mir war klar, dass amerikanische High-School-Klassen, die am Ende ihrer Schullaufbahn traditionell nach Washington kommen, auch dieses Museum besuchen würden. Sie würden am Grabmal des Unbekannten Sodaten auf dem Heldenfriedhof in Arlington ein Blumengebinde niederlegen, das Parlamentsgebäude besichtigen und das Holocaust-Museum kennenlernen und damit die schlimmsten Greueltaten, die ein Volk einem anderen antun kann. Und es waren Deutsche, die den fabrikmäßigen Völkermord erfunden und ausgeführt hatten.

Die Intention der amerikanischen Juden war nicht deutschfeindlich. Vielmehr sollte das Holocaust Memorial Museum eine Art politischer Stachel für die amerikanische Gesellschaft sein, der die Erinnerung daran wachhalten sollte, dass sich der Holocaust niemals wiederholen dürfe und dass der Staat Israel in allen Lebenslagen unterstützt werden müsse.

Gleichwohl beschäftigte es mich immer wieder, was das für

die Deutschen bedeutete. Die deutsch-amerikanische Freundschaft war eine Säule unserer auswärtigen Politik, und die Geschichte der Deutschen spielte dabei eine zentrale Rolle. Aber die über dreihundert Jahre alten deutsch-amerikanischen Beziehungen mussten differenziert betrachtet und einfühlsam weiterentwickelt werden. Auch das Positive, wie die mehr als acht Millionen Deutschen, die einst nach Amerika ausgewandert waren und dort im Lauf der Jahrhunderte Spuren vor allem in Bildung und Kultur hinterlassen hatten, durfte nicht vergessen werden.

Sicherlich war die Wirtschafts-, Finanz- und Handelspolitik zwischen den beiden Ländern, zwischen Amerika und Europa, von großer Wichtigkeit, zumal ihre Probleme uns gemeinsam bedrückten. Aber alles würde Makulatur bleiben, wenn wir im Bereich der auswärtigen Kulturpolitik nicht alle Anstrengungen machten, um ein differenziertes Bild der Deutschen zu vermitteln, ohne jede Schönfärberei, ohne Weißmalerei. Lange Zeit wusste ich nicht, was für uns zu tun blieb. Aber damals in Washington, als ich von den Plänen zur Errichtung des Holocaust-Mahnmals erfuhr, wurde die Saat gelegt für die Idee eines deutschen historischen Museums.

*

Es war eine geniale Idee von Ronald Reagan, zum G-7-Gipfel nach Williamsburg einzuladen. Hier wurde ein Stück amerikanischer Geschichte liebevoll rekonstruiert, und das alles ohne öffentliche Finanzmittel, rein durch private Spenden. Dass so etwas möglich war, war für mich ein Beweis, dass unser deutsches Stiftungsrecht einmal gründlich überprüft werden müsste.

Williamsburg ist ein im englischen Kolonialstil des achtzehnten Jahrhunderts erbautes Provinzstädtchen. In den letzten Jahrzehnten war der historische Teil der Stadt in ein bewohntes Freilichtmuseum über die Kolonialzeit umgewandelt worden, das für das europäische Auge wie eine Mischung aus Heimatmuseum und Disneyland aussieht. Viele Millionen Amerikaner besuchen jedes Jahr ihr »Colonial Williamsburg«, wo Schauspieler und Handwerker in historischen Kostümen das Amerika von 1760 wiederaufleben lassen.

Von den gigantischen Sicherheitsvorkehrungen zum Schutz der Konferenz spürten wir im Inneren des Ortes so gut wie nichts. Wir konnten über die Dorfstraße von Nachbar zu Nachbar gehen oder außerhalb der offiziellen Sitzungen über den Zaun hinweg mit unseren Nachbarn reden. Es war eine ungewöhnliche Atmosphäre, die sich insgesamt positiv auf alle Gipfelteilnehmer auswirkte. Das traumhafte Wetter tat ein übriges, und so saßen wir stundenlang im Freien beisammen.

Sechs der Staats- und Regierungschefs waren mit ihren Ehefrauen angereist. Großbritannien wurde durch Premierministerin Margaret Thatcher vertreten; ihr Ehemann war nicht dabei. Während die Staats- und Regierungschefs gemeinsam oder in kleinen Gruppen tagten, fand unter Führung von Nancy Reagan das sogenannte Damenprogramm statt. Hannelore fand schnell den richtigen Draht zum amerikanischen Präsidenten und kam auch mit Nancy leicht ins Gespräch. Trotz des Altersunterschieds und ihrer so verschiedenen Lebenswege fanden sich beide Frauen gleich sympathisch. Nancy erwies Hannelore eine besondere Geste, indem sie ihr für die Dauer des Gipfels einen Mitarbeiter ihres Stabes zur Seite stellte, der für den Gast aus Deutschland permanent zur Verfügung stand.

Unter den Ehefrauen der Staats- und Regierungschefs gab es eine Art Rangfolge, die sich nach der Anzahl der Amtsjahre des Ehemanns und nach dem Lebensalter richtete. Zu Beginn meiner Kanzlerschaft war Hannelore noch eine Novizin in diesem Zirkel. Man hätte erwarten können, dass sie als Neuling auf diesem Parkett unsicher war, doch sie scheute sich nicht, Nancy Reagan und andere Frauen einfach um Rat zu fragen, wie sie sich in bestimmten Situationen verhalten sollte. Diese Unbefangenheit trug ihr viele Sympathien ein.

In gewisser Weise war Hannelore eine »Spitzenkraft« bei Auslandsreisen. Nicht nur wegen ihrer Mehrsprachigkeit hatte sie nie Probleme mit dem Protokoll. Sie war, was unglaublich wichtig ist, immer pünktlich und protokollgemäß zur Stelle. Außerdem han-

Beim Wirtschaftsgipfel in Williamsburg

delte sie auch in schwierigen Situationen besonnen und souverän. Heikle Umstände meisterte sie mit viel Fingerspitzengefühl und einem guten Maß an Humor. Ob mit »hohen Tieren« oder einfachen Leuten, sie kam mit fast allen Menschen ausgesprochen gut zurecht. Ihre Herzlichkeit und Offenheit waren ihr Schlüssel zu den Menschen – ob im privaten Kreis, auf nationaler oder auf internationaler Bühne.

Von den sieben Gipfelteilnehmern kannten sich die wenigsten persönlich. Deutlich wurden immer wieder die harten Differenzen zwischen dem amerikanischen und dem französischen Präsidenten. Mitterrand hielt Ronald Reagan für einen amerikanischen Kulturbanausen. Hier zeigte sich die Arroganz der »Grande Nation«. Der Sozialist aus Paris, der im kleinen Kreis witzig, spritzig, sarkastisch und mitunter verletzend sein konnte, ließ auch die britische Premierministerin spüren, dass er nicht allzuviel von ihrer Politik hielt. Dass er persönliche Animositäten ihr gegenüber kaum unterdrücken konnte, lag zum großen Teil daran, dass Margaret Thatcher den Kontinentaleuropäern immer wieder vorwarf, schuld an allen Übeln zu sein, ob es nun um Tollwut unter Füchsen ging oder um eine andere Epidemie, die häufig bei Kaninchen auftrat und das britische Königreich bedrohte. Bei solchen Anwürfen geriet Mitterrand leicht in Rage und machte sich über die »eiserne Lady« lustig. Sie reagierte dann oft beleidigt und beschimpfte die Männerriege, dass sie sie nicht ernst nähme.

Vom ersten Tag an spürte ich, dass mir der amerikanische Präsident eine besondere Wertschätzung entgegenbrachte. Ich war mir sicher, dass diese positive Meinung auf unser erstes Treffen in Bonn zurückging, als er noch kalifornischer Gouverneur und einer von vier möglichen Präsidentschaftskandidaten war. Die Bundesregierung unter Helmut Schmidt hatte ihn damals nicht empfangen, er bekam keinen offiziellen Termin im Kanzleramt und stand gewissermaßen vor verschlossenen Türen. Bei unserem Treffen zeigte er sich sehr wissbegierig und wollte seine Kenntnisse über Deutschland erweitern. Er machte keinen Hehl aus seiner Neugierde, und ich durfte ihn umfassend aufklären. Seine Herzlichkeit mir gegenüber schloss Hannelore mit ein. So gestaltete sich unsere erste Gipfelteilnahme in Amerika ganz unproblematisch.

Die unmittelbare Wirkungskraft einer solchen Gipfelkonferenz, an der auch der Präsident der EG-Kommission, der Luxemburger Gaston Thorn, teilnahm, sollte man nicht unterschätzen. Allein schon die persönlichen Begegnungen sind ein Wert an sich. Doch Williamsburg leistete auch einen wertvollen Beitrag zur Orientierung und Abstimmung der internationalen Wirtschaftspolitik. Natürlich kann ein Wirtschaftsgipfel die Welt nicht von heute auf morgen verändern. Internationale Zusammenarbeit ist eine Daueraufgabe und wird immer auch mit Problemen zu kämpfen haben. Trotzdem war die Erklärung von Williamsburg nicht bloß eine Botschaft der Hoffnung. Sie enthielt die Vereinbarung einer gemeinsamen Strategie, von der keiner der sieben Teilnehmerstaaten des Gipfels ohne Schaden für sein Ansehen abweichen konnte. Es war schon ein bedeutsamer Fortschritt, als die Probleme der

Weltwirtschaft, der Währungsordnung, des Welthandels, des Nord-Süd-Verhältnisses und der Ost-West-Beziehungen nicht mehr nacheinander und getrennt voneinander erörtert, sondern in ihrem unauflöslichen Gesamtzusammenhang gesehen wurden.

Insofern war das Ergebnis des Wirtschaftsgipfels in mehrfacher Hinsicht ermutigend:

- Ermutigend wegen der gemeinsamen Feststellung, dass nicht Einzelmaßnahmen und Sonderprogramme helfen können. Beim Kampf gegen die Arbeitslosigkeit kam es vielmehr auf die Geschlossenheit und die Übereinstimmung aller Bereiche der Politik an. Damit wurde die wirtschaftspolitische Strategie der Bundesregierung gegen die Arbeitslosigkeit und für die Gesundung der Wirtschaft voll bestätigt.
- Ermutigend war Williamsburg wegen der gemeinsamen Überzeugung, dass monetäre Disziplin, das heißt eine auf Stabilität gerichtete Geldpolitik, unverzichtbar war.
- Ermutigend war Williamsburg wegen der vollen Übereinstimmung darüber, dass budgetäre Disziplin, das heißt ein Abbau der staatlichen Neuverschuldung, geboten war. Dabei war wichtig, dass auch die Vereinigten Staaten dies voll anerkannten. Unbefriedigend war jedoch für uns alle, dass sich die USA nicht mehr in der Lage sahen, schon jetzt ausreichende praktische Schritte zur Entlastung der Währungs- und Finanzlage ihrer Partnerländer in Aussicht zu stellen.
- Ermutigend war Williamsburg, weil Einvernehmen herrschte in dem Ziel, den Protektionismus zu stoppen und der Liberalisierung des Welthandels eine neue Chance zu geben. Nach dieser Vereinbarung würde sich jeder ins Unrecht setzen, der zum Schutz seiner nationalen Wirtschaft auf protektionistische Mittel wie Zölle, Einfuhrbeschränkungen oder ähnliches zurückgreifen würde.
- Ermutigend war Williamsburg wegen der Vereinbarung, beim Umweltschutz künftig verstärkt zusammenzuarbeiten. Die Ursachen des sauren Regens und des Waldsterbens waren nur in internationaler Zusammenarbeit zu überwinden.

– Ermutigend war Williamsburg schließlich wegen der Einbeziehung der Entwicklungsländer in alle Überlegungen der Währungs-, Finanz- und Handelsbeziehungen.

Der Gipfel fand zu einer Zeit statt, in der in Genf über Abrüstung und Rüstungskontrolle verhandelt wurde. Das waren Fragen, die die Menschen in allen Teilen der Welt bewegten.

Ende der siebziger Jahre hatte der Warschauer Pakt durch die Stationierung der SS-20-Raketen ein erhebliches Rüstungsübergewicht in Europa erlangt. Mein Vorgänger Bundeskanzler Helmut Schmidt hatte diese Gefahr erkannt und daraus die notwendigen Konsequenzen gezogen. Als Initiator des sogenannten Nato-Doppelbeschlusses setzte er diese Konsequenzen national wie international durch.

Es durfte der Sowjetunion nicht gelingen, ihr fast totales Übergewicht bei Mittelstreckenwaffen wie den SS-20-Raketen und den Backfire-Bombern festzuschreiben. Sonst hätte sie dreierlei erreicht: Rein militärisch gesehen verfügte Moskau zum ersten Mal in der Geschichte über die sogenannte präventive Erstschlagskapazität mit modernen Nuklearwaffen. Das bedeutete, dass die Sowjetunion sämtliche Nuklearwaffen, die in Westeuropa stationiert waren, durch einen »präventiven Nuklearschlag« ausschalten konnte, ebenso sämtliche Führungszentren der Allianz und ihre logistischen Knotenpunkte. Dies hätte den amerikanischen Präsidenten in die Situation gebracht, entweder selbst zu den nuklearen Interkontinentalwaffen greifen zu müssen und damit die Gefahr in Kauf zu nehmen, dass im Gegenschlag weite Teile Amerikas vernichtet würden, oder aber zu kapitulieren. Dies war eine neue, militärisch völlig unakzeptable Situation.

Das totale Übergewicht bei den Mittelstreckenraketen durchschnitt zweitens an einer entscheidenden Stelle die Eskalationskette. Damit wurde die Doktrin der »flexible response« unterlaufen, auf die unsere Verteidigung und Abschreckung gegründet war. Ohne die Möglichkeit einer flexiblen Reaktion wären wir mit der Alternative »Kapitulation oder weltweite Vernichtung« konfrontiert gewesen.

Dieses Übergewicht der Sowjetunion hätte im Ergebnis drittens zur Folge gehabt, dass Europa vom nuklearen Schutz der Vereinigten Staaten abgeschnitten war. Die militärische Dominanz der Sowjetunion auf dem gesamten eurasischen Kontinent zog eine politische Dominanz nach sich, die eine Fülle von politischen, aber auch psychologischen Einschüchterungs- und Erpressungsmöglichkeiten bot. Dauerhaft konnte der Westen damit auf keinen Fall leben.

Darum entschied sich in der Frage der Nachrüstung das Schicksal unserer gesamten Verteidigungsstrategie. Wenn es nicht gelingen sollte, die sowjetische Bedrohung durch Verhandlungen zu beseitigen, blieb nur noch die Möglichkeit, ein militärisches Gegengewicht in Europa aufzubauen, weil wir uns sonst von der Strategie des Gleichgewichts endgültig verabschiedet hätten. Die Versuchung der Militärs und Politiker in der Sowjetunion, in einer Krisensituation zu den Waffen zu greifen, hätte sich dann enorm erhöht.

Deshalb schlugen die Fachgremien der Nato vor, fünfhundertzweiundsiebzig Mittelstreckenwaffen in Mitteleuropa zu stationieren, davon hundertacht fahrbare Pershing-II-Startrampen und vierhundertvierundsechzig bodengestützte Marschflugkörper, sogenannte Cruise-Missiles, und zwar ab diesem Jahr, ab 1983, denn das war der Zeitpunkt, ab dem die Waffen zur Verfügung stehen konnten. Zugleich beinhalteten die Vorschläge, fünf europäische Staaten an der Stationierung dieser Waffen zu beteiligen. Diese Entscheidung sollte kombiniert werden mit einem Rüstungskontrollangebot des Westens an die Sowjetunion.

Unter maßgeblicher Mitwirkung von Helmut Schmidt hatten die Nato-Staaten am 12. Dezember 1979 einen Beschluss gefasst. Danach sollte ab 1983 eine nukleare Nachrüstung erfolgen: Alle hundertacht Pershing-II-Raketen mit einer Reichweite von tausendachthundert Kilometern sollten auf dem Gebiet der Bundesrepublik aufgestellt werden, dazu sechsundneunzig von den insgesamt vierhundertvierundsechzig Cruise-Missiles mit einer Reichweite von über zweitausendfünfhundert Kilometern; die restlichen würden in den Niederlanden, Belgien, Großbritannien und Italien stationiert.

Das zweite Element dieses Nato-Doppelbeschlusses war ein Verhandlungsangebot an die Sowjetunion über eine beiderseitige ausgewogene Begrenzung dieser eurostrategischen Waffen, die nicht in die SALT-I- und SALT-II-Verträge einbezogen waren. Festgelegt wurde auch, dass sich die Nachrüstung der Nato erübrige, wenn diese Verhandlungen bis 1983 erfolgreich abgeschlossen sein sollten. Über die amerikanischen und sowjetischen atomaren Mittelstreckenraketen sollte dann Schritt für Schritt bilateral zwischen den USA und der Sowjetunion verhandelt werden (SALT-III).

Der Nato-Doppelbeschluss vom 12. Dezember 1979 war eine Schicksalsfrage für die Deutschen. Er führte zu jahrelangen innenpolitischen Auseinandersetzungen und zum Erstarken der sogenannten Friedensbewegung in der Bundesrepublik, die mit allen Mitteln versuchte, die Verwirklichung der Brüsseler Beschlüsse zu verhindern.

Jetzt, im Mai 1983, wurde die Abrüstungsproblematik hochaktuell. Es war deshalb geradezu zwingend, dass die Staats- und Regierungschefs der wichtigsten Länder der westlichen Welt dieses Thema ausführlich berieten und eine gemeinsame Erklärung dazu verabschiedeten. Wäre das nicht geschehen, hätte es nicht nur Anlass für berechtigte Kritik gegeben, sondern auch für vielfältige Spekulationen über eine vermeintliche Uneinigkeit der sieben Staaten und für Fehldeutungen auf seiten der Verhandlungspartner der USA in Genf.

Die Erklärung von Williamsburg zur Abrüstung und Rüstungskontrolle war daher geprägt von der Entschlossenheit, den Frieden und die Sicherheit unserer Länder zu gewährleisten. Wir hatten uns vor aller Welt verpflichtet, unsere ganze Kraft dafür einzusetzen, Frieden durch eine bedeutsame Rüstungsminderung zu erreichen. Japans Entschluss, diese Erklärung mitzutragen, war ein Signal dafür, dass die Gefahren für den Frieden in der Welt nicht teilbar waren. Zugleich wurde damit bewiesen, dass die sowjetische Überrüstung als globale Bedrohung empfunden wurde.

Die Sicherheitspolitik meiner Regierung war die Sicherheitspolitik der Atlantischen Allianz. Gemeinsam vertraten wir die

Doppelstrategie des sogenannten Harmel-Berichts von 1967, mit dem sich die Nato neu ausgerichtet hatte, getreu der Maxime: »Abschreckung durch die Fähigkeit und den Willen zur Verteidigung wird ergänzt um die Bereitschaft zum Dialog und zur Zusammenarbeit.«

Die militärische Verteidigungsfähigkeit des westlichen Bündnisses war ein Faktor der Stabilität in den internationalen Beziehungen. Dabei waren die militärischen Mittel der Atlantischen Allianz ausschließlich auf die Bewahrung der eigenen Sicherheit gerichtet. Sie bedrohten niemanden. Die Verpflichtung, die eigenen Waffen – konventionelle wie nukleare – niemals einzusetzen, es sei denn zur Abwehr eines Angriffs, sollte Vertrauen schaffen und deutlich machen, dass die Bundesrepublik Deutschland wie das Atlantische Bündnis insgesamt der Sowjetunion und ihren Verbündeten gegenüber keine aggressiven Absichten verfolgten.

Eng verknüpft damit waren die Ziele und Möglichkeiten der Rüstungskontrolle, so dass klar war, worum es ging: um ein stabiles Gleichgewicht, und zwar auf möglichst niedrigem Rüstungsniveau. Hinter dieser Konzeption stand die feste Überzeugung aller Teilnehmer in Williamsburg, dass Ost und West gleichermaßen auf Abrüstung und auf ein Klima des Dialogs und des Vertrauens angewiesen waren.

Die Erklärung von Williamsburg zur Abrüstung und Rüstungskontrolle verwies darauf, dass von westlicher Seite Vorschläge für verschiedene Verhandlungen unterbreitet wurden, um zu positiven Ergebnissen zu gelangen: über strategische Waffen (START), über nukleare Mittelstreckenwaffen (INF), über chemische Waffen, über die Reduzierung von Streitkräften in Mitteleuropa (MBFR) und über eine Konferenz über Abrüstung in Europa (KAE). Diese Verhandlungen wurden mit großem Ernst und Nachdruck geführt.

Die Sowjetunion wusste, dass wir an einem ausgewogenen Ergebnis der Genfer INF-Verhandlungen interessiert waren, nicht aber an einem Ergebnis um jeden Preis: nicht um den Preis der eigenen Sicherheit, nicht um den Preis der politischen Unabhängigkeit, nicht um den Preis des Friedens. Und die Sowjetunion konnte nicht erwarten, durch eine Politik der Einschüchterung der öffentlichen Meinung die Stationierung auf westlicher Seite zu verhindern. Wenn die sowjetische Führung den Fehler begehen sollte, die Wirkung ihrer eigenen Propaganda zu hoch und die Standfestigkeit der westlichen freien Demokratien zu niedrig einzuschätzen, dann würden ihr die Tatsachen eine bittere Enttäuschung bereiten.

Wir waren bereit, auf der Basis der Gegenseitigkeit auf eine ganze Waffenkategorie, nämlich auf die landgestützten Mittelstreckenraketen, zu verzichten. Das war der Sinn der Nullösung, die wir weiterhin als Ideallösung jeder anderen vorziehen würden. Bis wir dieses Ziel erreichten, mussten Zwischenlösungen möglich bleiben. Es ging aber nicht an, dass die Sowjetunion das eigene Potential der Vorrüstung an modernen SS-20-Raketen bewahrte und jegliche Stationierung gleichwertiger Systeme auf westlicher Seite zu verhindern suchte.

Die momentane sowjetische Linie lief auf eine Blockierung der Verhandlungen hinaus – jede kleine Bewegung, die die Sowjetunion bisher in den Verhandlungen vollzogen hatte, war immer auf das gleiche, unverrückbare Ziel gerichtet: das eigene Potential der Vorrüstung an modernen SS-20-Raketen und damit eine Monopolstellung zu bewahren, während gleichzeitig jegliche Modernisierung und Stationierung gleichwertiger Systeme auf westlicher Seite verhindert werden sollten. Das war eine Position des Alles oder Nichts. Dem Westen, der sich dieser sowjetischen Maximalposition nicht beugen wollte, die Flexibilität in der Verhandlungsführung abzusprechen war absurd.

Uns ging es nicht um militärische Überlegenheit. Uns ging es um Gleichgewicht. Nicht Gleichgewicht durch Rüstungswettlauf, sondern Gleichgewicht auf einem möglichst niedrigen Niveau der militärischen Kräfte. Wirksame Rüstungskontrollvereinbarungen mussten auf dem Grundsatz der Gleichheit beruhen, und sie mussten verifizierbar sein. Eine Berücksichtigung der französischen und britischen Systeme hatte in den INF-Verhandlungen keinen Platz. Wir strebten eine Reduzierung der sowjetischen Mittelstreckenpotentiale in Europa auf Null an und waren bereit, dann auf die Stationierung amerikanischer Mittelstreckenwaffen zu verzichten.

Wenn es zu keinem Ergebnis kommen sollte, weil die Sowjetunion dazu nicht bereit war, würde gemäß Doppelbeschluss stationiert werden. Sollte ein Zwischenergebnis erzielt werden, so würde sich der Umfang der Stationierung nach dem konkreten Verhandlungsergebnis richten. Eine Verlagerung des gegen Europa gerichteten sowjetischen nuklearen Mittelstreckenpotentials nach Fernost war nicht hinnehmbar. Die Sowjetunion blieb aufgefordert, eine Einigung nicht dadurch zu verhindern, dass sie sich durch verstärkte Rüstung in Fernost ein neues Machtmittel gegenüber ihren asiatischen Nachbarn und zugleich ein jederzeit verlegbares Waffenarsenal gegenüber Westeuropa verschaffte. Ebenso sollte sie die Stationierung neuer Nuklearraketen in der westlichen Sowjetunion und den anderen Staaten des Warschauer Pakts einstellen, damit ein Verhandlungskompromiss nicht bereits unterlaufen würde, bevor er abgeschlossen werden konnte.

Die Verhandlungen über Abrüstung und Rüstungskontrolle blieben eingebettet in den Gesamtzusammenhang der Ost-West-Beziehungen. Wir wollten eine neue und bessere Qualität der Beziehung zur Sowjetunion und zu den Staaten des Warschauer Pakts. Dazu, wie auch zu dem baldigen Abschluss des Madrider KSZE-Folgetreffens, hatten sich alle Teilnehmer von Williamsburg deutlich bekannt.

Wir appellierten an die Sowjetunion, den Abschluss in Madrid nicht durch eine Verweigerung des Dialogs zu verhindern.

Wir standen zu der Auffassung, dass ein beiderseits vorteilhafter Handel mit dem Osten zu wirtschaftlich vernünftigen Bedingungen ein wesentliches Element der Stabilisierung im Verhältnis zwischen Ost und West blieb. Niemand wollte einen Wirtschaftskrieg, aber jeder war sich darüber klar, dass unser Handeln im Einklang mit unseren Sicherheitsinteressen stehen musste.

4.
Lehrstücke

Schon Ende Januar 1983, beim Bonner Besuch des sowjetischen Außenministers Andrei Gromyko, hatte ich Gelegenheit, über die deutsch-sowjetischen Beziehungen und die weltpolitische Lage zu sprechen. Kernthemen waren die Ost-West-Beziehungen und Abrüstung und Rüstungskontrolle. Für mich war es aber auch wichtig, mit ihm über die uns besonders bewegende Frage der Ausreise Deutscher aus der Sowjetunion sowie über den Stand der Beziehungen zwischen der Bundesrepublik Deutschland und der DDR – für die die Sowjetunion ja eine Schlüsselrolle spielte – und über die weiterhin unbefriedigende Lage in Polen und Afghanistan zu sprechen.

Gromyko war der dienstälteste Außenminister der Welt. Ende der fünfziger Jahre hatte er an der Seite von Nikita Chruschtschow die Berlin-Krise mit initiiert, er konnte mit dem Papst über Gott und die Welt sprechen und praktizierte mit Leonid Breschnew die Öffnung der Sowjetpolitik in Richtung Westen. Er war mir zuvor schon mehrfach begegnet. Es muss 1981 gewesen sein, dass ich als Bonner Oppositionsführer anlässlich eines seiner vielen Bonn-Besuche in der Bad Godesberger Botschaft mit Gromyko zusammentraf, einer der vielen unbequemen Termine, die mir das Bonner Protokoll diktierte. Unbequem deshalb, weil die Begegnung mit dem sowjetischen Außenminister an einem Freitagnachmittag stattfinden sollte.

Ob bei Gesprächsterminen, offiziellen Essen oder Empfängen – wie so oft, wenn ausländische Staatsgäste in die Bundeshauptstadt kamen, konnte der Bonner Oppositionsführer am Katzentisch sitzen oder seine Termine haben, wenn andere längst die Heimreise fürs Wochenende angetreten hatten. So auch diesmal, als ich mich in die sowjetische Botschaft begab, um mit Gromyko zu parlieren. Ich war fest entschlossen, nach einem Höflichkeitsbesuch von einer halben Stunde die Fahrt nach Ludwigshafen anzutreten, zumal ich anderntags wichtige Termine in der Pfalz hatte.

Als ich in der Botschaft ankam, durfte ich zunächst die wunderbare Sammlung von Plastiken des sowjetischen Botschafters Wladimir Semjonow bestaunen. Der exzellente Deutschlandexperte war seit fünf Jahren wichtigster Vertreter seines Landes in der Bundesrepublik. Semjonow, ein Kunstsachverständiger für alle bedeutsamen Richtungen der modernen Malerei und Plastik, erläuterte mir engagiert seine Schätze, die ich nur in höchsten Tönen zu bewundern wusste. Dann erschien ein aufgeräumter Andrei Gromyko, redefreudig wie ein ausgeschlafener Herr von Mitte Fünfzig. Dabei stand er wenige Monate vor seinem zweiundsiebzigsten Geburtstag.

Unser entspannter Dialog drehte sich zunächst einmal um Kunst und Kultur in Deutschland. Damit hatte ich nicht gerechnet. Nicht nur vom Fernsehen, sondern auch von früheren Begegnungen kannte ich Gromyko als mürrisch, oft säuerlich wirkenden Spitzendiplomaten. Plötzlich fragte er mich, ob ich nicht zum Essen bleiben wolle. Eigentlich wollte ich das nicht, schaltete dann aber blitzschnell um und nahm die spontane Einladung an.

Wir haben dann mehr als drei Stunden diskutiert und ein vorzügliches Mahl mit ausgesuchten Weinen genossen. Gromyko hatte ausgeprägten Mutterwitz und erwies sich als blendender Unterhalter. Dabei kam er immer wieder auch auf wichtige außenpolitische Themen zu sprechen. Deutlich zeigte er mir seine Verachtung für Amerika, und als scharfzüngiger Ankläger unterstellte er dem westlichen Lager blindwütige Aufrüstung. Unvermittelt meinte er dann: »Herr Dr. Kohl, Sie werden der nächste Bundeskanzler der CDU/CSU sein. Wir sind davon fest überzeugt.« Das sagte er in ganz freundlichem Ton.

Es beeindruckte mich, wie klar und einleuchtend der außenpolitische Stratege die Weltlage analysierte und wie sehr er von historischem Denken geprägt war. Für ihn war die Teilung

Deutschlands die Konsequenz aus dem Zweiten Weltkrieg und die Existenz der DDR für alle Zeit gesichert und besiegelt – eine feste Größe in der Zukunft. An die Möglichkeit der Wiedervereinigung Deutschlands dachte er nicht im Traum. Auch wenn seine antiamerikanischen Tiraden, zu denen er sich vor allem im Hinblick auf die Abrüstungsverhandlungen hinreißen ließ, kaum auszuhalten waren, war dieses Treffen in der Bonner Botschaft doch von einer Eindrücklichkeit und Einmaligkeit, dass ich es nie vergessen habe.

Jetzt, Ende Januar 1983, hatten wir eine andere Situation. Ich war zum Kanzler gewählt worden, hatte eine Bundestagswahl hoch gewonnen und bestimmte die Richtlinien der Bonner Politik. Natürlich hatte Gromyko seine Schularbeiten längst gemacht, als wir uns trafen.

Die Sowjetunion trug damals Mitverantwortung für Deutschland und Berlin. Sowjetische Truppen standen in der DDR. Sowjetische Politik hatte unmittelbaren Einfluss auf das Schicksal der Deutschen. Deshalb waren die deutsch-sowjetischen Beziehungen ein zentrales Thema für die Außenpolitik – für mich wie für jede Bundesregierung zuvor.

Gromyko fragte, ob er der sowjetischen Führung sagen könne, Bundeskanzler Helmut Kohl verfolge einen Kurs der Entspannung. Ich antwortete mit ja, fügte allerdings hinzu, dass wir uns darüber einigen müssten, was beide Seiten unter Entspannung verstünden.

In einer außergewöhnlich konzentrierten Gesprächsatmosphäre erörterten wir die uns bewegenden Fragen. Das wichtigste Thema war natürlich die Abrüstung – und wir sprachen sachlich und ohne jegliche Polemik über unsere jeweiligen Standpunkte. Gromyko war keineswegs irritiert von der klaren Haltung der Bundesregierung, die da hieß, keine sowjetischen Raketen zu akzeptieren.

Wie in Moskau gedacht und gehandelt wurde, erfuhr ich dann noch ausführlicher bei meiner Reise in die sowjetische Hauptstadt Anfang Juli 1983. Die Einladung hatte der Kreml gleich nach meiner Wahl zum Bundeskanzler ausgesprochen, und es war für mich eine Selbstverständlichkeit, ihr zu folgen. Bei diesem Arbeitsbesuch ging es auf beiden Seiten zunächst einmal darum, einander persönlich kennenzulernen. Außerdem hatte ich die feste Absicht, deutlich zu machen, dass wir die Beziehungen zur Sowjetunion konstruktiv und gut nachbarschaftlich gestalten wollten. Schließlich bot sich die Gelegenheit, mit der sowjetischen Führung über die westlichen Abrüstungsvorschläge zu sprechen, wie sie beim Williamsburger Weltwirtschaftsgipfel verabredet worden waren. Gleichzeitig vertrat ich nachhaltig unsere deutschen Interessen.

Lange und intensive Gepräche hatte ich mit dem neuen Generalsekretär der KPdSU, Jurij Andropow, der nach dem Tod Leonid Breschnews im November 1982 der mächtigste Mann in diesem Riesenreich geworden war. Der ehemalige Chef des sowjetischen Geheimdiensts KGB, lange Jahre Befehlshaber von, vorsichtig geschätzt, über fünfundzwanzigtausend hauptamtlichen Mitarbeitern und dreihunderttausend Grenzsoldaten mit einem Jahresetat von ungefähr 10 Milliarden D-Mark, war mir von Anfang an etwas unheimlich. Innenpolitisch hatte er die Dissidentenbewegung mit harter Hand kleinzuhalten versucht und die prominentesten Kritiker schlicht und einfach ausgebürgert. Außenpolitisch hatte er sich mehrfach mit spektakulären Abrüstungsinitiativen an die Öffentlichkeit gewandt, ohne damit jedoch im Westen auf positive Resonanz zu stoßen.

Erst vier Wochen vor meinem Zusammentreffen mit ihm war seine seit langem erwartete Ernennung zum Vorsitzenden des Präsidiums des Obersten Sowjets und damit zum Staatsoberhaupt erfolgt. Schon lange hatte es Gerüchte über eine schwere Krankheit Andropows gegeben. Die Nachrichten über seinen schlechten Gesundheitszustand verstärkten sich unmittelbar vor meiner Ankunft in Moskau. Bei meinen Gesprächen hatte ich allerdings nicht den Eindruck, dass er gesundheitlich besonders angeschlagen wäre. Der Generalsekretär machte auf mich einen gut informierten Eindruck, und er sprach sehr forsch eins nach dem anderen die Hauptprobleme des Ost-West-Konfliks an. Er war ein scharfsinniger Gesprächspartner.

Bei der Abrüstungsproblematik beharrten wir beide auf unse-

Im Juli 1983 bei Jurij Andropow (re.)
in Moskau

ren bekannten Positionen. Ohne jeden Zweifel musste der mächtige Kreml-Herr begriffen haben, dass wir für den Fall des Scheiterns der Genfer Abrüstungsverhandlungen tatsächlich stationieren würden. Zuweilen hatte ich das Gefühl, dass er bereits fest damit rechnete. Daran, dass die westliche Seite durch die Aktionen der sogenannten Friedensbewegung zum Einlenken bewegt werden könnte, schien er nicht zu glauben.

Ich fühlte mich von Jurij Andropow als ein Partner akzeptiert, der offen und direkt mit ihm redete. Es war ein Lehrstück im Umgang mit kommunistischen Führern: Keine Zweifel an unserer Position aufkommen zu lassen verschaffte mir mehr Respekt als jede politische Anbiederei, wie sie die SPD-Opposition immer wieder praktizierte.

Beim Rückflug nach Bonn hatte ich das Gefühl, etwas bewirkt, eine Chance genutzt und die Möglichkeit zu einem intensiven Meinungsaustausch nicht vertan zu haben. Was ich nicht ahnen konnte, war, dass dies meine einzige Begegnung mit Andropow sein sollte. Ihm hätte ich durchaus zugetraut, den Prozess der inneren Reformen in Gang zu setzen. Er hatte die Reformbedürftigkeit klar erkannt und immerhin die Verjüngung der Parteispitze vorangetrieben. Doch es sollte anders kommen. Im Februar 1984 erwies ich ihm am offenen Sarg in Moskau die letzte Ehre.

Anlässlich von Andropows Beerdigung führte ich Gespräche mit einer Reihe von Partei- und Regierungschefs. Unter anderem begegnete ich nach der Beisetzung erstmals SED-Generalsekretär Erich Honecker.

5.
Perspektiven

Seit meiner Wahl zum Bundeskanzler beherrschten außenpolitische Themen meinen Arbeitsalltag. Im Mittelpunkt des Regierungsgeschäfts standen die deutsch-französischen Beziehungen mit ihrem Jubiläum, das Atlantische Bündnis und der Nato-Doppelbeschluss, unser Verhältnis zu Amerika und zur Sowjetunion, die Europapolitik und unsere Ratspräsidentschaft im ersten Halbjahr 1983. Meine Kritiker stellten es so hin, als müsse sich der Provinz- und Innenpolitiker Helmut Kohl plötzlich auf ein politisches Feld begeben, das ihm fremd war und wenig attraktiv erschien. Das Gegenteil war der Fall.

Zu den immer wiederkehrenden Klischees über mich zählt meine angebliche Unkenntnis außenpolitischer Zusammenhänge. Dabei hatte ich zu keiner Zeit Hemmungen oder gar eine Abneigung dagegen, mich intensiv um die bundesdeutsche Außenpolitik zu kümmern und ihr einen unverwechselbaren Stempel aufzudrücken. Nichts faszinierte und motivierte mich mehr, als in den internationalen Beziehungen mitzumischen und sie – wann immer es möglich erschien – mitzugestalten.

Ich war kein Neben-, Über- oder sonstiger Außenminister und schon gar kein selbsternannter außenpolitischer Stratege bundesdeutscher Politik. Mir wurde aber sehr schnell klar, welchen breiten Raum die auswärtige Politik während meiner Kanzlerschaft einnehmen würde. Die Außenpolitik gehörte zu den wichtigsten Bemühungen eines Bonner Regierungschefs, der dafür auch den größten zeitlichen Aufwand aufbringen musste. Außerdem erkannte ich sehr schnell, dass der Erfolg einer Kanzlerschaft und der messbare Wert politischen Handelns vor allem auf diesem Gebiet lagen, auch wenn der Ressortchef im Auswärtigen Amt mit Recht den operativen Teil dieses politischen Managements für sich in Anspruch nahm.

Hans-Dietrich Genscher und ich griffen oft zum Telefon, um uns direkt miteinander abzustimmen, wir korrespondierten in ganz wichtigen Fragen miteinander oder trafen uns zum persönlichen Gespräch. Sicherlich war mein Koalitionspartner ebenso wie die deutsche Öffentlichkeit in den ersten Wochen und Monaten von meinem Interesse an der Außenpolitik überrascht, vielleicht sogar vorübergehend irritiert. Die Erwartungen waren ganz andere gewesen. Ein führender alter Liberaler erzählte mir eines Tages, sie hätten gedacht, dass es wieder so sein würde wie in der Ära Stresemann, als die Regierung um den Außenminister herumgebaut wurde. Davon konnte keine Rede sein. Bei wichtigen aktuellen außenpolitischen Fragestellungen, die den Kanzler der Bundesrepublik Deutschland nicht nur brennend interessieren mussten, sondern auch direkt angingen, traf ich sehr rasch Entscheidungen.

Das war zwar nicht immer zum Wohlgefallen meines Stellvertreters, aber Hans-Dietrich Genscher konnte damit genial umgehen. Gott sei Dank tickten wir in den elementaren und existentiellen Fragen deutscher Außenpolitik gleich und wussten um die Position des anderen. So waren wir vor unliebsamen Überraschungen gefeit. Zwischen Genscher und mir gab es weniger Eifersüchteleien als unter unseren Mitarbeitern. Zuweilen knisterte es gewaltig zwischen Kanzleramt und Auswärtigem Amt.

Nur Franz Josef Strauß störte nicht selten unseren Gleichklang. Er war in seiner unberechenbaren Art manchmal Hemmschuh, manchmal Antreiber, sei es in der Afrika- und Südamerikapolitik oder bei den Beziehungen zur Sowjetunion, zu Polen oder der Tschechoslowakei, um nur diese Länder zu nennen. Über Jahre gefiel er sich in der Pose des außenpolitischen Scharfmachers, obwohl er auch ganz anders konnte.

Das haben wir beide, Genscher und ich, nicht immer rechtzeitig erkannt, möglicherweise wollten wir es auch nicht wahrhaben. Denn Franz Josef Strauß konnte auch mit Staatsmännern umgehen und erfolgreich verhandeln, die ihm ideologisch diametral entgegenstanden. Ich erinnere nur an Führer von Ostblockstaaten, von Honecker bis Tito. Auch hatte er keine Hemmungen, mit Diktatoren auf der ganzen Welt – von Ceauşescu bis Pinochet – Gespräche zu führen und über deutsche Interessen zu verhandeln, gleichgültig, ob es um Familienzusammenführungen oder um deutsche Exportchancen ging. Dennoch: Franz Josef Strauß machte es uns oft unnötig schwer – und er wollte das auch. Für die FDP war er während vieler Jahre ein willkommener politischer Reibepunkt. Oft habe ich mich gefragt, was die FDP überhaupt antreiben würde, hätte sie nicht das Feindbild Strauß, das sich der Partei über Jahre hinweg als Zielscheibe und Aufreger anbot.

In der außen- wie in der innenpolitischen Zusammenarbeit waren Hans-Dietrich und ich eine berechenbare Größe im Getriebe der Koalition aus CDU/CSU und FDP. Wir waren die gemeinsame Klammer, die vieles möglich machte und viele Probleme erst gar nicht aufkommen ließ. Wir wussten aber auch, dass wir nur miteinander und auf breiter Vertrauensbasis langfristig Erfolg haben konnten.

Breite Übereinstimmung hatten wir in den meisten Fragen der Europapolitik. Sie war für uns im geteilten Deutschland ein existentielles Anliegen, das nicht an der strittigen Agrarpolitik oder am Problem der Beitragszahlungen zur EG scheitern durfte. Die universale Idee der europäischen Integration musste Vorrang haben vor den fiskalischen, währungspolitischen oder sonstigen Problemen.

*

Seit dem 1. Januar 1983 hatten wir also die EG-Präsidentschaft übernommen und uns eine Menge vorgenommen. Nichts konnte uns davon abhalten, als neue Bonner Regierungskoalition alles daran zu setzen, unsere halbjährige Präsidentschaft, auch in den Räten der EG, zum Erfolg zu führen.

Zunächst galt es, eine nüchterne Bilanz der europäischen politischen Wirklichkeit zu ziehen. Die sah alles andere als rosig aus. So richteten sich große Erwartungen auf die deutsche Präsidentschaft, und wir setzten alles daran, diesen Erwartungen gerecht zu werden.

Das begann mit sorgfältigen Vorbereitungen, mit intensiven Beratungen in Brüssel und Konsultationen mit unseren Partnern. Hinzu kam der volle persönliche Einsatz der beteiligten Minister, von denen nur die FDP-Vertreter hinreichende Erfahrungen aufzuweisen hatten. Allerdings war von Anfang an klar, dass der Europäische Rat unter meiner Führung nur dann den Erwartungen gerecht werden konnte, wenn alle Mitgliedsstaaten zu Kompromissen bereit waren. Das kostete Opfer, auch für uns.

Durch die Europäische Gemeinschaft war der über Jahrhunderte in sich zerrissene Kontinent zumindest im Westen zu einer Zone des Friedens, politischer Stabilität und beispielhafter Zusammenarbeit geworden. Ich glaubte aber, dass wir in Europa politisch etwas zu bequem geworden waren. Zu viele hatten sich darauf verlassen, dass die Gemeinschaft von selbst funktionierte.

Im Jahr 1983 standen wir vor dem schwierigen Problem, dass Westeuropa, dass die Gemeinschaft Gefahr lief zu stagnieren, ja dass der Zusammenhalt unter ihren Mitgliedsstaaten sich zu lockern drohte, wenn wir nicht bereit waren, der EG neue Kraft zu geben und uns so zu verhalten, dass neues Vertrauen in den Fortgang der europäischen Einigung entstand. Alle Partner der EG hatten in den vergangenen Wochen und Monaten deutlich gespürt, dass die Gemeinschaft nicht wie ein Bankkonto sein konnte, auf das man so wenig wie möglich einzahlt, aber um so mehr davon abhebt. Es ging in der Tat darum, die europäische Solidarität wieder zu stärken.

Viele der damals aktuellen Probleme stammten aus den siebziger Jahren. Sie waren immer wieder vertagt worden und hatten sich im Lauf der Jahre erheblich verschärft. Das galt vor allem für die Haushalts-, Finanz-, Agrar-, Handels- und Währungsprobleme. Diese breite Palette von Themen beschäftigte mich bis zum Ende meiner Kanzlerschaft in den verschiedensten Variationen und Härtegraden.

Die Stimmung in der EG war bei meinem Amtsantritt kritisch bis negativ. Das Wort von der »Eurosklerose« machte die Runde, ein Kunstwort, das eine krankhafte Verhärtung Europas unterstellte. Schon bei meiner ersten Teilnahme an einer Tagung des Europäischen Rats im Dezember 1982 in Kopenhagen hatte dieses Stichwort eine große Rolle gespielt und den misslungenen Gipfel zeitweise beherrscht.

Mit unsicheren Gefühlen waren wir die deutsche Präsidentschaft in der EG angegangen. Unsere Skepsis bestätigte sich zum Auftakt des Europäischen Rats, der vom 17. bis 19. Juni 1983 in Stuttgart tagte. Die »eiserne Lady« Margaret Thatcher legte sich so lange quer, bis sie ihre Wünsche einigermaßen erfüllt sah. Fast wäre der Gipfel an den britischen Forderungen gescheitert. Mein Verhandlungsgeschick wurde auf eine Probe gestellt, wie ich sie bis dahin noch nicht erlebt hatte.

Als Vermittler vor allem zwischen Thatcher und Mitterrand übernahm ich eine Rolle, bei der ich alle Register ziehen musste. Mit Ruhe und Gelassenheit, mit Geduld und Härte versuchte ich die streitenden Parteien in Einzelgesprächen für Kompromisse zu gewinnen. Manchmal kam ich mir wie ein Pferdehändler vor, der keine eigenen Tiere anzubieten hatte. Auf Biegen und Brechen wollte Margaret Thatcher Geld aus den britischen Beiträgen zum EG-Haushalt herausbekommen. Das berührte nicht nur Frankreich, sondern auch unser Land als wichtigsten Einzahler.

Eiskalt verfolgte sie ihre Interessen. Schon am frühen Morgen verließ Margaret Thatcher aus Protest die Sitzung. Und als am Ende ein Kompromiss stand, der die Premierministerin als Siegerin erscheinen ließ, bedankte sie sich nicht etwa, sondern sprach von einer Beleidigung Ihrer Majestät. Das war mir eine Lektion für den weiteren Umgang mit ihr.

Zwar wurden bei weitem nicht alle Wünsche Margaret Thatchers erfüllt, aber immerhin bekam sie nach fast zweitägigem hartem Ringen, das bis zur Zerreißprobe ging, einen gedeckten Scheck ausgestellt: Etwa 1,7 Milliarden Mark von ihren Beiträgen zum EG-Haushalt, die umgerechnet 4,5 Milliarden Mark ausmachten, bekam sie zurückerstattet. Damit war der Stuttgarter

EG-Gipfel gerettet, die langfristige Haushaltsproblematik der Gemeinschaft jedoch noch keineswegs gelöst, die uns noch viele lange Jahre beschäftigen sollte.

Als Ratspräsident hatte ich ein großes Finanzreformpaket schnüren lassen, das aber nur zu einem geringen Teil abgehakt werden konnte. Vorrangig ging es in Stuttgart darum, dass die Regierungschefs der Mitgliedsstaaten nicht vor den schwierigen Problemen kapitulierten, sondern ihre Kraft und Fähigkeit bewiesen, eine Lösung der Probleme wenigstens einzuleiten.

Es gab in diesen Sitzungen Augenblicke, in denen es so aussah, als wären die Gegensätze in den Positionen unüberbrückbar, als würde die Entmutigung den Sieg davontragen. Von allen Beteiligten wurde viel Geduld verlangt. Es half dabei sehr, dass sich die Mitglieder des Rates untereinander gut verstanden, denn zur Kompromissfähigkeit gehörte auch persönliches Vertrauen.

Ein Ergebnis von Stuttgart war der Auftrag des Europäischen Rats an die Außen- und Finanzminister, erforderlichenfalls auch an andere Minister, in den nächsten sechs Monaten über die drängendsten Fragen der Gemeinschaft Verhandlungen zu führen, und das hieß: über die künftige Finanzierung der Gemeinschaft, über die Entwicklung der Gemeinschaftspolitik, über die Erweiterung der Gemeinschaft, über Fragen der Ausgewogenheit des Haushalts und über die Notwendigkeit einer strengeren Haushaltsdisziplin. Jetzt ging es darum, die beschlossenen Verhandlungen möglichst rasch in Gang zu setzen. Ich machte mir keinerlei Illusionen darüber, dass diese Verhandlungen ungewöhnlich schwierig würden.

Wenn die Idee des gemeinsamen Europa scheitern würde, stand gerade für uns Deutsche viel auf dem Spiel. Unser Wohlstand, unsere wirtschaftliche Entwicklung und damit unsere soziale und politische Stabilität waren mit dem Bestehen der Europäischen Gemeinschaft aufs engste verknüpft. Das galt für uns, es galt aber auch für unsere Partner.

Die Gemeinschaft war damals ein Binnenmarkt von 271 Millionen Verbrauchern. Wenn Spanien und Portugal beitreten würden – die Verhandlungen waren gerade in vollem Gange –, erweiterte sich die Zahl auf 318 Millionen. Im Vergleich dazu betrug die

Zahl der Verbraucher in den Vereinigten Staaten 221 Millionen, in der Sowjetunion 264 Millionen.

Die EG bildete für uns alle einen relativ risikofreien Exportmarkt. Fast die Hälfte des gesamten Außenhandels der Mitgliedsstaaten wurde innerhalb der Gemeinschaft selbst abgewickelt. 48 Prozent der Ausfuhren der Bundesrepublik gingen in die Partnerstaaten der Gemeinschaft. Die deutschen Agrarexporte in die Gemeinschaft waren erheblich angestiegen. Diesem so oft geschmähten Agrarmarkt verdankten wir unsere sichere Versorgung mit Ernährungsgütern. Was es bedeutet, wenn diese Sicherheit ausbleibt, hatten wir in Deutschland erlebt.

Das europäische Währungssystem trug zur währungspolitischen Stabilisierung und damit zur Absicherung des innergemeinschaftlichen Handels bei. Es war ein wichtiges Mittel, um die Abstimmung der Wirtschaftspolitik in den verschiedenen Mitgliedsländern zu fördern.

Und schließlich: Wir Deutsche mussten uns auch immer bewusst bleiben, dass die deutsche Frage, die Frage der Teilung unseres Landes, ihre Antwort nur in einer gesamteuropäischen Friedensordnung finden konnte. Der Weg dorthin führte über eine starke Europäische Gemeinschaft und über die atlantische Partnerschaft Westeuropas mit den Vereinigten Staaten und mit Kanada. Unsere Aufgabe war es, Europa stark und handlungsfähig zu halten. Dazu brauchten wir Ausdauer und Geduld, um Rückschläge zu ertragen. Vor allem aber brauchten wir den festen Willen, uns nicht von unserem Ziel einer Europäischen Union abbringen zu lassen. Resignation und Stagnation bedeuteten immer Rückschritt. Kleine, selbst kleinste Schritte in die richtige Richtung konnten Fortschritte bringen, Fortschritte im Blick auf die Einheit Europas. Unser Auftrag war und blieb, mit aller Kraft daran mitzuwirken, dass Europa für unsere Kinder und Enkel ein Kontinent blieb, in dem sich zu leben und zu arbeiten lohnte. Der EG-Rat in Stuttgart hatte unter meiner Leitung hierzu einen bescheidenen Beitrag geleistet.

Der Stuttgarter Gipfel endete mit einer »Feierlichen Erklärung«. Zwar blieb diese Initiative von Hans-Dietrich Genscher deutlich hinter den ursprünglichen Erwartungen zurück, aber immerhin erklärten die Staats- und Regierungschefs mit ihrer Unterschrift, die EG zu einer Europäischen Union ausbauen zu wollen, die Zusammenarbeit im Bereich der Außen- und Sicherheitspolitik zu intensivieren und auf die Bereiche Kultur, Justiz und Verbrechensbekämpfung auszuweiten. Außerdem beinhaltete die Erklärung den Willen zur Stärkung des Europäischen Parlaments und eine vermehrte Anwendung des Prinzips von Mehrheitsentscheidungen im Rat.

Für die Europapolitik der achtziger Jahre sollte dieses Papier eine zunehmende Bedeutung bekommen. Jahre später erwies sich, dass mit der sogenannten Genscher-Colombo-Initiative die Grundlagen für die Einheitliche Europäische Akte im Jahr 1987 und für den Vertrag von Maastricht 1991 gelegt worden waren.

6.
Für alle Deutschen

Außenpolitisch gab es zwischen den Koalitionsparteien CDU, CSU und FDP weder auf dem Feld der Europapolitik noch hinsichtlich der klaren Einbettung der Deutschlandpolitik in das europäische Einigungswerk oder in bezug auf unsere pragmatische Kooperationsbereitschaft mit der DDR Meinungsverschiedenheiten. Sorgen bereiteten mir allerdings die immer wieder aufflammenden Kontroversen zwischen Strauß und Genscher, die sich zu einer Art ständig wiederkehrendem Ritual entwickelten. Oft ging es nur um Nuancen, doch die beiden brauchten ihren Krach. Ich ließ die Streithähne streiten, auch wenn mir das nicht selten als Führungsschwäche ausgelegt wurde. Dabei waren unsere Grundprinzipien absolut unstrittig: Die deutsche Nation bestand fort, und wir traten für das Selbstbestimmungsrecht der Völker und für das Ende der Teilung Europas ein. Das Bekenntnis zur Einheit der Nation war auch eine zentrale Aussage in meinen beiden Regierungserklärungen vom Oktober 1982 und vom Mai 1983, auf die ich mich bei Auseinandersetzungen gern berief. Es war keine Floskel, wenn ich versprach, alles zu tun, um in Frieden und Freiheit die deutsche Einheit anzustreben und zu vollenden.

Trotz dieser Übereinstimmung im Grundsätzlichen führten zum Beispiel Fragen des Umgangs mit der DDR oder nach dem Stellenwert politischer Forderungen an die SED-Führung immer wieder zu Auseinandersetzungen. In deutschlandpolitischen Sachaussagen waren die Meinungsunterschiede allerdings eher gering, gleichgültig ob es um den Abbau von Schikanen bei der Grenzabfertigung ging, um die Einhaltung des Prinzips von Leistung und Gegenleistung, um das Beharren auf der Interpretation des

Bundesverfassungsgerichts zum Grundlagenvertrag, um die Brandmarkung des Unrechts, das im zweiten deutschen Staat täglich verübt wurde, oder um das Festhalten an einer einheitlichen deutschen Staatsbürgerschaft.

Gleichwohl ließen wir bei den Koalitionsvereinbarungen nach der März-Wahl 1983 die Deutschlandpolitik insofern unberücksichtigt, als wir keinerlei schriftliche Festlegungen trafen. Das geschah mit gutem Grund, denn nur so behielten wir genügend Spielraum auf den verschlungenen deutsch-deutschen Wegen. Für Kritiker aber war das ein gefundenes Fressen, um wieder einmal die Ziel- und Planlosigkeit der neuen Bundesregierung anzuprangern.

Auch in der sogenannten Elefantenrunde der drei Parteivorsitzenden der Koalition vermied ich jedwede Festlegung zu deutschlandpolitisch relevanten Fragestellungen. Damit zog ich mir nicht selten den Ärger von Franz Josef Strauß zu, der diesen Kreis zu gerne zum eigentlichen Machtzentrum ausgebaut hätte. Doch da ich mich geduldig auf andere Entscheidungsgremien wie die Koalitionsrunde, die Bundestagsfraktionen und nicht zuletzt die CDU-Spitzengremien berufen konnte, gelang ihm das nicht. Auch auf Beschlüsse des Bundeskabinetts konnte ich verweisen, wenn ich Festlegungen oder verbindliche Entscheidungen der »Elefantenrunde« vermeiden wollte.

Franz Josef Strauß brauchte die Bonner Elefantenrunden, um seinen Parteifreunden in der Bundeshauptstadt wie in Bayern zu demonstrieren, wie dicht er an den Schaltstellen der Macht saß, wie sehr er auch in Bonn gebraucht wurde und mitmischen konnte. Seine Auftritte am Regierungssitz galten eindeutig seiner eigenen politischen Profilierung und der der CSU, die nach der März-Wahl wesentlich stärker als vorher im Deutschen Bundestag vertreten war. Auf der anderen Seite versuchte Hans-Dietrich Genscher sich und seine Partei als Hüter der deutschlandpolitischen Kontinuität darzustellen, was weiten Teilen der CSU die Zornesröte ins Gesicht trieb.

Auch in der Fraktion gab es einen vielstimmigen Chor von Deutschlandexperten. Da waren die Berliner Abgeordneten, die nicht selten auf Grund persönlicher Schicksale eine andere Sicht der Dinge hatten als beispielsweise die Rheinländer. Es gab Abgeordnete, die Deutschlandpolitik mit Ostpolitik gleichsetzten und alles verteufelten, was mit dem Kommunismus in Verbindung gebracht werden konnte. Schließlich gab es in der Unionsfraktion auch genügend Opportunisten, die keine Skrupel hatten, dem Zeitgeist zu frönen und deutschlandpolitische Grundpositionen aufzugeben. Durch eine weitere Aufwertung der DDR wollten sie angeblich mehr Annäherung zwischen beiden deutschen Staaten erreichen. Diese Kollegen waren in ihren deutschlandpolitischen Auffassungen nicht weit von denen der Bonner Opposition entfernt.

Doch so viele auch mitreden wollten, Deutschlandpolitik war Chefsache. Vom Kanzleramt aus hielt ich die Fäden zusammen. Hier fielen alle bedeutsamen deutschlandpolitischen Entscheidungen während meiner Kanzlerschaft, auch so heftig umstrittene wie die Bürgschaft für einen Milliardenkredit für die DDR.

Angesichts von zwei voneinander unabhängigen, selbständigen Staaten, die füreinander kein Ausland sein sollten, waren die innerdeutschen Beziehungen einmalig, auch einmalig kompliziert, und das nicht nur in rechtlicher Hinsicht. Es war ein fortwährender Balanceakt: Das Festhalten am Ziel der Einheit in Freiheit durfte den Versuch, die Teilungsfolgen zu mildern, nicht hemmen. Nach unserem Verständnis war Deutschlandpolitik Politik für alle Deutschen, und das hieß, die Beziehungen zwischen den Menschen in beiden deutschen Staaten zu fördern.

Zu Beginn meiner Kanzlerschaft berief ich Philipp Jenninger, meinen langjährigen Weggefährten aus der Bundestagsfraktion, zum Staatsminister im Bundeskanzleramt. Jenninger, zwei Jahre jünger als ich, war seit 1969 Mitglied des Deutschen Bundestags und hatte seit 1973 als parlamentarischer Geschäftsführer der CDU/CSU-Bundestagsfraktion eng mit mir zusammengearbeitet. In dieser Funktion koordinierte der Schwabe über sieben Jahre lang die Politik der damaligen Bonner Opposition, eine Schwerstarbeit, die er mit großem Einsatz managte und die ihm viel Achtung und Lob einbrachte. Er war meine rechte Hand in der Fraktion, organisierte klug die Arbeit der Bundestagsfraktion und führte sie durch manchen politischen Sturm. Ihm habe ich, hat die Union eine Menge zu verdanken.

Jetzt war Philipp Jenninger auch im Kanzleramt an meiner Seite und kümmerte sich um die Koordination zwischen Regierung und Parlament. Vor allem aber übertrug ich ihm die Gesamtverantwortung für die operative Deutschlandpolitik. Schon nach kürzester Zeit erreichte er auf dem Gebiet der innerdeutschen Beziehungen erste Erfolge. »Don Philippo«, wie ich ihn freundschaftlich nannte, erwies sich von Anfang an als kluger Verhandlungspartner auf diesem schwierigen politischen Terrain.

Ein gewisses Maß an Rangeleien um deutschlandpolitische Kompetenzen mit dem Bundesminister für innerdeutsche Beziehungen war nicht zu vermeiden, zumal Rainer Barzel aus seinem Prestigegefühl heraus die Auseinandersetzung geradezu suchte.

*

Mein Interesse an der deutschen Frage setzte nicht erst mit der Wahl zum Bundeskanzler ein. Bereits als CDU-Bundesvorsitzender und als Oppositionsführer in neun langen Bonner Jahren hatte ich mich ausgiebig damit beschäftigt. Immer wieder bezog ich unmissverständlich Position, sei es in den Reden zum Jahrestag des Aufstands vom 17. Juni 1953, sei es durch meine schroffe Ablehnung der sogenannten Geraer Forderungen des SED-Generalsekretärs Erich Honecker von 1981: Es kam für mich nicht in Frage, die DDR-Staatsbürgerschaft anzuerkennen, die Zentrale Erfassungsstelle der Länderjustizverwaltungen für DDR-Unrecht in Salzgitter aufzulösen, die Ständigen Vertretungen in Botschaften umzuwandeln und damit normale völkerrechtliche Beziehungen zwischen DDR und Bundesrepublik aufzunehmen, die Mitte der Elbe als Staatsgrenze zwischen DDR und Bundesrepublik anzuerkennen oder den »Missbrauch der Transitwege« zu unterbinden, wie von Honecker gewünscht. Hinter letzterem verbarg sich die Forderung nach einer strafrechtlichen Verfolgung von Fluchthelfern in der Bundesrepublik und in West-Berlin, was wir scharf ablehnten.

Es war und ist beschämend, dass große Teile der deutschen Sozialdemokratie am liebsten gleich alle diese Forderungen von Erich Honecker erfüllt hätten. Zumindest bei einigen Forderungen wurden unter anderem auch Gerhard Schröder – der damalige SPD-Bundestagsabgeordnete sollte später mein Nachfolger im Bundeskanzleramt werden – und der NRW-Ministerpräsident und spätere Bundespräsident Johannes Rau schwach und kamen dem SED-Regime aus ihrem Opportunismus heraus sehr entgegen. CDU und CSU dagegen lehnten Honeckers gesamten Forderungskatalog kategorisch ab.

Die SED-Spitze wusste also sehr genau, was von dem neuen Bundeskanzler zu erwarten war, woran sie mit mir war und auf welchen Gebieten die größten Chancen bestanden, Fortschritte in den bilateralen Beziehungen zu erreichen. Es war natürlich grober Unsinn, mir zu unterstellen, ich hätte die Absicht, eine »Eiszeit« in den innerdeutschen Beziehungen eintreten zu lassen. Gleich zu Beginn meiner Kanzlerschaft legte ich Wert auf den direkten persönlichen Kontakt zu Erich Honecker. Die Telefondiplomatie, wie ich sie auf vielen Gebieten praktizierte, war auch in der Deutschlandpolitik ein probates Mittel der Politik. Es war immer besser, miteinander zu sprechen, als Briefe zu schreiben und Schriftstücke auszutauschen.

Der mächtigste Mann der DDR dachte darüber wohl anders. Wie sich später herausstellte, telefonierte er ungern, aus welchem Grund auch immer. Möglicherweise hegte er besonderes Misstrauen gegenüber dem SED-Apparat, nicht zuletzt wegen der undurchsichtigen Machenschaften des Ministeriums für Staatssicherheit, das vor seinem Telefon kaum haltgemacht haben dürfte.

Im Jahr 1983 telefonierte ich insgesamt dreimal mit Erich Honecker. Ansonsten nutzten wir die Briefdiplomatie, mit der unsere direkte Verbindung Ende November 1982 begonnen hatte.

Am 18. April 1983 griff ich allerdings zum Telefon, um mit Erich Honecker direkt zu sprechen. Anlass war ein tödlicher Zwischenfall auf der Transitstrecke von der Bundesrepublik nach West-Berlin. Am 10. April war der westdeutsche Transitreisende Rudolf Burkert während eines Verhörs am DDR-Kontrollpunkt

Drewitz zu Tode gekommen. Offiziell hieß es, er sei an Herzversagen gestorben, aber ich wollte aus erster Hand wissen, was tatsächlich passiert war, denn die Umstände, die zu seinem Tod geführt hatten, blieben unklar. Die Obduktion belegte damals, dass Gewaltanwendung vorgelegen haben musste. Darum bat ich den SED-Generalsekretär eindringlich um Aufklärung und machte keinen Hehl aus meiner Bestürzung über diesen tragischen Todesfall.

Ein geplantes Gespräch mit dem DDR-Politbüromitglied und Wirtschaftsfachmann Günter Mittag, der sich gerade in Bonn aufhielt, sagte ich ab. Vor dem Hintergrund dieses Zwischenfalls auf der Transitstrecke erschien mir ein Treffen nicht angebracht. Erich Honecker nahm meine Erklärung zur Kenntnis und brachte die Sprache dann auf sein Lieblingsthema: die atomare Abrüstung und Friedenssicherung.

Der tödliche Zwischenfall wurde letztlich nie aufgeklärt.

*

Am 4. Februar 1983 erreichte mich ein Schreiben des SED-Generalsekretärs, in dem er den Vorschlag zur Errichtung einer von nuklearen Gefechtsfeldwaffen freien Zone in Mitteleuropa aufgriff, den der schwedische Ministerpräsident Olof Palme am 8. Dezember 1982 gemacht hatte. Wie Honecker mir schrieb, hatten das Zentralkomitee der SED, der Staatsrat und der Ministerrat der DDR diesen Vorschlag eingehend geprüft und waren zu der Überzeugung gekommen, »dass die Schaffung einer solchen Zone ein nützlicher Schritt zur Festigung des Friedens in Europa und zur Weiterführung der Entspannung sein könnte«. Es wäre von großem Gewicht, so der Generalsekretär, wenn auch die Regierung der Bundesrepublik diese Initiative unterstützen würde.

In meinem Antwortschreiben vom 16. Februar 1983 verwies ich auf die konventionelle Überlegenheit der Truppen des Warschauer Pakts in Mitteleuropa und lehnte den Palme-Plan vor diesem Hintergrund ab. Für die nukleare Bedrohung, argumentierte ich, sei es nicht ausschlaggebend, ob Kernwaffen auf einem bestimmten Gebiet stationiert seien, sondern ob auf dieses Gebiet Kernwaffen gerichtet seien. Verhandlungen, die nur auf ein Auseinanderrücken der nuklearen Arsenale in Europa hinauslaufen, würden deshalb die Stabilität nicht erhöhen, sondern nur eine Illusion größerer Sicherheit schaffen. Sie würden von den laufenden Verhandlungen über die Reduzierung von Kernwaffen ablenken und damit baldige Ergebnisse erschweren.

Oberster Maßstab für alle rüstungskontrollpolitischen Vorschläge müsse sein, welchen Beitrag sie zur Verhütung jeglicher kriegerischen Auseinandersetzung leisten, einschließlich eines konventionellen Konflikts in Europa. Die Initiative für eine nuklearwaffenfreie Zone in Mitteleuropa werde dieser Anforderung nicht gerecht, erklärte ich, und wir sähen uns deshalb nicht in der Lage, sie zu unterstützen.

Am Ende dieses Briefs schlug ich vor, einen direkten und sachlichen Meinungsaustausch über Grundsatzfragen zu führen. Unsere Abrüstungsbeauftragten sollten sich treffen, um das Gespräch fortzusetzen.

Diese Art der Brief- und Telefondiplomatie zwischen Erich Honecker und mir erwies sich als brauchbar und sinnvoll. Wichtig war mir immer wieder, unsere Positionen mit der gebotenen Deutlichkeit und Entschiedenheit darzustellen und keinen Zweifel an unserer politischen Standfestigkeit gerade in der Abrüstungsdebatte aufkommen zu lassen.

Das deutsch-deutsche Verhältnis war also keineswegs einfach, aber durchaus von Gesprächsbereitschaft bestimmt. Doch dann sagte Erich Honecker überraschend seinen geplanten Besuch in der Bundesrepublik ab. In einem Brief vom 29. April 1983 ließ er mich wissen, angesichts der jüngsten Entwicklung im Verhältnis zwischen der Bundesrepublik und der DDR glaube niemand ernsthaft daran, dass der Generalsekretär in diesem Jahr die Bundesrepublik besuchen könne. Schuld daran seien jene, die eine solche Atmosphäre geschaffen hätten.

Die Begründung dieser Absage fand ich völlig unverständlich. Es schien, als wären die innerdeutschen Beziehungen auf einem Tiefpunkt angelangt. Gleichzeitig signalisierte die DDR-Führung auf unteren Gesprächsebenen allerdings ihre Bereitschaft zu weiteren Kontakten. Das ließ mich optimistisch in die Zukunft blicken. Zumindest gab es keinen Anlass zur Dramatisierung. Möglicherweise hatte aber auch gar nicht das innerdeutsche Klima zu Honeckers Absage geführt, sondern die Beziehungen zwischen Ost-Berlin und Moskau. Es spricht einiges dafür, dass die Sowjetunion ein Veto gegen den Besuch eingelegt hatte. Das persönliche Bemühen Honeckers um bessere Beziehungen zur Bundesrepublik stellte ich jedenfalls nicht in Frage, zumal zu jener Zeit die Geheimverhandlungen über einen möglichen Milliardenkredit auf Hochtouren liefen.

Die Einladung, die Helmut Schmidt ausgesprochen hatte, hielt ich weiterhin aufrecht. Honecker hatte seine Absage ja auf das Jahr 1983 begrenzt, insofern bestand Hoffnung, dass auch wieder bessere Zeiten kommen würden. Im Jahr des Stationierungsbeschlusses stand die Bonn-Visite des SED-Generalsekretärs auch für uns nicht unter einem besonders günstigen Stern.

7.
Zur Lage der Nation

Über Jahre und Jahrzehnte hinweg habe ich wie wenige andere die Einheit der Nation in Erinnerung gerufen. Das waren keine Sonntagsreden, und ich beschränkte mich auch nicht nur auf den Tag der deutschen Einheit, um auf die Überwindung der Teilung in einem geeinten Europa hinzuweisen. Was habe ich Prügel von denen einstecken müssen, die sich längst und für alle Zeit mit der Zweistaatlichkeit abgefunden hatten und mich immer dann als Mann von gestern denunzierten, wenn ich auf den Schießbefehl an Mauer und innerdeutscher Grenze und andere Wunden der Teilung hinwies und das Fehlen von Meinungs- und Reisefreiheit beklagte. Im Gegensatz zu vielen Politikern von SPD und Grünen, die mich in die rechte politische Ecke zu stellen versuchten, hatte das Wiedervereinigungsgebot des Grundgesetzes für mich immer oberste Priorität.

Gut neun Monate war ich im Amt, da jährte sich zum dreißigsten Mal der Juni-Aufstand in der DDR von 1953. In seiner Rede zum 17. Juni 1983 unterstrich Bundespräsident Karl Carstens in erfreulicher Klarheit, dass das deutsche Volk auch nach drei Jahrzehnten der Teilung an seinem Willen zur Einheit in Freiheit geduldig festhalte. Denn, so sagte der Bundespräsident: »Die Deutschen in der Bundesrepublik Deutschland und die Deutschen in der DDR sehen nicht die Bundesrepublik und nicht die DDR, sondern Deutschland als ihr Vaterland an.«

Sechs Tage später gab ich eine Regierungserklärung zur Lage der Nation im geteilten Deutschland ab. Damit kehrte die Bundesregierung zu dem Auftrag des Deutschen Bundestags zurück, alljährlich einen Bericht zur Lage der Nation im – wie es wörtlich hieß – »gespaltenen, im geteilten Deutschland« vorzulegen.

Den ersten »Bericht zur Lage der Nation im gespaltenen Deutschland« hatte mein sehr geschätzter Freund und Vorgänger im Amt des CDU-Bundesvorsitzenden und Bundeskanzlers, Kurt Georg Kiesinger, am 3. März 1968 vor dem Bonner Parlament abgegeben. Vorausgegangen war ein interfraktioneller Antrag der Abgeordneten aller im Bundestag vertretenen Parteien, wonach die Bundesregierung einmal im Jahr einen Bericht zur Lage der Nation abzugeben hatte. Diesem einstimmig angenommenen Antrag entsprechend sollte dieser Bericht unter anderem

- über Lebensbedingungen in den beiden Teilen Deutschlands informieren,
- wirtschaftliche, politische und kulturelle Hilfestellungen für die Menschen in der DDR geben,
- Verbindungen und Gemeinsamkeiten zwischen den Menschen aufzeigen,
- einen Beitrag zur Entspannung im innerdeutschen Raum leisten,
- gegenüber der Welt und den Wählern dokumentieren, dass man sich mit der Teilung nicht abfinden dürfe,
- die Bürger der DDR über sich und die Bundesrepublik Deutschland informieren,
- die enge Verbindung zwischen West-Berlin und dem übrigen Bundesgebiet hervorheben.

Die politische Intention des Berichts wurde vierzehn Jahre nach dem mutigen Juni-Aufstand in der DDR und sechs Jahre nach dem Mauerbau formuliert. Gleichwohl war sie für mich auch 1983 nach wie vor aktuell und diente als Orientierungspunkt für die sieben Berichte, die ich bis zur deutschen Vereinigung 1990 vorlegte.

Der Bericht zur Lage der Nation war eine Form der Regierungserklärung, die keinerlei Koalitionsabsprachen oder Abstimmungen mit den Ministerien erforderte, wie es bei den »normalen« Regierungserklärungen zu Beginn einer Legislaturperiode die Regel ist. Nicht einmal vorab erhielt das Bundeskabinett die Reden, sie waren ausschließlich Sache des Bundeskanzlers.

Im Gegensatz zu meinem Vorgänger legte ich den Schwerpunkt nicht auf wirtschaftspolitische Fragen und schon gar nicht auf die Darstellung bekannter Daten und Fakten. Ich wollte auch keine theoretischen Abhandlungen vortragen. Mir ging es nicht nur um die Verwaltung der Teilung, sondern um die Konzentration auf Chancen und Möglichkeiten, die die Teilung überwinden halfen. Es ging mir um die Menschen. Großen Wert legte ich dabei immer wieder darauf, an die Offenheit der deutschen Frage zu erinnern.

In den siebziger Jahren hatte der »Bericht zur Lage der Nation« den Zusatz »im gespaltenen Deutschland« verloren. Gleichzeitig hatte sich der Schwerpunkt der Berichterstattung und damit auch der politischen Diskussion auf die politische Lage in der Bundesrepublik verlagert. Das entsprach dem politischen Willen der sozialliberalen Koalition, aber nicht meiner Überzeugung. Deshalb änderte ich die Formulierung wieder und ersetzte dabei das Wort »gespalten« durch den Begriff der »geteilten« Nation. Das bedeutete mehr als eine kleine semantische Korrektur.

Mit meinem ersten Bericht zur Lage der Nation im geteilten Deutschland wandten wir uns wieder dem eigentlichen Zweck dieser Berichterstattung zu. Bewusst benutzte ich die »Wir«-Form, die die Menschen im Osten Deutschlands mit einschloss:

> »Wir finden uns nicht damit ab, dass deutschen Landsleuten das Recht auf Selbstbestimmung vorenthalten wird und dass Menschenrechte verletzt werden. Wir Deutsche finden uns mit der Teilung unseres Vaterlandes nicht ab. Wir werden den Auftrag des Grundgesetzes zielstrebig und beharrlich weiterverfolgen, in freier Selbstbestimmung die Einheit und Freiheit Deutschlands zu vollenden. Wir resignieren nicht, denn wir wissen die Geschichte auf unserer Seite. Der gegenwärtige Zustand ist nicht unabänderlich. Aus geschichtlicher Erfahrung sind wir uns bewusst, dass die Wiederherstellung der Einheit Deutschlands in Frieden und Freiheit nur im Rahmen einer gesamteuropäischen Friedensordnung zu verwirk-

lichen ist. Die Teilung Deutschlands ist immer zugleich die Teilung Europas. Deutschlandpolitik muss sich deshalb immer auch als Beitrag zum europäischen Einigungswerk und damit als europäische Friedenspolitik verstehen [...]. Für die Überwindung der deutschen Teilung brauchen wir den Rückhalt im Atlantischen Bündnis und in der Europäischen Gemeinschaft. Das Bündnis und das geeinte Europa, wir brauchen sie mehr als andere.«

Zum Verhältnis zwischen den beiden deutschen Staaten erklärte ich:

»Zehn Jahre nach Inkrafttreten des Grundlagenvertrags mit der DDR sind die beiden Staaten in Deutschland von dem dort formulierten Ziel ›normaler gutnachbarlicher Beziehungen‹ nach wie vor weit entfernt. Normalität kann nicht entstehen, solange es an der Grenze mitten durch Deutschland Mauer, Stacheldraht, Schießbefehl und Schikanen gibt. Gutnachbarliche Beziehungen kann es nicht geben, solange Landsleute aus der DDR immer wieder Leben und persönliche Freiheit aufs Spiel setzen, weil ihnen elementare Menschenrechte vorenthalten werden. Dazu können und dazu werden wir nicht schweigen, denn Friede kann nicht gedeihen, wo Menschenrechte missachtet werden. Auch die Schlussakte der KSZE von Helsinki und die Menschenrechtsdokumente in allen anderen Bereichen stellen diesen Zusammenhang immer wieder eindeutig her.«

Aus alledem ergab sich für uns: Praktische Deutschlandpolitik konnte nur als Politik des Dialogs, des Ausgleichs und der Zusammenarbeit erfolgreich sein. Über ein geregeltes Nebeneinander hinaus strebten wir »einen Zustand des Zusammenlebens in Deutschland an,

– in dem das gewachsene Geflecht der Beziehungen sich verdichtet und weiter verfestigt,

- einen Zustand, in dem beide Seiten durch ausgewogenes Geben und Nehmen ihrer Verantwortung für die Menschen gerecht werden,
- einen Zustand, der für beide Seiten Verpflichtungen enthält, auf die sie sich verlassen können«.

Schließlich verwies ich mit folgender Prioritätenliste auf die vorrangigen Verhandlungsthemen:

- Senkung des Mindestumtauschs,
- Ausbau des Reise-, Besucher- und Transitverkehrs,
- Kooperation im Umweltschutz,
- Zusammenarbeit im Bereich von Kultur, Bildung, Wissenschaft, Technik und Sport,
- Rechtshilfeverhandlungen,
- innerdeutscher Handel.

Offen gesagt: In der Deutschlandpolitik verfügten wir damals nicht über eine konkrete und langfristig angelegte politische Konzeption. Entscheidend war, dass die deutsche Frage historisch wie völkerrechtlich und politisch offen blieb. Gleichwohl bemühte ich mich, mit den wohlüberlegten Formulierungen meiner Rede gangbare Brücken für die praktische Deutschlandpolitik aufzuzeigen. Auch deshalb sprach ich an keiner Stelle von einer Wende, sondern von einer programmatischen Erneuerung. Nicht zuletzt dachte ich dabei auch an meine Freunde in der Union, von denen die einen eine härtere Gangart von mir erwarteten, während andere ängstlich darauf achteten, in der Deutschlandpolitik nicht den lautstarken Forderungen des bayerischen Ministerpräsidenten zu folgen. Somit hatte mein erster Bericht zur Lage der Nation im geteilten Deutschland auch integrierenden Charakter und vermied bewusst jede Art der Polarisierung innerhalb unserer Wählerschaft.

8. Milliardenkredit

Geld für humanitäre Leistungen zu zahlen gehörte für mich durchaus zum Bereich praktischer Deutschlandpolitik. Um die laufenden Verhandlungen über den sogenannten Milliardenkredit an die DDR nicht zu stören, sparte ich dieses Thema in meinem ersten Bericht zur Lage der Nation jedoch aus.

Anfang 1983 lagen uns einige Informationen über die dramatische finanzielle Lage der DDR vor. Diesen Berichten war zwar selten zu trauen, aber immerhin erfuhren wir von Finanzexperten, die es aus ihrer Tätigkeit in der DDR besser als jeder andere wissen mussten, dass der Handel mit dem Westen etwa 30 Prozent des DDR-Außenhandels ausmachte und vor allem durch Kredite des Westens finanziert wurde. Daraus war für Ost-Berlin eine hohe Verschuldung im Westen entstanden, die auf 10 bis 13 Milliarden Dollar geschätzt wurde. Rund 40 Prozent dieser Verschuldung entfielen auf Kredite, die innerhalb eines Jahres zurückgezahlt werden mussten. Ohne die Aufnahme neuer Kredite war die DDR außerstande, die fälligen Tilgungen von Altkrediten aufzubringen.

Hinzu kam eine weitere besorgniserregende Entwicklung: Auch Importe lebenswichtiger Rohstoffe mussten gekürzt und alles, was exportfähig war, musste exportiert werden. Zu allem Unglück drosselte die Sowjetunion Anfang 1983 auch noch ihre Erdöllieferungen in die DDR erheblich. Doch trotz dieser Erkenntnisse konnten wir mangels tieferer Einblicke in die Finanzbücher der DDR nicht nachvollziehen, wie dramatisch die finanzielle Situation tatsächlich war. Heute wissen wir, dass es damals noch viel schlimmer war, dass es um Sein oder Nichtsein der DDR ging. Das belegen Dokumente aus den Archiven ebenso wie Zeitzeugenberichte nach der Wende 1989.

Unsere Absicht, der DDR in dieser dramatischen Situation zu helfen, war auch dadurch begründet, dass wir eine Abschottung der DDR zur Bundesrepublik unter allen Umständen vermeiden wollten. Wenn Hilfe von unserer Seite ausgeblieben wäre, hätte sich die DDR nur noch enger an die sozialistischen Länder anlehnen können. Die Dinge standen also auf des Messers Schneide.

Der Einwand, dass mit einem Milliardenkredit das SED-Regime stabilisiert würde, war mir keineswegs fremd. Natürlich hatten meine Berater und ich uns darüber intensiv Gedanken gemacht. Doch traten diese Bedenken für mich hinter dem alles entscheidenden Argument zurück, dass von jeder D-Mark, die als Kredit an die DDR ging, die Menschen im anderen deutschen Staat unmittelbar profitieren würden.

Der Milliardenkredit war übrigens keine Erfindung meiner Regierung oder des bayerischen Ministerpräsidenten. Wir hatten das Thema von der sozialliberalen Vorgängerregierung geerbt. Helmut Schmidt beschäftigte sich bereits seit 1980 mit Kreditwünschen der DDR. Darüber unterrichtete uns der damalige Kanzleramtsminister Hans-Jürgen Wischnewski exakt einen Tag vor dem Regierungswechsel im Oktober 1982. Vertreter Ost-Berlins und Bonns hatten damals Geheimverhandlungen über das sogenannte Züricher Modell geführt, wonach die DDR 4 bis 5 Milliarden D-Mark als Kreditsumme erhalten würde. Diesen Kredit sollte eine in Zürich zu gründende gemeinsame Bank abwickeln. Als Gegenleistung sollte vertraglich garantiert werden, dass DDR-Bürger nicht erst im Rentenalter, sondern bereits fünf Jahre früher in den Westen reisen dürfen. Außerdem war daran gedacht, für Rentner und Jugendliche den Mindestumtausch bei Reisen in die DDR gänzlich aufzuheben.

Doch das »Züricher Modell« scheiterte, weil die DDR einen Automatismus bei Gegenleistungen ablehnte. Allerdings gab es auch in der Regierung Schmidt/Genscher erhebliche Bedenken, weil der Kredit mit Geldern aus dem Bundeshaushalt hätte finanziert werden sollen.

Für mich stand außer Zweifel, dass wirtschaftliche Hilfen an die DDR grundsätzlich an humanitäre Gegenleistungen gekoppelt sein mussten. Das war ein Grundsatz, der zwischen Franz Josef Strauß und mir völlig unstrittig war und den es bei allen Verhandlungen mit der DDR zu beherzigen galt.

*

Bei einer Wanderung mit Franz Josef Strauß im Spätherbst 1982 in der Nähe des Tegernsees sprach er mich auf die Kreditwünsche der DDR an. Als Vermittler auf bayerischer Seite agierte der Rosenheimer Unternehmer Josef März. Ich hatte ihn über Franz Josef Strauß kennengelernt, dessen langjähriger Freund und Weggenosse er war, und schätzte März als verlässlichen Partner. Als Kaufmann und Schatzmeister der CSU verstand März eine ganze Menge von Geld – und von der DDR. Zusammen mit seinem Bruder hatte er jahrelang Geschäfte mit der DDR abgewickelt und dabei nicht nur viel verdient, sondern auch den einflussreichen DDR-Wirtschaftsfachmann und Devisenbeschaffer Alexander Schalck-Golodkowski kennengelernt. Dass Schalck-Golodkowski gleichzeitig auch als Offizier im besonderen Einsatz (OibE) in Erich Mielkes Ministerium für Staatssicherheit diente, wussten wir nicht, aber wir konnten es ahnen.

Der Geheimdienstmann hatte sich an den Strauß-Vertrauten März gewandt, um seinen Kreditwunsch dem bayerischen Ministerpräsidenten vorzutragen. Die ersten Vorsondierungen begannen unmittelbar nach dem Bonner Regierungswechsel 1982.

Als ich Franz Josef Strauß einen Tag vor Weihnachten 1982 zu einem vertraulichen Gespräch traf, konnte er mir bereits erläutern, welche konkreten Vorstellungen die DDR bezüglich des Kredits hatte, und den Stand der Verhandlungen analysieren. Zwar waren wir uns schon früh grundsätzlich einig gewesen, der DDR entgegenzukommen, aber jetzt, wo es ernst zu werden schien, bekam ich Bauchgrimmen. Strauß, der nach jedem Treffen zwischen uns ein Gedächtnisprotokoll anfertigte, hat das zutreffend vermerkt. Tatsächlich äußerte ich an jenem Dezembertag erhebliche Bedenken gegen eine Kreditvergabe. In politischer Hinsicht schien es mir zu diesem Zeitpunkt nicht zwingend zu sein, und vor allem hatte ich erhebliche Bedenken, dass wir uns von unseren eigenen Wählern den Vorwurf einhandeln könnten, wir würden Geschäfte mit den Kommunisten machen. So bedurfte es besonderer Überzeugungsarbeit von seiten Franz Josef Strauß', aber auch seitens meiner Berater im Bundeskanzleramt, um mich umzustimmen.

Ein zusätzlicher positiver Aspekt bei der ganzen Sache war, dass ich den bayerischen Ministerpräsidenten auf der »Südschiene«, wie ich es nannte, erstmals in die operative Deutschlandpolitik einbinden konnte, denn er war der Initiator des Kredits.

Nach langen Beratungen entschloss ich mich schließlich, dem Milliardenkredit unter bestimmten Umständen zuzustimmen. Bei einem Telefonat mit Erich Honecker am 24. Januar 1983 legte ich einen Zusammenhang von finanzieller Hilfe und Gegenleistung auf humanitärem Gebiet nahe. Es bereitete der Ost-Berliner Seite erhebliches Kopfzerbrechen, dass ich Forderungen gestellt hatte.

Aus den Aufzeichnungen von Alexander Schalck-Golodkowski wissen wir heute, dass meine Haltung in Ost-Berlin als keineswegs förderlich angesehen wurde. Doch der DDR stand das Wasser bis zum Hals, und so drängte Schalck-Golodkowski den Mittelsmann Josef März, ein persönliches Gespräch mit dem bayerischen Ministerpräsidenten zu arrangieren. Wie wir seinen Erinnerungen entnehmen können, traf sich Franz Josef Strauß mit Alexander Schalck-Golodkowski erstmals am 5. Mai 1983 im Gästehaus seines Freundes März am Chiemsee.

Von Anfang an war ich über alle Gesprächskontakte informiert. In keiner Phase der Verhandlungen agierte Franz Josef Strauß auf eigene Faust oder nach eigenem Ermessen. Nichts lief ohne vorherige Absprachen. Dabei drängte ich generell darauf, dass es menschliche Erleichterungen geben müsse, wenn es tatsächlich zu dem Kredit kommen sollte. Entsprechend führte Franz Josef Strauß die Verhandlungen beim ersten Treffen mit Schalck-Golodkowski: Die DDR könne Bundesbürger an der innerdeutschen Grenze und in der DDR nicht als Bürger eines Feindstaates behandeln und gleichzeitig die Währung unseres Landes als Währung

Alexander Schalck-Golodkowski und Franz Josef Strauß

eines Freundstaates in Anspruch nehmen. Nur wenn Änderungen feststellbar wären, hätten weitere Gespräche einen Sinn. Der Ost-Berliner Unterhändler konnte und wollte sich jedoch auf keine derartige Absprache einlassen.

In der Folge hielten Franz Josef Strauß und ich engen Telefonkontakt über die Fortschritte der Gespräche. Am 19. Mai 1983 trafen wir uns, um die Chancen im deutsch-deutschen Poker um den Kredit auszuloten. Strauß hatte mittlerweile ein gewisses Vertrauen zu seinem Ost-Berliner Gegenüber gefasst und drängte mich, als ersten Schritt einem Kredit in zwei Raten von je 500 Millionen D-Mark zuzustimmen, der von einem westdeutschen Bankenkonsortium aufgebracht und an die Außenhandelsbank der DDR überwiesen werden sollte. Ohne feste Zusagen von Gegenleistungen schien mir das äußerst problematisch zu sein. Wir machten uns damit abhängig vom guten Willen und vom Vertrauen auf ein mündlich versprochenes Entgegenkommen der DDR-Machthaber.

Dann geschah, was ich kaum zu hoffen wagte: Es vergingen gerade einmal zehn Tage, bis wir erste Signale des guten Willens erhielten. Der Bundesgrenzschutz verzeichnete eine verbesserte Behandlung von Bundesbürgern, die in die DDR reisten. An den Grenzübergängen ging es plötzlich entspannter zu als all die Jahre zuvor. Diese guten Nachrichten freuten mich sehr, deuteten sie doch darauf hin, dass die Ost-Berliner Regierungsspitze es ernst meinte. Man konnte daraus allerdings auch schließen, dass dem SED-Regime das Wasser bis zum Hals stehen musste.

Jetzt mussten die Gespräche fortgesetzt und bei einem weiteren Treffen der beiden Unterhändler die Modalitäten des Milliardenkredits festgelegt werden. Das geschah am 25. Mai 1983. Franz Josef Strauß und Alexander Schalck-Golodkowski trafen sich wieder konspirativ am Chiemsee. Wie der CSU-Chef mir später berichtete, erklärte Schalck zu Beginn des Gesprächs, er komme als »Beauftragter des Generalsekretärs des Zentralkomitees der SED, Erich Honecker«. Dann verlas er einen Brief, in dem der mächtigste Mann der DDR humanitäre Zusagen machte. Bedingung war allerdings, diese Zusagen nicht öffentlich als Gegenleistung für den Kredit zu nennen:

1. Abbau der Selbstschussanlagen an der deutsch-deutschen Grenze.
2. Erleichterung bei der Familienzusammenführung.
3. Befreiung vom Mindestumtausch für Kinder.

Damit hatte ich nicht gerechnet. Die Bitte um einstweilige Geheimhaltung war zwar auf den ersten Blick irritierend, aber wir konnten zufrieden sein. Geld für den Abbau der Todesautomaten, Geld für menschliche Erleichterungen – das konnten wir allemal aufbringen, zumal es die Bundesbürger nicht einen einzigen Pfennig kosten sollte.

Dass der Brief des SED-Generalsekretärs nur vorgelesen und Franz Josef Strauß nicht als Sicherheitsgarantie übergeben wurde, störte mich allerdings. Doch die Devise hieß Vertrauen gegen Vertrauen, und das bei höchster Geheimhaltungsstufe. Als Franz Josef Strauß mich vom Chiemsee aus anrief, war er selten gut aufgelegt und verlieh seiner Zufriedenheit mit starken Worten Ausdruck. Er hatte für die Deutschen in beiden Teilen des Landes etwas erreicht, das ihm kaum jemand zugetraut hatte.

Noch blieb die Sache geheim, noch wusste niemand von diesem

Coup. Die Frage war allerdings, wie sollten wir damit an die Öffentlichkeit gehen, wie diese vage Verabredung – ohne ein vorzeigbares Papier, ohne schriftliche Fixierung – unseren Parteien, dem Koalitionspartner, dem Kabinett und den Bundesländern so vermitteln, dass sie jedermann einleuchtete? In diesem Moment des gedämpften Triumphs ahnte ich bereits die massive Kritik aus den eigenen Reihen. Die Ahnung sollte sich schon bald bewahrheiten.

Noch einmal gab es eine Chance zur Nachbesserung, vielleicht sogar zu einer vertraglichen Festlegung, als es am Chiemsee zu einem weiteren, einem letzten Geheimtreffen kam. Diesmal hatte ich Philipp Jenninger nach Bayern geschickt, um dem DDR-Unterhändler den politischen Gleichklang zwischen Franz Josef Strauß und dem Kanzleramt zu demonstrieren. Auf dem Landgut des Unternehmers Josef März endete das Dreiergespräch am 5. Juni 1983 mit klaren Absprachen. Doch auch diesmal war ein verbindliches Junktim nicht durchsetzbar.

Da mir das eigentlich immer noch zu wenig Sicherheit und Verlässlichkeit war, telefonierte Philipp Jenninger noch mal mit Schalck-Golodkowski und mit Franz Josef Strauß. Einen Moment lang überlegte ich, mit Erich Honecker direkt zu sprechen. Ich wusste aber mittlerweile, wie ungern er zum Telefon griff und wie sehr ich ihn in eine peinliche Situation bringen könnte, wenn er bei einem Telefonat ohne vorhergehende Absprache im Politbüro auf die offenen Fragen der Gegenleistung für den Kredit hätte reagieren müssen. Zudem gab mir Strauß in mehreren Telefonaten zu verstehen, dass eine Nachbesserung des letzten Verhandlungsstands nicht mehr möglich sei. Beinahe wortgleich äußerte sich Schalck-Golodkowski gegenüber Philipp Jenninger. So blieb mir nichts anderes übrig, als dem Verhandlungsergebnis zuzustimmen.

Im Kern ging es bei dem Kredit um ein rein kommerzielles Bankgeschäft. Es war der heimliche Wunsch von Franz Josef Strauß, dass diesmal nicht die Deutsche Bank die Führung übernehmen sollte. Dieses Ansinnen hatte ich unausgesprochen vom ersten Tag der Gespräche an gespürt, und so war es mir ein Leichtes, diesem Wunsch zuzustimmen, als er ihn nach dem letzten Treffen am Chiemsee konkretisierte. Strauß wollte die Bayerische Landesbank ins Geschäft bringen. Unter ihrer Führung sollte von einem Bankenkonsortium ein ungebundener Finanzkredit mit der Außenhandelsbank der DDR vereinbart werden. Genau das geschah dann auch.

Der Kredit belief sich auf 1 Milliarde D-Mark bei einer Laufzeit von fünf Jahren und einer damals marktüblichen Verzinsung von 1 Prozent. Da dieser Kredit über den Geldmarkt in Luxemburg abgewickelt wurde, tangierte er in keiner Weise den innerdeutschen Kapitalmarkt. Das unterschied ihn wesentlich von Krediten, die die Vorgängerregierung anderen Ländern, wie beispielsweise Polen, gewährt hatte. Wichtig war mir, dass keinerlei Steuergelder flossen, keine staatlichen Zuschüsse benötigt wurden und dass der Bundeshaushalt dadurch nicht belastet wurde.

Für die westdeutschen Banken war es ein gutes Geschäft, das nur noch von der Frankfurter Bundesbank genehmigt werden musste. Die Bundesregierung gab lediglich ihre Zustimmung und bürgte in einem besonderen Notfall, der aber praktisch ausgeschlossen war. Sollte die DDR ihren Tilgungs- und Zinsverpflichtungen nicht nachkommen, könnten wir notfalls die Zahlungen der Transitpauschale an die DDR zurückhalten und an die Banken auszahlen. Der Bundesrepublik war also kein Kreditrisiko entstanden.

In der letzten Juniwoche hatte ich Hans-Dietrich Genscher telefonisch informiert und Finanzminister Gerhard Stoltenberg voll eingeweiht. Philipp Jenninger unterrichtete die Fraktionschefs Alfred Dregger und Wolfgang Mischnick ebenso wie den SPD-Fraktionsvorsitzenden Hans-Jochen Vogel.

Das Bundeskabinett mit den Ergebnissen der Geheimverhandlungen vertraut zu machen war alles andere als Routine. Der Kredit war unter Ausschluss der Öffentlichkeit zustande gekommen, vorbei am innerdeutschen Ministerium, vorbei an den Spitzengremien der Koalitionsparteien. Jetzt musste Farbe bekannt und Überzeugungsarbeit geleistet werden. Hätte ich das CDU-Präsidium darüber befinden lassen, wären die Verhandlungen spätestens nach der ersten Gesprächsrunde geplatzt. Auch Hans-Dietrich Genscher hätte im FDP-Präsidium vermutlich keine Mehrheit dafür gefunden. Und Franz Josef Strauß hätte sich mit Sicherheit zum ersten Mal in der Geschichte der CSU in seinem Parteigremium eine Abfuhr geholt und sich von einer solchen Niederlage so rasch nicht wieder erholt.

Zu dem geheimen Prozedere hatte es keine Alternative gegeben. Jetzt musste das Bundeskabinett von der Notwendigkeit überzeugt werden, der DDR oder vielmehr den Menschen im zweiten deutschen Staat zu helfen. Für die Kabinettssitzung am 19. Juni 1983 hatte ich auch den Präsidenten und den Vizepräsidenten der Deutschen Bundesbank eingeladen. Auf der Tagesordnung stand der »Entwurf eines Gesetzes über die Feststellung des Bundeshaushaltsplans 1984 und den Finanzplan des Bundes 1983 bis 1987«. Es war eine der wichtigsten Kabinettssitzungen in der laufenden Legislaturperiode. Sie begann morgens um neun Uhr und ging um achtzehn Uhr abends zu Ende.

Um 12.15 Uhr unterrichtete Staatsminister Philipp Jenninger das Kabinett außerhalb der Tagesordnung über den Milliardenkredit. Dabei unterstrich er die politische Bedeutung des Kredits und empfahl den Kabinettskollegen, dem Kredit und der Bürgschaft zuzustimmen. Vertrauen gegen Vertrauen war auch hier die Devise. Ich erläuterte die Motive und stellte klar, dass es sich zwar um eine sehr schwierige politische Entscheidung handelte, die aber im Zusammenhang mit der Gesamtpolitik gesehen und als Botschaft für die Menschen im anderen Teil Deutschlands verstanden werden müsse. Im übrigen stehe hinter der Entscheidung der gemeinsame politische Wille aller Parteiführungen.

Natürlich meldeten sich gleich die Bedenkenträger zu Wort, die unter anderem von der »Präzedenzwirkung eines nicht liefergebundenen Finanzkredits« sprachen. In diesem Sinne äußerten sich zum Beispiel Gerhard Stoltenberg und Otto Graf Lambsdorff. Auch Bundesbankpräsident Karl Otto Pöhl spielte seine Rolle als Hüter der starken D-Mark aus und wies mit Nachdruck darauf hin, dass die Bundesbank einen Kredit dieser Art genehmigen müsse. Er versprach dann allerdings auch, sich auf der Sitzung des Zentralbankrats »in Abweichung von der bisherigen Praxis« dafür zu verwenden, den Kredit zu genehmigen.

Schließlich stimmte das Bundeskabinett einer Erklärung zu, in der die Modalitäten des Kredits aufgeführt waren und in der die Bedeutung des Kredits als Beitrag zur Verbesserung der Beziehungen zur DDR unterstrichen wurde.

Das Wort »Gegenleistung« hatte niemand in den Mund genommen, auch ich nicht. Wir vertrauten auf die mündlich gemachten Zusagen und warteten beinahe wöchentlich auf spürbare Veränderungen an Mauer und Grenze. Der Erwartungsdruck war erheblich, das politische Risiko ebenfalls.

Das empfand auch Franz Josef Strauß, der die Chance erkannt hatte, von München aus große Politik zu machen. Wenn ich in dieser Sache allein entschieden und gehandelt hätte, wäre ich in der eigenen Partei und auch im Verhältnis zur CSU in größte Schwierigkeiten geraten. So aber konnte ich bei den zum Teil heftigen Auseinandersetzungen in den eigenen Reihen darauf verweisen, dass es Franz Josef Strauß war, der den Kredit eingefädelt hatte. Dann schwiegen selbst die schärfsten Kritiker des Milliardenkredits.

Dass der Kredit die DDR stabilisieren und wirtschaftlich weiter am Leben halten werde, war eine häufig zu hörende Vermutung, die auch in Unionskreisen weit verbreitet war. Von Anfang an hatte Strauß mit heftigen Auseinandersetzungen in der eigenen Partei gerechnet, der er seit Jahren unangefochten den politischen Weg wies. Seine Kehrtwendung in der Deutschlandpolitik ließ sich nur schwer nachvollziehen. Er musste viel Mut und Überzeugungsarbeit dafür aufbringen – zwei Dinge, die ihn nicht immer auszeichneten.

Sein Kurswechsel blieb nicht ohne Folgen. Für alle Bürger und Parteimitglieder rechts von der Mitte war der Milliardenkredit ein echter Schock. Mit lautem Getöse trat der CSU-Abgeordnete Franz Handlos aus der Partei aus. Er warf Strauß vor, Grundsätze der CSU, nämlich das Prinzip von Leistung und Gegenleistung, über Bord geworfen zu haben. Mit Handlos verließ auch Ekkehard Voigt die CSU; beide gründeten dann, zusammen mit Franz Schönhuber, im November 1983 die »Republikaner«.

So wie diese Abtrünnigen dachten viele Parteimitglieder – und blieben dennoch der CSU treu, wenn auch mit in der Tasche geballter Faust.

Auf dem CSU-Parteitag am 15. und 16. Juli 1983 verteidigte Franz Josef Strauß zwar die Kreditvergabe an die DDR mit klaren Worten und rhetorisch brillant, ohne aber sagen zu können, was an Gegenleistungen mündlich vereinbart worden war. Schließlich waren wir zum Stillschweigen verdonnert.

Niemals zuvor in der Geschichte unserer Schwesterpartei war ich so heftig umworben worden, auf dem CSU-Parteitag aufzutreten. Aber auch ich konnte in meiner einstündigen Rede vor den zum Teil verbitterten CSU-Delegierten keine frohen Botschaften über menschliche Erleichterungen verkünden. Allerdings stellte ich klar, dass die Gewährung des Kredits mit mir abgesprochen war und dass Strauß keinen Alleingang unternommen hatte. »Wer Franz Josef Strauß in dieser Sache kritisiert, kritisiert auch mich«, rief ich den CSU-Delegierten zu. Diesen Satz vergaß mir Franz Josef Strauß nie. Ich bezweifle, dass er in vergleichbarer Situation in ähnlicher Weise zu mir gestanden hätte.

Bei den anschließenden Wahlen zum Parteivorsitz musste Franz Josef Strauß einen deutlichen Denkzettel hinnehmen: Er erhielt das schlechteste Ergebnis seiner Amtszeit. Von den 859 abgegebenen gültigen Stimmen erhielt Strauß 662 (77 Prozent), 163 Delegierte votierten mit Nein, 90 Delegierte gaben ungültige Stimmzettel ab, und rund 150 weitere beteiligten sich nicht an der Abstimmung. Für Strauß, der Abstimmungsergebnisse von weit über 90 Prozent gewohnt war, war das ein massiver Einbruch. Er konnte seine Enttäuschung und seine Wut nicht verbergen. Das war eine schwere Schlappe, die zu verdauen ihm schwerer fiel, als er nach außen zugab. Am liebsten hätte er alles hingeworfen.

*

Ein zweites Thema machte in diesen Wochen Schlagzeilen: die »Hitler-Tagebücher«. Mit großem Pomp hatte der *Stern* die Tagebücher am 25. April 1983 auf einer Pressekonferenz der Öffentlichkeit vorgestellt. Die Hamburger waren offenbar so versessen

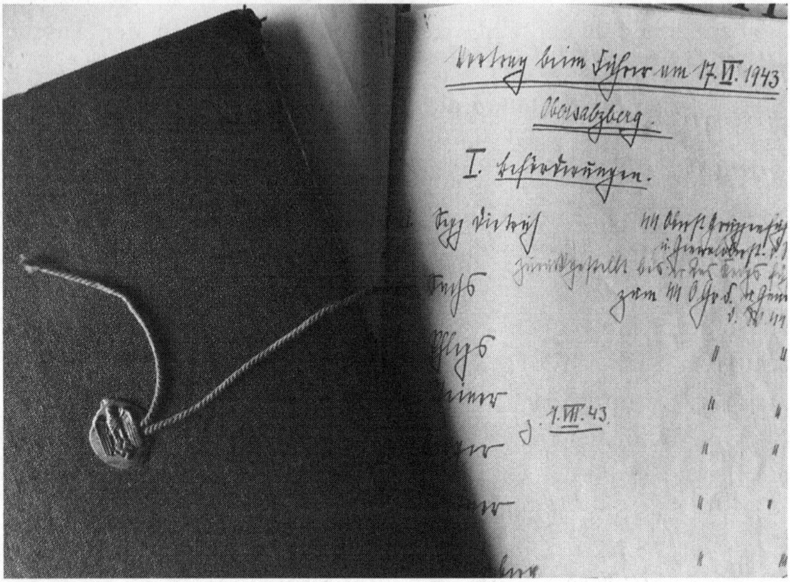

Kladde des gefälschten »Hitler-Tagebuchs« (li.) neben dem echten Tagebuch von Heinrich Himmler

auf den Verkaufserfolg, dass sie jede kritische Distanz vermissen ließen.

Wir hatten intern eine heftige Diskussion darüber. Ich wurde wegen meiner Skepsis und meines Misstrauens angegriffen, weil ich von Anfang an die Echtheit der »Tagebücher« bezweifelte. Ich glaubte nie an die Seriosität des *Stern* und bin auch in den kommenden Jahrzehnten bei dieser Einstellung geblieben.

Jeder mit einem bisschen gesunden Menschenverstand musste sich fragen, wie es möglich sein sollte, dass diese angeblichen Tagebücher nahezu fünfzig Jahre lang unentdeckt geblieben waren. So war es wenig verwunderlich, dass die »Hitler-Tagebücher« am 6. Juni schließlich als das entlarvt wurden, was sie waren: eine Fälschung, und keine besonders geschickte dazu.

*

Eigentlich hätten diejenigen Kolleginnen und Kollegen aus der Regierungskoalition, die der DDR schon immer entgegenkommen wollten, die Gewährung des Milliardenkredits unterstützen müssen. Doch Fehlanzeige: Von den sogenannten progressiven Deutschlandpolitikern der Union und der Liberalen meldete sich kein einziger zu Wort, um das Verhandlungsergebnis und das uns aufgezwungene verdeckte politische Handeln zu verteidigen. Alle, die sonst so verständnisvoll mit der prekären wirtschaftlichen Lage der DDR umgingen, blieben in Deckung. Zum Teil waren sie sogar regelrecht beleidigt, weil wir die Verhandlungen allein geführt hatten, ohne sie einzuweihen oder um ihre Unterstützung zu bitten. Zu letzteren zählten der Regierende Bürgermeister von Berlin Richard von Weizsäcker und die wichtigsten Deutschlandpolitiker aus der FDP-Bundestagsfraktion.

Alfred Dregger, kein Freund von irgendwelchen Zugeständnissen an die Ost-Berliner Machthaber, war tief verunsichert und denkbar ungehalten über unser verdecktes Verhandeln. Doch der Vorsitzende der Unionsfraktion war ein nobler Herr. Auch wenn ihm die Zornesröte im Gesicht stand, beherrschte er sich. Nach außen unterdrückte er seine Wut über unsere aus seiner Sicht miserable Verhandlungsführung. Massiver gegen uns vorzugehen verbot sich für ihn. Niemals hätte er sich mit Franz Josef Strauß angelegt.

Das einzige, was die Mehrzahl der dogmatischen und unbeweglichen Deutschlandpolitiker in den Regierungsparteien einigermaßen versöhnlich stimmte, war die Tatsache, dass wir keinen einzigen Pfennig aus der Staatskasse zahlen mussten. Außerdem musste der Bankkredit zurückgezahlt werden. Zumindest das brachte uns verhaltenes Lob ein.

*

Für den zweiten Milliardenkredit galt dasselbe Verfahren wie beim ersten. Philipp Jenninger verhandelte darüber ab Dezember 1983 mit Alexander Schalck-Golodkowski. Am 25. Juli 1984 wurde dann das zweite Kreditgeschäft mit der DDR abgeschlossen, diesmal in Höhe von 950 Millionen D-Mark. Flankierend hatte sich auch Franz Josef Strauß daran beteiligt. Die wichtigste Gegenleistung war die Senkung des Mindestumtauschs für alle Rentner. Statt bisher 25 D-Mark pro Tag brauchten sie jetzt nur noch 15 D-Mark täglich umzutauschen.

Aus heutiger Sicht mag dieser politische Erfolg als nicht besonders großartig erscheinen, doch er sollte sich noch als gelungene Investition erweisen: Die versprochenen Gegenleistungen stellten sich kurze Zeit nach dem ersten Milliardenkredit ein. Der Mindestumtausch für Jugendliche wurde fallengelassen, und, was noch viel wichtiger war, bereits im September 1983 hatten DDR-Grenzer ein Drittel der tödlichen Selbstschussanlagen an der innerdeutschen Grenze abgebaut. Der Rest folgte schon bald.

Wie wir heute aus den geheimen Akten der früheren DDR-Grenztruppen wissen, wurden unmittelbar nach dem Mauerbau 1961 verschiedenartige Minen an der innerdeutschen Grenze verlegt. Im Lauf der Jahre wurde der »sperrtechnische Ausbau« um Tausende von todbringenden Splitterminen erweitert. Von Ost nach West über die Grenze zu fliehen war damit so gut wie unmöglich, wollte man nicht das Risiko eingehen, entweder von den Grenzsoldaten erschossen oder von Minen zerrissen zu werden. Bis 1971 waren Hunderttausende von Minen verlegt worden, nun kamen noch »Selbstschussanlagen« hinzu. Dabei handelte es sich um eine Splittermine. Wenn die SM 70 explodierte, schossen zwanzig und mehr Splitter heraus, drangen in den gesamten Körper ein, vom Kopf bis zu den Füßen, und führten meist zu tödlichen Verletzungen durch Verbluten. Im Umkreis von bis zu etwa zwanzig Metern hatten sie eine tödliche Wirkung.

Auch die meisten Erdminen verursachten tödliche Verletzungen. Flüchtlingen, die auf eine Mine traten, wurden Beine, Arme oder auch der Kopf abgerissen. Viele von ihnen verbluteten im Grenzsperrgebiet. Einige überlebten schwerverletzt, viele mussten amputiert werden und kamen ins Gefängnis, wenn sie sich nicht mit letzter Kraft auf westliches Gebiet retten konnten.

Aus den Akten der DDR-Grenztruppen wissen wir heute, dass am 5. September 1984 zwei sechsundzwanzigjährige Flüchtlinge die letzten Opfer der Todesautomaten wurden. Die jungen Leute erlitten Verletzungen an der gesamten rechten Körperseite. Sie überlebten zwar, leiden aber bis heute an den Folgen ihrer Verletzungen durch die Splitterminen.

Mit dem Milliardenkredit erreichten wir, dass dieses grausame, langsame Sterben durch Verbluten an der innerdeutschen Grenze aufhörte. Wenn auch der Schießbefehl weiter bestand und bis zum Ende der DDR immer noch auf Flüchtlinge an Mauer und innerdeutscher Grenze geschossen wurde, so hatte doch wenigstens der Tod durch Minen und Selbstschussanlagen ein Ende. Selbst wenn nur ein einziger Todesautomat abgebaut worden wäre, hätte sich der Kredit schon gelohnt.

Die größten Erfolge durch den Kredit erzielten wir auf dem Gebiet der menschlichen Erleichterungen. Im September 1983 wurde in der DDR eine neue Verordnung zur Familienzusammenführung erlassen, die zu einer Übersiedlungswelle führte, die meine kühnsten Hoffnungen übertraf. Allein 1984 konnten rund einundvierzigtausend Menschen aus der DDR ausreisen; noch im Jahr zuvor hatte die Zahl der Zuwanderer aus der DDR nur etwa elftausend betragen.

Auch im Reiseverkehr von West nach Ost und umgekehrt stellte sich im Gefolge des Milliardenkredits eine erfreuliche Entwicklung ein. Die zügigere Abfertigung an der innerdeutschen Grenze, die noch während der Geheimverhandlungen mit Strauß begann, war für jedermann spürbar. 1983 nahm der Reiseverkehr von West nach Ost im Vergleich zu 1982 um 18 Prozent zu. Die Statistik verzeichnet für die Jahre 1983 bis 1985 mehr als sechzigtausend Besucher jährlich.

Dann gab es noch einmal eine Steigerung, von der wir bisher nur träumen konnten: 1986 registrierten die bundesdeutschen Behörden zweihundertfünfzigtausend Besucher. Auf Grund einer großzügigeren Genehmigungspraxis stieg diese Zahl in den folgenden Jahren sprunghaft an: 1987 waren es 3,8 Millionen und 1988 6,7 Millionen.

DDR-Bürger unterhalb des Rentenalters durften nur in »dringenden Familienangelegenheiten« in die Bundesrepublik reisen. Bis ins Jahr 1986 dominierte eine restriktive Genehmigungspraxis.

Nur einige Zehntausend konnten hiervon Gebrauch machen. Erst im Vorfeld des Besuchs von Erich Honecker in Bonn erhielten viele »Nicht-Rentner« schließlich doch die Reisemöglichkeit. Im Jahr 1987 registrierten die bundesdeutschen Behörden 1,2 Millionen und 1988 1,1 Millionen DDR-Besucher unterhalb des Rentenalters.

Das heißt bei siebzehn Millionen Einwohnern in der DDR, dass damals jedes Jahr rund 7 Prozent in die Bundesrepublik kamen. Jeder vierzehnte Bürger lernte also bei Freunden und Verwandten die wahren Lebensverhältnisse im Westen kennen und konnte sich mit eigenen Augen davon überzeugen, wie abwegig die SED-Propaganda war und wie es um die DDR in Wirklichkeit stand.

Es ist müßig, über Honeckers Motive zu spekulieren; vielleicht konnte er gar nicht anders handeln. In jedem Fall war die Öffnung der Grenze für mich der Anfang vom Ende der DDR. Ich hatte große Sorge, dass mit zunehmender Dauer der Teilung auch die Gewöhnung daran zunehmen würde. Viel stärker als Ulbricht hatten Honecker und die SED-Führung viel Mühe darauf verwandt, in allen Bereichen der Gesellschaft eine eigene Identität der DDR herzustellen. Die deutsche Geschichte sollte nach ihrem Bild umgeschrieben und die DDR als die eigentliche Erbin der politischen, kulturellen und historischen Tradition der Deutschen dargestellt werden. Ich hatte den Eindruck, dass Honecker mit dieser Politik nicht erfolglos war, zumal er dabei mit der Unterstützung eines beachtlichen Teils des linken Lagers in der Bundesrepublik rechnen konnte.

Mit den Erleichterungen im Reiseverkehr ging für mich ein Traum in Erfüllung: Endlich konnten wir etwas gegen das Auseinanderleben von West und Ost unternehmen. Meine Frau und ich erlebten immer wieder, dass uns Besucher aus der DDR ansprachen und erzählten, wie glücklich sie waren, mit ihren Familien und Freunden in Westdeutschland zusammenkommen zu können.

Nach achtjähriger Unterbrechung konnten im Herbst 1983 auch die Verhandlungen über ein deutsch-deutsches Kulturabkommen wiederaufgenommen werden.

In der Literatur wird hin und wieder darauf hingewiesen, dass die DDR wegen ihres tödlichen Grenzregimes schon lange unter internationalem Druck stand. Die Vereinten Nationen hatten im Oktober 1980 die »Konvention über Verbote oder Beschränkungen der Anwendung bestimmter konventioneller Waffen, die übermäßig verletzen oder unterschiedslos wirken können«, beschlossen. Die DDR hatte diese Konvention zwar bereits 1981 unterschrieben, ohne aber bis zu ihrem Inkrafttreten im Dezember 1983 entsprechend zu reagieren. Von diesem Zeitpunkt an war der Abbau aller Minen völkerrechtliche Verpflichtung.

Dass sich die DDR nicht an Absichtsbekundungen hielt, wussten wir seit Unterzeichnung der Schlussakte von Helsinki vom August 1975. Für die DDR hatte sich damals Erich Honecker in persönlich verpflichtender Form bereit erklärt, die Grundsätze der Konferenz für Sicherheit und Zusammenarbeit in Europa, wie sie in Helsinki festgelegt wurden, einzuhalten. Unter anderem gehörte dazu auch die Garantie von Menschenrechten und Grundfreiheiten. Doch davon konnte bis zum Ende der DDR keine Rede sein. Warum sollte das SED-Regime acht Jahre später anders reagieren und den UNO-Beschlüssen nachkommen? Darauf zu vertrauen wäre leichtfertig gewesen. Deshalb ist es auch müßig, die politischen Erfolge, nämlich die Gegenleistungen für den Milliardenkredit, mit dem Argument kleinzureden, dass sie wegen der UNO-Verpflichtung ohnehin gekommen wären.

Leider ist es uns damals nicht gelungen, die großen Erfolge der CDU/CSU-FDP-Regierungskoalition auf dem Gebiet der Deutschlandpolitik einer breiten Öffentlichkeit verständlich zu machen. Bis zum heutigen Tage sind die merkwürdigsten Märchen über den Milliardenkredit an die DDR in Umlauf. Manche politische Legenden halten sich erstaunlich lange und sind kaum aus der Welt zu schaffen. Sicherlich haben Skeptiker in unseren eigenen Reihen und Pessimisten in allen gesellschaftlichen Schichten dazu beigetragen, unsere Fortschritte in den deutsch-deutschen Beziehungen kleinzureden. Mangelndes Wissen oder wissentliche Falschdarstellungen taten ein übriges.

Das Bundespresseamt glänzte in dieser Phase der Bonner Deutschlandpolitik nicht gerade durch besonders gute Öffentlichkeitsarbeit. Es geschah viel zu wenig, um unsere Regierungspolitik gut an den Mann und an die Frau zu bringen. Es mangelte an einer erfolgversprechenden »Verkaufsstrategie«. Auch bei unseren westlichen Verbündeten kamen die eigentlichen Botschaften unserer Politik gegenüber der DDR nicht an. So recht verstanden weder Franzosen, Briten noch Amerikaner den Sinn und Gehalt unserer Deutschlandpolitik – und das bis in die höchsten Regierungsspitzen hinein.

Im Mai 1983 bat Diether Stolze aus persönlichen Gründen darum, seinen Vertrag als Staatssekretär und Regierungssprecher aufzulösen. Als Nachfolger berief ich den ehemaligen Chefredakteur von *Bild, Bild am Sonntag* und der *Welt*, Peter Boenisch. Der neue Sprecher war ein Vollblutjournalist und absoluter Medienprofi. Er hatte mir seit 1976 in den Wahlkämpfen geholfen und mich auch nach der Regierungsübernahme 1982 medienpolitisch beraten. Jetzt holte ich ihn als Staatssekretär an die Spitze des Bundespresseamts. Er konnte sich auf meine volle Rückendeckung in diesem schwierigen Job genauso verlassen, wie ich umgekehrt auf seine Loyalität zählen konnte.

9.
Stationierung

Seit dem Nato-Doppelbeschluss von 1979 versuchten die Spitzenpolitiker der DDR – auch mit Hilfe ihrer Propagandamaschinerie –, Probleme der Rüstungskontrolle und Abrüstung zum Thema deutsch-deutscher Gespräche zu machen. Aus meiner Sicht jedoch bestand in dieser Hinsicht überhaupt kein Handlungsbedarf, weil weder die Bundesrepublik noch die DDR an den Genfer Verhandlungen beteiligt waren.

Fragen der Sicherheit wurden auch beim ersten persönlichen Zusammentreffen von Franz Josef Strauß mit Erich Honecker am 24. Juli 1983 im Jagdschloss Hubertusstock am Werbellinsee erörtert. Die Positionen beider Politiker konnten unterschiedlicher nicht sein.

Auch in seinem Schreiben vom 5. Oktober 1983 versuchte Erich Honecker, eine unmittelbare Verbindung von Deutschland- und Sicherheitspolitik herzustellen. Er forderte mich auf, meine Haltung zur Stationierung neuer atomarer US-Raketen auf dem Territorium der Bundesrepublik zu überdenken, und schlug eine später vielzitierte »Koalition der Vernunft« vor.

In meinem Antwortschreiben vom 24. Oktober 1983 verwies ich auf die Bonner Erklärung des Nato-Gipfeltreffens vom 10. Juni 1982: »Keine unserer Waffen wird jemals eingesetzt werden, es sei denn als Antwort auf einen Angriff.« Es sollte der DDR nicht möglich sein, von ihrem diktatorischen Regime abzulenken, deshalb verdeutlichte ich in meiner abschließenden Bemerkung, dass wir von einem sehr unterschiedlichen Friedensbegriff ausgingen: »Friede kann nicht gedeihen, wo Menschenrechte missachtet werden.«

Natürlich war mir klar, dass die DDR auf den großen Bruder Sowjetunion Rücksicht nehmen musste. Doch das hinderte mich nicht daran, weiterhin unmissverständlich unsere Position zu formulieren. Daran änderten auch die Kreditvergabe und die Gegenleistungen in Form spürbarer menschlicher Erleichterungen nichts. Standfestigkeit vermochte noch immer am ehesten auch den robustesten Ideologen zu überzeugen.

*

Unvergessen bleibt mir die Jubiläumsfeier in Krefeld Ende Juni 1983. Dreihundert Jahre zuvor, im Jahr 1683, hatten dreizehn Krefelder Familien ihre Heimat verlassen und waren als erste deutsche Auswanderer nach Amerika übergesiedelt. Für uns war dieses Gedenkjahr ein willkommener Anlass, um die kulturelle und politische Verbundenheit mit Amerika zu feiern. Am 26. Juni 1983 kam dazu kein Geringerer als der damalige amerikanische Vizepräsident George Bush nach Krefeld. Der Festakt im Seidenweberhaus wurde über Lautsprecher und Videogeräte in die Innenstadt übertragen.

Doch schon zu Beginn der Veranstaltung erlosch das Licht im Saal. Die Amerikaner mussten ihre Nationalhymne im Dunkeln singen. Dann ging das Licht zwar wieder an, aber als der nordrhein-westfälische Finanzminister Diether Posser seine Rede begann, wurde erneut alles dunkel. Selbst die Notleuchten fielen aus. Es war eine gespenstische Veranstaltung, bei der jeder gleich an Sabotage dachte, auch ich. Natürlich funktionierten die Lautsprecher auch nicht.

Als ich ans Rednerpult trat, sprang das Licht wieder an. Die Rede des amerikanischen Vizepräsidenten verlief ohne Zwischenfälle. Ohne das Wort »Nachrüstung« zu erwähnen, schlug er einen weiten Bogen zwischen der Auswanderung und der bevorstehenden Stationierung neuer Mittelstreckenwaffen im Herbst 1983. Wörtlich sagte George Bush: »Lasst uns unsere Pflicht mit der gleichen Kraft erfüllen, die jene Handvoll von Familien aus Krefeld nach Amerika brachte.«

Ich war heilfroh, dass die Jubiläumsfeier trotz des wiederholten Stromausfalls einigermaßen über die Bühne gegangen war. Doch die nervöse Spannung blieb.

Nach der Veranstaltung saßen wir in der Tiefgarage des Seidenweberhauses fest. Die Ausfahrt war blockiert, wir saßen in der Falle. Es war der Polizei nicht gelungen, die Menschenmenge zurückzuhalten, die an die Absperrungen drängte. Darunter befanden sich auch aggressive Demonstranten und Gegner der Nachrüstung, die es geschafft hatten, dicht an den Veranstaltungsort vorzudringen. Sie bewarfen die Autos der Teilnehmer des Festakts mit Farbbeuteln und Steinen und lieferten sich mit ungeahnter Brutalität handgreifliche Auseinandersetzungen mit der Polizei. Später wurde bekannt, dass vierunddreißig Polizisten und fünfzig Demonstranten verletzt und hundertvierunddreißig junge Leute festgenommen worden waren. Wegen des Verdachts auf schweren Landfriedensbruch sowie Widerstands gegen die Staatsgewalt wurden fünfundvierzig Demonstranten dem Haftrichter vorgeführt.

Nach einstündiger Verspätung kamen Bundespräsident Karl Carstens, unser prominenter amerikanischer Gast und ich schließlich im Krefelder Hof an, wo das festliche Mittagessen gereicht wurde. Die Stimmung aber blieb bedrückt.

Für mich blieben die Pannen mit dem Licht im Saal, die Aggression der Steinewerfer und das lange Warten in der Tiefgarage unverzeihlich. Dass der aus dem ganzen Land angereiste Pöbel so erfolgreich war, rief vor allem im Ausland großes Erstaunen hervor. Das Ganze war eine große Blamage für die Bundesrepublik und wurde in den USA auch entsprechend gewertet.

Das unwürdige Schauspiel hätte sicher vermieden werden können. Doch weder die Sicherheitsbehörden des SPD-geführten Landes Nordrhein-Westfalen noch der Bonner Protokollchef Finck von Finckenstein hatten bei der Planung auf die Schwachstellen hingewiesen oder die Vorfälle verhindert. Warum das große Aufgebot der Polizei nicht in der Lage war, die Gewalttäter aufzuhalten, zu entwaffnen und gegebenenfalls festzunehmen, ist mir bis heute unerfindlich. Für mich stellte es sich als Versagen der nordrhein-westfälischen Landesregierung dar, die damit auch die gebotene Gastfreundschaft vermissen ließ.

Erstaunt hat mich damals die große Gelassenheit des amerikanischen Vizepräsidenten. George Bush reagierte auf die Steinewerfer mit dem Satz: »Es ist wie in Chicago. Wir werden bejubelt und mit Steinen beworfen, hier wie dort.« Ich schämte mich.

*

In diesen schwierigen Wochen vor der endgültigen Entscheidung des Bundestags über den Nato-Doppelbeschluss verhielten sich weite Teile der deutschen Linken, die sich in der sogenannten Friedensbewegung zum Kampf gegen den Parlamentsbeschluss zusammengefunden hatten, ganz im Sinne der kommunistischen Propaganda. Schon einmal, während des Nato-Gipfels im Juni 1982, hatte in Bonn die größte Kundgebung in der Geschichte der Bundesrepublik stattgefunden. Etwa dreihundertfünfzigtausend Menschen demonstrierten damals für »Frieden und Abrüstung«. Mit dabei waren zahlreiche Mitglieder von sozialdemokratischen Vereinigungen und SPD-Parteigliederungen, die gegen unseren wichtigsten Verbündeten, Partner und Freund demonstrierten: gegen die Vereinigten Staaten von Amerika und ihren frei gewählten Präsidenten. Zahllose SPD-Mitglieder waren hinter roten Fahnen und Transparenten marschiert, die gegen das Nato-Bündnis gerichtet waren, das uns seit über dreißig Jahren Frieden in Freiheit gesichert hatte. Neunundfünfzig Bundestagsabgeordnete der SPD, über ein Viertel der Gesamtfraktion, eine Fraktion in der Fraktion, hatten es für nötig gehalten, in einem Brief an den amerikanischen Präsidenten Ronald Reagan dessen Politik zu kritisieren. Dieser Brief ignorierte nicht nur die Abrüstungsinitiative der amerikanischen Regierung, er war politisch ebenso gehässig wie einseitig und ein deutlicher Affront gegenüber unserem amerikanischen Gast.

Jetzt, Ende Oktober 1983, wiederholte sich das Szenario. Mehr als eine Million Menschen nahmen zum Abschluss einer Aktionswoche der Friedensbewegung an »Vollversammlungen« gegen die atomare Nachrüstung in Bonn, Hamburg, Berlin, Stuttgart und Neu-Ulm teil. Zwischen Stuttgart und Neu-Ulm gelang es den Protestierenden, eine hundertacht Kilometer lange Menschenkette zu bilden, und auf der Kundgebung im Bonner Hofgarten sprach sich der SPD-Vorsitzende Willy Brandt gegen die Stationierung amerikanischer Mittelstreckenraketen in der Bundesrepublik aus.

Weite Teile von SPD, FDP und den Grünen ließen sich damals von der DDR-Propaganda vereinnahmen. Gemeinsam mit moskautreuen Kommunisten beteiligten sie sich seit Mitte der siebziger Jahre am »Friedenskampf«, der von der Ost-Berliner SED zielstrebig geplant und finanziert wurde. Es war ein geschickter Schachzug der organisierten kommunistischen Gruppierungen in der Bundesrepublik gewesen, das »Komitee für Frieden, Abrüstung und Zusammenarbeit«, kurz KOFAZ, zu gründen. Mit diesem gesellschaftlich breit gestreuten Personenbündnis wurde eine Brücke zwischen Kommunisten und Ökologiebewegung, zu den Grünen und zur SPD gebaut. Mit Hilfe der sogenannten Krefelder Initiative und des von ihr formulierten »Krefelder Appells« gelang es den orthodoxen Kommunisten, die westdeutsche Friedensbewegung zu beeinflussen und sie im Sinne der Ost-Berliner Geldgeber gegen die Nato-Nachrüstung in Stellung zu bringen.

Das taktische Bündnis aus Kommunisten, Sozialdemokraten, Liberalen, Grünen und Christen zeigte Wirkung. Gleichzeitig machten die inhaltlichen, strukturellen und personellen Verflechtungen mit der DKP das KOFAZ zu einer DKP-Hilfsorganisation mit einem außerordentlichen Einfluss auf die Friedensbewegung. Man hatte sich im Minimalkonsens gegen den Nato-Doppelbeschluss zusammengefunden; damit stand auch schon das zentrale Kampagnenthema fest. Die antikapitalistischen und pazifistischen Einstellungen der Bürgerinitiativen passten nahtlos zu den Vorstellungen der kommunistischen Gruppierungen in Deutschland. Da mochten weite Teile der Grünen noch so sehr Forderungen nach der Universalität der Menschenrechte und nach Abrüstung in Ost und West aufstellen – es blieben Lippenbekenntnisse, die zu keiner Zeit zum Bruch zwischen den von der SED gelenkten westdeutschen Kommunisten und den gutgläubigen Bürgerinitiativen führten, bei denen Mitglieder der Grünen die prominentesten Sprecher waren.

Manche von ihnen hatten die Ost-Berliner Propaganda nicht erkannt und ließen sich von den Kommunisten missbrauchen. Diesen Vorwurf machte ich ihnen damals schon. Zwar verstieß die Unterstützung der Grünen für die unabhängige Friedensbewegung in der DDR gegen das kommunistische Selbstverständnis, doch noch nicht einmal in diesem Punkt sahen sich die Grünen damals zu konsequenterem Handeln veranlasst.

Was ich damals nur vermutete, aber nicht beweisen konnte, wurde nach dem Mauerfall Gewissheit: Große Geldmengen flossen von Ost nach West. Wenn auch viele Beweise vernichtet wurden, so steht doch fest, dass die SED mit riesigen Summen die Kampagnen der sogenannten Friedensbewegung finanzierte. Heute wissen wir, dass die DKP von 1981 bis 1989 insgesamt 526 Millionen D-Mark von der SED erhielt. Hinzu kamen Gelder aus Alexander Schalck-Golodkowskis KoKo-Imperium, allein 1989 über 16 Millionen Mark.

Angesichts dieser horrenden Summen grenzt es an ein Wunder, dass es uns dennoch gelang, der massenwirksamen Propaganda und der ungeheuren finanziellen Unterstützung argumentativ entgegenzuwirken und den Verlockungen der Ost-Berliner Kommunisten die Stirn zu bieten. Auch an mir gingen die Bilder von den gewaltigen Demonstrationen nicht ganz spurlos vorüber. In der eigenen Familie wurde viel darüber diskutiert. Und natürlich spielte die Frage nach dem richtigen Weg in der Verteidigungs- und Sicherheitspolitik auch in den Unionsreihen eine große Rolle. Nicht wenige waren irritiert und ließen sich von den Propagandisten beeinflussen.

Umfragen zufolge war die überwiegende Mehrheit der westdeutschen Bevölkerung gegen die Stationierung neuer Atomwaffen in der Bundesrepublik. Die Zahlen waren zwar bemerkenswert, änderten aber nichts an meiner Überzeugung. Politische Entscheidungen wie die Nachrüstung durften nicht auf der Straße getroffen werden, die Demoskopie durfte nicht zum Ersatz von

Politik werden. Das habe ich während meiner Kanzlerschaft noch öfters erfahren müssen.

*

Ich war mit den Friedensaktivisten der Meinung, dass die Sicherung des Friedens in Freiheit die beherrschende Aufgabe unserer Zeit blieb. In dieser Verantwortung standen wir bei den Diskussionen, die wir führten, und bei den Entscheidungen, die wir zu treffen hatten. Wir alle waren für den Frieden. Worüber wir stritten, war der beste Weg, den Frieden zu erhalten. Das Leitmotiv meines Handelns blieb, wie ich es in der Regierungserklärung vom 4. Mai 1983 dargelegt hatte: Frieden schaffen mit immer weniger Waffen.

Beim Nato-Doppelbeschluss ging es nicht zuerst um eine technische Frage, es ging nicht allein darum, ob eine Waffenart durch eine andere ersetzt werden sollte. Es ging vielmehr um das Gleichgewicht der Kräfte und damit um die Grundlage des Friedens in Europa. Es ging um die Frage, ob Rüstungskontrolle helfen kann, ein Gleichgewicht auf niedrigem Niveau herzustellen und zu stabilisieren. Es ging außerdem darum, ob sich die Partner in der Solidargemeinschaft des Bündnisses weiter auf die Bundesrepublik Deutschland verlassen konnten. Es ging darum, ob das Bündnis auf der Grundlage vertrauensvoller und freundschaftlicher Beziehungen Westeuropas zu den USA und Kanada auch in den letzten Jahren dieses Jahrhunderts seine Aufgabe erfüllen konnte, Frieden und Freiheit zu sichern. Schließlich ging es im entscheidenden Kern um die Frage, ob die Bundesrepublik willens und fähig war, sich mit ihren Verbündeten einem Vormachtanspruch der Sowjetunion entgegenzustellen oder nicht.

Die außenpolitische Orientierung unseres Landes stand auf dem Spiel. Es durfte der Sowjetunion nicht gelingen, mit Hilfe ihrer gewaltigen Rüstungsanstrengungen, die durch kein erkennbares Verteidigungs- und Sicherheitsbedürfnis zu rechtfertigen waren, uns Westeuropäer einzuschüchtern, unsere politische Handlungsfreiheit einzuengen und uns von den Vereinigten Staaten zu trennen. Nur wenn wir dies verhindern konnten, blieb die Tür offen zu einer Friedensordnung in Europa, die auf Gerechtigkeit beruhte und nicht auf Gewalt. Nur eine solche Friedensordnung konnte den Frieden endgültig sichern.

Das elementare Ziel der Atlantischen Allianz war (und ist) es, Krieg zu verhindern, damit Frieden und Freiheit gesichert bleiben. Die sicherste und bisher einzige Garantie dafür war die Abschreckung auch mit Nuklearwaffen. Es war unser Ziel, jeden Krieg zu verhindern, den nuklearen wie den konventionellen, denn auch konventionelle Waffen wirken verheerend. Schon wegen der gewaltigen konventionellen Bedrohung durch den Warschauer Pakt blieben wir auf die Abschreckung auch mit Nuklearwaffen angewiesen.

Ich wusste, wie sehr Gewissensnot und mehr noch die Angst manche Bürger tief beunruhigten, denn wir alle wissen um die schreckliche Wirkung von Nuklearwaffen. Um so größer war unsere politische und moralische Verantwortung, Voraussetzungen zu schaffen, die den Einsatz dieser und anderer Waffen verhinderten. Der Friede im nuklearen Zeitalter war aber nur so sicher, wie die Gefahr des Untergangs groß war für den, der ihn bricht. Deshalb wäre der einseitige Verzicht auf Abschreckung ein unkalkulierbares Risiko gewesen. Für solche Wagnisse war der Friede in Freiheit ein zu kostbares Gut. Wir mussten also vorerst weiter mit nuklearen Waffen leben und damit in der ungeheuren Spannung zwischen ihrer vernichtenden Kraft und ihrer friedenssichernden Wirkung.

Zuletzt waren die Vereinigten Staaten bereit gewesen, sich in ihren Rüstungsanstrengungen darauf zu beschränken, nur das sowjetische Mittelstreckenpotential in Europa auszugleichen. Die Bedingung dafür war, dass eine weltweite Obergrenze für diese Waffen vereinbart und neben den Mittelstreckenflugkörpern auch über Flugzeuge entsprechender Reichweite verhandelt wurde. Die Vereinigten Staaten waren außerdem bereit, bei einer möglichen Reduzierung des Nachrüstungsbedarfs anteilsmäßig auch Marschflugkörper und Pershing II zu berücksichtigen. Präsident Reagan hatte diesen Vorschlag vom September 1983 weitergeführt und mit Zahlen konkretisiert. Damit hatte die amerikanische

Seite, die Allianz, der Westen während des ersten Jahres meiner Regierungszeit drei substantielle Vorschläge unterbreitet.

Demgegenüber beharrte die Sowjetunion auf ihren Maximalforderungen. Sie wollte unverändert die Aufstellung von nuklearen Mittelstreckenraketen in Europa vollständig verhindern und sich das Monopol bei den landgestützten Mittelstreckenraketen sichern.

Die Bundesrepublik hatte sich von Anfang an aktiv und konstruktiv daran beteiligt, die amerikanische Position in Genf weiterzuentwickeln. Ich persönlich hatte alles darangesetzt, dass sämtliche Kompromissmöglichkeiten in Genf ausgelotet wurden, die mit den Sicherheitsinteressen der Bundesrepublik Deutschland und der Allianz vereinbar waren. Dabei stand ich in ständigem Kontakt mit Präsident Reagan, um alle Einzelheiten für die Genfer Verhandlungsführung abzustimmen. Diese enge Abstimmung mit der Weltmacht USA war in den deutsch-amerikanischen Beziehungen einmalig.

Selbstverständlich hatte ich dabei nicht nur die nationalen Interessen der Bundesrepublik im Auge. Es war mein Bestreben, unser Gewicht auch für Westeuropa in die Waagschale zu werfen. Zugleich musste die Bundesrepublik Deutschland Eckpfeiler der Allianz bleiben, auf den die USA sowohl ihre Verhandlungsführung gründen konnte als auch eine Stationierung, wenn uns die sowjetische Unbeweglichkeit am Ende dazu zwingen sollte. Diese klare Haltung war lebenswichtig. Der Nato-Doppelbeschluss war der Prüfstein für die Handlungsfähigkeit und den Selbstbehauptungswillen der Nato.

Unsere Sicherheit, der Schutz unserer Freiheit geboten nunmehr, mit der Stationierung neuer amerikanischer Mittelstreckenraketen zu beginnen. Die Solidarität im Bündnis gebot es, dessen Partner sich gemeinsam mit uns dazu verpflichtet hatten. Die Nato hatte den Umfang der Stationierung von Anfang an qualitativ und quantitativ begrenzt. Damit wurde deutlich, dass wir keine Bedrohung für die Sowjetunion schaffen wollten, sondern dass wir die Maßnahmen auf das für unsere Sicherheit notwendige Minimum beschränkten. Für jede Rakete, die jetzt aufgestellt wurde, wurde eine andere Nuklearwaffe aus Europa abgezogen.

Der Beginn der Stationierung schlug die Tür zu weiteren Verhandlungen nicht zu. Der Westen war bereit, so lange weiter zu verhandeln, bis ein für beide Seiten annehmbarer Kompromiss gefunden war.

Wenn die Verhandlungen zunächst ohne Ergebnis blieben, würde das Bündnis bis zum Jahresende die Einsatzbereitschaft der ersten Pershing-Raketen und Cruise-Missiles herstellen. Wir wussten, dass die Vereinigten Staaten auch danach nichts unversucht lassen würden, um einen Verhandlungserfolg in Genf zu erzielen. Konsequent zum Nato-Doppelbeschluss zu stehen war unumgänglich für das Überleben des demokratischen Europas, die Bewahrung des Atlantischen Bündnisses und die Fortsetzung gleichberechtigter Beziehungen mit der Sowjetunion.

Ich stand dafür, dass der Weg, den CDU, CSU und FDP unter Konrad Adenauer eingeschlagen hatten, nicht verlassen wurde. Wir waren keine Wanderer zwischen Ost und West. Ich hatte großen Respekt vor der persönlichen Gewissensüberzeugung eines jeden, die in der Friedensdiskussion zum Ausdruck kam. Aber nach unserer demokratischen Verfassung lag die Entscheidung über die Stationierung bei der Mehrheit des frei gewählten Parlaments. Gerade in sogenannten Überlebensfragen gibt es nicht die geringste Legitimation für eine Minderheit, ihren Willen gegen eine Mehrheit durchzusetzen. Niemand hatte das Recht zum Widerstand gegen demokratische Mehrheitsentscheidungen unserer frei gewählten Volksvertretung. So wollte, so will es unsere demokratische Freiheits- und Friedensordnung.

Weil ich Verantwortung für unsere Mitbürger trug, empfand ich hier eine ganz persönliche Verpflichtung. Als Christ, der sich auch in einem hohen Staatsamt an christliche Ethik gebunden weiß, wandte ich mich deshalb gegen jeden Versuch der Nachrüstungsgegner, die Bergpredigt in einer Weise in die Politik einzuführen, die jedenfalls für mich so nicht akzeptabel war. Es ist richtig, Jesus sagt, wir sollen unsere Feinde lieben und dem, der uns auf die rechte Wange schlägt, die andere Wange auch noch hinhalten. Die Bergpredigt zu leben heißt aber, demütig anzuerkennen, dass es göttliche Vollkommenheit hier auf Erden nicht gibt. Die Verwechslung paradiesischer Verheißung mit irdischer Realität wird der Bergpredigt gerade nicht gerecht. Der Christ weiß um die Widersprüchlichkeit der Natur des Menschen, die die Geschichte geprägt und den Frieden immer wieder gefährdet hat. Diese Bedingung menschlicher Existenz kann von uns allein nicht aufgehoben werden. Wenn unsere menschliche Natur durch unser Christsein aufgehoben würde, bräuchten wir keine Politik mehr. Die Bergpredigt ist keine Aufforderung, die Wirklichkeit zu verleugnen, sondern sie verpflichtet uns zu einem ethisch verantwortlichen Handeln.

Selten zuvor hatte ich mich auf eine Bundestagsdebatte so intensiv vorbereitet wie auf die große Debatte über den Nato-Doppelbeschluss. Am Ende meiner Rede verwies ich auf das unsagbare Leid, das die Völker Europas und der anderen Kontinente in zwei Weltkriegen erfahren hatten. Wir haben unsere Lektion aus der Geschichte gelernt. Die schlimmen Erfahrungen zweier Weltkriege haben sich tief in das Gedächtnis und das Bewusstsein unseres Volkes eingegraben. Waffen und militärische Stärke hatten für uns keinerlei Faszination. Wir waren nicht raketensüchtig.

Nach siebenundzwanzig langen Debattenstunden sprach sich der Deutsche Bundestag am späten Abend des 22. November 1983 mit deutlicher Mehrheit für die Nato-Nachrüstung aus. Von 513 Abgeordneten stimmten in namentlicher Abstimmung 286 für die Nachrüstung. 226 votierten dagegen, 39 enthielten sich. Ein Abgeordneter nahm sein Stimmrecht nicht wahr.

Dieser Parlamentsbeschluss war ein wichtiger Erfolg für die Regierungskoalition, aber er war noch weitaus mehr: Es war ein großer Tag für unser Land, und es war ein Sieg für die Allianz, der sich als äußerst wichtig erweisen sollte. Ohne diesen Tag wäre die Zukunft anders verlaufen. Von heute aus gesehen, ist klar zu erkennen: Das war die Schicksalsstunde Deutschlands.

Wäre die Nachrüstung gekippt, hätte die Entwicklung einen ganz anderen Verlauf genommen. Die Befürchtung vieler Partner im Westen, dass die Bundesrepublik abdriften könnte, hätte sich erfüllt. Das wäre das Ende jeder Chance für die europäische Einigung gewesen. Die EU, wie wir sie heute kennen, wäre unmöglich geworden. Es wäre nicht zur deutschen Einheit und auch nicht zum Zusammenbruch des Warschauer Pakts gekommen. Mit einer atomwaffenfreien Zone in Mitteleuropa (bestehend aus DDR, Bundesrepublik Deutschland und Österreich) wäre es zu einer völligen Machtverschiebung in Europa gekommen. Das alles wurde in diesen kampferfüllten Tagen entschieden. Wir, die wir den Nato-Doppelbeschluss in bitteren Auseinandersetzungen durchsetzten, können stolz auf unsere historische Leistung sein.

10.
Naher Osten

Wenige Monate nach der Bundestagswahl vom März 1983 hatten wir die wichtigsten politischen Weichen in Bonn gestellt. Mit einem enormen Tempo wurden Reformen in der Finanz-, Wirtschafts- und Sozialpolitik auf den Weg gebracht. In der Deutschlandpolitik hatte uns der Abschluss des Milliardenkredits Lob und Tadel eingebracht; auf der Habenseite standen Erfolge bei den menschlichen Erleichterungen, die mein Engagement in den deutsch-deutschen Beziehungen auf der ganzen Linie bestätigten. Die Entscheidung des Bundestags, am Nato-Doppelbeschluss festzuhalten, hatte zumindest auf den ersten Blick unseren Bemühungen um Ausgleich mit den osteuropäischen Staaten nicht geschadet. Auch dies registrierte ich mit besonderer innerer Befriedigung.

Derartige Gefühle offen zu zeigen verbot sich in der explosiven innenpolitischen Situation, in der wir damals waren. Nur meine engste Umgebung bekam mit, wie sehr ich mich im ersten Jahr meiner Kanzlerschaft über das Erreichte freute. Dazu gehörte die positive Entwicklung in den deutsch-französischen Beziehungen ebenso wie mein Verhältnis zur britischen Premierministerin Margaret Thatcher, die Ende September 1983 Einheiten der fünfzigtausend Mann starken Rheinarmee in der Bundesrepublik besuchte.

In der Europapolitik allerdings lief längst nicht alles nach Wunsch. Gleichwohl bemühte sich die griechische Regierung, die in der zweiten Hälfte des Jahres 1983 den Ratsvorsitz innehatte, um Schadensbegrenzung und arbeitete an einer Einigung in der umstrittenen Agrar- und Finanzreform. Ich blieb skeptisch, ob das unter den gegebenen Umständen gelingen würde.

Bei den ersten Landtagswahlen nach der erfolgreichen Bundestagswahl konnten wir uns in Bremen behaupten, die absolute Mehrheit der Sozialdemokraten aber nicht verhindern. In Hessen mussten wir eine herbe Niederlage hinnehmen. Das tat mir besonders wegen Walter Wallmann leid, der als Spitzenkandidat der hessischen CDU wie kaum ein anderer bis zum letzten Tag gekämpft hatte. Im Vergleich zur vorherigen Hessen-Wahl verlor die CDU 6,2 Prozentpunkte und acht Landtagsmandate. Gewinner waren SPD und FDP. Für mich war klar: Die Gründe für die herben Verluste der CDU lagen nicht in Hessen, sondern in den unumgänglichen bundespolitischen Beschlüssen in der Finanz- und Sozialpolitik, die wir den Bürgern zugemutet hatten. Außerdem waren viele Wähler in der Grundfrage »Frieden und Freiheit und Stationierung« verunsichert, weil sie von den Medien täglich mit Horrormeldungen überschüttet und von Kriegsszenarien verstört wurden. Das ließ auch unsere Anhänger nicht unbeeindruckt. Doch es gab keine Alternative zu unserem Weg. Rückschläge bei Landtagswahlen durften uns nicht irritieren.

Als leidenschaftlicher Anhänger der europäischen Integrationspolitik wusste ich um die existentiellen Vorteile, die diese Politik für unser Land brachte. Doch es wäre töricht gewesen, die anderen Teile der Welt dabei zu vergessen oder sich von ihnen abzukoppeln, sei es der Nahe Osten oder Asien.

Meine erste Reise als Bundeskanzler in den Nahen Osten machte ich Anfang Oktober 1983. Sie führte mich nicht wie ursprünglich geplant nach Israel, sondern nach Jordanien, Ägypten und Saudi-Arabien. Grund für diese kurzfristige Änderung der Reiseroute war der Rücktritt des israelischen Ministerpräsidenten Menachem Begin. Eigentlich war es mir bei der Reise nicht nur um die deutsch-israelischen Beziehungen zu tun, sondern die Reihenfolge meines Besuchs im Nahen Osten sollte auch Akzente setzen. Nun wollte es das Schicksal anders.

Es handelte sich um Freundschaftsbesuche in den drei arabischen Ländern, doch die politische Brisanz war unübersehbar. Großen Wert legte ich auf eine Politik der Ausgewogenheit gegenüber Israel und den arabischen Staaten. Damals wie heute war das

Bei der Begrüßung durch Königin Nur und König Hussein von Jordanien

Gleichgewichtsdenken der Maßstab der europäischen Nahostpolitik, und das war auch mein Maßstab. Getreu dieser Devise forderte ich in Amman, der Hauptstadt Jordaniens, die Anerkennung gleicher Rechte für alle Staaten und Völker im Nahen Osten. Die israelische Siedlungspolitik einerseits und die fehlende klare Anerkennung des Staates Israel durch seine arabischen Nachbarn andererseits waren die entscheidenden Hindernisse für den Frieden. Alle Konfliktparteien müssten sich an einen Tisch setzen und eine Lösung suchen, erklärte ich. Die Härte, mit der König Hussein allein Israel für die Konflikte im Nahen Osten verantwortlich machte, überraschte mich.

Unvergessen bleiben mir die äußeren Umstände des Jordanienbesuchs: Dudelsackpfeifende Ehrengardisten in Beduinen-Uniform empfingen uns auf dem Flughafen in Amman, Walzerklänge ertönten beim Abschreiten der Ehrenformation.

Das Königreich Jordanien mit seinen knapp drei Millionen Einwohnern ist eine konstitutionelle Monarchie, in der Parteien verboten sind. Es ist traditionell ein ausgesprochen deutschfreundliches Land. Im Rahmen unserer Entwicklungshilfe waren wir

Im Gespräch mit dem ägyptischen Präsidenten Hosni Mubarak

stark engagiert, besonders bei den Finanzhilfen, die zum Zeitpunkt meines Besuchs immerhin ein Volumen von 900 Millionen Mark in den letzten zwanzig Jahren ausmachten. Im Zentrum der Unterstützung stand die Verbesserung der Lebensbedingungen. Fasziniert war ich von der Besichtigung des Ostufers des Jordan, wo Projekte zur Bewässerung und Kultivierung des Tales auch mit deutscher Hilfe große Erfolge zeitigten.

Wie schon in Jordanien, setzte ich mich auch in Ägypten, der zweiten Station meiner Nahostreise, für das Selbstbestimmungsrecht der Palästinenser und gleichzeitig für die Anerkennung Israels ein. Die deutsch-ägyptischen Beziehungen konnten auf eine lange Geschichte zurückblicken; es gibt ein dichtes Geflecht von Verbindungen in Wissenschaft, Kunst und Literatur, Altertumsforschung und Technologie. Auch auf wirtschaftlichem Gebiet war die Bilanz gut.

In den Gesprächen mit Präsident Mohammed Hosni Mubarak, dem Staatsoberhaupt von über fünfundvierzig Millionen Einwohnern, stellte ich besonders die Rolle heraus, die Ägypten als Vermittler bei Konflikten spielen könnte. Für meine ausgewogene

Position im unlösbar erscheinenden Nahostkonflikt fand ich großes Verständnis. Es war unsere erste Begegnung, und wir verstanden uns auf Anhieb. Mit der Zeit erwuchs daraus eine echte politische Freundschaft und ein ungewöhnlich herzlicher Kontakt.

Die schwierigste Mission auf dieser Reise war der dreitägige Besuch in Saudi-Arabien, einer absoluten Monarchie ohne Parlament und politische Parteien. Bei den Gesprächen mit König Fahd, Kronprinz Abdullah und Prinz Saud al-Feisal war ich in einer sehr schwierigen Lage, denn die ranghöchsten Vertreter des Königreichs erneuerten ihren Wunsch nach Lieferung des Leopard-2-Panzers. Sie wollten von mir eingelöst haben, was ihnen nach ihrer Darstellung mein Vorgänger Helmut Schmidt im April 1981 in Aussicht gestellt hatte.

Bundeskanzler Schmidt hatte sich damals geschickt aus der Affäre gezogen: Eine Entscheidung über den Wunsch der Saudis, den Kampfpanzer in hoher Stückzahl zu beziehen, könne erst dann gefällt werden, wenn das Parlament die Grundsätze zum Waffenexport in Spannungsgebiete neu überprüft habe, hatte er argumentiert. Dies werde wohl innerhalb eines Jahres geschehen. Nun waren zweieinhalb Jahre vergangen, und in Bonn hatte sich nichts an den Richtlinien für derartige Waffenlieferungen geändert.

Helmut Schmidt wusste natürlich, dass eine Lockerung der Bestimmungen im Bundestag keine Mehrheit gefunden hätte. Die Saudis aber verstanden Schmidts Äußerungen als Zusage. Mein Vorgänger jedoch bestritt immer, je ein solches Versprechen gemacht zu haben, und im Bundeskanzleramt gab es keine Akten zu diesem Vorgang.

Angesichts des Drängens der Saudis, jetzt endlich den Leopard 2 zu bekommen, musste ich die deutsche Außenpolitik endlich von dieser peinlichen Hypothek befreien. In Riad fällte ich die Entscheidung: Vor der internationalen Presse erklärte ich, dass die Saudis den Leopard 2, der als eindeutige Angriffswaffe eingestuft war, nicht bekommen würden. Mit einem klaren Satz war die amtliche Unklarheit beendet.

Wir vereinbarten den Besuch einer saudischen Expertengruppe in der Bundesrepublik, um über die Lieferung deutscher Rüstungsgüter zu sprechen, die ausschließlich zur Verteidigung bestimmt waren. Nirgendwo in der Welt war der Bonner Grundsatz, keine Waffen in Spannungsgebiete zu liefern, besser begründet als in der nahöstlichen Krisenregion. Israels Lebensinteresse durften wir keinen Augenblick lang aus den Augen verlieren.

Daran änderte sich auch im Lauf der Jahre nichts. Als im Frühjahr 1991 Spürpanzer vom Typ Fuchs nach Saudi-Arabien geliefert wurden, hatte diese Aktion ausnahmslos defensiven Charakter, denn der »Fuchs« spürt atomare, biologische und chemische Waffen auf. Hintergrund der Lieferung war der Überfall irakischer Truppen auf Kuwait, der zum Ausbruch des Golfkriegs führte. Die Bundesrepublik wurde mit der Erwartung konfrontiert, zur Unterstützung der internationalen Staatengemeinschaft Soldaten in die Region zu entsenden. Mit den Fuchs-Lieferungen schufen wir ein Stück Sicherheit für Israel und seine Nachbarn, ohne deutsche Truppen in einen Auslandseinsatz zu entsenden.

*

Meine Reise in den vorderen Orient 1983 spiegelte den schwierigen Part wider, den die deutsche Außenpolitik in dieser Region spielt. Das zeigte sich unter anderem auch darin, dass jeder meiner Gastgeber mich für seine Zwecke einzuspannen versuchte.

Mich irritierte damals eine Äußerung von Jürgen Möllemann, der mich als Staatsminister im Auswärtigen Amt auf der Reise begleitete. Möllemann sagte, er teile meine Haltung hinsichtlich der besonderen Lage Israels nicht. Als liberaler Außenpolitiker hatte er sich damit diskreditiert. Langfristig sollte sich die Einseitigkeit, mit der er für die arabische Sache stritt, als schwerer Fehler erweisen. Auch in späteren Jahren empfand ich so manche Äußerung von ihm als politisch unausgegoren.

11.
Asien

Ein Land, das – anders als beispielsweise Frankreich und Großbritannien – keine wirtschaftlichen und kulturellen Bindungen an ehemalige Kolonien hat, muss seine Beziehungen besonders dort pflegen, wo sich echte Chancen für außenpolitische Aktivitäten bieten. Die Bundesrepublik Deutschland war geradezu gezwungen, sich außerhalb der europäischen Grenzen außenpolitisch sehr anzustrengen. Dabei ging es nicht allein um die Orientierung an internationalen Märkten. Wer immer den Satz formuliert hat: »In Asien liegt die Zukunft«, hatte große Weitsicht. Für ein derart exportabhängiges Land wie die Bundesrepublik war Asien mehr als ein attraktiver Absatzmarkt.

Am 31. Oktober 1983 brach ich mit einer großen Wirtschaftsdelegation nach Japan auf. Der Empfang bei Kaiser Hirohito war der glanzvolle Auftakt eines fünftägigen Besuchs, an den sich auch Hannelore immer wieder gern erinnerte. Japanische Gastfreundlichkeit und ausgeprägter Geschmack in der Gestaltung des Besuchsprogramms waren kaum zu überbieten. Bereits auf dem Weltwirtschaftsgipfel in Williamsburg Ende Mai 1983 hatte ich den japanischen Ministerpräsidenten Yasu Nakasone näher kennengelernt. Jetzt begegneten wir einander wie gute Freunde, die eine breite Übereinstimmung in den wichtigsten weltpolitischen Fragen verband. Die japanisch-deutsche »Duzbrüderschaft« hielt lange Zeit und war für beide Länder von Nutzen. Mit Yasu Nakasone verbindet mich eine wirklich intensive Freundschaft, die bis zum heutigen Tag anhält.

Höhepunkt des Besuchs in Japan sollte meine Rede vor den beiden Kammern des japanischen Parlaments sein. Nach Konrad

Adenauer war ich erst der zweite Kanzler der Bundesrepublik, dem diese Ehre zuteil wurde, die gewöhnlich nur Staatsoberhäuptern gewährt wird und so gut wie nie Regierungschefs. In den Mittelpunkt meiner Ausführungen stellte ich die Haltung unserer Regierung zur Stationierung der Mittelstreckenwaffen in Europa:

> »Wir wollen eine drastische Verminderung der Bedrohung. Aber es ist völlig ausgeschlossen, dass wir einer Verlagerung der Bedrohung von Westeuropa nach Ostasien zustimmen werden. Friede und Sicherheit in der heutigen Welt sind unteilbar. Deshalb ist es undenkbar, dass unsere Sicherheit auf Kosten der japanischen Sicherheit geht. Unsere Sicherheit gebietet es, dass wir nach vielen Jahren der Vorleistungen und Ermahnung an die Sowjetunion eine Entscheidung treffen. Wir sind nicht raketensüchtig, doch werden wir – wie im Doppelbeschluss vorgesehen – dislozieren, wenn die Sowjetunion ein ausgewogenes Verhandlungsergebnis blockiert.«

Dass damit ein ausländischer Regierungschef vor den eigenen Politikern von der sowjetischen Bedrohung gesprochen hatte, war ein unerhörter Vorgang. Viele Japaner schenken eher Ausländern Glauben als den Sätzen ihrer eigenen Politiker.

Längst hatten Nakasone und seine Regierung die steigende Bedrohung aus dem asiatischen Teil der Sowjetunion registriert. Sie waren zunehmend überzeugt, sich enger an Amerika und an Europa anschließen zu müssen, um nicht zum Spielball der sowjetischen Machtpolitik zu werden. Japan wünschte sich eine wesentlich engere Kooperation mit der Europäischen Gemeinschaft, und dies am besten durch das »deutsche Portal«. Gleichzeitig bewirkte die Bedrohung durch die Sowjetunion aber auch eine stärkere Bindung Japans an China. Und dies nicht nur in den Wirtschafts- und Handelsbeziehungen, sondern auch auf militärpolitischem Gebiet.

Unvergesslich ist mir unser Besuch in der alten Kaiserstadt Kyoto, wo ich an der Einweihung des außerordentlich eindrucksvollen

Eine besondere Ehre:
als Redner vor dem Parlament in Tokio

Neubaus des Goethe-Instituts teilnahm. Doch leider blieb mir dieser Abstecher nicht nur aus architektonischen Gründen in Erinnerung. Vielmehr erbosten mich einige inhaltliche Angebote des Instituts über alle Maßen. Was ich am Zeitschriftenstand vorfand, trieb mir schon die Zornesröte ins Gesicht. Doch das war noch nichts gegen die ausleihbaren Videokassetten: Ein Film über den deutschen General a. D. Gert Bastian, einen Wortführer der »Friedensbewegung«, wurde hier ebenso feilgeboten wie eine Dokumentation über den Kampf um die Startbahn West des Frankfurter Flughafens. Und das waren nicht die einzigen einschlägigen Beispiele.

Ich fand die Art und Weise, wie unser Land hier einseitig dargestellt wurde, skandalös. Sicherlich gehören zur politischen Wirklichkeit der Bundesrepublik auch die Aktivitäten von Demonstranten und Randalierern, von friedensbewegten Einzelkämpfern wie von linksliberalen Intellektuellen. Doch sie waren und sind nicht repräsentativ für Deutschland. Die Mehrheit denkt, fühlt und handelt anders als jene Menschen, von denen die Videofilme im Goethe-Institut von Kyoto den an deutscher Kultur und Politik interessierten Japanern berichteten. Bei aller demokratischen Gelassenheit, diese Einseitigkeit war eine Dreistigkeit.

Gegen diese Art der vom deutschen Steuerzahler finanzierten Kulturarbeit kämpfte ich bis zum Ende meiner Kanzlerschaft an, aber ich konnte nicht viel ändern. Es ist ein Geburtsfehler aus dem Jahr 1949, dass die auswärtige Kulturpolitik seit Gründung der Bundesrepublik Deutschland in der Verantwortung des Außenministeriums liegt. Ihn zu beheben blieb mir aus einer Vielzahl von Gründen versagt.

Es ist ein sträfliches Missverständnis zu glauben, gegenüber der Sicherheitspolitik, klassischer Außenpolitik, Wirtschafts- und Handelspolitik sei die Kulturpolitik zweitrangig. Meine Überzeugung war immer, dass es genau umgekehrt ist. Um beim Beispiel Japan zu bleiben: Die vielen freundschaftlichen Kontakte zwischen unseren Kulturen sind naturgemäß vor allem in der gehobenen Gesellschaftsschicht anzutreffen. Es sind in erster Linie die Bildungseliten, die wie selbstverständlich die Werke Schillers oder Goethes kennen und deutsche Philosophen zitieren können. Für sie sind deutsche Komponisten, die in Japan eine unglaubliche Popularität genießen, die größten Klassiker auf dem Gebiet der Musik. Deshalb ist es wichtig, ein breites Angebot deutscher Kultur zu präsentieren, anstatt es aus ideologischen Gründen zu verengen.

Ich spürte bei meinem Besuch das große Interesse Tokios, die Kontakte zur Bundesrepublik wesentlich zu intensivieren. Wir vereinbarten jährliche Treffen, abwechselnd in Tokio und in Bonn. Diese Absprache vom November 1983 wurde während meiner Kanzlerschaft immer wichtiger. In den deutsch-japanischen Beziehungen hatte ich frühzeitig Weichen gestellt, die sich bis zum heutigen Tag als segensreich für beide Länder erweisen.

Etwas, woran mir immer sehr gelegen war, ist der Studentenaustausch. Für die langfristige Entwicklung beider Länder ist es von größter Bedeutung, wenn junge Deutsche einige Jahre in Japan verbringen und junge Japaner unser Land kennenlernen.

Doch trotz aller Anstrengungen bleibt ein Ungleichgewicht: Es waren bisher wesentlich mehr junge Japaner in der Bundesrepublik als junge Deutsche in Japan. Gleiches gilt für Indonesien und Indien, die beiden nächsten Länder, denen ich auf meiner Asienreise einen Besuch abstattete.

*

Ob autoritär geführte Königreiche oder totalitäre Regime in Afrika und Lateinamerika, ob Militärdiktaturen oder kommunistische Regierungen in Osteuropa oder China: Die deutsche Außenpolitik wäre isoliert, würde sie keine Beziehungen auch zu jenen Staaten pflegen, die nicht über die politischen Strukturen westlicher Demokratien verfügen. Gerade wir Deutsche mit unserer nationalsozialistischen Vergangenheit sollten uns davor hüten, als politische Heilsbringer und Wächter über demokratische Grundrechte aufzutreten und anderen Ländern unsere Vorstellungen von Demokratie und Freiheit aufzudrängen. Andererseits darf man nicht in den Fehler verfallen, vor lauter Zurückhaltung Unrecht nicht Unrecht zu nennen. Wo immer es notwendig ist, müssen wir Menschenrechtsverletzungen anprangern.

Dabei kommt es entscheidend darauf an, wie das geschieht. Unter vier Augen bringen Gespräche mit Diktatoren und Mitgliedern autoritärer Regime über die Schattenseiten ihres Landes in der Regel weit mehr Veränderungsbereitschaft, als öffentliche Kritik und lautstarkes An-den-Pranger-Stellen es vermögen. In der Außenpolitik marktschreierisch die Einhaltung der Menschenrechte zu fordern hat in den seltensten Fällen eine positive Wirkung. Eindringliche Bitten und konkrete Beispiele dagegen, hinter verschlossenen Türen vorgetragen, bewirken mehr als alles vordergründige Deklamieren. Man stelle sich nur vor, wie sich beispielsweise die deutsch-sowjetischen Beziehungen entwickelt hätten, wenn wir – meine Vorgänger Willy Brandt, Helmut Schmidt und ich – ständig auf die Menschenrechtsverletzungen im großen Sowjetreich hingewiesen hätten. Das heißt nicht, dass wir nicht wussten, wie sehr die Menschen unter den Strukturen der kommunistischen Diktatur litten, es heißt auch nicht, dass wir nicht jenseits der Mikrofone und der Kameras unseren Einfluss geltend gemacht hätten, um die Lebensbedingungen der Menschen zu verbessern.

Ähnliche Beispiele lassen sich aus allen Teilen der Welt aufzählen. Die Überwindung undemokratischer Strukturen bedarf eines langen Atems, wie die Geschichte gerade uns Deutsche im vergangenen Jahrhundert und bis heute gelehrt hat.

Wo wären wir gelandet, hätten wir beispielsweise den Dialog mit den DDR-Machthabern abgelehnt, weil sie als diktatorische Herrscher für die Menschenrechtsverletzungen, die Todesschüsse an Mauer und Grenze und die fehlende Meinungs- und Reisefreiheit im zweiten deutschen Staat verantwortlich waren? Statt dessen verstärkten wir die Handelsbeziehungen mit ihnen und vereinbarten im Gegenzug eine Vertragspolitik, die zur Schwächung der SED-Diktatur beitrug. Allein die Reisemöglichkeiten von Ost nach West bewirkten mittelfristig mehr als tausend Sonntagsreden über die schlimmen Auswirkungen kommunistischen Regierungshandelns.

Auch Indonesien, das nächste Ziel auf meiner Asienreise im November 1983, war nach westlichem Demokratieverständnis wahrlich kein Vorzeigestaat. In diesem autoritären Regime hatte sich das Militär zu einem entscheidenden Machtfaktor entwickelt. Seit Ende der sechziger Jahre wurde das ganze Herrschaftssystem auf eine Person, den Präsidenten, zugeschnitten. Präsident Suharto war 1968 an die Macht gekommen, nachdem er als General und Oberbefehlshaber der Armee einen kommunistischen Putschversuch niedergeschlagen und den amtierenden Präsidenten Sukarno im Anschluss daran nach und nach entmachtet hatte. Im Rahmen der Bewegung der blockfreien Staaten orientierte sich Suharto außenpolitisch an den Industrienationen Westeuropas und den USA – zu unserem großen Nutzen.

Mit über hundertfünfundsechzig Millionen Einwohnern war Indonesien in den achtziger Jahren das mächtigste und wichtigste Mitglied der ASEAN-Gruppe. Sein besonderes Interesse galt den Wirtschaftsbeziehungen zur Europäischen Gemeinschaft und damit zur Bundesrepublik. Reich an Rohöl und Erdgas, an Kautschuk, Holzprodukten, an Zinn und Kaffee, zeigte dieser Inselstaat großes Interesse an wirtschaftlichen Kooperationen. Diese zu fördern war ein Zweck meiner Reise.

Vor mir war noch kein deutscher Bundeskanzler in Indonesien gewesen. Dabei hatten die ersten Deutschen bereits vor über dreihundert Jahren den Archipel besucht. Es gab wenige Länder in Asien, in denen die deutsche Kultur so tiefe Wurzeln geschlagen hatte, und ich freute mich, bei meiner Ansprache in Djakarta darauf eingehen zu können. Mehr als tausend indonesische Lehrer brachten zweihundertfünfzigtausend indonesischen Kindern die deutsche Sprache bei, und viertausend Indonesier studierten an deutschen Universitäten. Diese menschlichen Grundlagen unserer Zusammenarbeit können gerade angesichts der neuen und häufig auch harten Anforderungen in einer sich wandelnden Welt nicht hoch genug eingeschätzt werden.

Zum Abschluss meiner Gespräche in Djakarta rief ich die Länder der Dritten Welt auf, sich in die Bemühungen um eine gleichgewichtige und nachprüfbare Abrüstung einzuschalten und entsprechend auf die Sowjetunion einzuwirken. Wenn es gelänge, die Sowjetunion von diesem Konzept zu überzeugen, würden starke Kräfte zur Bekämpfung von Hunger, Not und Unterentwicklung auf der ganzen Welt frei.

*

Hatte ich in Indonesien breite Unterstützung für die westliche Position bei den Genfer Abrüstungsverhandlungen erfahren, bekam ich in Indien, der letzten Station meiner Asienreise, zu diesem Thema ganz andere Argumente zu hören: Die indische Regierung brachte mir gegenüber nicht nur ihre große Besorgnis über die geplante Stationierung atomarer Mittelstreckenraketen zum Ausdruck, sondern war darüber hinaus der Ansicht, die jüngsten Vorschläge von Jurij Andropow seien eine vernünftige Basis für weitere Diskussionen. Der sowjetische Staats- und Parteichef hatte vorgeschlagen, die SS-20-Raketen so weit zu reduzieren, dass ihre Zahl unter jener der britischen und französischen Mittelstrecken-

Mit der indischen Ministerpräsidentin Indira Gandhi in Neu-Delhi

waffen läge. Dafür sollte die Nato auf eine Stationierung verzichten. Dazu war der Westen jedoch auf keinen Fall bereit.

Bei meinen ausführlichen Gesprächen mit der indischen Ministerpräsidentin Indira Gandhi gelang es mir nicht, sie von der westlichen Position bei den Genfer Verhandlungen zu überzeugen. Es war meine erste Begegnung mit dieser legendären Politikerin und der erste Besuch eines deutschen Kanzlers in Indien seit sechzehn Jahren. In gewisser Weise handelte es sich um eine kurze Antrittsvisite, mit der ich ein Zeichen setzen wollte. Diese ersten Gespräche verliefen angesichts unserer unterschiedlichen Positionen noch in einer sehr kühlen Atmosphäre. Später sollte ich der Ministerpräsidentin noch mehrmals begegnen, und unsere Beziehungen entwickelten sich herzlich. Als sie am 31. Oktober 1984 ermordet wurde, war ich tief erschüttert.

Der indische Subkontinent mit seinen über siebenhundert Millionen Einwohnern war von der deutschen Politik in der Vergangenheit eindeutig vernachlässigt worden. Das sollte sich bald ändern. Immerhin erhielt Indien in den vergangenen Jahren die meisten Mittel, die von Bonn in die Dritte Welt vergeben wurden. Die größte Demokratie der Welt hatte mit riesigen Problemen zu kämpfen, unter anderem mit dem Wiedererstarken der Weltreligionen, die in Indien auf dramatische Weise gegeneinander kämpften; nicht nur der islamische Fundamentalismus brachte mehr Fanatismus ins Land. Hinzu kamen die Konflikte mit den Nachbarn Pakistan und China, die vor allem wegen der Ansprüche auf den indischen Bundesstaat Kaschmir immer wieder entbrannten und das Land nicht zur Ruhe kommen ließen.

*

Dass ich gleich im ersten Jahr meiner Kanzlerschaft Asien besuchte, sollte demonstrieren, dass wir, dass ich diesem Kontinent mehr Aufmerksamkeit zuwenden wollten, als dies in der Vergangenheit geschehen war. Eine wichtige Erfahrung meiner Reise war, dass unsere asiatischen Partner mit gespannter Erwartung auf uns blickten und sich fragten, ob wir gegen alle inneren und äußeren Widerstände durchsetzen würden, was für das Rüstungsgleichgewicht und für unsere Sicherheit notwendig war. In diesem Zusammenhang erinnerte ich gerne an einen Ausspruch des italienischen Staatspräsidenten Sandro Pertini, der sinngemäß meinte, auch die edelsten menschlichen Gefühle würden nicht gestatten, dass man die Rolle des Schafs übernehme, wenn das Gegenüber entschlossen sei, ein Wolf zu bleiben.

12.
Israel

Zwar hatte ich wegen des unerwarteten Rücktritts des israelischen Ministerpräsidenten Menachem Begin den bereits geplanten Besuch in Israel zunächst verschieben müssen, aber nun war es endlich soweit: Vom 24. bis 29. Januar 1984 fuhr ich nach Israel. Im Vorfeld der Reise gab es eine innenpolitische Diskussion in Israel, die sich an der Frage möglicher Waffenlieferungen der Bundesrepublik an Saudi-Arabien und an Äußerungen entzündete, die ich im August 1983 zur Waffen-SS gemacht hatte. Damals hatte ich sinngemäß erklärt, ich fände es falsch, dass alle früheren Mitglieder der Waffen-SS bis heute unterschiedslos verurteilt werden. Viele Männer, die als Heranwachsende während des Zweiten Weltkriegs ihren Dienst in der Waffen-SS versahen, hätten sich später als aufrechte Bürger einer demokratischen Gesellschaft erwiesen. Diese Äußerung, zu der ich nach wie vor stehe, wurde heftig diskutiert und kritisiert; die Debatte darüber stand aber eher unter innenpolitischen Vorzeichen.

Ziel meines Besuchs war es, die neugewonnene Freundschaft Israels im Geist von Konrad Adenauer und David Ben Gurion, des ersten Bundeskanzlers und des ersten israelischen Ministerpräsidenten, weiter zu vertiefen. Es wäre fahrlässig und töricht gewesen, dieses große Ziel durch emotional aufgeladene Themen zu gefährden. Auch im besonderen deutsch-israelischen Verhältnis galt damals wie heute: Wenn man ausschließlich in die Vergangenheit blickt, sieht man nicht die Zukunft. Nur Böswillige vermögen diesen Satz misszuverstehen.

Ich verstand mich in gewisser Weise als erster Kanzler der »Nachkriegsgeneration«, weil ich nicht mehr als Soldat am Krieg teilgenommen hatte. Politisch strebte ich eine weitere atmosphärische Verbesserung des deutsch-israelischen Verhältnisses an und wollte versuchen, den Israelis die Bonner Nahostpolitik nahezubringen, die allgemein als ausgewogen galt. Freundschaft zu Israel bedeutete aber nicht Übereinstimmung mit allen politischen und militärischen Schritten. Bei meiner Reise durch die drei arabischen Staaten hatte ich mich für die israelischen Rechte eingesetzt, nun wollte ich mich in Israel für die arabischen Rechte einsetzen. Zugegeben, eine schwierige Aufgabe.

Ich war der zweite deutsche Regierungschef, der in den jüdischen Staat reiste. Im Juni 1973, also über zehn Jahre zuvor, hatte sich Bundeskanzler Willy Brandt in Israel aufgehalten. Zwar war Helmut Schmidt schon 1975 offiziell nach Israel eingeladen worden, doch er hatte die Einladung ignoriert, was zu schweren Verstimmungen vor allem bei Menachem Begin geführt hatte. Begin verstand Schmidts Haltung als persönlichen Affront, und als der Bundeskanzler 1981 vom Recht der Palästinenser auf einen eigenen Staat sprach, reagierte Begin ungewöhnlich heftig und polemisch. Seine Ausfälle gipfelten in der Feststellung, Helmut Schmidt habe als Offizier im Zweiten Weltkrieg »nie seinen Treueeid auf seinen Führer Adolf Hitler gebrochen«. Damals noch Oppositionsführer, stellte ich mich hinter Schmidt, kam aber nicht umhin festzustellen, dass dieser Vorfall Ausdruck einer seit langem schwelenden Krise in den Beziehungen zwischen Israel und der Bundesrepublik war. Seit dieser Zeit war das deutsch-israelische Verhältnis erheblich belastet.

In Israel wurde mein bevorstehender Besuch als Zeichen einer Verbesserung der Beziehungen gewertet, und auch ich wollte die Reise als Symbol des Brückenschlags zwischen unseren beiden Ländern und Völkern verstanden wissen. Bei seinen Begrüßungsworten sprach der israelische Ministerpräsident Yitzhak Schamir das breite Spektrum der Probleme an, über die wir beraten wollten. Schamir, fünfzehn Jahre älter als ich, hatte seine ganze Familie in deutschen Konzentrationslagern verloren und sein eigenes Leben nur retten können, indem er 1935 von Polen nach Palästina geflohen war.

Am Beginn meines Aufenthalts stand ein Besuch in Yad Vashem, der Gedenkstätte für die sechs Millionen jüdischen Opfer der nationalsozialistischen Schreckensherrschaft. Ich war zum ersten Mal an dieser eindrucksvollen Stätte der Erinnerung an die furchtbaren Verbrechen der Nazis.

Mit dem Ruf »Nazis raus!« empfingen mich israelische Demonstranten vor den Toren der Gedenkstätte und später auch vor dem Gebäude des Ministerrats. Viele von den etwa zweihundert meist jugendlichen Protestlern waren als KZ-Häftlinge verkleidet.

Als ich zum wiederholten Male die erschütternden Fotografien über die Judenverfolgung betrachtete, war ich innerlich tief bewegt. Und dann die zu Herzen gehende Trauerklage:

> »Gott, gedenke der Seelen unserer Brüder, sechs Millionen der Kinder Israels, Opfer des Holocaust, die getötet wurden, ermordet, erdrosselt und lebendig begraben. Herr, gedenke deiner Gemeinde ...«

Vor soviel Leid konnte man nur verstummen. Auch wenn ich für mich in Anspruch nahm, als Angehöriger der Nachkriegsgeneration die Aufgaben der Gegenwart zwischen der Bundesrepublik und Israel unbefangener als meine Vorgänger ansprechen zu können, wurde ich von der Vergangenheit und Geschichte meines Volkes auf Schritt und Tritt eingeholt. Das kam nicht überraschend. Ich war und bin persönlich unschuldig, aber ich war und bin als Deutscher mitverantwortlich.

*

Fünfundachtzig Minuten dauerte mein erstes Gespräch mit dem israelischen Ministerpräsidenten. Ich schilderte Yitzhak Schamir zunächst meinen ganz persönlichen Hintergrund, indem ich mein Elternhaus beschrieb, das national gesinnt war und in dem ich im Sinne von Gotthold Ephraim Lessing zu Toleranz, Vernunft, Freiheit und Menschlichkeit und gegen Vorurteile erzogen wurde. Ich

In Yad Vashem, der Jerusalemer Gedenkstätte für die sechs Millionen jüdischen Opfer der nationalsozialistischen Schreckensherrschaft

sprach von dem Glück, dass mein Vater und noch mehr meine Mutter gegen die Nationalsozialisten eingestellt waren. In meiner Kindheit hatte ich keine Begegnung mit Juden gehabt, erzählte ich, obwohl unser damaliges Haus nur siebzehn Kilometer von Worms und Speyer entfernt war, zwei Städten mit großer jüdischer Geschichte und Tradition. Die Erinnerung an die »Reichskristallnacht« sei mir lebendig geblieben, fuhr ich fort. Ich erwähnte auch, dass mein Bruder im Krieg gefallen war.

Natürlich hatte es einen Grund, weshalb ich meinen persönlichen Hintergrund so ausführlich darstellte: Ich wollte verdeutlichen, dass meine Generation viel zu jung war, um schuldig werden zu können. Das war jedoch nicht ihr Verdienst, sagte ich. Unsere Generation sei dazu aufgerufen, eine Brücke zu den älteren Generationen mit ihren schrecklichen Erfahrungen zu schlagen.

Ich ging auch auf die Gefahr des Rechtsradikalismus ein und erläuterte, dass es in der Bundesrepublik weniger Antisemitismus als in allen anderen europäischen Staaten gebe. Die Deutschen hätten aus der Geschichte gelernt. Bei der letzten Bundestagswahl am

6. März 1983 hätten die Rechtsradikalen nur 0,2 Prozent der Stimmen erhalten.

65 Prozent der heute lebenden Deutschen seien nach dem Zweiten Weltkrieg geboren, und für diese Generation seien die Geschehnisse der Nazizeit bereits Geschichte. Andererseits, sagte ich, sei es nur zu verständlich, dass die Überlebenden des Holocaust nicht vergessen könnten, was ihnen, ihren Familien, Freunden und Bekannten von den Deutschen angetan worden war. Dennoch dürften die vielen gutwilligen Deutschen von heute nicht das Gefühl vermittelt bekommen, dass sie an einer Kollektivschuld tragen müssten. Es zeuge vom Versöhnungswillen beider Seiten, dass in den letzten Jahrzehnten eine Verständigung zwischen beiden Völkern möglich geworden ist. Diese Verständigung noch weiter zu vertiefen würde ich als meine vornehmste Aufgabe verstehen.

Im Verlauf des Gesprächs betonte ich, dass die Deutschen auch heute für Hitlers Verbrechen moralisch bezahlen müssten. Nach dem extremen Chauvinismus und Nationalismus im Dritten Reich sei man nach dem Zweiten Weltkrieg ins andere Extrem verfallen, und alle Symbole der deutschen Nation seien mehr oder weniger abgelehnt, wichtige Werte einer Nation ausgeklammert worden. Heute schwinge das Pendel wieder in die Mitte zurück. Meiner Überzeugung nach würde vermutlich erst nach dem Tod der betroffenen Generationen wieder eine Art Normalität im Umgang mit der eigenen Nation eintreten.

In der Bundesrepublik Deutschland sei kein Rückfall in Rassismus oder Neonazismus zu befürchten. Wenn es eine nationale Herausforderung gebe, dann bestünde sie darin, dass die DDR versuche, die Idee des Nationalismus mit dem Kommunismus zu verbinden, obwohl die Geschichte zeige, dass die Verbindung zwischen Kommunismus und Nationalismus eine gefährliche Mischung ergibt.

Es könne keinen Zweifel geben, dass Israel in der Bundesrepublik besonders populär sei. Dies bedeute jedoch nicht, dass alles, was Israel tue, kritiklos akzeptiert werde.

Der israelische Ministerpräsident zeigte großes Verständnis für meine Position. Schamir erklärte, Israel sei auf dem Fundament

Gespräch mit dem israelischen Ministerpräsidenten Yitzhak Schamir

des Holocaust errichtet worden. Er sei damals in Palästina gewesen, während seine Familie in Polen blieb. Niemand von seinen Angehörigen habe überlebt. Israel habe die Substanz seines Volkes verloren. Die sechs Millionen Toten der Nazizeit seien der wichtigste Teil des künftigen israelischen Volkes gewesen, die Vorreiter der Idee Israels.

1945 hätten sie das Gefühl gehabt, sie wären allein zurückgeblieben, ohne vorangehende und ohne folgende Generationen. Heute könne er nur sagen, dass ein Wunder geschehen sei: Die Juden in Israel hätten beschlossen, dass jeder einzelne von ihnen an die Stelle von einhundert treten müsse. Sechshunderttausend seien sie am Anfang gewesen, und sie hätten sowohl die Briten als auch sechs arabische Staaten gegen sich gehabt. Dennoch sei es gelungen, einen eigenen Staat zu begründen. Das sei ihre nationale Aufgabe gewesen: einen Staat zu gründen, ohne die sechs Millionen, die ermordet worden seien. Sie gründeten den Staat mit denen, die von überallher gekommen waren.

Der Anfang sei sehr schwierig gewesen, fuhr der Ministerpräsident fort. Große Anstrengungen hätten sie auf sich nehmen müssen, um eine neue jüdische Nation zu gründen. Heute habe Israel vier Millionen Einwohner. Angesichts der Feinde, die es umgäben, sei dies eine kleine Zahl.

Bei den heute in Israel lebenden Juden gebe es noch sehr tiefsitzende antideutsche Gefühle, sagte Schamir. Als Ben Gurion entschieden habe, Beziehungen zur Bundesrepublik Deutschland aufzunehmen, habe dies sehr unterschiedliche Reaktionen ausgelöst. Zehntausende hätten seine Entscheidung abgelehnt, viel mehr als heute. Der gute Wille von Konrad Adenauer sei allerdings akzeptiert worden. Doch auch wenn es heute gute und freundschaftliche Beziehungen gebe, bleibe die Vergangenheit lebendig. Auch sein Sohn, der in Israel geboren ist, sei sich der Geschichte bewusst. Die Araber, die heute gegen Israel kämpfen, seien alle Bewunderer Hitlers gewesen. Für sie sei Hitler bis heute ein Held.

Dann sagte Yitzhak Schamir, frühere KZ-Insassen hätten ihn aufgefordert, mich zu fragen, warum ich die Waffen-SS rehabilitiere. In Israel sei die SS immer noch schreckenerregend, weil sich damit die Erinnerung an das Ghetto in Warschau und an die SS-Besatzungen in den Konzentrationslagern verbinde. Die Überlebenden könnten nicht verstehen, dass ich gesagt haben soll, die Mitglieder der SS seien Soldaten gewesen.

Wer die SS-Einsatzgruppen erlebt habe, sagte ich, müsse eine so schreckliche Erfahrung gemacht haben, dass ein Trauma in sein Herz eingebrannt bleiben werde, das er nie werde vergessen können. Gerade die Deutschen jedoch seien dazu aufgerufen, aus der Geschichte zu lernen, und eine Lehre aus der Geschichte sei, dass die Deutschen nie wieder kollektive Urteile zulassen dürften, wie sie gerade im Nationalsozialismus üblich waren. Genauso falsch wie zu sagen: »die Juden«, »die Freimaurer«, »die Jesuiten«, sei es aber falsch zu sagen: »die SS«. Zwar habe die Waffen-SS die KZ-Bewachung und die Einsatzgruppen gestellt. Seit 1943 sei aber der größere Teil der Waffen-SS Teil der deutschen Armee gewesen. Ich erinnerte vor allem an die Deutschen in Siebenbürgen, die zur Waffen-SS eingezogen wurden, ohne jemals um ihr Einverständnis gefragt worden zu sein, vier Millionen Deutsche seit 1943.

Es sei mir niemals darum gegangen, die SS anzuerkennen oder zu rehabilitieren. Ich wolle auch in keinem Fall etwas beschönigen. Allerdings sei ich immer einer derjenigen gewesen, die direkt darüber gesprochen hätten. Es wäre verhängnisvoll, wenn man ein pauschales Urteil treffe, das nicht der Wahrheit entspreche, denn Friede erwachse aus Gerechtigkeit, dies gelte sowohl für das Alte wie für das Neue Testament.

Was die »Hilfsgemeinschaft auf Gegenseitigkeit der Soldaten der ehemaligen Waffen-SS« (HIAG) betreffe, so handele es sich dabei um eine Veteranenorganisation der SS, erklärte ich, bei der jedoch der Großteil der Waffen-SS nicht organisiert sei. Ausführlich erläuterte ich, dass die HIAG in der Zeit von 1968 bis 1982 deshalb im Verfassungsschutzbericht nicht aufgeführt worden sei, da von ihr keine verfassungsfeindlichen Aktionen bekannt waren. 1982 habe dann eine lokale Gruppe der HIAG einen Kalender mit Verherrlichung nationalsozialistischen Gedankenguts veröffentlicht. Diese lokale Gruppe sei verboten und von der Bundesorganisation der HIAG aufgelöst worden. Im Verfassungsschutzbericht von 1983 sei die HIAG deshalb nicht mehr erwähnt worden, weil keine neuen Vorfälle bekannt geworden seien. Es gebe vielleicht noch rund fünfzigtausend Angehörige der Waffen-SS; sie alle hätten in den letzten Jahrzehnten CDU, CSU, SPD oder FDP gewählt, sagte ich.

Als nächstes sprach der israelische Ministerpräsident das heikle Thema der Waffenlieferungen an Saudi-Arabien an. Für Israel sei Saudi-Arabien kein gemäßigtes Land. Es sei sehr antiisraelisch und antijüdisch. Auch wenn es keine militärische Macht sei, habe es doch an allen Kriegen gegen Israel teilgenommen. Er sei sich hundertprozentig sicher, dass die Saudis die deutschen Waffen, gleich welcher Art, nach Jordanien, in den Irak und nach Syrien senden würden, damit sie gegen Israel eingesetzt werden könnten. Die Saudis würden dies aus prinzipiellen Gründen tun, weil es ihrer Theologie und Philosophie entspräche. Rational sei Saudi-Arabiens Haltung nicht zu verstehen.

Er wolle noch einmal sagen, dass er mich verstehe, dass nicht alle Verbrecher waren, die in der deutschen Armee gedient hätten. Niemand würde aber in Israel verstehen, wenn deutsche Waffen gegen Israel eingesetzt würden. In dieser Frage gebe es eine historische Verantwortung: »Sie haben eine besondere Beziehung zu

Israel; auf Grund der historischen Verantwortung können Sie nichts gegen die Sicherheit Israels unternehmen.«

Aber es ginge ja nicht allein um die Frage der deutschen Waffenlieferungen. Es ginge auch um die Gespräche einer möglichen Zusammenarbeit mit den arabischen Staaten. Solche Gespräche bedeuteten eine Stärkung jener Kräfte in den arabischen Staaten, die mit Israel keine friedlichen Beziehungen haben wollten.

Daraufhin erläuterte ich meine Besuche in Jordanien, Ägypten und Saudi-Arabien im letzten Herbst und beschrieb ausführlich die Position der Europäischen Gemeinschaft gegenüber dem Nahen Osten. In der Frage der Waffenlieferungen seien die Deutschen bisher die einzigen, die in der Region nicht tätig geworden seien, abgesehen von den Beziehungen zu Israel. Schließlich erklärte ich, dass ich eine besondere Chance für die Stabilisierung der Region sähe, wenn es zu einer verstärkten Zusammenarbeit zwischen Saudi-Arabien und Ägypten kommen könnte.

*

Beim Bankett im Jerusalemer Hilton sprach Ministerpräsident Schamir davon, dass es für seine Landsleute unmöglich sei, die Augen zu verschließen und die Vergangenheit zu ignorieren, so hässlich und erschütternd diese auch sei, »denn das wäre ein sicherer Weg zum Verlust der nationalen Identität«.

In meiner Tischrede sagte ich, die Begegnung mit Israel treffe mich auch sehr persönlich in meiner Existenz als gläubiger Christ. Dann fuhr ich fort:

> »In deutschem Namen wurde das Gesicht des Menschen geschändet. Was hier geschah, entzieht sich unserer heutigen Vorstellungskraft. Aber es war Wirklichkeit. Für dieses Geschehen trägt Deutschland die Verantwortung vor der Geschichte. Vor Ihnen, Herr Ministerpräsident, verneige ich mich in Schmerz über das Leid, das von deutscher Hand über das jüdische Volk gebracht wurde. Es ist ein Leid, das die Familien wohl der meisten, die heute hier anwesend sind,

betraf. Der Wille, wiedergutzumachen, was wiedergutgemacht werden konnte, begleitete die Geburtsstunde eines neuen demokratischen Deutschlands.«

Israel habe der Bundesrepublik die Hand zur Versöhnung gereicht, und die Gründungsväter beider Staaten hätten die Versöhnung verwirklicht. Nun vollziehe sich in beiden Ländern ein Generationswechsel:

> »Eine junge deutsche Generation begreift die Geschichte Deutschlands nicht als Last, sondern als Auftrag für die Zukunft. Sie ist bereit, Verantwortung zu tragen. Aber sie weigert sich, sich selbst kollektiv für die Taten der Väter schuldig zu bekennen. Wir sollten diese Entwicklung begrüßen [...]. Wir müssen die Lehren der Vergangenheit für die Zukunft nutzen, indem wir ein Gefühl der Zusammengehörigkeit entwickeln, das auf gemeinsamen Wertvorstellungen beruht, die auch künftige Generationen aus tiefster Überzeugung und eigenem Antrieb in die Tat umsetzen.«

Zur Lage im Nahen Osten bemerkte ich: »Friede – das ist unsere Überzeugung – ist nicht möglich ohne oder gegen Israel. Friede ist aber auch nicht möglich ohne oder gegen die arabische Seite.«

*

Auf den Besuch in der Knesset, dem israelischen Parlament, am 25. Januar 1984 hatte ich mich besonders gefreut. Es war für mich einer der Höhepunkte dieser Reise. Dadurch wurde anschaulich, dass ich ein Land besuchte, mit dem die Bundesrepublik etwas ganz Besonderes gemeinsam hat: eine lebendige und echte Demokratie, in der der einzelne frei ist, frei seine Meinung sagen kann und in der in öffentlicher Rede und Gegenrede um das Wohl des Gemeinwesens und um seinen inneren und äußeren Kurs gerungen wird. Die feste Verankerung der Demokratie im politischen Bewusstsein und in der staatlichen Wirklichkeit der Bundesrepublik ist nicht zuletzt auch die befolgte Lehre aus einer Vergangenheit, in der Demokratie und Freiheit für zwölf furchtbare Jahre verlorengegangen waren.

Nach einer kurzen Rede entwickelte sich eine mehr als zweistündige rege Diskussion mit Abgeordneten der Knesset über die befürchtete Gefahr eines neuen Rechtsradikalismus in der Bundesrepublik. Darauf ging ich ausführlich ein. In diesem Zusammenhang sagte ich, auch auf meine Person bezogen, und dazu stehe ich heute noch, dass Menschen aus meiner Generation, die 1939, mit neun Jahren, den Kriegsbeginn und 1945, mit fünfzehn Jahren, das Kriegsende erlebten, eine Pflicht haben. Diese Pflicht erwachse aus der Tatsache, dass ich zu jung war, um selbst in eigene Schuld zu geraten, und zu alt, um die Kriegserlebnisse nicht zu erfahren, die wir alle gemeinsam machen mussten. In diesem Zusammenhang stellte ich mich vor als einer, »der in der Nazizeit nicht in Schuld geraten konnte, weil er die Gnade der späten Geburt und das Glück eines besonderen Elternhauses gehabt hat«.

»Gnade der späten Geburt«, so erläuterte ich mehrfach, heißt Auftrag – Auftrag gegenüber den Jungen, die Erfahrungen weiterzugeben, die wir noch machen mussten, und Auftrag gegenüber der älteren Generation, dass wir jenen widerstehen, die ganz pauschale Urteile abgeben.

»Gnade« meint aber auch: Es ist nicht das moralische Verdienst meiner Generation, der Verstrickung in Schuld entgangen zu sein. Der Zufall des Geburtsdatums bewahrte uns davor, zwischen Anpassung oder Mitmachen einerseits und Märtyrertum andererseits wählen zu müssen. Wir haben keinen Grund, darauf stolz zu sein. Dieses Wissen lehrt uns vielmehr Bescheidenheit, ja Demut. Damit ist aber auch gesagt, dass wir Jüngeren kein Recht zur moralischen Überheblichkeit gegenüber einer Generation haben, der die »Gnade der späten Geburt« nicht zuteil wurde. Wer ein solches Recht für sich in Anspruch nimmt, offenbart zugleich ein erschreckendes Stück Geschichtslosigkeit.

Bis heute wird die Metapher von der »Gnade der späten Geburt« bewusst missverstanden und falsch interpretiert. Die allermeisten dieser Kritiker haben sich nie die Mühe gemacht, nachzulesen, was ich tatsächlich gesagt habe. Offensichtlich bestand das Ziel darin, mir eine Haltung unterzuschieben, die gar nicht der Wahrheit entsprach. In den vielen Begegnungen mit Vertretern Israels, die ich über die Jahre hatte, habe ich nie diesen Vorwurf gehört. Er stimmt auch nicht. Niemals wollte ich allen Landsleuten jüngeren Geburtsdatums und mir selbst ein Alibi ausstellen und uns freisprechen von der Verantwortung für die Verbrechen der Nationalsozialisten. Die Geburtsurkunde als Persilschein, wie es mir bösartigerweise unterstellt wurde, war nie mein Ziel.

Wir müssen damit leben, dass den Juden in den Jahren des Nationalsozialismus von Deutschen unsagbares Leid zugefügt wurde. In seiner kalten, unmenschlichen Planung und in seiner tödlichen Wirksamkeit ist dieser Völkermord in der Geschichte der Menschheit einmalig. Es gehört daher zu unserem Selbstverständnis, das Bewusstsein für das ganze Ausmaß dieser schrecklichen Vergangenheit stets wach zu halten. Wir wollen nicht vergessen, und wir müssen uns gegen jeden Versuch zur Wehr setzen, die Verbrechen zu verdrängen oder zu verharmlosen.

Deutsche wurden als Einzelpersonen schuldig, aber die Deutschen in ihrer Gesamtheit haften für das Unrecht, das in ihrem Namen begangen wurde. Sie tragen auch gemeinsam Verantwortung dafür, dass auf deutschem Boden nie wieder eine Gewaltherrschaft entsteht und dass von deutschem Boden nie wieder Krieg ausgeht. Nur wer diese Lehre aus unserer geschichtlichen Erfahrung zu ziehen bereit ist, darf für sich in Anspruch nehmen, ein deutscher Patriot zu sein.

Von Gnade zu sprechen heißt auch anerkennen, dass man dankbar zu sein hat. Wir haben dankbar zu sein dafür, dass nach einer Zeit der Hoffnungslosigkeit auf dem Boden Israels und der Bundesrepublik Deutschland Gemeinwesen entstanden sind, die den Willen zur Freiheit und zu rechtsstaatlicher Demokratie verkörpern. Und wir haben dankbar zu sein dafür, dass Versöhnung mit dem jüdischen Volk und mit dem Staat Israel möglich wurde, dass gerade unter jungen Menschen wieder Freundschaft wächst. Ich bin voller Respekt für jene Männer und Frauen, die im Blick auf die Zukunft bereit waren, die Stärke des Hasses mit der Kraft der Menschlichkeit zu überwinden. Zu diesen Menschen zählen Nahum Goldmann und David Ben Gurion, Konrad Adenauer und all jene Demokraten, die dieser Versöhnung eine Chance gegeben haben.

Die Vergangenheit bleibt als gemeinsamer Bezugspunkt, als Mahnung und Auftrag gegenwärtig, auch wenn in unseren beiden Ländern eine neue Generation die politische und gesellschaftliche Führung übernommen hat.

*

Beim Empfang im Rathaus der Stadt Jerusalem trafen Hannelore und ich mit Bürgermeister Teddy Kollek und seiner Frau Tamar Anna zusammen. Von diesem Tag an entwickelte sich zwischen uns eine tiefe Freundschaft, die bis heute Bestand hat.

In Teddy Kolleks Dienstzimmer entdeckte ich das Bild *Israel vor der Teilung und nach der Teilung* und die Momentaufnahme, wie die Trennmauer fällt. Darunter hing ein Bild – aus der Reichstagsperspektive aufgenommen – von der Berliner Mauer. Der in Wien geborene Bürgermeister sagte in seinem unnachahmlichen Deutsch dazu: »Eine geteilte Stadt ist wie ein Organismus, von dem man die Glieder Stück für Stück abschlägt. Und das ist immer schlimm, in Jerusalem wie in Berlin.«

Die Maueröffnung am 9. November 1989 hat Teddy Kollek noch erleben dürfen.

Ein weiterer Höhepunkt meines sechstägigen Aufenthalts in Israel war die Besichtigung des Weizmann-Instituts in Rehovot. Hier wurde der hohe Rang jüdischer Wissenschaftler beinahe körperlich spürbar, deren wissenschaftliche Neugier und deren produktive Unruhe über viele Jahrzehnte, ja Jahrhunderte die Kultur und die Naturwissenschaften in Deutschland geprägt haben. In der Physik, der Chemie und in der Medizin gibt es zahlreiche jüdische Nobelpreisträger: Albert Einstein, Paul Ehrlich, Richard Willstätter, Max Born, Gustav Herz, Fritz Haber …

Zusammen mit Hannelore bei Teddy Kollek, dem Bürgermeister von Jerusalem

Am 26. Januar 1984 wurde mir die Ehrendoktorwürde der philosophischen Fakultät der Universität Tel Aviv verliehen. In der Begründung hieß es:

> »[...] weil er sich als Oppositionsführer dafür eingesetzt hat, dass die Gesetzgebung für Überlebende der NS-Zeit durch einen überparteilichen Beschluss im Parlament verabschiedet wurde, wodurch er die kollektive nationale Verpflichtung der Bundesrepublik Deutschland gegenüber dem Staat Israel zum Ausdruck brachte.«

Nach der Laudatio von Wissenschaftsminister Yuval Neeman bedankte ich mich für die Ehrung, die mir als Repräsentanten der deutschen Nation erwiesen wurde, und versprach, alles zu tun, damit unsere Beziehung auch in Zukunft gedeiht und wächst. Zum Schluss meiner Ansprache verwies ich auf das Institut für Deutsche Geschichte an dieser Hochschule, das seit vielen Jahren gute Arbeit leiste, und sagte: »Denn nicht durch Verschweigen oder betretenes Beiseiteschauen können wir die Last der Vergangenheit überwinden, sondern nur durch Analyse und Darstellung wie durch Erinnerung und Trauer.«

*

Besonders eindrucksvoll war ein Abstecher in den Norden Israels, zum Kibbuz Ginossar am See Genezareth, unterhalb der Golan-Höhen. 1935 gegründet, liegt der Kibbuz ganz in der Nähe der Heiligen Stätten, nicht weit von jenem Berg, der durch die Bergpredigt bekannt wurde. Hier lernte ich eine Gemeinschaft von etwa dreihundert Familien kennen, von denen zweihundert aus Österreich und Deutschland stammen. Hier habe ich ein Stück jener »Festungsmentalität« erlebt, die eine Verständigung mit den Nachbarn so schwer macht. Diese Menschen haben sich förmlich in den Boden »festgekrallt«, in jenen Boden, der ihnen aus dem Alten Testament verheißen wurde. Und sie sind nicht bereit, ein Stück Erde aufzugeben. Deshalb ist es so schwer, mit logischen Argumenten etwas zu verändern.

Als Privatmann weilte ich schließlich in Ostjerusalem. Vor dem Felsendom begrüßte mich der Großmufti von Jerusalem. Und am Abend nahmen Hannelore und ich an einem katholischen Gottesdienst teil, bevor wir die Klagemauer aufsuchten.

Jerusalem ist die Wiege dreier Weltreligionen: des Islam, der jüdischen Religion und der christlichen Religion, und zwar aller christlichen Religionen. Hier wurde mir erneut klar, dass wir Deutschen allen Grund haben, im Rahmen unserer Möglichkeiten die Stätten der menschlichen Begegnungen zu fördern. Welche Auswirkungen diese segensreiche Tätigkeit etwa auf katholischer Seite hat, davon konnte ich mir beispielsweise beim Verein für das Heilige Land ein Bild machen. Dieser Verein betreut ebenso junge Araber wie andere Nationalitäten. Durch seine Arbeit entstehen wahre Werke des Friedens; an konkreten Taten, etwa am sozialen Wohnungsbau in den Elendsvierteln, sind sie zu messen.

*

Mit muslimischen Geistlichen vor dem Felsendom

Vielfältige und bewegende Eindrücke rundeten sich am Ende meines ersten Besuchs in Israel zu einem positiven Bild. In den Gesprächen, die ich geführt hatte, war nichts ausgeklammert worden, was unsere Völker bewegte. Unser Eintreten für das Existenzrecht und die Sicherheit Israels stand nicht im Widerspruch zu den traditionell freundschaftlichen Beziehungen zu den arabischen Staaten. Im Verhältnis zu Israel und zu den arabischen Staaten konnte es für uns daher eine Politik des Entweder-Oder nicht geben, nur eine Politik des Sowohl-Als-auch. Diese ausgewogene Politik brachte es mit sich, dass unser Eintreten für Israel nicht gleichbedeutend war mit einer Identität der beiderseitigen politischen Standpunkte und Ziele. Wir stimmten überein in der Zielsetzung des Friedens, aber wir hatten unterschiedliche Auffassungen über den besten Weg dorthin.

Im Rahmen einer Friedensregelung, der alle am Nahostkonflikt Beteiligten zustimmen, musste das Selbstbestimmungsrecht der Palästinenser verwirklicht werden. Daraus folgte, dass wir die einseitige Schaffung von Tatsachen, wie etwa die Besiedlung der besetzten Gebiete, nicht billigen konnten.

Ich war dankbar für die Offenheit und Freimütigkeit, die mir entgegengebracht wurden und die es ermöglichten, auch kontroverse Themen ruhig und sachlich zu besprechen. Dies blieb so während meiner ganzen Kanzlerschaft, und ich machte dieselbe gute Erfahrung im Juni 1995 wieder, als ich Israel erneut besuchte.

13.
Kein Sicherheitsrisiko

Bereits seit September 1983 braute sich in Bonn eine Affäre zusammen, die auch meinen Israelbesuch überschattete. Eher beiläufig hatte mich Bundesverteidigungsminister Manfred Wörner über Informationen des Militärischen Abschirmdienstes (MAD) unterrichtet, wonach der Bundeswehrgeneral Günter Kießling homosexuell sein solle.

Was heute nicht weiter dramatisch klingen mag, war damals für die Sicherheitslage der Bundeswehr nicht unbedeutend. Ich bat Manfred Wörner eindringlich, dies sorgfältig untersuchen zu lassen, weil das Bekanntwerden eines solchen Verdachts gegen einen hohen Offizier der Bundeswehr rasch zu ungerechtfertigter Vorverurteilung führen und Ruf und Karriere des Generals zerstören könnte.

Alles blieb denn auch zunächst geheim und vertraulich. Die Öffentlichkeit erfuhr erst durch Medienberichte Anfang Januar 1984, dass der General – jedenfalls nach allem, was der Militärische Abschirmdienst zutage gefördert hatte – wegen seiner homosexuellen Neigungen zu einem Sicherheitsrisiko geworden und deshalb auf Veranlassung des Bundesverteidigungsministers in den einstweiligen Ruhestand versetzt worden sei. Doch schon bald sollte sich herausstellen, dass es sich um eine Verwechslung handelte. Nichts von den MAD-Recherchen traf zu.

Aus Israel nach Bonn zurückgekehrt, stand ich vor einer der schwierigsten Entscheidungen meiner bisherigen Amtszeit. Manfred Wörner hatte mir schriftlich und mündlich seinen Rücktritt angeboten. Zwar konnte niemand mir diese Entscheidung abnehmen, aber in dieser emotionsgeladenen, ja hysterischen Bonner

Atmosphäre war es gut, den Rat meiner engsten Mitarbeiter zu suchen. Ich besprach mich auch mit Franz Josef Strauß.

Unumwunden meinte der CSU-Chef, ich könne Manfred Wörner nicht halten. Strauß, dessen Kanzlerkandidatur Wörner 1980 massiv unterstützt hatte und der den Schwaben als künftigen Bundesverteidigungsminister in seine damalige Regierungsmannschaft aufgenommen hatte, hielt ihn nun für einen Versager, der zurücktreten müsse. Überhaupt fand ich in Bonner Unionskreisen kaum Kollegen, die Manfred Wörners Handlungsweise akzeptierten oder gar verteidigten.

Richtig ist, dass es eine Fehlentscheidung war, den Vier-Sterne-General und stellvertretenden Oberbefehlshaber der Nato in Europa, Günter Kießling, am 4. Januar 1984 in den einstweiligen Ruhestand zu versetzen. Die Entlassung erfolgte nach Paragraph 50 des Soldatengesetzes, wonach der Bundespräsident Offiziere vom Brigadegeneral aufwärts jederzeit ohne Angabe von Gründen vorzeitig pensionieren kann, und trug vorschriftsgemäß auch meine Unterschrift.

Wörner hatte sich zum Handeln gezwungen gesehen, weil scheinbar glaubhafte Informationen über Kießlings Homosexualität den General als Sicherheitsrisiko erscheinen ließen. Erschwerend sei zu berücksichtigen gewesen, dass Kießling seine homosexuelle Veranlagung bestritten habe. Deshalb und wegen seiner möglichen Erpressbarkeit habe das Sicherheitsrisiko sehr schwer gewogen.

Der MAD jedoch hatte äußerst schlampig gearbeitet. Nichts von dem stimmte, auf das sich Wörners Handeln gründete. Er hatte seinem Apparat mehr Glauben geschenkt als dem Ehrenwort des Generals. Das war ein schwerer Fehler, der durch nichts zu rechtfertigen war, wie auch der Bundesverteidigungsminister selbst erkannte. Mehrfach hatte er mir seinen Rücktritt angeboten.

Die SPD versuchte aus der Affäre politisches Kapital zu schlagen, indem sie den Fall des Bundeskanzlers konstruierte, der sich wieder einmal – dem Klischee der veröffentlichten Meinung entsprechend – als handlungsunfähig erweise.

Richtig ist, dass auch ich von Anfang an den Beteuerungen des

Generals nicht glaubte. Manfred Wörners Handlungs- und Argumentationsweise erschien mir schlüssig. Dass er sich viel zu sehr auf seinen Dienst verlassen hatte, konnte damals niemand ahnen. Damit hatte er Fehler gemacht, die einem politischen Profi einfach nicht unterlaufen dürfen. Was als »Fall Kießling« begonnen hatte, war längst zum »Fall Wörner« geworden.

Mit Manfred Wörner, der fest damit rechnete, dass ich sein Entlassungsgesuch annehmen würde, führte ich ausführliche Gespräche, bis ins Detail kümmerte ich mich um die Fakten. Schließlich kamen wir beide zu dem Ergebnis, dass dem MAD gravierende Fehler unterlaufen waren und dass es jetzt darum ging, diese Fehler offen zuzugeben und sie im Rahmen unserer Möglichkeiten zu bereinigen.

Sichtlich angeschlagen informierte der Bundesverteidigungsminister ausführlich die Mitglieder des CDU-Bundesvorstands und räumte ein, unverzeihliche Fehler gemacht zu haben. Auf meinen Antrag hin sprach ihm das höchste Parteigremium das Vertrauen aus und sagte ihm volle Unterstützung für seinen Verbleib im Amt zu.

Währenddessen wurden in den Medien fleißig die Namen potentieller Nachfolger gehandelt und wieder fallengelassen. Am 1. Februar 1984 trat ich vor die Bonner Presse, die fest mit Wörners Entlassung rechnete und gierig darauf wartete, von mir den Namen des neuen Bundesverteidigungsministers zu erfahren. Selten war das Bonner Pressezentrum so überfüllt und selten gab es einen solchen Auftrieb von Kamerateams. Mein erster Satz jedoch schockte die Journalistenschar: »Meine Damen und Herren, ich habe eigentlich nur eine einzige Nachricht für Sie: Bundesverteidigungsminister Manfred Wörner bleibt im Amt.«

Dann erklärte ich:

> »[...] die Ehre eines Mitbürgers hat als unangetastet zu gelten, solange nicht zwingende Beweise dem entgegenstehen. Ich habe festgestellt, dass in der Behandlung und in der Abwicklung dieses Falles Fehler gemacht worden sind, Fehler, die auch der Bundesverteidigungsminister einräumt und

bedauert. […] General Kießling hat bittere Wochen durchmachen müssen, aber auch für Manfred Wörner war dies eine Zeit, an die er lange in seinem Leben zurückdenken wird. Er hat sich seine Entscheidung ganz gewiss nicht leicht gemacht, und er hat mir seinen Rücktritt angeboten. Ich habe diesen Rücktritt aus guten Gründen nicht angenommen, denn ich bin fest davon überzeugt, dass Manfred Wörner der Bundeswehr und dass seine Arbeit als Minister beweisen wird, dass er auch nach diesen Erfahrungen der im In- und Ausland engagierte und geschätzte Verteidigungsminister sein wird.«

Zuvor hatte Manfred Wörner die Versetzung des Generals in den einstweiligen Ruhestand rückgängig machen lassen und sich in aller Form beim Vier-Sterne-General entschuldigt. Die Bonner Journalisten erlebten wieder einmal eine politische Entscheidung, mit der niemand gerechnet hatte.

Aus München war deutliches Grummeln zu vernehmen. Der damalige Leiter der bayerischen Staatskanzlei, Edmund Stoiber, wies darauf hin, dass das Festhalten an Wörner die alleinige Entscheidung von Helmut Kohl sei. »Strauß hat sie ihm nicht empfohlen«, meinte der heutige CSU-Vorsitzende und Ministerpräsident.

Für den SPD-Oppositionsführer Hans-Jochen Vogel war es »sachwidrig, dem Allgemeinwohl abträglich und politisch unverantwortlich«, Wörner im Amt zu halten. Hans-Dietrich Genscher dagegen bezeichnete meine Entscheidung als »wohlüberlegt und verantwortungsvoll«, da sie von großem Gerechtigkeitssinn gegenüber Kießling sowie von Solidarität gegenüber Wörner geprägt sei.

Ich hatte die Entscheidung allein getroffen, also musste ich sie auch allein verantworten und für mögliche Konsequenzen meinen Kopf hinhalten. Ich dachte nicht daran, die Verantwortung auf andere abzuschieben. Wer mich kennt, weiß, dass ich nicht das mache, was die Medien von mir fordern. Ich mochte meine Meinung nie davon abhängig machen, wie die Mehrheitsverhältnisse bei den Leitartiklern waren.

General Günter Kießling bei seiner Verabschiedung mit Verteidigungsminister Manfred Wörner

In meinem Amtseid habe ich gelobt, Gerechtigkeit zu üben gegenüber jedermann. Dementsprechend zu verfahren war mir wichtig. Natürlich spielten auch Manfred Wörners bisherige Leistungen bei meiner Entscheidung eine Rolle. Als neuer Verteidigungsminister hatte er seit Oktober 1982 einen guten Job gemacht. Zuvor hatte er sich über zwölf Jahre mit Verteidigungspolitik beschäftigt und für die Unionsfraktion im Bonner Parlament herausragende Arbeit geleistet. Nach seinen Fehlern in der Generalsaffäre galt es eine Güterabwägung vorzunehmen. Ich war der Überzeugung, dass ein derart qualifizierter, engagierter und kenntnisreicher Minister die Chance haben musste, erneut Vertrauen zu erwerben.

General Kießling wurde rehabilitiert. Eine Ehrenerklärung und die Verabschiedung mit allen militärischen Ehren folgten. Das war das mindeste, was ich politisch bewirken konnte. Der Große Zapfenstreich war auch ein kleines Stück Wiedergutmachung.

*

Es zeigte sich schon bald, dass Manfred Wörner seine Handlungsfähigkeit zurückgewinnen konnte. In der zweiten Hälfte des Jahres 1984 setzte der Bundesverteidigungsminister mit meiner vollen Unterstützung sein Planungskonzept für die Bundeswehr der neunziger Jahre durch. Im Mittelpunkt standen die Sicherung des Personalbestands durch eine Verlängerung der Wehrzeit von fünfzehn auf achtzehn Monate ab Juni 1989, die Neuregelung der Wehrdienstverweigerung aus Gewissensgründen im April 1986 und die Versetzung von tausendzweihundert Offizieren der Jahrgänge 1935 bis 1944 in den Ruhestand, um einen Beförderungsstau bei den nachrückenden Jahrgängen zu beseitigen.

Auf internationalem Parkett, bei den Nato- und WEU-Verteidigungskonferenzen hinterließ Manfred Wörner einen ausgezeichneten Eindruck. So fiel es mir leicht, ihn als aussichtsreichen Nachfolger von Nato-Generalsekretär Lord Carrington ins Gespräch zu bringen. Die Staats- und Regierungschefs des Bündnisses wählten ihn schließlich am 18. Mai 1988 zum neuen Nato-Generalsekretär. Damit ging für ihn ein Traum in Erfüllung; das Amt brachte ihm bis zu seinem Tod im August 1994 breite internationale Anerkennung ein.

Als ich ihn wenige Wochen vor seinem Tod noch einmal traf, war uns beiden bewusst, dass es die letzte Begegnung sein würde. Die Sprache kam auch auf die damalige Affäre. Er bedankte sich zum wiederholten Male ausdrücklich dafür, dass ich seinen Rücktritt nicht angenommen hatte, und fragte, warum ich damals so entschieden hätte. Ich erwiderte, dass ich ganz sicher gewesen sei, dass er mich nicht angelogen hätte. Nach meinem Gerechtigkeitsempfinden sei sein Rücktritt deshalb nicht in Frage gekommen. Als Manfred Wörner nach mehr als einem halben Dutzend schwerer Operationen starb, war es mir daher trotz aller Traurigkeit eine Beruhigung, ihn 1984 nicht im Stich gelassen zu haben.

*

Als Verteidigungsminister der achtziger Jahre hatte Manfred Wörner besonders darunter zu leiden, dass meine beiden Söhne just in dieser Zeit ihren Wehrdienst ableisteten und Zeitsoldaten wurden. An vielen Wochenenden wurde mir zu Hause in Ludwigshafen manche Lektion erteilt. Meine Söhne wussten eine Menge über Mängel bei der praktischen Bundeswehrausbildung zu berichten,

Mit Manfred Wörner (1984)

und ich brachte alles jeweils in der darauffolgenden Kabinettssitzung zur Sprache. Es muss Manfred Wörner schon sehr gefuchst haben, wenn ich manchmal mit Berichten über Unzulänglichkeiten im Heer und bei der Luftwaffe ankam und erzählte, was die Soldaten bedrückte: dass beispielsweise Erste-Hilfe-Päckchen älter waren als die Zeitsoldaten.

14.
Präsidentschaftspoker

Als Bundeskanzler und Parteivorsitzender hatte ich viele Personalentscheidungen zu treffen. Die wichtigsten Entscheidungen fällte ich natürlich nicht allein, sondern beriet mich mit meinen engsten Mitarbeitern und holte mir auch viel Rat von außen. Es blieb nicht aus, dass ich mitunter auch die Erfahrung machte, dass sich solche Ratschläge später als falsch erwiesen haben.

Bei der Besetzung von Spitzenpositionen in Regierung und Partei bemühte ich mich immer um Rückkopplung mit den Spitzengremien der Partei, bei Regierungsentscheidungen auch um Vorabsprachen mit dem Koalitionspartner. Niemanden vor vollendete Tatsachen zu stellen war meine Handlungsmaxime; das gehört zu den Mindeststandards politischer Führung und zum pfleglichen Umgang miteinander. Gleiches erwartete ich von den Koalitionspartnern, und meine Erwartung wurde auch in den seltensten Fällen enttäuscht.

Wenn man in der Parteiendemokratie Macht ausüben will, bedarf es einer breiten Basis, auf der man Politik gestalten kann. Auch das ist der Sinn politischer Parteien: dass sich Menschen mit unterschiedlichen Prägungen auf einen bestimmten Konsens, auf eine Programmatik, eine gemeinsame Richtung, auf einen Personalvorschlag, auf gemeinsame Spitzenkandidaten verständigen. In der modernen Medienwirklichkeit und -wirksamkeit ist das für die komplizierte Organisation einer modernen Partei eine ganz große Herausforderung.

Demokratie lebt von der Überzeugungskraft. Ein Parteivorsitzender kann nicht anordnen. Viele Repräsentanten der Wirtschaft wollen nicht begreifen, dass Anordnungen, wie sie sie treffen, in der Politik eben nicht möglich sind. Vielmehr muss ein Parteivorsitzender, noch dazu wenn er wie ich gleichzeitig Bundeskanzler ist, mit Überzeugungskraft arbeiten. Er lebt davon, dass sich andere freiwillig für ihn einsetzen und den Weg mit ihm gehen.

Ich entdecke gerne Talente und habe die Fähigkeit, Menschen zusammenzubringen, ein Team zu bilden, Loyalitäten zu gewinnen und zu erhalten. Verrat war nie meine Sache. In meiner Funktion als Parteivorsitzender, die ich ein Vierteljahrhundert lang ausübte, und als Bundeskanzler traf und unterstützte ich eine Fülle von Personalentscheidungen. Bei Auseinandersetzungen in der Partei und in der Regierungskoalition musste ich nicht selten vermitteln beziehungsweise die Sache selbst entscheiden. Natürlich entwickelten sich daraus auch Beziehungen, und manche meinen darin ein »System Kohl« zu erkennen. Aber das ist in der Politik gang und gäbe, in der SPD genauso wie in den Unionsparteien, und es ist nicht nur in der Politik so, sondern in der Gesellschaft überhaupt.

Für dieses Beziehungsgeflecht hat man den Begriff »Seilschaften« erfunden. Solche Seilschaften gibt es in allen gesellschaftlichen Gruppen und Schichten, ob im Bereich der Hochschulen oder in den Medien. Das System der sogenannten Seilschaften ist in unserer Gesellschaft weit verbreitet und nur bei jenen negativ besetzt, die fürchten, durch Seilschaften benachteiligt zu werden.

In meiner jahrzehntelangen politischen Tätigkeit konnte ich natürlich viele Bundesgenossen gewinnen, aber ich habe mir auch manche Feinde gemacht. Immer habe ich versucht, vor allem jungen Politikern Wege zu ebnen. Sicherlich sind mir auch viele Fehler unterlaufen. Ich bin Leuten auf die Füße getreten, manchmal gewollt und manchmal ungewollt, das ließ sich nicht vermeiden. Wenn man als Bundeskanzler Minister beruft, hat man viele Kandidaten, doch nur einer kann berufen werden. Dann sind oft jene, die nicht berücksichtigt wurden, beleidigt, und manche sind dabei zu Gegnern geworden. Mit Beispielen dafür könnte ich viele Seiten füllen.

Ich habe nie auf Dankbarkeit gesetzt. Vom Verstand her war mir immer klar, dass es keine Dankesschuld gibt. Aber das Umgekehrte gibt es, denn wie schon meine Mutter zu sagen pflegte: Die Hand, die segnet, wird zuerst gebissen. Das ist eine wichtige Erfahrung in meinem Leben, und sie gilt auch für die Politik. Das Verhalten mancher Weggenossen unterstreicht leider die Weisheit dieses Spruchs.

*

Das höchste Staatsamt in der Bundesrepublik Deutschland ist das Amt des Bundespräsidenten. Wenn auch die negativen Erfahrungen mit der Machtausübung des Reichspräsidenten in der Weimarer Republik dazu führten, dem Bundespräsidenten weit weniger Machtbefugnisse zuzugestehen, hat der Bundespräsident im Verfassungsgefüge unseres Landes als oberster Repräsentant des Volkes doch eine herausgehobene Stellung. Hinzu kommt, dass die Bundespräsidentenwahlen seit 1949 politische Entwicklungen vorbereiteten und parteipolitische Konstellationen entstehen ließen, die einen Machtwechsel einleiteten und neue Regierungskoalitionen begründeten.

Nachdem Karl Carstens mir zu meinem Bedauern schon sehr früh signalisierte, dass er für eine zweite Amtszeit nicht zur Verfügung stehe, mussten sich die Unionsparteien auf einen neuen Kandidaten verständigen. Die absolute Mehrheit in der Bundesversammlung gab uns das Vorschlagsrecht und sicherte bei der Wahl die Durchsetzung unseres Kandidaten.

Bei meinen Sondierungsgesprächen im September 1983 fiel immer wieder der Name des Regierenden Bürgermeisters von Berlin, Richard von Weizsäcker. Genannt wurde aber auch der niedersächsische Ministerpräsident Ernst Albrecht, der über große Sympathien in den Unionsparteien verfügte. Der erfolgreiche Landespolitiker konnte zudem auf einen unerwarteten Wahlerfolg verweisen, der der CDU bei der letzten Landtagswahl in Niedersachsen die absolute Mehrheit gebracht hatte. Auch die bayerische CSU-Schwester signalisierte – und das war von hohem Wert –, dass sie gegen das erfolgreiche »Nordlicht« keinerlei Vorbehalte hege. Ich selbst fand die Personalie Albrecht ausgesprochen attraktiv, zumal der Mann aus Hannover in der schwierigen Frage der Kanzlerkandidatur 1980 meinem Ruf gefolgt war und sich einer Kampfabstimmung gegen Franz Josef Strauß gestellt hatte. Daher hätte ich den Parteigremien und auch der FDP 1984 gerne Ernst Albrecht als gemeinsamen Präsidentschaftskandidaten der Bonner Regierungskoalition vorgeschlagen. Ich wusste, dass der niedersächsische Ministerpräsident auch in den Reihen der Liberalen mit kräftiger Unterstützung rechnen konnte. Doch dann sagte er zu meiner großen Überraschung ab. Ernst Albrecht wollte nicht Bundespräsident werden, sondern sah seine Zukunft in der niedersächsischen Landespolitik.

Dass er sechs Jahre später bei der Landtagswahl scheiterte und sich 1990 aus der Politik zurückzog, bedauerte ich. Die Union verlor mit ihm ein echtes Talent, das zur Übernahme von höchsten Ämtern in Staat, Gesellschaft und Partei prädestiniert war. Ernst Albrecht ist ein Mann mit Charakter, und das ist nicht eben häufig in der Politik.

Mit Albrechts Absage ging der Präsidentenpoker in eine neue Runde, die zunächst nicht vor den Augen der Öffentlichkeit stattfand. Natürlich spekulierten die Medien, wer nun Unionskandidat werden könnte und ob Franz Josef Strauß und seine CSU einen Mann wie Richard von Weizsäcker überhaupt akzeptieren würden. Ich hatte mich in der Kandidatenfrage besonders engagiert und wiederholt in Gremiensitzungen davor gewarnt, das Ansehen und das Amt des Bundespräsidenten durch unnötige Spekulationen und öffentliche Diskussionen zu beschädigen.

Kaum jemand in der Partei kannte Richard von Weizsäcker so lange und so gut wie ich, der sich schon früh um seine Anbindung an die CDU bemüht hatte. Es war das »System Kohl«, zu dessen Kritikern er heute zählt, das ihn schon Mitte der sechziger Jahre für die rheinland-pfälzische CDU gewinnen konnte. 1965 wäre er beinahe Bundestagsabgeordneter geworden. Damals zog er in letzter Minute seine Kandidatur zurück, bei der ich ihn mit großem Engagement unterstützt hatte, weil er das Amt des Präsidenten des Deutschen Evangelischen Kirchentags und seine Verpflichtungen gegenüber dem Ingelheimer Chemieunternehmen Böhringer nicht mit der Arbeitsbelastung eines Bundestagsabgeordneten vereinbaren konnte. Seit 1967 saß er im CDU-Bundesvorstand, in den er auf meinen Vorschlag hin vom Braunschweiger Bundesparteitag mit hoher Stimmenzahl hineingewählt worden war. Zwei Jahre später, nach der Bundestagswahl von 1969, zog er über die rheinland-pfälzische Landesliste in den Bundestag ein.

Anfang November 1968 hatte ich Richard von Weizsäcker gefragt, ob er bereit sei, zunächst parteiintern und dann in der Bundesversammlung, die im Mai 1969 stattfinden sollte, für das Amt des Bundespräsidenten zu kandidieren. Nach anfänglichem Zögern sagte er zu. Als sich in den Unionsparteien dann eine deutliche Mehrheit für Bundesaußenminister Gerhard Schröder abzeichnete, der unter anderem die volle Unterstützung der CSU hatte, empfahl ich Richard von Weizsäcker, seine Kandidatur zurückzuziehen. Das hatte nichts mit parteipolitischem Opportunismus zu tun. Eine Kampfabstimmung in der Unionsfraktion wäre aussichtslos und politisch unklug gewesen. Ich wollte Weizsäcker vor einer unnötigen Niederlage bewahren und seine Beschädigung vermeiden. Doch jetzt war er nicht bereit, auf die Kandidatur zu verzichten.

Im unionsinternen Wahlverfahren fiel die Entscheidung gegen meinen ursprünglichen Vorschlag, gegen Richard von Weizsäcker. Im Auswahlausschuss votierten nur 20 Mitglieder für Weizsäcker, während Gerhard Schröder 65 Stimmen auf sich vereinigen konnte.

Die Bundesversammlung wählte schließlich am 5. März 1969 im dritten Wahlgang den Sozialdemokraten Gustav Heinemann mit 512 von 1023 Stimmen bei 5 Enthaltungen zum Bundespräsidenten. Auf den Unionskandidaten Gerhard Schröder entfielen 506 Stimmen. Damit übernahm zum ersten Mal in der Geschichte der Bundesrepublik Deutschland ein Sozialdemokrat das höchste Amt im Staat. Ich bin sicher, dass Richard von Weizsäckers Chancen in der Bundesversammlung höher gewesen wären als die von Gerhard Schröder.

Die nächste Niederlage musste Richard von Weizsäcker hinnehmen, als die Bundestagsfraktion 1973 einen Nachfolger für Rainer

Barzel wählte, der zunächst vom Fraktions- und später auch vom Parteivorsitz zurückgetreten war. Gegen Karl Carstens traten im fraktionsinternen Wettbewerb Richard von Weizsäcker und Gerhard Schröder an. Als Mainzer Ministerpräsident war ich ständiger Bonner Gast und aufmerksamer Beobachter. Wäre ich Mitglied der Bundestagsfraktion gewesen, hätte ich Karl Carstens gewählt. Wenn Richard von Weizsäcker mich um Rat gefragt hätte, hätte ich ihm von einer Kandidatur abgeraten. Wozu ich ihn seit Ende der sechziger Jahre regelmäßig ermunterte, war, für den CDU-Bundesvorstand zu kandidieren, in den er immer mit den höchsten Stimmenzahlen gewählt wurde.

Auch setzte ich mich für Weizsäcker ein, als es um die Fortführung der Arbeit am CDU-Grundsatzprogramm ging. Mein Vorgänger Rainer Barzel hatte ihn 1971 zum Vorsitzenden der Programmkommission berufen. Als ich 1973 CDU-Bundesvorsitzender wurde, beauftragte ich ihn mit der Weiterentwicklung der Parteiarbeit. Weizsäcker lieferte glänzende Arbeit ab. Manche seiner programmatischen Ideen finden sich in den Grundsatzprogrammen der CDU wieder.

Im Mai 1974 stand wieder eine Bundespräsidentenwahl an. Sehr früh ließ der sozialdemokratische Amtsinhaber Gustav Heinemann erkennen, dass er nicht noch einmal kandidieren werde. Schnell wurde klar, dass ein Vorschlag der FDP gute Chancen hatte. Walter Scheel, der Hauptarchitekt der SPD/FDP-Regierungskoalition und amtierende Bundesaußenminister, wollte sich seinen Traum erfüllen und oberster Repräsentant der Deutschen werden. Er hatte es leicht, denn die sozialliberale Koalition verfügte in der Bundesversammlung über eine überzeugende Mehrheit. Bereits im Dezember 1973 nominierte sie Walter Scheel.

Meine Aufgabe als Parteivorsitzender bestand nun darin, einen Gegenkandidaten zu finden, der sich in aussichtsloser Position als Zählkandidat zur Verfügung stellen musste. In einem Vieraugengespräch mit Franz Josef Strauß schlug ich Richard von Weizsäcker vor, der mir zuvor seine Bereitschaft erklärt hatte. Da für die Union diesmal nichts zu gewinnen war, gab es auch keinen Streit. Der CSU-Chef signalisierte mir sehr zügig, dass seine Partei keinen eigenen Kandidaten aufstellen wolle, sondern den in Bayern keineswegs unumstrittenen CDU-Kandidaten unterstützen werde.

Bei der Wahl am 15. Mai 1974 wurde Walter Scheel dann erwartungsgemäß mit der Mehrheit von 530 Delegierten zum Bundespräsidenten gewählt. Als Unionskandidat konnte Richard von Weizsäcker 498 Stimmen auf sich vereinigen.

Im Bundestagswahlkampf 1976, bei dem ich als Kanzlerkandidat gegen Helmut Schmidt antrat, präsentierte ich für den Fall eines Wahlsiegs unter anderem auch den Vorsitzenden der CDU-Grundsatzkommission Richard von Weizsäcker für einen Ministerposten. Nachdem die Wahl knapp verlorengegangen war, schlug ich ihn zu einem meiner Stellvertreter im Amt des Fraktionsvorsitzenden vor. Im Mai 1979 schließlich hatte ich großen Anteil daran, dass er Vizepräsident des Deutschen Bundestags wurde. In einer Kampfabstimmung konnte er sich in der CDU/CSU-Bundestagsfraktion gegen Helga Wex durchsetzen. Eigentlich wäre er damals viel lieber Unionskandidat für das Amt des Bundespräsidenten geworden und hatte sich angesichts der Unionsmehrheit in der Bundesversammlung gute Chancen dafür ausgerechnet, nachdem er fünf Jahre zuvor auf mein Bitten hin als Zählkandidat gegen Walter Scheel angetreten war.

Diesmal hätte er seinen Traum erfüllen können, wenn – ja, wenn ich mich massiv für ihn eingesetzt hätte. Doch Karl Carstens wurde nicht nur von der CSU hoch favorisiert, sondern auch in der CDU und fand in der alles entscheidenden gemeinsamen Bundestagsfraktion riesigen Zuspruch. An ihm war kein Vorbeikommen. Auch ich wollte keinen anderen Kandidaten als Karl Carstens.

Weizsäcker dagegen konnte ich mir sehr gut in Berlin vorstellen. Die Berliner CDU brauchte dringend eine personelle Erneuerung, neue politische Ideen, um bei der Wahl zum Abgeordnetenhaus 1979 den angeschlagenen SPD-Senat abzulösen. Der 1975 von der RAF entführte und schließlich ausgetauschte Peter Lorenz war mehr als zwölf Jahre lang CDU-Landesvorsitzender; unter seiner Führung wurde die Partei sogar stärkste Fraktion im Abgeordnetenhaus. Die schreckliche Erfahrung der Entführung jedoch hatte Peter Lorenz tief getroffen. Er hatte viel von seinem Elan verloren.

Peter Lorenz im März 1975 während der Pressekonferenz nach seiner Freilassung

So suchte ich eine erfolgversprechende Lösung, die meinen langjährigen Mitstreiter und Freund weder politisch noch menschlich beschädigte. Aus der Berliner Partei bot sich niemand an. Folglich kam nur eine starke Persönlichkeit von außerhalb in Betracht. Ich lud Peter Lorenz nach Ludwigshafen ein und besprach meinen Personalvorschlag mit ihm. Ich werde ihm nie vergessen, mit welcher menschlichen Größe und Solidarität er den Weg für Richard von Weizsäcker freimachte.

Der zeigte sich zwar von meiner Idee überrascht, reagierte aber spontan sehr positiv darauf. Berliner Spitzenkandidat zu werden war eine besondere Herausforderung für ihn. Seit Ernst Reuters und Willy Brandts Zeiten war das Amt des Regierenden Bürgermeisters besonders angesehen und politisch attraktiv. Für einen außenpolitisch interessierten und versierten Politiker wie Richard von Weizsäcker bedeutete die Chance auf das Berliner Spitzenamt die Erfüllung eines Traums, den er als Oppositionspolitiker in Bonn Ende der siebziger Jahre kaum für möglich gehalten hätte.

Leider erfüllten sich unsere Pläne nicht so schnell wie gedacht.

Obwohl die CDU noch einmal kräftig zulegte und aus den Wahlen am 18. März 1979 mit 44,4 Prozent erneut als stärkste Fraktion hervorging, bildeten SPD und FDP wieder eine Regierungskoalition. Bei den vorgezogenen Wahlen am 10. Mai 1981 gewann dann die Berliner CDU mit ihrem Spitzenkandidaten Richard von Weizsäcker, der mittlerweile auch den Parteivorsitz in der geteilten Stadt übernommen hatte, genau 48 Prozent der Stimmen und bildete einen Minderheitensenat. Trotz aller Schwierigkeiten gelang es dem neuen Regierenden Bürgermeister, die Stadtpolitik in kürzester Zeit nach vorne zu bringen. Ab März 1983 ging er mit der FDP eine Koalition ein. Für Berlin hatte eine vielversprechende Ära begonnen.

Am 8. Juni 1983 erreichte mich ein Schreiben des Regierenden Bürgermeisters. Darin bedankte er sich vielmals bei dem lieben Helmut, »dass Du dem öffentlichen Streit über die Carstens-Nachfolge ein vorläufiges Ende bereitet hast [...]. Er war eine Zumutung für den Bundespräsidenten, er schadet dem Amt, und er entspringt durchsichtigen Interessen von einzelnen Leuten oder Gruppen in der Partei.«

Ganz herzlich bat mich Weizsäcker im Verlauf seines Schreibens,

> »[...] mir nach Möglichkeit *vor* Beginn Deiner Sommerpause eine gute halbe Stunde zur konzentrierten Erörterung dieses Themas zu schenken. Auf dem Parteitag bin ich von Stoltenberg, Wallmann, Albrecht und Späth darauf angesprochen worden. Die Frage ist von erheblichem Gewicht für das, was die Union auch über den Kreis ihrer Wähler hinaus im Hinblick auf Staatsbewusstsein, Grundwerte und Offenheit der Gesellschaft erreichen will und muss.
> Bitte, habe Verständnis für mein dringendes Bedürfnis, mit Dir in gewisser Ruhe darüber zu beraten.
> Herzliche Grüße
>
> Dein Richard«

Dieses leicht verschlüsselte Bewerbungsschreiben für das Amt des Bundespräsidenten wusste ich zu deuten, und es veranlasste mich, die parteiinterne Entscheidungsfindung auf die Zeit nach der Sommerpause festzusetzen. Ganz klar war mir – und das nicht erst seit diesem Brandbrief –, wie wichtig Richard von Weizsäcker eine Vorentscheidung zu seinen Gunsten war. Gleichzeitig hatte er mich mit seinem Brief wissen lassen, dass einflussreiche Köpfe der Partei wie Gerhard Stoltenberg, Walter Wallmann, Ernst Albrecht, der sich selbst aus dem Rennen genommen hatte, und Lothar Späth genauso dachten wie er. Das war ein deutlicher Hinweis, dass wichtige Parteistrategen darauf drängten, ihn auf den Schild zu heben und die Kandidatendiskussion zu beenden.

Ich erinnere mich noch gut an ein Gespräch im Bundeskanzleramt. Bei unserem ausführlichen Diskurs über die politische Lage in der geteilten Stadt erläuterte ich Weizsäcker die Vorbehalte, die ich vor allem als CDU-Vorsitzender gegen seine Kandidatur für das Amt des Bundespräsidenten hegte. Mir war es vor allem um die Gefahr eines Machtverlusts bei der nächsten Abgeordnetenhauswahl zu tun. Schon bei der Suche nach einem geeigneten Lorenz-Nachfolger hatte sich die Berliner Personaldecke als zu dünn erwiesen. Auch drei Monate nach Bildung der CDU/FDP-Koalition hatte sich nichts daran geändert. Konnte man es den Berlinern, den CDU-Wählern, den Weizsäcker-Wählern tatsächlich zumuten, ihren Spitzenmann wieder abzuziehen? Lag das höhere Gut nicht in der personellen Kontinuität für eine Stadt, die unter der deutschen Teilung litt wie keine andere? Würden sich die West-Berliner nicht von der CDU verschaukelt fühlen, wenn der Westimport die Frontstadt wieder verließ? Fragen über Fragen, die uns in unserem einstündigen Tête-à-tête beschäftigten.

Beim Abschied von meinem langjährigen Duzfreund, dem ich bisher noch kaum einen Wunsch abgeschlagen hatte, spürte ich, wie sehr sich Richard von Weizsäcker wünschte, die Entscheidung zu seinen Gunsten in der Partei herbeizuführen. Sein leidenschaftliches Auftreten in eigener Sache war mir absolut neu und schien mir wohlüberlegt zu sein. Alle meine Bedenken, die ich der Berliner Lage wegen ausführlich begründete, schienen ihn nicht zu

Der Regierende Bürgermeister Richard von Weizsäcker im Gespräch mit Berlinern

berühren. Er wollte Bundespräsident werden, und diesem Ziel sollte die Partei, sollte der Parteivorsitzende folgen. Das war der Grund für seinen Besuch im Kanzleramt.

Im Sommer und Herbst 1983 wiesen alle Signale in Sachen Carstens-Nachfolge tatsächlich auf eine Weizsäcker-Kandidatur hin. Eines war allerdings von Anfang an klar: dass es sehr schwer sein würde, den Regierenden Bürgermeister als gemeinsamen Kandidaten von CDU und CSU zu präsentieren. Auf meinen schon legendären Waldspaziergängen mit dem bayerischen Ministerpräsidenten war die Weizsäcker-Bewerbung spätestens nach dem Sommerurlaub ein Thema unter vielen. Franz Josef Strauß mochte den adligen Diplomatensohn nicht, er hatte erhebliche Bedenken gegen den Mann aus Berlin. Dabei schienen auch ihn meine Vorbehalte wegen eines zu befürchtenden Machtverlusts in Berlin wenig zu berühren. Ihm ging es um das politische Profil des Kandidaten, der in wichtigen Fragen der Deutschland- und Außenpolitik erheblich von Straußens Position abwich.

Unvergesslich war dem Bayern das Gerangel um die Ostverträge, bei dem sich Richard von Weizsäcker als Abweichler vom Unionskurs profiliert hatte. Auch diese Problematik hatte ich

Weizsäcker bei unserem Bonner Treffen zu erklären versucht, ohne die Position des CSU-Vorsitzenden zu teilen.

Ich konnte es drehen und wenden, wie ich wollte: Die Personalie Weizsäcker war nicht einfach. Triftige Gründe sprachen gegen seine Kandidatur. Als verantwortungsbewusster Parteiführer hatte ich die persönlichen Ambitionen des Berliner Kandidaten hintanzustellen und mich auf die Suche nach einer personellen Alternative zu begeben.

Unterdessen erreichte mich die Kopie eines Schreibens des Regierenden Bürgermeisters an den bayerischen Ministerpräsidenten. Franz Josef Strauß hatte in einem Zeitungsinterview vom 21. Oktober 1983 Gedanken zur Präsidentenfrage geäußert und sich in meinem Sinne vorsichtig für einen Verbleib Weizsäckers in Berlin ausgesprochen. Darauf reagierte der Gekränkte sofort mit einem weiteren ausführlichen Bewerbungsschreiben – diesmal an den CSU-Vorsitzenden. Darin beschrieb er die CDU-Situation und die Chancen der Partei bei der nächsten Wahl. Seine Sicht fiel erwartungsgemäß so aus, dass bei einem Weggang des amtierenden Bürgermeisters kein Schaden für die CDU entstehen würde:

»Für Berlin sprechen Sie von einer Aufgabe, zu integrieren und wechselnde Wähler bei uns zu halten. So sehe ich es auch. Nur gilt diese Aufgabe nicht nur für unsere ›labilen‹ Länder, sondern erst recht für das Signal, welches die Union bei der Carstens-Nachfolge setzt. Ob die Union gerade bei dieser Frage Chancen zu parteiübergreifender Integration wahrnimmt, wird das Bild der Union bei Wechselwählern und ›Wechselmedien‹ erheblich beeinflussen.
Monatelang haben wir die Medien im Zusammenhang mit der Präsidentenfrage praktisch ausschließlich über Berlin spekulieren lassen. Ich habe bisher geschwiegen, weil ich ausdrücklich darum gebeten worden bin, aber auch weil ich dem Amt eine zu hohe Bedeutung zumesse, als dass ich hätte sagen wollen, es ginge mich nichts an und es wäre zweitrangig, wer nominiert würde. Das wäre nicht die Wahrheit. Ich habe nicht die Absicht, Propaganda für mich zu betreiben. Aber

> ich habe Mitverantwortung für die Entscheidung, die uns bevorsteht. Jeder von uns hat seine Stärken und Schwächen. Mein Beitrag zu unserem Staat und für die Union lag schon bisher – teils zur Freude und teils zum Ärger in den eigenen Reihen – mehr bei der Integration, auch in Wählerschichten anderer demokratischer Parteien hinein. Das ist bekannt und wird seine öffentlichen Auswirkungen für uns haben, wie auch immer wir uns in der Präsidentenfrage entscheiden.
> Selbstverständlich kann man über dies alles verschiedener Meinung sein. Daher muss es in den Gremien erörtert und entschieden werden, und zwar unverzüglich. Der Schaden, der entstanden ist, weil geschwiegen wurde, obwohl die Probleme und Chancen seit langem bekannt sind, ist in Berlin unabhängig vom Ausgang schon groß genug [...].
> Wer von meiner Tätigkeit in Berlin so viel hält, wie ich es immer wieder höre, der sollte nicht versuchen, das Problem ohne meine verantwortliche Beteiligung zu lösen [...].«

In diesem Zusammenhang erinnere ich mich an Schlagzeilen aus dem Sommer 1992. Zwei Jahre vor dem Ende seiner zweiten Amtszeit als Bundespräsident gab Richard von Weizsäcker zwei Redakteuren der *Zeit* ausführliche Interviews. Daraus entstand ein Buch, in dem der amtierende Präsident mit den Parteien abrechnete und der Bundesrepublik ein schlechtes Zeugnis ausstellte, vor allem in bezug auf den Vereinigungsprozess. Der Bundespräsident tadelte den Machtanspruch der Parteien und warnte davor, die Politik als Selbstzweck zu verstehen, indem er unter anderem sagte:

> »Nach meiner Überzeugung ist unser Parteienstaat von beiden zugleich geprägt, nämlich machtversessen auf den Wahlsieg und machtvergessen bei der Wahrnehmung der inhaltlichen und konzeptionellen politischen Führungsaufgabe.«

Das war eine Ohrfeige für alle, die sich bis an die Grenze ihrer Leistungsfähigkeit für die Politik aufreiben.

An anderer Stelle sagte Richard von Weizsäcker in einem Interview:

> »Heute haben wir's zunächst und vor allem mit einem gewaltigen Bedarf in der Gesellschaft nach Orientierung zu tun [...]. Ich finde es notwendig und legitim, dass sich Politiker solcher Orientierungsfragen mit großem Interesse annehmen [...]. Statt dessen hört die Bevölkerung leider weit mehr vom Kampf um Posten, von Parteiinteressen, ihrer Organisation und ihren materiellen Grundlagen [...]. Der Hauptaspekt des ›erlernten‹ Berufs unserer Politiker besteht in der Unterstützung dessen, was die Partei will, damit sie einen nominiert möglichst weit oben in den Listen [...]. Dass Abgeordnete Vertreter des ganzen Volkes und nicht allein ihrer Partei sind, muss immer wieder in Erinnerung gerufen werden [...]. Bei uns ist ein Berufspolitiker im allgemeinen weder ein Fachmann noch ein Dilettant, sondern ein Generalist mit dem Spezialwissen, wie man politische Gegner bekämpft [...].«

Weizsäckers Pauschalkritik fand ich ungerecht und selbstgefällig. Er bestärkte eher bestehende Vorurteile und leistete den Extremisten ungewollte und unerwünschte Schützenhilfe. Seine Definition dessen, was einen Berufspolitiker auszeichnet, hatte Stammtisch-, aber nicht Präsidentenniveau. Wer im Glashaus sitzt, sollte nicht mit Steinen werfen.

Beim Präsidentenpoker des Jahres 1983 erreichte mich drei Tage nach Allerheiligen im Kanzleramt ein außergewöhnliches Dokument:

> »Lieber Helmut,
> verzeih die Handschrift. Ich schreibe wegen einer Halsentzündung im Bett. Verzeih mir ferner, dass ich Dich wegen der Präsidentenfrage noch einmal behellige.
> Meine erste Bitte lautet: Die Entscheidung muss, mindestens faktisch, vor der Nachrüstungsdebatte fallen. Ich kenne

Deine Bedrängnis mit wichtigsten Problemen. Aber der Druck ist einfach zu stark. Unter den Forderungen und Verunglimpfungen der Medien leiden wir alle täglich. Die treuesten Freunde werden unsicher. Es ist die alte Erfahrung: Je länger die Unentschiedenheit dauert, desto mehr wachsen Bedenken gegen jede Lösung und jeden Kandidaten. Wenn eine Entscheidung getroffen ist, kann jeder mit ihr leben.
Zur Entscheidung selbst: Die Union hat in Deutschland eine Machtstellung wie nie zuvor, nimmt man Bund, Länder und Kommunen zusammen. Aber die Stellung ist nicht gesichert. Wechselwähler und Wechselmedien sind zahlreich. Sie halten Ausschau nicht nur nach unseren wirtschaftlichen und sozialen Erfolgen, sondern nach unserer Kraft, eine zum Teil verängstigte und auseinanderlaufende Gesellschaft wieder zusammenzubringen.
In Worms am Sonntag sagte W. Scheel: Zum ersten Mal in der Nachkriegszeit habe in der Bundesversammlung eine Fraktion sowohl die Mehrheit als auch einen Kandidaten, den die anderen Fraktionen zumeist ebenfalls wählen würden. Es werde sich bei der Bevölkerung tief auswirken, ob man diese völlig außergewöhnliche Situation nutze oder nicht. Denn das Präsidentenamt werde dort nicht so geringschätzig oder gar zynisch gesehen wie bei vielen Politikern und Journalisten.
Die parteipolitischen Überlegungen sind völlig legitim. Zu ihnen gehören freilich nicht nur Landtagswahlen, sondern erst recht die Präsidentenwahl selbst. Alle Nominierungen von Kandidaten in der Nachkriegszeit sind durch die jeweils mächtigsten Politiker erfolgt und wurden über kurz oder lang zum Test für sie selbst. Alle bisherigen Präsidentenwahlen waren von großer atmosphärischer Bedeutung. Jede für sich war ein unvergleichliches Barometer, ein Seismograph für Grundströmungen in der Bevölkerung, aber auch für die künftige Machtentwicklung. So ist es auch diesmal. Positive oder negative Auswirkungen sind möglich. Sie treffen primär Dich.

Ich würde eine kräftige Kampagne in unseren Gremien führen, ginge es um einen anderen Kandidaten als mich. Aber schweigen kann ich nicht. Die Berliner Situation habe ich voll vor Augen. Dass es nur von Berlin her besser wäre, wenn ich bliebe, ist wahr. Es gibt keine Nachfolge ohne jedes Risiko. Aber es gibt die politische Führungsaufgabe, in einem Widerstreit abzuwägen und Risiken verantwortlich einzuschätzen. Das ist primär Deine Aufgabe, aber auch die meinige. Ich kann mich dabei nicht an Ratgeber halten, die mir einerseits meine Unersetzlichkeit in Berlin bescheinigen, andererseits aber die Fähigkeit zur Beurteilung der Berliner Situation absprechen. Ich habe Dir hierzu in voller persönlicher Verantwortung meine Vorschläge gemacht. Sie sind in der Partei und in den Medien dann durchzusetzen, wenn wir zwei sie zusammen tragen. Darum bitte ich dich.

Herzliche Grüße

Dein Richard«

Meine Skepsis blieb. Ich stand nicht unter Zeitdruck. In der Sitzung der Bundestagsfraktion vom 8. November 1983 ging ich auf die Bundespräsidentenfrage ein und erklärte, dass es keine »Entscheidungsschwäche« sei, wenn ich erst etwa ein halbes Jahr vor der Wahl des Bundespräsidenten einen Kandidaten präsentieren würde, hinter dem die Partei geschlossen stehen könne. Angesichts ihrer absoluten Mehrheit in der Bundesversammlung falle den Unionsparteien eine besonders große Verantwortung im Umgang mit dem hohen Staatsamt zu. Meine Absicht war auch, mit den Parteivorsitzenden von SPD und FDP zu sprechen.

In Fragen der Deutschlandpolitik versuchte Richard von Weizsäcker immer wieder, eigene Wege zu gehen. Mein Problem war nicht so sehr, dass er damit Bereiche und Zuständigkeiten der Bundesregierung tangierte. Mir ging es vielmehr um die politische Abstimmung, die zwischen dem Regierenden Bürgermeister von Berlin und dem Bundeskanzler einfach zwingend war. Doch davon hielt Weizsäcker nicht sehr viel. Hinzu kam, dass unsere Einschätzungen zur Situation in der DDR unterschiedlich waren und dass zwischen uns auch in Grundfragen hinsichtlich des Umgangs mit der SED-Diktatur immer weniger Übereinstimmung herrschte. Unübersehbar war der Einfluss gewisser Kreise der evangelischen Kirche in beiden deutschen Staaten auf ihn. Dass er intensive Kontakte zu diesen Kirchenkreisen pflegte, führte dazu, dass er in der Frage der deutschen Einheit eine von weiten Teilen der Union deutlich abweichende Vorstellung entwickelte. Weizsäckers Annäherung an den deutschlandpolitischen Kurs der SPD war mit Händen zu greifen.

Während seiner anschließenden zehnjährigen Amtszeit blieb eine spürbare Distanz zwischen uns beiden. Im Zusammenhang mit der Wende von 1989 gehörte Weizsäcker in mancher Hinsicht zu den Bedenkenträgern, vor allem, als es um den Beitritt der DDR nach Artikel 23 des Grundgesetzes ging. Die Freude über meine Erfolge in der Deutschlandpolitik, vor allem bei den schwierigen und verschlungenen Wegen zur deutschen Einheit, hielt sich bei ihm in Grenzen.

*

Mitte Dezember 1983 hatte ich meine Sondierungen mit den Mitgliedern des CDU-Präsidiums, allen Landesvorsitzenden und mit der Fraktionsspitze der Union abgeschlossen. Auch mit Franz Josef Strauß war ich übereingekommen, der Bundesversammlung am 23. Mai 1984 den Regierenden Bürgermeister Richard von Weizsäcker als Nachfolger von Bundespräsident Karl Carstens vorzuschlagen. Es bot sich keine Alternative mehr zu Weizsäcker an, nachdem Ernst Albrecht nicht bereit war, zu kandidieren. Es gab aber auch keinen Zweifel daran, dass Richard von Weizsäcker die Fähigkeit besaß, über die Parteigrenzen hinweg viele Bürger anzusprechen und zu repräsentieren.

Die Bundesversammlung wählte Richard von Weizsäcker mit 832 von 1017 gültigen Stimmen zum sechsten deutschen Bundespräsidenten. SPD und FDP verzichteten auf einen Gegenkandidaten. Zahlreiche Delegierte der Oppositionsparteien votierten ebenfalls für Weizsäcker. Keiner seiner Vorgänger hatte je so viele

Richard von Weizsäcker wird als Bundespräsident vereidigt

Stimmen aus dem anderen Lager erhalten, es war ein großer Erfolg. Die Gegenkandidatin der Grünen, die Schriftstellerin Luise Rinser, erhielt 68 Stimmen.

Der Weggang Richard von Weizsäckers aus Berlin war ein herber Verlust für die Stadt. Es entstand eine unbestreitbare Lücke. Trotzdem war ein entscheidender neuer Ansatz in Berlin gelungen, indem zunächst eine Beruhigung in der Stadt, die Wiederherstellung der Achtung vor dem Recht und damit ein Stimmungsumschwung erreicht worden waren. Auf der Grundlage dieses Umschwungs erfolgte der notwendige strukturelle Neuansatz. Dafür waren die ganze Senatsmannschaft, unsere Partei und die Koalition von CDU und FDP verantwortlich.

Ein Beispiel für diesen Neuansatz war die eingeleitete Wirtschaftsstrukturpolitik, die eine Modernisierung des Standorts Berlin zum Ziel hatte und zu diesem Zweck erstmals die Bedingungen für eine konkrete und wirkungsvolle Zusammenarbeit von Wissenschaft, Wirtschaft und Finanzen schuf. Durch die Berliner Wirtschaftsförderung wurden nicht mehr nur die Schwächen der isolierten Lage der Stadt gelindert, sondern ihre Stärken gefördert, die im Bereich moderner Technologie lagen. Wichtig waren auch die Neuansätze der Sozialpolitik nach dem Prinzip der Subsidiarität, das hieß, es gab keine Leistungen zum Nulltarif mehr, sondern gesicherte Hilfe für die Schwachen, Mithilfe durch die Starken, einen Neuaufbau der Sozialstationen und neue Sozialhilferegelungen. Zu verweisen war auch auf die fühlbaren Fortschritte in der Ausländerpolitik, die unter anderem keine weitere Steigerung der Ausländerzahl vorsah, sondern auf die Förderung der Integration setzte. Hinzu kamen der Ausbau der wissenschaftlichen, kulturellen, künstlerischen und geistigen Rolle Berlins.

15.
Wirtschaftliche Erneuerung

Die letzten Jahre der sozialliberalen Regierung waren gezeichnet von wirtschaftlicher Rezession, steigender Arbeitslosigkeit, einer dramatisch ansteigenden Zahl von Firmenzusammenbrüchen, wachsender öffentlicher Verschuldung, hoher Inflation, steigender Abgabenlast, unpopulären Leistungskürzungen und wachsenden gesellschaftlichen Spannungen. Auf die Jahre der Wachstumseuphorie und den überzogenen Glauben an die Machbarkeit und Steuerbarkeit wirtschaftlicher und sozialer Prozesse in der Regierungszeit von Willy Brandt war bereits unter Helmut Schmidt zunehmende Ernüchterung gefolgt. 1982 hatte sich in Wirtschaft und Bevölkerung tiefer Pessimismus ausgebreitet, die Menschen waren verunsichert, ein klarer und glaubwürdiger wirtschaftspolitischer Kurs war für sie nicht erkennbar, es fehlte an Vertrauen in die Politik und Zuversicht in die Zukunft.

Unter den CDU-geführten Bundesregierungen unter Konrad Adenauer, Ludwig Erhard und Kurt Georg Kiesinger in den fünfziger und sechziger Jahren hatten die Deutschen zwei Jahrzehnte ungebrochenen Wachstums erlebt. Während die deutsche Wirtschaftspolitik dieser Jahre auch weltweit Beachtung und Anerkennung fand, wurden danach die stabilitätspolitischen Ziele mehr und mehr verfehlt. Die krisenhaften Entwicklungen spitzten sich zu und schränkten die Handlungsmöglichkeiten des Staates immer weiter ein.

In der Wirtschaftspolitik hatte sich die sozialliberale Regierung die zunächst in vielen westlichen Ländern verbreiteten Lehren des britischen Nationalökonomen John Maynard Keynes zu eigen gemacht, die dieser aus der verheerenden Weltwirtschaftskrise Ende der zwanziger Jahre gezogen hatte. Statt Konjunktureinbrüche durch drastische Ausgaben- und Einkommenskürzungen – wie es eine »prozyklische« Wirtschaftspolitik täte – zu verschärfen, sollten wirtschaftliche Abschwünge durch eine kräftige Nachfragestimulierung des Staates – also durch eine »antizyklische« Wirtschaftspolitik – bekämpft werden.

Die keynesianisch geprägte Nachfragesteuerung, die insbesondere unter Wirtschaftsminister Karl Schiller in den siebziger Jahren als »Globalsteuerung« bekannt wurde, war inzwischen jedoch längst an ihre Grenzen gestoßen. Die zur Bekämpfung der Arbeitslosigkeit aufgelegten staatlichen Ausgabenprogramme erfüllten die in sie gesetzten Erwartungen nicht, während die Staatsverschuldung von Jahr zu Jahr sprunghaft anstieg. Verschärfend kam hinzu, dass sich die Geldpolitik nicht nur in Deutschland verstärkt dem Ziel der Geldwertstabilität zuwandte und zur Alimentierung einer expansiven Ausgabenpolitik nicht mehr zur Verfügung stand. Auch die Deutsche Bundesbank hatte mit Blick auf ihren eigentlichen Auftrag, die Stabilität der D-Mark zu wahren, einen restriktiven Kurs in der Geldpolitik eingeschlagen.

Die expansive Ausgabenpolitik der sozialliberalen Regierung hatte nicht nur wirtschaftspolitische Ursachen. Unter Willy Brandt waren, programmatisch gewollt, die Weichen für eine massive Ausweitung staatlichen Handelns gestellt worden. In der Folge wurden durch die wachsende Umverteilung über den Staat privatwirtschaftliche Aktivität und persönliche Eigenverantwortung zunehmend zurückgedrängt. Auf die öffentlichen Haushalte und die Wettbewerbsfähigkeit der Unternehmen hatte dieser wohlfahrtsstaatliche Kurs insbesondere mit den fortschreitend ausgebauten Regulierungen auf dem Arbeitsmarkt und erweiterten Mitbestimmungsrechten für Arbeitnehmer sowie mit den massiv gestiegenen Sozial- und Transferleistungen besonders in der Renten- und Krankenversicherung eine fatale Wirkung. Belastend wirkten zugleich überzogene Lohnabschlüsse der Tarifparteien, die sich nicht am Machbaren, also am verteilbaren Produktivitätsfortschritt, ausrichteten, sondern am Wünschenswerten. In der Summe drohte der Bundesrepublik eine Erosion ihrer wirtschaftlichen Basis.

Der einstmals von Willy Brandt verkündete Slogan »Mehr Demokratie wagen« war zu ergänzen um die praktischen Konsequenzen dieser Politik, die sich auf die Formel bringen ließen: die Belastbarkeit der deutschen Wirtschaft testen. Dieses Szenario drohte gefährliche Wirklichkeit zu werden. Helmut Schmidt hatte diese Haltung anfänglich noch mit der Aussage auf den Punkt gebracht, ihm seien 5 Prozent Inflation lieber als 5 Prozent Arbeitslosigkeit. Am Ende seiner Regierungszeit hatte er, mit allen schwerwiegenden Folgen, beides: hohe Inflation und hohe Arbeitslosigkeit.

Die Entwicklung lässt sich anhand von wenigen Kennziffern verdeutlichen: Die Zahl der Arbeitslosen hatte sich unter den sozialliberalen Regierungen um ein Vielfaches erhöht. Während 1970 nur 149 000 Menschen oder 0,7 Prozent von Arbeitslosigkeit betroffen waren, waren es 1982 über 1,8 Millionen Menschen oder 7,5 Prozent beziehungsweise – mit der üblichen Wirkungsverzögerung – bis 1983 rund 2,3 Millionen Menschen oder 9,1 Prozent. Gleichzeitig war die Investitionsbereitschaft der Unternehmen denkbar gering. So gingen die Ausrüstungsinvestitionen der Unternehmen 1982 gegenüber 1981 um rund 7 Prozent zurück. 1969 waren sie dagegen um rund 20 Prozent gegenüber dem Vorjahr gestiegen.

Während die Wirtschaft 1969 mit gut 7,5 Prozent gewachsen war, schrumpfte das Bruttoinlandsprodukt 1982, im Jahr meiner Regierungsübernahme, gegenüber dem Vorjahr real um etwa 1 Prozent. Die Inflationsrate, die 1969 bei rund 2 Prozent lag, betrug 1982 5,2 Prozent. Die Verschuldung der öffentlichen Haushalte stieg von 1969 bis 1982 von rund 118 auf rund 615 Milliarden DM. Gemessen als Anteil am Bruttoinlandsprodukt, hatte sich die Verschuldung der öffentlichen Hand in diesem Zeitraum damit verdoppelt, von rund 20 Prozent auf rund 39 Prozent. Auch der Anteil am Bruttoinlandsprodukt, den der Staat für seine Ausgaben beanspruchte, war deutlich gewachsen: Die Staatsquote lag 1982 bei rund 49 Prozent nach rund 39 Prozent 1969. Fast die Hälfte dessen, was in Deutschland erwirtschaftet wurde, wurde 1982 also über den Staat umverteilt.

Trotz einer insgesamt schwierigen weltwirtschaftlichen Lage

und angesichts der neuen Herausforderungen, vor denen die Wirtschaftspolitik nicht zuletzt vor dem Hintergrund der beiden sogenannten Ölpreisschocks in den siebziger Jahren stand, war diese Entwicklung und die damit verbundene Vertrauenskrise, die 1982 verstärkt hervortrat, vor allem hausgemacht. Sie war das Ergebnis einer wirtschafts- und gesellschaftspolitischen Weichenstellung, die die sozialliberale Regierung unter Willy Brandt 1969 eingeleitet hatte und die auch sein Nachfolger Helmut Schmidt trotz aller Bemühungen nicht umkehren konnte.

Um den vor allem strukturellen Fehlentwicklungen zu begegnen, war ein grundlegender Wechsel von der expansiven, nachfrageorientierten Politik hin zu einer wachstumsorientierten Politik notwendig, die die Verbesserung der Angebotsbedingungen wieder stärker im Blick haben musste. Wir brauchten eine neue Weichenstellung mit einer Rückbesinnung auf die Prinzipien der sozialen Marktwirtschaft in der Tradition Ludwig Erhards.

*

Bereits in der Opposition hatte sich die Union programmatisch auf die notwendige Umsteuerung vorbereitet. Auch in der FDP gewannen die Vertreter einer stärker angebotsorientierten Politik zunehmend die Oberhand. Am deutlichsten hatte im September 1982 der Wirtschaftsminister der SPD/FDP-Koalition, Otto Graf Lambsdorff, diesen Kurswechsel in seinem sogenannten Lambsdorff-Papier angemahnt, das auch den Ausschlag für den endgültigen Bruch der Regierungskoalition gab und damit das Ende der Regierung Helmut Schmidt einläutete.

Nach Jahren expansiver, wohlfahrtsstaatlicher Politik ging es für uns folglich nicht nur darum, den notwendigen Konsolidierungskurs einzuleiten und verbesserte Rahmenbedingungen zu schaffen. Wir mussten vielmehr eine regelrechte ideologische Zäsur auch in der Wirtschafts- und Finanzpolitik durchsetzen. Wir brauchten eine Politik, die wieder mehr auf den einzelnen und den Markt setzte, während sich der Staat im Umkehrschluss auf seine Kernaufgaben konzentrierte. Für ebendiese Zäsur stand mein Anspruch, auch im Bereich der Wirtschafts- und Finanzpolitik eine geistig-moralische Wende einzuleiten.

In meiner ersten Regierungserklärung als Bundeskanzler am 13. Oktober 1982 beschrieb ich die Ziele und Elemente der neuen Wirtschafts- und Finanzpolitik. Ich machte vor allem deutlich, dass es sich um einen grundlegenden, langfristig angelegten Kurswechsel handelte, um eine Politik der Erneuerung der sozialen Marktwirtschaft. Dazu war es notwendig, den überhöhten Staatsanteil zurückzuführen, die Steuer- und Abgabenlast dauerhaft zu verringern und die private Investitionskraft zu stärken.

Ludwig Erhards Konzept der sozialen Marktwirtschaft, das er mit seinen Mitstreitern, insbesondere mit seinem Staatssekretär Professor Alfred Müller Armack, in den fünfziger Jahren verwirklicht hatte, begründete in seiner mutigen Umsetzung in der Regierungszeit Konrad Adenauers den rasanten wirtschaftlichen Wiederaufstieg der Bundesrepublik. Was als »Wirtschaftswunder« weltweit Anerkennung gefunden hat, war in Wahrheit die einmalige Kraftanstrengung von Millionen von Menschen. Sie nutzten den an freiheitliche Prinzipien gebundenen Spielraum ebenso für sich selbst wie für andere, so dass Investitionen rasch rentabel wurden, Arbeitsplätze entstehen konnten und sozialer Fortschritt möglich wurde – kurzum, Erhards »Wohlstand für Alle« schrittweise realisiert werden konnte.

In meiner Regierungserklärung unterstrich ich, dass die soziale Marktwirtschaft nicht allein Wohlstand bedeutet, sondern auch eine soziale Friedensordnung begründet. Das zentrale Anliegen ist, das Prinzip der »Freiheit auf dem Markte« mit dem des »sozialen Ausgleichs« zu verbinden. Freie Initiative und das kreative Potential der Gesellschaft sollen in den Dienst der gesamtwirtschaftlichen Entwicklung des Landes wie auch des sozialen Fortschritts gestellt werden. Ganz im Gegensatz zu sozialistischen oder ähnlichen Ansätzen kommt »Wohlstand für Alle« gerade nicht dadurch zustande, dass möglichst viel Einkommen und Vermögen über den Staat verteilt wird, sondern dadurch, dass sich möglichst viele Mitglieder der Gesellschaft aktiv am Prozess der Leistungserstellung beteiligen und entsprechend ihrem Beitrag am Ergebnis teilhaben. Nur wer aus Gründen, die er nicht selbst zu vertreten hat, kein ausreichendes Leistungseinkommen erzielen kann, hat im Sinne der Hilfe zur Selbsthilfe Anspruch auf Unterstützung der Gesellschaft, des Staates.

Am 27. Oktober 1982, in der 100. Kabinettssitzung der laufenden Legislaturperiode, der dritten Sitzung des neuen Bundeskabinetts, wurden Entscheidungen von großer Tragweite getroffen, die Gerhard Stoltenberg, Otto Graf Lambsdorff und Norbert Blüm optimal vorbereitet hatten. Wir leiteten damit erste dringliche Maßnahmen ein und stellten die Weichen für die mittelfristige Konsolidierung. Das dreiundzwanzigseitige Beschlussprotokoll hält unter anderem fest: Neben kurzfristigen weiteren Einsparungen in den öffentlichen Etats für 1983 in Höhe von über 8,5 Milliarden DM sollte die Erhöhung der Bezüge von Beamten und Rentnern um sechs Monate verschoben, die Eigenbeteiligung bei der gesetzlichen Krankenversicherung vorsichtig erweitert, das starre Mietrecht zugunsten privater Investoren im rückläufigen Mietwohnungsbau gelockert und die Mehrwertsteuer von 13 auf 14 Prozent erhöht werden, um Maßnahmen zur Wiederbelebung der Wirtschaft zu finanzieren, insbesondere um den Mittelstand steuerlich zu entlasten.

Gegen heftige Kritik von SPD-Opposition und Gewerkschaften verabschiedete der Bundestag Mitte Dezember die von uns vorgelegten Entwürfe. Eine Zahl mag die Brisanz der Beschlusslage verdeutlichen: Ohne unsere schnellen gesetzgeberischen Beschlüsse wäre die Haushaltslücke im Jahr 1983 allein beim Bund nach rund 40 Milliarden DM 1982 sprunghaft auf über 50 Milliarden DM angestiegen. Durch unser Sparprogramm konnten wir den Ansatz für die Neuverschuldung im Entwurf 1983 auf rund 40 Milliarden DM begrenzen und tatsächlich sogar auf rund 32 Milliarden DM zurückführen.

Wie rasch unser Kurs griff und Vertrauen und Akzeptanz wuchsen, zeigten die schnell einsetzende wirtschaftliche Belebung und der Stimmungsumschwung. Die Ausrüstungsinvestitionen der Unternehmen und der private Verbrauch stiegen 1983 nach zwei Jahren rückläufiger Entwicklung erstmals wieder an. Nachdem die Wirtschaft zum Ende der Amtszeit von Helmut Schmidt um fast 1 Prozent geschrumpft war, wuchs das Bruttoinlandsprodukt 1983 schon wieder um 1,5 Prozent. Die Aufwärtsbewegung fiel deutlicher aus, als angesichts der schwierigen Ausgangslage von fast allen erwartet worden war.

Zum Jahresende 1983 waren wir auf dem Weg zur Gesundung der Staatsfinanzen und zur Belebung der Wirtschaft einen wichtigen Schritt vorangekommen. In kürzester Zeit hatten wir mit einer Vielzahl verschiedenster Maßnahmen richtungweisende Akzente gesetzt. Wir hatten steuerliche Entlastungen für die Wirtschaft, Einschränkungen bei den Leistungsgesetzen, Maßnahmen zur stärkeren Eigenbeteiligung im Bereich der sozialen Sicherung und eine nachhaltige Dämpfung konsumtiver Ausgaben beschlossen.

Wir hatten 1983 auch einen Grundsatzbeschluss über die Eckdaten für den Bundeshaushalt 1984 und die Folgejahre bis 1987 gefasst. Um der expansiven Ausgabendynamik gegenzusteuern, sollten die Ausgaben des Bundes 1984 nur um rund 2 Prozent und in den Folgejahren um 3 Prozent steigen. Wie ehrgeizig diese Zielsetzung war, zeigt sich daran, dass zwischen 1969 und 1982 der Anstieg der Bundesausgaben nur einmal unter 5 Prozent und im Durchschnitt bei rund 9 Prozent gelegen hatte.

Jetzt sollte die Neuverschuldung 1984 auf unter 40 Milliarden DM und bis 1987 auf eine Größenordnung von rund 25 Milliarden DM zurückgeführt werden. Die Konsolidierung des Bundeshaushalts sollte nicht über Steuererhöhungen finanziert werden, sondern durch eine nachhaltige Dämpfung der Ausgabendynamik und gezielte Ausgabenkürzungen vor allem im konsumtiven Bereich.

Das weite Spektrum der von uns konkret ergriffenen Maßnahmen steht auch für den schwierigen Balanceakt, den die kritische Wirtschafts- und Finanzlage erforderte. Es galt, auf breiter Basis eine überzeugende Konsolidierungspolitik einzuleiten, um bei den Bürgern notwendiges Vertrauen und über die Rückführung der jährlichen Neuverschuldung neuen wachstumspolitischen Handlungsspielraum für die öffentlichen Haushalte zu gewinnen.

Die Konsolidierung der öffentlichen Haushalte war das Kernstück unseres Kurswechsels. Sie hatte erste Priorität. Zugleich durfte die Nachfrage nicht über Gebühr gedrosselt, mussten die Rahmenbedingungen für private Investitionen weiter verbessert und die konsumtiven öffentlichen Ausgaben zugunsten einer investiven Verwendung der Mittel verlagert werden.

Mit unserer Einschätzung, dass wir vor einer schwierigen Doppelaufgabe standen, sahen wir uns im Einklang mit den unabhängigen Wirtschaftsexperten. Dem musste auch die vorgesehene Senkung der Abgabenlast bei Unternehmen und Bürgern Rechnung tragen. Wir machten mit unseren Entscheidungen deutlich, dass es – bei klarem Vorrang für die Konsolidierung – gerade auch vor dem Hintergrund der hohen Arbeitslosigkeit zunächst darum gehen musste, die Bedingungen für die Unternehmen so zu verbessern, dass sie mehr Investitionen tätigen und mehr Arbeitsplätze schaffen konnten. Dass für die privaten Haushalte zunächst zusätzliche Belastungen entstanden, nahmen wir dabei in Kauf.

Mit den Koalitionsvereinbarungen 1982 und 1983 und meinen Regierungserklärungen vom Oktober 1982 und Mai 1983 und den konkreten Maßnahmen, die darauf aufbauten, hatten wir zu Beginn unserer Regierungskoalition die grundlegenden Weichen für den Kurs der Erneuerung gestellt. Unser Kurs war programmatisch durchdacht und perspektivisch angelegt. Bis heute halte ich diese Weichenstellung, die wir in den Jahren 1982/83 vorgenommen haben, im Grundsatz für wegweisend.

16.
Deutsch-deutscher Gipfel

Nach der Zustimmung des Bundestags zur Stationierung neuer amerikanischer Mittelstreckenraketen hatten viele Deutschlandexperten mit dem Anbruch einer Eiszeit in den deutsch-deutschen Beziehungen gerechnet. Doch wir hatten ein so dichtes Netz von Gesprächen und Verhandlungen mit der DDR und der Sowjetunion geschaffen, dass mir ein Zurück in die Sprachlosigkeit ausgeschlossen schien. Auf keinen Fall durften die Ost-West-Beziehungen auf die Raketenfrage verengt werden. Zwar brach die Sowjetunion am 23. November 1983, einen Tag nach dem Bundestagsbeschluss, die Genfer Verhandlungen über Mittelstreckenraketen ab, weil an diesem Tag die ersten Pershing-Raketen in der Bundesrepublik stationiert wurden. Gerade angesichts dieser schwierigen internationalen Lage jedoch mussten wir alle Kraft daransetzen, weiterhin kleine Fortschritte zu erreichen, und so versuchte ich auf meine Weise, den deutsch-deutschen Dialog fortzusetzen und den Gesprächsfaden nicht abreißen zu lassen. In einem Schreiben vom 14. Dezember 1983 an Erich Honecker und in einem Telefonat wenige Tage später versuchte ich, dem SED-Generalsekretär die Bonner Position zu erläutern, und setzte mich zugleich dafür ein, Schaden von den deutsch-deutschen Beziehungen abzuhalten.

Es war mein drittes Telefonat mit Ost-Berlin in diesem zu Ende gehenden Jahr, und jedesmal bestand ein wesentlicher Teil unseres Gesprächs in dem ritualisierten Verlesen eines Schriftstücks durch Honecker. Diesmal trug er über zwanzig Minuten lang eine Stellungnahme zum Bonner Nachrüstungsbeschluss vor. Neue oder überraschende Aspekte waren dabei nicht zu entdecken, wenn man davon absieht, dass er den Anlass nutzte, um erneut die Geraer Forderungen vorzutragen, von der Anerkennung der DDR-Staatsbürgerschaft bis zur Schließung der Dokumentationsstelle in Salzgitter. So wenig ergiebig dieser Monolog auch war, das Telefonat schien mir doch zur Entkrampfung beigetragen zu haben. Fast schon routinemäßig erneuerte ich meine Einladung an Honecker, die Bundesrepublik baldmöglichst zu besuchen, und der SED-Generalsekretär versäumte am Ende des Gesprächs nicht, mir einen guten Rutsch ins neue Jahr zu wünschen. Diesen Wunsch erwiderte ich gerne.

Ich hatte den Eindruck, dass Honecker trotz der Stationierung zur Fortsetzung der deutsch-deutschen Zusammenarbeit bereit war. Von einem »Sonderverhältnis« zu sprechen wäre übertrieben, aber die beiden deutschen Staaten rückten doch ein wenig enger zusammen.

Es sollte bald Gelegenheit geben, Erich Honecker persönlich zu treffen, auch wenn das an diesem Tag noch nicht abzusehen war. Manches ist eben nicht planbar, vieles bleibt auch in der Politik dem Zufall überlassen, und so verdankt sich meine erste Begegnung mit dem SED-Generalsekretär dem Tod eines Staats- und Regierungschefs.

Nur fünfzehn Monate nach seiner Wahl zum Nachfolger von Leonid Breschnew starb am 9. Februar 1984 der sowjetische Staats- und Parteichef Jurij Andropow im Alter von neunundsechzig Jahren. Am Vorabend der Beisetzungsfeierlichkeiten kam kurzfristig ein Treffen mit Erich Honecker zustande. Wir trafen uns am Abend des 13. Februar 1984 in der Gästevilla der sowjetischen Regierung auf dem Lenin-Hügel. Von Anfang an bemühte ich mich um eine entspannte Gesprächsatmosphäre und berührte die aktuelle Politik zunächst nicht.

In gewisser Weise waren der gebürtige Saarländer Honecker und ich als Pfälzer Nachbarn. Das nahm ich als Anknüpfungspunkt, um an den Abstimmungskampf der Saarländer im Jahr 1935 zu erinnern, an dem Erich Honecker schon als hauptamtlicher kommunistischer Jugendfunktionär beteiligt war. Wir kamen auf bekannte saarländische Persönlichkeiten zu sprechen, die er

Die erste Begegnung mit Erich Honecker am Rande der Beisetzungsfeierlichkeiten für Jurij Andropow in Moskau

von damals kannte und die ich nach dem Krieg kennengelernt hatte. Ich erzählte, wie mein Religionslehrer Günther Schmich trotz Verbots durch die Nationalsozialisten ein Jugendlager durchführte, woraufhin die Gestapo dafür sorgte, dass ihm der Prozess gemacht wurde. Dann kam ich auf das Leben und Sterben des Saarbrücker Studenten Willi Graf zu sprechen, der aus christlicher Überzeugung in den Widerstand gegen das nationalsozialistische Regime ging und 1943 hingerichtet wurde.

Im Alter von zwölf Jahren trat Willi Graf 1930 dem katholischen Jugendverband Neudeutschland (ND) bei, der nach dem Ersten Weltkrieg gegründet worden war. Unter dem Leitgedanken »Lebensgestaltung in Christus« fanden viele junge Menschen im ND die Verwirklichung der Ideale ihres christlichen Lebens. Nach dem Anschluss der Saar »ans Reich« weigerte sich Graf, in die Hitler-Jugend (HJ) einzutreten. 1934 schloss er sich dem Grauen Orden an, einer illegalen Gruppe katholischer Jugendlicher. Nach Ableistung des Reichsarbeitsdienstes ging Willi Graf zum Medizinstudium nach Bonn, wurde aber 1938 wegen »bündischer Umtriebe« inhaftiert und angeklagt. Bis 1942 war er als Sanitäter in mehreren Kriegseinsätzen, bei denen er den Krieg mit all seinen

Grausamkeiten kennenlernte. Schließlich kam er als Mitglied einer Studentenkompanie nach München, wo er sich dem Freundeskreis um die Geschwister Hans und Sophie Scholl anschloss.

Als »Weiße Rose« verfassten Hans und Sophie Scholl und ihre Freunde Flugblätter, in denen die deutsche Bevölkerung zum Widerstand gegen Hitler aufgerufen wurde. Im Februar 1943 wurden die Geschwister Scholl beim Verteilen von Flugblättern in der Münchner Universität verhaftet, kurz darauf auch die anderen Mitglieder der »Weißen Rose«. Der Volksgerichtshof unter Roland Freisler verurteilte sie zum Tode. Willi Graf musste noch ein halbes Jahr in Einzelhaft verbringen, bevor er am 12. Oktober 1943 in München hingerichtet wurde. Trotz des großen psychischen und physischen Drucks blieb Graf verschwiegen und nannte keine weiteren Namen aus der Widerstandsgruppe. Mit dieser standhaften Haltung rettete er einigen seiner Freunde das Leben.

Erich Honecker war am 8. Juni 1937 selbst vom Volksgerichtshof wegen Vorbereitung zum Hochverrat angeklagt und zu zehn Jahren Zuchthaus verurteilt worden. Erst im April 1945 bei der Eroberung Berlins durch die Rote Armee wurde er befreit. Jetzt zeigte er sich tief berührt von der aufrechten Haltung des jungen Christen.

Am Ende meines ungewöhnlich ausführlichen Berichts bat ich Honecker, die Herausgabe der Prozessakten zum Fall Willi Graf zu ermöglichen, die im Potsdamer Zentralarchiv lagen. Anneliese Knoop-Graf, die Schwester von Willi Graf, hatte mich darum gebeten, den SED-Generalsekretär darauf anzusprechen. Parallel dazu hatte sie sich schriftlich direkt an Ost-Berlin gewandt. Erich Honecker sorgte dann tatsächlich dafür, dass die Archivalien in kürzester Frist herausgegeben wurden. Dank Honeckers Mitwirken konnte 1988 schließlich ein wunderbarer Band mit den Briefen und Aufzeichnungen des Widerstandskämpfers Willi Graf erscheinen.

Man muss sich das vorstellen: Die Regierungschefs von Ost- und Westdeutschland führten ein Gespräch, in dem die innerdeutschen Probleme, die DDR und die Bundesrepublik so gut wie nicht vorkamen. Die Erinnerung an unsere Heimat, an unsere Geburtsorte, die gerade einmal hundert Kilometer auseinanderlagen, war das bestimmende Thema unseres ersten Zusammentreffens. Dabei war mir Erich Honecker keineswegs unsympathisch. Trotz härtester politischer Gegensätze fanden wir auf einer menschlichen Ebene irgendwie zueinander. Als ich zu Honecker sagte, eigentlich sollten wir in unserer Mundart sprechen, dann könne uns niemand abhören, konnte er sich ein Lachen nicht verkneifen.

Seitens der Bundesrepublik nahmen an diesem Gespräch außerdem Hans-Dietrich Genscher als Vizekanzler – nicht in seiner Funktion als Außenminister, denn die DDR war für uns kein Ausland –, Staatsminister Philipp Jenninger und Ministerialdirektor Horst Teltschik teil. Auf DDR-Seite waren außer Honecker noch Staatssekretär Frank Joachim Herrmann als Leiter der Kanzlei des Staatsratsvorsitzenden und Botschafter Egon Winkelmann als außerordentlicher Bevollmächtigter der DDR in der UdSSR zugegen.

Im weiteren Verlauf der Unterredung standen Aspekte der Ost-West-Beziehungen und der internationalen Sicherheitspolitik im Vordergrund, insbesondere die seit Januar 1984 laufende Stockholmer Konferenz über vertrauens- und sicherheitsbildende Maßnahmen und Abrüstung in Europa (KVAE) und die kurz bevorstehenden MBFR-Verhandlungen in Wien über den gegenseitigen und ausgewogenen Truppenabbau in Mitteleuropa. In einigen Grundfragen stellten wir bemerkenswerte Übereinstimmungen fest. So stimmte ich dem SED-Generalsekretär darin zu, dass den beiden deutschen Staaten im Ost-West-Verhältnis eine besondere Rolle zukommen sollte. Wenn jeder von uns mithalf, das Klima zwischen den Weltmächten zu verbessern, könnte sich dadurch auch unser Spielraum erweitern.

Auch über den möglichen Ablauf des Besuchs des Staatsratsvorsitzenden in der Bundesrepublik sprachen wir bei dieser ersten Begegnung. Wir alle gingen damals fest davon aus, dass Honecker noch im selben Jahr in die Bundesrepublik reisen werde.

Beim gemeinsamen Abendessen kam ich auf meine Anregung zurück, vertrauliche Gespräche über die künftige Zusammenarbeit aufzunehmen. Honeckers Vorschlag, DDR-Außenminister Oskar Fischer könne ja dazu einladen, war wegen des besonderen

Ehrenwache am Grab des verstorbenen sowjetischen Staats- und Parteichefs Jurij Andropow an der Kremlmauer

Charakters unserer Beziehungen zur DDR für mich nicht akzeptabel. Ich bat den Generalsekretär, keine Behörde einzuschalten. Damit erklärte er sich einverstanden und versprach, für einen entsprechenden Gesprächspartner Sorge zu tragen.

*

Der lange Zug der Trauergäste bewegte sich auf der einen Seite der breiten Treppe vor dem Kreml hinauf und dann auf der anderen Seite wieder hinab. Hier begegneten sich Staats- und Regierungschefs aus der ganzen Welt; wer nicht persönlich kommen konnte, schickte seinen Vertreter. Der kubanische Diktator Fidel Castro kam gerade die Treppe herunter, als ich die Stufen hinaufstieg. Auch Erich Honecker begegnete mir auf dieser Treppe.

Der Kreml, ursprünglich eine Festungsanlage mit dem Roten Platz in ihrer Mitte, ein achtundzwanzig Hektar umfassendes Dreieck im Herzen Moskaus, war Schauplatz einer gewaltigen Inszenierung: der Beisetzungsfeierlichkeiten für Jurij Andropow.

Hinter dem Tannenhain an der insgesamt drei Kilometer langen und bis zu fünfzehn Meter hohen Kremlmauer befinden sich die Gräber berühmter Kommunisten und von Opfern der Oktoberrevolution, auch die Führer der KP und des Geheimdienstes ruhen hier. Das Besondere an diesem Friedhof ist, dass Opfer und Täter dicht beieinander liegen. Andropows Ruhestätte befindet sich unmittelbar neben den Gräbern von Stalin und Breschnew.

Das gesamte Politbüro war angetreten, die Hüte tief ins Gesicht gedrückt. Gegenüber, auf der anderen Seite der Treppe, befanden sich die Kandidaten des Politbüros. Ganz vorne auf dem Roten Platz stand der nach russischer Sitte offene Sarg. Michail Gorbatschow hielt die Trauerrede. Die aufgebotenen Volksmassen zogen in nicht enden wollender Reihe am Sarg vorbei, und unentwegt intonierte ein Orchester den Trauermarsch von Frédéric Chopin. Ganz vorne am offenen Sarg standen die wichtigen kommunistischen Führer der Bruderländer wie Erich Honecker und Nicolae Ceauşescu. Dahinter nahmen die westlichen Staats- und Regierungschefs Platz, unter ihnen Vizepräsident George Bush, François Mitterrand und Margaret Thatcher. Ich blieb ganz hinten stehen. Auch von hier aus bekam ich alles gut mit.

Schließlich wurde der Sarg abgeholt und von hohen Militärs zum offenen Grab getragen. Nachdem sich die Politbüromitglieder mit einem letzten Gruß von dem Toten verabschiedet hatten, trat eine ältere Dame im Pelzmantel aus der trauernden Menge hervor und schritt zum Sarg. Es war Andropows Witwe Tatjana, die ihren Mann zum Abschied auf Stirn und Wangen küsste und nach orthodoxem religiösem Ritual das Kreuzzeichen schlug – ein bewegender Moment, der mich sehr beeindruckte.

Nach der Beerdigung trafen sich die Trauergäste aus der ganzen Welt auf dem Leninhügel, wo ein üppiges Buffet aufgebaut war. Erich Honecker kam mir in dieser Umgebung verlegen und befangen vor. Anders als bei unserem Treffen am Vorabend hielt er spürbare Distanz. Da ich keine Erklärung für sein Verhalten fand, ging ich auf ihn zu, nachdem die Fotografen den Raum verlassen hatten, und fragte, ob wir zusammen essen könnten. Honecker wehrte sofort ab. Auch mein Hinweis, ich hätte extra auf ihn ge-

Mit Konstantin Tschernenko

wartet, um mit ihm zusammenzusitzen, vermochte ihn zunächst nicht umzustimmen. Obwohl er erklärte, bereits gegessen zu haben, lenkte er schließlich doch ein. In etwas entspannterer Atmosphäre unterhielten wir uns dann über den Menschenschlag an der Saar und in der Pfalz. Die Politik spielte bei unserem Gespräch so gut wie keine Rolle.

Mit einem guten Gefühl flog ich nach diesem deutsch-deutschen Gipfeltreffen zurück nach Bonn. Der eher persönliche Ton unserer Gespräche hatte unsere unterschiedlichen politischen Standpunkte in keiner Weise verwischt. Aber es gab auch Gemeinsamkeiten: Wir wollten bei den Alliierten USA und Sowjetunion vermehrt auf deutsche Interessen hinweisen und alles daran setzen, um die Supermächte an den Genfer Verhandlungstisch zurückzubringen, was wenig später auch tatsächlich geschehen sollte.

Auch mit Andropows Nachfolger Konstantin Tschernenko war ich in Moskau zusammengetroffen. Die Ernennung des zweiundsiebzig Jahre alten Tschernenko galt als Kompromiss- und Übergangslösung. Zwar war die längst fällige Verjüngung der Parteiführung damit noch einmal ausgeblieben, aber immerhin leitete er die Rückkehr der Sowjetunion zu den Abrüstungsgesprächen in Genf ein.

17. Bittere Wirklichkeit

Vier Tage nach meiner Moskaureise erreichte mich ein Brief Erich Honeckers, in dem er vorschlug, einen Vertrag zu schließen, in dem beide deutsche Staaten erklärten, auf die Anwendung militärischer Gewalt zu verzichten und friedliche Beziehungen zwischen Nato und Warschauer Pakt aufrechtzuerhalten. Außerdem bat er mich, das Einfrieren jeder Nuklearrüstung zu unterstützen. Damit reagierte der SED-Generalsekretär auf unsere letzte Korrespondenz und das Telefonat vom Dezember 1983, bei dem ich ihm einen umfassenden Dialog vorgeschlagen und unsere Verantwortungsgemeinschaft vor Europa und vor dem deutschen Volk erläutert hatte. Jetzt nahm er den Begriff der Verantwortungsgemeinschaft auf und verband damit die Forderung, vor allem die Bundesrepublik möge alles tun, um die durch den Beginn der Stationierung nuklearer Mittelstreckenraketen in Westeuropa veränderte Lage wieder zum Besseren zu wenden. Die Deutsche Demokratische Republik sei ihrerseits bestrebt, den durch die Raketenstationierung entstandenen Schaden möglichst zu begrenzen. Es gehe darum, trotz der angespannten Lage das Erreichte zu bewahren und wenn möglich auszubauen; das gelte nicht zuletzt auch für die ökonomischen Beziehungen.

Am Ende seine Schreibens verwies Honecker wieder einmal auf die altbekannten und seiner Ansicht nach dringend regelungsbedürftigen Fragen: den Verlauf der Elbgrenze, die uneingeschränkte Respektierung der DDR-Staatsbürgerschaft, die Einstellung der Arbeit der Erfassungsstelle Salzgitter, die Umwandlung der Ständigen Vertretungen in Botschaften.

Auch dieses Schreiben dokumentierte: Die deutsche Teilung

war bittere Wirklichkeit. Aber ich hatte die Hoffnung, sie zu überwinden.

Gleichsam als öffentliche Antwort auf Honeckers letztes Schreiben formulierte ich in meinem zweiten Bericht zur Lage der Nation im geteilten Deutschland vor dem Bundestag am 15. März 1984 einige Punkte, die auch den Ost-Berliner Machthabern als Orientierung dienen sollten: Unsere wichtigste rechtliche und moralische Position blieb der Anspruch aller Deutschen auf Freiheit und Selbstbestimmung. Die Einheit der Nation sollte sich zuallererst in der Freiheit ihrer Menschen erfüllen, das hatte Vorrang vor allen anderen Zielen. Die Bindung an die freiheitliche Demokratie gehörte zu unseren Staatsgrundlagen. Die Entscheidung für die Europäische Gemeinschaft und die Atlantische Allianz war das Fundament unserer Politik. Wir wussten, wohin wir gehörten. Wir wussten, wo wir standen: auf der Seite der Freiheit.

*

Im Jahr 1984 gedachten wir besonders des Grafen Stauffenberg und seiner Freunde vom 20. Juli 1944 sowie all jener Deutschen, die vor vierzig Jahren im Widerstand gegen die Gewaltherrschaft ihr Leben wagten. Sie wollten nicht die braune Diktatur durch eine andere ersetzen. Sie wollten Freiheit der Person und Herrschaft des Rechts. Diese Männer und Frauen haben Zeugnis abgelegt für das andere, für das bessere Deutschland. Ihre Grundsatztreue, ihr Mut, ihre Tat gehören zum besten Teil unserer Geschichte.

Die Führung der DDR war bemüht, die deutsche Geschichte umzudeuten und sie sich so anzueignen. Aber niemals wies die Richtung deutscher Geschichte vorwärts zum sozialistischen Deutschland, wie es die SED-Propaganda den Menschen gerne weisgemacht hätte. Die Motive dafür waren klar: Da die Lebenswirklichkeit im realexistierenden Sozialismus die Menschen nicht ansprach, sollten nationale Selbstentdeckung und die Perspektive einer künftigen staatlichen Einheit die verschmähte Ideologie popularisieren und das Defizit an Freiheit überspielen. Sie sollten die Menschen betören – vor allem in der DDR, aber nicht allein dort.

Hinter dem gesamtdeutschen Geschichtsbild der DDR stand die Idee eines *sozialistischen* Gesamtdeutschlands. Das nationale Selbstbewusstsein sollte in den Dienst eines Gemeinwesens gestellt werden, dessen Theorie und Praxis von den Deutschen, die dort lebten, in freien Wahlen niemals angenommen worden wären.

Wir blieben unseren Landsleuten in der DDR verpflichtet. Wer ja zur Einheit der Nation sagte, musste auf die Menschen in der DDR zugehen oder besser: zu ihnen hingehen. Mit ihrer Zustimmung zu dem Kredit westdeutscher Banken über 1 Milliarde DM hatte die Bundesregierung im Sommer 1983 ein deutliches Signal an die DDR-Führung gegeben.

Für uns waren Europapolitik und Deutschlandpolitik wie zwei Seiten einer Medaille. Der nationale Gedanke und die europäische Idee bedingten einander. Motor für die Einigung Europas zu sein war Teil des nationalen Auftrags, Staatsräson der Bundesrepublik von Anfang an.

Uns eines Sonderweges zu verdächtigen war absurd. Dennoch machte ich bei unseren westeuropäischen Nachbarn die Furcht vor einem wie immer gearteten Pangermanismus aus. Die meisten hatten sich letztendlich mit der Zweistaatlichkeit abgefunden und vertraten ganz offen die Ansicht, es solle bei den zwei deutschen Staaten bleiben.

Auch den großen Bruder in Moskau schien die Angst vor einem deutsch-deutschen Sonderweg befallen zu haben. Wie wir heute wissen, war Erich Honecker im Juni 1984 auf dem Gipfeltreffen des Rats für gegenseitige Wirtschaftshilfe (RGW) von KPdSU-Generalsekretär Konstantin Tschernenko mit diesem Argwohn konfrontiert worden. Doch dabei blieb es nicht. Die Vorbereitungen für die Reise des SED-Generalsekretärs in die Bundesrepublik waren in vollem Gang, als Erich Honecker und andere Politbüromitglieder für den 17. August 1984 zu einem bilateralen Geheimgipfel nach Moskau »einbestellt« wurden. Die Kremlführung zeigte sich außerordentlich erbost über das deutsch-deutsche Miteinander, nicht zuletzt wegen des von Moskau nicht abgesegneten zweiten Milliardenkredits der Bundesrepublik an die DDR vom 25. Juli 1984. Tschernenko drohte dem SED-Generalsekretär ernsthafte Konsequenzen an, wenn er weiterhin die Intensivierung der Beziehungen zur Bundesrepublik vorantreibe. Aus den einschlägigen Dokumenten geht hervor, dass er Honecker aufforderte, seinen Bonn-Besuch zu überdenken. Die Botschaft war unmissverständlich: Der SED-Chef sollte unverzüglich wieder auf die sowjetische Linie einschwenken.

Am 4. September 1984 sagte Honecker seinen bereits bis in alle Einzelheiten geplanten Besuch in der Bundesrepublik ab. Als Vorwand diente eine Äußerung des CDU/CSU-Fraktionsvorsitzenden Alfred Dregger, der in einem Interview erklärt hatte, dass die Zukunft der Bundesrepublik nicht davon abhänge, ob Honecker Bonn »die Ehre seines Besuchs« gebe.

Es lag mir fern, mit Ärger und Verdruss auf die Absage zu reagieren. Gefragt waren wieder einmal Nüchternheit und Gelassenheit. Die Einladung galt weiter, und die DDR konnte jederzeit darauf zurückkommen. Unberührt davon liefen die deutsch-deutschen Verhandlungen weiter, und ich verwandte mein besonderes Bemühen darauf, den innerdeutschen Dialog nicht ins Stocken geraten zu lassen. Sollten unsere Kritiker auch noch so sehr von Rückschlag und einer Niederlage unserer Regierung sprechen und uns vorwerfen, wir hätten Honeckers Handlungsspielraum überschätzt: Ich hielt Kurs und ließ mich auch von der ungünstigen weltpolitischen Großwetterlage nicht davon abbringen.

18.
Rückschläge und Vertrauen

Während der deutschen Präsidentschaft in der EG im ersten Halbjahr 1983 war es uns gelungen, Europa wieder in Fahrt zu bringen. Der Europäische Rat von Stuttgart im Juni 1983 hatte die richtigen Weichen gestellt. Im Rahmen der Feierlichen Deklaration zur Europäischen Union, für die Hans-Dietrich Genscher im Einvernehmen mit mir gute und umsichtige Vorarbeit geleistet hatte, erreichten wir zwar nicht alles, was wir schaffen wollten. Vieles brauchte weitaus mehr Zeit. Aber wir hatten einen Umschwung, eine neue, eine positive Stimmung in Europa herbeigeführt und zugleich die Weichen für spätere Reformen gestellt. Selbst die Finanzprobleme waren auf dem Weg zu einer Lösung. Immerhin hatten wir uns grundsätzlich darauf verständigt, die Finanzmittel zu erhöhen, um damit den lange blockierten Erweiterungsverhandlungen zur Aufnahme von Spanien und Portugal endlich zum Durchbruch zu verhelfen. Gleichzeitig schufen wir die Voraussetzungen dafür, das Problem des britischen Beitrags zum EG-Haushalt zu lösen. Margaret Thatchers triumphierendes Wort »I have a paper!« (sinngemäß etwa: Ich habe die Zusage!) machte damals die Runde. Vor allem wegen griechischer Zusatzwünsche wurden die Finanzverhandlungen allerdings erst ein Jahr später abgeschlossen.

Bevor es jedoch soweit war, erlebten wir einen bitteren Rückschlag in der Europapolitik, wie es ihn bisher noch nicht gegeben hatte: Zum ersten Mal endete ein Europäischer Rat ohne Abschlusserklärung.

Im zweiten Halbjahr 1983 hatte Griechenland die EG-Präsidentschaft übernommen und Anfang Dezember nach Athen eingeladen. Nach dreitägigen Verhandlungen ging die Konferenz der zehn Staats- und Regierungschefs ohne Ergebnis zu Ende. Bis zuletzt war versucht worden, hinsichtlich der künftigen Finanzierung der EG, der Einsparungen in der gemeinsamen Agrarpolitik und der Entwicklung eines neuen Aktionsrahmens zu einem Kompromiss zu kommen. Doch da alle Teilnehmer auf ihren Ausgangspositionen beharrten und zu keinen wesentlichen Konzessionen bereit waren, gab es in den entscheidenden Punkten keine Annäherung.

Ich machte aus meiner Enttäuschung keinen Hehl, ließ aber auch keinen Zweifel daran aufkommen, dass es keine Alternative zur EG gab. Schuldzuweisungen für das Scheitern der Konferenz zu machen hatte jetzt keinen Sinn. Es blieb nichts anderes übrig, als in wenigen Monaten erneut zusammenzukommen und einen neuen Anlauf zu nehmen.

Das Gefährlichste wäre, wenn sich jetzt, wo harte Überzeugungsarbeit und die Bereitschaft zu tragfähigen Kompromissen gefragt waren, Resignation breitmachte. Die leidigen Probleme mit der Milchproduktion und beim Abbau der Währungsausgleichsbeträge im Agrarhandel ließen sich so nicht lösen. Auch bei anderen Überschussprodukten mussten Garantieschwellen für die Preise festgelegt werden. So umstritten diese Fragen auch waren, der eigentliche Grund unserer Schwierigkeiten lag woanders. Von Anfang an hatte ich Zweifel an den Verfahren, mit denen wir Lösungen für derartige Konflikte zu erzielen suchten. Die zehn Regierungschefs waren völlig überfordert, wenn sie sich mit Details der Agrarpolitik oder der Finanzierung der EG befassen sollten. Besser wäre es, diese Auseinandersetzungen hohen Fachbeamten zu überlassen, damit am Ende auf höchster Ebene entschieden werden konnte.

Im ersten Halbjahr 1984 hatte nun Frankreich die EG-Präsidentschaft übernommen, und wir alle setzten große Hoffnungen auf François Mitterrand. Der lud zum EG-Gipfel am 19. und 20. März 1984 nach Brüssel ein und war angestrengt bemüht, den »Frühlingsgipfel« nicht wie schon den Athener »Wintergipfel« an britischen Geldforderungen scheitern zu lassen.

Nach zweitägigen verbissenen Verhandlungen einigten sich neun der zehn Staats- und Regierungschefs darauf, der britischen Premierministerin ein neues Kompromissangebot zu machen. Danach sollte Großbritannien in den nächsten fünf Jahren pro Jahr 1 Milliarde ECU (2,25 Milliarden D-Mark) Beitragsrabatt gewährt werden. Dieses Angebot kam den britischen Forderungen sehr nah und war in meinen Augen ein tragfähiger Kompromiss. Die »eiserne Lady« bedankte sich nach eingehender Prüfung – und lehnte das Angebot ab. Sie forderte stur 1,3 Milliarden ECU. Eine Einigung kam nicht mehr zustande.

Alle waren stocksauer auf Margaret Thatcher. François Mitterrand, der sich nach allen Regeln der Verhandlungskunst bemüht hatte, den Gipfel zum Erfolg zu führen, flüsterte mir beim gemeinsamen Essen zu: »Ich habe langsam genug von dieser ewigen Diskussion ... Ich denke an eine Verständigung zwischen uns, ihr Null, Null, Null anzubieten.«

Die Auseinandersetzung mit Margaret Thatcher beherrschte den Brüsseler Gipfel. Zu guter Letzt kam es auch noch in der Frage der Milchquote zu einer Blockade, als der irische Ministerpräsident Garret FitzGerald unter Protest den Sitzungssaal verließ, weil Irlands Milchproduktion nicht von der EG-Mengenbeschränkung ausgenommen werden sollte. Jetzt blieb nur noch die Hoffnung auf Erfolge beim zweiten Gipfel unter der Präsidentschaft Mitterrands, der Ende Juni 1984 stattfinden sollte.

Der Tagungsort für diesen entscheidenden EG-Gipfel war eine Idylle: Schloss Fontainebleau, sechzig Kilometer südlich von Paris gelegen. Erbaut von Franz I., diente das Schloss jetzt als feierliche Kulisse für die zerstrittenen europäischen Regierungschefs. Wieder erwies sich die Frage des britischen EG-Beitrags als schwierigster Verhandlungspunkt – angesichts der Tatsache, dass es um die Zukunft Europas ging, ein krasser Anachronismus. Die britische Premierministerin, die sich mit ihrer Position isoliert hatte, verlor zeitweise die Nerven und wurde mir gegenüber äußerst heftig. Sinngemäß meinte sie, die Bundesrepublik müsse Großbritannien schon aus dem Grund unterstützen, weil britische Truppen in unserem Land stationiert seien.

Nach nervenaufreibenden Stunden stand der Kompromiss von Fontainebleau: London erhielt für 1984 eine Rückerstattung von rund 2,25 Milliarden D-Mark. Für die folgenden Jahre wurde ein »Rabatt« von 66 Prozent des britischen Nettosaldos vereinbart, wobei die britischen Zahlungen aus der Mehrwertsteuer mit den Rückflüssen aus der Gemeinschaft verrechnet wurden. Damit hatte Margaret Thatcher ihre Ziele weitgehend erreicht. Parallel dazu wurde beschlossen, den Mehrwertsteueranteil der Gemeinschaft zum 1. Januar 1986 von 1 Prozent auf 1,4 Prozent zu erhöhen.

Bei allem Feilschen um Beiträge und Rabatte gab es für die zweihundertsiebzig Millionen Menschen in der Europäischen Gemeinschaft aber auch gute Nachrichten, von denen vor allem eine positive psychologische Wirkung ausging. So sollte es bald eine gemeinsame Europafahne, eine Europahymne und einen Europapass geben. All das ist heute längst realisiert. Darüber hinaus dachten wir damals auch an einheitliche Lehrbücher, mit denen die Schüler der zehn Mitgliedsstaaten endlich dieselbe Geschichte lernen könnten. Schließlich wurde in Fontainebleau der Grundstein für die Einrichtung eines europäischen Fernsehsenders gelegt.

Bei unserem schon traditionellen gemeinsamen Frühstück fiel in Fontainebleau eine wichtige Personalentscheidung zwischen Mitterrand und mir. Da die Amtszeit des Luxemburgers Gaston Thorn zu Ende ging, musste die Nachfolge des Präsidenten der EG-Kommission geregelt werden. Damit hatten wir uns schon mehrfach beschäftigt, zuletzt bei unserem Treffen in Saarbrücken am 20. Mai 1984, als François Mitterrand das Thema angesprochen hatte. Er hatte gesagt, die nächsten fünf Jahre seien äußerst wichtig, und in der schwierigen gegenwärtigen Lage komme weder ein dänischer noch ein englischer Kandidat in Betracht. Beide Länder zählten zu jener Zeit zu den Bremsern im europäischen Miteinander. Auch der belgische EG-Kommissar Etienne Davignon, der schon einmal als Kandidat für die EG-Präsidentschaft gehandelt wurde, galt nicht als Wunschkandidat des Franzosen, obwohl er wegen seiner unkonventionellen Industriepolitik sehr angesehen war.

Mitterrand war der Ansicht, dass ein Deutscher und ein Fran-

Treffen des Europäischen Rats
in Fontainebleau

zose die beiden nächsten Präsidenten stellen müssten, wenn es gelingen sollte, die EG mit neuem politischem Elan zu erfüllen. Der französische Präsident verfügte im Moment jedoch über keinen eigenen Kandidaten, es sei denn, sein erfolgreicher »Superminister« Jacques Delors wäre bereit, dieses Amt in Brüssel zu übernehmen. Doch Mitterrand vermutete, dass Delors sich 1987 um das höchste Staatsamt in Frankreich bewerben wollen würde und deshalb den europäischen Spitzenjob gar nicht anstrebe. Mit dem Versprechen, diese Überlegungen absolut geheimzuhalten, hatten wir uns dann auf den Gipfel von Fontainebleau einen Monat später vertagt.

Vor unserem Treffen in Fontainebleau hatte ich über Horst Teltschiks Kanäle den von mir hochgeschätzten Jacques Delors wissen lassen, dass die Bundesrepublik ihn gern als Thorn-Nachfolger sähe. Falls er zur Amtsübernahme bereit sei, würde Bonn auf die Nominierung eines deutschen Kandidaten für das Amt des Kommissionspräsidenten verzichten. Wenn schon ein Franzose das höchste Amt übernehmen sollte, das die europäischen Staaten zu vergeben hatten, dann kam für mich kein anderer als der Pariser Minister für Wirtschaft und Finanzen in Frage, der im Kabinett

Mitterrand zuletzt zusätzlich für Budgetfragen verantwortlich war. Er war der fähigste Kopf für dieses schwierige Amt, und am Ende unseres morgendlichen Meinungsaustauschs war unausgesprochen klar, dass Delors das Rennen machen würde.

Wenige Wochen später schlug Mitterrand Jacques Delors für das Amt des Präsidenten der EG-Kommission vor. In der Folge erklärten die anderen Staats- und Regierungschefs ihr Einverständnis damit.

Was wir mit dieser personellen Weichenstellung in Fontainebleau für die Zukunft Europas entschieden hatten, war richtungweisend. Ohne Jacques Delors' fast zehnjährige Kärrnerarbeit für die Einigung Europas lägen wir heute weit hinter den Erwartungen und Hoffnungen der Menschen zurück. Dieser Mann war ein Glücksfall für Europa.

*

Die Berufung von Jacques Delors in das europäische Spitzenamt steht beispielhaft für die Möglichkeiten deutsch-französischer Zusammenarbeit, die sich seit Oktober 1982 auf vielen Ebenen entwickelt hatte. Ob während der deutschen EG-Präsidentschaft 1983 oder während der französischen im Jahr 1984: Wichtige politische wie personelle Entscheidungen wurden in bilateralen Gesprächen vorab besprochen und nicht selten als gemeinsame Initiativen in den Europäischen Rat eingebracht.

Mitterrand und ich verstanden uns als Motor der EG. Unser Bemühen, gemeinsam an einem Strang zu ziehen, barg eine echte Chance für die Gemeinschaft. Voraussetzung dieser intensiven Zusammenarbeit war gegenseitiges Vertrauen.

Themen wie das französische Handelsdefizit gegenüber der Bundesrepublik oder die zunehmende Kooperation im militärischen Bereich, die Süderweiterung der EG oder die Zukunft der Gemeinschaft bestimmten unsere Treffen in Frankreich und in der Bundesrepublik. Wir telefonierten und korrespondierten, wann immer es uns geboten schien. Die Initiative dazu ging mal von dieser, mal von jener Seite aus.

Schon als wir uns am 2. Februar 1984 im pfälzischen Edenkoben unweit meiner Heimatstadt Ludwigshafen trafen – Frankreich hatte gerade den ersten Monat der EG-Ratspräsidentschaft hinter sich –, versprach ich Mitterrand, alles zu tun, um seine Präsidentschaft zum Erfolg werden zu lassen. Wir verabredeten eine gemeinsame Haltung in der Auseinandersetzung mit der britischen Premierministerin und in bezug auf eine gemeinsame europäische Verteidigung. Gerade in letzterem sah ich angesichts der neutralistischen Tendenzen in Europa, insbesondere innerhalb der deutschen Sozialdemokratie, dringenden Handlungsbedarf.

Beim 43. deutsch-französischen Gipfeltreffen in Rambouillet bei Paris am 28. und 29. Mai 1984 unterzeichneten die Verteidigungsminister beider Länder, Manfred Wörner und Charles Hernu, einen Kooperationsvertrag über die Entwicklung eines Hubschraubers zur Bekämpfung von Panzern. Dieses langfristige Projekt, das bis 1996 abgewickelt werden sollte, war nicht nur ein Milliardengeschäft für beide Länder, sondern ein wahrlich großer Schritt in die Zukunft.

Aber es gab auch politische Entscheidungen, die einigen Wirbel auslösten. Bei unserer Begegnung in Saarbrücken am 21. Mai 1984 hatte Mitterrand den zeitlichen Zusammenhang zwischen den Feierlichkeiten aus Anlass des vierzigsten Jahrestags der Invasion in der Normandie und dem Londoner Weltwirtschaftsgipfel problematisiert. Beide Veranstaltungen sollten im Juni stattfinden, und es sei doch völlig paradox, erst mit dem amerikanischen Präsidenten Reagan, dem kanadischen Ministerpräsidenten Trudeau und der englischen Königin Elisabeth II. den Sieg über den Nationalsozialismus zu feiern, um anschließend zum Londoner Weltwirtschaftsgipfel zu fliegen und sich hier mit dem italienischen Ministerpräsidenten Craxi, dem japanischen Regierungschef Nakasone und dem deutschen Bundeskanzler zu treffen. Er empfinde es als eine echte Verlegenheit, den Sieg einiger europäischer Länder über andere europäische Länder zu feiern, 1984 sei schließlich nicht 1944. Er habe keinen großen Wert auf diese Feierlichkeiten gelegt, sei aber von den Angelsachsen dazu gedrängt worden. Man müsse doch einen Unterschied machen, meinte er: Der 40. Jahres-

Nach der Ankunft von François Mitterrand in Schloss Ludwigshöhe bei Edenkoben gibt es einen Begrüßungskelch mit Pfälzer Wein

tag der Invasion werde begangen, um einen Schlussstrich unter die Vergangenheit zu ziehen, während die geplante Londoner Erklärung des G-7-Treffens für die Gegenwart und Zukunft gedacht sei. Angesichts dessen, dass Italien, Japan und die Bundesrepublik heute große Verbündete seien, finde er das Zusammentreffen der ehemaligen Kriegsgegner geradezu etwas beleidigend. Auch fürchtete der französische Präsident, dass der deutsch-französischen Freundschaft damit ein besonderer Stich zugefügt werde.

Mitterrands Überlegungen brachten mich auf den Gedanken, ihn zu fragen, ob sich der französische Präsident und der deutsche Bundeskanzler zum Zeichen der Versöhnung nicht im Herbst einmal auf einem Soldatenfriedhof begegnen könnten. Es gebe Friedhöfe, auf denen Deutsche und Franzosen, die Feinde von einst, einträchtig nebeneinander beerdigt seien. Spontan sagte Mitterrand zu. »Wir brauchen uns der Dinge nicht zu schämen, die wir gemeinsam tun«, sagte er.

Gleich am ersten Tag unseres Gipfeltreffens am 28. Mai in Rambouillet kam Mitterrand erneut auf die Invasionsfeier am 6. Juni 1984 in der Normandie zu sprechen. Ich respektierte seinen Wunsch, mich einzuladen, lehnte eine Teilnahme aber ab. Verschiedentlich ist kolportiert worden, ich hätte mich um eine Teilnahme an den Gedenkfeiern in der Normandie bemüht und sei enttäuscht gewesen, dazu nicht eingeladen worden zu sein. Obgleich der französische Präsident noch in Rambouillet derartige Pressemeldungen richtigstellte, geistert die Falschmeldung bis heute durch manche Redaktionen in Frankreich wie in der Bundesrepublik.

Zehn Jahre später wiederholte sich die Geschichte. Auch zu den Fünfzigjahrfeiern der Invasion wurde mir unterstellt, ich hätte mich um eine Einladung bei meinem französischen Freund bemüht und sei damit abgeblitzt. Die Wahrheit ist, dass François Mitterrand auch dieses Mal bei mir vorfühlte, ob ich kommen wolle. Doch wieder lehnte ich ab. Im Kanzleramt gab es den Entwurf einer Sprachregelung zu diesem Themenkomplex, in den ich mit schwarzem Filzschrift vermerkt habe: »Wir wollen nicht eingeladen werden. Mehr sagen wir nicht.« Das »nicht« ist doppelt unterstrichen und die Weisung mit zwei Ausrufezeichen bekräftigt.

Für die Deutschen ist und bleibt die alliierte Invasion in der Normandie, die am 6. Juni 1944 begann, ein zwiespältiges Datum. Politisch wie emotional ist es mit dem 8. Mai 1945 vergleichbar. Für die einen steht dieser Tag für die Befreiung von der mörderischen NS-Diktatur, für andere wird damit der totale Zusammenbruch eingeleitet. Auch für Franzosen knüpfen sich gemischte Gefühle an die Invasion, weil sich das seit 1940 von deutschen Truppen besetzte Land nicht aus eigener Kraft befreien konnte.

Wer mich ein wenig kennt, musste davon ausgehen, dass ich als deutscher Bundeskanzler niemals an den Jahrestagen der Landung alliierter Truppen in der Normandie teilgenommen hätte. Hinzu kommt, dass der D-Day mich ganz persönlich an ein traumatisches Ereignis erinnert: Mein Bruder Walter, der im November 1944 bei einem Tieffliegerangriff ums Leben kam, war Wochen zuvor bei den Kämpfen in der Normandie schwer verwundet worden. Für meine Familie und mich war das ein schwerer Schock, den ich nie vergessen habe. Auch deshalb würde ich noch heute wortwörtlich wiederholen, was ich 1984 sagte: Es ist für den deutschen Bundeskanzler kein Grund zum Feiern, wenn andere ihren Sieg in einer Schlacht begehen, in der Zehntausende Deutsche elend umgekommen sind.

So kam es, dass François Mitterrand nach vorheriger Absprache mit mir in Rambouillet öffentlich erklärte, wir würden uns Ende September 1984 in Verdun treffen. Unter anderem sagte er: »So wird auf den Jahrestag zum Gedenken an die endgültig vergangenen Kämpfe eine gemeinsame Zeremonie folgen, bei der wir auf unumstößliche Weise zeigen, dass wir uns auf der Grundlage der deutsch-französischen Freundschaft, von der vieles abhängt, für die Zukunft engagieren.« Anschließend erläuterte ich, gemeinsam mit dem französischen Präsidenten wolle ich mich in Verdun vor den Toten der Weltkriege verneigen, um zu zeigen, dass man aus der Geschichte lernen könne.

Ich empfand dieses deutsch-französische Gipfeltreffen als großen Erfolg. Im Verhältnis beider Länder hatten wir eine geradezu revolutionäre Entwicklung erreicht, denn es war weitestgehend gelungen, die politische Freundschaft zu einer Freundschaft der Völker zu machen. Das manifestierte sich in einem Akt, der noch vor nicht allzu langer Zeit undenkbar gewesen wäre: Die Grenzformalitäten für Reisende zwischen der Bundesrepublik und Frankreich wurden abgeschafft. Für einen Grenzland-Europäer wie mich wurde damit einer der Träume meiner Jugend wahr.

*

Am 8. Juni 1984 trafen sich die Staats- und Regierungschefs der sieben führenden westlichen Industrienationen zum zehnten Weltwirtschaftsgipfel in London.

Die Idee zu diesen sogenannten G-7-Treffen stammt von Valéry Giscard d'Estaing, Mitterrands Vorgänger als Staatspräsident. Er glaubte an den hohen Nutzen vertraulicher Gespräche zwischen den führenden Politikern der westlichen Welt, und er sollte recht behalten. Der Gedankenaustausch in London erwies sich wieder als voller Erfolg: Die »Großen Sieben« blieben auf einem strikten Stabilitätskurs, der allein die wirtschaftliche Erholung sichern und zu hoher Beschäftigung führen konnte.

Zwar glänzte das wirtschaftliche Zehn-Punkte-Programm, zu dem sich die Staats- und Regierungschefs der USA, der Bundesrepublik Deutschland, Großbritanniens, Frankreichs, Italiens, Kanadas und Japans durchgerungen hatten, nicht durch allzu viele neue Ideen; immerhin aber konnte beispielsweise die Hemm-

Eine Pause während des G-7-Treffens in London 1984

schwelle vor der Errichtung neuer Handelsschranken erhöht werden, und nicht zuletzt versprach mir Präsident Reagan, den Abbau des amerikanischen Defizits fortzusetzen.

Natürlich spielten die Beratungen über Wirtschafts- und Finanzfragen eine zentrale Rolle, aber in London wurde auch eine Gewichtsverlagerung deutlich, denn nicht weniger wichtig erschienen mir die politischen Themen: das Ost-West-Verhältnis, der Krieg zwischen Iran und Irak, der internationale Terrorismus und die Frage nach demokratischen Grundwerten. Wie nicht anders zu erwarten, wurden hierbei die Meinungsunterschiede besonders deutlich.

19.
Parteiangelegenheiten

Zwischen der Vielzahl außenpolitischer Aktivitäten, der Bundespräsidentenwahl und den wöchentlichen Kabinettssitzungen stürzte ich mich mit aller Kraft in den Wahlkampf. Bei den Landtagswahlen in Baden-Württemberg am 25. März 1984 konnte die CDU mit 51,9 Prozent ihre absolute Mehrheit unter Ministerpräsident Lothar Späth verteidigen.

Die Wählerinnen und Wähler bestätigten auf diese Weise die Leistungen der Stuttgarter Regierung ebenso wie die der Bonner Politik. Der leichte Rückgang des Stimmenanteils um 1,5 Prozentpunkte gegenüber der Landtagswahl von 1980 und um 0,7 Prozentpunkte gegenüber der Bundestagswahl ein Jahr zuvor war nicht zuletzt auch vor dem Hintergrund einer gegenüber der Bundestagswahl um gut ein Sechstel niedrigeren Wahlbeteiligung bemerkenswert. Unbeschadet der Tatsache, dass durch unsere Politik der Haushaltssanierung und der Einsparungen vielen Bürgern Opfer zugemutet werden mussten, war das politische Kräfteverhältnis unverändert geblieben. Die Strategie der FDP, die absolute Mehrheit der CDU zu brechen, war nicht aufgegangen. Nur die Grünen erreichten ein mit 8 Prozent durchaus beachtliches Wahlergebnis.

Für den 17. Juni 1984 waren die zweiten Direktwahlen zum Europaparlament angesetzt. Auch in diesem Wahlkampf engagierte ich mich wie kaum ein anderer. Dabei war es vor allem gegenüber der deutschen Bauernschaft nicht immer leicht, Brüsseler Beschlüsse zu erklären und zu verteidigen. Immerhin konnte sich die Union auch bei dieser Wahl mit 46 Prozent der Stimmen unverändert als stärkste politische Kraft behaupten. Die FDP fiel erstmals bei einer Abstimmung in der Bundesrepublik unter die Fünfprozenthürde. Ihr Spitzenkandidat Martin Bangemann hatte daran wohl die geringste Schuld.

Bemerkenswert fand ich, dass die SPD von ihrer Oppositionsrolle in Bonn nicht profitieren konnte. Anders die Grünen. Sie schafften mit 8,2 Prozent ein gutes Ergebnis und lösten damit die FDP in der Rolle der dritten politischen Kraft ab.

Diese Veränderung im Parteiensystem hatte bereits bei der Bundestagswahl vom März 1983 begonnen. Seit 1961 waren im Deutschen Bundestag neben den Unionsparteien nur SPD und FDP vertreten. Jetzt gelangte mit den Grünen erstmals wieder eine vierte Partei in den Bundestag. Auch in zahlreichen Bundesländern waren sie erfolgreich, und damit kündigten sich neue Konstellationen bei der Koalitionsbildung an. In Hessen gingen die Grünen ein erstes Regierungsbündnis mit der SPD ein. Abgesehen von Bayern und Baden-Württemberg schienen absolute Mehrheiten in den Parlamenten von nun an immer schwieriger erreichbar zu sein. Für meine Partei hieß es, jetzt besonders auf der Hut zu sein und die Union zusammenzuhalten.

Vom Erfolg der Grünen auf Bundes- und Länderebene war ich einigermaßen überrascht und nicht sehr erfreut. Ich traute ihnen langfristig kaum eine politische Überlebenschance zu, aber ich sollte mich irren.

Für das umweltpolitische Engagement der Grünen hatte ich Verständnis. Schon der gesunde Menschenverstand gebot, die Natur zu schützen und die Schöpfung Gottes nicht der Zerstörung preiszugeben. Als Ministerpräsident hatte ich mich mit Umweltfragen und -entscheidungen mehr befasst als alle Grünenaktivisten, die jetzt im Bonner Parlament saßen. In Rheinland-Pfalz, dem Nato-Land Nummer eins, hatten die Alliierten viele Hektar Wald für ihre Stützpunkte und Zufahrtswege gerodet. Die so verlorengegangenen Flächen mussten an anderer Stelle wieder aufgeforstet werden. Und nicht nur das, nach dem Krieg hatte die französische Besatzungsmacht drei Viertel des Pfälzer Waldes abholzen lassen. Ich hatte in meiner Heimat daher sehr früh erfahren, wohin Raubbau an der Natur führen kann. Mir brauchte niemand

Vorträge zu halten über die Notwendigkeit, unsere Umwelt zu schützen und zu erhalten.

Was mich an den Grünen ärgerte, war ihre enge Verschmelzung mit den linken Kräften der sogenannten Friedensbewegung und ihre Eindimensionalität in der Energie- und Verteidigungspolitik. Ihre oft bösartigen Unterstellungen in bezug auf die Kernkraft, diese Ausstiegsmentalität auf Kosten anderer Menschen, waren kaum erträglich.

Innenpolitisch lief die neue parteipolitische Konstellation im Bund und in den Ländern auf zwei Lager hinaus: CDU, CSU und FDP auf der einen, SPD und Grüne auf der anderen Seite. Das zeigte sich am deutlichsten in der Außen- und Sicherheitspolitik. Für die Unionsparteien musste diese Lagerbildung zu Konsequenzen führen. Dabei ging es weniger darum, gegenüber den Konkurrenzparteien neue Strategien oder Taktiken zu entwickeln. Entscheidend war vielmehr, den Bürgern zu erklären, warum es in den existentiellen Fragen unseres Landes keine Alternative zur Politik der Bonner Regierungskoalition gab, warum unsere Politik genau an den Kernfragen unserer Gesellschaft ausgerichtet war und warum die soziale Marktwirtschaft auch angesichts neuer Herausforderungen wie des Umweltschutzes nach wie vor die optimale Wirtschaftsordnung war. Um das zu erreichen, brauchten wir ein klares und erkennbares Profil der Union und programmatische Perspektiven, die sich in den elementaren Zukunftsfragen unseres Volkes von den Oppositionsparteien unterschieden.

Richtungweisend für das Programmprofil der CDU war der Stuttgarter CDU-Parteitag vom 9. bis zum 11. Mai 1984, auf dem die »Stuttgarter Leitsätze für die 80er Jahre« verabschiedet wurden. Diese Leitsätze beruhten auf dem Grundsatzprogramm der CDU, das wir in den Bonner Oppositionsjahren aufgestellt und weiterentwickelt hatten. Die soziale Marktwirtschaft verbindet die Vorteile einer freiheitlichen Wirtschaftsordnung mit der Verpflichtung zur sozialen Gerechtigkeit. Die CDU hatte die soziale Marktwirtschaft politisch durchgesetzt. Sie brachte uns einen hohen Lebensstandard und soziale Sicherheit, förderte die soziale Partnerschaft und ermöglichte den Menschen Selbstbestimmung und eigenverantwortliches Handeln. Als einzige Wirtschaftsordnung war die soziale Marktwirtschaft auch den künftigen Herausforderungen unseres Landes gewachsen. Neue technische Möglichkeiten gehörten ebenso dazu wie die Schonung der natürlichen Umwelt, aber auch neue Anforderungen an die Anpassungs- und Leistungsfähigkeit der sozialen Marktwirtschaft, wie sie besonders durch die Arbeitslosigkeit, die Veränderung der internationalen Wettbewerbsbedingungen und das Nord-Süd-Gefälle gestellt wurden.

Damals wie heute will die Wirtschafts- und Gesellschaftspolitik der CDU die Bereitschaft zu Leistung, Unternehmungsgeist und Risiko fördern und eine eigenverantwortliche Lebensgestaltung nach dem Prinzip der Subsidiarität ermöglichen. Wir wollten eine Gesellschaft, in der der einzelne Zuwendung, Vertrauen und Geborgenheit erfährt – eine Gesellschaft mit menschlichem Gesicht.

Das war die inhaltliche Vorgabe zu den fünf großen Kapiteln der Stuttgarter Leitsätze, die insgesamt zweiundfünfzig programmatische Schwerpunkte für die achtziger Jahre enthielten. Aufgestellt in der Mitte der ersten Legislaturperiode, die die CDU als Regierungspartei gestaltete, kam diesen Leitsätzen eine besondere Rolle zu: Sie waren über viele Jahre die Orientierung für unser politisches Handeln.

*

Die Partei war in guter Verfassung. Mit der fundamentalen Reorganisation, der wir die CDU in den siebziger Jahren unterzogen hatten, war der Grundstein für den Wiederaufstieg auf Bundesebene in den achtziger Jahren gelegt worden. Seit 1973 entwickelte sich die CDU immer stärker zur Mitgliederpartei. Zählte sie 1972 noch 422 968 Mitglieder, so erreichte sie nach einer kontinuierlichen Steigerung bis 1983 den Höchststand von 734 555 Mitgliedern. Bis 1990 nahm die Zahl dann allerdings wieder bis auf 655 200 Mitglieder ab.

In der sozialen Zusammensetzung der Partei spiegelte sich die veränderte Sozialstruktur der Bevölkerung wider. Das entsprach dem Selbstverständnis der CDU als Volkspartei, in der Menschen vieler gesellschaftlicher Schichten ihren Platz fanden.

1984 waren 24,5 Prozent der Mitglieder Selbständige, 28 Prozent Angestellte, 12,3 Prozent Beamte, 10,2 Prozent Arbeiter, 4,8 Prozent Rentner, 11,1 Prozent Hausfrauen, 6,6 Prozent in Ausbildung (einschließlich der Studenten) und 2,6 Prozent Sonstige. Diese Anteile veränderten sich bis 1990 nur geringfügig.

93 Prozent der Mitglieder bekannten sich im Jahr 1988 zu christlichen Konfessionen, wobei Katholiken mit 58 Prozent gegenüber Protestanten mit 34,2 Prozent überproportional vertreten waren. Ebenfalls überrepräsentiert waren zu dieser Zeit – wie bei den anderen Parteien auch – die männlichen Parteimitglieder: 77,2 Prozent gegenüber einem Frauenanteil von nur 22,8 Prozent. Mit 50,2 Jahren bei den Männern und 51,2 Jahren bei den Frauen war das Durchschnittsalter relativ hoch. Zu hoch.

20. Der Weg des Geldes

Mitgliedsbeiträge und Spenden sind die natürlichen Finanzquellen der Parteien. Im Gegensatz zur klassischen Mitgliederpartei SPD, die neben den Mitgliedsbeiträgen auch finanzielle Unterstützung aus den Gewerkschaftsverbänden erhielt, finanzierten sich die Unionsparteien in den fünfziger Jahren überwiegend durch Spenden von einzelnen Bürgern und Unternehmen. Um die steuerliche Absetzbarkeit von Spenden zu erhöhen, wurden Fördergesellschaften gegründet, die immer wieder Anlass zu massiver Kritik an der Parteienfinanzierung gaben.

Das Finanzsystem der CDU war kompliziert und lange Zeit nicht leicht durchschaubar. Die Einrichtung der Staatsbürgerlichen Vereinigung 1954, über die Gelder der Industrie in die Partei flossen, war eine Erfindung aus der Adenauerära. 1968 hatte der damalige CDU-Schatzmeister Kurt Schmücker mir als CDU-Landesvorsitzenden erstmals das komplexe Spendensystem erläutert. Als ich dann CDU-Bundesvorsitzender geworden war, schien mir die gewohnte Praxis des Spendensammelns nicht verdächtig. Weder ich noch der langjährige Schatzmeister der CDU Walther Leisler Kiep, der von Rainer Barzel berufen worden war, hatten das komplizierte Finanzsystem der Bonner Parteien oder der CDU erfunden. Bei meinem Amtsantritt als Parteivorsitzender 1973 fand ich ein Sonderkonto vor, das schon Kurt Georg Kiesinger nach Adenauers Tod von Ludwig Erhard übernommen hatte. Damals übergab es Rainer Barzel an mich. Er überreichte mir die Kontoauszüge in einer Zigarrenkiste, die ich noch am gleichen Tag mit der entsprechenden Vollmacht an den CDU-Schatzmeister ablieferte. In der Folge hatte ich damit nichts mehr zu tun.

Die Parteienfinanzierung war über viele Jahre eine Art Gewohnheitsrecht, mit dem die Schatzmeister aller Bonner Parteien von 1949 bis 1978 lebten. Im Jahr 1954 gründeten führende Männer der deutschen Wirtschaft die Staatsbürgerliche Vereinigung e. V. Zu den Gründungsmitgliedern zählten Vorstandsvorsitzende großer Industrieunternehmen ebenso wie Präsidenten der Interessenverbände der deutschen Industrie und der Arbeitgeberverbände, die auch jahrelang der Vereinigung vorstanden. An die Staatsbürgerliche Vereinigung (SV) konnten steuerlich absetzbare Spenden gezahlt werden. Das Besondere dabei war, dass deutsche Unternehmen aus unversteuerten Geldern spenden konnten.

Zweifellos war die Staatsbürgerliche Vereinigung ein wichtiges Instrument von Wirtschaft und Industrie, um Spenden, mit denen sie Einfluss auf die bürgerlichen Parteien zu nehmen versuchten, steuermindernd abzusetzen. Spätestens seit den siebziger Jahren war diese Spendenpraxis allgemein bekannt; bei den Finanzbehörden wurden die Spenden ohne jede Geheimnistuerei abgewickelt. Gleichwohl nahm das Unbehagen an diesen Gepflogenheiten von Jahr zu Jahr zu.

Schließlich brachte das Land Niedersachsen beim Bundesverfassungsgericht in Karlsruhe eine sogenannte Normenkontrollklage ein, die ich voll unterstützte. Die Karlsruher Richter sollten prüfen, ob die Finanzierung der Parteien mit dem Parteiengesetz vereinbar war. Im Juli 1979 urteilte das Gericht, dass es unserem Antrag nicht folgen könne, und erlaubte dem Gesetzgeber zugleich einen größeren Freiraum hinsichtlich der steuerlichen Abzugsfähigkeit von Spenden. Sofort wurde nach Rücksprache mit dem Schatzmeister der CDU veranlasst, die Einnahme der Gelder zu ändern. Bereits 1978 hatte die CDU-Schatzmeisterei jenen Spendern, die den Weg über die Staatsbürgerliche Vereinigung wählten, erklärt, dass die bisherige Finanzabwicklung problematisch sei, jedoch zunächst das Karlsruher Urteil abgewartet werde. Das gab zwar Zornesausbrüche bei den Verantwortlichen der SV und einen Sturm der Entrüstung in den eigenen Reihen, doch ich stand zu dem mit dem Schatzmeister und seinen Mitarbeitern abgesprochenen Vorgehen.

Es gelang dem Bundesschatzmeister, die Wahlkämpfe 1980 und 1983 vollständig mit Geldern aus versteuertem Einkommen zu finanzieren. Nach der aufwendigen Wahlkampagne 1980 waren unsere Kassen weitgehend leer. Die vorgezogenen Neuwahlen zum Deutschen Bundestag vom März 1983 brachten unsere Finanzplanung durcheinander. Das Geld fehlte an allen Ecken und Enden. Doch die Neuwahlen waren politisch absolut zwingend, weil wir sonst keine legitime, sondern nur eine geliehene Mehrheit zur Umsetzung des Nato-Doppelbeschlusses gehabt hätten. Hätten wir aus Geldmangel auf die Wahlentscheidung der Bürger verzichten sollen?

Wir mussten Mittel und Wege finden, den Wahlkampf erfolgreich zu bestehen. Dafür brauchten wir neue Geldquellen, dafür brauchten wir vor allem die Gelder der CDU/CSU-Bundestagsfraktion, die unser Eigentum waren. Wir transferierten damals etwa 6 Millionen D-Mark aus der Fraktionskasse in die Parteikassen. Nur so hatten wir die Gewissheit, zumindest materiell unseren Konkurrenten ebenbürtig zu sein. Übrigens verfuhren Sozialdemokraten und Liberale genauso. Niemand nahm damals daran Anstoß, zumal dieses Verfahren bis in die achtziger Jahre hinein mit dem Parteiengesetz vereinbar war.

*

Ende November 1983 wurde bekannt, dass die Bonner Staatsanwaltschaft gegen zwei Mitarbeiter der Firma Flick und drei FDP-Politiker, darunter Bundeswirtschaftsminister Otto Graf Lambsdorff, Anklage wegen fortgesetzter Bestechung beziehungsweise Bestechlichkeit erhoben habe.

Konkret ging es um die Frage, ob der Flick-Konzern große Geldsummen an Politiker und Parteien gezahlt hatte, um wirtschaftliche Interessen des Unternehmens durchzusetzen. Der Verdacht der Staatsanwaltschaft gründete sich auf ein Jahrhundertgeschäft: 1975 hatte der Flick-Konzern 29 Prozent der Daimler-Benz-Anteile an die Deutsche Bank verkauft. Erlös: 1,9 Milliarden Mark. Auf diese Summe hätte der Konzern eigentlich bis zu 46 Prozent

Körperschaftsteuer zahlen müssen, doch nach Paragraph 6b des Einkommensteuergesetzes kann in Verbindung mit Paragraph 4 des Auslandsinvestitionsgesetzes eine Steuerbefreiung erfolgen, wenn die Bundesregierung die Transaktion als »volkswirtschaftlich besonders förderungswürdig« anerkennt. Der damalige Bundeswirtschaftsminister Hans Friderichs und sein Nachfolger Otto Graf Lambsdorff (beide FDP) hatten die Steuerbefreiung empfohlen, und die Bundesfinanzminister Hans Apel und Hans Matthöfer (beide SPD) stellten die Genehmigung aus.

Im Februar 1982, im Zusammenhang mit den seit Mitte der siebziger Jahre laufenden Ermittlungen mehrerer Staatsanwaltschaften wegen der illegalen Spendenpraxis der Parteien, kamen der Flick-Konzern und die Politiker dann in den Verdacht, mit Schmiergeldern und trickreichen Absprachen den Weg für die Steuererleichterung geebnet zu haben.

Beim Flick-Konzern beschlagnahmte Unterlagen untermauerten diesen Verdacht. Es handelte sich um handschriftliche Vermerke des Flick-Hauptbuchhalters, insgesamt rund achtzig Eintragungen für die Jahre 1974 bis 1981. Verzeichnet waren unter anderem auch die Namen von vierzig Politikern aller Parteien mit den Geldsummen, die sie angeblich erhalten haben sollen. Neben Willy Brandt und Erhard Eppler war da auch mein Name im Zusammenhang mit Beträgen von 25 000 und 30 000 Mark genannt.

Während die Bonner Oppositionsparteien den sofortigen Rücktritt von Bundeswirtschaftsminister Otto Graf Lambsdorff forderten, plädierte ich für ein Verbleiben im Amt mindestens so lange, wie die Richter nicht entschieden hatten und er kein Angeklagter war.

Inzwischen hatte der Bundestag im Dezember 1983 mit großer Mehrheit ein neues Parteienfinanzierungsgesetz verabschiedet. Damit wurde vor allem die »Umwegfinanzierung« über politische Stiftungen und gemeinnützige Verbände ausgeschlossen.

Die Flick-Affäre löste eine wahre Ermittlungslawine aus. So erfuhr die Öffentlichkeit, dass Flick zwischen 1969 und 1980 rund 18 Millionen D-Mark steuerbegünstigt über die Fördergesellschaften gespendet hatte. Weitere rund 8,5 Millionen Mark waren über schwarze Kassen wie die Steyler Missionsgesellschaft in Sankt Augustin geflossen. Dieses Geld wurde durchweg ohne Quittungen an Politiker übergeben. Nach den Notizen des Hauptbuchhalters von Flick sollte ich zwischen 1974 und 1980 insgesamt 565 000 Mark erhalten haben. Dieses Geld floss auf direktem Weg in die Kasse der CDU. Nicht einen einzigen Pfennig von diesen Spenden behielt ich für mich.

Von Tag zu Tag wurde klarer, dass die Ermittlungen nicht nur gegen Spitzenpolitiker, sondern auch gegen eine ganze Reihe unserer ehrenamtlichen Schatzmeister geführt wurden, denen empfindliche Gefängnisstrafen drohten. Zusammen mit Franz Josef Strauß und Hans-Dietrich Genscher initiierte ich daher ein Amnestiegesetz, das wir in vertraulichen Gesprächen abgestimmt hatten. Im Kern ging es darum, jene Spender straffrei zu stellen, die bei ihren Zuwendungen vor dem 1. Januar 1984 gegen die Steuerbestimmungen verstoßen hatten. Noch nicht vollstreckte, rechtsgültig verhängte Strafen oder Geldbußen waren zu erlassen. Nichtgezahlte Steuern für Parteispenden mussten allerdings nachentrichtet werden. Für andere Straftaten, die im Zusammenhang mit Steuerdelikten begangen worden waren, sollte keine Straffreiheit gelten. Die sozialliberale Regierungskoalition hatte einst ebenfalls ein derartiges Gesetz einzubringen versucht, war dann aber an der Kritik aus den eigenen Reihen gescheitert.

Für meine Partei war das neue Gesetz notwendig, um die Rechtssicherheit und den Rechtsfrieden wiederherzustellen, die auf Grund der seit Jahren laufenden Ermittlungsverfahren wegen Spenden an alle früheren Bundestagsparteien bedroht waren. In der Vergangenheit steuerrechtlich unstrittige Vorgänge wurden inzwischen als Verstoß gegen das Steuerstrafrecht gewertet, und das, obwohl ein wesentliches Element für ein solches Delikt fehlte, nämlich der Tatbestand der persönlichen Bereicherung. Wir vertraten die Auffassung, dass aus staatsbürgerlicher und staatspolitischer Verantwortung geleistete Parteispenden kein strafwürdiges Vergehen waren. Die Spender hatten ohne Unrechtsbewusstsein gehandelt. Es konnte ihnen nicht zum Vorwurf gemacht werden, dass sie die ihnen gezeigten Wege gewählt hatten, die in jahrzehntelanger Betriebsprüfungspraxis unbeanstandet geblieben waren.

In den Regierungsfraktionen gab es breite Unterstützung für dieses Gesetzesvorhaben. Ich hatte die Parteigremien von der Notwendigkeit einer solchen Amnestie überzeugt, und der Stuttgarter Parteitag hatte sich mit Zweidrittelmehrheit dafür ausgesprochen. Dagegen kündigten die Oppositionsparteien an, alle rechtlichen, verfassungsrechtlichen, geschäftsordnungsmäßigen und politischen Schritte zu unternehmen, um diese Gesetzesvorlage zu verhindern.

Gute zwei Wochen lang beschäftigte sich die Presse kritisch mit dem Amnestiegesetz. Das verfehlte seine Wirkung nicht: In der FDP-Fraktion kam es zu einem Meinungsumschwung. Am 16. Mai 1984 suchten mich Parteichef Hans-Dietrich Genscher und Fraktionschef Wolfgang Mischnick auf, um mir mitzuteilen, dass das Amnestievorhaben in der FDP nicht durchzusetzen sei. Die beiden hatten den gemeinsam erarbeiteten Amnestieplan zuvor zeitweise kämpferisch verteidigt, doch nun baten sie mich, den Gesetzentwurf zurückzuziehen. Mir blieb nichts anderes übrig, als mich mit dem Sinneswandel der FDP abzufinden. Es machte keinen Sinn, im FDP-Bundesvorstand und der Fraktion einen Kraftakt zu riskieren.

Unmittelbar nach diesem Besuch der FDP-Führung telefonierte ich mit Franz Josef Strauß, der meine Haltung teilte und sich wieder einmal in seiner negativen Meinung über die FDP bestätigt sah.

*

Am Abend des 26. Juni 1984 trat Otto Graf Lambsdorff von seinem Amt als Bundeswirtschaftsminister zurück. Er hatte sich dazu entschlossen, nachdem das Bonner Landgericht die im Dezember 1983 erhobene Anklage wegen Bestechlichkeit im Amt zugelassen hatte.

Es fiel mir nicht leicht, seinen Rücktritt anzunehmen, schließlich gehörte er zu den fähigsten Kabinettsmitgliedern. Neben seinem

Otto Graf Lambsdorff nimmt zum letzten Mal an der wöchentlichen Kabinettssitzung teil, nachdem er wenige Tage zuvor seinen Rücktritt erklärt hat

fachlichen Renommee und seiner Verlässlichkeit schätzte ich seine Haltung als Verfechter der politischen Wende 1982. Mit seinem Rücktritt verlor ich einen versierten Kollegen, dem ich vertraute und der sich um unser Land große Verdienste erworben hatte.

Zu Lambsdorffs Nachfolger nominierte die FDP-Bundestagsfraktion noch am selben Tag den ehemaligen baden-württembergischen FDP-Landesvorsitzenden und zeitweiligen Generalsekretär der Bundes-FDP Martin Bangemann. Der bisherige Vorsitzende der Liberalen Fraktion im Europäischen Parlament wurde am 28. Juni 1984 als neuer Wirtschaftsminister vereidigt. Wie sich schon bald herausstellen sollte, hatte die FDP langfristig eine gute Personalentscheidung getroffen.

*

Seit einigen Monaten versuchte ein parlamentarischer Untersuchungsausschuss nun schon, die Vorgänge um die Flick-Millionen aufzuklären, die in die Kassen der Bonner Parteien geflossen waren. Rainer Barzel, der Präsident des Deutschen Bundestags, wurde mit dem Vorwurf konfrontiert, er sei von 1973 bis 1982 mit rund 1,7 Millionen Mark dafür honoriert worden, dass er sich für die Interessen des Flick-Konzerns eingesetzt habe. Barzel wehrte sich dagegen und bestand darauf, keine Firma direkt und schon gar nicht Flick beraten zu haben.

Mittlerweile waren die Akten der Staatsanwaltschaft im Flick-Untersuchungsausschuss angekommen und für die Ausschussmitglieder aller Parteien einsehbar.

Nicht nur von außen, auch aus den eigenen Reihen geriet der Bundestagspräsident immer mehr unter Druck. Letztlich blieb ihm nur noch der Rücktritt. Am 25. Oktober 1984 teilte Rainer Barzel dem Unionsfraktionsvorsitzenden Alfred Dregger in einem Schreiben mit, dass »der politische und psychische Druck« gegen ihn unerträglich geworden sei und er bitte, einen anderen Bundestagspräsidenten zu wählen.

Rainer Barzel war kein Opfer, auch wenn er es gerne anders darstellte. Sein Vorwurf, die eigenen Leute im Flick-Untersuchungsausschuss hätten kein Bemühen um Aufklärung gezeigt, ist eine bösartige Unterstellung. Wenn Barzel nicht in letzter Minute von sich aus zurückgetreten wäre, hätte ihm die Bundestagsfraktion mit großer Mehrheit das Vertrauen entzogen.

Wegen der Nachfolgefrage hielt ich Rücksprache mit Franz Josef Strauß und Alfred Dregger, der es auch diesmal wieder ablehnte, den repräsentativen Posten zu übernehmen. Daraufhin schlug ich meinen engen Mitarbeiter im Bundeskanzleramt, Staatsminister Philipp Jenninger, vor, der nicht nur in der Unionsfraktion mit breiter Unterstützung rechnen konnte, sondern auch vom Bundestag mit großer Mehrheit – 340 Jastimmen von 469 abgegebenen Stimmen – zum neuen Bundestagspräsidenten gewählt wurde.

Doch damit war die Spendenaffäre noch nicht vorbei. Otto Schily, Bundestagsabgeordneter der Grünen und ehemaliger Terroristenanwalt, erstattete zwei Strafanzeigen gegen mich. Bei der Staatsanwaltschaft Bonn ging es um die Frage, ob ich bei meiner Vernehmung vor dem Flick-Untersuchungsausschuss am 7. November 1984 wissentlich verschwiegen hatte, zwei Spenden in Höhe von 25 000 und 30 000 Mark von Flick erhalten zu haben. »Uneidliche Falschaussage« lautete der strafrechtliche Vorwurf Schilys. Gleiches galt für die Befragung vor dem Flick-Untersuchungsausschuss des rheinland-pfälzischen Landtags vom 18. März 1985, bei der ich die Frage verneint hatte, ob ich den Charakter der Staatsbürgerlichen Vereinigung als sogenannte Spendenwaschanlage gekannt hätte. Heiner Geißlers verunglückte Erklärung, ich hätte bei meiner Aussage wohl einen Blackout gehabt, wirkte absolut kontraproduktiv. Er hätte besser geschwiegen. Ich weiß bis heute nicht, ob er mit dieser Feststellung schon damals das Ziel verfolgte, mich als Parteivorsitzenden zu beseitigen.

Zum ersten Mal in der Geschichte der Bundesrepublik gab es ein Ermittlungsverfahren gegen einen amtierenden Kanzler. Wie immer die Sache ausgehen sollte: Bei der Anzeige ging es eindeutig darum, mir etwas anzuhängen.

Wochenlang war ich einem bis dahin nicht gekannten publizistischen Trommelfeuer ausgesetzt, das ich nicht so einfach wegstecken konnte. Es ging eindeutig um den Versuch, den politischen Kampf gegen mich mit juristischen Mitteln fortzusetzen. Erschrekkend war, wie problemlos Aktenmaterial der Bonner Staatsanwaltschaft, des Kölner Generalstaatsanwalts oder des Düsseldorfer Justizministeriums derart geballt in die Öffentlichkeit gelangen konnte. Die Frage, um die es eigentlich ging, nämlich ob ich über den Verbleib einer Spende aus dem Hause Flick richtig ausgesagt hatte, drohte darüber fast in Vergessenheit zu geraten.

Während der monatelang laufenden Ermittlungen gegen mich, bei denen ich ebenso wie meine engste Mitarbeiterin Juliane Weber von der Staatsanwaltschaft vernommen wurde, war ich Zielscheibe heftigster Attacken. Ich habe darunter sehr gelitten. Natürlich wurde ich von vorneherein als Schuldiger angesehen, und meine politischen Gegner vor allem in den Reihen der SPD ver-

Rainer Barzel (re.) gratuliert Philipp Jenninger, seinem Nachfolger im Amt des Bundestagspräsidenten

stärkten diesen Eindruck in der Öffentlichkeit. Es war die schwierigste Zeit meines politischen Lebens; selten habe ich unter einem politischen Vorgang derart gelitten, wie während dieser staatsanwaltschaftlichen Ermittlungen. Besonders bitter war für mich, dass ich gegen die Diffamierungen und Durchstechereien in der Presse nichts unternehmen konnte. Kritik an den Justizbehörden versagte ich mir ganz und setzte auf die Unabhängigkeit der Organe unseres Rechtsstaats.

Erst im Mai 1986 wurden beide Ermittlungsverfahren eingestellt. Damit war die gegen mich gerichtete Rufmordkampagne gescheitert, die Haltlosigkeit der Anschuldigungen offenkundig. Die Bonner Staatsanwaltschaft erläuterte die Einstellung des Verfahrens in einem Brief an Otto Schily, auf den die Anzeige gegen mich zurückging, unter anderem so:

»Die auf Ihre Strafanzeige hin eingeleiteten Ermittlungen haben keine Erkenntnisse darüber ergeben, dass der Bundeskanzler in seiner zeugenschaftlichen Vernehmung am 7.11.1984 vor dem Untersuchungsausschuss vorsätzlich falsche Angaben in bezug auf die ihm in den Aufzeichnungen des Flick-Konzerns zugeordneten Bargeldbeträge gemacht hat. [...] Zwar spricht manches dafür, dass Dr. Kohl über die von ihm bestätigten Zuwendungen hinaus auch den in den sogenannten Diel-Listen ihm unter dem 6.12.77 zugeschriebenen Betrag von 30 000 Mark sowie weitere 25 000 Mark in den Jahren 1978 und '79 erhalten hat. Es haben sich aber keine greifbaren Anhaltspunkte dafür ergeben, dass er bei seiner Aussage im November 1984 eine konkrete Erinnerung daran gehabt hat.«

Und in der Einstellungsverfügung der Staatsanwaltschaft Koblenz vom 21. Mai 1986 hieß es:

»Es war daher zu prüfen, ob Bundeskanzler Dr. Kohl in Anbetracht der Gesamtumstände einem Missverständnis unterliegen konnte. In diesem Fall ließe sich der Vorwurf der falschen uneidlichen Aussage nicht aufrechterhalten; denn dieser Tatbestand ist nur bei vorsätzlicher Begehung strafbar. [...] Es ist festzustellen, dass nach dem Inhalt des über seine Vernehmung im Untersuchungsausschuss geführten Wortprotokolls ein Missverständnis nicht ausgeschlossen ist. Ein Teil der Fragen und auch Antworten ließ die wünschenswerte Klarheit und Genauigkeit vermissen.«

Mein größter Fehler war, dass ich nicht von meinem Recht Gebrauch gemacht hatte, den Untersuchungsausschuss ins Kanzleramt zu bestellen, sondern mich in den Mainzer Landtag begeben hatte. Dort ging es drunter und drüber. Die Presse bedrängte mich, und das Ganze lief in einem unverantwortlichen Krach und Gedränge ab. In dieser Situation gab ich eine missverständliche Antwort auf eine ebenso missverständliche Frage. Es war genau so, wie es die Juristen schließlich herausfanden und weshalb das Verfahren letztlich eingestellt wurde.

Als Parteivorsitzender hielt ich die vertrauliche Behandlung bestimmter Sachverhalte für notwendig, beispielsweise wenn es um Sonderzuwendungen ging, die als unabweisbare Hilfe zur Finanzierung ihrer politischen Arbeit an Parteigliederungen und Vereinigungen geflossen waren. Für solche Vorgänge eine von den üblichen Konten der Bundesschatzmeisterei getrennte Kontenführung zu unterhalten erschien mir deshalb vertretbar.

21.
Verdun

Wie Anfang des Jahres verabredet, besuchten François Mitterrand und ich am 22. September 1984 zwei Soldatenfriedhöfe bei Verdun. In Consenvoye und Fort Douaumont hatten zwischen Februar und Dezember 1916 bis zu 700 000 Soldaten beider Länder bei Kämpfen auf den Höhen um die Festungsstadt an der Maas den Tod gefunden. Wie viele Tote tatsächlich unter der Erde liegen, wird man wohl nie genau wissen. Militärhistoriker zählen 315 000 Tote für die französische und 285 000 Tote für die deutsche Seite. Das Pariser Veteranenministerium hat 698 831 erfasst. Aber noch immer gibt der Boden bisher nicht entdeckte Opfer preis.

Verdun steht für die erste moderne, beinahe vollkommen technisierte Schlacht, in der die Soldaten einfach untergepflügt wurden. Es war die blutigste Einzelschlacht der Geschichte. Experten sprechen von der »Knochenmühle« von Verdun. In dieser Schlacht fand der Nationalismus in Europa seinen Höhepunkt, hier wurde er zugleich ad absurdum geführt. Und das lange vor dem Zweiten Weltkrieg.

Über die Hölle des Kriegs von Verdun haben Mitterrand und ich oft gesprochen. Ich erzählte häufig, was ich von meinem Vater über diese mörderische Schlacht im Ersten Weltkrieg erfahren hatte, und Mitterrand hatte noch eine ganz persönliche Erinnerung an diese Region, denn auch im Zweiten Weltkrieg fanden dort erbitterte Kämpfe statt. 1939 zum Kriegsdienst eingezogen, wurde Mitterrand am 14. Juni 1940, dem Tag des deutschen Einmarschs in Paris, durch einen deutschen Tieffliegerangriff bei Verdun verwundet. Anschließend geriet der Unteroffizier der 3. Kolonial-Infanterie-Division in deutsche Gefangenschaft. Nach zwei vergeblichen Ausbruchversuchen gelang ihm 1942 die Flucht in seine Heimat, wo er in der Résistance aktiv wurde.

Jetzt besuchten wir zuerst den deutschen Soldatenfriedhof von Consenvoye, dreizehn Kilometer nördlich der 23 400 Einwohner zählenden Gemeinde Verdun. Wir schritten gemeinsam durch die Reihen schwarzer Grabkreuze, unter denen 11 148 deutsche Soldaten liegen. Wir legten Kränze nieder, schrieben uns ins Goldene Buch ein und schwiegen. Minuten, die ich niemals vergessen werde. Eine Bundeswehrkapelle aus Koblenz schmetterte die Marseillaise und spielte danach das Deutschlandlied. Französische und deutsche Soldaten bildeten ein Ehrenspalier. Tausende junger Menschen und viele Veteranen verfolgten die Zeremonie.

Nach fünfundzwanzig Minuten flogen wir mit einem Hubschrauber zum französischen Militärfriedhof Douaumont, wo neben den Einzelgräbern von 15 000 französischen Soldaten 150 000 meist unbekannte Soldaten ihre letzte Ruhestätte im sogenannten Beinhaus gefunden haben. Diesmal spielte eine französische Militärkapelle das Deutschlandlied und ein Bundeswehrmusikcorps die Marseillaise, nachdem zuvor das Lied vom guten Kameraden und der Totensalut französischer Hornisten erklungen waren.

Vor der Treppe des Beinhauses stand ein Katafalk unter einer schwarz-rot-goldenen und einer blau-weiß-roten-Fahne. Die Wolken hingen tief, es regnete in Strömen, und ein eiskalter Wind blies uns ins Gesicht. Wir blieben stehen. Trommelwirbel, Trompetenklang. Ohne dass es geplant war, ergriff François Mitterrand meine Hand, und wir verharrten beide lange Hand in Hand.

Meine Gefühle lassen sich nur schwer beschreiben. Noch nie verspürte ich eine solche Nähe zu unseren französischen Nachbarn. Die spontane Geste des französischen Präsidenten hatte mich überwältigt. Sein Händedruck war ein Zeichen der Versöhnung. Jacques Attali, Mitterrands langjähriger engster Mitarbeiter, hat sicherlich recht, wenn er schreibt, dass dieses Bild besser als alles andere die Anstrengungen eines ganzen Jahrzehnts unterstreicht. »Es bedarf keiner Kommunikationsfachleute, wenn eine echte Botschaft vermittelt wird«, schrieb Attali.

Zum Zeichen der Versöhnung ergreift François Mitterrand über den Gräbern von Verdun meine Hand

Während einige ehemalige Frontkämpfer mir die Hände schüttelten, sah ich in die Augen der Veteranen. Sie leuchteten vor Glück. »Dass ich das noch erleben durfte«, flüsterte mir einer von ihnen ins Ohr. Ein erhebender Augenblick.

Die Verteidigungsminister unserer beiden Länder und hohe Militärs hatten uns nach Verdun begleitet. Mit dabei war auch der letzte lebende Träger des Ordens »Pour le Mérite«: Ich hatte den Schriftsteller Ernst Jünger, den Mitterrand besonders schätzte, als Ehrengast mitgebracht. Es war Jüngers vierter Aufenthalt in Verdun: Zum ersten Mal war er 1913 hier, als er sich zur Fremdenlegion meldete, dann 1915, als er verwundet wurde, und schließlich 1979, als er zu einer Gedenkfeier eingeladen war. Ganz im Gegensatz zur Haltung mancher Intellektueller in der Bundesrepublik, die Ernst Jünger geradezu hassen, genießen seine literarischen Auseinandersetzungen mit dem Krieg in Frankreich bis heute hohes Ansehen.

Konrad Adenauer und Charles de Gaulle beim Gottesdienst in der Kathedrale von Reims

Dieser Besuch in Verdun, dieser Händedruck hatten eine enorme psychologische Wirkung. Aber wie so vieles, was ich im Inoder Ausland tat, wurde auch diese Geste, mit der der französische Präsident und der deutsche Bundeskanzler vierzig Jahre nach Kriegsende die Versöhnung ihrer Völker demonstrierten, zerredet und lautstark kritisiert.

Die gemeinsame Erklärung von Mitterrand und mir brachte unser Anliegen noch einmal zum Ausdruck:

»Gemeinsam gedenken wir der Millionen deutscher und französischer Soldaten, die in den erbitterten Schlachten zweier Weltkriege gefallen sind. Der Krieg hat unseren Völkern Trümmer, Leid und Trauer hinterlassen. Die Bundesrepublik Deutschland und Frankreich haben aus der Geschichte ihre Lehre gezogen. Europa ist unsere gemeinsame kulturelle Heimat, und wir sind Erben einer großen europäischen Tradition. Deshalb haben wir – Deutsche und Franzosen –

vor nahezu vierzig Jahren den brudermörderischen Kämpfen ein Ende gesetzt und den Blick auf eine gemeinsame Gestaltung der Zukunft gerichtet. Wir haben uns versöhnt. Wir haben uns verständigt. Wir sind Freunde geworden. Heute, am 22. September 1984, sind der Bundeskanzler der Bundesrepublik Deutschland und der Präsident der Französischen Republik in Verdun zusammengekommen, um sich vor den Gräbern der gefallenen Söhne Frankreichs und Deutschlands zu verneigen. Mit ihrer gemeinsamen Ehrung der Toten vergangener Kämpfe setzen sie an historischer Stätte ein Zeichen dafür, dass beide Völker unwiderruflich den Weg des Friedens, der Vernunft und der freundschaftlichen Zusammenarbeit eingeschlagen haben. Die Einigung Europas ist unser gemeinsames Ziel; dafür arbeiten wir im Geiste der Brüderlichkeit.«

Ich erinnere mich an das Bild vom Juli 1962, das Konrad Adenauer und Charles de Gaulle nebeneinander kniend beim Gottesdienst in der Kathedrale von Reims zeigt. Das war Höhepunkt und Abschluss der Frankreichreise des Bundeskanzlers. Seither gibt es eine ganze Reihe weiterer eindrucksvoller Fotos, beispielsweise de Gaulles Auftritt vor dem Bonner Rathaus. Die Geschichte des deutsch-französischen Einvernehmens ist in Verdun um ein Bild von historischer Symbolkraft bereichert worden.

Der Geist des Händedrucks von Verdun half uns über manche Konflikte hinweg. Gerade bei der deutschen Vereinigung 1989/1990 sollte er uns – trotz mancher Vorbehalte und Unsicherheiten – Kraft geben und sich bewähren.

22.
Nachbarn im Westen und im Osten

Journalisten und andere Beobachter mochten sich von den Begegnungen im Rahmen der deutsch-französischen Beziehungen immer wieder eine kleine Sensation erhoffen, doch ich versuchte, weg von den großen Erwartungen und hin zur Normalität zu kommen. So auch bei den 44. deutsch-französischen Konsultationen, zu denen ich nach Bad Kreuznach eingeladen hatte. Auf dem Programm standen die Europapolitik und die bilaterale Zusammenarbeit, etwa im Bereich der Verteidigung oder der technologischen Entwicklung. In einer gesonderten Erklärung unterstrichen Mitterrand und ich die Umsetzung des Abkommens vom 13. Juli 1984 über den schrittweisen Abbau der Grenzkontrollen. Heute passieren wir ungehindert die Grenze, und es vermag sich kaum noch jemand vorzustellen, dass Personen- und Warenkontrollen hier einst zum Alltag gehörten.

Am Nachmittag des 30. Oktober 1984 flogen wir mit dem Hubschrauber auf die Festung Ehrenbreitstein bei Koblenz, wo wir der Übergabe der alten Kanone »Vogel Greif« beiwohnten. Das Geschütz war unter dem Trierer Kurfürsten Richard von Greiffenklau zu Vollrads 1524 gegossen und auf dem Ehrenbreitstein aufgestellt worden. Vierhundertsechsundsechzig Zentimeter lang und zweihundert Zentner schwer, konnte diese Kanone Eisenkugeln von siebzig Kilogramm Gewicht abschießen. Sie kam allerdings kein einziges Mal zum Einsatz.

Nach der Einnahme der Festung Ehrenbreitstein 1799 hatten die Franzosen den »Vogel Greif« als Kriegsbeute nach Frankreich geschafft. 1865 ließ ihn Napoleon III. nach Paris bringen, wo er

Auf der Festung Ehrenbreitstein anlässlich der Übergabe der Kanone »Vogel Greif«

einen Ehrenplatz im Vorhof des Pariser Invalidendoms erhielt. Nach dem Einmarsch der Wehrmacht in Paris 1940 wurde die Kanone wieder nach Koblenz zurückgeholt, nur um 1945, nach der deutschen Kapitulation, wieder ins Pariser Armeemuseum zu kommen. Jetzt, im Herbst 1984, übergab sie der französische Präsident als Dauerleihgabe den deutschen Behörden – ein sichtbares Zeichen der deutsch-französischen Aussöhnung.

Die Koblenzer hatten sich seit Kriegsende bemüht, das Schmuckstück nach Hause zu holen. Sie wandten sich an Konrad Adenauer und hofften, dass er bei Charles de Gaulle eine Rückgabe erreichen würde. Doch auf diesem Ohr schien der französische Präsident taub zu sein. Später setzten Koblenzer Sozialdemokraten und andere Heimatverbundene des Deutschen Ecks auf die guten Beziehungen von Kanzler Helmut Schmidt und Valérie Giscard d'Estaing. Doch auch der gebürtige Koblenzer d'Estaing dachte nicht daran, den Wunsch seiner Geburtsstadt zu erfüllen, vielleicht nicht zuletzt deshalb, weil Koblenz in Frankreich seit der napoleonischen Zeit als die Stadt der Vaterlandsverräter galt: Hier hatten die Feinde der Republik, der französische Adel, im 19. Jahrhundert Zuflucht gesucht.

Ich kannte die wechselvolle Geschichte des »Vogel Greif« sehr gut. Schon als Mainzer Ministerpräsident hatte ich mir Gedanken gemacht, wie man diese Kanone, die noch niemals Tod und Leid über die Menschen gebracht hatte, zurückholen könnte. Es muss bei einem Picknick in den Vogesen gewesen sein, zwischen Straßburg und meinem elsässischen Lieblingsrestaurant Au Cheval blanc bei Madame Zinck, dass ich François Mitterrand zum ersten Mal mit dieser Geschichte belästigte. Als wir uns wieder einmal über den Zweiten Weltkrieg austauschten, erläuterte ich dem französischen Präsidenten das Schicksal der Kanone. Mitterrand, der von Kriegswerkzeug wenig hielt, versprach, sich der Sache anzunehmen. Lange Zeit passierte nichts, weshalb ich ihn eines Tages erneut darauf ansprach. Daraufhin gab er mir zu verstehen, das Präsidium des Pariser Kriegsmuseums lehne eine Rückgabe des »Vogel Greif« ab. Wenn er sich darüber hinwegsetze, drohe ein Eklat, denn dann werde das Präsidium, das sich aus hochdekorierten Offizieren zusammensetzt, geschlossen zurücktreten. Also blieb die Kanone in französischem Besitz.

Monate später speisten wir in der französischen Metropole. François Mitterrand hatte illustre Gäste eingeladen. Bei einem solchen Galadiner lernte ich einmal den sinoamerikanischen Architekten Ieoh Ming Pei kennen, der in Mitterrands Auftrag die Umgestaltung des Pariser Louvre mit der transparenten Pyramide aus sechsundachtzig Tonnen Glas meisterlich vollendet hatte. Für mich ist das eines der genialsten Werke zeitgenössischer Architektur, und so sollte die Begegnung mit Pei nicht ohne Folgen bleiben: Ieoh Ming Pei ist der Architekt des Neubaus des Deutschen Historischen Museums in Berlin.

Diesmal jedoch lernte ich einen französischen General kennen, den Mitterrand ganz bewusst neben mir plaziert hatte. Erst später erfuhr ich, dass er der Vorsitzende des Präsidiums des Kriegsmuseums war. Wir kamen auch gar nicht auf das leidige Thema zu sprechen, aber dieser hochgebildete, geistreich plaudernde, kriegsversehrte ältere Herr, schien erstaunt zu sein, in mir keinen deutschen Barbaren, sondern einen kultivierten und interessiert zuhörenden Deutschen zu erleben.

Wenige Tage später rief mich François Mitterrand an und berichtete, mein Tischnachbar habe ihn aufgesucht und ihm mitgeteilt, dass das Präsidium die Kanone zwar nach wie vor nicht zurückgeben wolle, aber auch nicht zurücktreten werde, falls der französische Präsident anders entscheide. Sehr rasch wurde dann der Rücktransport der Kanone organisiert.

In einem wahren Triumphzug erhielt der »Vogel Greif« am 30. Oktober 1984 seinen angestammten Platz auf der Festung Ehrenbreitstein zurück. Hunderte von Kindern sangen die Nationalhymnen beider Länder, das Deutschlandlied und die Marseillaise. Es war eine ergreifende, würdevolle Feierstunde.

In diesem Fall wie auf vielen anderen Ebenen funktionierte der enge Meinungsaustausch zwischen Bonn und Paris bestens. Auch außerhalb der festgesetzten Konsultationen und Gipfeltreffen war die fortwährende Abstimmung in allen europapolitischen Fragen sichergestellt. Bei den oft kurzfristig anberaumten Essen im Élysée kam das Gespräch auch auf die innenpolitischen Probleme. Dabei sprach ich oft über das Erstarken des deutschen Pazifismus, und wir erörterten die Rolle der Medien in beiden Ländern – auch im Hinblick darauf, wie DDR und Sowjetunion die Medien in ihrem Sinne zu beeinflussen versuchten. Heute, nachdem die Archive geöffnet worden sind, wissen wir, dass alle Befürchtungen von damals von der Wirklichkeit weit übertroffen wurden. Es ist kaum zu fassen, wie hoch die finanzielle Unterstützung der sogenannten Friedensbewegung durch Kommunisten ausfiel.

Zur jüngeren Tradition der deutsch-französischen Beziehungen gehörte auch unser gemeinsames Frühstück vor Beginn der EU-Gipfel, bei dem Mitterrand und ich uns jeweils noch über die letzten strittigen Punkte verständigten. Die Idee einer europäischen Konföderation bestimmte lange Zeit unsere Gespräche.

Beim 45. deutsch-französischen Gipfel Ende Februar 1985 in Paris stand die Lage in Osteuropa und der DDR im Mittelpunkt. Ich unternahm eine Tour d'horizon, in deren Verlauf ich den französischen Präsidenten auch über eine geheime Umfrage in der DDR informierte, wonach sich 80 Prozent der Befragten für die deutsche Einheit aussprachen. Zwei Jahre zuvor waren es nur 50 Prozent gewesen. Glaubte man den Zahlen, so war dies eine erstaunliche Entwicklung. Doch war der Umfrage zu trauen, war sie nach wissenschaftlichen Kriterien zustande gekommen?

Die beiden Milliardenkredite der Bundesrepublik 1983 und 1984 hatten den drohenden ökonomischen Kollaps der DDR verhindert und innere Konflikte noch einmal verschoben. Dass die SED-Führung einen hohen politischen Preis dafür zu zahlen bereit war, zeigte, wie sehr sich der zweite deutsche Staat in der Krise befand. Doch die äußeren Erleichterungen, von der Entfernung der Selbstschussanlagen und Minen an der innerdeutschen Grenze bis zur Erleichterung von Westreisen und der Lockerung von Besuchsmöglichkeiten in »dringenden Familienangelegenheiten«, vermochten die inneren Spannungen nicht zu lösen. Die Botschaftsbesetzungen nahmen in einem Maße zu, dass unsere Botschaft in Prag und sogar die Ständige Vertretung Bonns in Ost-Berlin vorübergehend schließen mussten.

Die Menschen wagten viel, um in den Westen zu gelangen. Das Flüchtlingsdrama in der Prager Botschaft konnte erst nach wochenlangen Verhandlungen Mitte Januar 1985 mit der Rückkehr der letzten sechs von zeitweise hundertsechsundachtzig DDR-Bürgern in ihre Heimat gelöst werden. Sie alle blieben straffrei und durften in die Bundesrepublik übersiedeln.

Diese Vorgänge zeigten in aller Deutlichkeit, welche Folgen es hatte, wenn die Menschen nicht ungehindert vom einen in den anderen Teil Deutschlands reisen konnten und in ihrer Not keinen anderen Ausweg mehr sahen, als ihre Zuflucht zu solch drastischen Mitteln zu nehmen. Trotzdem konnten solche Aktionen, die wochenlang für Schlagzeilen sorgten, natürlich auf Dauer keine Lösung sein, im Gegenteil, sie bargen die Gefahr in sich, dass die DDR mit rigiden Maßnahmen darauf reagierte. Auf allen Ebenen, formell und informell, öffentlich und in vertraulichen Gesprächen, versuchten wir deshalb so gut es ging, die Entwicklung zu beeinflussen. Wiederholt erklärten wir, dass dieser Weg ungeeignet sei, die Ausreise aus der DDR zu erzwingen.

Die Hoffnung der SED-Führung, sich mit einer anderen Handhabung der Ausreiseregelung des Problems entledigen zu können, wurde allerdings enttäuscht. Durch die Botschaftsbesetzungen entstand eine Sogwirkung, die zu einer Flut von Ausreiseanträgen führte. Bis Mitte 1987 waren es über hunderttausend.

Deutschland war geteilt, ungeteilt aber war der Wille des deutschen Volkes zur Einheit in Freiheit. Die Freiheit blieb Kern der deutschen Frage, und sie ließ sich nur durch eine Vertiefung der Ost-West-Beziehungen erreichen. Entsprechend war unsere Deutschlandpolitik angelegt: Sie war langfristig ausgerichtet, sie war berechenbar, und sie war ein Element praktischer Friedensarbeit in Europa. Für mich waren die Unverletzlichkeit der Grenzen und die Achtung der territorialen Integrität und der Souveränität aller Staaten in Europa in ihren gegenwärtigen Grenzen grundlegende Bedingungen für den Frieden. Im heutigen Polen lebten polnische Familien, denen diese Landschaft in zwei Generationen zur Heimat geworden war. Wir wollten dies achten und niemals in Frage stellen.

23.
Begräbnisdiplomatie

Wieder einmal reiste ich zu Trauerfeierlichkeiten nach Moskau. Am 10. März 1985 war der dreiundsiebzigjährige sowjetische Partei- und Staatschef Konstantin Tschernenko gestorben. Ich war dem einstigen Kronprinzen Leonid Breschnews nur ein einziges Mal begegnet: am Rande der Trauerfeiern für seinen Vorgänger Jurij Andropow. In dem einen Jahr seiner Amtszeit blieb Tschernenko politisch weitgehend farblos, wenngleich er immerhin die Rückkehr der Großmächte zu Abrüstungsgesprächen in Genf beförderte.

Innerhalb von drei Jahren waren drei Partei- und Staatsführer der Weltmacht Sowjetunion verstorben. Eine Verjüngung der Führungsspitze war längst überfällig. Jetzt schlug endlich die Stunde der Jüngeren, jetzt kam die Zeit Gorbatschows. Einen Tag nach Tschernenkos Tod wurde Michail Gorbatschow, mit vierundfünfzig Jahren mit Abstand der jüngste Funktionär im Politbüro, einstimmig zum neuen Generalsekretär der KPdSU gewählt.

Bei den Trauerfeiern für Konstantin Tschernenko vollzog sich das gleiche Zeremoniell wie schon bei Andropows Beisetzung. Am Rande der Feierlichkeiten in Moskau begegnete ich zum ersten Mal dem neuen sowjetischen Parteichef. Ich nahm die Gelegenheit wahr, um meinen Wunsch nach einem dauerhaften Gesprächskontakt zu bekunden. Das nahm der neue Mann im Kreml zwar mit Interesse entgegen, aber das Gesprächsklima blieb äußerst frostig, denn Gorbatschow warf den Europäern vor, sie stünden vor den Amerikanern stramm. Ich wies den Vorwurf entschieden zurück und sagte, kein Bundeskanzler stehe vor irgend jemandem stramm. So entwickelte sich unser erstes Gespräch zu einer

Die erste Begegnung mit dem neuen Parteichef Michail Gorbatschow aus Anlass der Beisetzung seines Vorgängers Konstantin Tschernenko

scharfen Auseinandersetzung, bei der immerhin aber auch der gemeinsame Wille zur außenpolitischen Kooperation deutlich wurde.

Die Gorbatschows vermittelten schon nach kürzester Zeit ein ganz neues Bild von der Moskauer Führung. Vor allem Raissa Gorbatschowa sorgte für Aufsehen. Sie war elegant, gebildet und scharfzüngig, eine kommunistische Funktionärin der Spitzenklasse. An der Seite ihres Mannes setzte sie sich für neues politisches Denken und Handeln ein. Ihren Einfluss kann man gar nicht hoch genug einschätzen.

Bei seiner Trauerrede auf dem Roten Platz unterstrich Gorbatschow, dass die UdSSR niemanden bedrohe. Gleichzeitig fügte er warnend hinzu, es werde »niemandem jemals gelingen, uns zu bedrohen«. Neue Maßstäbe setzte er mit seinem Aufruf zu strenger Staats-, Partei- und Arbeitsdisziplin: »Wir werden gegen jegliche Erscheinungen von Schaumschlägerei und Phrasendrescherei, Dünkel und Verantwortungslosigkeit – gegen alles kämpfen, was im Gegensatz zu den sozialistischen Lebensformen steht.« Das waren neue Töne, die die sowjetischen Bruderparteien und deren Führer aufschrecken lassen mussten. Auch in der DDR.

Auch mit Erich Honecker kam ich in Moskau zu einem zweistündigen Treffen zusammen. Es war die zweite Begegnung zwischen uns innerhalb von dreizehn Monaten, und für die innerdeutschen Beziehungen war sie wichtiger als das erste Treffen vor einem guten Jahr.

Rückblickend lässt sich leicht feststellen, dass uns damals bei den Themen Besucher- und Reiseverkehr der Durchbruch gelang. Zunächst allerdings war Honecker nicht bereit, auf meine Forderung nach Absenkung des Reisealters für Rentnerinnen einzugehen. Auch meiner Bitte um eine großzügigere Handhabung der Reisen in dringenden Familienangelegenheiten kam er nicht nach. Nur beim Thema Häftlingsfreikauf gab er zu verstehen, dass man darüber reden könne, ohne sich jedoch auf konkrete Zusagen einzulasssen. Erst die beharrliche stille Diplomatie auf Beamtenebene brachte den Erfolg: Die anschließende Entwicklung des Besucher- und Reiseverkehrs belegt, wie sehr die DDR auf unsere Wünsche und Bitten einging.

Zwei weitere Themen bestimmten den unverhofften deutsch-deutschen Gipfel in Moskau, zu dem sich das Treffen mit Honecker entwickelte: die Swing-Verhandlungen und die illegale Einreise von Asylsuchenden in die Bundesrepublik auf dem Weg über Ost-Berlin. Beim sogenannten Swing handelte es sich um einen zinslosen Überziehungskredit im innerdeutschen Handel, durch den die DDR dringend benötigte Lieferungen aus dem Westen bekam. Jetzt lief die alte Vereinbarung aus, neue Verhandlungen standen unmittelbar bevor.

Das zweite Thema hing mit dem Sonderstatus von Berlin zusammen: Flüchtlinge aus Sri Lanka hatten den DDR-Flughafen Berlin-Schönefeld als Einfallstor nach West-Berlin entdeckt. Einstweilen schien eine erträgliche Lösung für unser Land nicht erreichbar zu sein. Im Gegenteil, die Lage spitzte sich zu: Ausgestattet mit Transitvisa der DDR, kamen jeden Monat Hunderte von Tamilen nach West-Berlin und in die Bundesrepublik.

Darüber, dass Honecker seinen Besuch in der Bundesrepublik

verschoben hatte, verloren wir kein Wort. Ich wollte den SED-Generalsekretär nicht unter Druck setzen und fragte deshalb auch nicht nach. Die neue sowjetische Führung würde ihm sicher zu gegebener Zeit mehr politische Handlungsfreiheit einräumen und ihr Veto gegen einen Bonn-Besuch fallen lassen.

Bundesaußenminister Hans-Dietrich Genscher war bei dem Moskauer Gipfel übrigens nicht dabei, weil er sich gerade auf Reisen befand. Zu seinem großen Bedauern konnte er seinen Besuch in Brasilien nicht abbrechen, um den neuen Kreml-Chef persönlich kennenzulernen.

24.
Politischer Gegner

Die Unionsparteien brauchten lange, um die Grünen und ihre Politik realistisch bewerten zu können. Erst 1985, zwei Jahre nach dem Einzug der Grünen in den Bundestag, als Wahlen im Saarland, in Berlin und in Nordrhein-Westfalen anstanden, erkannte meine Partei endlich die Notwendigkeit, sich mit den Grünen politisch auseinanderzusetzen. Das fing damit an, sie nicht als vorübergehende Erscheinung zu betrachten, sondern sie als feste Größe im Parteiensystem der Bundesrepublik zu akzeptieren. Ich gestehe, dass auch mir das anfangs schwerfiel.

1985 waren die Grünen in zahlreichen Parlamenten auf kommunaler, Landes- und Bundesebene vertreten. Dass sie sich eher als politische Bewegung und weniger als politische Partei verstanden, erschwerte die Auseinandersetzung über ihre Ziele. Die Konturen der Grünen waren unscharf, ihre Aussagen widersprüchlich.

Auch wenn zu den Mitgliedern und Wählern der Grünen zahlreiche Bürger zählten, die sich aus achtbaren Motiven für Umwelt und Naturschutz engagierten, lehnte die CDU Koalitionen und Abkommen mit den Grünen ab. Wenn Grüne in den Parlamenten ebenso stimmen wollten wie die CDU, konnte sie niemand daran hindern. Insbesondere auf kommunaler Ebene war es nicht auszuschließen, dass die CDU und die Grünen in einzelnen Sachfragen vergleichbare Vorschläge erarbeiteten. Die Union wollte sich aber niemals um der Macht willen auf Absprachen oder gar Koalitionen mit einer politischen Kraft einlassen, an deren staatlicher Zuverlässigkeit und demokratischer Glaubwürdigkeit begründete Zweifel bestanden.

Ein wichtiger Teil der Grünen hatte sich von einer Umweltschutzbewegung zur ökosozialistischen Radikalopposition entwickelt, für die der Umweltschutz lediglich ein Vorwand zur Systemveränderung war. Die Grünen waren in den letzten Jahren auf Gegenposition zu allen politischen Grundentscheidungen gegangen, die die Bundesrepublik zu einem demokratischen und sozialen Rechtsstaat und einem verlässlichen Bündnispartner des freien Westens machten. Zentrale Prinzipien der Verfassung wurden von ihnen in Frage gestellt. So waren sie beispielsweise bereit, zur Durchsetzung ihrer Ziele auch zur Nötigung, also zur Gewalt, zu greifen und durch Zwang und Rechtsbruch die Freiheit anderer einzuschränken. Sie verfuhren nach dem Grundsatz: Was Gewalt ist, bestimmen wir. Eine Folge ihrer unklaren Haltung zur Gewalt war, dass sie sich von den Sympathisanten der Terroristen nicht eindeutig abgrenzten. Einzelne Vertreter der Grünen äußerten sogar Verständnis für die Taten von Terroristen.

Teile der Grünen hatten für die Aufgaben der Zukunft wenig sinnvolle Lösungsansätze. Statt dessen trieben sie mit den Sorgen und Nöten nicht zuletzt vieler junger Bürger Schindluder, indem sie die unterschiedlichsten Untergangsvisionen verbreiteten und eine unverantwortliche Ideologisierung, Dogmatisierung und emotionale Aufladung der Politik betrieben. Mit Toleranz und Mitmenschlichkeit war das nicht vereinbar. Die Grünen traten auf, als seien sie im Besitz der absoluten politischen Wahrheit; Kompromisse und Koalitionen lehnten sie ab, und teilweise stellten sie das Mehrheitsprinzip als demokratisches Entscheidungsverfahren in Frage. Zur Übernahme politischer Verantwortung waren sie weder fähig noch bereit.

Entgegen den Vorschriften des Grundgesetzes und der Länderverfassungen praktizierten die Grünen das imperative Mandat. So wurden aus freien Volksvertretern Befehlsempfänger, die ausschließlich vom Willen der Parteiaktivisten abhängig waren. Abgeordnete der Grünen konnten ihr Mandat nicht mehr frei und dem Wähler gegenüber verantwortlich ausüben: Sie wurden in der Mitte der Legislaturperiode ausgewechselt und sollten dies auch noch als ihre freie Entscheidung ausgeben.

Die Massenrituale der Grünen und ihre Methoden der politischen Auseinandersetzung wiesen eindeutige Parallelen zu antidemokratischen Parteien und Bewegungen auf. Das traf auch auf ihre Bereitschaft zu, die parlamentarisch-repräsentative Demokratie und den Rechts- und Verfassungsstaat in Teilen preiszugeben. Ihre agitatorische Sprache, ihre politische Unduldsamkeit und ihr Sendungsbewusstsein mussten den Widerspruch jedes Demokraten herausfordern.

Durch ihren politischen Stil und ihre politischen Ziele grenzten sich die Grünen bewusst von den bewährten demokratischen Parteien ab. Die CDU forderte die grüne Partei deshalb auf, sich eindeutig zum demokratischen Verfassungsstaat und zum Gewaltverbot zu bekennen.

Die Grünen strebten eine grundlegende Veränderung unserer Wirtschafts- und Gesellschaftsordnung an und gefährdeten dadurch den bisher erreichten Wohlstand, Arbeitsplätze und die soziale Sicherheit. Sie wollten die soziale Marktwirtschaft abschaffen und befürworteten die Vergesellschaftung der Produktionsmittel, die Zerschlagung der Großbetriebe, die Binnenorientierung der Wirtschaft und die Einrichtung von Wirtschafts- und Sozialräten zur Lenkung der Wirtschaft. Sie träumten von einer Rückkehr zu den geschlossenen Hauswirtschaften des Mittelalters. Wirtschaftswachstum und die internationale Arbeitsteilung unserer Wirtschaft lehnten sie ab. Gleichzeitig verlangten sie aber ein arbeitsunabhängiges Mindesteinkommen für alle sowie Sozialprogramme, die schlichtweg unbezahlbar waren.

Die Grünen gaben vor, sich als einzige Partei für die Gefährdungen unserer Umwelt zu interessieren. Sie redeten zwar viel vom Umweltschutz, wenn es aber darum ging, konkrete Umweltschutzprobleme zu lösen, hatten sie oft nur unsinnige Maximalforderungen zu bieten: die Abschaffung des Autoverkehrs, die Stillegung von ganzen Chemiebranchen oder das Abschalten aller Kohle- und Atomkraftwerke. Die Grünen wollten ökologische Probleme aus der Welt schaffen, indem sie durch Verbote und unerfüllbare Auflagen ganze Wirtschaftsbereiche lahmlegten. Die Entwicklung und Anwendung moderner Techniken lehnten sie ab, obwohl wir die

Probleme im Umweltschutz nur *mit* der Technik, aber nicht gegen sie lösen können.

Auch die bewährte Friedens- und Sicherheitspolitik der freiheitlichen Demokratien lehnten die Grünen ab. Sie wollten aus der Nato austreten, die unseren Frieden in Freiheit sicherte; statt dessen empfahlen sie einen neutralistischen Kurs zwischen den Blöcken und befürworteten einseitige Abrüstungsschritte der Nato. Sie verharmlosten die Menschenrechtsverletzungen und das Expansionsstreben der sowjetischen Diktatur und schürten gleichzeitig einen irrationalen Antiamerikanismus. Die Verwirklichung ihrer Vorstellungen hätte die Unterwerfung der Bundesrepublik unter die Machtinteressen der Sowjetunion zur Folge gehabt. Wer, wie damals die Grünen, den Abzug der alliierten Nato-Streitkräfte aus Berlin forderte, ging mit der Axt gegen die Wurzeln von Sicherheit und Freiheit Berlins zu Werke.

Die politische Führung in der Opposition fiel an die Grünen. In ihrem Schlepptau orientierte sich die SPD mehr und mehr an den politischen Vorgaben der Grünen. Der linke Flügel innerhalb der SPD, geführt von Erhard Eppler, Oskar Lafontaine und Gerhard Schröder und geduldet von Willy Brandt und Hans-Jochen Vogel, strebte eine Mehrheit links von der Union an. Über ein rot-grünes Bündnis wollte die SPD wieder an die Macht kommen oder in einzelnen Bundesländern an der Macht bleiben. Sozialdemokraten, die eine eindeutige Abgrenzung gegenüber den Grünen befürworteten, waren innerhalb der SPD eine Minderheit ohne jeden Einfluss.

Das Beispiel des hessischen Ministerpräsidenten Holger Börner zeigte, dass Sozialdemokraten bereit waren, ohne Rücksicht auf ihre Selbstachtung Interessen der Arbeitnehmer aufzugeben, wenn es darum ging, mit Hilfe der Grünen an der Macht zu bleiben. Anfang der achtziger Jahre, bei den Auseinandersetzungen um den Bau der Startbahn West des Frankfurter Flughafens, hatte Börner den Grünen noch gedroht, dass man »früher auf dem Bau das mit der Dachlatte erledigt hätte« – und dann ging er mit den Grünen 1984 zunächst eine parlamentarische Kooperation und 1985 eine Regierungskoalition ein.

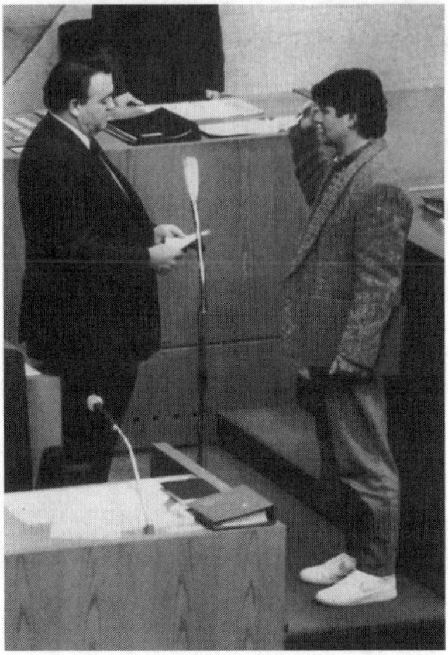

In Turnschuhen und Jeans erscheint Joschka Fischer zu seiner Vereidigung als hessischer Umweltminister durch Ministerpräsident Holger Börner

In der öffentlichen Diskussion versuchte die SPD mit allen Mitteln, der Bündnisfrage aus dem Weg zu gehen. Offensichtlich fürchtete sie, Wähler zu verlieren, wenn sie sich für oder gegen eine Koalition mit den Grünen aussprach, und vermied es bewusst, sich festzulegen. Wir forderten die Sozialdemokraten auf, eindeutig Farbe zu bekennen, weil damit eine grundlegende Weichenstellung für die Zukunft der Bundesrepublik verbunden war und die Wähler wissen mussten, ob sie mit ihrer Stimme für die SPD gleichzeitig für ein rot-grünes Bündnis stimmten oder nicht.

*

Der Wahlausgang im Saarland und in Berlin am 10. März 1985 und in Nordrhein-Westfalen am 12. Mai 1985 brachte einige Überraschungen. Es handelte sich um sogenannte Zwischenwahlen, um Wahlen also, die in der Mitte einer Legislaturperiode des Bundestags stattfanden. Solche Zwischenwahlen waren für die Bonner Regierungsparteien seit Bestehen der Bundesrepublik immer besonders schwierig. Der wirtschaftliche Aufschwung und die Zukunftsperspektiven wurden von den Wählern an der Saar und in Berlin sehr unterschiedlich beurteilt. In Berlin konnte die CDU ihre Politik unter dem Regierenden Bürgermeister Eberhard Diepgen überzeugend darstellen und sich behaupten. Die Erwartungen der Alternativen Liste – so nannten sich die Grünen in Berlin – gingen nicht in Erfüllung, auch nicht an der Saar.

Im Saarland, wo ungewöhnlich schwierige regionale und strukturelle Verhältnisse herrschten, die ihre Wurzeln in der Vergangenheit hatten, musste die CDU eine herbe Niederlage hinnehmen und verlor die Regierungsmacht. Die notwendigen Opfer, die den Bürgern aufgrund der Erblast unserer Vorgängerregierung zugemutet werden mussten, konnten offensichtlich nicht hinreichend erklärt werden und wurden demzufolge auch nicht akzeptiert. Die größte Überraschung aber war, dass der SPD-Spitzenkandidat Oskar Lafontaine es zur absoluten Mehrheit schaffte. Nach diesem unverhofften Sieg sollte er zehn Jahre lang Ministerpräsident des kleinsten Flächenlandes in der Bundesrepublik bleiben. Bemerkenswerterweise gelang es ihm, die Grünen im Saarland auf ein Minimum von Stimmen herunterzudrücken.

Die Wahlen vom 10. März 1985 zeigten deutlich, dass sich die FDP konsolidierte, wenn auch mit Stimmen aus dem CDU-Lager. Dieser Konsolidierungsprozess setzte sich bei den Landtagswahlen in Nordrhein-Westfalen am 12. Mai 1985 fort, wenn auch mit einem Ergebnis von lediglich 6 Prozent. Die CDU dagegen musste eine schwere Niederlage hinnehmen, die weder der CDU-Landespolitik noch der Bundespolitik allein angelastet werden konnte. Wir hatten gemeinsam gekämpft und gemeinsam verloren.

Eine Änderung des Bonner Regierungskurses vorzunehmen oder gar personelle Konsequenzen im Kabinett zu ziehen, kam für mich nicht in Frage. Ich war vielmehr der festen Überzeugung, dass die Grundlinien unserer Politik stimmten und die Union bei den Bundestagswahlen 1987 gute Chancen haben würde, die Regierung für weitere vier Jahre zu führen. Das konnte allerdings nur gelingen, wenn die Mehrheit der Wählerinnen und Wähler die 1982 eingeleitete Konsolidierungspolitik und die damit vielen Bürgern auferlegten Opfer als notwendig und richtig erkannte. In Nordrhein-Westfalen war es der SPD durch eine gewaltige Einflussnahme auf die Medien gelungen, die absolute Mehrheit zu erringen. Ein übriges bewirkte die Ausrichtung des Wahlkampfs auf Johannes Rau, den Ministerpräsidenten, die mit einer starken Entpolitisierung einherging.

Dagegen war der CDU-Spitzenkandidat Bernhard Worms ohne Chancen. Er hatte bis an die Grenze seiner physischen Leistungsfähigkeit gekämpft und bewies in einer schwierigen Situation großes Stehvermögen. Wir zollten ihm großen Respekt.

Die Konsequenz aus diesen Wahlergebnissen konnte nur lauten, keine überstürzte Kursänderung vorzunehmen, sondern sich auf die wichtigsten Probleme zu konzentrieren: Bekämpfung der Arbeitslosigkeit, Rentensicherung, Wirtschaftswachstum, Preisstabilität und Lösung der Agrarprobleme.

*

Eigentlich hatte vom 33. Bundesparteitag der CDU, der vom 20. bis 22. März 1985 in Essen stattfand, ein besonderer Schub für die Landtagswahlen in Nordrhein-Westfalen ausgehen sollen. Ziel war es nicht zuletzt, die eigene Basis zu mobilisieren, die Unentschlossenen zu überzeugen und vor allem die Zahl der Nichtwähler so gering wie möglich zu halten. Dass uns das längst nicht alles gelungen war, konnten wir am Wahlergebnis ablesen. Gleichwohl war der Essener Parteitag ein großer Erfolg für unsere Partei. Die mit breiter Mehrheit verabschiedeten Leitsätze für eine neue Partnerschaft zwischen Mann und Frau zähle ich zu den wichtigsten programmatischen Errungenschaften in der Geschichte der Partei. Es ging nicht darum, sich den Anschein von Modernität zu geben, sondern wir wollten die möglichst umfassende Gleichberechtigung von Mann und Frau in den verschiedenen Rollen ihres Lebens. Es mochte relativ spät sein, dass die CDU zu diesem Thema Akzente setzte, aber sie haben bis heute nichts von ihrer Aktualität verloren. Auch das Amt eines Seniorenbeauftragten wurde damals geschaffen.

Die Neuwahl von Präsidium und Vorstand war für mich von besonderer Bedeutung. Mit 667 Jastimmen, 45 Neinstimmen und

15 Enthaltungen sprachen sich 91,75 Prozent der Delegierten für mich aus. Dass dies eine außergewöhnlich hohe Zustimmung war, erwies sich in den beiden folgenden Wahlen, bei denen der Zuspruch um über 10 Prozentpunkte zurückging. Mit mehr als hundert Stimmen Vorsprung vor allen anderen Präsidiumsmitgliedern wiedergewählt zu werden war ein schönes Geschenk, das ich dankbar annahm.

25.
Personalpolitik

Dass Philipp Jenninger, mein Staatsminister im Kanzleramt, zum neuen Präsidenten des Deutschen Bundestags gewählt wurde, nahm ich zum Anlass, die Aufgaben im Bundeskanzleramt neu zu verteilen. Die bisherigen Erfahrungen zeigten, dass die politische Abstimmung zwischen Regierung, Koalitionsfraktionen und ihren Parteien, aber auch die Koordination innerhalb der Regierung eine nicht zu unterschätzende Rolle spielten. Diese Aufgabe konnte am effektivsten von einem Bundesminister mit Kabinettsrang und parlamentarischem Mandat wahrgenommen werden. Daher schlug ich dem Bundespräsidenten den Parlamentarischen Geschäftsführer der CDU/CSU-Bundestagsfraktion, Wolfgang Schäuble, zur Ernennung vor. Am 15. November 1984 ernannte Bundespräsident Richard von Weizsäcker Wolfgang Schäuble zum Bundesminister für besondere Aufgaben. Noch am gleichen Tag leistete der neue Kanzleramtschef seinen Eid.

Schäuble, 1972 erstmals in den Bundestag gewählt, war acht Jahre lang Vorsitzender des CDU-Bundesfachausschusses Sport, Berichterstatter für das Hochschulrahmengesetz und Mitglied des Finanzausschusses gewesen. 1981 wurde der Offenburger auf meinen Vorschlag hin Parlamentarischer Fraktionsgeschäftsführer und ein Jahr später Erster Parlamentarischer Geschäftsführer. Er war mir immer wieder durch Sachlichkeit und Sachkenntnis, Integrationsfähigkeit und Mut zum Widerspruch aufgefallen. Zu keiner Zeit zweifelte ich an seiner Loyalität.

Für die Leitung des Bundeskanzleramts war der promovierte Jurist wie geschaffen. Um eine möglichst enge Verzahnung zwischen der administrativen Arbeit, der Vorbereitung von Entscheidungen

Wolfgang Schäuble als frischgebackener Minister für besondere Aufgaben im Kanzleramt

und der politischen Koordination zu gewährleisten, brauchte ich einen Politiker von seinem Format.

Mit seinem Amtsantritt übernahm Wolfgang Schäuble auch die Zuständigkeit für die operative Deutschlandpolitik. In kürzester Zeit profilierte er sich auf diesem Gebiet. Da Deutschlandpolitik Chefsache war, handelte er in enger Abstimmung mit mir. Vom Kanzleramt aus wurde die regierungsinterne Koordination der Deutschlandpolitik gesteuert. Mit dem DDR-Unterhändler Schalck-Golodkowski entwickelte Schäuble im Lauf der Jahre eine für beide Seiten gedeihliche Zusammenarbeit. Als »Manager der Teilung«, wie Schäuble einmal treffend apostrophiert wurde, verfolgte er eine pragmatische Verhandlungsstrategie, ohne dabei das Grundgesetzgebot der Wiedervereinigung aus den Augen zu verlieren. Mit außerordentlichem Geschick organisierte er 1987 den vieldiskutierten Besuch des DDR-Staatsratsvorsitzenden in der Bundesrepublik – natürlich nach enger Absprache mit mir. Wer in diesem Punkt Wolfgang Schäuble kritisierte, der kritisierte auch mich, zumal die Politikgestaltung meine Sache war, während der Kanzleramtschef sie umsetzte.

Bis zu seinem Wechsel ins Bundesinnenministerium 1989 war Wolfgang Schäuble eine der zentralen Figuren im oft zitierten »System Kohl«. Sein politischer Einfluss, der sich nicht zuletzt der Nähe zu mir verdankte, war enorm. Sein Meisterstück an Verhandlungskunst lieferte er bei den deutsch-deutschen Gesprächen, die schließlich zum Einigungsvertrag von 1990 führten.

Auf meinen ausdrücklichen Wunsch hin nahm Staatssekretär Waldemar Schreckenberger auch nach Schäubles Amtsantritt 1984 weiterhin wichtige Aufgaben im Kanzleramt wahr. Er blieb mir unmittelbar zugeordnet und koordinierte die Europapolitik, die Medienpolitik und die Kommunikationstechnologie sowie vor allem die Nachrichtendienste und die Dienstaufsicht über den Bundesnachrichtendienst (BND). Das war einer der schwierigsten Jobs, die in Bonn zu vergeben waren. Das Gerangel zwischen Geheimdiensten und Bundeskanzleramt führte immer wieder zu unerquicklichen Auseinandersetzungen.

1989 verließ Schreckenberger das Bundeskanzleramt, um zu seiner wissenschaftlichen Tätigkeit an der Hochschule für Verwaltungswissenschaften Speyer zurückzukehren. Sein Nachfolger als Geheimdienstkoordinator wurde Lutz Stavenhagen.

1985 gab es noch weitere Personalien zu lösen, die völlig unverhofft auf mich zukamen. So trat im Juni 1985 Staatssekretär Peter Boenisch von seinem Amt als Leiter des Bundespresse- und Informationsamts zurück. Der Regierungssprecher hatte ein steuerrechtliches Ermittlungsverfahren am Hals, das Ende Juni 1985 durch einen Strafbefehl rechtskräftig abgeschlossen wurde. Dabei hatte ich mich an den ehemaligen Zeitungsjournalisten, der mit soviel Geschick und Souveränität vor der Bonner Presse auftrat, gerade erst so richtig gewöhnt, als ich mich nach nur zweijähriger enger Zusammenarbeit schon wieder von ihm verabschieden musste.

Zu seinem Nachfolger berief ich den fünfzehn Jahre jüngeren ZDF-Wirtschaftsfachmann Friedhelm Ost. Der Moderator, Kommentator und Leiter der ZDF-Sendung *Wirtschaft und Soziales (WISO)* verfügte über die besondere Begabung, schwierige wirtschafts-, finanz- und sozialpolitische Themen in verständlicher Form zu erklären. Im Lauf unserer Zusammenarbeit kamen mir allerdings einige Zweifel, ob ich die richtige Wahl getroffen hatte. Im Zuge der Kabinettsumbildung vom April 1989 ersetzte ich ihn deshalb durch den damaligen Bundesminister für wirtschaftliche Zusammenarbeit Hans Klein (CSU).

Eine weitere Personalie betraf Heiner Geißler, der seit 1977 ungewöhnlich erfolgreich als CDU-Generalsekretär arbeitete. Ich hatte ihn einst als Sozialminister ins Mainzer Kabinett geholt, wo er zehn Jahre lang mit Geschick und Kreativität die Sozialpolitik im Land voranbrachte. Seit 1982 war er zusätzlich zu seinem Amt als Generalsekretär auch als Bundesminister für Jugend, Familie und Gesundheit tätig – und nun, Ende September 1985, trat er von seinem Ministeramt zurück, um sich mit ganzer Kraft seiner Parteifunktion widmen zu können.

Als CDU-Generalsekretär hatte Heiner Geißler durch eine expansive Personalpolitik in der Parteizentrale den Parteiapparat organisatorisch auf Vordermann gebracht. Neben einem hohen Maß an Organisationstalent verschafften ihm sein soziales Profil und sein programmatisches Denken große Achtung in der Partei und Respekt bei unseren politischen Gegnern. Er war ein politisches Schwergewicht, auf das ich bei der ersten Regierungsbildung im Oktober 1982 nicht hatte verzichten wollen.

Mir war von Anfang an klar, dass die Doppelbelastung als Minister und Generalsekretär auch für einen Mann wie Geißler nicht lange Zeit durchzuhalten war. Hinzu kam, dass ich immer mehr den Eindruck hatte, dass Geißler bei der Sozialpolitik am Ziel vorbeischoss. Die Neuregelung des Anerkennungsverfahrens für Kriegsdienstverweigerer und eine Reform des Zivildienstes waren sicherlich richtig. Allerdings wurden damals auch mit meiner Zustimmung Entscheidungen in der Sozialpolitik getroffen, die sich wegen der damit verbundenen finanziellen Belastungen als falsch erwiesen haben. Wir wollten mit einer aktiven Familienpolitik die Entscheidung junger Eltern für ein Kind erleichtern und langfristig

Rita Süssmuth tritt die Nachfolge von Heiner Geißler im Bundesministerium für Jugend, Familie und Gesundheit an

die Geburtenentwicklung fördern. Leider blieb der erhoffte Erfolg weitgehend aus.

Der Hauptgrund für Geißlers Rückzug aus dem Bundeskabinett war meine Sorge um die nächste Bundestagswahl. Damit wir 1987 einen erneuten Wahlsieg erringen konnten, musste sich die Partei neu aufstellen, und es war dringend notwendig, schon jetzt die inhaltlichen und strategischen Vorbereitungen dafür zu treffen. An der Suche nach einem Nachfolger für das Ministeramt wirkte Heiner Geißler noch maßgeblich mit. Mit überschwenglichen Lobeshymnen empfahl er mir die Direktorin des Instituts Frau und Gesellschaft in Hannover, die Erziehungswissenschaftlerin Rita Süssmuth.

Rita Süssmuth war seit 1981 CDU-Mitglied und Vizepräsidentin des Familienbunds der Deutschen Katholiken und galt als geradezu prädestiniert für die Geißler-Nachfolge. Da sie in der Partei wenig verankert war und unerfahren in der Führung eines so großen Apparats, wie es ein Bundesministerium ist, hatte ich durchaus Vorbehalte. Trotzdem ließ ich mich überzeugen und schlug sie dem Bundespräsidenten als Ministerin für Jugend, Familie und Gesundheit vor. Entgegen meinen Befürchtungen leitete sie das Amt erfolgreich bis ins Jahr 1988.

An diesem Ministerwechsel lässt sich erkennen, wie dünn unsere Personaldecke war und dass es insbesondere Probleme bereitete, Frauen in Führungspositionen zu berufen, die bereits Regierungserfahrung hatten. Diese Sorge begleitete mich während meiner ganzen Amtszeit.

26.
Vierzig Jahre danach

Die Gedenkstunde anlässlich des 40. Jahrestags der Befreiung des Konzentrationslagers Bergen-Belsen am 15. April 1985 nahm ich zum Anlass für eine Grundsatzrede, die ich heute für eine der wichtigsten Bewertungen und Analysen zur jüngsten deutschen Geschichte halte, die ich während meiner Kanzlerschaft gegeben habe. Leider fand sie in der Bundesrepublik weniger Beachtung als im Ausland – in der jüdischen Welt allerdings erregte sie Aufsehen. Ignatz Bubis, der Vorsitzende des Zentralrats der Juden in Deutschland, hat bei vielen Gelegenheiten darauf Bezug genommen. Er fand sie außerordentlich bewegend und meinte, es sei die wichtigste Ansprache, die in diesem Gedenkjahr gehalten worden sei. Die wesentlichen Gedanken daraus gebe ich im folgenden wieder.

Versöhnung mit den Hinterbliebenen und Nachkommen der Opfer ist nur möglich, wenn wir unsere Geschichte annehmen, wie sie wirklich war, wenn wir uns als Deutsche bekennen: zu unserer Scham, zu unserer Verantwortung vor der Geschichte.

Es gehört zu den vordringlichen Aufgaben in unserem Land, Wissen darüber zu vermitteln und das Bewusstsein für das ganze Ausmaß dieser geschichtlichen Last wachzuhalten. Die Verbrechen der Hitler-Barbarei, die Verhöhnung, ja die Zerstörung aller sittlichen Normen, die systematische Unmenschlichkeit der NS-Diktatur – wir dürfen, wir wollen sie niemals vergessen. Ein Volk, das sich von seiner Geschichte abwendet, gibt sich auf.

Bergen-Belsen, ein Ort mitten in Deutschland, bleibt ein Kainsmal, eingebrannt in die Erinnerung unseres Volkes wie Auschwitz und Treblinka, Belzec und Sobibor, Kulmhof und Majdanek und die vielen anderen Stätten eines schrecklichen Vernichtungswillens. Sie sind Inbegriffe für das, was der Mensch in Hass und Verblendung seinem Mitmenschen zufügen kann. Wir wissen nicht genau, wie viele Menschen in Bergen-Belsen ihr Leben verloren. Es waren über fünfzigtausend. Doch was sagt diese Zahl schon darüber, wie der Tod jeden einzelnen traf, seine Nächsten, seine Familie?

Stellvertretend für sie alle nenne ich Anne Frank. Sie war fünfzehn Jahre alt, als sie wenige Tage vor der Befreiung des Lagers den Tod fand. Wir wissen nicht genau, wie ihr Leben ausgelöscht wurde. Wir wissen aber, was die Menschen hier erwartete, wie sie misshandelt wurden, welche Qual sie litten. Ihr Leben, ihre menschliche Würde waren der Willkür ihrer Peiniger schutzlos ausgeliefert.

Trotz der eigenen großen Not fanden viele Häftlinge die Kraft, anderen beizustehen, sich dem nächsten zuzuwenden und Trost und Zuspruch zu spenden. Ein altes jüdisches Wort lautet: »Wer ein Menschenleben rettet, rettet die ganze Welt.« Wenige bekannte und viele unbekannte Häftlinge gaben damals Mitmenschen Kraft inmitten all der Qualen. Und wir erinnern uns auch an mutige Menschen, die im Lebensalltag der Diktatur Verfolgten Zuflucht boten und dabei ihr eigenes Leben riskierten. Sie alle trugen dazu bei, unser Bild des Menschen als Ebenbild Gottes in der Welt zu retten.

Der Tag der Befreiung kam für Tausende von Menschen in Bergen-Belsen zu spät: zu ausgezehrt waren ihre Körper, zu stark die Erschöpfung, zu tief verletzt ihre Seele.

Die Menschenverachtung der Nationalsozialisten hatte sich nicht allein in den Konzentrationslagern gezeigt. Sie war so allgegenwärtig wie die Diktatur totalitär. Gewalt herrschte überall, und überall wurden Menschen überwacht, verfolgt, verschleppt, sie wurden eingekerkert, gefoltert und ermordet. Bürger aus allen Schichten unseres Volkes, Menschen vieler Nationalitäten, jeden Glaubens, jeden Bekenntnisses, jeder Weltanschauung und mit ganz unterschiedlichen politischen Überzeugungen. Von Anfang an zielte der Terror des totalitären Regimes ganz besonders gegen

Juden. Neid und primitive Vorurteile – in Jahrhunderten gewachsen – steigerten sich zu einer Ideologie des Rassenwahns. Wohin das führte – an den Massengräbern können wir es sehen.

Wir haben die Pflicht, uns selbst zu fragen, wie es geschehen konnte, dass eine Kultur zerbrach, an deren Entwicklung gerade deutsche Juden in herausragender Weise beteiligt waren. Viele von ihnen hatten sich sehr bewusst als deutsche Patrioten bekannt. Sie waren weltweit Zeugen und Botschafter deutschen und abendländischen Geistes. Als der Ungeist in Deutschland die Macht übernahm, wurden sie entrechtet und verjagt. Sie wurden parteioffiziell zu »Untermenschen« erklärt und zur »Endlösung« verurteilt. Diese NS-Begriffe entstanden in deutscher Sprache, in der Sprache Goethes und Lessings, von Immanuel Kant und Edmund Husserl, in der Sprache von Dietrich Bonhoeffer und Leo Baeck. Ein menschenverachtendes System tat auch dieser Sprache Gewalt an.

Doch zuvor hatte es den Geist vergiftet. Die Machthaber waren Knechte der Gesetzlosigkeit. Mit ihrer Arroganz der Macht und der Maßlosigkeit ihrer Ansprüche blendeten sie das Volk und stürzten dann einen ganzen Kontinent ins Unglück. Ursache für dieses Werk der Zerstörung war ein sich beschleunigender Verfall der Werte, der Moral. Im Letzten setzte der totalitäre Unrechtsstaat den Abfall von Gott voraus.

Die heuchlerische Berufung der Machthaber des NS-Regimes auf die »göttliche Vorsehung« diente allein der Vertuschung eigener Willkür. Sie war und bleibt in Wahrheit die schlimmste Perversion religiösen Glaubens: ein Hohn des lebendigen Gottes, wie ihn die großen Religionen anerkennen und bezeugen.

Die Mahnung, um derentwillen wir auch dieses dunkelste Kapitel unserer Geschichte stets gegenwärtig halten müssen, folgt nicht aus der Frage, weshalb jenen der Erfolg versagt blieb, die im Widerstand gegen den Terror ihr Leben wagten. Die entscheidende Frage ist vielmehr, weshalb so viele Menschen gleichgültig blieben, nicht hinhörten, nichts wahrhaben wollten, als die späteren Gewaltherrscher für ihr menschenverachtendes Programm zuerst noch in den Hinterzimmern und dann auf offener Straße warben.

Was die Nationalsozialisten vorhatten, zeigte sich nicht erst am 9. November 1938, als fünfunddreißigtausend Juden in Konzentrationslager verschleppt wurden. Wir fragen uns heute, warum es nicht möglich war, Einhalt zu gebieten, als die Zeichen der nationalsozialistischen Tyrannei nicht mehr übersehen werden konnten. Als man Bücher verbrannte, die wir zu den großen Kulturgütern unseres Jahrhunderts zählen. Als man Synagogen in Brand steckte. Als man jüdische Geschäfte demolierte. Als man jüdischen Mitbürgern verwehrte, auf Parkbänken Platz zu nehmen.

Das waren Mahnzeichen. Auch wenn sich Auschwitz menschlicher Vorstellungskraft entzog: Die gewissenlose Brutalität der Nazis war offen erkennbar gewesen.

Wie die Juden, so wurden auch viele andere unschuldige Opfer verfolgt. Der Rassenwahn der Nationalsozialisten richtete sich auch gegen die Zigeuner. In den Massengräbern von Bergen-Belsen ruhen ungezählte Sinti und Roma. »Durch ihren gewaltsamen Tod« – so heißt es auf der Inschriftenwand in Bergen-Belsen – »sind sie den Lebenden Mahnung zum Widerstand gegen das Unrecht.«

Am 40. Jahrestag der Befreiung des Konzentrationslagers von Bergen-Belsen gedenken wir auch all jener, die unter dem totalitären Regime für ihre Standfestigkeit im Glauben ihr Leben verloren – unter ihnen viele, die aus religiöser Überzeugung den Kriegsdienst verweigert hatten.

Der totalitäre Staat wähnt sich im Besitz absoluter Wahrheit, meint allein zu wissen, was gut und was böse ist. Er kennt keinen Respekt vor dem Gewissen des einzelnen. Er will nicht nur die vorletzten Fragen – die der Politik – in seinem Sinne beantwortet wissen, sondern auch die letzten: die nach Sinn und Wert unseres Lebens.

Nur so konnte auch der teuflische Gedanke von einem »lebensunwerten Leben« Staatsdogma werden. Nur so konnten der NS-Arzt Josef Mengele und andere ihre grausamen Versuche mit leidenden Menschen unternehmen. Ich erinnere an die Verfolgung der geistig Behinderten, der Menschen, die als asozial gebrandmarkt wurden, und der vielen anderen, die aus ganz unterschiedlichen Gründen umgebracht wurden – manche allein deshalb, weil sie am sogenannten Endsieg zweifelten.

Als das Lager Bergen-Belsen errichtet wurde, brachte man zunächst russische Kriegsgefangene hierher. Ihre Unterbringung und Behandlung geriet für diese Menschen zur Tortur. Über fünfzigtausend starben allein im Raum um Bergen.

Auch daran muss erinnert werden: Von den insgesamt fast sechs Millionen sowjetischen Soldaten, die in deutsche Kriegsgefangenschaft gerieten, überlebten weit weniger als die Hälfte. Das Leid, das den Völkern in Mittel- und Osteuropa in deutschem Namen zugefügt wurde, ist nur schwer zu beschreiben. Zwanzig Millionen Kriegstote allein aus der Sowjetunion, unglaublich die Verbrechen am polnischen Volk.

Ich erinnere ebenso an die Menschen, denen das Unrecht der Nazis mit neuem Unrecht vergolten wurde, die als Deutsche aus ihrer Heimat vertrieben wurden und auf der Flucht den Tod fanden. Aber wir hätten nicht aus der Geschichte gelernt, wenn wir Grausamkeiten gegeneinander aufrechnen wollten.

Für die Untaten der NS-Gewaltherrschaft trägt Deutschland die Verantwortung vor der Geschichte. Diese Verantwortung äußert sich auch in nie verjährender Scham. Wir werden nicht zulassen, dass hier etwas verfälscht oder verharmlost wird. Gerade die Kenntnis der schuldhaften Verstrickung, der Gewissenlosigkeit, der Feigheit und des Versagens vermag uns in den Stand zu setzen, die Anfänge des Verderbens zu erkennen und ihnen zu widerstehen. Denn Totalitarismus, wie er sich in Deutschland nach dem 30. Januar 1933 durchsetzen konnte, ist keine unwiederholbare Entgleisung, kein »Unfall der Geschichte«. Wachsamkeit und Sensibilität sind vor allem gegenüber jenen Einstellungen und Haltungen geboten, die totalitärer Herrschaft den Weg bereiten können:

- die unkritische Haltung gegenüber Ideologien, die vorgeben, das Ziel der Geschichte zu kennen, und die das Paradies in dieser Welt versprechen,
- der Verzicht auf den Gebrauch verantworteter Freiheit,

- die Gleichgültigkeit gegenüber Verletzungen der Menschenwürde, der Menschenrechte und des Friedensgebots.

Friede beginnt mit der Achtung der unbedingten und absoluten Würde des einzelnen Menschen in allen Bereichen seines Lebens.

Das Leiden und der Tod der Menschen, die Opfer der Unmenschlichkeit wurden, mahnen uns, den Frieden und die Freiheit zu bewahren, dem Recht und der Gerechtigkeit zu dienen, das Maß des Menschen zu erkennen und in Demut vor Gott unseren Weg zu gehen.

Was Konrad Adenauer im Februar 1960 in Bergen-Belsen sagte, war und bleibt gültig: »Ich glaube, wir können keinen besseren Ort [...] wählen als diesen [...] in dem Gelöbnis, alles dafür zu tun, dass jeder Mensch – gleichgültig, welchem Volk, welcher Nation, welcher Rasse er angehört – auf der Erde in Zukunft Recht, Sicherheit und Freiheit genießt.«

Der Zusammenbruch der NS-Diktatur am 8. Mai 1945 wurde für die Deutschen ein Tag der Befreiung. Aber wie sich rasch erwies, verhieß er nicht allen neue Freiheit. Wir im freien Teil unseres Vaterlands zogen aus unseren Erfahrungen in der Hitler-Diktatur den Schluss, dass der einzelne Mensch gerade in zentralen Fragen der Politik über und für sich selbst bestimmen können muss. Wir gründeten eine freiheitliche Republik. Wir errichteten eine rechtsstaatliche Demokratie. Die Gründer unserer demokratischen Bundesrepublik erkannten und nutzten den Augenblick. Weil sie die Kraft hatten, die Verantwortung der Geschichte anzunehmen, gewannen sie uns den Wert und die Würde verantworteter Freiheit zurück.

Und deshalb banden wir uns auch unwiderruflich an die Wertegemeinschaft der freiheitlichen Demokratien des Westens und verbündeten uns mit ihnen dauerhaft. Das war nur deshalb möglich, weil uns diese Völker – und nicht zuletzt ehemalige KZ-Häftlinge und Angehörige von Opfern der NS-Diktatur – die Hand zur Versöhnung boten. Viele dieser Völker hatten den nationalsozialistischen Terror im eigenen Land ganz unmittelbar erfahren. Wieviel Hass war damals entstanden gegen jene, die gekommen waren, zu knechten und zu schinden – Hass, der sich letztlich gegen das ganze deutsche Volk richtete. Wir im freien Teil Deutschlands wussten, wieviel es bedeutete, dass wir nach Auschwitz und Treblinka wieder als Partner im freien Westen aufgenommen wurden.

Das geschah nicht zuletzt auch in der berechtigten Erwartung, dass wir das, was im deutschen Namen den Völkern Europas angetan worden war, nicht verleugnen werden. Zu dieser historischen Haftung bekennen wir uns auch viele Jahre danach. Gerade deshalb dürfen wir Deutsche diese dunkle Epoche unserer Geschichte niemals verdrängen. Wir haben die Lektion der Geschichte gelernt. Die Würde des Menschen ist unantastbar. Von deutschem Boden muss Frieden ausgehen.

Unsere Aussöhnung und Freundschaft mit Frankreich ist ein Glück für Deutsche und Franzosen, für Europa und die Welt. Ein solches Werk des Friedens wollen wir auch mit unsern polnischen Nachbarn vollenden. Dass Versöhnung mit dem jüdischen Volk und dem Staat Israel möglich wurde, dass gerade unter jungen Menschen die Freundschaft wächst, ist unübersehbar, wir würdigen dies voller Dankbarkeit. Ich empfinde hohen Respekt für jene Männer und Frauen, die im Blick auf die Zukunft bereit waren und sind, die Stärke des Hasses mit der Kraft der Menschlichkeit zu überwinden.

Wiedergutmachung wurde geleistet, zur Sicherung einer Heimat für die Juden und als Hilfe für die Überlebenden des Holocaust. Heute wissen wir aber so gut wie damals: Leiden und Sterben, Schmerz und Tränen kann man nicht wiedergutmachen. Dafür gibt es nur gemeinsame Erinnerung, gemeinsame Trauer und den gemeinsamen Willen zum Miteinander in einer friedvollen Welt.

In vielen Jahrhunderten leisteten Juden zur Kultur und Geschichte Deutschlands entscheidende Beiträge. Und es bleibt ein historisches Verdienst, dass sich auch nach 1945 jüdische Mitbürger wieder bereitfanden, beim Aufbau der Bundesrepublik Deutschland zu helfen. Auch diese Erinnerung wollen wir bewahren, um den Willen der Gemeinschaft in einer besseren Zukunft zu stärken.

Dafür ist es so wichtig, der heranwachsenden Generation vor Augen zu führen, dass Toleranz, dass Aufgeschlossenheit für den Nächsten unersetzliche Tugenden sind, ohne die ein Staatswesen nicht gedeihen kann. Uns in diesem Wettstreit der Menschlichkeit zu üben ist die eindeutigste Antwort auf das Versagen in einer Epoche, die von Machtmissbrauch und Intoleranz bestimmt war. In der israelischen Gedenkstätte Yad Vashem prägte sich mir das Wort eines jüdischen Mystikers vom Anfang des 18. Jahrhunderts ein: »Das Vergessenwollen verlängert das Exil, und das Geheimnis der Erlösung heißt Erinnerung.« Und deshalb lautet die Mahnung in Bergen-Belsen zu Recht: »Erde, verdecke nicht ihr Blut.«

*

Am 8. Mai 1985 erinnerte der 40. Jahrestag des Kriegsendes uns Deutsche eindringlich an das kostbare Gut der Freiheit und an die Verantwortung für die Bewahrung von Frieden und Freiheit. Der erste Bundespräsident Theodor Heuss prägte das Wort, der 8. Mai 1945 sei »ein Tag tiefer Paradoxie, weil wir erlöst und vernichtet in einem gewesen sind«.

Wir trauern am 8. Mai um die Opfer der Gewaltherrschaft, des Rassenwahns und eines total geführten Krieges. In diese Trauer mischt sich Scham für das, was im deutschen Namen an Verbrechen geschah.

Der 8. Mai erweckt bei mir aber auch Gedanken der Dankbarkeit: Die Deutschen waren befreit vom Schrecken des Krieges und von den tausend Verstrickungen, die das totalitäre NS-Regime geschaffen hatte. Der 8. Mai war ein Tag der Befreiung, das hatte ich schon in Bergen-Belsen betont, und Bundespräsident Weizsäcker griff den Gedanken in einer großen Rede vor dem Bundestag am 8. Mai 1985 auf. Aber Freiheit brachte er nicht allen. Unser Land, die Mitte Europas, wurde geteilt. Für die Deutschen in der DDR und für unsere östlichen Nachbarvölker wurde der 8. Mai 1945 auf zunächst unabsehbare Zeit zum Tag der Ablösung der einen Diktatur durch eine andere.

Aber auch Hoffnung bedeutet dieser Tag: Hoffnung, dass sich

die Vision der Patrioten des Hambacher Fests 1832 und der Paulskirche 1848, die ein freies Deutschland in einem freien Europa erstrebten, eines Tages erfüllen könnte. Aus dieser Hoffnung schöpften die Menschen an dem tiefsten Punkt deutscher Geschichte die Kraft für den Neubeginn. Sie konnten auf dem Fundament aufbauen, das von jenen Deutschen errichtet worden war, die den Widerstand gegen Hitler gewagt hatten – dem moralischen Fundament für unsere demokratische Ordnung und den sozialen Rechtsstaat.

Nur vier Jahre nach dem Ende von Krieg und Diktatur erlebten wir im westlichen Teil unseres Vaterlandes die Geburtsstunde einer freiheitlichen Republik. Ganz bewusst hatten die Mitglieder des Parlamentarischen Rats die Schlussabstimmung über das Grundgesetz auf den 8. Mai 1949 gelegt. Damals wandte sich Carlo Schmid, einer der großen Männer der deutschen Nachkriegsgeschichte, in einer eindrucksvollen Rede an die Besatzungsmächte und die Bürger der neuen deutschen Republik. Er sagte: »Wenn wir auf beiden Seiten nach dem Gesetz der Solidarität handeln, dann wird man einmal sagen können, dass an dem vierten Jahrestag des 8. Mai 1945, an dem das blutige Siegel unter den Zusammenbruch einer Herrschaft des Verderbens gedrückt worden ist, in Bonn etwas geschaffen wurde, das die Tore zu einer besseren Zukunft Deutschlands, einer Zukunft Europas, aller Völker Europas weit aufgestoßen hat.«

Dieser Neubeginn in Freiheit ermöglichte eine stabile deutsche Demokratie. Aus einem zerstörten Land entstand ein Gemeinwesen, das im Frieden mit sich selbst und mit seinen Nachbarn lebt. In unserem Grundgesetz ist die Ächtung von Aggression festgeschrieben. Krieg und Gewalt werden für uns nie wieder ein Mittel der Politik sein. Als friedlicher Staat streben wir Freiheit an für alle Deutschen.

Wie uns der 8. Mai 1945 an das Unheil von Krieg und Gewaltherrschaft erinnert und zur Selbstbesinnung mahnt, so steht der 8. Mai 1949 für die neue Chance, die wir im freien Teil unseres Landes erhalten hatten. Beides bestimmte die Lage unserer Nation im Jahr 1985: Die Teilung unseres Vaterlands trugen wir als Last in der Folge des von Hitler verschuldeten Krieges. Die Entscheidung für Freiheit und Demokratie begriffen wir als Auftrag für ganz Deutschland und Europa.

1955 erlangte die Bundesrepublik Deutschland weitgehende völkerrechtliche Souveränität und führte zugleich fort, was im Vertrag von Locarno gedanklich angelegt war: die Einfügung der Deutschen in ein Europa freier Völker. Zehn Jahre nach dem Beginn der Schlacht von Verdun wollten Sir Austen Chamberlain, Gustav Stresemann und Aristide Briand 1925 mit dem Vertrag von Locarno die Grundlage für diese europäische Integration schaffen; schon damals wussten die Außenminister Frankreichs und Deutschlands um die europäische Bedeutung einer dauerhaften Verständigung zwischen ihren beiden Völkern. Doch der Vertrag von Locarno scheiterte in der Folgezeit an nationalistischer Kurzsichtigkeit und vermeintlich unüberwindbarer Erbfeindschaft.

Im Grundgesetz und in den Pariser Verträgen – einschließlich des damals neu gefassten Deutschlandvertrages – hatten wir uns definitiv auf die europäische Einigungsidee festgelegt: Im europäischen Rahmen wollten wir unsere Zukunft gestalten und als Friedenswerk die nationale Frage lösen. Mit den Pariser Verträgen, die im Mai 1985 seit dreißig Jahren in Kraft waren, wurde die Bundesrepublik Deutschland als souveräner Staat auf Dauer Mitglied der Bündnisgemeinschaft des freien Westens.

27. Bitburg

Der Bonner Weltwirtschaftsgipfel Anfang Mai 1985 bot sich an, mit diesem Treffen einen Staatsbesuch des amerikanischen Präsidenten zu verbinden. Die Planungen für den Besuch Ronald Reagans und seiner Frau Nancy begannen schon Anfang des Jahres 1985. Vierzig Jahre nach Kriegsende sollte eine überzeugende Geste der Aussöhnung mit unseren damaligen Gegnern über den Gräbern der Toten des barbarischen Krieges demonstrieren, dass unser Volk aus der Geschichte gelernt hatte. Als Einzelheiten des Besuchsprogramms bekannt wurden, wurde ein enormer Medienwirbel in beiden Ländern entfacht. Aber nicht nur die Medien regten sich auf, auch Politiker diesseits und jenseits des Ozeans begannen eine Schlammschlacht gegen den amerikanischen Staatsgast und gegen mich, wie ich sie noch nicht erlebt hatte.

Was ich im März, April und Mai 1985 an Angriffen hinnehmen musste, machte mich persönlich sehr betroffen, galt doch mein ganzes Bemühen dem Ziel, einen Beitrag zum Frieden und zum Ausgleich der Völker zu leisten. Das war auch der Sinn aller Gespräche zur Vorbereitung des Staatsbesuchs. Hatten wir das nicht schon in Verdun demonstriert, als ich zusammen mit François Mitterrand eine Geste der Versöhnung über Gräber hinweg dokumentierte? Damals trafen sich dort neunzigjährige Veteranen des Ersten Weltkriegs mit Vertretern der Kriegsgeneration des Zweiten Weltkriegs. Aber es waren auch einige zehntausend Schulkinder dort, junge Deutsche und Franzosen, die in ihrer Unbefangenheit gar nicht so recht wussten, was da vor der Weltöffentlichkeit besiegelt wurde: dass wir über die Erbfeindschaft hinweg zu

Freunden geworden waren und dass ein Bruderkrieg in Europa für uns nicht mehr denkbar ist.

Darüber hatte ich bei meinem Amerikabesuch im November 1984 lange und intensive Gespräche mit Ronald Reagan geführt. Ich kannte den Präsidenten als Freund unseres Volkes und konnte dies in den folgenden Jahren immer wieder erfahren. Das Bild von meinem Treffen mit François Mitterrand in Verdun am 22. September hatte ihn sehr beeindruckt, und er ließ sich eingehend über die Begegnung informieren. Auf seinen Vorschlag hin besprachen wir, welche Möglichkeit es gebe, bei seinem Besuch in der Bundesrepublik am Vorabend des 40. Jahrestags der deutschen Kapitulation über Gräber hinweg eine Geste für Frieden und Aussöhnung zu finden.

Es ging in diesen Gesprächen auch darum, dass der Präsident der Vereinigten Staaten vierzig Jahre nach Kriegsende zu jungen Deutschen über die Zukunft spricht, über die Welt von morgen. Ein weiterer Vorschlag von mir war, die Opfer des Nationalsozialismus an einer angemessenen Stätte zu ehren.

Schließlich schlug ich dem amerikanischen Präsidenten vor, auf einem Soldatenfriedhof die Gefallenen aller Völker zu ehren, nicht nur die Gefallenen unseres Volkes, nicht nur die gefallenen jungen Amerikaner, sondern alle Opfer des Zweiten Weltkriegs. Ronald Reagan nahm dies alles auf sehr noble Weise sofort auf und erklärte sich zu dieser Geste der Freundschaft bereit. Als deutscher Bundeskanzler war ich ihm für seine Einstellung äußerst dankbar. Ich bedaure zutiefst, dass dieser großartige Mann, der ein Freund der Deutschen war, dieser noblen Gesinnung wegen später erhebliche innenpolitische Schwierigkeiten in den Vereinigten Staaten hinnehmen musste.

Bei den Vorbereitungen der Details dieser Reise wurden denkbare Orte der Begegnung erörtert. Ich schlug vor, mit jungen Deutschen in Hambach zusammenzutreffen, der Stätte deutscher Demokratie, der Stätte europäischer Solidarität, der Stätte, die so viel an deutsch-amerikanischer Tradition des vergangenen und des vorvergangenen Jahrhunderts signalisiert.

Wir sprachen auch über Möglichkeiten, Begegnungen mit jungen Soldaten zu haben, Soldaten der amerikanischen Armee, Soldaten unserer Bundeswehr, und zwar nicht, um große Paraden durchzuführen, sondern um – soweit dies möglich ist – in einer beinahe persönlich-privaten Atmosphäre mit diesen jungen Leuten zu sprechen: mit den jungen Amerikanern, stellvertretend für die Hunderttausende von Amerikanern, die in den letzten Jahrzehnten den Frieden und die Freiheit unseres Landes immer wieder gesichert und gewährleistet hatten, und mit jungen deutschen Soldaten, neunzehn, zwanzig, einundzwanzig Jahre alt, mit Wehrpflichtigen. Mir erschien es besonders wichtig, dass der Präsident der Vereinigten Staaten, unser wichtigster Verbündeter, jungen deutschen Soldaten begegnete, vielleicht den Enkeln der Gefallenen des Zweiten Weltkriegs, die wir ja auch auf diesem Friedhof ehren wollten. Es ging mir darum, dieser Enkelgeneration den Sinn ihres Dienstes für die Freiheit und zur Verteidigung des Friedens zu vermitteln.

So entstand der Gedanke, nach Bitburg zu gehen, einer kleinen Stadt, die beinahe in einer Art von Symbiose mit ihrer amerikanischen Garnison lebte. Auf dem dortigen Flugplatz hatten in den letzten Jahrzehnten weit über hunderttausend Amerikaner ihren Dienst getan. Die Stadt und die örtliche Garnison hatten eine Größe, die eine ganz enge Verbindung entstehen ließ. Dort redete man nicht viel von Partnerschaft, dort lebte man sie jeden Tag, bis in den privaten Bereich hinein. Weit über fünftausend Ehen zwischen Deutschen und Amerikanern waren dort bis zum Jahr 1985 geschlossen worden, viele Tausende von Kindern aus deutsch-amerikanischen Ehen waren hier auf die Welt gekommen. Wenn man irgendwo in Deutschland deutlich machen wollte, dass Deutsche und Amerikaner ganz selbstverständlich miteinander lebten, bot sich Bitburg an. Ich schlug die Stadt auch deshalb vor, weil mir wichtig war, jene Bürger unseres Landes zu ehren, die Jahr für Jahr auch die Last und die Belästigungen von militärischen Anlagen ertrugen.

Noch ein anderer Gesichtspunkt spielte keine geringe Rolle: Zur Begleitung des Präsidenten zählten über dreihundert Journalisten, und auch sie mussten an den Ort des Geschehens gelangen.

Bitburg mit seinem nahen Flugplatz war verkehrstechnisch dafür sehr geeignet.

Angesichts der knappen Zeit, die uns bei diesem Besuch zur Verfügung stand, war es naheliegend, den Soldatenfriedhof am Stadtrand von Bitburg in unsere Überlegungen einzubeziehen. Er war im Jahr 1959 neu gestaltet worden; über zweitausend Soldaten – einige aus dem Ersten Weltkrieg, aber die große Mehrzahl aus dem Zweiten Weltkrieg – sind hier beigesetzt, Soldaten, die bei den Kampfhandlungen in diesem Raum gefallen waren und die man nach 1959 von den Friedhöfen der Gemeinden und Dörfer hierher umgebettet hatte. Dabei wurden auf diesem Soldatenfriedhof auch Soldaten der Waffen-SS beigesetzt – wie übrigens auf fast allen Soldatenfriedhöfen, die vom Volksbund Deutscher Kriegsgräberfürsorge betreut werden.

Es lagen also SS-Soldaten auf dem Soldatenfriedhof in Bitburg – und über diesen Gräbern sollte der amerikanische Präsident eine Geste der Versöhnung zeigen? Das war zuviel für viele Reagan-Kritiker, zuviel für meine Kritiker. Doch wer sich mit der Geschichte der Waffen-SS beschäftigt, weiß, dass viele dieser blutjungen Soldaten gar keine Chance hatten, dem Einberufungsbefehl zur Waffen-SS zu entgehen.

Ich ließ mir damals die Namen und Daten von den Grabplatten notieren. Von den neunundvierzig namentlich auf den Grabplatten des Friedhofs in Bitburg aufgeführten SS-Soldaten waren zweiunddreißig an ihrem Todestag jünger als fünfundzwanzig Jahre. Es handelt sich also um im Alter von siebzehn, achtzehn und neunzehn Jahren Gefallene. Ihr junges Leben währte viel kürzer als die Zeit, die uns 1985 von ihrem Todestag trennte. Sie starben in einem barbarischen Krieg.

Es ist wahr, dass die Verstrickungen unserer jüngsten Geschichte schon für die, die dabei waren, schwer begreiflich sind. Um wieviel mehr sind sie für eine nachgewachsene Generation oft genug kaum begreiflich – und für jene, die nicht hier lebten, die in einem anderen Kontinent aufwuchsen, müssen sie ganz unbegreiflich sein. Und jene, die das Grauen, die ganze Barbarei des Dritten Reichs in Auschwitz, in Treblinka, in Bergen-Belsen erlebten und nicht vergessen können, was man ihnen selbst antat, was man ihren nächsten Angehörigen antat, und die auch nicht vergeben können? Ich denke, uns steht ein Urteil über eine solche Haltung oder gar eine Verurteilung nicht zu. Es ist großartig, wenn jemand, der das alles erleben musste, dennoch – wie Simon Wiesenthal – das befreiende Wort der Vergebung spricht, aber wir haben weder einen moralischen noch gar einen rechtlichen Anspruch auf eine solche Haltung.

Trotzdem denke ich, dass es angesichts der undifferenzierten Urteile, der zum Teil unerträglichen kollektiven Beschuldigungen und angesichts auch mancher bewusster Geschichtsfälschung wichtig ist, einmal einen Zeitzeugen zu zitieren, dessen Lebensweg und dessen Handeln als deutscher Patriot außer Frage stehen. Kurt Schumacher, der erste Vorsitzende der Sozialdemokratischen Partei Deutschlands nach dem Krieg, hatte im Herbst 1951 auf Grund seiner Erfahrung und seiner Einsichten Gedanken und Formulierungen gefunden, die mit Blick auf die Debatte 1985 beinahe von visionärer Kraft waren:

> »Aus dem Zweiten Weltkrieg sind mehr als neunhunderttausend Angehörige der Waffen-SS zurückgekehrt. Diese Waffen-SS ist weder mit der allgemeinen SS noch mit den speziellen Organisationen der Menschenvernichtung gleichzusetzen. Sie war für Kriegszwecke geschaffen. Sicher sind viele der jungen Männer Träger einer spezifisch hitlerischen Ideologie gewesen, ohne aber die Verbrechen der zwölfjährigen Diktatur als solche zum Bestandteil ihrer politischen Zielsetzung zu machen. Hunderttausende aber sind ohne ihr Zutun für die SS als Wehrmachtsteil eingezogen und dahin abkommandiert worden. Die Mehrzahl dieser neunhunderttausend Menschen ist in eine ausgesprochene Pariarolle geraten. Sie sind kollektiv haftbar für die Verbrechen des Sicherheitsdienstes, des SD, und der Menschenvernichtungsaktionen gemacht worden, obwohl sie als Waffen-SS kaum nähere Berührung damit hatten als manche andere Wehrmachtsteile. Zu jedem totalitären System hat es gehört, mit allen Metho-

den der Verstrickung ein Ergebnis der Mitschuld aller zu erzeugen. Im Fall der Waffen-SS hat man im Bewusstsein der Welt eine totale Komplizität herbeizuführen sich ziemlich erfolgreich bemüht. Uns scheint es eine menschliche und eine staatsbürgerliche Notwendigkeit zu sein, diesen Ring zu sprengen und der großen Masse der früheren Angehörigen der Waffen-SS den Weg zu Lebensaussicht und Staatsbürgertum freizumachen.«

Eindrucksvoller kann man den Zwiespalt und die Pflicht zur Differenzierung nicht deutlich machen, als das Kurt Schumacher aus seiner Lebenserfahrung getan hatte.

Kurt Schumacher wandte sich an die Lebenden, er bezog sich auf jene Generation von jungen Waffen-SS-Soldaten, die im Krieg noch einmal davongekommen war. 1985 diskutierten wir diesseits und jenseits des Atlantiks über junge SS-Soldaten, sprachen über das Schicksal derer, die vor vierzig Jahren gefallen waren.

Wer sich der allgegenwärtigen Gewalt des Nationalsozialismus nicht entziehen konnte, der wurde in der einen oder anderen Weise immer in ihr Unrecht mit verstrickt: als junger Mensch in der Hitler-Jugend (HJ), als Soldat, oft als Beamter, und manche in ganz anderen Zusammenhängen. Das Ausmaß – und das möchte ich unseren ausländischen Freunden und vielen Nachgeborenen zu bedenken geben –, das Ausmaß solcher Verstrickungen war oft nur von Zufälligkeiten des Alters, der persönlichen Lebensumstände oder von Willkürentscheidungen irgendwelcher Machthaber abhängig.

Ich frage mich bis heute, ob es wirklich unsere Sache ist, über Menschen zu richten, die in das Unrechtgeschehen verstrickt waren und ihr Leben verloren, während wir andere achten, die vielleicht nicht minder verstrickt waren, die aber überleben durften und seither zu Recht ihre Chance wahrnahmen, unserer Republik in allen demokratischen Parteien zu dienen.

Wir wollten auf dem Friedhof in Bitburg der Kriegstoten gedenken – jener, die in dem von Hitler entfesselten Krieg in ganz Europa und darüber hinaus sterben mussten, und der Deutschen, die Hitler in diesen Krieg gezwungen hatte und die ihr Leben lassen mussten. Versöhnung zwischen ehemaligen Kriegsgegnern ist erreicht, wenn wir fähig zur Trauer um Menschen sind, unabhängig davon, welcher Nationalität die Gemordeten, die Gefallenen, die Verstorbenen einmal angehörten. Das hatten wir in Verdun demonstriert, das wollten wir in Bitburg demonstrieren.

Das Gedenken an die Opfer hält immer auch die Erinnerung an die Schuld der Täter wach. Kriegsgräber sind immer auch eine Mahnung an die Untaten jener, die die Verbrechen des Krieges in der Gewaltherrschaft gewollt und begangen hatten.

Wir baten unsere Freunde, wir baten insbesondere unsere amerikanischen Freunde, das, was wir wollten – Versöhnung über den Gräbern –, so zu nehmen, wie es aus dem Verstand und aus dem Herzen der Deutschen in diesen Tagen deutlich geworden war. Denn wenn wir uns an diesen Gräbern trafen, an den Gräbern der Gewaltherrschaft in einem Konzentrationslager und auf einem Soldatenfriedhof, dann vor allem als gemeinsames Bekenntnis, dass nie wieder solche Barbarei die Völker, unser Volk heimsuchen darf, dass Krieg und Gewalt für uns keine Mittel der Politik sind, dass für uns der Satz gilt: Von deutschem Boden muss Frieden ausgehen.

Doch ich konnte zu dem Besuchsprogramm sagen, was ich wollte: Der Besuch auf dem Soldatenfriedhof wurde in Amerika wie in der Bundesrepublik als Geschmacklosigkeit, fehlende Feinfühligkeit und Mangel an Takt kritisiert. Nicht zuletzt in den USA war bei der Vorbereitung des Besuchs der Eindruck entstanden, dass der Präsident zwar einen Soldatenfriedhof, aber keine Gedenkstätte für die Opfer des Nationalsozialismus besuchen wolle. Richtig ist, dass das ursprünglich für sieben Tage geplante Besuchsprogramm eine Landung in München und den Besuch der Gedenkstätte Dachau vorgesehen hatte. Als der Besuch dann jedoch um zwei Tage verkürzt wurde, musste das Programm umgestellt werden – statt nach Dachau kam Ronald Reagan nun nach Bergen-Belsen.

Die Presse in beiden Ländern jedoch schreckte nicht vor unverantwortlichen Unterstellungen zurück. Selbst seriöse Blätter in den

USA druckten manipulierte Fotos. Blumengebinde von Nachbargräbern standen plötzlich auf den Gräbern der ehemaligen Waffen-SS-Angehörigen. Es war eine Fälscherorgie sondergleichen, eine der schlimmsten Kampagnen während meiner Kanzlerschaft.

Über fünfzig Senatoren beider Parteien in den Vereinigten Staaten forderten Reagan in einem Brief ultimativ auf, nicht nach Bitburg zu gehen. Proteste überlebender KZ-Häftlinge in den USA und amerikanischer Kriegsteilnehmer hielten unvermindert an. Im Weißen Haus gingen täglich rund hundert Telefonanrufe negativen Inhalts zu Reagans Deutschlandbesuch ein. Es erhob sich ein Proteststurm unter allen jüdischen Organisationen in den USA, vor allem seitens des Jüdischen Weltkongresses.

Ich führte mehrere Telefonate mit dem amerikanischen Präsidenten. Die Dramatik war deutlich zu spüren. Forderungen nach einer Absage seines Besuchs wurden laut. Reagan wehrte sich mit der Bemerkung, auch die toten Soldaten seien Opfer. Über die Schuld der Täter werde alleine Gott entscheiden. Er sei aber nur der Präsident der Vereinigten Staaten.

In dieser schwierigen Lage hatte ich Ende April 1985 ein Telefonat mit Ronald Reagan. Der Druck auf ihn war mit den Händen zu greifen, ich spürte auch die Abneigung seiner Frau Nancy gegenüber dem Besuchsprogramm. So bot ich ihm kurz vor Reiseantritt an, seinen Besuch in der Bundesrepublik zu verschieben. Er solle die Initiative ergreifen, ich würde seine Entscheidung voll respektieren. Ich sagte ihm aber auch, dass er nicht von mir erwarten könne, dass ich von mir aus die Initiative zur Verschiebung seines Besuchs ergreifen würde. Das Ehrenbataillon bestand aus Fallschirmjägern der Saarland-Brigade, erzählte ich ihm. Konnte ich von den Soldaten dieser Generation erwarten, in der Nato Dienst zu tun, wenn der Präsident der Vereinigten Staaten nicht in der Lage sei, die Gefallenen zu ehren?

Am anderen Ende der Telefonleitung wurde es einen Moment lang ganz still. Nach einer kurzen Pause sagte Ronald Reagan zu mir, und das werde ich ihm nie vergessen: »Ich sage die Reise nicht ab, ich werde kommen.«

*

Am 1. Mai 1985 landeten der amerikanische Präsident und seine Frau auf dem Köln-Bonner Flughafen, von wo aus sie sich auf Schloss Gymnich begaben. Bei unserem ersten Treffen bedankte ich mich für die Festigkeit, mit der Ronald Reagan daran festgehalten hatte, die Toten auch auf dem Soldatenfriedhof zu ehren. Der Präsident versicherte mir, dass wegen des Aufschreis der Presse keine Verstimmung zwischen uns entstanden sei. Durch seine unerschütterliche Haltung und Standhaftigkeit hatte er die Herzen der meisten Deutschen gewonnen.

Der 5. Mai 1985 begann mit einem gemeinsamen Besuch des Grabes von Konrad Adenauer in Rhöndorf. Nancy Reagan und Hannelore legten Blumen nieder.

Der Besuch des Präsidenten in der Gedenkstätte Bergen-Belsen verlief ohne Störung. Vertreter jüdischer Organisationen allerdings hatten wegen Reagans Besuch auf dem Soldatenfriedhof die Teilnahme an der Gedenkfeier im ehemaligen KZ abgesagt.

In seiner Ansprache wandte sich Reagan gegen das Vergessen; vor dem Gedenkstein zur Erinnerung an die in Bergen-Belsen umgekommenen Häftlinge sagte er: »Diese leidvollen Schritte in die Vergangenheit bedeuten weit mehr als nur eine Erinnerung an den Krieg, der den europäischen Kontinent verwüstet hat. Was wir hier sehen, macht uns allen auf unauslöschliche Weise deutlich, dass niemand, der nicht betroffen war, in vollem Umfang das Ausmaß des Grauens ermessen kann, das die Opfer dieser Lager erdulden mussten. Die Überlebenden tragen eine Erinnerung mit sich, die über alles hinausgeht, was wir uns vorstellen können.«

Im Flugzeug des Präsidenten flogen wir anschließend zum amerikanischen Luftwaffenstützpunkt nach Bitburg. Auf dem Bitburger Soldatenfriedhof legten wir Kränze zum Gedenken an die Toten des Zweiten Weltkriegs nieder. An der Seite des amerikanischen Präsidenten stand der frühere Nato-Oberbefehlshaber General Matthew B. Ridgeway, während ich vom ehemaligen Luftwaffen-Inspekteur General Johannes Steinhoff flankiert wurde. Die beiden Generäle, einst Gegner im Zweiten Weltkrieg, reichten einander wortlos die Hände. Ein Soldat der Bundeswehr spielte

Auf dem Soldatenfriedhof in Bitburg

auf der Trompete »Ich hatt' einen Kameraden«. Die Zeremonie dauerte nur zehn Minuten.

Auf dem amerikanischen Luftwaffenstützpunkt hielten wir vor Soldaten der amerikanischen Streitkräfte und der Bundeswehr Ansprachen. Dabei dankte ich dem amerikanischen Präsidenten für das deutsche Volk und für mich ganz persönlich, dass er diesen Gang über die Soldatengräber mit mir gemacht hatte, der bei vielen Menschen tiefe Empfindungen wachgerufen hatte. Für mich symbolisierte er Trauer und Betroffenheit über das unendliche Leid, das Krieg und Totalitarismus über die Völker gebracht hatten, Trauer und Betroffenheit, die nie vergehen werden. Die meisten Soldaten der Bundeswehr, die hier angetreten waren, hatten Krieg und Zwangsherrschaft in unserem Land nicht mehr kennengelernt. Sie wuchsen auf in einer Zeit, in der die Freundschaft zwischen uns und dem amerikanischen Volk sich wiederbelebte und entwickelte. Sie erlebten die Amerikaner als Helfer in der Not und lernten sie als Partner und Verbündete kennen. Tage wie dieser waren geeignet, gerade die jüngere Generation daran zu erinnern, dass diese für uns so positive Entwicklung nicht selbstverständlich war und dass der Erhalt von Frieden und Freiheit unseren ganzen persönlichen Einsatz rechtfertigte und erforderte.

Ronald Reagan traf mit seiner Rede auf begeisterte Zustimmung, und viele meinten später, der amerikanische Präsident habe das Blatt endgültig gewendet und die Kritiker müssten nun verstummen. Wir beide hatten ein gutes Gefühl.

Den letzten Programmpunkt bildete eine Rede vor zehntausend Jugendlichen am Hambacher Schloss, in der der Präsident die deutsche Jugend dazu aufrief, am Fortschritt und am »Zeitalter des Unternehmers« teilzunehmen. Die deutsche Jugend solle sich am technologischen Wandel beteiligen und diesen fördern. Für uns alle war es einer der denkwürdigsten Momente, als Tausende Jugendliche die amerikanische Nationalhymne und das Deutschlandlied sangen.

Das Hambacher Schloss ist eines der Symbole für den Freiheitswillen im deutschen Volk, für die Ideale der Demokratie und der nationalen und europäischen Einheit. Hier versammelten sich im Jahr 1832 Handwerker und Studenten, Bauern und städtische Bürger, um Menschenrechte und eine freie Verfassung einzufordern. Ihre Vision einer demokratischen Zukunft wurde genährt durch die Französische Revolution, ebenso aber von der Neuen Welt jenseits des atlantischen Ozeans. »Leben, Freiheit und Streben nach Glück«, das war die Botschaft, die aus Amerika kam. In Tausenden Briefen wurde sie aus der Neuen Welt in die alte Heimat geschickt. Schon das achtzehnte Jahrhundert, und noch mehr das neunzehnte, war eine Hochzeit der deutschen Auswanderung nach Amerika.

Das Hambacher Fest von 1832 war ein Aufbegehren gegen Unfreiheit und Ungerechtigkeit, zugleich gegen die Zersplitterung Deutschlands und Europas in viele kleine Staaten. Die Menschen sehnten sich damals nach einem weiteren Horizont. Es ging um Einigkeit und Recht und Freiheit, wie der Dichter Hoffmann von Fallersleben wenig später schrieb, dessen Text später die deutsche

Nationalhymne wurde. In den Hambacher Reden wurde immer wieder auf die europäische Dimension des deutschen Freiheits- und Einheitswillen hingewiesen. Freiheit, nationale Einheit und Volkshoheit, diese unschätzbaren Güter, wurden nicht nur für Deutschland eingefordert, sondern zugleich für Polen und Ungarn, für Italien und Spanien. So war Hambach auch ein Fest europäischer Solidarität.

1848 schließlich unternahmen gewählte Vertreter der Deutschen in der Frankfurter Paulskirche den Versuch, Deutschland zu einigen und ihm eine Verfassung zu geben. Das Streben der Deutschen nach Freiheit und Selbstbestimmung fand in Amerika von Anfang an aufrichtige Sympathie.

Über hundert Jahre später halfen uns unsere amerikanischen Freunde, eine freie deutsche Republik aufzubauen – trotz all des Unheils, das zuvor im deutschen Namen über Europa und die Welt gebracht worden war. Für diese Unterstützung in jenen schwierigen Jahren bleiben wir stets dankbar.

Auf dem Weg vom Hubschrauberlandeplatz zum Hambacher Schloss erlebten wir ein Spektakel, das allenthalben Abscheu hervorrief. Etwa zweihundert erwachsene Menschen, die rechts und links der Wegstrecke standen, ließen schlagartig ihre Hosen und Röcke herunter, als die Kolonne mit dem Staatsgast an ihnen vorbeifuhr. So zeigten sie dem amerikanischen Präsidenten und seiner Begleitung den nackten Hintern. Alles, was Reagan dazu sagte, war: »Was man nicht alles sieht.«

Hannelore, die zusammen mit Nancy Reagan im Wagen unmittelbar hinter uns fuhr, regte sich furchtbar auf. Und auch der wenig deutschfreundlichen amerikanischen First Lady verschlug es die Sprache. Diese Aktion eines Teils der Friedensbewegten zeichnete ein Zerrbild von Deutschland. Ich schämte mich sehr dafür.

*

Der Bonner Weltwirtschaftsgipfel ging am 5. Mai 1985 mit einem mageren Ergebnis zu Ende. Den Staats- und Regierungschefs der USA, Japans, Frankreichs, Großbritanniens, Kanadas, Italiens und der Bundesrepublik, der sieben führenden Industrienationen, gelang es nur unzureichend, den weltweit ausufernden Protektionismus einzudämmen. Zwar bestand Einigkeit darüber, dass etwas für den Freihandel getan werden musste, aber nicht darüber, wann dies geschehen sollte. François Mitterrand legte sich quer und akzeptierte den für 1986 vorgeschlagenen Beginn der Verhandlungen über den Abbau von Hemmnissen im Welthandel nicht. Alle meine Bemühungen, zwischen Reagan und Mitterrand zu vermitteln, scheiterten.

Kurz vor Schluss des Gipfels hatte ich dann doch noch einen kleinen Erfolg zu verzeichnen. Erschöpft von stundenlangen Verhandlungen, stimmten alle, auch Mitterrand, der Aussage zu, dass eine neue GATT-Runde – das »General Agreement on Tariffs and Trade« (GATT) regelt den Abbau von Handelsschranken – so bald wie möglich beginnen sollte, möglichst noch vor Ende des Sommers.

Mit dem Ergebnis des Wirtschaftsgipfels konnte ich nicht zufrieden sein. Mein leidenschaftliches Engagement bei den internen Verhandlungen hatte diesmal wenig bewirkt. So blieb mir nur die Hoffnung, dass die von allen gewünschte Welthandelsrunde tatsächlich noch im Lauf des Jahres 1986 zustande kommen würde.

28. Strategische Verteidigungsinitiative (SDI)

Es war schon eine törichte Diskussion. Mitte der achtziger Jahre wurde tatsächlich versucht, in der deutschen Außen- und Sicherheitspolitik eine Alternative zwischen den USA und Europa zu konstruieren. Für mich stand immer fest, dass unsere Sicherheitspolitik untrennbar verknüpft ist mit jener der Vereinigten Staaten. Und absolut gleichrangig sind die politischen Gemeinsamkeiten mit den europäischen Nachbarn – insbesondere mit Frankreich. Starke Worte, von welcher Seite auch immer, konnten daran nichts ändern.

In einer Rede, die hohe Wellen schlagen sollte, warnte Ronald Reagan Anfang März 1983 davor, den unverändert weiterbestehenden weltweiten Machtanspruch des Kommunismus zu unterschätzen, die traditionellen westlichen Werte in Frage zu stellen und die USA in eine Position militärischer und moralischer Unterlegenheit zu bringen. Vor Evangelisten in Orlando (Florida) sagte er, die Kommunisten seien »das Zentrum des Bösen in der modernen Welt«, solange sie die »Herrschaft des Staates predigen, seine Allmacht über den einzelnen verkünden und seine schließliche Beherrschung aller Völker der Erde vorhersagen«. Damit knüpfte der amerikanische Präsident in der Schärfe seiner Formulierungen an die ersten Monate seiner Amtszeit an, als er Moskau hart attackiert und der Sowjetführung vorgeworfen hatte, zu lügen und zu betrügen, um ihre Ziele zu erreichen.

Reagan benutzte zwar nicht die Formel »lieber tot als rot«, machte aber auch so deutlich, dass das nach seiner Ansicht für alle, die an Gott glauben, die bessere Lösung wäre. Er sagte: »Lasst uns für die Rettung all jener beten, die in jener totalitären Finsternis leben – beten, dass sie die Freude entdecken, Gott zu kennen.« Entschieden wandte Reagan sich gegen alle Forderungen nach einem atomaren Rüstungsstopp. Im gleichen Atemzug sprach er sich allerdings dafür aus, trotzdem mit Moskau zu sprechen. Wie wir heute wissen, waren das nicht nur leere Worte, sondern er ließ ihnen Taten folgen.

Von Reagans scharfen Formulierungen war ich nicht gerade begeistert, doch ich nahm seine lautstarken Warnungen und Mahnungen als legitimes politisches Mittel in der Ost-West-Auseinandersetzung. Kommentieren wollte ich seine Rede damals nicht. Zurückhaltung nach außen war gefragt, wenn ich auch im tiefsten Herzen politisch mit ihm übereinstimmte.

Nur vierzehn Tage später ließen die Äußerungen des Präsidenten zur sogenannten Strategischen Verteidigungsinitiative SDI (Strategic Defense Initiative) die deutsche Debatte um die Sicherheitspolitik, die sich am Nachrüstungsbeschluss entzündet hatte, wieder aufflammen. Zweifellos war mit dieser Initiative das beherrschende sicherheitspolitische Problem der vor uns liegenden Jahre beschrieben. SDI würde das Ost-West-Verhältnis, aber auch das Verhältnis zwischen den USA und Europa maßgeblich beeinflussen.

In seiner Rede vom 23. März 1983 rief Ronald Reagan »die Gemeinschaft der Wissenschaftler, die uns die Kernwaffen gegeben haben, auf, ihre großen Talente der Sache der Menschheit und des Weltfriedens zu widmen und uns die Mittel in die Hand zu geben, um diese Kernwaffen unwirksam und überflüssig zu machen«. Das war die Geburtsstunde von SDI, eines umfassenden Forschungsprogramms zur Entwicklung der strategischen Raketenabwehr. Der Kerngedanke war, mittels eines im Weltraum stationierten Raketenabwehrsystems einen möglichen Angriff mit atomar bestückten Interkontinentalraketen frühzeitig abzufangen. Im Hintergrund stand die Frage, ob es eine Möglichkeit gäbe, von nuklearen Offensivwaffen unabhängiger zu werden, ohne die Sicherheit zu gefährden.

In einer weit in die Zukunft gerichteten Vision stellte der Präsident der Strategie der Abschreckung durch Nuklearwaffen das Modell der Verteidigung durch nichtnukleare Waffen entgegen. Jeder, der ernsthaft eine umfassende Verringerung der Nuklearwaffenpotentiale in der Welt wollte, und jeder, der Vorbehalte gegen die Strategie der nuklearen Abschreckung hatte, die bis auf weiteres noch unverzichtbar war, musste über alle Alternativen zur Friedenssicherung sorgfältig nachdenken. Alles, was das Schreckensszenario eines nuklearen Holocaust verhindern half, verdiente gewissenhafte Prüfung.

Noch konnte niemand mit Sicherheit sagen, ob sich mit der Strategischen Verteidigungsinitiative eine drastische Verringerung, wenn nicht sogar die Abschaffung der Nuklearwaffen erreichen lassen würde. Dennoch musste es bei aller Beschäftigung mit tagespolitischen Fragen und bei allen Kontroversen möglich sein, dass wir uns ernsthaft mit den politischen Visionen auseinandersetzten, die uns den lebenswichtigen Zielen unserer Politik näher bringen konnten. Wenn die SPD-Opposition die amerikanische Initiative pauschal ablehnte, bevor überhaupt die Grundlagen für eine Entscheidung gegeben waren und noch bevor die amerikanische Regierung ihre eigenen Überlegungen zu dem Forschungsprogramm abgeschlossen hatte, dann zeugte das nicht nur von mangelnder Weitsicht, sondern vor allem von fehlendem Verantwortungsbewusstsein.

Dass die Sowjetunion die amerikanische Verteidigungsinitiative von Anbeginn verteufelte, war nicht weiter überraschend. Doch diese sowjetischen Angriffe entbehrten jeder Glaubwürdigkeit und moralischen Rechtfertigung. Schließlich betrieb die Sowjetunion bereits seit über einem Jahrzehnt mit erheblichem Aufwand vergleichbare Forschungen, die zur Entwicklung eines weiträumigen Raketenabwehrsystems führen sollten. Sie unterhielt ein funktionsfähiges Raketenabwehrsystem zum Schutz Moskaus, das laufend modernisiert wurde.

Darüber hinaus verfügte die Sowjetunion als einziges Land der Welt über einsatzbereite Antisatellitenwaffen, sogenannte Killersatelliten. Und mit dem Aufbau einer Großradaranlage bei Krasnojarsk stellte sie – möglicherweise unter Verletzung des ABM-

Vertrags – ihren Willen unter Beweis, sich die Option einer strategischen Verteidigung offenzuhalten. Hätte man die Sowjetunion gewähren lassen, ohne dieser einseitigen Weltraumrüstung etwas entgegenzusetzen, wäre nicht nur der ABM-Vertrag ausgehöhlt worden, sondern das ganze fein austarierte Gleichgewicht der Abschreckung wäre in eine gefährliche Schieflage geraten.

Obwohl die sowjetische Führung solche Forschungen und Entwicklungen nie bestritt, war in dieser Zeit kein kritisches Wort der Opposition dazu zu hören. Die gleichen Kräfte, die 1983 gegen die Durchführung des Nato-Doppelbeschlusses Sturm liefen, befanden sich auch jetzt wieder in Einklang mit der sowjetischen Propaganda.

SDI war ein längerfristig angelegtes Forschungsprogramm, das weit in die neunziger Jahre hineinreichen sollte. Mögliche Entscheidungen über die Entwicklung und Stationierung des Abwehrsystems wurden auch von amerikanischer Seite nicht vor Beginn des nächsten Jahrzehnts erwartet. Mit dem ABM-Vertrag war diese Forschung im Bereich der Weltraumsysteme vereinbar. Allerdings durfte es keine automatische Abfolge von Forschung, Entwicklung und Stationierung geben. Aber das war auch nicht geplant. Für mich standen die Entschlossenheit und der moralische Anspruch des amerikanischen Präsidenten in dieser Frage außer Zweifel. Angesichts der sowjetischen Bedrohung war das SDI-Forschungsprogramm auch aus unserer Sicht gerechtfertigt und politisch notwendig; es lag im Sicherheitsinteresse des Westens insgesamt, also auch im Interesse der Bundesrepublik.

Trotzdem hatten wir – und nicht zuletzt ich selbst – erhebliche Zweifel daran, dass dieses Raketenabwehrsystem zu realisieren sein würde. Jenseits der Machbarkeitsfrage war aber durchaus zu erkennen, dass sich vor allem in den USA manche Kreise von den Forschungsinvestitionen für SDI bedeutende Impulse für die zivile Forschung versprachen; beispielsweise würden Eliteuniversitäten und -forschungseinrichtungen wie das Massachusetts Institute of Technology (MIT) davon profitieren.

Die Interessen der Bundesrepublik und der westeuropäischen Verbündeten waren durch die Strategische Verteidigungsinitiative in mehrfacher Hinsicht betroffen. Weil die möglichen politisch-strategischen Folgen unmittelbare Auswirkungen auf die äußere Sicherheit, unser vitalstes politisches Interesse, hatten, gab es von Anfang an eine Reihe von Forderungen und Bedingungen, die sich nicht zuletzt aus unserer geopolitischen Lage ergaben: Die Sicherheit Europas durfte nicht von der Sicherheit der USA abgekoppelt werden. Es durfte keine Zonen unterschiedlicher Sicherheit im Nato-Bereich geben. Die Strategie der flexiblen Reaktion (»flexible response«) musste unverändert gültig bleiben, solange keine erfolgversprechendere Alternative gefunden war. In einer möglichen Übergangsphase von der reinen Abschreckungsstrategie zu einer neuen Form strategischer Stabilität, die sich stärker auf Defensivsysteme stützte, mussten Instabilitäten vermieden werden. Ungleichheiten mussten abgebaut werden, und es durften keine neuen Bedrohungsfelder unterhalb der nuklearen Schwelle entstehen. Mit Befriedigung konnte ich feststellen, dass sich unsere amerikanischen Verbündeten dieser aus deutscher und europäischer Sicht vitalen Forderungen zunehmend bewusst waren und ihnen Rechnung trugen.

Unsere Position zur Strategischen Verteidigungsinitiative fügte sich in das Gesamtkonzept unserer Friedenspolitik ein. Unverändert setzten wir darauf, dass von den Rüstungskontrollverhandlungen in Genf ein spürbarer Impuls für den Ost-West-Dialog ausgehen würde. Das Ost-West-Verhältnis durfte nicht auf verteidigungs- und rüstungskontrollpolitische Fragen oder gar auf eine Einzelfrage wie das Für und Wider der strategischen Verteidigung verengt werden. Nur eine allgemeine Verbesserung des Verhältnisses zwischen der Sowjetunion und den Vereinigten Staaten beziehungsweise zwischen den Staaten der Nato und des Warschauer Pakts würde zu wirksamen Fortschritten bei der Abrüstung und der Rüstungskontrolle führen. Die Bundesregierung setzte ihre Politik der Verständigung und des Ausgleichs bei gleichzeitiger Wahrung ihrer Sicherheitsinteressen unbeirrt fort.

Jahre später sollten finanzielle Abstriche am SDI-Programm und technologische Probleme zur Abkehr vom Ziel einer lückenlosen Raketenabwehr führen. Als sich die Sicherheitslage Ende der achtziger Jahre völlig veränderte, konnte das SDI-Projekt fallengelassen werden. Die abnehmende Bedrohung durch die Sowjetunion führte 1991 schließlich zur Umorientierung. In gewisser Weise hatte die Strategische Verteidigungsinitiative ihr Ziel trotzdem erreicht, denn ohne den festen Willen, SDI zum Erfolg werden zu lassen, wäre der Sowjetunion mancher Abrüstungsschritt viel schwerer gefallen.

In sehr rudimentärer Form lebt SDI allerdings immer noch fort, und so halten die kontroversen Diskussionen in den Vereinigten Staaten weiterhin an. Heute geht es um die Aufstellung einer »National Missile Defense« (NMD), einer Raketenabwehr, mit der sich die USA gegen einzelne oder begrenzte Angriffe von Interkontinentalraketen zu schützen versuchen. Mit der strategischen Bedrohungslage des Kalten Krieges hat die NMD nichts mehr zu tun. Sie richtet sich vor allem gegen das wachsende Risiko eines Angriffs durch sogenannte Schurkenstaaten, von denen einige im Besitz von Raketen sein könnten, die Amerika bedrohen. Obwohl bereits viele Versuche der USA, sich mit einem Raketenabwehrsystem zu schützen, gescheitert sind, hält Präsident George W. Bush daran fest, diese Systeme bis zur Erprobungsreife weiterzuentwickeln. In dieser Hinsicht versteht er sich als Erbe von Ronald Reagan. Trotz aller Kritik an den immensen Entwicklungskosten kommt für ihn ein Verzicht auf NMD nicht in Frage.

29.
Heikles Treffen

In meinem Terminkalender aus dieser Zeit sind neben den Sitzungen des Bundeskabinetts, den Treffen der CDU-Spitzengremien und der CDU/CSU-Bundestagsfraktion Reisen nach China und Pakistan ebenso verzeichnet wie deutsch-britische Konsultationen, Gespräche in Rom, Brüssel und Paris oder Begegnungen mit Staatsgästen aus aller Welt in Bonn, darunter beispielsweise mit dem rumänischen Diktator Nicolae Ceauşescu, Japans Ministerpräsidenten Nakasone und dem chinesischen Ministerpräsidenten Zhao Ziyang. Die total verplante Zeit war Teil meines Lebens. Weniger wäre damals sicher manchmal besser gewesen.

Sobald ich mich außerhalb der eigenen Wände bewegte, befand ich mich unter öffentlicher Kontrolle, häufig im Scheinwerferlicht der Fernsehkameras. Die Journalisten in Bonn waren unablässig auf der Suche nach politischen Schwachstellen, nach Fehlern, nach Skandalen. Zusätzlicher Aufregungen bedurfte es also eigentlich nicht, aber natürlich gab es sie trotzdem immer wieder.

Eine besondere Form der Geschmacklosigkeit war es, dass die Vertriebenenzeitung *Der Schlesier* Bundespräsident Richard von Weizsäcker Mitte Mai 1985 vorwarf, in der Rede, die er aus Anlass des 40. Jahrestags des Kriegsendes vor dem Bundestag gehalten hatte, die Entwicklung des Nationalsozialismus und die Ursachen des Zweiten Weltkriegs nicht zutreffend dargestellt zu haben. Ebenso absurd war der Vorwurf an mich, ich hätte in meiner Ansprache in der Gedenkstätte des ehemaligen Konzentrationslagers Bergen-Belsen Behauptungen aufgestellt, die in der westlichen Presse »allgemein als Kollektivschuldurteil gegen die eigenen Deutschen« bezeichnet worden seien.

Wochen bevor dieser unsägliche Artikel erschien, hatte ich dem Bundesverband der Schlesier die Zusage gegeben, auf seinem Deutschlandtreffen in Hannover zu sprechen. Jetzt verlangten nicht nur Politiker der Opposition, dass ich dem Treffen fernbleiben sollte, zumal der Verband schon im Vorfeld der Großveranstaltung für negative Schlagzeilen gesorgt hatte, als er sein Treffen unter das Motto »Schlesien bleibt unser« stellte. Erst als ich intervenierte, wurde es geändert in »Vierzig Jahre Vertreibung – Schlesien bleibt unsere Zukunft im Europa freier Völker«.

Trotz wütender Proteste blieb ich bei meiner Zusage, weil ich meine Verbundenheit mit den Vertriebenen zum Ausdruck bringen und ihnen zugleich den Dank und Respekt ausdrücken wollte, die alle Deutschen vor der geschichtlichen Leistung empfinden, die die deutschen Heimatvertriebenen in den vergangenen vierzig Jahren erbracht hatten. Ihr Beitrag zum Aufbau der neuen politischen und wirtschaftlichen Ordnung der Bundesrepublik Deutschland hat das Gesicht dieses Staates entscheidend geprägt. Für mich war es selbstverständlich, zu ihnen zu sprechen, und ich ließ mich auch von extremistischen Schreibern nicht davon abbringen, die mit ihren unqualifizierten Äußerungen allerdings ganz gewiss dem Ansehen der Schlesier und ihrer Landsmannschaft schadeten. Solche Äußerungen einiger weniger den Schlesiern insgesamt zuzurechnen war ich nicht bereit.

Als ich mich am 16. Juni 1985 nach Hannover aufmachte, war es erst wenige Wochen her, dass wir des Endes von Krieg und Gewaltherrschaft vor vierzig Jahren gedacht hatten. Wir vergaßen nicht, welch unsagbares Leid und Unrecht im deutschen Namen anderen Völkern und Volksgruppen zugefügt worden war. Dafür zahlten die Vertriebenen und Flüchtlinge einen höheren Preis als viele andere: Sie verloren ihre Heimat, und viele verloren Familienangehörige und Freunde, die bei Flucht und Vertreibung ums Leben kamen.

Nur sie können ermessen, was es bedeutet, die Heimat zu verlieren. Heimat bedeutet ja nicht einfach Hab und Gut oder Haus und Hof, sondern auch persönliche Bindungen mit all der Geborgenheit, die Menschen an dem Ort erfahren, an dem sie aufwachsen.

Das Motto des Deutschlandtreffens der Schlesier in Hannover wurde auf meine Intervention hin geändert

Der Schmerz um den Verlust der Heimat und damit eines Teils der eigenen Identität bleibt über die Jahrzehnte hinweg nur zu verständlich. Es ist gut, dass Menschen ihre Heimat lieben. Diejenigen, die sie deswegen bis heute des Revanchismus bezichtigen, wissen nicht, dass Heimatliebe eine sehr natürliche menschliche Empfindung ist. Heimatbewusstsein gehört zu den Quellen unserer Identität. Es richtet sich gegen niemanden. Heimatverbundenheit verdient deshalb auch keine Diffamierung.

Christine Brückner hat in ihrem Roman *Nirgendwo ist Poenichen* einen treffenden Vergleich für die Leistung gefunden, die die Vertriebenen erbracht haben. Sie schreibt: »Die alten Ägypter haben den Nil gestaut, um mit seinen Wassern die Wüste fruchtbar zu machen. Wir Vertriebenen fanden ein durch die Kriegsereignisse verwüstetes Land vor. Wir haben es gedüngt und fruchtbar gemacht mit unserem Schweiß.«

Ohne die Tatkraft und Energie, den Lebensmut und die Opferbereitschaft der Vertriebenen wäre der Wiederaufbau in Frieden und Freiheit undenkbar gewesen. Sie schufen für sich und ihre

Kinder unter schwierigsten äußeren Bedingungen ein Stück neuer Heimat. Anstatt – wie von manchen erhofft – zum sozialen Sprengstoff im Nachkriegsdeutschland zu werden, nutzten sie gemeinsam mit uns die Chance der Freiheit.

Die wirtschaftliche, die soziale und kulturelle Eingliederung der Vertriebenen und Flüchtlinge gehört zu den bedeutendsten politischen und moralischen Leistungen der deutschen Nachkriegsgeschichte. Maßgeblichen Anteil an dieser historischen Tat hatte ein Schlesier, Hans Lukaschek, geboren am 22. Mai 1885 in Breslau. Hans Lukaschek war der erste Vertriebenenminister im Kabinett Konrad Adenauers. Nicht zuletzt ihm ist es zu verdanken, dass die Eingliederung der vielen Millionen Vertriebenen und Flüchtlinge behutsam und ohne folgenschwere Eingriffe in die wirtschaftliche und soziale Ordnung der Bundesrepublik Deutschland gelang. Lukaschek war ein Mann des Widerstands gegen Hitler. Er gehörte dem Kreisauer Kreis an, dem neben den Gruppen um Carl Goerdeler und Generaloberst Ludwig Beck wohl wichtigsten Zentrum des Widerstands gegen die Gewaltherrschaft der Nationalsozialisten.

Dass Kreisau in Schlesien liegt, mag ein Zufall sein. Aber es darf die Schlesier mit Stolz erfüllen, dass dem Kreisauer Widerstand drei weitere Schlesier, nämlich Helmuth James Graf von Moltke, Peter Graf Yorck von Wartenburg und Carl Dietrich von Trotha als führende Persönlichkeiten angehörten. Diese Männer sind für uns alle zu Zeugen für das andere, das bessere Deutschland geworden. Ihr Leben, ihr Wirken und ihr Opfer gehört zu den kostbarsten und wichtigsten Erinnerungen unserer deutschen und der schlesischen Geschichte.

Der Widerstand und sein Scheitern haben ganz unmittelbar mit dem Schicksal zu tun, das die Heimatvertriebenen tragen. Eugen Gerstenmaier – der ebenfalls im Kreisauer Kreis war – wies darauf hin, als er im Rückblick schrieb: »Der Widerstand wurde jedenfalls nicht geleistet, um die alliierten Kriegsziele durchsetzen zu helfen, sondern um Deutschland zu retten und Millionen vor sinnlosem Leiden zu bewahren.« Es ist müßig, darüber zu spekulieren, was deutsche Politik geworden wäre, wenn der Widerstand Erfolg gehabt hätte. Sicher ist: Das Denken der Männer und Frauen des

Widerstands – gerade auch der Kreisauer – steht in der besten deutschen Geistestradition.

In einer Notiz vom 9. August 1943 macht sich Helmuth James Graf von Moltke Gedanken über den künftigen »Neuaufbau der europäischen Völkergemeinschaft«. Darin heißt es unter anderem: »Die besondere Verantwortung und Treue, die jeder einzelne seinem nationalen Ursprung, seiner Sprache, der geistigen und geschichtlichen Überlieferung seines Volkes schuldet, muss geachtet und geschützt werden. Sie darf jedoch nicht zur politischen Machtzusammenballung, zur Herabwürdigung, Verfolgung und Unterdrückung fremden Volkstums missbraucht werden.«

Von solchen Überlegungen führt ein gerader Weg zu jenem Geist der Versöhnung und des Ausgleichs, der die Stuttgarter Charta der Vertriebenen prägt. Diese Charta von 1950 – nur fünf Jahre nach Kriegsende – mit ihrem feierlichen Bekenntnis zur Idee eines freien und vereinten Europa, in dem die Völker ohne Furcht und Zwang leben können, wird in ihrer historischen Tragweite von vielen immer noch nicht gebührend gewürdigt. Als eine Botschaft des Friedens entzieht sie allen Revanchismusvorwürfen gegen die Gesamtheit der organisierten Vertriebenen die Grundlage. Diese Selbstbindung – die Absage an Rache und Vergeltung – war kein bloßes Lippenbekenntnis, sondern ist gelebte Wirklichkeit. Dies verdient Anerkennung und Respekt, weil es überall auf der Welt noch immer entsetzliche Beispiele dafür gibt, wie Unrecht den Wunsch und die Bereitschaft zur Vergeltung nach sich zieht. Die Vertriebenen in unserem Land widerstanden dieser Versuchung und distanzierten sich von den wenigen Außenseitern, die frevelhaft mit dem Gedanken gewaltsamer Veränderungen in Europa spielten. Krieg und Gewalt sind für uns kein Mittel der Politik.

Die Väter des Grundgesetzes hatten demgemäß alle »Handlungen, die geeignet sind und in der Absicht vorgenommen werden, das friedliche Zusammenleben der Völker zu stören«, für verfassungswidrig erklärt. Darin waren sich alle Deutschen diesseits und jenseits der Grenze, die durch unser Vaterland ging, völlig einig: Von deutschem Boden muss Frieden ausgehen. Das heißt auch, dass eine einseitige Änderung der tatsächlich bestehenden Grenzen für uns ausgeschlossen war. Wir Deutschen wollen nicht, dass Krieg und Elend, Blut und Tod immer wieder aufgerechnet werden.

Der politische Riss durch Europa führte mitten durch Deutschland. Die Teilung Deutschlands war gleichzeitig die Spaltung Europas. Die deutsche Frage konnte nur im Zusammenwirken mit unseren westlichen und östlichen Nachbarn und nur mit friedlichen Mitteln gelöst werden. Dieses Bewusstsein bestimmte auch unsere Politik gegenüber dem Osten, insbesondere gegenüber Polen.

Die rechtlichen Grundlagen unserer Deutschland- und Ostpolitik waren und blieben das Grundgesetz, der Deutschlandvertrag, der Moskauer und der Warschauer Vertrag von 1970, das Viermächteabkommen von 1971, die Briefe zur deutschen Einheit sowie die gemeinsame Entschließung des Deutschen Bundestages vom 17. Mai 1972, der Grundlagenvertrag und die beiden Entscheidungen des Bundesverfassungsgerichts von 1973 und 1975. All diese Dokumente bekräftigten unmissverständlich das Festhalten am Friedensvertragsvorbehalt ebenso wie unsere Bereitschaft zum Ausgleich und zur Verständigung mit unseren östlichen Nachbarn. Die Bundesrepublik Deutschland konnte und durfte für sich allein die bestehende Rechtslage nicht ändern. Von dieser Rechtsposition ging keine Bedrohung für unsere Nachbarn aus.

Gleichzeitig gab es vom Standpunkt des Rechts und der Moral keine andere Haltung, als die Vertreibungen von Millionen von Deutschen Unrecht zu nennen. Ebenso stand es aber vom Standpunkt des Rechts und der Moral außer Frage, dass dem nicht das Unrecht einer weiteren Vertreibung folgen durfte. Vierzig Jahre nach Kriegsende lebten in Schlesien überwiegend polnische Familien, die von Stalin aus Ostpolen vertrieben worden waren und denen diese Landschaft inzwischen zur Heimat geworden war. Wir mussten dies achten und nicht in Frage stellen.

Gewaltverzicht und das Festhalten an Rechtspositionen waren eine notwendige, aber keine hinreichende Bedingung für deutsche Politik. Wir waren aufgerufen, mit politischer Phantasie und gutem Willen unsere Ziele zu verfolgen und die Spaltung Europas für die Menschen erträglicher zu machen. Unser Bemühen um menschliche Erleichterungen und friedlichen Wandel war immer wieder erfolgreich.

Auf diese politischen Analysen wies ich auf dem Deutschlandtreffen der Schlesier hin. Ich erinnerte an Konrad Adenauer, der nicht nur die Aussöhnung mit Frankreich und Israel, sondern auch die Verständigung und den Ausgleich mit Polen als vorrangiges Ziel deutscher Außenpolitik vorgegeben hatte. Und als ich unmissverständlich feststellte, dass die Bundesrepublik Deutschland und die Volksrepublik Polen gegeneinander keinerlei Gebietsansprüche haben und auch in Zukunft nicht erheben werden, registrierte ich durchaus viel Beifall.

Ich erinnerte an die Denkschrift der Evangelischen Kirche in Deutschland über »Die Lage der Vertriebenen und das Verhältnis des deutschen Volkes zu seinen östlichen Nachbarn« vom Oktober 1965. Dort hieß es zu dem Unrecht, das nach dem Krieg auch Deutschen zugefügt worden war: »Wenn die Zeit [...] auch Milderungen hat eintreten lassen, so muss man doch damit rechnen, dass viele Vertriebene bis an ihr Lebensende von der Grunderfahrung der Vertreibung bestimmt bleiben.«

Dieses Leid der Vertreibung verschwiegen die katholischen Bischöfe Polens in ihrem mutigen Versöhnungsschreiben an den deutschen Episkopat vom November 1965 ebensowenig wie das Leid des polnischen Volkes. Sie fügten aber hinzu: »Trotz alledem, trotz dieser fast hoffnungslos mit Vergangenheit belasteten Lage, gerade aus dieser Lage heraus [...] rufen wir Ihnen zu: Versuchen wir zu vergessen!« Und: »Im allerchristlichsten und zugleich sehr menschlichen Geist strecken wir unsere Hände zu Ihnen hin [...], gewähren Vergebung und bitten um Vergebung.«

»Mit Bewegung und Freude« nahmen die deutschen katholischen Bischöfe dieses Versöhnungsschreiben auf. In ihrer Antwort vom 5. Dezember 1965 erklärten sie unter anderem: »Wir sind dankbar, dass Sie neben dem unermesslichen Leid des polnischen Volkes auch des harten Loses der Millionen vertriebener Deutscher und Flüchtlinge gedenken. Eine Aufrechnung von Schuld und Unrecht – darin sind wir einer Meinung – kann uns freilich nicht weiterhelfen [...]. So bitten auch wir, zu vergessen, ja, wir bitten, zu verzeihen.«

Kein Zweifel, das deutsche und das polnische Volk wollten Schluss machen mit dem Aufrechnen von Schuld. Geschehenes Unrecht kann nicht ungeschehen gemacht werden; aber das daraus entstandene gegenseitige Misstrauen kann für die Zukunft unwirksam werden, wenn der Geist tätiger Verständigungsbereitschaft die Völker beseelt.

Breite Zustimmung erfuhr ich auf dem Deutschlandtreffen, als ich Schlesien mit den Städten Breslau, Oppeln, Gleiwitz, Hirschberg und Grünberg als Teil Europas nannte. Das sind Namen, die bei vielen Erinnerungen wachriefen, wie sie jeder von uns mit seiner Jugendzeit verbindet: der vertraute Klang der heimatlichen Mundart, das Bild vom Elternhaus, der Weg zur Kirche, die Gesichter von Nachbarn und Freunden.

Als ich zurück nach Bonn fuhr, hatte ich ein gutes Gefühl. Es war absolut richtig gewesen, die Chance wahrzunehmen und den Schlesiern meinen politischen Standpunkt zu verdeutlichen – ohne Pathos, allein der politischen Realität verpflichtet und die Zukunft im Blick. Wegen unsäglicher Kommentare eines einzelnen Schreiberlings die große Mehrheit der Schlesier zu verprellen, wäre töricht gewesen.

30.
Nationalbewusstsein

Was ich nach meinem Auftritt in Hannover an Reaktionen im In- und Ausland hinnehmen musste, war mehr als unerfreulich. Das Schlesiertreffen war für weite Teile der Medien ein willkommener Anlass, über Revanchismus zu meditieren und den Vertriebenen jedwede Einsicht in die politischen Realitäten nach dem Zweiten Weltkrieg abzusprechen. Jenseits des Eisernen Vorhangs wurden sogar meine Zitate aus den amtlichen Dokumenten des Moskauer und Warschauer Vertrags als Revanchismus diffamiert – dabei handelte es sich immerhin um Dokumente, die Beschlussgrundlagen der damaligen Bundesregierungen und des Auswärtigen Ausschusses des Deutschen Bundestags waren.

Wahrscheinlich wäre damals selbst verpönt gewesen, die Selbstbestimmung des deutschen Volkes und den Willen zur Einheit der Nation aus der Präambel unseres Grundgesetzes zu zitieren. Es gab eine Tendenz, die Grundlagen deutscher Politik und deutschen Geschichtsverständnisses systematisch zu unterlaufen. Die erklärten Gegner unserer Politik setzten auf den Faktor Zeit, auf Geschichtslosigkeit, auf Teile der publizierten öffentlichen Meinung. Dem mussten wir eine entschiedene Position der Union entgegensetzen.

Wie jedes andere Volk ist auch die deutsche Nation durch ihre historische, kulturelle und soziale Entwicklung geprägt; ihr verdankt sie ihren unverwechselbaren Charakter. Unsere Geschichte kann sich sehen lassen, wenn es darum geht, großartige Leistungen und hervorragende Persönlichkeiten aufzuzählen, die dem menschlichen Fortschritt gedient haben. Die deutsche Philosophie, die deutsche Dichtung und Literatur, die deutsche Musik, die bildenden Künste und die naturwissenschaftlichen Errungenschaften sind ein reiches und großes Erbe. Darüber hinaus stehen wir auch in der Tradition, ein Volk der Erfinder und Unternehmer, Sozialreformer und Wissenschaftler zu sein: das Volk von Albert Einstein und Max Planck, das Volk der Siemens und Daimler, Zeiss und Röntgen, das Volk eines Wilhelm Emmanuel von Ketteler, des Mitbegründers der katholischen Soziallehre, und eines Friedrich von Bodelschwingh.

Allerdings gab es in unserer Geschichte nicht nur Höhen, sondern auch Tiefen. Wir dürfen von unserer Geschichte nichts wegnehmen, wir dürfen ihr nichts hinzufügen. Daher gehört zum Nationalbewusstsein auch das Wissen darüber, was Deutsche in den Jahren 1933 bis 1945 getan haben.

Im Nationalbewusstsein erleben wir die Gemeinsamkeit und Unteilbarkeit unserer Geschichte, unserer Kultur, unserer Sprache und nicht zuletzt die Gemeinsamkeit unserer Grundwerte. Im Erleben dieser Gemeinsamkeiten gaben wir uns deshalb in der Bundesrepublik eine staatliche Ordnung, die jedem einzelnen einen möglichst großen Freiraum zur Entfaltung seiner Persönlichkeit einräumt. Darunter verstehe ich individuelle wie auch gesamtgesellschaftliche Entfaltungschancen: politisches Handeln für Freiheit, inneren und äußeren Frieden, Eigentum, soziale Gerechtigkeit und Rechtsstaatlichkeit.

Zu der Gemeinsamkeit der Werte unserer freiheitlichen Grundordnung gehört, dass niemand rechtlich unzulässige Gewalt oder Widerstand ausüben darf. Wer dies übersieht, begreift nicht, dass die Bundesrepublik Deutschland sich mit ihrer freiwilligen, verfassungsmäßigen Grundordnung vor allem eine innere Friedensordnung geschaffen hat, die sich bis heute über weit mehr als ein halbes Jahrhundert hinweg bewährt hat.

Nationalbewusstsein bedeutet für mich aber nicht nur das Erleben von Gemeinsamkeit in Vergangenheit und Gegenwart, sondern auch Orientierung für unser Handeln für die Zukunft. Dabei waren für mich immer drei Orientierungspunkte wichtig: die friedliche Wiedervereinigung Deutschlands, die Einigung Europas und die Sicherung des Friedens. So wenig wie eine getrennte Familie das Bewusstsein von Gemeinsamkeit und innerer Bindung verlieren konnte, so wenig konnte ich die Teilung Deutschlands als endgültig hinnehmen oder gar vergessen. Ein Volk, das seine nationale Identität über Jahrhunderte hinweg entwickelt, gefestigt und als Orientierung empfunden hat, kann nicht davon ablassen, auch in Zukunft vereint sein zu wollen.

So wie Familie und Gesellschaft in einer untrennbaren Wechselbeziehung und gegenseitigen Beeinflussung stehen, so begreife ich auch das Verhältnis von Deutschland und Europa. Deutschland ohne Europa wäre ebensowenig zu verstehen wie Europa ohne Deutschland. Dafür bietet uns die Geschichte eine Fülle von Beispielen: sei es die deutsche klassische Musik, der italienische Barock oder die französische Aufklärung. Gerade am Beispiel der Übernahme kultureller Güter von anderen europäischen Nationen lässt sich einleuchtend erklären, dass sich die europäischen Nachbarnationen gegenseitig beeinflussen, ohne ihren unverwechselbaren individuellen Charakter zu verlieren. Deshalb war für mich die Einheit Deutschlands und die Festigung Europas kein Widerspruch, sondern die Lösung.

Besonders wichtig war mir die Erhaltung und Stärkung des Friedens. Nur wenn wir unablässig daran arbeiteten, den Frieden mit immer weniger Waffen zu sichern, und wenn wir zu einer dauerhaften Friedensordnung in Europa gelangten, würden wir erreicht haben, was dem Nationalbewusstsein erst den letzten Sinn gibt: die Sicherung der Zukunft Europas und unseres deutschen Vaterlandes.

*

Die Frage nach einer zentralen Mahn- und Gedenkstätte beschäftigte mich nicht erst seit Beginn meiner Kanzlerschaft, doch erst Mitte der achtziger Jahre nahm die Realisierung dieser Idee auf mein Drängen hin konkretere Formen an. Es sollte kein Ehrenmal herkömmlicher Art sein, sondern eine den Opfern der Kriege und der Gewaltherrschaft gewidmete Erinnerungsstätte.

In Bonn gab es eine solche Gedenkstätte nicht. Unsere Staatsgäste legten auf dem Bonner Nordfriedhof einen Kranz nieder. Um dorthin zu gelangen, mussten sie durch Teile der Bonner Altstadt und durch ein Kleingewerbegebiet fahren. Rechtzeitig vor ihrer Ankunft wurden aus Holz gefertigte Kandelaber aufgestellt, die nach der Kranzniederlegung wieder weggeräumt wurden. Es war einfach unwürdig – unwürdig für Bonn und unwürdig für die Bundesrepublik Deutschland mit immerhin dreiundsechzig Millionen Einwohnern. Ich schämte mich jedesmal, zumal ich in vielen Ländern dieser Welt erleben durfte, welche Bedeutung die Mahn- und Gedenkstätten dort hatten.

Schon mehrfach hatte ich mit hochrangigen Vertretern des Bundesbauministeriums über den geeigneten Ort für ein solches Mahnmal diskutiert. Schließlich kam ich auf die Idee, unterhalb der Bonner Bannmeile, direkt am Rhein, ein Ehrenmal für die Opfer der Kriege errichten zu lassen. Steuergelder sollten dafür nicht verwendet werden, es sollte eine Spende des deutschen Volkes sein. Der Verband der Kriegsblinden erklärte sich spontan bereit, 100 000 D-Mark zu spenden.

Im Mai 1984 beschloss das Kabinett, nahe dem Abgeordnetenhaus am Rhein die Gedenkstätte zu planen. Doch die Realisierung des Projekts erwies sich als schwieriger als gedacht. Da am Rheinufer Überschwemmungsgefahr drohte, müsste das Denkmal unterkellert und hochgelegt werden. Auch gab es viele Überlegungen, wie das Mahnmal auszugestalten sei; eine Idee war, Steinplatten mit geschichtlichen Darstellungen anzubringen. Alle Gruppen der Opfer von Krieg und Gewalt sollten berücksichtigt werden.

Kaum waren die ersten Überlegungen an die Öffentlichkeit gedrungen, brach ein Sturm der Entrüstung los. Die Grünen unterstellten mir, ich wollte eine Touristenattraktion schaffen und eine neue Burg am Rhein errichten. Die Juden in Deutschland wünschten sich ein eigenes Denkmal. Ebenso die Roma, die Homosexuellen: Keiner wollte unter ein gemeinsames Dach. Es wurde immer ärgerlicher.

Einer meiner eifrigsten Unterstützer war Bundespräsident Karl Carstens. Als dann Mitte 1984 Richard von Weizsäcker als sein Nachfolger ins Bundespräsidialamt einzog, spürte ich rasch, dass er die Idee einer zentralen Mahn- und Gedenkstätte nicht mit dem gleichen Nachdruck wie sein Vorgänger verfolgte. Eigentlich erwartete ich von ihm nichts weiter, als dass er seine schützende Hand über die Initiative hielt. Als er jedoch eine Kommission einsetzen wollte, wusste ich, dass mein Engagement in dieser Sache vergebens war. Richard von Weizsäcker, der sich gerne dem Zeitgeist anschloss, roch geradezu, dass er sich Ärger einhandeln würde, wenn er sich für das Projekt einsetzte. So geschah überhaupt nichts, meine Idee wurde nicht verwirklicht. Jedenfalls vorläufig nicht.

In Bonn wurde einstweilen noch kontrovers diskutiert. Und schließlich debattierte im April 1986 der Bundestag über den Kabinettsbeschluss.

Bei allen Meinungsunterschieden und bei aller Auseinandersetzung über die Darstellung und Deutung unserer Geschichte, eins durfte nicht geschehen: Die Erinnerung und das Gedenken an jene Menschen, die Opfer der Kriege, der Gewalt und der Willkür geworden waren, durften uns nicht entzweien. Diese Toten unterscheidet vieles: Nationalität und Rasse, Religion und politische Überzeugung, der Ort, die Zeit und die oft schrecklichen Umstände ihres Leidens und Sterbens. Aber all diese vielen Millionen Toten verbindet auch etwas, das ihr Schicksal zur ständigen Mahnung macht: Sie sind Opfer der Gewalt geworden, Opfer des Krieges, Opfer der Friedlosigkeit, Opfer politischer Willkür, die keinen Respekt kennt vor dem Wert und der Würde menschlichen Lebens. Deshalb – so fand ich – sollten wir sie gemeinsam in unser Gedenken einschließen.

Natürlich gab es Orte der Erinnerung an diese Toten:

- im Bonner Nordfriedhof für die Opfer der Kriege an der Front, in der Gefangenschaft, in der Heimat,
- in Dachau und Bergen-Belsen für die jüdischen und deutschen Opfer der Gewalt,
- in Plötzensee an der Hinrichtungsstätte derer, die Widerstand geleistet hatten,
- an der Berliner Mauer für die Opfer der deutschen Teilung,

und darüber hinaus gab es Denkmäler in vielen Städten und Orten überall im Land. Und doch fehlte ein Denkmal. Eines, das in der

Mitte unserer Republik als Sinnbild dafür stand, dass wir uns mit *allen* diesen Toten und auch mit den um sie trauernden Angehörigen verbunden fühlen.

1922 brachte der damalige Reichstagspräsident Paul Löbe die zutiefst menschliche Erfahrung der Verbundenheit in Trauer in der Sprache seiner Zeit zum Ausdruck: »Ein Volk, das seine Toten ehrt, ehrt sich selbst und wird daraus die Kraft schöpfen, den Weg zu neuem Leben, zum hellen Tag zu suchen. Ein Volk, das seine Toten ehrt, wird ein gemeinsames Band schlingen um viele Seelen, denen dasselbe Leid widerfuhr, und wird dieses Band auch ausdehnen auf die Mutter an der Wolga und am Tiber, deren Schmerz um den nicht heimgekehrten Sohn nicht minder weh ins Herz sich fraß als der Mutter an Donau und Rhein.«

Die Gewaltherrschaft der Nationalsozialisten, der Zweite Weltkrieg und seine Folgen, verwoben das Schicksal der Opfer noch dichter miteinander, und so sind auch wir – die Überlebenden und Nachkommen – mit allen diesen Opfern nicht allein verbunden in mitfühlender Trauer, sondern auch durch das Bewusstsein einer historischen Verantwortung. Auf dem »Weg zu neuem Leben, zum hellen Tag«, von dem Paul Löbe sprach, haben wir es stets als Verpflichtung empfunden, die Erinnerung an alle diese Toten und ihr Schicksal wachzuhalten und an die nachwachsenden Generationen weiterzugeben.

Im November 1945 wies Theodor Heuss, der spätere Bundespräsident, auf die gegenseitige Achtung hin, die die Überlebenden der Konzentrationslager über alle politischen und weltanschaulichen Unterschiede hinweg füreinander erworben hatten. Und er fuhr fort: »Aber viele sind nicht herausgekommen, sie sind gestorben, verhungert, gemordet, gehenkt [...]. Schweigen sie? Die Stimme der Toten sucht Gehör.«

Das Mahnmal, das wir in den achtziger Jahren schaffen wollten, sollte dieser einen Stimme Ausdruck geben. Es sollte erfahrbar machen, was das Opfer all dieser Toten uns bedeutet.

Angesichts der Millionen Toten in den beiden Weltkriegen kann persönliche Trauer allein nicht mehr die angemessene Antwort auf das Geschehene sein. Mehr noch als die schier unfassliche Zahl der

Opfer ist uns die Erinnerung an die entsetzlichen Ursachen und Umstände ihres Todes zur eindringlichen Mahnung geworden.

Nirgendwo wird diese entscheidende Lektion unserer Geschichte so nachdrücklich erfahrbar wie an den Gedenkstätten, die uns an die Opfer der beiden Weltkriege erinnern, an die Opfer der Gewaltherrschaft und des Rassenwahns, an die Opfer des Widerstands und der Vertreibung und an die Opfer der deutschen Spaltung und der Gewalt von Terroristen.

Wir wollten das Unrecht, das geschehen ist, nicht mit dem Mantel ästhetisierend-unverbindlicher Humanität zudecken. Das gilt für die persönliche Verantwortung derer, die in die Ereignisse jener Zeit verstrickt waren, und es gilt ebenso für die historische Verantwortung unseres Volkes. Niemand dachte daran, ein Mahnmal zu errichten, mit dessen Bau wir uns gleichsam der Last unserer Geschichte entledigten. Aber Versöhnung unter den Lebenden müsste eine Illusion bleiben, würde sie nicht zunächst und zuerst im Gedenken an die Toten Ausdruck finden.

Was in Verdun und in Bitburg, was seit Jahrzehnten an den Kriegsgräbern in vielen Ländern Europas möglich war und ist, das sollte in der Diskussion um das Mahnmal in Bonn nicht verleugnet werden. Das leidvolle Schicksal von Angehörigen vieler Nationalitäten und Gruppen erinnert uns daran, sie in dieses Gedenken mit einzuschließen.

Eine Gedenkstätte, die an alle Opfer von Krieg und Gewaltherrschaft erinnert, wird zur dauernden Mahnstätte für Frieden und Völkerversöhnung. Wenn junge Menschen erklären, sie spürten keine Mitverantwortung für das Unrecht, das während der Herrschaft der Nationalsozialisten in deutschem Namen begangen wurde, dann sehe ich darin die schlimme Konsequenz einer Erziehung zur Geschichtslosigkeit. Diese Jugendlichen haben nicht die Chance bekommen, ein Bewusstsein für die historischen Verbindlichkeiten eines Volkes zu entwickeln. Wer unsere Geschichte aus dem Schulunterricht streicht, der kassiert die Einladung zur Identifikation mit dem eigenen Volk gleich mit. Wem der Stolz auf die historische Leistung seines Volkes, wem der Stolz auf das eigene Vaterland als Chauvinismus ausgeredet wurde, der wird sich dann, wenn es um historische Verantwortung und Mithaftung geht, auf seine persönliche Schuldlosigkeit herausreden.

Beides dürfen wir nicht zulassen. Persönliche Schuldlosigkeit ist kein Freibrief, sich aus der historischen Verantwortung zu stehlen, die wir als Volk tragen. Historische Verantwortung erledigt sich auch nicht dadurch, dass eine jüngere Generation an die Stelle der Vätergeneration tritt. Mein Hinweis auf die Gnade der späten Geburt hatte auch der jungen Generation in unserem Land deutlich machen sollen, dass wir für das, was in deutschem Namen an Unrecht und Verbrechen begangen wurde, als Volk in der Verantwortung stehen – ganz unabhängig davon, ob wir noch persönlich in das Unrechtsgeschehen verstrickt waren oder nicht.

Die Versuchung, die Last der Verantwortung auf die Generation der Zeitzeugen abzuschieben, ist menschlich verständlich. Ihr nachzugeben wäre aber nicht nur moralisch, sondern auch politisch und historisch ein schwerer Fehler. Deshalb ist es so notwendig, dass die junge Generation der deutschen Geschichte begegnet und sich mit ihr identifiziert. Es geht dabei um die *ganze* Geschichte unseres Volkes, so wie sie wirklich war: mit ihren Höhen und Tiefen, mit ihren glanzvollen und ihren düsteren Kapiteln.

Dafür schlug ich im April 1986 vor, drei Stätten zu schaffen: in Berlin ein Deutsches Historisches Museum, in Bonn ein Haus der Geschichte der Bundesrepublik Deutschland und unmittelbar beim Deutschen Bundestag die zentrale Mahn- und Gedenkstätte.

Maßstab für die inhaltliche Ausgestaltung und für die Darstellung unserer Geschichte sollten ausschließlich historische Redlichkeit und wissenschaftliche Seriosität sein. Es ging nicht um die »Entsorgung« unserer Geschichte, sondern im Gegenteil um ihre Aufnahme in das öffentliche Bewusstsein. Wir wollten mit diesen Stätten kein regierungsamtliches Geschichtsbild vermitteln und auch nicht das Geschichtsbild der Opposition oder irgendeiner anderen Gruppe. Wir wollten etwas schaffen, das Geltung beanspruchen kann, Stätten der Selbstbesinnung oder Selbsterkenntnis durch eine möglichst unvoreingenommene historische Erinnerung.

Dass dies eine ganz realistische Absicht war, lässt sich heute in Bonn und Berlin leicht überprüfen.

31. Mühsamer Fortschritt

Ende Mai 1985 traf ich mich mit Präsident François Mitterrand am Bodensee. Nach dem schwierigen Bonner Weltwirtschaftsgipfel wollten wir die Sitzung des Europäischen Rats in Mailand vorbereiten. Wir verständigten uns über den Fortgang der Europäischen Union und über das von Frankreich initiierte Eureka-Projekt, das von Anfang an die entschiedene politische Unterstützung der Bundesregierung fand. Die Forschungsinitiative Eureka zeugte von dem Willen der beteiligten Länder, Europas technologische Spitzenposition auch für die Zukunft zu behaupten.

Unsere Wirtschaft und Gesellschaft standen vor der Herausforderung einer dritten industriellen Revolution. Den wirtschaftlichen Wettbewerb bestimmten nicht mehr Eisen und Stahl, sondern Mikroprozessoren, die das Herzstück von Werkzeugmaschinen, Robotern und Kommunikationsanlagen bilden. Ein anderer Bereich, von dem bahnbrechende Veränderungen für Wirtschaft und Gesellschaft ausgingen, war die Informationstechnik. Der Übergang von der klassischen Industriegesellschaft in eine von den neuen Techniken geprägte Gesellschaft war unaufhaltsam. Wer sich angesichts dieses Wandels in modischen Kulturpessimismus oder eine Verweigerungshaltung flüchtete, steckte den Kopf in den Sand. Es genügt ein Blick auf die industrielle Entwicklung Europas in den letzten zweihundert Jahren, um zu begreifen, dass derjenige, der sich dem Wandel verschließt, am Ende als Verlierer dasteht.

Dabei verkannte ich nicht, dass der Anpassungsprozess uns in den nächsten Jahren vor schwerwiegende Probleme stellen würde, nicht zuletzt in der Arbeitswelt. Krisenfeste Arbeitsplätze konnten wir aber nur schaffen, wenn wir uns bei der Entwicklung und Umsetzung der neuen Technologien nicht abhängen ließen. Sogenannte Futurologen versuchten uns einzureden, der industrielle Niedergang Europas sei vorprogrammiert. Die Zukunft, so hieß es, liege im pazifischen Raum.

Das waren undifferenzierte und voreilige Voraussagen. Sie unterschätzten, dass in uns Europäern nach wie vor genügend Vitalität, Wagemut und geistige Beweglichkeit steckt, um mit den Herausforderungen der Zukunft fertig zu werden. Europa hat in seiner Geschichte bewiesen, dass es immer wieder die Kraft dazu findet. Denken wir nur an den beispiellosen Aufstieg aus den Trümmern des Zweiten Weltkriegs.

Ich verstand Eureka auch als einen Beitrag zur Sicherung unserer Freiheit. Eureka war ein ziviles Programm und diente dem friedlichen Wettbewerb. Eureka sollte aber auch – bei aller Offenheit für sonstige Kooperationsformen mit dritten Ländern – ein europäisches Unternehmen bleiben. Und es sollte nicht zuletzt ein Programm sein, in dem Länder zusammenarbeiten, die sich einer gemeinsamen Werteordnung verpflichtet fühlen.

Rückblickend wurde Eureka zu einer Erfolgsgeschichte von besonderer Qualität. Zu der anfänglichen Orientierung auf Computer- und Informationstechnologie kamen mit der Zeit auch Kooperationsprojekte in der Pflanzengenom- und Gesundheitsforschung, zum Beispiel in der Krebstherapie, sowie in der Nanotechnologie und der Bioethik. Aus manchen Projekten erwuchsen gemeinsame Institute wie in Grenoble und Saarbrücken. Es gibt heute kaum einen Bereich in Wissenschaft und Technologie ohne deutsch-französische Kooperation. Die beiden Länder gelten als Motor der EU-Forschung.

Heute umfasst Eureka, die Initiative zur technologischen Zusammenarbeit, einunddreißig Länder, zu denen neben den Staaten der Europäischen Union unter anderem auch die Russische Föderation gehört.

Bei unserem Treffen am Bodensee definierten Mitterrand und ich auch die Beziehungen zwischen unseren Ländern und den USA. Erneut verdeutlichte ich Mitterrand die besondere deutsche

Position gegenüber den USA und dem SDI-Projekt. Der französische Präsident bezeichnete Europa als Achse der französischen Außenpolitik und als Achse Europas die deutsch-französische Freundschaft. Mitterrand zeigte Verständnis für das Verhältnis der Bundesrepublik zu den USA. »Sie können nicht handeln wie ich«, meinte er. »Ihre Sicherheit hängt zu 90 Prozent von den Vereinigten Staaten ab.« Ich zitierte Konrad Adenauer, der mir einmal gesagt hatte, wenn Frankreich und die Bundesrepublik dasselbe tun, werden die Konsequenzen jeweils andere sein. Er hätte sich über Mitterrands Sätze gefreut.

*

Der EG-Gipfel Ende Juni 1985 in Mailand vertagte dringend notwendige Reformen zugunsten einer verstärkten außenpolitischen Zusammenarbeit, die Mitterrand und ich vorgelegt hatten. Beschlossen wurde nach harten Auseinandersetzungen und gegen die Stimmen Großbritanniens, Dänemarks und Griechenlands die Einberufung einer Regierungskonferenz zur Änderung der Römischen Verträge, mit denen 1957 die Europäische Wirtschaftsgemeinschaft (EWG) gegründet worden war. Das erbitterte Ringen um die Zukunft der EG blieb in dieser Phase allerdings ergebnislos. Es kam zu einer Konfrontation zwischen Margaret Thatcher und mir. Sie bestritt dem Gipfel das Recht, überhaupt über eine Konferenz zur Änderung der 1957 ausgehandelten EG-Verträge zu beschließen. Immerhin wurde aber das Weißbuch der EG-Kommission zur Vollendung des Binnenmarkts gebilligt.

Am 10. Oktober 1985 traf ich den französischen Staatspräsidenten in West-Berlin. Mitterrand wollte mich in seinem Flugzeug mitnehmen, aber da ich in der geteilten Stadt nicht mit militärischen Ehren empfangen werden durfte, konnten wir nicht gemeinsam nach Berlin fliegen. Wäre ich mitgeflogen, hätte ich entweder durch eine andere Türe aussteigen oder so lange in der Maschine warten müssen, bis der Präsident die Begrüßungszeremonie hinter sich gebracht hätte. Das war dem deutschen Bundeskanzler nicht zuzumuten, und darum flog ich mit dem französischen

Außenminister Roland Dumas in einer anderen Maschine nach Berlin.

Unser Besuch an der Berliner Mauer war für François Mitterrand und mich ein besonderes Erlebnis, das mir nicht nur deshalb in Erinnerung bleiben wird, weil die DDR-Grenzer uns fortwährend fotografierten. Mitterrand spürte erstmals hautnah, welche Narbe sich mitten durch die alte Reichshauptstadt zog. Es war ein großer Unterschied, ob man über die beiden mächtigen Militärblöcke, die sich in Berlin gegenüberstanden, wortreich debattierte oder ob man die deutsche Wirklichkeit an der Demarkationslinie zwischen Ost und West unmittelbar erlebte.

In der zweiten Novemberwoche 1985, einen knappen Monat vor dem so wichtigen Luxemburger EG-Gipfel, trafen wir uns erneut. Hauptgesprächsthema auf dem deutsch-französischen Gipfel in Bonn war die militärische Zusammenarbeit. Mein Vorschlag, Einheiten auszutauschen und die Chancen für eine gemeinsame Militärakademie auszuloten, stieß auf positive Resonanz. Für Mitterrand war in der Frage der militärischen Zusammenarbeit alles möglich, bis auf die Integration der französischen Nuklearwaffen. Das sei ein Punkt, den die Sowjetunion niemals akzeptieren würde. Doch daran dachte ich überhaupt nicht, als ich eine noch engere militärische Kooperation zwischen Frankreich und Deutschland vorschlug. Ich machte mir in dieser Frage keinerlei Illusionen, zumal auch die Amerikaner gegen eine deutsch-französische Nuklearallianz waren.

Mitterrand empfahl erneut, die Eroberung des Weltraums gemeinsam zu betreiben. Das sei eine strategische Domäne, die den Deutschen nicht zu verwehren sei. »Der Weltraum darf nicht amerikanisch werden«, meinte der französische Präsident. Auch das Eureka-Projekt, Mitterrands Lieblingsthema, beschäftigte uns ausgiebig. Ohne jeglichen Vorbehalt stimmte ich seinem Vorschlag zu, Eureka in Straßburg anzusiedeln. »Wenn ich Franzose wäre, hätte ich aus Straßburg eine Art europäisches Washington D.C. gemacht«, meinte ich nebenbei.

Zum Schluss unseres Treffens informierte er mich über Erich Honeckers Absicht, Frankreich einen Staatsbesuch abzustatten.

François Mitterrand besucht die Berliner Mauer in der Bernauer Straße

Das überraschte mich sehr, denn seit Monaten wurde über Honeckers Reise in die Bundesrepublik spekuliert, aber es war noch immer kein Termin zustande gekommen. Spontan meinte ich, der SED-Generalsekretär müsse erst nach Bonn kommen, ehe er in die französische Hauptstadt fliege. »Ich werde nichts ohne Ihre Zustimmung machen«, erwiderte der französische Staatspräsident.

*

In der ersten Dezemberwoche 1985 fand der Europäische Gipfel in Luxemburg statt. Der Europäische Rat beschloss eine Reform der EG: In einer Einheitlichen Europäischen Akte (EEA) wurden die Europäische Politische Zusammenarbeit (EPZ), Änderungen des EWG-Vertrags zur Vollendung des EG-Binnenmarkts, der Ausbau einer Wirtschafts- und Währungsunion sowie Erleichterungen beim Übergang vom Prinzip der Einstimmigkeit zur qualifizierten Mehrheitsabstimmung vertraglich verankert.

Uns gelang in Luxemburg ein mühsamer Fortschritt, auf den ich dennoch stolz war. Beim traditionellen Frühstück stimmten Mitterrand und ich uns in den wichtigsten Punkten ab. Dabei kam ich auch auf die Probleme mit Margaret Thatcher zu sprechen. Mein Verhältnis zur britischen Premierministerin wurde immer schwieriger.

Ein anderes Thema waren die deutsch-polnischen Beziehungen. Mit Blick auf den bevorstehenden Staatsbesuch des polnischen Präsidenten Wojciech Jaruzelski in Frankreich und in der Hoffnung, dass der französische Präsident seinem Warschauer Gast meine Position nahebringen könnte, erläuterte ich Mitterrand mein besonderes Interesse an vernünftigen Beziehungen zu Polen, die ähnlich gestaltet werden müssten wie jene zu Frankreich und zu Israel. »Wir haben keinerlei Grenzforderungen an Polen. Keiner wird mehr die Oder-Neiße-Grenze verschieben wollen. Doch die Polen sprechen immer noch von Katyn als einem deutschen Massaker«, sagte ich. François Mitterrand versprach mir, Jaruzelski zu bitten, in dieser Richtung deutliche Zeichen zu setzen, um die Kriegslitaneien gegenüber der Bundesrepublik zu beenden.

Bei allem unsagbaren Leid, das die Deutschen den Polen im Zweiten Weltkrieg zufügten, trugen sie an den Ereignissen in Katyn keine Schuld. Bei der Erschießung von mehr als viertausend polnischen Offizieren 1940 in der Nähe des russischen Dorfes Katyn handelte es sich um ein Massaker, für das der sowjetische Geheimdienst NKWD die Verantwortung trug. Die Massengräber waren 1943 von Soldaten der deutschen Wehrmacht entdeckt worden. Unter dem kommunistischen Regime in Polen galt als offizielle Lesart, dass die Deutschen das Verbrechen von Katyn begangen hätten. Aus propagandistischen Gründen verstanden es alle polnischen Regierungschefs, den Bonner Regierungen über Jahrzehnte dieses Massaker vorzuwerfen. So auch während meiner Kanzlerschaft. Ob der polnische Staatspräsident Jaruzelski die Wahrheit über Katyn bereits in den achtziger Jahren kannte, vermag ich nicht zu beurteilen. Erst nach dem Zerfall der Sowjetunion im Jahre 1991 wurde öffentlich, dass die Erschießung der polnischen Offiziere von der Moskauer Parteiführung angeordnet worden war.

Am 17. Dezember 1985 traf ich den französischen Präsidenten ein letztes Mal in dem zu Ende gehenden Jahr. Im Pariser Élysée-Palast ging es um die europäische Sicherheit, insbesondere um die Bedingungen, unter denen Frankreich an der nuklearen Verteidigung der Bundesrepublik mitwirken könnte. Den Vorschlag, Frankreich in die nukleare Verteidigung einzubinden, lehnten wir beide ab. Für mich war das ein Irrweg. Die amerikanische Präsenz und das Engagement der USA waren für uns lebenswichtig in einer Epoche, in der die Sowjetunion in eine neue Phase eintrat. Aber in der europäischen Mittellage war an Schutz für die Bundesrepublik ohne unsere Nachbarn, und hier zuallererst ohne Frankreich, nicht zu denken.

Frankreich und Deutschland waren sicherheitspolitisch gesehen eine Einheit. Das bedeutete: Stützung durch den amerikanischen Pfeiler, Stärkung der deutsch-französischen Zusammenarbeit. Nach dem deutsch-französischen Vertrag wären rein rechtlich gesehen gemeinsame Formationen, Austausch von Stabspersonal und Zusammenarbeit in der Waffen- und Raumfahrtentwicklung möglich. Mitterrand wies mich jedoch auf das unterschiedliche Verhältnis unserer Staaten zur Nato hin und auf die Unterschiede in den strategischen Verteidigungskonzepten. Am Schluss waren wir uns einig in dem Wunsch nach weiteren Konsultationen. Zu überlegen blieb, welche Konsultationsmechanismen es in Zukunft geben könnte.

32.
Dienstreisen

Nach meinen Gesprächen in der Volksrepublik China im Herbst 1984 mit Deng Xiaoping, Generalsekretär Hu Yaobang und Staatspräsident Li Xiannian folgte im Juni 1985 der Gegenbesuch des chinesischen Ministerpräsidenten Zhao Ziyang in der Bundesrepublik. Regelmäßig thematisierte ich bei diesen Begegnungen die Frage der Menschenrechte in China – allerdings trug ich diese Diskussion nicht in aller Öffentlichkeit aus. Die Erfahrung zeigte, dass hinter den Kulissen meist mehr zu erreichen war als durch publikumswirksame Scheingefechte auf offener Bühne.

Die Fortsetzung des Meinungsaustauschs brachte in den deutsch-chinesischen Beziehungen einen gewaltigen Durchbruch, der sich nicht allein auf Wirtschaft und Handel beschränkte. Langfristig gesehen maß ich dem Kultur- und Jugendaustausch besondere Bedeutung bei. Bei unseren Gesprächen wurde die ganze Liste der deutsch-chinesischen Projekte ausführlich behandelt, und wir trafen konkrete Vereinbarungen. Als ein Beispiel für viele will ich das Studienprogramm der Deutschen Wirtschaft für jüngere Hochschulabsolventen der Volksrepublik erwähnen. Es handelte sich um bis zu hundertfünfzig Stipendien für eine achtzehnmonatige Fortbildung in der Bundesrepublik.

Die deutsch-chinesischen Beziehungen spielten eine herausragende Rolle unter meiner Kanzlerschaft. Damals setzten wir Wirtschaftsprojekte in Gang, von denen unser Land bis heute profitiert. Mein Nachfolger im Bundeskanzleramt konnte die Früchte dieser Politik ernten, als er der Inbetriebnahme deutscher Niederlassungen in China beiwohnte, die aus langfristig angelegten Projekten hervorgingen.

In den ersten Jahren meiner Kanzlerschaft besuchte ich unter anderem Spanien und Portugal, für deren EG-Beitritt ich jahrelang kämpfte. Am 1. Januar 1986 konnte ihre EG-Mitgliedschaft gefeiert werden. Ich reiste in die Ungarische Volksrepublik und als erster Bundeskanzler nach Argentinien und Mexiko. Norwegen und Dänemark stattete ich ebenso einen Besuch ab wie Jugoslawien und der Türkei.

Bei Auslandsreisen begleiteten mich grundsätzlich hochrangige Vertreter aus Politik, Gewerkschaften, Wirtschaft, Kirche und Kultur. Sie reisten nicht als Statisten mit, sondern trafen mit ebenso hochrangigen Vertretern der Gastgeberländer zusammen. Als Industrie- und Handelsnation ist die Bundesrepublik darauf angewiesen, zu möglichst vielen Ländern gute politische und wirtschaftliche Beziehungen zu pflegen. Deshalb waren es wichtige Ziele meiner Dienstreisen, die Leistungskraft der deutschen Wirtschaft zu sichern und das politische Ansehen unseres Landes international zu stärken. Die zunehmende Verflechtung der Weltwirtschaft und der internationalen Politik erlaubten es schon lange nicht mehr, unsere innenpolitischen Sorgen allein mit den Mitteln der Innenpolitik zu lösen. Auch aus diesem Grund waren meine Auslandsreisen alles andere als Vergnügungsreisen. Sie gehörten zu meinen vordringlichsten Amtspflichten.

Zu den wichtigen Reisen zählte mein Aufenthalt in New York Ende Oktober 1985. Anlass waren die Feierlichkeiten zum 40. Gründungstag der UNO. Wie bei allen großen Auslandsreisen begleitete mich auch diesmal meine Frau Hannelore. Zunächst trafen die Staats- und Regierungschefs der sechs westlichen Industrieländer mit Präsident Reagan zusammen. In der Präsidentensuite des Waldorf-Astoria-Hotels ging es um einen Meinungsaustausch, bei dem vor allem der bevorstehende amerikanisch-sowjetische Gipfel in Genf im Mittelpunkt stand.

Am Rande der Veranstaltungen traf ich mit vielen Politikern aus der ganzen Welt zusammen. Diese Gespräche und Verhandlungen während des dreitägigen New-York-Aufenthalts waren besonders ergiebig und für unsere außenpolitische Reputation sehr nützlich. Ob Gesprächspartner aus Ost oder West oder aus der sogenannten

Dritten Welt: Wir Deutsche waren gefragt wie selten zuvor. An der deutschen Öffentlichkeit jedoch ging diese Tatsache weitestgehend vorbei. Nichts war darüber in den Hamburger Magazinen zu lesen, nichts bei ARD oder ZDF zu sehen oder zu hören. Dabei wäre es allemal eine Nachricht wert gewesen: Die Deutschen waren wieder da. Sie hatten in drei Jahren ihr Land wieder in Ordnung gebracht, ihm eine Zukunftsperspektive gegeben und sich international neues Ansehen erworben. Draußen in der Welt wurde das viel eindeutiger wahrgenommen als in weiten Teilen der deutschen Gesellschaft. Unsere Konsolidierungspolitik und die Wiederbelebung unserer Wirtschaft machten außerhalb der Landesgrenzen Eindruck.

Hauptgrund der Reise nach New York war mein Wunsch, mit dem amerikanischen Präsidenten über die bevorstehenden Genfer Abrüstungsgespräche zu sprechen. Kaum jemand hatte ein so vitales Interesse an dem amerikanisch-sowjetischen Gipfel in Genf wie wir. Kaum jemand hatte die Großmächte auf den verschiedensten Ebenen so sehr gedrängt wie ich, den Gesprächsfaden wieder aufzunehmen. Nach sechs Jahren der Sprachlosigkeit schien ein Treffen zwischen den beiden wichtigsten politischen Repräsentanten jetzt endlich möglich zu sein, endlich sollten die beiden, die die größte Verantwortung für den Weltfrieden trugen, wieder miteinander sprechen.

Ich erlebte einen Präsidenten in New York, der in der schwierigen Abrüstungsproblematik mit ganzer Leidenschaft die westliche Position vertrat und bestens präpariert war. Ronald Reagan, den so viele belächelten, wurde stark unterschätzt. Er mochte kein Intellektueller sein, aber er verfügte über ein einleuchtendes politisches Koordinatensystem. Zudem bewies er politischen Instinkt und wusste, was er wollte. Da konnten Kritiker sagen, was sie wollten, Journalisten schreiben, was immer ihnen einfiel: Reagan hatte einen klaren politischen Kurs. Ich spürte auch, wie sehr er – befreit von Wahlterminen – in seiner letzten Amtszeit vor allem ein Ziel verfolgte: zu einem Ausgleich zu gelangen und im Blick auf die weltweite Abrüstung einen Weg der Vernunft zu finden. Erhaben über jeden Verdacht, vor den Kommunisten in die Knie zu gehen, vermittelte dieser amerikanische Präsident den Eindruck politischer Stärke.

Die Mehrheit des amerikanischen Volkes vertraute ihm und seinem Kurs, aber Reagan verfügte noch über ein zweites »Pfund«, das ich nicht müde wurde herauszustellen: Kein Präsident der Vereinigten Staaten in den vergangenen fünfzehn Jahren konnte so viel Zuspruch in Europa für sich verbuchen. Die wichtigsten europäischen Verbündeten waren voll auf seiner Seite. In den Grundfragen gab es keine Differenzen.

Ich bin ganz unverdächtig, ein Anhänger des Sozialismus zu sein. Aber wie der Sozialist François Mitterrand dem sowjetischen Staats- und Parteichef Michail Gorbatschow bei seinem Staatsbesuch in Paris alle Illusionen nahm, er könne einen Keil in die westliche Allianz hineintreiben, das war eine Meisterleistung. Wer heute die Tischreden und Gesprächsnotizen des französischen Präsidenten nachliest, erkennt sofort, wie sehr mein Freund auch unsere Sache, die deutschen Interessen, in einer ganz großartigen Weise vertrat. Und dass er sich kurz danach demonstrativ mit mir in Berlin traf, war eine politische Geste, die jeder, der politisch denken konnte, sehr wohl verstand.

So konnte der amerikanische Präsident mit voller Rückendeckung seiner britischen, französischen, italienischen, Benelux- und deutschen Kollegen in das erste Gipfeltreffen mit Gorbatschow gehen, das vom 19. bis 21. November 1985 in Genf stattfinden sollte. Dass dies möglich war, war auch ein Verdienst der Bonner Regierung, hatte etwas mit meinem Einsatz zu tun. Erst zwei Jahre zuvor, im November 1983, hatte der Deutsche Bundestag für den Nato-Doppelbeschluss votiert. Wenn immer noch so viele Toren im Land fragten: »Wo ist denn eigentlich die Wende?«, konnte man ihnen getrost entgegenrufen: Die Wende in der deutschen Politik bestand – neben vielem anderen – darin, dass unser Land wieder ein zuverlässiger Partner in der Welt geworden war. Wenn zwei Jahre zuvor der Nato-Doppelbeschluss gekippt worden wäre, was viele befürchtet und einige gehofft hatten – die Wetten standen damals acht zu zwei gegen mich –, dann wäre jetzt weder das Treffen Reagan/Gorbatschow noch vieles andere möglich gewesen.

In den dramatischen Herbsttagen des Jahres 1985 in New York waren wir viele Stunden mit Ronald Reagan zusammen, auch im kleinsten Kreis, und ich konnte genau beobachten, wie er dachte. Seine Offenheit und das selbstverständliche solidarische Miteinander waren ebenso ungewöhnlich wie die Bereitschaft, in vertraulichen Gesprächen die Karten auf den Tisch zu legen. Wir wurden ganz ausgezeichnet über die konkreten Abrüstungsvorschläge informiert. Diesen Novembertagen haftete etwas Schicksalhaftes an. Vierzig Jahre nach Kriegsende musste die Chance genutzt werden, das Wettrüsten zu stoppen. Wir konnten vor unsere Mitbürger treten und sagen, wir haben den Versuch nicht nur gewagt, sondern wir sind im Hinblick auf unser Ziel »Frieden schaffen mit immer weniger Waffen« ein entscheidendes Stück weitergekommen.

Zwei Stunden lang sprach ich in New York auch mit dem sowjetischen Außenminister Eduard Schewardnadse. Natürlich standen dabei Fragen des Gipfeltreffens zwischen Ronald Reagan und Michail Gorbatschow im Mittelpunkt. Außerdem ging es um den Ost-West-Dialog, Abrüstung und Rüstungskontrolle sowie das bilaterale deutsch-sowjetische Verhältnis, insbesondere um die gegenseitigen Wirtschaftsbeziehungen.

Der Verlauf des sehr kontrovers geführten Gesprächs bestätigte den vorsichtigen Optimismus im Hinblick auf das bevorstehende Gipfeltreffen. Ich hatte den Eindruck, dass auch die sowjetische Seite ernsthaft an wirklichen Verhandlungen in Genf interessiert war.

Schewardnadse hielt mit seiner Skepsis gegenüber der Politik der Vereinigten Staaten nicht zurück. Die Sowjetunion befürchtete gar, dass die USA nach Überlegenheit strebten und unter anderem SDI hierfür als Instrument benutzten. Die Verbündeten der USA müssten sich der Gefährlichkeit der Politik Washingtons voll bewusst sein, meinte er. Dann erläuterte der sowjetische Außenminister die konkreten sowjetischen Abrüstungsvorschläge zum Verbot von Weltraumwaffen, zur Reduzierung der strategischen Offensivwaffen sowie für ein Abkommen über die Reduzierung von Mittelstreckenwaffen. Weitere Ziele waren das »Einfrieren« der Nuklearwaffen und die Einstellung der Atomwaffenversuche; auch den Vorschlag der DDR und der CSSR für eine atomwaffenfreie Zone in Zentraleuropa unterstützte er. Ich hatte zeitweise den Eindruck, als wolle er bei mir die sowjetische Verhandlungslinie in Genf testen und herausfinden, was auf westlicher Seite möglich wäre.

In meiner Erwiderung wies ich auf die Ernsthaftigkeit und das persönliche Engagement hin, mit denen der amerikanische Präsident das Ziel verfolgte, die Intensivierung des Dialogs und der Rüstungskontrollverhandlungen zum Erfolg zu führen. Ich warnte vor einem eventuellen Versuch der sowjetischen Seite, auf Zeit zu spielen. Außerdem erläuterte ich dem sowjetischen Außenminister, wie intensiv wir im Vorfeld des Gipfels daran mitgewirkt hatten, diese Begegnung zu einem Erfolg zu machen.

Ich weiß, wie sehr Hans-Dietrich Genscher seinen damaligen sowjetischen Amtskollegen schätzt und welch besondere Rolle er ihm im Vereinigungsprozess 1990 beimisst. Meine Begegnung mit Eduard Schewardnadse in New York hingegen hinterließ kaum Spuren. Auch bei späteren Veranstaltungen hatte ich eher den Eindruck, dass dieser Politiker nur ein einziges Ziel verfolgte: die Interessen der damals noch mächtigen Sowjetunion voll durchzusetzen. Bis heute hat sich meine Meinung dazu nicht geändert.

*

Im Anschluss an sein Genfer Treffen mit Gorbatschow unterrichtete der amerikanische Präsident die Regierungschefs der Nato-Staaten in Brüssel über die Gespräche im November 1985. Ich konnte überaus zufrieden sein. Zum ersten Mal hatten sich die USA und die Sowjetunion gegenseitig die Zusicherung gegeben, keine militärische Vorherrschaft anzustreben, sondern, basierend auf der Erkenntnis, dass ein Atomkrieg nicht gewonnen werden kann und niemals ausgefochten werden darf, ihre Beziehungen verbessern zu wollen. Der zweitägige Meinungsaustausch, der über fünf Stunden hinweg unter vier Augen stattfand, war mehr als nützlich und produktiv. Vor allem wurde vereinbart, solche Gipfeltreffen in nächster Zukunft fortzuführen. Mehr konnte man nach sechsjährigem Schweigen nicht erwarten.

33.
Lieblingskind

Wenn es um die europäische und deutsche Sicherheit ging, spielte die konventionelle Verteidigung eine wichtige Rolle. Wir durften nicht nur die Raketen zählen, sondern mussten bei allen strategischen Überlegungen die Notwendigkeit von starken konventionellen Waffen begreifen. Die Nato ist auf konventionellem Gebiet ohne die Bundeswehr nicht denkbar. Die Soldaten der Bundeswehr garantieren seit 1955 unsere Sicherheit und damit unsere Freiheit.

Die Entscheidung zur Gründung der Bundeswehr, so umstritten sie damals war, hatte historische Tragweite. Ihre Gründung und der Beitritt zum Nordatlantischen Bündnis im Jahr 1955 schufen damals mit die Voraussetzungen für die umfassende Souveränität und damit für die internationale Gleichberechtigung der Bundesrepublik.

Der Ausgang des Krieges hatte 1945 eine Machtverteilung in Europa geschaffen, die eine Zusammenfassung aller freiheitlichen Kräfte dringend gebot. Nur zehn Jahre nach dem Ende von Krieg und Diktatur hatten wir die Chance erhalten, in diesem Bündnis mitzuwirken. Diesen Vertrauensbeweis sollten wir niemals geringschätzen.

Der deutsche Beitrag zur Verteidigungsgemeinschaft des Westens hat unsere politische Handlungsfreiheit erweitert. So gewannen wir neuen Raum für eine schöpferische Gestaltung unserer auswärtigen Politik – mit dem Ziel einer dauerhaften Friedens- und Freiheitsordnung in Europa. 1955 konnten nur wenige diese Perspektiven voll ermessen. Damals, bei der Aufstellung der Bundeswehr, ging es vor allem um zweierlei: um die kurzfristige Schaffung einsatzfähiger Verbände und um die möglichst fugenlose Eingliederung der neuen Streitkräfte in unseren freiheitlichen Staat.

Unser erster Bundespräsident Theodor Heuss nannte die Wehrpflicht »das legitime Kind der Demokratie«. Es geht um den Dienst des freien Bürgers für die Gemeinschaft freier Bürger.

In Deutschland geht die allgemeine Wehrpflicht auf die Epoche der Freiheitskriege im neunzehnten Jahrhundert zurück. In Preußen waren ihre wichtigsten Befürworter Heinrich Friedrich Karl Freiherr vom Stein und General Gerhard von Scharnhorst, der die Heeresreform leitete und ein Volksheer schaffen wollte.

Scharnhorst, an dessen zweihundertstem Geburtstag die Bundeswehr gegründet wurde, bekannte sich wie viele andere zu dem Prinzip: Eine Gemeinschaft muss sich selbst verteidigen, wenn sie Gefahr von außen abwehren will. So wurde der allgemeine Wehrdienst als patriotische Pflicht zum Schutz des eigenen Staates verstanden. Die Bürger empfanden ihn weniger als Einschränkung, sondern eher als Erweiterung ihrer Rechte. So ist die allgemeine Wehrpflicht eine der bedeutenden politischen Überlieferungen deutscher Freiheits- und Einheitsbewegungen. Unter den schwarz-rot-goldenen Truppenfahnen unserer Bundeswehr wird diese Tradition lebendig erhalten.

Die allgemeine Wehrpflicht wurde 1956 von neuem eingeführt. Sie ist – wie es das Bundesverfassungsgericht in einer wichtigen Entscheidung 1984 formulierte – in unserer Verfassungsordnung »demokratische Normalität«. Wer den Wehrdienst leistet, so heißt es in der Urteilsbegründung, kommt »der verfassungsmäßig verankerten Pflicht« des Staatsbürgers nach, »sich an einer bewaffneten Landesverteidigung und damit insoweit an der Sicherung der staatlichen Existenz zu beteiligen«.

Erst dieser in der Verfassung verankerte Wehrdienst schafft Sicherheit und damit die Voraussetzung dafür, dass wir auch das Recht auf Verweigerung des Wehrdienstes aus Gewissensgründen glaubhaft und wirksam gewährleisten können. Als einziges Land der Welt haben wir dieses Recht in unsere Verfassung aufgenommen – aus geschichtlicher Erfahrung, denn unter der Hitler-Diktatur wurden junge Männer hingerichtet, weil sie sich aus Gewissensgründen weigerten, den Dienst mit der Waffe zu tun. Wir respektierten die persönliche Haltung junger Männer, die aus Gewissensgründen keinen Wehrdienst leisten wollten, und mit der Neufassung des Zivildienstgesetzes sorgten wir auch in diesem Bereich für mehr Gerechtigkeit.

Als ich im März 1985 die Bodelschwinghschen Anstalten in Bielefeld-Bethel besuchte, brachte ich unsere Anerkennung für den oft nicht einfachen Ersatzdienst zum Ausdruck. Aber bei allem Respekt vor dem Engagement der Ersatzdienstleistenden: Die Entscheidung gegen Wehrdienst und Armee kann immer nur die Gewissensentscheidung des einzelnen sein. Sie kann nicht zur Maxime für die Politik unseres Staates erhoben werden. Niemand von uns hat das Recht, unserer Republik und der ganzen Gesellschaft aufzuerlegen, waffenlos zu sein: In der Welt, in der wir Deutschen bis zum Fall der Mauer lebten – in der Mitte Europas, an der Trennlinie zwischen Ost und West –, hätte das zugleich bedeutet, wehrlos zu sein. Wehrlosigkeit aber, so lehrt die Geschichte, sichert den Frieden nicht, sondern ermutigt zur militärischen Lösung politischer Konflikte.

Die große Mehrheit unserer Mitbürger billigte und unterstützte die allgemeine Wehrpflicht und den Verteidigungsbeitrag der Bundeswehr für die Freiheit in Europa. Das hatte sicher auch damit zu tun, dass die Bundeswehr in den Jahrzehnten ihres Bestehens zur Bürgerarmee geworden war: Viele Millionen Mitbürger hatten als Wehrpflichtige in den Streitkräften gedient, Millionen ehemaliger Soldaten waren Reservisten, viele von ihnen nahmen regelmäßig an Übungen teil. Vierhundertfünfundneunzigtausend Soldaten standen zum damaligen Zeitpunkt im aktiven Dienst. Diese Zahlen belegten eindrucksvoll, dass die Bürger unserer Republik die Verteidigung der Freiheit und die Sicherung des Friedens als ihre ureigenste Aufgabe angenommen hatten. Die Bundeswehr war Bürgerwehr im besten Sinn des Wortes, wir hatten allen Grund, stolz auf unsere Soldaten zu sein.

Die Bundeswehr stand nach Ausbildung und Ausrüstung mit an der Spitze der Armeen im westlichen Bündnis. Unsere Soldaten bewiesen Leistungswillen und Verlässlichkeit, Verantwortungsbe-

Auf unsere Soldaten können wir stolz sein

wusstsein und Einsatzfreude im täglichen Dienst ebenso wie bei großen Manövern oder internationalen Wettbewerben. Ihr militärisches Können wurde von unseren Verbündeten anerkannt und von unseren östlichen Nachbarn respektiert. Bei Katastropheneinsätzen im In- und Ausland – ob in Äthiopien, im Sudan oder in Afghanistan – hat die Bundeswehr immer wieder gezeigt, dass sie in schwierigen Lagen schnell und wirksam helfen kann. Auch das gehört zum Verständnis unserer Bundeswehr als Friedensarmee.

Aufbau und Leistungen der Bundeswehr waren in besonderem Maß auch das Verdienst derer, die seit 1945 als Verteidigungsminister in der politischen Verantwortung standen: Theodor Blank, Franz Josef Strauß, Kai-Uwe von Hassel, Gerhard Schröder, Helmut Schmidt, Georg Leber, Hans Apel und, während meiner Kanzlerschaft, Manfred Wörner, Gerhard Stoltenberg und Volker Rühe.

Während meiner Amtszeit stellte die Bundesregierung jene Mittel bereit, die die Bundeswehr zur Erfüllung ihres Auftrags brauchte. Wir hatten diese Verpflichtung nicht nur gegenüber den Menschen unseres Landes und dem Bündnis, sondern gerade gegenüber unseren Mitbürgern in Uniform. Ich wusste, dass die Soldaten Lasten auf sich nehmen mussten, die in anderen Bereichen unserer Gesellschaft nicht in gleicher Weise gefordert werden. So leisteten zeitweise über 70 Prozent der Soldaten mehr als zweiundfünfzig Stunden in der Woche Dienst; oft waren sie auch an Wochenenden dienstverpflichtet. Zudem mussten Soldaten häufig Trennungen von der Familie oder Versetzungen in Kauf nehmen.

Solchen Dienst konnten wir von unseren Soldaten nur verlangen, wenn wir uns ihrer Anliegen ernsthaft annahmen. Ich denke dabei vor allem an die alltäglichen Sorgen, die manchmal sehr beschwerlich, ja zum Ärgernis werden konnten: Mängel in der persönlichen Ausrüstung, bei der Verpflegung, die Schwerfälligkeit in einer großen Bürokratie oder manche menschliche Schwäche von Vorgesetzten.

Mit dem Wehrbeauftragten gaben wir unseren Mitbürgern in Uniform einen aufmerksamen Partner an die Seite. Alle Soldaten konnten sich mit ihren Anliegen jederzeit an ihn wenden.

Aufgeschlossenheit für die Sorgen der Soldaten musste zuallererst aber von jedem einzelnen Vorgesetzten erwartet werden. Ungeachtet des Prinzips von Befehl und Gehorsam musste zwischen den Soldaten menschliche Solidarität herrschen, musste der einzelne zuverlässigen Rückhalt in der Kameradschaft auch des Vorgesetzten finden.

Wir nahmen die Fürsorgepflicht sehr ernst und bemühten uns mit aller Kraft, den spezifischen Belastungen des Dienstes – und dabei ging es nicht nur etwa um Dienstzeitausgleich – gerecht zu werden und die allgemeinen Lebensbedingungen der Soldaten in fairer Weise zu verbessern.

Seit 1982 traf die Bundesregierung wichtige Entscheidungen für die Zukunft der Bundeswehr. Insbesondere ging es darum, den Personalumfang der Bundeswehr auch über das Ende der achtziger Jahre hinaus sicherzustellen. Wir fassten weitreichende Beschlüsse für mehr Wehrgerechtigkeit und verlängerten den Grundwehrdienst ab 1989 um drei Monate. Mit dem neuen Personalstrukturgesetz wirkten wir einer Überalterung der Truppenführer entgegen, die die Einsatzbereitschaft der Bundeswehr hätte beeinträchtigen können.

Die Bundeswehr verfügte über eine umfassende und langfristige Planung, die im Oktober 1984 von der Bundesregierung im Grundsatz verabschiedet wurde und das Ziel verfolgte, die konventionelle Verteidigungsfähigkeit der Bundeswehr langfristig zu stärken. Bei ihren personellen und materiellen Überlegungen für das nächste Jahrzehnt konnten sich die Streitkräfte an diesen Daten und Vorgaben orientieren.

Die Bundeswehr hat eine rein defensive Aufgabe. Entsprechend dienen Umfang, Struktur und Ausstattung der Streitkräfte immer ausschließlich dem Verteidigungsauftrag im Bündnis. Alles andere widerspräche unserem Grundgesetz, das aggressive Handlungen ausdrücklich unter Verfassungsverbot stellt. Wir bedrohen niemanden, sondern stellen sicher, dass uns niemand wirksam bedrohen kann. Die Verteidigungsbereitschaft der Nordatlantischen Allianz war darauf gerichtet, einen Angriff auf ihre Mitgliedsstaaten als zu großes, als nicht tragbares Risiko erscheinen zu lassen. Darin lagen bis 1989 Sinn und Zweck der Abschreckung. Dabei kam es maßgeblich auf die Entschlossenheit der Verbündeten zur Verteidigung an.

Unsere Politik zielte darauf ab, die Konfrontation im West-Ost-Verhältnis zu überwinden, die militärischen Potentiale beider Seiten ausgewogen und nachprüfbar zu verringern und eine Zusammenarbeit zwischen allen Staaten über die Bündnisgrenzen hinweg zu ermöglichen. Wir wollten die militärischen Mittel zur Friedenssicherung durch Dialog und Ausgleich mit unsern Nachbarn im Osten ergänzen.

Nur aus der Position der festen Westbindung heraus konnte die Bundesrepublik nach einem Interessenausgleich mit den osteuropäischen Staaten streben. Ohne dieses Sicherheitsfundament wären alle Bemühungen um Entspannung vergeblich, wären die Initiativen in der Ostpolitik aussichtslos gewesen. Verhandlungen über Vertrauensbildung, Sicherheit und Zusammenarbeit in Europa setzten, um erfolgreich zu sein, gleichwertige Sicherheit voraus.

In ihrer besonders exponierten Mittellage in Europa war die Bundesrepublik angewiesen auf den Rückhalt im Westen, und zugleich war sie aufgerufen zum Brückenschlag nach Osten. Um unsere Politik des Ausgleichs und der Mäßigung im west-östlichen Spannungsfeld zukunftsweisend gestalten zu können, bedurften wir jederzeit der Solidarität unserer Bündnispartner.

In diesem Zusammenhang gewann unser Beitrag zu den gemeinsamen Verteidigungsanstrengungen sein herausragendes Gewicht. Die Bundeswehr stellte das stärkste Heereskontingent an der Grenze des Westens zum Warschauer Pakt. Mehr als die Hälfte dieser rund tausendsiebenhundertvierzig Kilometer langen Grenze hatte sie zu verteidigen.

Unsere Luftwaffe stellte in den achtziger Jahren die Hälfte der bodengebundenen Luftverteidigungskräfte für die Allianz und mehr als 30 Prozent der Kampfflugzeuge in Mitteleuropa. 70 Prozent der Seestreitkräfte des Bündnisses in der Ostsee kamen von unserer Bundesmarine. Dies war ein hoher, unserer eigenen Freiheitssicherung allerdings angemessener Anteil an der Verteidigung Europas. Dieser deutsche Beitrag zur gemeinsamen Sicherheit schützte auch unsere westlichen Nachbarn.

Solange keine handfesten und nachprüfbaren Verhandlungsergebnisse zwischen West und Ost vorlagen, die Konfrontationen abzubauen halfen und Sicherheit mit weniger Waffen verbürgten, durften wir in unseren Verteidigungsanstrengungen nicht nachlassen. Wir wollten das Sicherheitserbe der vergangenen Jahre nicht aufs Spiel setzen.

So klar und eindeutig diese Politik auch war: Wir strebten intensiv danach, für alle Völker Europas die Last der Rüstung zu mindern und den Ausgleich zwischen West und Ost zu fördern. Die Erfolgsaussichten für die Rüstungskontrollverhandlungen auf allen Ebenen hatten sich Mitte der achtziger Jahre verbessert. Dazu trug auch bei, dass wir bei der Ausführung des Nato-Doppelbeschlusses von 1979 Festigkeit bewiesen hatten.

Wir können uns auf die Bundeswehr verlassen. Aber ebenso gilt: Unsere Soldaten können auf die Solidarität der Demokraten in dieser Republik zählen. Das sage ich vor dem Hintergrund langjähriger politischer Erfahrung und nicht nur deshalb, weil man dem Kanzler Kohl nachsagte, die Bundeswehr sei eines seiner Lieblingskinder.

34.
Dank an Amerika

Ende November 1985 jährte sich zum 40. Mal der Gründungstag der amerikanischen Hilfsorganisation CARE (»Cooperative for American Remittances to Europe« – Vereinigung für amerikanische Hilfslieferungen nach Europa). Mich freute die Gelegenheit, den Amerikanern danken zu können.

Seit ihrer Gründung kurz nach dem Ende des Zweiten Weltkriegs war CARE in vielerlei Hinsicht beispielgebend. Als gemeinnützige, überkonfessionelle, nichtstaatliche Initiative ist sie die Plattform vieler Organisationen und Genossenschaftsverbände. Die Zusammenarbeit so verschiedenartiger Organisationen war stets die Stärke von CARE.

Nach dem Zweiten Weltkrieg begann CARE eine großangelegte Aktion zur Unterstützung der notleidenden Europäer. CARE-Pakete wurden bald zum Inbegriff mitmenschlicher Solidarität im Nachkriegseuropa. Das erste für Frankreich bestimmte CARE-Lebensmittelpaket traf im Mai 1946 in Le Havre ein. Schon kurz danach, im August 1946, erhielten auch Deutsche die ersten Pakete. Rasch wurde Deutschland zu einem Schwerpunkt der CARE-Hilfe.

Die Vereinigten Staaten, allen voran die privaten Organisationen und Verbände, reichten über CARE als erste den besiegten und geächteten Deutschen die Hand zur Hilfe und Versöhnung. Dies charakterisiert eine selbstlose moralische Grundhaltung, die in der damaligen Zeit wahrlich keine Selbstverständlichkeit war. Die beeindruckende Bilanz: neun Millionen CARE-Pakete mit Lebensmitteln, Werkzeugen und Maschinen und nicht zuletzt die Organisation der Schülerspeisung.

Zusammen mit der Marshallplan-Hilfe hat die CARE-Aktion entscheidende Impulse für den Wiederaufbau der vom Krieg verwüsteten Länder Westeuropas gegeben. Diese Hilfsleistungen haben wesentlich dazu beigetragen, das Fundament für die enge deutsch-amerikanische Partnerschaft zu legen.

Ich werde die für uns so wichtige, von Großmut und Hilfsbereitschaft geprägte Geste nicht vergessen. Unsere Bereitschaft, den Entwicklungsländern zu helfen, ist auch ein Teil unseres Danks für diese in schweren Nachkriegsjahren erhaltene Hilfe.

Die 1981 erfolgte Gründung von CARE Deutschland geschah im Rahmen der Weiterentwicklung von CARE zur internationalen Organisation. Dass diese Hilfsorganisation sich seitdem der zunehmenden Unterstützung durch zahlreiche Bundesbürger erfreut, ist ein weiteres Zeichen für die lebendig gebliebene Erinnerung an die so erfolgreiche Hilfe von CARE.

Es gab während meiner Kanzlerschaft viele Anlässe, den USA zu danken. Auf das Wort der amerikanischen Präsidenten war immer Verlass. Vor allem in der schwierigen Phase nach dem Mauerfall übernahm die amerikanische Administration eine einmalige Führungsrolle, die ich nie vergessen werde.

*

Im Februar 1986 ging es erneut um die alles entscheidenden Fragen der Abrüstungspolitik. Wieder einmal war ich froh und dankbar für die enge deutsch-amerikanische Zusammenarbeit. Ronald Reagan unterrichtete mich über seine Antwort auf die Abrüstungsvorschläge von KPdSU-Generalsekretär Michail Gorbatschow. Das Schreiben des US-Präsidenten war das Ergebnis eines engen und intensiven Konsultationsprozesses, den die USA mit ihren Verbündeten und Partnern auf allen Ebenen unterhielten: bilateral, im Bündnis und mit Japan und der Volksrepublik China.

Der amerikanische Präsident begrüßte Gorbatschows Bereitschaft, gemeinsam auf das Fernziel der Beseitigung von Kernwaffen hinzuarbeiten. Gleichzeitig betonte er, wie wichtig es sei, die Stabilität der gesamten Ost-West-Beziehungen zu verbessern. Als

Ziele formulierte Reagan die Beseitigung des Ungleichgewichts im konventionellen Bereich, das weltweite Verbot chemischer Waffen und die Notwendigkeit neuer vertrauensbildender Maßnahmen. Außerdem nahm er sowohl zu den bilateralen als auch zu den multilateralen Abrüstungsverhandlungen Stellung und drückte seine Erwartung aus, dass es bei den MBFR-Gesprächen in Wien wie bei den KVAE-Verhandlungen in Stockholm und im Hinblick auf ein Verbot chemischer Waffen baldige Fortschritte geben möge.

Bei seinen konkreten Vorschlägen konzentrierte sich der Präsident auf den Bereich der amerikanischen und sowjetischen nuklearen Mittelstreckenwaffen. Hier hatte sich Verhandlungsspielraum ergeben, weil die Sowjetunion mit ihrem Vorschlag einer Nullösung im europäischen Raum von ihrer bisher vertretenen Position abgewichen war.

Reagan legte nun einen bis 1989 begrenzten Stufenplan für die vollständige Eliminierung aller landgestützten sowjetischen und amerikanischen Mittelstreckenflugkörper größerer Reichweite vor. Ich sah darin einen bedeutsamen Schritt in Richtung auf eine baldige Beseitigung dieser Mittelstreckenflugkörper. Damit hatte Reagan einen realistischen Weg eröffnet, um in den Rüstungskontrollverhandlungen echte Fortschritte zu erreichen. Sein Vorschlag eines konkreten, zeitlich begrenzten Stufenplans griff den in den Gorbatschow-Vorschlägen enthaltenen Prozessgedanken auf. Hier wurde der erste Versuch unternommen, zu einer drastischen Reduzierung zu gelangen und bis 1989 im Bereich der Mittelstreckensysteme die Nuklearwaffen zu beseitigen. Ob es gelang, diesen Vorschlag zu verwirklichen, konnte als Test für die Ernsthaftigkeit beider Seiten gewertet werden, echte Abrüstungsschritte zu unternehmen.

Dass die erste Stellungnahme der Sowjetunion an Reagans Vorschlägen kein gutes Haar ließ, war nichts als Propaganda, wenig konstruktiv und einseitig. Die Kritik richtete sich offensichtlich in erster Linie dagegen, dass der US-Präsident sich zunächst auf den Bereich der Mittelstreckenraketen konzentriert hatte, und nicht so sehr gegen den Stufenplan selbst.

Perspektivisch gesehen, hatte der amerikanische Vorschlag die

Beseitigung aller Nuklearwaffen zum Ziel und bekräftigte und konkretisierte den Gedanken einer beiderseitigen Nullösung. Insofern griff der amerikanische Präsident die konstruktiven Ansätze von Generalsekretär Gorbatschow auf. Gleichzeitig folgte er der Leitlinie des Westens für diese Verhandlungen: gleiche Rechte und globale Beschränkungen für Europa und Asien, keine Einbeziehung von Drittstaatensystemen in die Regelungen zwischen USA und Sowjetunion, gleichzeitige Beschränkungen für Mittelstrekkenflugkörper kürzerer Reichweite und eine wirksame Verifikation. Zu glauben, wie es manche taten, man könne die Gegenseite in den Verhandlungen überfordern, während man selbst nicht wirklich zu tragbaren Kompromissen bereit wäre, wäre blanke Heuchelei gewesen.

Was die SPD sich in diesem Zusammenhang leistete, war weder für die Sozialdemokraten noch für das Erscheinungsbild der deutschen Politik ein Ruhmesblatt. Im Dezember 1985 hatte sich die SPD-Spitze darauf verständigt, den nordrhein-westfälischen Ministerpräsidenten und stellvertretenden SPD-Bundesvorsitzenden Johannes Rau als Kanzlerkandidaten für die Bundestagswahl im Januar 1987 zu bestimmen. Mein künftiger Herausforderer reiste in die USA und betonte, wo immer es ihm geboten schien, die Bündnistreue der SPD. Er trat so auf, als würde er in direkter Nachfolge von Helmut Schmidt die Politik der Sozialdemokraten verkünden. Doch diese Politik gab es in dieser Form überhaupt nicht mehr, wie sich immer wieder dann zeigte, wenn führende SPD-Politiker politische Forderungen vertraten, die im Widerspruch zur Sicherheits- und Verteidigungspolitik des Nato-Bündnisses standen.

So verhandelte die SPD mit Vertretern der Ost-Berliner SED über eine C-Waffen- und atomwaffenfreie Zone in Europa und über die Forderung nach Rücknahme des Nato-Doppelbeschlusses. Das war eine klare Absage an die bisherige Bündnis- und Sicherheitspolitik der Bundesrepublik – übrigens auch an die Bündnispolitik von Helmut Schmidt –, die mich nicht weiter überraschte. Dass führende Sozialdemokraten bei dieser Gelegenheit allerdings einen Vorschlag des SPD-Bundestagsabgeordneten

Jürgen Schmude wieder aufgriffen, der im letzten Kabinett Schmidt Justizminister war und seit 1985 Präses der Synode der Evangelischen Kirche in Deutschland (EKD), verblüffte mich allerdings wirklich: Sie wollten das Wiedervereinigungsgebot in der Präambel unseres Grundgesetzes modifizieren und waren bereit, die sogenannten Geraer Forderungen Erich Honeckers aus dem Jahr 1980 zu akzeptieren. Es fehlte nicht viel, dass diejenigen, die für die Verfassung eintraten, sich am Ende gegen den Vorwurf verteidigen mussten, »Revanchisten« zu sein. Das war ein alter Trick aus der Mottenkiste linker Ideologen.

Schließlich aber setzte der Vorsitzende der SPD-Bundestagsfraktion dem Treiben zumindest verbal und vorübergehend ein Ende. Hans-Jochen Vogel wies im Frühjahr 1986 die Forderung des linken Parteiflügels zurück, das Wiedervereinigungsgebot aus dem Grundgesetz zu streichen. Damit war die innerparteiliche Diskussion jedoch keineswegs beendet. Spätestens nach der Bundestagswahl stand zu erwarten, dass die Dämme nicht mehr zu halten sein würden.

Mir schien dringend geboten, dass sich die Union mit der Doppelstrategie der SPD und ihres Kanzlerkandidaten verstärkt auseinandersetzte. Wir durften nicht zulassen, dass mein Herausforderer zu alledem schwieg oder einfach das Gegenteil erzählte und so tat, als gäbe es diese starken Kräfte in der SPD nicht, die auch eine andere Deutschlandpolitik wollten. Wir mussten auf allen Ebenen deutlich machen, dass die SPD-Sicherheits- und -Ostpolitik in zentralen Fragen im Widerspruch zur gemeinsamen Politik des Westens und in Teilen auch im Widerspruch zum Grundgesetz stand. In Westeuropa und im Bündnis war die SPD mit diesen Positionen außen- und sicherheitspolitisch isoliert.

Das Jahr hatte kaum begonnen, und wir befanden uns längst im Wahlkampf, in einem Dauerwahlkampf für die Bundestagswahl im Januar 1987. Mir machte das keine Angst. Im Gegenteil, je schneller wir auf Touren kamen, um so besser für die Mobilisierung der eigenen Anhängerschaft.

35.
Tschernobyl

Am 26. April 1986 startete ich zu einer ausgedehnten Reise nach Indien, Thailand und Japan, die vor allem dem Ausbau der politischen und wirtschaftlichen Beziehungen diente. In meiner Begleitung war eine hochkarätige Delegation von namhaften deutschen Industriellen und Bankiers.

Vor den Gesprächen in Indien gönnte ich Hannelore und mir ein privates Sightseeing-Programm. Nach zehnstündigem Nonstop-Flug landeten wir mit der Luftwaffen-Boeing in dem südöstlich von Neu-Delhi gelegenen Agra, wo wir bei Temperaturen von vierzig Grad eines der berühmtesten Bauwerke der Welt besuchten: das Taj Mahal aus dem siebzehnten Jahrhundert. Hier entstand ein außergewöhnliches Foto von uns beiden, das Hannelore besonders schätzte und das uns beide auf einer Bank vor dem prunkvollen Bauwerk aus weißem Marmor zeigt, dem »Monument der Liebe«.

Bevor das politische Programm in der indischen Hauptstadt begann, erreichte uns die Nachricht vom Reaktorunfall im ukrainischen Tschernobyl, der bisher größten Katastrophe in der Geschichte der Kernenergie. In einem Kernkraftwerk nördlich von Kiew war ein Reaktorkern geschmolzen und hatte Explosionen und Brände ausgelöst. Nach ersten Berichten hatte der Unfall fünfzehn Menschenleben gefordert. Ich war geschockt. Schnell war mir aber auch klar, welche Folgen dieser GAU, der »Größte Anzunehmende Unfall«, für die friedliche Nutzung der Kernenergie in unserem Land haben würde.

Eine beträchtliche Menge radioaktiver Strahlung war freigesetzt worden und zog mit dem Wind Richtung Westen. Ein solches

Mit Hannelore vor dem Taj Mahal, dem »Monument der Liebe«

Unglück hatte sich zuvor noch nie ereignet – jedenfalls war bis dahin keines bekannt geworden. Deshalb wusste auch niemand, was auf die Menschen in der Ukraine, in den benachbarten Ländern und in der Bundesrepublik und der DDR zukam und wie sie sich verhalten sollten.

Ich stand in ständigem Kontakt mit dem Kanzleramt, mit Wolfgang Schäuble und Eduard Ackermann und den verantwortlichen Ressortministern. Für den Umweltschutz zeichnete Bundesinnenminister Friedrich Zimmermann verantwortlich. Zusammen mit Forschungsminister Heinz Riesenhuber und dem Leiter der Strahlenschutzkommission Wolfgang Berghofer stimmte er sich mit den Bundesländern ab. Als erste Maßnahme wurde eine sofortige Überprüfung der Sicherheitsstandards der deutschen Kernreaktoren angeordnet.

Ich bot der Sowjetunion Hilfe an. Das Deutsche Atomforum lieferte Informationen über Möglichkeiten zur Begrenzung des Unglücks. Währenddessen wurde in der Bundesrepublik alles getan, um eventuell auftretende Schäden zu registrieren und geeignete

Maßnahmen dagegen ergreifen zu können. Als einigermaßen zu erkennen war, welche Regionen von dem radioaktiven Fallout in Mitleidenschaft gezogen worden waren, erließen die Behörden Verbote für den Genuss von Frischgemüse, Pilzen und Wild. Gemüsefelder mussten untergepflügt, der Sand von Kinderspielplätzen entfernt werden, und Vieh durfte nicht mehr auf die Weide. Landwirten, die ihre Erzeugnisse nicht mehr verkaufen konnten und die dadurch erhebliche Einnahmeausfälle hatten, wurde unbürokratisch geholfen.

Wirklich ärgerlich war das Verhalten der Kernkraftgegner, denen nichts anderes einfiel, als die zweifellos vorhandenen Ängste der Bundesbürger noch zu schüren. Mir war wichtig, die Bevölkerung sachlich zu informieren und eine allgemeine Panik zu verhindern. Zeitweise war ich fest entschlossen, meine Asienreise abzubrechen und persönlich die Schritte einzuleiten, die als Konsequenz aus dem ukrainischen GAU notwendig wurden. Schließlich tat ich es doch nicht, weil mich der Hinweis überzeugte, dass meine Anwesenheit auf dem bevorstehenden Weltwirtschaftsgipfel in Japan notwendig sei. Ich beantragte aber, die Tagesordnung des Gipfels in Tokio kurzfristig um das Thema »Reaktorunfall in der Sowjetunion« zu erweitern, denn was in Tschernobyl geschehen war, machte uns alle tief betroffen.

Viele Menschen in der Bundesrepublik und in den Nachbarländern waren von Sorge, Unruhe und Angst erfasst. Wenn sich der Mensch von Undenkbarem bedroht fühlt, wird er im innersten Kern seiner Existenz getroffen. Wir waren mit dem technischen Fortschritt in Bereiche vorgestoßen, die die Vorstellungskraft der meisten Menschen überschritt. Kommt es dann zu Rückschlägen, halten wir um so erschrockener inne.

Wie viele unter uns begriffen schon die Grundlagen und Abläufe der modernen Nukleartechnik? Es war nur zu gut zu verstehen, dass wir aufschreckten, wenn wir von einem Störfall in einem Kernkraftwerk erfuhren.

Das Unglück in der Sowjetunion beunruhigte uns besonders, weil Radioaktivität ausgetreten war. Gegenüber dieser Gefahrenquelle fühlen sich die Menschen hilflos, weil sie die Strahlen nicht mit ihren Sinnesorganen wahrnehmen können. Die Gefährdung war unsichtbar und wurde gerade deshalb als besonders beklemmend und bedrohlich empfunden – auch in meiner Familie.

Tschernobyl lag tausendfünfhundert Kilometer von uns entfernt, und dennoch betraf uns das Unglück ganz unmittelbar. Viele Menschen fragten sich besorgt, wie weit wir bei der Nutzung moderner Technik gehen durften, wenn ein solches Unglück kontinentale Dimensionen bekommen konnte. Niemand konnte und durfte diese Sorgen und Ängste einfach beiseite schieben. Dass jetzt eine intensive Diskussion stattfand – weltweit wie bei uns –, war natürlich notwendig. Aber gerade weil es dabei letztlich auch um menschliche Urängste geht, musste diese Diskussion unvoreingenommen, mit Sachlichkeit und Realismus geführt werden.

Ich war gegen jede Bagatellisierung und Beschwichtigung, aber ebenso wandte ich mich dagegen, dass jetzt Katastrophenstimmung geschürt wurde. Wer den Menschen wirklich helfen wollte, durfte nicht dabei stehen bleiben, ihnen angst zu machen.

Der Verantwortung, die uns in dieser Welt aufgetragen ist – und es ist keine perfekte und heile Welt –, dieser Verantwortung können wir so wenig entfliehen, wie wir unserer menschlichen Unvollkommenheit entrinnen können. Absolute Sicherheit gibt es für keinen Bereich menschlichen Lebens. Aber wir haben die Pflicht, das Äußerste dafür zu tun, dass die Nachteile des technischen Fortschritts so gering wie möglich sind. Die Chancen des Fortschritts wollen, ja müssen wir alle nutzen. Im besten Fall dient er den Menschen, erleichtert unser Leben, macht es menschenwürdiger und versetzt uns in die Lage, Kranken und Schwachen besser zu helfen sowie Hunger und Not in der Welt zu bekämpfen.

Das gilt auch für die Kernenergie. Sie bietet viele Chancen, aber wir müssen sie behutsam nutzen. Deshalb waren unsere Sicherheitsbestimmungen extrem streng und die Anforderungen an Fachkunde und technisches Können des Bedienungspersonals besonders hoch.

Wir forderten nicht nur vielfältige Vorsichtsmaßnahmen, um einen Störfall zu verhindern. Unsere Reaktoren hatten – anders als die Anlage in Tschernobyl – mehrere unterschiedlich wirkende

Sicherheitssysteme. Diese waren voneinander unabhängig und jeweils für sich allein bereits ausreichend. Wir hatten auch Vorkehrungen verlangt, die ausschließen sollten, dass Radioaktivität nach außen entweichen kann, wenn doch einmal ein Störfall eintreten sollte.

Gerade das Wissen darum, dass es absolute Sicherheit nicht gibt, dass ein Restrisiko verbleibt, war und ist also die Grundlage für alle Entscheidungen. Es geht darum, die größtmögliche Sicherheit bei der Nutzung von Kernenergie zu gewährleisten. Deshalb gehören die Kernkraftwerke in der Bundesrepublik mit zu den sichersten Anlagen der Welt. Auf dieser Grundlage ist das theoretisch verbleibende Restrisiko für uns vertretbar und die Nutzung der Kernenergie ethisch zu verantworten.

Das Bundesverfassungsgericht hatte dem Gesetzgeber 1978 bescheinigt, dass er einen Maßstab aufgerichtet hat, »der Genehmigungen nur dann zulässt, wenn es nach dem Stand von Wissenschaft und Technik praktisch ausgeschlossen erscheint, dass [...] Schadensereignisse eintreten werden. Ungewissheiten jenseits dieser Schwelle praktischer Vernunft haben ihre Ursache in den Grenzen des menschlichen Erkenntnisvermögens; sie sind unentrinnbar und insofern als sozial-adäquate Last von allen Bürgern zu tragen.«

Der Reaktor von Tschernobyl wäre in der Bundesrepublik Deutschland niemals genehmigt worden. Die sowjetischen Sicherheitsvorkehrungen waren in keiner Weise mit jenen vergleichbar, die bei uns zwingend vorgeschrieben waren. Wir verlangten beim Bau von Kernkraftanlagen Sicherheitsstandards, die weltweit unübertroffen waren. Bei keiner anderen technischen Anlage wurden so hohe Anforderungen an die Sicherheit und die Verminderung des letzten Restrisikos gestellt wie im atomrechtlichen Genehmigungsverfahren. Die strengen Schutzvorschriften und ihre Bewährung in der Praxis waren die Grundlage für unsere Entscheidung, die Kernenergie zu nutzen. Die Sicherheit und Gesundheit der Menschen hatten bei den Entscheidungen zur Kernenergie bei allen Bundesregierungen und für die Fraktionen von CDU/CSU, SPD und FDP seit Jahrzehnten Vorrang vor allen anderen Erwägungen – auch vor wirtschaftlichen.

Wer der Kernenergie eine pauschale Absage erteilt, geht darüber hinweg, dass praktisch alle gangbaren Wege zur Energieversorgung mit Risiken verbunden sind, die die menschliche Gesundheit in der einen oder anderen Form beeinträchtigen können. Für die Gesundheit der Menschen hat die Kernenergie den entscheidenden Vorteil, dass sie die Luft nicht mit Schadstoffen wie Schwefeldioxid belastet. Es handelt sich um eine umweltschonende Energiequelle.

Wir hatten in den letzten Jahren oft über die Schäden an unseren Wäldern debattiert. Jedermann weiß, dass auch die Gesundheit des Waldes von der Reinhaltung der Luft abhängt und dass unser Wald noch viel stärker gefährdet wäre, wenn wir einen höheren Anteil von fossilen Brennstoffen an der Energieerzeugung hätten. Deshalb hatte die Bundesregierung unter meiner Leitung von der Förderung des umweltfreundlichen Autos bis zum verpflichtenden Filtereinbau in Kohlekraftwerke weitreichende Maßnahmen beschlossen.

Weil unser Sicherheitskonzept so anspruchsvoll war, durften wir auch den wirtschaftlichen Vorteil der Kernenergie nutzen. Als kostengünstige Energiequelle sicherte die Kernenergie viele Arbeitsplätze. Wir deckten damit gut ein Drittel unseres Strombedarfs. Wer aus der Kernenergie aussteigen wollte, musste erst einmal darlegen, wie er eine Lücke in dieser Größenordnung schließen will.

Als heimischer Energieträger steht uns daneben im wesentlichen die Kohle zur Verfügung. Aber erst die Kernenergie ermöglicht durch ihre günstigen Entsorgungskosten, dass die Verstromung heimischer Kohle in größerem Umfang wirtschaftlich verkraftbar bleibt.

1981, in der dritten Fortschreibung des Energieprogramms, hatte die damalige Bundesregierung unter Führung von Bundeskanzler Helmut Schmidt mit Zustimmung aller Fraktionen klar ausgesprochen, dass die Kernenergie in der sogenannten Grundlast einen Vorsprung gegenüber der Steinkohle hat. Sie sei deshalb geeignet, die »steigenden Kosten der Kohlekraftwerke zu mildern«. Mit anderen Worten: Die Kernenergie trägt maßgeblich zur

Absicherung der Steinkohle bei, und so war ihr begrenzter Ausbau eine Voraussetzung für den sogenannten Jahrhundertvertrag mit seiner Kohleabnahmegarantie.

Unsere Volkswirtschaft ist auf kostengünstige Energie angewiesen, wenn wir im internationalen Wettbewerb bestehen wollen. An eine Verringerung des Anteils der Kernenergie an unserem Stromaufkommen ist deshalb nur dann zu denken, wenn wir zuvor eine Energieeinsparung ohne Gefährdung von Arbeitsplätzen und unserer Wettbewerbsfähigkeit erreichen könnten.

Wegen dieser unbestreitbaren Vorteile haben der Deutsche Bundestag und die Bundesregierungen in den letzten Jahrzehnten über die Parteigrenzen hinweg und im Konsens mit den Regierungen der Länder die friedliche Nutzung der Kernenergie auf- und ausgebaut. Eine Änderung dieser Energiepolitik vollzog sich erst nach der rot-grünen Regierungsübernahme 1998.

Wer vorschlägt, bei uns alle Kernkraftwerke abzuschalten, muss wissen, dass er damit viele Arbeitsplätze vernichtet – und zwar in unserer Wirtschaft insgesamt. Wer die Stromerzeugung aus Kernenergie bei uns verhindern will, muss wissen, dass er damit neue Umweltprobleme schafft – sowohl für unsere Wälder als auch darüber hinaus. Im übrigen vergeuden wir mit der Verbrennung von Erdöl, Erdgas und Kohle beschränkte Rohstoffreserven, auf die die Menschheit insgesamt noch angewiesen sein wird und die die Länder der Dritten Welt heute schon dringender brauchen als wir. Es sind vor allem die Entwicklungsländer, die für den Ausstieg der großen Industrienationen aus der Kernenergie bezahlen müssten. Und wenn wir bei uns die Anlagen abschalten, vermindern wir nicht die Gefahren, die von Anlagen in der Sowjetunion und anderen Nachbarländern für uns ausgehen können. Unsere Abhängigkeit vom Sicherheitsniveau der Reaktoren in anderen Ländern – und von der dort erzeugten Energie – würde dadurch nur zunehmen.

Wenn wir uns wirklich besser vor solchen Unfällen wie in Tschernobyl schützen wollen, müssen wir ein höchstmögliches Sicherheitsniveau weltweit durchsetzen. Es geht nicht um den deutschen Ausstieg aus der Kernenergie, sondern um den Einstieg in eine internationale Anstrengung für mehr Sicherheit. Die Reaktorsicherheit lässt sich nicht durch Abschalten der sichersten Anlagen erhöhen. Schon aus einer weltweiten Verantwortung heraus müssen wir unsere langjährige Erfahrung einbringen, unser Wissen um eine sichere Nutzung der Kernenergie weiterentwickeln und internationale Übereinkünfte anstreben, die die Einhaltung möglichst strenger Sicherheitsstandards regeln.

Aus all diesen Gründen haben wir während meiner Kanzlerschaft die Nutzung der Kernenergie als sichere, kostengünstige und umweltschonende Technologie gefördert. Dabei sind wir keineswegs bei der Energieerzeugung durch Kernspaltung stehengeblieben, sondern haben vielfältige Forschungsanstrengungen für andere, auch neue Energiequellen unterstützt. Dazu zählten umweltfreundliche Kohlekraftwerke ebenso wie die Sonnenenergie – trotz ihrer in unseren Breiten naturgemäß geringen Chancen. Auch der Kernfusion haben wir trotz des noch immer unsicheren Ausgangs der Forschungsarbeiten viel Aufmerksamkeit gewidmet, indem wir die Bundesmittel hierfür seit 1982 erheblich erhöhten. Besonderen Wert haben wir auf die Entwicklung energiesparender Techniken und überhaupt auf alle Maßnahmen gelegt, die dem sparsamen Einsatz von Energie dienen. Ein entscheidender Faktor dabei ist das Verhalten jedes einzelnen. Auch wenn die Ölpreise immer mal wieder sanken, haben wir keinen Anlass dafür gesehen, in unseren Anstrengungen zur Einschränkung des Energieverbrauchs nachzulassen.

Die Energiepolitik der Koalition aus Union und FDP trug beidem Rechnung: Weil wir langfristig nicht allein auf Nutzung der Kernspaltung setzen wollten, förderten wir die Zukunftsforschung auf Alternativfeldern. Weil wir aber die Energieerzeugung durch Kernspaltung noch lange brauchen würden, förderten wir weiter die Sicherheitsforschung für unsere Reaktoren und traten weltweit für mehr Sicherheit ein.

In diesem Zusammenhang konnte der Reaktorunfall in der Sowjetunion nicht ohne Folgen bleiben. Die Informationsblockade der sowjetischen Behörden war verantwortungslos. Die Informationspolitik wurde zwar später verbessert, aber lange Zeit wussten wir nicht genau, was in Tschernobyl tatsächlich vorgefallen war. Ein solcher Mangel an Verantwortungsgefühl gegenüber den eigenen Bürgern und den Nachbarvölkern sollte in der Völkergemeinschaft nicht mehr vorkommen.

Auf Grund der Daten unserer eigenen Messstellen trafen wir in der Bundesrepublik Vorsorgemaßnahmen. Viele Bürger fragten, warum überhaupt Vorsorge nötig sei, wenn die Experten doch sagten, dass gar keine Gefahr besteht. Nun, bei der Vorsorge ging es ganz einfach darum, die Strahlenbelastung grundsätzlich auf ein Minimum zu beschränken. Jeder weiß beispielsweise, dass eine Röntgenuntersuchung nicht gesundheitsschädlich ist, und gleichwohl sollte zu häufiges Röntgen vermieden werden.

Die Bundesregierung machte sich jeweils die Empfehlungen der Strahlenschutzkommission zu eigen, einer unabhängigen Sachverständigengruppe aus führenden Wissenschaftlern, der auch Mediziner, Physiker und Biologen angehörten. So schlossen wir uns auch konsequent dem Standpunkt dieser Fachleute an, dass weitergehende Maßnahmen nicht erforderlich seien. Gerade bei so außergewöhnlich komplexen und schwierigen Fragen ist der handelnde Politiker letztlich auf den Ratschlag von Experten angewiesen.

Es ist ein Zeichen von Verantwortungsbewusstsein und kluger Selbstbescheidung, die Autorität des Sachverstands zu respektieren. Das setzt jedoch voraus, dass auch der Experte sich seiner besonderen Verantwortung bewusst ist.

Wir alle mussten zugeben, dass uns das Unglück in der Sowjetunion regelrecht schockierte. Aber es kam darauf an, aus den Erfahrungen dieser Zeit zu lernen.

Die Bundesregierung ergriff damals folgende Initiativen:

1. Ich wandte mich unmittelbar an Generalsekretär Gorbatschow und bat ihn, uns endlich umfassend über den Reaktorunfall zu informieren. Auf dieser Unterrichtung bestanden wir gerade auch im Hinblick auf eine künftige Gefahrenabwehr. Das Thema Reaktorsicherheit gehörte ab sofort auf die Tagesordnung des Ost-West-Dialogs.

2. Auf Antrag der Bundesregierung wurde der Gouverneursrat der Internationalen Atomenergiebehörde zu einer Sondersitzung zusammengerufen. Wir forderten eine sofortige Meldepflicht bei Störfällen, einen umfassenden internationalen Informationsaustausch sowie eine Vereinbarung über Sicherheitsstandards auf einem Niveau, das höchsten Ansprüchen genügt.
3. Ich regte eine internationale Konferenz über Sicherheitsvorkehrungen an und wandte mich dazu insbesondere an die Regierungschefs von Ländern, die Kernkraftwerke betreiben und planen.
4. Die Bundesregierung sprach sich für eine schnelle und unbürokratische Hilfe an die Betroffenen aus und ließ den Worten Taten in Form von finanzieller Unterstützung folgen.
5. Die Erfahrungen mit den Auswirkungen des Unglücks in der Sowjetunion mussten auch bei uns in der Bundesrepublik ausgewertet werden. Ich beauftragte die Sachverständigenkommission, Leitlinien auszuarbeiten für Fälle erhöhter Strahlenbelastung, die ihre Ursache jenseits unserer Grenzen haben. Damit sollten auch Voraussetzungen für ein einheitliches Vorgehen von Bund, Ländern und Gemeinden geschaffen sowie die Abstimmung mit unseren Nachbarn im Rahmen der Europäischen Gemeinschaft verbessert werden.

36.
Umweltministerium

Als ich in Tokio, fernab der deutschen Hysterie, über die Konsequenzen aus der Tschernobyl-Katastrophe nachdachte, fasste ich den Plan, die auf die verschiedenen Ressorts verteilten Kompetenzen in Sachen Umwelt- und Naturschutz sowie Reaktorsicherheit zu bündeln und einen neuen Verantwortungsbereich einzurichten. Es lag nahe, ein eigenes Umweltministerium zu schaffen.

Als ich dann vom Weltwirtschaftsgipfel nach Bonn zurückkehrte, fand ich eine andere Welt vor. Das Land war beherrscht von Angst, Aufregung und der Beschwörung von Schreckensszenarien. Hinzu kam das unmögliche Verhalten der Sowjetunion, die bei ihrer Informationspolitik eine Salamitaktik verfolgte – das Resultat war die totale Verunsicherung der Bevölkerung. Das ging über Tage und Wochen so. Unsere Hilfsangebote an Moskau wurden nicht in Anspruch genommen. Wir tappten im dunkeln. Hinzu kam eine Sorge, die viele selbsternannte Umweltschützer offenbar vergessen hatten: Die Atommeiler in der DDR waren nach sowjetischer Bauart errichtet und stellten nicht nur für die Bevölkerung der DDR, sondern auch für die Menschen in unserem Land eine zusätzliche Gefahr dar.

In dieser psychologisch schwierigen Situation musste etwas geschehen. Mir wurde von Tag zu Tag klarer, dass alle guten Worte nichts bewirkten. Die Gegner einer friedlichen Nutzung der Kernenergie schürten weiter die Angst. Mitunter konnte man den Eindruck gewinnen, als ob nicht die Sowjets schuld an dem GAU waren, sondern wir, die Bundesregierung. Uns setzte man auf die Anklagebank. Die Parole der Grünen und ihrer Anhänger hieß schlicht und falsch »Tschernobyl ist überall«. Es herrschte eine beispiellose Angstmacherei, die sich nicht gegen die Betreiber der gefährlichen sowjetischen Kernkraftwerke richtete, sondern gegen die Verantwortlichen der deutschen, der modernsten und sichersten Atommeiler der Welt. Jedermann sprach plötzlich von »Becquerel« – ein neues Reizwort war geboren. Gefordert wurden Becquerel-Grenzwerte, die völlig unrealistisch waren. Die Hysterie schien kein Ende zu nehmen.

In dieser Situation sah ich mich zu noch einschneidenderen Konsequenzen gezwungen, als ich sie bereits angekündigt hatte. Im internationalen Rahmen hatte ich längst die Initiative ergriffen, um einen verbesserten Informationsaustausch insbesondere bei Störfällen zu gewährleisten und möglichst hohe Sicherheitsstandards bei der friedlichen Nutzung von Kernenergie zu vereinbaren. Diese Anregungen wurden allgemein positiv aufgenommen.

Aber auch im nationalen Rahmen mussten wir aus den Erfahrungen lernen. Dabei ging es mir vor allem um die Konzentration der Kompetenzen. Wir leiteten deshalb gesetzgeberische Schritte ein, um die Zuständigkeiten zwischen Bund, Ländern und Gemeinden vor allem zur Vorsorge gegen Auswirkungen von Störfällen aus dem Ausland klar zu regeln.

Innerhalb der Bundesregierung mussten die Zuständigkeiten ebenfalls zusammengefasst werden. Ich entschied mich, ein Ministerium für Umwelt, Naturschutz und Reaktorsicherheit zu bilden. Letztlich setzte ich damit lediglich fort, was ich schon in den Regierungserklärungen von 1982 und 1983 vorgezeichnet hatte, als ich die Bedeutung unterstrich, die dem Umweltschutz in meiner Regierungspolitik zukam. Ich hatte damals im Bundestag festgestellt: »Wir wollen eine Gesellschaft, die sich ihrer Verantwortung für die Natur bewusst ist.« Und: »Wir sind alle verpflichtet, die uns anvertraute Umwelt auch den nachfolgenden Generationen zu erhalten [...]. Der technische Fortschritt muss Rücksicht auf die Umwelt nehmen.«

Die Erfolge der Koalition aus CDU, CSU und FDP in der Umweltpolitik waren bisher schon beachtlich – auch im internationalen Vergleich. Wir hatten die Großfeuerungsanlagenverordnung, zwei Novellierungen der Technischen Anleitung Luft (TA Luft), die Einführung des umweltfreundlichen Autos und die Novellierungen zum Gewässerschutz und zur Abfallbeseitigung auf den Weg gebracht, außerdem gab es unsere Bodenschutz-Konzeption und internationale Aktivitäten wie die von mir angeregte Umweltschutzkonferenz, die 1984 in München stattfand. In den knapp vier Jahren ihrer Amtszeit hatte diese Bundesregierung mehr für die Umwelt getan als alle Vorgängerregierungen.

Meine Absicht war es, den Umweltschutz weiter zu verstärken. Es ging mir darum, gesetzgeberische und verwaltungsmäßige Vorkehrungen zu treffen, die ein Höchstmaß an zuverlässigen Einschätzungen möglicher Entwicklungen und an sachgerechten Antworten auf die Herausforderungen der Umweltschutzprobleme erwarten ließen. Diesem Ziel diente die Bildung des Ministeriums für Umwelt, Naturschutz und Reaktorsicherheit. In ihm wurden umweltrelevante Arbeitseinheiten aus dem Innenministerium, dem Landwirtschaftsministerium und dem Ministerium für Familie, Jugend und Gesundheit zusammengefasst.

Von dem neuen Ressort erwartete ich überzeugende Lösungsvorschläge für die aktuellen Probleme und Antworten auf sich zukünftig abzeichnende Entwicklungen in allen Bereichen des Umweltschutzes und der Reaktorsicherheit. Aufgabe des neuen Ministeriums war es, seine Arbeit mit Verständnis für die Ängste und Sorgen unserer Bürger rasch aufzunehmen und sich um bestmögliche Lösungen zu bemühen.

Dem Bundespräsidenten schlug ich vor, Walter Wallmann, den Oberbürgermeister der Stadt Frankfurt am Main, zum Bundesminister für Umwelt, Naturschutz und Reaktorsicherheit zu ernennen. Wallmann war ein angesehener und erfahrener Politiker, der in schwieriger Zeit die Verantwortung für eine moderne Großstadt übernommen und in seiner Arbeit Sachgerechtigkeit mit Bürgernähe verbunden hatte. Er war einer der erfolgreichsten deutschen Oberbürgermeister.

Bevor ich jedoch mit diesem Personalvorschlag an die Öffentlichkeit ging, führte ich Gespräche mit unserem Koalitionspartner und mit dem bayerischen CSU-Vorsitzenden. Mit Hans-Dietrich Genscher war ich schnell einig, er hatte keine Einwände gegen Walter Wallmann. Auch die Telefonate mit Franz Josef Strauß verliefen diesmal ohne jegliche Unstimmigkeit. Dennoch mussten einige offene Fragen geklärt werden, die vor allem das Bundesinnenministerium betrafen, und dem stand der Strauß-Vertraute Friedrich Zimmermann vor. Die Sache war mir so wichtig, dass ich mich für ein kurzfristig anberaumtes Treffen mit Strauß entschied.

Der bayerische Ministerpräsident befand sich an jenem Wochenende auf einer Elchjagd in Finnland, musste aber sonntags wieder in der Heimat sein, weil er die Eröffnungsrede des Bayerischen Turnertages halten und die Parade der Turner abnehmen sollte. Da traf es sich gut, dass Memmingen, wo das Turnerfest 1986 stattfand, über einen kleinen Flugplatz verfügte. Ich flog also dorthin und in einem Dorfgasthof, der zwischen Landeplatz und Großveranstaltung lag, besprach ich mit Franz Josef Strauß die Besetzung des neuen Ministeriums.

Selten waren wir uns so schnell einig. Strauß begrüßte meinen Vorschlag. Er schwärmte geradezu von Walter Wallmann und lobte ihn in den höchsten Tönen. Wallmanns noble Haltung, als es um die Kanzlerkandidatur 1980 gegangen war, hatte Strauß in bester Erinnerung. Der Hesse hatte sich damals für die Kandidatur des Bayern eingesetzt.

Nun blieb noch das Problem, dass Bundesinnenminister Friedrich Zimmermann, einer der drei CSU-Minister im Bundeskabinett, ganze Abteilungen an das neue Ministerium abgeben sollte: die komplette Verantwortung für Umweltangelegenheiten, für die Sicherheit kerntechnischer Einrichtungen und den gesamten Strahlenschutz. Ich konnte mir nicht vorstellen, dass Strauß einen solchen Kompetenzverlust seines Ministers widerstandslos hinnehmen würde. In der Hoffnung, Ärger zu vermeiden und die notwendige Einsicht in die Umstrukturierung seines Ministeriums zu befördern, bat ich Strauß, ein klärendes Gespräch mit Friedrich Zimmermann zu führen. Überzeugungsarbeit war angesagt.

In wohlgeformten Sätzen versicherte mir Strauß, alles mit Zimmermann besprechen zu wollen und alle offenen Fragen zu regeln. Meine Befürchtung, Zimmermann könne sich wegen der erheblichen Beschneidung seiner Kompetenzen in der Umweltpolitik querlegen und mir ernsthafte Probleme bereiten, wischte Franz Josef Strauß vom Tisch. Damit war nun alles eine innerparteiliche Sache, die in den Händen der beiden CSU-Politiker lag.

Eine Woche später verabredete ich mich mit Friedrich Zimmermann im Kanzleramt, um mit ihm ein abschließendes Gespräch darüber zu führen. Im festen Glauben, dass Strauß bereits alles geregelt hatte, empfing ich einen außerordentlich gut gelaunten Bundesinnenminister. Auf meine Frage, ob er mit Strauß gesprochen habe, erwiderte er, was er mit ihm wohl hätte besprechen sollen. Ich fiel aus allen Wolken, um so mehr, als Zimmermann auf meine Frage erklärte, dass sich die beiden durchaus begegnet waren. Über die Umstrukturierung des Ministeriums hatte Strauß dabei offensichtlich kein einziges Wort verloren.

Also war es wieder einmal an mir, die unangenehme Nachricht zu übermitteln. Friedrich Zimmermann war wenig erfreut darüber, aber er sah rasch ein, dass es notwendig war, ein neues Ministerium mit den entsprechenden Kompetenzen einzurichten.

Wieder einmal hatte ich eine einschlägige Erfahrung mit Franz Josef Strauß gemacht. Nicht immer war Verlass auf ihn, nicht immer hielt er Zusagen ein. Vieraugengespräche konnten leicht als missverständlich dargestellt werden, Zeugen gab es ja keine. Im Ernstfall stand Meinung gegen Meinung, und damit konnte man manche Verabredung in Frage stellen. In diesem Fall zeigte sich deutlich, wie wenig Mut der bayerische Löwe haben konnte. Strauß hatte wohl Angst vor Zimmermann, weil der einer der ganz wenigen CSU-Politiker war, die Strauß dann und wann widersprachen und ihn zuweilen auch hart angingen.

*

Das neu eingerichtete Umweltministerium wurde zu einer echten Erfolgsgeschichte. Mit einem Etat von anfangs 430 Millionen Mark ausgestattet, sorgte Walter Wallmann für eine Umweltpolitik, die sich nicht nur im europäischen Vergleich sehen lassen konnte. Vor allem das »Gesetz zur Überwachung der Radioaktivität in der Umwelt« trug seine Handschrift und galt jahrelang als

Walter Wallmann, der erste Umweltminister der Bundesrepublik

beispielhaft. Auch auf internationalem Parkett spielte Wallmann eine wichtige Rolle und sorgte für eine enge Zusammenarbeit bei der Festsetzung von Strahlenwerten.

Als im November 1986 infolge eines Chemieunfalls beim Schweizer Pharmakonzern Sandoz das Ökosystem des Rheins schwer beschädigt und die auch durch die deutschen Chemiefabriken verursachte Rheinvergiftung immer offensichtlicher wurde, initiierte Wallmann eine Verschärfung der Gesetze. Ihm war es auch zu verdanken, dass das Verursacherprinzip, also die Verantwortlichkeit für Umweltbelastungen, ein wichtiger Pfeiler unserer Umweltpolitik wurde.

Nach eineinhalb Jahren als erfolgreicher Umweltminister schied Walter Wallmann leider aus dem Bundeskabinett aus. Überraschend hatte die CDU die vorgezogenen Landtagswahlen in Hessen gewonnen, und mit den Stimmen der FDP wählte der Wiesbadener Landtag ihn im April 1987 zum Ministerpräsidenten. Zu seinem Nachfolger in Bonn schlug ich den rheinland-pfälzischen Minister für Umwelt und Gesundheit Klaus Töpfer vor, der sich schon nach kürzester Zeit als neues Kabinettsmitglied profilieren konnte.

*

Zwischen dem ersten Weltwirtschaftsgipfel, an dem ich 1983 in Williamsburg teilnahm, und dem Weltwirtschaftsgipfel 1986 in

Tokio machte unsere wirtschaftliche Entwicklung einen großen Sprung nach vorne. Was das Wachstum anging, so stiegen wir im Reigen der großen Industrienationen zur Nummer eins auf. Nur zwei Jahre zuvor hatte man uns noch völlig abgeschrieben, und nun galten wir für Japan als Vorbild. Unser Kurs wurde weltweit bestätigt, und darauf war ich stolz.

In Tokio konnten wir feststellen, dass seit dem Bonner Gipfel im Jahr zuvor bemerkenswerte Fortschritte erreicht worden waren: In allen wichtigen Regionen war ein deutliches Wirtschaftswachstum zu verzeichnen, es herrschte ein vor dem Hintergrund der letzten fünfzehn Jahre ungewöhnlich hohes Maß an Preisstabilität, es gab deutlich niedrigere Zinsen, die meisten Länder machten erkennbare Fortschritte bei der Begrenzung der Staatsausgaben und des Haushaltsdefizits, und die Wechselkursstrukturen standen mit den wirtschaftlichen Grunddaten wie der Inflationsrate, dem Wirtschaftswachstum und der Außenhandelsbilanz in besserem Einklang.

Diese deutlichen Verbesserungen kamen nicht von ungefähr. Schritt für Schritt hatte sich eine gemeinsame Linie durchgesetzt, die ganz maßgeblich von deutschen Erfahrungen und Auffassungen gestaltet und geprägt worden war. Dazu zählten drei wichtige Elemente:

1. Die Erkenntnis, dass Inflation und Arbeitslosigkeit keine Alternativen sind. Preisstabilität ist vielmehr die unerlässliche Voraussetzung, wenn Wachstum und Beschäftigung dauerhaft gesichert und gefestigt werden sollen.
2. Die Einsicht, dass die anstehenden Probleme nicht mit einem Mehr an staatlichen Investitionen und Programmen gelöst werden können, sondern nur durch eine entschlossene und breit angelegte Stärkung der Eigeninitiative und der Marktkräfte.
3. Die Überzeugung, dass Protektionismus – in seinen offenen wie auch in seinen versteckten Formen – nicht weiterführt und dass es zu einer offensiven Stärkung des freien Welthandels keine Alternativen gibt.

Für die Anerkennung dieser drei Grundlinien hatte sich die Bundesregierung in den letzten drei Jahren beharrlich und konsequent eingesetzt.

In Tokio ging es auch darum, Antworten auf die schwierigen Herausforderungen zu finden, vor denen wir standen. Einigkeit bestand darüber, dass – insbesondere für Europa – die Schaffung von Arbeitsplätzen ganz oben auf der Tagesordnung stand. Und ebenso einmütig war die Überzeugung, dass ein inflationsfreies Wirtschaftswachstum die größten Aussichten bot, die bereits eingeleitete Trendwende weiter zu verstärken.

Andere Themen waren das ungewöhnlich hohe Haushaltsdefizit in Amerika und die Offenhaltung der Weltmärkte. Die Staats- und Regierungschefs bekräftigten noch einmal ihre Entschlossenheit, Protektionismus und Handelsschranken einzudämmen und abzubauen. Von zentraler Bedeutung war dabei die neue Verhandlungsrunde im Rahmen des Allgemeinen Zoll- und Handelsabkommens (GATT), für deren baldigen Beginn sich alle Teilnehmer in Tokio aussprachen.

Die Staats- und Regierungschefs der Gipfelländer erörterten die Wirtschaftspolitik nicht allein aus dem Blickwinkel der Industriestaaten. Bewusst ausführlich behandelten sie auch die Situation und Interessenlage der Entwicklungsländer und die damit verbundenen Fragen der internationalen Verschuldung. Auf diesem Gipfel war eine umfassende politische Verantwortung der Industrieländer zu spüren, die die Interessen der Entwicklungsländer mit einschloss.

Das galt auch für ein anderes zentrales Anliegen: den Umweltschutz. Auf meine Initiative hin war bereits bei den Gipfelberatungen von London und Bonn ausführlich die internationale Dimension der Umweltprobleme sowie die Dringlichkeit gemeinsamen weltweiten Handelns in Umweltfragen erörtert worden. Spätestens der Reaktorunfall in der Sowjetunion hatte jetzt für jedermann sichtbar gemacht, wie unverzichtbar eine rückhaltlose Zusammenarbeit über alle Grenzen hinweg war. Ich setzte darauf, dass die jüngsten Erfahrungen bei allen Ländern die Bereitschaft fördern würden, von internationaler Verantwortung nicht nur zu reden, sondern ihr auch mit entsprechendem Handeln gerecht zu werden.

37.
Richtungswahl

Es gab in meiner Partei mancherlei Unbehagen, ja Unmut. Einige fanden, die »Wende« sei zu wenig ausgeprägt. Andere meinten, wir seien eher schon zu weit gegangen. Viele waren mit dem äußeren Erscheinungsbild, mit der Selbstdarstellung der Regierung nicht zufrieden. Und manche wurden beim Blick auf den einen oder anderen demoskopischen Zwischenbefund nervös.

Vielleicht waren diese Irritationen auch die Folge davon, dass so mancher am 6. März 1983 glaubte, mit unserem Wahlsieg sei die Republik automatisch wieder in Ordnung. Es mag sein, dass der eine oder andere von uns gelegentlich den Eindruck erweckte, wir würden das binnen kurzer Frist schon schaffen. Das war aber von vornherein falsch, und es war nicht klug, so zu tun, als ließe sich die Umkehr leicht bewerkstelligen, denn dafür war die Lage unseres Landes damals viel zu schwierig, ja zu sehr geprägt von einer tiefen Krise. Niemand konnte erwarten, dass wir als Union in der Regierungsverantwortung einen leichten Weg vor uns haben würden. Wir mussten viele Maßnahmen ergreifen, die zwangsläufig unpopulär waren. Aber wir hatten seit der Wahl 1983 ein Mandat für vier Jahre. Bei diesem Marathonlauf zählten nicht die Zwischenmessungen. Es kam entscheidend darauf an, die Kraft und das Durchhaltevermögen für die ganze Strecke zu besitzen. Und ich war mir immer sicher: Wir hatten diese Kraft, und wir würden 1987 gewinnen.

Es gab allerdings Sand im Getriebe und auch ganz überflüssige Reibungsverluste. Etliche öffentliche Äußerungen wären in der Tat besser unterblieben. Es waren intensive Anstrengungen nötig, um für Geschlossenheit in Regierung und Koalition zu sorgen, und ich konzentrierte mich in diesen Tagen und Wochen des Herbstes 1986 darauf, die Voraussetzungen für einen Erfolg bei der Bundestagswahl Anfang 1987 entscheidend zu verbessern.

In der Innen- und Rechtspolitik Einigkeit zwischen den Koalitionsparteien herzustellen war keine leichte Sache. Mir ging es wesentlich darum, alles, was wir zu Beginn der Legislaturperiode angekündigt hatten, bis zur Bundestagswahl im Januar 1987 auch einzulösen und durchzuführen. Aber es war noch mehr notwendig, damit jedermann in der Union begriff: Diese Bundesregierung konnte in der Sache noch so erfolgreich sein – der politische Erfolg, die Überzeugungskraft der Regierungsarbeit hingen von der Geschlossenheit ab. Dazu gehörte auch die Bereitschaft eines jeden in der Union, unsere Sache einhellig und entschieden zu vertreten und auf Extratouren zu verzichten. Zum Opponieren war die Opposition da.

Viele Parteimitglieder wandten sich in diesen Wochen mit ihrem Unmut über irritierende Äußerungen aus den eigenen Reihen an mich. Ich hatte Verständnis dafür und freute mich über die ermutigenden Worte und die Zusicherung loyaler Unterstützung, die ich in vielen Briefen aus den Orts- und Kreisverbänden erhielt. Bei allen innerparteilichen Auseinandersetzungen um den richtigen Weg in der Arbeitsmarkt-, Finanz- oder Sozialpolitik: Wir sind nun einmal keine Kaderpartei, in der Machtworte gesprochen und befolgt werden. Der Wille zur Gemeinsamkeit war denn auch kein Zeichen von Schwäche, sondern beruhte auf der Einsicht in eine Notwendigkeit.

Wie so oft war es lehrreich zu sehen, dass aktuelle Schwierigkeiten historische Parallelen haben. Konrad Adenauer beispielsweise hatte seine liebe Not mit seinen Koalitionen. In der Erinnerung wird allzu leicht vergessen, dass er sich mit so manchem profilierungsfreudigen Zeitgenossen herumzuschlagen hatte. Aber Adenauer wusste auch, dass Politik manchmal die Gabe der Beherrschung voraussetzt, und er nahm in Kauf, wie er einmal sagte, »dass der Bundeskanzler oft in einem zwiespältigen oder merkwürdigen Licht erscheint. Manchmal sieht es so aus, als wenn er sehr straff die Zügel in die Hand nähme, und manchmal sieht es so aus, als wenn er nun alles laufen ließe. Beides ist richtig.« Und er fuhr fort: »Ich kann also hin und wieder nur dasselbe tun, gut zureden und sagen: ›Kinder, nun vertragt euch doch und seid vernünftig!‹ Das hält dann drei Tage.«

In einer anderen schwierigen Situation Ende 1962 hatte Adenauer allerdings auch festgestellt, »dass ein Kabinett nicht einfach ein Zusammensein verschiedener Minister sein darf, sondern dass die Regierung ein besonderes Organ ist nach dem Grundgesetz, in dem ganzen Aufbau, und dass sie eine eigene Verantwortung hat, dass also ein Kabinettsmitglied nicht lediglich ein CDU-Mann oder ein CSU-Mann oder ein FDP-Mann ist, sondern dass er eine eigene Verantwortung hat als Mitglied des Kabinetts, ebenso wie ich der Auffassung bin, dass ein Kabinett eine eigene Verantwortung hat, abgesehen von dem, was die es tragenden Parteien denken«.

Für mich war es selbstverständlich, dass in einer großen Volkspartei über die unterschiedlichen Maßnahmen zur Erreichung des gemeinsamen Ziels diskutiert wird. Das gilt natürlich auch und erst recht für eine Koalition aus mehreren Parteien. Ob es sich um Einschnitte in das soziale System handelte, die einigen Kritikern immer noch nicht weit genug gingen, ob es um Wehrgerechtigkeit oder um die europäische Agrarpolitik ging, diese Diskussionen mussten sich innerhalb eines Rahmens bewegen, den alle Beteiligten gemeinsam zogen und akzeptierten. Nur wenn wir Einigkeit wahrten über den Handlungsrahmen dieser Koalition, konnten wir vermeiden, dass in der Diskussion über die einzelnen politischen Maßnahmen der Erfolg im Ganzen zerredet wurde. Denn jeder Diskussionsansatz, der über diesen gesteckten Rahmen hinausging, weckte Erwartungen, die zwangsläufig unerfüllt blieben und deshalb zu Enttäuschungen führen mussten.

Diese Koalition hatte ihren Handlungsspielraum von Beginn an klar umrissen. Gleichwohl gab es Unruhe. Die Attacken aus München gegen die FDP und die wachsende Distanzierung gegenüber der CDU waren schwer erträglich. Die Weigerung der FDP, das Demonstrationsstrafrecht und das Asylrecht zu ändern, führte zu wütenden Protesten aus Bayern.

Es lag in den kommenden Wochen und Monaten an uns, ob wir mit Festigkeit zu unserer Politik und unseren Grundsätzen standen, ob wir die Kraft hatten, unsere Mitbürger von unseren Leitbildern und der Richtigkeit unserer Politik zu überzeugen. Es kam eben nicht nur darauf an, dass wir die richtige Politik verwirklichten. Wir mussten sie auch an die Bürger herantragen. Dazu musste aber unsere Partei auf allen Ebenen Zuversicht hinsichtlich des Ziels, Selbstbewusstsein hinsichtlich des schon Erreichten und kraftvolle Identifikation mit der von ihr getragenen Regierung zeigen.

Die Partei musste sich über ihren eigenen, unverzichtbaren Beitrag zur politischen Stabilität im klaren sein. Sie musste die geistig bewegende Kraft im Land bleiben. Die Partei musste unserer Politik Impulse geben, die sie aus ihrer Nähe zu den Menschen ableitete. Sie durfte aber nicht nur gleichsam wie ein Seismograph Meinungsschwankungen und verändertes Denken melden, sondern sie musste dieses Denken selbst mitprägen.

Zuversicht, Selbstbewusstsein und Solidarität waren der Garant dafür, dass wir auch 1987 die Zustimmung der Bevölkerung und die politische Mehrheit erringen würden. Solange wir geschlossen und solidarisch miteinander voranschritten, konnte uns der politische Gegner nichts anhaben.

Doch zunächst ging es um wichtige Landtagswahlen. Am 15. Juni 1986 waren 5,6 Millionen Wahlberechtigte aufgerufen, die hundertfünfundfünfzig Mandatsträger des niedersächsischen Landtags zu bestimmen. Es war eine außergewöhnliche Wahl, eine landes- und bundespolitische Richtungswahl, denn die Niedersachsen entschieden nicht nur darüber, ob Ernst Albrecht Ministerpräsident blieb und seine erfolgreiche Politik fortsetzen konnte oder ob das Land in eine unsichere Zukunft triebe, sie entschieden auch über die Mehrheit im Bundesrat. Im Falle eines Sieges von Rot-Grün wäre die Mehrheit der unionsregierten Länder verlorengegangen. Deshalb wurde dieser Landtagswahl von allen Parteien bundespolitische Bedeutung beigemessen.

Wir hatten Glück. Trotz eines herben Verlustes von über 6 Prozentpunkten konnte sich Ernst Albrecht halten. Der knappe Vorsprung von CDU (69 Mandate) und FDP (9) vor der SPD (66) und Grünen (11) reichte für eine erneute Regierungsbildung in Hannover aus und sicherte der Bonner Regierungskoalition die Mehrheit in der Länderkammer.

Wenn es noch eines Beweises bedurft hätte, dann zeigte diese Wahl, dass es in unserem Land zwei Blöcke gab. Auf der einen Seite Unionsparteien und Liberale und auf der anderen Seite Sozialdemokraten und Grüne. Alle Beteuerungen des SPD-Kanzlerkandidaten Johannes Rau, er strebe bei der Bundestagswahl eine eigene Mehrheit der SPD an, waren im Ernstfall nichts wert. Auch er würde sich mit Hilfe der Grünen zum Kanzler wählen lassen, wenn die Chance dazu bestünde. Das Paradebeispiel dafür war der hessische Ministerpräsident Holger Börner, der es als erster Sozialdemokrat gewagt hatte, ein Regierungsbündnis mit den Grünen einzugehen. Nur drei Jahre zuvor hätte ich das noch für unmöglich gehalten.

Von nun an war für mich endgültig klar, dass der Zeitpunkt gekommen war, den Wählern unmissverständlich zu erklären, wie die Konstellation im Januar 1987 aussehen würde, wenn Union und FDP die Mehrheit verlieren sollten.

Am 12. Oktober 1986 erlitt die SPD in Bayern eine schwere Niederlage. Bei den Landtagswahlen erzielte sie mit 27,5 Prozent der Stimmen das schlechteste Ergebnis seit Kriegsende. Die CSU mit ihrem Ministerpräsidenten Franz Josef Strauß verlor zwar einige Prozentpunkte, konnte ihre satte absolute Mehrheit mit 55,8 Prozent aber problemlos verteidigen. Es war ein triumphaler Erfolg und für die Union ein ganz ausgezeichnetes Signal und ein gutes Omen für die Bundestagswahl 1987. Für die Sozialdemokraten rächte es sich jetzt, dass sie in vielen Punkten die Grünen kopierten.

Die Wahl in Hamburg am 9. November 1986 bescherte der SPD sogar einen zweistelligen Verlust. Die CDU wurde mit 41,9 Prozent stärkste Partei vor der SPD mit 41,8 Prozent. Während die FDP den Einzug in die Hamburger Bürgerschaft knapp verfehlte, kam die GAL (Grün-Alternative Liste) auf 10,4 Prozent. Meine Partei ging zwar in die Opposition, aber die Hamburger SPD hatte

10 Prozentpunkte eingebüßt. Die Ausgangsbasis für die Bundestagswahl empfand ich als sehr gut, warnte aber gleichzeitig vor voreiligem Optimismus.

Mit wachsender Zuversicht blickten die Bundesbürger in den vergangenen Jahren in die Zukunft. Auf die berühmte Allensbach-Umfrage, die seit 1949 gestellt wurde – »Sehen Sie dem neuen Jahr mit Hoffnungen oder Befürchtungen entgegen?« –, antworteten Weihnachten 1982 34 Prozent der Befragten, sie sähen der Zukunft mit Hoffnung entgegen; Weihnachten 1983 waren es 45 Prozent, 1984 schon 55 Prozent und an Weihnachten 1985 sogar 61 Prozent. Die Grundstimmung in der Bevölkerung hatte sich in dieser kurzen Zeitspanne von einem »tumben« Pessimismus, von »Eurosklerose« und was es sonst noch alles an Schlagworten gab, abgewandt. Das war ein Schatz, mit dem wir sorgsam umgehen mussten.

38.
Undichte Mauer

Tausende von Asylsuchenden erreichten, was den DDR-Bürgern jahrelang verwehrt wurde: Sie reisten auf dem Luftweg über den DDR-Flughafen Berlin-Schönefeld ein und wurden nach West-Berlin abgeschoben. Für sie war die Mauer durchlässig. Weder wurden sie scharf kontrolliert, noch machten die DDR-Grenzer von der Schusswaffe Gebrauch. Kein Asylbewerber musste beim Überqueren der Grenze von Ost- nach West-Berlin um sein Leben bangen.

Genau in dieser Zeit wurde das schändlichste Bauwerk der Welt fünfundzwanzig Jahre alt. Während wir im Berliner Reichstag des Jahrestags des Mauerbaus gedachten, floss der Strom der Flüchtlinge, die vor allem aus Sri Lanka kamen, weiter von Schönefeld nach Charlottenburg. Es war ein Skandal.

Dass die DDR diese Mauer nötig hatte, sagte mehr über den Charakter des kommunistischen Gesellschaftssystems aus als viele abstrakte Abhandlungen. Bezeichnend war auch, wie der 13. August 1986 diesseits und jenseits der Mauer begangen wurde: Die Führung der DDR feierte den 25. Jahrestag des Mauerbaus mit Pomp und militärischem Gepränge. Es gehörte viel Zynismus dazu, darin einen Grund zum Feiern zu sehen.

Für uns war dieser 13. August geprägt von jenen Holzkreuzen, die gleich neben dem Reichstag standen. Wir gedachten der Menschen, die seit 1961 ihr Leben bei dem Versuch verloren hatten, die Mauer zu überwinden. Stellvertretend nannte ich den damals achtzehnjährigen Peter Fechter, jenen Bauarbeiter aus Ost-Berlin, der 1962 fast eine Stunde lang angeschossen an der Mauer lag und verblutete. Ich dachte an Klaus Brüske, der im gleichen Jahr einen

Die grausame Wahrheit der Mauer: Am 17. August 1962 verblutete der bei seinem Fluchtversuch angeschossene Peter Fechter

Lastwagen mit Flüchtlingen in den Westen steuerte und im Kugelhagel tödlich getroffen wurde. Ihr grausames Gesicht zeigte diese Grenze auch, als im Mai 1975 ein türkisches Kind in der Spree ertrank. Die West-Berliner Feuerwehr konnte nicht helfen, weil sie befürchten musste, beschossen zu werden. Wie oft hörten Anwohner in der Nähe der Mauer nachts oder im Morgengrauen Maschinengewehrsalven und mussten beobachten, wie jenseits der Mauer ein lebloser Körper abtransportiert wurde.

Die Opfer waren Menschen, die nur ihr Recht auf Freiheit wahrnehmen wollten. Die Berliner Mauer klagte jene an, die sie gebaut hatten und immer noch stehen ließen.

Nach wie vor erlaubte die DDR Westreisen unterhalb des Rentenalters nur in Ausnahmefällen bei sogenannten dringenden Familienangelegenheiten. Es blieb die Frage an die politische Führung der DDR: Wann endlich dürfen alle jüngeren Menschen in der DDR – und sei es nur in bestimmten Zeitabständen – in den

Westen reisen? Die Führung der DDR wusste sehr genau, dass es noch immer sehr viele unerfüllte Reisewünsche gab. Auch die ausgedehnten Kontaktverbote, die Einreiseverweigerungen und die – gerade für die Berliner – seit 1980 bedrückend hohen Mindestumtauschsätze erschwerten die Kontakte zwischen den Menschen erheblich. Durch mehr und bessere Beziehungen auf politischer Ebene wollten wir einem Auseinanderleben der Nation vorbeugen. Allerdings trug es zur Vertrauensbildung nicht eben bei, wenn die DDR einerseits die Deutschen in Berlin durch eine Mauer voneinander trennte und andererseits eine Vielzahl von Ausländern, die kein Visum für die Bundesrepublik Deutschland hatten, tagtäglich illegal in den freien Teil Berlins schleuste, um der Bundesrepublik zu schaden.

Ob über Ost-Berlin oder auf anderen Wegen: Der Asylbewerberstrom blieb ungebrochen und wurde 1986 zu einem immer drängenderen Problem. Nur etwa zehn Personengruppen stellten etwa 88 Prozent der Asylbewerber. An der Spitze standen Libanesen und Palästinenser, gefolgt von Iranern, Türken und Polen. Was die Zugangszahlen betraf, lag die Bundesrepublik seit Jahren weit an der Spitze der westeuropäischen Staaten. Da andere Länder ihre Asylgesetze verschärft hatten, war der Abstand in den letzten Jahren immer größer geworden. Bis Ende 1986 registrierten wir insgesamt siebenhundertfünfzigtausend Flüchtlinge, wobei der Hauptteil auf die De-facto-Flüchtlinge fiel, also auf solche Ausländer, die nicht als Asylsuchende anerkannt wurden.

Dass es einen solchen Anstieg zu verzeichnen gab, lag wesentlich an unserem Rechtssystem, das jedermann zumindest eine vorläufige Bleibe garantierte. Das war in den betroffenen Weltregionen ganz offensichtlich bekannt. Die hohe Erfolgsquote derer, die auf die eine oder andere Weise ein Bleiberecht bekamen oder deren Aufenthalt zumindest geduldet wurde, übte eine Sogwirkung aus. Ein besonders starker Anreiz ging von dem Umstand aus, dass auch im Fall einer Ablehnung des Asylantrags ein hoher Prozentsatz der Flüchtlinge hierbleiben konnte. Wir brauchten dringend eine Lösung dafür, dass so viele Asylsuchende auch dann nicht abgeschoben wurden, wenn ihr Antrag auf Asyl abgelehnt worden war.

Auch die unerlaubte Einreise über die DDR konnten wir nicht länger dulden. Die Zahl der Flüchtlinge, die auf diese Weise in die Bundesrepublik kamen, war gigantisch und völlig inakzeptabel. Gegenüber sechstausend Asylsuchenden 1982 verbuchten wir 1986 über fünfundvierzigtausend. Bis zu 70 Prozent der Asylbewerber flogen mit Aeroflot nach Berlin-Schönefeld; der Rest verteilte sich auf die DDR-Fluglinie Interflug, Syrian Arab Airlines, Balkan Airlines und Turkish Airlines.

Der Zustrom überstieg unsere Kapazitäten. Wir hatten keine ausreichenden Instrumente zur Bewältigung des Asylproblems. Es war unerträglich, mit anzusehen, wie Schlepper und Menschenhändler täglich Wirtschaftsflüchtlinge in unser Land brachten.

Die dramatische Zuspitzung der Lage machte es erforderlich, eine Änderung des Grundgesetzes zu prüfen. Nach meiner Überzeugung hatten sich die Verfassungsväter in der Asylfrage an den unmittelbaren Erfahrungen mit der NS-Vergangenheit orientiert und waren in ihrem Handeln durch die Verbrechen des Dritten Reichs wesentlich geprägt. Eine Situation, wie sie sich in den achtziger Jahren darstellte, konnten sie nicht vor Augen gehabt haben. Asylrecht sollte nach Meinung der Verfassungsväter Menschen gewährt werden, die ihr Leben wegen ihrer Rasse oder Weltanschauung bedroht sahen.

Mich bedrückte sehr, dass mit Hilfe von Großraumflugzeugen Menschen zu uns befördert wurden, die zu keiner Zeit bedroht waren. Diese Asylbewerber entwerteten den eigentlichen Sinn des Asyls in unserem Grundgesetz.

Es gab kein sozialdemokratisches, kein liberales, kein grünes, kein christlich-demokratisches Asylrecht. In einer Grundgesetzänderung sah ich die einzige Chance, den Strom von Asylbewerbern zu stoppen. SPD und Teile der FDP jedoch hatten erhebliche Vorbehalte gegen eine solche Änderung der Verfassung. Dabei wollte ich keineswegs etwas daran ändern, dass Menschen, die in anderen Ländern wegen ihrer Religionszugehörigkeit oder ihrer politischen Überzeugung verfolgt wurden, in der Bundesrepublik

Zuflucht fanden. Was ich verhindern wollte, war die Aufnahme von Scheinasylanten.

Gerne würde ich heute mit dem Leitartikelschreiber des SED-Parteiblatts *Neues Deutschland* diskutieren, der damals konstatierte, die DDR gestatte jedem Ausländer ungeachtet seiner Nationalität, Rasse, Religion, politischen Überzeugung oder des Herkunftslandes die Durchreise. Wörtlich schrieb der SED-Propagandist: »Will man der DDR tatsächlich das Recht übertragen, darüber zu entscheiden, wer in der BRD um Asyl nachsuchen darf?« Zynischer kann man wohl kaum sein.

Obwohl er seine ganze außenpolitische Kunst einsetzte, gelang es Hans-Dietrich Genscher nicht, mit Hilfe der sowjetischen Führung die Ost-Berliner Mauerschleuse für Tamilen und andere Nationalitäten zu schließen. Auch über Wolfgang Schäubles Sonderbeziehungen zu DDR-Unterhändler Alexander Schalck-Golodkowski war keine Lösung in Sicht.

Erst auf der Schiene SPD–SED konnte ein Ende des Zustroms aus dem Osten herbeigeführt werden. Es war Egon Bahr, der im Auftrag des SPD-Kanzlerkandidaten Johannes Rau mit den Ost-Berliner Machthabern verhandelte und sie überreden konnte, den Transport von Asylbewerbern mit anschließender Abschiebung nach Berlin-West einzustellen. Das war ein großer Erfolg, wenngleich die Wahlkampfhilfe der SED-Oberen für die westdeutsche Sozialdemokratie unverkennbar war. Mir war ziemlich gleichgültig, wer sich in dieser heiklen Angelegenheit den Erfolg an den Hut stecken konnte. Hauptsache blieb die Beendigung des unerträglichen Zustands. Nachdenklich stimmte mich nur, dass unsere vielfältigen Regierungskontakte, die auf mancherlei Gesprächsebene zurückgreifen konnten, in dieser Sache nichts gebracht hatten.

Heute kennen wir die Hintergründe. Bei einem Besuch von Johannes Rau und Oskar Lafontaine am 7. Mai 1986 in Ostberlin wurden die Interessen der DDR deutlich. In dem Gesprächsprotokoll, das nach Öffnung der Archive aufgefunden wurde, ist nachzulesen: »Er (Honecker) möchte klar zum Ausdruck bringen, dass wir an einem Regierungswechsel in der BRD interessiert sind. Wir wünschen, dass J. Rau im Januar 1987 die Wahlen gewinnt.«

Diesem Gespräch schlossen sich nach Recherchen des FU-Forschungsverbundes SED-Staat in Berlin mehrere weitere an. Am 5. September 1986 verhandelte Egon Bahr mit dem SED-Politbüromitglied Hermann Axen und traf auch mit Erich Honecker zusammen. Dabei kam es zu der Absprache, der SPD-Kanzlerkandidat dürfe verkünden, dass die DDR das Asylschlupfloch schließen werde. Einige Tage nach dem Treffen erhielt Bahr, der im Auftrag des SPD-Parteivorstands nach Ost-Berlin gereist war, von Axen den Hinweis, die DDR lasse ab 1. Oktober 1986 keine Asylbewerber mehr in ihr Land. Diese Nachricht gab Kanzlerkandidat Rau am 18. September bekannt. Es war die Spitzenmeldung in allen Nachrichtensendungen. Kurz darauf kam aus Ost-Berlin die Bestätigung, und am 29. Oktober dankte ich dem Generalsekretär der SED formell für diese Maßnahme.

Die Berliner DDR-Forscher fanden in den SED-Akten auch den Grund für diesen Ost-Berliner Sinneswandel. Erich Honecker hatte dafür eine hohe Gegenleistung aus Bonn bekommen: das Versprechen von Johannes Rau, sollte die SPD die Bundestagswahl im Januar 1987 gewinnen, in seinem Regierungsprogramm die volle Respektierung der DDR-Staatsbürgerschaft zu verkünden. Das also war der Preis für den besonderen Wahlkampfhit meines Herausforderers. Rau hatte ein Meisterstück besonderer Art abgeliefert: Der Strom der Asylbewerber war von heute auf morgen gestoppt. Damit hatte die SPD-Opposition die Asyldebatte entschärft und auch innerparteilich eine Asylrechtsänderung einstweilen aus der Diskussion genommen.

Dass Johannes Rau Jahre später Fragen von CDU-Landtagsabgeordneten, ob es Absprachen mit der DDR- oder SED-Führung gegeben habe, verneinte und »irgendeine Koppelung mit irgendeinem Wahltermin« bestritt, zeigte nur seine Charakterlosigkeit. Der Verdacht bleibt, dass er das Düsseldorfer Landesparlament belogen hat. Allein dieser Vorgang hätte ausreichen müssen, ihn 1999 nicht in das höchste Amt zu wählen, das unser Land zu vergeben hat.

39.
Vertrauen schaffen

Es kostete manche Verhandlungsrunde und viel Durchhaltevermögen, bis es endlich soweit war: Am 1. Januar 1986 traten Spanien und Portugal der Europäischen Gemeinschaft bei. Das war ein wichtiger Tag für die beiden Länder und ein wichtiger Schritt in Richtung europäische Einigung. Wir hatten gemeinsam an diesem Ziel gearbeitet, die Bundesregierung und vor allem ich selbst hatten versucht, alles zu tun, um diesen Beitritt zu ermöglichen. Die europäischen Demokraten, auch die deutschen Demokraten, hatten Portugal und Spanien bei der Rückkehr zur Demokratie ihr Wort gegeben. Dieses Wort hielten wir ein.

Wir wussten als Deutsche, dass die Europäische Gemeinschaft damals notwendigerweise ein Torso bleiben musste, dass wichtige Teile Europas, die in Mittel- und Osteuropa gelegen waren, wegen der Spaltung der Welt in Ost und West zu diesem Zeitpunkt nicht der Gemeinschaft beitreten konnten. Wir als Deutsche empfanden das besonders schmerzlich, weil siebzehn Millionen unserer Landsleute in der DDR diesen Weg jetzt nicht gehen konnten. Um so mehr freuten wir uns, dass dies für Portugal und Spanien möglich war.

Für mich begann mit dem 1. Januar 1986 eine besonders enge politische Beziehung und eine außergewöhnliche langjährige Freundschaft zum spanischen Ministerpräsidenten Felipe González. Er war mit seiner sozialistischen Partei wenige Wochen nach meiner Wahl im Oktober 1982 neuer Regierungschef in Madrid geworden und kämpfte schon bald an meiner Seite zum Nutzen Europas. Dass sich Spanien in einem Referendum 1986 mit großer Mehrheit für einen Verbleib in der Nato entschied, war

Mit Felipe González, spanischer Ministerpräsident von 1982 bis 1996, verbindet mich bis heute eine gute Freundschaft

wesentlich seinem Engagement zu verdanken. Im Laufe unserer engen Zusammenarbeit wuchs zwischen uns gegenseitiges Vertrauen, das uns bis heute verbindet.

Schon auf dem Luxemburger Gipfel im Dezember 1985 hatte der Rat eine Reform der EG beschlossen, die in einer Einheitlichen Europäischen Akte (EEA) niedergelegt werden sollte. Mitterrand und ich bezogen die EEA in erster Linie auf die Außen- und Verteidigungspolitik der Gemeinschaft und weniger auf die Wirtschaftsunion Europas. Letzteres war das Lieblingskind von Jacques Delors, dessen weitergehenden Vorstellungen ich mich aber nicht verschloss.

Es war einer der Höhepunkte meines politischen Lebens, als Mitte Februar 1986 von den Außenministern die feierliche Unterzeichnung der Einheitlichen Europäischen Akte vollzogen wurde. Griechenland, Italien und Dänemark wollten zwar zunächst das Ergebnis des Referendums in Dänemark abwarten, aber nach erfolgreicher Abstimmung leisteten auch diese Länder ihre Unterschrift. Das war ein weiterer wichtiger Meilenstein auf dem Weg zur europäischen Einigung. Anfang Dezember 1986 schließlich ratifizierte der Deutsche Bundestag die Einheitliche Europäische Akte.

Der 21. April 1986 markierte ein weiteres wichtiges Datum für Europa in diesem Jahr: Durch Beschluss des Allgemeinen Rats der Außenminister führte die Europäische Gemeinschaft an diesem Tag die gemeinsamen Symbole, Flagge und Hymne, ein. Die »Ode an die Freude« von Ludwig van Beethoven ist seitdem die gemeinsame Europahymne von Europarat und Europäischer Gemeinschaft. Am 29. Mai 1986 wurden die neuen Symbole in einer feierlichen Zeremonie offiziell von der Brüsseler Kommission vorgestellt.

*

Der EG-Gipfel im Juni 1986 in Den Haag endete mit einem deutlichen Appell an die Regierung Südafrikas, Nelson Mandela und andere prominente Oppositionspolitiker ohne Vorbedingungen freizulassen sowie das Verbot des Afrikanischen Nationalkongresses (ANC) und der übrigen Parteien aufzuheben. Zwei Tage lang hatten wir uns überwiegend mit dem weiteren Vorgehen gegenüber Südafrika beschäftigt. Wir verzichteten vorerst darauf, wirtschaftliche Sanktionen zu verhängen, und das war gut so. Ich hatte genug von Moralpredigten in Europa und Afrika, die lauthals Sanktionen gegen das südafrikanische Apartheidregime forderten, aber sorgsam darauf achteten, dass die eigenen Interessen auf keinen Fall beschädigt wurden. Ich kannte auch kein Beispiel für erfolgreiche Sanktionen. Natürlich hätte ich einem Einfuhrstop für Obst, Wein und Gemüse aus Südafrika leicht zustimmen und dafür auch noch Beifall im eigenen Land einheimsen können. Doch wirklich hart getroffen hätten wir damit nur die aus Angola und Moçambique geflohenen Portugiesen. Und was wäre passiert, wenn Südafrika seinerseits mit einem Ausfuhrstop für von uns dringend benötigte Rohstoffe wie Platin, Chrom oder Titan reagiert hätte? Würden wir dann alle Sanktionen wieder rückgängig machen oder die Rohstoffe künftig in der Sowjetunion kaufen?

Wie wir heute wissen, war es eine kluge Entscheidung, dem autoritären rassistischen Regime in Südafrika lediglich zu drohen.

Beim traditionellen Gipfelfrühstück in der französischen Botschaft in Den Haag besprachen François Mitterrand und ich ein ganz anderes Thema: Wir führten einen intensiven und kontroversen Meinungsaustausch über Michail Gorbatschow. Während der französische Präsident die Meinung vertrat, der Kreml-Chef benötige dringend den ökonomischen Erfolg, um Reformen in der Sowjetunion durchzusetzen, war ich anderer Meinung. Ich widersprach ihm auch, als er dem amerikanischen Präsidenten unterstellte, er verstehe die prekäre Lage Gorbatschows nicht und wolle die Sowjetunion nur niedermachen. Für mich blieb Gorbatschow bei aller Reformrabulistik ein orthodoxer Kommunist. Außerdem sah ich in der sowjetischen Wirtschaftspolitik keine Verbesserungschancen. Ich hielt sie zunächst für unfähig, Reformen einzuleiten.

Spätestens 1988 stellte ich fest, dass meine Einschätzung des Generalsekretärs der KPdSU falsch war. Ich hatte Gorbatschows Fähigkeit und Kraft unterschätzt, eine Veränderung der sowjetischen Politik in die Wege zu leiten.

Im März 1986 hatte Mitterrands Sozialistische Partei die französischen Parlamentswahlen verloren. Neuer Premierminister wurde der Führer der RPR (Rassemblement pour la République), Jacques Chirac. Mitterrand nahm die Herausforderung an und beugte sich der sogenannten Cohabitation, bei der er als sozialistischer Staatspräsident mit einem konservativen Regierungschef kooperieren musste. Die Regierungsgeschäfte wurden für ihn von nun an bedeutend schwieriger. In Den Haag führte Mitterrand denn auch beredte Klage darüber und meinte, die gegenwärtige französische Regierung sei die am wenigsten europäische seit fünfundzwanzig Jahren.

In diesem Zusammenhang kam Mitterrand auf das leidige Problem der Agrarpreise zu sprechen. Ein Scheitern in diesem politischen Konflikt sollte nicht zu einem deutsch-französischen Streit führen, sagte er. Ich erklärte meinem Freund die Bereitschaft der Bundesrepublik, die Strukturfonds zu verdoppeln, und mahnte gleichzeitig Fortschritte in der militärischen Zusammenarbeit an. Mitterrand versicherte mich seiner Unterstützung.

Das nächste Mal trafen wir uns Ende Oktober 1986 zu den 48. deutsch-französischen Konsultationen in Frankfurt am Main. Die Stadt verlieh dem französischen Staatspräsidenten als erstem Ausländer die Ehrenbürgerschaft, was mich sehr freute. In seiner Dankesrede hob Mitterrand hervor, dass die deutsch-französische Aussöhnung inzwischen deutlich stabiler geworden sei. Aber das Erreichte sei noch nicht genug, denn mit der Zusammenarbeit auf wirtschaftlichem und militärischem Gebiet sei es nicht getan. Der Austausch von Ideen und Gedanken dürfe nicht weniger frei sein als der von Waren und Gütern. Die Sprachgrenzen müssten abgeschafft werden, die Völker sich in ihrer Mentalität annähern und einen »gemeinsamen intellektuellen Horizont« erreichen. Dafür sei auch die Sprachausbildung wichtig. Damit sprach er mir aus tiefstem Herzen.

Bei den Konsultationen mit François Mitterrand und Jacques Chirac ging es neben bilateralen Problemen vor allem um die Ergebnisse des Gipfeltreffens zwischen Ronald Reagan und Michail Gorbatschow, das im Oktober 1986 in der isländischen Hauptstadt Reykjavík stattgefunden hatte. Wir begrüßten es sehr, dass in Reykjavík die wichtigsten Themen der Ost-West-Beziehungen behandelt worden waren, und waren gleichzeitig überrascht über die unerwartete Flexibilität der Sowjets in der Abrüstungspolitik. Sorgen bereitete uns beiden allerdings, dass ein Abbau der atomaren Mittelstreckenwaffen in Westeuropa ohne Gegenleistungen der Sowjetunion im konventionellen Bereich die Sicherheit in Europa beeinträchtigen könnte.

Nach dem Treffen in Reykjavík stand Europa bei der konventionellen Rüstungskontrolle vor einer entscheidenden Weichenstellung. Die Sicherheit Europas durfte nicht von jener der USA abgekoppelt werden. Für uns waren Verhandlungen über konventionelle Rüstungskontrolle in Europa nur noch denkbar, wenn die Teilnahme Frankreichs sichergestellt war. Daher verständigten sich unsere beiden Länder auf eine besonders enge Zusammenarbeit in diesem Punkt.

Ronald Reagan und Michail Gorbatschow beim Gipfeltreffen in Reykjavík

Neben den Absprachen im kulturellen Bereich einigten sich Frankreich und die Bundesrepublik in Frankfurt auf eine engere militärische und sicherheitspolitische Zusammenarbeit und unterzeichneten eine entsprechende Vereinbarung. In Fragen der Abrüstungs- und Rüstungskontrollpolitik sollte die gegenseitige Abstimmung weiter vertieft werden. Das galt sowohl für die auf das Nuklearpotential bezogenen Bemühungen als auch vor allem für die Anstrengungen, eine Reduktion der konventionellen Waffen in Europa zu erreichen.

Vieles lief in Frankfurt mit der Routine zweier gut aufeinander eingespielter Partner ab. Ich mahnte zur Eile in der Verständigung über die weitere politische und militärische Zusammenarbeit. Der Austausch über den Fortgang der europäischen Einigung blieb Sache von uns beiden. Die Minister sollten nicht einbezogen werden. Wir beauftragten unsere Vertrauten Horst Teltschik und Jacques Attali, die ökonomischen Fragen zu klären und entscheidungsreife Vorlagen zu formulieren.

Dann erläuterte ich dem französischen Gast meine Sicht der politischen Entwicklung in Osteuropa und erklärte, dass wir wirtschaftliche Hilfen für Ungarn planten. In der DDR sah ich Veränderungen, die sich nicht zuletzt in den steigenden Besucherzahlen von DDR-Bürgern in der Bundesrepublik spiegelten. In diesem

Zusammenhang ließ ich Mitterrand wissen, wie wichtig mir eine gemeinsam unterzeichnete Erklärung im Pariser Élysée zur deutschen Einheit wäre. Damit wollte ich immer wieder aufkommende Zweifel in dieser Frage beseitigen.

Beim gemeinsamen Essen, an dem erstmals auch Jacques Chirac teilnahm, ging es um die amerikanische Abrüstungspolitik, die es durch die Europäer zu beeinflussen galt, und um die Reformpolitik Gorbatschows, insbesondere um die Dimension seiner dezentralisierenden Maßnahmen in der Sowjetunion. Natürlich sprachen wir auch über die EU-Agrarpolitik und wie es möglich wäre, auf diesem schwierigen politischen Feld eine ernste Krise zu vermeiden. Mitterrand zeigte sich durch die Anwesenheit Chiracs, der mit großem Eifer an der Besprechung teilnahm, streckenweise gereizt und genervt. Äußerlich blieb er ruhig, aber innerlich kochte es offenbar in ihm.

Noch einmal trafen wir uns im Jahr 1986. Am Ende der britischen EG-Präsidentschaft lud uns Margaret Thatcher in der ersten Dezemberwoche zu einem europäischen Gipfel nach London ein. Selten war ein solches Treffen so wenig aufregend wie diesmal. Mitterrand fand die zutreffende Beschreibung: ein Gipfel zwischen wichtigen Entscheidungen. Reizthemen wie die überfällige Reform der europäischen Landwirtschaft oder die Erschließung neuer Finanzierungsquellen für die Gemeinschaft wurden nicht behandelt. Die Krise des EG-Budgets und der Abbau der Agrarüberschüsse standen nicht mehr auf der Tagesordnung. Zum Jahresausklang war Harmonie angesagt.

Gleichwohl drängte ich die Staats- und Regierungschefs der Europäischen Gemeinschaft, sich auf gemeinsame Maßnahmen zu verständigen, um den Asylmissbrauch einzuschränken und die Visabestimmungen innerhalb der EG zu vereinheitlichen. Nicht nur die Bundesrepublik, auch andere EG-Partner sahen sich mehr und mehr einem primär von wirtschaftlichen Motiven bestimmten Asylbewerberstrom gegenüber. Diese Wirtschaftsflüchtlinge zurückzuweisen und zu entmutigen, gleichzeitig das klassische Asylrecht aber unangetastet zu lassen war Sinn der von Bonn und Paris initiierten Aktion, mit der die Innenminister der Partnerstaaten aufgefordert wurden, in folgenden Bereichen gemeinsam zu handeln: Verschärfung der Kontrollen an den Außengrenzen der EG bei gleichzeitiger weiterer Vereinfachung der Abfertigung an den EG-Binnengrenzen; Koordinierung und Harmonisierung der Visaregelungen; Absprachen über Ausweisungen; Maßnahmen gegen Diebstahl und Fälschung von Pässen; engere Zusammenarbeit zur Verhinderung illegaler Einwanderung.

Ebenfalls auf deutsch-französische Initiative hin bekräftigten die Teilnehmer des Gipfels, dass keine Zugeständnisse unter Druck an Terroristen oder deren Förderer gemacht werden sollten. Bei den Bemühungen zur Verhinderung terroristischer Verbrechen und zur gerichtlichen Verfolgung der Schuldigen sollten die Mitgliedsstaaten gemeinsam und solidarisch vorgehen.

Die Regierungschefs bejahten außerdem eine grenzübergreifende Umweltschutzpolitik. Durch die jüngsten, von der Schweiz ausgehenden Rheinvergiftungen alarmiert, hielten wir es für notwendig, uns auch mit Problemen zu beschäftigen, die ihren Ursprung außerhalb der Gemeinschaft hatten. Hinzu kamen koordinierte Aktionen gegen Drogenmissbrauch, zur Verhütung und Bekämpfung von Krebs und zur Verhinderung einer weiteren Ausdehnung von Aids.

Nicht zuletzt erneuerten die Gipfelteilnehmer ihre Aufforderung an Moskau, nach siebenjährigem unerbittlichem Krieg endlich die sowjetischen Truppen aus Afghanistan abzuziehen.

Mein Alptraum, dass die politischen »Brocken«, die durch eine geschickte Regie nur verschoben worden waren, auch unter belgischem und dänischem Vorsitz nicht angegangen würden, war am Ende des Londoner Gipfels keineswegs geschwunden. Ich machte keinen Hehl daraus, dass mir Margaret Thatchers Verschiebetaktik großes Unbehagen bereitete, denn am 1. Januar des übernächsten Jahres ging die Präsidentschaft wieder an die Bundesrepublik, und wir wollten unsere bitteren Erfahrungen von 1983 nicht wiederholen.

40.
Dilemma

Nicht alle Reisen waren so erfolgreich wie mein Besuch beim Papst Ende Juni 1986 in Rom. Gut eine Stunde lang widmete sich Papst Johannes Paul II. Hannelore und mir. Meine Frau hatte sich auf diese Begegnung sehr gefreut, und die ausgesuchte Freundlichkeit, mit der Johannes Paul II. sie empfing, beeindruckte sie. Vom Elternhaus und von ihrer Erziehung her Protestantin, war der Vatikan für sie eine völlig unbekannte Welt. Der katholische Glaube allerdings war ihr nicht fremd, da sie sich ja für die katholische Erziehung unserer Kinder eingesetzt hatte.

Ich nutzte die Privataudienz nicht nur, um dem Oberhaupt der katholischen Kirche die Veränderungen in der Bundesrepublik zu erläutern – von der Wertediskussion bis zur Inflationsrate –, sondern ich sprach auch davon, dass zu Europa weit mehr als die EG gehörte, nämlich auch Städte wie Prag, Warschau und Krakau oder Dresden und Leipzig. Das war ein Lieblingsthema des Heiligen Vaters, der sich immer wieder für das damals utopisch anmutende Konzept eines vereinigten Europas vom Atlantik bis zum Ural einsetzte.

Als Geschenk brachte ich eine Spende über 30 000 Mark mit, die der Papst dem Sahel-Sonderfonds zukommen ließ. Der Heilige Vater revanchierte sich mit Papstmedaillen, die zu den schönsten Geschenken meiner Kanzlerschaft zählen, und Hannelore erhielt einen Rosenkranz, den sie bis zu ihrem Tod immer bei sich hatte.

Ich flog mit der Zusage des Heiligen Vaters zurück nach Bonn, dass er im Mai 1987 die Bundesrepublik besuchen werde. Diese gute Nachricht machte ich in meiner Freude noch in Rom öffentlich.

Am 24. Juni 1986 empfängt uns der Papst zu einer Privataudienz im Vatikan

Eine andere denkwürdige Reise führte mich Ende Juni 1986 nach Mexiko. Es war ein strapaziöser Flug von über zwölf Stunden Dauer, doch was uns im Azteken-Stadion in Mexico City erwartete, ließ alle Strapazen vergessen: Die Bundesrepublik stand im Endspiel um die Fußballweltmeisterschaft 1986. Nachdem unsere Elf im Halbfinale gegen Frankreich mit 2:0 gewonnen hatte, beschloss ich, dorthin zu reisen, wo die Mehrheit der Deutschen mit dem Herzen war, und unsere Mannschaft beim Endspiel gegen Argentinien anzufeuern. Bis jetzt hatte ich die meisten Spiele zur nächtlichen Stunde am Fernsehgerät verfolgt.

Eine Reihe von Sportgrößen und Fußballfans kam mit auf die Reise. Ich griff selbst zum Telefon und lud Fritz Walter ein, der jedoch mit größtem Bedauern aus privaten Gründen absagen musste. Eine spontane Zusage bekam ich von Alt-Bundestrainer Helmut Schön, ebenso von Sepp Maier und Wolfgang Overath. Beide hatten sechzehn Jahre zuvor, bei der ersten WM in Mexiko, eine tragende Rolle in der deutschen Elf gespielt.

Mit an Bord der Bundeswehrboeing gingen auch einige Bundestagsabgeordnete aller Parteien – bis auf die Grünen, die uns vorwarfen, wir würden Steuergelder vergeuden. Murren gab es auch in Teilen der SPD-Fraktion, die dem mitreisenden SPD-Abgeordneten Hans-Jürgen Wischnewski und Konrad Porzner, dem ehemaligen Parlamentarischen Geschäftsführer der SPD-Bundestagsfraktion, vorhielten, sie ließen sich für eine Propagandashow des Bundeskanzlers einspannen.

Mit Bedacht hatte ich eine Reihe weiterer Mitflieger ausgewählt: Bundeswehrsoldaten, Grenzschützer und Bereitschaftspolizisten. Die einen hatten Mut als Lebensretter gezeigt, die anderen waren bei Protestaktionen der Kernenergiegegner verletzt worden. Ich hatte sie eingeladen, weil es mir wichtig war, ihre Leistungen öffentlich zu machen und das Ansehen ihres Berufsstandes in unserer Gesellschaft zu heben. Sie alle waren dabei, als es am Abend vor dem entscheidenden Spiel zu einer Begegnung mit der deutschen Mannschaft kam.

Deutschland verlor das Endspiel mit 2:3. Hundertfünfzehntausend Fans bejubelten im Azteken-Stadion den neuen Champion: Argentinien. Die Niederlage sah man uns allen an. Als die deutsche Mannschaft die Silbermedaillen in Empfang nahm, umarmte ich die Kicker. Immerhin waren wir Vizeweltmeister geworden. Die Mannschaft hatte alles gegeben und gut gespielt und doch nicht gesiegt. Das konnte ich gut nachempfinden. Wie oft hatte meine Partei alles getan und doch verloren.

*

Während des Sommerurlaubs in St. Gilgen am Wolfgangsee empfing ich den österreichischen Regierungschef Franz Vranitzky, mit dem ich heftig über die umstrittene atomare Wiederaufbereitungsanlage im bayerischen Wackersdorf diskutierte. Österreich hatte in einer Volksabstimmung mehrheitlich für den Verzicht auf Kernkraft votiert, und nun forderte Vranitzky die Bundesregierung nachdrücklich auf, angesichts so vieler Vorbehalte, Bedenken und Ängste in der österreichischen Bevölkerung den Weiterbau in

»Ich schwöre, dass ich meine Kraft dem Wohle des deutschen Volkes widmen werde«: Vereidigung zum Bundeskanzler im Oktober 1982

Ein privater Moment vor den Augen der Öffentlichkeit:
Wahlparty im März 1983

rechte Seite oben: *Jeden Morgen trifft sich in meinem Büro die »Kleine Lage«; hier mit Horst Teltschik, Friedhelm Ost, Wolfgang Schäuble, Eduard Ackermann, Wolfgang Bergsdorf und Juliane Weber (v.l.n.r.)*
rechte Seite unten: *Kabinettssitzung*

Unterwegs zum nächsten Termin

rechte Seite: *Auf dem Roten Platz in Moskau (Oktober 1988)*

HOUSE
HAZEL-STONES

Gute Freunde: Mit François Mitterrand
auf Schloss Chambord an der Loire (März 1987)

linke Seite oben: *Durchbruch in Moskau: Michail Gorbatschow stimmt der deutschen Einheit grundsätzlich zu (Februar 1990)*
linke Seite unten: *1982 schien die Mauer noch unumstößlich zu sein: Mit Margaret Thatcher am Potsdamer Platz*

nächste Doppelseite: *Mit George und Barbara Bush auf einer romantischen Rheinfahrt zur Loreley*

Deutsch-amerikanische Freundschaft:
Mit Ronald Reagan im Weißen Haus (Februar 1988)

rechte Seite: *Gespräche in aller Welt: Mit dem kanadischen Premierminister Brian Mulroney 1988 in Ottawa* (oben) *und mit Deng Xiaoping 1984 in Peking* (unten)

In Kenia, der letzten Station auf meiner Afrikareise 1987, verursacht unsere Wagenkolonne einen Menschenauflauf

Herzlicher Empfang in Tibet:
Die weißen Seidenschals, die uns zur Begrüßung umgehängt werden,
bedeuten Gesundheit, Glück und ein Wiederkommen

In der Kaiserstadt Xian können Hannelore und ich die berühmte Terrakotta-Armee aus nächster Nähe besichtigen (1984)

Mit Hannelore vor der Statue von Ramses II. und seiner Tochter Bint-Anat (Ägypten 1983)

Wackersdorf noch einmal zu überdenken. Ich respektierte die Haltung seines Landes, aber für die Bundesrepublik sah ich darin keinen gangbaren Weg. So blieb der Dissens zwischen uns beiden bestehen.

Das Thema Atomenergie stand auch im Mittelpunkt meines Schwedenbesuchs Anfang September 1986. Außerdem erörterte ich mit Ministerpräsident Ingvar Carlsson den Stand der in Stockholm zu Ende gehenden Konferenz für vertrauensbildende Maßnahmen und Abrüstung in Europa (KVAE). Ich fand viele politische Gemeinsamkeiten mit den schwedischen Sozialdemokraten, die mir in manchen weltpolitischen Fragen näher standen als Teile der deutschen Sozialdemokratie.

Bei diesem eintägigen Besuch traf ich auch mit dem schwedischen König Carl XVI. Gustaf und seiner in Deutschland geborenen Gattin, Königin Silvia, zu einem Empfang auf Schloss Drottningholm zusammen. Es war eine wunderbare Begegnung mit zwei klugen und äußerst angenehmen Menschen.

Die wichtigste Auslandsreise im Jahr 1986 war mein offizieller Besuch in den Vereinigten Staaten. In der letzten Oktoberwoche begegnete ich zum siebten Mal Ronald Reagan. Nachdem wir uns zuletzt bei mehreren Arbeitsbesuchen gesehen hatten, empfing mich der amerikanische Präsident diesmal mit allen protokollarischen Ehren. Es war »Indian Summer« – Traumwetter in Washington.

Meine Amerikareise stand unter einem günstigen Stern. Eine Woche nach dem Spitzentreffen von Reagan und Gorbatschow in der isländischen Hauptstadt Reykjavík war ich der erste europäische Regierungschef, der vom US-Präsidenten aus erster Hand über diese Begegnung informiert wurde. Im ausgiebigen Gespräch konnte ich den Standpunkt der Bundesregierung zum gesamten Themenkatalog der Abrüstungsproblematik erläutern: strategische Offensivwaffen, Mittelstreckenraketen, SDI, atomarer Teststopp, chemische Waffen.

Beim Gala-Diner im Weißen Haus erzählte Ronald Reagan einen Witz, der ein riesiger Lacherfolg war: Erich Honecker sitzt mit seiner Freundin zusammen. Sie bittet: »Mach doch die Grenze zum Westen auf.« Honecker: »Du willst wohl mit mir allein sein.«

Nicht alles verlief in Amerika so entspannt. Ein Interview, das ich dem amerikanischen Nachrichtenmagazin *Newsweek* kurz vor meiner Abreise gegeben hatte, sorgte für Schlagzeilen. Eine Interviewpassage, die beim Gegenlesen des Textes nicht entfernt worden war, verfolgte mich geradezu. Darin hatte ich Kreml-Chef Michail Gorbatschow und den nationalsozialistischen Propagandaminister Joseph Goebbels in einem Zusammenhang genannt. In der *Newsweek*-Ausgabe vom 27. Oktober 1986 stand nun: »Er [Gorbatschow] ist ein moderner kommunistischer Führer, der sich auf Public Relations versteht. Goebbels, einer von jenen, die für die Verbrechen der Hitler-Ära verantwortlich waren, war auch ein Experte für Public Relations.«

Vorausgegangen war ein Gespräch mit zwei *Newsweek*-Korrespondenten am 16. Oktober, das über achtzig Minuten gedauert hatte und auf Tonband mitgeschnitten worden war. Von dieser ausführlichen Gesprächsfassung wurde ein Manuskript angefertigt und Regierungssprecher Friedhelm Ost zum Redigieren vorgelegt. Das ist ein ganz normaler Vorgang, wie er bei allen Interviews mit Printmedien bis auf den heutigen Tag so üblich ist. Dabei können Formulierungen verändert, Passagen gestrichen, erweitert und umformuliert werden. Wie mir Friedhelm Ost dann erläuterte, habe er die Journalisten gebeten, die Passage mit dem Gorbatschow/Goebbels-Vergleich zu streichen, nicht zuletzt deshalb, weil die meisten amerikanischen Leser kaum etwas mit dem Namen Goebbels anfangen könnten. Die *Newsweek*-Leute hätten ihn dann überredet, die Passage so zu belassen, woraufhin er eingelenkt, aber zumindest auf einer Charakterisierung von Goebbels bestanden habe, damit die Leser mit dem Namen etwas verbinden konnten. Die amerikanischen Journalisten argumentierten nun, auf Wunsch des Regierungssprechers sei in den redigierten Text eingefügt worden: »Goebbels, einer von jenen, die für die Verbrechen der Hitler-Ära verantwortlich waren …«

In den Vorabveröffentlichungen wurden diese Sätze genüsslich zitiert. Zwar gab der *Newsweek*-Text den Sinn und Inhalt des anderthalbstündigen Gesprächs in diesem Punkt nicht korrekt wieder, aber nun war der Vergleich Gorbatschow/Goebbels in der

Welt. Es musste der Eindruck entstehen, ich hätte Generalsekretär Michail Gorbatschow persönlich mit Goebbels vergleichen wollen. Das war nicht meine Absicht. Ich bedauerte es sehr, dass dieser Eindruck entstehen konnte, und distanzierte mich mit Entschiedenheit davon.

Es war dumm von mir, Gorbatschow und Goebbels in einem Atemzug genannt zu haben. Mehr als ein tiefes Bedauern blieb mir aber nicht. Der sowjetische Botschafter wurde beim Kanzleramtschef vorstellig und übergab eine mündliche Botschaft der sowjetischen Führung, die er als sogenanntes Non-Paper zurückließ.

Endlich hatten die Oppositionsparteien ihr Wahlkampfthema. Im Bundestag versuchten sie mit allen Mitteln, innenpolitischen Nutzen aus dieser Angelegenheit zu ziehen. Die SPD ignorierte einfach, dass ich Gorbatschow gar nicht hatte beleidigen wollen und es sehr bedauerte, dass ein solcher Eindruck hatte entstehen können. Größerer Schaden für die deutsch-russischen Beziehungen war wegen meiner unbedachten Interviewäußerung glücklicherweise nicht entstanden, wie man schon sehr bald merken konnte.

Es gibt hartnäckige Klischees, die seit Jahren über mich im Umlauf sind und denen zufolge ich ein Mann der Amerikaner, ein Kriegstreiber und Nato-Fanatiker sein soll. Doch das stimmt nicht. Ich hatte ein ausgesprochenes Faible für Osteuropa, besonders für die damalige Sowjetunion, und suchte als Kanzler ein politisch tragfähiges Netz von Beziehungen zu Moskau aufzubauen, das – wie sich zeigen sollte – größeren Bestand hatte, als die Kreml-Astrologen in West und Ost für möglich hielten.

Nur die äußeren Umstände waren anfangs enorm ungünstig: Dadurch dass zwischen 1982 und 1985 mit Breschnew, Andropow und Tschernenko gleich drei KPdSU-Generalsekretäre in kurzer Zeit starben, kam es zu einem ständigen Wechsel in der Moskauer Führungsspitze. Bei der Wahl Michail Gorbatschows 1985 konnte niemand ahnen, dass er sich einmal zu einem Reformpolitiker entwickeln würde. Er war zwar mit vierundfünfzig Jahren der bis dahin jüngste Generalsekretär, aber sein Alter allein bot keine Garantie für eine Änderung des totalitären kommunistischen Systems.

41.
Dauerwahlkampf

Ein permanenter Wahlkampf bestimmte das Jahr 1986. Im Frühjahr begannen wir mit der »Offensive 87«, wie sie vom CDU-Bundesvorstand schon lange geplant war. Dazu gehörten die Auseinandersetzung mit den Gewerkschaften und die Verabschiedung des Gesetzentwurfs zur Änderung des Paragraphen 116 Arbeitsförderungsgesetz (AFG), des sogenannten Aussperrungsparagraphen. Dabei ging es um die dringend notwendige Klärung, wie die Neutralität der Bundesanstalt für Arbeit im Arbeitskampf zu sichern war. Man hätte meinen können, dass wir das Streikrecht abschaffen wollten, so groß war mancherorts die Empörung. Doch davon war keine Rede. Es ging allein darum, dass im Falle eines Streiks oder einer Aussperrung keine Gelder fließen durften, die eigentlich für Arbeitslose bestimmt waren. Das Geld der Bundesanstalt für Arbeit durfte weder als Streikgeld für den DGB noch als Aussperrungssubvention für Arbeitgeber missbraucht werden. Hier musste eine Regelung getroffen werden, und die CDU war für wirkliche Verbesserungsvorschläge im Rahmen des Gesetzgebungsverfahrens offen.

Im April konzentrierten wir uns auf die Landtagswahl in Niedersachsen. Mit der sogenannten Sommeraktion, in deren Mittelpunkt ich als Bundeskanzler stand, eröffneten wir eine intensive Informationskampagne über die Politik der Union – vor allem über die wirtschaftlichen Daten, die Preisstabilität und die Geldwertstabilität der D-Mark im Gegensatz zu anderen Währungen.

Von Mitte August bis Anfang Oktober 1986 schloss sich die »Auftaktkampagne« der CDU an, die Partei und Öffentlichkeit für unsere Ziele gewinnen sollte. Gleichzeitig sollte unsere Kampagne einen Frühstart der SPD im Zusammenhang mit dem Nominierungsparteitag in Nürnberg verhindern, auf dem Johannes Rau im August 1986 zum Kanzlerkandidaten gekürt wurde.

Nach dem CDU-Bundesparteitag am 7. und 8. Oktober 1986 in Mainz wurde der Wahlkampf weiter intensiviert. Jetzt ging es darum, die rund siebenhundertzwanzigtausend Mitglieder der CDU – zusammen mit denen der Jungen Union und der CSU rund eine Million Menschen – zu mobilisieren.

Nach der Weihnachtspause startete die CDU am 4. Januar 1987 mit einer Großveranstaltung in der Dortmunder Westfalenhalle als erste in die Schlussphase des Wahlkampfs. Die Freidemokraten nutzten am 6. Januar ihr traditionelles Dreikönigstreffen, um die heiße Wahlkampfphase einzuläuten, und die SPD zog am 8. Januar 1987 in Dortmund nach.

Unser Wahlprogramm stand unter dem Leitmotiv »Vertrauen in die Zukunft« und beschränkte sich auf einige Schwerpunkte. Es sollte vor allem verdeutlichen, dass die CDU die Partei des wirtschaftlichen Aufschwungs und der sozialen Sicherheit sowie der Garant für die Sicherung von Frieden und Freiheit und eines neuen Vertrauens in die Zukunft war. Mit den Entscheidungen, die die Bundesregierung für eine familien-, frauen- und kinderfreundliche Umwelt getroffen hatte, war eine wichtige Voraussetzung für die Realisierung der Ziele der Union geschaffen.

In einem Kontrastbild zur SPD machten wir deutlich, wie sehr die SPD die Partei der negativen Utopien, der kollektiven Depressionen und Panikszenarien war. Demgegenüber betonten wir die Kompetenz der CDU, die Zukunft positiv zu gestalten. Ziel dieser Kampagne war es, die zunehmend optimistische Stimmung zu verstärken und zugunsten der CDU zu nutzen. Die Erfolge der Bundesregierung waren eine Leistung der gesamten Bevölkerung. Die Deutschen konnten stolz darauf sein, unter der Führung der Bundesregierung die größte Wirtschaftskrise nach der Währungsreform überwunden und das Land wirtschaftlich wieder erfolgreich gemacht zu haben. Gegen die Wahlkampagne der SPD, die Stimmung machte mit der Kriegsangst und mit ungeheuerlichen Horrorszenarien wegen Reagans Außen- und Sicherheitspolitik,

Stehende Ovationen auf der Großveranstaltung in der Dortmunder Westfalenhalle

setzten wir die Botschaft, dass der Erfolgskurs auch über die nächste Bundestagswahl hinaus fortgesetzt werden könnte, wenn man nicht die Kurpfuscher von gestern zu Vertrauensärzten von morgen wählte.

Die Bundesregierung unter Führung der Union konnte eine überzeugende Leistungsbilanz vorweisen. Der politische Schutt, den die Sozialdemokraten hinterlassen hatten, war weggeräumt, die Krise war überwunden, Wirtschaft und Gesellschaft hatten wieder ein solides Fundament. Aus Angst war Hoffnung, aus Pessimismus war Optimismus geworden. Die Kriegsangst war zurückgegangen, die Zukunfts- und Technikangst war gebändigt, und die Angst vor dem Verlust des Arbeitsplatzes hatte sich ebenfalls verringert. Die Deutschen glaubten wieder an ihre Leistungskraft und Tatkraft. Sie hatten ihr Selbstvertrauen zurückgewonnen. In allen Bereichen der Gesellschaft wurde eine neue Aufbruchstimmung spürbar.

Die Bundestagswahl 1987 war eine Durchsetzungswahl, in der die Bürger über die bisherige Politik der Union und ihr künftiges Programm abstimmten. Sie fällten eine politische Richtungsentscheidung. Wir betonten damals immer wieder, dass die Bewältigung der Aufgaben, die wir bei Regierungsübernahme vorgefunden hatten, weit in die nächste Legislaturperiode hineinreichen würde. Jetzt wollten wir die politischen Weichenstellungen für die Entwicklung in den neunziger Jahren vorbereiten. Das war auch der Schwerpunkt des gemeinsam mit der CSU erarbeiteten Wahlprogramms: Es ging darum, die Bundesrepublik zu einem leistungs- und wettbewerbsfähigen Industriestaat und zu einer Gesellschaft mit menschlichem Antlitz weiterzuentwickeln. Dieses Ziel würden wir erreichen, wenn die Bürger Leistung und Kreativität, soziale Verantwortung und Rücksichtnahme auf den Nächsten als wichtige Handlungsmaximen begriffen. Mit Pessimismus, Wehleidigkeit und Realitätsflucht würden wir die Zukunftsprobleme nicht bewältigen.

Nach dem Reaktorunfall in Tschernobyl im April 1986 hatte sich die politische Großwetterlage verändert. Eine irrationale Welle der Angst hatte die Menschen erfasst, die nirgendwo in den Nachbarländern so ausgeprägt war wie in der Bundesrepublik. Die Grünen forderten sogar den sofortigen Ausstieg aus der Kernenergie. In dieser Situation galt es, einerseits unsere klare Position zu Fragen der Kernenergie mit aller Deutlichkeit vorzutragen und gleichzeitig verständnisvoll zu argumentieren. Es gab keine Alternative zur Kernkraft. Wir brauchten sie und konnten sie nicht ersetzen, aber natürlich waren wir bereit, alternative Energien zu nutzen, soweit sie zur Verfügung standen.

Die erheblich wiedererstarkte Antiatombewegung beeinflusste die Stimmungslage massiv. Immer wieder bestimmten Bilder von militanten Auseinandersetzungen die Nachrichten: Das von Kernkraftgegnern besetzte Baugelände der atomaren Wiederaufbereitungsanlage in Wackersdorf konnte nur mit einem Großaufgebot von Polizei und Bundesgrenzschutz geräumt werden. Franz Josef Strauß und ich waren vor Ort und erlebten wilde Auseinandersetzungen mit den Demonstranten. Auch bei Protestaktionen gegen das atomare Zwischen- und Endlager in Gorleben kam es zu schweren Ausschreitungen. Und nach Inbetriebnahme des Kernkraftwerks Brokdorf an der Unterelbe demonstrierten über zehntausend Gegner der Kernenergie. Die Polizei kreiste die Demonstranten ein und hielt sie für Stunden fest. Viele empfanden das als Skandal, einige sahen darin eine erfolgreiche Strategie, so auch ich.

In dieser politisch explosiven Lage empfahl ich, noch stärker die Auseinandersetzung mit den Grünen zu suchen und der Bevölkerung immer wieder vor Augen zu führen, dass es innerhalb der Grünen eine nicht unbedeutende Gruppe gab, die in Wahrheit eine andere Republik wollte und andere sicherheitspolitische Konstellationen anstrebte sowie wirtschaftliche und soziale Konzepte vertrat, die eindeutig in die Irre führten.

Festigkeit in unseren Standpunkten war auch beim Thema Schutz des ungeborenen Lebens wichtig. Ich teilte die Sorge vieler Menschen um die hohe Zahl von Schwangerschaftsabbrüchen. Es war ein Skandal, wenn in einem Land wie unserem, das zu den wohlhabendsten der Welt gehört, vier von fünf Abtreibungen mit einer sogenannten Notlage begründet wurden. Ganz offensichtlich wurde hier das Recht missbraucht. Ich machte immer wieder deutlich, dass für mich der Mensch »Mensch von Anfang an« ist, dessen Leben – das ungeborene wie das geborene – ein umfassend zu schützendes, unteilbares Gut ist.

Ihre eindeutige Haltung gegen die Praxis der Indikationsregelung unterstrichen CDU und CSU in den Entschließungen des Bundesrats vom 20. Dezember 1985 und der Bundestagsfraktion vom 28. Januar 1986. Doch für eine Gesetzesänderung gab es in dieser Zeit keine Mehrheit im Bundestag – und ich muss leider hinzufügen: auch in unserer Gesellschaft nicht.

Der Schutz des Lebens ist eine Gewissensfrage. Politik aus christlicher Verantwortung befindet sich in einer Zwangslage, wenn sie das als richtig Erkannte – den Vorrang des Schutzes des Lebens – in demokratische und von der Gesellschaft mitgetragene Politik umsetzen will.

Ein Bewusstseinswandel war notwendig, denn von vielen wird die Entscheidung gegen das Leben zu leicht genommen. Doch ein solcher Bewusstseinswandel konnte sicher nicht durch eine Gesetzesänderung herbeigeführt werden, die gerade von denen, die es angeht, nicht mitvollzogen werden würde. Diesen Weg nicht zu gehen war also nicht fehlende Grundsatztreue, sondern ein Gebot politischer Klugheit.

Diese Einschätzung bestätigte auch die am 22. März 1986

von der Glaubenskongregation in Rom veröffentlichte »Instruktion über die christliche Freiheit und die Befreiung«. Dort heißt es: »Der Glaube ist eine inspirierende Kraft für Urteilskriterien, Grundwerte, Denkrichtungen und Lebensmodelle, die für die menschliche Gemeinschaft als solche gültig sind.« Damit wird deutlich, dass es auch für Christen verschiedene Wege geben kann.

In realistischer Einschätzung der politischen Gestaltungsmöglichkeiten konzentrierte sich die Politik der Bundesregierung damals darauf, die Missbrauchsmöglichkeiten der Abtreibung einzuschränken und durch eine besonnene Politik der immer wieder vorgebrachten Behauptung entgegenzutreten, Abtreibungen würden aus einer sozialen Notlage heraus, also vor allem aus finanziellen Gründen, vorgenommen. Dem wirkte die Bundesregierung mit ihrer konsequent kinderfreundlichen Familienpolitik ebenso entgegen wie mit der am 15. Juli 1984 gegründeten Bundesstiftung »Mutter und Kind – Schutz des ungeborenen Lebens«, die materielle Hilfen für Frauen bereitstellte, um ihnen die Fortsetzung der Schwangerschaft zu erleichtern. So wurden günstige neue Rahmenbedingungen geschaffen, um schrittweise jene Bewusstseinsänderung zu fördern, die durch eine bloße Gesetzesänderung nicht zu erreichen war.

Diese Politik zeitigte Wirkungen. So wurde über die zentrale Frage des Lebensschutzes inzwischen sehr viel ernsthafter nachgedacht als früher. Mit dem Wegfall der Begründung »soziale Notlage« beziehungsweise »finanzielle Schlechterstellung der Familie« wurde die Gewissensentscheidung des einzelnen stärker gefordert. Und in ihrer Erklärung zur Lage des Schutzes der ungeborenen Kinder vom September 1985 bestätigten die katholischen Bischöfe, »dass das Unrechtsbewusstsein für jene Handlungen gewachsen ist, die das Recht des Menschen auf Leben und menschenwürdiges Sterben [...] gefährden und bedrohen«.

Das war das Ziel unserer Politik, aber wahr ist leider auch, dass wir unser Ziel nicht erreicht haben. An diesem Beispiel zeigt sich, dass den Einflussmöglichkeiten der Politik auch Grenzen gesetzt sind.

Auf unserem 34. Bundesparteitag in Mainz am 7. und 8. Oktober 1986 verabschiedeten die Delegierten nach intensiver Diskussion ein »Zukunftsmanifest«, an dessen Zustandekommen auch namhafte Wissenschaftler außerhalb der Unionsparteien mitgewirkt hatten. Dieses Zukunftsmanifest unterschied sich vom Wahlprogramm dadurch, dass hier Ziele angesprochen wurden, die weit über die nächste Legislaturperiode hinausreichten, und dass es Antworten auf die gesellschafts- und wirtschaftspolitischen Herausforderungen formulierte, die sich nicht nur auf materielle Aspekte beschränkten, sondern gleichzeitig das Immaterielle betonten. Kurz gefasst ging es uns darum, den modernen Industriestaat auch in den kommenden Jahrzehnten zu sichern, aber so, dass in einer menschlichen Gesellschaft wirtschaftliches Wachstum und technischer Fortschritt mit der Erhaltung der natürlichen, sozialen und kulturellen Umwelt vereinbar gemacht wurden – das hieß Wahrnehmung der Chance des technischen Fortschritts unter gleichzeitiger Begrenzung der Risiken.

Der Wahlkampf, den wir unter dem Slogan »Weiter so, Deutschland« führten, fand unter zum Teil sehr widrigen Witterungsverhältnissen statt. Dass sich trotz des Winterwahlkampfs so viele Bürger für die verschiedenen Parteien engagierten und manche Beschwernisse auf sich nahmen, war ein eindrucksvoller Beweis für die Lebenskraft unserer freiheitlichen Demokratie.

Es war auch nicht einfach ein Fernsehwahlkampf, wie viele erwartet hatten. Unsere Veranstaltungen waren sehr gut besucht. Ich selbst konnte auf einundsechzig Kundgebungen von Sylt bis Passau zu über einer halben Million Menschen sprechen. Darunter waren viele Anhänger der Union, aber nach meinem Eindruck auch besonders viele Bürger, die sich noch nicht festgelegt hatten. Erfreulich groß war der Anteil junger Zuhörer.

Im Ganzen gesehen war es ein fairer Wahlkampf, auch wenn es vereinzelt Störungen gab. Nach unseren Erkenntnissen initiierten meist kommunistische Splittergruppen oder Gruppen aus dem Umfeld der Grünen solche Störaktionen. Bedrückend fand ich, dass dafür manchmal Jugendliche im Alter von vierzehn, fünfzehn Jahren mobilisiert wurden. Demokraten dürfen auch im Wahlkampf nicht vergessen, dass sie allenfalls Gegner, nicht aber Fein-

Im Bundestags-wahlkampf 1987

de sind. Wer in der politischen Debatte Hass predigt, schadet der demokratischen Kultur unseres Landes.

Es gelang der Opposition nicht, eine Alternative zur Politik der Koalition der Mitte zu präsentieren. Der Wahlkampf stand über weite Strecken im Zeichen der inneren Zerrissenheit der SPD. Ich konnte nur hoffen, dass die Sozialdemokraten ihren Standort bald klären würden, denn für die Stabilität unserer parlamentarischen Ordnung war dies besonders wichtig.

Auch wenn es kein zentrales Thema gab, das den Wahlkampf beherrschte – wie 1983 die Haltung zum Nato-Doppelbeschluss –, so spielten doch Umweltfragen eine wichtige Rolle. Das Bewusstsein dafür wurde nicht nur durch die Konsequenzen des GAUs von Tschernobyl, sondern auch durch eine Serie von Chemieunfällen am Rhein geschärft. Den Anfang machte im Oktober 1986 ein Unfall beim Basler Chemiekonzern Ciba-Geigy, als vierhundert Liter des Pflanzengifts Atrazin erst in die Kanalisation und dann in den Rhein gelangten. Nur einen Tag später, am 1. November 1986, machte eine Brandkatastrophe bei der Firma Sandoz in Schweizerhalle in der Nähe von Basel Schlagzeilen, weil mit Insekten- und Unkrautvernichtungsmitteln vermischtes Löschwasser den Fluss auf einer Strecke von hundert Kilometern verseuchte; ein großes Fischsterben war die Folge. Damit nicht genug, berichteten die Medien in den nächsten Wochen über fünf weitere, wenn auch nicht so schwere Chemieunfälle am Rhein. Gemeinsam mit den anderen Anrainerstaaten entwickelte die Bundesregierung daraufhin ein »Aktionsprogramm Rhein« zur Sanierung des Flusses.

Wir brauchen die chemische Industrie und ihre Erzeugnisse. Wir dürfen aber auch erwarten, dass bei der Herstellung ein Maximum an Vorsicht waltet und Vorsorge gegen Unfälle getroffen wird. Verständlicherweise standen nach der Unfallserie nun die Themen Umweltkriminalität und Schlampigkeit im Umgang mit gefährlichen Stoffen auf der Tagesordnung. Weder das eine noch das andere durften wir einfach hinnehmen. Umweltverbrecher verdienten harte Strafen, Umweltsünder mussten für den Schaden aufkommen, den sie verursacht hatten. Umweltverschmutzung ist kein Kavaliersdelikt, sondern ein schweres Vergehen. Es musste endlich Ernst gemacht werden mit dem Verursacherprinzip.

Schon der Reaktorunfall in der Sowjetunion hatte uns drastisch vor Augen geführt, worauf es in der Umweltpolitik ankommt: auf Vorsicht und Vorsorge. Die Verhinderung eines Schadens ist allemal besser als seine Begrenzung und Wiedergutmachung. Die Gesundheit der Bürger muss Vorrang haben vor wirtschaftlichen Interessen. Das war die Leitlinie für unsere Umweltpolitik. Manche Umweltbelastungen wären geringer, wenn bereits in den siebziger Jahren nach dieser Einsicht gehandelt worden wäre. In der Umweltpolitik bestand die Erblast 1982 nicht so sehr in Fehlentscheidungen, sondern eher in fehlenden Entscheidungen. Wäre zum Beispiel das umweltfreundliche Auto – wie in Japan und den USA – bereits Mitte der siebziger Jahre auf den Weg gebracht worden, wären Umweltschäden verhindert worden. Wären die strengen Bestimmungen der Großfeuerungsanlagenverordnung und der »Technischen Anleitung zur Reinhaltung der Luft« (TA Luft) bereits zehn Jahre früher in Kraft gewesen, unsere Luft wäre heute erheblich sauberer.

Die Beschlüsse, die wir zum Schutz unserer natürlichen Lebensgrundlagen gefasst hatten, zeigten bereits am Ende dieser Legislaturperiode konkrete Wirkung: Der Schwefelausstoß aus Kraftwerken konnte erheblich verringert und bis 1993 halbiert werden. Der Schadstoffausstoß von Industrieanlagen nahm von Jahr zu Jahr drastisch ab. Der Anteil schadstoffarmer Autos an den Neuzulassungen betrug Anfang 1987 bereits 60 Prozent. Überall in der Bundesrepublik konnte man bleifrei tanken, und wir hatten sogar erreicht, dass in unseren Nachbarländern das Netz bleifreier Tankstellen dichter wurde. Wir hatten dafür gesorgt, dass das Thema Umweltschutz in Europa ganz oben auf der Tagesordnung stand. Auch im Ost-West-Dialog hatte es mittlerweile seinen festen Platz.

Die Sonderkonferenz der Internationalen Atomenergie-Organisation (IAEO) zur Reaktorsicherheit, die ich nach der Tschernobyl-Katastrophe angeregt hatte, fand Ende September 1986 in Wien statt und zeigte, dass jenseits ideologischer Gegensätze Fortschritte zugunsten unserer Umwelt möglich waren. Dass sich zu diesem Zeitpunkt die UN-Generalversammlung einstimmig für die weitere Nutzung der Kernenergie aussprach, zeigte die Realitätsferne all jener, die im Alleingang zum Ausstieg aufbrechen wollten. Dass die UN-Generalversammlung zugleich einstimmig eine Verbesserung der Sicherheit von Atomanlagen forderte, war ein Erfolg unserer Politik. So hatten wir in den letzten vier Jahren für den Schutz der Umwelt schon viel erreicht.

Wirtschaftlich hatte unser Land in den letzten vier Jahren die tiefe Krise überwunden, in die wir Anfang der achtziger Jahre geraten waren. Das musste selbst die SPD einräumen. Bei der weiteren wirtschaftlichen Entwicklung kam es entscheidend darauf an, zwischen der Grundkonstitution der Wirtschaft einerseits und den jeweils anstehenden wirtschaftlichen Herausforderungen andererseits zu unterscheiden. Der Sachverständigenrat hatte in seinem letzten Jahresgutachten noch einmal unterstrichen, dass die Konstitution der deutschen Wirtschaft robust und solide war. Die Fakten waren in der Tat eindeutig: Zu Beginn des fünften Aufschwungjahres verzeichneten wir stetiges Wirtschaftswachstum, vollständige Preisstabilität, zunehmende Beschäftigung und zurückgehende Arbeitslosigkeit. Die neuesten Rekordzahlen über Produktion und Export in der deutschen Automobilindustrie passten ins Bild. Gerade 1986 war ein gutes Jahr gewesen, vor allem weil es gelungen war, von der Exportorientierung auf die Nachfrage im Inland umzuschalten und so die wichtigste Konjunkturstütze zu aktivieren.

Wir wollten keinen kurzfristigen wirtschaftspolitischen Aktionismus, der wenig nützen würde, weil Verbraucher und Investoren nicht so kurzfristig denken, wie manche anzunehmen scheinen. Was Verbraucher und Investoren wissen wollen, ist doch, womit sie *langfristig* – also in den kommenden Jahren – rechnen können. Nur auf einer solchen Grundlage lässt sich verlässlich kalkulieren und planen. Deswegen stand im Zentrum unserer Strategie die geplante weiterführende Steuerreform – also eine weitere kräftige Steuerentlastung sowie die Verbesserung und Vereinfachung der Steuerstruktur. Diese Steuerreform stand ganz oben auf der Tagesordnung für unsere Arbeit nach der Bundestagswahl 1987.

Auch und gerade bei den jetzt vor uns liegenden Entscheidungen hielten wir an unserer Politik unverändert fest. Verlässlichkeit und Berechenbarkeit waren die wichtigsten Rahmenbedingungen – nicht nur in der Wirtschaftspolitik.

42.
Durchsetzungswahl

In Dortmund, jener Stadt, die Herbert Wehner, der langjährige Vorsitzende der SPD-Bundestagsfraktion, einst als »Herzkammer der Partei« gepriesen hatte, eröffneten wir die Schlussphase des Winterwahlkampfs. Drei Wochen vor dem Wahltag am 25. Januar 1987 versammelten sich über fünfzigtausend Mitglieder und Sympathisanten in der Westfalenhalle. Aus allen Teilen der Bundesrepublik waren sie mit fünfzehn Sonderzügen und über dreihundert Bussen mitten ins »rote Revier« gekommen. Es war das besondere Verdienst des Organisationschefs der CDU-Bundesparteizentrale, meines langjährigen Freundes Karl Schumacher, dass diese Großveranstaltung zu diesem Zeitpunkt und an diesem Ort überhaupt stattfinden konnte.

Groß, modern, weltoffen, familienfreundlich und heimatverbunden präsentierte sich die CDU als Volkspartei. Für einige Stunden wurde aus der Unions-Diaspora im Revier eine CDU-Hochburg. Es war die größte Veranstaltung der CDU im Bundestagswahlkampf.

Mehr als eine Stunde lang setzte sich Franz Josef Strauß mit der SPD-Opposition auseinander und analysierte scharfsinnig, was von einem rot-grünen Bündnis in Bonn zu erwarten wäre. Allerdings räumte er einem solchen Bündnis keine Siegeschancen ein. Auch machte Strauß, der die FDP nach wie vor wenig mochte, deutlich, dass die Union keine Stimme zu verschenken hatte. Das war ganz in meinem Sinne, denn wir hatten damals das Gefühl, dass es eine weitverbreitete Neigung bei unseren Anhängern gab, die FDP mit der Zweitstimme zu unterstützen. Die Sorge, dass die Unionsparteien am Wahlabend mit leichten Verlusten dastehen könnten, während der Koalitionspartner FDP einen Stimmenzuwachs verzeichnete, war nicht von der Hand zu weisen.

In meiner Rede bilanzierte ich nüchtern die Leistungen der Regierungskoalition. Ich variierte mein Lieblingsbild von der Bundesrepublik als Haus: in ihm sei aufgeräumt, die Statik sei in Ordnung gebracht und es sei menschlich eingerichtet worden. Für mich war klar, dass ich meine Arbeit in den kommenden vier Jahren vor allem als Innenarchitekt tun würde.

Jeder wusste, dass die SPD unserer Mannschaft nichts Gleichwertiges entgegenzusetzen hatte. Wir durften sie dennoch nicht unterschätzen. Aus früheren Wahlkämpfen wussten wir, dass unsere Gegner jeden erdenklichen Trick probieren würden. Wir blieben auf der Hut. Die Union kämpfte um jede Stimme, denn es ging um Deutschlands Zukunft.

In Dortmund thematisierte ich auch unsere deutschlandpolitischen Erfolge. Wer den Zusammenhalt der Menschen wollte, musste ja sagen zu den Gesprächen mit der politischen Führung der DDR – ohne darüber auch nur eine Minute zu vergessen, mit wem wir es zu tun hatten. Wörtlich sagte ich: »Wir sprechen eben nicht mit einer frei gewählten Regierung – und auch mit einem politischen Regime, das immerhin über zweitausend unserer Landsleute als politische Gefangene drüben in der DDR in Gefängnissen und Konzentrationslagern hält.«

Das Wort »Konzentrationslager« ging im starken Beifall fast unter. Viele unserer Anhänger registrierten es vermutlich überhaupt nicht. Die Journalisten dagegen horchten auf und kommentierten diese Wortwahl in ihren Berichten vom Parteitag als Missgriff. Mir war das Wort eher so herausgerutscht. Ich sprach frei und hatte mir auf drei Blättern nur einige Stichworte gemacht. Menschenrechtsverletzungen prangerte ich an, gleichgültig ob sie im Westen oder im Osten passierten. Natürlich war ich mir bewusst, dass die Arbeitslager der DDR etwas anderes waren als die Vernichtungslager der Nationalsozialisten. Doch nun war der Satz ausgesprochen, und alle Welt fiel über mich her.

Endlich hatten die Sozialdemokraten und die Grünen ein Wahlkampfthema, das sie über die Maßen hochzogen. Das war ihr gutes Recht. Der Vergleich war unangemessen, zumal er dem Ausmaß der fabrikmäßigen Vernichtung von Menschenleben in den Konzentrationslagern des NS-Regimes nicht gerecht wurde. Der Begriff »Konzentrationslager« ist gleichbedeutend mit Tod, Mord und Grauen. Ich hätte so nicht reden sollen, anderseits hatte meine Äußerung rein gar nichts mit dem »schlimmen völkisch-nationalen Getöse« zu tun, das mir die Grünen unterstellten.

Immerhin hatten die Kommunisten das KZ Buchenwald bei Weimar bis 1950 fortgeführt, und der Begriff »Konzentrationslager« hatte sich in der DDR gehalten, weil er die unmenschlichen Haftbedingungen beschrieb, die in den Lagern herrschten. Ich hatte viele Briefe erhalten, Briefe von Betroffenen, die mittlerweile in der Bundesrepublik lebten. Sie schilderten immer wieder, dass in den Gefängnissen und »Haftarbeitslagern« der DDR Menschen schikaniert und auf übelste Weise drangsaliert wurden. Auch die Internationale Gesellschaft für Menschenrechte (IGFM) in Frankfurt am Main wies damals darauf hin, dass an mindestens acht Orten in der DDR sogenannte Haftarbeitslager existierten, in denen politische Gefangene Zwangsarbeit leisten mussten. Die IGFM begrüßte es daher, dass ich die Aufmerksamkeit auf die Existenz solcher Lager gelenkt hatte.

Doch die Sozialdemokraten, statt die Menschenrechtsverletzungen in der DDR zu kritisieren, griffen mich frontal an. Dabei hatten führende Sozialdemokraten wie Willy Brandt nach dem Mauerbau einst die gesamte DDR als Konzentrationslager bezeichnet. Und am 30. Januar 1962 hatte der SPD-nahe Pressedienst ppp gemeldet, es gebe »20 000 ›Politische‹ in den Ulbricht-KZ«. Ehemalige DDR-Häftlinge sprechen bis heute davon, sie hätten im KZ gesessen.

Es gab Planungen in der DDR, die für den Fall von Unruhen oder eines Krieges (im äußersten »Verteidigungszustand« oder bei »inneren Spannungsperioden«) die Einrichtung von Arbeitslagern vorsahen, wie wir heute wissen. Nach dem letzten Stand der Planungen des Ministeriums für Staatssicherheit (MfS) sollten am »Tag X« zehntausendfünfhundertneununddreißig Personen auf einen Schlag in fünfunddreißig mit Stacheldraht und Wachtürmen abgeriegelte Lager gesperrt werden. Jüngsten Studien zufolge sollten zweitausendneunhundertein »besonders gefährliche« Bürger gleich in Vorbeugehaft genommen werden. Doch das war noch nicht alles: Weitere siebzigtausendzweihundertfünfundvierzig Bürger der DDR mit »feindlich-negativer beziehungsweise labiler Grundeinstellung« hatte das MfS zur verstärkten Überwachung aufgelistet. Bei ihnen seien »antisozialistische und andere feindlich-negative Handlungen und Aktivitäten zu erwarten bzw. nicht auszuschließen«. Beim geringsten Verdachtsmoment wären sie ebenfalls ins Lager gesteckt worden. Ausländer und Transitreisende sollten interniert werden.

Der Lageralltag war mit deutscher Gründlichkeit geplant. Es hätte ein hartes Regiment geherrscht. Die Insassen wären zur Zwangsarbeit verpflichtet gewesen. Als Einrichtung der Baracken waren Bänke, »eine Liegefläche mit Stroh« und ein »transportabler WC-Kübel« vorgesehen. Die »Verpflegungsnorm« hätte bei »0,50 M (300 g Brot und 2 l warme oder kalte Getränke entsprechend den Witterungsbedingungen)« gelegen. Ausgewählte Isolierte, die durch besondere Kennzeichen an der Kleidung ausgewiesen werden sollten, hätten für »Disziplin, Ordnung und Sicherheit« gesorgt. Bis zuletzt brachte der DDR-Geheimdienst seine Karteien von missliebigen Bürgern auf den neuesten Stand.

Kein Gesetz der DDR deckte eine solche Verhaftung der eigenen Bevölkerung. Die Pläne wurden 1989 auch deshalb nicht umgesetzt, weil es einerseits an Rückhalt aus Moskau mangelte und sich andererseits der Protest zu sehr ausgeweitet hatte. Es befanden sich einfach zu viele Menschen auf der Straße. So viele Leute einzusperren war nicht möglich.

Viele Menschen bewegte die Frage, wie sich das Ost-West-Verhältnis weiterentwickelte, welche Chancen für Fortschritte in den Abrüstungsverhandlungen bestanden und wann es endlich mehr Freiheit für alle Deutschen geben werde. Das waren nicht die einzigen Themen, auf die von uns eine Antwort erwartet wurde. Wir wurden gefragt, wie wir die neuen politischen Spielräume nutzen wollten, die sich mit dem wirtschaftlichen Aufschwung eröffneten, den sich die Menschen bei uns erarbeitet hatten. Viele

Bürger beunruhigte auch die nicht abreißende Kette terroristischer Gewalttaten, die die Frage aufwarf, wie sich unser Rechtsstaat dagegen zur Wehr setzen sollte.

Rüstungskontrolle und eine Reduzierung der bestehenden Waffenarsenale konnten nur erreicht werden, wenn gleichzeitig ein politischer Prozess in Gang kam, der Dialog und Zusammenarbeit auf allen Ebenen ermöglichte und Vertrauen zwischen West und Ost schuf. Deshalb setzte ich mich von Beginn an für gut vorbereitete Begegnungen zwischen dem amerikanischen Präsidenten und dem sowjetischen Generalsekretär ein. Inzwischen war es in Genf und Reykjavík zu zwei Gipfelbegegnungen gekommen. Beide, Reagan und Gorbatschow, sprachen davon, dass sie ein gutes persönliches Verhältnis zueinander entwickelt hätten. Zwischen den Großmächten fanden auf allen Ebenen vielfältige Gespräche statt, über regionale Krisenherde dieser Erde genauso wie über Abrüstung und Menschenrechte. Beide Seiten hatten sich in zentralen Fragen der Abrüstung deutlich aufeinander zubewegt. Das galt besonders für die Reduzierung nuklearer Waffen. Sicherlich konnten zu diesem Zeitpunkt noch keine konkreten Vereinbarungen erreicht werden. Die sachlichen Annäherungen von Reykjavík signalisierten aber, dass Veränderungen bereits in wenigen Jahren Wirklichkeit werden könnten. Dies galt insbesondere in bezug auf die strategische Funktion der Nuklearwaffen.

Es war in unserem eigenen Interesse als Deutsche, diesen Prozess mitzugestalten. Das hatten wir in den vergangenen vier Jahren durch eine Vielzahl von Initiativen auf bilateraler und multilateraler Ebene getan. So hatten wir in den multilateralen Rüstungskontrollverhandlungen, an denen wir beteiligt waren, weiterführende Verhandlungsvorschläge eingebracht und teilweise durchgesetzt: auf allen KSZE-Konferenzen, zuletzt auf der KSZE-Folgekonferenz in Wien, wo wir zum Beispiel eine internationale Wirtschaftskonferenz über mögliche Kooperationsformen angeregt hatten. Die KVAE-Konferenz in Stockholm wurde von uns mit durchgesetzt, inhaltlich maßgeblich beeinflusst und erfolgreich zum Abschluss gebracht. Mit Großbritannien konnten wir die westliche Verhandlungsposition bei den Wiener Verhandlungen vom Dezember 1985 über einen Truppenabbau durch eine gemeinsame Initiative weiterentwickeln. Auch über Kontrollverfahren für ein weltweites Verbot chemischer Waffen und für die Überwachung eines nuklearen Teststopps legten wir eigene Vorschläge auf den Tisch. Und die Genfer Nuklearverhandlungen begleiteten wir im Bündnis und bilateral mit den USA intensiv mit eigenen Vorschlägen und Anregungen.

Alle Nato-Partner waren sich in der grundsätzlich positiven Einschätzung der Gesprächsergebnisse von Reykjavík einig. Dies galt insbesondere für die Nullösung bei den Mittelstreckensystemen längerer Reichweite sowie für die fünfzigprozentige Reduzierung der strategischen Offensivwaffen. Diese Verhandlungsziele hatten wir mit angestrebt, denn sie lagen nicht zuletzt auch in unserem eigenen Sicherheitsinteresse.

Das positive Potential in den deutsch-sowjetischen Beziehungen war groß. Ob es gelang, diese Möglichkeiten zum beiderseitigen Vorteil und zur Verbesserung der gesamtpolitischen Lage zu nutzen, lag auch an der Sowjetunion. Ich war überzeugt, dass eine beiderseits realistische Einschätzung des deutsch-sowjetischen Verhältnisses einen wesentlichen positiven Impuls für die allgemeinen Beziehungen zwischen West und Ost geben konnte. Der jeweilige Stand der deutsch-sowjetischen Beziehungen hatte immer einen starken Einfluss auf die Ost-West-Beziehungen insgesamt.

Die Grundsätze unserer Außen- und Sicherheitspolitik waren eng verwandt mit den Leitlinien unserer Sozial- und Wirtschaftspolitik. So wie wir durch Klarheit und Berechenbarkeit die Zweifel am außenpolitischen Kurs unseres Landes überwunden hatten und unser Wort wieder etwas galt, so war Solidarität auch das Fundament des wirtschaftlichen Aufschwungs.

Es ging den Menschen 1987 besser als vier Jahre zuvor. Die Preise waren stabil, die Wirtschaft wuchs, die Realeinkommen stiegen, und die Beschäftigung nahm zu. Wir hatten in dieser Legislaturperiode sechshunderttausend neue Arbeitsplätze geschaffen. Die Zahl der Kurzarbeiter nahm drastisch ab, und auch bei der Überwindung der Jugendarbeitslosigkeit machten wir gute Fortschritte. Die SPD wäre gut beraten gewesen, diese positive

Bilanz nicht madig zu machen und die Arbeitsleistung der Menschen, die diese wirtschaftlichen Erfolge möglich gemacht hatten, nicht herabzusetzen. Die Bundesrepublik war nicht das Jammertal, das der Oppositionsführer immer wieder so düster beschwor. Die Wahlkämpfer der SPD mussten ihre Uhren nachstellen: Wir schrieben den Januar 1987 und nicht mehr den September 1982.

Jetzt durften wir nicht in die Fehler der siebziger Jahre zurückfallen. Das hieß vor allem: Man sollte grundsätzlich nur ausgeben, was vorher erarbeitet wurde. Deshalb blieben wir bei unserem Kurs einer soliden Finanz- und Wirtschaftspolitik, die vor allem der Leistung von Gerhard Stoltenberg zu verdanken war, und versprachen nicht allen alles, wie das bei den Sozialdemokraten Mode war.

Natürlich wollten wir an einer Gesellschaft mit menschlichem Gesicht weiterarbeiten. Die CDU war die Partei der sozialen Reformen. In der zu Ende gehenden Legislaturperiode hatten wir auch in dieser Hinsicht viel bewirkt: die Neuordnung der Hinterbliebenenversorgung mit der Gleichstellung von Mann und Frau im Rentenrecht; die Anrechnung von Kindererziehungszeiten bei der Rente, mit der endlich die rentenrechtliche Anerkennung der Arbeit unserer Hausfrauen und Mütter erreicht war; das Erziehungsgeld für junge Familien; der Erziehungsurlaub mit Beschäftigungsgarantie.

Wer uns »soziale Kälte« vorwarf, musste die Wähler für vergesslich und gedankenlos halten. Wir blieben bei unserem Kurs solide finanzierter Sozialreformen. Nur mit einer guten Wirtschafts- und einer soliden Finanzpolitik war seriöse Sozialpolitik möglich.

*

Der feige Mord der RAF am 10. Oktober 1986 an Gerold von Braunmühl, dem Leiter der Politischen Abteilung des Auswärtigen Amts, hatte nicht nur die Hauptstadt erschüttert. Die Menschen fragten sich: Was können wir tun, um endlich der Geißel des Terrors Herr zu werden?

Für mich stand immer außer Frage, dass es den Terroristen nicht

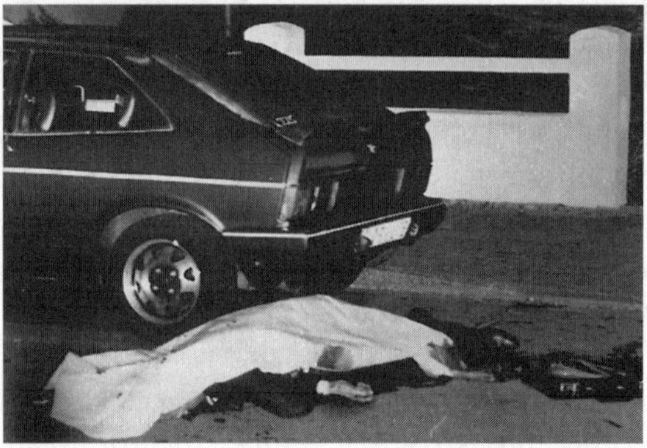

Am 10. Oktober 1986 wird Gerold von Braunmühl vor seinem Wohnhaus von Terroristen ermordet

gelingen würde, unseren freiheitlichen Rechtsstaat zu zerschlagen. Das würden wir mit den Mitteln ebendieses Rechtsstaats verhindern. Es gab keinerlei Entschuldigung für die zynischen Anschläge und feigen Morde. Die Täter und diejenigen, die ihnen den Rücken stärkten, mussten mit unserer entschiedenen Gegenwehr rechnen.

Die Antwort auf die Herausforderung des Terrorismus musste von uns allen kommen. Wir waren in dreifacher Hinsicht gefordert: Zum einen mussten alle Mitbürger die Fahndungsmaßnahmen der Polizei unterstützen, denn die Terroristen rechneten mit unserer Unaufmerksamkeit. Sie versuchten, sich mitten unter uns zu verstecken. Darum war jeder Hinweis für unsere Polizei so wichtig. Unser Rechtsstaat garantiert, dass lediglich der überführte Täter bestraft wird. Wer die Fahndung der Polizei unterstützte, half also, Menschenleben zu retten und unsere freiheitliche Ordnung zu sichern.

Zum anderen war es notwendig, auf die Brutalität des Terrorismus auch mit den notwendigen gesetzlichen Maßnahmen zu reagieren. Die Koalition brachte dazu eine Reihe von Vorlagen im Bundestag ein. Damit wurde die Fahndung erleichtert.

Und schließlich mussten wir uns alle noch energischer gegen die Verharmlosung von Gewalttaten wenden, die seit Jahren bei uns Mode geworden war. Das war nicht allein eine Aufgabe der Politik, sondern hier waren auch Eltern, Lehrer und Kirchen gefordert. Gemeinsam sollten wir immer wieder klarstellen: Wer Gewalt gegen Sachen rechtfertigt, trägt Mitverantwortung für die Gewalt gegen Menschen. Wer sich von Gewalttätern bei Demonstrationen nicht klar distanziert, ermutigt sie zu immer neuer Gewalt. Wer in der Politik oder sonst Hass predigt, kann sich nicht davonschleichen, wenn die Saat der Gewalt aufgeht. In der klaren Absage an jede Form der Gewalt müssen sich Demokraten bei allen Meinungsverschiedenheiten einig sein. Wer diesen Konsens verlässt, muss auf entschiedenen Widerstand treffen.

Führende SPD-Politiker sprachen von Ausgrenzung, wenn wir mit einer Partei nichts zu tun haben wollten, die Sachbeschädigung rechtfertigte, Gewalttaten bei Demonstrationen entschuldigte und sich ganz allgemein nicht klar und deutlich von Gewalt distanzierte. Wichtige Teile der Sozialdemokratie wollten die Macht in Bonn mit Hilfe einer Partei gewinnen, die in ihrem Wahlprogramm zwar den Terror von Rechtsextremisten verurteilte, aber kein Wort zum Linksterrorismus fand. So mancher Wähler sah in den Grünen eine Umweltpartei, so manches idealistische Mitglied merkte nicht, dass die Parteiführung damals längst zu einer anderen Republik aufgebrochen war. Gerade deshalb mussten wir in diesem Wahlkampf auch deutlich machen, dass man eine Partei nicht wählen durfte, die wie die Grünen Gewalt verharmloste und herbeiredete.

*

Was mich in den letzten Wochen vor dem Wahltag ärgerte, waren die systematischen Diffamierungsversuche der SPD, die verkündete, ein Wahlsieg der Union bedeute einen Rechtsruck in der Bundesrepublik. Wir waren keine Rechtspartei. Allerdings hatten die großen Volksparteien CDU, CSU und SPD die Pflicht, die Wähler an den Parteirändern von links bis rechts in das demokratische Lager zurückzuholen. Immer wieder machte ich deutlich, dass die Union in der politischen Mitte ihre entscheidende Grundposition sah, die unter meiner Führung niemals aufgegeben werde.

Ich war bestürzt über die Art und Weise, wie bei der Wahrnehmung der einfachsten demokratischen Grundpositionen, bei der Verurteilung von Menschenrechtsverletzungen, die Positionen verwischt wurden. Während man die Bekämpfung von Menschenrechtsverletzungen in Chile, Nicaragua und Südafrika begrüßte, wurde der Hinweis auf Menschenrechtsverletzungen in der Sowjetunion als »Kalter Krieg« gegeißelt.

Ein weiteres Ärgernis war die nicht enden wollende innerparteiliche Diskussion um die Postenverteilung, die eingesetzt hatte, lange bevor überhaupt die Stimmen ausgezählt waren. Auch Franz Josef Strauß' Bemerkung auf dem Dortmunder Treffen, der Wahlsieg der Unionsparteien sei sicher, hielt ich für gefährlich, weil damit zum Nachteil der Union die These der linken Meinungsmacher in den Medien untermauert wurde, die Wahl sei bereits gelaufen. Gebetsmühlenartig verwies ich darauf, dass wir bis zum letzten Tag um jede Stimme kämpfen und auch unsere eigene Anhängerschaft an die Wahlurne bringen mussten. Niemand konnte wissen, welche Ereignisse noch eintreten und die Wahl beeinflussen könnten. Die Wahl war erst am Wahlabend entschieden.

Die Wähler wollten umworben werden; sie wünschten sich den Kampf um ihre Stimmen und nicht schon die Verteilung von Ämtern, bevor das Wahlergebnis feststand. Solche Diskussionen brachten die Gefahr mit sich, dass viele Bürger überhaupt nicht wählen gingen oder dass sich potentielle Unionswähler abwandten und nach dem Motto für die Konkurrenz votierten: »Ich wähle die, die nicht so arrogant daherreden.«

Wir hatten nichts zu verschenken. Wir wollten siegen.

Teil III
Zweite Regierung

(1987 – 1990)

1. Enttäuschung

Der Ausgang der Bundestagswahl am 25. Januar 1987 entsprach nicht meinen Erwartungen. Zwar konnten wir zwei von den drei Zielen, die wir mit der Bundestagswahl verknüpft hatten, erreichen: Die Koalition der Mitte erhielt für die nächsten vier Jahre erneut einen klaren Wählerauftrag, und die CDU/CSU-Fraktion behielt die strategische Mehrheit im Parlament, konnte also nur in die Minderheit versetzt werden, wenn alle anderen drei Fraktionen (FDP, SPD und Grüne) gegen sie stimmten. Aber das dritte Ziel, ein möglichst gutes Ergebnis nicht nur für die Koalition, sondern auch für die Union selbst zu erzielen, wurde verfehlt. Wir verloren über 4 Prozentpunkte und kamen auf 44,3 Prozent der Stimmen, während die FDP um 2 Punkte zulegte und 9,1 Prozent erzielte. Die SPD musste leichte Verluste von etwas über 1 Prozentpunkt hinnehmen und erreichte 37 Prozent der Stimmen. Einen gewaltigen Sprung machten die Grünen, die ihren Stimmenanteil von 5,6 auf 8,3 Prozent steigern konnten. Dass die Wahlbeteiligung um 4,6 Prozent niedriger lag als bei der Wahl 1983, hatte sich ersten Wahlanalysen zufolge zu einem erheblichen Teil zu Lasten der Union ausgewirkt. Es war die bis zu diesem Zeitpunkt niedrigste Wahlbeteiligung in der Geschichte der Bundesrepublik, was nur in geringem Maße an der winterlichen Witterung lag. Der gesamte ländliche Bereich – nicht nur die Bauern – war für die Union nur schwer zu erreichen gewesen und blieb der Wahl tendenziell offenbar fern.

Ich hatte keinen Zweifel daran, dass die Verluste der Union auf das törichte Gerede von der absoluten Mehrheit und der bereits gewonnenen Wahl zurückgingen, und aus dem völlig unnötigen

Streit zwischen CSU und FDP über Sachfragen und Personen hatte eindeutig die FDP den Nutzen gezogen. Hinzu kam, dass es uns nicht gelungen war, die wirtschaftlichen Erfolge der letzten Jahre in Wahlerfolge für die Union zu verwandeln. Es gab Regionen mit enormen wirtschaftlichen Zuwächsen, die der CDU dennoch keine Stimmengewinne brachten. Für mich stellte sich die Frage, ob die Partei die nötige Offenheit und Sensibilität für die Probleme und Interessen der verschiedenen Generationen und Wählergruppen gezeigt hatte. Die Entspannungspolitik in Frage zu stellen, wie es aus München im Wahlkampfgetümmel geschehen war, war Wasser auf die Mühlen der FDP gewesen und hatte unsere Wahlkampfstrategie durchkreuzt. Dieses Eigentor hätten wir uns ersparen können, denn an der Fortsetzung der Entspannungspolitik gab es überhaupt keinen Zweifel.

Die genaue Wahlanalyse brachte den Beleg dafür, dass in erster Linie die FDP von den 2,2 Millionen verlorenen Stimmen der Union profitiert hatte. Zwar wanderten auch von der SPD viele Wähler zur FDP ab, aber noch zahlreicher waren sie zu den Grünen gewechselt. In den Stellungnahmen am Wahlabend machte ich keinen Hehl aus meiner Enttäuschung über die Stimmeneinbußen. Mit Verlusten in dieser Höhe hatte ich nicht gerechnet. Aber es hatte keinen Sinn, das Ergebnis schönzureden. Wir fuhren 1987 das schlechteste Ergebnis für die CDU seit der ersten Bundestagswahl im Jahr 1949 ein.

Dennoch hatten wir das wichtigste Ziel erreicht und blieben in der Regierungsverantwortung. Ich erinnere mich noch an den Montag nach der Bundestagswahl 1976. Damals war ich noch Mainzer Ministerpräsident. Hannelore und ich kamen gerade aus dem Adenauerhaus, um in die Landesvertretung von Rheinland-Pfalz zu gehen, als plötzlich neben uns eine große Limousine stoppte. Ein prominenter deutscher Unternehmer stieg aus, kam auf uns zu und gratulierte zu dem großartigen Wahlerfolg. Ich bedankte mich, sagte aber, wir hätten zwar ein ausgezeichnetes Wahlergebnis eingefahren, doch das Wahlziel leider nicht erreicht. Darauf meinte der Wirtschaftskapitän: »Was wollen Sie denn? Sie sind stärkste Fraktion, Sie haben die Mehrheit im Bundesrat. Und der Helmut Schmidt macht die richtige Politik.« Das war eine Erfahrung, die ich für den Rest meines Lebens nicht vergessen werde.

Jetzt, 1987, verfügten wir über eine ausreichende Mehrheit, über die Kanzlermehrheit, die nicht nur bei der Kanzlerwahl, sondern für wichtige parlamentarische Entscheidungen von Bedeutung ist. Bei 249 Stimmen lag die absolute Mehrheit, und die Koalition verfügte über zwanzig Stimmen mehr.

Noch am Wahlabend bekundeten die Parteivorsitzenden von CDU, CSU und FDP ihren Willen, die bisherige Regierungskoalition fortzusetzen. Zügig wollten wir die Koalitionsverhandlungen führen. Ich sah in keiner der drei Parteien unüberbrückbare Schwierigkeiten, die strittigen Fragen offen miteinander zu diskutieren und Kompromisse zu finden. Die Themen waren vorgegeben: Rentenreform, Steuerreform, der Abbau der Kosten des Gesundheitssystems und vieles andere mehr. In den Koalitionsverhandlungen mussten Lösungen für die entscheidenden Fragen der Wirtschafts-, Finanz- und Sozialpolitik wie der Außen- und Sicherheitspolitik gefunden werden.

Mein Herausforderer Johannes Rau gab am Tag nach der verlorenen Wahl bekannt, er sehe seinen Auftrag auch künftig als Ministerpräsident in Düsseldorf und als stellvertretender SPD-Vorsitzender. Eine Nachfolge Willy Brandts im SPD-Parteivorsitz schloss er aus. Im Wahlkampf hatte Rau eine Strategie der bedingungslosen Absage an die Grünen verfolgt. Viele in der SPD hatten das für falsch gehalten, andere hatten ihm nicht geglaubt. Wenn ich einmal annehme, dass er wirklich nicht mit den Grünen zusammengehen wollte, dann verschwand mit ihm der letzte Spitzenpolitiker der SPD aus Bonn, der ein rot-grünes Bündnis auf Bundesebene ablehnte. Ob er diesem Standpunkt im Ernstfall tatsächlich treu geblieben wäre, wage ich zu bezweifeln. Auf Landesebene ging er sieben Jahre später mit den Grünen ein Regierungsbündnis ein, um den Machterhalt in Nordrhein-Westfalen zu sichern.

*

Die Union war und ist keine Wirtschaftspartei, wenngleich sie immer für eine wirtschaftlich und finanzpolitisch solide Politik stand. Mir war nach der Bundestagswahl 1987 sehr daran gelegen, die Partei auf die immer wichtiger werdenden immateriellen Fragestellungen aufmerksam zu machen und sie etwa für das Thema Familie zu sensibilisieren. Es konnte keinen Zweifel geben, dass wir auf einen erheblichen demographischen Wandel zusteuerten. Doch am Beispiel der Rentenreform zeigte sich, dass diese Erkenntnis bei der großen Mehrheit unseres Volkes nicht durchdrang. Es wurde so getan, als gäbe es diese Probleme überhaupt nicht. Dabei war längst abzusehen, dass diese fatale Entwicklung unsere Gesellschaft total verändern würde, nicht nur in der Rentenpolitik, sondern auch in der Sicherheitspolitik und in allen anderen Politikbereichen. Deshalb war für mich klar, dass wir das Thema »Familie« zu einem zentralen Thema der deutschen Innenpolitik machen mussten.

Ein weiteres wichtiges Thema, das wir auf keinen Fall außer acht lassen durften, war die Kultur der Deutschen im weitesten Sinn des Wortes. Das betraf die auswärtige Kulturpolitik ebenso wie die Frage nach unserer Muttersprache, die international so gut wie keine Rolle spielte.

Stellen mussten wir uns auch der Veränderung der politischen Landschaft. Allzu lange hatten wir mit einer beinahe selbstherrlichen Attitüde die Wahlergebnisse der Grünen abgetan. Spätestens seit der Bundestagswahl 1987 jedoch war diese Partei die vierte politische Kraft geworden, die später sogar – wie wir bitter erfahren mussten – in die Regierungsverantwortung gelangen sollte. Es konnte der Union nicht gleichgültig sein, dass das Phänomen der Protestwähler Dimensionen angenommen hatte, die uns gefährlich werden konnten. Hinzu kam, dass die Grünen in wichtigen Teilen der öffentlichen Meinung zunehmend Sympathie genossen. In den meisten Verlagshäusern waren die »Bannerträger konservativer Gesinnung«, wie sie von einigen Verlegern mir gegenüber gern angeführt wurden, so gut wie ausgestorben. Jedenfalls waren sie für mich kaum wahrnehmbar und allenfalls noch schemenhaft zu erkennen.

Die Grünen waren – anders als heute – eine Antiparteien-Partei, ihrem eigenen Selbstverständnis zufolge »basisdemokratisch, gewaltfrei, sozial und ökologisch«. Sie kämpften gegen das »Regierungsestablishment« und hatten damit großen Erfolg. In dieser schwierigen Situation verstanden wir das Wählervotum als einen geschichtlichen Auftrag, ähnlich wie es unsere Vorgänger nach Gründung der Bundesrepublik 1949 empfunden hatten. Denn auch wenn wir nicht in einer Notsituation lebten, sondern in einer Zeit des Überflusses und Überdrusses, hatten sich die Wertmaßstäbe in einem Maße verändert, wie es in den Gründerjahren undenkbar gewesen wäre. Ein Konsens in Notzeiten war leichter herzustellen als in Zeiten des blanken Überdrusses und Überflusses mit all jenen Erscheinungen, wie wir sie Ende der achtziger Jahre in unserer Gesellschaft registrieren konnten.

Schwierige Jahre lagen also vor uns, und das nicht nur im wirtschaftlichen Bereich. Gerade weil wir nicht die strahlenden Sieger waren, sondern einen spürbaren Dämpfer bei der Wahl hatten hinnehmen müssen, stellte sich uns die Frage: Hatten wir die innere Kraft, dieses Wahlergebnis zu akzeptieren, es auch als Mahnung der Wähler zu verstehen und vernünftige Konsequenzen daraus zu ziehen?

Wir durften uns jetzt nicht in gegenseitige Vorwürfe verstrikken, sondern mussten in einer klaren, fair geführten Analyse aus Fehlern lernen und den Blick in die Zukunft richten. Das erwarteten unsere Wähler von uns, Millionen von Menschen, das war der historische Auftrag der Union, die Herausforderung dieser Zeit. Auch im Ausland, in Ost und West, erwarteten viele Menschen, dass wir eine berechenbare Größe internationaler Politik blieben. Und meine Bitte an uns alle war, dass jeder dazu seinen Beitrag leiste.

2.
Flankenschutz

Selten hatte sich Hannelore so mächtig engagiert wie in diesem Winterwahlkampf. Als stünde sie selbst zur Wahl, kämpfte sie auf ihre ganz eigene Art und Weise um Stimmen für die Union. Von allen Wahlkämpfern unserer Partei genoss sie in dieser Zeit die höchsten Sympathiewerte. Auf Parteitagen war sie immer präsent, und stets zählte sie zu den Gästen, die den größten Beifall erhielten. Bei den wichtigsten Wahlveranstaltungen stand sie an meiner Seite, und ich spürte förmlich, wie sehr ihr die Herzen der Menschen zuflogen. Ich war stolz auf sie, so wie viele andere Parteimitglieder – von der Basis bis zum Präsidium – auch.

Gerne schmückten sich meine Parteifreunde mit ihr. Hannelore wurde von meinen Anhängern verehrt und geliebt, und auch Menschen, die zur Union keinerlei Beziehung hatten, mochten sie sehr. Sie hatte keinerlei Berührungsängste und verstand es vorzüglich, mit Größen aus Politik und Gesellschaft locker umzugehen.

Im Ausland wurde sie genauso verehrt. Vor allem Franzosen, Engländer und Amerikaner fanden sie außerordentlich sympathisch. Nicht zuletzt wegen ihrer ausgezeichneten Sprachkenntnisse gewann sie rasch die Zuneigung und Bewunderung ausländischer Staatsgäste. Hannelore strahlte Nähe statt Distanz aus, und sie ging von sich aus auf die Menschen zu. Sie war nicht die Unberührbare, als die manche Journalisten sie beschrieben haben. Das war ein Klischee. Hätte sie 1987 an meiner Stelle in Ludwigshafen für den Bundestag kandidiert, der SPD-Kandidat wäre chancenlos gewesen. So aber musste ich ihm das Direktmandat überlassen.

Hannelore hielt niemals Wahlreden, und in politische Auseinandersetzungen mischte sie sich höchst selten ein. Das bedeutet nicht, dass sie nicht präsent gewesen wäre, nur sagte sie ihre Meinung zu wichtigen Themen auch abseits der Tagespolitik gerne im Kammerton. Sie hatte politische Standpunkte, die sie nicht immer gleich verriet und durchaus auch ändern konnte. In manchen Bereichen war sie sicherlich konservativer als ich, vor allem was Ehe und Familie, Kindererziehung und Pädagogik allgemein anging. In Fragen der Religion und gesellschaftspolitischer Veränderungen hingegen war sie offen. Besonders gut verstand sie sich mit der jungen Generation von Frauen, die versuchte, Beruf, Haushalt und Kinder miteinander zu vereinbaren. Auch wenn sie selbst sich in einer anderen Zeit für einen anderen Weg entschieden hatte, empfand sie das Modell der nachfolgenden Generation, berufstätig *und* Mutter zu sein, als ernstzunehmende Option. Zwar hatte sie sich ganz auf die Erziehung unserer Söhne Walter und Peter konzentriert, doch sie akzeptierte durchaus andere Wege.

Als First Lady von Rheinland-Pfalz hatte Hannelore von 1969 bis 1976 eine großartige Rolle gespielt. Sie war jung, verglichen mit der Gattin meines Vorgängers, dazu noch sehr attraktiv und ein echtes Kommunikationstalent. Auf allen gesellschaftlichen Ebenen kannte sie sich bestens aus, sie lernte gerne noch dazu und bestach durch eine unaufdringliche Präsenz. Wenn sie das Wort ergriff, war ihr die Aufmerksamkeit sicher. Die Zuhörer lauschten gespannt ihren Äußerungen. Für Small talk hatte sie nichts übrig.

1971 war sie ohne mein Dazutun in die CDU eingetreten; sie wollte einfach dazugehören. Für die rheinland-pfälzische CDU war sie ein besonderer Gewinn. Mehr und mehr bewegte sie sich auch alleine im Land und lernte die Stimmung an der Parteibasis kennen. Schon früh hatte sie die Angewohnheit, alles aufzuschreiben, was die Menschen an sie herantrugen. Später schickte sie Briefe an die zuständigen Stellen in Stadt und Land. In gewisser Weise war das Basisarbeit auf höchstem Niveau. Von Hannelore erfuhr ich über die Sorgen und Nöte der Menschen oft mehr als in den zahlreichen Sitzungen der Parteigremien.

Auch während meiner Zeit als Oppositionsführer in Bonn war sie allein schon aus diesem Grund als Diskussionspartnerin unverzichtbar. Aber Hannelore war weit mehr als die »Vox populi«: Sie hatte den Kontakt zu den Menschen und spürte schneller als viele andere, was die wahren Probleme waren. Auch als sie dann 1982 die Kanzlergattin war, brach ihr Draht zum »gemeinen Volk« nicht ab, im Gegenteil.

Hannelore war eine der gefragtesten Repräsentantinnen der Partei und machte in Wahlkampfzeiten mehr Veranstaltungen als manches Mitglied des CDU-Präsidiums. So war sie für mich auch auf professioneller Ebene ein unverzichtbarer Flankenschutz.

Hinzu kam ihr starkes sozialpolitisches Engagement. Als Präsidentin des »Kuratoriums ZNS für Unfallverletzte mit Schäden des Zentralen Nervensystems e.V.« (ZNS) war sie unentwegt auf Achse. In dieser Funktion traf sie ein ganz anderes Publikum als bei einer Parteiveranstaltung. Sie begegnete Ärzten und Patienten, die mit der Union nichts zu tun hatten und die auch nie zu einer CDU-Veranstaltung gekommen wären. Die Menschen waren neugierig auf die Kanzlergattin, neugierig auf Hannelore Kohl, und sie begegnete ihnen mit Offenheit und Freundlichkeit, mit Witz und Kompetenz.

In mancher Beziehung war Hannelore das Gegenstück zu mir. Über viele Jahre absolvierte sie ein positives Gegenprogramm zu meinen harten politischen Wahlkampfauseinandersetzungen. Sie brachte der Union viel Sympathie ein. Es war geradezu hinreißend, wie sie mit manchem hochnäsigen Journalisten umging. Bei ZNS-Veranstaltungen ging es nicht mehr um politische Bewertungen oder um persönliche Positionen und Prinzipien. Wenn sie Besuche machte in Krankenhäusern und Rehabilitationszentren, ging es um sehr konkrete medizinische Projekte, über die nur mit Sachkompetenz verhandelt und diskutiert werden konnte. Niemand machte Hannelore auf diesem Gebiet etwas vor. Manchmal mussten sich sogar Fachärzte von ihr etwas sagen lassen, wenn es beispielsweise um den neuesten Stand der Forschung ging oder um modernere Hilfsmittel für Schwerstkranke. Die Fachleute brachten ihr größten Respekt entgegen.

Als Frau an meiner Seite verfügte sie zunächst über keinen Apparat, es gab nicht einmal eine Sekretärin für sie, geschweige einen Büroraum oder gar finanzielle Mittel. Schließlich fand sie im Kon-

Als Präsidentin des Kuratoriums ZNS engagiert sich Hannelore für hirnverletzte Unfallopfer

rad-Adenauer-Haus eine Bleibe, doch ein eigenes Büro hatte sie erst nach Gründung des ZNS 1983.

Hannelores Engagement als Kanzlergattin war weit umfangreicher und zeitaufreibender als die Tätigkeit ihrer Vorgängerinnen. Es gab weder Vorbilder noch eine Tradition für das, was sie tat, auch nicht in der Weimarer Republik. Frau Adenauer hatte die Kanzlerschaft ihres Mannes nicht mehr erlebt, Erhards Frau war gesundheitlich angeschlagen, und Marie-Luise Kiesinger nahm die öffentliche Funktion als Kanzlergattin nicht an. Erst 1969, nach dem Machtwechsel in Bonn, war mit Rut Brandt eine Kanzlergattin auf dem Bonner Parkett erschienen, die eine beachtliche öffentliche Rolle spielte, sehr angesehen war und ihren Mann ähnlich stark unterstützte wie Hannelore mich. Loki Schmidt dagegen, die Gattin meines Vorgängers, trat selten öffentlich in Erscheinung.

Sicherlich ändern sich die Zeiten. Aber wie lange brauchte es, um die Frauen der Regierungschefs zum Weltwirtschaftsgipfel einzuladen! Erst ab 1983 wurde diese Regelung eingeführt.

Gesellschaftlicher Pomp übrigens war Hannelores Sache nicht. Aber sie liebte Feste, große Auftritte, Bälle; vor allem den Mannheimer Ball der Sterne. Einmal im Jahr stand sie im Mittelpunkt dieser Benefizveranstaltung zugunsten von ZNS. Bis heute hat sich diese lobenswerte Veranstaltung gehalten, und bis heute werden dabei hohe Summen für die Hannelore-Kohl-Stiftung gespendet.

Seit Gründung der Bundesrepublik 1949 engagieren sich die Frauen von Bundespräsidenten und Bundeskanzlern, aber auch von Ministern, ehrenamtlich für eine soziale Aufgabe, die sie sich jeweils selbst aussuchen. Besonders segensreich war beispielsweise die Arbeit der Mitbegründerin des Müttergenesungswerks Elly Heuss-Knapp und ihrer Nachfolgerinnen Wilhelmine Lübke und Hilda Heinemann. Wie viele gestresste und überarbeitete Mütter kamen dank des Müttergenesungswerks in den fünfziger, sechziger und siebziger Jahren und bis heute in den Genuss der Möglichkeit, wenigstens einmal in ihrem Leben Ferien zu machen, umsorgt zu werden, sich zu erholen! Es ist zur guten Tradition geworden, dass bis heute alle Präsidentengattinnen auch als Schirmherrinnen für das Müttergenesungswerk fungieren; sie unterstreichen damit die andauernde Bedeutung dieser Institution. Wilhelmine Lübke engagierte sich daneben vor allem für die Stiftung Deutsche Altershilfe, ein Thema, das ihr besonders am Herzen lag.

Durch das Engagement der Präsidentengattinnen wurde die Öffentlichkeit immer wieder für wichtige soziale Themen sensibilisiert. Auch die medizinische Forschung hat ihnen viel zu verdanken. Mildred Scheel beispielsweise setzte ihre ganze Kraft für die 1974 von ihr gegründete Deutsche Krebshilfe e.V. ein, deren Vorstandsmitglied und – ab 1979 – Präsidentin sie war. In dieser Funktion förderte die Frau des Bundespräsidenten Walter Scheel (1974 bis 1979), eine ehemalige Röntgenfachärztin, vor allem auch die Krebsforschung und -früherkennung. 1985 starb sie tragischerweise an Krebs, doch ihr segensreiches Engagement wirkt bis in unsere Zeit fort. Und Veronica Carstens, die Ehefrau von Bundespräsident Karl Carstens (1979 bis 1984) – auch sie Ärztin:

Internistin mit Schwerpunkt Homöopathie –, übernahm bis 1989 die Schirmherrschaft der Deutschen Multiple Sklerose Gesellschaft.

Als Kanzlergattin nahm Hannelore sich zunächst die Zeit, einen eigenen sozialen Aufgabenbereich zu suchen, dem sie ihre Zeit und Kraft widmen wollte. Bereits seit 1971 war sie Schirmherrin des Walter-Poppelreuther-Hauses in Vallendar bei Koblenz, das sich um hirnverletzte Unfallopfer kümmert. Jetzt stellte sich die Frage, ob sie das Engagement für Hirnverletzte intensivieren oder sich ein anderes Betätigungsfeld suchen sollte. Nach längeren Diskussionen – auch mit mir – beschloss sie, über die Grenzen des Landes Rheinland-Pfalz hinaus Hirnverletzten in der gesamten Bundesrepublik zu helfen.

Am 21. Dezember 1983 wurde das Kuratorium ZNS gegründet. Im Bonner Kanzlerbungalow, wo wir seit Amtsantritt eine Wohnung hatten, fand der Gründungsakt statt; zahlreiche prominente Vertreter neurologischer und unfallchirurgischer Kliniken waren dabei zugegen. Das gesamte Expertenwissen und die gesammelten Erfahrungen mit Hirnverletzten sollten den Erfolg des Kuratoriums garantieren.

Hannelore sah eine wichtige Aufgabe darin, die Öffentlichkeit über dieses Krankheitsbild aufzuklären, um die Einstellung gegenüber Hirnverletzten zu verändern. Hirnverletzte mussten so akzeptiert werden wie jeder andere Kranke auch. Die Menschen mussten bereit sein, mit ZNS-Kranken ganz natürlich umzugehen und sie so anzunehmen, wie sie sind, mit all ihren Eigenarten und Einschränkungen, die Folge ihrer Behinderung sind. Ständig war Hannelore unterwegs, sie nahm viele öffentliche Auftritte wahr, um das Thema bekanntzumachen. Je mehr die Menschen über Hirnverletzungen wussten, um so leichter fiel es ihr, Spenden zu sammeln.

Sie war an vielen Fronten gleichzeitig aktiv. Mal bemühte sie sich darum, die Unterstützung von Fachleuten zu gewinnen, dann machte sie sich dafür stark, Rehabilitationsprozesse zu fördern, und dann wieder sammelte sie Spendengelder für das Kuratorium. Natürlich nutzte sie dabei die vielen Vorteile, die sie als Frau des

Immer wieder besucht Hannelore Kliniken und sucht den direkten Kontakt mit den Patienten

Bundeskanzlers hatte. Die guten Kontakte zu einflussreichen Politikern und, noch wichtiger, spendenwilligen Unternehmern und Industriemanagern ermöglichten es ihr, die materielle Unterstützung einzuwerben, die sie sich wünschte. So fand sie neben ihren Verpflichtungen als Ehefrau und Mutter und als First Lady der Bundesrepublik Deutschland einen neuen – wenn auch unbezahlten – Beruf in ihrem sozialen Engagement. Sie machte die Arbeit für das Kuratorium ZNS zu ihrer Lebensaufgabe. Hier hatte sie etwas ganz Eigenes gefunden, das sie nach ihren Ideen und Fähigkeiten gestalten konnte.

Hannelore war außerordentlich zufrieden mit dieser Aufgabe, und es machte sie glücklich, dass sie so rasche Erfolge hatte. Sie saugte die neuesten medizinischen Erkenntnisse geradezu auf, und bald verfügte sie über ein Wissen, als ob sie eine Fachausbildung über Hirnverletzte genossen hätte. Bis zu ihrem Tod arbeitete sie unentwegt daran, auf dem neuesten Stand der Wissenschaft zu sein.

Ob Vorträge, Pressekonferenzen, Interviews oder Vieraugengespräche mit Spendern oder Ärzten: Immer bereitete Hannelore sich sorgfältig und intensiv vor. Nichts überließ sie dem Zufall. Dabei war ihr Michael Roik, mein langjähriger Mitarbeiter im Adenauerhaus und später im Kanzleramt, eine wichtige Hilfe. In erster Linie unterstützte er Hannelore bei Parteiveranstaltungen, doch auch bei den Aktivitäten für das Kuratorium wurde Michael

Roik im Lauf der Zeit immer unverzichtbarer. Hannelore hatte ihm viel zu verdanken, und sie vergaß es nie zu erwähnen.

Auch auf die Kampagne zur Bundestagswahl 1987 hatte sich Hannelore außerordentlich gut vorbereitet. Inhaltlich orientierte sie sich an dem, was ich politisch vertrat. War sie einmal anderer Meinung, machte sie in der Öffentlichkeit um solche Themen einen Bogen. Mit dieser Strategie kam sie gut über die Runden. Unterschiedliche Auffassungen, etwa über die Einschätzung von Personen, diskutierten wir zu Hause aus.

Oft vertrat Hannelore mich bei wichtigen Veranstaltungen der Partei, die ich aus terminlichen Gründen nicht wahrnehmen konnte. Manchmal hatte ich den Eindruck, dass das überraschte Publikum es genoss, wenn sie erschien und nicht der Bundeskanzler. Bei derartigen Auftritten überbrachte sie nicht nur schlicht die Grüße des Parteivorsitzenden und Kanzlers, sondern hielt selbst Ansprachen. Von manchen Jubiläumsfeiern, bei denen sie das Wort ergriff, wurde noch Jahre später in den höchsten Tönen geschwärmt.

Wenn es zunächst eher nach einer Zerreißprobe aussah, verstand Hannelore sich besonders gut darauf, eine positive Stimmung zu erzeugen. Sie konnte Menschen trösten, ihnen zuhören und ihr Vertrauen gewinnen. So manches Mal hatte sie eine realistische Einschätzung anderer, von der ich sehr profitierte. Wie niemand sonst erkannte sie Wichtigtuer und Einschmeichler und bewahrte mich vor mancher personellen Fehlentscheidung. Hätte ich noch öfter auf sie gehört, mir wäre mancher Ärger erspart geblieben.

3.
Regierungsfahrplan

Weil er »aus Freude über den Ausgang der Bundestagswahl« am Sonntagabend die Glocken seiner Kirche läuten ließ, bekam der zweiundvierzigjährige Pfarrer der Herz-Jesu-Gemeinde in Kamen bei Dortmund, Ulrich May, Ärger. Ein erboster SPD-Anhänger erstattete Anzeige wegen Ruhestörung gegen den katholischen Geistlichen. Der parteilose Priester sah einem möglichen Bußgeld indes gelassen entgegen. Er habe, erklärte der Seelsorger gegenüber der Presse, mit Freunden den Ausgang der Wahl gefeiert und sich gefreut, »dass es noch eine Demokratie gibt«. Die Glocken seien um 22.30 Uhr lediglich für zwei Minuten in Betrieb gesetzt worden. Er wundere sich über die Humorlosigkeit der Mitbürger und darüber, dass sich im vergangenen Jahr niemand aufgeregt habe, als er aus Ärger über die Niederlage der deutschen Fußballnationalmannschaft im WM-Endspiel die Totenglocke habe läuten lassen.

Mir gefiel dieser sympathische Pfarrer aus dem roten Ruhrgebiet, von dem ich in der Zeitung gelesen hatte, und so bot ich ihm an, die Hälfte des zu erwartenden Bußgelds aus meinen privaten Einkünften zu übernehmen. So geschah es dann auch.

Allerdings hatte der Pfarrer seine spontane Freude nicht im Januar 1987 zum Ausdruck gebracht, sondern nach der Bundestagswahl vom März 1983, und 1982 hatte die deutsche Nationalelf das Finale bei der Fußball-WM in Spanien mit 1:3 gegen Italien verloren. Jetzt, 1987, blieb die Stimmung gedämpft. In diesem Jahr gab es über den Wahlsieg keine spürbare Freude, keine emotionalen Ausbrüche, keine spontanen Aktionen innerhalb oder außerhalb der Partei. Mitunter konnte man den Eindruck bekommen, als hätten wir unser Wahlziel verfehlt. Dabei hatten wir allen Grund, zufrieden zu sein und selbstbewusst an die Arbeit zu gehen. Es lag an uns, die Herausforderungen anzunehmen.

Die Koalitionsverhandlungen, die den Regierungsfahrplan bis zum Jahr 1991 festschreiben sollten, verliefen über weite Strecken außerordentlich anstrengend. Die Beratungen der drei Delegationen, an denen jeweils die Partei- und Fraktionsvorsitzenden von CDU, CSU und FDP, die Generalsekretäre sowie einige weitere Kollegen teilnahmen, gingen am 9. März 1987 zu Ende. Sie fanden zwar in ganz guter Atmosphäre statt, aber mir wurden doch starke Nerven und große Geduld abverlangt, weil der Dissens zwischen CSU und FDP auf einigen Politikfeldern offen zutage trat. Meine wesentliche Aufgabe bestand darin, zu moderieren und zu schlichten, strittige Positionen zunächst auszuhalten und dann Kompromisse für beide Seiten zu suchen und festzuhalten. Ich durfte das Ziel nicht aus den Augen verlieren, und das war am Ende ein ausgewogenes Gesamtergebnis, das niemanden benachteiligte.

Koalitionsverhandlungen sind immer schwierig, wenn drei Parteien miteinander um den besten Weg für die Zukunft ringen. Diesmal waren sie aber auch deshalb besonders kompliziert, weil uns in der kommenden Legislaturperiode besondere Herausforderungen erwarteten. Auch wenn sich die Querschläge der CSU-Spitze nicht vermeiden ließen und das leicht übersteigerte Selbstwertgefühl der Liberalen in Grenzen gehalten werden musste, wuchs in diesen langen Arbeitswochen doch die persönliche Wertschätzung der Beteiligten, und es kam trotz aller Differenzen bei den wesentlichen »Knackpunkten« schließlich doch noch zu brauchbaren Lösungen. Die Kompromissbereitschaft war weit ausgeprägter, als es zunächst den Anschein hatte.

Bis zuletzt wurden allen Seiten Zugeständnisse abverlangt. So mussten wir unsere Zustimmung dafür geben, dass der Umweltschutz als Staatsziel ins Grundgesetz aufgenommen wurde, was eindeutig einem einstimmigen Beschluss der CDU/CSU-Bundestagsfraktion widersprach. Dafür konnten wir unsere Positionen durchsetzen, als es um die Montanmitbestimmung, um die innere

Sicherheit und um den Zivildienst ging, um nur einige Punkte zu nennen.

Aber ist es nicht eine großartige und populäre Idee, den Umweltschutz im Grundgesetz festzuschreiben? Wer wäre nicht für Umweltschutz? Wenn wir trotzdem skeptisch waren, dann deshalb, weil die politischen Folgen dieser scheinbaren Selbstverständlichkeit unüberschaubar waren. Es kann kein Grundrecht auf Umweltschutz geben. Selbst wenn es nur als Staatsziel im Normengefüge der Verfassung steht, würde es für unsere Richter doch ein Ansatzpunkt sein, um die Zuständigkeit der Justiz in dieser Frage zu erhöhen. Dabei brauchten nach unserer Meinung die Zuständigkeiten von Verwaltung, Regierung und Parlament gar nicht erweitert zu werden. Nun jedoch war die Entscheidung anders gefallen, und es galt, den Kompromiss gemeinsam zu tragen und in der Öffentlichkeit nachhaltig zu vertreten, was in den Koalitionsvereinbarungen stand.

Die politischen Optionen für die Deutschland-, Außen- und Sicherheitspolitik wurden nicht im Koalitionspapier festgehalten. Es hatte zwar zwei intensive Aussprachen im kleinsten Kreis gegeben, an denen die Partei- und Fraktionsvorsitzenden, der Außen- und der Verteidigungsminister teilgenommen hatten, aber das in eine schriftliche Vereinbarung zu gießen wäre sicherlich nicht ganz einfach gewesen. Statt dessen wollte ich, dass wir während der laufenden Legislaturperiode öfter in dieser personellen Zusammensetzung zusammenkamen, um die operative Außenpolitik zu besprechen und den jeweils neuesten Entwicklungen Rechnung zu tragen. Die Differenzen, die vor allem zwischen Strauß und Genscher in diesen Politikbereichen herrschten, waren offenkundig. Insbesondere Gorbatschows Abrüstungsbemühungen wurden sehr unterschiedlich bewertet. Während Bundesaußenminister Genscher Gorbatschows Vorschlag einer Nullösung für Atomwaffen unterstützte, wurde die Idee, sämtliche Mittelstreckenraketen in Europa zu verschrotten, von Franz Josef Strauß und Teilen der Unionsfraktion äußerst skeptisch betrachtet.

In der Wirtschafts-, Finanz- und Sozialpolitik stand die geplante große Steuerreform im Vordergrund. Zu den großen Gesetzeswerken gehörten darüber hinaus die Reformgesetze bei der Renten- und Krankenversicherung. Einen weiteren Schwerpunkt bildeten die Familien- und die Agrarpolitik, die ich in meiner Regierungserklärung vom 18. März 1987 ebenfalls erläuterte.

Bei den Koalitionsverhandlungen hatten wir die Zielrichtungen und Grundlagen unserer Politik für die nächsten vier Jahre festgeschrieben. Es handelte sich um im Detail noch nicht ausformulierte Grundlinien, etwa zur Steuerreform, zur Familienpolitik und zur Mitbestimmung. Die Hauptlast der Detailarbeit kam auf die Bundestagsfraktion zu.

Als ich das Ergebnis der Koalitionsverhandlungen in der Bundestagsfraktion erläuterte, spürte ich ein Zusammengehörigkeitsgefühl, spürte die Pflicht und die Verantwortung, deren sich die Bundestagsfraktion ganz bewusst war. Als wohltuend empfand ich das Vertrauen der Kollegen und Freunde, die die wochenlange Kärrnerarbeit voll unterstützten. Dafür war ich dankbar.

4.
Drittes Kabinett

Nach seiner konstituierenden Sitzung am 18. Februar 1987 trat der 11. Deutsche Bundestag am 11. März 1987 zu seiner zweiten Sitzung zusammen. Tagesordnungspunkte waren die Wahl des Bundeskanzlers und die Eidesleistung.

Nach der Stimmenauszählung gab Bundestagspräsident Philipp Jenninger das Ergebnis bekannt: 484 der 487 abgegebenen Stimmen waren gültig. Mit Ja stimmten 253 Abgeordnete, 225 votierten mit Nein, 6 enthielten sich.

Wenig später überreichte mir Richard von Weizsäcker die Ernennungsurkunde. Besondere Freude oder gar Begeisterung waren ihm dabei nicht anzusehen. Wenn ich sein Verhalten im Jahr 1989 richtig deute, hätte er im März 1987 wohl lieber einem meiner innerparteilichen Konkurrenten die Ernennungsurkunde ausgehändigt.

Es war meine dritte Wahl zum Bundeskanzler, doch von Routine konnte keine Rede sein. Für mich war es wie beim ersten Mal ein erhebender Akt, ein Augenblick in meinem Leben, der mich zutiefst berührte. Nach all dem Verhandlungsstress und den zeitaufwendigen Personalgesprächen, die sich bis in die Nacht vor dem Wahltag hingezogen hatten, war ich zufrieden und erleichtert.

In dieser positiven Stimmung konnte mich auch die Tatsache nicht erschüttern, dass diese Wahl für mich schlechter ausgefallen war als im Jahr 1983, als ich noch 21 Stimmen über dem damaligen Quorum von 250 Stimmen erhalten hatte und höchstens 7 Abgeordnete gegen mich gestimmt haben konnten. Diesmal hatte ich nur 4 Stimmen mehr bekommen als die absolute Mehrheit von 249 Stimmen, die zur Wiederwahl nötig war. Offensichtlich hatten mir 15 Abgeordnete der Koalition ihre Stimme versagt. Ob sie nun der FDP-Fraktion oder der Unionsfraktion angehörten, war mir letztendlich egal. Erklärungsversuche machten wenig Sinn. Sicherlich gab es Unzufriedenheit über meine Personalpolitik und über die Behandlung einiger Sachfragen bei den Koalitionsverhandlungen. Allen konnte ich es nicht recht machen. Schade nur, dass sich niemand aus der Deckung wagte und mir in der Fraktion deutlich zu verstehen gab, ob sich der Unmut auf Bereiche der Deutschland- oder der Agrarpolitik bezog.

Am Abend des 11. März trafen Hannelore und ich uns mit dem kleinen Kreis meiner engsten Mitarbeiter in einem Bonner Lokal und feierten. Es gab zwar allen Grund dafür, aber weil die letzten Personalgespräche so lange gedauert hatten, war ich einigermaßen geschafft.

Wie geplant hatte ich der Bundestagsfraktion nach meiner Wahl die endgültige Kabinettsliste erläutert, die für manchen Abgeordneten sicherlich überraschend ausfiel. Erst in letzter Minute war die personelle Zusammensetzung des Kabinetts mit dem Koalitionspartner und der CSU-Spitze abgestimmt worden. Wie immer bei solchen wichtigen Personalentscheidungen gab es mehr Bewerber als freie Posten. Franz Josef Strauß, den ich gerne im Kabinett gesehen hätte, gab mir auch diesmal wieder einen Korb, obwohl ich ihm ein Ressort seiner Wahl angeboten hatte: das Finanz-, Verteidigungs- oder Innenministerium. Das einzige Ministerium, das er sofort übernommen hätte, war das Auswärtige Amt, doch das reklamierte die FDP für sich und ihren prominentesten Abgeordneten, Hans-Dietrich Genscher.

Daran war nichts zu ändern. Eher wäre die Koalition mit der FDP zerbrochen, als dass die Liberalen dieses Ressort aufgegeben hätten. Es lag daher außerhalb jeder Diskussion, das Außenministerium der CSU zu überlassen.

Strauß blieb in München. Er glaubte, von der bayerischen Staatskanzlei aus Einfluss auf die Bonner Politik nehmen zu können. Seine unzähligen Briefe an mich, seine meterlangen Fernschreiben ins Kanzleramt sind Legende. Vor allen wichtigen Entscheidungen war die Fernschreibverbindung zwischen der Münchner Staatskanzlei und dem Bundeskanzleramt durch seine schriftlichen Initiativen blockiert.

Bei der Bildung von Koalitionsregierungen gehören die Personalentscheidungen mit zu den schwierigsten Herausforderungen. Nach ihrem knappen Abschneiden bei der Bundestagswahl 1983 verzichtete die FDP auf einen Ministerposten und besetzte nur drei. Nachfolger des FDP-Kollegen Josef Ertl wurde damals kein FDP-Politiker, sondern der CSU-Abgeordnete Ignaz Kiechle. Nun hatte das Wahlergebnis vom Januar 1987 der FDP einen Stimmenzuwachs beschert und damit auch den Anspruch auf einen vierten Ministerposten. Das war von Anfang an völlig unstrittig, auch wenn einige – meist südlich der Mainlinie – das anders sehen mochten.

Die Frage war also nicht, ob die FDP einen vierten Kabinettsposten bekommen sollte, sondern wer dieses vierte Ministeramt der FDP übernehmen würde. Seit Gründung der Bundesrepublik ist es guter Brauch, dass jede Partei über ihr Personal selbst bestimmt. Wie ich mir nicht von FDP-Kollegen hineinreden lassen wollte, wen die Union in welches Ministeramt beruft, so war es umgekehrt auch ausgeschlossen, auf Personalvorschläge der Liberalen Einfluss zu nehmen. Das hat sich in der Geschichte von Bund und Ländern bestens bewährt, auch bei anderen parteipolitischen Konstellationen.

Diesmal jedoch gab es längere Diskussionen über den einzigen neuen Personalvorschlag der Freien Demokraten. Die FDP reklamierte für sich das Ministerium für Bildung und Wissenschaft und bestand darauf, dass der bisherige Staatsminister im Auswärtigen Amt Jürgen Möllemann das Ressort übernahm, der ein enger Vertrauter von Hans-Dietrich Genscher war.

Möllemann sei für die künftige Entwicklung der FDP außerordentlich wichtig, argumentierte der kleinere Koalitionspartner. Er stehe an der Spitze des mit Abstand bedeutendsten FDP-Landesverbandes Nordrhein-Westfalen, der fast ein Drittel der Delegierten beim FDP-Bundesparteitag stelle. Es blieb uns natürlich nichts anderes übrig, als diesen Vorschlag zu akzeptieren, obwohl es in unseren Reihen politisch wie menschlich Vorbehalte gab, die aber

Die Staatsminister im Auswärtigen Amt Irmgard Adam-Schwätzer und Helmut Schäfer mit Wolfgang Schäuble

unausgesprochen blieben. Zunächst jedoch hatte ich wenig Grund zur Klage.

Der vierte Ministerposten für die FDP machte ein größeres Kabinettsrevirement notwendig: Hans-Dietrich Genscher blieb weiterhin an der Spitze des Auswärtigen Amts. Zu Staatsministern berufen wurden die FDP-Abgeordneten Irmgard Adam-Schwaetzer und Helmut Schäfer. Auch über diese personellen Veränderungen gab es eine Debatte, weil es bisher üblich war, beiden Koalitionsfraktionen jeweils einen der zwei Staatssekretärs- beziehungsweise Staatsministerposten in einem Ministerium zukommen zu lassen. Nach den Erfahrungen der letzten vier Jahre war ich allerdings nicht davon überzeugt, dass eine parteipolitische Überkreuzbesetzung in allen Ressorts sinnvoll war.

Das Innenressort führte weiterhin der CSU-Abgeordnete Friedrich Zimmermann, dem die beiden Staatssekretäre Horst Waffenschmidt (CDU) und Carl-Dieter Spranger (CSU) zur Seite standen.

Nach einer Entscheidung der FDP blieb Hans Arnold Engelhard

weiterhin im Amt des Justizministers, und der CDU-Politiker Friedrich-Adolf Jahn wurde Parlamentarischer Staatssekretär.

Bundesminister der Finanzen blieb Gerhard Stoltenberg, ebenso amtierten die bisherigen Parlamentarischen Staatssekretäre Hansjörg Häfele (CDU) und Friedrich Voss von der CSU weiter.

Beim Bundesminister für Wirtschaft Martin Bangemann kamen neu hinzu die Parlamentarischen Staatssekretäre Ludolf-Georg von Wartenberg von der CDU und Erich Riedel von der CSU. Letzterer wurde, wie von Franz Josef Strauß gewünscht, mit der Koordination für Luft- und Raumfahrt betraut.

Bundesminister für Ernährung, Landwirtschaft und Forsten blieb Ignaz Kiechle. Staatssekretäre blieben Wolfgang von Geldern (CDU) und Georg Gallus (FDP).

Die bisherige Bildungsministerin Dorothee Wilms berief ich zur neuen Ministerin für innerdeutsche Beziehungen; Ottfried Hennig blieb Parlamentarischer Staatssekretär.

Im Ministerium für Arbeit und Sozialordnung änderte sich nichts. Norbert Blüm blieb im Amt mit seinen Staatssekretären Wolfgang Vogt und Stefan Höpfinger (beide CDU).

Manfred Wörner stand auch weiterhin an der Spitze des Bundesministeriums der Verteidigung, ebenso Staatssekretär Peter-Kurt Würzbach. Zur großen Überraschung nicht nur der Bundestagsfraktion berief ich die CDU-Bundestagsabgeordnete Agnes Hürland-Büning zur neuen Staatssekretärin.

Unverändert ließ ich Zuschnitt und personelle Besetzung des Ministeriums für Jugend, Familie, Frauen und Gesundheit: Bundesministerin Rita Süssmuth und Staatssekretär Toni Pfeifer.

Einen Wechsel nahm ich im Verkehrsministerium vor, das nun der ehemalige Bundesminister für wirtschaftliche Zusammenarbeit Jürgen Warnke übernahm. Parlamentarischer Staatssekretär blieb wie bisher Dieter Schulte.

Bundesminister für Umwelt, Naturschutz und Reaktorsicherheit blieb Walter Wallmann; die Parlamentarischen Staatssekretäre waren Martin Grüner von der FDP und Wolfgang Gröbl von der CSU.

Bundesminister für Post und Fernmeldewesen: Christian

Schwarz-Schilling und der Parlamentarische Staatssekretär Willy Rawe.

Bundesminister für Raumordnung, Bauwesen und Städtebau: Oscar Schneider, Parlamentarischer Staatssekretär: Jürgen Echternach.

Bundesminister für Forschung und Technologie: Heinz Riesenhuber, Parlamentarischer Staatssekretär Albert Probst.

Wie bereits erläutert, übernahm Jürgen Möllemann das Bundesministerium für Bildung und Wissenschaft; Parlamentarische Staatssekretärin wurde die CDU-Bundestagsabgeordnete Irmgard Karwatzki.

Neuer Bundesminister für wirtschaftliche Zusammenarbeit wurde der CSU-Bundestagsabgeordnete Hans Klein; Parlamentarischer Staatssekretär blieb Volkmar Köhler.

Bundesminister für besondere Aufgaben und Chef des Kanzleramtes: Wolfgang Schäuble, Staatsminister im Kanzleramt: Lutz Stavenhagen, Parlamentarische Staatssekretärin und Bevollmächtigte der Bundesregierung in Berlin: Lieselotte Berger.

Mit den Kollegen, die das Bundeskabinett verließen, führte ich eingehende Gespräche. Vor der Bundestagsfraktion dankte ich ihnen noch einmal sehr herzlich für ihre honorige Gesinnung und für ihr Verständnis für diese Personalentscheidungen. Es fiel Heinrich Windelen und Werner Dollinger nicht leicht, auszuscheiden. Beide waren vom Lebensalter her die ältesten Minister im Kabinett und über Jahrzehnte hinweg treue Gefolgsleute, auf die verzichten zu müssen mir schwer wurde.

Werner Dollinger, ein versierter Unternehmer und Wirtschaftsfachmann, hatte eine ganze Reihe wichtiger Ämter in Fraktion und Regierung bekleidet. Der damals fast Siebzigjährige war seit 1953 für die CSU im Bundestag. Als ehemaliger Bundesschatzminister im 5. Kabinett Konrad Adenauers und unter Ludwig Erhard sowie als Minister für das Post- und Fernmeldewesen in der Großen Koalition hatte er reichlich Erfahrung in Regierungsämtern gesammelt. Dollinger, ein bayerischer Protestant und lange Jahre Mitglied der Synode der Evangelischen Kirche, war immer ein Mann des Ausgleichs, der für vernünftige Kompromisse kämpfte und sich durch fairen und menschlichen Umgang auszeichnete. Er hatte seine Bereitschaft erklärt, 1987 aus dem Amt zu scheiden, und damit die Voraussetzung für eine Gesamtlösung bei der Kabinettsumbildung geschaffen.

Werner Dollinger gehörte zu jenen CSU-Abgeordneten, die den Kreuther Trennungsbeschluss der CSU im November 1976 abgelehnt und offen für eine Fortsetzung der gemeinsamen Bundestagsfraktion mit der CDU plädiert hatten. Diese Haltung und sein Stehvermögen werde ich ihm nie vergessen.

Ein herzliches Wort des Dankes richtete ich vor der Bundestagsfraktion am 11. März 1987 auch an den scheidenden Bundesminister für innerdeutsche Beziehungen Heinrich Windelen. Er hatte die Spielräume seines Ministeriums in humanitären und kulturellen Fragen optimal genutzt. Windelen war von 1957 bis 1990 für die nordrhein-westfälische CDU im Bundestag. Der gebürtige Schlesier hatte seine Heimat niemals vergessen und galt als wichtiges Bindeglied zu den Vertriebenenverbänden und als erfolgreicher Brückenbauer zur nächsten Vertriebenengeneration. Windelen war ein Mann der Pflichterfüllung, der Toleranz und des konstruktiven Dialogs vor allem mit Polen. Eine Aussöhnung mit jenen Ländern, die unter der NS-Herrschaft am meisten gelitten hatten, war sein besonderes Anliegen. Mit Ausdauer und Überzeugungskraft vertrat er in der Deutschlandpolitik das Wiedervereinigungsgebot des Grundgesetzes und in der Ostpolitik den Friedensvertragsvorbehalt. Für unser Land und unsere Partei hat Heinrich Windelen eine Menge geleistet. Der langanhaltende Beifall der Bundestagsfraktion war dafür ein kleines Zeichen des Dankes.

In derselben Fraktionssitzung würdigte ich auch die Leistungen meines langjährigen Freundes und Weggefährten Peter Lorenz. Seit dem Regierungswechsel 1982 arbeitete er als Parlamentarischer Staatssekretär im Bundeskanzleramt; nach der Bundestagswahl 1987 kehrte er als Berliner Abgeordneter ins Bonner Parlament zurück, dem er seit 1980 angehörte. Im Bundeskanzleramt löste ihn jetzt die Berlinerin Lieselotte Berger ab, die bisherige Vorsitzende des Petitionsausschusses.

*

Peter Lorenz war acht Jahre älter als ich. 1922 in Berlin geboren, hatte er die Schlacht um Stalingrad überlebt. Von 1946 bis 1949 war er der erste Vorsitzende der Berliner Jungen Union. Zusammen mit seinen Freunden hatte er gegen die Machenschaften der Freien Deutschen Jugend (FDJ) an der Ost-Berliner Humboldt-Universität gekämpft. Peter Lorenz gehörte zu den mutigen Aktivisten, die zur Gründung einer Freien Universität (FU) in West-Berlin aufriefen, deren Mitbegründer er später wurde. Während seines Jurastudiums engagierte er sich im Studentenparlament der FU, das ihn bald zu seinem Vorsitzenden wählte. Auf allen wichtigen bundesweiten Veranstaltungen der Jungen Union trafen wir uns ebenso wie bei meinen häufigen Besuchen in West-Berlin. Daraus entwickelte sich eine intensive und beständige Freundschaft, wie ich sie selten aus so großer Entfernung mit politischen Freunden pflegen durfte. Später gehörte Peter Lorenz zu den Landesvorsitzenden, die sich mit ihrem ganzen politischen Gewicht für meine Wahl zum CDU-Bundesvorsitzenden 1973 einsetzten.

Zum Berliner Landesverband der CDU hatte ich schon sehr früh eine enge Beziehung. Wegen der exponierten Stellung der Stadt und ihrer Menschen war mir als CDU-Bundesvorsitzender und später als Bundeskanzler die Berlin-Politik besonders wichtig.

Im März 1975, unmittelbar vor den Berliner Wahlen, wurde der Berliner CDU-Vorsitzende Peter Lorenz entführt. Es war das erste Mal seit Bestehen der Bundesrepublik, dass ein Politiker einer Entführung zum Opfer fiel. Die Terroristen, Mitglieder der »Bewegung 2. Juni«, erzwangen von der Bundesregierung die Freilassung von fünf unter anderem wegen Mordversuchs und Bankraubs verurteilten Gesinnungsgenossen in ein Land ihrer Wahl.

Die Entführung von Peter Lorenz war eines der furchtbarsten Erlebnisse meines Lebens. Es ist ein großer Unterschied, ob man von einer solchen Tat in den Nachrichten hört oder ob man sie als Familienangehöriger oder Freund ganz unmittelbar erlebt.

Mit Peter Lorenz an der Spitze war die Berliner CDU stärkste Partei geworden, und alle, die ihm nachfolgten, konnten auf dieser Basis aufbauen, auch der spätere Regierende Bürgermeister Richard von Weizsäcker, zugunsten dessen Lorenz auf die Spitzenkandidatur verzichtet hatte, um die Wahlchancen der CDU zu verbessern.

Nie stellte sich Peter Lorenz ins Rampenlicht, um andere zu verdrängen. Er war ein bescheidener Mensch, der immer unserer Sache diente und für den Erfolg unserer Partei kämpfte. Dafür dankte ich ihm unter dem starken Beifall der Unionsfraktion. Leider konnte er ihr nur noch wenige Monate angehören. Kurz vor seinem fünfundsechzigsten Geburtstag im Dezember 1987 erlag er einem Herzversagen. Politiker aller Parteien würdigten sein herausragendes Wirken für das damals noch geteilte Berlin.

Selten hat mich die Nachricht vom Tod eines Freundes so traurig gemacht wie die von Peter Lorenz.

*

Mit Peter Lorenz verließ auch Staatsminister Friedrich Vogel das Kanzleramt. Er hatte sich um die Kontakte zwischen Bundesregierung und Bundesländern beziehungsweise Bundesrat gekümmert, um eine möglichst reibungslose Gestaltung der Gesetzgebungsarbeit zu gewährleisten. Der Jurist, seit 1969 Bundestagsabgeordneter, hatte sich jahrelang mit innen- und rechtspolitischen Fragen beschäftigt und galt in der Unionsfraktion als der Experte schlechthin, wenn es um die Bekämpfung des Terrorismus und der Gewaltkriminalität ging. Ihm hatten die Fraktion, der er auch weiterhin angehörte, aber vor allem das Kanzleramt und ich ganz persönlich viel zu verdanken. Auch Friedrich Vogel gehörte zu den Politikern, die in sehr honoriger Weise die Umbildung der Bundesregierung nach der Bundestagswahl 1987 erleichterten und ohne Groll aus ihrem Amt schieden.

Auf Friedrich Vogels Stelle berief ich Lutz Stavenhagen, der seit 1972 Mitglied des Deutschen Bundestags und seit 1985 Staatsminister im Auswärtigen Amt war. Dem Wirtschaftsfachmann übertrug ich drei wichtige Funktionen: Zum einen sollte er die Beziehungen zwischen Bundesregierung und Bundesländern pflegen. Angesichts leerer Kassen und einem deutlichen Nord-Süd-Gefälle war diese Arbeit keineswegs leichter geworden. Außerdem übernahm er im Kanzleramt die Zuständigkeit für die Europapolitik, was bedeutete, dass er sich im wesentlichen um die Konsequenzen aus der verabschiedeten Europäischen Akte und die Verbindung der Bundesländer zur EG-Politik kümmerte. Der dritte und ganz zentrale Punkt war die Koordination der Europapolitik. Das betraf nicht nur die Vorbereitung der EG-Gipfelkonferenzen, sondern das gesamte Spektrum der Europapolitik, also zum Beispiel auch den europäischen Binnenmarkt.

Einige der Personalentscheidungen im Frühjahr 1987 erregten Aufmerksamkeit, vor allem die Berufung von Agnes Hürland-Büning zur Parlamentarischen Staatssekretärin im Verteidigungsministerium. Im Gegensatz zu anderen, die meine Entscheidung zwar wohlwollend kommentierten, aber skeptisch waren, ob Agnes Hürland-Büning in dem männerdominierten Ministerium bestehen könnte, fand ich es nicht so ungewöhnlich, eine Frau auf einen solchen Posten zu berufen. Schon seit langem beobachtete ich die Einteilung des amerikanischen Verteidigungsministeriums in Minister für die Waffengattungen Heer, Luftwaffe und Marine. Mit größtem Erfolg arbeitete damals eine Frau als Heeresministerin.

Freilich sollte Agnes Hürland-Büning nicht militärische Strategien entwickeln. Militärstrategen gab es auf der Hardthöhe, dem Sitz des Verteidigungsministeriums, zur Genüge. Die neue Parlamentarische Staatssekretärin hatte schon fünf Jahre lang als Parlamentarische Geschäftsführerin der Unionsfraktion herausragende Arbeit geleistet. Sie erfreute sich als »Fraktionsmutter« über die eigene Fraktion hinaus großer Wertschätzung. Seit 1972 war die vierfache Mutter und gelernte Fürsorgerin an einer Wohlfahrtsschule Bundestagsabgeordnete und Mitglied des Ausschusses für Arbeit und Sozialordnung. Jetzt war sie in erster Linie zuständig für die soziale Betreuung der Bundeswehrsoldaten. Diese Ernennung fand sogar bei der SPD-Opposition Zustimmung. 1990 verzichtete die angesehene Parlamentarierin dann aus Altersgründen auf eine erneute Kandidatur und schied nach Ablauf der Legislaturperiode aus dem Bonner Parlament aus.

Wie sich Jahre später herausstellte, kassierte sie ab 1992 von einem Rüstungskonzern Beraterhonorare in Millionenhöhe. Dieses Geld – das offenbar ohne wirkliche Gegenleistung floss – bezog sie allerdings erst nach ihrem Ausscheiden aus der aktiven Politik. Damit bestätigt dieser Fall, dass Mitglieder meiner Regierung nicht bestechlich waren.

*

Die Regierungsbildung vom März 1987 war gut gelungen. Diese Regierungsmannschaft war ein starkes Team, das auf politischen Erfolg setzte. Erfreulich war auch, dass jetzt zwei Frauen dem neuen Bundeskabinett angehörten; auf der Ebene der Parlamentarischen Staatssekretäre waren es sogar vier. Somit waren immerhin sechs Frauen in Bonner Spitzenpositionen – für damalige Verhältnisse eine kleine Sensation.

Vor der Bundestagsfraktion forderte ich die einzelnen Regierungsmitglieder, seien sie Minister oder Staatssekretäre, wieder einmal auf, ganz engen Kontakt mit den Kolleginnen und Kollegen der Bundestagsfraktion zu suchen und zu halten. Ich erwartete von allen, dass sie die Sorgen und Bitten der Fraktionskollegen ernst nahmen. Jedes Fraktionsmitglied musste den direkten Draht zum Regierungsmitglied nutzen können. Die Ministerien hatten eine Dienstleistungsfunktion, sie sollten hilfreich sein und helfen wollen, und das musste für jedermann in der Fraktion deutlich spürbar sein. Gleichzeitig bat ich alle Mitglieder der Bundestagsfraktion um jedwede Unterstützung der neuen Mannschaft.

5.
Zentrale Ziele

Am 12. März 1987 wurde das Bundeskabinett ernannt und vereidigt. Anschließend kam das Bundeskabinett im Kabinettssaal des Bundeskanzleramts zu seiner konstituierenden Sitzung zusammen: achtzehn Minister, dazu der Chef des Bundespräsidialamts Klaus Blech, der Staatssekretär beim Bundeskanzler Waldemar Schreckenberger, der Chef des Presse- und Informationsamts Staatssekretär Friedhelm Ost, sein Stellvertreter Norbert Schäfer und die vier wichtigsten Ministerialdirektoren aus dem Bundeskanzleramt, darunter Horst Teltschik und Eduard Ackermann.

Ich skizzierte in einigen Stichworten, was ich von der 11. Legislaturperiode erwartete, in der wir es wie schon in den beiden vorangegangenen Legislaturperioden wieder mit einer Fülle von grundsätzlichen politischen Problemen zu tun bekommen würden. Vor den Wahlen, als wir uns in der direkten Auseinandersetzung mit den Oppositionsparteien befanden, hatte ich dazu geschwiegen, dass Teile der Bundesregierung ihre Auseinandersetzungen in der Öffentlichkeit austrugen. Ich hatte jedoch nicht die Absicht, derartige Kontroversen, wie sie etwa zwischen Pressesprechern einzelner Ministerien vor der Bundespressekonferenz ausgetragen wurden, noch länger zu dulden. Bei allen denkbaren Gegensätzen in der Sache sollten wir die persönliche Loyalität im Umgang miteinander stets im Auge behalten. Ich bat alle Kabinettsmitglieder, mich bei diesem Bemühen zu unterstützen.

Dann ging ich auf die Rolle der Parlamentarischen Staatssekretäre innerhalb der Bundesregierung ein. In den vergangenen Jahren hatte ich sehr unterschiedliche Qualitäten der Zusammenar-

In der Villa Hammerschmidt gratuliert Bundespräsident Richard von Weizsäcker der neuen Ministerin für innerdeutsche Beziehungen Dorothee Wilms

beit zwischen Ministern und Parlamentarischen Staatssekretären kennengelernt. Eine Hauptaufgabe der Staatssekretäre sah ich in der Förderung der Zusammenarbeit zwischen den Ressorts und den Koalitionsfraktionen sowie dem Parlament insgesamt. Die Zusammenarbeit – insbesondere auch mit den Arbeitsgruppen und Arbeitskreisen – sollte ernst genommen und so intensiv wie möglich gestaltet werden.

Wenige Tage nach der Bundestagswahl begannen unter der Leitung von Kanzleramtsminister Wolfgang Schäuble die Arbeiten an meiner dritten großen Regierungserklärung. Die Antrittserklärung zu Beginn einer jeden Legislaturperiode ist auch eine Art Visitenkarte der Kanzlerschaft und zugleich ein wichtiges Führungsinstrument gegenüber der Partei, der Bundestagsfraktion und dem Koalitionspartner.

Wie schon bei den vorangegangenen Regierungserklärungen fanden mehrere Besprechungen im Kanzleramt statt, an denen eine Reihe namhafter Wissenschaftler teilnahm. Sachbeiträge aus allen

Ministerien flossen ebenso in die Vorarbeiten ein wie Ratschläge von Vertrauten innerhalb und außerhalb der Politik. Die endgültige Fassung überarbeitete ich dann allein. Schließlich war es soweit: Am 18. März 1987 gab ich vor dem neugewählten Bonner Parlament die dritte große Regierungserklärung ab. Sie trug die Überschrift »Die Schöpfung bewahren – die Zukunft gewinnen«. Ausführlich ging ich darin auf unsere Wertvorstellungen in wesentlichen Grundfragen der Gesellschaft ein, auf politisch-kulturelle Werte und Aspekte menschlicher Geborgenheit ebenso wie auf soziale, politische und bürgerliche Tugenden:

»Der tiefgreifende Wandel unserer Zeit bewegt die Bürger in ihrem Lebensalltag. Viele Menschen sehen sich im Zwiespalt widerstreitender Gefühle. Wir wissen um die faszinierenden Möglichkeiten der modernen Naturwissenschaften.
Aber nicht alles, was technisch möglich und ökonomisch vorteilhaft erscheint, ist unter humanen Gesichtspunkten wünschenswert. Wir erleben täglich, dass die Völker der Erde voneinander immer abhängiger werden – gleichzeitig sehnen sich die Menschen nach Heimat und überschaubaren Lebensverhältnissen. Verständlich ist ein weitverbreitetes Sicherheitsbedürfnis, das immer umfassender wird – obwohl jeder weiß, dass sich nicht alle Risiken des Lebens ausschalten lassen.
In unserer säkularisierten Welt ist die Suche nach dem Lebenssinn schwieriger geworden, und die Lebensängste werden größer. Wie in allen Zeiten großen Umbruchs wird die Spannung zwischen Kontinuität und Fortschritt, Tradition und Moderne auch heute besonders stark empfunden. Wir wollen für die geistigen Strömungen unserer Zeit sensibel sein – wohlwissend, dass Politik mit Widersprüchen und Gegensätzen leben muss. In der Demokratie kann und darf Politik die Aufgabe der Sinnfindung dem Bürger nicht abnehmen. Sie muss die Wirklichkeit nüchtern wahrnehmen und tatsächliche Zukunftschancen erkennen und sie nutzen [...].«

Daraus ergaben sich zentrale politische Ziele nicht nur für die Arbeit in der vor uns liegenden Legislaturperiode bis 1990, sondern für die Weichenstellung ins nächste Jahrhundert. Fünf Punkte stellte ich besonders heraus:

»*Erstens:* Wir wollen das Wertebewusstsein schärfen, insbesondere den Sinn für den Zusammenhang von Freiheit und Verantwortung.
Das für uns gültige Wertesystem – wesentlich durch Christentum und Aufklärung geprägt – gründet auf der Einzigartigkeit jedes Menschen, auf der Achtung vor dem Leben, der Menschenwürde und der persönlichen Freiheit. Wie bedeutsam diese Werte bleiben, zeigt die aktuelle Diskussion etwa über Ethik der Forschung und Schutz des menschlichen Lebens. Auch die Wahrung des inneren Friedens ist im Kern eine Frage der Freiheit und ihres verantwortungsvollen Gebrauchs.
Zweitens: Wir wollen in einer leistungsstarken Wirtschaft sozialen Halt geben und so die Freiheit materiell stützen. Nur wenn die Prinzipien der sozialen Marktwirtschaft sinnvoll angewendet werden, können auf die Dauer die Wirtschaft gedeihen und soziale Sicherheit bestehen. Damit müssen sich Leistungswille und Kreativität verbinden. Dann können wir den Anschluss an die Weltspitze halten, neue Arbeitsplätze schaffen und den sozial Schwächeren zur Seite stehen. Am Herzen müssen uns besonders jene liegen, die keine machtvollen Fürsprecher haben.
Drittens: Wir wollen, dass die Bürger in einer menschengerechten Lebensumwelt Geborgenheit erfahren und zugleich mehr Freiheitschancen erhalten. Vor allem wollen wir menschliche Bindungen erhalten und stärken. Das betrifft die Familien ebenso wie das Verhältnis zwischen den Generationen und in einem weiteren Sinn die Verbundenheit mit der Heimat […]. Familienförderung und eine so verstandene Agrarpolitik, aber auch der Schutz der natürlichen Lebensgrundlagen weisen weit über die materielle Dimension hinaus.

Viertens: Wir wollen, dass alle Deutschen eines Tages wieder durch gemeinsame Freiheit in einer europäischen Friedensordnung vereint sind. Deutschlandpolitik heißt für uns außerdem: Menschen zueinander zu bringen, weil sie zusammengehören. [...]
Fünftens: Damit der Frieden dauerhaft gesichert wird, wollen wir als verlässlicher Partner in der westlichen Wertegemeinschaft hinwirken auf weltweite Achtung der Menschenrechte und auf gerechten Ausgleich zwischen den Völkern.
Realistische Entspannungspolitik ist ein notwendiger Beitrag zur Friedenssicherung. Realistisch, weil wir nie den grundlegenden Unterschied zwischen Demokratie und Diktatur verwischen dürfen und entschlossen sind, unsere Sicherheit zu bewahren. Entspannungspolitik, weil so Menschen und Völker einander näher kommen können, Grenzen offener werden und die Aussicht auf weltweite Achtung der Menschenrechte verbessert wird.«

Diese fünf Ziele beschrieben nicht nur ein Arbeitsprogramm für die Legislaturperiode bis 1990. Sie verdeutlichten eine Politik, die Weichen stellte ins nächste Jahrhundert. Und ich fuhr fort:

»Einen langfristigen Zukunftsentwurf benötigen wir um so mehr, als wir auch die Folgen der gewaltigen Umbrüche in der Bevölkerungsentwicklung bewältigen müssen, die jetzt schon absehbar sind. Auf uns kommen schwerwiegende Belastungen zu. Vom Geburtenrückgang sind so unterschiedliche Bereiche wie Alterssicherung und Bildungswesen, wie Wohnungsmarkt und die Personalstärke unserer Bundeswehr betroffen. Auch die Umkehrung der Alterspyramide und die bevorstehende Überalterung stellen unsere Gesellschaft vor völlig neue Aufgaben.
Die Schwierigkeit angemessener Lösungen wird darin bestehen, Prioritäten zu setzen, den richtigen Zeitpunkt zum Handeln zu bestimmen und einen fairen Interessenausgleich herbeizuführen. Das kann nur gelingen, wenn jeder seiner

eigenen Verantwortung gerecht wird und den ihm möglichen Beitrag leistet.

Auch die Opposition [...] trägt eine wichtige Verantwortung im Dienst am Bürger. Bei allem, was uns trennt, wäre es gut für unser Land, wenn diese gemeinsame Verantwortung zum gemeinsamen Handeln führt, wo es um Schicksalsfragen unserer Nation geht.«

Mit einem Signal an die Sowjetunion zur vertieften Zusammenarbeit vor allem auf wirtschaftlichem Gebiet unterstrich ich die Bedeutung des Ost-West-Dialogs für die deutsche Außenpolitik. Ich griff Michail Gorbatschows Wort vom »Neuen Denken« in den internationalen Beziehungen auf und erklärte meine Bereitschaft zur verstärkten Zusammenarbeit »auf allen Ebenen« in den deutsch-sowjetischen Beziehungen, denen ich eine »zentrale Bedeutung« für die künftige Außenpolitik zumaß. Wenn der von Michail Gorbatschow angekündigte neue Kurs »Chancen birgt zu mehr Verständigung, zu mehr Zusammenarbeit und vor allem zu konkreten Ergebnissen über Abrüstung und Rüstungskontrolle, werden wir sie aufgreifen«, sagte ich. Meine Regierung werde dabei aber »weder die Realitäten aus den Augen verlieren noch Illusionen nachjagen, noch bestehende Gegensätze verwischen«.

Im innenpolitischen Teil der Regierungserklärung nannte ich als wichtigste Aufgabe den Kampf gegen die Arbeitslosigkeit, der mit den Mitteln der sozialen Marktwirtschaft gewonnen werden müsse. Breiten Raum widmete ich der Erhaltung einer lebenswerten Umwelt:

»Uns allen ist der Schatz der Natur nur auf Zeit anvertraut. Wir sind verpflichtet, sorgsam mit ihm umzugehen, ihn zu schonen und zu pflegen. Das ist auch eine Staatsaufgabe, und deshalb wollen wir den Umweltschutz als Staatsziel in das Grundgesetz aufnehmen.«

Was ich in dieser Regierungserklärung vortrug, war das Ergebnis der mehr als neunzig Stunden dauernden Koalitionsverhandlungen. Allerdings beschränkte ich mich nicht allein darauf, den Stand unserer Sachverhandlungen wiederzugeben. Die Aufforderung zu mehr Menschlichkeit, Brüderlichkeit und zur Bereitschaft, Trennendes zu überwinden und einander zu helfen, zog sich wie ein roter Faden durch die Rede. Die Mitglieder der Koalitionsfraktionen sparten nicht mit Beifall. Ein Journalist rechnete aus, dass sie mich hundertdreißigmal durch Klatschen unterbrachen, und am Ende applaudierte die Unionsfraktion stehend.

Ich hatte ein gutes Gefühl. Sah man von den obligatorischen Verrissen durch die Opposition einmal ab, war die Reaktion in der Öffentlichkeit recht positiv. Vor allem der kleinere Koalitionspartner war zufrieden und fühlte sich bestens verstanden.

6.
Hoher Besuch

Wie viele ausländische Gäste ich während meiner Kanzlerschaft in Bonn empfing, vermag ich nicht zu sagen, allerdings weiß ich noch sehr genau, welche Besuche wichtig waren und welche weniger wichtig, welche Gespräche unvergessen sind und welche nicht so bedeutend waren. Sehr präsent ist mir bis heute der erste offizielle Besuch eines israelischen Präsidenten in der Bundesrepublik.

Es erregte weltweit Aufsehen und stieß in Israel auf teilweise heftige Kritik, als Chaim Herzog der Bundesrepublik Deutschland vom 6. bis 10. April 1987 einen Staatsbesuch abstattete. Der 1918 in Belfast geborene Sohn des damaligen Chefrabbiners Nordirlands war nach dem Jurastudium in Dublin und London 1935 nach Palästina übergesiedelt. Später trat Chaim Herzog in die britische Armee ein; als Major gehörte er zu jenen britischen Truppen, die im Mai 1945 das Konzentrationslager Bergen-Belsen befreiten. Die Bilder der abgemagerten und verhungerten Lagerinsassen begleiteten ihn sein Leben lang.

Herzogs Besuch in der Bundesrepublik war für mich, für uns alle eine besondere Freude. Es war ein Markstein auf dem Weg, den Konrad Adenauer und David Ben Gurion uns mit dem Neubeginn zwischen Deutschen und Juden, zwischen der Bundesrepublik und dem Staat Israel gewiesen hatten. Unsere beiden Länder und unsere beiden Völker standen vor der Aufgabe, sich des Erbes dieser großen Staatsmänner anzunehmen. Wir führten die Zusammenarbeit zwischen unseren Völkern in ihrem Sinne fort und vertieften sie. Dies war die Politik der Regierung Israels. Es war die Politik aller meiner Vorgänger, und auch meine Regierung und ich

Mit dem israelischen Präsidenten Chaim Herzog

selbst fühlten uns diesem Ziel zutiefst verpflichtet. In der Regierungserklärung vom März 1987 formulierte ich es so: »Es ist für uns ein wichtiges politisches Ziel, die Zukunft Israels und seine Lebensfähigkeit sichern zu helfen.«

Der Besuch Chaim Herzogs – eineinhalb Jahre nach dem ersten Besuch eines deutschen Staatsoberhaupts in Israel – verdeutlichte, dass die fast vierzigjährige Geschichte der Bundesrepublik Deutschland eine feste Grundlage für gute Beziehungen zwischen unseren beiden Staaten geschaffen hatte. Der Weg der Verständigung und der Zusammenarbeit hatte sich bewährt.

Bei aller Verschiedenheit unserer Länder haben wir Entscheidendes gemeinsam: Wir sind den gleichen auf Demokratie, Recht und Freiheit beruhenden Werten verpflichtet. Wir brauchen Verbündete und Freunde in der Welt. Für die Wahrung der Sicherheit unserer Länder bedarf es großer Anstrengungen. Darum haben wir Deutsche ein besonderes Verständnis für das Sicherheitsbedürfnis Israels. Aus diesem Grund haben wir uns während meiner Regierungszeit für berechtigte Anliegen Israels eingesetzt und in unseren bilateralen Beziehungen, im europäischen Rahmen und als Mitglied der Vereinten Nationen alle uns zur Verfügung stehenden Möglichkeiten genutzt, um Israels Interessen Geltung zu verschaffen.

Der Weg zu einem gerechten, umfassenden und dauerhaften Frieden im Nahen Osten wird allerdings Zugeständnisse von allen Seiten erfordern. Er wird das Recht Israels, wie das aller Staaten der Region, in anerkannten und gesicherten Grenzen zu leben, in Einklang bringen müssen mit dem Selbstbestimmungsrecht des palästinensischen Volkes. Unsere Politik, die für das palästinensische Volk das Selbstbestimmungsrecht fordert, wurde in Israel oft kritisiert. Aber wir forderten dieses Recht auch für unser Volk. Wie sollten wir da die Verwirklichung des Selbstbestimmungsrechts im Rahmen einer Friedensordnung und unter Berücksichtigung der Rechte anderer Staaten der Region nicht auch für das palästinensische Volk für gerechtfertigt halten? Entscheidend würde sein, dass jede künftige Friedensregelung auf der Grundlage einer möglichst breiten Zustimmung aller von dem Konflikt Betroffenen geschlossen wird.

Die Zusammenarbeit zwischen Israel und der Bundesrepublik Deutschland ist von der Vergangenheit geprägt, aber auf die Zukunft gerichtet. Viele Jahrhunderte lang haben Juden entscheidende Beiträge zur Kultur und Geschichte Deutschlands geleistet – Beiträge, die aus unserer Kultur nicht wegzudenken sind und auf die wir mit Stolz blicken. Es bleibt ein großes Verdienst, dass sich auch nach 1945 jüdische Mitbürger bereit fanden, uns die Hand zur Versöhnung zu reichen und beim Aufbau der Bundesrepublik Deutschland mitzuarbeiten.

Mit seinem Staatsbesuch wollte auch Chaim Herzog einen Beitrag zur Versöhnung leisten. Das war ihm glänzend gelungen. Am 7. April 1987 traf ich den israelischen Präsidenten zu einem ausführlichen Gespräch im Bundeskanzleramt. Es war eine besondere Begegnung, die ich in bester Erinnerung habe.

*

Vom 30. April bis 4. Mai 1987 besuchte Papst Johannes Paul II. zum zweiten Mal die Bundesrepublik. Die Seligsprechung der 1942 in Auschwitz ermordeten Edith Stein, für die ich mich sehr eingesetzt hatte, war ein Höhepunkt seiner 34. Auslandsreise.

Zum Abschluss seines Besuchs in der Bundesrepublik kommt der Papst nach Speyer

Außerdem besuchte der Papst den schwerkranken Kölner Kardinal Joseph Höffner.

Weitere wichtige Programmpunkte waren eine Begegnung mit deutschen Juden sowie der Besuch am Grab Kardinals von Galen in Münster. Bei einer Messe im Münchner Olympiastadion wurde der von den Nationalsozialisten verfolgte Jesuitenpater Rupert Mayer seliggesprochen.

Zum Abschluss seines Besuchs kam der Papst in meine pfälzische Heimat nach Speyer. Nach einem feierlichen Gottesdienst auf dem Domplatz traf ich mit ihm zusammen. Unsere Gespräche behandelten die Rolle der katholischen Kirche in der Bundesrepublik, die Probleme der Empfängnisverhütung und die Auswirkungen der deutschen Teilung. Ich staunte, wie gut der Papst über die Schmerzen der Teilung informiert war. Er geißelte die Herrschaft des SED-Regimes in der DDR genauso wie das kommunistische Regime in seiner polnischen Heimat.

Die europäische Einigung war auch für ihn der einzige gangbare politische Weg in der damaligen weltpolitischen Lage. Der Papst nutzte die Gelegenheit, um mich darauf hinzuweisen, welche Rolle Polen in einem vereinigten Europa einmal werde spielen müssen. Weitsichtig entwarf er ein Szenario, das der Entwicklung der folgenden Jahre sehr nahe kam. Wieder einmal spürte ich, dass dieser so oft kritisierte und nicht selten verteufelte Nachfolger Petri in anderen Zeiträumen dachte als die meisten Politiker.

Unsere Begegnung in Speyer war ein weiteres unverzichtbares Mosaiksteinchen in unseren Beziehungen. Seine außergewöhnliche Herzlichkeit einem deutschen Bundeskanzler gegenüber und seine weitsichtigen politischen Analysen faszinierten mich. Selten war ich von einem Menschen derart angetan und so voller Bewunderung für jemanden wie für diesen Papst aus Polen. Von Begegnung zu Begegnung festigte sich diese wundervolle Beziehung zu dem wichtigsten und mächtigsten Mann der katholischen Weltkirche. Sie sollte sich in einer der schwierigsten Lagen der Deutschen als äußerst tragfähig erweisen.

7.
Stadtjubiläum

Um die 750-Jahr-Feier Berlins gab es wie häufig bei solchen Anlässen eine Menge Streit. Der Regierende Bürgermeister Eberhard Diepgen lud im März 1987 Erich Honecker als Vorsitzenden des Ost-Berliner Festkomitees für den 30. April zur Feier im Internationalen Congress-Centrum in West-Berlin ein. Einen Monat später sagte Honecker unter Verweis auf einen Brief Diepgens an die Ministerpräsidenten der Bundesländer ab, in dem er sie ermahnt hatte, wegen des Viermächtestatus der Stadt nicht an den Staatsakten in Ost-Berlin teilzunehmen. Später sagte auch Diepgen Honeckers Einladung zur Teilnahme am Ost-Berliner Staatsakt am 23. Oktober ab.

Trotz solcher Querelen hatte ich allen Grund, der Stadt herzlich zu gratulieren, und ich kam gerne zu den Jubiläumsfeiern. Berlin war immer ein Zentrum deutscher Geschichte und deutscher Kultur, ein Umschlagplatz für Ideen, eine Hochburg der Kreativität. So wirkte es in die Welt hinaus mit Meisterwerken von Kunst und Kultur, nicht zuletzt mit epochalen Leistungen in der Kunstgattung des Films.

Die Geschichte Berlins – daran erinnerte uns auch die 750-Jahr-Feier 1987 – begann nicht mit der nationalsozialistischen Barbarei, und die Teilung konnte nicht das letzte Wort sein. Doch die drei Dekaden, die zwischen der Machtergreifung Hitlers 1933 und dem Mauerbau im August 1961 lagen, hatten die Stadt, ihren Charakter und ihr Erscheinungsbild in der Welt geprägt.

Die Nationalsozialisten konnten in Berlin trotz besonderer Anstrengungen in freien Wahlen keine Mehrheit finden. Und im Herzen Berlins, im Bendler-Block, war auch das Zentrum des Widerstands vom 20. Juli 1944. Nach dem Krieg, 1946, machte ganz Berlin wieder seine Absage an eine totalitäre Ideologie deutlich, als es bei der ersten freien Wahl dazu die Chance erhielt. Aber gerade die Berliner mussten unter den Folgen von Krieg und Diktatur besonders leiden. Mahnmale der Zerstörung waren noch lange Zeit zu sehen. Um so mehr ist der Aufbau zu bewundern, die grandiose Leistung der Menschen in Berlin.

Unvergessen ist der Ruf Ernst Reuters: »Schaut auf diese Stadt!«, als die Sowjetunion versuchte, die Lebenslinien Berlins durch eine Blockade zu zerschneiden. Die Alliierten, vor allem unsere amerikanischen Freunde, halfen damals den Berlinern mit einer in der Geschichte beispiellosen Luftbrücke. Und jeder weiß: Berlin vergisst seine Freunde nicht.

Der Komponist György Ligeti, der einige Jahre in Berlin lebte, beschrieb einmal die Insellage der Stadt sehr treffend: »... ein surrealistischer Käfig: die, die drinnen sind, sind frei.« Der unbedingte Überlebens- und Freiheitswille, das Selbstbewusstsein und der Mut der Berliner sind das beste Kapital der Stadt.

Dass es gelang, für diesen Teil der Stadt die Freiheit zu bewahren, verdankte Berlin der Standfestigkeit und dem Einsatz der drei Schutzmächte. Ihre Präsenz war Gewähr für die Freiheit und Sicherheit Berlins. Deshalb galt den drei Mächten unser besonderer Dank. Die Wahrung ihrer Rechte und Verantwortlichkeiten lag vor allem in unserem eigenen Interesse.

Eine lebendige, attraktive Metropole konnte Berlin nur durch die enge Verflechtung mit den politischen, rechtlichen und wirtschaftlichen Strukturen der Bundesrepublik sein. Die Einbindung der Stadt in den freien Teil Deutschlands und damit zugleich in die Europäische Gemeinschaft war unverzichtbar. In einem lebendigen Gemeinwesen konnte sie auch nicht statisch bleiben, sondern musste immer wieder weiterentwickelt und neuen Bedingungen angepasst werden.

Das Viermächteabkommen, das nach vielen Jahren der Konfrontation inzwischen zu einer Beruhigung der Lage in und um Berlin beitrug, besagte ausdrücklich, dass die Bindungen zwischen den Westsektoren Berlins und der Bundesrepublik Deutschland aufrechterhalten und entwickelt werden. Wir traten für die strikte Einhaltung und die volle Anwendung dieses Abkommens in allen seinen Teilen ein. Es musste jede Chance genutzt werden, um die enge Verflechtung zwischen Berlin und dem Bund auszubauen.

Wir wollten die Ausstrahlungskraft stärken, die der freiheitlichen Demokratie und besonders dieser Stadt mit ihrer Offenheit und lebendigen Vielfalt eigen war. Die Bundesregierung leistete ihren Beitrag, um die wirtschaftliche, wissenschaftliche und kulturelle Kraft und Attraktivität Berlins weiterzuentwickeln. Berlin musste ein Glanzpunkt in der Entwicklung unseres Landes bleiben – als Stadt, die nicht nur Unterstützung erhielt, sondern auch Impulse gab.

Die wirtschaftliche Substanz Berlins war ein wichtiger Eckpfeiler seiner politischen Stabilität. Durch gemeinsame Anstrengungen erreichten wir, dass neues Vertrauen in den Wirtschaftsstandort Berlin entstand. Dennoch blieb es eine wichtige Aufgabe, das wirtschaftliche Fundament Berlins weiter zu festigen und zu stärken.

Der Zugang zu Berlin war gesichert, aber die Stadt war auch 1987 noch ein Seismograph für den Stand der Ost-West-Beziehungen. Wir wussten, dass von Normalität keine Rede sein konnte, solange Mauer und Stacheldraht und Schießbefehl diese Stadt, unser Vaterland und damit auch Europa teilten. Die Teilung war in Berlin tägliche Erfahrung. Sie war eine Wunde, an der die Menschen litten. Die Bürger in der geteilten Stadt mussten mehr als andere mit der unnatürlichen und schmerzlichen Trennung von Verwandten und Bekannten leben. Berlin war das Symbol für die offene deutsche Frage.

In der bisherigen Entwicklung der Beziehungen zur DDR konnte manches erreicht werden, das nicht zuletzt Berlin zugute kam. Verkehr und Wirtschaft hatten davon profitiert. Auf dieser Grundlage mussten wir weiterarbeiten. Berlin musste dabei voll einbezogen werden. Kein Berliner brauchte die Sorge zu haben, dass die Entwicklung an ihm vorbeigehen würde. Die Sicherung der Freiheit und Lebensfähigkeit Berlins blieb unverzichtbarer Bestandteil unserer Deutschlandpolitik.

Ich war mir ganz sicher: Die Teilung Berlins, Deutschlands und Europas würde vor der Geschichte nicht Bestand haben.

Dass anlässlich der 750-Jahr-Feier die höchsten Repräsentanten der westlichen Schutzmächte die geteilte Stadt besuchten, empfand ich als sichtbares Zeichen der Verlässlichkeit und Treue. Den Anfang der Besuchsreihe machte François Mitterrand. Am 11. Mai 1987 kam er zu einem achtstündigen Aufenthalt nach Berlin. Gleich zu Beginn setzte er ein deutliches Zeichen, indem er Bundespräsident Richard von Weizsäcker in seinem Amtssitz, dem Schloss Bellevue, besuchte. Noch nie zuvor hatte ein Staatsoberhaupt der Schutzmächte den Bundespräsidenten dort aufgesucht. Mit dieser Geste bekräftigte mein Freund François Mitterrand die Bindungen der Stadt an die Bundesrepublik. Dieser Schritt des Staatspräsidenten konnte nur positiv bewertet werden und lag eindeutig im Rahmen des Viermächteabkommens.

In seiner Ansprache bekräftigte Mitterrand die Sicherheitsgarantien für die Stadt, so wie sie in den Abkommen von 1945 und dem Viermächteabkommen von 1971 festgeschrieben waren. Berlin sei Ausdruck einer dreifachen Realität, ein Symbol für die Teilung der Stadt, Deutschlands und Europas. Der französische Präsident erklärte weiter: »Wenn ich mir eine Aufgabe für Berlin vorstellen kann, dann die eines Zentrums für Austausch und Dialog, die eines Verbindungsglieds [...]. Es ist die Aufgabe dieser Stadt, der Annäherung zu dienen, zusammenzuführen, was zerbrochen ist.«

Mitterrand bezeichnete die französische Politik als Friedenspolitik, die die Teilung Europas überwinden wolle:

> »Wir müssen die Schaffung einer Einheit erreichen, die im Hinblick auf den Frieden zur Stabilität ganz Europas beiträgt. Es geht darum, zu einen und nicht zu trennen, es geht um die Schaffung eines Kerns, den es jetzt schon gibt, und um seine Stärkung, damit diese Gemeinschaft [...] mit den anderen Mächten dieser Welt gleichberechtigt sprechen kann. Aber gleichzeitig muss dieses Europa, das Europa der Gemeinschaft, ein einiger und dauerhafter Partner sein, fest in seinen Perspektiven, selbst fähig zu einer gewissen Form der politischen Stabilität. Auch muss es weiterhin ein Faktor der Hoffnung sein und nicht nur ein Forum zur Regelung kleiner

alltäglicher Schwierigkeiten, die so zahlreich sind, dass daraus letztendlich große Schwierigkeiten entstehen.«

Und mit Blick auf Berlin meinte er, die Stadt, die an der Nahtstelle zwischen Ost und West liege, könne innerhalb des europäischen Einigungsprozesses »Brücke zwischen den Welten« sein.

Ich fand Mitterrands Äußerungen außerordentlich zukunftsweisend. Unser beider Länder standen in einer einzigartigen Schicksalsgemeinschaft zusammen. Beide waren sich einig im Streben nach Frieden für Europa. Dieser Friede war jedoch an die Herrschaft des Rechts gebunden – und dazu gehörte auch das Selbstbestimmungsrecht der Deutschen. Wir waren Frankreich dankbar, dass es auch in dieser Frage an unserer Seite stand.

Am 26. und 27. Mai 1987 besuchte die britische Königin Elisabeth II. Berlin. In ihrer Ansprache erneuerte auch sie die anhaltende Verpflichtung Großbritanniens zur Unterstützung Berlins. Ihr Land sei entschlossen, diese Unterstützung so lange aufrechtzuerhalten, wie sie benötigt werde. Es sei die primäre Aufgabe der drei Schutzmächte, für ein Klima der Stabilität zu sorgen, »indem sie die Freiheit und Sicherheit der Stadt gewährleisten«. Diese Aufgabe werde inzwischen in enger Zusammenarbeit mit den bundesdeutschen und Berliner Behörden wahrgenommen, und dies solle auch in Zukunft so bleiben. Die Königin äußerte die Hoffnung, dass die Teilung der Stadt eines Tages überwunden werde und dass Berlin, jene Stadt, die heute die Teilung Europas symbolisiere, »an jenem Tag zum Symbol seiner Einheit wird«.

Ich zitiere ganz bewusst die Staatsoberhäupter Großbritanniens und Frankreichs mit ihren Kernaussagen aus dem Jahr 1987, denn die späteren Erklärungen ihrer Spitzenpolitiker standen nicht ganz im Einklang damit. Nach dem Fall der Berliner Mauer war plötzlich eine politische Lage Wirklichkeit geworden, die man zuvor zwar gerne in Festtagsreden beschworen hatte, nun aber nicht so gerne willkommen heißen mochte. Als es 1989 darum ging, politische Optionen einzulösen, die nur zwei Jahre zuvor noch für den herbeigesehnten Tag X in Aussicht gestellt worden waren, zeichneten sich London und Paris durch eine zögerliche Haltung aus.

Bevor Ronald Reagan Berlin seine Aufwartung machte, trafen wir uns zum 13. Weltwirtschaftsgipfel in Venedig. Mit einer umfangreichen Erklärung zu wirtschafts- und währungspolitischen Fragen ging die dreitägige Konferenz der sieben führenden Industrienationen, an der auch ein Vertreter der EG teilnahm, am 10. Juni 1987 zu Ende. Es war ein Gipfel der Harmonie, nicht zuletzt deshalb, weil in Großbritannien und Italien noch in diesem und in Frankreich und den USA im nächsten Jahr Wahlen anstanden.

Am 12. Juni 1987 traf Ronald Reagan in Begleitung seiner Frau Nancy mit der »Air Force One«, dem Präsidentenflugzeug, mittags auf dem West-Berliner Militärflughafen Tempelhof ein, wo ihn Abordnungen der drei westlichen Schutzmächte mit allen militärischen Ehren empfingen. Nach der Begrüßung durch den Regierenden Bürgermeister Eberhard Diepgen fuhr der Präsident zum Berliner Amtssitz des Bundespräsidenten. Nach einem halbstündigen Meinungsaustausch mit Richard von Weizsäcker trafen Bundestagspräsident Philipp Jenninger und ich im Reichstag mit Ronald Reagan zusammen.

Im Mittelpunkt seines vierstündigen Aufenthalts aus Anlass der 750-Jahr-Feier Berlins stand eine mit Spannung erwartete Rede, die Reagan unmittelbar vor dem Brandenburger Tor halten wollte. Vor mehr als zwanzigtausend eingeladenen Berlinern und hier lebenden Amerikanern begann er seine Rede, die in Westeuropa und Amerika live übertragen wurde, mit einem Gruß an die Menschen jenseits von Mauer und Stacheldraht:

> »Obwohl ich nicht bei Ihnen sein kann, richte ich meine Ansprache selbstverständlich ebenso an Sie wie an meine unmittelbaren Zuhörer. Ich stehe genauso zu Ihnen wie zu Ihren Landsleuten im Westen in dem festen unerschütterlichen Glauben: Es gibt nur ein Berlin.«

Solange das Brandenburger Tor verschlossen bleibe, werde die Mauer als Wunde fortbestehen. Es sei nicht die deutsche Frage allein, die offen bleibe, sondern die Frage der Freiheit für die gesamte Menschheit. Vier Jahrzehnte nach dem Zweiten Weltkrieg sei für die Welt klar geworden, dass Freiheit nicht nur zu Wohlstand führe, sondern dass sie auch Völkerhass durch Einvernehmen und Frieden ersetze. Auch die Sowjetunion begreife allmählich die Bedeutung der Freiheit. Aus Moskau sei viel von einer neuen Politik der Reformen und der Offenheit zu vernehmen. »Sind dies Anfänge tiefgreifender Veränderungen im Sowjetstaat?« fragte Reagan. Oder seien es nur Scheingesten, die im Westen falsche Hoffnungen weckten, während sie in Wahrheit das sowjetische System festigen sollten, ohne es zu verändern? Die Vereinigten Staaten seien der Ansicht, dass das Vorrücken der Menschenrechte die Sache des Friedens nur vorantreiben könne. Reagan appellierte an die Sowjetunion:

> »Generalsekretär Gorbatschow, wenn Sie nach Frieden streben – wenn Sie Wohlstand für die Sowjetunion und die Völker Osteuropas wünschen – wenn Sie die Liberalisierung wollen, dann kommen Sie hierher zu diesem Tor. Herr Gorbatschow, öffnen Sie dieses Tor! Herr Gorbatschow, reißen Sie die Mauer nieder!«

Der amerikanische Präsident betonte, dass es weiterhin nötig sei, »sich der sowjetischen Expansion zu widersetzen«. Der Westen müsse deshalb eine starke Verteidigung aufrechterhalten. Doch er, Reagan, strebe nach Frieden und werde daher darum ringen, die Waffen auf beiden Seiten zu verringern. Denen, die bei der Nachrüstung protestiert hatten, und denen, die an diesem Tag demonstrierten, gab er zu bedenken:

> »Weil wir stark blieben, sind die Sowjets an den Verhandlungstisch zurückgekehrt. Weil wir stark geblieben sind, besteht heute die Möglichkeit, nicht nur die Zunahme der Waffen einzuschränken, sondern zum ersten Mal eine gesamte Klasse nuklearer Waffen von der Erdoberfläche zu beseitigen.«

Am Vorabend von Reagans Besuch war es zu schweren Ausschreitungen in West-Berlin gekommen. Bei den Demonstrationen, an de-

»Herr Gorbatschow, reißen Sie die Mauer nieder!« – Ronald Reagan bei seiner Ansprache vor dem Brandenburger Tor

nen mehr als dreißigtausend Menschen teilnahmen, hatte es heftige Krawalle in der Innenstadt gegeben. Dabei wurden Bauwagen in Brand gesetzt, Container umgeworfen, Schaufensterscheiben zertrümmert und Geschäfte geplündert. Über sechzig Polizisten waren verletzt und etwa achtzig Demonstranten festgenommen worden.

Bei mir hinterließen diese gewalttätigen Demonstrationen einen schalen Nachgeschmack. Das Grundgesetz garantiert das Recht, friedlich zu demonstrieren, und dazu bekenne ich mich uneingeschränkt. Indes lehne ich Gewalt in jeder Form als Mittel der politischen Auseinandersetzung ab. Ich wehrte mich dagegen, dass eine Handvoll militanter Chaoten immer wieder versuchte, die überwiegende Mehrheit ihrer Mitbürger zu terrorisieren. Alle demokratischen Parteien waren aufgerufen, gegen jede Form der Gewalt – sei es gegen Sachen, sei es gegen Menschen – klar Front zu beziehen.

An die Demonstranten gewandt, sagte Ronald Reagan:

> »Ich weiß nicht, ob Sie sich schon einmal gefragt haben, wie es aussähe, wenn Sie jene Art von Regierung hätten, die Sie anscheinend erstreben. Ob dann überhaupt irgend jemand das tun könnte, was Sie gestern abend getan haben.«

Ich war dem amerikanischen Präsidenten für seinen Besuch anlässlich des Berliner Stadtjubiläums außerordentlich dankbar. Mit diesem Besuch und seiner eindrucksvollen Rede vor dem Brandenburger Tor bewies Reagan erneut, mit welchem Engagement die Vereinigten Staaten sich für Frieden und Freiheit einsetzten und mit welcher Entschlossenheit sie für Berlin eintraten. Er hatte die deutsch-amerikanische Freundschaft erneut eindrucksvoll bestätigt und die Position Berlins gestärkt. Seine in Abstimmung mit Frankreich und Großbritannien ergriffene Berlin-Initiative, die von internationalen Veranstaltungen bis zur Idee reichte, die Olympischen Spiele in beiden Teilen der Stadt auszurichten, war eine hervorragende Sache. Ich war fest entschlossen, alles dafür zu tun, dass diese Initiative zu einem Erfolg wurde.

Im Anschluss an den Kurzbesuch in Berlin flog ich mit Ronald Reagan gemeinsam nach Bonn, um damit noch einmal demonstrativ die Bindungen Berlins an den Bund zu unterstreichen, wie er dies bereits durch seinen Besuch beim Bundespräsidenten im Schloss Bellevue getan hatte. Im Köln-Bonner Flughafen führten wir ein letztes Gespräch, und dann verabschiedeten wir uns herzlich.

Ein denkwürdiger Tag ging zu Ende. Reagan hatte in seiner bewegenden Rede vor aller Welt die amerikanischen Verpflichtungen für Berlin und damit für Deutschland als Ganzes erneuert. Ich dankte ihm im Namen aller Deutschen dafür.

Ich ging davon aus, dass die Genfer Verhandlungen zwischen den USA und der UdSSR bald mit Erfolg abgeschlossen werden könnten und dass es danach zu einem dritten Treffen zwischen Präsident Reagan und Generalsekretär Gorbatschow kommen würde. Die weiteren Schritte mussten eine weltweite Verringerung der konventionellen Rüstung, die Beseitigung aller chemischen Waffen und die Reduzierung anderer Waffen zum Ziel haben.

Diese Ziele waren durch Protestaktionen nicht zu erreichen, sondern nur mit einer entschlossenen Abrüstungspolitik, wie wir sie seit 1982 betrieben. Wer den inneren Frieden mit Gewalt und Terror störte, disqualifizierte sich als Demonstrant für den äußeren Frieden.

8.
Niederlagen

Der 17. Mai 1987 war für meine Partei ein schwarzer Tag. Bei den Landtagswahlen in Hamburg und in meiner Heimat Rheinland-Pfalz, die mir politisch wie privat besonders am Herzen lag, mussten wir eine Schlappe hinnehmen. In Hamburg scheiterte der Versuch, einen Machtwechsel zu erreichen. Während wir fast anderthalb Prozentpunkte verloren und auf 40,5 Prozent kamen, gelang es der SPD entgegen allen Prognosen, mit 45 Prozent der Stimmen wieder stärkste Partei zu werden. Die FDP schaffte nach neun Jahren parlamentarischer Abstinenz mit 6,5 Prozent die Rückkehr in die Hamburger Bürgerschaft. Drittstärkste politische Kraft mit 7 Prozent der Wählerstimmen wurde allerdings die GAL, die Grün-Alternative Liste, wie sich die Hamburger Grünen nennen. Dabei hatte die CDU mit Hartmut Perschau, ihrem seit Jahren besten Spitzenkandidaten, einen unglaublich engagierten Wahlkampf gemacht.

Wieder zeigte sich, wie schwer es in den Stadtstaaten war, Wähler an die Partei zu binden. Mit ein Grund dafür war sicherlich der Säkularisierungsprozess, der in den Großstädten am nachhaltigsten fortgeschritten war. Eine Partei, die sich christlichen Werten verpflichtet fühlt und auch noch ein C in ihrem Namen führt, muss eine Menge Vorurteile wegräumen. Um nur eine einzige Zahl zu nennen, die ich für sehr aufschlussreich halte: 1985 kamen in Hamburg zwölftausendsiebenhundertelf Kinder zur Welt. Davon wurden fünftausendachthundert Babys getauft – weniger als die Hälfte, keine 46 Prozent.

In Rheinland-Pfalz verlor die CDU ihre absolute Mehrheit. Wir büßten fast 7 Prozentpunkte ein und erzielten mit nur noch

45,1 Prozent der Stimmen das schlechteste Landtagswahlergebnis seit vierundzwanzig Jahren. Die FDP schaffte wie in Hamburg die Rückkehr ins Landesparlament und kam auf 7,3 Prozent der Stimmen. Bernhard Vogel, der alte und neue Ministerpräsident, bot den Liberalen noch am Wahlabend eine Koalition an, die auch schon bald zustande kam. Eigentlich hätte die SPD von unseren Verlusten profitieren müssen. Doch Spitzenkandidat Rudolf Scharping erreichte nicht einmal das Ergebnis von 1983, verlor fast einen ganzen Prozentpunkt und kam auf 38,8 Prozent der Stimmen. Die Grünen schafften auch hier die Fünfprozenthürde und zogen mit 5,9 Prozent erstmals in den Mainzer Landtag.

Eindeutiger Gewinner der Wahl war die FDP. Als kleinerer Koalitionspartner in Bonn schaffte sie es ohne große Kraftanstrengung, durch ständige Querelen mit der CSU und namentlich mit Franz Josef Strauß auf sich aufmerksam zu machen. So fand sie immer wieder gute Argumente, sich als Korrektiv und Motor der Bonner Koalition in Szene zu setzen. Ich war heilfroh, dass wir zumindest ein Bündnis von SPD und Grünen in meiner Heimat verhindert hatten.

Die wichtigsten Gründe für das schlechte Abschneiden der CDU in Rheinland-Pfalz waren schnell ausgemacht:

1. Die geringe Wahlbeteiligung, die landesweit nur bei 77 Prozent und damit um 9,7 Prozentpunkte niedriger lag als bei der Bundestagswahl im Januar 1987 und 13,4 Prozentpunkte unter dem Vergleichswert vom März 1983, als Landtags- und Bundestagswahlen am selben Tag stattfanden.
2. Die veränderte Parteienlandschaft mit den Grünen, den Freien Wählergruppen und einer FDP, die für die CDU-Klientel wieder wählbar geworden war.
3. Die schwierige Situation im ländlichen Raum, die insbesondere bei den Winzern an der Mosel und bei den Bauern in der Eifel zu schweren Einbußen geführt hatte.
4. Das uneinheitliche Bild der Partei in der Abrüstungsdebatte, das in der letzten Woche vor der Wahl einen gewissen Prozentsatz potentieller CDU-Wähler dazu bewogen haben

musste, zur FDP zu wechseln; noch eine Woche vor der Wahl hatten alle demoskopischen Institute ein Wahlergebnis von 48 Prozent der Stimmen für die CDU vorhergesagt.

Kein Zweifel: Wenige Wochen nach der Bundestagswahl vom Januar 1987 blieben die Wähler zu Hause. Dabei handelte es sich weniger um eine Protesthaltung, sondern um einen Mangel an Motivation. Gleichwohl verstand ich das Ergebnis als einen Denkzettel, den der Wähler uns verabreicht hatte.

Erfreut war ich über das schwache Abschneiden radikaler Parteien. Unter den Bauern und Winzern gab es keinen Trend zur Radikalisierung. In einem Land, in dem die NPD 1967 vier Landtagsmandate bekommen hatte und wo sie in der Nordpfalz in einzelnen Stimmkreisen 15, 18, ja sogar 25 Prozent erzielt hatte, waren die Rechtsradikalen bei der Landtagswahl 1987 ohne Chance.

Gleichwohl blieb der ländliche Raum für unsere Partei ein echtes Problem. Die Brüsseler Agrarpolitik mit all ihren negativen Auswirkungen auf unsere Landwirtschaft führte bei den Bauern zu massivem Verdruss, der sich in Wahlenthaltungen äußerte. Wir bekamen in Rheinland-Pfalz die Prügel dafür, obwohl das eigentliche Problem der Winzer und Bauern die Überproduktion war.

Irritierend für manchen Wähler in Hamburg und Rheinland-Pfalz war sicherlich auch die Abrüstungsdiskussion. Ich hielt es für dringend geboten, dass sich nicht jeder CDU-Politiker mit Äußerungen zu den sowjetischen Abrüstungsvorschlägen glaubte profilieren zu müssen. Die Forderung nach einer Nullösung bei den Mittelstreckenraketen längerer Reichweite ging nicht von der Sowjetunion aus, wie manche Äußerungen glauben machten. Es handelte sich um eine Forderung des Westens, der Nato, der Bundesregierung und der Union, die die Sowjetunion seit über acht Jahren nicht beachtet hatte. Nun schien sie auf positive Resonanz zu stoßen. Die Berichte in den Medien überschlugen sich derart, dass von einer Nullösung bei den Raketen über tausend Kilometer Reichweite kaum noch gesprochen, sondern eine Diskussion über die sogenannte doppelte Nullösung – den Abbau von Mittelstrekkenraketen mittlerer und kürzerer Reichweite – entfacht wurde.

Dass die Öffentlichkeit den Eindruck bekam, die Union befinde sich in ständigen Streitigkeiten über dieser Frage, schadete uns gewaltig. Die FDP hatte den Nutzen davon. Hans-Dietrich Genscher war ein Meister der Selbstdarstellung und stets für lautstarke und medienwirksame Auseinandersetzungen mit dem bayerischen Ministerpräsidenten gut. Strauß wiederum stand ihm in nichts nach und konnte sich bis zu seinem Tod 1988 wegen größter Nichtigkeiten mit Genscher anlegen. Ob es um Afrika, Südamerika oder Asien ging: Beide befehdeten einander und versuchten gleichzeitig, sich der Öffentlichkeit als den besseren, den weitsichtigeren und pragmatischeren Außenpolitiker zu präsentieren.

Gerade in Rheinland-Pfalz spielte die Abrüstungsdiskussion bei der Wahlentscheidung eine nicht zu unterschätzende Rolle, denn kein anderer deutscher Flächenstaat war nach dem Krieg so dicht mit militärischen Anlagen und Standorten der Alliierten, genauer: der Amerikaner, überzogen worden. Manche Regionen konnten wegen dieser Verteidigungseinrichtungen, zu denen auch große Waffendepots gehörten, nicht industrialisiert werden. Das waren militärische Sperrgebiete, die für niemanden zugänglich waren.

Mit ein Grund für die schwache Wahlbeteiligung mochte auch sein, dass 1987 nicht nur Rheinland-Pfalz den 40. Jahrestag seines Bestehens feiern konnte, sondern dass die CDU ebenso lange in der Regierungsverantwortung war. Vier Jahrzehnte politische Verantwortung können auch zu Verdrossenheit bei den Wählern führen. Wir mussten uns fragen, ob wir noch die nötige Sensibilität, Bürgernähe und Offenheit für neue Problemstellungen hatten oder ob die »Verbonzung« nicht spürbar fortgeschritten war. Das ist übrigens keine Frage eines einzigen Bundeslandes, sondern das betrifft alle Parteien und Regierungen, die sich viele Jahre daran gewöhnt haben, wie naturgegeben über parlamentarische Mehrheiten zu verfügen.

Auch die Wahlergebnisse in Schleswig-Holstein und Bremen am 13. September 1987 brachten für die CDU eine bittere Niederlage. In Schleswig-Holstein wurden wir nach siebenunddreißigjähriger Regierungszeit nicht mehr stärkste Fraktion und verloren durch ein Patt die Regierungsverantwortung.

In Bremen verlor die SPD einen knappen Prozentpunkt, konnte aber mit 50,5 Prozent ihre absolute Mehrheit behaupten. Die Grünen, die schon seit 1979 in der Bremer Bürgerschaft waren, kamen auf 10,2 Prozent. Über 60 Prozent der Bremer Wähler hatten links gewählt. Uns bescherten sie eine herbe Niederlage. Mit ganzen 23,4 Prozent der Stimmen fiel unser Ergebnis um fast zehn Prozentpunkte. Die rechtsradikale DVU trat zusammen mit der NPD als »Liste D« an und konnte mit einem Abgeordneten in die Bremer Bürgerschaft einziehen, weil sie in Bremerhaven die Fünfprozentgrenze übersprang, auch wenn sie insgesamt auf lediglich 3,4 Prozent kam.

Ein wichtiger Grund für die Wahlniederlage war die geringe Wahlbeteiligung, die ganz offensichtlich zu Lasten der CDU gegangen war. Hinzu kam das bundespolitische Erscheinungsbild der Partei, das durch die während der Sommermonate öffentlich ausgetragene Auseinandersetzung über den politischen Standort der CDU gelitten hatte. Dabei dürfte der Grund für die Stimmenthaltung weniger in den Inhalten der Diskussion als im zum Teil unerträglichen Stil der Auseinandersetzung zu suchen sein und in der vergifteten Atmosphäre, in der sie stattfand.

Ganz besonders verärgert war ich über eine Etatdebatte im Bundestag, in der ich mir vom SPD-Fraktionsvorsitzenden eine Liste mit Zitaten von CDU-Politikern über die Politik der CDU vorhalten lassen musste. Ich war auch nicht mehr bereit, mir angebliche Abnutzungserscheinungen der Regierung vorwerfen zu lassen, schließlich hatten wir allen Grund, auf die erfolgreiche Politik der Bundesregierung hinzuweisen.

Franz Josef Strauß und Heiner Geißler hatten den Streit im Wahljahr 1987 angefacht. Heiner Geißlers sogenannte Lagertheorie, wonach Union und FDP das eine und SPD und Grüne das andere politische Lager bildeten, stieß in München auf scharfe Kritik. Noch mehr erzürnte die Bayern, dass Heiner Geißler als Konsequenz aus dieser Analyse eine Öffnung der Union nach links forderte. Ich war mit Strauß der Auffassung, dass die FDP ein politischer Konkurrent und nicht Partner eines gemeinsamen Lagers war. Strauß war überzeugt, die Unionsparteien müssten auch künftig die Mitte und den Raum bis zum rechten Rand des demokratischen Spektrums besetzen, aber keinen Millimeter darüber hinaus. Mit dieser Position stieß er wiederum auf unüberhörbare Ablehnung der CDU-Bundesgeschäftsstelle, in der Heiner Geißler, der noch amtierende CDU-Generalsekretär, seine Fäden spann.

Unter den Stichworten »Strategiediskussion« und »Lagertheorie« war viel Unnützes und Schädliches gesagt worden. Ich hielt diese Diskussion für entbehrlich. Solange ich Parteivorsitzender war, wurde eine Veränderung des politischen Standorts der CDU überhaupt nicht in Erwägung gezogen. Auch deshalb waren die Aufgeregtheiten zwischen Bonn und München völlig überflüssig. Die CDU war und blieb die Volkspartei der Mitte, die Menschen rechts wie links der Mitte ansprach und verhindern wollte, dass sich rechts von ihr eine demokratisch legitimierte Partei bilden konnte. Die CDU hatte keinen einzigen Wähler aufzugeben. Sie musste den vorhandenen Wählerstamm pflegen und versuchen, neue Wähler hinzuzugewinnen. Ein Linksruck war mit mir nicht zu machen. Links von der Mitte war das Wählerreservoir weitestgehend ausgeschöpft. Spätestens seit Gründung der Grünen Partei, spätestens seit sie erfolgreich in die Landesparlamente einzog, schien mir eine Öffnung der CDU für Wähler weiter links der Mitte ein schöner Traum zu sein. Mit den Realitäten hatte er wenig zu tun.

*

Mit der Wahlniederlage in Schleswig-Holstein begann für die CDU erst die eigentliche Katastrophe. Nachdem Gerhard Stoltenberg 1982 vom Amt des Ministerpräsidenten ins Bonner Finanzministerium gewechselt war, galt der 1944 geborene Uwe Barschel als sein natürlicher Nachfolger. Von Stoltenberg gefördert, hatte der Jurist und Politologe die CDU-Landtagsfraktion geführt, war mit vierunddreißig Jahren Finanzminister und mit fünfunddreißig Innenminister geworden. Ab 1982 Ministerpräsident, profilierte er sich als der kommende Mann der Union, dem viele Parteifreunde auch eine bundespolitische Karriere zutrauten.

Am 31. Mai 1987 entging er bei einem Flugzeugabsturz in der

Nähe von Lübeck nur knapp dem Tod. Trotz seiner Verletzungen setzte er Ende Juli 1987 den Wahlkampf fort, in dessen Verlauf es zu einer ganzen Reihe von schmutzigen Auseinandersetzungen zwischen CDU und SPD kam, die ich nicht mehr nachvollziehen konnte. Die Nerven lagen blank. Am Tag vor der Wahl wurde in einer Vorabmeldung ein *Spiegel*-Bericht bekannt, wonach Uwe Barschel in der letzten Wahlkampfphase mit unlauteren und ungesetzlichen Machenschaften versucht haben sollte, seinen SPD-Herausforderer Björn Engholm herabzusetzen, indem er ihn bespitzeln und in übelster Weise denunzieren ließ.

Barschel dementierte und gab sein Ehrenwort, dass an diesen Geschichten nichts Wahres dran sei. In der Sitzung des CDU-Präsidiums am 14. September 1987 forderte ich ihn auf, die gegen ihn erhobenen Vorwürfe so schnell wie möglich aus der Welt zu schaffen. Zu diesem Zeitpunkt war ich – wie so viele in unseren Reihen – von seiner Unschuld überzeugt. Barschel forderte vor den Präsidiumsmitgliedern das Recht ein, die gegen ihn inszenierte Rufmordkampagne durch einen Untersuchungsausschuss aufklären zu lassen. Auch Gerhard Stoltenberg zeigte sich zu diesem Zeitpunkt felsenfest davon überzeugt, dass es sich um schlimme Verleumdungen seines Schützlings handelte und dass die Wahlenthaltung zu einem guten Teil auf diese Diffamierungskampagne zurückzuführen sei.

Die »Barschel-Affäre« schadete der gesamten Union ungemein. Mit Uwe Barschels Tod im Genfer Hotel Beau Rivage am 11. Oktober 1987 war diese unglaubliche Geschichte noch keineswegs beendet. Die Umstände seines Todes beherrschten lange Zeit die politische Diskussion, und der »Kieler Sumpf« beschäftigte wochenlang den parlamentarischen Untersuchungsausschuss des Kieler Landtags und damit die Medien.

Nicht genug damit, lancierte die Desinformationsabteilung des Ost-Berliner Ministeriums für Staatssicherheit ein angebliches Schreiben Gerhard Stoltenbergs, wonach dieser über Barschels Machenschaften frühzeitig informiert gewesen sein sollte. Der Brief war, was sich damals nicht beweisen ließ, eine meisterhafte Fälschung, gegen die sich der völlig ahnungslose Bundesfinanz-

Der schleswig-holsteinische Ministerpräsident Uwe Barschel auf der sogenannten Ehrenwort-Pressekonferenz

minister vergeblich mit allen Mitteln zur Wehr setzte. Erst nach der Öffnung der Stasi-Archive nach 1989 konnte diese teuflische Manipulation belegt werden. Erst dann war es auch möglich aufzuzeigen, wie die Redaktion der NDR-Fernsehsendung *Panorama* auf den Schwindel hereingefallen war. *Panorama* hatte vor einem Millionenpublikum mit pseudowissenschaftlicher Akribie versucht, den Beweis für die Echtheit des Stoltenberg-Briefs zu erbringen. Der verantwortliche Redaktionsleiter, der den Beitrag über das Stasi-Machwerk gegen den Willen einiger seiner Redakteure ausstrahlte, wurde bis heute nicht zur Rechenschaft gezogen.

Die Barschel-Affäre traf meine Partei bis ins Mark. Der gefälschte Stoltenberg-Brief brachte die Bundesregierung in ein schiefes Licht. Den Ost-Berliner Fälschern und ihren westdeutschen Helfern aus der publizistischen Hochburg Hamburg gelang es doch tatsächlich, aus der Kieler Schmutzkampagne eine Bonner

Affäre zu machen. Gerhard Stoltenberg war außer sich ob einer solchen Diffamierung. Er litt ungemein unter den manipulierten Verdächtigungen.

Die Partei in Kiel war lange Zeit gespalten. Viele glaubten anfangs Stoltenberg und seinem Schützling, während andere dem Karrieremenschen Uwe Barschel alles zutrauten. Die berechtigte Selbstkritik am Erscheinungsbild der CDU in Schleswig-Holstein drohte in Selbstzerstörung überzugehen.

Bei den Neuwahlen in Schleswig-Holstein im Frühjahr 1988 hatte die CDU keine Chance. Der SPD-Spitzenkandidat Björn Engholm erzielte fast 55 Prozent der Stimmen. Die schwer angeschlagene CDU verlor noch einmal beinahe 10 Prozentpunkte und kam auf nur noch 33,3 Prozent. FDP und Grüne schafften den Sprung in den Landtag nicht.

Man mag es mir glauben oder nicht: Gegenüber Uwe Barschel war ich von Anfang an immer sehr reserviert. Mehr noch, ich gehörte zu seinen entschiedenen Gegnern und war gegen seine Berufung zum Nachfolger Gerhard Stoltenbergs im Amt des schleswig-holsteinischen Ministerpräsidenten. Barschel galt allenthalben als glänzender Verkäufer von Politik, er trat mediengerecht auf, hatte einen Doktor in Jura und einen in Politikwissenschaft, kurz, er war ein Überflieger, aber kein Politiker zum Anfassen, der auf die Menschen zwanglos und offen zugehen konnte.

Barschel verstand sich darauf, Leute in der Partei für sich einzunehmen, aber auf mich wirkte er verklemmt und spätestens nach der dritten Begegnung eher betulich und ein bisschen langweilig. Lange Zeit wurde er neben Eberhard Diepgen und Lothar Späth als einer meiner potentiellen Nachfolger gehandelt. Mich ließen solche Spekulationen ziemlich kalt. Mein Gefühl sagte mir, dass er in Bonn nicht ministrabel war, und schon gar nicht eignete er sich für das Amt des Bundeskanzlers. Auch als Parteivorsitzender wäre er eine Fehlbesetzung gewesen. Ihm fehlte jegliche Integrationskraft und die Fähigkeit, die unterschiedlichen Strömungen in der Partei hinter sich zu bekommen. Bevor er als Wahlkämpfer auf Bundesebene hätte reüssieren können, müsste er in seinem Stammland erst einmal den Nachweis erbringen, dass er in Wahlkämpfen zu siegen verstand. Schon bei der Bundestagswahl im Januar 1987 jedoch hatte die CDU in Schleswig-Holstein über den Bundestrend hinaus massiv Stimmen eingebüßt.

*

Die Barschel-Affäre, die für mich bis heute mysteriösen Umstände beim Tod des Ministerpräsidenten und die Zwischenergebnisse des Untersuchungsausschusses im Kieler Landtag überschatteten auch den 35. CDU-Bundesparteitag, der am 9. November 1987 in Bonn stattfand. Ich kam nicht umhin, das Thema offen anzusprechen. Wir waren weit entfernt davon zu wissen, was im einzelnen tatsächlich geschehen war. Aber auch wenn wir alles wüssten, würden wir ratlos bleiben vor dem, was sich in Kiel vor uns aufgetan hatte. Der heilige Augustinus sagte einmal im Hinblick auf sich selbst und auf die Erfahrung des Menschen: »Welch schauerlich Geheimnis, mein Gott, welche tiefe, uferlose Fülle! Und das ist die Seele, das bin ich selbst? Was bin ich also, mein Gott?«

Die Fragwürdigkeit menschlichen Handelns kam hier in unseren Blick. Wir verlangten nach Wahrheit, nach rückhaltloser Aufklärung der Kieler Affäre. Doch wenn diese Aufklärung nicht folgenlos bleiben sollte, musste sie uns zu jener Wahrheit führen, die Augustinus angesprochen hat: Wir Menschen tragen einen Abgrund in uns.

Je mehr Macht dem Menschen gegeben ist, desto größer ist die Gefahr, sie zu missbrauchen. Das trifft wahrlich nicht nur auf Politiker zu, es betrifft alle – ob in der Publizistik, in der Wirtschaft, in den Gewerkschaften, in den Kirchen.

Macht gehört zur politischen Gestaltung in der Demokratie, aber sie ist nicht Selbstzweck, und sie lohnt schon gar nicht um jeden Preis. Wir müssen den Versuchungen widerstehen, die von Macht ausgehen können. Wer ein öffentliches Amt innehat, darf es nicht selbstherrlich ausüben. Macht ist verträglich, wenn sie bereit ist zu dienen. Es täusche sich niemand: Die Menschen merken schnell, ob wir ihnen dienen wollen und unsere Pflicht tun. Sie sind unsere Mitbürger, und sie erwarten zu Recht, dass wir für sie da sind. Politik ist nicht wie ein Schachspiel für Strategen, die Figuren hin und her bewegen. Wir haben mit Menschen zu tun. Wir wollen, dass sie uns vertrauen. Dieses Vertrauen ist rasch verspielt – es muss nicht nur einmal verdient, sondern dann auch jeden Tag neu erworben werden.

1987 war ein schlechtes Jahr gewesen. Das öffentliche Erscheinungsbild der Union hatte nicht nur unter der Barschel-Affäre gelitten, sondern auch darunter, dass zu viele von uns zu oft mit sich selbst beschäftigt waren, statt über Sachfragen nachzudenken und gemeinsam den politischen Gegner zu bedrängen. Es war manchmal schon abenteuerlich, was der eine oder andere seiner Selbstdarstellung schuldig zu sein meinte. Jeder in der Bonner Beethovenhalle wusste, wer gemeint war, auch wenn ich keine Namen nannte.

Es gehört zur politischen Klugheit, auch einmal kein Interview zu geben und nicht zu jeder Tages- und Nachtzeit der Versuchung eines Mikrofons zu erliegen. Sowenig sich jede Publikation als Plattform für Ratschläge und Mahnungen von Parteifreund zu Parteifreund eignete, sowenig bekam es unserem Erscheinungsbild, wenn wir zwar hinter verschlossenen Türen berieten – wobei wir über Sachfragen notwendigerweise auch kontrovers diskutierten –, bald darauf aber eine Art Sitzungsprotokoll in der Presse lesen konnten. Solche Indiskretionen konnten nur als Illoyalität gegenüber der gemeinsamen Sache verstanden werden.

Die öffentliche Auseinandersetzung zwischen CDU und CSU hatte der Union schwer geschadet. Wie an einem Seismographen konnten wir es in den Umfragen ablesen, dass der öffentliche Streit in der Union uns Vertrauen entzog. Nichts überzeugte die Wähler mehr als eine sachkundige, geschlossene, offensive Vertretung unserer Politik. CDU und CSU sind Schwesterparteien. Wir sind den gleichen Grundwerten und Überzeugungen verpflichtet. Nur gemeinsam können wir die bestimmende politische Kraft in der Bundesrepublik sein – und wenn nicht gemeinsam, dann eben überhaupt nicht. Das ist die Erfahrung von Jahrzehnten politischer Arbeit.

Wir hatten einen gemeinsamen politischen Hauptgegner. Das war die SPD. Wir hatten einen gemeinsamen Koalitionspartner. Das war die FDP. Bei Wahlen war sie für uns ein Konkurrent. Wir hatten an niemanden und nirgendwo Stimmen zu verschenken. In der Regierungsarbeit aber pflegten wir eine faire und kollegiale Zusammenarbeit. Fairness heißt: Keiner darf ausschließlich auf den eigenen Vorteil bedacht sein. Keiner darf dem anderen zumuten, was er selbst als unzumutbar empfände. Eine darauf gegründete Partnerschaft war natürlich noch keine Erfolgsgarantie, aber ohne sie konnte die Regierungsarbeit auf die Dauer nicht gutgehen.

Auch manche Kollegen von der FDP mussten sich kritische Fragen zum Stichwort »Profilierungsbedürfnis« gefallen lassen. Die FDP wusste, dass die große Mehrheit ihrer Wähler diese Koalition der Mitte wollte. Wir wussten unsererseits: Nach den damaligen Verhältnissen konnten wir nur gemeinsam mit der FDP auf eine dauerhafte Regierungsmehrheit setzen. Bei unserem Wahlsystem sind absolute Mehrheiten in der Geschichte der Bundesrepublik die Ausnahme.

Offener Meinungsstreit in der Koalition wurde stets auch dem Regierungschef angelastet. Eine Entscheidung mit einem sogenannten Machtwort des Bundeskanzlers durchzusetzen war in den wenigsten Fällen klug. In einer Koalitionsregierung war die Kunst gefragt, den Ausgleich zu suchen und Lösungen herbeizuführen, die möglichst für alle tragfähig waren. Selbst die Richtlinienkompetenz des Bundeskanzlers vermag nicht die Mehrheitsregel – etwa im Parlament – außer Kraft zu setzen. Führungskraft besteht nicht in großen Worten und Gesten, sondern muss sich in täglicher Praxis bewähren.

Gelegentlich schienen wir zu vergessen, welch schwierige Situationen und Herausforderungen wir gemeinsam und oft genug gegen den Zeitgeist, gegen weite Teile der verfassten öffentlichen Meinung durchgestanden hatten. Vieles, was in diesen Jahren als unpopulär galt und verteufelt wurde, stellte sich bald als erfolgreich heraus. Wenig später wurde es dann als ganz selbstverständlich angesehen – oft als zu selbstverständlich, so dass kaum jemand darüber sprach.

Die Christlich-Demokratische Union Deutschlands ist oft auch eine schwierige Partei. Ich war jetzt seit vierzehn Jahren ihr Vorsitzender, und ich war es gern. Für mich war unsere Partei auch ein Stück Heimat, im Politischen genauso wie im Menschlichen. Ich empfand es stets als eine große Herausforderung, in der Kontinuität von Konrad Adenauer, Ludwig Erhard, Kurt Georg Kiesinger und anderen Politik für unser Vaterland gestalten zu dürfen. Dies wollte ich auch künftig tun. Deshalb kandidierte ich erneut als Bundesvorsitzender der CDU und bat die Parteitagsdelegierten um ihr Vertrauen.

Das Ergebnis der Abstimmung war sicherlich keine Niederlage, aber doch ein spürbarer Dämpfer. Ohne Gegenkandidaten votierten für mich 579 von den 717 Parteitagsdelegierten. 82 Delegierte stimmten mit Nein, 55 enthielten sich, 1 Stimme war ungültig. Mit 80,75 Prozent der Stimmen musste ich mich begnügen. Vierzehn Jahre zuvor war ich an gleicher Stelle mit immerhin 86,52 Prozent der Stimmen erstmals zum Bundesvorsitzenden gewählt worden. 1987 fuhr ich das zweitschlechteste Ergebnis meiner fünfundzwanzigjährigen Amtszeit ein; nur auf dem Bremer Parteitag zwei Jahre später sollte ich noch schlechter abschneiden. Es gab auch Zeiten, in denen bis zu 98 Prozent der Delegierten für mich votierten. Ich war enttäuscht und fand den Dämpfer ungerecht, denn zu einem Drittel setzte ich meine Arbeitskraft und Zeit für die Partei ein, und zwei Drittel blieben mir für die Regierungsgeschäfte.

Drei Faktoren dürften ausschlaggebend gewesen sein für mein Abschneiden auf dem Bonner Parteitag: Zum einen die Querelen zwischen CDU und CSU, die ich kaum abzustellen vermochte. Solange Franz Josef Strauß nicht verkraften konnte, von der Bundespolitik weitestgehend ausgeschlossen zu sein, und das Bundeskanzleramt für ihn verschlossen blieb, musste ich mit dem immer wiederkehrenden Hauskrach leben. Zum anderen wurden auch Heiner Geißlers politische Provokationen mir angelastet. Bei allem Verständnis für die Notwendigkeit von Reformen vor allem in der Sozial- und Rentenpolitik war Geißlers Selbstherrlichkeit als CDU-Generalsekretär für mich auf Dauer nicht zu ertragen. Und schließlich waren da die herben Wahlverluste bei den Landtagswahlen. Die hatten zwar mit einem negativen Erscheinungsbild der Partei auf Bundesebene oft wenig zu tun, aber hausgemachtes parteipolitisches Unvermögen in den Bundesländern wurde nur zu gerne unter Hinweis auf die Bundespolitik kaschiert.

9.
Umstrittene Annäherung

Das Schicksal des SPD-Vorsitzenden Willy Brandt führte mir in jenen schwierigen Wochen drastisch vor Augen, wozu eine große traditionsreiche Partei in der Lage war, wenn ihr jener Mann, der die SPD wesentlich in die Regierungsverantwortung gebracht hatte und sich als Außenminister und Bundeskanzler große Verdienste um unsere Republik erworben hatte, zur Last wurde. Die immer offener ausgetragene Diskussion, die in der SPD über seine Nachfolge geführt wurde, musste erschrecken. Zweifel an seiner Führungskraft als Parteivorsitzender wurden laut und hielten sich hartnäckig.

Als dann seine Entscheidung, eine parteilose, in der Bundesrepublik geborene Griechin zur neuen Parteisprecherin zu machen, auf heftige innerparteiliche Kritik stieß, kündigte Brandt seinen vorzeitigen Rücktritt an. Ich fand es außerordentlich beschämend, wie Teile der SPD die Berufung einer Pressesprecherin zum Anlass nahmen, seinen Abgang zu beschleunigen. Am 23. März 1987 trat Willy Brandt von seinem Amt zurück, um die Partei »vor verwirrenden und belastenden Diskussionen in einem Jahr wichtiger Landtagswahlen« zu bewahren und die für die gesamte SPD »unzumutbar gewordene Diskussion um die Person seines Nachfolgers abzukürzen«. Damit war alles gesagt. Deutlicher konnte man diesen Schritt nicht begründen.

Sicherlich gab es für Brandts Abschied von der SPD-Spitze viel wichtigere Gründe. Sein Rücktritt als Bundeskanzler 1974 hatte viele unheilbare Wunden hinterlassen. Außerdem war das Verhältnis zwischen Brandt und Wehner seit Jahren gestört, und im

Verhältnis zu Helmut Schmidt hatte sich spätestens seit dessen Initiative für den Nato-Doppelbeschluss viel Ärger aufgestaut. Nicht zuletzt störte viele führende Sozialdemokraten in Bund und Ländern, dass Brandts neue Frau starken Einfluss auf ihn hatte.

Der SPD-Sonderparteitag am 16. Juni 1987 in Bonn wählte Hans-Jochen Vogel, den SPD-Kanzlerkandidaten von 1983 und früheren Justizminister, zum neuen Parteivorsitzenden und Oskar Lafontaine, den saarländischen Ministerpräsidenten, zum zweiten Stellvertreter neben Johannes Rau. Für Willy Brandt wurde das Amt des Ehrenvorsitzenden auf Lebenszeit geschaffen.

Die Entwicklung in der SPD ließ mich keineswegs kalt. Es gab Kräfte in meiner Partei, die gerne eine Ämtertrennung herbeiführen wollten und die planten, mir »nur« noch das Amt des Bundeskanzlers zu überlassen und mich bei der nächsten passenden Gelegenheit als Bundesvorsitzenden abzuwählen. Den schlimmen Umgang mit Willy Brandt verstand ich als warnendes Zeichen. Ich musste auf der Hut sein.

Die beiden Spitzenämter voneinander zu trennen lehnte ich rigoros ab. Das wussten meine Widersacher. Ein Verzicht auf eines der beiden Ämter kam für mich niemals in Frage. Nur der Vertrauensentzug, die Abwahl auf einem Parteitag, konnte mich vom Amt des Parteivorsitzenden stürzen.

*

Es war Willy Brandt, der nach dem Verlust der Regierungsmacht und dem Ende der sozialliberalen Koalition in Bonn 1982 einen vertraulichen Brief an Erich Honecker geschrieben und die Aufnahme von »Parteiengesprächen« zwischen SED und SPD vorgeschlagen hatte. Auch mir gegenüber betonte er später, dass er damit keine »Nebenaußenpolitik« etablieren wollte, sondern in Ost-Berlin vorstellig geworden war, weil er sich Sorgen machte, dass die von ihm eingeleitete Entspannungspolitik nach der Übernahme der Regierungsverantwortung durch Union und FDP ins Stocken kommen würde. Schon im November 1982 genehmigte das SED-Politbüro die »Parteibeziehungen zur SPD«. Von nun an kam es zu vielfältigen Begegnungen, an denen seitens der SPD Günter Gaus und Egon Bahr maßgeblich beteiligt waren. In regelmäßigen Abständen empfing Erich Honecker sie zu speziellen Gesprächen, über deren Inhalte die Öffentlichkeit so gut wie nichts erfuhr.

Gespräche zwischen Sozialdemokraten und SED-Politikern hatte es schon vor dem Bonner Regierungswechsel gegeben. Herbert Wehner beispielsweise baute in den siebziger Jahren einen direkten vertraulichen Kontakt zu Erich Honecker auf, den er fleißig zu Gesprächen nutzte. Auch Egon Bahr und Günter Gaus hatten Jahre zuvor ihre eigenen direkten Gesprächskanäle. Oskar Lafontaine, damals noch Oberbürgermeister von Saarbrücken, fand ebenfalls Zugang zu hohen SED-Funktionären und zum persönlichen Gespräch mit Honecker. Die beiden gebürtigen Saarländer schienen sich trotz ideologischer Differenzen gut zu verstehen.

Von 1983 bis 1989 traf Hans-Jochen Vogel, der Fraktions- und spätere Bundesvorsitzende der SPD, jedes Jahr mit Erich Honecker in dessen Gästehaus in der Schorfheide zusammen. 1984 kam es sogar zu einem ersten gemeinsamen sicherheitspolitischen Projekt von SPD und SED zur Schaffung einer chemiewaffenfreien Zone in Europa. Was als vorsichtiges Herantasten begann, entwickelte sich im Lauf der achtziger Jahre zu einem breiten Netzwerk von Kontakten und Beziehungen, über das keine der anderen Bonner Parteien auch nur annähernd verfügte. Und das alles zeitweise von der deutschen Öffentlichkeit fast unbemerkt.

Nach jüngsten Forschungen wurden allein bis 1988 hundertdreißig Begegnungen zwischen Spitzenpolitikern von SPD und SED registriert. Mehr als 60 Prozent der Präsidiumsmitglieder und mehr als 50 Prozent der Mitglieder des Parteivorstands und des Vorstands der SPD-Bundestagsfraktion waren in diese Begegnungen einbezogen. Gerne leistete die SED auch Wahlkampfhilfe für SPD-Spitzenpolitiker aus Bund und Ländern, so dass ich zuweilen schon den Eindruck hatte, es sei Pflicht der SPD-Wahlkämpfer, Erich Honecker zu besuchen und sich gemeinsam mit ihm in den Medien beider deutscher Staaten zu präsentieren. Dass die Ost-Berliner Kommunisten besonderen Wert darauf legten, SPD-Politiker gegenüber CDU/CSU-Besuchern zu bevorzugen und öffentlich besser darzustellen, lässt sich heute anhand von Akten des SED-Parteiarchivs belegen. Die Kontakte auf Stadt-, Kreis- und Länderebene zwischen SPD-Mandatsträgern und SED-Funktionären waren nicht zu überschauen.

Im Februar 1984 trafen sich erstmals Mitglieder der SPD-Grundwertekommission und der Akademie für Gesellschaftswissenschaften beim Zentralkomitee der SED zu »ideologisch-politischen Grundsatzgesprächen«, wie es damals hieß. Und 1986 nahmen erstmals in der Geschichte beider Parteien Beobachterdelegationen an Parteitagen der SED in Berlin und am Parteitag der SPD in Nürnberg teil, auf dem Johannes Rau als Kanzlerkandidat für die Bundestagswahlen 1987 nominiert wurde.

Es kam einer kleinen Sensation gleich, als die SPD-Grundwertekommission und die Ost-Berliner Akademie für Gesellschaftswissenschaften am 27. August 1987 in Bonn gemeinsam ein »Ideologiepapier« veröffentlichten. Unter der Überschrift »Der Streit der Ideologien und die gemeinsame Sicherheit« wurden auf siebzehn Seiten die tiefgreifenden Unterschiede zwischen den beiden Parteien sowie zwischen den Gesellschaftssystemen aufgelistet. Die Initiative für die gemeinsame Arbeitsgruppe unter der Leitung des Vorsitzenden der SPD-Grundwertekommission, Erhard Eppler, und des Rektors der Ost-Berliner Parteiakademie für Gesellschaftswissenschaften, Otto Reinhold, war rund drei Jahre zuvor von der SED ausgegangen. Nach insgesamt vier Sitzungen beider Delegationen wurde das Ergebnis in Bonn und Ost-Berlin präsentiert.

Seit über siebzig Jahren hatte es dergleichen zwischen deutschen Sozialdemokraten und Kommunisten nicht mehr gegeben. Schließlich standen sich beide Parteien seit der Spaltung der Arbeiterbewegung 1917/18 in erbitterter Auseinandersetzung gegenüber. War die Zwangsvereinigung von SED und KPD zur SED in der sowjetischen Besatzungszone 1946 vergessen? Waren Verhaftung und Gefängnis, Berufsverbot und die Maßregelung von Hunderten SPD-Genossen vergessen? War Kurt Schumachers Analyse aus jenen Tagen falsch, wonach »der Kommunismus der stärkste

Damm gegen Menschlichkeit, gegen Fortschritt, gegen Entwicklung, gegen den Frieden, gegen das Verstehen der Völker untereinander« ist? Und war total vergessen, was im Godesberger Grundsatzprogramm der SPD von 1959 stand: »Die Kommunisten unterdrücken die Freiheit radikal. Sie vergewaltigen die Menschenrechte und das Selbstbestimmungsrecht der Persönlichkeit und der Völker«? Gab es nicht den Unvereinbarkeitsbeschluss, den der SPD-Parteirat in einer Entschließung im November 1970 verabschiedet hatte: »Zwischen Sozialdemokraten und Kommunisten gibt es keine Aktionsgemeinschaft«?

In dem gemeinsamen Positionspapier von SPD und SED hieß es 1987: »Wir, deutsche Kommunisten und Sozialdemokraten, stimmen darin überein, dass Frieden in unserer Zeit nicht mehr gegeneinander errüstet, sondern nur miteinander vereinbart und organisiert werden kann.« An anderer Stelle stand: »Sozialdemokraten und Kommunisten berufen sich beide auf das humanistische Erbe Europas.« Und: »Dies entspricht der Politik einer Friedenssicherung, zu der sich SPD und SED bekannt haben.« Es gelte, so las ich mit Erstaunen, die »fruchtbarsten Beiträge jedes Systems zu den großen Menschheitsaufgaben« herauszuarbeiten.

Zwar wird in dem Papier betont, dass es zwischen SPD und SED Unterschiede gebe. Gleichzeitig wird aber eine Gleichwertigkeit der ungleichen Systeme suggeriert, so als wären Tyrannei und Freiheit, Diktatur und Demokratie gleichwertige Größen.

Innerhalb der SPD rührte sich kaum Kritik an den ersten gemeinsamen Thesen mit der SED über ideologischen Streit und Zusammenarbeit. Lediglich Annemarie Renger, die damalige Vizepräsidentin des Deutschen Bundestags, meldete sich mit vorsichtigen kritischen Anmerkungen zu Wort. Sie, die nach dem Krieg aus unmittelbarer Nähe miterlebt hatte, wie Kurt Schumacher gegen die Unterdrückung der SPD durch die Kommunisten kämpfte, zeigte sich besorgt. Doch sie hatte wenig Einfluss auf die Mitglieder des SPD-Präsidiums und des Parteirats. Hans-Jochen Vogel, der Partei- und Fraktionsvorsitzende, empfahl von Anfang an ebenso wie der SPD-Ehrenvorsitzende Willy Brandt die Annahme des Papiers. Die Parteigremien nahmen das umstrittene SPD/SED-

Papier zur Kenntnis, ohne es als Parteidokument zu deklarieren. Aus der SPD-Bundestagsfraktion wurden zwar Bedenken laut, doch hielt sich die Kritik in Grenzen. Die große Mehrheit in den Führungsgremien der SPD stand hinter dem Dialogpapier und sah darin sogar einen eigenständigen Beitrag der Sozialdemokraten zur Ost- und Deutschlandpolitik.

Für mich war das SPD/SED-Papier ein erbärmliches Machwerk, das die Sozialdemokraten schwer beschädigte und ihnen bis heute als politischer Fehltritt angelastet werden muss. Entstanden aus blindem Aktionismus, wurde es auch noch als ein Beitrag zur politischen Kultur in Deutschland deklariert. In Wirklichkeit machten sich die Sozialdemokraten zu »nützlichen Idioten« der DDR, wie es – Lenin zitierend – in der Presse hieß, weil das Papier den Gegensatz von diktatorischer und demokratischer Herrschaftsform nivellierte und die grundlegenden Unterschiede der Werte und Menschenbilder beider Systeme verwischte. Zwar verstand ich die Haltung führender SPD-Politiker nicht mehr, aber da Erich Honeckers Arbeitsbesuch in Bonn kurz bevorstand, hielt ich mich mit öffentlichen Äußerungen zurück. Ich wollte dem SED-Generalsekretär unter keinen Umständen einen Grund liefern, seine Reise abzusagen, und so überließ ich es einstweilen dem CDU-Generalsekretär und den Fraktionssprechern, das Papier zu kritisieren.

Die Parteigespräche zwischen SPD und SED, wie sie über Jahre stattgefunden hatten, lehnte ich jedoch uneingeschränkt und prinzipiell ab. Statt eine Nebenaußenpolitik zu betreiben und sich mit der SED über ideologische Grundsätze zu verständigen, hätte sich die SPD der Deutschlandpolitik der Bundesregierung und der CDU anschließen sollen, die die Folgen der Teilung zu lindern versuchte und gleichzeitig am Ziel der Einheit der Nation festhielt. Kritisch sah ich auch das Friedensverständnis der SPD, denn erst Freiheit ermöglichte einen menschenwürdigen Frieden. Das Konzept der »gemeinsamen Sicherheit«, wie es auch im SPD/SED-Papier festgeschrieben wurde, ging darüber hinweg, dass gemeinsame Sicherheit zwischen Ost und West nur möglich war, wenn es auch eine Gemeinsamkeit der Werte wie Freiheit, Demokratie und

Recht gab. Das war in der westlichen Gemeinschaft der Demokraten, nicht aber zwischen West und Ost der Fall. Das Konzept der »gemeinsamen Sicherheit« vernebelte die grundsätzlichen Unterschiede.

Spätestens zwei Jahre nach Veröffentlichung des SPD/SED-Papiers erwies es sich vor aller Augen als historischer Irrtum. Mit dem Fall der Mauer war es Makulatur.

10.
Deutsch-deutsche Gipfeldiplomatie

Seit November 1982, wenige Wochen nach meiner Wahl zum Bundeskanzler, hatte ich mehrfach die Einladung an den SED-Generalsekretär wiederholt, die Bundesrepublik zu besuchen. Franz Josef Strauß hatte einen Honecker-Besuch zunächst noch kategorisch abgelehnt und wich erst nach seinen persönlichen Kontakten zu Erich Honecker und der Einfädelung des Milliardenkredits in den Jahren 1983 und 1984 von dieser Position ab. Am Ende gehörte er 1987 zu den eifrigsten Befürwortern eines deutsch-deutschen Gipfeltreffens in der Bundesrepublik.

Über vier Jahre lang gelang es Honecker nicht, seine Bonnreise gegenüber den Kreml-Herren durchzusetzen. Erst nach Gorbatschows Amtsantritt in Moskau 1985 wurde sie mit erheblicher Verzögerung endlich möglich. Mag sein, dass die kommunistischen Führer erst einmal die Ergebnisse der Bundestagswahl vom Januar 1987 abwarten wollten. Vielleicht hoffte der eine oder andere von ihnen, dass die Sozialdemokraten wieder an die Macht gelangen könnten. Mit der Wahlhilfe für den SPD-Kanzlerkandidaten Rau hatten sie vergeblich versucht, den Gang der Ereignisse in ihrem Sinne zu beeinflussen. Jetzt aber blieb den Herren in Moskau, Ost-Berlin und den übrigen Metropolen der Warschauer-Pakt-Staaten nichts anderes übrig, als sich den politischen Realitäten anzupassen. Und darauf verstanden sich die kommunistischen Führer immer wieder.

In enger Abstimmung mit mir traf Kanzleramtsminister Wolfgang Schäuble die Vorbereitungen für den Besuch. Er verhandelte über den »Sonderkanal« mit Alexander Schalck-Golodkowski, bevor er dann am 27. März 1987 in Ost-Berlin mit Erich Honecker zusammentraf. Bei dieser Begegnung wurden die entscheidenden Weichen gestellt. Als Günter Mittag, Mitglied des SED-Politbüros, ZK-Sekretär für Wirtschaftsfragen und stellvertretender Vorsitzender des Staatsrats, mich wenige Tage später in Bonn besuchte, brachte er nicht nur einen Terminvorschlag mit, sondern legte mir im Auftrag Honeckers und auf der Basis des Honecker-Schäuble-Treffens einen elf Punkte umfassenden Katalog von »Fragen der weiteren Gestaltung der bilateralen Beziehungen zwischen der DDR und der BRD« vor. Darin waren die wichtigsten Punkte aufgeführt, die bei Honeckers Besuch in Bonn im Mittelpunkt stehen sollten. Am Abend des 15. Juli 1987 schließlich wurde der endgültige Besuchstermin der Öffentlichkeit mitgeteilt.

Für mich war die Entwicklung des Reiseverkehrs von zentraler Bedeutung für die Beziehungen zur DDR. Ein freier und reibungsloser Reiseverkehr war ein elementares Anliegen der Menschen in beiden Teilen Deutschlands und stärkte die Zusammengehörigkeit und das Bewusstsein für die Einheit der Nation. Insofern ist »Reisefreiheit« weniger im touristischen Sinne, sondern im Sinne des Zusammenhalts der Nation gemeint. Im Reiseverkehr hatten wir in den letzten Jahren die größten Fortschritte erzielt: Zusätzlich zu den etwa eine Million Besuchern im Rentenalter kam 1987 rund eine Million aus der jüngeren Generation in die Bundesrepublik – fast alles Menschen, die noch nie in ihrem Leben in der Bundesrepublik waren. Was damit bewegt wurde, war mittel- und langfristig überhaupt nicht abzusehen. Wenn man nur einmal unterstellte, dass sich jeder Westbesucher mit zwanzig Leuten in der Bundesrepublik unterhielt und zu Hause in der DDR wieder mit zwanzig Menschen sprach, entstand eine Kommunikation, die durch nichts, aber auch wirklich nichts ersetzbar war. Dass sich so viele Deutsche diesseits und jenseits der Mauer treffen konnten, war von unglaublichem Wert und würde sich mittel- und langfristig als der größte Gewinn erweisen. Die Geschichte hat gezeigt, dass und wie sich diese Politik bereits gut zwei Jahre später auszahlte.

Die Bundesregierung hatte bereits in der Vergangenheit die Reisen von Besuchern aus der DDR durch ein Begrüßungsgeld von 30 DM unterstützt. Am 26. August 1987 beschloss das Bundeskabinett, dieses Begrüßungsgeld auf 100 DM pro Jahr zu erhöhen. Wenn wir wollten, dass möglichst viele unserer Landsleute uns besuchen kamen, dann mussten wir, wie die Dinge nun einmal lagen, Gastgeberpflichten übernehmen. Der Staat konnte hier nur in Grenzen helfen, aber wir wollten dazu beitragen, dass Besuche aus der DDR nicht an finanziellen Schwierigkeiten scheiterten. Mein Hauptziel war, zu verhindern, dass sich die Deutschen in Ost und West durch den Lauf der Zeit auseinanderlebten.

Dass Honecker nach langem Hin und Her jetzt nach Bonn kam, war das Ergebnis einer beharrlichen und geduldigen Politik von Dialog und Zusammenarbeit auf allen Ebenen. Wir wollten diesen Besuch, und wir wollten, dass er zu einem Erfolg wurde. Unter anderem ging es um drei Abkommen, die nun anlässlich des Besuchs unterzeichnet werden sollten: die Abkommen über wissenschaftlich-technische Zusammenarbeit, zum Informationsaustausch beim Strahlenschutz sowie zum Umweltschutz.

Wie oft hatten wir in der Vergangenheit schon mit dem Besuch des SED-Generalsekretärs gerechnet und wie oft gab es eine Absage aus Ost-Berlin. Im April 1983 verschob Honecker seinen geplanten Besuch zum ersten Mal, im September 1984 erneut. Ob es allein an Moskau lag, dass sein Besuch auch in den Jahren 1985 und 1986 nicht zustande kam, muss heute bezweifelt werden. Untersuchungen nach Öffnung der DDR-Archive haben ein weiteres Motiv ans Tageslicht gebracht: Honecker wollte »nicht als Wahlhelfer der CDU in Erscheinung treten«, wie er im Gespräch mit Egon Bahr im September 1986 formulierte. Ob der Honecker-Besuch tatsächlich zu Stimmengewinnen von Union und FDP geführt hätte, die die Regierungskoalition stellten, möchte ich bezweifeln. Es gab in der westdeutschen Bevölkerung ein diffuses Grummeln, und niemand konnte genau wissen, ob eine Mehrheit der Deutschen tatsächlich hinter unserem Regierungshandeln stand. Doch letztlich sind solche Überlegungen müßig. Dass die SED-Spitze immer den Sozialdemokraten näher stand als uns, demonstrierte sie in den Jahren der deutschen Teilung auf vielfältige Weise.

Auch von unserer Seite hätte es übrigens reichlich Vorwände zur Absage des Besuchs gegeben. Zum Beispiel aus Ärger um die 750-Jahr-Feiern in Berlin, als beide Teile der Stadt ohne hohe Repräsentanten des anderen Staates feierten. Oder wegen der im April 1987 von der DDR abgesagten Gespräche über Berlin, als es unter anderem um die Verbesserung im Reise- und Besucherverkehr ging. Oder wegen der Kürzung der Umtauschbeträge für Westreisen der DDR-Bürger am 1. Juli 1987. Wenn ich dennoch bei meiner Linie blieb, den Honecker-Besuch zu ermöglichen, dann deshalb, weil ich gerade auf dem Feld des Reiseverkehrs spürbare Erfolge erwartete. Wolfgang Schäuble hatte recht, als er meinte, wenn Honecker erst einmal selbst in der Bundesrepublik gewesen sei, könne er seinen Landsleuten nicht mehr erklären, dass sie nicht auch einmal kommen dürften.

Bei den Gesprächen, die ich im Vorfeld der Honecker-Visite mit Wolfgang Schäuble hatte, zeigte sich, dass wir über weite Strecken anderer Meinung waren. Ich war viele Monate lang nicht bereit, Honecker mit allen protokollarischen Ehren zu empfangen. Ich wollte den Besuch, aber ohne Fahnen und Hymnen und ohne ein Treffen in Bonn. Es sträubte sich alles in mir, wenn ich mir vorstellte, vor dem Bundeskanzleramt im Beisein Honeckers die DDR-Hymne anhören zu müssen. Zwar ließen einige Kritiker jedes Maß vermissen, wenn sie Erich Honecker einen »Tyrannen« und »Statthalter des Kreml« nannten und statt Jubel »Trauerbeflaggung« forderten. Trotzdem war mir nicht wohl bei dem Gedanken, dass es einen Empfang mit militärischen Ehren und dem Abschreiten der Ehrenformation geben könnte. Ich war unsicher, wie der Besuch bei uns und in der DDR in der Öffentlichkeit wirken würde. Klar war, dass die DDR alle protokollarischen Symbole der staatlichen Macht zu ihren Gunsten als staatliche Anerkennung interpretieren würde.

Aus diesen Gründen lehnte ich es zunächst auch ab, dass Honecker den Bundespräsidenten in dessen Amtssitz treffen sollte. An dieser Frage wäre der Besuch beinahe gescheitert. Schließlich willigte ich doch noch ein, weil ich die in Aussicht stehenden Verbesserungen für die Menschen in der DDR nicht gefährden wollte.

Selten haben mich in meinem Leben schlaflose Nächte geplagt, doch nach dem Studium jener Notwendigkeiten, die sich bei einem Arbeitsbesuch nach internationalem Protokoll ergeben, hatte ich unruhige Nächte. Ich ließ die Unterlagen drei Tage lang liegen und beschäftigte mich danach mehrfach und intensiv mit den Vorgaben. Immer wieder stellte ich Rückfragen, hoffte zeitweise sogar auf Änderungen des Protokolls. Irgendwann aber kam der Zeitpunkt, an dem ich mich entscheiden und bereit erklären musste, bestimmte Dinge zu tun, die einfach getan werden mussten. Meine Lage war alles andere als angenehm. Sicherlich hatten jene Beobachter recht, die mich als Gefangenen des Protokolls darstellten.

Aber wenn ich vom Protokoll her so einiges im Kauf nehmen musste, dann wollte ich auch die Gelegenheit haben, öffentlich und nicht nur in der kleinen Verhandlungsrunde all das auszusprechen, was ich dem Gast aus Ost-Berlin dringend sagen wollte. Die entscheidende Frage war: Wie konnte sichergestellt werden, dass auch in der DDR gehört wurde, was ich zu sagen hatte?

Schließlich stellte ich eine Forderung auf, die zwingend erfüllt werden musste: Die Übertragung der Tischreden musste live erfolgen, und zwar in beiden Fernsehsystemen, in der Bundesrepublik wie in der DDR. Wenn wir diese Zusage nicht bekamen, hätte das den Verzicht auf den Honecker-Besuch zur Konsequenz.

Nachdem die protokollarischen und inhaltlichen Vorbereitungen im Kanzleramt weitestgehend abgeschlossen und die Prämissen zwischen Bundesminister und Kanzleramtschef Wolfgang Schäuble und mir geklärt waren, musste über den »Sonderkanal« Übereinstimmung erzielt werden.

Dieses Vorgehen entsprach unserer Arbeitsteilung beim Aufgabenbereich innerdeutsche Beziehungen: Nicht dem Auswärtigen Amt, sondern dem für Beziehungen zur DDR operativ federführenden Bundeskanzleramt oblagen Vorbereitung und Durchführung des Besuchs. Das alles geschah in enger Abstimmung mit dem Bundesministerium für innerdeutsche Beziehungen. Nur

die protokollarische Abwicklung war beim Auswärtigen Amt angesiedelt.

Das innerdeutsche Ministerium, nach der Geschäftsordnung der Bundesregierung für die Koordination der Deutschlandpolitik zuständig, wurde auch gegenüber der DDR-Delegation voll einbezogen. Das Treffen von Dorothee Wilms, seit wenigen Monaten Ministerin für innerdeutsche Beziehungen, mit DDR-Außenminister Oskar Fischer war ein gutes Beispiel dafür, wie reibungslos die Beteiligung des Ministeriums am Besuchsprogramm verlief. Vertreter aus diesem Haus nahmen an allen Verhandlungen mit der DDR teil. Die DDR-Seite akzeptierte sie allerdings nicht immer als erste Gesprächspartner. Eigenständige Kompetenzen hatte das innerdeutsche Ministerium nur auf dem weiten und wichtigen Feld der humanitären Fragen. Dazu zählte der gesamte schwierige Komplex der Familienzusammenführung und des Häftlingsfreikaufs.

Wolfgang Schäuble, der für die konkrete Durchführung des Besuchs verantwortlich war, bat ich, die Spitzen der FDP, Parteichef Martin Bangemann und den Fraktionsvorsitzenden Wolfgang Mischnick sowie die deutschlandpolitischen Experten der FDP-Fraktion, in Vieraugengesprächen detailliert zu informieren. Ebenso wurden in meinem Auftrag CDU-Generalsekretär Heiner Geißler, CSU-Chef Franz Josef Strauß und – weil am 13. September 1987 in Schleswig-Holstein Landtagswahlen stattfanden – Bundesfinanzminister Gerhard Stoltenberg informiert. Ich selbst traf mich mit Hans-Dietrich Genscher, um ihn ausführlich zu unterrichten und um seine Einschätzung kennenzulernen.

Zwar wusste ich, dass Strauß dem Honecker-Besuch generell positiv gegenüberstand; dennoch machte ich mir die Mühe, mit ihm in München noch offene Fragen zu erörtern. Zu meinem Erstaunen formulierte er wie aus heiterem Himmel eine Reihe von Vorbehalten, die ich von ihm noch nie gehört hatte. Unter anderem sagte er, ich dürfe Honecker nicht empfangen, denn er habe Blut an den Händen. Dass die Einladung noch von Helmut Schmidt stammte, spielte für ihn keine Rolle. Daraufhin kam ich auf diverse dubiose »Fürsten« aus Afrika zu sprechen, die sich dauernd bei ihm in München einfanden, und fragte, was sie an den Händen hätten. Strauß reagierte darauf mit einem solchen Wutausbruch, dass Gläser vom Tisch flogen. Damit war die Unterredung beendet, und ich verließ die bayerische Staatskanzlei.

Erst als ich einer breiten politischen Unterstützung innerhalb der Regierungskoalition – wenn auch ohne Franz Josef Strauß – sicher sein konnte, gab ich endgültig grünes Licht und beauftragte Wolfgang Schäuble mit der Organisation und Durchführung des Honecker-Besuchs, der vom 7. bis 11. September 1987 stattfinden sollte. Das war bis 1989 die wichtigste und schwierigste Entscheidung in den deutsch-deutschen Beziehungen, die ich zu treffen hatte. Sie fiel mir ungewöhnlich schwer. Aber sie war notwendig.

*

Mitte Juli 1987 traf der Staatsrat der DDR drei Beschlüsse, die ein günstiges Klima für den Honecker-Besuch schufen: eine allgemeine Straftäteramnestie, die zum 38. Jahrestag der DDR-Gründung in Kraft treten sollte, die Abschaffung der Todesstrafe und die Einrichtung einer Berufungsinstanz gegen Entscheidungen des Obersten Gerichts der DDR. Das waren deutliche Signale im Vorfeld des Besuchs, die ich sehr begrüßte.

Aber auch wir hatten Entgegenkommen gezeigt, beispielsweise durch unsere Zustimmung zur doppelten Nullösung vom Mai 1987. Lange Zeit blieben wir dabei, dass die zweiundsiebzig Flugkörper vom Typ Pershing Ia nicht Gegenstand der laufenden Verhandlungen in Genf sein konnten. Ende August fiel dann die letzte Hürde bei den Gesprächen über den INF-Vertrag (Intermediate Range Nuclear Forces / atomare Mittelstreckensysteme), als wir nach langen innenpolitischen Kontroversen, gegen den Widerstand einiger Teile der Unionsfraktion und gegen das erbitterte Nein von Franz Josef Strauß auf diese Raketen verzichteten. Bisher hatten wir auf die Modernisierung der Pershing Ia gesetzt, jetzt plädierte ich für den Abbau der Raketen. Indem ich mich damit auf die sicherheitspolitische Linie Hans-Dietrich Genschers begab, vermied ich möglicherweise einen ernsthaften Koalitionskrach.

Dafür nahm ich erhebliche Auseinandersetzungen innerhalb der Unionsparteien in Kauf. Es gab aber auch eine positive Wirkung, die sich nicht vorausberechnen ließ, und die betraf das Verhältnis zu Michail Gorbatschow. Der Verzicht der Bundesrepublik auf eine Modernisierung dieser Waffen schien auf Gorbatschow Eindruck gemacht zu haben und seine Einstellung mir gegenüber zu verändern – eine Entwicklung, die sich spätestens bei meinem Moskau-Besuch 1988 bemerkbar machte.

Die Genfer INF-Verhandlungen waren im Sommer 1987 in ein entscheidendes Stadium eingetreten. Die Bundesrepublik musste alles tun, was zu einem Durchbruch in den Verhandlungen beitragen konnte. Wenn zwischen den USA und der Sowjetunion eine Einigung über die weltweite Beseitigung aller Mittelstreckenflugkörper erreicht werden konnte, wenn insbesondere die noch offenen Verifikationsfragen in einer für alle Seiten befriedigenden Weise gelöst wurden, wenn das INF-Abkommen ratifiziert wurde und in Kraft trat und wenn schließlich der vereinbarte Zeitplan für die Beseitigung der Waffensysteme eingehalten wurde, dann war ich bereit, dass mit der endgültigen Beseitigung aller sowjetischen und amerikanischen Mittelstreckenflugkörper auch die Pershing-Ia-Raketen abgebaut wurden.

In diesem Zusammenhang forderte ich die Sowjetunion und ihre Partner auf, ihrerseits auf die laufende Modernisierung von Raketen mit einer Reichweite unterhalb von fünfhundert Kilometern zu verzichten. Wir erwarteten besonders von Polen, der DDR und der Tschechoslowakei, die sich gerade in jüngster Zeit über die Pershing Ia besorgt geäußert hatten, dass sie nun auch unsere Besorgnisse im Hinblick auf die bei ihnen stationierten Scud-B-Raketen, die vor allem das Territorium der Bundesrepublik bedrohten, ernst nahmen und diese Bedrohung abbauten.

Nicht nur in den letzten Jahren, sondern gerade auch in diesen aufregenden Monaten war die SPD-Opposition alles andere als hilfreich. Immer wieder nahm sie Standpunkte ein, die geeignet waren, die Verhandlungsposition des Bündnisses gegenüber der Sowjetunion zu schwächen. Seit die Sozialdemokraten Bundeskanzler Helmut Schmidt beim Nato-Doppelbeschluss im Stich gelassen hatten, widersprachen sie allen zentralen Bündnisentscheidungen, bekämpften oder konterkarierten sie gar. So forderte der Nürnberger Parteitagsbeschluss zur Friedens- und Sicherheitspolitik:

- »von den USA einen Aufstellungsstop und die Rücknahme der Stationierung von Pershing II und Cruise-Missiles,
- von der UdSSR den unverzüglichen Abbau der im Gegenzug in der DDR und der CSSR aufgestellten Raketen sowie eine drastische Verminderung der SS 20 auf einen Stand von 1979.«

Die SPD war damals bereit, ohne westliches Gegengewicht hundertvierzig sowjetische SS-20-Mittelstreckenraketen mit insgesamt vierhundertzwanzig nuklearen Sprengköpfen hinzunehmen. Das war nämlich der Stand von 1979.

Die SPD war auch bereit, das frühere sowjetische Junktim bedingungslos zu akzeptieren, wonach Verhandlungen über die nuklearen Mittelstreckenraketen von jenen über strategische und Weltraumsysteme abhängig gemacht werden sollten.

Es blieb wiederum der SPD-Opposition vorbehalten, die sowjetische Forderung zu den Pershing Ia sofort aufzugreifen und sich zu eigen zu machen: Die Sprengköpfe auf den Mittelstreckenraketen der Bundeswehr, die unserer Verfügung entzogen waren und in striktem amerikanischem Gewahrsam standen, seien hier mit einzurechnen. Auch ein Schreiben des SPD-Partei- und -Fraktionsvorsitzenden Hans-Jochen Vogel an mich, in dem er die Forderungen des SPD-Parteitags wiederholte, war nur ein weiterer Beweis dafür, wie gut es für unser Land damals war, dass diese SPD nicht mehr in der Regierungsverantwortung stand. Die Sozialdemokraten mussten erst einmal ihren Standpunkt überprüfen und durften nicht ständig das Wohlverhalten gegenüber der Sowjetunion zum obersten Maßstab ihrer Politik machen.

Die Pershing Ia stand in Genf überhaupt nicht zur Verhandlung. Es war ein SPD-Abgeordneter, der diese vom ganzen Bündnis getragene Haltung verleumdete, indem er der Bundesregierung vorwarf, sie wolle »grundsätzlich den deutschen Finger am atomaren Abzug« halten. Damit übertraf er noch die sowjetischen Angriffe der letzten Zeit und lieferte Moskau billigste Munition für antideutsche Kampagnen.

*

Weil der Honecker-Besuch so ein heikles Thema war und so viele Implikationen hatte, kam einer guten Informationspolitik besondere Bedeutung zu. Ich wollte die entscheidenden Argumente, die für den Besuch sprachen, »unters Volk« bringen. Die wichtigsten Bonner Koalitionspolitiker kannten nicht nur den jeweils neuesten Stand der Besuchsvorbereitungen, sie hatten auch ausdrücklich ihre volle Unterstützung bekundet. Außerdem war es unsere Pflicht, die Westalliierten über die Planungen des Arbeitsbesuchs zu informieren. Das geschah noch Ende Juli 1987 vertraulich durch den Kanzleramtsminister, der von keiner Seite Vorbehalte zu hören bekam.

Am 26. August 1987 stand die Honecker-Visite erstmals auf der Tagesordnung des Bundeskabinetts. Zu Beginn der Sitzung wurden die zu unterzeichnenden Abkommen über Strahlen- und Umweltschutz sowie Wissenschaft und Technik vorgestellt und von den Kabinettsmitgliedern angenommen. Danach informierte Bundesminister Schäuble über den Stand der Sachthemen, den geplanten Verlauf des Besuchs und die Zusammensetzung der Delegationen. Die Gespräche über ein mögliches gemeinsames Kommuniqué waren bereits weit vorangekommen, wenngleich naturgemäß Differenzen in grundsätzlichen Fragen fortbestanden. Auf meine Bitte erläuterte Schäuble, dass es sich protokollarisch um einen Arbeitsbesuch, nicht um den Staatsbesuch eines führenden Politikers auf Einladung des Bundeskanzlers handele. Da dieser Besucher zugleich Staatsoberhaupt war, sollte er in entsprechender Anwendung der internationalen protokollarischen Usancen behandelt werden.

Anschließend erläuterte ich meine eigene Position im Zusammenhang mit dem Besuch des SED-Generalsekretärs. Dass der anstehende Besuch teilweise erhebliche Emotionen weckte, war nur zu verständlich. Auch ich würde im Verlauf des Besuchs mit Situationen konfrontiert werden, die mir einiges abverlangten. Allerdings waren wir auf die Präambel des Grundgesetzes verpflichtet, und die Arbeit für die Gemeinsamkeit des deutschen Volkes ließ sich nun einmal nicht auf die Feierstunde des 17. Juni beschränken. Vielmehr mussten wir versuchen, auch Vorgänge wie etwa diesen Besuch soweit wie eben möglich für die Menschen in Deutschland zu nutzen. Niemand konnte wissen, wie lange die Chance des gegenwärtigen »mehr miteinander« noch andauerte. Um so dringender musste sie genutzt werden. Es ging nicht darum, Grundsatzpositionen in der deutschen Frage zu ändern. Auch im Verlauf dieses Besuches sollte durchaus deutlich werden, dass die Bundesrepublik Teil der westlichen Wertegemeinschaft ist. Daran gab es nichts zu verwischen. Gleichwohl musste bei aller Distanz auch die notwendige Achtung gewahrt werden.

Der starke Anstieg des Besucherverkehrs war ein Beispiel dafür, dass Erfolge in der Deutschlandpolitik möglich waren, ohne deshalb unsere Grundsätze aufzugeben. Beispielsweise hielt ich es für einen schweren Fehler, die Diskussion um die Erfassungsstelle Salzgitter erneut zu entfachen. Die Erfassungsstelle würde dann ihren Auftrag erfüllt haben, wenn es nichts Einschlägiges mehr zu erfassen gab. Dass sie die Repressalien und Menschenrechtsverletzungen dokumentierte, hatte auch den Zweck, den Tätern zu signalisieren, dass sie nicht unbeobachtet waren und sich nicht in Sicherheit wiegen konnten.

Am Ende der Kabinettssitzung ging es um mögliche Demonstrationen gegen den Besuch Honeckers. Demonstrationen gegen Besuche anderer Politiker hatte es schon immer gegeben. So mussten beispielsweise politische Freunde aus der freien Welt – etwa den Vereinigten Staaten – im Zusammenhang mit derartigen Demonstrationen einiges an Zumutungen ertragen. Aus Achtung vor dem Demonstrationsrecht mussten auch andere solche Kritik ertragen. Das war meine feste Überzeugung.

*

Es war alles andere als eine Pflichtübung, als ich am 2. September – fünf Tage vor Honeckers Arbeitsbesuch – vor den Mitgliedern der CDU/CSU-Bundestagsfraktion den Besuch des SED-Generalsekretärs in Bonn erläuterte. Hier rechnete ich mit den stärksten Vorbehalten und dem nachhaltigsten Widerstand gegen den Besuch und nahm mir deshalb genügend Zeit, den historischen Bogen in der Deutschlandpolitik aufzuzeigen.

Nach der Wahl zum Bundeskanzler im Oktober 1982 hatte ich gesagt: »Ich will die Chance wahrnehmen, die sich möglicherweise ergibt, um im Sinne unseres Grundgesetzes, im Sinne der Präambel unseres Grundgesetzes etwas dafür zu tun, damit Menschen in Deutschland zueinander kommen können.«

Nun erlebten wir seit einigen Jahren, seit Gorbatschows Amtsübernahme, eine Entwicklung in der Sowjetunion, von der 1987 noch niemand wusste, wohin sie letzten Endes führen würde und ob die eingeschlagene Richtung erfolgreich sein oder ob es Rückschläge geben würde. Wir wussten nur eines: Es gab im Moment eine Situation, in der das eine oder andere im Warschauer Pakt möglich schien, was vor Jahresfrist noch nicht möglich war. Ich bin ein sehr nüchterner Zeitgenosse und mochte deshalb nichts überbewerten. Meine Einschätzung damals war vorsichtig hoffnungsvoll: Ob Glasnost etwas wird oder nicht, das kann zur Stunde niemand sagen, aber es gibt eine Chance.

Wir standen im Augenblick vor hochinteressanten, wichtigen Diskussionen und Gesprächen beispielsweise mit Ungarn, bei denen sich die Chance eröffnete, zum ersten Mal nach dem Zweiten Weltkrieg in einem Staat des Warschauer Pakts ein Abkommen zugunsten der deutschen Volksgruppe zu schließen. Fünf oder zehn Jahre zuvor wäre das noch völlig undenkbar gewesen. Selbst wenn es sich nur um kleine Fortschritte zugunsten von Sprache und Publikationen handelte, so war dies doch ein erster Ansatz, den wir auch im Verhältnis zu Polen oder anderen Ländern übernehmen könnten. Das alles war noch nicht »der große Frühling«, aber ein erstes zaghaftes Grün war doch zu erkennen.

In den Jahren der Trennung war durch Mangel an Kenntnis übereinander auch ein Stück Distanz bei den Menschen hüben wie drüben entstanden. Die Zahl der Deutschen aus der Bundesrepublik, die in die DDR fuhren, hätte wesentlich höher sein können. Dass es nicht mehr Reisen von West nach Ost gab, lag nicht nur an der Umtauschquote, wenn man bedenkt, was sonst an Geld ausgegeben wurde. Hier war mehr zu tun. Es gab vor allem viel zu wenig junge Menschen, die zum Beispiel Weimar, Dresden oder Leipzig besuchten, obwohl dies seit Jahr und Tag möglich war. Es war halt nicht »in« bei Gymnasiasten, bei Elternbeiräten und Kultusministerien, in die DDR zu reisen. Statt dessen kannten sich die Schülerinnen und Schüler in westeuropäischen Hauptstädten wie Paris und London bestens aus.

Meine große Hoffnung an den Honecker-Besuch war, möglichst noch mehr Deutsche zusammenzubringen. Wenigstens für die Dauer der Jahre, in denen sich nicht Kälte ausbreitete, sondern Verbindlichkeit zu spüren war, wollte ich die weltpolitische Großwetterlage nutzen. Wenn es uns gelingen sollte, für die nächsten fünf Jahre die Besucherzahlen zu halten, würde dies für den Zusammenhalt der Deutschen mehr bewirken als alles, was beispielsweise an Erfolgen in den deutsch-deutschen Wirtschaftsbeziehungen zu vermelden war.

In Bonn hatten sich so viele Journalisten aus aller Welt angemeldet wie bisher nur ein einziges Mal in der Geschichte der Bundesrepublik: beim Bonner Weltwirtschaftsgipfel 1985. Das weltweite Interesse war überwältigend. Ich vernahm aber auch eine Stimmung, die mich zornig machte. Einerseits hieß es: Wenn die Deutschen nicht miteinander reden, ist es um den Frieden in Europa schlecht bestellt. Und andererseits: Wenn die Deutschen miteinander reden, kungeln sie etwas miteinander aus – und steigen womöglich aus dem Bündnis aus. Für mich war es ganz wichtig, diese Debatte nicht neu aufkommen zu lassen, die durch das SPD/SED-Grundsatzpapier und seine Autoren leider genährt wurde. Es gab keinen deutschen Sonderweg.

*

Am 7. September 1987 gegen zehn Uhr landete eine Sondermaschine der DDR-Fluggesellschaft Interflug auf dem Köln-Bonner Flughafen. Zur Begrüßung erwartete den Gast aus Ost-Berlin Kanzleramtschef Wolfgang Schäuble. Das Protokoll wurde so klein wie möglich gehalten. Das fing schon bei der siebenköpfigen Motorradeskorte an, die kleiner ausfiel als beim Besuch eines Staatsoberhaupts. Das Bonner Diplomatische Korps wurde nicht zu den Empfängen und Banketts eingeladen. Es gab keine Beflaggung in der Stadt, keine Salutschüsse, keinen Austausch von Geschenken und Orden. Damit wollten wir klarstellen, dass es sich nicht um einen internationalen Besuch, sondern um einen Arbeitsbesuch handelte.

Eine bittere Pille für mich war, dass es vor dem Bundeskanzleramt dann das übliche Zeremoniell gab: roter Teppich, Abschreiten der Ehrenkompanie, Seit an Seit mit Honecker an den Soldaten der drei Waffengattungen vorbei. Dazu Wachbataillon und Stabsmusikkorps der Bundeswehr, Hymnen, Beflaggung.

Das bislang Unvorstellbare wurde wahr. Zum ersten Mal hielt sich ein Staats- und Regierungschef der DDR in der Bundesrepublik auf. Die psychische Anspannung war Honecker und mir anzumerken. Wer die Bilder sah, konnte unschwer erkennen, was mir an diesem Tag durch den Kopf ging. Hatten wir wirklich alles bedacht? War es richtig, den Mann in Bonn zu empfangen, der seine Bürger nur nach besonderer Genehmigung reisen ließ? Konnten wir einen Mann willkommen heißen, der auf andere Menschen schießen ließ, wenn sie von Ost- nach Westdeutschland fliehen wollten?

Diese Gedanken hatten mich in den letzten Wochen ständig beschäftigt, tausendmal hatte ich sie mit anderen erörtert. Jetzt waren sie wieder da, sie ließen sich nicht verdrängen. Es war mir zutiefst zuwider, dass ich mir die DDR-Hymne anhören musste und die DDR-Fahne mit Hammer und Zirkel aufgezogen wurde. So viele Gäste hatte ich in Bonn zuvor empfangen, in so vielen Ländern war ich an Ehrenkompanien vorbeigegangen, hatte den Gastgeberländern meine Reverenz erwiesen, diesmal jedoch war alles anders als sonst. Seit Wochen hatte es mir vor diesem Moment gegraut, doch ich musste es über mich ergehen lassen.

Erich Honecker beim offiziellen Empfang in Bonn: Zum ersten Mal hält sich ein Staats- und Regierungschef der DDR in der Bundesrepublik auf

Einen Trost gab es allerdings: Ich wusste, dass die Bilder von der live übertragenen Begrüßungszeremonie nicht das einzige sein würden, was in den Wohnstuben von Ost-Berlin, Rostock, Leipzig, Dresden oder Plauen an diesem Tag aus Bonn zu empfangen war. Innerlich klammerte ich mich an die Rede, die ich am Abend zu halten gedachte und die zur besten Sendezeit in beiden Ländern ausgestrahlt werden würde. Wenn wir dies bei den vorbereitenden Gesprächen nicht durchgesetzt hätten, wäre ich mir jetzt wie auf verlorenem Posten vorgekommen.

Honecker schien verunsichert zu sein. Da stand er nun, der »Knecht des amerikanischen Kapitalismus«, der »Mister Amerika«, wie mich meine Kritiker nannten, der »Kriegstreiber«, wie es in der DDR-Propaganda hieß. Der bei den Linken in Europa meistverschriene Politiker stand neben dem überzeugten Kommunisten und angesehenen Widerstandskämpfer. Für Erich Honecker ging in diesem Moment ein lang ersehnter Wunsch in Erfüllung: Er war der erste und einzige Staatschef der DDR, der offiziell in Bonn empfangen wurde. Das war die Krönung seines Lebenswerks.

Viele Deutsche in Ost und West empfanden die Bilder als beklemmend. Andere sahen im Besuch des mächtigsten Manns der DDR einen längst überfälligen Schritt auf dem Weg, das deutsch-deutsche Verhältnis zu normalisieren. So oder so war Honecker der ungewöhnlichste Gast, den die Bundesrepublik seit ihrer Gründung empfangen hatte.

*

Zweitausendvierhundert Journalisten waren vor Ort dabei, davon tausendsiebenhundert aus dem Ausland, vor allem aus den USA, aus Frankreich und Großbritannien. Die Presse war überall dort, wo der Staats- und Parteichef der DDR und seine Delegation auftraten, zu der Außenminister Oskar Fischer und dessen Stellvertreter Kurt Nier, der Minister für Außenhandel Gerhard Beil und der stellvertretende Staatsratsvorsitzende und Mitglied des Politbüros Günter Mittag gehörten.

Bei unserer ersten Begegnung im Kreis der beiden Delegationen – auf unserer Seite mit Martin Bangemann, Wolfgang Schäuble, Dorothee Wilms, Friedhelm Ost und einigen Experten aus dem Bundeskanzleramt und dem Ministerium für innerdeutsche Beziehungen – gab Erich Honecker ein Bild der internationalen Lage aus seiner Sicht, die von der Gefahr eines Nuklearkriegs geprägt sei, und umriss seine Position zu Fragen der Abrüstungs- und Sicherheitspolitik. Stand und Entwicklung der bilateralen Beziehungen waren natürlich ein zentrales Thema. Der Staatsratsvorsitzende versprach, an der Vertragspolitik mit der Bundesrepublik festzuhalten, zumal der Grundlagenvertrag und unsere gemeinsame Erklärung vom 12. März 1985 in Moskau über die Unverletzlichkeit der Grenzen in Europa dafür gute Voraussetzungen bieten würden. Es müsse von den Realitäten, von der Existenz zweier voneinander unabhängiger, souveräner deutscher Staaten mit unterschiedlicher Gesellschaftsordnung und Bündniszugehörigkeit ausgegangen werden. Alles andere seien »Wunschträume«, sagte Honecker.

Nach der formellen Eröffnung der Gespräche und dem Austausch der Eingangserklärungen diskutierten wir eingehend einige der anstehenden Fragen. Unter anderem gab ich die vertrauliche Zusicherung, mich dafür einzusetzen, dass es innerhalb kurzer Zeit zu einer einvernehmlichen Regelung der Elbgrenze kommen würde.

Für einen freundlichen Auftakt unserer ersten Gesprächsrunde in großem Kreis hatte Honecker gesorgt, als er uns über die jüngsten Zahlen im Reiseverkehr informierte. Danach konnten in den ersten acht Monaten des Jahres 1987 rund 3,2 Millionen Besucher aus der DDR in die Bundesrepublik reisen. Wir waren davon ausgegangen, dass die Dreimillionengrenze erst Ende des Jahres erreicht würde. Auf Nachfrage erfuhr ich zwar, dass es sich bei diesen Zahlenangaben um die Zahl der Reisen und nicht der Reisenden handelte, doch davon konnten achthundertsechsundsechzigtausend Menschen in dringenden Familienangelegenheiten in den Westen reisen, und das waren Besucher, die in der Regel nicht mehrfach Reisen unternahmen. Das war eine überaus erfreuliche Entwicklung.

*

Eine gute Stunde dauerte das Gespräch, das Erich Honecker und Bundespräsident Richard von Weizsäcker unter vier Augen führten. Der Inhalt des vertraulichen Gedankenaustauschs wurde von DDR-Seite aufgezeichnet und ist seit Öffnung der Archive einzusehen. Demzufolge muss das Treffen von »Deutschen unter Deutschen« in freundlicher Atmosphäre stattgefunden haben.

Der Bundespräsident, der im April 1987 nur mühsam davon hatte abgehalten werden können, SED-Politbüromitglied Horst Sindermann, der den Sozialdemokraten einen Besuch abstattete, offiziell in der Villa Hammerschmidt zu empfangen, unterhielt sich mit Honecker ausführlich über Sicherheits- und Abrüstungsfragen. Richard von Weizsäcker erläuterte dem Gast aus Ost-

Ausführlich spricht der Bundespräsident mit dem SED-Chef

Berlin die Bilanz seiner Moskaureise und berichtete von seinem Treffen mit Michail Gorbatschow.

Der Bundespräsident, der immer großen Wert darauf gelegt hatte, sich anlässlich des Arbeitsbesuchs mit Honecker zu treffen, sprach dem DDR-Protokoll zufolge nicht eine einzige der strittigen Fragen an, die bei den Verhandlungen der Bundesregierung anstanden. Kein Wort zu Menschenrechtsverletzungen in der DDR, keine Frage zum Verhältnis zwischen Staat und Kirche oder zum Schießbefehl der Grenztruppen. Den Bonner Verzicht auf offizielle Beziehungen zwischen Bundestag und Volkskammer begründete Weizsäcker mit »ideologischen Differenzen über die jeweilige Exekutive«. Das war ein klares Zugeständnis an Forderungen der SED und weiter Teile der deutschen Sozialdemokraten. Damit wich er nicht nur von der gängigen Regierungslinie ab, sondern fiel unserer Politik geradezu in den Rücken.

Bei allem Verständnis für unterschiedliche politische Auffassungen und Bewertungen: Das war eine einzigartige Entgleisung. Ich erfuhr erst nach dem Mauerfall davon, und ich kann nicht verstehen, was Weizsäcker dazu bewog, der SED in dieser Art entgegenzukommen. Doch es sollte noch schlimmer kommen.

*

Nachdem unser Gast gemeinsam mit seiner Delegation in der Villa Hammerschmidt das Mittagessen eingenommen hatte, traf ich mit ihm im Bundeskanzleramt zusammen. Gemeinsam mit Wolfgang Schäuble sprachen wir Probleme an, die im deutsch-deutschen Nebeneinander dringend gelöst werden mussten.

Ich begann das fast zweistündige, sehr konzentrierte Gespräch, indem ich auf unsere grundsätzliche Position gegenüber der Politik der Sowjetunion und der anderen Staaten des Warschauer Pakts und ganz besonders gegenüber jener der DDR hinwies. Dann sagte ich, dass ich es als sehr positiv empfunden hätte, zum Teil ohne jede Öffentlichkeit schwierige Fragen miteinander klären zu können. Wichtig sei, offen zu sagen, was gehe und was nicht. Allerdings dürften Schritte der einen Seite nicht sofort gegen Schritte der anderen aufgerechnet werden; das Verhältnis müsse vielmehr immer in einem längerfristigen Zusammenhang gesehen werden.

Danach sprach ich den Reiseverkehr an und erklärte, es sei für die Bundesrepublik sehr wichtig, den jetzigen Weg weiterzugehen. Bei unserem Treffen in Moskau hatte ich versichert, dass kaum ein DDR-Bürger in der Bundesrepublik bleiben werde, und tatsächlich zeigte sich, dass nur 0,02 Prozent der Besucher nicht zurückkehrten.

In seiner Replik holte Honecker weit aus und malte ein farbenprächtiges Bild seines Landes. Für die Bereiche Handel, Wirtschaft und Wissenschaft schüttete er mich mit Daten, Statistiken und Erfolgsbilanzen zu, die allesamt nicht überprüfbar waren und sich spätestens nach dem Fall der Mauer als Makulatur erwiesen. Er pries den hohen Lebensstandard der DDR-Bevölkerung und nannte Aufwendungen für Investitionen in den Wohnungsbau, die angeblich über denen für die Verteidigung lagen.

Dann stellte ich die Frage nach den sogenannten Kontaktverboten in der DDR, wonach bestimmten Personengruppen jeder Kontakt mit dem Westen untersagt war. Honecker erwiderte, die Kontaktverbote seien generell aufgehoben. Früher seien SED-Mitglieder einbezogen worden, doch das sei nicht mehr der Fall. Für Angehörige der Armee, der Staatssicherheit und des Innenministeriums gebe es allerdings bestimmte Regelungen.

Die Frage, ob eine Chance bestehe, Verbesserungen im grenznahen Bereich zu erzielen und insbesondere Hannover, Hamburg und Kiel in den grenznahen Verkehr einzubeziehen, machte Honecker davon abhängig, dass positive Ergebnisse bei der Feststellung des Grenzverlaufs auf der Elbe erreicht würden. Wenn das geregelt sei, könne man sofort Hannover, Hamburg und Kiel einbeziehen.

Dann behandelten wir die mit West-Berlin zusammenhängenden Fragen. Ich benannte Wolfgang Schäuble als Verhandlungspartner für weitere Erörterungen im kleinen Kreis.

Beim Mindestumtausch zeigte sich Erich Honecker unbeweglich und erklärte, diese Frage hänge auch mit der Währungsspekulation zusammen. Als ich insistierte, wiederholte Honecker, es sei vorerst nicht möglich, hier etwas zu tun; er habe aber keine Einwände dagegen, dass das Thema weiter auf der Tagesordnung bleibe.

Nun kam ich auf den Schießbefehl zu sprechen und sagte, hier müsse sich etwas ändern. Es gebe keinen Schießbefehl, erwiderte Honecker, es gebe lediglich eine Anordnung zum Gebrauch von Schusswaffen, so wie es auch in der BRD eine solche Anordnung gebe. Jeder, der ein ordnungsgemäßes Visum habe, könne an einem Grenzübergang die Grenze passieren, ansonsten sei die Grenze militärisches Sperrgebiet. Zum »Beweis« seiner These, dass es in der Bundesrepublik nicht anders zugehe als in der DDR, zitierte er aus dem »Gesetz über den unmittelbaren Zwang bei Ausübung öffentlicher Gewalt durch Vollzugsbeamte des Bundes«

vom 2. März 1974 und las mir langatmig aus der »Allgemeinen Verwaltungsvorschrift des Bundesministers des Innern« vor, in der es unter anderem heißt, »dass ein zweiter Warnschuss als Androhung des Schusswaffengebrauchs gilt, wobei darauf hingewiesen wird, dass die Geschosse nach Möglichkeit fremdes Hoheitsgebiet nicht berühren sollen«.

Das unterscheide sich nicht von der Anordnung in der DDR, meinte Honecker. Indirekt räumte er dann doch ein, was unbestreitbar war, als er sagte: »Wir sind nicht für solche Zwischenfälle.« Es gebe auch weniger Zwischenfälle als Meldungen darüber. »Wir wollen nicht, dass Menschen umkommen«, sagte er, aber die Regelungen im militärischen Sperrgebiet müssten beachtet werden.

Ich erwiderte, ich wolle das ganz pragmatisch sehen: Der Schießbefehl sei eine der schwersten psychologischen Belastungen für die Beziehungen, weil jeder Vorfall an den Grenzen Emotionen hervorrufe und zu Spannungen führe. Ich sähe auch die Zwänge, unter denen sich die DDR befinde, hätte aber doch den dringenden Wunsch, im Nachgang zu den jetzigen Gesprächen zu überlegen, was man hier tun könne, damit wir nicht mit diesem Dauerbrenner in unseren Beziehungen leben müssten. Honecker zeigte darauf keinerlei Reaktion.

Bei den weiteren Themen unserer ersten kleinen Gesprächsrunde ging es um die Entwicklung des Tourismus, um eine Bitte des Zentralrats der Juden, einige jüdische Bürger aus der DDR an der neugegründeten jüdischen Hochschule in Heidelberg studieren zu lassen, es ging um die Städtepartnerschaften und meinen Wunsch einer Partnerschaft zwischen Ludwigshafen und Zwickau oder Dessau, um den Luftverkehr und weitere Verkehrsprojekte, um ein Stipendienprogramm der Hamburger Körber-Stiftung und den Grenzübergang in Berlin-Staaken. Fragen der Reinhaltung der Elbe verknüpfte der SED-Generalsekretär mit der Lösung des Elbgrenzproblems.

Abschließend sprach Honecker die offizielle Einladung zum Gegenbesuch in der DDR aus und fügte hinzu, dass ich nicht auf einen offiziellen Besuch zu warten bräuchte, sondern vorher auch privat kommen könne, ich möge mich bitte mit Rechtsanwalt Vogel verständigen. Ich bedankte mich, auch für die private Einladung, und betonte, dass mir und meiner Frau solche Besuche immer ein besonderes Anliegen gewesen seien.

Mit dem Verlauf des Gesprächs war ich einigermaßen zufrieden. Wir hatten die entscheidenden Fragen in unserem Verhältnis zur DDR angesprochen und eine Reihe von Fortschritten erzielt – und sei es auch nur, dass die Bereitschaft erklärt wurde, den Gesprächsfaden nicht abreißen zu lassen. Die Gesprächsatmosphäre war sachlich kühl und eindeutig an Ergebnissen orientiert. Manchmal hatte ich den Eindruck, dem fünfundsiebzigjährigen SED-Chef sei alles zuviel. Je länger die Unterredung dauerte, um so spärlicher wurden seine Äußerungen und um so kürzer fielen seine Antworten aus. Honecker schien dankbar zu sein für jede Gelegenheit, bei der er weit ausholend die Errungenschaften des Sozialismus im zweiten deutschen Staat darstellen konnte. Recht zugeknöpft war er dagegen, wenn es um Fragen der Menschenrechte ging.

Dass er den Schießbefehl der DDR-Grenzer leugnete, dem bis ins Jahr 1987 weit über zweihundert DDR-Bürger zum Opfer gefallen sind, war kaum zu ertragen. Als er den Schießbefehl auch noch mit den Regelungen zum Schusswaffengebrauch unseres Bundesgrenzschutzes verglich, fiel es mir schwer, Ruhe zu bewahren.

Trotzdem: Es führte kein Weg daran vorbei, auch unbequeme Themen mussten angesprochen werden. Ich redete auch bei Gipfelbegegnungen mit anderen Staats- und Regierungschefs Tacheles. Davor zu kneifen kam mir nicht in den Sinn, ich hätte es mir in meiner sechzehnjährigen Kanzlerschaft auch gar nicht erlauben können. Vor allem auf europäischer Ebene wäre ich niemals so erfolgreich gewesen, hätte ich die Augen vor den wunden Punkten verschlossen. Und für die deutsch-deutschen Beziehungen galt das erst recht.

*

Beim Abendessen in der Godesberger Redoute am 7. September ergriff ich die Gelegenheit, vor laufenden Kameras unsere unterschiedlichen Ansichten und den totalitären Charakter des SED-Regimes darzustellen. Es war keine Abrechnung mit den Ost-Berliner Machthabern, aber ich betrieb auch keine Schönrednerei, wie sie in den Jahren bis zum Fall der Mauer so häufig aus dem Mund führender Politiker des Bonner Establishments zu vernehmen war. Mir ging es um die ungeschminkte Wahrnehmung der innerdeutschen Wirklichkeit.

Die Tischrede, die ich beim Abendessen zu Ehren des Ost-Berliner Partei- und Staatschefs gehalten habe, gehört zu meinen wichtigsten Reden. Sie beschrieb präzise die damalige Lage der geteilten Nation, ohne auch nur im Traum an eine rasche Wiedervereinigung zu denken. Niemand konnte damals ahnen, dass die DDR zwei Jahre später von der Bildfläche verschwunden sein würde. Wir mussten damit rechnen, dass unser Vaterland noch längere Zeit geteilt sein würde.

»Auf Ihren Besuch in der Bundesrepublik Deutschland und auf unsere Begegnung richten sich die Blicke Millionen Deutscher zwischen Stralsund und Konstanz, zwischen Flensburg und Dresden – und in Berlin«, sagte ich zu Beginn.

»Viele befinden sich in einem Zwiespalt widerstreitender Gefühle: Die Menschen in Deutschland wissen, dass hier zwei Staaten bestehen, die viele praktische Fragen miteinander regeln müssen. Aber sie wissen auch: Dieser Besuch hat eine besondere menschliche und politische Dimension. Er unterscheidet sich von den üblichen Begegnungen in Ost und West. Das Bewusstsein für die Einheit der Nation ist wach wie eh und je, und ungebrochen ist der Wille, sie zu bewahren. Diese Einheit findet Ausdruck in gemeinsamer Sprache, im gemeinsamen kulturellen Erbe, in einer langen, fortdauernden gemeinsamen Geschichte. So tut sich heute mancher schwer mit seinen Empfindungen und mit der Überlegung, wie sich dieses Treffen in die Kontinuität deutscher Geschichte einfüge. Unser Zusammentreffen in Bonn ist aber weder Schlussstrich

noch Neubeginn. Es ist ein Schritt auf dem Weg einer schon lange währenden Entwicklung. Sie ist gekennzeichnet durch das Bemühen um ein geregeltes Miteinander.
Vor fünfzehn Jahren haben die Bundesrepublik Deutschland und die Deutsche Demokratische Republik den Vertrag über die Grundlagen ihrer Beziehungen unterzeichnet. Dieser Vertrag zeigt Möglichkeiten und Grenzen auf. Möglichkeiten eröffnen sich dort, wo praktische Fragen zum Wohle der Menschen in beiden Staaten gelöst werden können, damit es zu einem Verhältnis guter Nachbarschaft kommt.
Im Rahmen dieses Vertrages steht auch Ihr Besuch, Herr Generalsekretär. Vor fast sechs Jahren, im Dezember 1981, sind Sie mit meinem Amtsvorgänger Bundeskanzler Helmut Schmidt am Werbellinsee zusammengekommen. Damals haben Sie seine Einladung in die Bundesrepublik Deutschland angenommen. Ich habe diese Einladung nach meiner Amtsübernahme aufrechterhalten und bekräftigt. In der Zwischenzeit haben wir bei mehreren Gelegenheiten lange miteinander gesprochen. So wissen wir beide, wo die Chancen dieses Besuchs liegen und bei welchen Fragen wir uns nicht näherkommen werden. Dazu gibt es ja auch im Grundlagenvertrag deutliche Hinweise.
An den unterschiedlichen Auffassungen der beiden Staaten zu grundsätzlichen Fragen, darunter zur nationalen Frage, kann und wird dieser Besuch nichts ändern. Für die Bundesregierung wiederhole ich: Die Präambel unseres Grundgesetzes steht nicht zur Disposition, weil sie unserer Überzeugung entspricht. Sie will das vereinte Europa, und sie fordert das gesamte deutsche Volk auf, in freier Selbstbestimmung die Einheit und Freiheit Deutschlands zu vollenden. Das ist unser Ziel. Wir stehen zu diesem Verfassungsauftrag, und wir haben keinen Zweifel, dass dies dem Wunsch und Willen, ja der Sehnsucht der Menschen in Deutschland entspricht.«

Weiter betonte ich, dieses Bestreben stehe im Einklang mit dem Grundlagenvertrag und dem Brief zur deutschen Einheit.

»Wir haben dort auch den Gewaltverzicht bekräftigt. Auch dieser ist nicht allein Verfassungsgebot, sondern zentraler Bestandteil der Politik der Bundesrepublik von Anfang an. Krieg und Gewalt dürfen nie wieder Mittel deutscher Politik sein. Wir achten die bestehenden Grenzen, doch die Teilung wollen wir überwinden: auf dem Weg friedlicher Verständigung und in Freiheit. Die deutsche Frage bleibt offen, doch ihre Lösung steht derzeit nicht auf der Tagesordnung der Weltgeschichte, und wir werden dazu auch das Einverständnis unserer Nachbarn brauchen.«

Im weiteren Verlauf meiner Rede verwies ich auf die Vier Mächte. Wie im Zusammenhang mit dem Abschluss des Grundlagenvertrags ausdrücklich festgestellt worden war, bestanden die Rechte und Verantwortlichkeiten der Vier Mächte für Deutschland als Ganzes und für Berlin unverändert fort. Gerade in Berlin komme das deutlich zum Ausdruck.

Die Erfahrung lehre, sagte ich, dass die gegensätzlichen Positionen in Grundsatzfragen die praktische Zusammenarbeit zwischen den beiden Staaten in Deutschland nicht behindern müssten. So sei in den vergangenen Jahren vieles gut geregelt worden, manches werde verhandelt, anderes lasse noch auf sich warten. Doch die Tendenz sei insgesamt positiv – und soweit es an der Bundesrepublik Deutschland liege, solle es dabei bleiben.

Ich empfahl, sich in diesen Tagen auf das Machbare zu konzentrieren und die zur Zeit unlösbaren Fragen nicht in den Vordergrund zu stellen. Damit, dass wir trotz aller Gegensätze zu einer praktischen Zusammenarbeit gefunden hätten, gäben wir ein Beispiel – zum Wohle der Menschen und im Interesse des Friedens. Auch die übrigen Völker Europas wünschten, dass sich die Deutschen in Ost und West vertragen und im gegenseitigen Umgang jene Humanität erkennen lassen, die dem Volk Lessings, Schillers und Goethes wohl anstehe.

Zu Werken des Friedens seien wir um so mehr verpflichtet, als in diesem Jahrhundert von deutschem Boden entsetzliches Unheil und Leid ausgegangen sei. Auch daher sei es Aufgabe beider Staaten in Deutschland, durch den Ausbau ihrer Zusammenarbeit zur Verbesserung des politischen Klimas und zur Vertrauensbildung in den Ost-West-Beziehungen beizutragen. Ich fände es selbstverständlich, dass unsere Regierungen Rüstungskontrolle und Abrüstung im Rahmen der übergreifenden Ost-West-Verhandlungen jeweils zu fördern hätten. Friedenssicherung und Gewaltverzicht seien zwingende Erfordernisse der Vernunft und der Moral. Dabei wüssten wir sehr wohl, dass die Hauptverantwortung für einen ertragreichen Ost-West-Dialog auf diesem Gebiet bei den Vereinigten Staaten und der Sowjetunion liege.

Dann fuhr ich fort:

> »Die Deutschen haben gelernt, ihre Möglichkeiten und deren Grenzen realistisch einzuschätzen. Diese werden durch die Unvereinbarkeit der politischen Ordnung beider Staaten und die verschiedene Bündniszugehörigkeit bestimmt. [...]
> Wir wollen überall weniger Waffenarsenale und überall mehr Sicherheit – gerade auch für die Deutschen im Herzen Europas. Erste konkrete Vereinbarungen erscheinen jetzt greifbar nahe. Die von mir geführte Bundesregierung hat ihren Beitrag dazu geleistet. Ein sicherer und gerechter Friede wird aber nie allein das Werk von Rüstungskontrolle und Abrüstung sein. Wir sind aufgerufen, an einer großen Aufgabe mitzuwirken: der Aufgabe, eine europäische Friedensordnung zu gestalten, die die Spaltung Europas überwindet, Völker und Staaten zusammenführt und für die Menschen die Grenzen öffnet.
> Die gemeinsame Geschichte, die uns Deutsche im Guten wie im Bösen unentrinnbar miteinander verbindet, hat eine weitere zentrale Lehre vermittelt: Niemals wieder darf der Mensch als bloßes Mittel für politische Zwecke missbraucht werden. Friede beginnt mit der Achtung der unbedingten und absoluten Würde des einzelnen Menschen in allen Bereichen seines Lebens. Jeder Mensch muss über sich und für sich selbst bestimmen können. Deshalb wurde in der Schlussakte der KSZE ausdrücklich anerkannt: Die Achtung der Men-

schenrechte und Grundfreiheiten ist ›ein wesentlicher Faktor für den Frieden, die Gerechtigkeit und das Wohlergehen‹.
Wir wollen Frieden in Deutschland, und dazu gehört auch, dass an der Grenze Waffen auf Dauer zum Schweigen gebracht werden. Gerade Gewalt, die den Wehrlosen trifft, schädigt den Frieden.
Versäumen wir es nicht, Maßnahmen zu treffen, die auch von Mensch zu Mensch ein Stück Frieden stiften, indem sie mehr Nähe und Freiheit schaffen.
Die Menschen in Deutschland leiden unter der Trennung. Sie leiden an einer Mauer, die ihnen buchstäblich im Wege steht und die sie abstößt. Wenn wir abbauen, was Menschen trennt, tragen wir dem unüberhörbaren Verlangen der Deutschen Rechnung: Sie wollen zueinander kommen können, weil sie zusammengehören.
Daher müssen Hindernisse jeder Art abgeräumt werden. Die Menschen in Deutschland erwarten, dass nicht Barrieren aufgetürmt werden. Sie wollen, dass wir – gerade auch in diesen Tagen – neue Brücken bauen.
Auch deswegen sollten wir uns noch intensiver darum bemühen, für die Deutschen ein Maximum an Miteinander und Begegnungen, an Reisen und Austausch zu ermöglichen. Wir wünschen das vor allem für die jüngere Generation. Ich befürworte auch mehr Städtepartnerschaften – füge allerdings hinzu: Die neuen Möglichkeiten, die sie für persönliche, sportliche und kulturelle Begegnungen bieten, sollten nicht vorwiegend Funktionsträgern zugute kommen. Zu einem freieren Austausch müssen Bücher gehören, Zeitungen, Filme, auch das Wort des Wissenschaftlers und das Werk des Künstlers. Dafür wollen wir das Kulturabkommen mit Leben erfüllen.«

Das Abkommen über wissenschaftlich-technische Zusammenarbeit, das morgen unterzeichnet werde, könne weitere wünschenswerte Impulse auslösen, fuhr ich fort. In diese Vereinbarungen sei selbstverständlich auch Berlin voll einbezogen. Berlin sei ein zentraler Punkt in unserer Beziehung. Wenn wir sie konstruktiv weiterentwickeln wollten, dürfe dieser Prozess keinen Bogen um Berlin schlagen. Berlin müsse in vollem Umfang an der Zusammenarbeit teilhaben.

Ich begrüßte es, dass wir uns auf einen Informations- und Erfahrungsaustausch beim Strahlenschutz verständigt hatten. Ein besonders wichtiger Fortschritt sei die Umweltschutzvereinbarung, denn wir hätten eine gemeinsame Verantwortung für die natürlichen Lebensgrundlagen der nachwachsenden Generation in Deutschland.

Zum Schluss meiner Rede sagte ich:

> »Wie so viele Orte in Deutschland erinnert auch die Redoute in Bad Godesberg, wo wir jetzt zusammen sind, an die Kontinuität der deutschen Geschichte. Hier in diesem Haus traf Ludwig van Beethoven im Jahr 1792 erstmals mit Joseph Haydn zusammen. Beethoven ist dann nach Wien gezogen; seine Musik gehört nicht diesem oder jenem Staat, sondern allen Deutschen und der ganzen Welt.
>
> Wir dürfen uns auch an einem Abend wie dem heutigen daran erinnern, dass Deutschland und die Deutschen der Welt auf den Feldern der Kunst, der Literatur, der Philosophie, der Technik, der Naturwissenschaften Werke geschenkt haben, auf die wir gemeinsam stolz sein können.
>
> So möchte ich dazu ermuntern, unsere Fragen auch in den weiteren Zusammenhängen der wechselvollen deutschen Geschichte zu sehen. Niemand von uns weiß, was der beständige Wandel der Zeit und der Umstände uns und den nachfolgenden Generation bringen wird. Aber eines ist sicher: Solchen Wandel wird es auch in Deutschland weiter geben.
>
> Künftige Generationen der Deutschen werden uns danach beurteilen, wie wir unter schwierigen Gegebenheiten mit den praktischen und den moralischen Aufgaben fertiggeworden sind, die uns die Teilung und die Sorge um den Frieden stellen.

Gewiss, der Handlungsspielraum des Politikers ist beschränkt. Wer kennt besser die Sachzwänge unserer Zeit als wir Deutsche. Dennoch: Guter Wille kann viel Gutes bewirken – im Dienst an den Deutschen und für den Frieden in Europa und in der Welt. Darauf, und auf Ihr persönliches Wohl, Herr Generalsekretär, hebe ich mein Glas.«

Erich Honecker erhob sich wie die gesamte Festkorona von seinem Stuhl und prostete mir mit versteinertem Gesicht zu. Er hatte den Text meiner Rede vermutlich vorab gelesen, denn Kanzleramtsminister Wolfgang Schäuble hatte sie ihm auf der Fahrt vom Flughafen zum Kanzleramt am Morgen überreicht. Wir waren bewusst für diese Offenheit, wollten jeglichen Eklat vermeiden. Niemand wusste, wie er auf meine Worte reagieren würde, die in die Wohnstuben in Ost und West übertragen wurden. Jetzt blickte er einfach stur geradeaus und zeigte keine Reaktion, auf keinen Fall aber wirkte er beleidigt oder düpiert.

Der SED-Generalsekretär widmete seine Tischrede vor allem dem Frieden. Alles müsse getan werden, damit von deutschem Boden nie wieder Krieg ausgehe, deshalb gebe es keine vertretbare Alternative zur friedlichen Koexistenz. Die DDR wolle Kooperation anstelle von Konfrontation, es gehe um die Rückkehr zur Entspannung, und die Bewahrung des militärischen Gleichgewichts auf immer niedrigerem Niveau sei entscheidend für den Frieden. »Wir sind dafür, die These ›Frieden schaffen mit immer weniger Waffen‹ zu verwirklichen«, sagte Honecker.

Ein Abkommen über die Beseitigung aller Mittelstreckenwaffen sei die Schlüsselfrage zur Abrüstung. Hierin habe er heute abermals Übereinstimmung mit der Bundesregierung festgestellt. Die Schaffung eines atomwaffenfreien Korridors und einer chemiewaffenfreien Zone werde weitergehende Regelungen erleichtern. Vernunft und Erfahrung zeigten, dass es keinen anderen Weg mehr gebe, als friedliche, stabile Beziehungen zu entwickeln. »Dabei messen wir den humanitären Fragen und den Menschenrechten, die in ihrer Gesamtheit von politischen, zivilen, ökonomischen und sozialen Rechten in der DDR im praktischen Leben ihre

Bei der Tischrede in der Godesberger Redoute

tägliche Verwirklichung finden, keine geringe Bedeutung bei«, sagte Honecker. Ausgangspunkt für nützliche Politik könnte nur die Realität sein, die Existenz von zwei voneinander unabhängigen souveränen deutschen Staaten.

Ich will Honeckers Rede nicht kommentieren. Wer sie am Fernsehen verfolgte, musste spüren, dass alles, was er zum Thema Menschenrechte sagte, von der Wirklichkeit in der DDR meilenweit entfernt war. Jeder in der Redoute, jeder an den Bildschirmen musste erkennen, dass Honecker wieder einmal die Lebenslüge der DDR-Oberen wiederholte, an die in Ost oder West längst niemand mehr glaubte.

*

Am nächsten Tag sprach ich mit Erich Honecker noch einmal in kleiner Runde. Diesmal ging es eine gute Stunde lang um humanitäre Fragen. Wir wollten wissen, wie weit die Amnestie gehen würde, die der Staatsrat am 17. Juli 1987 beschlossen hatte. Honecker sprach von einer allgemeinen Amnestie, bei der nur wenige in den Haftanstalten zurückbleiben würden. Es sollten etwa achtundzwanzigtausend Menschen von der Amnestie betroffen sein. Nur Kriegs- und Naziverbrecher, wegen Militärspionage und Mord Verurteilte sowie einige Personen, die, wie Sexualstraftäter, eine Gefahr für die Öffentlichkeit seien, wären davon ausgenommen. Auch diejenigen, die in der Bundesrepublik als politische Häftlinge bezeichnet werden, fielen unter die Amnestie, ebenso jene Bürger, die die DDR illegal hatten verlassen wollen. Ich würdigte die Amnestie als einen Akt von großer politischer Bedeutung für das gesamte deutsch-deutsche Klima.

Die weiteren Themen gingen zum Teil sehr ins Detail. Die Einrichtung von Sperrkonten in der DDR beispielsweise tat Honecker mit dem Hinweis auf Devisenprobleme ab. Dagegen stimmte er dem Vorschlag gerne zu, die Schaltung zusätzlicher Telefonleitungen zu veröffentlichen. Die Möglichkeit zu schaffen, dass man auch mit dem Fahrrad in die DDR einreisen konnte, widerstrebte ihm. Er stimmte der Mitnahme von Fahrrädern nur als Reisegepäck zu. Mehr sei nicht möglich, weil es sonst zu viele Verkehrsprobleme geben würde. Bei dieser Begründung konnte ich mir ein Lächeln nicht verkneifen.

Die Themen, die Erich Honecker von sich aus ansprach, überraschten mich, weil ich nicht gedacht hätte, dass sie für die DDR relevant seien. So schlug er vor, in der Aidsforschung möglichst eng zusammenzuarbeiten und überhaupt die Zusammenarbeit auf dem Gebiet des Gesundheitswesens zu verbessern. Auch die Zusammenarbeit bei der Bekämpfung des Drogenmissbrauchs wollte er verstärken. Er habe kürzlich den Film *Die Kinder vom Bahnhof Zoo* gesehen. Das sei erschreckend gewesen, man müsse die Anstrengungen in dieser Richtung verstärken. Am Schluss unseres Gesprächs bestätigte er, dass es möglich sei, eine Städtepartnerschaft zwischen Dessau und Ludwigshafen zu schließen. Fragen des grenznahen Verkehrs und die Grenzübergangsproblematik Staaken wurden auf spätere Begegnungen der innerdeutschen Chefmanager Wolfgang Schäuble und Alexander Schalck-Golodkowski verschoben.

Für mich endete der Bonner Teil des Honecker-Besuchs mit der Unterzeichnung der Abkommen über Strahlenschutz, Umweltschutz und wissenschaftlich-technische Zusammenarbeit. Beim Abendessen im Hotel Bristol saß ich an einem Tisch zwischen Erich Honecker und Günter Mittag. Dabei waren auch Bundestagspräsident Philipp Jenninger und als Bundesratspräsident der damalige rheinland-pfälzische Ministerpräsident Bernhard Vogel. Außerdem saß an unserem Tisch noch ein bescheidener Vertreter der Ost-Berliner Delegation, der 1989 weit über die Grenzen Europas hinaus bekannt werden sollte: Günter Schabowski, seines Zeichens Mitglied des SED-Politbüros und Sekretär des Zentralkomitees.

Auf der Suche nach Gesprächsstoff erzählte ich meinem Tischnachbarn Honecker über Bonner Spekulationen, wonach Egon Krenz als sein Kronprinz gehandelt werde. Lachend gaben er und Günter Mittag mir zu verstehen, dass es in der DDR keine Monarchie gebe und demnach auch keinen Kronprinzen. Als ich Günter Schabowski, den ich so gut wie nicht kannte, als möglichen Nachfolger ins Spiel brachte, lachten die beiden Spitzengenossen an meinem Tisch noch mehr. Offenbar war dieser Mann in den Augen von Honecker und Mittag ein politisches Nichts.

Als wir an diesem Abend auseinandergingen, hatte ich nicht das Gefühl, dass sich die Gäste aus Ost-Berlin sonderlich wohlgefühlt hatten. Sie waren aber auch kaum in der Lage gewesen, offen und frei zu plaudern. Mittag sprach Honecker immer mit »Herr Staatsratsvorsitzender« an, während Honecker zu ihm Günter sagte. Nicht einmal ein ordentlicher Small talk war möglich gewesen.

Tags darauf kam Honecker auf Schloss Gymnich mit den Spitzen der Bonner Parteien zusammen, bevor er nach Düsseldorf, Trier, Saarbrücken und München aufbrach.

Was dabei besprochen und verhandelt wurde, kann heute in einschlägigen Veröffentlichungen nachgelesen werden und reichte von netten Gesten und Schmeicheleien bis zu einer fragwürdigen Kumpanei von westdeutscher Seite gegenüber Honecker. Vor allem Honeckers Treffen mit dem nordrhein-westfälischen Ministerpräsidenten und späteren Bundespräsidenten Johannes Rau war an Oberflächlichkeit kaum zu überbieten. Dass Rau von Honecker auch noch wissen wollte, ob überhaupt und, wenn ja, von wem bei den Bonner Gesprächen die »Grenzfrage« und der »Schießbefehl« angesprochen worden sei, war eines deutschen Ministerpräsidenten nicht würdig.

Wir hatten insgesamt mehr als zwölf Stunden miteinander gesprochen. Es waren offene und umfassende Gespräche im Kreis der Delegationen wie unter vier Augen. In den Grundsatzfragen waren wir unverändert weit auseinander. Niemand konnte etwas anderes erwarten, zu gegensätzlich waren die politischen Systeme, die wir vertraten, zu unterschiedlich die grundsätzlichen Positionen, die unsere Ziele und unser Handeln bestimmten. Wir hatten uns aber bemüht – und das hielt ich für wichtig –, bestehende Gegensätze und unlösbare Fragen nicht in den Vordergrund zu stellen, sondern uns auf das gegenwärtig Machbare und Mögliche zu konzentrieren. Wir waren uns einig, das Erreichte in den Beziehungen zwischen den beiden Staaten zu bewahren, positive Entwicklungen weiterzuführen und fortbestehende Belastungen im Interesse der Deutschen in Ost und West nach und nach abzubauen. Hauptanliegen von unserer Seite waren nach wie vor eine weitere Entschärfung der Situation an der Grenze, der Ausbau der Reise- und Besuchsmöglichkeiten sowie die volle Einbeziehung von Berlin-West in unsere Zusammenarbeit und unseren Austausch. Mit unseren Gesprächen in Bonn hatten wir neue Chancen für mehr Gemeinsamkeit unserer deutschen Landsleute eröffnet, und das konnte zur damaligen Zeit nicht hoch genug eingeschätzt werden.

Aus Ost-Berliner Sicht war der Besuch Erich Honeckers ein bedeutender politischer Erfolg für die DDR, »ein wichtiges Ergebnis ihrer Politik der Vernunft und des Realismus«, wie es hieß. Honecker bewertete seine Visite als das wichtigste Ereignis in den Beziehungen zwischen der DDR und der Bundesrepublik seit Abschluss des Grundlagenvertrags. Sie war für ihn »von weitreichender Wirkung und historischer Bedeutung«.

Bedeutungsvoll war aus seiner Sicht auch, »dass zum ersten Mal eine Begegnung zwischen den beiden Außenministern auf deutschem Boden, im Amtszimmer von BRD-Außenminister Genscher, stattfand und weitere Begegnungen vereinbart wurden«.

*

Der Bericht »Zur Lage der Nation im geteilten Deutschland« bot sich an, um die Bilanz von Honeckers Arbeitsbesuch zu ziehen. Wir hatten den Bericht bewusst auf einen Termin nach dem Besuch gelegt, anstatt ihn, wie eigentlich vorgesehen, im ersten Quartal des Jahres 1987 vorzulegen.

Im Deutschen Bundestag bekräftigte ich erneut die geschichtlichen, rechtlichen und politischen Grundlagen unserer Deutschlandpolitik, die ich in früheren Berichten zur Lage der Nation im geteilten Deutschland und mehreren Regierungserklärungen erläutert hatte.

Viele hatten dem Besuch von Generalsekretär Honecker mit zwiespältigen Gefühlen entgegengesehen und fragten sich, ob der Besuch nicht die Teilung unseres Vaterlandes vertiefen werde – aber sie waren auch irritiert durch jene Stimmen, die uns scheinbar wohlmeinend davon abrieten, Themen wie Mauer, Stacheldraht und Schießbefehl offen anzusprechen. Zugleich empfanden sie neue Hoffnung: Hoffnung auf Fortschritte zum Wohl der Menschen, auf Fortschritte in der politischen Zusammenarbeit zwischen beiden Staaten in Deutschland, auf Fortschritte im Ost-West-Dialog insgesamt. Heute wissen wir, dass die Sorgen unbegründet waren und die Hoffnungen nicht getrogen haben.

Für Millionen von Deutschen, die am Abend des 7. September 1987 die Tischreden in der Bad Godesberger Redoute am Bildschirm mitverfolgen konnten, war offensichtlich geworden: Begegnungen wie die zwischen Generalsekretär Honecker und mir in meiner Eigenschaft als Bundeskanzler waren etwas fundamental anderes als Begegnungen zwischen Vertretern verschiedener Nationen. Der Besuch hatte eine besondere menschliche und politische Dimension.

Bei unseren Landsleuten in der DDR waren neue Hoffnungen entstanden, und sie erwarteten von den Verantwortlichen in der

DDR, dass sie diese Hoffnungen nicht enttäuschten. Ich dachte vor allem an die immer noch steigende Zahl der Besucher aus der DDR. 1987 konnten es nach den Angaben der DDR insgesamt fünf Millionen sein, darunter über eine Million Reisen in dringenden Familienangelegenheiten, also von Besuchern unterhalb des Rentenalters. Das war im Vergleich zu den fünfzigtausend Reisenden in Familienangelegenheiten, die 1982 zu uns kommen durften, ein gewaltiger Schritt nach vorn.

Für mich war diese Entwicklung der bisher wichtigste Erfolg unserer Deutschlandpolitik. Sie entsprach dem ungebrochenen Verlangen der Deutschen, zueinander zu kommen. Damit wurde das Tor zu mehr menschlichem Miteinander in Deutschland geöffnet und auch von Mensch zu Mensch ein Stück Frieden gestiftet. Diese Entwicklung machte ganz konkret erfahrbar, dass wir Deutschen zueinander gehörten, das Bewusstsein für die Einheit der Nation wurde damit gestärkt.

Zur Bilanz des Honecker-Besuchs gehört allerdings auch, dass zentrale Forderungen von uns an den Partei- und Staatsratsvorsitzenden nicht erfüllt wurden. Dazu zählten die Absenkung des Mindestumtauschs, die Abschaffung des Schießbefehls, eine Zwei-Tage-Besuchsregelung für West-Berliner, die Einbeziehung weiterer Städte in den grenznahen Verkehr und die Linderung der Umweltbelastung der Elbe. Hier zeigte Erich Honecker kein Entgegenkommen, und ich war nicht bereit, Grundsatzpositionen aufzugeben, um in diesen Fragen weiterzukommen.

Wie wir heute wissen, war der Schießbefehl an der innerdeutschen Grenze und der Berliner Mauer für die Zeit vom 6. September 1987 acht Uhr bis zum 12. September 1987 acht Uhr praktisch aufgehoben. Zumindest in dieser Zeit musste kein Flüchtling sterben. Allerdings standen in diesem Zeitraum die »feindlich negativen Kräfte« in beiden deutschen Staaten unter verschärfter Kontrolle des Ministeriums für Staatssicherheit. Angeblich planten »antisozialistische Kreise«, den Honecker-Besuch in der Bundesrepublik zu nutzen, »um gegen die DDR, die Delegationen und den Genossen Honecker persönlich gerichtete Demonstrationen, Angriffe und andere Aktionen zu inszenieren«. Dabei war während seines Aufenthalts nichts passiert. Es gab kaum eine Provokation. Im Saarland registrierte die Polizei einige Demonstranten, die auf ihren Plakaten Honeckers Mauerstaat attackierten. Ansonsten herrschte Ruhe. Nichts schien die deutsch-deutsche Harmonie zu stören. Und das war auch gut so.

11.
Im Dienst Europas

Der deutsch-deutsche Gipfel fand nicht nur in der internationalen Presse große Beachtung, auch die europäischen Partner interessierten sich für die Ergebnisse des Arbeitsbesuchs. Es war die britische Premierministerin Margaret Thatcher, die ich als erste Regierungschefin nach dem Honecker-Besuch traf. Wir kamen in Berlin zusammen, und gleich zu Beginn erkundigte sie sich, wie der Besuch des SED-Generalsekretärs beurteilt werden könne. Sie habe den Eindruck, dass Honecker hierbei gut weggekommen sei.

Das schien mir eine kleine Provokation zu sein. Deshalb holte ich ein wenig aus und erläuterte ihr die wichtigsten Themen unserer Gespräche. Vor allem verwies ich auf meine Rede am Abend des ersten Besuchstags, die in beiden deutschen Staaten live übertragen worden waren. Besonders beeindruckend fand die britische Regierungschefin die Zahlen über die Reisetätigkeit der DDR-Bürger, die dank einer großzügigeren Handhabung erheblich angestiegen waren, und die Ergebnisse einer demoskopischen Untersuchung in der DDR, wonach sich 1983 noch 50 Prozent der Befragten für eine eigene DDR-Staatsbürgerschaft ausgesprochen hatten und es 1987 nur noch 27 Prozent waren. Margaret Thatcher meinte dazu, entweder würden immer mehr Menschen aus der DDR in die Bundesrepublik kommen und dann auch jüngere Leute hier bleiben oder das Leben in der DDR werde erträglicher, weil es wegen der Reisemöglichkeiten eine Art Sicherheitsventil gebe. Ich pflichtete der letzteren Einschätzung bei.

Immer wenn es um die deutsch-deutschen Belange ging, spürte ich bei meinen europäischen Partnern ein waches Auge für mögliche Veränderungen des Status quo. Die deutsche Teilung schien für sie eine feste Größe zu sein, unveränderlich für alle Zeit. Das galt auch für François Mitterrand, der keinerlei Bewegung in der deutschen Frage sehen wollte. Deutschlandpolitik war für ihn im wesentlichen gleichbedeutend mit Politik gegenüber der Bundesrepublik. Frankreichs Verhältnis zur DDR beschränkte sich vor allem auf Wirtschaftsbeziehungen. Die französische DDR-Politik zählte für Mitterrand zur französischen Ostpolitik und hing eng zusammen mit den Beziehungen zwischen Frankreich und der Sowjetunion. Gleichwohl hatte der französische Staatspräsident seinen damaligen Premierminister Laurent Fabius 1985 als ersten Regierungschef der drei Westalliierten in die DDR entsandt. Und Anfang Januar 1988 wurde Erich Honecker vom französischen Präsidenten als Staatsgast in Paris empfangen.

Ich hatte allerdings nicht den Eindruck, dass Mitterrand den Gast aus Ost-Berlin als eigenständigen oder gar gleichberechtigten Partner ansah und entsprechend behandelte. Natürlich bestanden zwischen beiden Politikern fundamental unterschiedliche Auffassungen, aber sicherlich spielte auch die Rücksichtnahme auf die Bundesrepublik eine wichtige Rolle. Hinzu kam, dass die internationale politische Entwicklung – vor allem wegen Fragen der Abrüstung – es kaum zuließ, dass sich beide Länder näher kamen.

Unstrittig bot Mitterrand Honecker mit seiner Reise nach Paris im Januar 1988 den bis dahin größten Prestigeerfolg, doch für den französischen Staatspräsidenten spielte die DDR eine ebenso unwesentliche Rolle wie das Thema Wiedervereinigung. Das spürte ich spätestens im Spätherbst 1989, als nach der Maueröffnung existentielle Fragen der Deutschen auf der Tagesordnung standen und mein französischer Freund auf erhebliche Distanz ging, die beinahe zum Bruch unserer engen Freundschaft geführt hätte. Doch bis dahin vergingen noch Monate und Jahre der engen Zusammenarbeit und der kleinen und großen Schritte auf dem Weg der deutsch-französischen Verständigung.

*

Bei den französischen Parlamentswahlen im März 1986 hatte das bürgerliche Lager gesiegt. Dadurch wurde eine erste Kohabitation erzwungen, das heißt ein »linker« Präsident und eine »rechte« Parlamentsmehrheit und ein »rechter« Premierminister mussten miteinander auskommen. Das bedeutete nicht nur für Frankreich eine tiefe Zäsur – und es blieb auch nicht ohne Folgen für die deutsch-französischen Beziehungen –, sondern auch Europa musste sich damit abfinden.

Die Machtbefugnisse des französischen Präsidenten waren außerordentlich groß, was für die Innen- wie für die Außenpolitik jetzt eher hinderlich zu sein schien. Wie sollte die Arbeitsteilung zwischen Präsident und Premierminister ausfallen, wo würden die Konfliktlinien verlaufen, und welche Kompromisse würden möglich sein? Mein ausgezeichnetes bisheriges Verhältnis zu François Mitterrand durfte nicht beschädigt werden, gleichzeitig musste ich mich aber mit dem neuen Premier Jacques Chirac arrangieren, der mir von seiner konservativen Grundhaltung her eigentlich näher stand als der Sozialist im Präsidentenamt.

Doch vieles hatte sich in den letzten Jahren verändert. Mitterrand, einst ein Gegner des Élysée-Vertrags, der den Vertrag auch abgelehnt hatte, als er zur Ratifizierung durch das Parlament anstand, war vom europäischen Saulus zum Paulus mutiert. Längst hatte er seine Gegnerschaft aus Oppositions- und Wahlkampfzeiten hinter sich gelassen und war zum Motor der europäischen Einigung avanciert. Chirac hingegen galt als alles andere als europabegeistert.

Glücklicherweise stellte sich schnell heraus, dass Mitterrand die Außen-, Sicherheits- und Europapolitik als seine ureigene Domäne ansah. Damit musste sich der erste Kohabitationspremier Frankreichs abfinden. Chirac konzentrierte sich im wesentlichen auf die Innenpolitik, wobei die Wirtschaftspolitik einen breiten Raum einnahm. Mitterrand dominierte eindeutig auch in den deutsch-französischen Beziehungen. Das beruhigte mich sehr.

Die ersten Erfahrungen, die ich seither mit beiden Männern machen konnte, waren durchweg positiv. Das lag nicht zuletzt an Chiracs Klugheit, dem Präsidenten den Vortritt zu lassen. Außer-

Frankreichs neue Doppelspitze: Staatspräsident François Mitterrand und Premierminister Jacques Chirac (re.)

dem bemühten sich beide, in der Außen-, Sicherheits- und Europapolitik keine Differenzen aufkommen zu lassen. Wenn es doch welche gab, habe ich sie zumindest nicht bemerkt. Bei den deutsch-französischen Gipfeltreffen hielt sich der Premierminister im Hintergrund und überließ dem französischen Präsidenten die politische Bühne.

Mitterrand ließ keinen Zweifel daran, dass er der wichtigste Repräsentant seines Landes war, und forderte von der Regierung die Zustimmung zu seiner Politik. Meinungsverschiedenheiten zwischen der Parlamentsmehrheit und dem von ihr getragenen Premierminister auf der einen Seite und dem Staatspräsidenten auf der anderen Seite wurden durch Kompromisse geklärt. In der Außenpolitik führte die Kohabitation meiner Beobachtung nach zu keinen Dissonanzen. Gleichwohl war die Konkurrenz zwischen beiden Politikern immer gegenwärtig und sollte sich im Jahr der Präsidentschaftswahlen 1988 noch vertiefen.

Bei meinen zahlreichen Treffen 1986 und 1987 mit François Mitterrand war neben der deutsch-französischen Zusammenarbeit und der Fortentwicklung der europäischen Integration immer mehr auch die deutsche Frage Gegenstand unserer Gespräche. Auffallend war für mich, dass er im Gegensatz zu vielen Staatsmännern der westlichen Welt immer von »Allemagne« sprach, wenn er die Bundesrepublik meinte. Er verwendete denselben Begriff aber auch für Gesamtdeutschland. Abkürzungen wie »RFA« benutzte er nie. Neben »Allemagne« sprach er zuweilen auch von »Allemagne de l'Ouest«, »Allemagne fédérale« oder »République fédérale d'Allemagne«. Die DDR nannte er meist »RDA« oder »l'autre Allemagne«. Das war schon bezeichnend für den Mann, der Europa als Hauptsache der französischen Außenpolitik ansah und die deutsch-französischen Beziehungen als Fundament seiner Europa- und Sicherheitspolitik betrachtete.

Im Jahr 1987 trafen wir uns am 28. März im Loire-Schloss Chambord, nachdem wir zuvor schon eine rege Korrespondenz geführt hatten zu den Abrüstungsgesprächen zwischen Reagan und Gorbatschow in Reykjavík und zu den Genfer Verhandlungen über Mittelstreckenraketen. Bei unserem fünfstündigen Meinungsaustausch erzielten wir weitgehende Einigkeit über die generelle Haltung der Europäer zu den sowjetisch-amerikanischen Abrüstungsverhandlungen. Ziel konnte für uns nur sein, dass nach erfolgter Abrüstung die Sicherheit nicht abnahm.

In Chambord sagte ich Mitterrand, dass mir das deutsch-französische Verhältnis wichtiger sei als Europa. Ich war unsicher, ob meine Einstellung in Frankreich überhaupt verstanden wurde. Für mich stand außer Zweifel, dass Gorbatschow, wenn er sich denn halten konnte, irgendwann die Idee einer Neutralisierung Deutschlands ins Gespräch bringen würde. Die Deutschen hatten immer den Ruf ökonomischer Tüchtigkeit und politischer Dummheit, wie sie sich aktuell beispielsweise in den pazifistischen Bestrebungen in der evangelischen Kirche der Bundesrepublik spiegelte. Die beste Art, einer solchen pazifistischen Versuchung zu widerstehen, war das deutsch-französische Einvernehmen. Ich versicherte Mitterrand, dass das Problem der deutschen Einheit niemals dadurch gelöst werden könne, dass das Deutschland Bismarcks wieder entstehe, und zwar allein schon deshalb nicht, weil das bedeuten würde, dass sich die Deutschen dann zwischen zwei Stühlen wiederfänden.

Mitterrand erläuterte mir in Chambord seinerseits ausführlich die französische Kernwaffenpolitik. Wenn es Krieg gebe, werde er einzig und allein gegen die Sowjetunion gerichtet sein. Nur durch diese Strategie könne Krieg verhindert werden, meinte der Präsident.

Ich plädierte dafür, dass bei einem Abkommen über Mittel- und Kurzstreckenwaffen gewährleistet sein müsse, dass amerikanische Kernwaffen in Europa blieben, und schlug eine amerikanisch-deutsch-französische Verständigung über die jeweiligen Sicherheitsberater vor. Das fand auch Mitterrands Zustimmung. In seinen Memoiren schrieb er später über unser Treffen, ich sei ein bemerkenswerter Mann, der von den Medien unterschätzt werde. »Er ist der bestmögliche Kanzler für den Aufbau Europas.« Es ist schön, Jahre später solche Sätze zu lesen und meine Überzeugung bestätigt zu finden, dass ich zusammen mit dem französischen Präsidenten in der Europa- und Sicherheitspolitik den richtigen Weg gewählt hatte.

Das zeigte sich auch beim 49. deutsch-französischen Gipfel, der am 21. und 22. Mai 1987 in Paris stattfand und bei dem einmal mehr die sowjetischen Abrüstungsvorschläge im Mittelpunkt standen. Dabei zeigte sich auch, dass die Außen- und Sicherheitspolitik in der Zuständigkeit des französischen Präsidenten lag. Die Regierung Chirac hatte sich trotz mancher Differenzen der Haltung Mitterrands angepasst.

Bei diesem Treffen unterstrich ich erneut, dass die Abrüstung nicht Selbstzweck sein konnte, und hob hervor, dass ich niemals von einem Junktim zwischen der zweiten und der dritten Nulllösung gesprochen hatte. Doch wenn die Reichweite zwischen fünfhundert und tausend Kilometer zur Sprache komme, müsse auch über die Raketen kurzer Reichweite gesprochen werden. Ich würde sonst meine Verantwortung und Pflicht für die Bundesrepublik, die das potentielle Zielgebiet dieser Waffen war, sträflich vernachlässigen.

Am 26. Mai 1987 kam ich auf Einladung von Jacques Chirac

erneut nach Paris. Als mich Staatspräsident François Mitterrand empfing, sagte er: »Ich freue mich über Ihre Kontakte mit dem Premierminister. Ich betrachte die Probleme nicht mit dem Vergrößerungsglas. Ich freue mich, dass Sie der Gast Frankreichs sind.« Ich kannte die französische Verfassung, und ich wusste, dass die wichtigsten Treffen die zwischen dem französischen Präsidenten und dem deutschen Bundeskanzler waren, die Treffen zwischen François Mitterrand und mir.

*

Wenig später begegneten wir uns erneut, als sich am 8. und 9. Juni 1987 die Staats- und Regierungschefs der sieben führenden Industrienationen und die Vertreter der EG in Venedig zum 13. Weltwirtschaftsgipfel trafen. Es war der meiner Erinnerung nach harmonischste Gipfel. Gleichwohl blieben die drückendsten Probleme nicht ausgeklammert. Resolutionen zu Fragen der Immunschwäche Aids, zu Drogen, Umwelt und Humanbiologie beschäftigten uns im ersten Teil unserer Klausur auf der Venedig vorgelagerten Insel San Giorgio Maggiore. Wichtigstes Ergebnis des Gipfels war die Annahme des ausführlichen Wirtschaftsdokuments, das von den Zinsen über die Agrarüberschüsse bis zur Schuldenkrise keines der dringenden weltweiten Probleme unerwähnt ließ. Es enthielt auch ein klares Bekenntnis der sieben Staats- und Regierungschefs zur Stabilität und zur Fortführung der mittelfristigen Wachstumspolitik.

Breiten Raum nahmen die Erklärungen über die Entwicklungsländer und die Verschuldung ein, mit denen den Entwicklungsländern zugesichert wurde, ihre gesamtwirtschaftlichen Bemühungen zu unterstützen. Auch Umweltschutzprobleme wie beispielsweise die Verringerung der Ozonschicht wurden angesprochen.

Beim traditionellen Frühstück mit François Mitterrand berieten wir in Venedig auch über den Stand der Abrüstungsverhandlungen. Wie alle meine Vorgänger im Amt des Bundeskanzlers vertrat ich die Position, die Verteidigung Europas sei eine Sache der Allianz. Mitterrand war davon zunächst irritiert, machte dann aber doch den Vorschlag, einen neuen deutsch-französischen Vertrag zu schließen, der mit dem von 1963 vergleichbar war: eine Integration beider Armeen. Ohne zu zögern erklärte ich meine Bereitschaft zur Aufstellung von komplett integrierten deutsch-französischen Divisionen. Damit war die französisch-deutsche Brigade auf den Weg gebracht. Für Mitterrand war das die erste konkrete Konsequenz aus der Option der Nullösung. Es vergingen keine zehn Tage, da schlug Paris offiziell vor, eine Einheit deutsch-französischer Streitkräfte zu errichten.

*

In der drückenden Hitze der belgischen Hauptstadt ging es beim Europäischen Rat, der am 29. und 30. Juni in Brüssel tagte, wieder einmal um europäische Dauerbrenner, die seit langem der Lösung harrten. Die Tagung lief nicht gut, ein deutsch-französischer Streit schien unvermeidlich. Der französische Premierminister Chirac ließ sich zu mehreren wortreichen Explosionen hinreißen. Frei übersetzt hatte er die Schnauze voll von Europa, weil die französischen Bauern aus seiner Sicht seit zehn Jahren viel zuviel zahlen mussten.

Es lag schließlich an Mitterrand und mir, den Streit nicht eskalieren zu lassen. Beim gemeinsamen Frühstück verständigten wir uns über die Notwendigkeit eines Kompromisses. Das war der einzige Weg. Keine französische Regierung konnte über die Agrarfragen hinwegsehen, ebensowenig die Deutschen. Es war wichtig, an diesem Morgen eine Lösung zu finden, um eine ernsthafte Krise zwischen unseren beiden Ländern zu vermeiden.

Mitterrand stellte zu Recht fest, dass die gegenwärtige französische Regierung die am wenigsten europäisch gesinnte seit fünfundzwanzig Jahren sei. Um die anhaltende Uneinigkeit über die Agrarpreise in der EG zu überbrücken, schlug er vor, nach einem bewährten Rezept zu verfahren, das sinngemäß hieß: Lassen wir unsere Uneinigkeit in einem umfassenden Einverständnis untergehen.

So gelang es uns, den Weg für eine Beilegung der Agrar- und

Finanzprobleme frei zu machen. Grundlage war der mühsam erreichte deutsch-französische Kompromiss über den Abbau des Währungsausgleichs im Agrarhandel – eine wichtige Weichenstellung. Ignaz Kiechle, einer der herausragendsten Landwirtschaftsminister, die unsere Republik je hatte, stand mir wieder einmal wie so oft auf europäischem Parkett mit seinem Sachverstand zur Seite und setzte sich als erfahrener Anwalt für die Interessen unserer Bauern ein.

Bei aller Freundschaft zu unseren französischen Nachbarn und den besonders guten persönlichen Beziehungen zwischen dem französischen Staatspräsidenten und mir und bei aller Kompromissbereitschaft mussten wir doch der Pflicht nachkommen, größeren Schaden von unseren Bauern abzuwenden. Es waren wieder einmal schwere Stunden im Kreis der Zwölf, und wieder einmal erlebte ich eine britische Premierministerin, die unerbittlich bei ihrem Kurs blieb. Wenn es um Geld ging, hatte sie nur ihr Land im Blick, ohne jede Rücksicht auf Europa. Sie wollte für die eigene Landwirtschaft nicht mehr ausgeben und die Ausgaben für die Agrarpolitik nicht weiter ausdehnen.

Auf dieser Tagung fassten die Staats- und Regierungschefs noch einen ganz anderen Beschluss, der für die Fußballbundesliga außerordentlich positiv war: Entgegen der bisherigen Quotenregelung konnten die aus den EG-Staaten stammenden Fußballprofis ab sofort in allen Mitgliedsländern unter Vertrag genommen werden. Das war nicht nur für meinen Lieblingsverein, den 1. FC Kaiserslautern, ein Geschenk des Himmels.

*

Nachdem die Einheitliche Europäische Akte (EEA) im Lauf des Jahres 1986 von den Mitgliedsstaaten ratifiziert worden war, konnte sie am 1. Juli 1987 in Kraft treten. Zum ersten Mal in der Geschichte der Römischen Verträge von 1957 wurden wesentliche Änderungen vorgenommen, die längst überfällig waren. Zu den wichtigsten Erneuerungen zählten:

- die Verwirklichung des Binnenmarkts bis zum 1. Januar 1993 auf der Grundlage des Weißbuchs der Kommission vom Juni 1985. Dies schloss die Umsetzung der vier Grundfreiheiten Waren-, Personen-, Dienstleistungs- und Kapitalverkehr innerhalb der EU mit ein;
- die Änderung der Entscheidungsverfahren im Bereich des Binnenmarkts: Qualifizierte Mehrheiten im Ministerrat lösten in einigen Bereichen das reine Einstimmigkeitsprinzip ab. Das Europäische Parlament konnte von nun an beim Gesetzgebungsprozess eng mit dem Ministerrat zusammenarbeiten und erhielt ein Mitentscheidungsrecht bei Beitritten dritter Staaten;
- die rechtlichen Grundlagen für die spätere gemeinsame Außen- und Sicherheitspolitik der EU. Die Europäische Politische Zusammenarbeit wurde in der Einheitlichen Europäischen Akte erstmals vertraglich festgeschrieben;
- die neuen Kompetenzen, die die Europäische Gemeinschaft bei der Strukturpolitik, bei Forschung und Entwicklung, in der Umweltpolitik und bei der Zusammenarbeit in der Wirtschafts- und Währungspolitik erhielt.

Für mich war damit der Grundstein zur Vollendung des europäischen Binnenmarkts gelegt. Nach dreißig Jahren war die Wirtschaftsgemeinschaft der Römischen Verträge von 1957 politische Wirklichkeit geworden. Ein Ende der Stagnation war greifbar nahe, und die vielzitierte »Eurosklerose« endlich überwunden.

*

Am 5. Juli 1987 feierte ich zusammen mit dem französischen Premierminister Jacques Chirac in Reims und Colombey-les-deux-Eglises den 25. Jahrestag der deutsch-französischen Versöhnung. Gemeinsam nahmen wir in der Kathedrale von Reims an einem feierlichen Hochamt teil. Wir wiederholten damit die Versöhnungsmesse, die Staatspräsident Charles de Gaulle und Bundeskanzler Konrad Adenauer am 8. Juli 1962 gefeiert hatten. Diese

Geste im Verlauf eines achttägigen Besuchs von Adenauer in Frankreich war sicherlich ein starkes Symbol für die Besiegelung der deutsch-französischen Freundschaft. Dazu trug auch die historische Bedeutung der Stadt Reims bei, in der 1945 die bedingungslose Kapitulation der deutschen Wehrmacht unterzeichnet worden war.

Bei einem Empfang im Rathaus von Reims erinnerte ich an die beiden Politiker, die gemeinsam Geschichte erlebt und gestaltet hatten. »Wir sind ihre Erben. Wir wollen auf ihrem Weg weitergehen«, sagte ich. Deutsche und Franzosen wollten gemeinsam Europa aufbauen, damit es nie wieder Krieg gebe und Freundschaft zwischen beiden und in Europa herrsche. Der französische Premierminister verlieh in seiner Ansprache dem Wunsch nach einer weiteren Intensivierung der bilateralen Beziehungen Ausdruck.

Anschließend flogen wir nach Colombey, wo wir an der Grabstätte von Charles de Gaulle Kränze niederlegten. Zum ersten Mal stand ich am Grab jenes Mannes, der einst die besten französischen Traditionen vertrat, eines Mannes von hohem kulturellem Anspruch und scharfem Verstand. Hier, vor dem Denkmal des großen französischen Staatsmanns, spürte ich, was die »Grande Nation« ausmacht und welch enorme Kraft von ihr ausgeht.

Ich hatte de Gaulle nie persönlich erlebt. Meine Einstellung zu ihm wurde in der Nachkriegszeit geprägt, als ich noch Schüler und Student war. Mein De-Gaulle-Bild und das meiner Generation war keineswegs positiv. Unmittelbar nach dem Zweiten Weltkrieg, zu einer Zeit, da in der Pfalz die Gefahr des Separatismus bestand, sahen wir in ihm einen beinahe unerbittlichen »Erbfeind«. Außerdem schien die Entwicklung im benachbarten Saarland für uns nichts Gutes zu verheißen. Erst durch eine Volksabstimmung wurde die Abtrennung der Saar von der Bundesrepublik abgewendet. Trotzdem war uns lange Zeit noch de Gaulles Forderung von 1947 präsent, das linke Rheinufer bis Koblenz Frankreich einzuverleiben.

Doch die politische Entwicklung nahm einen anderen Verlauf, und auch Charles de Gaulles beugte sich den Realitäten. Es war bewundernswert, wie er eine politische Kehrtwendung vollzog und vom scharfen Gegner Deutschlands zum aufrichtigen Freund der Deutschen wurde. Ohne seine großen Versöhnungsschritte mit dem ersten Kanzler der Bundesrepublik lägen die deutsch-französischen Beziehungen heute noch weit hinter dem zurück, was wir bisher erreichen konnten.

Das Jahr 1987 stand ganz im Zeichen der Erinnerung an die vor fünfundzwanzig Jahren begonnene Entwicklung der deutsch-französischen Beziehungen. Anlässlich des 25. Jahrestags der Rede General de Gaulles an die deutsche Jugend vom 9. September 1962 traf ich mich am 19. und 20. September 1987 mit Jacques Chirac in Ludwigsburg.

De Gaulles Rede, die er bei seinem ersten Staatsbesuch in der Bundesrepublik hielt, ist ein eindrucksvolles Dokument der Freundschaft und der Versöhnung und bis heute unvergessen: Charles de Gaulle, der französische Staatsmann, machte der deutschen Jugend Mut. Er beglückwünschte sie, junge Deutsche zu sein und als Jugendliche in der damaligen Zeit aufzuwachsen. Er forderte sie auf, den Fortschritt als gemeinsames Gut zu entwickeln und zum Bau einer besseren Welt zu nutzen. Vor allem aber appellierte er an die deutsch-französische Solidarität: »Die Zukunft unserer beiden Länder«, sagte er, »ist der Grundstein, auf dem die Einheit Europas errichtet werden kann und muss, und der letzte Trumpf für die Freiheit der Welt bleiben die gegenseitige Achtung, das Vertrauen und die Freundschaft zwischen dem französischen und dem deutschen Volk.«

Mit seinen bewegenden Worten besiegelte Charles de Gaulle die Aussöhnung zwischen Deutschland und Frankreich – so wie es zwei Monate zuvor Konrad Adenauer in Reims getan hatte. Auch Adenauer hatte von der Freundschaft und der Verbundenheit des deutschen und des französischen Volkes gesprochen, auch er hatte eindringlich dazu aufgerufen, diese Freundschaft zu pflegen und zu bewahren. Und er hatte hinzugefügt: »Vor allem aber muss es die Jugend, die junge Generation beider Völker tun, und wir wollen ihr dabei helfen.«

Charles de Gaulle und Konrad Adenauer stehen stellvertretend für die Männer und Frauen, die sich nach dem Zweiten Weltkrieg

Charles de Gaulle im September 1962 bei seiner »Rede an die deutsche Jugend« in Ludwigsburg

mit Mut, Weitsicht und Entschlossenheit dafür eingesetzt haben, dem Hass und der Feindschaft zwischen den beiden großen Völkern am Rhein ein für allemal ein Ende zu setzen. Sie haben in schwieriger Zeit als unermüdliche Wegbereiter der deutsch-französischen Aussöhnung gewirkt.

Junge Franzosen und Deutsche überqueren heute selbstverständlich den Rhein, um Freundschaften zu schließen. Sie können nur noch schwer nachempfinden, welch gewaltige historische Leistung die Aussöhnung zwischen unseren Völkern darstellt, welch einen radikalen Bruch mit der Vergangenheit. Sie können sich nicht vorstellen, dass ihre Großeltern, manchmal auch ihre Eltern, im unseligen und verlogenen Geist einer »Erbfeindschaft« erzogen wurden.

Als der französische Staatspräsident und ich uns 1984 über den Gräbern von Verdun die Hand reichten, bekräftigten wir noch einmal den Schlussstrich unter dieser Vergangenheit. Wir spürten damals etwas von dem unermesslichen Leid, das die Kriege zwischen Deutschland und Frankreich in den vergangenen Jahrhunderten über die Menschen gebracht hatten. Noch stärker aber verspürten wir den unersetzlichen Wert unserer Freundschaft – und die Hoffnung, die aus der Versöhnung erwachsen war.

Die Menschen, die 1962 der Rede Charles de Gaulles folgten, mussten ähnlich empfunden haben. Sie merkten, dass eine neue Epoche für unsere beiden Länder begonnen hatte. Vier Monate nach dieser Rede wurde der Vertrag über die deutsch-französische Zusammenarbeit geschlossen. Seither haben sich die Beziehungen zwischen der Bundesrepublik Deutschland und Frankreich in einer Art und Weise entwickelt, die in der europäischen Geschichte einmalig ist.

Dem Jugendaustausch wurde im deutsch-französischen Vertrag ein besonderer Stellenwert eingeräumt. Dort heißt es: »Der deutschen und französischen Jugend sollen alle Möglichkeiten geboten werden, um die Bande, die zwischen ihnen bestehen, enger zu gestalten und ihr Verständnis füreinander zu vertiefen.« Diesem Ziel wurde im Juli 1963 mit der Gründung des Deutsch-Französischen Jugendwerks Rechnung getragen. Damit war eine Institution geschaffen, die ausschließlich dem gegenseitigen Kennenlernen, der Verständigung und der Zusammenarbeit der Jugend dienen sollte. Es gibt bis heute nichts Vergleichbares auf der Welt.

Die Hoffnungen von damals wurden weitgehend Wirklichkeit. Es entstand ein lebendiges Geflecht persönlicher Bindungen und institutioneller Beziehungen und Partnerschaften zwischen gesellschaftlichen Gruppen und Jugendorganisationen, Schulen, Hochschulen, Städten und Regionen. In französischen Schulen sind junge Deutsche zu Gast und umgekehrt, junge Franzosen kommen zur Ausbildung in deutsche Firmen oder an deutsche Hochschulen, so wie junge Deutsche zur Ausbildung nach Frankreich gehen. Hunderttausende Jugendliche in beiden Ländern, junge Menschen aus allen Schichten, Schüler, Studenten und junge Berufstätige, kommen jedes Jahr zusammen, schließen Freundschaft und stellen sich gemeinsam den drängenden Fragen der Gegenwart und der Zukunft. Millionen Menschen, die an deutsch-französischen

Jugendbegegnungen teilnehmen konnten und durch sie geprägt wurden, stehen heute im Beruf und tragen Verantwortung in ihren Ländern.

Europa braucht den deutsch-französischen Impuls, vor allem das Engagement der Jugend beider Länder. Aus ihren eigenen wie aus den gemeinsamen geistigen und kulturellen Wurzeln schöpfen Deutsche und Franzosen die Kraft und den Willen, Brücken zu bauen und zu erhalten.

*

Am 24. September 1987 kam ich im oberbayerischen Manching mit Mitterrand zusammen. Anlass unseres Treffens war ein Besuch beim deutsch-französischen Manöver »Kecker Spatz«. Erstmals fand die deutsch-französische Heeresübung mit fünfundfünfzigtausend Soldaten der Bundeswehr und zwanzigtausend französischen Soldaten der »Force d'Action Rapide« statt. Für mich war das Manöver ein eindrucksvolles Beispiel für die noch nie dagewesene Intensität der deutsch-französischen Zusammenarbeit.

François Mitterrand unterstrich, dass die Verteidigungskooperation auf der Basis einer unveränderten Grundposition Frankreichs verwirklicht werde, deren Eckpfeiler die Mitgliedschaft in der Nato einerseits und eine unabhängige Abschreckungsstrategie andererseits seien. Frankreich werde auch weiterhin autonom über seine Nuklearwaffen verfügen und seine Streitkräfte nicht dem Nato-Oberkommando unterstellen. Das gemeinsame Manöver diene dazu, sehr intensiv zu erproben, wie Paris im Angriffsfall seinen Partnern zu Hilfe eilen könne.

Dann gab Mitterrand die Bildung eines gemeinsamen Verteidigungsrats bekannt, den wir beide als bedeutenden Schritt zur Verwirklichung der deutsch-französischen Sicherheitspartnerschaft würdigten. Verhandlungen über die praktische Verwirklichung des Projekts hatten bereits begonnen.

*

Treffen beim deutsch-französischen Manöver »Kecker Spatz« in Manching

Vom 19. bis zum 22. Oktober 1987 stattete der französische Präsident der Bundesrepublik einen glanzvollen Staatsbesuch ab mit Gesprächen mit dem Bundespräsidenten und richtungweisenden Reden in Bonn, Aachen, Hannover und Köln.

Die Themen Abrüstung und Rüstungskontrolle und die Verteidigungskonzeption der Nato standen im Mittelpunkt unseres Treffens. Nach Mitterrands Meinung waren Atomwaffen nicht dazu da, Kriege zu gewinnen, sondern zu verhindern, weshalb er die Strategie des abgestuften Gegenschlags missbilligte. Damit stand er in krassem Gegensatz zur britischen Premierministerin. Mitterrand erzählte mir von einem Gespräch mit der »eisernen Lady«, die ihn gefragt habe, was er machen würde, wenn die Sowjets in Bonn stehen sollten. Mitterrand fand die Frage idiotisch. Für ihn lautete die eigentliche Frage, wie man verhindern könnte, dass die Sowjets durch einen Krieg einen sicheren Vorteil erringen. Deshalb sei die Abschreckung mit strategischen Waffen unverzichtbar. Ich pflichtete dem Präsidenten bei, gab aber zu bedenken, dass wir im Ernstfall die ersten seien, die von Waffen mit einer

Reichweite bis fünfhundert Kilometer betroffen sein würden. Deshalb forderte ich eine identische Senkung der Anzahl dieser Waffen auf beiden Seiten, bei Amerikanern und Sowjets.

In seiner Rede im Aachener Rathaus schlug Mitterrand einen weiten Bogen zurück in die Geschichte bis zu Karl dem Großen beziehungsweise bis zu den Karolingern ins frühe Mittelalter, um die historischen Wurzeln der von ihm häufig beschworenen »Schicksalsgemeinschaft« unserer beiden Länder zu begründen: Deutschland und Frankreich seien beide Abkömmlinge des alten Reichs, das Karl der Große geschaffen habe, beide hätten sowohl ihre kulturellen Wurzeln als auch ihre Ambitionen geteilt und gemeinsam Geschichte gemacht. Diese gemeinsamen Wurzeln bedeuteten aus Mitterrands Sicht eine Verpflichtung für Gegenwart und Zukunft gleichermaßen. Entsprechend dem historischen Vorbild sollten die Völker wieder vereinigt werden und den für Jahrhunderte unterbrochenen Weg wieder gemeinsam beschreiten.

*

Am 12. und 13. November 1987 fanden in Karlsruhe die 50. deutsch-französischen Konsultationen statt. Bei meiner Begegnung mit François Mitterrand einigten wir uns auf alle Details einer deutsch-französischen Brigade. Außerdem kamen wir überein, die Zusammenarbeit in den Fragen der Sicherheits- und Verteidigungspolitik noch weiter auszubauen, insbesondere im Bereich der Rüstungskontrolle und der Anstrengungen in der WEU, und legten uns auf einen deutsch-französischen Sicherheitsrat sowie einen gemeinsamen Finanz- und Wirtschaftsrat fest. Beide Verteidigungsminister unterzeichneten eine Vereinbarung über die Entwicklung eines Panzerabwehrhubschraubers. Schließlich besprach ich mit Premierminister Chirac die Vorbereitungen für die bevorstehende Tagung des Europäischen Rats in Kopenhagen und diskutierte mit ihm über die aktuelle wirtschaftliche Lage, die nicht zuletzt durch das amerikanische Haushaltsdefizit bestimmt war. Angesichts der Ereignisse an den internationalen Devisenmärkten und Börsen galt es, das Europäische Währungssystem

(EWS) aufrechtzuerhalten und die Verpflichtungen innerhalb des EWS zu erfüllen.

Zum Abschluss des Treffens appellierte der französische Staatspräsident an die historische Verantwortung für die Zukunft: Die Geschichte, die man gemeinsam zu gestalten habe, erfordere, dass die europäischen Länder sich verständigten, um gemeinsam zu überleben. Mit und durch Europa würden alle beteiligten Länder ihre Interessen in der Zukunft besser verteidigen als in der Vergangenheit. Frankreich und Deutschland würden folglich mit ihrer Freundschaft etwas schaffen, was über sie selbst hinausgehe.

*

Die zwölf Staats- und Regierungschefs der Europäischen Gemeinschaft konnten sich Anfang Dezember 1987 in Kopenhagen nicht auf wirksame Reformen einigen. Nach zweitägigen schwierigen Verhandlungen vertagten wir uns auf den 11. und 12. Februar 1988 in Brüssel. Auf einem Sondergipfel sollten dann die längst fällige Senkung der Agrarkosten, die Aufstockung der Eigenmittel, eine bessere Ausstattung der Strukturfonds sowie eine neue Regelung für den »Beitragsrabatt« Großbritanniens beschlossen werden.

Damit war der Kopenhagener EG-Gipfel gescheitert. Zwar konnten wir uns im Rahmen der Europäischen Politischen Zusammenarbeit (EPZ) auf drei Erklärungen zum Ost-West-Verhältnis, zu Afghanistan und zur Lage im Nahen Osten einigen, doch wir waren nicht einmal in der Lage, den EG-Haushalt für 1988 zu verabschieden. Mit Recht machte sich Jacques Delors, der Präsident der Europäischen Kommission, Sorgen und beklagte die mangelnde Leidenschaft und den fehlenden politischen Willen, die Einigung Europas voranzubringen.

Ich erinnere mich noch gut an mein Arbeitsfrühstück mit François Mitterrand in Kopenhagen. Diesmal beschlossen wir, den dänischen Kompromissvorschlag scheitern zu lassen, weil die Vorschläge zu den Agrarpreisen eindeutig zu Lasten unserer beiden Länder gingen. Ein neuer Kompromiss musste her.

In der Rückschau finde ich es interessant, wie häufig wir uns bei den persönlichen Begegnungen über Michail Gorbatschow und die Entwicklung in der Sowjetunion unterhielten. So auch in Kopenhagen. Mitterrand erklärte, Gorbatschow versuche die Schwierigkeiten in der Sowjetunion durch eine kluge Personalpolitik zu lösen, indem er nach und nach alle verantwortlichen Leute austausche. Außerdem scheine er sich in der sowjetischen Außenpolitik durchzusetzen, so dass er sich möglicherweise drei bis vier Jahre im Amt halten könne. Allerdings wollte der französische Präsident einen Rückschlag nicht ausschließen. Er sah zudem die Gefahr, dass Gorbatschow versuchen könnte, jetzt alle möglichen Vorteile für sein Land einzuheimsen, vor allem im Bereich der Außen- und Sicherheitspolitik.

Ich konnte Mitterrand nicht widersprechen, weil ich die damalige Entwicklung ganz ähnlich einschätzte. Interessant fand ich, dass er erzählte, die Sowjetunion stelle sowohl in öffentlichen Erklärungen als auch in diplomatischen Kontakten zu Frankreich kritische Fragen wegen Frankreichs Zusammenarbeit mit der Bundesrepublik. Insbesondere wollten die Sowjets wissen, ob die militärische Zusammenarbeit zwischen der Bundesrepublik und Frankreich auf die nuklearen Entscheidungsbefugnisse des französischen Präsidenten Einfluss habe. Sie kannten Mitterrand schlecht. Wie nicht anders zu erwarten, sagte er, darauf werde man mit einem klaren Nein antworten.

Natürlich war uns die Außenansicht geläufig: Wenn sich Deutsche und Franzosen stritten, war der Ärger groß. Wenn sich die Beziehungen zwischen Frankreich und Deutschland exzellent gestalteten, wie es damals der Fall war, sprach man von deutsch-französischer Vorherrschaft. Aus meiner Sicht hatten die Sowjets damals etwas sehr Entscheidendes begriffen, nämlich, dass es kein Zurück mehr gäbe, wenn die deutsch-französische Zusammenarbeit erst einmal ein gewisses Niveau erreicht hatte. Natürlich hatten die Sowjets nach wie vor die Hoffnung, die Bundesrepublik aus Europa herauszulösen. Dieser Prozess spielte sich nach meiner Beobachtung auf vielen Ebenen ab. Ich verwies Mitterrand in diesem Zusammenhang auf die anhaltende Diskussion in Österreich über den Begriff »Mitteleuropa«, die sich eindeutig gegen die Integration Deutschlands in Westeuropa richtete. Dagegen gab es aus meiner Sicht nur ein Mittel, nämlich die deutsch-französische und darüber hinaus die europäische Bindung.

Mit François Mitterrand zu diskutieren, auch zu streiten, war für mich immer wieder ein großes Vergnügen und ein echter Gewinn. Umgekehrt spürte ich bei ihm das gleiche. Er legte großen Wert auf Gleichklang zwischen uns. Wir vertrauten einander und tauschten uns auch über sehr persönliche Dinge aus, nicht nur über Themen des politischen Lebens. Mitterrands scharfsinnige politische Analysen, sein lebhafter Geist und seine Wortgewandtheit begeisterten mich jedes Mal wieder aufs neue.

*

Am 22. Januar 1988 feierten wir den 25. Jahrestag der Unterzeichnung des Vertrags über die deutsch-französische Zusammenarbeit als einen Höhepunkt in der Geschichte beider Völker. Ich freute mich besonders, dass das im Pariser Élysée-Palast geschah, in dem damals Charles de Gaulle und Konrad Adenauer ein Friedenswerk von außergewöhnlichem Rang besiegelt hatten.

Der Deutsch-Französische Vertrag ist ein Manifest unserer Freundschaft, eine herausragende Leistung großer Staatsmänner und Ausdruck des sehnlichsten Wunsches unserer Völker. Natürlich gab es auch Augenblicke der Ernüchterung. Nicht immer konnte der Vertrag das halten, was sich seine Urheber von ihm versprochen hatten. Es gab auch Missverständnisse – in unseren beiden Ländern wie bei Nachbarn und Freunden. So mancher meinte, vor der Errichtung eines »Direktoriums« warnen zu müssen, das der europäischen Einigung im Wege stehen werde. Andere fürchteten, der Vertrag könne zu einer Entfremdung beider Länder von den Vereinigten Staaten führen. Doch selbst die größten Skeptiker mussten eingestehen: Alle Mahnungen und Befürchtungen erwiesen sich als gegenstandslos. Mehr denn je war der Vertrag ein Wegweiser für die Zukunft Europas ebenso wie für den Alltag der deutsch-französischen Beziehungen.

Konrad Adenauer und Charles de Gaulle bei der Unterzeichnung des Élysée-Vertrags über die deutsch-französische Zusammenarbeit im Januar 1963

Es sind vor allem drei Leitlinien, die den Geist des Vertrags bestimmen:

Erstens das im Lauf vieler Jahrhunderte gewachsene Band unserer historischen und kulturellen Gemeinsamkeiten;
zweitens das immer enger werdende Miteinander von Deutschen und Franzosen in den Jahren nach 1945;
und *drittens* die gemeinsame Verpflichtung auf das Werk der europäischen Einigung.

Mit diesem Vertrag vom 22. Januar 1963 hatten Konrad Adenauer und Charles de Gaulle den Willen der Bundesrepublik Deutschland und Frankreichs besiegelt, jahrhundertealte Rivalität durch einen Bund enger Freundschaft und vertrauensvoller Zusammenarbeit für die Zukunft Europas zu ersetzen. Gleichzeitig hatte der Vertrag noch einmal den deutschen Verzicht auf einen Sonderweg zwischen West und Ost und die irreversible Zugehörigkeit der

Bundesrepublik zur Gemeinschaft der europäischen und nordamerikanischen Demokratien bekräftigt. Seither war auf der Basis des Élysée-Vertrags ein dichtes Netz von Beziehungen entstanden, das in seiner Spannweite und Intensität unter souveränen Staaten einmalig sein dürfte.

Die Freundschaft zwischen beiden Ländern war, wie alle Meinungsumfragen diesseits und jenseits des Rheins bestätigten, tief in den Herzen der Menschen verankert. Richtschnur unseres Handelns war die Erkenntnis, dass unsere gegenseitigen Interessen fest miteinander verbunden sind und jeder von uns den ihm zukommenden Aufgaben nur gerecht werden kann, wenn wir unsere Energie und unsere Talente vereinen.

Der Verpflichtung, die Zukunftsaufgaben gemeinsam zu lösen, stellten sich deutsche und französische Regierungen unabhängig von ihrer jeweiligen parteipolitischen Zusammensetzung. Zu allen wichtigen, beide Länder berührenden Fragen ist ein stetiger Prozess des Meinungsaustauschs und der Entscheidungsfindung etabliert worden. Dies geschieht vor allem bei den zweimal jährlich stattfindenden Konsultationen der Staats- beziehungsweise Regierungschefs, die abwechselnd in Frankreich und Deutschland zusammentreffen. Zunehmende Bedeutung gewann die Koordinierung der Außenpolitik beider Länder, die eine frühzeitige Abstimmung sowohl über aktuelle Aspekte als auch über die langfristige Orientierung der internationalen Politik gewährleisten soll.

Die vereinbarte Zusammenarbeit im Bereich der Sicherheitspolitik konnte unter der von mir geführten Bundesregierung deutlich verstärkt werden. Seit 1982 trafen auch die Außen- und Verteidigungsminister zweimal im Jahr zusammen, um Sicherheitsfragen zu beraten. So wurden gemeinsame Konzeptionen erarbeitet, die Grundlage für ein Bündel von Vereinbarungen waren, vor allem auch für die verstärkte Zusammenarbeit im militärischen Bereich.

Das Zusammengehen von Deutschland und Frankreich war ein erster entscheidender Schritt auf dem Weg zur politischen Union Europas. Aus dieser besonderen Verantwortung für Europa bezog die Zusammenarbeit beider Länder eine ganz spezifische Rechtfertigung. Dass die deutsch-französische Kooperation fest mit dem europäischen Einigungsprozess verwoben war, zeigte die Tatsache, dass entscheidende europapolitische Initiativen von Deutschland und Frankreich gemeinsam ausgingen. Die enge Abstimmung mit Frankreich erleichterte die Erarbeitung gemeinsamer Positionen der Zwölf zu anstehenden außenpolitischen Fragen und deren Durchsetzung auf internationaler Ebene.

Franzosen und Deutsche wussten, dass sie ihre Sicherheit der festen Verankerung in der Atlantischen Allianz verdankten. Die Kraft des Bündnisses hing aber entscheidend von dem Willen und der Fähigkeit der Europäer ab, ihren Beitrag zur Stärkung der transatlantischen Partnerschaft zu leisten. Dieser Einsicht entsprang die deutsch-französische Initiative zur Belebung der Westeuropäischen Union (WEU).

Die deutsch-französische Initiative für Eureka sollte deutlich machen, dass die Europäer gemeinsam in der Lage waren, ihre Wettbewerbsfähigkeit auch bei den richtungweisenden Technologien der Zukunft zu erhalten und damit langfristig ihren Platz in der Weltwirtschaft zu sichern.

Zu den bedeutendsten und greifbarsten Ergebnissen der deutsch-französischen Zusammenarbeit gehörten die vielen Begegnungen von Bürgern, vor allem Jugendlichen, diesseits und jenseits des Rheins. Hierdurch wurden Verbindungen geschaffen, deren Dauerhaftigkeit der beste Garant für eine stetige Fortentwicklung der Zusammenarbeit zwischen beiden Ländern ist.

All das wäre ohne die politische Eingliederung des Saarlands in die Bundesrepublik nicht denkbar gewesen. Die »Saarfrage« war seinerzeit eines der schwersten Hindernisse für die deutsch-französische Verständigung der Nachkriegszeit. Nun war die Eingliederung des Saarlands schon über dreißig Jahre her, und eine ganze Generation war seitdem aufgewachsen, bei uns und in Frankreich, die nur die gute Nachbarschaft zwischen Deutschen und Franzosen kannte.

Die leidenschaftlichen Debatten um das »Saarproblem« sind Vergangenheit. Aber die Tatsache, dass eine Lösung gefunden wurde, die bei keinem der beiden Beteiligten Bitterkeit zurückließ,

1955: Bei der Abstimmung über einen Sonderstatus des unter französischer Verwaltung stehenden Saarlands entschieden sich die Saarländer für die Eingliederung in die Bundesrepublik

ist in der dauerhaften und festen Freundschaft zwischen dem deutschen und französischen Volk weiterhin wirksam.

Schon der Versailler Vertrag hatte das Land an der Saar 1920 vom Deutschen Reich abgetrennt und es der Treuhänderschaft des Völkerbunds unterstellt. Die vorgesehene Volksabstimmung brachte 1935 eine Mehrheit von 90 Prozent für die Rückkehr ins Reich. Die Nationalsozialisten legten dies als Bekenntnis der Saarländer zu ihrer Ideologie aus, aber in Wahrheit war es ein Bekenntnis zu Deutschland. Denn 1955, als es wieder um die Frage ging, ob die Saarländer, die nach 1945 unter französischer Verwaltung standen, ihr Schicksal in einem Sonderstatus gestalten wollten, entschieden sie sich erneut mit großer Mehrheit für die Eingliederung in die staatliche Gemeinschaft der Deutschen. Das war kein Bekenntnis zu irgendeiner Ideologie. Es war das Bekenntnis zur Einheit der Nation, zum deutschen Vaterland, ein Bekenntnis zur deutschen Geschichte in ihren guten wie in den schlimmen Zeiten. Und es war ein Beweis des Glaubens an die Zukunft jenes Landes, mit dem sie voller Zuversicht ihr Schicksal verbanden.

Bei der Ablehnung eines Sonderstatus vertrauten die Saarländer auch auf die vorbildliche Achtung der Prinzipien von Demokratie und Selbstbestimmung durch unsere französischen Nachbarn. Dieses Vertrauen trog sie nicht. Schon wenige Tage nach der Abstimmung erklärte sich Frankreich bereit, über die Modalitäten der Rückgabe des Saarlands zu verhandeln. Das Ergebnis war die Eingliederung des Saarlands in die Bundesrepublik Deutschland am 1. Januar 1957.

Damit war zugleich ein wesentlicher Grundstein der deutsch-französischen Freundschaft gelegt. Längst ist diese Freundschaft mehr als eine enge Partnerschaft zwischen Regierungen: Die beiden Völker haben gelernt, dass sie zusammengehören und dass von ihnen die entscheidenden Impulse für den Bau der Vereinigten Staaten von Europa ausgehen müssen.

Aber die Geschicke der Deutschen und Franzosen sind schon viel länger miteinander verflochten – durch eine wechselvolle Geschichte ebenso wie im Ringen um die politische Gestalt Europas und im fruchtbaren kulturellen Austausch. Solcher Austausch schuf den Grundstock eines reichen gemeinsamen Erbes, und dieses Erbe stiftete seinerseits eine tiefe Gemeinsamkeit in den Grundwerten – darin liegt seine bleibende politische Bedeutung.

Unsere beiden Länder finden ihre gemeinsamen Wurzeln im Frankenreich Karls des Großen; beide schöpfen aus denselben geistigen Quellen. Wer wollte sich zum Beispiel anmaßen, den großen Kirchenlehrer Albertus Magnus, geboren in Deutschland und lange Jahre Lehrer an der Sorbonne, als einen Repräsentanten spezifisch französischen oder deutschen Denkens auszugeben? Nicht nur im Mittelalter, in allen Phasen der Geschichte waren die Gemeinsamkeiten zwischen Deutschen und Franzosen größer, als es die Ideologen der angeblichen »Erbfeindschaft« später wahrhaben wollten. Das gilt gerade auch für das Zeitalter der Aufklärung, namentlich auf dem Gebiet der Literatur und der Philosophie. Wir tun gut daran, uns dies zu vergegenwärtigen, denn noch immer gilt es, der Versuchung des Irrationalismus zu widerstehen.

Von Paris aus trat damals der Glaube an die humane, an die humanisierende Kraft der Vernunft seinen Siegeszug an. Geistige

Wegbereiter wie Voltaire stießen in Deutschland nicht nur auf gelehrige Zuhörer, sondern auch auf kongeniale Denker.

Von einem von ihnen, von dem großen Philosophen Immanuel Kant, stammt der Satz: »Bei den Deutschen schlägt das Genie mehr in die Wurzel, bei den Franzosen mehr in die Blüte.« Bei aller Skepsis, mit der wir solchen Vergleichen angeblicher Nationalcharaktere begegnen: In diesem Bild verbirgt sich hinter dem vermeintlichen Gegensatz auch der Hinweis auf das fruchtbare Zusammenspiel.

Der Deutsch-Französische Vertrag steht in der Tradition unserer gemeinsamen Geschichte. Zwei Nachbarländer, »dazu geschaffen, einander zu ergänzen«, wie Charles de Gaulle es einmal ganz bewusst angesichts der Gräber von Verdun ausdrückte, haben aus ihrem gemeinsamen Weg durch die Jahrhunderte die Konsequenz gezogen: Sie begreifen sich als Schicksalsgemeinschaft und führen ihre großen geistigen, kulturellen, wirtschaftlichen und wissenschaftlich-technischen Reichtümer zusammen.

Selbst in Zeiten der Entfremdung und sogar in den dunkelsten Jahren der deutsch-französischen Geschichte gab es immer auch Anteilnahme und Verständnis der Völker füreinander. Die Außenminister Frankreichs und Deutschlands Aristide Briand und Gustav Stresemann, die für ihre Locarnopolitik 1926 gemeinsam den Friedensnobelpreis erhielten, stehen auf politischem Gebiet ebenso für den Geist wechselseitiger Zuwendung wie Jean Giraudoux und Thomas Mann auf literarischem. Kultureller Austausch kann Frieden und Verständnis stiften, deshalb ist er bis heute unentbehrliche Grundlage für eine dauerhafte Freundschaft zwischen unseren Völkern wie für das Gelingen unserer Zusammenarbeit.

Zur Freundschaft gehören Bereitschaft und Bemühen, den anderen aus dessen eigenen Gegebenheiten heraus verstehen zu wollen. Zu Recht haben deshalb die kulturellen Beziehungen sowie gerade der Jugendaustausch einen so hohen Rang im Deutsch-Französischen Vertrag.

Dennoch gab es nicht nur bei der Sprache immer noch viel Unkenntnis zwischen den beiden Völkern. Um so wichtiger war es, Versäumtes nachzuholen. Mit dem Kulturgipfel in Frankfurt am

Main 1986 waren wir ein wesentliches Stück vorangekommen. Auf diesem Weg mussten wir fortschreiten, denn so stärkten wir auch das Fundament für unsere politische Zusammenarbeit.

Der Élysée-Vertrag gab dieser Zusammenarbeit nicht nur ein Programm und organisierte sie, sondern verankerte damals zugleich die Aussöhnung zwischen unseren beiden Völkern im Bewusstsein und in den Herzen der Menschen. Er besiegelte ein Werk, das noch 1945 fast unvorstellbar erschien – und doch war schon damals die Hand zur Versöhnung ausgestreckt. So schrieb, noch ehe in Europa die Waffen schwiegen, Albert Camus seine »Briefe an einen deutschen Freund« und wirkte damit als literarischer Vorbote der Aussöhnung.

Nach allem, was gerade geschehen war, war ein solch mutiges Zeugnis der Menschlichkeit vielen damals noch unverständlich. Wilhelm Hausenstein, Schriftsteller und erster diplomatischer Vertreter der Bundesrepublik in Frankreich, beschrieb diese Hypothek in seinen *Pariser Erinnerungen* so: »Ungezählte Familien in Paris gedachten eines Toten, eines Misshandelten, eines Deportierten. Es musste in weiten Kreisen mindestens mit einer abgrundtiefen Abneigung gegen alles Deutsche gerechnet werden.«

Um so dankbarer sind wir jenen Männern und Frauen, die vor diesem dunklen Hintergrund unermüdlich für die Versöhnung unserer Völker wirkten: der französische Außenminister Robert Schuman und Jean Monnet, Präsident der Hohen Behörde der Montanunion, die das Wagnis des Schuman-Plans eingingen und damit den entscheidenden Durchbruch erzielten. Oder der Jesuitenpater Jean du Rivau, der SPD-Bundestagsabgeordnete Carlo Schmid, der von 1969 bis 1979 Koordinator der deutsch-französischen Zusammenarbeit war, und Walter Hallstein, der ehemalige Präsident der EWG-Kommission. Gemeinsam mit vielen anderen trugen sie maßgeblich dazu bei, dass das Werk der Aussöhnung gelingen konnte – und dass es schneller vollendet wurde, als die meisten für möglich gehalten hatten. Bereits 1954 bestand es einen entscheidenden Test, als Konrad Adenauer und der französische Ministerpräsident Pierre Mendes-France sich auf das Saarstatut verständigten. So bezeichnete Adenauer den 23. Oktober 1954, den Tag der Unterzeichnung der Pariser Verträge, als eigentlichen »Tag der Aussöhnung zwischen Frankreich und Deutschland«.

Es schmälert nicht die Verdienste all dieser Persönlichkeiten um unsere Verständigung, wenn wir offen aussprechen, dass nach 1945 – anders als zwischen den Weltkriegen – auch die politischen Voraussetzungen dafür günstig waren. Neben den sehnlichen Wunsch nach Frieden trat die Erkenntnis, dass Deutsche und Franzosen ihre Freiheit nur noch gemeinsam zu sichern und zu verteidigen vermochten – gegen das beharrliche Bemühen der Sowjetunion, ihre Einflusssphäre in Europa immer weiter auszudehnen. Mitentscheidend war schließlich die Tatsache, dass zwei wesentliche Voraussetzungen für eine Verständigung erfüllt waren:

> *Erstens:* die Errichtung einer stabilen Demokratie im freien Teil Deutschlands. Erst der erfolgreiche Aufbau dieser freiheitlichen Ordnung machte die Versöhnung möglich. Nach hundertfünfzig Jahren war damit die Kluft, die sich im politischen Denken zwischen Frankreich und Deutschland aufgetan hatte, wieder geschlossen. In der Begegnung freier Menschen konnte Vertrauen wachsen.
> *Zweitens:* der Beginn des europäischen Einigungswerks. Die europäischen Institutionen boten den Rahmen, in dem sich die deutsch-französische Verständigung vollziehen konnte. Sie wirkten als übergreifende Friedensordnung, in der Völker zusammenwachsen konnten. Vergessen wir dies niemals, wenn wir heute über oft schleppende und mühsame Entscheidungsprozesse klagen.

Es ist wichtig, sich diese beiden Voraussetzungen immer wieder ins Gedächtnis zu rufen. Sie verweisen auf Zusammenhänge, die für die Bundesrepublik Deutschland zu einem Teil ihrer Staatsräson wurden. Dazu gehört der unauflösliche Zusammenhang zwischen der Freiheit unseres Landes und seiner Zugehörigkeit zum westlichen Bündnis. Wir stehen an der Seite Frankreichs und der anderen westlichen Demokratien, weil dort unser geistiger und politischer Standort ist. Ich betonte das gerade auch im Hinblick auf manche Sorgen in Frankreich. Nach den Erfahrungen des letzten Jahrhunderts stand für die überwältigende Mehrheit der Deutschen fest, dass das Bündnis mit den freien Völkern unwiderruflich ist und dass vor allem die enge Freundschaft mit Frankreich unserer Nation den Weg in eine gute Zukunft weist. Ein weiterer Zusammenhang besteht zwischen der deutsch-französischen Freundschaft und der europäischen Einigung. So wie Europa den notwendigen Rahmen für die deutsch-französische Aussöhnung bot, so war und ist diese Verständigung auch Voraussetzung, Grundlage und bleibender Antrieb für den europäischen Einigungsprozess.

Der französische Staatspräsident Mitterrand erinnerte oft an die »Schicksalsgemeinschaft«, die Deutschland und Frankreich verband, und an die daraus erwachsene historische Verantwortung sowohl füreinander als auch für Europa. Bei unserem Treffen in Paris aus Anlass des fünfundzwanzigjährigen Jubiläums sagte Mitterrand unter anderem:

> »Auch wenn ich hier und da gewisse Vorbehalte vernehme – Europa hat zu sehr unter den Auseinandersetzungen zwischen Franzosen und Deutschen gelitten, als dass es sich, mehr als recht ist, über ihre Annäherung sorgen sollte. Unser gemeinsames Streben stellt sich in den Dienst der europäischen Sache. Europa ist unser Horizont. Europa wird der deutsch-französischen Zusammenarbeit ihre volle Bedeutung verleihen.«

Anlässlich der Feierlichkeiten zum 25. Jahrestag des Deutsch-Französischen Vertrags unterzeichneten wir in Paris am 22. Januar 1988 zwei Zusatzprotokolle zum Élysée-Vertrag: die Schaffung eines deutsch-französischen Sicherheits- und Verteidigungsrats sowie eines Finanz- und Wirtschaftsrats. Außerdem wurde die Aufstellung eines deutsch-französischen Verbands in Form einer Brigade in Böblingen beschlossen, das deutsch-französische Hochschulkolleg wurde konkretisiert, und es wurden Noten über den

Kulturrat sowie über die Stiftung eines Adenauer-de-Gaulle-Preises ausgetauscht.

Hannelore war bei allen offiziellen Veranstaltungen an meiner Seite. Ich hätte auf jeden Dolmetscher verzichten können, wenn sie in meiner Nähe war. Und das faszinierte die Franzosen: eine Deutsche, die ihre Sprache beherrschte, ohne Überheblichkeit und Besserwisserei, die ihre Kultur besser kannte als so mancher Politiker, der sich auf dem Parkett der deutsch-französischen Beziehungen bewegte. In den neunziger Jahren gab sie sogar ein Kochbuch in französischer Sprache heraus, zu dem ich eigene Texte beisteuerte. Ihre Auftritte im französischen Fernsehen waren eine richtige Sensation: Hannelore war eine große Sympathieträgerin. Sie war in den deutsch-französischen Beziehungen eine feste Größe und eine echte Botschafterin, die von den führenden Politikern Frankreichs in hohem Maße verehrt wurde.

12. Unvergessliche Reisen

Zu den Klischees seit Beginn meiner Kanzlerschaft gehörte die törichte Meinung, ich verstünde nichts von Außenpolitik. Der aus der pfälzischen Provinz stammende Politiker mit deutlichen Neigungen zur Innenpolitik – so die »Analyse« einflussreicher Hamburger Medienmacher – betrachte die Außenpolitik als ein Politikfeld, das man getrost dem zuständigen Minister überlassen könne. Und dort sei sie auch vortrefflich aufgehoben. Wie falsch diese Einschätzung war, dürfte ich in kürzester Zeit unter Beweis gestellt haben. Allein in meinen Regierungserklärungen nahm die Außenpolitik jeweils den umfangreichsten Raum ein. Ich setzte den außenpolitischen Teil immer an den Schluss meiner Reden und räumte der deutschen Außenpolitik mit dieser Schwerpunktsetzung die gebührende Aufmerksamkeit ein.

Kontinuität in unseren Außenbeziehungen hatte auch im Jahr 1987 wie bis zum Ende der Zweistaatlichkeit absolute Priorität. Die Europapolitik und die Sicherheitspolitik waren herausragende Beispiele dafür.

Die Bundesregierung bekannte sich immer wieder »zu unverletzlichen und unveräußerlichen Menschenrechten als Grundlage jeder menschlichen Gemeinschaft, des Friedens und der Gerechtigkeit in der Welt«, wie es im Artikel 1 des Grundgesetzes heißt. Gerade für unsere jungen Mitbürger wollten wir ein Leben in Freiheit, Frieden und Gerechtigkeit. Wir wollten ihnen die Aussicht auf eine Welt eröffnen, in der es sich zu leben und zu wirken lohnt. Bei aller Bescheidenheit kann ich heute feststellen, dass uns dies alles in allem tatsächlich gelungen ist.

Ich war einer der wenigen westlichen Regierungschefs, der bereits zweimal nach China gereist war. Schon als Mainzer Ministerpräsident hatte ich 1974 die Volksrepublik besucht, und als Kanzler war ich 1984 mit einer außergewöhnlichen Wirtschaftsdelegation in das bevölkerungsreichste Land der Welt gereist. Mein besonderes Interesse an China rührte nicht zuletzt von der Überlegung her, dass die Volksrepublik eines der drei oder vier entscheidenden Länder der Erde war, das in den nächsten hundert Jahren eine ganz besondere Rolle in der Weltpolitik spielen würde, und zwar unabhängig von seinem jeweiligen politischen oder ökonomischen Status. Viele Zeitgenossen vergaßen, dass dieses Milliardenvolk über eine große Geschichte, eine einmalige Kultur und Tradition verfügte. Ein für mich entscheidender Punkt war auch, dass die Chinesen ohne Wenn und Aber *ein* Deutschland vertraten. So wie es für sie nur ein China gab mit Taiwan und Hongkong als Teile Chinas, so sahen sie auch *ein* Deutschland. Chinas führender Politiker Deng Xiaoping, mit dem ich insgesamt dreimal in meinem Leben zusammentraf, vertrat diese Ansicht immer sehr nachdrücklich.

Die Volksrepublik China war für uns ein besonders wichtiger und vertrauenswürdiger Partner. Trotz der unterschiedlichen Gesellschaftssysteme hatten wir zahlreiche gemeinsame Interessen und Zielsetzungen und einen breiten Konsens in der Bewertung politischer Fragen. Es war das Ziel meiner Regierung, das bestehende Netz politischer, wirtschaftlicher und kultureller Zusammenarbeit mit der Volksrepublik China noch dichter zu knüpfen.

Vom 12. bis 19. Juli 1987 stattete ich diesem Land meinen dritten Besuch ab; anschließend reiste ich weiter in das Königreich Nepal. Shanghai war die erste Station meiner Reise, wo ich am 12. Juli auf dem Schulschiff *Deutschland* einen Empfang gab. Am nächsten Tag traf ich in Peking ein, wo ich von Ministerpräsident Zhao Ziyang, der kurz nach unserem Treffen zum Parteichef avancierte, offiziell in China willkommen geheißen wurde. In dem anschließenden dreistündigen Gespräch ging es um den weiteren Ausbau der wirtschaftlichen und kulturellen Beziehungen. Weitere wichtige Themen waren Probleme der Ost-West-Politik, Abrüstungsfragen und regionale Konflikte. Hinsichtlich einer weltweiten und vollständigen Beseitigung nuklearer Mittelstreckenraketen gab es weitgehende Übereinstimmung. Ich registrierte auch eine gemeinsame positive Auffassung zum Reformkurs des sowjetischen Parteichefs, wobei auf chinesischer Seite allerdings auch skeptische Töne zu vernehmen waren.

Am 14. Juli stand ein Treffen mit Deng Xiaoping an, dem eigentlichen Machthaber in China, der damals Vorsitzender der Militärkommission des Zentralkomitees der Kommunistischen Partei Chinas war. In der großen Halle des Volkes empfing mich der gutgelaunte fast Dreiundachtzigjährige. Möglicherweise war ich der erste ausländische Politiker, dem er anvertraute, dass große personelle Veränderungen in der chinesischen Staatsführung unmittelbar bevorstanden. Deng, der nach meiner Einschätzung immer noch alle Fäden in der Hand hielt, versicherte mir, dass die Politik der Reformen und der Öffnung zum Ausland fortgesetzt werde. Er hatte in den vergangenen Monaten alle Anstrengungen unternommen, um die chinesische Reformpolitik gegen marxistisch-orthodoxe Gegner zu verteidigen. Dazu hatte er seine ganze Autorität in die Waagschale geworfen.

Ich war tief beeindruckt von den gewaltigen Veränderungen, die Deng bewirkt hatte, um den Modernisierungskurs voranzubringen und mit alten Tabus aus der revolutionären Mao-Ära zu brechen. Für seinen Pragmatismus und seine Grundphilosophie hatte er den Satz geprägt: »Es ist egal, ob eine Katze weiß oder schwarz ist, Hauptsache sie fängt Mäuse.« Damit stellte der weise und weitsichtige chinesische Politiker das marxistische Lehrgebäude auf den Boden der Realität.

Deng pflichtete mir bei, als ich den Bogen der deutsch-chinesischen Beziehungen weit ins einundzwanzigste Jahrhundert spannte. Er meinte, es gebe weder Konflikte noch Streitereien zwischen unseren beiden Ländern, und so sei es wirklich möglich, auf einer langfristigen Basis zusammenzuarbeiten.

Chinas starker Mann, Fußballfan wie ich und ein leidenschaftlicher Kettenraucher, nahm sich doppelt soviel Zeit für mich wie

Mit Deng Xiaoping in Peking

eigentlich geplant. Abgesehen von seiner einseitigen Schwerhörigkeit hatte er eine gute Gesundheit. Die Ärzte seien immer enttäuscht, wenn sie ihn untersuchten, sagte er. Er halte es so wie einst der britische Premierminister Winston Churchill: »Vielleicht bin ich so gesund, weil ich rauche.«

Für mich bleibt er eine der bedeutendsten Persönlichkeiten, die ich in meinem Leben kennengelernt habe. Deng Xiaoping, dieser »Jongleur der Macht«, der alle Höhen und Tiefen eines Spitzenpolitikers in einer kommunistischen Diktatur erleben musste, der vom obersten Podest gestürzt wurde, Ämter wiedergewann und verlor, der gelobt und verfemt wurde, glaubte immer an die Einheit Deutschlands, an *eine* deutsche Nation.

Bei unserer Begegnung saß er in einem riesengroßen Sessel und spuckte ständig in seinen Spucknapf. Er hatte ein außergewöhnliches Lachen, das mich an meckernde Ziegen erinnerte. In seiner blumenreichen Sprache erwähnte er voller Süffisanz im gleichen Atemzug seine deutschen Freunde und seine sowjetischen Freunde. Voller Hohn sagte er, ich solle ihm doch einmal erklären, ob Johann Wolfgang Goethe ein BRD-Deutscher sei und ob Friedrich Schiller zu den DDR-Deutschen zähle oder umgekehrt. Für Deng gab es nur eine deutsche Sprache, eine deutsche Kultur und *ein* Deutschland, das irgendwann wiedervereinigt werde. Genau wie Adenauer vertrat er die Linie: ein China – ein Deutschland.

Adenauer war der »Erfinder« des geeinten Chinas und des geeinten Deutschlands. Deswegen machten wir auch nie den Fehler, Teile Chinas als selbständige Staaten anzuerkennen. Dabei hätten wir zum Beispiel mit Taiwan gute Geschäfte machen können. Taiwan gehörte zu den reichsten Landstrichen der Erde. Frankreich und England machten mit dem Inselstaat die besten Geschäftsabschlüsse und lieferten militärisches Gerät im Wert von Millionen. Damit verloren sie jegliche Achtung der Chinesen und haben bis heute wenig Chancen, in Peking in so hohem Ansehen zu stehen wie die Deutschen. Während meiner Kanzlerschaft hielt ich an der Adenauerschen Politik fest, weshalb ich bis heute in China zu den angesehensten Politikern aus Europa zähle.

Die Chinesen haben einen ungeheuren Respekt vor den Leistungen der Deutschen. Deshalb lassen sich bis heute Geschäftsabschlüsse tätigen, die für die deutsche Exportwirtschaft von großer Bedeutung sind. Auch bei meinem Besuch 1987 stießen wir in der Großen Halle des Volkes mit chinesischem Schaumwein an. Einen so spektakulären Abschluss wie bei meinem letzten Besuch 1984, als wir die Vertragsunterzeichnung für ein deutsch-chinesisches Gemeinschaftsunternehmen zur Produktion von Volkswagen in Shanghai feiern konnten, gab es diesmal jedoch nicht. Auf den ersten Blick mochte es scheinen, als hätte mein Besuch nur magere Ergebnisse gebracht, aber es wurden langfristige Weichen gestellt. Die siebenundzwanzig hochkarätigen Vertreter der Wirtschaft, die mit mir nach China gereist waren, zeigten sich zufrieden, insbesondere der Elektronikkonzern Siemens und das Luft- und Raumfahrtunternehmen Messerschmitt-Bölkow-Blohm (MBB). Drei Wirtschaftsabkommen hatten wir abschließen können, aber besonders glücklich war ich über die geplante Einrichtung eines Goethe-Instituts sowie den verstärkten Austausch von Praktikanten, Studenten und Wissenschaftlern. Beim weiteren Ausbau der deutsch-chinesischen Wirtschaftsbeziehungen sollten Wirtschaft, Kultur und Wissenschaft Schrittmacher sein. Dass dies nicht nur ein frommer Wunsch blieb, davon konnte ich mich bei späteren Chinabesuchen überzeugen.

*

In Peking hatte ich die Wahrung der Menschenrechte angemahnt, den Prüfstein jeder Reformpolitik. Meine chinesischen Gastgeber waren von kaum zu überbietender Freundlichkeit und Höflichkeit, doch das war kein Grund, nicht an dieses nach wie vor heikle Problem zu erinnern.

Als erster amtierender westlicher Regierungschef reiste ich nach einem Aufenthalt in Nanking zu einem offiziellen Besuch nach Tibet. Es hagelte an Kritik von allen Seiten. Das im Exil lebende geistliche Oberhaupt der tibetischen Buddhisten, der Dalai Lama, warf mir vor, China nutze meine Reise, um die Besetzung des Landes zu legitimieren. Dabei war ich aus absolut freien Stücken und gegen manchen Rat aus den eigenen Reihen nach Tibet gereist. Meine Position war unmissverständlich: Ich betrachtete Tibet als Teil des chinesischen Staatsverbands.

Mit diesem Besuch auf dem »Dach der Welt« erfüllte ich mir einen Kindheitstraum. Die Besichtigung von Tempeln und Klöstern in Lhasa war überaus beeindruckend. Allerdings musste ich feststellen, dass es den Menschen denkbar schlecht ging. Die rechtliche Lage der Bevölkerung war katastrophal. Menschenrechte gab es praktisch nicht. Doch auch ein deutscher Bundeskanzler konnte bei den Verantwortlichen der »Volksregierung« nur vorsichtige Reformwünsche äußern. Wenigstens konnte ich die Bereitschaft der Bundesregierung unterstreichen, Tibet zu helfen und den Aufbau der Woll- und Lederverarbeitung zu unterstützen.

Am 19. Juli 1987 beendete ich meinen Aufenthalt in China und

In Tibets Hauptstadt Lhasa besuchen wir ein Kloster

reiste zu einem zweitägigen Besuch nach Nepal. Das Königreich im Himalaja zählt zu den ärmsten Ländern der Welt. Beim überschwenglichen Empfang in Kathmandu hatte ich das Gefühl, die Schaulustigen, vor allem die Schulkinder, würden mich als »König von Deutschland« ehren. Ausführlich wurde uns der Tempelbezirk erläutert. Es ging vorbei an der Statue des Affengottes, der Krankheiten und böse Geister abwehren soll, bis zum Haus der Kumari, der lebenden Göttin.

Im Mittelpunkt unserer Unterstützung stand ein Finanzhilfeabkommen über 25 Millionen Mark, von dem der größte Teil für den Bau eines Staudamms vorgesehen war. Außerdem überreichte ich einen Scheck über 200 000 DM für die Wiederherstellung eines historischen Versammlungsgebäudes in Bhaktapur sowie zur Finanzierung von zwei Studienplätzen für Architektur und Denkmalpflege. Im Namen des Deutschen Roten Kreuzes konnte ich außerdem einen Scheck über 20 000 DM für die Opfer jüngster Überschwemmungen überreichen.

Mit dem Abschluss des offiziellen Besuchs in Kathmandu endete meine vierte Asienreise. Wie die vorhergehenden Reisen diente auch diese dazu, unsere vielfältigen Interessen im ostasiatisch-pazifischen Raum zu unterstreichen, bestehende Beziehungen zu vertiefen und neue zu knüpfen. Mit China und Nepal hatte ich zwei mit uns befreundete, aber sehr unterschiedliche Länder besucht. Das Königreich Nepal war ein geographisch und auch bevölkerungsmäßig viel kleineres Land; ein Land, das trotz seiner Lage zwischen großen Nachbarn seine politische, wirtschaftliche und kulturelle Eigenständigkeit entfaltete und alle Kraft darauf verwendete, um diese zu erhalten und seine Entwicklung voranzutreiben.

*

Vom 15. bis zum 21. November 1987 führte mich eine Afrikareise nach Kamerun, Mosambik und Kenia.

Afrika war ein wichtiges Feld unserer Außen- und Entwicklungspolitik. Der Bundespräsident besuchte diesen Kontinent ebenso wie Außenminister Hans-Dietrich Genscher, der intensive Kontakte zu den wichtigsten Staaten dieses Erdteils pflegte. Die Staaten Afrikas brauchten Frieden, und sie bedurften unserer Unterstützung, um ihre Aufgaben für die Zukunft aus eigener Verantwortung zu lösen. Gemeinsam mit unseren europäischen Partnern und unseren westlichen Verbündeten traten wir dafür ein, dass in Südafrika Apartheid und Rassendiskriminierung mit friedlichen Mitteln überwunden und die Menschenrechte allen Bürgern dieses Landes in gleicher Weise gewährt wurden. Südafrika bedurfte einer politischen und gesellschaftlichen Ordnung, die es auch der schwarzen und farbigen Bevölkerungsmehrheit ermöglichte, die politischen Geschicke des Landes mitzubestimmen. Wiederholt appellierten wir an alle Beteiligten, den Weg des Dialogs zu gehen. Dieser Dialog wurde von uns nach Kräften unterstützt.

Unsere Afrikapolitik wäre eigentlich problemlos gewesen, wenn nicht der bayerische Ministerpräsident immer wieder dazwischengefunkt hätte. Er verfolgte sehr stark wirtschaftspolitische Interessen, wobei ihm die jeweilige Regierungsform eher gleichgültig zu sein schien. Vor allem sein Verhältnis zu Südafrika war für mich problematisch, weil er die Rassentrennung lange Zeit als notwendiges Übel ansah und mit den Mächtigen in Pretoria die besten Kontakte pflegte. Das brachte vor allem Genscher immer wieder in Rage und bot ihm über viele Jahre die Chance, sich als besserer Demokrat darzustellen und sich ständig am bayerischen Ministerpräsidenten zu reiben. Dem FDP-Politiker nutzte das mehr als dem CSU-Vorsitzenden, der unter dem Generalverdacht stand, mit Diktatoren zu kungeln und alles, was in Bonn als politisch korrekt galt, zu geißeln und heftig in Frage zu stellen.

Die Afrikapolitik während meiner Kanzlerschaft orientierte sich stark an europäischen Beschlüssen. Gerade unsere Beziehungen zum südlichen Teil des Schwarzen Kontinents waren durch wichtige Entscheidungen auf europäischen Gipfeln vorgegeben. Deshalb war es auch falsch, wenn man mir unterstellte, ich würde Afrika vernachlässigen, würde zu wenig Engagement zeigen, wenn es um die Probleme dieser Länder ging. Ich räume allerdings ein, dass ich in der deutschen Außenpolitik andere Prioritäten setzte als mancher meiner Kritiker. Für mich standen Asien und der pazifische Raum im Vordergrund.

Meine Novemberreise nach Afrika begann in Kamerun an der westafrikanischen Küste. Bislang hatte die ehemalige deutsche Kolonie finanzielle und technische Hilfe von über 850 Millionen Mark erhalten. Obwohl dieses Land zu den wirtschaftlich stabilsten Ländern Afrikas zählte, war es in eine Liquiditätskrise geraten. Die Regierung hatte sogar Schwierigkeiten, ihre Beamten zu bezahlen. Ich wurde mit den harten Realitäten konfrontiert, die der Preisverfall von bis zu 40 Prozent bei Kaffee, Kakao, Baumwolle und Öl zur Folge hatte. Gemeinsame Anstrengungen zur Überwindung der Wirtschaftskrise standen daher im Vordergrund unserer Gespräche. Ich versprach Hilfe zur Selbsthilfe und Unterstützung bei Verhandlungen mit der Weltbank.

Als erster westlicher Regierungschef besuchte ich am 17. und 18. November 1987 die sozialistische Volksrepublik Mosambik. Ganz bewusst hatte ich einen »Frontstaat« in meinen Reiseplan aufgenommen. Es war der politisch interessanteste und wohl auch delikateste Besuch südlich der Sahara. Das durch Terror und Bürgerkrieg zerrüttete Land befand sich in einer prekären Situation.

Die Öffnung gegenüber dem Westen schien mir ein echtes Anliegen der regierenden Marxisten zu sein. Deshalb versprach ich auch nicht zuviel, als ich die Unterstützung dieses Kurses in Aussicht stellte. Ich setzte auf »stille Diplomatie«, mit der ich schon viel erreicht hatte, und vermied lautstarke Forderungen und Anklagen.

Zwar verlangte ich nachdrücklich und wiederholt von Südafrika die Aufhebung der Rassendiskriminierung und die Einhaltung der Menschenrechte, aber ich lehnte es ab, den Apartheidstaat öffentlich für Gewalt und Unsicherheit in Mosambik verantwortlich zu machen, und Forderungen nach Wirtschaftssanktionen gegenüber Südafrika lehnte ich auch bei Gesprächen hinter verschlossenen Türen kategorisch ab. Nach meiner Ansicht hätten solche Maßnahmen die südafrikanische Wirtschaft zerstört und damit die gesamte Region geschädigt. Ich konnte darauf verweisen, in der Europäischen Gemeinschaft die Ablehnung von Sanktionen gegen Südafrika durchgesetzt zu haben und damit für ein Ende der die Anrainerstaaten zermürbenden Destabilisierungspolitik eingetreten zu sein. Ich war gegen gewaltsame Lösungen und setzte vielmehr auf Gespräche, weil ich glaubte, dass auch in Afrika gemäßigte Kräfte auf dem Vormarsch waren. Um auszudrücken, dass Afrika politisch wie menschlich für uns nicht so fern lag, definierte ich Afrika überall als »Nachbarkontinent«.

Letzte Station meiner Reise war Kenia. Auch hier ging es um finanzielle Hilfe und Zusammenarbeit. Unterzeichnet wurden sechs Abkommen mit einem Gesamtvolumen von über 50 Millionen Mark. Dabei ging es in erster Linie um den Ausbau des Straßennetzes, um landwirtschaftliche Projekte sowie um Kredite für kleine und mittelständische Betriebe. Auch hier warnte ich vor einer Eskalation der Gewalt in Südafrika und vor weiteren Wirtschaftssanktionen gegen Pretoria. Sanktionen bedeuteten überwiegend Heuchelei und würden in der Praxis sowieso unterlaufen werden.

Zum Abschluss meines offiziellen Besuchs in Kenia unternahm ich eine private Safari im Massai-Mara-Nationalpark an der Grenze zu Tansania. Das Tierreservat erinnerte mich an die biblische Geschichte von der Arche Noah. Es war ein einmaliges, unvergessliches Naturerlebnis. Ich beobachtete unzählige Tiere in freier

Wildbahn: Elefanten, Straußenvögel, Gazellen, Zebras, Giraffen, Schakale, Warzenschweine, Flusspferde und Nashörner.

Bei der Afrikareise war ich keinen Vorschlägen des Außenministeriums, sondern ganz meinem eigenen »Drehbuch« gefolgt. Tatsächlich hatte ich die Reise aus terminlichen Gründen schon mehrfach verschieben müssen. Dass sie im fünften Regierungsjahr endlich zustande kam, geschah nicht etwa, weil ich diesen Kontinent plötzlich entdeckt hätte. Die Behauptung, ich würde mich nicht für Afrika interessieren, war völlig absurd. Aber nach unserem Wahlsieg hatten wir erst einmal viele andere Probleme zu lösen, innen- wie außenpolitischer Natur. Bei Amtsantritt fand ich einen besonderen Nachholbedarf an Kontakten zu Asien und Lateinamerika vor. Weil ich Afrika für einen ungeheuer wichtigen Kontinent hielt und weil wir hier elementare Interessen hatten, ging die Afrikareise im November 1987 auf meine eigene Initiative zurück.

13.
Ein Tor geht auf

Seit Gorbatschows Amtsübernahme, seit dem Milliardenkredit und Honeckers Besuch in Bonn war die Deutschlandpolitik in einem Maß in Bewegung gekommen, wie ich es nicht erwartet hatte. Jetzt bahnte sich in den Beziehungen zu Ungarn eine Entwicklung an, die gar nicht hoch genug eingeschätzt werden konnte.

Am 7. Oktober 1987 schlossen wir zum ersten Mal nach dem Zweiten Weltkrieg mit einem Land des Warschauer Pakts ganz formell einen Vertrag ab, in dem für die fast zweihunderttausend deutschstämmigen Landsleute, die in Ungarn lebten, Rechte festgelegt wurden, wonach diese Minderheit in den Genuss von eigener Kulturarbeit mit zweisprachigen Bildungseinrichtungen kam. Konkret hieß das: Zugelassen wurden Schulen, in denen die deutsche Sprache gelehrt wurde, in denen das Recht auf die eigene Muttersprache bestand. Für mich war das ein einzigartiges Experiment, für das es bisher kein Vorbild, kein Beispiel gab. Ich hielt es für einen ersten, aber außerordentlich wichtigen Schritt. Zum ersten Mal konnten wir anderen osteuropäischen Ländern als leuchtendes Beispiel vor Augen führen, wie die deutsche Minderheit in Ungarn behandelt wurde.

Was in Ungarn möglich war, musste bei gutem Willen doch auch in Polen möglich werden und nicht nur dort, sondern in allen Ländern des Warschauer Pakts, in denen deutsche Minderheiten lebten. Wir hatten allen Grund, die deutsch-ungarischen Vereinbarungen mit viel Sympathie und offensiv nach außen zu tragen. Es war unsere nationale Pflicht und Solidarität, an unsere Landsleute nicht nur zu denken, sondern alles Menschenmögliche für sie zu tun, ob sie in der Sowjetunion, in Rumänien, Polen oder eben in

Ungarn lebten. Wir hatten das große Glück, auf der Sonnenseite deutscher Geschichte, im freien Teil unseres Vaterlands zu leben. Wenn ich die günstige Lebenssituation so vieler Bürger unseres Landes betrachtete, wenn ich sah, wofür wir alles Geld ausgaben, dann fand ich es immer wieder wichtig, aus einfachster Menschlichkeit unsere Landsleute nicht zu vergessen, wo immer sie waren, und ihnen auch finanzielle Unterstützung zukommen zu lassen.

Das deutsch-ungarische Abkommen konnte zu einem weltpolitisch sehr bedeutsamen Zeitpunkt unterzeichnet werden. Wir lebten in einer Übergangsphase, die eine große Chance bot, wenn wir sie klug zu nutzen verstanden. Grundlage des Abkommens waren die traditionell freundschaftlichen Beziehungen zwischen Ungarn und Deutschen und – unter Freunden besonders wichtig – das Verständnis für die Situation des anderen in guten wie in schlechten Tagen. Trotz unterschiedlicher Gesellschaftssysteme waren wir uns einig in dem Ziel, den Menschen beider Völker zu dienen. Und dies war Friedensarbeit. Wir in der Bundesrepublik Deutschland verfolgten Ungarns Weg mit großem Interesse und viel Sympathie. Vieles von dem, was in Ungarn gedacht und getan wurde, machten jetzt andere nach und redeten laut darüber. Für uns blieb aber Ungarn das »Original«, und deswegen schlossen wir auch die so ungewöhnlich bedeutsamen Vereinbarungen.

Vom 7. bis 10. Oktober 1987 hielt sich Károly Grosz, der Ministerpräsident der Ungarischen Volksrepublik, in der Bundesrepublik auf. In unseren ausführlichen Gesprächen lernte ich einen Politiker kennen, der fest entschlossen war, das unpopuläre, aber unverzichtbare Programm der Wirtschaftsreform in seinem Land durchzusetzen. Dazu gehörte unter anderem die Einführung von Mehrwert- und Einkommensteuer. Der ehemalige Drucker und studierte Pädagoge machte aus seiner sozialistischen Gesinnung keinen Hehl. Gleichzeitig unterstrich er mit großem Nachdruck, dass er die guten Beziehungen zum kapitalistischen Westen, vor allem zur Bundesrepublik, vertiefen wolle.

Ich sagte ihm zu, dass die Bundesrepublik Ungarn gerade in der jetzigen Phase der Reformpolitik unterstützen werde. Unter anderem würden wir die Garantie für einen Bankenkredit in Höhe von

1 Milliarde DM zur Entwicklung der beiderseitigen wirtschaftlichen, industriellen und technischen Zusammenarbeit übernehmen. Im Gegenzug für die von Károly Grosz angekündigten freien Reisemöglichkeiten für Ungarn ins Ausland versprach ich, in einem ersten Schritt für Visaerleichterungen und -befreiungen zu sorgen.

Die Abkommen über wissenschaftlich-technologische Zusammenarbeit und den Austausch von Kulturinstituten zeigten die große Offenheit der Ungarn uns gegenüber. Die wichtigste Vereinbarung für mich war allerdings die Zusage, die Kulturarbeit der deutschen Minderheit zu fördern. Was Ungarn für die Deutschstämmigen tun würde, wussten wir sehr zu schätzen, um so mehr, als wir uns der Sensibilität dieses Themas bewusst waren. Mit diesem Abkommen wurde ein Stück europäischer Kultur Wirklichkeit, und das würden meine Landsleute und ich den Ungarn nicht vergessen. Hier wurde ein Tor aufgemacht. Mein Wunsch an den ungarischen Ministerpräsidenten war, sein Land möge im Warschauer Pakt beispielgebend wirken.

Als ich mich von Károly Grosz verabschiedete, konnte ich nicht ahnen, welch große Bedeutung dieses schöne Land und vor allem seine klug handelnden Politiker einmal für die Einheit unseres Vaterlandes bekommen würden. Ich konnte nicht ahnen, wie wichtig unsere Abkommen und Verabredungen, unser gegenseitiges Verständnis und die gegenseitige Unterstützung vom Oktober 1987 noch werden würden. Ungarn hatte unser Entgegenkommen von 1987 nicht vergessen, als es im Herbst 1989 die Grenze zum freien Westen öffnete und den eisernen Vorhang aufriss – zum Glück für unsere Landsleute aus der DDR und zum Glück für die spätere Wiedervereinigung. Das werde ich Ungarn und seinen verantwortlichen Politikern nie vergessen. Das werden die Deutschen nie vergessen.

14.
Kulturpolitik

Wenige Tage nach den Absprachen mit Ungarn reiste ich nach Berlin, um eine der schönsten Amtshandlungen vorzunehmen, die einem Bundeskanzler zuweilen aufgetragen werden: Am 28. Oktober 1987 enthüllte ich die Stiftungstafel für das geplante Deutsche Historische Museum Berlin (DHM) an seinem Standort im Spreebogen. Das Museum war das Geschenk der Bundesrepublik Deutschland zum 750. Geburtstag der Stadt. Die Stiftungstafel dokumentierte unser Versprechen, dass der Bund das Museum bauen und errichten wird. In meiner Rede zu dieser Feierstunde sagte ich unter anderem:

> »Unser Land erlebt in den letzten Jahren eine Renaissance des Geschichtsbewusstseins. Das Deutsche Historische Museum wird das Interesse an unserer Vergangenheit lebendig halten. Es wird auch das Bewusstsein stärken, dass die Geschichte der Deutschen in Ost und West eine gemeinsame Geschichte ist […].
> Das fertiggestellte Museum wird die Bedeutung Berlins als alte Hauptstadt der Deutschen hervorheben, und es wird dazu beitragen, die kulturelle Anziehungskraft Berlins zu stärken – einer Stadt, deren Geschichte seit mehreren hundert Jahren ein Brennpunkt der ganzen deutschen Geschichte ist. Gerade deshalb glaube ich, dass es kaum ein besseres Geschenk der Bundesrepublik Deutschland zum 750. Geburtstag der Stadt geben kann als ein Museum, das die deutsche Geschichte darstellt.
> Der Standort, an dem sich in einigen Jahren das Deutsche

Die Stiftungstafel für das geplante Deutsche Historische Museum Berlin (DHM) wird enthüllt

Historische Museum befinden wird, bringt sinnfällig wie kaum ein anderer denkbarer Ort diese Verflechtung der Geschichte Berlins mit der deutschen Geschichte zum Ausdruck. Dieser Standort, hier im Spreebogen, im zentralen Bereich Berlins, ist in historischer wie in städtebaulicher Sicht alles andere als eine Randlage:

- Das Museum wird in unmittelbarer Nähe zum Reichstagsgebäude stehen – also in unmittelbarer Nähe zu einem bedeutenden Symbol des deutschen Parlamentarismus und des Ringens unseres Volkes um die Verwirklichung der Demokratie.
- Auf einem Teil dieses Geländes befand sich das frühere Generalstabsgebäude. Auch so werden wir gemahnt, dass das Museum seinen Besuchern helfen soll, gerade aus der Geschichte schrecklicher Kriege Lehren zu ziehen.

- Das Brandenburger Tor, das nicht weit von hier steht, symbolisiert für viele Menschen in aller Welt das Streben der Deutschen nach Einheit in Frieden und Freiheit.
- Und schließlich wird das Museum unmittelbar an der Spree stehen – jenem Fluss, der die Gründung der Stadt bestimmte. So ist er heute ein Symbol für die Zusammengehörigkeit der Berliner diesseits und jenseits der Mauer.«

Meine Kritiker mögen es mir verzeihen, aber es trifft zu: Als Bauherr der Bundesrepublik Deutschland konnte ich sechzehn Jahre lang maßgeblich die Kulturbauten in Bonn und Berlin bestimmen. Die Zeitgeschichte als Verantwortungsfeld der Bundesregierung zu erkennen und ernst zu nehmen war mein ganz besonderes Anliegen. Vermutlich war ich der erste Bundeskanzler, der kulturstaatliche Verpflichtungen des Bundes als vorrangig in die Prioritätenliste seiner Regierungspolitik aufnahm. Dabei wurde seit Jahren über die Notwendigkeit diskutiert, das Geschichtsbewusstsein zu stärken und der jüngeren Generation Handreichungen für ein tieferes Verständnis unserer jüngeren Geschichte zu geben. So beklagte beispielsweise Bundespräsident Gustav Heinemann zu Beginn der siebziger Jahre den zunehmenden Mangel an demokratischem Geschichtsbewusstsein vor allem der Jugend. Auch sein Nachfolger Walter Scheel wies 1976 in seiner Rede auf dem Deutschen Historikertag auf die Gefahr hin, dass die Deutschen ein geschichtsloses Volk werden könnten. Im Lauf der Jahre gab es eine Reihe von Vorschlägen, ein historisches Dokumentationszentrum in Bonn zu errichten. Doch es blieb bei unverbindlichen historischen Anmerkungen und folgenlosen Ankündigungen.

Schon im Wahlkampf 1976 führte ich Gespräche mit dem Ziel, die kulturstaatlichen Aktivitäten in Bonn zu beleben und zu erweitern. Ich wollte schon damals für Bonn ein Mindestangebot an kulturstaatlicher Repräsentation schaffen. Bisher fehlte es aber an dem entschiedenen politischen Willen, mit den Planungen und Überlegungen, Anregungen und guten Meinungen Ernst zu machen. Genaugenommen fehlte es am politischen Willen *und* an politischer Durchsetzungskraft. So gab es bereits seit Jahrzehnten

Überlegungen, in Bonn eine Kunst- und Ausstellungshalle zu bauen, ohne dass bislang etwas geschehen wäre. Bei Staatsbesuchen wurde die kulturelle Armseligkeit der Bundeshauptstadt oft beklagt.

Gleich in meinen ersten beiden Regierungserklärungen 1982 und 1983 setzte ich kulturpolitische Akzente. Da die Bundesrepublik im Schatten der Katastrophe entstanden ist, sagte ich im März 1983 vor dem Bundestag, wolle die Bundesregierung jetzt darauf hinwirken, »dass möglichst bald in der Bundeshauptstadt Bonn eine Sammlung zur deutschen Geschichte seit 1945 entsteht, gewidmet der Geschichte unseres Staates und der geteilten Nation«.

Mein Vorgänger Helmut Schmidt hatte sich als Bundeskanzler nicht durch kulturpolitische Planungen ausgezeichnet, die es bei ihm in erkennbarer Weise gar nicht gegeben hatte. Das Parlament war damit nicht beschäftigt, kulturstaatliche Initiativen waren unter seiner Regierung kein Thema. Das gilt übrigens auch für das Hotel auf dem Petersberg, das unter Bundeskanzler Helmut Schmidt zwar erworben, aber dann dem weiteren Verfall preisgegeben wurde.

Nach der Bundestagswahl im März 1983 begann die Bundesregierung systematisch und zielgerichtet mit der Verwirklichung der angedachten Projekte: Haus der Geschichte, Bundeskunsthalle, Deutsches Historisches Museum, Zentrale Gedenkstätte, Aus- und Umbau des Hotels auf dem Petersberg zum Gästehaus des Bundes. Um jeden regierungsinternen Verwaltungsleerlauf oder -fehllauf zu vermeiden, übertrug ich Bundesbauminister Oscar Schneider neben seinen Kompetenzen für alle Baumaßnahmen auch die der inhaltlichen und gestalterischen Planung, die ressortmäßig eigentlich beim Bundesinnenminister lagen, dessen Einverständnis ich deshalb zuvor eingeholt hatte. Das half, die Planungsentscheidungen zu beschleunigen und zu konzentrieren.

Die Hauptschwierigkeiten lagen zunächst darin, dass der Bund nur eine begrenzte kulturstaatliche Kompetenz besaß. Dessen waren wir uns alle – Bundesregierung, Bundeskanzler und die zuständigen Minister – durchaus bewusst. Wir kannten unsere verfassungsrechtlichen Grenzen, wir waren aber entschlossen, die kulturstaatliche Gesamtrepräsentation, für die die Bundesregierung Verantwortung trägt, in vollem Umfang wahrzunehmen.

Nach schwierigen wechselvollen Verhandlungen mit den Bundesländern, insbesondere auch mit dem bayerischen Ministerpräsidenten, einigte ich mich mit den Regierungschefs der Länder am 7. Juli 1984 in Bonn:

> »Im Zusammenhang mit der Errichtung der Kulturstiftung sind sich die Regierungschefs von Bund und Ländern einig, dass in der Bundeshauptstadt Bonn ein ›Haus der Geschichte der Bundesrepublik Deutschland‹ und eine ›Kunst- und Ausstellungshalle‹ errichtet werden. Die Länder werden über die Kulturstiftung an diesem Vorhaben mitwirken.«

Am 4. Juni 1987 unterzeichneten die Regierungschefs von Bund und Ländern in Bonn das »Abkommen über die Mitwirkung des Bundes an der Kulturstiftung der Länder«. Unter diesen Rahmenbedingungen konnten alle weiteren Einzelentscheidungen, die das Verhältnis des Bundes zu den Ländern betrafen, gefällt werden. Zunächst galt es, die Zusammenarbeit mit den Ländern zu institutionalisieren und Organisationsstrukturen für die genannten Häuser zu schaffen, durch die gewährleistet wurde, dass Bundesregierung, Bundestag und Bundesrat bei den weiteren Entscheidungsfindungen angemessen vertreten waren. In zahlreichen Gesprächen, bei Anhörungen, durch Berufung von Beiräten und Planungsräten und eine umfassende Unterrichtung der Öffentlichkeit gelang es bald, das erforderliche öffentliche Vertrauen zu finden, das für den Erfolg unverzichtbar war.

Alle meine kulturpolitischen Entscheidungen standen in einem erkennbaren Zusammenhang zur deutschen Einheit, zur erhofften zunächst und später zur realisierten. All diese Entscheidungen fielen im ersten Jahr meiner Kanzlerschaft, zu einer Zeit, als der Zeiger auf der Weltuhr noch auf Trennung und Teilung stand. Bei meinem Eintreten für die deutsche Einheit und für Berlin als deutsche Hauptstadt unterschätzte ich die Bedeutung Bonns nie. Ich wollte Bonn mit allen notwendigen Regierungsinfrastrukturen ausstatten. Diesem Ziel diente auch der fast totale Neubau des Hotels auf dem Petersberg zur offiziellen Staatsherberge. Wenn sich die Grünen in dieser Sache durchgesetzt hätten, wäre aus diesem für die europäische Geschichte so bedeutsamen Ort ein Waldbiotop auf historischem Grund geworden.

In Zusammenarbeit mit der Stadt Bonn wurden im Bundesbauministerium bis 1989 Pläne zur städtebaulichen Gestaltung des Regierungsviertels entwickelt. Auch die Anbindung der Bundeshauptstadt an das internationale Eisenbahnnetz sollte verbessert und erweitert werden. Außerdem wurde im Bauministerium ein Referat für Baukultur eingerichtet: Kultur hatte einen hohen Stellenwert.

*

Die Demokratie gilt allgemein als schlechte Sachwalterin kultureller Angelegenheiten des Volkes. Zwischen der politischen Entscheidung, dass ein Museum, ein Parlamentsgebäude, ein Kanzleramt gebaut werden sollen, und deren Fertigstellung können leicht mehr als zehn Jahre liegen. Die Wahlperioden des Bundestages aber dauern vier Jahre. Eine langjährige Regierungszeit ist also politische Voraussetzung für ein erfolgreiches demokratisches Bauwesen. Das wusste ich auch. Im Jahr 1982 hatten wir noch nichts in der Hand, es fehlte jeder Ansatz einer inhaltlichen Konzeption und eines zeitlichen Planes zur Realisierung.

Das Haus der Geschichte, das nur in Bonn entstehen konnte, hielt ich für die dringendste Aufgabe. Hier sollte dokumentiert werden, auf welchen Fundamenten die Bundesrepublik Deutschland, der freie Teil der deutschen Nation, nach 1949 aufgebaut wurde. Es soll kein Eigenlob sein, wenn ich festhalte, dass ich der erste Bundeskanzler war, der die Kulturstaatlichkeit des Bundes politisch thematisierte. Gerne gebe ich auch zu, dass erst meine sechzehnjährige Kanzlerschaft den zeitlichen Rahmen für meine Rolle als Bauherr des Bundes schuf.

Sosehr alle meine Entscheidungen politisch gewollt und kulturell angelegt waren, so sehr legte ich allergrößten Wert darauf, dass jede ideologische Verfremdung und jede parteipolitische Verengung vermieden wurde. Die Historiker, die Wissenschaftler hatten das erste Wort, sie wurden gebeten, eine Grundkonzeption zu erarbeiten. Die wissenschaftliche Fachwelt konnte jeden Schritt verfolgen, die politische Öffentlichkeit wurde umfänglich unterrichtet, alle gesellschaftlichen Kreise wurden in die Planung mit einbezogen.

In den von mir angestoßenen Institutionen in Bonn und Berlin sah ich eine notwendige und unverzichtbare Infrastruktur für den Kulturstaat Deutschland. Als ehemaliger Ministerpräsident von Rheinland-Pfalz brauchte mich niemand über unsere föderale Verfassungsstruktur zu belehren. Der Bund hat das Recht, er ist sogar dazu verpflichtet, in seiner Hauptstadt und überall dort, wo er für die gesamte deutsche Nation repräsentativ in Erscheinung tritt, äußere Formen der Repräsentation, ein staatliches Erscheinungsbild sicherzustellen. Das ist ein Recht, das sich aus dem demokratischen Geist unserer Verfassung und aus der Notwendigkeit des internationalen Staatenverkehrs herleitet. Das deutsche Volk hatte im zwanzigsten Jahrhundert mehrere Staatsformen zu erdulden. Das deutsche Volk war aber nicht untergegangen; nicht untergegangen waren die deutsche Geschichte, die deutsche Kultur und das Recht der Deutschen, sich in Frieden und Freiheit die verlorengegangene nationale Einheit wieder zu erkämpfen. Dieses Denken entsprach dem Geist der Verfassungsgeber und dem Buchstaben des Grundgesetzes. Der Kulturstaat Deutschland wollte in Bonn und Berlin Zeichen setzen.

Ich lud Repräsentanten des deutschen Kultur- und Geisteslebens zu Gesprächsrunden in den Kanzlerbungalow ein. Die Auswahl der einzuladenden Gäste orientierte sich ausschließlich am Rang und an der Bedeutung der Persönlichkeit.

Weder in Bonn noch in Berlin hatte die deutsche Demokratie bisher Vergleichbares getan. Die Deutschen hatten zunächst für das nackte Leben zu sorgen. Die ersten Nachkriegsjahrzehnte waren dem Wiederaufbau gewidmet, der Wiederherstellung der wirtschaftlichen Leistungskraft, dem internationalen Wettbewerb und der Sicherung unserer sozialstaatlichen Lebensbedingungen.

*

Die meisten und hartnäckigsten Widerstände erregte mein Plan, in Berlin das Deutsche Historische Museum zu errichten. Seine Notwendigkeit wurde vielfach verneint, seine inhaltliche Ausrichtung und Gestaltung für undurchführbar gehalten. Ich sah in dem Museum keine Teilung der deutschen Geschichte in die Zeit vor und nach 1945, wie dies von manchen Historikern behauptet wurde, sondern hielt es auch in diesem Zusammenhang mit dem großen Berliner Historiker Alexander Demandt, der sagte: »Wer historisch denkt, wird die Gegenwart aus der Geschichte und die Geschichte von der Gegenwart her erhellen.«

Das Deutsche Historische Museum stand von der ersten Gründungsidee an in einem offenen und bewussten Widerspruch zum Museum für Deutsche Geschichte, das die Machthaber der DDR im Zeughaus in Ost-Berlin eingerichtet hatten. Die *ganze* deutsche Geschichte sollte im DHM präsentiert werden.

Für mich war klar: Die ganze deutsche Geschichte öffnet auch den Blick auf die europäischen Perspektiven unserer Nationalgeschichte. In meiner Regierungserklärung vom 4. Mai 1983 führte ich dazu aus:

> »Wir, die Deutschen, müssen uns unserer Geschichte stellen, mit ihrer Größe und ihrem Elend, nichts wegnehmen, nichts hinzufügen. Wir müssen unsere Geschichte nehmen, wie sie war und ist: ein Kernstück europäischer Existenz in der Mitte des Kontinents.«

In öffentlichen Veranstaltungen zum Thema wurde massive Kritik geübt. In den Medien erschienen zwischen 1983 und 1987, bis zur rechtsförmlichen Gründung des DHM, zahlreiche Beiträge namhafter Politiker und Historiker, die gegen meine angebliche »Geschichtspolitik« polemisierten. Diese Attacken gegen das erste deutsche Geschichtsmuseum waren um so weniger berechtigt, als wir jede Anstrengung unternahmen, die Öffentlichkeit über die Museumspläne sorgfältig zu unterrichten. So fand im März 1987 eine zweite Anhörung zur Konzeption für ein Deutsches Historisches Museum in Berlin statt. Zum zweiten Mal stellten sich die

Experten der Kritik und dem Urteil ihrer Fachkollegen sowie der gesamten Öffentlichkeit.

Bei dieser Anhörung stellte Werner Knopp, der Vorsitzende der Wissenschaftlichen Sachverständigenkommission, fest: »Die Regierung hat keinerlei inhaltliche Vorgaben gemacht. Sie hat auch keine Einflussnahmen in dieser Richtung versucht, und ich glaube wirklich, dass man eine solche Färbung unseres Konzepts aus ihm nicht herauslesen kann.«

Als ich am 28. Oktober 1987 die Stiftungstafel für das Deutsche Historische Museum im Spreebogen an die Stelle setzte, an der heute das Bundeskanzleramt errichtet ist, demonstrierte eine Gruppe der Grünen und Alternativen gegen die Anbringung der Tafel. Auf einem Transparent war zu lesen: »Das ist die Berliner Gruft, Gruft, Gruft.«

Dem Gründungsdirektor des Deutschen Historischen Museums Christoph Stölzl übergab ich einen Erstdruck des Textes der Nationalhymne von Hoffmann von Fallersleben. Stölzl wies in seiner Dankadresse auf den europäischen Ausgangspunkt der Hymne von Joseph Haydn hin.

Beim anschließenden Festakt im Reichstagsgebäude führte ich aus:

> »Als wir dieses Projekt vorbereiteten, waren wir uns darüber im klaren, dass wir vor einer ganz außergewöhnlichen Aufgabe standen. Ich selbst habe immer wieder hervorgehoben, dass es sich nach meiner Überzeugung um eine nationale Aufgabe von europäischem Rang und europäischer Dimension handelt. Die Errichtung eines solchen Museums ist ein notwendiges, ein überfälliges politisches und kulturelles Vorhaben – von Bedeutung für unsere geteilte Nation und von Bedeutung für unsere Nachbarn.«

Mein dreifaches Handlungsmotiv klang wieder einmal an: das nationale, das europäische und das kulturelle. Für mich gehören historisches Wissen und Geschichtsbewusstsein zum aufgeklärten Denken eines jeden Menschen.

Der neu überdachte Innenhof des Alten Zeughauses in Berlin, Sitz des Deutschen Historischen Museums

Ich verband den Gründungsakt für das Deutsche Historische Museum mit einem erneuten Bekenntnis zur deutschen Einheit:

> »Wer die Stadt besucht, wer Mauer und Stacheldraht vor Augen hat, für den gibt es keinen Zweifel: Dieses abstoßende Bauwerk wird nicht Bestand haben. Das letzte Wort der Geschichte ist mit der Teilung Berlins wie der Teilung Deutschlands, mit der Teilung Europas nicht gesprochen. Auf keinen Fall kann die Mauer Berlin daran hindern, Modell und geistige Brücke für die Freiheit zu sein.«

Am 3. August 1987 hatte die Bundesregierung durch den Bundesbauminister einen Realisierungswettbewerb für den Museumsbau ausgelobt. Zusätzlich wurden namhafte Architekten aus dem Ausland eingeladen. Zweihundertzwanzig Arbeiten gingen bis zum 3. März 1988 bei der Bundesbaudirektion ein, die das Wettbewerbsverfahren durchzuführen hatte. Das Preisgericht entschied sich schließlich für den Mailänder Architekten Aldo Rossi.

Mit dem Fall der Mauer 1989 und der deutschen Einheit vom 3. Oktober 1990 hatten sich die Bedingungen, unter denen der Museumsbau von Aldo Rossi für das DHM erstellt werden sollte, grundlegend geändert. Schon vor dem 3. Oktober 1990 entschied ich, das Projekt Aldo Rossis für das DHM nicht weiterzuverfolgen. Noch vor der deutschen Einheit wurde das Zeughaus, in dem bereits das DDR-Geschichtsmuseum untergebracht war, zum Sitz des Deutschen Historischen Museums bestimmt.

Das Zeughaus, Ende des siebzehnten Jahrhunderts erbaut, hatte während des Zweiten Weltkriegs schwere Beschädigungen erlitten und befand sich 1990 in einem baulichen Zustand, der eine sofortige dauerhafte Nutzung ausschloss. Eine umfassende Generalrestaurierung und die Überdachung des Innenhofs waren nötig, bevor hier 2004 die Dauerausstellung des Deutschen Historischen Museums eröffnet werden konnte.

15.
Durchbruch

Der 8. Dezember 1987 ist ein Tag von historischer Bedeutung, ein Datum, das einen großen Erfolg für das Atlantische Bündnis markiert: Beim Gipfeltreffen in Washington unterzeichneten Ronald Reagan und Michail Gorbatschow den INF-Vertrag zur Beseitigung der Mittelstreckenwaffen. Es war das erste wirkliche Abrüstungsabkommen der Geschichte, das eine ganze Kategorie von Waffen beseitigte. In der Folge wurden alle amerikanischen und sowjetischen nuklearen, landgestützten Mittelstreckenraketen zwischen fünfhundert und fünftausendfünfhundert Kilometer Reichweite abgeschafft.

Wir hatten seit dem Nato-Doppelbeschluss von 1979 auf dieses Abkommen hingewirkt, und jetzt wurde endlich die Bedrohung Westeuropas durch die sowjetischen SS-20-Raketen beendet. Im Gegenzug wurde die noch laufende Stationierung von Marschflugkörpern ausgesetzt, und hundertacht Pershing-II-Flugkörper und vierundsechzig Marschflugkörper wurden vom Boden der Bundesrepublik abgezogen. Darüber hinaus sah der Vertrag ein umfassendes Überprüfungssystem einschließlich Verdachtskontrollen vor.

Das war ein Ergebnis, das lange nicht für möglich gehalten worden war. Dass es trotzdem dazu kam, daran hatten viele mitgewirkt, allen voran Präsident Reagan, der für seine Politik stark kritisiert worden war, vor allem in Deutschland. Nun hatten wir allen Grund, ihm von Herzen zu danken. Auch Generalsekretär Gorbatschow gebührte Anerkennung dafür, dass er den Weg zu einem Kompromiss und einem guten Ergebnis freigemacht hatte. Eine weitere Voraussetzung für diesen Erfolg war die Solidarität des Bündnisses.

Leider hatten nicht Vernunftgründe allein zum INF-Vertrag geführt, er war nur unter Druck zustande gekommen: Das Bündnis musste erst Mittelstreckenraketen und Marschflugkörper stationieren, bevor es zu ernsthaften Verhandlungen in Genf kam.

Unsere Politik war immer berechenbar und deshalb erfolgreich. Sie war im übrigen eine glänzende Bestätigung für das sogenannte Harmel-Konzept, einerseits die militärische Sicherheit zu gewährleisten (Stichwort »flexible response«) und andererseits die politische Entspannung gegenüber dem Osten anzustreben. Intensiv bemühten wir uns um eine Verhandlungslösung.

Auch hinsichtlich der Verhandlungen über eine Halbierung der strategischen Offensivpotentiale der USA und der Sowjetunion brachte das Gipfeltreffen von Washington wichtige Annäherungen in bezug auf die Obergrenzen für einzelne strategische Waffensysteme. Darüber hinaus gab es eine Teileinigung über ein befristetes Festhalten am ABM-Vertrag, der die Begrenzung von Raketenabwehrsystemen regelte; dadurch rückte eine langfristig tragfähige Einigung der Großmächte über das Verhältnis von Offensiv- und Defensivsystemen näher, wie wir sie als erste westliche Regierung mehrfach eingefordert hatten. Ein START-Abkommen über die Reduzierung strategischer Waffen – konkret: die Verschrottung von mehr als zehntausend nuklearen Sprengköpfen in Ost und West – war damit ebenfalls in greifbare Nähe gerückt.

So bestätigte der Washingtoner Gipfel wieder einmal die Erfahrung, dass Begegnungen auf höchster Ebene besonders geeignet waren, den Ost-West-Beziehungen weiterführende Impulse zu geben. Seit meinem Amtsantritt plädierte ich deshalb für eine Gipfeldiplomatie der Großmächte. Auch wir hatten hochrangige Begegnungen in diesem Jahr konsequent dafür genutzt, um das sich anbahnende günstige Klima im Ost-West-Verhältnis in bilaterale Fortschritte zum Wohl der Menschen umzumünzen. Das war der Sinn meiner Begegnungen mit den Partei- und Regierungschefs des Warschauer Pakts, von Erich Honecker über den bulgarischen Generalsekretär Todor Schiwkow, den ungarischen Ministerpräsidenten Károly Grosz und den tschechoslowakischen Staatspräsidenten Gustav Husák bis zu Michail Gorbatschow.

In Washington stoßen Ronald Reagan und Michail Gorbatschow auf die Unterzeichnung des INF-Vertrags an

Es wäre grundfalsch, die Ost-West-Beziehungen auf Fragen der Abrüstung und Rüstungskontrolle zu verengen, vielmehr mussten alle Felder der Zusammenarbeit erfasst und weiterentwickelt werden. Dass die USA und die Sowjetunion nicht nur in puncto Sicherheit und Vertrauensbildung Fortschritte erzielt hatten, sondern darüber hinaus auch die wirtschaftliche Zusammenarbeit und den kulturellen Austausch verbessert und sich über Wege zur friedlichen Lösung regionaler Konflikte verständigt hatten, war deshalb so bedeutsam. Auch auf dem Washingtoner Gipfel verlor Präsident Reagan nie das Ziel aus den Augen, Fortschritte in humanitären Fragen zu erreichen und die Beachtung der Menschenrechte durchzusetzen, die letztlich das Fundament einer dauerhaften Friedensordnung sind. Zu besonderem Dank waren wir dem amerikanischen Präsidenten dafür verpflichtet, dass er wie schon bei früheren Gipfeltreffen mit Gorbatschow zwei wesentliche deutsche Anliegen zur Sprache brachte: Zusammen mit den Ausreisewünschen sowjetischer Juden hatte er sich dafür eingesetzt, dass auch Sowjetbürgern deutscher Nationalität dieses Recht eingeräumt wurde, und er hatte in Fortsetzung seiner Berlin-Initiative vom Juni 1987 darauf gedrungen, dass unsere alte

Hauptstadt bei der Verbesserung der Beziehungen von Anfang an voll einbezogen wurde.

*

Mitte Dezember 1987 kam der amerikanische Außenminister George P. Shultz in die Bundesrepublik, um die Bundesregierung ausführlich über die Ergebnisse des Gipfels zu informieren. Bei unserem eineinhalbstündigen Gespräch am 15. Dezember tauschten wir uns auch über die Lage in der Sowjetunion und den übrigen Staaten des Warschauer Pakts aus.

Der Außenminister erinnerte noch einmal an die Situation von 1983, als die Sowjetunion zwar in Genf am Verhandlungstisch saß, jedoch keineswegs kooperativ war, weil sie zweifellos die Hoffnung hegte, es käme nicht zu einer Stationierung westlicher Raketen. Shultz zeigte sich überzeugt: Dass die Bundesregierung damals an ihrer festen Position keinen Zweifel ließ und es schließlich zur Stationierung der Pershing II in der Bundesrepublik kam, habe wesentlichen Anteil an der sowjetischen Entscheidung gehabt, jetzt dieses Abkommen abzuschließen. Das Zustandekommen des INF-Vertrags zeige, dass die Friedensbewegung unrecht gehabt habe. Wäre es nach ihr gegangen, wären zwar die Raketen nicht stationiert worden, aber dann gäbe es auch kein Abkommen mit der Sowjetunion. Bei allen Gefühlen der Befriedigung müsse man sich immer wieder klar machen, wie es zu diesem Erfolg gekommen sei: Feste Haltung habe sich ausgezahlt, der Kurs des Bündnisses sei richtig gewesen.

Ich stimmte dem Außenminister zu und sagte, nur dank der Stationierung und wegen des SDI-Programms der USA sei die Sowjetunion zur Aufnahme ernsthafter Verhandlungen bewogen worden. Die Geschichte Russlands und der Sowjetunion zeige, dass Realitäten respektiert würden. In den letzten Jahren habe die Moskauer Führung erkannt, dass sie das Bündnis nicht auseinanderdividieren könne. Diese Einigkeit sei, selbst wenn es zuweilen sachliche Differenzen gäbe, das Wichtigste überhaupt für die Zukunft. Insbesondere komme es dabei auf die Entwicklung der deutsch-amerikanischen Beziehungen und die immer engere deutsch-französische Zusammenarbeit an, denn jede Verstärkung unserer Westbindungen sei für die Sowjetunion ein Greuel. Wenn wir auch nach außen erkennbar zeigten, dass wir zusammengehören, könne man mit der Sowjetunion auch über Sachfragen reden, meinte ich. Die Bereitschaft der Sowjetunion, zu einer Übereinkunft mit Präsident Reagan zu kommen, den sie früher so vehement bekämpft hatte, zeige dies deutlich.

Dann sprachen wir über die Position von Michail Gorbatschow im Machtgefüge der Sowjetunion. In Washington, so Shultz, sei Gorbatschow voller Selbstbewusstsein und Selbstvertrauen aufgetreten, während ihm bei ihrer letzten Begegnung in Moskau noch die Nervosität anzumerken gewesen sei. Er habe den Eindruck, inzwischen agiere Gorbatschow aus einer starken Position heraus und versuche, sein Land und das politische System zu verändern. Shultz fügte hinzu, im privaten Gespräch beeindrucke Gorbatschow durch eine starke Persönlichkeit mit hohem Intellekt und großer Energie. Man könne mit ihm über Themen sachlich streiten. Wenn Gorbatschow erkenne, dass der Gesprächspartner bei seiner Position bleibe, gehe er zum nächsten Thema über. Auf dieser Grundlage habe man mit einem gewissen Maß an Realismus über Menschenrechte und regionale Fragen sprechen können. Er empfinde die Diskussionen mit Gorbatschow als viel besser und befriedigender als die mit seinen Vorgängern oder mit Außenminister Gromyko.

Rückblickend fällt mir auf, wie unsicher wir in der Einschätzung des Kreml-Chefs waren, der damals seit zwei Jahren amtierte. Gorbatschow schien mir zu diesem Zeitpunkt sehr geschickt zu sein: Er ließ sich nicht so recht in die Karten schauen, verstand sich aber gleichzeitig besonders gut darauf, die westliche Öffentlichkeit direkt anzusprechen. Klug nutzte er eines unserer Hauptprobleme aus, das darin bestand, dass viele Leute eine Welt zu sehen glaubten, die es gar nicht gab.

Außenminister Shultz erkannte früh, dass Gorbatschow eine sehr geschickte Öffentlichkeitsarbeit betrieb und darauf setzte, für seine Zustimmung zu den westlichen Vorschlägen einen Bonus einzustreichen. Um so dringlicher galt es herauszustellen, dass es der Westen war, der die Halbierung der strategischen Offensivwaffen, den Abzug aus Afghanistan und menschliche Erleichterungen gefordert hatte. Wir durften nicht zulassen, dass dem sowjetischen Parteichef Dinge zugute gehalten wurden, die er nur verbalisierte, aber nicht realisierte.

*

Trotz dieser Erfolge war das zu Ende gehende Jahr für uns ein Krisenjahr, das seinen Anfang mit dem enttäuschenden Ausgang der Bundestagswahl genommen hatte. Zwar schaffte die CDU mit ihrem Spitzenkandidaten Walter Wallmann in Hessen die »historische Wende« und konnte die jahrelang regierende SPD auch als stärkste Partei ablösen, doch schon das Ergebnis der Wahl in Rheinland-Pfalz, wo die CDU die absolute Mehrheit verlor, verstärkte den Eindruck eines bundesweiten Abwärtstrends. Auch die Wahlen in Bremen, Hamburg und später in Schleswig-Holstein verliefen sehr ernüchternd. Die Barschel-Affäre, ein Tiefpunkt in der bundesdeutschen Skandalgeschichte, schadete uns ungemein und führte zu erheblichen Einbußen nicht nur an Wahlstimmen, sondern auch an Mitgliedern. Nicht nur innerhalb der Parteigremien wurde über das Selbstverständnis einer christlichen Partei diskutiert.

Eine ausgesprochene Achillesferse der CDU war der sogenannte vorpolitische Raum, denn in den Bundes- und Landtagswahlkreisen waren wir oft nicht mehr präsent. Dreißig Jahre zuvor war es noch selbstverständlich, dass der Abgeordnete sich hin und wieder bei der katholischen Jugend, der Kolpingfamilie, im Kirchenchor oder beim Pfarrer sehen ließ. Wenn er das nicht tat, bekam er sehr bald vermittelt, dass man von ihm erwartete, sich in bestimmten Abständen blicken zu lassen, und dann fügte er sich den Forderungen seiner Klientel. Jeder in der Partei wusste, wie wichtig die Präsenz vor Ort war. Ende der achtziger Jahre jedoch war dieses Wissen fast völlig verschwunden. »Seid ihr überhaupt noch zu sprechen?« war eine oft gestellte Frage. Darunter litt die Stim-

Der amerikanische Außenminister George Shultz bei seinem Besuch in Bonn

mung in der Wählerschaft, und gleichzeitig war es, als hätten wir Augen und Ohren verloren: Gesellschaftliche Veränderungen wurden von uns kaum noch wahrgenommen, obwohl eine Partei eigentlich mitten im Volk lebt.

Wir mussten über unsere Position in der Gesellschaft nachdenken. Kamen wir mit unseren politischen Veranstaltungen überhaupt noch bei den Menschen an? Spielten die rein kommunalpolitischen Themen in den Kreisverbänden nicht eine zu große Rolle? Wer erklärte den Bürgern zum Beispiel die große Bedeutung der Außen- und Sicherheitspolitik? Zu überprüfen war auch, was wir aus unseren Parteitagsbeschlüssen gemacht hatten. Was leisteten die Mandatsträger in ihren Kreis- oder Landesverbänden, um die Beschlüsse zu realisieren?

Wenn die Partei der »Verbonzung« entgehen wollte – und das war ein Grundproblem in der Regierungsverantwortung –, dann musste sie ihre eigenen Beschlüsse ernst nehmen. Das war der erste Schritt zur Besserung.

Die Unionsparteien hatten eine Reihe politischer Erfolge vorzuweisen, die an der Basis aber offenbar nicht so recht angekommen waren, allen voran das INF-Abkommen, zu dem die von mir geführte Bundesregierung maßgeblich beigetragen hatte. Gerade das Weiterkommen in den Ost-West-Beziehungen schien von der Mehrheit der Parteimitglieder nicht recht begriffen und schon gar nicht mit aller Konsequenz unter das Volk gebracht zu werden.

Dabei hatten unsere politischen Gegner auf der ganzen Linie versagt, und es wäre ein leichtes gewesen, die unrühmliche Rolle der SPD in den vergangenen Jahren mit ihren falschen Prognosen, ihrer voreiligen Konzessionsbereitschaft und ihrer Illoyalität gegenüber dem Nato-Bündnis und der eigenen Regierung an den Pranger zu stellen. Jahrelang hatte die SPD den von Helmut Schmidt mit herbeigeführten Nato-Doppelbeschluss erbittert bekämpft und zugleich ignoriert, was ein Verzicht auf die Stationierung bedeutet hätte: keine Nullösung und vor allem kein Ende der Sonderbedrohung Europas durch die SS 20.

Doch nicht Nachgiebigkeit, sondern Standfestigkeit führte zur Abrüstung. Fest stand: Bei einer SPD-geführten Bundesregierung hätte es das INF-Abkommen nicht gegeben. Noch auf dem Nürnberger Bundesparteitag im August 1986 verlangte die SPD von den USA einen Aufstellungsstopp und eine Rücknahme der Mittelstreckenraketen, während sie gleichzeitig von der Sowjetunion nur eine Verminderung der SS 20 auf den Stand von 1979 forderte. Im Klartext hieß das: Die SPD war bereit, der Sowjetunion einen einseitigen Rüstungsvorteil in Form von hundertvierzig SS-20-Raketen mit insgesamt vierhundertzwanzig Sprengköpfen zuzugestehen. Die SPD übernahm auch von Anfang an die sowjetische Propagandathese, dass SDI eine Vorbereitung auf den »Krieg der Sterne« sei und einer Abrüstung bei den strategisch-nuklearen Offensivpotentialen im Weg stehe.

Wir dagegen hatten erreicht, dass die Ost-West-Beziehungen sich positiv entwickelten, während die SPD eine dilettantische Nebenaußen- und Deutschlandpolitik betrieb und Verhandlungen mit kommunistischen Parteien des Ostens, zum Beispiel mit den »Kollegen der SED«, führte, wie es der Bundestagsabgeordnete Egon Bahr einmal ausdrückte.

Die neue Dynamik in den Ost-West-Beziehungen hatte sich positiv auf die Beziehungen der beiden Staaten in Deutschland ausgewirkt. Umgekehrt gab die Deutschlandpolitik der Bundesregierung dem Ost-West-Verhältnis wertvolle Impulse. Wir suchten die Zusammenarbeit, aber wir verwischten keine Gegensätze. Der fundamentale Unterschied zwischen freiheitlicher Demokratie und kommunistischer Diktatur war eine Tatsache und musste immer wieder ins Gedächtnis gerufen werden. Mit Recht hatte SED-Generalsekretär Erich Honecker bei seiner Tischrede vom 7. September 1987 darauf hingewiesen, »dass Sozialismus und Kapitalismus sich ebensowenig vereinigen lassen wie Feuer und Wasser«. Wer diesen Unterschied nicht zur Kenntnis nahm und beim Namen nannte, konnte keine realistische Politik machen.

Es war ein alter Fehler der SPD, sich und andere über die Natur des kommunistischen Systems zu täuschen. Eine verhängnisvolle Fehleinschätzung war die Folge. Demokratische Parteien konnten keine gemeinsamen Grundwerte mit einer kommunistischen Staatspartei haben, die ihre Kritiker drangsaliert. Es durfte auch keine gemeinsamen Grundwertepapiere geben. Deshalb ließen wir nicht nach in der Forderung nach Freiheit und Menschenrechten für unsere Landsleute und nach freier Selbstbestimmung für alle Deutschen.

Aber nicht nur in der Deutschlandpolitik und in den Ost-West-Beziehungen konnten wir auf eine positive Bilanz verweisen, auch in der Europapolitik, die ein schwieriges und oft enttäuschendes Geschäft war und ist, gab es Erfolge zu verzeichnen. Wenn – wie damals – zwölf Staaten mit unterschiedlichen Interessen sich einigen müssen, bleibt es nicht aus, dass manche Ergebnisse von Pragmatismus und Kurzatmigkeit bestimmt sind, dass Lösungen oft nur auf dem kleinsten gemeinsamen Nenner gefunden werden. Wir wollten die politische Union des freien Europas und die Verteidigungsunion als gemeinsame Plattform in der WEU und der Zusammenarbeit mit Frankreich. Ebenso wollten wir die europäische Wirtschafts- und Währungsunion und die Vollendung des Binnenmarkts bis 1992.

Die deutsche Präsidentschaft im ersten Halbjahr 1988 musste ein Aktivposten für Europa werden. Sie sollte auch dafür genutzt werden, um gemeinsam mit unseren Partnern wichtige Fortschritte zu erzielen. Europa musste wieder zum Hoffnungsträger werden, zur Vision, die die Menschen begeistert.

Wie in der Außenpolitik, so gab es auch im Inneren bemerkenswerte Erfolge. Unsere Finanz- und Steuerpolitik etwa verzeichnete eine ganze Reihe positiver Daten: Die Steuersenkung von netto 50 Milliarden DM betraf den Zeitraum von 1986 bis 1990. Das waren 2 Prozent des Bruttosozialprodukts. Gerade im Blick auf die internationale Lage spielte die vorgesehene Steuersenkung von 14 Milliarden DM für 1988 keine unwesentliche Rolle. Zusätzlich hatten wir uns auf ein 21-Milliarden-DM-Angebot an zinsgünstigen Investitionsdarlehen geeinigt, um den Städten, den Gemeinden und dem Mittelstand bei schwierigen Investitionsentscheidungen gezielt zu helfen. Hinzu kam die Aufstockung der Investitionen bei der Deutschen Bundespost um weitere 1,5 Milliarden DM auf rund 20 Milliarden DM.

Großen Wert legten wir auf ein enges Zusammenwirken mit der Geld- und Zinspolitik der Deutschen Bundesbank. Das deutsche Zinsniveau befand sich bereits seit geraumer Zeit – auch im internationalen Vergleich – auf niedrigem Stand. Am 3. Dezember 1987 kam es zu einer Senkung des Diskontsatzes auf 2,5 Prozent, das war der bisher niedrigste Stand überhaupt. Die Geld- und die Finanzpolitik lagen in der Bundesrepublik auf dem gleichen expansiven Kurs. Sie stützten konsequent die wirtschaftliche Entwicklung und ergänzten sich dabei gegenseitig.

Die wirtschaftlichen Grunddaten entwickelten sich weiterhin günstig. Es gab stabile Preise und niedrige Zinsen, deutliche reale Steigerungsraten bei Einkommen, Löhnen und Renten. Die Inlandsnachfrage blieb hoch, vor allem ihr dynamischer privater Verbrauch. Aber auch die Auslandsbestellungen in der Industrie verbesserten sich seit dem Frühjahr deutlich. Die Beschäftigung nahm weiterhin kontinuierlich zu, allerdings – als Folge außenwirtschaftlicher Belastungen – mit langsamerem Tempo, so dass die Arbeitslosigkeit nicht weiter abgebaut werden konnte. Aber erstmals seit 1981 gab es ein ausgeglichenes Verhältnis von Angebot und Nachfrage bei den Lehrstellen.

Die Konjunkturdaten fielen 1987 insgesamt positiv aus. Ganz wichtig war, dass Investoren und Verbraucher sich in ihren Entscheidungen nicht durch Turbulenzen auf dem Finanzmarkt hatten irritieren lassen. Die tatsächliche wirtschaftliche Lage war sicher nicht optimal, aber sie war besser und solider, als so manche ambivalente Stimmungsmache wahrhaben wollte. Dem mussten wir offensiv und unter Verweis auf die wirtschaftlichen Tatsachen entgegentreten.

Dasselbe galt für die Steuerreform. Der Umfang der Steuersenkung (netto 50 Milliarden DM) wie des Subventionsabbaus (18 Milliarden DM) war einmalig in der Geschichte der Bundesrepublik. Wir hatten also allen Grund, diese Reform offensiv und aktiv zu vertreten und zu verkaufen. Doch die Stimmung innerhalb und außerhalb der Partei blieb mies. Unsere Erfolge schienen nicht wahrgenommen zu werden.

Nicht viel anders sah es in der Landwirtschafts- und Umweltpolitik aus. Auch hier überdeckten schlechte Nachrichten die gute Entwicklung. Europaweite Überschüsse in der Landwirtschaft mussten abgebaut werden – allerdings nicht durch Preissenkungen. Wir wollten eine behutsame Neuordnung der EG-Agrarpolitik, die durch direkte Hilfen an unsere Bauern flankiert werden sollte. Ein Drittel ihres Einkommens stammte bereits aus direkten Einkommensübertragungen. Uns ging es darum, durch Flächenstillegungs- und Extensivierungsprogramme neue Perspektiven für den Umwelt- und Naturschutz zu schaffen. Dazu zählte die Entschädigung für Nutzungsausfälle, die eine gemeinsame Aufgabe aller Beteiligten war.

Mit unserer konsequenten Politik für den Schutz der natürlichen Lebensgrundlagen kamen wir Schritt für Schritt voran. Ein Vergleich zur Situation vor 1982 zeigt die wesentlichen Verbesserungen: Wir hatten in der EG durchgesetzt, dass die Bundesrepublik Deutschland verbleites Normalbenzin vom Markt nehmen konnte. Die Nordseeschutzkonferenz in London hatte – vor allem dank unseres Drängens – die Voraussetzungen für den Schutz der Nordsee wesentlich verbessert. Nach durchgreifenden Maßnahmen zum Schutz von Luft und Wasser widmeten wir uns jetzt besonders nachdrücklich dem Schutz des Bodens. Ein durchaus gewollter Nebeneffekt unserer konsequenten Umweltpolitik im Zeichen der sozialen Marktwirtschaft war die Sicherung von mehreren hunderttausend Arbeitsplätzen.

Ein weiteres Beispiel für »ganzheitliches Denken« im Zeichen der sozialen Marktwirtschaft war die Kostendämpfung im Gesundheitswesen. Hier ging es auch darum, Lohnnebenkosten zu senken und damit die Attraktivität des Industriestandorts Bundesrepublik zu erhalten und zu erhöhen.

Nicht zu vergessen die Familienpolitik. Die Familie stand für uns im Mittelpunkt von Politik und Gesellschaft. Neu waren die Verbesserung des Familienlastenausgleichs und die Anerkennung von Kindererziehungszeiten im Rentenrecht.

Entschieden traten wir für innere Sicherheit ein. Dass am 2. November 1987 bei einer nicht genehmigten Demonstration an der Startbahn West des Frankfurter Flughafens zwei Polizisten erschossen und neun durch Schüsse verletzt wurden, durfte sich nicht wiederholen. Wir waren fest entschlossen, dem Missbrauch des Rechts auf friedliche Versammlung Einhalt zu gebieten. Es ging nicht darum, das Versammlungsrecht einzuschränken, doch die Zunahme gewalttätiger Demonstrationen führte leider auch zu Gewöhnung und Abstumpfung. Das eigentliche Problem war die Verharmlosung von Gewalt und die Beschönigung von »Gewalt gegen Sachen«.

Welche Folgen die staatliche Duldung von Kriminalität, von gleichsam rechtsfreien Räumen zeitigte, erwies sich beispielhaft beim Konflikt um die Hausbesetzer in der Hamburger Hafenstraße. Für viele Bürger war nicht nachzuvollziehen, dass einerseits fahrlässige Ordnungswidrigkeiten im Straßenverkehr unnachsichtig geahndet wurden, während andererseits vorsätzliche Straftaten bestimmter Gruppen folgenlos blieben.

Es gab manche, leider auch in der SPD, die uns vorhielten, »die Spirale der Gewalt ein Stück weiterzudrehen«. Das war eine ungeheuerliche Gleichsetzung: Wie ließ sich die Selbstbehauptung des Rechtsstaats und ein besserer Schutz der Polizeibeamten mit dem blanken Hass und der Zerstörungswut von Gewalttätern vergleichen? Der Rechtsstaat ist ein ebenso kostbares Gut wie die Demokratie. Recht sichert Freiheit. Dies war die Lehre aus unserer Geschichte, aus der wir praktische Konsequenzen zu ziehen haben.

Trotz vieler Erfolge waren wir fortwährenden Angriffen ausgesetzt und standen unter einer Art andauerndem Rechtfertigungsdruck. Daraus ergab sich für die Unionsparteien und die Regierungskoalition am Ende des Jahres 1987, dass wir uns keinen Illusionen hingeben durften. Die Barschel-Affäre hatte unserem Ansehen schwer geschadet. Jetzt galt es, Vertrauen zurückzugewinnen. Das war nicht mit großen Worten möglich, sondern nur mit überzeugenden Taten. Jeder musste sich in die Pflicht nehmen. Gute Sacharbeit auf der Grundlage der gemeinsamen Überzeugungen war entscheidend, nicht persönliche Profilierung. Wir waren weder eine Rechts- noch eine Linkspartei, und es gab mit mir als Vorsitzenden weder einen Links- noch einen Rechtsruck. Wir waren die große Volkspartei der Mitte, und wir mussten es bleiben, damit die Mehrheit der Bürger, damit alle Schichten und Altersgruppen bei uns weiterhin ihre politische Heimat fanden. CDU und CSU sind Schwesterparteien, den gleichen Grundwerten und Überzeugungen verpflichtet. Das musste deutlich werden in Diskussionen und auch in harten Auseinandersetzungen in der Sache, jedoch nicht über Fernsehinterviews und Presseerklärungen, wie geschehen, sondern im Gespräch an einem Tisch. Ich erwartete, dass jeder sich an diese Vereinbarung hielt.

Doch mit Appellen allein war uns nicht mehr zu helfen. Nur eine grundlegende Parteireform konnte uns aus der Krise führen. Ich übernahm 1987 den Vorsitz der Organisationskommission, die ich angeregt hatte. Sie sollte Vorschläge zu einer gründlichen Strukturreform der Partei erarbeiten und die politischen Positionen überprüfen. Unter dem Arbeitstitel »Moderne Parteiarbeit in den 90er Jahren« ging es im wesentlichen darum, wie der Mitgliederschwund zu stoppen und wie Frauen, Jugendliche und Angestellte für die Partei zu gewinnen waren.

Künftig sollten Frauen und junge Kandidaten auf allen Ebenen der Partei mehr Chancen erhalten. Neuen Mitgliedern wurden konkrete Angebote zur Mitarbeit gemacht. Der »Stammtischstil« in den Ortsverbänden sollte durch Aktivitäten, wie sie seit langem bei den Bürgerinitiativen gepflegt wurden, ersetzt und durch den Einsatz moderner Kommunikationsmittel überwunden werden. Auch der Trend zum Berufspolitiker sollte abgefangen und Bürger sollten gewonnen werden, die bereit waren, »dem Gemeinwesen auf Zeit zu dienen«.

Die Umsetzung dieses Reformkonzepts lag mir sehr am Herzen. Dazu gehörte auch, dass die Vereinigungen innerhalb der Partei nicht immer nur als Interessenvertretung ihrer Zielgruppe auftraten, sondern mehr das Interesse der Gesamtunion im Auge behielten. Doch das war erst ein Anfang, um den Richtungsstreit, den Wahlfrust und eine gewisse Orientierungslosigkeit zu beenden. Der 35. Bundesparteitag, der für Mitte 1988 in Wiesbaden geplant war, musste neue Maßstäbe zur Gestaltung der Zukunft setzen, unser Grundsatzprogramm fortschreiben und die aufgeregten Wogen glätten. Ich war fest entschlossen, die eingeleitete Modernisierung der Partei mit aller Kraft fortzusetzen, und baute dabei auch auf die Vernunft des Führungspersonals.

16.
Moskau ruft

Zweimal war ich während meiner Kanzlerschaft bisher in Moskau gewesen und immer aus traurigem Anlass, nämlich dem Tod des jeweiligen höchsten Repräsentanten der Sowjetunion. Aber auch andere namhafte Repräsentanten der Bundesrepublik reisten in die sowjetische Hauptstadt. Und sie hatten alle meine volle Unterstützung.

Im Juli 1987 machte sich Bundespräsident Richard von Weizsäcker zu einem Staatsbesuch in die Sowjetunion auf. Seine Gespräche mit Michail Gorbatschow zeugten von dem aufrichtigen Bemühen, den deutsch-sowjetischen Beziehungen neue Impulse zu geben. Aus den geheimen Aufzeichnungen für das Moskauer Politbüro wissen wir heute, dass Weizsäcker dem sowjetischen Generalsekretär gegenüber konsequent die außen- und deutschlandpolitische Linie der Bonner Regierungskoalition vertrat. Etwas anderes hätte ich von ihm auch nicht erwartet.

Was er Honecker in Bonn offenbar nicht zu sagen wagte, formulierte er in Moskau in vornehmer Diplomatensprache, etwa wenn er aus dem Gespräch Gorbatschows mit Margaret Thatcher zitierte, »dass die Nation, die ihre Geschichte nicht respektiert, ihre Zukunft in Frage stellt«. Die Deutschen lebten in zwei getrennten Staaten, gehörten zu zwei unterschiedlichen Verteidigungsbündnissen und Gesellschaftssystemen und hätten unterschiedliche Ideologien. Und doch seien sie eine Nation und als solche könnten sie bestens einen Beitrag zur Friedenssicherung und Zusammenarbeit in Europa leisten. »Eine deutsche Nation ist kein Hindernis für den europäischen Fortschritt, sondern Motor«, sagte Weizsäcker wörtlich. Ein französischer Politiker habe zwar

Juli 1987: Bei seinem Staatsbesuch in Moskau trifft Bundespräsident von Weizsäcker auch mit Andrei Gromyko (re.), dem Vorsitzenden des Obersten Sowjets, zusammen

gesagt, er möge die Deutschen so sehr, dass ihm zwei deutsche Staaten lieber seien als nur einer, doch unser Gefühl der Zugehörigkeit zu einer Nation hindere uns nicht daran, gute Beziehungen zu unseren Nachbarn zu pflegen. Wir wollten nicht die Grenzen in Europa verändern. »Wir möchten aber sehr, dass die zwischenstaatlichen Grenzen ihren die Menschen trennenden Charakter verlieren«, sagte Weizsäcker. Das waren die richtigen Aussagen zur richtigen Zeit.

*

Zu den westdeutschen Spitzenpolitikern, die das Gespräch mit Moskau suchten, gehörte auch Franz Josef Strauß. Er steuerte selbst ein Flugzeug in die sowjetische Hauptstadt und wurde am 29. Dezember 1987 von Michail Gorbatschow zu einem ausgiebigen Gespräch empfangen. Und das hatte es in sich: Strauß sagte dem mächtigsten Mann im Kreml ohne jede Scheu, wie er die deutsch-sowjetischen Beziehungen historisch einordnete und wie sie seiner Meinung nach verbessert werden könnten.

Gegenüber dem baden-württembergischen Ministerpräsidenten Lothar Späth beschrieb Gorbatschow diese Begegnung am 9. Februar 1988 als die inhaltsreichste von allen bisherigen mit führenden Politikern aus der Bundesrepublik. Sympathisch fand er vor allem auch den politischen Realismus des Bayern. Späth selbst musste bei seinem Treffen mit dem Generalsekretär erfahren, wie selbstbewusst dieser seine Positionen gegenüber dem Westen vertrat und welche hohen Erwartungen er an eine neue Qualität der deutsch-sowjetischen Beziehungen knüpfte.

Es war übrigens Lothar Späth, der bei seinem Treffen in Moskau in meinem Auftrag eine endgültige Besuchsabsprache mit Gorbatschow traf. Danach war mein Besuch für den Herbst 1988 und Gorbatschows Staatsbesuch in der Bundesrepublik für Sommer 1989 vorgesehen. Als Hans-Dietrich Genscher am 30. Juli 1988 in Moskau kurz mit Michail Gorbatschow zusammentraf, brauchte er sich nicht mehr um Termine zu kümmern. Der Außenminister richtete beste Grüße von mir aus und erläuterte meine Bereitschaft, bei meinem Moskau-Besuch wichtige Schritte zu besprechen, um unsere Beziehungen auf eine qualitativ neue Ebene zu heben.

Die geheimen Gesprächsprotokolle von damals, die für die Mitglieder des Politbüros bestimmt waren, belegen sehr deutlich, dass kein Bundespräsident, kein Minister und kein Ministerpräsident, wie gelegentlich behauptet, für mich den Weg nach Moskau frei machen musste. Sie dokumentieren vielmehr, dass Gorbatschow auf meinen Besuch drängte und hohe Erwartungen daran knüpfte. Als er in der Politbürositzung am 16. Juli 1987 über den Weizsäcker-Besuch in Moskau informierte, meinte er am Schluss: »Und noch etwas: Wir dürfen den Kohl wirklich nicht zu einem Sündenbock abstempeln. Sonst wird es keine ernstzunehmende Politik von uns geben, sondern Journalismus.«

*

Zu seinem Treffen mit Michail Gorbatschow in Moskau ist Franz Josef Strauß in einer Cessna geflogen, die er selbst gesteuert hat

Es war ein sonniger, frostfreier Wintertag in Bonn, als ich am 19. Januar 1988 um 14 Uhr für zweieinhalb Stunden den wichtigsten Weggefährten Gorbatschows, den sowjetischen Außenminister Eduard A. Schewardnadse empfing. Er übergab mir eine offizielle Botschaft des Generalsekretärs und übermittelte herzliche Grüße von ihm und von der sowjetischen Führung.

In seinem Schreiben nahm Gorbatschow unter anderem zu Fragen von Frieden und Sicherheit in Europa und in der Welt Stellung und verdeutlichte die sowjetische Philosophie in der Außenpolitik, insbesondere gegenüber der Bundesrepublik. Er habe bereits vor eineinhalb Jahren davon gesprochen, eine neue Seite in den Beziehungen zur Bundesrepublik aufzuschlagen. Diese Aussage sei natürlich nicht zufällig gefallen, sondern Ergebnis vertiefter Überlegung und ernsthafter Analyse der Lage in Europa und der bilateralen Beziehungen. Den heutigen und künftigen Generationen sei damit eine durchaus realistische Aufgabe gestellt.

Ich bedankte mich für die Botschaft des Generalsekretärs und bekräftigte meinerseits unsere Entschlossenheit, in den Beziehungen zwischen Bonn und Moskau ein neues Kapitel aufzuschlagen. Anschließend erläuterte ich dem Gast aus Moskau meine Position. Es war nicht unsere Sache, zu kommentieren, was sich in Moskau vollzog, es war jedoch auch kein Geheimnis, wo unsere Sympathie lag. »Neues Denken« war natürlich für uns eine ganz wichtige Sache, wobei wir allerdings Realisten blieben und wussten, was ging und was nicht ging. Wenn es also in dieser Periode der Umgestaltung Chancen für einen Neuanfang zwischen der Sowjetunion und uns gab, dann war das nur gut.

Nur zwölf Jahre waren es noch bis zum Ende des Jahrhunderts, und es war ein schlimmes Jahrhundert für beide Seiten gewesen. Unter den vielen Gedenktagen der Jahre 1988 und 1989 war einer sehr positiv: Die bis dahin längste Friedensperiode in Mitteleuropa hatte von 1871 bis 1914 geherrscht, und im nächsten Jahr würde dieser Rekord übertroffen werden. Es war an uns, diese Periode weiter auszubauen.

1988 waren in beiden Ländern bereits 65 Prozent der Bevölkerung nach dem Krieg geboren und aufgewachsen. Wir wollten nach vorne schauen, vergaßen aber nicht, was gewesen war. Wir müssen zur Geschichte stehen. Die Beziehungen zwischen Deutschland und Russland (und nach 1917 zwischen Deutschland und der Sowjetunion) waren nicht nur von Krieg und Leid geprägt, sondern auch von fruchtbarer Zusammenarbeit in Wirtschaft, Wissenschaft, Philosophie und Kunst.

Gorbatschow hatte gesagt, er wolle das System verbessern, aber nicht verändern. Die Systemunterschiede blieben also bestehen, und wir blieben genauso bei unseren Überzeugungen wie die sowjetische Seite bei den ihren. Im friedlichen Wettbewerb der Systeme lag die große Chance. Dies galt im bilateralen Verhältnis genauso wie bei Abrüstung und Rüstungskontrolle: Waffen an sich waren nicht gut oder böse. Es kam auf die dahinterstehende Gesinnung an.

Die letzten Jahrzehnte waren von mangelndem Vertrauen zwischen West und Ost, zwischen der Sowjetunion und uns geprägt gewesen. Ich wollte gegenüber dem sowjetischen Außenminister nicht nach Schuld fragen. Es ging jetzt darum, in die Zukunft zu schauen und Vertrauen zu schaffen. Dies war ein Kernstück unserer Politik, und wir leisteten unseren Beitrag dazu im Rahmen des Bündnisses und der Europäischen Gemeinschaft. Es galt, die Ost-West-Beziehungen auf allen Gebieten zu verbessern – im Wirtschafts- und Kulturbereich ebenso wie in Wissenschaft und Sport und nicht zuletzt in humanitären Fragen.

Gegenüber Schewardnadse unterstrich ich, dass sich die Bundesregierung in Grundsatzfragen auf eine breite Mehrheit in der Bevölkerung stützen könne. Die sie tragenden Parteien stünden nicht im Verdacht, »nach links« abzudriften. Gerade deshalb waren wir für die Sowjetunion ein besonders verlässlicher Partner. Was uns ideologisch trennte, gab uns im Pragmatischen größere Chancen.

Die Bundesrepublik Deutschland war in den letzten Jahrzehnten wieder zu einem gewichtigen Land in Europa geworden. Gleichzeitig war unsere geopolitische Lage nun einmal, wie sie war: Jede negative Veränderung im Weltklima schlug auf uns durch. Unser Land war aufgrund der Politik Hitlers, die zum Zweiten Weltkrieg geführt hatte, geteilt – mit allen Problemen, die der sowjetische Außenminister kannte. Wir mussten damit leben, auch wenn es eine Menge psychischer Wunden gab.

Wir bemühten uns um gute Beziehungen mit allen Staaten Mittel- und Osteuropas. Die wichtigsten Beziehungen jedoch seien die mit der Sowjetunion, sagte ich. Und ich wiederholte: Ich würde gerne mit der jetzigen sowjetischen Führung einen Neuanfang machen, weil Generalsekretär Gorbatschow und seine Mannschaft in die Zukunft blickten. Dass wir einiges bewegen könnten und zwar gerade als Partner und Freund der USA, habe sich im Verlauf der INF-Verhandlungen gezeigt. Man solle also einfach neu beginnen, ohne große Kompliziertheit, mit vernünftigen Gesprächen und ohne dem anderen etwas zuzumuten, was man selbst nicht zugemutet haben mochte.

Eduard Schewardnadse erläuterte mir die Vorgänge in der Sowjetunion. Es gehe erstens um die Erneuerung der Gesellschaft, um tiefgreifende wirtschaftliche Reformen, die auf den bereits erzielten Erfolgen und dem intellektuellen Potential des ganzen Volkes aufbauen könnten. Zweitens gehe es um die tiefgreifende Demokratisierung der Sowjetgesellschaft mit dem Ziel höchster Arbeitseffektivität. Gorbatschow habe mehrfach betont, er werde diese Linie fortführen, nicht um sich lieb Kind zu machen, sondern weil sie Programm und Ausrichtung der Sowjetunion entspreche.

Es seien bereits gute Voraussetzungen geschaffen worden, um

Bei seinem Besuch in Bonn bereitet der sowjetische Außenminister Eduard Schewardnadse den Boden für das Treffen mit Michail Gorbatschow vor

die Umgestaltung in schnellem Tempo voranzutreiben. Damit die Pläne jedoch realisiert werden könnten, brauche man ein günstiges größeres Umfeld, insbesondere Frieden. Deshalb sei die Politik der Sowjetunion berechenbar, und die Sowjetunion folge nur den Gesetzen der Logik, wenn sie zur Schlussfolgerung gelangt sei, dass unter den jetzigen Bedingungen ein Krieg, insbesondere ein nuklearer Krieg, unmöglich zu führen sei.

Gleichgültig, ob es um die Verwirklichung der inneren Pläne gehe, um die Beziehungen seines Landes zu den mitteleuropäischen Staaten oder um die Zukunft des Kontinents und des Erdballs, immer müsse man dabei die Beziehungen zwischen der Sowjetunion und der Bundesrepublik Deutschland berücksichtigen. So wie die Bundesregierung ihrer Politik gegenüber der Sowjetunion zentrale Bedeutung einräume, wisse auch die sowjetische Führung, dass Europapolitik ohne Klarheit in den Beziehungen zur Bundesrepublik nicht möglich sei. Beide Gesellschaften seien so weit herangereift, dass sie ihre Beziehungen nunmehr umgestalten könnten. Die Geschichte lehre, dass es in Europa relativ günstig zugegangen sei, als Russland und Deutschland friedlich zusammenlebten. In dieser Periode hätten beide Völker Erhebliches zum zivilisatorischen Fortschritt beigetragen. Heute stelle sich die Aufgabe, die Beziehungen auf neuer Grundlage aufzubauen und eine neue Herangehensweise an internationale Fragen zu entwickeln, und gegenwärtig befänden wir uns in einer verantwortungsvollen Phase der Beziehungen.

Selbst in Zeiten schwerster Prüfung habe die Sowjetunion dem deutschen Volk immer Respekt gezollt, meinte der sowjetische Außenminister. Stalin, der heutzutage nicht gerade en vogue sei, habe gesagt, »die Hitlers kommen und gehen, aber das deutsche Volk bleibt«. Heute stehe man auf einer neuen Stufe. Sowenig wie die Bundesrepublik die Absicht habe, die Sowjetunion von ihren Verbündeten zu trennen, so illusorisch wäre es, wenn die Sowjetunion sich zur Aufgabe gesetzt hätte, unsere Beziehungen zu den USA, zu Großbritannien, Frankreich, Japan und anderen befreundeten Ländern zu zerstören. Während man die traditionellen Bindungen beibehalte, könne man doch die bilateralen Beziehungen umgestalten, sonst werde es das »gemeinsame europäische Haus« nicht geben. Schließlich beinhalte dieser anschauliche Begriff natürlich nicht, dass es einen Kampf um die bessere Wohnung, um die bessere Etage geben müsse.

Ich stimmte Schewardnadse zu, dass jetzt bedeutende Chancen zur Verbesserung unserer Beziehungen bestünden, warnte allerdings gleichzeitig vor zuviel Euphorie, damit es nicht zu Enttäuschungen komme. Die Wirtschaftsdaten beispielsweise waren nicht befriedigend. Deshalb müssten wir sehr intensiv darüber sprechen, wie man die Dinge zum gegenseitigen Nutzen verbessern könne. Ich nannte konkrete Beispiele:

1. Die Heranbildung neuer Wirtschaftskader war eine existentielle Frage für die Sowjetunion. Sie ließ sich nicht über Nacht lösen, doch ich war bereit, hier einen großen Schritt in Richtung Zusammenarbeit zu tun. Man konnte mit einem Versuch beginnen: Die Sowjetunion, so mein Angebot, möge konkret sagen, wo wir helfen könnten.
2. Wissenschaftliche Zusammenarbeit: Hier ging es nicht nur um Pauschalverträge, sondern um konkrete Projekte. So gab es im Bereich der medizinischen Forschung traditionelle Beziehungen, die man reaktivieren könnte. Gemeinsam sollte man sich auch dem medizinischen Apparatebau zuwenden.
3. Nach den Erfahrungen von Tschernobyl musste man überlegen, wie man die Sicherheit ziviler Kernanlagen verbessern

konnte. Dies war keine nationale Frage der Sowjetunion, sondern berührte auch uns unmittelbar. Deshalb war die Bundesregierung bereit, hier einen großen Schritt zu tun.

Ich bat Schewardnadse, diese Vorschläge dem Generalsekretär vorzutragen. Dabei ging es nicht allein um den praktischen Nutzen. Vielmehr hatte es symbolische Bedeutung, wenn sich zwei Völker nach der Zerstörung des Krieges nunmehr gemeinsam bemühten, die Umwelt für kommende Generationen zu erhalten. Die Jugend würde dies verstehen. Wichtig war auch der Ausbau der kulturellen Zusammenarbeit, die Zusammenarbeit der Universitäten und der jungen Leute im weitesten Sinn. Dabei durften wir nicht im Unverbindlichen bleiben, sondern mussten, weil die Menschen in Moskau und Bonn gleichermaßen ungeduldig waren, rasch handeln.

Die Sowjetunion wusste, wie wichtig uns humanitäre Fortschritte waren. 1987 war in dieser Hinsicht mit über vierzehntausend Familienzusammenführungen ein gutes Jahr gewesen. Das war für uns psychologisch von größter Bedeutung, und ich hoffte, dass sich diese günstige Entwicklung fortsetzen würde.

Kurzum: Es gab viele Bereiche, wo beide Seiten einer Meinung sein konnten. In anderen Bereichen würde man verschiedener Meinung bleiben, etwa in der Bewertung der Teilung Deutschlands. Für die Sowjetunion kam es darauf an zu wissen, dass Krieg und Gewalt für uns endgültig kein Mittel der Politik mehr waren und dass jede Veränderung der Verhältnisse nur mit Zustimmung aller Nachbarn möglich war. Mit dieser Formel müsste die Sowjetunion sehr gut leben können.

Der sowjetische Außenminister pflichtete mir bei. Er schätze sehr, wie ich über die bilateralen Beziehungen und über konkrete Felder der Zusammenarbeit gesprochen hatte. Der sowjetischen Seite imponiere eine solche Herangehensweise. Dass sowohl die Führung seines Landes als auch die der Bundesrepublik Deutschland sehr ernsthaft über die Umgestaltung der Beziehungen nachdenke, sei ein positiver Faktor. »Neues Denken« sei auf allen Gebieten gefordert.

Im folgenden sprachen wir ausführlich über die weiteren Abrüstungsgespräche zwischen der Sowjetunion und Amerika. Am Ende des Treffens setzte ich noch einen positiven Akzent mit der Bemerkung, dass es erstens Zeiten gebe, in denen Entscheidungen vorbereitet werden; zweitens Zeiten, in denen entschieden werde; und drittens Zeiten, in denen die Völker lange Zeit die Folgen der Entscheidungen erleben oder erleiden. Wir seien jetzt in der zweiten Phase, sowohl in der Weltpolitik wie in den bilateralen Beziehungen.

Dieses Gespräch mit Außenminister Schewardnadse war außerordentlich konstruktiv und sehr wertvoll im Hinblick auf die geplante Begegnung mit Michail Gorbatschow. Nun wussten beide Seiten, woran sie miteinander waren.

*

Die Deutsche Presse-Agentur meldete anderntags unter Berufung auf eine bayerische Regionalzeitung, ich hätte eine Einladung nach Moskau ausgeschlagen, die mir der sowjetische Außenminister überbrachte. Das war natürlich Unsinn, aber wer immer dieses Gerücht in die Welt gesetzt hatte, hatte insofern recht damit, als ich grundsätzlich der Meinung war, dass jetzt eigentlich eine Visite Gorbatschows am Rhein angesagt war, nachdem ich bereits zu einem Arbeitsbesuch und zweimal anlässlich von Trauerfeierlichkeiten in der UdSSR gewesen war. Wenn Gorbatschow allerdings wegen der Abrüstungsgespräche mit Washington, der Vorbereitung des Gipfels mit US-Präsident Reagan und der Planung einer wichtigen Parteikonferenz keine Zeit haben sollte, war ich durchaus bereit, selbst noch einmal den Weg nach Moskau anzutreten.

So kam es denn auch. Am 26. Februar 1988 bestätigte der sowjetische Botschafter in Bonn Julij Kwizinskij den bereits von Gorbatschow akzeptierten Herbsttermin, zu dem ich nach Moskau reisen würde. Spätestens jetzt legten sich die Bonner Aufgeregtheiten wieder, und schon bald gingen die ersten Anmeldungen von Korrespondenten im Bundeskanzleramt ein, die mit in die sowjetische Hauptstadt reisen wollten.

17. Freundliche Aufnahme

Vom 26. bis 27. Januar 1988 stattete ich der Tschechoslowakei einen offiziellen Besuch ab. Die Aufmerksamkeit, mit der mir die Medien begegneten, stand kaum hinter dem zurück, was man Gästen aus dem sozialistischen Lager entgegenbrachte. Es war eine offene Atmosphäre in den Gesprächen mit den Prager Spitzenpolitikern, und die Bilanz des ersten Besuchs eines deutschen Bundeskanzlers seit fünfzehn Jahren war überaus positiv.

Zuletzt war Willy Brandt 1973 zum Abschluss des Prager Vertrags in die tschechoslowakische Hauptstadt gereist. Das war ein wichtiger Markstein in der Entwicklung der Beziehungen zwischen der ČSSR und der Bundesrepublik.

Erst bei den Vorbereitungen zu meinem Besuch stellte ich fest, dass dies überhaupt der erste eigentliche Arbeitsbesuch in Prag war; denn in der Zeit der Weimarer Republik war weder ein Regierungschef aus Prag nach Berlin noch einer der Regierungschefs der Weimarer Republik nach Prag gekommen. Dies war nicht nur ein kurioses historisches Faktum, sondern hatte auch eine gewisse Aussagekraft: Wir hatten einen großen Nachholbedarf in den Beziehungen zueinander.

Die internationale Großwetterlage war ausgesprochen günstig, um ein neues Kapitel in den Beziehungen zwischen der Bundesrepublik und der ČSSR aufzuschlagen. Sie war gekennzeichnet durch die intensive Kommunikation zwischen den Weltmächten zur Vorbereitung des nächsten Treffens zwischen Präsident Reagan und Generalsekretär Gorbatschow. Gleichzeitig lief die Diskussion um die Ratifizierung des INF-Vertrags im US-Senat, und wir befanden uns in der Schlussphase des Wiener KSZE-

Folgetreffens. Das alles zeigte, dass in das lange Zeit erstarrte Ost-West-Verhältnis Bewegung gekommen war. Es war eine Phase, in der wir jenseits von Abrüstungsfragen, so wichtig sie auch waren, begreifen mussten, dass es darauf ankam, Vertrauen zu schaffen, neues Vertrauen zu begründen und Vertrauen auszubauen, und dass dies nicht nur Moskau und Washington betraf, sondern dass wir als Europäer, und zwar ganz gleich, ob wir nun der Nato oder dem Warschauer Pakt angehörten, unseren eigenen Beitrag dazu leisten mussten.

Seit dem 1. Januar 1988 hatten wir für sechs Monate die Präsidentschaft in der EG übernommen, und die ČSSR hatte den Vorsitz im Rat für gegenseitige Wirtschaftshilfe (RGW) inne. Zu den Dingen, die ich während unserer Präsidentschaft voranbringen wollte, zählten neben einer Gemeinsamen Erklärung zwischen der EG und Algerien auch die Abkommen zwischen der EG und der ČSSR und zwischen der EG und Ungarn. Auch deshalb war es für mich wichtig, Informationen aus erster Hand über die weitere Reformentwicklung in der ČSSR zu gewinnen, und ich sollte ausführlich Gelegenheit dazu bekommen: In einer ungewöhnlich langen und intensiven Diskussion, an der Ministerpräsident Lubomír Štrougal, der neue Generalsekretär der Kommunistischen Partei Miloš Jakeš und der Präsident der Republik Gustav Husák teilnahmen, konnte ich dieses Thema und viele weitere besprechen.

In dem Ministerpräsidenten erlebte ich einen Mann, der mit der Politik der kommunistischen Hardliner offensichtlich nicht übereinstimmte. Als ich ihn fragte, was die tschechische Führung mit ihrem harten Kampf gegen die katholische Kirche eigentlich bezwecke, sagte er zu meinem Erstaunen, die tschechische Führung verbinde damit dieselben Ziele, wie sie die weiße Regierung in Südafrika mit ihrer Apartheidpolitik verfolge. Soviel selbstkritische Wahrnehmung war für einen Mann in seiner Position ungewöhnlich, und Jakeš und Husák schienen denn auch, anders als Lubomír Štrougal, völlig unberührt von den dramatischen Veränderungen im Warschauer Pakt und hielten uneinsichtig an der kommunistischen Linie fest.

Einmal holte mich bei meinem Besuch in der ČSSR die deutsch-

Der tschechische Ministerpräsident Lubomír Štrougal überrascht durch seine selbstkritische Haltung

deutsche Wirklichkeit ein: Über den niedergebrannten Grundmauern und den Massengräbern des Dorfes Lidice, das 1942 von der SS als Rache für die Ermordung des stellvertretenden Reichsprotektors, SS-Obergruppenführer Reinhard Heydrich, vernichtet worden war, sollte ich fürs Fernsehen interviewt werden und suchte nach langen Minuten drückenden Schweigens gerade nach den richtigen Worten, als mich aus dem Hintergrund eine Stimme unterbrach: »Herr Bundeskanzler, wir sind aus der DDR und wollen mit Ihnen sprechen.«

Tschechoslowakische Sicherheitsbeamte versuchten die beiden Rufer abzudrängen. »Bleiben Sie ruhig dort stehen«, rief ich meinen Landsleuten zu. »Ich gebe gerade ein Interview und komme dann.«

Wenig später machte ich ihre Bekanntschaft. Es handelte sich um einen sechsundzwanzigjährigen Koch und seine gleichaltrige Freundin, eine Apothekenfacharbeiterin, aus dem thüringischen Bezirk Ziegenhain. Beide waren in der Nacht mit ihrem Trabi nach Lidice gefahren, nachdem sie im Rundfunk von meinem Besuch in der ČSSR gehört hatten. Sie hatten seit einem Jahr einen Ausreiseantrag gestellt. Nun versprach ich ihnen, mich für sie einzusetzen, was ich über das Bundeskanzleramt und mit Hilfe der Mitarbeiter in humanitären Fragen des innerdeutschen Ministeriums dann auch tat.

Volker Rühe, der stellvertretende Fraktionsvorsitzende der

CDU/CSU, hatte in meinem Auftrag Gespräche mit fünf prominenten Vertretern der Bürgerrechtsorganisation Charta 77 geführt. Er und Horst Teltschik trafen auch mit dem früheren ČSSR-Außenminister Jiři Hájek zusammen, der nun Sprecher der Charta 77 war. Die Bürgerrechtler sahen allein schon in dem Zustandekommen der Gespräche einen winzigen Funken Hoffnung auf Lockerung der ständigen Überwachung und vielleicht sogar einen ersten Anstoß zur Legalisierung ihrer Bewegung.

Am späten Abend besuchte ich ohne Presse und Fotografen und nur mit der engsten Begleitung die uralte Synagoge an der Pariser Straße. In den schön gedruckten Touristikprospekten, die es für offizielle Besucher kiloweise gab, wurde dieses einstige Zentrum des Judentums mit dem alten Friedhof und seinem erdrückenden Grabsteinwald mit keinem Wort erwähnt. Diesen Besuch hatte ich mir persönlich gewünscht. Die Legende, wie Rabbi Loew dort den Golem erschuf, ließ ich mir von einem Rabbiner erzählen, dessen überalterte Gemeinde aus nur noch tausend Juden bestand. Mehr waren von den vierundfünfzigtausend im Ghetto nicht übriggeblieben. Aber Ghetto und Synagoge standen noch wie einst. Die SS hatte beschlossen, hier das Originalmuseum einer ausgerotteten »Rasse« einzurichten. Unsere jüngste Geschichte begegnete mir hier mit einer solchen Wucht, dass ich nur hoffen konnte, dass auch die nächsten Generationen daraus noch lernen mochten.

Angesichts dieser Geschichte war es nicht selbstverständlich, dass meine Prager Gastgeber auch Worte des Verständnisses für meine deutschen Landsleute fanden, die nach 1945 ihre alte Heimat unter oft sehr dramatischen Umständen verlassen mussten.

Wir haben ein großes gemeinsames kulturelles Erbe, an das wir anknüpfen und auf das wir die Zukunft bauen können. Prag, diese einzigartige Stadt, die Karls-Universität – das waren alles Begegnungen mitten in Europa, im europäischen Geist.

Wir verständigten uns auf eine Liste von bilateralen Fragen, die in allernächster Zeit zu behandeln waren. Dazu gehörten der regelmäßige politische Dialog auf höchster Ebene, Städtepartnerschaften, Erleichterungen an der Grenze, konkrete Maßnahmen beim grenzüberschreitenden Umweltschutz, der Austausch von Kulturinstituten, der Jugendaustausch und vor allem eine vernünftige Lösung der anstehenden humanitären Fragen. Und damit es nicht bei schönen Reden blieb, verabredeten wir, die Fortschritte jährlich zu überprüfen.

Neben dem Besuch der Synagoge hatte ich noch einen persönlichen Wunsch geäußert, obwohl es mir eigentlich nicht lag, Bedingungen bei Auslandsbesuchen zu stellen. Bei den Staatsgästen, die ich in Bonn empfing, mochte ich solche Begehrlichkeiten umgekehrt auch nicht. Diesmal aber hatte ich die Erfüllung eines Wunsches zur Bedingung gemacht, der meinen Prager Gastgebern einiges Kopfzerbrechen bereitete: Ich wollte den achtundachtzigjährigen Kardinal und Erzbischof von Prag, František Tomášek, besuchen. Dieser hochangesehene Theologe und Religionswissenschaftler hatte jahrelang unter den Nationalsozialisten gelitten, und nach der Machtübernahme 1945 bedrängten ihn die Kommunisten. Als 1950 alle theologischen Fakultäten und Priesterseminare in der ČSSR liquidiert wurden, wurde der im geheimen ohne staatliche Zustimmung zum Bischof geweihte Tomášek bald Opfer des Kirchenkampfs. Man verhaftete ihn ohne Gerichtsurteil und internierte ihn in einem Arbeitslager. Später wurde er ohne Veröffentlichung seines Namens in das römische Kardinalskollegium aufgenommen. Tomášek galt als Symbolfigur kirchlicher Unabhängigkeit und unerbittlicher Förderer demokratischer Bürgerrechte. Erst 1990 wurde die staatliche Kontrolle über die katholische Kirche aufgehoben, erst dann konnten alle vakanten Bischofsstühle in der ČSSR besetzt werden.

Als ich erklärte, dass ich den standhaften Kirchenmann treffen wollte, hieß es von offizieller Stelle, der Kardinal sei verreist und nicht zu sprechen. Daraufhin ließ ich über meinen Protokollchef ausrichten, dass ich bereit sei, eine knappe Stunde auf den Kirchenmann zu warten. Wenn ein Treffen dann nicht möglich sei, würde ich mit meiner gesamten Delegation die Heimreise antreten. Die Drohung zeigte Wirkung. Am anderen Tag machte ich mich mit einer großen Eskorte auf den Weg zu dieser herausragenden Persönlichkeit. Als ich in seinem alten Palais ankam, standen ihm die Tränen in den Augen. Er umarmte mich und weinte bitterlich. In deutscher Sprache meinte er, ich sei der erste westliche Staatsmann, der ihn je besucht habe. Keiner der zahlreichen Regierungsvertreter aus Westeuropa hätte den Weg zu ihm gefunden.

In dem anschließenden mehrstündigen Gespräch erlebte ich einen hellwachen Kardinal, der detailliert über sein Leben berichtete und über die Härten der stalinistischen Herrschaft Auskunft gab. Für mich war das der Höhepunkt des Prag-Besuchs, eine Lehrstunde in europäischer Nachkriegsgeschichte. Noch nie zuvor hatte ich Gelegenheit, mit einem so prominenten Zeitzeugen über das Leben unter kommunistischer Herrschaft zu diskutieren. Noch nie bekam ich so detaillierte Einblicke in eine Untergrundkirche, die jahrelang schlimmsten Schikanen ausgesetzt war, weil sie den Machthabern als gefährlicher innenpolitischer Feind galt.

Zwei Jahre später, im Sommer 1990, war ich gerade im österreichischen St. Gilgen in Urlaub, als ich die Nachricht vom Tod des Prager Kardinals erhielt. In der zweiten Augustwoche fuhren Hannelore und ich von St. Gilgen direkt nach Prag, um an den Trauerfeierlichkeiten teilzunehmen. Im Veitsdom, wo der einundneunzigjährige Erzbischof aufgebahrt war, erwiesen ihm zahlreiche Menschen die letzte Ehre, die in großer Trauer an seinem Sarg vorbeidefilierten. Darunter auch fast fünfhundert Priester, von denen er die meisten selbst geweiht hatte, viele von ihnen heimlich, ohne Genehmigung und Wissen der staatlichen Organe. Über die Hälfte von ihnen kam auf mich zu und bedankte sich überschwenglich, weil ich den Kardinal zur Kommunistenzeit aufgesucht und ihm und seinen Gläubigen damit ein wenig Mut gemacht und ein Zeichen gesetzt hatte, dass sie nicht vergessen waren. Die Entwicklung nach 1989 brachte dann auch der katholischen Kirche der ČSSR die lang ersehnte Freiheit, und glücklicherweise konnte der hochbetagte tschechoslowakische Kirchenmann den Anbruch der neuen Zeit noch erleben.

18.
In tiefer Trauer

Am 28. Januar 1988 nahmen wir Abschied von Werner Nachmann, dem Vorsitzenden des Zentralrats der Juden in Deutschland. Sein Tod traf uns alle schmerzlich, und meine ganze Anteilnahme galt seiner Familie.

Die Bestürzung und Trauer, die die Nachricht von seinem unerwarteten Tod weithin auslöste, sagte vielleicht mehr über diesen bedeutenden Mann aus als viele Worte: Ganz unmittelbar verspürten Menschen, welch großen Verlust sie erlitten hatten. Werner Nachmann war seit vielen Jahren ein herausragender Repräsentant der deutschen Juden. Er war darüber hinaus aber auch eine moralische Autorität, die mit der Kraft ihrer Persönlichkeit die Nachkriegsgeschichte mitprägte.

Ich durfte Werner Nachmann als klugen, von tiefer Menschlichkeit geprägten Gesprächspartner kennenlernen – und als Freund, dem ich manchen wertvollen Rat verdankte. Stets spürte ich, wie aus seinen eindringlichen Worten der Wunsch nach Verständigung und Versöhnung sprach. Christen und Juden in gegenseitigem Verständnis zusammenzuführen war ihm ein Herzensanliegen, dem er sein Leben widmete.

Werner Nachmann wusste, welch gewaltige Aufgabe er sich damit gestellt hatte – und er wusste zugleich, wie wichtig und dringlich diese Aufgabe war. Schon als Kind musste er Diskriminierung und Verfolgung am eigenen Leib erfahren, lernte er die Schrecken rassisch und religiös motivierten – oder auch religiös verbrämten – Hasses kennen.

Wie so viele deutsche Familien jüdischen Glaubens musste auch seine Familie aus ihrer Heimat ins Ausland nach Frankreich emigrieren. Doch dort holte sie der mörderische Wahn des Nationalsozialismus ein, und nur französischer Hilfe ist es zu verdanken, dass Werner Nachmann vor den Vernichtungslagern der SS bewahrt wurde.

Werner Nachmann gab nach all dem Schrecklichen, das die Juden in Deutschland und ganz Europa erleiden mussten, sein ganz persönliches Beispiel der Menschlichkeit und der Versöhnung. Er beantwortete Hass mit Nächstenliebe. Er brach nicht den Stab, sondern versuchte, wieder aufzubauen, was andere zerstört hatten – gerade auch in den Herzen der Menschen.

Unmittelbar nach Kriegsende kehrte er in seine badische Heimat zurück und beteiligte sich dort am Wiederaufbau seiner Vaterstadt Karlsruhe. Gemeinsam mit anderen setzte er so ein bewegendes Zeichen des Neubeginns, das zu dieser Zeit für manchen fast unvorstellbar war und das von einer bewundernswerten menschlichen Größe zeugt.

Werner Nachmann steht für die jüdischen Mitbürger, die nach 1945 nach Deutschland zurückkehrten und dazu beitrugen, aus den Trümmern und Ruinen wieder ein blühendes Land zu errichten. Wenn wir an die Leistungen des Wiederaufbaus erinnern, dann sollten wir gerade diesen Beitrag nicht vergessen: Das sogenannte Wirtschaftswunder verdanken wir nicht zuletzt auch jenen, denen in deutschem Namen so viel Leid angetan worden war.

Werner Nachmanns Wirken aber galt nicht nur den äußeren Wunden der Zerstörung, die rasch vernarbten, sondern auch den Wunden in den Herzen der Menschen. Unermüdlich und mit Leidenschaft setzte er sich für ein brüderliches Miteinander von Juden und Nichtjuden ein – in Deutschland ebenso wie im Ausland. So warb er zum Beispiel auch als Vizepräsident der Europäischen Sektion des Jüdischen Weltkongresses beharrlich für eine Verständigung zwischen den Religionen.

Werner Nachmann war ein drängender und, wenn es sein musste, oft ein unbequemer Mahner: Energisch trat er denen entgegen, die vergessen und verdrängen wollten, und stets wies er darauf hin, dass erst die Wahrhaftigkeit der Versöhnung den Boden bereitet.

Bei der Beerdigung von Werner Nachmann, dem Vorsitzenden des Zentralrats der Juden in Deutschland

Ich erinnere mich gut an die eindringlichen Worte, mit denen Werner Nachmann am 21. April 1985 – zum 40. Jahrestag der Befreiung der Konzentrationslager – in Bergen-Belsen von der Pflicht sprach, die Geschichte gegenwärtig zu halten. Zugleich wies er auf den unauflöslichen Zusammenhang von Freiheit und Verantwortung hin. Vor allem der jungen Generation brachte er diesen Zusammenhang immer wieder nahe, ihr wandte er sich, wie er es selbst ausdrückte, »mit Sorgfalt und mit Leidenschaft« zu. Im intensiven Gespräch mit jungen Menschen trug er dazu bei, den Blick zu schärfen, den Sinn für Genauigkeit zu stärken und Aufgeschlossenheit für den Nächsten zu fördern.

Nachdrücklich warnte er auch vor einer womöglich künstlich anmutenden – letztlich wohl einem schlechten Gewissen entspringenden – Vorzugsbehandlung der Juden. Er wollte keine Sonderstellung jüdischer Bürger, er wollte das gleichberechtigte und verständnisvolle Miteinander von Menschen verschiedenen Glaubens.

Seit 1965 war Werner Nachmann Vorsitzender des Zentralrats

der Juden in Deutschland und damit Repräsentant der deutschen Juden. Dieser Aufgabe widmete er sich mit großer Hingabe und auch mit großem Erfolg. Dass er immer wieder in dieses wichtige Amt gewählt wurde, beweist neben vielem anderen, welch hohe Achtung er bei den Juden in Deutschland genoss.

Auf seine Initiative hin entstand in Karlsruhe der erste Neubau einer Synagoge in Deutschland nach dem Zweiten Weltkrieg. Auf ihn geht auch die Gründung der Hochschule für jüdische Studien in Heidelberg zurück. Beide sind untrennbar mit Werner Nachmanns Namen verknüpft und zeugen davon, wie sehr ihm die Pflege jüdischer Institutionen am Herzen lag.

Weit über die Kreise unserer jüdischen Mitbürger hinaus erwarb sich Werner Nachmann in der gesamten Bevölkerung Respekt und hohe Wertschätzung. Er war stets mehr als der Repräsentant einer gesellschaftlichen Gruppe. Er war ein Mann des Ausgleichs und der Gerechtigkeit, der mit seinem selbstlosen Bemühen um Verständigung Werke des Friedens schuf. Er war ein engagierter Demokrat, der stets konsequent für die freiheitliche Ordnung eintrat und sie gegen ihre Feinde von rechts wie von links entschlossen verteidigte. Und schließlich war er auch ein deutscher Patriot, der sich bei allem, was ihm in seinem Leben widerfuhr, die Liebe zu Deutschland, diesem schwierigen Vaterland, bewahrte. Ich empfand es als eine große Tragödie, dass sein Lebensende überschattet wurde von bitteren Vorwürfen über finanzielle Manipulationen, deren er sich schuldig gemacht haben sollte.

*

Im Laufe meiner Kanzlerschaft musste ich viele Trauerreden halten. Als Landespolitiker, Bundesparteivorsitzender und als Bundeskanzler stand ich an manchem offenen Grab. Weil ich schon sehr früh und vor allem relativ jung in verantwortliche Ämter gelangte, gehöre ich zu jenen Politikern, die so oft wie wenige andere der traurigen Pflicht nachkommen mussten, Trauerreden zu halten. Das war bei Werner Nachmann so, und keine sechs Wochen später wieder, nachdem am 9. März 1988 einer der profiliertesten

Politiker der CDU, der frühere Bundeskanzler Kurt Georg Kiesinger, im Alter von dreiundachtzig Jahren verstorben war und es Abschied nehmen hieß von einem der großen Baumeister unserer Republik und von einem guten persönlichen Freund.

Von Anfang an wirkte Kurt Georg Kiesinger maßgeblich daran mit, auf den Trümmern eines zerstörten Landes eine stabile, fest im Kreis der freien Völker verankerte Demokratie zu gründen. An der Seite Konrad Adenauers widmete er sich dem Aufbau der Christlich-Demokratischen Union Deutschlands, deren organisatorische und programmatische Entwicklung er nachhaltig beeinflusste. Vier Jahre lang war er Bundesvorsitzender, bis zu seinem Tod Ehrenvorsitzender.

Im Bundestag kämpfte er leidenschaftlich für die Westintegration unseres Landes und für die europäische Einigung. Mit rhetorischer Brillanz, mit der Klarheit und Ausdruckskraft seiner Sprache prägte er viele große Parlamentsdebatten in den Aufbaujahren der Republik. Die Tatsache, dass er schon früh in wichtige parlamentarische Ämter berufen wurde – sowohl im Deutschen Bundestag als auch in der Beratenden Versammlung des Europarats –, bezeugt eindrucksvoll den Respekt und das Ansehen, das er über Partei- und Ländergrenzen hinweg genoss.

1958 wurde Kurt Georg Kiesinger zum Ministerpräsidenten von Baden-Württemberg gewählt. Er selbst zählte die acht Jahre, in denen er in Stuttgart die Landesregierung führte, zu den glücklichsten seines Lebens. Baden-Württemberg war seine Heimat, aus der er Kraft schöpfte und die für ihn auch eine Quelle geistigen Reichtums bedeutete. Seine Kindheitserinnerungen, in denen er diese Landschaft an der großen europäischen Wasserscheide auf so liebevolle und bewegende Weise schilderte, lassen uns nachempfinden, wie tief Kurt Georg Kiesinger in seiner schwäbischen Heimat verwurzelt war.

Es erfüllte ihn stets mit Freude und Dankbarkeit, diesem Bundesland als Ministerpräsident dienen zu können. Mit seiner Politik formte er die Grundlagen des modernen, in die Zukunft strebenden Baden-Württembergs. Auch in diesem Sinne war er ein Baumeister.

Aber auch von dem dritten Kanzler der Bundesrepublik Deutschland, dem Kanzler der Großen Koalition, hieß es Abschied nehmen. Drei Jahre lang lenkte Kurt Georg Kiesinger unsere Republik durch eine besonders schwierige Phase ihrer Geschichte – durch eine Phase innenpolitischer Unruhe und außenpolitischer Ungewissheit. Die freiheitliche Demokratie in der Bundesrepublik musste damals nach der Zeit des Aufbaus und der Westintegration erneut eine große Bewährungsprobe bestehen. Dass sie sich diesen Herausforderungen gewachsen zeigte, gehört zum bleibenden Verdienst Kurt Georg Kiesingers.

Seine Wirtschafts- und Finanzpolitik festigte das Vertrauen in die soziale Marktwirtschaft. Durch seine Reformpolitik stellte er die Fähigkeit der Demokratie unter Beweis, neue Entwicklungen aufzunehmen, sich auf sie einzustellen und schöpferisch die Zukunft zu gestalten. Er selbst litt allerdings unter bösartigen und ungerechtfertigten Angriffen, die die Zeit vor 1945 betrafen.

In der Außenpolitik galt es, die ersten Ansätze zu einer Entspannung zwischen Ost und West aufzugreifen und durch eigene Initiativen mitzugestalten. Gleichzeitig drohten die Auseinandersetzungen um den richtigen europäischen Weg, um die Zusammenarbeit im Bündnis, um vermeintliche Optionen zwischen Paris und Washington die Bundesrepublik in eine außenpolitische Orientierungskrise von gefährlichem Ausmaß zu stürzen. Kurt Georg Kiesinger führte unser Land auch aus diesen gefährlichen Strömungen heraus. Unter seiner Führung wurde die deutsch-französische Zusammenarbeit neu gefestigt, das Verhältnis zu den USA auf partnerschaftlicher Basis stabilisiert. Das Atlantische Bündnis verständigte sich mit dem Harmel-Bericht auf eine zukunftsweisende Grundlage, die mit ihrer Verknüpfung von Sicherheit und Entspannung jahrelang nichts von ihrer Bedeutung einbüßte.

In diese Jahre fallen auch neue konkrete Bemühungen um mehr Miteinander im geteilten Deutschland und Europa. Auch in dieser Hinsicht wusste Kurt Georg Kiesinger Kontinuität mit notwendigem Wandel zu verbinden. Seine Sorge galt vor allem der Einheit der deutschen Nation. Unvergessen ist der Satz aus einem Schreiben Kiesingers an DDR-Ministerpräsident Willi Stoph, der für uns

Bundeskanzler Kiesinger im Juli 1967 mit dem französischen Staatspräsidenten Charles de Gaulle

lange Jahre gültig war: »Die Realität, die Sie und ich anerkennen müssen, ist der Wille der Deutschen, ein Volk zu sein.« Wenn wir das Bewusstsein für die Einheit der Nation schärften, dann erfüllten wir damit auch ein Vermächtnis Kiesingers.

Der Leistung Bundeskanzler Kiesingers gebührt um so mehr Anerkennung, als die Zusammenarbeit in der Großen Koalition nicht einfach war und nur eine Persönlichkeit wie Kurt Georg Kiesinger sie zusammenhalten konnte – mit ruhiger Autorität und der Begabung zum Ausgleich.

Die Wertschätzung und Zuneigung, die Kurt Georg Kiesinger von vielen Seiten entgegengebracht wurden, galten sicherlich zunächst den Erfolgen des Politikers und Staatsmanns. Vor allem aber galten sie dem Menschen selbst. Kurt Georg Kiesinger überzeugte mit Herz und Verstand, mit Liebenswürdigkeit und umfassender Bildung.

Er verstand sich auf die gerade in einer Demokratie so existentielle Kunst des Kompromisses, des Zusammenführens, des Zusammenfügens, und zwar in einem sehr viel tieferen Sinn, als es beim Vermitteln zwischen unterschiedlichen Partnern zum Ausdruck kommt.

Kurt Georg Kiesinger vereinte in seiner Person Heimatliebe mit Weltläufigkeit, christliche Überzeugung mit liberaler Offenheit und Sinn für das Machbare. Unablässig warb er für den Brückenschlag zwischen Geist und Macht. Er argumentierte gerne mit Platon, mit Montesquieu und immer wieder mit Alexis de Tocqueville, den er dem politischen Denken der Deutschen neu erschloss. Kiesinger zählte zu den Politikern, die in der praktischen Politik ebenso zu überzeugen vermochten wie beim Nachdenken über die Grundlagen von Staat und Gesellschaft.

Er hatte einen klaren Sinn dafür, dass der Mensch nicht vom Brot allein lebt. In einer Zeit materiellen Wohlstands warnte er davor, Herz und Seele verkümmern zu lassen. Er sprach in diesem Zusammenhang – in Anlehnung an ein Märchen von Wilhelm Hauff, das er liebte – vom »kalten Herzen« als der »eigentlichen Gefahr unserer Zeit«.

Kurt Georg Kiesinger setzte dieser Gefahr auch seine eigene Menschlichkeit entgegen. Bei aller Leidenschaft, mit der er zu streiten vermochte, wollte er doch niemals verletzen. Er kannte den Unterschied zwischen politischer Gegnerschaft und Feindschaft: Im politischen Gegner sah er nicht den Feind, sondern einen Mitmenschen mit anderen Ansichten, dem sein Respekt galt. Mit seinem Beispiel setzte er so Maßstäbe für die politische Kultur, als dieses Wort noch nicht in aller Munde war.

Ich selbst verlor mit Kurt Georg Kiesinger einen guten Freund. Er gewährte mir freundschaftliche Hilfe und kameradschaftliche Unterstützung. Ich verdanke ihm viel.

Als Kurt Georg Kiesinger 1958 nach Stuttgart ging, schickte ihm Herbert Wehner ein Telegramm mit den Worten: »Bonn wird ärmer.« Mit seinem Tod im März 1988 wurden viele ärmer.

19.
Gute Verbündete

Als ich am 18. und 19. Februar 1988 zu einem zweitägigen Besuch nach Washington reiste, erwiderte ich den denkwürdigen Besuch des amerikanischen Präsidenten in Berlin und Bonn 1987. Es war meine neunte Begegnung mit Ronald Reagan, und die seinerzeit von ihm verkündete Berlin-Initiative war jetzt einer der Schwerpunkte unseres Gesprächs. Ich dankte dem Präsidenten erneut für diese Initiative und versicherte ihm, dass die Bundesrepublik alles in ihren Kräften Stehende tun werde, um zum Erfolg der Initiative beizutragen.

Inzwischen war die Berlin-Initiative zwischen den drei westlichen Schutzmächten und der Sowjetunion Gesprächsthema geworden. Reagan sagte mir zu, dass Außenminister George Shultz bei seinem bevorstehenden Besuch in Moskau der sowjetischen Führung verdeutlichen werde, dass Berlin von Anfang an in positive Entwicklungen des Ost-West-Verhältnisses einbezogen werden müsse.

Bei der Bewertung des Ost-West-Verhältnisses waren wir uns einig, dass die Chancen für eine grundlegende Verbesserung gegeben waren. Es galt, sie konsequent zu nutzen und dabei Nüchternheit zu bewahren. In keiner Phase der Nachkriegsgeschichte hatten die USA und die Sowjetunion einen so engen Dialog auf höchster Ebene gepflegt wie in den letzten Jahren. Das dritte Gipfeltreffen von Reagan und Gorbatschow hatte mit dem INF-Vertrag erstmals in der Geschichte den Weg zu echter Abrüstung eröffnet, und ich gratulierte dem Präsidenten zu diesem Durchbruch, der für immer mit seinem Namen verbunden sein würde. Der INF-Vertrag lag im Interesse der USA, des Atlantischen Bündnisses insgesamt

Februar 1988, Washington: Das deutsch-amerikanische Verhältnis ist von großer Herzlichkeit geprägt

und nicht zuletzt im Interesse unseres Landes. Niemand, der Bedenken gegen diesen Vertrag vorbrachte, konnte sich auf die Bundesregierung berufen. In meinen Gesprächen mit der Führung des amerikanischen Senats plädierte ich deshalb unmissverständlich für eine Ratifizierung ohne einschränkende Zusätze.

Nun stand ein viertes Gipfeltreffen der Großmächte und ein weiterer Abrüstungsvertrag – das »Strategic Arms Reduction Treaty« (START) zur Reduzierung strategischer Waffen, insbesondere von Trägersystemen und Sprengköpfen – auf der Tagesordnung. Die Bundesregierung unterstützte mit Nachdruck die Halbierung der strategischen Offensivpotentiale beider Großmächte, weil dieser Schritt nicht nur im Interesse der USA, sondern auch im ureigenen Interesse der Bundesrepublik lag.

Der bevorstehende Nato-Gipfel musste dazu entscheidende Anstöße geben. Gleichfalls erwarteten wir eine zukunftsorientierte Fortschreibung des sogenannten Harmel-Berichts, mit dem vor zwanzig Jahren die Strategie begründet wurde, einerseits die Verteidigungsfähigkeit sicherzustellen und andererseits der Sowjetunion und ihren Verbündeten Dialog und Zusammenarbeit anzubieten. Auf dieser Linie, die sich seither voll und ganz bewährt hatte, musste – darin waren wir uns einig – neues Vertrauen zwischen West und Ost aufgebaut werden. Dazu gehörten die Lösungen regionaler Konflikte genauso wie die Achtung der Menschenrechte.

Wir waren uns einig, dass in der vor uns liegenden Phase der Ostpolitik Einigkeit, Geschlossenheit und engste Abstimmung im Bündnis geboten waren.

Als amtierender Ratspräsident der Europäischen Gemeinschaft konnte ich Präsident Reagan über einen erfolgreichen EG-Sondergipfel berichten, der eine Woche zuvor in Brüssel stattgefunden hatte. Die dort getroffenen Maßnahmen, insbesondere die Beschränkung der Agrarproduktion der Europäischen Gemeinschaft und die Ablehnung einer Fettsteuer, entsprachen wichtigen Anliegen auch der USA. Mit einem deutlich aufgestockten Strukturfonds zugunsten ihrer wirtschaftlich schwächeren Mitglieder leistete die Gemeinschaft wirksame Beiträge zur Konjunkturentwicklung. Damit waren gute Voraussetzungen gegeben, transatlantische Meinungsverschiedenheiten in Wirtschafts- und Handelsfragen endlich endgültig auszuräumen, und zwar auf Grundlage des gemeinsamen Bekenntnisses zum Freihandel und der entschiedenen Absage an Protektionismus jeder Art. Wir waren uns einig, dass mit der Festigung der Wechselkurse nunmehr die Signale für eine weitere stabile Aufwärtsbewegung der Weltwirtschaft gesetzt waren.

Meine Blitzreise sollte der vorletzte Besuch bei meinem Freund »Ron« im Weißen Haus sein. Der amerikanische Präsidentschaftswahlkampf kam langsam auf Touren, und da Reagan kein drittes Mal antreten konnte, war die Frage, wer der nächste Chef im Weißen Haus sein würde. Dass ich auf Vizepräsident George Bush setzte, war kein Geheimnis. Gleichwohl widmete ich den Senatoren und Abgeordneten größere Aufmerksamkeit. Ohne ihr Ja zum INF-Vertrag würden wir alle Schwierigkeiten bekommen.

Während ich in Washington über Abrüstung und Rüstungskontrolle, EG-Entscheidungen, Nato-Probleme und Weltpolitik referierte, sammelten sich daheim die Verschwörer gegen mich. Bei einem konspirativen Treffen erörterten einige Spitzenleute aus Partei und Unionsfraktion meine Ablösung als Parteivorsitzender. Während Außenminister George Shultz mich in seiner Tischrede beim Festessen in der deutschen Botschaft vor über hundert handverlesenen Gästen als »Held« feierte – »Helmut, Sie waren einer der Helden damals, als es um die Durchsetzung der Nachrüstung in Europa ging, ohne die wir kein INF-Abkommen erhalten hätten. Da gibt es nicht den geringsten Zweifel« –, tüftelten namhafte Vertreter der CDU eine Strategie aus, um mich aus dem Parteivorsitz zu entfernen. Es war ein langfristiger Plan, der auf dem Bremer Parteitag im September 1989 realisiert werden sollte, und ich ahnte nichts davon, was mir bevorstand.

*

Anfang März 1988 fand in Brüssel das 6. Gipfeltreffen der Nato seit ihrer Gründung im April 1949 statt. Es erbrachte richtungweisende Ergebnisse:

- Es umriss den Kurs der Bündnispolitik für die nächsten Jahre.
- Es gab den laufenden Ost-West-Verhandlungen gewichtige Anstöße, insbesondere auf dem Feld der Abrüstung und Rüstungskontrolle.
- Alle Verbündeten bekräftigten insbesondere den Wunsch, dass die USA und die Sowjetunion den START-Vertrag über die Halbierung ihrer strategischen Potentiale noch 1988 fertig verhandeln sollten.
- Mit der gemeinsamen »Erklärung zur konventionellen Rüstungskontrolle: der Weg nach vorn« wollten wir die Wiener Gespräche über ein Verhandlungsmandat zur Festschreibung der konventionellen Waffensysteme vom Atlantik bis zum Ural befördern.
- Alle Verbündeten bekräftigten ihre Überzeugung, dass die Wahrung der gemeinsamen Sicherheit nicht nur eine militärische, sondern eine im umfassenden Sinn politische Aufgabe sei und dass ein dauerhafter Frieden nur auf Freiheit, Selbstbestimmung und Menschenrechte gegründet werden konnte.

Entgegen dem, was manche Beobachter vor dem Nato-Gipfel und einige Kommentatoren auch danach noch schrieben, konnte es für jeden, der die Verhandlungen am Brüsseler Ratstisch von der ersten bis zur letzten Minute miterlebt und vielfältige Gespräche am Rande geführt hatte, überhaupt keinen Zweifel geben: Das Bündnis ging einig und geschlossen in sein fünftes Jahrzehnt, und über seine grundlegenden Strategien und politischen Leitlinien gab es keine geteilten Meinungen. Die Beiträge der sechzehn Staats- und Regierungschefs waren, bis auf Nuancierungen, praktisch austauschbar. Das bestätigte mir auch der amerikanische Außenminister in einem Schreiben, in dem er den deutschen Beitrag zum Gipfel überaus positiv würdigte.

In der allgemeinen Erklärung wurden unter anderem die Strategie der flexiblen Antwort, die dem Ziel diente, jeden Krieg, sei er nuklear oder konventionell, zuverlässig zu verhindern, und das mit dem Namen Harmel verbundene Konzept als bewährte Bündnispolitik bekräftigt und für die Zukunft fortgeschrieben. Damit war auch für die Zukunft verbindlich, dass unser Bündnis die gemeinsame Sicherheit durch Aufrechterhaltung seiner Verteidigungsfähigkeit gewährleistete und alle sich bietenden Chancen wahrnehmen würde, militärische Konfrontation durch tatsächliche, wirksam überprüfbare Abrüstung und Rüstungskontrolle zu vermindern und das Vertrauen zwischen West und Ost durch Dialog und Zusammenarbeit mit den Staaten des Warschauer Pakts zu stärken.

Die Bundesregierung war mit ihren Verbündeten einer Meinung, dass es ohne Nuklearsysteme auf dem zu verteidigenden Territorium keine wirksame Abschreckung gab. Deshalb auch unsere klare Absage an weitere Nullösungen, an nuklearwaffenfreie Zonen und erst recht an eine »Denuklearisierung Europas«. Ich ließ deshalb am Brüsseler Ratstisch, wie auch bei meinen vorangehenden Gesprächen in Washington, keinen Zweifel daran, dass die Bundesrepublik auch künftig nach eingehender und umfassender Prüfung im Bündnis gemeinsam beschlossene Maßnahmen mittragen würde, um der Strategie der flexiblen Antwort Geltung zu verschaffen.

In Washington wie in Brüssel konnte ich feststellen, dass derzeit im Bereich des in Europa stationierten Nuklearpotentials der USA keine isolierten Entscheidungen über die Modernisierung einzelner Waffensysteme anstanden. Ich warnte deshalb vor allen Versuchen, einen weder sachlich noch zeitlich begründeten Entscheidungsdruck künstlich herbeizureden. Der Nato-Doppelbeschluss hatte den Zeitrahmen vorgegeben, und die Entscheidung stand erst im Jahr 1992 an.

Im Bündnis herrschte Einigkeit darüber, sich jetzt auf das Gesamtkonzept der Sicherheit, Abrüstung und Rüstungskontrolle zu konzentrieren. Gerade angesichts der in Frankreich und in den USA anstehenden Präsidentschaftswahlen lag es im Interesse des ganzen Bündnisses, die Arbeiten am Gesamtkonzept der Sicherheit, Abrüstung und Rüstungskontrolle zu einem Zeitpunkt abzuschließen, zu dem in Paris ein Staatspräsident am Anfang eines neuen Septennats und in Washington eine neue Administration ihre konzeptionellen Beiträge einbringen konnten.

Es gab noch zwei weitere Gesichtspunkte, die bei uns nur ungenügend oder überhaupt nicht gewürdigt wurden: Mit François Mitterrand nahm erstmals seit den sechziger Jahren wieder ein französischer Präsident an einem Nato-Gipfeltreffen teil. Dabei bekräftigte er für Frankreich ausdrücklich die Verpflichtung des Bündnisses aus Artikel 5 des Nato-Vertrags, wonach der Angriff auf ein Mitgliedsland ein Angriff auf alle ist. Er unterstrich damit die volle Teilhabe Frankreichs an der politischen Struktur des Bündnisses.

Das war für uns besonders wichtig, weil wir uns immer wieder dafür eingesetzt hatten, den europäischen Pfeiler unseres Bündnisses zu stärken, und zwar auch durch eine immer engere sicherheitspolitische Zusammenarbeit mit Frankreich. Die im Herbst 1987 verabschiedete »Plattform: Europäische Sicherheitsinteressen« war ein wichtiger Schritt in Richtung auf das gemeinsame sicherheitspolitische Ziel der gleichberechtigten Partnerschaft zwischen Nordamerika und Westeuropa im Bündnis.

In ihrer Brüsseler Erklärung vom März 1988 machten sich die sechzehn Staats- und Regierungschefs diese Einschätzung zu eigen und begrüßten die Bemühungen um die deutsch-französische Zusammenarbeit und um die Wiederbelebung der WEU als Stärkung der transatlantischen Partnerschaft und der Sicherheit des Bündnisses insgesamt. In unseren Medien jedoch fand sich kein Wort darüber.

Ebenfalls souverän übergangen wurde von den heimischen Medien, dass das Nato-Bündnis seine Unterstützung für unsere Anliegen erneuerte, die unnatürliche Teilung des europäischen Kontinents, unter der am unmittelbarsten das deutsche Volk zu leiden hatte, schrittweise zu überwinden und die Freiheit und Lebensfähigkeit Berlins aufrechtzuerhalten und alle Anstrengungen zu fördern, die dortige Lage zu verbessern.

Alles in allem war der Nato-Gipfel für unser Bündnis und für die Politik der Bundesregierung ein großer Erfolg, mit dem sich die Kette außenpolitischer Erfolge des Jahres 1988 fortsetzte, die wir ostpolitisch mit dem Besuch des sowjetischen Außenministers Eduard Schewardnadse in Bonn und mit meinem Besuch in Prag eingeleitet hatten, gemeinschaftspolitisch mit dem richtungweisenden Sondergipfel in Brüssel fortsetzten und nunmehr bündnispolitisch mit meinem Blitzbesuch in Washington und mit dem Nato-Gipfeltreffen abrunden konnten.

Ausführlich informierte ich den CDU-Bundesvorstand, das CDU-Präsidium und die Unionsfraktion darüber. Dabei ging es mir nicht nur darum, Erfolgsmeldungen unter unsere Spitzenleute und die Parlamentarier zu streuen. Es schien mir bitter notwendig zu sein, Aufklärungsarbeit über die generelle Richtung der Bonner Außen- und Sicherheitspolitik zu leisten.

Nicht alle Kolleginnen und Kollegen verstanden mich damals. Für sie zählten Steuer- und Arbeitsmarktpolitik weit mehr als alles, was in dieser schwierigen Zeit mit der Ost-West-Problematik zusammenhing. Damit will ich die innen- und finanzpolitischen Probleme überhaupt nicht verniedlichen. Doch wir konnten noch so erfolgreich auf diesen Feldern sein: Ohne die Sicherung des äußeren Friedens waren die besten Arbeitsmarktzahlen und alle wirtschaftspolitischen Erfolge am Ende Makulatur.

20.
Schwierige Phase

Mit Beginn des Jahres 1988 hatte die Bundesrepublik für die nächsten sechs Monate die Präsidentschaft innerhalb der Europäischen Gemeinschaft übernommen – und dies zum neunten Mal in der Gemeinschaft selbst und zum fünften Mal in der Europäischen Politischen Zusammenarbeit (EPZ). Wir wollten das europäische Einigungswerk weiter voranbringen. Grundlage unseres Arbeitsprogramms war die Einheitliche Europäische Akte, deren Ziele wir in den nächsten Jahren durchsetzen mussten. Angesichts weltwirtschaftlicher Unsicherheiten auf Grund der internationalen Verschuldungssituation, des anhaltenden US-Handelsdefizits und der Entwicklung des Dollarkurses setzten wir mehr denn je auf die europäische Karte.

Der deutsche Außenhandel war bereits in starkem Maße europäisch orientiert: 1986 gingen 51 Prozent unserer Ausfuhren in EG-Länder, 42 Prozent unserer Einfuhren kamen von dort. 1987 waren die Zahlen noch höher.

Neben der Steuerreform war die Verwirklichung des großen europäischen Binnenmarkts mit dreihundertzwanzig Millionen Verbrauchern zentraler Bestandteil unserer Politik für Wachstum und Beschäftigung. Der Binnenmarkt stand deshalb im Mittelpunkt unserer Präsidentschaft.

Mit dem Plan, bis 1992 einen »Raum ohne Binnengrenzen« zu schaffen, stellte sich die Gemeinschaft einer Herausforderung, die mit der Entstehungsphase des europäischen Einigungswerks vergleichbar war. Ein solcher Binnenmarkt war für die Wirtschaft der Gemeinschaft und damit auch für uns eine unverzichtbare Basis, um im weltweiten Wettbewerb bestehen zu können. Dabei waren wir uns darüber im klaren, dass der Binnenmarkt von den Volkswirtschaften aller Staaten, auch von uns, erhebliche Anpassungen verlangte.

Auf uns wartete ein großes Arbeitsprogramm. Würden wir 1992 den Binnenmarkt erreichen, wäre der Einigungsprozess in Europa unumkehrbar. Dazu wollten wir einen entscheidenden Beitrag leisten. Wir wollten damit auch das Vertrauen rechtfertigen, das unsere Partner in die deutsche Präsidentschaft setzten. Zugleich verbesserten wir damit die Voraussetzungen für eine aktive Ostpolitik. Sie befreite unsere Bündnispartner nicht nur von der möglichen Sorge über einen deutschen Sonderweg, sondern wir gewannen dadurch auch ihre Unterstützung.

*

Eine erste Herausforderung für die deutsche Präsidentschaft war der EG-Sondergipfel in Brüssel am 11. und 12. Februar 1988. Trotz gründlicher Vorbereitung und vieler Gespräche, die ich zum Teil unter vier Augen mit einzelnen Regierungschefs führte, schien lange Zeit kein Kompromiss in Sicht. Um ein Haar hätte Europa einen Schwarzen Freitag erlebt; ich war drauf und dran, den Gipfel abzubrechen.

Für die Deutschen fiel er am Ende teurer aus als für andere Länder, während die britische Premierministerin sich zufrieden zurücklehnen konnte. Aber wir hatten achtunddreißig Stunden lang praktisch durchgearbeitet, und der Einsatz für Europa sollte sich lohnen. Wir verabschiedeten das sogenannte Delors-Paket über die Reform des Finanzierungssystems, der gemeinsamen Agrarpolitik und die Verdoppelung der Strukturfonds. Dieses Einvernehmen der Staats- und Regierungschefs machte nach knapp einjähriger Verhandlungsdauer den Weg frei für den Binnenmarkt 1992.

Jetzt hatten wir die Finanzierung der Gemeinschaft bis 1992 auf eine solide Grundlage gestellt. Der relative Wohlstand der Mitgliedsstaaten wurde dabei stärker berücksichtigt, der Rabatt für Großbritannien fortgesetzt. Mit der realen Verdoppelung der

Mittel für die Strukturfonds bis 1993 und ihrer Konzentration auf die weniger wohlhabenden Regionen wollten wir auch den wirtschaftlichen und sozialen Zusammenhalt und damit die Zukunft der Gemeinschaft stärken. Nach meiner festen Überzeugung hatten wir damit eine der Voraussetzungen für die Verwirklichung des Binnenmarkts geschaffen.

Wir hatten die bittere Aufgabe, Fehlentwicklungen der Vergangenheit zu korrigieren, aber wir waren auch fest entschlossen, die Entwicklung zur Überproduktion zu stoppen und abzubauen. So verstanden, hatten wir jetzt den Rücken frei für die Verwirklichung des Binnenmarkts. Mit den Entscheidungen zur gemeinsamen Agrarpolitik gaben wir den Bauern Orientierung und eine Zukunftsperspektive.

Für das Zustandekommen dieser Einigung hatte die Bundesrepublik erhebliche Opfer gebracht. Wir mussten 1988 über 4 Milliarden DM mehr an die EG und 1992 rund 10 Milliarden DM zusätzlich zahlen.

Für den Abbau der Überproduktion mussten wir auch der deutschen Landwirtschaft etliche Opfer zumuten. Mit den Beschlüssen zur Flächenstillegung und zum Vorruhestand gaben wir den Bauern aber auch Entscheidungsmöglichkeiten für die eigene Zukunft in die Hand. Wir waren überzeugt, dass Flächenstillegungen, die auch ökologisch sinnvoll sein konnten, billiger waren als die Beseitigung von Überschüssen.

Zum Schluss des Sondergipfels sagte ich einen Dank all jenen, die mitgeholfen hatten, die Kompromisse zu finden. Trotz aller Heftigkeit, die gelegentlich in den Diskussionen auftrat, war es eine Tagung ohne Bitterkeit. Letztlich setzte sich die Vernunft durch. Und das war eine gute Sache, ein gutes Omen für die Zukunft.

*

Im Frühjahr 1988 stand die Bundesregierung in einer seltsamen Weise unter Druck. International verfügten wir über eine Reputation wie selten zuvor. Im eigenen Land aber wurden die beachtlichen Erfolge der Regierung als selbstverständlich hingenommen und nach allen Seiten hin zerredet. Vor allem die kleineren Parteien machten immer wieder Ärger. Der Dauerstreit zwischen CSU und FDP in der Außenpolitik wie auf manchen Feldern der Innenpolitik trug schon manische Züge. Was mich besonders störte, war der offenkundige Versuch der FDP, nicht nur im Wahlkampf erfolgversprechende Themen für sich zu reklamieren und unangenehme Kapitel der CDU zuzuschieben. Hinzu kamen Schwierigkeiten, innerhalb der Regierungskoalition Diskussionen über Entscheidungen zu führen, die nach außen gemeinsam vertreten und den Bürgern vermittelt werden mussten. So hatte beispielsweise die öffentliche Diskussion über die Neuverschuldung des Bundes in Höhe von 40 Milliarden DM ein großes Maß an Unruhe und Irritation zur Folge. Grund war eindeutig der Mangel an klaren Begründungen und einleuchtenden Argumenten.

Die Partei befand sich in einer schwierigen Phase ihrer politischen Entwicklung. Eigentlich konnte die Stimmung an der Basis wie an der Spitze nur noch besser werden. Dass die CDU auf die kleineren Partner immer überproportional Rücksicht nehmen musste, hatte seine Grenzen, und die waren jetzt zum Teil überschritten, weil die kleineren Partner hemmungslos ihre Vorteile in dieser Koalition suchten und der CDU die unangenehmen Aufgaben zuschoben. Die Grenze des Zumutbaren war erreicht.

Notwendig war auch eine schärfere Profilierung der eigenen Partei. Wir liefen Gefahr, unser politisches Profil zu verlieren. Dabei hatten wir seit mehr als vierzig Jahren ein unverkennbares Profil, das es zu schärfen galt:

1. Unter einer CDU-geführten Regierung konnten sich die Bürger darauf verlassen, dass die finanzielle Solidität gewährleistet war. Die CDU ging verantwortungsbewusst mit dem Geld der Bürger um.
2. CDU-Regierungen verstanden mehr von der Wirtschaft. Unter ihrer Führung ging es der Wirtschaft besser.
3. Die CDU stand nicht nur für Frieden, sondern für Frieden in Freiheit.

4. Die CDU war die Partei in Deutschland, die sich über Jahrzehnte hinweg konsequent für die Familie einsetzte.

Dieses Image, das uns von den Demoskopen allenthalben bestätigt wurde, war völlig ungebrochen. Allerdings musste das Thema Familienpolitik wegen des fehlenden finanziellen Spielraums für neue Initiativen in den Hintergrund rücken. Das Profil der CDU war in diesem Punkt jedoch nicht in Gefahr.

Beim Thema Frieden in Freiheit war das Profil der CDU ebenfalls völlig klar. Dank des Stationierungsbeschlusses und der Art, wie die Partei die Auseinandersetzung darüber durchgehalten hatte, hatten wir überzeugt. Durch die Änderungen in der Sowjetunion und die jüngsten Erfolge der Abrüstungs- und Entspannungspolitik rückte dieses Thema im Bewusstsein der Menschen allerdings in den Hintergrund. Dabei waren gerade jetzt weiterhin alle Anstrengungen nötig, um das Erreichte zu sichern und auszubauen.

Dass die CDU am besten in der Lage war, die globale Steuerung in der Wirtschaft zu bewältigen, hatte die Partei bisher ebenfalls gezeigt. Denn wo sonst hatte es sechs Jahre lang ununterbrochenes Wirtschaftswachstum in Folge gegeben? Auch wenn das Wachstum »nur« zwischen 1,5 und 2,5 Prozent pendelte, waren sechs Jahre stabiles Wachstum ungewöhnlich. Das Problem war allerdings, dass man mit diesen Wachstumsraten keinen Abbau der Arbeitslosigkeit erreichen konnte. Wir mussten sogar damit rechnen, dass die Arbeitslosigkeit zunehmen würde. Ein kohärentes umfassendes Konzept zur Bekämpfung der Arbeitslosigkeit gab und gibt es nicht. Hinzu kam ein weiteres Problem, und das betraf den Standort Bundesrepublik:

- Wir waren kostenmäßig zu teuer.
- Wenn man eine Fabrik neu bauen wollte, brauchte man dafür im Vergleich zu anderen europäischen Ländern die dreifache Zeit – nicht zuletzt wegen des perfektionistischen Kontrollapparats für den Umweltschutz.
- In einigen Sektoren führte die Umweltschutzbewegung dazu,

dass die Ansiedlung neuer Fabriken von Gegendemonstrationen begleitet wurde, was die Motivation für die Errichtung von Fabrikationsstätten im Keim zu ersticken drohte.

- Dass ein unverhältnismäßig großer Teil der hohen Gewinne, die erwirtschaftet wurden, zu Investitionen und zur Schaffung von Arbeitsplätzen ins Ausland transferiert wurde, war mit eine der wesentlichen Ursachen für das relativ bescheidene Wachstum in den achtziger Jahren.

Zu allem Überfluss geriet ausgerechnet jetzt das ursprünglich stärkste Profil der CDU, ihr solider Umgang mit Finanzen, ins Wanken. Dass die CDU auf diesem Gebiet nicht mehr die alte Kompetenz habe, war eine weitverbreitete Meinung. Es war offensichtlich dringend erforderlich, möglichst alle vorhersehbaren Einnahmen und Ausgaben aufzulisten, beispielsweise die Höhe der Steuereinnahmen, die EG-Kosten und die Kosten nach der EG-Gipfel-Entscheidung für die Landwirtschaft. Den Bürgern musste klarer Wein über die Finanzen eingeschenkt werden.

21.
Grundsätze

Mehr denn je lag mir jetzt daran, dass bei allen Kontroversen, die wir miteinander führten, die Grundwerte unserer Politik nicht in Vergessenheit gerieten. Das christliche Verständnis vom Menschen und seiner Verantwortung vor Gott gab der CDU seit ihrer Gründung die ethische Orientierung. Daran galt es von Zeit zu Zeit zu erinnern. Nach der Erfahrung mit Diktatur und Menschenverachtung wollten die Gründer der Christlich-Demokratischen Union eine politische und soziale Ordnung auf der Grundlage christlicher Wertvorstellungen errichten.

Darauf aufbauend schuf die CDU die Grundlagen für den freiheitlichen und sozialen Rechtsstaat Bundesrepublik Deutschland. Das christliche Verständnis vom Menschen war Richtschnur für viele wegweisende Entscheidungen der Nachkriegszeit in der Außen-, Sicherheits- und Europapolitik, ebenso wie in der Wirtschafts- und Sozialpolitik.

Aus christlichem Glauben lässt sich kein bestimmtes politisches Programm ableiten. Aber der christliche Glaube und das christliche Menschenbild gaben uns eine Richtschnur für die freiheitliche, solidarische und sozial gerechte Gestaltung der Zukunft. Als Volkspartei trat und tritt die CDU für Offenheit, Partnerschaft und Toleranz gegenüber persönlichen Überzeugungen ein. Auf dieser Grundlage war und ist gemeinsames Handeln von Christen und Nichtchristen möglich.

Der Kern des christlichen Menschenbilds ist der Glaube an die Gottebenbildlichkeit jedes Menschen. Der Mensch ist das Geschöpf Gottes und hat als solcher Rechte, die niemand antasten darf. Er muss als einmalige und unverfügbare Person geachtet werden. Menschenwürde und Menschenrechte haben deshalb für die CDU absoluten Rang. Sie gelten weltweit und binden unsere staatliche Ordnung wie unser persönliches und politisches Handeln. In der politischen Auseinandersetzung streiten wir zwar um den richtigen Weg in der Sache; dem politisch Andersdenkenden dürfen aber Achtung und Respekt nicht versagt werden.

Freiheit und Verantwortung gehören untrennbar zusammen. Dies hat Rückwirkungen auf die Gestaltung und Weiterentwicklung unserer Staats- und Gesellschaftsordnung. Verantwortung tragen wir für Handeln und Unterlassen, auch gegenüber kommenden Generationen. Weil der Mensch mit der ganzen Schöpfung von Gott erschaffen ist, trägt er Mitverantwortung auch für die Umwelt.

Christen wissen um die Grenzen der Freiheit. Sie wissen, dass Leben und Würde bedroht sind und dass deshalb Wert- und Rechtsordnungen notwendig sind, die Schranken setzen und zugleich Freiheit ermöglichen und durchsetzen.

Der Mensch ist auf Gemeinschaft angelegt; er ist ein soziales Wesen. Er trägt daher auch Verantwortung für andere. Diese Verantwortung nimmt der Mensch wahr durch seine Arbeit, in Familie, Beruf, Freizeit, Ehrenamt und tätiger Hinwendung zu Mitmenschen und Schöpfung.

Politische, technische und soziale Entwicklungen laufen schneller ab als jemals zuvor. Die Zukunft ist immer weniger prognostizierbar. Entsprechend nimmt die Zukunftsgewissheit ab, und Ängste nehmen zu. Nach christlichem Verständnis lebt der Mensch aber im Vertrauen auf Zukunft hin. Er muss deshalb nicht ängstlich oder starr an Altem festhalten, sondern kann sich verantwortlich Neuem öffnen und mit Zuversicht in die Zukunft gehen. Auf der Grundlage des christlichen Menschenbildes besteht unsere politische Aufgabe darin, Bewährtes zu schützen und neue Perspektiven politischen Handelns zu entwickeln.

Die CDU musste politische Lösungen erarbeiten, die dem christlichen Menschenbild entsprachen. Kinder vor und nach der Geburt brauchten unsere besondere Fürsorge und unseren Schutz. Zur Bekämpfung der Arbeitslosigkeit mussten ebenso neue Wege gefunden werden wie bei der Pflege Kranker und Behinderter. Ältere Mitbürger wollten in materieller Sicherheit und in Selbständigkeit und Gemeinschaft leben. Vor eine besondere Herausforderung stellte uns die Gefahr der Verfügbarkeit menschlichen Lebens, die der medizinisch-technische Fortschritt mit sich brachte.

Den meisten Menschen reicht die Befriedigung ihrer materiellen Bedürfnisse nicht aus. Sie haben die Erfahrung gemacht, dass eine allzu einseitige Orientierung an diesen Bedürfnissen andere Bereiche ihres Lebens verarmen lassen kann. Neben persönlichen Eigenschaften und Tugenden wie zum Beispiel Fleiß, Hilfsbereitschaft, Einfühlungsvermögen und Leistungsbereitschaft gewannen zunehmend Wünsche für das menschliche Zusammenleben und das Verhalten der Menschen gegenüber der Schöpfung an Bedeutung. Immer mehr Menschen wollten ihre Freizeit kreativ und sozial verantwortlich nutzen. Durch ihre Politik wollte die CDU den Menschen Chancen zu einem solchen Miteinander eröffnen.

Das christliche Menschenbild führt uns zu der Einsicht, dass wir die vollkommene Welt nicht schaffen können. Das Ziel sehen und sogleich die Grenzen menschlicher Möglichkeiten erkennen: Diese Fähigkeit unterscheidet verantwortlich handelnde Politiker von Ideologen. Wer die Grenzen sieht, kann Irrtum und Schuld eingestehen, hat aber immer auch die Chance des Neubeginns.

*

Am 20. März 1988 wurde in Baden-Württemberg ein neues Landesparlament gewählt. Ziel der psychologisch angelegten Wahlkampfstrategie der CDU war, die absolute Mehrheit zu behaupten. Das Konzept ging auf: Die CDU sicherte sich mit 49 Prozent die Alleinregierung. Ein interessantes Ergebnis der Wahlanalyse war, dass alle städtischen Wahlkreise wieder von der CDU gewonnen wurden. Insgesamt verlor die Partei nur ein einziges Direktmandat. SPD (32,0 Prozent) und Grüne (7,9) scheiterten an ihrem Wahlziel, in Baden-Württemberg die letzte Alleinregierung der CDU in der Bundesrepublik zu brechen. In der FDP herrschte Betroffenheit über das

Vor der Entscheidung: Bremer Parteitag 1989

Letzte Handgriffe: Vor der Verleihung des Ehrendoktors an der Georgetown University von Washington (November 1988)

First Ladys unter sich:
Mit Nancy Reagan im privaten Flügel des Weißen Hauses (oben)

nächste Seite links: *Mit Barbara Bush verbindet Hannelore eine enge Freundschaft*
nächste Seite rechts: *Typisch Hannelore: Souverän in allen Lebenslagen (am Lake Michigan vor der Skyline von Chicago)*

nächste Doppelseite: *Urlaub am Wolfgangsee*

2/7

Bundesland
Sachsen
grüßt den
Bundeskanzler

1161

Im Dezember 1989 ist die deutsche Einheit nicht mehr aufzuhalten: Mit Ministerpräsident Hans Modrow in der Elbstadt (oben);

Grenzenloser Jubel vor der Ruine der Dresdner Frauenkirche (vorige Doppelseite)*;*

Leipzig im März 1990: Unsere Abschlusskundgebung im Wahlkampf für die ersten freien Volkskammerwahlen in der DDR steht ganz im Zeichen der Hoffnung auf Wiedervereinigung (oben und nächste Doppelseite)

AVIS
CDU
Helmut nimm
uns an die Hand
zeig uns den Weg
ins Wirtschafts-
wunderland.

Helmut !
DSU
Helmut Kohl
DSU CDU
EUROPA
DSU

VIVE L'ANARCHIE
WIR MACHEN

Unbeschreibliche Freude: Silvester 1989 in Berlin
(oben und nächste Seite)

linke Seite: *Ein stiller Moment in hektischer Zeit:*
Vor der Öffnung des Brandenburger Tors am 22. Dezember 1989

schlechte Ergebnis von 5,9 Prozent der Stimmen. Sie erreichte damit nur den vierten Platz im Stuttgarter Parlament.

Dieses Wahlergebnis war ein großartiger Erfolg für die Union und ein ganz persönlicher Erfolg für Ministerpräsident Lothar Späth. Es war auch deswegen bemerkenswert, weil zur gleichen Zeit auf Bundesebene Themen wie die Steuerreform, die Gesundheitsreform, die Schwangerschaftsberatung und die Rentenreform breit und kontrovers beraten und diskutiert wurden. Unnötige Querelen der Koalitionspartner waren dem Wahlkampf nicht gerade zuträglich gewesen. Trotzdem hatte es vor allem die FDP getroffen, die das schlechteste Ergebnis seit langer Zeit hinnehmen musste. Dies war auch darauf zurückzuführen, dass die Partei eine Position gegen Bonn eingenommen hatte. So war eine Lehre aus diesem Wahlergebnis, dass die Geschlossenheit der Bonner Koalition unverzichtbar war, um Wahlkämpfe erfolgreich zu bestehen. Wie oft hatte ich darauf verwiesen. Ein Gegeneinander zahlte sich nicht aus.

Was immer die wahlkämpfende CDU in Baden-Württemberg bewogen haben mag: Sie bat mich händeringend um eine Verschiebung der Kabinettsbeschlüsse über die lange erarbeitete Steuerreform. Dabei hatte ich überhaupt keine Bedenken, die unaufschiebbaren Reformbeschlüsse mitten im Wahlkampf zu verkünden, zumal die Grundzüge längst bekannt und in der Öffentlichkeit zum Teil bereits heftig diskutiert worden waren. Trotzdem kam ich dem Wunsch nach.

Am 22. März 1988, in der 40. Kabinettssitzung der laufenden Legislaturperiode, erläuterte der Bundesminister der Finanzen Gerhard Stoltenberg den Entwurf eines Steuerreformgesetzes. Das neue »Regelwerk« basierte auf den steuerpolitischen Grundsatzbeschlüssen der Koalition vom Frühjahr 1987. Diese Leitlinien sollten nun umgesetzt werden. Die harte Debatte darüber hatte bis in die letzten Stunden vor der Kabinettssitzung angehalten.

Leitidee der Steuerreform war die Verwirklichung eines einfachen und gerechteren Steuersystems in Verbindung mit einer dauerhaften Senkung der Steuersätze. Das Reformvorhaben sollte in mehreren Stufen verwirklicht und mit dem Steuerreformgesetz

1990 zu einem vorläufigen Abschluss gebracht werden. Es sah eine Entlastung von fast 40 Milliarden DM vor, wovon knapp 19 Milliarden DM durch Abbau von steuerlichen Vergünstigungen und Sonderregelungen aufgebracht werden sollten. Letztlich ging es also um eine Nettoentlastung von gut 20 Milliarden DM, die nicht in Frage gestellt werden durfte.

Der Einkommensteuertarif bildete den wesentlichen Bestandteil des Steuerreformgesetzes. Hervorzuheben war die Absenkung des Eingangssteuersatzes von bisher 22 auf nunmehr 19 Prozent, die Senkung des Spitzensteuersatzes sowie die Abflachung der Progression. Aus Wettbewerbsgründen war auch die Senkung des Körperschaftsteuersatzes dringend geboten.

Zu einer erheblichen Vereinfachung des Besteuerungsverfahrens führte die Einführung eines Arbeitnehmer-Pauschbetrags in Höhe von 2000 DM. Zum Thema Sonntags-, Feiertags- und Nachtarbeit hatte es lange, in der Öffentlichkeit geführte Diskussionen gegeben. Um Härten in diesem Bereich, vor allem bei den Rotationsdruckern, zu vermeiden, wurde eine Übergangsregelung vereinbart.

Einer gleichmäßigeren Besteuerung dienten das Auslaufen verschiedener Sonderregelungen bei den Abschreibungen sowie die bessere Erfassung der Zinseinkünfte und die Vollverzinsung. Gegenüber ersten Einschätzungen des Jahres 1987 hatte sich herausgestellt, dass die Zahl der Personen, die ihre Zinseinkünfte in gutem Glauben nicht versteuert hatten, wesentlich größer war als angenommen. Die im Gesetzentwurf vorgeschlagene zehnprozentige Kapitalertragsteuer, die im Grundsatz alle Zinseinkünfte erfasste, war lediglich eine andere Form der Erhebung. Trotz gewisser Empfehlungen sah man davon ab, den Steuersatz auf 25 Prozent festzulegen. Von der sogenannten kleinen Körperschaftsteuer wurden Kirchen, gemeinnützige Stiftungen und andere steuerbefreite Körperschaften nicht belastet. Zinserträge aus Sparguthaben mit gesetzlicher Kündigungsfrist waren ausgenommen.

Um im Zusammenhang mit der Einführung dieser zehnprozentigen Kapitalertragsteuer den Weg in die Steuerehrlichkeit zu erleichtern, wurde eine gesetzliche Regelung vorgeschlagen, wonach

Steuerpflichtige, die ihre Zinseinkünfte ab 1986 ordnungsgemäß erklärten oder nacherklärten, nicht mit einem Strafverfahren zu rechnen hatten. Die Banken sollten künftig ihre Kunden über die Steuerpflicht von Kapitalerträgen informieren.

Ein wesentliches Element der Steuerreform war auch die Entlastung der Familien. Neu eingeführt wurde der Pflegepauschbetrag.

Finanzminister Gerhard Stoltenberg hatte mit seinen Experten ein riesiges Reformpaket geschnürt, das von Bundestag und Bundesrat nach harten Debatten im Laufe des Jahres mit geringfügigen Änderungen verabschiedet wurde. Dieses Reformwerk war nicht nur eine große Steuerreform, sondern im Kern auch eine Strukturreform, die nicht nur Verbesserungen, sondern auch Einschnitte mit sich brachte, die zu vertreten nicht einfach war. Gerhard Stoltenberg hat mit meiner vollen Unterstützung für diese Reformen gekämpft; ohne ihn wäre dieses Werk nicht möglich gewesen. Am Gelingen dieses Reformwerks zeigt sich, dass er einer der großen Finanzminister in der Geschichte der Bundesrepublik war.

*

Die lebendige, spannungsvolle Einheit von Gesellschafts-, Wirtschafts- und Sozialpolitik, die Ludwig Erhards Konzept der sozialen Marktwirtschaft kennzeichnet, war das Leitbild der wirtschaftspolitischen Erneuerung, das die Koalition seit 1982 Schritt für Schritt verwirklichte. Die Herausforderungen Ende der achtziger Jahre waren zwar andere als jene in der unmittelbaren Nachkriegszeit, doch die dynamischen Prinzipien der sozialen Marktwirtschaft waren aktueller denn je. Freiheit, Selbstverantwortung und Solidarität der Bürger blieben Richtschnur unseres politischen Handelns.

Unser Weg der Erneuerung hatte die Bundesrepublik Deutschland wieder in die Spitzengruppe der westlichen Industrieländer zurückgeführt. Optimismus, Zuversicht und Selbstvertrauen traten an die Stelle von Pessimismus und Resignation. Das Ergebnis waren Wirtschaftswachstum und Preisstabilität, steigende Investitionen und Realeinkommen, verbesserte internationale Wettbewerbsfähigkeit und vor allem eine Zunahme der Beschäftigten seit 1982 um inzwischen über siebenhundertfünfzigtausend.

Solche positiven Veränderungen kamen nicht von selbst. Gesundung der Staatsfinanzen, Rückführung der Staats- und Steuerquote, Konsolidierung der sozialen Sicherungssysteme, Erleichterung und Förderung von Neueinstellungen durch das Beschäftigungsförderungsgesetz, Privatisierung von Bundesbeteiligungen sowie neue Impulse für Arbeitnehmerbeteiligungen am Produktivkapital – das waren handfeste Beispiele marktwirtschaftlicher Erneuerung.

Unbestreitbare Stärke der sozialen Marktwirtschaft ist ihre Fähigkeit, sich wirtschaftlichen Veränderungen immer wieder neu anzupassen. So groß die Schwierigkeiten auch sein mochten, die sich aus den teilweise rasanten Veränderungen der Produktions- und Nachfragebedingungen auf den Weltmärkten ergaben – wir mussten sie als Herausforderungen und Chance für die Zukunft annehmen und nutzen. Nur so konnten wir die beiden zentralen Probleme Strukturwandel und Arbeitslosigkeit auf Dauer zu lösen versuchen.

Die Aussichten dafür waren nicht schlecht, ja sie waren um so besser, je mehr es ganz im Sinne der sozialen Marktwirtschaft gelang, zusätzliche Freiräume für persönliche Leistung und eigenverantwortliches Handeln zu schaffen. Schließlich war es die Vielzahl dezentraler Entscheidungen, die über die Märkte zu mehr Wachstum, Einkommen und Beschäftigung führte. Leistung und Kreativität unserer Bürger können sich nur in dem Maße entfalten, wie sie nicht durch Bürokratie, Überregulierung und obrigkeitsstaatliche Bevormundung erstickt werden.

Kernstück unserer Politik war deshalb die beschriebene Steuerreform. Mit einem Nettovolumen von 20 Milliarden DM wurden im Zeitraum bis 1992 grundlegende Ziele realisiert: leistungsfördernde, mittelstandsfreundliche, sozial ausgewogene Steuerentlastung einerseits, Vereinfachung des Steuersystems mit dem umfangreichen Abbau steuerlicher Vergünstigungen und Sonderregelungen andererseits. Mit dieser Reform wurden untere und mittlere Einkommen sowie Familien mit Kindern nachhaltig entlastet. Durch die Anhebung des Grundfreibetrags zahlten eine halbe Million Bürger zusätzlich überhaupt keine Steuern mehr. Zugleich wurden Ertragskraft, Eigenkapitalbildung und Investitionsfähigkeit der Unternehmen gestärkt. Mit einem marktorientierten Steuersystem gaben wir neue Anstöße für Wachstum, Investitionen und Beschäftigung. Wir stellten damit wichtige wirtschaftspolitische Weichen für den Standort Bundesrepublik im europäischen Binnenmarkt der neunziger Jahre.

In die gleiche Richtung zielten weitere wirtschaftspolitische Reformen wie die Neuordnung des Post- und Fernmeldewesens oder die Einführung des Dienstleistungsabends. Sie setzten Wachstumskräfte frei und erweiterten den Spielraum für eigenverantwortliche Entscheidungen ebenso wie die beiden großen sozialpolitischen Reformen dieser Legislaturperiode, die Strukturreform der gesetzlichen Krankenversicherung und die längerfristige Sicherung der Rentenfinanzierung.

Gerade diese beiden Reformen unterstrichen die notwendige Einheit von Wirtschafts- und Gesellschaftspolitik in der sozialen Marktwirtschaft. Denn die Bewältigung sozialpolitischer Herausforderungen setzte eine eminent leistungsfähige Wirtschaft voraus. Nicht zuletzt wegen der künftigen demographischen Belastungen war es eine Aufgabe allerersten Ranges, die Wachstumskräfte unserer Wirtschaft nachhaltig zu fördern.

Dies galt ebenso für die Bekämpfung der Arbeitslosigkeit. Alle, die hier mit Patentrezepten aufwarteten, verkannten, dass Arbeitslosigkeit kurzfristig nicht zu beseitigen war. Insbesondere dort, wo ganze Regionen durch das Schrumpfen der sie bislang tragenden Industrien wettbewerbsunfähig zu werden drohten, mussten neue rentable Arbeitsplätze geschaffen werden. Der Staat förderte dies durch verbesserte Rahmenbedingungen. Notwendig waren jedoch vor allem beschäftigungswirksame Investitionen der Unternehmen. Die Chancen für Investitionen und Arbeitsplätze wurden dabei auch und gerade von den Tarifpartnern bestimmt, die über so wichtige Eckdaten wie Arbeitszeit, Löhne und den größten Teil der Lohnnebenkosten entschieden – sie entschieden also darüber mit, ob nur die Interessen der Arbeitsplatzbesitzer berücksichtigt wurden oder auch die Interessen derer, die Arbeit suchten. Dies war der entscheidende Punkt, an dem sich praktische Solidarität bewähren musste.

Es war Ludwig Erhard, der unter wesentlich schwierigeren Bedingungen als Ende der achtziger Jahre die Chance zum »Wohlstand für alle« erkannt und gegen vielerlei Widerstände genutzt hatte. Vieles sprach dafür, dass dies unter den veränderten Bedingungen der achtziger und neunziger Jahre wiederholbar war – allerdings nur dann, wenn jeder in unserer Gesellschaft an seinem Platz und in seinem Verantwortungsbereich dazu seinen wirksamen Beitrag leistete. Den Zusammenbruch der DDR und die damit verbundenen schweren wirtschafts-, finanz- und sozialpolitischen Umwälzungen ahnte zu diesem Zeitpunkt noch niemand voraus.

*

Wer Zukunft gestalten will, muss Perspektiven vermitteln, die über das Bestehende hinausweisen. Wenn nicht wir, die Union, es sind, die den Menschen eine Vision geben, stehen andere bereit, allen voran die Propheten des Unheils. Das galt damals, das gilt auch heute.

Der Weg in die Zukunft kann nur gelingen, wenn wir an Gegenwart und Geschichte zugleich anknüpfen. Freiherr vom Stein, der große preußische Reformer, hat einmal dazu gesagt: »Allein dadurch, dass man das Gegenwärtige aus dem Vergangenen entwickelt, kann man ihm eine Dauer in Zukunft versichern.«

Jede Politik, selbstverständlich auch die Außenpolitik, gründet für uns Christliche Demokraten auf verbindlichen Normen und Werten. Eine Friedensordnung, wie wir sie damals für Europa und weltweit anstrebten, konnte daher nur von Dauer sein, wenn sie den Gewaltverzicht, das Recht auf Selbstbestimmung und die Achtung der Menschenrechte uneingeschränkt einschloss. Vor dem Hintergrund unserer geschichtlichen Erfahrungen und in Anbetracht unserer exponierten geographischen Lage war es verständlich, dass bei uns mit besonderem Engagement eine Diskussion darüber geführt wurde, wie angesichts des bisher nicht gekannten militärischen Zerstörungspotentials der Friede in Freiheit bewahrt werden konnte. Ob die Deutschen dabei von einer »Sehnsucht nach Hysterie« getrieben wurden, wie der langjährige Botschafter der Republik Italien, Luigi Vittorio Graf Ferraris, meinte, will ich einmal dahingestellt sein lassen. Aber seinen Rat, das Leben mit größerer Gelassenheit zu betrachten, mussten wir Ende der achtziger Jahre sehr ernst nehmen.

Wir mussten vor allem unseren Bürgern deutlich machen, dass die Probleme unseres Landes nicht isoliert und losgelöst von der internationalen Staatengemeinschaft gesehen werden durften. Dass wir Frieden und Freiheit nicht nur eigenen Anstrengungen verdankten, sondern dass beides wesentlich verknüpft war mit der außenpolitischen Absicherung der Bundesrepublik in der Atlantischen Allianz und der Europäischen Gemeinschaft, musste immer wieder in Erinnerung gerufen werden. Diese wechselseitige Abhängigkeit hatte auch ihre Kehrseite: Die Deutschen trugen außenpolitische Verantwortung nicht nur für sich selbst, sondern für ganz Europa und darüber hinaus. Wir wollten uns damit nicht eine besondere Rolle anmaßen. Aber was immer wir mit Blick auf die Zukunft unternahmen, stets galt es, auch die Interessen und Belange unserer Nachbarn in West und Ost und unserer weltweiten Partner im Auge zu behalten.

Ich meine das nicht zuletzt vor dem Hintergrund einer Diskussion, die Mitte 1988 um eine Kernfrage unserer nationalen Existenz, um die deutsche Frage, entbrannte. Die Kritik hatte sich an einem Papier des CDU-Generalsekretärs vor allem im Hinblick auf die Frage entzündet, ob die CDU die Einheit Deutschlands von dem »Einverständnis« der Nachbarländer abhängig machen sollte. Viele in der Partei fanden das völlig unakzeptabel. Die Leidenschaft dieser Diskussion bewies, wie lebendig die Hoffnung war, eines Tages Freiheit und Einheit für alle Deutschen erringen zu können. Aber es war auch unsere Aufgabe, dafür zu sorgen, dass solche Sehnsüchte und Hoffnungen nicht politisch missbraucht wurden, von welcher Seite auch immer. Die Gefahr dazu bestand immer dann, wenn der Sinn für die Realitäten verlorenging. Gerade die

Deutschlandpolitik erforderte Augenmaß, Nüchternheit und Geduld. Alle Demokraten in unserem Land mussten sich darin einig sein, dass die deutsche Frage nicht nach dem Muster der Machtpolitik des neunzehnten Jahrhunderts gelöst werden konnte. Krieg und Gewalt waren für uns kein Mittel der Politik.

Wem damals die Zukunft eines freien Deutschland in einem freien Europa am Herzen lag, der konnte nur auf eine Politik setzen, die auf der Solidarität und der engen Bindung mit den Ländern des Westens und auf einem konstruktiven Verhältnis zum Osten beruhte. Die Viermächteverantwortung für Deutschland als Ganzes bestand fort und konnte von uns nicht aufgekündigt werden.

Wer von einer Lösung der deutschen Frage im nationalen Alleingang träumte, hatte die Lektion der Geschichte dieses Jahrhunderts nicht begriffen. Ein deutscher Sonderweg, gleichgültig ob er von einer linken oder einer rechten Ideologie unterstützt wurde, musste erneut in verhängnisvoller Weise in die Isolierung und letztendlich ins Verderben führen. Ein neutrales Deutschland hatte keine Zukunft.

Die CDU Deutschlands lehnte eine solche Politik entschieden ab. Wir mussten uns auch vor einer Scheindebatte über die Frage hüten, ob und wieweit sich unsere deutschlandpolitischen Ziele mit der Politik der europäischen Integration in Einklang bringen ließen. Ich empfahl allen, in diesem Zusammenhang noch einmal sowohl das Grundgesetz als auch die Pariser Verträge zu lesen.

In der Präambel des Grundgesetzes hieß es:

> »Von dem Willen beseelt, seine nationale und staatliche Einheit zu wahren und als gleichberechtigtes Glied in einem vereinten Europa dem Frieden der Welt zu dienen, hat das deutsche Volk […] dieses Grundgesetz der Bundesrepublik Deutschland beschlossen. Es hat auch für jene Deutschen gehandelt, denen mitzuwirken versagt war. Das gesamte Deutsche Volk bleibt aufgefordert, in freier Selbstbestimmung die Einheit und Freiheit Deutschlands zu vollenden.«

Das Grundgesetz verband somit die Forderung nach Selbstbestimmung für alle Deutschen mit einer europäischen Perspektive.

Wer damals behauptete, das Recht auf Selbstbestimmung und die europäische Integration schlössen einander aus, konnte sich weder auf das Grundgesetz noch auf die Pariser Verträge berufen. Der Deutschlandvertrag verpflichtete die Unterzeichner zum Zusammenwirken im Sinne beider Aufgaben. Wörtlich hieß es in Artikel 7 Absatz 2:

> »Bis zum Abschluss der friedensvertraglichen Regelung werden die Unterzeichnerstaaten zusammenwirken, um mit friedlichen Mitteln ihr gemeinsames Ziel zu verwirklichen: ein wiedervereinigtes Deutschland, das eine freiheitlich-demokratische Verfassung ähnlich wie die Bundesrepublik besitzt und das in die Europäische Gemeinschaft integriert ist.«

Die Erklärung, die Konrad Adenauer am 5. Mai 1955 gab, als die Bundesrepublik Deutschland weitgehende Souveränität erlangte, besaß daher Ende der achtziger Jahre nach wie vor volle Gültigkeit. Er sagte:

> »Es gibt für uns in der Welt nur einen Platz: an der Seite der freien Völker. Unser Ziel: in einem freien und geeinten Europa ein freies und einiges Deutschland.«

Die deutsche Frage war doch nicht deshalb ungelöst, weil wir zwischen der nationalen und der europäischen Aufgabe entscheiden mussten. Die historische Wahrheit war vielmehr, dass die Teilung Europas und die Spaltung Deutschlands ihren Ursprung in dem nicht überwundenen ideologischen und machtpolitischen Gegensatz von West und Ost hatten. Unbestreitbare politische Realität unseres Kontinents war auch der Zusammenhalt der Deutschen und ihre Hoffnung, Freiheit und Einheit unseres Vaterlandes zu vollenden.

Wirklichkeitsbezogene Deutschlandpolitik konnte nur das Ziel haben, die deutsche Frage im Rahmen einer europäischen Friedensordnung zu lösen. Es ging darum, gemeinsam mit unseren westlichen Freunden und Verbündeten den Boden für eine solche Friedensordnung und damit für die Überwindung der unnatürlichen Teilung Deutschlands zu bereiten.

Wir mussten mit Geduld und Zähigkeit versuchen, das für die Menschen in Deutschland Machbare zu erreichen und das Bewusstsein für die Einheit der Nation wachzuhalten. Wir mussten alle Anstrengungen unternehmen, um noch mehr und noch intensivere Kontakte zwischen den Menschen im geteilten Deutschland zu ermöglichen. Dies ordnete sich ein in das vorrangige Anliegen unserer Politik, Freiheit und Menschenrechte für unsere Landsleute in der DDR zu verwirklichen. Unter den gegebenen Bedingungen war eine Politik des Dialogs und der praktischen Zusammenarbeit mit der DDR der geeignete Weg, den Menschen zu helfen. Dabei war klar: Wir ließen uns nichts abhandeln, was die Grundsätze unserer Verfassung berühren würde oder unser Ziel gefährdete, auf einen Zustand des Friedens in Europa hinzuwirken, in dem das deutsche Volk in freier Selbstbestimmung seine Freiheit wiedererlangt.

So hielten wir unverändert am Fortbestand der einheitlichen deutschen Staatsangehörigkeit fest. Für uns waren die Grundwerte der Freiheit und der Demokratie unverzichtbar. Wir wollten uns niemals mit Mauer und Stacheldraht abfinden.

Die bestehenden Gegensätze durften uns aber nicht hindern, die praktische Zusammenarbeit mit der DDR zum Wohle der Menschen und im Interesse des Friedens zu intensivieren. Deshalb war es wichtig, dass Generalsekretär Honecker und ich uns trotz der Gegensätze in Grundsatzfragen einig waren, die praktische Zusammenarbeit weiter auszubauen und die positive Entwicklung im Reiseverkehr zu fördern. Die unübersehbaren Fortschritte, die wir erreicht hatten, sprachen für sich.

Deutsche Außenpolitik hatte in West und Ost viele Gestaltungsmöglichkeiten. Gerade wir Deutschen waren auf Grund unserer besonderen Lage aufgefordert, eine dynamische Außenpolitik zu betreiben. Für die CDU Deutschlands waren es vor allem vier

Felder, in denen sich diese Außenpolitik auch in Zukunft bewähren musste:

- beim konsequenten Ausbau der wirtschaftlichen und politischen Integration Europas;
- bei der Festigung der Atlantischen Allianz und der Freundschaft mit den Vereinigten Staaten von Amerika;
- in der Verständigungspolitik mit der Sowjetunion und den Staaten Ost- und Südosteuropas;
- in unserer Mitverantwortung für das Schicksal der Länder der Dritten Welt.

22.
Sieg und Niederlage

Es gibt Tage, an denen gute und schlechte Nachrichten aufeinanderprallen. Ein solcher Tag war der 8. Mai 1988, der Tag, an dem die Franzosen meinen Freund François Mitterrand mit einem eindrucksvollen Ergebnis im Amt bestätigten.

Am selben Tag musste die CDU in Schleswig-Holstein eine Wahlschlappe hinnehmen, die schlimmer nicht hätte ausfallen können. Die SPD errang einen grandiosen Sieg und erreichte mit 54,8 Prozent der Stimmen einen Zuwachs von fast 10 Prozentpunkten, der es ihr ermöglichte, mit satter absoluter Mehrheit zu regieren. Die CDU, nach der Barschel-Affäre aufs äußerste dezimiert, verlor etwa soviel, wie die SPD dazugewann, und kam auf 33,3 Prozent der Stimmen. Die FDP (4,4 Prozent) und die Grünen (2,9) verpassten den Einzug in den Kieler Landtag.

Es war offenkundig eine Denkzettelwahl als Reaktion auf die Barschel-Affäre, bei der die Bundespolitik allenfalls am Rande eine Rolle spielte. Andererseits war die kontroverse Diskussion um die Steuer-, Post- und Gesundheitsreform von den Wählern als Streit wahrgenommen worden und hatte uns auch nicht gerade Stimmen gebracht.

Der Schock wegen der Barschel-Affäre saß tief und schadete uns viele Jahre lang. Und das geschah uns ganz zu Recht. Wenn man ehrlich war, hatten wir die Stimmenverluste verdient. Es war ein Sieg der Demokratie. Die Wähler sagten sich, dass die Partei, die die Vorgänge in Schleswig-Holstein zu verantworten hatte, nun auch dafür geradestehen sollte.

Entsprechend gemischt waren meine Gefühle, als ich am 9. Mai den französischen Präsidenten anrief, um ihn zu seinem überragenden Wahlsieg zu beglückwünschen. Mitterrand erzählte, dass der Verlauf des Präsidentschaftswahlkampfs in den letzten drei Wochen erheblich an Schärfe zugenommen hatte, obwohl er eigentlich immer überzeugt gewesen war, dass die Wahl für ihn positiv ausgehen würde. Erfreut zeigte er sich, dass ich der erste Regierungschef war, der ihn angerufen und ihm gratuliert hatte. Er sah darin ein besonderes Symbol und freute sich darauf, dass wir nun weiter gut zusammenarbeiten konnten. Und wie zur Bestätigung fragte er, ob ich nicht Lust hätte, noch vor den Sommerferien eine gemeinsame Wanderung zu machen.

Monatelang hatte François Mitterrand seine Wiederbewerbung um das Präsidentenamt hinausgezögert. Erst im März 1988 erklärte er sich zur erneuten Kandidatur bereit. Im Wahlkampf stellte er die Europapolitik besonders heraus und kündigte an, sie zum Schwerpunkt seines zweiten Septennats zu machen. In der ersten Runde der Präsidentenwahlen vom 24. April 1988 erzielte er gegen seinen Herausforderer aus dem bürgerlichen Lager, Premierminister Jacques Chirac, der auf 19,9 Prozent kam, mit 34,1 Prozent der Stimmen einen Achtungserfolg. In der Stichwahl am 8. Mai setzte sich mein Freund dann mit 54,02 Prozent klar gegen Chirac durch, der 45,98 Prozent der Stimmen erreichte.

Nachdem der unterlegene Präsidentschaftskandidat Chirac am 10. Mai 1988 von seinem Amt als Premierminister zurückgetreten war und damit die wenig erfolgreiche »Kohabitation« ein Ende genommen hatte, ernannte Mitterrand den früheren sozialistischen Planungs- und Landwirtschaftsminister Michel Rocard, der zugunsten Mitterrands kurzfristig auf eine eigene Bewerbung um das Präsidentenamt verzichtet hatte, zum neuen Premierminister. Ich fand diese Personalentscheidung gut und kann nur sagen, dass die Zusammenarbeit zwischen Bonn und Paris in den Jahren 1988 bis 1991, in denen Rocard der Minderheitenregierung vorstand, sehr fruchtbar war.

Aus meinem Engagement zugunsten von François Mitterrand machte ich keinen Hehl. Offen lobte ich seine Leistungen für die europäische Einigung und ließ keinen Zweifel daran, dass seine Wiederwahl für Europa ganz entscheidend sei. Unser freundschaftliches Treffen im schwäbischen Durbach am 14. März 1988 sollte denn auch nicht nur den Stuttgarter Ministerpräsidenten Lothar Späth in seinem Wahlkampf unterstützen, sondern auch den französischen Präsidenten. Bei dieser Begegnung bat ich Mitterrand nicht nur, sich für das Thema konventionelle Abrüstung stark zu machen, sondern sich auch für eine neue Amtszeit von Jacques Delors als Kommissionspräsidenten einzusetzen. Zwar hätte wieder ein deutscher Kandidat dieses wichtige Amt übernehmen können, doch ich hielt den Amtsinhaber zu diesem Zeitpunkt für unersetzbar und kam deshalb mit Mitterrand überein, Delors für weitere zwei Jahre zu nominieren.

Nach Mitterrands eindrucksvollem Wahlsieg, der ihm noch mehr Selbstbewusstsein verlieh, wurden die Beziehungen zwischen dem Bundeskanzleramt und dem Élysée in zahlreichen offiziellen und inoffiziellen Treffen noch enger und organischer.

*

Er war schon lange als Nachfolger des Nato-Generalsekretärs Lord Carrington im Gespräch: Von allen Seiten bekam ich Signale, Manfred Wörner, Bundesverteidigungsminister seit der Wende 1982, für dieses herausragende Amt ins Rennen zu schicken. Zwar hätten die Norweger gern ihren Kandidaten, den ehemaligen Ministerpräsidenten Kåre Willoch, auf diesem höchsten Nato-Posten gesehen, und ich ließ kleineren Staaten in der Regel auch gerne den Vortritt, doch die große Mehrheit der Verteidigungsminister hatte sich auf Manfred Wörner verständigt. Bereits auf der Nato-Herbsttagung 1987 wählten sie ihn ins Amt.

Bis zu seinem Amtsantritt am 1. Juli 1988 hatte ich noch genügend Zeit, um über Manfred Wörners Nachfolge als Verteidigungsminister zu entscheiden. Da mir in der Partei, in der Fraktion oder in den Bundesländern nicht gleich jemand ins Auge fiel, ließ ich mir Zeit zum Sondieren. Unsere Personaldecke war nie besonders groß, und Spitzenpositionen waren in allen Parteien schwierig zu besetzen.

Das Amt des Bundesverteidigungsministers ist ein schwieriges

Als erster Deutscher wird Manfred Wörner im Juli 1988 neuer Nato-Generalsekretär

Amt. Erst in der Rückschau kann man ermessen, was von den Kollegen, die diese Position innehatten, geleistet wurde. Manfred Wörner hatte mit der Bundeswehrreform wichtige Erfolge erzielt und in den fünfeinhalb Jahren seiner Amtszeit die Bundeswehr wesentlich geprägt und für die kommenden Jahre, vielleicht sogar Jahrzehnte, fit gemacht. Er war in einer besonders schwierigen Zeit an die Spitze dieses Ministeriums getreten, denn im Oktober 1982 begannen bereits die harten Auseinandersetzungen um den Vollzug des Nato-Doppelbeschlusses. Bei der wichtigen Entscheidung zur Wahl des Bundestags im März 1983 stand der neue Bundesverteidigungsminister an meiner Seite. Er gehörte von Amts wegen zu denen, die in diesen Jahren stark angefeindet wurden, weil sie es wagten, sich gegen den Zeitgeist zu stemmen. Er hatte Höhen und Tiefen, großartige Erfolge und bittere Erfahrungen erlebt, insbesondere im Zusammenhang mit General Günter Kießling, den Wörner voll rehabilitierte.

In den Augen der sogenannten Friedensbewegung waren wir beide ausgesprochene Kriegstreiber. Es war unglaublich, was wir uns alles an bösartigen Unterstellungen, Lügen und Hetze bieten lassen mussten.

Unermüdlich setzte sich Manfred Wörner für unsere Bundeswehr ein. Er trat für die Menschen ein, für unsere Soldaten, die ihren Dienst verrichteten. Leidenschaftlich kämpfte er für die finanzielle Ausstattung der Bundeswehr.

Dem scheidenden Bundesverteidigungsminister sagte ich Dank für seinen Dienst und dafür, als Mitglied der Bundesregierung Verantwortung übernommen und unser Land auch nach außen vertreten zu haben – in den Gremien der Nato, bei Gesprächen mit unseren Partnern und Verbündeten.

Manfred Wörner war der erste Deutsche, der zum Nato-Generalsekretär berufen wurde. Das war eine bedeutungsvolle Entscheidung. Die leidvolle Geschichte dieses Jahrhunderts war vielen unserer Nachbarn noch gegenwärtig. Auch insofern hatte Manfred Wörner als Nato-Generalsekretär eine besondere Verantwortung.

Viele sahen in der Nato immer noch zunächst einen Zusammenschluss unter militärischen Gesichtspunkten. Das war sie natürlich auch. Aber die Grundidee der Nato war und ist, dass sich Völker mit freiheitlicher Staats- und Gesellschaftsordnung zusammenschließen, um den Frieden und die Freiheit ihrer Länder zu schützen. Es gibt nach den Erfahrungen dieses Jahrhunderts für uns keinen wichtigeren Auftrag.

*

Als ich den Berliner Senator für Bundesangelegenheiten Rupert Scholz zum Bundesverteidigungsminister berief, herrschte allgemein große Überraschung. Seit vielen Jahren waren wir Weggenossen, und ich wusste, dass er gerade in diesem schwierigen Zeitabschnitt internationaler Politik der richtige Mann am richtigen Platz war.

Wer wie Rupert Scholz aus Berlin kam und dort aufgewachsen war, wer das Schicksal dieser Stadt am eigenen Leib erfahren und erlitten hatte, der wusste, was Friede und Freiheit bedeutete an dieser Trennlinie zwischen Ost und West, mit dem Blick vom Reichstag hinüber in den anderen Teil der Stadt; der brauchte keine Instruktion über den Sinn und das Wesen von Freiheit oder über unsere Sehnsucht nach und unsere Pflicht zum Frieden. Was Freiheit wert war und wie gefährdet sie war, hatte Rupert Scholz als Schüler hautnah erfahren, als er den Aufstand in der DDR am 17. Juni 1953 am Brandenburger Tor miterlebte.

Wer aus Berlin kam, wusste aber auch, dass Frieden und Freiheit nicht zum Nulltarif zu haben waren, sondern dass sie Opfer bedeuteten: Opfer für die junge Generation, materielle Opfer für alle Bürger unseres Landes. Wir dienten dem Frieden, wenn kein Zweifel darüber aufkommen konnte, dass wir willens und bereit waren, unsere Freiheit zu verteidigen. Manch einer, der auf Straßen und Plätzen seinen Protest zum Ausdruck brachte, hätte bedenken sollen, dass das Bürgerrecht auf friedliche Versammlung letztlich nur deshalb gewährleistet war, weil die äußere Sicherheit unseres Landes auch durch unsere Freunde und Partner im Bündnis garantiert wurde. Die Voraussetzung dafür war der Dienst unserer Soldaten in der Bundeswehr.

Besuchern aus anderen Mitgliedsstaaten der Nato pflegte ich zu sagen: Weil wir eine Wehrpflichtarmee haben, in der unsere Söhne dienen, wissen wir besonders gut, was wir diesen Soldaten schuldig sind. Als Vater von zwei Söhnen war ich da keine Ausnahme.

23.
DDR – privat

Eine der bewegendsten Reisen, die Hannelore und ich in unserem Leben gemacht haben, war der private Besuch in der DDR Ende Mai 1988. Die Erfahrungen, die wir damals machten, gruben sich tief in unser Bewusstsein ein. Wer jemals Zweifel hatte, dass wir Deutschen zusammengehören, eine Nation sind, der brauchte nur einmal in die DDR zu fahren, um eines besseren belehrt zu werden. Ich konnte jedem nur empfehlen, sich selbst ein Bild zu machen.

Ich war schon einmal privat in den zweiten deutschen Staat gereist. Damals war ich noch rheinland-pfälzischer Ministerpräsident. Zusammen mit unseren beiden Söhnen Walter und Peter und begleitet von Juliane Weber und Horst Teltschik, besuchten Hannelore und ich im Januar 1976 Leipzig, die Stadt, in der Hannelore ihre Kindheit verbracht hatte. Und wenn ich in Berlin war, versuchte ich immer wieder, auch den Ostteil der Stadt zu besuchen. Während mir das noch im Herbst 1977 ohne weiteres gelang, wurde mir im Januar 1978 die Einreise über den Grenzübergang Friedrichstraße verweigert. Ein DDR-Grenzer teilte mir mit, dass ich eine unerwünschte Person sei.

Als ich ein knappes Jahr später auf gleichem Weg Ost-Berlin besuchen wollte, gelang der Grenzübertritt wieder ohne Probleme. Sicher gewann ich bei dieser Tagesreise nur einen oberflächlichen Eindruck vom Alltagsleben der DDR-Bürger, doch der war außerordentlich ernüchternd. Es war nicht zu übersehen, wie sehr die Menschen mit den Widrigkeiten der Verknappung auf fast allen Gebieten zu kämpfen hatten.

Zum Abschluss seines Bonn-Besuchs im September 1987 hatte

Ende Mai 1988 zu einem privaten Besuch in der DDR

Erich Honecker neben der offiziellen Einladung zu einer Staatsvisite auch die Einladung zu einer privaten Reise in die DDR ausgesprochen. Beides hatte ich zugesagt und verlor die private Reise seitdem nicht aus den Augen. Mir ging es wesentlich darum, ein gutes Beispiel zu geben: Ich wollte die Deutschen, die, so wie ich, keine verwandtschaftlichen Beziehungen in der DDR hatten, ermuntern, sich den »realexistierenden« sozialistischen Alltag anzuschauen, um sich ein eigenes Bild von den vielgepriesenen Errungenschaften des SED-Staats zu verschaffen.

Mehrfach musste ich die Reise aus terminlichen Gründen verschieben. Ende Mai 1988 war es dann aber soweit, und ich nahm mir ein komplettes Wochenende dafür frei. Ohne Vorankündigung und ohne Presse machte ich mich am Freitag, dem 27. Mai 1988, auf den Weg. Mit von der Partie waren Hannelore, unser jüngerer Sohn Peter, Regierungssprecher Friedhelm Ost und mein enger Vertrauter Wolfgang Bergsdorf, der damalige Ministerialdirektor aus dem Bundespresseamt.

Unsere Dreitagereise begann in Herleshausen. Kurz vor dem Grenzübergang stiegen wir vom Hubschrauber in zwei Wagen des Kanzleramts um. Nachdem die Grenzbeamten unsere Pässe abgestempelt und Friedhelm Ost den sogenannten Pflichtumtausch für uns alle getätigt hatte, passierten wir die Grenze. Gleich setzte sich ein Wagen der Volkspolizei an die Spitze unseres kleinen Konvois, der rasch größer wurde. Zunächst folgten vier Zivilfahrzeuge unseren beiden Wagen, und kurze Zeit später kamen noch drei Fahrzeuge hinzu. Wir waren also in bester Obhut, uns konnte nichts mehr passieren. Hätte nur noch gefehlt, dass der vor uns herfahrende Volvo der Volkspolizei das Blaulicht einschaltete. Aber so unsensibel waren die Ost-Berliner Sicherheitsleute dann doch wieder nicht.

Erste Station war Gotha. Die Menschen trauten ihren Augen nicht, als sie mich entdeckten. »Das kann doch wohl nicht wahr sein!« war ein häufig zu hörender Satz. »Das ist ja wirklich der Bundeskanzler!«

Das Händeschütteln nahm kein Ende. Jung und alt stürmte auf Hannelore und mich ein, die Menschen baten um Autogramme. Ich unterhielt mich mit Schülern, die gerade einen Ausflug machten. Als ich nach einer Besichtigung die Margarethenkirche verließ, hatte sich der Vorplatz mit Menschen gefüllt. Dutzende von DDR-Bürgern wollten ein Autogramm, weil ihnen sonst niemand glauben würde, dass sie mir in Gotha begegnet seien. Ein Arbeiter im Blaumann bat mich dringend, dafür zu sorgen, dass die Fußball-Bundesliga auch weiterhin im öffentlich-rechtlichen Fernsehen übertragen würde. Ein anderer DDR-Bürger rief mir aus einiger Entfernung zu: »Herr Bundeskanzler, halten Sie an Ihrer Politik fest, vertreten Sie weiter unsere Interessen! Machen Sie uns weiter Hoffnung, wir gehören weiter zusammen!«

Nach einer guten Stunde Aufenthalt in Gotha fuhren wir über eine holprige Landstraße nach Erfurt. Hier besichtigten wir den Dom, das architektonische Kleinod mit seinen berühmten Glasfenstern, und erlaubten uns, das Priesterseminar aufzusuchen. Es schien gerade Mittagspause zu sein, denn die Unterrichtsräume waren menschenleer. Auf die frisch geputzte Tafel schrieb ich mit

Kreide: »Ich grüße alle Studenten sehr herzlich, Ihr Helmut Kohl.« Es vergingen keine fünf Minuten, da fanden sich vielleicht sechzig, siebzig Theologiestudenten im Foyer des Priesterseminars ein. Es entspann sich sogar eine lockere Diskussion, an deren Ende ich aufgefordert wurde, den Landsleuten in der Bundesrepublik für ihre Hilfe zu danken. Besondere Grüße galten den Bischöfen Karl Lehmann in Mainz und Franz Hengsbach in Essen, der am Sonntag darauf zum Kardinal ernannt wurde. Bei der materiellen Unterstützung der Diaspora-Kirche in der DDR spielten die evangelische wie die katholische Kirche in der Bundesrepublik eine herausragende Rolle. Außerdem steckten mir die Studenten einige Adressen von Rumäniendeutschen zu und baten mich, für diese Menschen etwas zu tun.

Am späten Nachmittag ging es weiter nach Weimar, wo wir das Nationaltheater und das Schiller- und Goethe-Denkmal besichtigten. Die sechzehn Volkspolizisten, die uns auf Schritt und Tritt begleiteten, hielten sich auffallend zurück und wahrten genügend Distanz.

Am anderen Tag brachen wir nach Dresden auf, auch um ein wenig Großstadtluft zu schnuppern. Wir gingen in verschiedene Kaufhäuser, und ich kam meiner Lieblingsbeschäftigung nach und verglich hiesige Waren und Preise mit unseren.

Einmal in Dresden, wollte ich als Fußballfan auf keinen Fall auf das Oberliga-Spiel von Dynamo Dresden gegen Carl Zeiss Jena verzichten. Spontan ließ ich bei den DDR-Oberen anfragen, ob ich das Spitzenspiel sehen könne. Damit hatte kein Volkspolizist, kein Stasi-Mann gerechnet. Die Verantwortlichen schienen überfordert zu sein. Nachdem es zunächst hieß, Platzreservierungen seien nicht mehr möglich, da die Begegnung ausgebucht sei, klappte es nach einer Stunde geduldigen Wartens doch noch. Ich genoss ein spannendes Oberligaspiel, bei dem der Gastgeber Dresden 3:1 gewann. Es kam sogar noch zu einer Begegnung mit dem Präsidenten des Dresdner Clubs, der mir die Fußballwelt der DDR erklärte.

Abends fanden wir uns zum kulturellen Höhepunkt der Reise in der Semper-Oper ein. Hannelore war eine Augenweide in ihrem blauen Kleid. Auf dem Programm stand Richard Wagners *Tann-*

häuser. Als Fan klassischer Musik genoss ich diese Inszenierung in besonderer Weise, wenngleich sich meine Begeisterung für Wagner in Grenzen hält. Ein Raunen ging durchs Opernhaus, als wir unsere Plätze auf dem großen Balkon einnahmen, und die Zuschauer drehten die Köpfe nach uns.

In der Pause mischten wir uns unter die Operngäste. Eine Familie steckte mir heimlich ein paar Zeilen – aufs Programmheft geschrieben – zu: »Sehr geehrter Herr Bundeskanzler! Das Glück ist heute ganz auf unserer Seite. Auch wir möchten vorwärts und nicht mehr rückwärts sehen. In Anbetracht dieses wunderschönen Abends schenken Sie uns bitte für unser Anliegen Ihre Fürsprache. Danke, danke, Familie [...]« Sie hofften auf Unterstützung bei ihrem Wunsch nach Ausreise aus der DDR.

Der Sonntagmorgen begann mit einem Spaziergang über die Brühlschen Terrassen. Ein Hochzeitspaar bat mich um ein gemeinsames Foto. Anschließend besuchten wir den Gottesdienst in der katholischen Kathedrale des Bistums Dresden/Meißen. In Sankt Trinitatis erregten wir wie schon am Abend zuvor in der Oper wieder Staunen und Raunen. Handgeschriebene Botschaften auf Blättern aus Gesangbüchern wanderten durch die Reihen, bis sie mich erreichten. Und immer die gleichen Bitten: »Herr Bundeskanzler, helfen Sie uns bei der Ausreise aus der DDR.«

Selten war mir so drastisch vor Augen geführt worden, wie sehr die Menschen unter dem Überwachungsstaat litten und wie schlecht die Chancen standen, von Deutschland nach Deutschland zu reisen. Es war ein bedrückendes Kapitel der deutschen Teilung und ein deutliches Signal, dass sich die DDR-Oberen etwas einfallen lassen mussten, wenn sie die anschwellende Ausreisewelle in den Griff bekommen wollten.

Nach dem Segen verharrten die Gläubigen in ihren Bänken, bis Hannelore und ich durch den Mittelgang zum Kirchenportal gingen. Anschließend umringten uns etwa fünfhundert Menschen, und wieder herrschten große Verwunderung und Erstaunen, mich zu sehen. Es gab Beifall und immer wieder die Bitte nach einem Foto mit Hannelore und mir.

Viele äußerten ihren Zuspruch: »Herr Bundeskanzler, wir danken Ihnen dafür, dass wir vor zwei Wochen unsere Verwandten im Westen besuchen konnten.« Rufe wurden laut: »Halten Sie an der Politik der deutschen Einheit fest!« – »Seien Sie standhaft!« – »Sie sind unsere Hoffnung!«

Erstmals zeigten die Sicherheitskräfte Nervosität, doch es kam zu keinen Zwischenfällen.

Als ich am Sonntag, dem 29. Mai 1988, wieder in die Bundesrepublik zurückkehrte, zog ich die Bilanz des Besuchs: Die Einheit der Nation blieb eine geschichtliche Herausforderung. Ich sah es als meine Aufgabe an, die Durststrecke der Geschichte erträglicher, Mauer und Stacheldraht durchlässiger zu machen.

So kurz sie auch war, ich hatte bei dieser privaten Reise erheblich mehr direkte Begegnungen mit DDR-Bürgern, als es bei einem offiziellen Besuch je möglich gewesen wäre. Außerdem konnte ich eine Premiere feiern: Kein deutscher Bundeskanzler vor mir war privat in die DDR gereist.

Ob es mir tatsächlich gelungen war, trotz des privaten Charakters der Reise anderen Bundesbürgern ein Zeichen zu geben, dass es sich lohnte, häufiger in die DDR zu fahren, Verwandte und Freunde zu besuchen und Städte zu besichtigen, vermag ich nicht zu beurteilen. Wichtig war nur: Wir mussten alles tun, um uns nicht auseinanderzuleben.

24.
Kurs halten

Seit fast fünfzehn Jahren stand ich nun an der Spitze der CDU. Als Bundesvorsitzender bemühte ich mich, Kurs zu halten. Zwar wurde von Zeit zu Zeit in Papieren der CDU-Bundesgeschäftsstelle eine Kurskorrektur gefordert, aber wer immer hinter solchen Ideen steckte, die CDU nach links für ein breiteres Wählerspektrum zu öffnen, stieß bei mir auf scharfe Ablehnung. Wenn sich die Partei neuen Schichten der linken Mitte zuwandte, wäre die Folge, dass wir Stammwähler im konservativen Lager verloren. Sicherlich war es überzogen, davon auszugehen, wir würden für jeden Wähler, den wir links von der Mitte neu gewannen, fünf Wähler im konservativen Lager verlieren. Von solchen Rechenkünsten hielt ich nichts. Für mich war der entscheidende Punkt, dass wir die richtigen Antworten auf die wichtigen Fragen der Zukunftsgestaltung geben konnten.

Monate vor dem Wiesbadener Parteitag fand innerhalb der Partei eine lebhafte Diskussion über Sachfragen statt, die einmal mehr die Lebendigkeit und Beweglichkeit der CDU bewies. Dabei blieb für mich das bewährte Grundsatzprogramm von Ludwigshafen aus dem Jahr 1978 wegweisend. »Die Politik der CDU beruht auf dem christlichen Verständnis vom Menschen und seiner Verantwortung vor Gott«, heißt es darin. Auf dieser Grundlage wandte sich die Christlich-Demokratische Union an alle Menschen in allen Schichten und Gruppen unseres Volkes.

Ich sah Ende der achtziger Jahre allerdings eine ganze Reihe von Entwicklungen, über die wir – von diesem festen Standort aus – in der CDU gemeinsam nachdenken mussten. Auf dem Bonner Parteitag 1987 hatte ich für das Jahr 1988 einen »Parteitag der Diskussionen« angekündigt. Auf einer Klausurtagung Mitte April 1988 in Königswinter wurden die Leitanträge, die in zwei Kommissionen vorbereitet worden waren, vom Bundesvorstand der CDU fünfzehn Stunden lang intensiv diskutiert, um dann einstimmig verabschiedet zu werden.

Für die Erarbeitung der Leitanträge hatten wir bewusst ein zweistufiges Verfahren gewählt: Zunächst wurden die Diskussionsentwürfe von den beiden Kommissionen erarbeitet. Anschließend wurden sie innerhalb der Partei, insbesondere in den Orts- und Kreisverbänden, breit und intensiv diskutiert. Davon zeugten die rund sechshundert eingegangenen Stellungnahmen. Damit zeigte die CDU, dass sie auch schwierige, kontroverse Fragen aufgriff, die für die Zukunft des Landes besonders bedeutsam waren, und sich auf allen Ebenen damit auseinandersetzte.

Der 36. CDU-Bundesparteitag, der vom 13. bis 15. Juni 1988 in Wiesbaden stattfand, sollte also kein neues Grundsatzprogramm verabschieden, sondern Beschlüsse fassen zu zentralen Fragen der deutschen Innen- und Außenpolitik. Dass wir auf Parteitagen wichtige Themen und künftige Herausforderungen diskutierten und darüber entschieden, war erst in meiner Amtszeit als Parteivorsitzender selbstverständlich geworden. Auch die Übernahme der Regierungsverantwortung hatte daran nichts geändert; ich erinnere an die Stuttgarter Leitsätze (1984), die Essener Leitsätze (1985), das Zukunftsmanifest (1986) und das Wahlprogramm von CDU und CSU für die Bundestagswahl 1987. In der Kontinuität solcher Dokumente, die die konzeptionelle Kraft der CDU belegten, sollten auch die Wiesbadener Parteitagsbeschlüsse stehen.

Die beiden Leitanträge gingen auf Grund der Fülle von Themen und wegen ihres Umfangs an die Grenze dessen, was einem Parteitag in zweieinhalb Tagen zumutbar war. Deshalb beschloss der Bundesvorstand, die beiden Themenbereiche Umwelt und Energie sowie Ausländer und Asylbewerber auf einer der Sitzungen des Bundesparteiausschusses – also in dem höchsten beschlussfassenden Organ der CDU zwischen den Parteitagen – zu behandeln.

Der erste der beiden Leitanträge befasste sich mit unserer Verantwortung in der Welt und mit den Perspektiven zur Deutschland-,

Außen-, Sicherheits-, Europa- und Entwicklungspolitik. Seit Bestehen der Bundesrepublik war die CDU die klassische Partei der Außenpolitik. Die Grundlagen und Grundentscheidungen deutscher Außenpolitik waren von Anbeginn an politisch und programmatisch entscheidend von der CDU geprägt worden. Wenn wir jetzt Perspektiven für die neunziger Jahre entwickelten, unterstrichen wir damit unseren Anspruch, auch im nächsten Jahrzehnt die bestimmende Kraft in der Außen- und Deutschlandpolitik zu sein.

Der zweite Leitantrag beschrieb die Politik auf der Grundlage des christlichen Menschenbildes. Dass wir uns mit diesem Thema auseinandersetzten, ergab sich für uns ganz natürlich aus unserem Selbstverständnis als Christliche Demokraten. Wir bekannten uns zu einer wertorientierten Politik, die moralischen Zielen und ethischen Normen verpflichtet ist. Mit diesem Leitantrag griff der Bundesvorstand der CDU wichtige Probleme in unserer Gesellschaft auf, die von grundsätzlicher Bedeutung waren.

Als Christliche Demokraten fühlten wir uns in besonderer Weise verpflichtet, der Gefahr der Verfügbarkeit des menschlichen Lebens durch den medizinisch-technischen Fortschritt zu begegnen. Deshalb beschäftigten wir uns intensiv mit den neuen Fragen, die sich im Zusammenhang mit der Fortpflanzungsmedizin und der Gentechnologie stellten.

Die Bundesrepublik stand in einem wirtschaftlichen, technischen und sozialen Wandel, der weit über diese Legislaturperiode hinausreichte und zu dessen Bewältigung und Gestaltung wir alle Kräfte aufbieten mussten. Die soziale Marktwirtschaft, die ihr geistiges Fundament in der – zum christlichen Menschenbild gehörenden – Idee der verantworteten Freiheit hat, musste sich jetzt in der Aufgabe bewähren, die Position der Bundesrepublik als moderner und humaner Industriestaat in den neunziger Jahren zu sichern. Mit Blick auf den für 1992 geplanten europäischen Binnenmarkt wie auch um neue und zukunftssichere Arbeitsplätze zu schaffen war es notwendig, dass wir international wettbewerbsfähig blieben.

Die CDU beachtete immer den unauflösbaren Zusammenhang zwischen erfolgreicher Wirtschafts- und Finanzpolitik und wirksa-

Auf dem Bundesparteitag in Wiesbaden

mer Sozialpolitik. Mit ihrem Entwurf für eine kinderfreundliche Gesellschaft, in deren Mittelpunkt die Familie stand, und mit ihren Leitgedanken für eine humane Pflege älterer Menschen griff die CDU wichtige sozialpolitische Zukunftsaufgaben auf, die vor allem aus den sich ankündigenden schwerwiegenden demographischen Umbrüchen folgten.

Schließlich formulierte der Leitantrag des Bundesvorstands Maßnahmen, die wir in dieser Legislaturperiode verwirklichen wollten, und Zielvorstellungen, die über diese Legislaturperiode hinauswiesen. Wir versprachen dabei nicht mehr, als wir halten konnten. Insofern bewies unser Leitantrag sowohl Augenmaß für das finanzpolitisch Machbare als auch die Kraft der CDU zur politischen Vision. So zeigten beide Leitanträge für den 36. Bundesparteitag erneut, dass die CDU eine grundsatztreue, für die Anliegen der Menschen sensible und für die Herausforderungen der damaligen Zeit offene Partei war.

*

Zunehmend irritierten mich innerparteiliche Diskussionen, die entweder fehlender Sachkenntnis oder gar einem bewussten Missverständnis der Regierungspolitik entsprangen, ja, es gab sogar böswillige Unterstellungen. Angesichts der Tatsache, dass ich mir nicht selten viele Stunden lang Zeit nahm, um die wichtigsten politischen Schritte und längerfristigen Vorhaben der Bundesregierung vor den Parteigremien, vor allem vor der Bundestagsfraktion, zu erläutern, war das höchst verwunderlich.

Niemand konnte mir Mangel an Transparenz oder gar Geheimniskrämerei vorwerfen. Bei allen außenpolitischen Aktivitäten, besonders vor und nach meinen Auslandsaufenthalten, setzte ich die Kolleginnen und Kollegen jeweils so umfassend in Kenntnis, dass es manchem Parteifreund schon zu ausführlich und zu weitschweifig vorgekommen sein mag. Weder in der Parteiführung noch in der Bundestagsfraktion vernachlässigte ich meine Informations- oder Chronistenpflicht. Vor allem in der Außen-, Sicherheits- und Deutschlandpolitik legte ich größten Wert auf ausreichende Transparenz.

Um so erstaunlicher war für mich daher, dass vor dem Wiesbadener Parteitag die abenteuerlichsten Spekulationen über den Kurs in der Deutschlandpolitik aufkamen und erneut kontrovers diskutiert wurde. Zugleich wurde mit bösartigen Unterstellungen operiert, die andeuteten, dass sich die Bundesregierung und damit auch die CDU vom Wiedervereinigungsgebot des Grundgesetzes lossagen wollten. Anlass für diese Aufregungen waren Äußerungen der Bundesministerin für innerdeutsche Beziehungen Dorothee Wilms, die bewusst so interpretiert wurden, als hätte sie der Einigung Europas einen Vorrang gegenüber der Einigung Deutschlands eingeräumt.

Das war natürlich Unfug. Zu keinem Zeitpunkt lag es in unserer Macht, weder politisch noch historisch, die deutsche Frage für erledigt zu erklären. Das wäre bei den Deutschen in Ost und West auch auf entschiedenen Widerspruch gestoßen. Sie wollten Deutsche sein und bleiben. Eine geteilte Staatsangehörigkeit kam nicht in Frage. Dass wir fähig wären, auf den Willen zur Einheit aller Deutschen zu verzichten, hätte uns auch von unseren Freunden und Nachbarn in West und Ost niemand abgenommen. Dazu war unsere Position in dieser Frage viel zu gut bekannt. Bei meinem Besuch in Moskau im Juli 1983 beispielsweise hatte ich Generalsekretär Andropow gesagt, wir würden uns mit der deutschen Teilung und der Mauer in

Berlin genausowenig abfinden, wie er sich mit einer Mauer mitten durch Moskau abfinden könnte. Er widersprach mir nicht.

Gerade angesichts ihrer eigenen historischen Erfahrungen hätte sich auch kein Franzose und kein Pole vorstellen können, dass die Deutschen die unnatürliche Teilung ihres Volkes auf Dauer hinnehmen würden. Falls wir je einen solchen Verzicht erklärten, wäre er in ihren Augen schlicht unglaubwürdig.

Solange der Gegensatz der politischen Systeme und Machtinteressen fortbestand, solange die Sowjetunion ihre Interessen in Mitteleuropa, in Deutschland und in Berlin so definierte, wie sie das immer noch tat, so lange würden die Deutschen einen gemeinsamen Weg zur Freiheit und Einheit allerdings nicht finden können.

Die DDR war Vorposten und Schlussstein des sowjetischen Bündnissystems, das die Machtpositionen und die Einflussmöglichkeiten der Sowjetunion in Europa und in erheblichem Maße auch gegenüber den Vereinigten Staaten bestimmte. Es gab keine Anzeichen, dass die Sowjetunion bereit sein könnte, diese Position zu räumen. Alle Gedankenspiele über eine deutsch-deutsche Sonderrolle verkannten diese Grundtatsache. Dasselbe galt für Tagträumereien von einem Mitteleuropa zwischen Ost und West.

Weder konnte die deutsche Einheit auf Kosten der Freiheit verwirklicht werden – unsere Priorität hieß Freiheit vor Einheit; noch waren wir bereit, die Gemeinschaft mit den freiheitlichen Demokratien des Westens durch deutsche Sonderwege oder nationalistische Alleingänge aufs Spiel zu setzen.

Gefordert war die Kunst des Möglichen. Dieses Mögliche auszuloten war in einer Zeit, in der die Sowjetunion ein »neues Denken« in internationalen Beziehungen verkündete, eine lohnende Herausforderung. Wir mussten aber auch im Auge behalten, dass die geistige, politische und ideologische Auseinandersetzung zwischen Ost und West bleiben, ja vielleicht neue Formen annehmen würde. Wer dies als Schwarzmalerei abtat, hätte damals nur Michail Gorbatschows Buch *Perestroika* zur Hand zu nehmen brauchen, um sich eines besseren belehren zu lassen.

Wir im Westen brauchten die Auseinandersetzung jedenfalls nicht zu scheuen. Für uns waren »Glasnost« und »Demokratisierung« keine Gefahr. Im Gegenteil: Die Entwicklung im Osten begann in eine Richtung zu laufen, die wir seit je gefordert hatten. Wir setzten auf ihre innere Dynamik.

Dass die Sowjetunion sich in nie gekanntem Ausmaß mit der eigenen Geschichte auseinandersetzte; dass Sowjets und Polen die »weißen Flecken« ihrer Geschichte gemeinsam aufarbeiteten; dass die DDR die gemeinsame deutsche Geschichte wiederentdeckte – all dies machte Hoffnung: die Hoffnung, dass nicht nur wirtschaftliche und administrative Mängel des östlichen Systems behoben, dass nicht nur rüstungstechnische Fehlentscheidungen und weltmachtpolitische Verirrungen korrigiert würden, sondern dass auch der Weg für eine Neubesinnung auf die eigenen Interessen und Verantwortlichkeiten im europäischen und im Weltmaßstab eröffnet würde. Dann könnte es sogar zur Korrektur einer schlimmen historischen Fehlentwicklung, der Teilung unseres Volkes und ganz Europas, kommen. Dies mochte eine Perspektive sein.

*

Die vierte Gipfelbegegnung zwischen Ronald Reagan und Michail Gorbatschow Ende Mai 1988 in Moskau brachte tatsächlich den Durchbruch. Mit dem Austausch der Ratifikationsurkunden zum INF-Vertrag setzten Präsident Reagan und Generalsekretär Gorbatschow den Prozess nuklearer Abrüstung in Gang. Das bedeutete konkret: Bereits in weniger als vier Monaten würden die ersten Mittelstreckenraketen aus unserem Land abgezogen werden. Beide Staaten verpflichteten sich, bis zum 31. Dezember 1989 beziehungsweise bis zum 1. Juni 1991 ihren gesamten Bestand an Mittelstreckenwaffen zu zerstören.

Zentrales Sicherheitsproblem für uns in Europa blieb das enorme konventionelle Übergewicht des Warschauer Pakts. Wir drängten deshalb darauf, dass noch im Jahr 1988 die Verhandlungen über konventionelle Stabilität in Europa begannen.

*

Anfang Juni 1988 wurde in Moskau die Gemeinsame Erklärung paraphiert, mit der die Europäische Gemeinschaft und der Rat für gegenseitige Wirtschaftshilfe (RGW) ihre Beziehungen normalisierten. Auch die Einbeziehung Berlins konnte dabei sichergestellt werden.

Das bedeutete eine gewaltige Veränderung, die noch wenige Jahre zuvor undenkbar gewesen wäre. Mit besonderer Befriedigung erfüllte uns, dass dieser Durchbruch, der den Weg in Richtung auf eine politische und wirtschaftliche Integration der Staaten Osteuropas ahnen ließ, unter unserer Ratspräsidentschaft erreicht wurde. Diese Staaten konnten nunmehr mit der Europäischen Gemeinschaft offizielle Beziehungen aufnehmen. Wir hofften, dass dadurch die wirtschaftlichen Beziehungen zu den einzelnen RGW-Staaten weiteren Auftrieb erhalten würden und dass es bald zu entsprechenden Handels- und Kooperationsabkommen zwischen den RGW-Staaten und der EG kommen würde.

25.
Die Karawane zieht weiter

Für mich war der Wiesbadener Bundesparteitag der vierunddreißigste Parteitag, an dem ich teilnahm. Ich war jetzt zweiundvierzig Jahre lang CDU-Mitglied und – durch das Vertrauen der Mitglieder immer wieder ins Amt berufen – seit fünfzehn Jahren Parteivorsitzender. Schwierige Jahre, auch gute Jahre lagen hinter mir. Es gab Siege, es gab Niederlagen, es gab bittere Stunden, die ich nicht vergaß. Aber ich bekam vor allem auch viel Hilfe und Unterstützung, erlebte viel Gemeinsamkeit, Freundschaft und Kameradschaft.

1946, als ich noch Schüler und gerade in die CDU aufgenommen worden war, hatte ich einen Lehrmeister: Johannes Finck, einen alten klassischen Zentrumsprälaten. Er gab mir unter anderem auch einen pastoralen Rat, der einem Pfarrer wohl angemessen war. Damals war nicht vorauszusehen, wohin mein Weg mich führen würde, doch er sagte: »Wenn du später einmal in eine wichtige Funktion kommst, dann bist du herausgehoben, und dann geht es dir so wie dem Hahn auf dem Kirchturm: Jeder Wind weht dich an.«

Daran erinnerte ich mich jetzt, als mir der Wind ins Gesicht blies. Nun ist niemand vor Fehlern gefeit, und ich versuchte natürlich, mein Bestes zu geben. Ändern konnte ich an der Vergangenheit jetzt nichts mehr, aber ich war überzeugt, dass der Weg stimmte. Und so stand für mich bei aller Kritik, berechtigt oder ungerecht, offen oder anonym, im Sommer 1988 fest: Die Karawane zieht weiter. Die Bonner Reformpolitik, die so manchem auch in der Partei zu schaffen machte und deren Tempo oftmals nicht nachvollzogen werden konnte, würde auf jeden Fall zügig fortgehen. Das war eine Notwendigkeit.

Im Vorfeld des Wiesbadener Parteitags wurden mir Wahlergebnisse der vergangenen drei Jahre vorgerechnet, die alles andere als schmeichelhaft waren. Dabei wusste ich, dass die CDU 1985 in Berlin 1,6 Prozentpunkte der Stimmen im Vergleich zur vorhergehenden Wahl verloren hatte. Im Saarland sogar 6,7 Punkte und in Nordrhein-Westfalen ebenfalls 6,7 Punkte. Auch im Jahr 1986 setzte sich der negative Trend für die CDU bei den Landtagswahlen fort: Niedersachsen 6,4 Prozentpunkte Stimmenverluste, allerdings in Hessen 2,7 Prozentpunkte Stimmenzuwachs. 1987 war ein Ende des Abwärtstrends der CDU in den Bundesländern ebenfalls nicht in Sicht. In Hamburg verloren wir 1,4 Prozentpunkte, in Rheinland-Pfalz sogar 6,8 Punkte und in Bremen erdrutschartige 9,9 Prozentpunkte. In Schleswig-Holstein mussten wir wegen der Barschel-Affäre ein Desaster hinnehmen und verloren 6,4 Punkte. Und selbst im Musterländle Baden-Württemberg fuhr Ministerpräsident Lothar Späth im Frühjahr 1988 ein Minus von 2,9 Prozentpunkten ein, obwohl er einen von Bonn völlig unabhängigen und eigenständigen Wahlkampf geführt hatte, der Kritik an der Bonner Reformpolitik mit einschloss. Diesen Stimmenverlust der Bundesregierung oder mir persönlich anzulasten fand ich daher ziemlich unfair. Aber Johannes Finck hatte recht: »Jeder Wind weht dich an.« Richtig war, dass die CDU im Durchschnitt der letzten zehn Landtagswahlen rund 4,6 Prozentpunkte verloren hatte, und das trotz einer der erfolgreichsten Regierungsphasen im Bund, wie es sie seit vielen Jahren nicht mehr gegeben hatte.

Letztlich wurden die hohen Stimmenverluste auch deswegen mir persönlich angelastet, weil gleichzeitig meine Popularitätswerte zurückgingen. Das bereitete vielen Parteifreunden Unbehagen, es gab Ängste in weiten Kreisen der Unionsparteien, Ängste, die nächsten Wahlen zu verlieren. 1990 standen acht Wahlen an: die Bundestagswahl, außerdem Landtagswahlen in Bayern, Niedersachsen, dem Saarland und in Nordrhein-Westfalen, und dazu noch drei Kommunalwahlen. Eine solche Massierung von Wahlterminen konnte man kaum jemandem erklären. Mancher ausländische Gesprächspartner zweifelte an unserer Klugheit, den Föderalismus so weit getrieben zu haben. Es gab vermutlich kein zweites Land der Welt, in dem in einem Jahr so viele Wahlen stattfanden, von denen mindestens fünf über das rein Regionale hinaus von großer Bedeutung waren. Doch dieser Zustand war nicht zu ändern. Spätestens in den sechziger Jahren waren die letzten Versuche bei uns gescheitert, zu einer Art »Zwischenwahl« zu kommen und Landtagswahlen und Bundestagswahlen zu entzerren.

Jetzt schienen einige nervös zu werden. Hatten wir uns nicht zuviel vorgenommen, konnten wir das Pensum wirklich bewältigen in dieser kurzen Zeit? Meine Antwort war ganz einfach: Wenn wir, diese Koalition, wenn wir, die Union aus CDU und CSU gemeinsam mit der FDP, diese Hausaufgaben nicht lösen konnten, dann würden die Probleme wie Steuerreform, Renten-, Gesundheits- und Postreform nach uns auf lange Sicht nicht lösbar sein, weil auf lange Sicht niemand mehr bereit wäre, ein solch umfassendes Reformvorhaben anzupacken.

In der Bundestagsfraktion bekam ich den Gegenwind zu spüren. In den CDU-Spitzengremien meldeten sich immer häufiger kritische Stimmen zu Wort, die glaubten, mir indirekt die Schuld an den negativen Wahlergebnissen geben zu müssen. In sogenannten Insiderkreisen wurden bereits Namen genannt, die mich beerben könnten, falls der Negativtrend sich fortsetzen sollte und ich selbst nichts unternähme, um der Malaise ein Ende zu setzen. Als heißer Favorit für meine Nachfolge im Amt des Bundesvorsitzenden galt der baden-württembergische Ministerpräsident, der allerdings noch nicht so recht unter Beweis stellen konnte, dass es ihm gelang, Wahlen mit Ergebnissen einzufahren, die die seiner Vorgänger in den Schatten stellten. So fuhr ich mit gespannter Erwartung zum Bundesparteitag nach Wiesbaden, von dem einige Überraschungen zu erwarten waren.

Zur Eröffnung des Parteitags forderte ich Standhaftigkeit bei der Durchsetzung der innenpolitischen Reformvorhaben. Ich sprach die Misshelligkeiten und Rückschläge der vergangenen Wochen und Monate offen an und meinte, wir erlebten gegenwärtig eine Durststrecke, die es durchzustehen gelte. Die Regierung stand in der schwierigsten Phase dieser Legislaturperiode, weil sie komplizierte und weitreichende Entscheidungen zu treffen hatte, deren Notwendigkeit noch nicht jedermann erkannte.

Ich ermahnte die siebenhundertachtzig Delegierten, die Erfahrung mit der Verwirklichung des Nato-Doppelbeschlusses, der schließlich zur doppelten Nullösung geführt hatte, nicht zu vergessen und auch in der Innenpolitik an den gefassten Beschlüssen festzuhalten und sie zu verwirklichen. Die CDU werde dem innenpolitischen Reformwerk zum Durchbruch verhelfen, wenn sie standhaft bleibe, an ihren Entscheidungen festhalte und zusammenstehe in der Koalition und vor allem in unserer eigenen Partei. Die Reformprojekte waren notwendige Weichenstellungen, die nicht verschoben werden konnten. Ich bekannte mich zu der Maxime, niemandem nach dem Munde zu reden und meine Pflicht zu tun.

Anschließend begründete ich die Notwendigkeit der anstehenden Reformen, indem ich auf die demographische Entwicklung hinwies und auf die Kostenexplosion im Gesundheitswesen. 1960 musste die Krankenversicherung jährlich noch 9 Milliarden DM ausgeben. 1970 waren es 24 Milliarden, 1980 etwa 86 Milliarden Mark, und 1988 waren es bereits mehr als 125 Milliarden. Angesichts dieser Zahlen konnte man über die gegenwärtige Diskussion nur den Kopf schütteln. Dass es nicht wie bisher weitergehen konnte, lag auf der Hand. Wer Besitzstandsdenken und Gruppeninteressen über alles andere stellte und dies noch mit Diffamierungen und Unwahrheiten verband, hatte nicht begriffen, was die entscheidenden Voraussetzungen unseres Wohlstands waren.

Auf dem Arbeitsmarkt war es uns zwar gelungen, siebenhundertachtzigtausend zusätzliche Arbeitsplätze zu schaffen, trotzdem konnte die Zahl der Arbeitslosen nicht entsprechend verringert werden, weil neue Stellensuchende hinzugekommen waren, insbesondere Jugendliche und Frauen. Als positiv erwähnte ich, dass 1988 erstmals seit sieben Jahren die Zahl der arbeitslosen Jugendlichen unter zwanzig Jahren unterhalb der Hunderttausendermarke lag.

Zur Wirtschaftslage insgesamt erklärte ich, trotz Turbulenzen hätten sich die Wachstumskräfte durchgesetzt: Im ersten Quartal 1988 betrug die Wachstumsrate 4,2 Prozent. Die Preisstabilität sei zurückgewonnen worden, und die Realeinkommen seien in den letzten beiden Jahren ungewöhnlich stark gestiegen, nämlich um nicht weniger als 100 Milliarden Mark. Das war der stärkste Anstieg seit Ende der sechziger Jahre.

Bewusst hatte ich auf eine flammende Wahlkampfrede verzichtet, sondern nüchtern und eher nachdenklich eine Bilanz unserer Regierungspolitik gezogen. Ich spürte Distanz und Zurückhaltung. Selten zuvor war der Beifall der Delegierten so mager ausgefallen wie in Wiesbaden. Doch eine Gefährdung meiner Position an der Spitze der Partei war nicht auszumachen, auch wenn ich mir eine ganze Reihe kritischer Wortmeldungen anhören musste. Dabei wurden die alten Klischees wieder hervorgekramt, ich würde Konflikte aussitzen und zu selten von meiner Richtlinienkompetenz als Bundeskanzler Gebrauch machen.

Ich fand es gut, dass die Parteifreunde ihrer Verärgerung Luft machten. Das bot mir die Gelegenheit, einiges richtigzustellen. Die Delegierten forderten beispielsweise von mir, härter durchzugreifen. Dabei lag mein Handicap gerade darin, dass es so viele Sanktionen nicht gab, die ich hätte ergreifen können. Außerdem standen die meisten Störer nicht auf dem Spielfeld, sondern am Rand, und bis dahin reichte meine Zuständigkeit nicht. Ärger über das öffentliche Erscheinungsbild der Union fand ich berechtigt, aber den Vorwurf, ich würde Probleme aussitzen, wies ich zurück. Ich verwies schließlich auf meinen Amtseid, den ich auf das Wohl des Landes und nicht auf das einer Interessengruppe abgegeben hatte.

Statt mit Verärgerung auf die Kritik zu reagieren, hatte ich Verständnis für manche harsche Stimme gezeigt. Das war angekommen und versöhnte selbst den einen oder anderen Heißsporn unter den Delegierten mit mir. Am Ende feierten sie mich wieder wie zu alten Zeiten. Der stehende Beifall tat mir gut.

*

Am letzten Tag des Parteitags forderte ich, dass die CDU weder erstarren noch sich von modischen Strömungen treiben lassen dürfe. Die Partei war immer dann am stärksten, wenn sie grundsatztreu an ihrem Kurs festhielt.

Am Ende der ausführlichen und zum Teil mit aller Schärfe ausgetragenen Diskussion beschloss der Parteitag die Einsetzung einer Kommission zur Reform von Organisation und Finanzen der CDU. Den Vorsitz übernahm ich.

Besorgt äußerte ich mich über die Mitgliederstruktur der CDU. In der Partei gab es vor allem zuwenig Frauen und junge Menschen. Der Frauenanteil machte 20 Prozent der Mitgliedschaft aus, und das bei erheblichen regionalen Unterschieden. Noch immer gab es Ortsverbände, die gar keine weiblichen Mitglieder hatten. Nur 7 Prozent der Parteimitglieder waren unter dreißig Jahre alt. Ich forderte meine Partei auf, sich stärker dafür einzusetzen, dass die auf dem Essener Parteitag 1985 beschlossene partnerschaftliche Zusammenarbeit zwischen Frauen und Männern auch wirklich in den Kreisen und Verbänden verankert wurde. Jungen Menschen, die in der Partei oft auf Vorurteile stießen, musste der Weg in die CDU erleichtert werden.

Kritisch äußerte ich mich auch zum Verhältnis der CDU zu den Gewerkschaften. Trotz des angespannten Charakters dieser Beziehung durfte niemand, der sich als CDU-Mitglied einer Gewerkschaft anschloss, allein deshalb auf Misstrauen stoßen.

Es galt, die CDU optimal auf die bevorstehende Serie von Wahlen vorzubereiten. Dazu mussten wir ihr Profil schärfen – als moderne und lebendige Volkspartei der Mitte ebenso wie als führende Regierungspartei. Gleichzeitig mussten die Vertreter der Partei ihre organisatorische Kraft, ihre Fähigkeit zum Dialog mit den Bürgern stärken. Mit anderen Worten: Die CDU musste sich programmatisch wie organisatorisch immer wieder erneuern.

Die CDU war oft eine schwierige Partei. Sie war aber auch eine Gemeinschaft, in der Freundschaften wuchsen und die für viele von uns über das Politische hinaus zur Heimat geworden war. Ich wusste um die Kraft, die ihr innewohnte, um ihre Vitalität und ihren langen Atem und nicht zuletzt um den Idealismus vieler ihrer

Mitglieder. Ich wusste aber auch um unsere Fehler und Schwächen.

Wir waren in die CDU eingetreten, um aus christlicher Verantwortung einer Idee zu dienen, einer Idee, die unserer Partei seit ihren Anfängen geistiger Wegweiser war: Christliche Demokraten traten nach dem Krieg und den schrecklichen Verbrechen der Nationalsozialisten für den Schutz der Menschenwürde und für ein Leben in Freiheit ein. Im Zeichen dieser Leitidee hatte die CDU als führende Regierungspartei für Wohlstand und für soziale Gerechtigkeit gesorgt, Frieden und Freiheit geschützt und unser Land an die Seite der freien Völker geführt. In ihrem Zeichen würden wir auch die Zukunft gewinnen – wenn wir es nur wollten.

Der Bundesparteitag in Wiesbaden 1988 hatte unter der Devise »Grundsatztreu und zukunftsoffen« die aufgeregten Wogen mit programmatischen Entscheidungen geglättet. Die von mir eingeleitete Modernisierung der Partei wurde fortgeführt. Durch die Verbindung der technologie- und wirtschaftspolitischen Kompetenz mit sozialer Verantwortung sollten Wähler in den »neuen« Mittelschichten gewonnen und so Mehrheiten gesichert werden. Es war ein großangelegter Versuch der Standortbestimmung und Wegweisung für die neunziger Jahre, den wir in Wiesbaden unternommen hatten.

Die Unlust an der Union konnte trotzdem vorerst noch nicht überwunden werden. Im Oktober 1988, im sechsten Jahr des wirtschaftlichen Aufschwungs in der Bundesrepublik, zeigte das Politbarometer weiter ein Tief an: Auf die Frage, welche Partei ihnen am besten gefalle, entschieden sich nur 36 Prozent der Befragten für die CDU, während sich 48 Prozent für die SPD aussprachen. Die Lage war ernst.

26.
Toronto-Gipfel

Es blieb nur wenig Zeit zum Durchatmen. Nach dem Wiesbadener Parteitag mit all seinen Höhen und Tiefen, mit seiner ehrlichen Kritik und den überzogenen Aufgeregtheiten reiste ich zu einem dreitägigen offiziellen Besuch nach Kanada. Anlass war der 14. Weltwirtschaftsgipfel, der vom 19. bis 21. Juni 1988 in Toronto stattfand. Es war mein erster Besuch in Kanada, und ich nutzte die Gelegenheit zu einem Treffen mit der kanadischen Regierung. Mit meinem Gastgeber, Premierminister Brian Mulroney, besprach ich hauptsächlich die Entwicklung der beiderseitigen Beziehungen, die internationale Lage nach dem Moskauer Gipfeltreffen und Weltwirtschaftsfragen im Vorfeld des Wirtschaftsgipfels. Die Gespräche verdeutlichten den ausgezeichneten Stand der deutsch-kanadischen Beziehungen und gaben zugleich in der Zeit unserer EG-Präsidentschaft dem europäisch-kanadischen Verhältnis Profil. Als erster Regierungschef der Bundesrepublik war ich eingeladen, vor beiden Häusern des kanadischen Parlaments zu sprechen.

In allen Gesprächen und öffentlichen Erklärungen war es mir ein Anliegen, Kanada und den Kanadiern zu danken: für die uns in der Nachkriegszeit erwiesene großzügige Hilfe; für die uns damals gereichte Hand der Freundschaft, die unseren Weg ins Bündnis der freiheitlichen Demokratien des Westens ebnen half; und für den Beitrag, den kanadische Soldaten in unserem Land für die Verteidigung der gemeinsamen Werte, der gemeinsamen Freiheit und des Friedens leisteten.

Im Gespräch mit Vertretern der kanadischen Wirtschaft und mit im Lande tätigen deutschen Firmen konnte ich feststellen, dass es gute Voraussetzungen gab, die Wirtschaftsbeziehungen zu intensivieren und mehr deutsche und europäische Investitionen anzustreben.

Deutschstämmige Kanadier stellten 1988 beachtliche knapp 10 Prozent der Gesamtbevölkerung. Bei einer Reihe menschlich bewegender Begegnungen mit einigen von ihnen gewann ich den Eindruck, dass sie mit großem Engagement die Verbindung zur alten Heimat pflegten und dass sie als loyale Bürger Kanadas wesentlich zum wirtschaftlichen und kulturellen Aufbau ihrer neuen Heimat beitrugen.

*

Auf dem 14. Weltwirtschaftsgipfel beschlossen die sieben Staats- und Regierungschefs, unterstützt von ihren Außen-, Finanz- und Wirtschaftsministern, Dokumente, die eine zukunftsgewandte Strategie für das Ost-West-Verhältnis und für die internationalen Wirtschaftsbeziehungen festschrieben. Da ich als Regierungschef jenes Staates auftrat, der zur Zeit die EG-Präsidentschaft innehatte, kam auf diesem Gipfel nicht nur die wirtschaftliche Dimension, sondern auch das politische Profil des sich immer enger zusammenschließenden Europas zum Tragen.

Präsident Reagan erläuterte uns die Ergebnisse seines jüngsten Moskauer Gipfeltreffens mit Generalsekretär Gorbatschow. Erneut hoben wir die militärische Überlegenheit des Warschauer Pakts als Kernproblem der europäischen Sicherheit hervor. Aber auch im Fernen Osten war die sowjetische Aufrüstung eine der Hauptursachen für Instabilität. Wir forderten daher, in Europa wie in Asien die Bedrohung zu verringern, und bekräftigten nicht zuletzt die Forderung nach einem baldigen, umfassenden und weltweiten Verbot chemischer Waffen.

Ein weiterer Schwerpunkt unserer Erörterungen waren regionale Konflikte. Ich will nur einen Punkt herausgreifen: Auf Grund einer Initiative von Präsident Mitterrand und mir appellierten alle Teilnehmer an die südafrikanische Regierung, die sechs zum Tode verurteilten Schwarzafrikaner von Sharpeville zu begnadigen. Es handelte sich um fünf Männer und eine Frau, die wegen angeblichen Mordes an einem schwarzen Bürgermeister 1984 die Todesstrafe erhielten. Kurz vor der Hinrichtung im November 1988 hatten die massiven internationalen Proteste Erfolg, und sie wurden begnadigt. Gleichzeitig unterstützten wir die amerikanischen Friedensbemühungen in Angola. Unsere Erklärung zur Bekämpfung des internationalen Terrorismus und des illegalen Drogenhandels ließ an Deutlichkeit nichts zu wünschen übrig. Es ging darum, diesen Geißeln der Menschheit gemeinsam den Kampf anzusagen und ihn im Zusammenwirken aller gleichgesinnten Länder zu bestehen.

In den wirtschaftspolitischen Gesprächen der Staats- und Regierungschefs ging es zunächst einmal darum, eine Bilanz der wirtschaftlichen Entwicklung seit dem letzten Gipfeltreffen in Venedig zu ziehen. Alle Teilnehmer waren übereinstimmend der Auffassung, dass sich die wirtschaftspolitische Zusammenarbeit gerade in den zurückliegenden Monaten sehr bewährt hatte. Noch im Herbst 1987 hatte es ja zunächst nicht wenige gegeben, die befürchteten, es kündige sich eine Destabilisierung der Weltwirtschaft insgesamt an. Ein Dreivierteljahr später wussten wir, dass das entschlossene und abgestimmte Handeln von Regierungen und Notenbanken gegen die Börsenprobleme maßgeblich dazu beigetragen hatte, die Weltwirtschaft vor einem Einbruch zu bewahren.

Für die Bundesrepublik konnte ich auf die sehr erfreuliche wirtschaftliche Entwicklung der letzten Monate verweisen. Von besonderem Interesse war für unsere ausländischen Partner, dass unser Wirtschaftswachstum ausschließlich von der lebhaften Inlandsnachfrage in Höhe von plus 5,5 Prozent im ersten Quartal 1988 getragen wurde, während der anhaltende Rückgang unseres realen Außenhandelsüberschusses das Wachstum weiterhin spürbar belastete. Die Bundesrepublik Deutschland leistete also unverändert ihren Beitrag zur Angleichung außenwirtschaftlicher Ungleichgewichte auf internationaler Ebene.

Ein zentrales Anliegen war für mich, in der wichtigen Frage der internationalen Verschuldung greifbare Fortschritte zu erreichen,

Mit George Bush, Brian Mulroney und Margaret Thatcher (v.l.n.r.) auf dem Weltwirtschaftsgipfel in Toronto

insbesondere im Blick auf die armen Länder Afrikas. Wir konnten hier zwar zunächst mit Befriedigung feststellen, dass das, was wir uns vor einem Jahr in Venedig vorgenommen hatten, inzwischen weitgehend in die Tat umgesetzt worden war, gleichwohl waren sich meine Kollegen und ich aber darüber einig, dass weitergehende Schritte notwendig waren. So setzte ich mich persönlich dafür ein, dass Schulden aus Entwicklungshilfedarlehen für die ärmsten Länder reduziert oder erlassen wurden. Ich konnte darauf verweisen, dass die Bundesrepublik selbst mit einem Schuldenerlass in Höhe von 4,2 Milliarden DM bereits einen Beitrag dazu geleistet hatte. Zum Erlass weiterer Schulden hatte das Bundeskabinett erst am 8. Juni konkrete Beschlüsse gefasst, die ein Forderungsvolumen von noch einmal rund 2,3 Milliarden DM betrafen.

Wir verständigten uns darüber hinaus, auch die Bedingungen für Umschuldungen im Rahmen des Pariser Clubs zu verbessern. Das war in der Tat ein erheblicher und sehr konkreter Schritt nach vorn. Im Pariser Club sind die Regierungen vertreten, die öffentliche Kredite an Entwicklungsländer vergeben.

Intensiv geprüft werden musste auch die Frage, inwieweit der Umweltschutz – insbesondere der Schutz tropischer Regenwälder – stärker in die Zusammenarbeit mit den Entwicklungsländern einbezogen werden konnte. Hier hatte zweifellos auch die Weltbank eine wichtige Rolle zu spielen. Dauerhafte Fortschritte bei der Bewältigung der Verschuldungssituation vieler Entwicklungsländer waren nicht denkbar ohne ebenso dauerhafte Erfolge im Kampf gegen den Protektionismus. Nur wenn die Entwicklungsländer ihre Waren auch auf den Märkten der Industrieländer verkaufen konnten, hatten sie eine Chance, Schritt für Schritt mit ihrer Schuldenbelastung fertig zu werden.

Alle Partner teilten inzwischen die Sorge um die Ozonschicht. Wichtige Schritte zur Verringerung der Belastung mit Treibhausgasen waren bereits eingeleitet, weitere mussten jetzt folgen. Zum Schutz der Luft und des Wassers waren grenzüberschreitende Maßnahmen erforderlich. Ich setzte mich besonders dafür ein, dass internationale Anstrengungen unternommen wurden gegen sauren Regen und das Waldsterben und für die Reinhaltung der Flüsse und Meere, wobei ich insbesondere auf die Verschmutzung der Nordsee hinwies.

Mein Anliegen war es, den engen Zusammenhang von Ökonomie und Ökologie gerade auf einem Wirtschaftsgipfel deutlich herauszustellen – einen Zusammenhang, dem in noch viel stärkerem Maße auch international Rechnung getragen werden musste. Vor allem im Rahmen des Nord-Süd-Dialogs musste dieses Thema mehr als bisher in den Vordergrund gerückt werden.

27. Gipfel der Harmonie

Mit dem Treffen des Europäischen Rats in Hannover vom 27. und 28. Juni 1988 ging meine zweite EG-Präsidentschaft zu Ende. In den letzten sechs Monaten unter deutscher Präsidentschaft hatte die EG mehr Fortschritte in Richtung auf eine wirtschaftliche Integration gemacht als in den sechs Jahren zuvor.

So konnte sich der Europäische Rat zum ersten Mal seit langer Zeit wieder seiner eigentlichen Aufgabe widmen, nämlich Bilanz zu ziehen und gleichzeitig Leitlinien und Orientierung für die Zukunft zu erarbeiten. Die Gemeinschaft hatte ihre schon fast verloren geglaubte Dynamik zurückgewonnen – nicht zuletzt dank der Arbeit des Europäischen Parlaments, das einen wesentlichen Beitrag dazu geleistet hatte, dass die Entscheidungen des Sondertreffens des Europäischen Rats vom Februar 1988 noch vor Ende unserer Präsidentschaft umgesetzt werden konnten.

Die neue Schubkraft der europäischen Politik spiegelte sich auch in den großen Fortschritten wider, die wir beim Binnenmarkt erreichen konnten. Besonders deutlich wurde dies an den Entscheidungen in Schlüsselbereichen wie der Liberalisierung des Kapitalverkehrs und des Güterkraftverkehrs, der gegenseitigen Anerkennung der Diplome und beim sogenannten öffentlichen Beschaffungswesen. Insgesamt war Mitte 1988 bereits ein Drittel des im Weißbuch der Kommission niedergelegten ehrgeizigen Programms in die Tat umgesetzt.

Wir vergegenwärtigten uns in Hannover aber nicht nur diese Erfolgsbilanz, sondern auch die Probleme, die wir bei der Vollendung des Binnenmarkts noch zu bewältigen hatten. Dazu gehörten insbesondere so schwierige Fragen wie die Steuerharmonisierung oder die Entwicklung des europäischen Gesellschaftsrechts. Wir waren uns einig, dass wir in unseren Bemühungen nicht nachlassen durften und zügig weiterarbeiten mussten, wenn wir das Zieldatum 1992 einhalten wollten.

Im Einklang mit dem Weißbuch der Kommission legten wir die Prioritäten für die nächste Zeit fest: die weitere Öffnung des öffentlichen Beschaffungswesens, die Verwirklichung des freien Dienstleistungsverkehrs für Banken und sonstige finanzielle Dienstleistungen, die weitere Angleichung der Normen und die Regelungen zum geistigen Eigentum.

Auf Anregung von Präsident Mitterrand beschäftigten wir uns eingehend mit der Lage im audiovisuellen Bereich. Mitterrand hatte zu Recht auf die enorme Lücke hingewiesen, die zwischen europäischer Produktion und dem tatsächlichen Programmangebot klaffte. Dank Kabel- und Satellitentechnik hatten wir ein vielfältiges Programmangebot, das aber leider nur zu einem geringen Teil aus europäischer Produktion stammte. Wir waren uns einig, dass in Zukunft besondere Anstrengungen notwendig waren, um den Reichtum und die Vielfalt unserer europäischen Kultur in den Programmen stärker zum Tragen zu bringen. Der Europäische Rat erkannte ausdrücklich an, dass wir in diesem Bereich eng mit dem Europarat zusammenarbeiten mussten. Das erschien mir besonders wichtig, da damit nicht nur der bestehenden engen Kooperation zwischen europäischen Rundfunk- und Fernsehanstalten Rechnung getragen, sondern auch klargestellt wurde, dass europäische Kultur nicht auf den EG-Raum verengt werden durfte.

Ein zentrales Thema war natürlich die Vollendung des Binnenmarkts. Das war eine Herausforderung, die mit der Gründerphase der Gemeinschaft vergleichbar war. Nach den uns vorliegenden Untersuchungen würde dieser große einheitliche Markt beträchtliche Wachstumsimpulse auslösen und so zur Schaffung neuer Arbeitsplätze beitragen. Zugleich war der Binnenmarkt ein entscheidender Beitrag zur Sicherung unserer Wettbewerbsfähigkeit auf den Weltmärkten und damit zur Sicherung unserer Zukunft. Wir waren auf gutem Kurs, doch würden wir ein so wichtiges Vorhaben wie den Binnenmarkt nur dann verwirklichen können, wenn wir die Unterstützung aller gesellschaftlichen Kräfte, vor allem der Sozialpartner, dafür gewannen.

Entsprechend den Zielsetzungen der Römischen Verträge und der Einheitlichen Europäischen Akte brauchten wir einen europäischen Wirtschafts- und Sozialraum. Deshalb mussten wir am Thema Arbeits- und Gesundheitsschutz, bei dem wir gerade in jüngster Zeit greifbare Fortschritte erzielt hatten, intensiv weiterarbeiten. Auch Fragen der Aus- und Fortbildung kam besondere Beachtung zu.

Der Europäische Rat bekräftigte gleichzeitig, dass die Maßnahmen der Gemeinschaft zur Verwirklichung des Sozialraums nicht zu einer Abschwächung bestehender nationaler Vorschriften zum Schutz der Arbeitnehmer und zur Sicherung ihrer Rechte führen durften. Der Binnenmarkt durfte nicht als Vorwand dienen für den Ausstieg aus strengeren Vorschriften.

Europa wird nur in dem Maß Gestalt annehmen, wie sich seine Bürger mit ihm identifizieren. Der soziale Dialog war für mich daher ein wichtiger Bestandteil eines lebendigen »Europas der Bürger«. Dieses Europa der Bürger durfte aber auch in anderen Bereichen kein Schlagwort bleiben. Unsere Bürger stellten beispielsweise zu Recht die Frage, was wir auf europäischer Ebene unternahmen, um mit Terrorismus, Drogenhandel und der zunehmenden Bandenkriminalität fertig zu werden.

Auf meine Anregung hin hatten wir in Hannover eine erste, sehr ernste Diskussion über diesen Fragenkomplex, die wir bei nächster Gelegenheit fortsetzen wollten. Wir waren uns darin einig, dass wir – zumal bei immer stärker durchlässigen Binnengrenzen – unsere Handlungsfähigkeit in diesem Bereich verbessern und uns auch nicht scheuen sollten, mittelfristig neue Wege der Zusammenarbeit zu gehen.

Zu Recht erwarteten die Bürger auch, dass die Gemeinschaft ihre Sorgen um die Umwelt sehr ernst nahm. Ausführlich sprachen wir in Hannover über die aktuellen Probleme der Umweltverschmutzung. Wir waren uns darin einig, die Gemeinschaft aufzufordern, eine vorausschauende und offensive Umweltpolitik zu betreiben, denn wir wären schlecht beraten, wenn wir immer nur auf schon eingetretene Ereignisse reagieren würden.

Der Umweltrat hatte in den letzten Wochen Einvernehmen in wichtigen Bereichen erzielt wie zum Beispiel bei den Großfeuerungsanlagen oder den Emissionen von Kraftfahrzeugen. Sie mochten aus der Sicht vieler – gerade deutscher – Bürger noch nicht zufriedenstellend sein, waren aber ein weiterer Schritt in die richtige Richtung. Unsere Umweltpolitik konnte jedoch nicht an den Grenzen der Gemeinschaft haltmachen. Der Weltwirtschaftsgipfel in Toronto hatte auf unsere Anregung hin dieses Thema erörtert und dringlich zu stärkerer internationaler Zusammenarbeit aufgerufen. Dazu musste die Gemeinschaft ihren Beitrag leisten.

Ein weiterer Schwerpunkt der Beratung des Europäischen Rats war der Ausbau der Zusammenarbeit in der Währungspolitik. Perspektivisch strebten wir die schrittweise Verwirklichung der Wirtschafts- und Währungsunion entsprechend der Einheitlichen Europäischen Akte an. Wir setzten ein Gremium ein, das die konkreten Etappen zur Verwirklichung der Wirtschafts- und Währungsunion prüfen und entsprechende Vorschläge erarbeiten sollte. Den Kern dieses Gremiums bildeten die jeweiligen Notenbankgouverneure, die wir hierzu persönlich eingeladen hatten. Den Vorsitz des Ausschusses übernahm der Präsident der EG-Kommission Jacques Delors. Dieses Gremium sollte rechtzeitig innerhalb der nächsten zwölf Monate einen Bericht erstellen, der zunächst im Kreis der Finanz- und Wirtschaftsminister erörtert und im Juni 1989 dem Europäischen Rat – dann unter spanischem Vorsitz – vorgelegt werden sollte.

Die mit dem Ausbau der währungspolitischen Zusammenarbeit verbundenen Fragen waren für alle Mitgliedsstaaten von hoher Sensibilität. Es bestand daher in Hannover zwischen uns Einvernehmen, dass wir an diese Problematik behutsam und pragmatisch herangehen mussten.

Schließlich nahm der Europäische Rat zu wichtigen außenpolitischen Fragen Stellung, allen voran zur Entwicklung der Ost-West-Beziehungen. Durch eine konsequente Politik der Kooperation und des Dialogs trugen die Zwölf zu den ermutigenden Fortschritten der jüngsten Zeit bei. Sie waren entschlossen, in diesem Prozess auch weiterhin eine aktive Rolle zu spielen.

In diesem Zusammenhang würdigte unsere Erklärung ausdrücklich die Aufnahme der offiziellen Beziehungen zwischen der Europäischen Gemeinschaft und dem Rat für gegenseitige Wirtschaftshilfe (RGW). Wir erinnerten auch noch einmal an die von der Gemeinschaft vorgeschlagene West-Ost-Wirtschaftskonferenz und appellierten an die KSZE-Teilnehmerstaaten, alles zu tun, um in Wien zu einem substantiellen und ausgewogenen Abschlussdokument zu kommen, das Fortschritte in allen Bereichen, insbesondere auch im Hinblick auf humanitäre Fragen, brachte.

Der Europäische Rat bekräftigte die Grundlinien unserer gemeinsamen Politik zu Afghanistan, zum Nahen und Mittleren Osten, zu Südafrika und dem südlichen Afrika sowie zu Lateinamerika. Zu Afghanistan erklärte die Gemeinschaft die Bereitschaft ihrer Mitgliedsstaaten, humanitäre Hilfe im Rahmen der Vereinten Nationen zu leisten. Wie schon der Weltwirtschaftsgipfel in Toronto richtete auch der Europäische Rat einen Gnadenappell an Präsident Botha zugunsten der »Sharpeville Six«. Wir erneuerten darüber hinaus die Forderung, Nelson Mandela, der im Juli 1988 siebzig Jahre alt wurde, freizulassen – ebenso wie die anderen politischen Gefangenen. Es sollte jedoch noch fast zwei Jahre dauern, bis Mandela im Februar 1990 aus der Haft entlassen wurde. Schließlich machten wir noch einmal deutlich, dass die Beziehungen der EG zu Südafrika erheblichen Belastungen ausgesetzt sein würden, wenn das dort geplante Gesetz über die finanziellen Zuwendungen an Anti-Apartheid-Organisationen, zu denen auch die Kirchen und Gewerkschaften gehörten, vom Parlament verabschiedet würde.

*

Bevor der Europäische Rat in Hannover zusammengetreten war, hatte er die Vorstellungen des Parlaments zu den wesentlichen Themen angehört. Die Begegnung mit dem Präsidenten des Parlaments war inzwischen zu einer guten Tradition geworden. Sie war, wie vor allem die Arbeiten zur Umsetzung des Delors-Pakets gezeigt hatten, Teil der konstruktiven, vertrauensvollen Zusammenarbeit, die durch die Bestimmungen der Einheitlichen Europäischen Akte entscheidend verbreitert und verbessert wurde. In diesem Zusammenhang war die interinstitutionelle Vereinbarung zwischen Parlament, Rat und Kommission zur Haushaltsdisziplin ein wichtiger, in die Zukunft weisender Schritt.

In diesem Geist wirkten Parlament und Rat auch bei der Benennung des künftigen Kommissionspräsidenten zusammen. Nachdem ich mir zu Beginn der Tagung Klarheit über die Haltung aller Mitgliedsstaaten verschafft hatte, sprach ich diesen Punkt vertraulich mit dem Parlamentspräsidenten an. Das erweiterte Präsidium des Parlaments begrüßte unsere Absicht, die Amtszeit von Jacques Delors um zwei Jahre zu verlängern. Ich teilte dieses Votum meinen Kollegen mit und führte danach die entsprechende Beschlussfassung im Europäischen Rat herbei.

Ohne die ausgezeichnete Arbeit der Europäischen Kommission und ohne die kräftige Unterstützung durch alle Mitgliedsstaaten wäre die wiedergewonnene Aufbruchstimmung nicht möglich gewesen. Die Gemeinschaft hatte nicht nur ihre Handlungsfähigkeit nach innen und außen tatkräftig wiederhergestellt, sie hatte auch gezeigt, dass sie auf dem Weg zu einer echten Solidargemeinschaft war.

In Hannover brachte ich das Ergebnis der deutschen Ratspräsidentschaft auf die Formel: »Europa ist wieder da«. Wir mussten gemeinsam dafür sorgen, dass dies so blieb, und die neue Dynamik erhalten – in allen Bereichen. Wenn wir den von der Einheitlichen Europäischen Akte vorgezeigten Weg entschlossen und beharrlich weitergingen, würden wir unser Ziel erreichen.

Die Europäische Union, auf die sich alle Mitgliedsstaaten in der Akte verpflichtet hatten, war keine ferne Vision mehr. Wir würden 1992 die Bilanz der Reformen nach innen ziehen und gleichzeitig die bis dahin in der gemeinsamen Außenpolitik gemachten Fortschritte überprüfen. Im Lichte dieser Bilanz hatten wir dann über die weiteren Integrationsschritte zur Europäischen Union zu entscheiden. Hierzu sollte wesentlich auch die Frage gehören, wie wir das Gewicht des Europäischen Parlaments stärken konnten.

Wir mussten mit Realismus, mit Mut und im Geist des Vertrauens gemeinsam an die vor uns liegenden Aufgaben herangehen. Jean Monnet, dessen hundertsten Geburtstag wir im November 1988 feiern konnten, hatte gesagt: »Fahrt fort, fahrt fort, es gibt für die Völker Europas keine andere Zukunft als die Union.« Seine Worte waren für uns Leitmotiv und bleibende Verpflichtung.

28.
Tiefer Einschnitt

Wie oft hatte ich mich über ihn ärgern müssen! Wie verletzend er sein konnte! Andersdenkende geißelte er mit schneidender Schärfe. Was hatte ich alles hingenommen und um des Unionsfriedens willen hinuntergeschluckt, wo ich lieber massiv Kontra gegeben hätte! Wie sehr konnte er die Schwesterpartei nerven, wenn es aus seiner Sicht um die falsche Richtung, um die falsche Politik ging: Franz Josef Strauß.

Der ambitionierte Außenpolitiker konnte es nie verwinden, nicht wenigstens einmal die Fäden der deutschen Außenpolitik in den Händen gehalten zu haben. Ständig lag er im Streit mit der FDP, vor allem mit ihrem Vorsitzenden Hans-Dietrich Genscher, der ihm den Zugang zum Außenamt verbaut hatte. Strauß pflegte eine rege Reisetätigkeit, die ihn neben regelmäßigen Gesprächen in den Hauptstädten der westlichen Welt und nach Israel auch zu vielen Diktatoren dieser Erde führte. Als erster deutscher Politiker machte er dem legendären chinesischen Parteiführer Mao in Peking die Aufwartung. Seine Begegnung mit afrikanischen Politikern, mit dem chilenischen Junta-Führer Augusto Pinochet oder mit dem südafrikanischen Regierungschef Pieter Willem Botha ließen seine Kritiker vor Wut schäumen. Doch auch mit kommunistischen Herrschern von Honecker über Schiwkow bis Gorbatschow pflegte er Kontakte, die mit einer Mischung aus Neid, Anerkennung und Ablehnung beäugt wurden.

In seinen Bonner Jahren hatte sich Franz Josef Strauß für eine gewaltige Subventionspolitik zugunsten der Industrie eingesetzt. Ohne seine andauernden kämpferischen Interventionen wäre der Airbus nicht das geworden, was er ist: ein zwar teures, aber erfolg-

Franz Josef Strauß, ehemaliger Bundesverteidigungsminister, im Oktober 1963 mit Konrad Adenauer

reiches Unternehmen. Mit allen Mitteln hatte er immer wieder um hohe Subventionen für das Flugzeug wie für die Luft- und Raumfahrtindustrie generell gekämpft. Sein jahrelanges nervenaufreibendes Drängen bei den Bonner Finanzministern war ohne Beispiel.

Genauso ungebremst setzte er sich für die Steuerbefreiung von Flugbenzin für Privat- und Hobbyflieger ein. Sein Kampf für dieses Privileg trug Züge, als ginge es um Leben oder Tod. Es war ein unwürdiges Schauspiel, das Strauß am Ende verlor. Er schaffte es, dass sich der Wiesbadener Parteitag mit diesem unsäglichen Thema ebenso beschäftigen musste wie die Spitzengremien meiner Partei. Vieles wäre uns erspart geblieben, wenn daraus keine Prestigefrage gemacht worden wäre.

Um ein Haar wäre sogar die große Steuerreform des Jahres 1988 daran gescheitert: Wenn wir die parlamentarische Mehrheit bei der Abstimmung über die Steuerreform nicht gefährden wollten, blieb uns nichts anderes übrig, als dieses ungeliebte Steuerprivileg zurückzunehmen. Doch Strauß stellte sich quer. Am meisten hatte Bundesfinanzminister Stoltenberg unter seinen massiven Interventionen zu leiden. Der bayerische Ministerpräsident hatte ihm einen zornigen dreizehnseitigen Brief geschrieben, der es in sich hatte. Doch Gerhard Stoltenberg bot dem CSU-Chef die Stirn und sorgte schließlich dafür, dass die Befreiung der Privatflieger wieder rückgängig gemacht wurde. Die monatelangen Auseinandersetzungen in der Union über das Thema Steuerreform schadeten uns im Urteil der Öffentlichkeit mehr als die harten Attacken der SPD-Opposition. Daran war der Ministerpräsident in München nicht unschuldig. Mit anderen Worten: Strauß war präsent wie kaum ein anderer Politiker.

Und dann erreichte mich am 3. Oktober 1988 die Nachricht von seinem plötzlichen Tod.

Ich befand mich gerade auf einer Indonesien-Reise. Vom 30. September bis 3. Oktober 1988 besuchte ich zum zweiten Mal innerhalb von fünf Jahren das Inselreich. Ich musste mich sehr zusammenreißen, um die letzten Termine des Besuchsprogramms hinter mich zu bringen. Mein Besuch in Indonesien war auch eine Reverenz gegenüber diesem größten Inselstaat der Welt, der mit seinen über hundertfünfundsiebzig Millionen Einwohnern ein Stabilisator in dieser Region der Welt war und eine der führenden Mächte in der ASEAN-Gruppe. Im Mittelpunkt der Reise standen Fragen der wissenschaftlich-technischen und kulturellen Zusammenarbeit. Ich wollte das traditionell gute bilaterale Verhältnis pflegen und ausbauen und den deutsch-indonesischen Beziehungen neue Impulse und Anregungen geben.

Wegen des unerwarteten Todes von Franz Josef Strauß kürzten wir das Programm meines anschließenden Besuchs in Australien, und ich sagte die offiziellen Besuche in Neuseeland und Singapur ab, um an den Trauerfeierlichkeiten in München teilnehmen zu können.

Franz Josef Strauß, ein passionierter Jäger, war mit dem Hubschrauber nach Regensburg zum Jagdgelände von Thurn und Taxis geflogen. Nach der Landung war der Dreiundsiebzigjährige besinnungslos zusammengebrochen und nach Wiederbelebungsmaßnahmen ins Regensburger St.-Josef-Krankenhaus eingeliefert worden. Gegen Mittag des 3. Oktober 1988 verstarb er, ohne das Bewusstsein wiedererlangt zu haben. Ich erinnerte mich an eine Äußerung seiner verstorbenen Frau Marianne, die einst meinte: »Er verbraucht seine Lebenskraft wie eine Kerze, die an beiden Enden brennt.«

Der bayerische Ministerpräsident bei seiner Rede vor dem CSU-Parteitag im November 1987

Der damalige Münchner Erzbischof Josef Kardinal Ratzinger, der heutige Papst Benedikt XVI., zelebrierte das feierliche Requiem. Sinngemäß sagte er unter anderem, Franz Josef Strauß habe wie eine Eiche gelebt, kraftvoll, lebendig, unverwüstlich, und er sei wie eine Eiche gefällt worden. »Wir trauern um einen Menschen, der uns Mut gemacht, Wege gezeigt und viel Gutes getan hat«, meinte der Kardinal in seiner Predigt. Er beschrieb Strauß als geradlinigen, unbeugsamen, lebensklugen Mann, der als christlich-moralische Instanz hoch geschätzt gewesen sei.

Beim Staatsakt im Münchner Herkulessaal ehrten der stellvertretende bayerische Ministerpräsident Max Streibl und Bundespräsident Richard von Weizsäcker den Verstorbenen. Auch ich versicherte den Angehörigen mein tiefes Mitgefühl. Mit dem Tod von Franz Josef Strauß war die deutsche Politik ärmer geworden. Die Unionsparteien verloren eine ihrer bedeutendsten Persönlichkeiten, und ich selbst verlor einen Weggefährten, mit dem ich in vielen langen Jahren für unsere gemeinsamen Ideale gekämpft hatte.

Über vierzig Jahre lang gestaltete Franz Josef Strauß die Geschichte des neuen, freiheitlichen Deutschland maßgeblich mit. Er sicherte die Kontinuität des Aufbruchs und Neuanfangs über die

Generationen hinweg. Strauß war der letzte große Repräsentant der Gründergeneration, die die Bundesrepublik Deutschland prägte. Zugleich war er der einzige aus diesem Kreis, der bis Ende der achtziger Jahre als politisch Handelnder die Geschicke unseres Landes mitbestimmte.

Franz Josef Strauß kam aus der Kriegsgeneration. Sein leidenschaftliches Engagement gründete in den bitteren Erfahrungen mit Krieg und Gewaltherrschaft und deren schlimmen Folgen. Er kam zurück und hatte sich geschworen: nie wieder Krieg – alles für die Freiheit. Aus dieser Überzeugung diente er unserem Land, geformt von seinem christlichen Elternhaus, von seiner humanistischen Bildung und von der christlich-sozialen Idee, die ihn zeit seines politischen Lebens leitete.

Im Zeichen des Ost-West-Gegensatzes wurde schon bald nach Kriegsende die Erkenntnis unabweisbar, dass der innere Friede auch nach außen gesichert werden musste – im Bündnis mit den freien Völkern des Westens. Der maßgebliche Anteil von Franz Josef Strauß am Aufbau unserer Bundeswehr ist unbestritten. Dies wurde mit dem Begriff »Wiederbewaffnung« nur sehr unzureichend beschrieben, denn im Kern ging es um die unwiderrufliche Bindung unseres Landes an die Wertegemeinschaft der freiheitlichen Demokratien: um das außenpolitische Gegenstück zur innenpolitischen Entscheidung für den absoluten Vorrang der Menschenwürde, für Rechtsstaatlichkeit und Demokratie. Diese politischen Grundüberzeugungen waren für ihn Konsequenz aus seinem christlichen Menschenbild und seinem Verständnis der Werteordnung.

Für Franz Josef Strauß konnte es nach den bitteren Erfahrungen dieses Jahrhunderts Patriotismus nur noch in europäischer Perspektive geben; Vaterlandsliebe und Freiheitsliebe bildeten für ihn ein untrennbares Ganzes. Deshalb betonte er in der Deutschlandpolitik – ganz im Sinne Adenauers –, dass die Freiheit Bedingung der Einheit sei – und nicht ihr Preis. Die Forderung nach Frieden und Freiheit und Einheit für alle Deutschen war für ihn eine Selbstverständlichkeit, gerade weil er die Perversion dieser Ideale durch den Nationalsozialismus erfahren hatte.

Mit Franz Josef Strauß verloren wir einen mutigen und entschlossenen Vorkämpfer für die Freiheit der Deutschen im Innern und nach außen. Eine Voraussetzung für diese Freiheit war die deutsch-französische Aussöhnung – und deshalb stritt Strauß für sie ganz entschieden. Er war einer der Wegbereiter dieser Versöhnung, die zu den größten Werken des Friedens im zwanzigsten Jahrhundert zählt.

Unermüdlich war sein Einsatz für die europäische Einigung. Er war mit ganzem Herzen Europäer, und er war es aus Vernunft. Doch auch hier blieb er Föderalist. Was ihm vorschwebte, war nicht eine künstliche Einheit, sondern eine Ordnung, in der die nationalen Traditionen und regionalen Eigenheiten sich entfalten können. Dabei verlor er auch nie aus dem Auge, dass der europäische Pfeiler des Nordatlantischen Bündnisses gestärkt werden müsste, wenn die Brücke, die Europa und Amerika miteinander verbindet, auf Dauer halten sollte. Diese Überlegung war nie gegen Amerika gerichtet, sondern im Gegenteil Ausdruck eines besonders wachen Interesses an einer stabilen, gleichberechtigten Partnerschaft mit unseren Freunden jenseits des Atlantiks.

Franz Josef Strauß war ein streitbarer Demokrat. Er besaß die Fähigkeit, in leidenschaftlicher Auseinandersetzung um den richtigen Weg der Politik zu ringen. Er war einer von denen, die hart agieren, reden, angreifen konnten. Er war auch einer, der in diesen Jahren und Jahrzehnten bittere Angriffe und Anfeindungen erfuhr. Ich weiß, dass er darunter auch gelitten hat.

Er zitierte gerne den Athener Staatsmann Solon mit dem Wort, dass es schwer sei, bei großen Unternehmungen allen zu gefallen. Strauß hat, wie kaum ein anderer, diese Erkenntnis erfahren und erleiden müssen. Die Pfeile waren häufig auf ihn gerichtet, aber er zog sie auch immer wieder auf sich. In der Zuspitzung suchte er Klärung; diese Klärung war für ihn Voraussetzung verantwortlichen Handelns. Sicher: Franz Josef Strauß scheute nicht die Polarisierung, aber ebenso integrierte und versöhnte er. Seine über Jahrzehnte hinweg in der Christlich-Sozialen Union erbrachte Integrationsleistung wurde vielleicht deshalb so wenig herausgestellt, weil ihr Erfolg als selbstverständlich galt. Diese Leistung bleibt ein sicheres Fundament für die gemeinsame Zukunft der Union.

Franz Josef Strauß war aber ebenso fähig, dem politischen Gegner Respekt zu erweisen und ihm menschlich versöhnlich zu begegnen. In seinen Reden vermochte er die Menschen mitzureißen und zu begeistern – vor allem auch deshalb, weil er stets wusste, was sie bewegte. Er war ein volkstümlicher Politiker im besten Sinn des Wortes. Seine Überzeugungskraft beruhte auf seinen analytischen Fähigkeiten, auf seiner Sprachgewalt – und nicht zuletzt darauf, dass er in seiner bayerischen Heimat verwurzelt war, die ihm so viel bedeutete und die er in unvergleichlicher Weise repräsentierte.

Er bezog seine Kraft aus seiner Heimat. Menschliches Glück war für ihn nur im Zuhause zu finden – bei den Menschen, die ihn trugen. Er brauchte diese Spannung zwischen Geborgenheit und weltweiter Neugier und Aktivität, um sich voll entfalten zu können.

Sein Name steht für das moderne Bayern, für den beispielhaften Strukturwandel, der sich vor allem dank seiner Initiative in Bayern vollzogen hatte. Er war ein moderner Konservativer.

Strauß bewies eine Weltoffenheit, die mit der Liebe zur Heimat in Einklang stand; und er stand für jene spezifische Form der Liberalität, deren Quelle Großmut ist und nicht die Gleichgültigkeit gegenüber sittlichen Werten. Das große Erbe bayerischer Tradition bewahrte er und führte er weiter.

Was Strauß vielleicht am stärksten kennzeichnete und vielleicht wenig in der Öffentlichkeit deutlich wurde, das war sein historisches Bewusstsein. Er war ein Mensch, der die Geschichte kannte und der aus der Geschichte lebte. Er war einer, der wusste, dass die Welt von morgen nur gestaltet werden konnte, wenn man die Welt von gestern und heute begreift. Diese gemeinsame Überzeugung war eine wesentliche Grundlage für unsere Gemeinsamkeit im Handeln. Ich erinnere mich dankbar an die Anregungen, die ich in den langen Jahren unseres gemeinsamen Weges von ihm erhielt. Dies verband uns mehr, als mancherlei Diskussion im politischen Alltag uns zu trennen vermochte. Franz Josef Strauß war ein Mann voller Leidenschaft, ein Urgestein, oft hart und schroff, an dem man sich reiben konnte und musste.

Freunde und Gegner versuchten immer wieder, ihn in ein Schema zu zwängen. Doch keiner dieser Versuche konnte gelingen. Ich will diesen Mann als das gelten lassen, was er wirklich war: eine kraftvolle Persönlichkeit mit all ihren Kanten, aber stets von herausragendem Format. Franz Josef Strauß war eine der großen Persönlichkeiten der deutschen Nachkriegsgeschichte. Wir – CDU und CSU – verdanken ihm viel. Er hat sich um unser Vaterland verdient gemacht.

*

In meinem Leben habe ich eine Menge intelligenter und gebildeter Menschen kennengelernt. Aber einen Menschen mit einer ähnlich raschen Auffassungsgabe habe ich nie mehr erlebt. Strauß war ein politischer Stratege, ein Militärexperte, ein Finanz- und Wirtschaftsexperte von hohen Graden. Sein ungeheurer Sachverstand auf fast allen Gebieten, seine Belesenheit, seine wissenschaftlichen Kenntnisse waren für mich immer wieder faszinierend. Sein fotografisches Gedächtnis war unübertroffen. Gerne ließ ich mich von ihm belehren, wenngleich ich ihm längst nicht immer folgte. Seine seziermesserscharfen Analysen teilte ich in den meisten Fällen. Nur zog ich daraus oft andere Konsequenzen als er.

Meist war er anderen Menschen geistig überlegen, ihm selbst war niemand überlegen. Andererseits war er unbeherrscht und konnte sich zu Zornesausbrüchen hinreißen lassen, die oft vernichtend wirkten. Was ihm fehlte, war Menschenkenntnis. Zuweilen umgab er sich mit Menschen, denen er nicht hätte vertrauen sollen. Er überschätzte seine Mitarbeiter und unterschätzte andere Menschen oft gewaltig. Auch mich. Bei unseren Waldspaziergängen habe ich ihn am besten kennengelernt. Hier waren wir ohne Presse, ohne Zuhörer, ohne Zuschauer. Unter vier Augen zeigte er zuweilen sein wahres Gesicht, ließ es zu, seine Gemütslage zu ergründen, gestand Fehler und Schwächen ein, auch Ängste.

Auf einer gewissen Ebene verstanden wir uns glänzend. Wir führten stundenlange Gespräche über historische Vorgänge. Dazu

Wanderfreunde

gehörten auch unsere Diskussionen über die Weimarer Republik, über das Dritte Reich und den Zweiten Weltkrieg. Oft sprach er von seinem Vater, der einst Mitglied der Bayerischen Volkspartei und Metzgermeister in München war. Wir waren beide stolz, aus kleinen Verhältnissen zu stammen und in der Politik eine Menge bewegen zu können.

Sein ausgesprochenes Machtbewusstsein trug zuweilen tatsächlich brutale Züge. Dann wieder konnte er feige sein. Wann immer es ihm möglich erschien, ließ er gerne andere angreifen. Es fehlte ihm an Kraft, selbst an der Front zu kämpfen, wenn er es mit einem ebenbürtigen Gegner zu tun hatte. Häufig zauderte und zögerte er und wartete ab. Dann vor allem konnte er Kritik nur schwer ertragen.

Unser Verhältnis, das gern als »Männerfreundschaft« umschrieben wurde, war in den letzten Jahren von gegenseitigem Respekt geprägt. Mit enormem Aufwand bereitete er sich auf unsere Treffen vor, immer war er auf dem laufenden, und im Anschluss an unsere Begegnungen verfasste er Memoranden, die er mir häufig zukommen ließ, um zu verhindern, dass ich, wie er oft beklagte, hinterher wieder alles vergessen würde. Dabei vergaß ich ebenso-

wenig wie er; doch gab ich oft aus taktischen Überlegungen vor, mich nicht mehr so recht erinnern zu können, während ich in Wirklichkeit die Umsetzung seiner Wünsche in Bonn bewusst verhindern wollte.

Gerne ließ ich ihn in dem Glauben, Einfluss auf die Regierungskoalition zu nehmen. Doch in Wahrheit tendierte sein Einfluss gegen null. Das brachte ihn oft zur Weißglut und mir Verwünschungen ein, über die ich mit Fug und Recht hätte gekränkt sein können. Doch ich ließ mir nichts anmerken.

Strauß spürte nicht erst in seinen letzten Lebensjahren, dass ich mir von ihm nichts vorschreiben ließ. Zu keinem Zeitpunkt überließ ich ihm das Gesetz des Handelns. Niemals war ich ein Kanzler unter Strauß, ein Kanzler, dem er die Politik diktierte. Sein Gefühl, von mir nicht ganz ernst genommen zu werden, verließ ihn nie.

Dass er der bessere Mann im Kanzleramt gewesen wäre, daran glaubte er bis zu seinem Tod. Das ließ er mich auch immer spüren.

Unser Verhältnis war sehr ambivalent. Ich kenne niemanden in der Politik, der mehr mit ihm stritt als ich. Wir stritten allerdings mit Respekt voreinander. Mein Respekt ihm gegenüber resultierte aus seiner Lebensleistung. Bei ihm zeigte sich mir gegenüber eher eine Art widerwilliger Respekt. Strauß hielt mich für ein Leichtgewicht, für einen »Laumann«, der nicht genug Kraft ausstrahlte.

Zwischen Distanz und Respekt: ein nicht immer einfaches Verhältnis

Auf der anderen Seite hielt er mich für ein erstaunliches Phänomen, weil ich immer noch existierte und agierte, obwohl er glaubte, ich würde alles aussitzen und mich nur noch kurze Zeit im Amt halten können. Und dann hatte er kurz vor seinem Tod auch noch lesen müssen, dass ich selbst ihn ausgesessen hätte. Daran glaubte er wirklich.

Zeit seines Lebens empfand er es als zutiefst ungerecht, dass jemand wie ich, dem er zwar manches zutraute, den er aber nicht als gleichwertig empfand, auf dem Stuhl des Kanzlers der Bundesrepublik Deutschland saß – und nicht er. Diese Tatsache war für ihn bis zu seinem Tod ein nicht überwindbarer Schmerz.

Mit seinem Tod ging auch mancher über viele Jahre schwelende Streit zwischen uns beiden zu Ende. Ich verlor meinen härtesten und oft auch unangenehmsten Kritiker, aber auch einen Mann, der mein Leben mit geprägt hat.

*

Der Tod von Franz Josef Strauß war für die Unionsparteien, aber vor allem für die CSU, ein tiefer Einschnitt. 1988 war Strauß gerade auf dem Höhepunkt seiner Macht und seiner Reputation. 1990, bei der nächsten Landtagswahl in Bayern, wäre er fünfundsiebzig Jahre alt gewesen. Er befand sich in seiner letzten Amtsperiode auf dem Weg zum Altenteil.

Ein erfolgreiches Doppelgespann: CSU-Chef Franz Josef Strauß und Ministerpräsident Alfons Goppel 1963

Sein hohes Ansehen resultierte auch daher, dass er mit zunehmendem Alter ruhiger, vielleicht auch weiser und in vielen Punkten menschlicher, sympathischer geworden war. Seine stürmische und im Sturm manchmal auch verletzende Art des Auftretens wirkte gebändigter.

Sein Tod bedeutete eine tiefe Zäsur für Bayern. Ich spürte, dass die Zeit der politischen Schlachten Vergangenheit war und eine gewisse Milde in der Beurteilung seiner Person eintrat. Strauß war die prägende Gestalt des Landes gewesen. Das Gespann aus dem CSU-Chef Strauß und Ministerpräsident Alfons Goppel, das von 1962 bis 1978 die Politik in Bayern bestimmte, hatte der CSU viele Erfolge gebracht. Das Ehepaar Goppel als Ersatz-Königspaar in Bayern und der vorwärtsdrängende Franz Josef Strauß mit seinen ausgesprochen genialen Zügen, das waren Politiker, denen die Menschen vertrauten.

Um Franz Josef Strauß zu begreifen, muss man seine Frau Marianne erwähnen, die im Juni 1984 an den Folgen eines Autounfalls gestorben war. Sie war eine außergewöhnlich starke Persönlichkeit, unter Umständen sogar noch stärker als ihr Mann. Sie verfügte über enorme Willenskraft und großen Einfluss. An der Seite ihres Mannes kämpfte sie wie eine Löwin, vor allem als Franz Josef Strauß 1980 Kanzlerkandidat der Unionsparteien war. Ich habe selten eine Frau in der Politik erlebt, die ihren Mann so rückhaltlos und umfassend unterstützte.

Immer an der Seite ihres Mannes: Marianne Strauß 1976

Marianne Strauß war eine hochgebildete, mit allen geistigen Gaben ausgestattete beachtliche Volkswirtin, die ihren Einfluss bei ihrem Mann zu nutzen wusste. Sie war die tragende Säule im Hause Strauß, unverzichtbar für die Kinder und ihn selbst. Mich wunderte immer, wie unpraktisch Franz Josef Strauß war. Seine Frau managte nicht nur den Haushalt, führte die Haushaltskasse und kümmerte sich um alle Bankgeschäfte, sondern sie packte ihm auch die Koffer und den Rucksack, den er bei unseren Wanderungen immer mit sich trug. Marianne Strauß war allgegenwärtig, umsorgte und umhegte ihn. Ihr Tod war ein schwerer Verlust, den Franz Josef Strauß nie überwunden hat.

Sein Tod war auch eine ungeheure Zäsur für die CSU. Wenn es je ein »System Kohl« gab, so gab es in potenzierter Form natürlich ein »System Strauß«. Für die Partei war sein Tod ein Schock.

In diesem Schockzustand übernahm Theo Waigel, damals Chef der CSU-Landesgruppe in Bonn, eine ganz entscheidende Rolle. Er verzichtete auf die Nachfolge von Franz Josef Strauß im Amt des Ministerpräsidenten und vermied so einen innerparteilichen Machtkampf. Waigel, der eine hohe Reputation und eine starke Position in der CSU hatte, war zu keiner Zeit ein »Knecht« des verstorbenen Parteivorsitzenden. Jetzt einigte er sich rasch mit dem bayerischen Finanzminister und stellvertretenden Ministerpräsidenten Max Streibl. Waigel überließ ihm das Spitzenamt in der bayerischen Landesregierung und bewarb sich selbst erfolgreich um den CSU-Vorsitz. Damit war die Verteilung des Erbes von Franz Josef Strauß erstaunlich harmonisch verlaufen. Erstaunlich auch, dass zwei Politiker in direkter Strauß-Nachfolge in führende Ämter aufstiegen, die immer ein distanziertes Verhältnis zum Übervater der CSU hatten. Waigel und Streibl galten als »Nicht-Strauß-Leute« und traten ein schwieriges Erbe an.

Mit Max Streibl verband mich über viele Jahre eine herzliche Beziehung. Er gehörte zu den wichtigsten CSU-Politikern, die 1976 gegen die Trennung der Fraktionsgemeinschaft von CDU und CSU waren. Streibl war es, der mich noch in der Nacht der Kreuther Entscheidung vertraulich über die Vorgänge in Kreuth informiert und mir versichert hatte, dass er gegen diese Entscheidung sei. Seit dieser Zeit verdächtigte Strauß ihn, mit mir gemeinsame Sache gemacht zu haben.

Jahrelang wurde Stillschweigen darüber gewahrt, wer mich aus Kreuth informiert hatte. Später lüftete Streibl selbst das Geheimnis, das uns beide sehr eng verband. Bei einer Veranstaltung in Wildbad Kreuth tranken wir Brüderschaft, und zu vorgerückter Stunde hielt er eine launige Ansprache, die wie eine einzige Laudatio auf mich ausfiel. Sie gipfelte in der Feststellung, ich sei einer der treuesten Menschen, die er je erlebt habe. Wenn ich etwas versprochen hätte, würde ich es auch halten. Nie hätte ich ihn verraten. Nie sei bekannt geworden, dass er mich angerufen hatte, um mich als ersten Politiker außerhalb der CSU von dem Kreuther Trennungsbeschluss zu unterrichten. Auch dass er mir versichert habe, im Falle einer Trennung zur CDU überzuwechseln, sei bis heute geheim geblieben. Nun, da Strauß nicht mehr unter uns weile, könne er das endlich sagen.

Alle waren überrascht und applaudierten dem Laudator und mir frenetisch. Streibl sah in mir einen der verlässlichsten Politiker, die ihm je begegnet waren. Dieses Lob tat mir gut.

29.
Neues Denken

Knapp vier Wochen vor meinem offiziellen Besuch in der Sowjetunion besuchte mich ein wichtiger Mann aus Moskau: Witalij Iwanowitsch Worotnikow, Mitglied des Politbüros der KPdSU und Vorsitzender des Ministerrats der Russischen Föderativen Sowjetrepublik (RSFSR), der größten Unionsrepublik der Sowjetunion. In dem eineinhalbstündigen Gespräch im Bundeskanzleramt am 22. September 1988 gingen wir den gesamten Themenkatalog durch, der bei meinem Besuch anstand.

Worotnikow war vier Jahre älter als ich und hatte alle Sowjetführer von Stalin bis Breschnew erlebt. Er zählte nicht gerade zu den eifrigsten Reformern unter Gorbatschow, aber auch nicht zu seinen Kritikern. Nach Bonn war er als Abgesandter des amtierenden Partei- und Staatschefs gekommen, der mir neben den guten Wünschen und herzlichen Grüßen auch eine persönliche Botschaft des sowjetischen Generalsekretärs überbrachte.

Darin hob Michail Gorbatschow hervor, dass sich die Weiterentwicklung der Beziehungen zwischen der Sowjetunion und der Bundesrepublik auf eine »schöpferische Grundlage und auf langfristige Perspektiven« gründen müsse. Er gehe davon aus, dass mein Besuch ein wichtiges Ereignis auf dem Weg dorthin werde. Ich könne auf seine ehrliche Bereitschaft rechnen, eine neue Seite in den Beziehungen zwischen der UdSSR und der Bundesrepublik aufzuschlagen, eine Seite des besseren gegenseitigen Verständnisses und Zusammenwirkens in den Fragen der Sicherung des europäischen und des allgemeinen Friedens, der Abrüstung, der Stärkung der guten Nachbarschaft und des Vertrauens sowie der weiteren Intensivierung der praktischen Zusammenarbeit auf dem

Gebiet der Wirtschaft, der Wissenschaft und Technik, der Kultur und des Umweltschutzes.

Gorbatschow schloss, indem er die Hoffnung zum Ausdruck brachte, dass mit den gemeinsamen Anstrengungen, die jetzt von beiden Seiten unternommen würden, eine gute Atmosphäre für die Durchführung meines Besuchs und für die Erreichung gewichtiger Ergebnisse geschaffen werde. Mit Interesse sehe er unserer Begegnung in Moskau entgegen, die es möglich machen werde, einander persönlich kennenzulernen und Entscheidungen im Geiste der vor uns abgesteckten Ziele zu treffen.

Ich fand diese Botschaft, in der unser gesamtes Programm in Moskau skizziert war, ermutigend und versicherte dem prominenten Gast, mit Offenheit und ohne Vorbehalte nach Moskau zu kommen. Wenn ich mit ihm als einem Mann meiner Generation zusammentreffen würde, brächte ich den guten Willen mit, mit Realismus und gegenseitigem Respekt und ohne Trennendes zu verschweigen, die positiven Perspektiven einer möglichen Zusammenarbeit auszuformulieren. Und dabei sei es hilfreich, sich daran zu erinnern, dass die Geschichte zwischen Deutschen und Russen, zwischen Deutschland und der Sowjetunion nicht überwiegend von Krieg geprägt sei, sondern dass beide Völker sich in einer langen gemeinsamen Geschichte gegenseitig immer wieder befruchtet hätten. Beide Länder könnten viel im Guten bewirken. Die Sowjetunion als Weltmacht, wir als Mittelmacht und – ohne uns zu überschätzen – als wichtiger Partner der Nato und der EG. All dies setze Vertrauen voraus.

Sodann bat ich meinen Gast, dem Generalsekretär zu übermitteln, dass man in den anhängigen Verträgen eine vernünftige Berlin-Regelung erreichen müsse. Im sowjetischen Außenministerium gebe es noch das eine oder andere Zimmer, in das die Perestroika erst noch hineingetragen werden müsse. Ich würde für pragmatisches Vorgehen plädieren. Das Stichwort Vertrauen gelte auch hier. Dies bedeute: Der eine dürfe dem anderen nicht zumuten, was er selbst nicht zugemutet haben möchte. Insgesamt – so meine abschließende Bemerkung – sei die Situation günstig, entscheidende Schritte zu tun.

Mit der Versicherung, ich würde in Generalsekretär Gorbatschow einen offenen, wohlwollenden Gesprächspartner finden, der bereit sei, jede Frage – insbesondere auch die, die ich soeben genannt hatte – mit mir zu erörtern, verabschiedete sich Witalij Worotnikow. In vielen Fällen stimmten unsere Positionen bereits miteinander überein. In anderen Fällen gebe es die Möglichkeit, Differenzen zu reduzieren. Letzten Endes stünden die allgemeinmenschlichen Werte höher als alle anderen und insbesondere höher als Klassen- und soziale Unterschiede.

Das vertrauliche Treffen mit dem »Botschafter« des Kreml-Chefs im Bundeskanzleramt hatte den Charakter vertrauensbildender Maßnahmen. Ich spürte, wie hoch die sowjetische Seite meinen Besuch einschätzte und welche Hoffnungen und Erwartungen daran geknüpft waren. Manchmal beschlich mich das Gefühl, es seien überzogene Erwartungen.

Kein Zweifel: Meine Moskau-Visite war durchaus in eine Reihe mit der Aufnahme der diplomatischen Beziehungen 1955 und mit der Unterzeichnung des Moskauer Vertrags von 1970 zu stellen. Dieser Besuch durfte auch nicht allein unter dem Blickwinkel der deutsch-sowjetischen Beziehungen gesehen werden. Das deutsch-sowjetische Verhältnis war von Bedeutung für die Entwicklung in ganz Europa und für das Ost-West-Verhältnis insgesamt. Wir waren aufgerufen, an der Brücke des Vertrauens zwischen Ost und West nach Kräften mitzubauen. Es ging im Kern um »neues Denken«, um ein »gemeinsames europäisches Haus«, wie es Michail Gorbatschow formuliert hatte.

*

Vom 24. bis 27. Oktober 1988 stattete ich der Sowjetunion einen offiziellen Besuch ab. Hannelore kam natürlich mit, außerdem befanden sich in meiner Begleitung die Bundesminister Hans-Dietrich Genscher, Ignaz Kiechle, Klaus Töpfer, Heinz Riesenhuber, Rupert Scholz, der CDU/CSU-Fraktionsvorsitzende Alfred Dregger, Volker Rühe, zahlreiche Beamte und Mitarbeiter sowie fünfundvierzig Repräsentanten aus Wissenschaft und Kultur, Wirtschaft und Gewerkschaft. Zu ihnen zählten unter anderen Berthold Beitz (Krupp), Otto Wolff von Amerongen (Ostausschuss der deutschen Wirtschaft), Franz Severding (Mannesmann), Carl Horst Hahn (VW), Alfred Herrhausen (Deutsche Bank) und Wolfgang Röller (Dresdner Bank). Zu meiner Sonderdelegation gehörten auch die Gewerkschaftsvertreter Heinz Werner Mayer (DGB) und Roland Issen (DAG) sowie die Präsidenten unserer Organisationen der Kriegsopfer, Hinterbliebenen und Kriegsgräberfürsorge. Mit Rupert Scholz besuchte übrigens zum ersten Mal ein bundesdeutscher Verteidigungsminister die Sowjetunion.

Stärke und Zusammensetzung meiner Begleitung spiegelten den Wunsch unserer Bevölkerung wider, in unseren Beziehungen zur Sowjetunion in allen Bereichen von Politik, Wirtschaft, Wissenschaft, Kultur und des gesellschaftlichen Lebens einen Neuanfang zu setzen. Die Vielfalt der Delegation symbolisierte die außerordentliche Vielfalt der Themenfelder, auf denen wir uns vorgenommen hatten, Fortschritte zu erreichen.

Wir flogen mit vier Flugzeugen nach Moskau. Eine Chartermaschine gab es allein für die Presse, mit hundertfünfzig Journalisten an Bord. Ein weiteres Flugzeug beförderte die Münchner Philharmoniker mit ihrem berühmten deutsch-rumänischen Dirigenten Sergiu Celibidache. Zusammen mit der weltberühmten Cellistin Natalia Gutman gaben die herausragenden Musiker vier Konzerte in Moskau. Der eigenwillige Dirigent mit seinen längst zu einem Eliteorchester von Weltrang gewordenen Musikern begeisterte unsere Gastgeber.

Im Mittelpunkt des ersten Besuchstags standen die Begegnung mit Michail Gorbatschow und ein Treffen mit dem sowjetischen Ministerpräsidenten Nikolai Ryschkow. Hans-Dietrich Genscher und Rupert Scholz trafen zu Gesprächen mit ihren Amtskollegen Eduard Schewardnadse und Marschall Dimitrij Jasow zusammen; daneben wurde vor allem die weitere Ausgestaltung der wirtschaftlichen Zusammenarbeit thematisiert.

Schon bei unserer ersten Begegnung hatte Generalsekretär Michail Gorbatschow einen wichtigen und richtigen Satz formuliert, als er sagte, das Eis sei gebrochen. Von einem Frühling aber,

Das Eis war gebrochen: Im Kreml bereitete Generalsekretär Gorbatschow uns einen freundlichen Empfang

erwiderte ich, könne man nur dann sprechen, wenn das Eis nicht nur gebrochen sei, sondern der Eisgang beginne. »Wir brauchen diesen Eisgang«, sagte ich, und Gorbatschow pflichtete mir bei. Damit war eine Gesprächssituation geschaffen, wie sie besser nicht hätte sein können.

Zum Abschluss des ersten Besuchstags fand ein feierliches Essen im Kreml statt. In seiner Tischrede erinnerte Michail Gorbatschow an den Abschluss des Moskauer Vertrags von 1970 und des Viermächteabkommens von 1971. Beide Verträge seien Meilensteine der Europa- und Weltpolitik. Ausführlich nahm er dann zur Berlin-Frage und zum Problem der deutschen Teilung Stellung. Die gegenwärtige Situation sei das Ergebnis der Geschichte, sagte er. Versuche, das von ihr Geschaffene umzustürzen oder mit einer unrealistischen Politik zu forcieren, seien ein unkalkulierbares oder sogar gefährliches Unterfangen.

Gorbatschow brachte das große Interesse der Sowjetunion an

der wirtschaftlichen Kooperation mit der Bundesrepublik zum Ausdruck. Die Politik der Perestroika biete mehr Möglichkeiten für ein neues Niveau der Geschäftskontakte. »Wir sind fest entschlossen, eine andere Position in der internationalen Arbeitsteilung einzunehmen und den Weg eines aktiven wirtschaftlichen Zusammenwirkens mit der Außenwelt zu betreten«, erklärte der sowjetische Gastgeber.

In meiner Antwort erinnerte ich an die jahrhundertealten deutsch-russischen Beziehungen, die in diesem Jahrhundert durch die Gegnerschaft in beiden Weltkriegen geprägt waren. Ich rief dazu auf, ein neues Kapitel in den beiderseitigen Beziehungen aufzuschlagen und sagte: »Wenn Ihre Politik, die Sie mit den Begriffen ›Perestroika‹, ›Glasnost‹ und ›Demokratisierung‹ charakterisieren, mehr Chancen zu Verständigung und Zusammenarbeit bietet, findet sie unsere Zustimmung, findet sie unsere Sympathie.«

Abschließend sprach ich mich für die Etablierung einer europäischen Friedensordnung aus und trat für die Achtung der Menschenrechte in der Welt ein: »Ein Staat, der Menschenrechte achtet, festigt seine politische, wirtschaftliche und soziale Stabilität, erhöht sein Ansehen als ein verlässlicher Partner in der Völkergemeinschaft. Hier liegt weltweit leider noch vieles im Argen. Zugunsten der Europäer arbeiten wir für die Verbesserung vor allem auch im Helsinki-Prozess.« Innerhalb dieses Prozesses müsse es auch für die Deutschen möglich sein, friedlich die Teilung zu überwinden:

> »Wir wissen, dass das Ziel der Einheit nur mit Zustimmung der für Deutschland als Ganzes verantwortlichen Mächte zu erreichen sein wird. Für uns sind Krieg und Gewalt kein Mittel der Politik. Dennoch bleibt wahr: Diese Teilung ist widernatürlich. Und der Zusammenhalt der Deutschen ist eine geschichtliche, eine menschliche Realität, an der auch die Politik nicht vorbei kann. Wir achten die bestehenden Grenzen, doch wir wollen, dass alle Deutschen – wie alle Europäer – ihr Schicksal frei wählen und in gemeinsamer Freiheit zueinander finden können.«

Ich bekräftigte den Wunsch nach einer Intensivierung der Kooperation mit der UdSSR in möglichst vielen Bereichen, in die auch Berlin voll einbezogen werden müsse, und bot der Sowjetunion ein Dreijahresprogramm an, in dessen Rahmen jährlich über tausend junge Sowjetbürger zur Aus- und Fortbildung sowie zu Informationsreisen in die Bundesrepublik kommen sollten.

*

Ich traf auch mit hochrangigen Vertretern der sowjetischen Akademie der Wissenschaften zusammen, die damals rund tausend Mitglieder umfasstc, die in über zweihundertfünfzig Forschungsinstituten arbeiteten. Es waren faszinierende Gespräche, die mir einen hochinteressanten Einblick in die Werkstatt der sowjetischen Forscher ermöglichten. Inhaltlich ging es wesentlich um die neue Gesetzgebung, die zur Umgestaltung der sowjetischen Wirtschaft führen und insbesondere mehr Verantwortung auf die einzelnen Betriebe übertragen sollte. Zum Abschluss widmete ich meinen Gesprächspartnern eine Ausgabe mit Werken von Ludwig Erhard und schilderte insbesondere das Entstehen der berühmten Denkschrift von 1944 über die Entwicklung der deutschen Wirtschaft nach dem Krieg.

Selten hatten Hannelore und ich ein so intensives Gespräch erlebt wie mit dem sowjetischen Kernphysiker, Bürgerrechtler und Friedensnobelpreisträger Andrej Sacharow und seiner Frau Jelena Bonner. Die gelernte Kinderärztin und russische Bürgerrechtlerin war einst eine Freiwillige im Zweiten Weltkrieg gewesen und an der Front schwer verwundet worden. Seit ihrer Heirat mit Sacharow 1971 stand sie ebenso wie ihr Mann unter ständiger Beobachtung des sowjetischen Geheimdiensts. Nun saßen wir den beiden mutigen Dissidenten gegenüber, die Hungerstreik und Verbannung hinter sich hatten, die vom KGB systematisch gequält und psychisch wie physisch gefoltert worden waren. Was schon niemand mehr zu hoffen gewagt hatte, machte Michail Gorbatschow 1986 möglich: Der Regimekritiker und seine Frau durften nach Moskau zurück, ihre Verbannung wurde aufgehoben.

Zu Beginn unseres Gesprächs, das nicht einmal eine ganze Stunde dauern sollte, übermittelte ich Grüße von Simon Wiesenthal, dem Leiter des Wiener Dokumentationszentrums über das Schicksal verfolgter Juden und ihre Peiniger.

Andrej Sacharow, dieser bescheidene Intellektuelle, bedankte sich für meine Bereitschaft, überhaupt mit ihm und seiner Frau zusammenzutreffen, und meinte, wir lebten in einer wichtigen Zeit, die von großen Hoffnungen, zugleich aber von großen Besorgnissen geprägt sei. Der Prozess der Umgestaltung sei schwierig und widersprüchlich, seine Tendenzen seien nicht immer durchschaubar. Gleichzeitig wisse er, dass davon, wie sich die Dinge hier in der Sowjetunion entwickelten, in starkem Maß die Lage in der Welt abhänge. Von ganzem Herzen wünsche er, dass nunmehr positive Einflüsse von hier ausgingen.

Er sei zutiefst an der Abrüstung interessiert, sagte Sacharow. Er wisse und glaube, dass der INF-Vertrag von großer historischer Bedeutung sei. Wenn er über weitere Wege zur Abrüstung nachdenke, bewege ihn die Idee, in Europa einen demilitarisierten Korridor zu schaffen, der die Streitkräfte der Nato und des Warschauer Pakts voneinander trenne. Er meine nicht einen Korridor, der nur kernwaffenfrei sei, dies sei von zweifelhafter Bedeutung für die Sicherheit, sondern einen Raum, in dem alle Waffen beseitigt seien.

Das Wichtigste, darin pflichtete ich ihm bei, sei die Vertiefung des Vertrauens zwischen den sozialistischen Staaten und den westlichen Ländern. Hierfür sei die Demokratisierung in der Sowjetunion außerordentlich bedeutsam. Der Prozess, der hier ablaufe, sei höchst kompliziert und widersprüchlich, und durchaus nicht alles sei bereits zufriedenstellend. Jedoch sei die »Offenheit« eine neue Tendenz und eine große Kraft, die die Entwicklung der Demokratisierung in die richtige Richtung lenke.

Unverändert stark interessierte Sacharow sich für die Menschen- und Bürgerrechte. Im vergangenen und in diesem Jahr sei ein großer Teil der aus Gewissensgründen Inhaftierten freigelassen worden, berichtete er. Andererseits gebe es noch viele Leute im Gefängnis und in psychiatrischen Anstalten, die wegen ihrer Überzeugungen und wegen gewaltfreier Aktionen inhaftiert seien. Es sei außerordentlich wichtig, dass alle diese Leute freikämen. Zu ihrer Entlassung müsse ihre volle Rehabilitierung kommen.

Die Frage der Menschenrechte sei auch von großer Bedeutung für viele Deutsche in der Sowjetunion. Hier gehe es vor allem um freie Ein- und Ausreise. Vor seiner Verbannung nach Gorki habe er sich intensiv mit dieser Frage beschäftigt, heute habe er weniger Kontakte.

Dafür stelle sich inzwischen das Problem der Menschenrechte in der Sowjetunion anders dar: Es werde von dem Nationalitätenproblem überlagert. Sacharow sagte, er habe den Eindruck, dass Politiker und Medien des Westens diesem tragischen Problem leider zu wenig Aufmerksamkeit widmeten. Man habe es mit einer sehr gespannten und schwierigen Situation zu tun, in der jeder Tag neue wichtige Entwicklungen bringen könne.

Lebhaft begrüßten Sacharow und Jelena Bonner das von mir angebotene Austauschprogramm für Studenten, Wissenschaftler und Unternehmer, das sie für außerordentlich wichtig hielten. Sacharow sagte, er könne bloß hoffen, dass nicht nur Leute mit Parteibuch kämen. Ich erwiderte, das Programm werde selbstverständlich nur funktionieren, wenn die Teilnehmer etwas im Kopf hätten. Ein Parteibuch sei dafür kein Ersatz.

Jelena Bonner, die wegen ihrer Kriegsverwundung auf einem Auge fast erblindet war, klärte uns über die Lage in den psychiatrischen Anstalten auf. Die Situation habe sich in der Tat verbessert. Es sei ein neues Gesetz über psychiatrische Hilfe verabschiedet worden, das die betreffenden Anstalten der Aufsicht des Innenministeriums entziehe und sie dem Gesundheitsministerium unterstelle. Dieses Gesetz erweitere zudem die Rechte der Rechtsanwälte und der Verwandten der Betroffenen. Zwar habe es in der Praxis noch keine Breitenwirkung entfaltet, aber allein die Existenz dieses Gesetzes habe schon eine große Bedeutung. Die Zahl von Menschen, die sich aus politischen Gründen in psychiatrischen Anstalten befinden, habe sich deutlich verringert, und es seien keine neuen Verurteilungen zu verzeichnen. In diesem Zusammenhang würdigte Jelena Bonner die Tätigkeit von Cornelia Gerstenmeier, der Tochter meines Freundes und früheren Präsidenten des

Mit Raissa Gorbatschowa, Michail Gorbatschow und Hannelore beim Konzert der Münchner Philharmoniker

Deutschen Bundestags Eugen Gerstenmeier, die sich als Kämpferin für die Einhaltung der Menschenrechte vor allem in Osteuropa einen Namen gemacht hatte.

Zum Abschluss unseres Gesprächs widmete ich dem Ehepaar Sacharow ein Exemplar meiner Tischrede mit der Hoffnung, dass sie darin alles wiederfänden, was sie selbst für richtig hielten.

Hannelore und ich verabschiedeten uns mit einer freundschaftlichen Umarmung von den beiden. Als ich nur ein gutes Jahr später, im Dezember 1989, vom Tod Sacharows erfuhr, stand mir diese bewegende Begegnung vom Oktober 1988 wieder vor Augen. Ich war dankbar, ihn und seine Frau, diese mutigen Bürgerrechtler, kennengelernt zu haben.

Am Abend lauschten wir dem Konzert der Münchner Philharmoniker im Säulensaal des Gewerkschaftshauses. Raissa Gorbatschowa sprach immer wieder leise mit ihrem Mann, zeigte ins Programm und auf den Dirigenten. Sie schien die Musik sehr zu genießen. Als der letzte Ton verklungen war, gingen beide Ehepaare spontan auf Sergiu Celibidache zu, wir gratulierten ihm und bedankten uns für den außergewöhnlichen Kunstgenuss.

Hannelore verstand sich während der Moskauer Tage auffallend gut mit Raissa Gorbatschowa. Sie genoss die spontane Herzlichkeit dieser intelligenten und aufgeschlossenen Frau. Belanglosen Small talk hatte es zwischen ihnen gar nicht erst gegeben. Die Freundschaft der beiden Frauen begann in Moskau und entwickelte sich im Lauf der Jahre zu einer echten und sehr persönlichen Beziehung. Bis zu Raissas Tod im September 1999 hielten sie regelmäßigen Kontakt, der von großer Herzlichkeit geprägt war.

Zum Abschluss unseres Moskau-Besuchs absolvierten Hannelore und ich noch ein umfangreiches touristisches Programm. Wir besuchten das Depot der berühmten russischen Tretjakow-Gemäldegalerie, die gerade renoviert wurde. Danach besichtigten wir im Moskauer Ortsteil Ostankino das Ende des achtzehnten Jahrhunderts erbaute Schloss des Grafen Scheremetew. Berühmt ist dieses Schloss wegen seines Theaters, das über eine ideale Akustik verfügt.

Am Nachmittag bummelten Hannelore und ich über den Zentralmarkt, einen der größten Moskauer Kolchosemärkte. Dort hatten wir Gelegenheit, die mit Einbruch des Winters auf den Märkten angebotenen eingelegten Gurken, Tomaten und Pilze und das winterliche Grundnahrungsmittel der Russen, »Kapusta« (Kohl), kennenzulernen. Anschließend begaben wir uns in das größte sowjetische Kaufhaus GUM am Roten Platz. In dem Ende des neunzehnten Jahrhunderts errichteten Gebäude wurde 1922 das erste staatliche Warenhaus des neuen kommunistischen Staates eingerichtet. Im GUM waren damals fünftausend Menschen beschäftigt. Bei unserem Bummel durch das Kaufhaus plauderte ich mit Moskauer Bürgern, Angestellten und Touristen. Vor der offiziellen Verabschiedung durch Gorbatschow besuchte ich als letztes noch die Gräber der an der Kremlmauer beigesetzten Sowjetführer.

*

Mein Besuch in der Sowjetunion stand in einem größeren Rahmen, der durch die jüngsten Entwicklungen in den deutsch-sowjetischen Beziehungen, die Dynamik der europäischen Einigung, die zunehmend günstigere Großwetterlage zwischen West und Ost und die Politik der »Umgestaltung« in der Sowjetunion geprägt war. Als die von mir geführte Bundesregierung 1982 ihr Amt antrat, war all das undenkbar. Angesichts einer sowjetischen Politik, die den Erwartungen der westlichen Partner vollkommen zuwiderlief, zerstoben damals gerade die mit der Entspannungspolitik der siebziger Jahre verknüpften Hoffnungen: Im Inneren der Sowjetunion wurde die Repression verstärkt, wovon das Schicksal des Ehepaars Sacharow und unzähliger anderer Sowjetbürger zeugt. In der Außenpolitik setzte sich die ungehemmte Expansion in Regionen der Dritten Welt fort; man denke nur an Afghanistan. Und im militärischen Bereich betrieb die Sowjetunion entgegen allen anderslautenden Versicherungen eine Aufrüstungspolitik, mit der sie das Ziel verfolgte, sich einen strategischen Vorteil gegenüber dem Westen zu verschaffen. Dem Westen sollte das Recht auf gleiche Sicherheit verweigert werden, und unser Land wurde zentral bedroht.

Nun erlebten wir eine Sowjetunion, die eine vollkommene Kehrtwendung vollzogen hatte. Wie radikal dieser Politikwechsel war, dafür steht eine Äußerung des sowjetischen Generalstabschefs Sergej Achromejew: Am 25. Juni 1988 in einer Pressekonferenz in Moskau nach den »schwersten Fehlern sowjetischer Außenpolitik« gefragt, verwies er auf die »Militarisierung des Denkens« und auf das »sinnlose Hochrüsten«.

Nun, da die Sowjetunion selbst die Zeit der frühen achtziger Jahre als Periode der »Stagnation« bezeichnete, begann offensichtlich auch ein Prozess, die Beziehungen zur Bundesrepublik neu zu überdenken. Sichtbarer Ausdruck dieser Entwicklung waren der Staatsbesuch von Bundespräsident Richard von Weizsäcker im Sommer 1987, die vielfältigen wechselseitigen Besuche von Fachministern und die Verabredung des Besuchsaustauschs zwischen Generalsekretär Gorbatschow und mir im März 1988. Dabei waren sich beide Seiten einig, dass diese Besuche keine Einzelereignisse bleiben sollten, sondern dass mit meinem Besuch der regelmäßige Dialog auf höchster Ebene wieder aufgenommen wurde.

Damit waren die Weichen gestellt, um das Fundament des Vertrauens zwischen beiden Staaten und ihren Führern zu verbreitern und darauf aufbauend einen dauerhaften Zustand guter Nachbarschaft zu begründen.

Ein weiterer Bezugsrahmen für meinen Besuch war die jüngste Entwicklung in Europa. Bilaterale Abkommen der Europäischen Gemeinschaft wurden mit RGW-Staaten wie Ungarn abgeschlossen oder waren auf gutem Weg wie insbesondere mit der Sowjetunion. Ausdrücklich würdigten Generalsekretär Gorbatschow und Ministerpräsident Ryschkow bei meinem Besuch in Moskau den Beitrag, den die Bundesrepublik geleistet hatte, um diese Vereinbarung zustande zu bringen. Es war selbstverständlich, dass diese europäische Dynamik, die früheren sowjetischen Prognosen zuwiderlief, auch in Moskau und in den Staaten des östlichen Wirtschaftssystems zu Reaktionen führen musste.

Hinsichtlich der mitunter zu vernehmenden Befürchtungen, dass die zwischen den EG-Staaten abgebauten Binnengrenzen nun nach außen um so höher wieder aufgerichtet würden, stellte ich mit aller Klarheit auch in Moskau fest, dass es eine »Festung Europa« mit uns nicht geben werde. Zu der Sorge, dass die westeuropäische Integration sich im Bereich der Sicherheitspolitik zu einer neuen Bedrohung der östlichen Nachbarn entwickeln könnte, erklärte ich, dass sich diese Entwicklung gegen niemanden richte, im Gegenteil: Sie diene dem Frieden und der langfristigen Stabilität ganz Europas. Dabei würdigte ich insbesondere die deutsch-französische Zusammenarbeit als historisches Vorbild dafür, dass sich nicht nur Regierungen verständigen, sondern dass auch Völker alte Erbfeindschaften überwinden und sich versöhnen und sogar als Keimzelle der europäischen Einigung und als Motor dieser zukunftsgerichteten Entwicklung wirken könnten.

Der dritte, ganz entscheidende Bezugsrahmen meines Besuchs in Moskau war die Entwicklung im Ost-West-Verhältnis insgesamt. Vier Gipfeltreffen der USA und der Sowjetunion in nur drei Jahren waren Sinnbild für eine dynamische Aufwärtsbewegung, die in der Nachkriegsgeschichte ihresgleichen suchte. Ich hatte diese Entwicklung seit meiner ersten Regierungserklärung 1982 immer wieder gefordert und fühlte mich jetzt bestätigt. Frucht dieser Gipfeldiplomatie war nicht nur der INF-Vertrag, sondern die Entschlossenheit, Dialog und Zusammenarbeit auf breiter Grundlage, auf allen Feldern zu verstärken.

Nach meinem Besuchsaustausch mit der ungarischen Führung, nach dem Besuch des bulgarischen Staatsratsvorsitzenden in Bonn, nach meiner Begegnung mit Generalsekretär Honecker und nach meinem Besuch in Prag zu Beginn des Jahres 1988 war deshalb die Zeit reif für den nächsten logischen Schritt: für die Wiederaufnahme des deutsch-sowjetischen Dialogs auf höchster Ebene.

Auch mit der Volksrepublik Polen wollte ich zu dauerhaftem Ausgleich gelangen und den Weg für die Verständigung und Versöhnung der Völker, insbesondere auch der Jugend, ebnen. Desgleichen suchten wir mit Rumänien nach Wegen, unseren dort lebenden Landsleuten in jeder nur denkbaren Weise zu helfen.

Mit der von Generalsekretär Gorbatschow ins Werk gesetzten Reformpolitik, die er mit den Begriffen »Umgestaltung«, »Offenheit« und »Demokratisierung« beschrieb, war eine weitere Rahmenbedingung meines Besuchs in der Sowjetunion abgesteckt.

Wir waren bereit – bei klarem Verständnis der fortbestehenden Unterschiede in den politischen und gesellschaftlichen Ordnungen –, durch praktische Zusammenarbeit im Interesse der Menschen unseren Beitrag zu leisten, dass diese Politik unumkehrbar wurde. Denn ihr Erfolg lag langfristig auch in unserem Interesse.

Dies war auch das Ergebnis der Gespräche und Kontakte, die die Mitglieder meiner Sonderdelegation in Moskau hatten. Dabei möchte ich insbesondere ein langes Gespräch hervorheben, das Ministerpräsident Ryschkow führenden Vertretern unserer Wirtschaft gewährte und in dem er mit außerordentlicher Offenheit die Konzeption, aber auch die Probleme und Widerstände der Umgestaltung schilderte. Gerade durch diese Offenheit wurde auch hier die Basis des Vertrauens verbreitert, und das zeitigte bereits die ersten positiven Folgen, wie nicht zuletzt die Kreditabschlüsse zeigten. Unter ihnen hatte der 1-Milliarde-Rubel-Kredit, den ein Bankenkonsortium der Bundesrepublik gewährte und der in den

Tagen meines Moskau-Besuchs unterzeichnet wurde, zwar eine Vorreiterrolle gespielt, inzwischen aber sprachen andere westliche Bankenkonsortien bereits über höhere Beträge.

Ein anderes aufschlussreiches Treffen war mein Gespräch mit dem Präsidenten und Mitgliedern der Akademie der Wissenschaften. In den Ausführungen der Nationalökonomen standen Stichworte wie Markt, Wettbewerb und Pluralismus im Vordergrund. Beeindruckt hatte mich auch bei diesem Gespräch die Nüchternheit der Analyse, die Offenheit, mit der Schwierigkeiten angesprochen wurden, aber auch die unbeirrbare Entschlossenheit, den eingeschlagenen Weg fortzusetzen.

Gemeinsam stellten wir fest, dass neben den unverzichtbaren Kriterien der Wirtschaftswissenschaften die Psychologie nicht vernachlässigt werden dürfte; das hieß konkret, dass der Mensch mit seinen schöpferischen Energien, mit seinen Hoffnungen und seinen Wünschen von Anfang an voll einbezogen werden musste.

Die Versicherung des sowjetischen Außenministers Schewardnadse gegenüber Hans-Dietrich Genscher, dass bis zum Jahresende 1988 alle Personen, die der Westen als politische Häftlinge ansah, freikommen würden, bewog mich, einem Anliegen der sowjetischen Führung entgegenzukommen: Wir waren bereit, im KSZE-Prozess nach Menschenrechtskonferenzen in Paris und Kopenhagen nun auch eine Menschenrechtskonferenz in Moskau mitzutragen, wenn diese – und das war die entscheidende Voraussetzung – den Standards, die die vorausgehenden Treffen gesetzt hatten, folgte und wenn weitere inhaltliche Voraussetzungen geklärt waren.

*

Da von Anfang an vereinbart war, dass mein Besuch in Moskau und Gorbatschows Gegenbesuch eine Einheit bilden sollten, konnte ich nur eine Zwischenbilanz ziehen.

Das Programm, das meine Kabinettskollegen und ich in Moskau absolvierten, war von beachtlicher Dichte. Ich selbst hatte Gelegenheit, mit Generalsekretär Gorbatschow über zehn Stunden lang unter vier Augen und im Delegationskreis zu sprechen. In einem außerordentlich offenen und auch freundlichen Gesprächsklima steckten wir die Themen ab: Wir sprachen über die geschichtlichen Grundlagen unserer Beziehungen und bekräftigten unsere Entschlossenheit, an die guten, an die konstruktiven Traditionen anzuknüpfen.

Wir waren uns einig darin, dass mit unseren Gesprächen jetzt tatsächlich ein neues Kapitel mit den positiven Seiten deutsch-sowjetischer Beziehungen eröffnet war, und erörterten gemeinsam die Zukunftsperspektiven. Dafür stand insbesondere unsere Verabredung, uns über den Gegenbesuch von Generalsekretär Gorbatschow hinaus regelmäßig zu treffen und persönliche Kontakte in verschiedenen Formen aufrechtzuerhalten.

Wir sprachen über die Entwicklung in Europa, auch über die kulturelle und menschliche Dimension. Gorbatschow umriss seine Idee eines »gemeinsamen Hauses Europa« und betonte, dass selbstverständlich die USA und Kanada dazugehörten, dass die Bündnissysteme unberührt blieben und die unterschiedlichen Gesellschaftsordnungen gegenseitig respektiert werden sollten.

Ich antwortete: Wenn dieses Haus viele Fenster, viele Türen hat, wenn die Menschen frei zueinander kommen können, wenn nichts und niemand den Austausch von Gütern und Ideen, von Wissenschaft und Kultur hemmt, dann sei ich mit diesem Bild gern einverstanden.

Michail Gorbatschow und ich waren uns einig, dass für das Europa der Zukunft, das wir bauen wollten, der Helsinki-Prozess Bauplan und Hausordnung zugleich sein müsse. Wir waren uns einig, kurzfristig alle Anstrengungen darauf zu konzentrieren, dass das Wiener KSZE-Folgetreffen mit einem ausgewogenen, substantiellen Abschlussdokument beendet würde und dass zu diesem Abschluss auch die Einrichtung eines weiteren Forums über vertrauens- und sicherheitsbildende Maßnahmen sowie ein Mandat für Verhandlungen über konventionelle Stabilität in ganz Europa gehören müssten. Ebenfalls waren wir uns einig, dass diese Verhandlungen über die konventionellen Waffensysteme noch 1988 beginnen sollten. Für den Vorschlag des Generalsekretärs, ein Gipfeltreffen der Staats- und Regierungschefs unter Teilnahme der USA und Kanadas einzuberufen, zeigte ich mich offen, betonte aber dabei, dass eine solche Konferenz sehr gründlich vorbereitet werden müsse und einer klaren Verständigung über Themen und Zielsetzungen bedürfe. Wir erwarteten hierzu weitere sowjetische Erläuterungen.

Nüchternheit und Sachlichkeit prägten die Gespräche über Abrüstung und Rüstungskontrolle, die ich in Moskau mit Generalsekretär Gorbatschow hatte und die Hans-Dietrich Genscher und Bundesverteidigungsminister Rupert Scholz mit ihren sowjetischen Kollegen führten. Gorbatschow und ich waren uns einig, von den Realitäten auszugehen und uns auf das Nächstliegende, auf das Machbare zu konzentrieren. Der Generalsekretär wollte mit seinem Willen zur Abrüstung ernst genommen werden. Er pochte auf das Prinzip der Gegenseitigkeit als entscheidendes Kriterium für die Abrüstung. Dieses alles musste auch für uns gelten.

Gorbatschow lockte nicht mit Vorschlägen zu Tauschgeschäften, mit einseitigen, aber unkontrollierten Truppenreduzierungen im Gegenzug für bündniswidriges »Wohlverhalten«. Im Gegenteil: Es galt die Verabredung, sich im Rahmen der Bündnisse für gemeinsame, vernünftige Lösungen einzusetzen auf dem Weg zu einer sicheren Welt mit weniger Waffen. Dabei sollte auf den Grundprinzipien des INF-Vertrags aufgebaut werden: Wer mehr hat, muss mehr abrüsten, und erst strikte Überprüfung schafft Vertrauen.

Nichts verdeutlichte besser die außerordentlich breite deutsch-sowjetische Themenpalette als die Fachgespräche, die fünf Kabinettskollegen und zwei Staatssekretäre in Moskau führten, die sechs Verträge und Abkommen, die wir unterzeichneten und die Fülle von Absichtserklärungen zu weiteren Verhandlungen und Projekten, die in einer abgestimmten Mitteilung über die Besuchsergebnisse festgehalten waren.

*

Wir setzten uns in Moskau auch nachdrücklich für bessere Arbeitsbedingungen für deutsche Geschäftsleute und bessere rechtliche Rahmenbedingungen für Gemeinschaftsunternehmen ein. Wichtig in diesem Zusammenhang war meine Verabredung mit Michail Gorbatschow, dass bis zu seinem Gegenbesuch ein Abkommen über Schutz und Förderung von Investitionen unterschriftsreif verhandelt würde.

Das besondere Interesse der Bundesregierung lag bei zwei Projekten, deren Bedeutung weit über den Rahmen der Wirtschaft hinausreichte: Einmal ging es um ein Zentrum für Industrie und Handel, kurz »Haus der deutschen Wirtschaft« genannt, das als Gemeinschaftsunternehmen in Moskau eingerichtet werden sollte. Dieses Projekt stand für eine langfristig angelegte, immer engere wirtschaftliche Zusammenarbeit. Es war von besonderem Wert für mittlere und kleinere Unternehmen unseres Landes, die, wie ich in Moskau betonte, gerade durch Flexibilität und Innovationskraft einen bedeutenden Beitrag zu den deutsch-sowjetischen Wirtschaftsbeziehungen leisten könnten.

Der zweite Schwerpunkt lag auf meinem Angebot, im Rahmen eines Dreijahresprogramms von 1989 bis 1991 und auf der Grundlage von Pilotprojekten jährlich rund tausend junge Sowjetbürger zu Studium, Aus- und Fortbildung, insbesondere im Managementbereich, sowie zu Informationsreisen in die Bundesrepublik einzuladen. Hiermit verband ich Hoffnungen auf deutliche Fortschritte beim Jugend- und Schüleraustausch, denn eine Intensivierung dieses Austauschs würde nicht nur den fachlichen Kenntnissen beider Staaten zugute kommen, sondern auch das menschliche Miteinander fördern. Überhaupt galt es, Brücken auf allen Ebenen zu schlagen, um mehr Begegnungen zu ermöglichen, sei es zwischen dem Deutschen Bundestag und dem Obersten Sowjet, sei es zwischen Kirchen, Gewerkschaften und anderen gesellschaftlichen Gruppen, sei es durch Städtepartnerschaften oder engere Kontakte der Medien.

Schließlich verabredete ich mit Generalsekretär Gorbatschow, beim Gegenbesuch in Bonn ein gemeinsames Dokument zu unterzeichnen, das, aufbauend auf den Erfahrungen des Moskauer Ver-

Bei den Arbeitsgesprächen konzentrierten wir uns auf das Machbare

trags, diesen konzeptionell weiterentwickeln und Perspektiven des deutsch-sowjetischen Verhältnisses im Rahmen eines immer enger zusammenwachsenden Europas aufzeigen sollte.

Zu den menschlich bewegenden Begegnungen in der sowjetischen Hauptstadt gehörte mein Treffen mit Vertretern der deutschen Minderheit und mit Aussiedlern, die in unserer Botschaft gerade ihre Pässe und Ausreisepapiere in Empfang nehmen konnten. Beide Begegnungen spiegelten positive Entwicklungen wider, die noch vor wenigen Jahren, ja vor wenigen Monaten unvorstellbar gewesen wären. Auch hier zahlte sich unsere beharrliche Arbeit im stillen aus. Wir wollten uns auch weiterhin bemühen, die Lage unserer Landsleute insbesondere in kultureller und religiöser Hinsicht nachhaltig zu verbessern und den Aussiedlern, die zu uns kamen, den Start in unserem Land in jeder nur möglichen Weise zu erleichtern. Bei der sowjetischen Führung fand ich für diese Anliegen Verständnis.

In seiner abschließenden Bewertung unserer Begegnungen sprach Michail Gorbatschow davon, dass wir in den Tagen meines Moskauer Besuchs eine »große Wende« in den deutsch-sowjetischen

Beziehungen erlebt und mitgestaltet hätten. Ich machte mir diese Worte zu eigen und ergänzte: Wir wollten die günstigen objektiven Voraussetzungen nach Kräften nutzen, um unsere Beziehungen auf eine neue, höhere Stufe zu stellen. Nicht Kleingläubigkeit, nicht Blauäugigkeit, sondern solides, Schritt für Schritt begründetes Vertrauen war der Schlüssel für eine friedliche Zukunft.

30.
Der Karlspreis

Die Preise und Auszeichnungen, die mir – ob national oder international – verliehen wurden, habe ich nie gezählt. Ein Preis ist darunter, der mir besonders wichtig ist. Gemessen an seiner Bedeutung, seinem Ansehen, gehört er zu den wertvollsten. Ich meine den Internationalen Karlspreis der Stadt Aachen. Am 1. November 1988 wurde diese hohe Auszeichnung in einer feierlichen Zeremonie im Krönungssaal des Rathauses von Aachen an den französischen Präsidenten François Mitterrand und mich gemeinsam verliehen – in Anerkennung unserer Verdienste »für französisch-deutsche Freundschaft und Europas Zukunft«. Gleichzeitig wurde damit der historischen Leistung des Élysée-Vertrages gedacht, der vor einem Vierteljahrhundert abgeschlossen worden war und in dessen Zeichen unsere Vorgänger das Fundament der deutsch-französischen Aussöhnung gelegt hatten.

Die Stifter des Preises hatten sich 1949 – nur zweihundertfünfzehn Tage nach der Gründung der Bundesrepublik – von der Überzeugung inspirieren lassen, dass »die Fortschritte der Menschheit immer von einzelnen genialen Persönlichkeiten ausgegangen sind, die sich trotz aller Widerstände ganz ihren Ideen hingegeben haben«. Deshalb müsse es »nützlich und förderlich sein«, so heißt es in der Proklamation, »auf diese Männer als Vorbilder hinzuweisen, zur Nachahmung und zur Verwirklichung ihrer Ideen aufzufordern«.

Der Karlspreis wird seitdem jährlich an verdiente Persönlichkeiten verliehen, »die den Gedanken der abendländischen Einigung in politischer, wirtschaftlicher und geistiger Beziehung gefördert haben«. Manche sagen, der Preis habe nahezu den Rang des Friedensnobelpreises, auch wenn er nur mit einigen tausend Euro dotiert ist.

In seiner Laudatio bezeichnete Bundespräsident Richard von Weizsäcker es als erstaunlich, dass der Karlspreis erst jetzt gemeinsam an je einen Vertreter Deutschlands und Frankreichs verliehen werde. Er würdigte unsere Leistungen für Freundschaft und Zusammenarbeit der beiden Staaten, deren Aussöhnung das Herzstück der europäischen Einigungsanstrengungen darstelle und ohne deren Pionierarbeit es kein geeintes Europa geben könne.

François Mitterrand insistierte in seiner Dankesrede auf einer allseitigen Respektierung der Menschenrechte; er widmete seine Ansprache vor allem der kulturellen Zusammenarbeit im europäischen Bereich.

Ich empfand die Auszeichnung als hohe Ehre – und dies um so mehr, als sie gleichzeitig an den französischen Präsidenten verliehen wurde. In der Geschichte des Karlspreises nimmt diese Entscheidung der Jury damit einen besonderen Platz ein.

Die Verleihung des Karlspreises an Jean Monnet 1953 und an Konrad Adenauer 1954 stand noch ganz im Zeichen der deutsch-französischen Aussöhnung. Dieses Werk war längst vollendet, und jeder verstand, dass ich mich an jenen Tag erinnerte, an dem François Mitterrand und ich gemeinsam die Grabfelder von Verdun besucht und uns vor dem Ossuaire von Douaumont die Hand gereicht hatten. Zwischen Deutschen und Franzosen ist Freundschaft und Partnerschaft gewachsen, sie fanden zusammen in gemeinsamer Arbeit für Europa.

So schlugen wir über lange Jahrhunderte der Trennung hinweg eine Brücke in jene Zeit, in der Deutsche und Franzosen vereint waren – in der sie eins waren im »Mutterschoße der Zeiten«, wie Thomas Mann es einmal ausdrückte. Deutschland und Frankreich waren stets mehr als nur Nachbarn. Sie waren und sind Geschwister, hervorgegangen aus denselben Ursprüngen, aus demselben karolingischen Reich, das in Aachen auf einzigartige Weise lebendig geblieben ist.

Der Name Karls des Großen vergegenwärtigt freilich nicht nur eine große Vergangenheit: Er steht auch für vieles, was Franzosen

Zum ersten Mal wird der Karlspreis je einem Vertreter Frankreichs und Deutschlands gemeinsam verliehen

und Deutsche mit Blick auf die Zukunft verbindet – für unser europäisches Erbe ebenso wie für unseren gemeinsamen europäischen Auftrag. Unser europäisches Erbe, damit meine ich unsere in jahrhundertelanger Entwicklung geprägte Kultur. Ich meine nicht nur die großen Meisterwerke der Literatur, der Musik oder der Malerei, auch nicht nur die einzigartigen Baudenkmäler, obwohl auch sie *allen* europäischen Völkern und nicht nur einem gehören. Es geht mir vor allem um den Geist, der diese Kunstwerke prägt und der ihnen ihre eigentliche Größe, ihre bleibende Schönheit über Zeiten und Grenzen hinweg verleiht. In diesem »Genius Europas« – wie ihn Papst Johannes Paul II. bei seinem Besuch 1988 in Straßburg nannte – fließen die Philosophie der Antike und des Humanismus ebenso zusammen wie die vorwärtsdrängende Rationalität der Aufklärung und vor allem natürlich die prägende Kraft des Christentums.

Aus dem Bewusstsein für diese gemeinsamen Ursprünge entstand die europäische Idee. Sie lässt sich nicht verstehen und vollziehen ohne das für uns gültige Wertesystem. Es gründet auf der Einzigartigkeit des Menschen, auf der Achtung vor dem Leben, auf der Achtung von Menschenwürde und persönlichen Freiheitsrechten. Die Kraft dieses kulturellen Erbes durfte nicht verlorengehen, erst recht nicht im freien Teil unseres Kontinents.

Wir mussten daher das Bewusstsein für die kulturelle Dimension Europas wieder schärfen. Die Europäische Gemeinschaft war mehr als ein Interessenverband, viel mehr auch als etwa nur eine Freihandelszone. Sie war und ist auch und vor allem eine Werte- und Kulturgemeinschaft. Die gemeinsame Kultur ist mit das stärkste Band, das Europa zusammenhält und zusammenschließt. Es verbindet das Europa der Gemeinschaft mit den Völkern Mittel-, Ost- und Südosteuropas. Gerade die Menschen dort betonten mit Nachdruck diese kulturelle Einheit Europas – und keine Diktatur in Vergangenheit oder Gegenwart vermochte dieses Zusammengehörigkeitsgefühl jemals zu zerstören. Polen und Ungarn, Tschechen und Slowaken und nicht zuletzt unsere Landsleute in der DDR legten Wert darauf, nicht nur geographisch, sondern auch geistig-kulturell Europäer zu sein. Wir durften dies niemals vergessen.

Auch deshalb war es so wichtig, dass wir die kulturelle Dimension bei der Einigung Europas stärker hervorhoben. Kultureller Austausch kann Frieden stiften. Er ist und bleibt unentbehrliche Grundlage für die Freundschaft zwischen den Völkern wie für das Gelingen der Zusammenarbeit.

In meiner Dankesrede machte ich nach einem Rückblick auf das Erreichte in den deutsch-französischen Beziehungen weitere Fortschritte in den Ost-West-Beziehungen davon abhängig, dass es uns gelang, gemeinsame Positionen in der Sicherheits- wie in der Ostpolitik zusammen mit Frankreich und den anderen Alliierten und in enger Zusammenarbeit mit den Vereinigten Staaten auszuarbeiten und zu vertreten.

Unmittelbar vor der Preisverleihung hatten Mitterrand und ich im Oktogon des Aachener Doms Karl dem Großen durch den erneuerten prächtigen Goldschrein mit seinen Gebeinen unsere Reverenz erwiesen.

*

Zwei Tage später, am 3. und 4. November 1988, trafen wir uns im Rahmen der 52. regulären bilateralen Gipfelkonsultationen in Bonn. Es war der erste deutsch-französische Gipfel seit den Präsidentschaftswahlen. Wieder einmal standen Abrüstungsfragen im Mittelpunkt unseres Treffens. Vor allem aber informierte ich Mitterrand umfassend über meinen Moskau-Besuch.

Schon bei unserer Begegnung am 14. Oktober 1988 im burgundischen Vézelay hatten wir ausführlich über die Öffnung der Sowjetunion gegenüber Westeuropa diskutiert und die sowjetischen Versuche analysiert, insbesondere Deutsche und Franzosen gegeneinander auszuspielen. So wurden wir beispielsweise von sowjetischen Gesprächspartnern stets gefragt, was es mit der deutsch-französischen Brigade auf sich habe. Dieses Problem beschäftigte die Sowjets sehr. Für Mitterrand und mich war klar, dass es galt, realistisch zu bleiben, nicht Worte für Taten zu nehmen und uns niemals auseinanderdividieren zu lassen. Zugleich wollten wir alle Chancen für die künftige Entwicklung der Zusammenarbeit nutzen.

In Bonn vereinbarten wir, ein gemeinsames Konzept für die europäische Währungsunion zu entwickeln. Weiter sollte mit den Vorbereitungen für die Bildung eines gemeinsamen Umweltrats begonnen werden.

Die Forschungsminister vereinbarten ein deutsch-französisches Forschungsprogramm zur Rettung bedeutender Kulturdenkmäler in unseren beiden Ländern. Die Wirtschafts- und Finanzminister erörterten Fragen der Steuerharmonisierung, insbesondere der Besteuerung von Spareinlagen, und das Problem der Verschuldung der Dritten Welt. Die Postminister unterzeichneten eine Vereinbarung zur erleichterten Datenübertragung. Beschlossen wurde ferner, dass ab 1990 ein deutsch-französischer Fernseh-Kulturkanal mit Simultanübersetzungen in mehreren Sprachen über Satellit und Kabel ausgestrahlt und von Bonn und Paris finanziert werden sollte. Welche Erfolgsgeschichte der deutsch-französische Kulturkanal Arte geworden ist, davon kann man sich täglich überzeugen. In Frankreich sehen allerdings weit mehr Menschen Arte als in der Bundesrepublik.

31.
Geschichtsstunden

Am 9. November 1988 war ich zweimal als Redner gefragt: bei der Eröffnung des Jüdischen Museums in Frankfurt und bei der zentralen Gedenkveranstaltung anlässlich des 50. Jahrestags der Pogrome vom 9. November 1938.

Die Eröffnung des Jüdischen Museums der Stadt Frankfurt hatte mehr als nur lokale oder regionale Bedeutung. Unter den Gästen waren leitende Repräsentanten der wichtigsten jüdischen Museen und Gedenkstätten aus aller Welt. Das allein unterstrich den Rang dieses Ereignisses.

Die Verantwortlichen in der Stadt und in der jüdischen Gemeinde hatten gewissenhaft die Frage geprüft, ob diese feierliche Museumseröffnung dem tiefen Ernst des Gedenktages, des 9. Novembers 1938, angemessen war. Ich dachte, dass beim Gang durch die Ausstellungsräume jedem deutlich werden musste, dass das Jüdische Museum auch eine Art Gedenk-Stätte ist – im ganz ursprünglichen Sinn dieses Wortes: Es setzt ein dauerhaftes und weithin sichtbares Zeichen gegen das Vergessen, gegen die Geschichtslosigkeit.

Es wäre gleichsam ein später Sieg für die nationalsozialistischen Machthaber, wenn die Erinnerung an ein jüdisches Leben in Deutschland vor dem Beginn der Barbarei verlorenginge. Die Totalität ihres Vernichtungswillens offenbarte sich nicht zuletzt darin, dass sie selbst noch die Erinnerung an ihre Opfer auslöschen wollten. Wenn wir von den Trümmern sprechen, die der Nationalsozialismus hinterlassen hat, dann stehen uns die Bilder von zerstörten, niedergebrannten, dem Boden gleichgemachten Gebäuden vor Augen. Doch sollten wir uns stets auch der Verheerungen bewusst sein, die in den Köpfen und Herzen der Menschen angerichtet wurden. Aus solchen Trümmern kann das, was einmal war, nie mehr in seiner ursprünglichen Gestalt wiedererstehen. Nach allem, was jüdischen Menschen zwischen 1933 und 1945 angetan wurde, gibt es kein Zurück mehr.

Wir müssen mit dieser Erkenntnis leben, so schmerzlich sie auch ist. Rabbiner Leo Baeck hatte nach seiner Befreiung aus dem Konzentrationslager Theresienstadt sogar die bitteren Worte gesprochen, dass »die Epoche der Juden in Deutschland [...] ein für allemal vorbei« sei.

Das Jüdische Museum Frankfurt erhebt denn auch nicht den Anspruch, eine Kontinuität herzustellen, die es nicht geben kann. Aber es will Erinnerung stiften und bewahren – Erinnerungen an das, was gewesen ist: das Gute und das Böse.

Das Gute soll weiterwirken, indem es mit dazu beiträgt, den Boden zu bereiten für ein neues Miteinander von Juden und Nichtjuden in Deutschland: ein Miteinander, das sich auf das Alte bezieht, ohne es freilich in falscher Unbefangenheit neu auflegen zu wollen. Das gilt in gleicher Weise für die Auseinandersetzung mit dem Bösen: Sie soll uns zu nie ermüdender Wachsamkeit gegenüber jeder Form der Missachtung menschlicher Würde anhalten.

Die Geschichte der Juden in Deutschland ist Teil der ganzen deutschen Geschichte – und zwar ein sehr wichtiger. Es sind gerade die besten, die freiheitlichen Traditionen unseres Landes, zu denen zahlreiche Juden maßgeblich beigetragen haben. Deshalb begrüßte ich nachdrücklich, dass die Sachverständigenkommission für die Konzeption des Deutschen Historischen Museums in Berlin sich so klar dafür aussprach, »die Geschichte der Juden in Deutschland von ihrer außerständischen Stellung und den Verfolgungen in der Vormoderne über Emanzipation und Aufstieg im neunzehnten Jahrhundert bis hin zu Entrechtung und Holocaust im nationalsozialistischen Deutschland mit besonderer Sorgfalt zu berücksichtigen«.

Juden haben allen Grund, selbstbewusst auf die großen menschlichen und sozialen, kulturellen und religiösen Leistungen ihrer Geschichte zu verweisen. Diese Leistungen kamen allzuoft unter schwierigen Lebensbedingungen in einer feindlich gesinnten Umwelt zustande, und viele davon konnten und können auch Nichtjuden als Vorbild dienen.

Der Vorsitzende der Jüdischen Gemeinde, Heinz Galinski, bezeichnete es einst als eines seiner großen Anliegen, das Judentum mit seiner Religiosität und Kultur, seinen Sitten und Gebräuchen verstärkt nach außen darzustellen, um es für viele nichtjüdische Menschen verstehbar zu machen. In der Tat: Die meisten Vorurteile und manche Befangenheiten gegenüber dem Judentum beruhen auf Unkenntnis. Auf solche Unkenntnis konnte sich antisemitische Propaganda zu allen Zeiten verlassen: dort, wo sie spottete und höhnte – und dort, wo sie düstere Bilder von geheimnisvollen Machenschaften entwarf, in denen sich doch nur die Wahnvorstellungen der Antisemiten spiegelten.

Gegen die Unkenntnis aufklärend anzugehen ist eine Verpflichtung aller staatlichen und nichtstaatlichen Erziehungseinrichtungen unseres Landes. Entscheidend für das Gelingen eines solchen Werkes ist jedoch, dass möglichst viele Menschen Religiosität und Kultur des Judentums als lebendigen Teil unserer Wirklichkeit wahrnehmen können. Und hierzu kann gerade auch das Jüdische Museum Frankfurt einen wertvollen Beitrag leisten.

Dieses Museum sollte auch eine Stätte des Lernens sein. So lässt sich am Beispiel der traditionsreichen jüdischen Gemeinde Frankfurts studieren, wie Vorurteile gegen Minderheiten entstehen und welche verheerenden Wirkungen sie schließlich haben. Christen werden mit Beschämung feststellen, dass die These von der jüdischen Kollektivschuld am Tod Jesu den Boden für die Pogrome der Vormoderne bereitet hat – und dass es hier eine unselige Kontinuität bis hin zum pseudowissenschaftlich begründeten Antisemitismus der Moderne gibt.

*

Anlässlich des 50. Jahrestags der Pogrome vom 9. November 1938 auf der zentralen Gedenkveranstaltung in der Frankfurter Westend-Synagoge zu sprechen empfand ich als Ehre, und es ist – neben der Rede, die ich 1985 in Bergen-Belsen gehalten habe – eine der wichtigsten Ansprachen meiner Amtszeit geworden. Ich erinnerte an die brennenden Synagogen, an die Gotteshäuser, errichtet zur Ehre des Einen Schöpfers, zu dem Juden und Christen sich bekennen. Das ebenso zynische wie verharmlosende Wort von der »Kristallnacht« bemäntelt, was damals wirklich geschah: Am 9. November 1938 erreichte der nationalsozialistische Terror gegen die jüdischen Mitbürger eine neue Dimension. Zehntausende von ihnen wurden verhaftet und in Konzentrationslager verschleppt, Tausende misshandelt, Hunderte ermordet oder in den Tod getrieben. Die Pogromnacht war Fanal einer zielbewussten, systematischen und gnadenlosen Verfolgung der Juden.

1938 konnten sich die meisten freilich nicht vorstellen, dass der nationalsozialistische Rassenwahn kurze Zeit später noch barbarischer wüten würde – dass er in letzter, furchtbarster Konsequenz auf den Völkermord an den europäischen Juden hinausliefe.

Wir haben uns oft gefragt, weshalb nur so wenige Menschen widersprachen, als die späteren Gewaltherrscher für ihr menschenverachtendes Programm warben, zunächst in Hinterzimmern und später auf Straßen und Plätzen. Diese Frage schmerzt; schmerzlicher noch ist die Frage, weshalb sich kein breiter Protest erhob, als die Juden in Deutschland verhöhnt und drangsaliert, isoliert und verfolgt wurden. Denn wahr ist nun einmal, dass die jüdischen Mitbürger vom ersten Tag an, seit dem 30. Januar 1933, diskriminiert wurden: politisch, moralisch, dann auch rechtlich – mit wachsender Brutalität und vor den Augen der Öffentlichkeit. Immer alltäglicher wurde der staatliche Terror; er drang vor bis in die allernächste Nachbarschaft. Die Rechtsordnung diente immer weniger dem Schutz der Schwachen und immer mehr deren Unterdrückung. Unrecht wurde in die Form von Gesetzen gegossen; ein besonders abstoßendes Beispiel hierfür sind die rassistischen Nürnberger Gesetze von 1935.

Die Novemberpogrome waren keineswegs eine spontane Entladung eines angeblichen »Volkszorns«. Es handelte sich vielmehr um eine von zentraler Stelle ausgelöste, vor Ort organisierte Aktion. Aus heutiger Sicht fällt es schwer zu begreifen – und es bleibt eine Ursache tiefer Scham –, dass am 9. und 10. November 1938 die Mehrheit der Bevölkerung schwieg. Hier kam vieles zusammen: mangelnde Zivilcourage oder lähmende Angst bei den einen, Gleichgültigkeit bei den anderen.

Es gab jene, die voller Schadenfreude zusahen, die mitmachten oder gar wirtschaftlich davon profitierten. Doch dürfen auch jene nicht vergessen werden, die ihre Missbilligung ausdrückten oder gar im Rahmen ihrer Möglichkeiten zu helfen suchten. Wir erinnern uns mit hohem Respekt und mit Dankbarkeit an die mutigen Männer und Frauen, die 1938 und in der Zeit danach unter Gefährdung ihres eigenen Lebens – und oft der Sicherheit ihrer Familien – ihren jüdischen Mitbürgern in vielfältiger Weise beistanden, indem sie ihnen beispielsweise zu einem Versteck oder zur rettenden Flucht ins Ausland verhalfen.

Der Gedenktag an die Pogrome vom 9. November 1938 wirft viele Fragen auf. Auch die Jüngeren mögen sich ehrlich prüfen, was sie in einer solchen Situation getan oder unterlassen hätten. Und wenn ich »ehrlich« sage, dann meine ich vor allem: ohne Selbstgerechtigkeit. Die Menschen von heute sind nicht besser oder mutiger als die Menschen von damals. Dieses Wissen mahnt uns zu nie ermüdender Wachsamkeit gegenüber allem, was totalitärer Herrschaft den Weg bereiten könnte. Heinz Galinski erklärte einmal bei einer gemeinsamen Gedenkveranstaltung deutscher und französischer Soldaten im Konzentrationslager Dachau: »Denn das Vergessen zu verhindern ist auch ein wichtiges Mittel, um den Menschen zu Bewusstsein zu bringen, was sie an der Demokratie zu schätzen haben.«

Rechtsgarantien sind zwar die notwendige Bedingung dafür, dass es nie wieder zu einem Rückfall in die Barbarei kommt. Hinzukommen muss jedoch die Verankerung der freiheitlichen Demokratie in unserem Herzen – denn hier ist nicht allein der Verstand gefordert. Uns muss immer und überall gegenwärtig bleiben: Wo die Menschenwürde in unserem Mitmenschen beleidigt wird, da wird sie in uns selbst verwundet.

Nur wenn wir uns diese Fähigkeit zum Mit-Leiden, zur Identifikation mit den Opfern bewahren, kann es uns dauerhaft gelingen, eine gerechte Gesellschaft zu gestalten, in der Menschen verschiedener Herkunft und verschiedener religiöser und politischer Überzeugungen in Frieden und Freiheit zusammenleben. Die Achtung vor der Unverfügbarkeit des anderen verlangt von uns, dass wir uns – biblisch gesprochen – kein Bildnis von ihm machen, sondern ihn als das gelten lassen, was er wirklich ist.

Sowenig es möglich ist, sich der Last der Vergangenheit zu entziehen, so sehr sind wir aufgefordert, uns immer wieder auf die freiheitlichen Traditionen der deutschen Geschichte zu besinnen – Traditionen, zu denen auch zahlreiche Juden beitrugen. Ich nenne nur Gabriel Riesser, den Vizepräsidenten der Nationalversammlung in der Frankfurter Paulskirche, und Hugo Preuß, der die Weimarer Verfassung maßgeblich mitgestaltete. Mit besonderer Dankbarkeit nenne ich ferner jene jüdischen Mitbürgerinnen und Mitbürger, die nach 1945 im Blick auf die Zukunft bereit waren, zum Aufbau unseres freiheitlichen Gemeinwesens beizutragen.

Wir – Juden, Christen, alle freiheitlich gesinnten Menschen hierzulande – standen vor einer großen Zukunftsaufgabe: Am Ende dieses Jahrhunderts mit all seinen Schrecken, mit so unsagbar großem menschlichem Leid, bauten wir an einem Europa, dessen Fundament die von Juden und Christen gemeinsam vertretenen Werte sind, einem Europa, das sich von der Geißel der Nationalismen befreite, einem Europa, das Menschen und Völker aus Ost und West in gemeinsamer Freiheit zusammenführen sollte.

Dass viele Deutsche jüdischen Glaubens in der Bundesrepublik leben, ist Zeichen eines Vertrauens, das uns – und ich schreibe das für die nichtjüdische Mehrheit – tief bewegt. Denn auf dieses Vertrauen hatten wir wahrlich keinen Anspruch nach allem, was in Deutschland vor und nach dem 9. November 1938 geschehen ist. Es ist ein kostbares Geschenk – mit das kostbarste, das uns nach 1945 in die Hände gelegt wurde. Es ist auch ein zerbrechliches Geschenk. Ich bin mir bewusst, dass das Vertrauen vieler jüdischer Mitbürger leicht zu erschüttern ist: durch die Gemeinheit von Ewiggestrigen – und manchmal auch durch die Gedankenlosigkeit von Wohlmeinenden. Das freiheitliche Gemeinwesen, das 1949 auf deutschem Boden entstand, ist unsere gemeinsame Heimat. Wir wollen es gemeinsam schützen und weiterentwickeln. Dazu bedarf es der engagierten Mitwirkung aller Menschen guten Willens.

*

Einen Tag nach meinen beiden Auftritten in Frankfurt gedachte der Deutsche Bundestag der Opfer der Pogrome vom 9. November 1938. Bundestagspräsident Philipp Jenninger wollte in seiner Rede den Versuch unternehmen zu klären, warum der Nationalsozialismus in Deutschland so rasch an Boden gewinnen und wie es zu den Pogromen gegen die Juden kommen konnte. In seinem Redemanuskript standen etliche Stellen in Anführungszeichen, was bei seiner Art, den Text vorzutragen, allerdings nicht deutlich wurde. Daher klangen seine historischen Interpretationsversuche plötzlich beinahe wie Rechtfertigungen des Dritten Reichs. Je länger er sprach, um so stärker waren die Irritationen der Abgeordneten und Ehrengäste.

Wer diese Rede heute liest, wird die Reaktionen kaum verständlich finden. Wie er selbst erst 1995 enthüllte, hielt Ignatz Bubis dieselbe Rede ein Jahr später vor anderem Publikum – ohne negatives Echo. Doch in der aufgeregten Situation 1988 überschlugen sich die Ereignisse. Das Echo der Presse im Ausland war verheerend, besonders in Israel. In der deutschen Presse verkannte man zwar nicht die lautere Absicht, die hinter Jenningers Rede gestanden hatte, hielt aber doch ihre Anlage für verfehlt.

Ich suchte den Kontakt zu meinem Freund und besprach mit ihm ausführlich die Lage. Am Ende führte kein Weg daran vorbei, ihm schweren Herzens den Rücktritt nahezulegen. Die SPD hatte bereits damit gedroht, die Plenarsitzung zu boykottieren, sollte Philipp Jenninger je auf den Präsidentenplatz zurückkehren. Auch in der FDP-Fraktion brodelte es. Ihr Vorsitzender Wolfgang Mischnick teilte mir mit, dass die FDP nicht mehr hinter dem Präsidenten stehe. Damit hatten die Unionsparteien keine Mehrheit mehr. Wir gerieten zusehends unter Handlungsdruck. In der

Philipp Jenninger während seiner Rede im Bundestag; neben ihm Ida Ehre, die Gründerin und Leiterin der Hamburger Kammerspiele

Unionsfraktion wurde starkes Unbehagen spürbar. Zwar forderte niemand lauthals Philipp Jenningers Rücktritt; doch auch unter den Unionsabgeordneten wurde darüber gesprochen.

Jenninger bat nach unserem Treffen um eine Nacht Bedenkzeit, um seine Entscheidung auch mit seiner Frau und seinen engsten Freunden zu besprechen. Am nächsten Morgen, dem 11. November 1988, teilte er mir schon in aller Frühe mit, er werde sein Amt niederlegen, weil der Druck zu stark sei und er seiner Partei nicht schaden wolle.

Bei aller Notwendigkeit seines Rücktritts war ich doch über diese Entwicklung tief betroffen. Ich fühlte mich Philipp Jenninger oder »Don Philippo«, wie ich ihn immer nannte, nicht nur politisch eng verbunden, sondern empfand ihn auch als persönlichen Freund. Alle Jahre wieder gingen wir gemeinsam zur Fastenkur, und es gab kein Kanzlerfest, auf dem er nicht dabei war, ob bei den gemeinsamen Sommer- und Winterwanderungen oder beim abendlichen geselligen Beisammensein im Bungalow oder einem Bonner Restaurant.

Nach dieser unglücklichen Episode war der Kontakt zwischen uns lange Zeit weitgehend unterbrochen. Philipp Jenninger zog sich ganz in seinen Wahlkreis Hohenloher Land zurück, wo ihm seine Wähler und die Parteifreunde die Treue hielten. Lange wollte er keine neue Aufgabe übernehmen. Schließlich zeigte er Interesse an einer Verwendung im diplomatischen Dienst, und ich setzte mich dafür ein, dass Philipp Jenninger 1992 deutscher Botschafter in Wien und anschließend beim Vatikan wurde.

*

Nach Jenningers Rücktritt vom Amt des Bundestagspräsidenten musste rasch gehandelt und seine Nachfolge geklärt werden. Wir diskutierten die Frage mit Kolleginnen und Kollegen aus Fraktion und Partei, und nach eingehenden Überlegungen lud ich Rita Süssmuth, die inzwischen erfolgreich arbeitende Ministerin für Familie, Jugend, Gesundheit und Frauen, zu einem Sondierungsgespräch ins Kanzleramt ein. Zunächst war die Ministerin verblüfft, als ich sie fragte, ob sie Nachfolgerin von Philipp Jenninger werden wolle. Sie meinte, ihr fehle die nötige parlamentarische Erfahrung für dieses Amt. Schließlich sei sie erst seit Januar 1987 Mitglied des Bundestags. Außerdem mache ihr die Arbeit in ihrem Ministerium außerordentlichen Spaß, und das neue Amt biete zu wenig Möglichkeiten für die Umsetzung ihrer übergreifenden politischen Interessen. Auch sie bat um Bedenkzeit.

Unterdessen hatte ich alle Mühe, die CSU von dieser Personalie zu überzeugen. Philipp Jenninger war viel leichter durchzusetzen gewesen. Gegen ihn hatte es keinerlei Vorbehalte gegeben, während gegen Rita Süssmuth erhebliche Bedenken bestanden. Manche ihrer politischen Äußerungen wurden jetzt ausgegraben, um daraus Vorwürfe zu konstruieren. Im Mittelpunkt stand dabei der Umgang mit der Aidskrankheit: Als Ministerin hatte sie sich vor allem für Vorbeugemaßnahmen eingesetzt und die Forderungen der CSU nach einem Aidstest für alle Anwärter des öffentlichen Dienstes rundweg abgelehnt.

Die SPD hatte einst mit Annemarie Renger eine herausragende Bundestagspräsidentin präsentiert. Nach Karl Carstens, Rainer Barzel und Philipp Jenninger war es für uns höchste Zeit, und das nicht allein wegen der Frauenquote, für dieses Amt eine qualifizierte Frau vorzuschlagen. Das konnte 1988 nur die Vorsitzende der CDU-Frauenunion sein.

Die neue Bundestagspräsidentin Rita Süssmuth

Anderntags stimmte Rita Süssmuth meinem Vorschlag zu und erklärte sich bereit, für das Amt zu kandidieren.

Am 25. November 1988 wurde sie mit großer Mehrheit zur Bundestagspräsidentin gewählt. Zur neuen Bundesministerin für Familie, Jugend, Gesundheit und Frauen berief ich Ursula Lehr, eine bekannte Gerontologin der Universität Heidelberg. Die Berufung stieß in der CDU/CSU-Bundestagsfraktion nicht überall auf Zustimmung, weil ich wieder eine Kandidatin von außen geholt hatte, statt jemanden aus der eigenen Fraktion zu nehmen. Niemand konnte jedoch die Sachkompetenz der neuen Ministerin bestreiten.

Alle Personalentscheidungen hatte ich in den CDU-Gremien und der Unionsfraktion ausführlich besprochen und begründet. Leider scheuten die meisten Kritiker die offene Auseinandersetzung. Manche Unmutsäußerung gelangte nur hinter vorgehaltener Hand an mein Ohr, was ich immer sehr bedauerte. Doch Mut und Offenheit gehören bei vielen Politikern nicht zu den besonderen Stärken. Daran musste ich mich in langen Jahren gewöhnen. So recht damit abgefunden habe ich mich allerdings bis heute nicht.

32.
Mehr als politische Gesten

Vom 12. bis 16. November 1988 besuchte ich wieder einmal die Vereinigten Staaten. Erste Station war New York. Hier wurde der bevorstehende 80. Geburtstag von Simon Wiesenthal, dem langjährigen Leiter des Jüdischen Dokumentationszentrums in Wien, feierlich begangen.

Ich war nach New York gekommen, um diesem außergewöhnlichen Mann meinen Respekt und meine Freundschaft zu bezeugen. Wir kannten uns schon seit vielen Jahren. Manches gute Gespräch mit ihm kam mir in Erinnerung. Es waren oft sehr ernste Unterredungen – geprägt von kompromissloser Ehrlichkeit und doch ohne jeden Unterton von Anklage.

Wer Simon Wiesenthal einmal dabei zugehört hat, wie er mit der Ruhe des Erzählers über seinen Lebensweg berichtete, über seine Odyssee durch den Osten Europas, seinen ganz persönlichen Leidensweg durch die Hölle der Konzentrationslager, über seinen Kampf um Überleben und Selbstbehauptung – der konnte an seinem Gesicht nicht ablesen, was dabei in seinem Innersten vorging. Allein durch seine Worte teilte sich dem Zuhörer eine Ahnung davon mit, was er wohl empfinden mochte.

Ich erinnere mich noch gut daran, wie er in einem Fernsehinterview einmal über persönliche Erlebnisse in der Nachkriegszeit berichtete. Eine besonders ergreifende Begebenheit prägte sich mir tief ein: Simon Wiesenthal schilderte, wie seine neunjährige Tochter kurz vor Weihnachten weinend nach Hause kam, weil sie außer ihren Eltern keine Familienangehörigen habe – im Gegensatz zu all den anderen Kindern mit ihren Großeltern oder Onkeln und

Tanten. Die Tränen eines unschuldigen Kindes, seines Kindes, taten ihm sehr weh. Er bat deshalb einen Freund, sich seiner Tochter gegenüber als Cousin auszugeben und sie zu sich einzuladen. Simon Wiesenthal wollte damit verhüten, dass die Seele seiner Tochter »vergiftet« wurde – so drückte er es aus.

Dieser Bericht macht ohne viel Aufhebens deutlich, welche persönliche Tragödie so unvorstellbar viele Opfer erlebten, und er sagt etwas aus über Simon Wiesenthals Fähigkeit, Menschen aufzurichten und ihnen Mut zu machen.

Simon Wiesenthal konnte auf einen schier unerschöpflichen Fundus an Geschichten zurückgreifen, denen eines gemeinsam ist: Sie sind Zeugnisse einer großen Sympathie für den unbekannten Einzelmenschen mit all seiner Freude und all seinem Leid – Zeugnisse einer Menschlichkeit, die durch das Feuer schrecklichster Erfahrungen mit der Unmenschlichkeit gegangen ist.

Die Geschichten, die er erzählte, sind durch eigenes Erleben und Erleiden beglaubigt. In Simon Wiesenthal lebte das Gedächtnis an ungezählte Menschen, die wir nicht vergessen dürfen und nicht vergessen wollen.

Wer das Glück hatte, Simon Wiesenthal persönlich zu kennen, der spürte, dass Freundlichkeit und Offenheit bei ihm nie an der Oberfläche blieben. Denn diese Eigenschaften waren einem Leben abgetrotzt, das ihn in die Abgründe des Bösen schauen ließ.

Das zwanzigste Jahrhundert, unser Jahrhundert, wurde nicht nur geprägt von einem zuvor kaum vorstellbaren wirtschaftlichen, gesellschaftlichen und wissenschaftlich-technischen Wandel. Es wird auch in die Geschichte eingehen als eine Zeit, in der Krieg und Völkermord neue, unvorstellbare Dimensionen des Grauens erreichten. Simon Wiesenthal erinnerte indessen immer wieder daran, dass uns die Statistik des millionenfachen Sterbens nicht den Blick auf das einzelne Opfer verstellen darf: auf das Antlitz des Kindes, der Frau oder des Mannes, die im Namen einer menschenverachtenden Ideologie gequält, gedemütigt und in den Tod getrieben wurden.

Im Vorwort zu seiner aufrüttelnden Chronik jüdischen Leidens, dem Buch *Jeder Tag ein Gedenktag,* berichtete er von einem

Gespräch, das Adolf Eichmann im Herbst 1944 mit gleichrangigen SS-Offizieren geführt haben soll. Einer aus dieser Runde wollte wissen, was denn sein werde, wenn die Welt eines Tages nach den Millionen Opfern des Holocaust frage. Darauf soll Eichmann geantwortet haben: »Hundert Tote sind eine Katastrophe, eine Million Tote nur eine Statistik.« Simon Wiesenthal fügte den bitteren Kommentar hinzu: »Ich kann leider nicht umhin, die Richtigkeit dieses Eichmann-Ausspruches zu bestätigen.«

In Wirklichkeit wollte er uns sagen: Die Wahrheit ist immer konkret, sie duldet nicht die Ausflucht in abstrakte Zahlen. Die Versuchung, die Augen vor der Wahrheit zu verschließen, wird freilich um so größer, je schrecklicher sie ist. Doch machten wir Deutschen nach 1945 auch die Erfahrung, dass erst die Bereitschaft, der ganzen Wahrheit ins Auge zu schauen, ein wirkliches Verständnis für Wert und Würde verantworteter Freiheit ermöglicht.

Es ist nur zu verständlich, dass Verzweiflung für viele Menschen die einzig mögliche Antwort zu sein scheint auf die drängenden Fragen, mit denen eine schreckliche Vergangenheit uns konfrontiert. Simon Wiesenthal zeigte jedoch, dass es eine Alternative gibt: Wir können die Finsternis besiegen, indem wir unbeirrt die Fackel der Menschlichkeit hochhalten.

Wenn ich auf eine möglichst knappe Formel bringen sollte, was Simon Wiesenthal gekennzeichnet hat, dann sage ich: Er war ein Anwalt der Menschlichkeit. Die Selbstbehauptung des Rechts gegen das Unrecht, der Sittlichkeit gegen die Barbarei prägte sein Lebenswerk. Ebenso kennzeichnend war aber auch seine Bereitschaft, auf die Angehörigen der nichtjüdischen Bevölkerungsmehrheit in Deutschland zuzugehen, aus deren Mitte jene hervorgingen, unter denen seine Familie und er selbst Furchtbares leiden mussten.

Wir brauchen das Zeugnis und das Vorbild von Menschen wie Simon Wiesenthal. Die Mehrzahl der heute in der Bundesrepublik lebenden Deutschen kannte nie etwas anderes als Frieden, Freiheit und Wohlstand. Und das ist auch gut so. Doch werden sie den Wert dieser Güter nur dann wirklich zu schätzen wissen, wenn die

Anwalt der Menschlichkeit: Simon Wiesenthal kurz vor seinem 80. Geburtstag

Erinnerung daran wach bleibt, was Gewaltherrschaft, was Not und Verfolgung, Krieg und Unfreiheit konkret bedeuten.

Ich denke, dass gerade meiner Generation dabei eine besondere Verantwortung zukommt. Die Angehörigen dieser Generation – ich bin Jahrgang 1930 – waren zu jung, um selbst in Schuld verstrickt zu werden, aber auch alt genug, um die Schrecken der Gewaltherrschaft und das Leid des Krieges wahrzunehmen. Das legt uns eine besondere Verpflichtung auf. Es bewahrt aber auch vor Überheblichkeit. Die Menschen stehen in unserem freiheitlichen Gemeinwesen nicht mehr vor der Alternative, entweder durch Wegschauen oder Mitmachen in Schuld verstrickt zu werden oder aber durch Auflehnung sich und andere in Gefahr zu bringen. Unter der Herrschaft des Rechts bleibt ihnen jene furchtbare Bewährungsprobe erspart. Dieses Wissen lehrt uns Bescheidenheit.

Es lehrt uns Dankbarkeit dafür, dass wir unter der freiheitlichsten Verfassung leben dürfen, die es in der deutschen Geschichte je gab.

*

Von New York aus flog ich am nächsten Tag nach Washington, um mich vom scheidenden Präsidenten Ronald Reagan zu verabschieden und seinem Nachfolger George Bush die Aufwartung zu machen. Es war noch gar nicht so lange her, dass wir uns zu einem ausführlichen Meinungsaustausch in Bonn getroffen hatten: Am 30. September 1987 war Bush, damals noch Vizepräsident der Vereinigten Staaten, aus Warschau gekommen und hatte mir von den stärksten Eindrücken seiner Polenreise berichtet. Bushs Einschätzungen von der Entwicklung, die Osteuropa seit Gorbatschows Amtsantritt genommen hatte, waren für mich von großem Interesse. Die Lage in Polen, die Vitalität der Kirche, die Rolle des Arbeiterführers Lech Walesa und seiner Gewerkschaft Solidarność und die deprimierende Politik von Partei- und Regierungschef General Jaruzelski waren unsere Hauptthemen.

Ausführlich sprachen wir über Gorbatschows Politik. Wir waren beide skeptisch, ob er schaffen würde, was er wollte und versprach. Zwar hielt er die Herrschaft fest in Händen, aber er konnte das Volk schließlich nicht durch Dekrete zwingen, sechzig Jahre kommunistische Erziehung zu vergessen. Es war den Menschen einfach noch nicht möglich zu tun, was gestern noch verboten war, und Probleme selbst zu lösen, statt sie nach Moskau abzuschieben. Gorbatschow für den Friedensnobelpreis vorzuschlagen, wie es manche politische Kreise im Westen forderten, war eine zu diesem Zeitpunkt absurde Idee. Wir beide waren zwar dafür, ihm seine guten Absichten zu glauben, aber die Taten mussten noch folgen.

Der Stand der Abrüstungsverhandlungen war ein weiteres wichtiges Thema. Ich sprach mich dafür aus, Abrüstung »ganzheitlich« zu behandeln. Man musste weg von punktueller Betrachtung, gefragt war ein Gesamtkonzept. Im Bündnis je nach Region von unterschiedlichen Sicherheitsstufen auszugehen würde uns aus zwei

Gründen vor ein psychologisches Problem stellen: weil wir über eine Wehrpflichtarmee verfügten und weil das Gebiet der Bundesrepublik gewissermaßen das »Glacis« der Nato war, das vorgelagerte Schlachtfeld. Darauf galt es Rücksicht zu nehmen, denn bei der Stationierung hatte sich gezeigt, wenn die Deutschen nicht »standen«, konnte man die Nato vergessen.

Das wusste auch Gorbatschow. Zwei Gründe hatten ihn an den Verhandlungstisch zurückgebracht: SDI und eben die Stationierung. Ohne diese beiden gäbe es jetzt keine Verhandlungen und morgen kein Abkommen. Diese Lektion mussten wir begreifen. Wenn wir im westlichen Bündnis zusammenstanden, die Dinge mit Ruhe angingen, eine klare und vernünftige Sprache sprachen, dann verstand es auch Gorbatschow.

Bush pflichtete mir lebhaft bei und ergänzte, wie betroffen er von Umfragen in Europa gewesen sei, nach denen Gorbatschow von sechsmal mehr Menschen als »friedliebend« angesehen werde als der amtierende amerikanische Präsident. Eine solche »Anti-Reagan-Stimmung« schlage sich auch in amerikanischen Leitartikeln nieder – und Gorbatschow sei davon fasziniert und versuche diese Stimmung für seine Zwecke zu nutzen.

Nun war Gorbatschow anders als seine Vorgänger ein moderner Politiker, der sich darauf verstand, auf der Klaviatur der Medien zu spielen. Doch das war es nicht allein. Wir wussten, dass die sowjetische Seite mit erheblichem Geldeinsatz allein in unserem Land derartige Stimmungen und Desinformationen schürte und verbreitete. Ich selbst steuerte ständig öffentlich dagegen und trat gegen antiamerikanische Stimmungen und gegen eine Verunglimpfung des amerikanischen Präsidenten auf. Wahr sei aber auch, sagte ich dem Vizepräsidenten, dass es 8:2 für die USA ausgehe, wenn man die Deutschen vor die Entscheidung stelle, wem sie tatsächlich ihre Sicherheit anvertrauen wollten.

Allerdings waren im Gegensatz zu früheren Zeiten die persönlichen Verbindungen zwischen uns und Amerika weniger geworden, es bestand die Gefahr, sich auseinanderzuleben. Hier setzte ich mit aller Energie an, um über verstärkten Jugendaustausch, Kontakte der Universitäten, Einladungsprogramme für Senatoren und Kongressabgeordnete eine Vertiefung der menschlichen Beziehungen zu erreichen. Entscheidend war auch das Bild des jeweils anderen Landes in den Medien: Zum Teil wurden haarsträubende Berichte gesendet, weil so mancher Journalist bis auf die Hauptstadt und wenige Informanten nichts und niemanden kannte. Ich war jedenfalls fest entschlossen, noch mehr gegen die antiamerikanischen Stimmen zu tun.

Damals erkundigte ich mich bei Bush auch nach der bevorstehenden Wahlkampagne. Im November 1988 standen Präsidentschaftswahlen an, und George Bush hatte sich nach längerem Zögern entschieden, für die Reagan-Nachfolge zu kandidieren. Nun sah er mit großer Zuversicht dem Nominierungsverfahren innerhalb der Republikanischen Partei entgegen, das er im März 1988 dann für sich entscheiden konnte.

Jetzt, ein gutes Jahr später, konnte ich als erster ausländischer Gesprächspartner den gerade gewählten 41. Präsidenten der Vereinigten Staaten zu seinem Sieg über den demokratischen Gegenkandidaten Michael Dukakis beglückwünschen: 54 Prozent der Stimmen waren am 8. November 1988 auf den Republikaner George Bush entfallen. Für die Bundesrepublik und die Nato war dieser Wahlausgang eine gute Nachricht.

Im Mittelpunkt unserer Unterredung in Washington am 15. November 1988 standen die Sicherheitspolitik und Wirtschaftsfragen. Bei diesem kurzen Besuch spürte ich einmal mehr, wie sehr wir uns auf die amerikanische Administration verlassen konnten und wie wichtig die persönlichen Beziehungen zu den Präsidenten der USA waren. Das zeigte sich auch, als ich dem scheidenden Präsidenten meinen Abschiedsbesuch abstattete. Ronald Reagan hatte in den acht Jahren seiner Amtszeit den Pessimismus und die Selbstzweifel der amerikanischen Nation überwunden und für einen spürbaren Aufbruch gesorgt. Was für uns Europäer noch wichtiger war: Er hatte die eingefrorenen Strukturen des Kalten Krieges aufgebrochen. Seine eigentlichen Leistungen auf dem Gebiet des Ost-West-Konflikts, der Abrüstungs- und Sicherheitspolitik wurden in jenen Tagen und Wochen allerdings noch weitgehend unterschätzt; es dominierten die kritischen Stim-

Als erster ausländischer Gesprächspartner konnte ich den gerade gewählten 41. Präsidenten der Vereinigten Staaten zu seinem Wahlsieg beglückwünschen

men. Jahre später dann mussten selbst unverbesserliche Pessimisten die Früchte seiner Unnachgiebigkeit anerkennen.

Bei unserem Vieraugengespräch dankte ich Ronald Reagan noch einmal für sein Engagement vor allem in der Abrüstungspolitik und für die Verbesserung des Verhältnisses zur UdSSR. Ich war dem scheidenden amerikanischen Präsidenten auch ganz persönlich dankbar, weil er für meine Bitten und Interventionen immer ein offenes Ohr hatte. Wie kaum ein anderer führender Staatsmann vor oder nach ihm hatte er die Besonderheit unseres geteilten Vaterlands im Blick. Er wusste genau, wie sehr Deutschland von jeder Stimmungsschwankung im Ost-West-Verhältnis betroffen war. Ohne seine unerschütterliche Festigkeit gegenüber der Sowjetunion wäre die Überwindung der deutschen Teilung nach 1989 nicht möglich gewesen.

33.
Zuversicht

Am Vorabend der deutschen Einheit konnten wir auf eine glänzende wirtschaftspolitische Bilanz verweisen. Vor dem Hintergrund der schwierigen Ausgangslage im Herbst 1982 war diese um so höher einzuschätzen. In siebenjähriger Regierungszeit hatten wir Deutschland aus der Krise herausgeführt und langsam, aber beständig wieder auf einen soliden wirtschafts- und finanzpolitischen Kurs gebracht. Wir hatten einen grundlegenden Stimmungswechsel und eine wirtschaftspolitische Trendwende erreicht. Die Menschen in Deutschland hatten wieder Vertrauen in die Wirtschaft und die Politik gefasst und schauten mit Zuversicht und Optimismus in die Zukunft. Unsere erfolgreiche Trendumkehr und die stabile gesamtwirtschaftliche Lage fanden auch international viel Beachtung und Anerkennung.

*

Mit unserem Kurs der Erneuerung der sozialen Marktwirtschaft hatten wir seit der Regierungsübernahme im Herbst 1982 weitreichende Maßnahmen und Reformen in vielen Feldern der Wirtschaftspolitik eingeleitet und durchgesetzt: für den Mittelstand, in der Finanz- und Steuerpolitik, für die Familien, bei der Privatisierung und Deregulierung, in der Umwelt- und Wohnungsbaupolitik, in der Arbeitsmarkt- und Beschäftigungspolitik sowie im Bereich der sozialen Sicherungssysteme.

So wichtig große Unternehmen für die Entwicklung einer Volkswirtschaft auch sind, für mich war und bleibt die mittelständische Wirtschaft immer das Herzstück unseres Wirtschaftslebens.

Gerade die kleinen und mittleren Unternehmen sind mit ihrer dynamischen Anpassungsfähigkeit, ihrer hohen Innovationskraft, ihrer persönlichen Einsatzbereitschaft und ihrer unternehmerischen Risikobereitschaft unverzichtbare Träger des wirtschaftlichen und gesellschaftlichen Fortschritts. Zwei über Jahre konstante Zahlen verdeutlichen dies eindringlich: Drei Viertel aller Arbeitsplätze und vier Fünftel aller Ausbildungsplätze werden in der Bundesrepublik vom Mittelstand bereitgestellt. Mehr Freiräume zu schaffen für persönliche Leistung, Eigeninitiative und Selbständigkeit war daher nicht nur ein Leitmotiv unseres Kurses der Erneuerung, es war zugleich das Leitmotiv für unsere Mittelstandspolitik.

Der Mittelstand profitierte bereits erheblich von unserer nachhaltigen Verbesserung des gesamtwirtschaftlichen Umfelds. Um seine Leistungs- und Wettbewerbsfähigkeit zusätzlich zu stärken, unterstützten wir den Mittelstand darüber hinaus mit speziellen Maßnahmen, die insbesondere mangelndes Eigen- und Risikokapital ausgleichen und die Existenzgründung fördern sollten. In der Folge stieg zum Beispiel die Zahl der Unternehmensgründungen von 1983 bis 1989 wieder deutlich an. Fast 50 Prozent der über zwei Millionen Unternehmensneugründungen erfolgten dabei in den Jahren 1987 bis 1989.

Auch unsere verschiedenen Gesetzesinitiativen zur Vermögensbildung stärkten den Mittelstand. Nach über zehn Jahren politischen Stillstands auf diesem Gebiet hatten wir unmittelbar nach der Regierungsübernahme die Initiative ergriffen. Bereits im Januar 1984 trat das Vermögensbeteiligungsgesetz in Kraft, das sowohl sozialpolitische wie wirtschaftspolitische Aspekte hatte. Indem wir die Beteiligung der Arbeitnehmer am Produktivvermögen der Wirtschaft förderten, unterstützten wir die Kapitalbildung des Unternehmens, erleichterten eine wachstums- und beschäftigungsfördernde moderate Lohnpolitik und trugen dazu bei, die Kapitalbildung in Arbeitnehmerhand oder, anders ausgedrückt, die Beteiligung der Arbeitnehmer am volkswirtschaftlichen Vermögenszuwachs zu fördern. Wir stärkten damit zugleich eine wichtige soziale Komponente der sozialen Marktwirtschaft.

Steuerpolitisch war neben den verschiedensten steuerlichen Einzelmaßnahmen die große Steuerreform, die in drei Stufen 1986, 1988 und 1990 wirksam wurde, die zentrale Maßnahme. Die Notwendigkeit einer Steuerreform war für uns unbestritten. Das deutsche Steuersystem war investitions- und leistungsfeindlich. Wir brauchten Steuersenkungen und eine Reform der Steuerstruktur. Dass der Tarifverlauf besonders die Bezieher mittlerer Einkommen und den Mittelstand belastete, gibt zutreffend der Begriff »Mittelstandsbauch« wieder, die damals gängige Charakterisierung des Steuersystems. Unser Ziel war ein gerechtes, einfaches und transparentes Steuersystem mit niedrigen Steuersätzen und wenigen Ausnahmen statt hoher Steuersätze mit vielen Ausnahmen. Bereits 1984 verständigten wir uns in der Koalition auf die dreistufige Steuerreform.

Mit der großen Steuerreform führten wir den linear-progressiven Tarif ein und senkten die Steuersätze; den Satz für die untere Proportionalzone reduzierten wir von 22 auf 19 Prozent und die Höchstsätze der Einkommensteuer von 56 auf 53 Prozent und der Körperschaftsteuer von 56 auf 50 Prozent. Gleichzeitig setzten wir durch den Abbau von Steuersubventionen und Sonderregelungen in Höhe von fast 20 Milliarden DM eine Verbreiterung der Bemessungsgrundlage durch. Zusammen mit verbesserten Abschreibungsbedingungen bei Wirtschaftsgebäuden ergab sich für Bürger und Unternehmen aus diesen drei Stufen am Ende eine Nettoentlastung von fast 50 Milliarden DM. Das war die stärkste Steuerentlastung in der Geschichte unseres Landes.

Die überwiegende Mehrheit der Wirtschaftsexperten würdigte unsere Reform. Die Wirtschaftssachverständigen beispielsweise bezeichneten sie als »unverzichtbaren Beitrag zur Erhaltung der Qualität des Standortes Bundesrepublik«.

Auch die Familienpolitik hatte von Beginn meiner Regierungszeit an hohe Bedeutung. In meiner Regierungserklärung vom Oktober 1982 hatte ich den hohen Stellenwert der Familie für die Gesellschaft unterstrichen:

»In der Familie lernen die Menschen Tugenden und Verhaltensweisen, die unserer Gesellschaft ein menschliches Gesicht geben: Liebe und Vertrauen, Toleranz und Rücksichtnahme, Opferbereitschaft und Mitverantwortung.«

Wir waren uns innerhalb der Koalition einig, dass die Bundesrepublik insgesamt kinderfreundlicher sein sollte und dass für die Familien mehr getan werden müsste. Ein alarmierendes Signal war der dramatische Geburtenrückgang mit absehbar schwerwiegenden Folgen für die demographische Entwicklung unseres Landes. Auch die hohe Zahl von Schwangerschaftsabbrüchen sahen wir mit Sorge. Wir beschlossen für Familien eine Vielzahl steuerlicher und nichtsteuerlicher Maßnahmen und verwirklichten Forderungen, die die Union seit Jahren mit Nachdruck verfolgte. Nie zuvor in der Bundesrepublik war für Familien mehr getan worden als in unseren ersten Regierungsjahren bis 1989.

So führten wir neben dem Kindergeld wieder den steuerlichen Kinderfreibetrag ein und auch das Erziehungsgeld, für das die CDU/CSU-Fraktion bereits 1974 einen Gesetzentwurf eingebracht hatte. Damit sollte auch das von der SPD geschaffene Zweiklassenrecht beim Mutterschaftsurlaub überwunden werden. Bisher hatten nur Frauen das Mutterschaftsurlaubsgeld erhalten, die vorher abhängige Beschäftigte waren. Die Hausfrau, die ihre Arbeitskraft der Familie widmete, war davon ebenso ausgeschlossen wie die selbständige oder im Familienbetrieb mitarbeitende Bäuerin, Winzerin oder Handwerkerfrau. Sie alle erhielten nunmehr Erziehungsgeld.

Zur besseren Vereinbarkeit von Familie und Beruf führten wir unter anderem einen Erziehungsurlaub mit Kündigungsschutz für die ersten Lebensmonate des Kindes ein. Wir beschlossen besondere Hilfen für Alleinerziehende, wie die Erhöhung des Haushaltsfreibetrags, und errichteten die Bundesstiftung »Mutter und Kind – Schutz des ungeborenen Lebens«.

Außerdem führten wir die Anerkennung eines Erziehungsjahrs in der gesetzlichen Rentenversicherung ein. Dem war eine innerparteilich kontroverse Diskussion vorausgegangen, an die ich mich noch heute gut erinnere. Die Regelung sollte ursprünglich auf die Neuzugänge in die Rente beschränkt werden. Während Gerhard Stoltenberg vor erheblichen Belastungen für den Haushalt warnte und wegen der Beschränkung auf die Neuzugänge Ärger prophezeite, unterstützte ich vor dem Hintergrund des Geburtenrückgangs die Idee des Arbeits- und Sozialministers. Angesichts der großen Empörung und des Vorwurfs, wir würden gerade die Trümmerfrauen benachteiligen, weiteten wir die Regelung schließlich auch auf die Mütter älterer Jahrgänge aus. Dies war nicht in unserem Sinne gewesen und bedeutete für den Haushalt eine erhebliche Mehrbelastung. Leider bewahrheitete sich daher am Ende Gerhard Stoltenbergs Sorge.

Zu unserem Anliegen, im Rahmen der Erneuerung der sozialen Marktwirtschaft den Staat auf seine Kernaufgaben zurückzuführen und mehr Freiraum für Wettbewerb und private Eigeninitiative zu schaffen, gehörte konsequenterweise die Rückführung von Beteiligungen des Bundes. Der geordnete Rückzug des Staates aus den Bereichen, in denen staatliche Präsenz nicht mehr geboten war, war für uns eine ordnungspolitische Notwendigkeit. Wir wollten dies zugleich mit einer möglichst breiten Streuung der Anteile verbinden. Mit der Teilprivatisierung des Energiekonzerns Veba AG setzten wir bereits 1984 ein erstes Signal und leiteten nach Jahren des Stillstands eine neue bedeutende Phase der Entstaatlichung und Privatisierung von Bundesbeteiligungen ein.

Bis 1989 hatten wir unsere selbstgesteckten Privatisierungsziele übertroffen. Der Bund hatte sich zum Beispiel vollständig aus den Energiekonzernen Veba AG und VIAG, der Volkswagen AG und der Salzgitter AG zurückgezogen sowie seine Beteiligung an der Lufthansa verringert. Mit dem Poststrukturgesetz teilten wir die Deutsche Bundespost 1989 in die drei Bereiche Postdienst, Telekom und Postbank auf und leiteten damit die Liberalisierung des sich stürmisch entwickelnden Telekommunikationsmarkts ein.

Die Durchsetzung unseres Privatisierungskurses war keineswegs einfach. Wir hatten vielfältige ideologische Widerstände insbesondere von seiten der SPD und der Gewerkschaften zu überwinden. Erst allmählich und nicht zuletzt bedingt durch den betriebswirtschaftlichen Erfolg der privatisierten Unternehmen setzte sich auch in der Öffentlichkeit und bei den Arbeitnehmern in den betroffenen Unternehmen die Erkenntnis durch, dass die Privatisierung wirtschaftspolitisch vernünftig und geboten war. Anders als der Bund und trotz eindringlicher Appelle der Bundesregierung hielten die Länder und Kommunen an ihren Beteiligungen dagegen weitgehend fest. Hier war weiterhin noch ein beachtliches Deregulierungs- und Privatisierungspotential gegeben.

*

Auch den Umweltschutz haben wir entscheidend vorangebracht. Von Beginn meiner Regierungszeit an nahm die Umweltpolitik einen hohen Stellenwert ein. Nicht zuletzt aufgrund massiver Versäumnisse in der Vergangenheit war die öffentliche Diskussion 1982, als wir die Regierungsverantwortung übernahmen, von großer Sorge und Verunsicherung darüber geprägt, wie der nachhaltige Schutz der Umwelt gesichert werden konnte. Wirtschaftswachstum und Umweltschutz wurden damals zunehmend als Gegensatz wahrgenommen. Die soziale Marktwirtschaft bot auch hierauf eine Antwort. Sie steht wie kein anderes Wirtschaftssystem dafür, dass Wirtschaftswachstum und Erhalt der Umwelt – oder der Schöpfung, wie ich lieber sage –, die entsprechenden Rahmenbedingungen vorausgesetzt, im Einklang miteinander stehen. Den positiven Zusammenhang von Wachstum und Umwelt hatte ich bereits in der Regierungserklärung vom Oktober 1982 verdeutlicht:

> »Eine zukunftsorientierte Wirtschaft benötigt die Erhaltung ihrer ökologischen Grundlagen. Wirksamer Umweltschutz ist in Wahrheit nur mit und nicht gegen die Technik möglich.«

Bis 1989 setzten wir erhebliche Verbesserungen im gesamten Umweltbereich durch. Wir bauten darauf, dass umweltfreundliches Verhalten sich auch wirtschaftlich lohnen musste, während sich umweltschädliche Produktionsverfahren nicht lohnen durften. Gegen das dringendste Problem, das Waldsterben, ergriffen wir zahlreiche Initiativen auf den verschiedensten Ebenen. In der Luftreinhaltung erreichten wir auch im internationalen Vergleich bis 1989 ein hohes Niveau. So leisteten wir mit der Großfeuerungsanlagenverordnung und der seit Jahren überfälligen Novellierung der Technischen Anleitung zur Reinhaltung der Luft (TA Luft) einen wichtigen Beitrag zur Verminderung der Schadstoffbelastungen. Damit verbesserten wir erheblich den Schutz der menschlichen Gesundheit und schützten ebenso empfindliche Pflanzen und Tiere sowie Lebens- und Futtermittel vor schädlichen Emissionen. Mit der Einführung des bleifreien Benzins ab 1985 und der bereits 1984 – allerdings gegen massivsten Widerstand der deutschen Industrie – beschlossenen Einführung des Katalysators für alle Neuwagen ab 1989 wurde der Schadstoffausstoß durch Kraftfahrzeuge spürbar verringert. Damals waren wir damit Vorreiter in ganz Europa. Heute gehören der Katalysator und bleifreies Benzin zum Alltag.

Auch im internationalen Rahmen habe ich regelmäßig dafür geworben, Umweltfragen einen hohen Stellenwert einzuräumen und als globales Problem zu verstehen, und mich für gemeinsame Schritte der internationalen Staatengemeinschaft eingesetzt. Ein international stärker abgestimmtes Vorgehen war nicht zuletzt deshalb notwendig, um den Unternehmen gleiche Wettbewerbschancen zu sichern.

Zu den umfassenden internationalen Bemühungen gehörte die Multilaterale Umweltkonferenz München 1984. Auf meine Initiative hin waren im Juni 1984 die Unterzeichnerstaaten der Genfer Luftreinhaltekonvention auf Ministerebene zusammengekommen, um über durch Luftverschmutzung verursachte Wald- und Gewässerschäden zu sprechen. Achtzehn Länder, darunter vier Ostblockstaaten, erklärten sich bereit, die grenzüberschreitende Luftverschmutzung um 30 Prozent zu verringern.

Mit unserer marktwirtschaftlich orientierten Umweltpolitik, die eine Mischung aus Anreizen, direkter Technologieförderung und gesetzlichen Ver- und Geboten war, und der Errichtung des

Bundesumweltministeriums 1986 hatten wir bis 1989 wichtige Voraussetzungen geschaffen, die uns im Zuge der Wiedervereinigung bei der Bewältigung der großen umweltpolitischen Herausforderungen in den ostdeutschen Ländern noch von großem Nutzen sein sollten.

*

Dringenden Handlungsbedarf sahen wir auch in der Wohnungsbaupolitik. 1982 waren nur noch 347 100 neue Wohnungen erstellt worden. Das war die niedrigste Zahl seit 1950. Bei unserer Regierungsübernahme im Herbst 1982 reagierten wir auf die besorgniserregende Lage zunächst mit einem wohnungsbaupolitischen Sofortprogramm. Weitere Schritte folgten, darunter ein Sonderprogramm zur Belebung des sozialen Wohnungsbaus und der Baunachfrage. Mit diesen wohnungsbaupolitischen Maßnahmen wurde über Jahre hinaus erreicht, dass in Deutschland wieder mehr gebaut wurde und vielerorts die Mieten stabiler wurden.

*

Aufgabe Nummer eins war und blieb für uns der Abbau der Arbeitslosigkeit und die Schaffung neuer beziehungsweise die Sicherung bestehender Arbeitsplätze. Unser Kurs der Erneuerung diente unmittelbar diesem Ziel. Nur über Wachstum und Investitionen werden dauerhaft Arbeitsplätze gesichert und geschaffen. Eine wachstumsorientierte Wirtschaftspolitik und verlässliche Rahmenbedingungen würden daher die Fähigkeit der deutschen Wirtschaft stärken, bestehende Arbeitsplätze zu erhalten und neue Arbeitsplätze zu schaffen. Dabei war es für mich immer wichtig, mit beiden Tarifparteien, Arbeitgebern und Gewerkschaften, im Gespräch zu sein und bei wichtigen Entscheidungen mit beiden den Dialog zu suchen.

Die Tarifautonomie ist ein hohes Gut. Als Sozialpartner tragen Arbeitgeber und Gewerkschaften eine erhebliche Verantwortung für die Entwicklung von Wirtschaft und Gesellschaft. Bei allen manchmal auch sehr unerfreulichen Auseinandersetzungen sind die Tarifparteien in den achtziger Jahren dieser Verantwortung gerecht geworden und haben mit einer moderaten Lohnpolitik wesentlich zum anhaltenden wirtschaftlichen Aufschwung Deutschlands beigetragen.

Uns war von Beginn an klar, dass die hohe Arbeitslosigkeit nicht kurzfristig abgebaut werden konnte. Während einerseits strukturelle Hemmnisse verringert werden mussten, galt es andererseits, den Zustrom auf den Arbeitsmarkt zu bewältigen, der durch Zuwanderer, die geburtenstarken Jahrgänge und die wachsende Erwerbsbeteiligung der Frauen bestimmt wurde. Einige wenige Zahlen mögen die Dimension der Aufgabe verdeutlichen: Das Angebot auf dem Arbeitsmarkt stieg allein zwischen 1983 und 1989 um 2,2 Millionen Menschen. Angesichts von 2,3 Millionen Arbeitslosen im Jahr 1983 hätten bis 1989 also 4,5 Millionen Arbeitsplätze geschaffen werden müssen, um Vollbeschäftigung zu erreichen.

Arbeitsmarktspezifische Sonderprogramme und Ausgabenprogramme zur Entlastung des Arbeitsmarkts lehnten wir nach den schlechten Erfahrungen der Vergangenheit ab. Zugleich war uns bewusst, dass wir auf flankierende arbeitsmarktpolitische Maßnahmen nicht verzichten konnten.

Um zusätzliche Beschäftigungsmöglichkeiten zu schaffen und die Integration von Jugendlichen vor und nach ihrer Ausbildung, von Frauen, Langzeitarbeitslosen und Menschen ohne oder mit geringer Qualifizierung in den Arbeitsmarkt zu erleichtern und ihre Arbeitsfähigkeit zu erhalten, weiteten wir daher ab 1983 die arbeitsmarktpolitischen Instrumente gezielt aus. Im Mittelpunkt unserer aktiven Arbeitsmarktpolitik standen Maßnahmen zur beruflichen Qualifizierung, Fortbildung und Umschulung, Hilfen für benachteiligte Jugendliche, Ältere und Langzeitarbeitslose. Wir beschritten auch neue Wege. Um Arbeitslosen die Chance zu geben, sich beruflich selbständig zu machen, führten wir ein Überbrückungsgeld in Höhe des Arbeitslosengeldes oder der Arbeitslosenhilfe ein. In dieser auf mehr Flexibilität orientierten und gezielt auf Problemgruppen abgestimmten Ausrichtung der Arbeitsmarktpolitik wurden wir von den Wirtschaftsexperten grundsätzlich bestärkt.

Bereits zu Beginn meiner Amtszeit sprach ich mich für eine flexiblere Gestaltung der Lebensarbeitszeit und des Arbeitslebens aus. Die bessere Vereinbarkeit von Familie und Beruf für Frauen, aber auch für Männer, die absehbare demographische Entwicklung hin zu einer Überalterung unserer Gesellschaft sowie die auf den Arbeitsmarkt drängenden geburtenstarken Jahrgänge waren für mich ebenso wie eine intensivere Auslastung von Produktionsanlagen und die flexible Anpassung des Arbeitseinsatzes an Nachfrageschwankungen einige gute Gründe, die mehr Flexibilität erforderten. Da es in erster Linie Angelegenheit der Tarifpartner ist, für mehr Flexibilität zu sorgen, suchten wir das Gespräch mit den Tarifpartnern. Aber auch der Gesetzgeber konnte Impulse geben und Hemmnisse abbauen.

Ein wichtiger Schritt war das Beschäftigungsförderungsgesetz 1985. Es erleichterte den Abschluss befristeter Arbeitsverträge mit Arbeitslosen und Jugendlichen, die nach der Ausbildung keinen Arbeitsplatz gefunden hatten, und sollte die Teilzeitarbeit durch Verbesserungen für Teilzeitarbeitnehmer fördern. Wir setzten das Gesetz gegen erhebliche Widerstände von Gewerkschaften und SPD durch, die unter anderem fehlende Mitbestimmungsrechte des Betriebsrats und fehlenden Kündigungsschutz beklagten. Tatsache ist, dass in den Folgejahren die Teilzeitarbeit in Deutschland zunahm und die befristeten Arbeitsverträge sich als Einstieg in ein Dauerarbeitsverhältnis bewährten. Angesichts seiner positiven Wirkung verlängerten wir 1989 das ursprünglich bis 1990 befristete Gesetz.

Auch das Vorruhestandsgesetz, mit dem Arbeitnehmer freiwillig in den Ruhestand gehen konnten, sollte die Flexibilität am Arbeitsmarkt erhöhen. Es galt als Antwort auf die von mehreren Gewerkschaften, insbesondere der IG Metall, vehement geforderte Fünfunddreißigstundenwoche.

Die Fünfunddreißigstundenwoche lehnte auch ich aus tiefer Überzeugung ab. Ich teilte die Befürchtungen, dass Deutschland dadurch einen erheblichen Nachteil im weltweiten Wettbewerb erleiden würde. Nach intensiver Diskussion beschlossen wir im Kabinett im November 1983 den Entwurf für ein bis zum Jahr 1988 befristetes Vorruhestandsgesetz. Arbeitnehmer ab dem vollendeten achtundfünfzigsten Lebensjahr konnten ab 1984 freiwillig in den vorgezogenen Ruhestand gehen und behielten mindestens 65 Prozent ihrer letzten Bezüge.

Dieses Gesetz war ein Angebot an die Tarifpartner, die dies in mehreren großen Tarifbereichen auch zur Grundlage für entsprechende Vereinbarungen machten. Der Zuschuss durch die Bundesanstalt für Arbeit war daran geknüpft, dass das Unternehmen für den Vorruheständler im Gegenzug einen Arbeitslosen, einen Jugendlichen oder sonstigen Arbeitnehmer neu beschäftigte, der nach der Ausbildung keinen Arbeitsplatz hatte, beziehungsweise unter bestimmten Umständen auch einen Auszubildenden einstellte. Mehrere hunderttausend Arbeitnehmer machten in der Folge von der Vorruhestandsregelung Gebrauch.

Obwohl das Gesetz befristet war, ging der Trend zur Frühverrentung weiter. Das führte auch zu deutlichen Mehrbelastungen für die Renten- und Arbeitslosenversicherung und schließlich zu Beitragserhöhungen. Ich hatte dieser Regelung von Anfang an aus vielerlei Gründen skeptisch gegenübergestanden. Im Rückblick halte ich sie für einen der größten Fehler meiner Amtszeit, insbesondere vor dem Hintergrund der zunehmenden Geringschätzung älterer Menschen in der Arbeitswelt. Es ist weder ökonomisch noch menschlich überzeugend, auf die Erfahrung der Älteren, gerade auch im Umgang mit den Jüngeren, im Betrieb zu verzichten.

Die Hoffnung, mit der Vorruhestandsregelung die Fünfunddreißigstundenwoche abgewehrt zu haben, erwies sich zudem als Trugschluss. Zur Durchsetzung ihrer Forderung nach Einführung einer Fünfunddreißigstundenwoche bei vollem Lohnausgleich begann die IG Metall im Mai 1984 einen erbitterten Arbeitskampf. Nach sieben Wochen gelang es dem früheren Bundesminister Georg Leber, den Streik mit einem Schlichtungsspruch zu beenden. Es war gesamtwirtschaftlich ein fragwürdiger Kompromiss. Die Arbeitgeber erhielten für ihr Zugeständnis, die wöchentliche

Demonstration für die Fünfunddreißigstundenwoche

Arbeitszeit vom 1. April 1985 an bei vollem Lohnausgleich auf 38,5 Stunden zu verringern, eine begrenzte Flexibilität bei der Wochenarbeitszeit. Damit war zwar der Weg zu einer größeren Flexibilität der Arbeitszeit geöffnet, aber auch der Weg in die Fünfunddreißigstundenwoche, die die Gewerkschaften zum Schaden des Standorts Deutschland wenige Jahre später durchsetzen sollten.

An die Auseinandersetzungen 1984 habe ich noch aus einem anderen Grund eine sehr persönliche Erinnerung. Der Streik der IG Metall betraf gezielt nur einige Zulieferbetriebe der Industrie und traf dennoch die ganze Branche. Als die Bundesanstalt für Arbeit den kalt ausgesperrten, indirekt betroffenen Arbeitnehmern die Zahlung von Kurzarbeitergeld gemäß Paragraph 116 des Arbeitsförderungsgesetzes verweigerte, zogen diese vor die Sozialgerichte. Dass die Sozialgerichte den Anspruch der Streikenden bestätigten, widersprach nicht nur meinem Rechtsempfinden. Es konnte nicht sein, dass, wie mit dieser Auslegung unterstellt wurde, Streiks aus öffentlichen Kassen finanziert wurden. Gespräche mit den Spitzenvertretern von Wirtschaft und Gewerkschaften, um eine einvernehmliche Änderung des Paragraphen 116 zu erreichen, verliefen ergebnislos.

Schließlich ergriff ich selbst die Initiative, um eine Neufassung des Paragraphen herbeizuführen und solche Vorgänge für die

Zukunft auszuschließen. Trotz massiver Auseinandersetzungen mit Gewerkschaften und der Opposition setzten wir die notwendige Rechtsänderung Mitte 1986 durch. Das Bundesverfassungsgericht hat 1995 die Verfassungsmäßigkeit der Neuregelung bestätigt.

Die Art und Weise, wie die Gewerkschaften die Auseinandersetzung mit der Politik führten, bleibt für mich inakzeptabel. Ich erinnere mich gut an die Aktionen des DGB und seiner Einzelgewerkschaften »für die Erhaltung des Streikrechts«. Bei der von mir betriebenen rechtlichen Änderung ging es aber keineswegs um Erhalt oder Abschaffung des Streikrechts, sondern um die klare Zuweisung von Verantwortung. Wer streiken will, muss auch die Kosten tragen. Das hat mit einem Angriff auf die Tarifautonomie überhaupt nichts zu tun.

*

Mein besonderes Augenmerk galt während meiner gesamten Amtszeit der Ausbildungs- und Berufssituation der jungen Menschen. Es gehört zu meinen Grundüberzeugungen, dass die erste Erfahrung, die junge Menschen mit dem Arbeitsleben machen, nicht die Enttäuschung darüber sein darf, nicht gebraucht zu werden, sei es, weil sie nach der Schule keinen Ausbildungsplatz bekommen oder weil sie nach abgeschlossener Berufsausbildung keine Beschäftigung finden. Dies führt bei den Betroffenen zu Resignation und Bitterkeit. Es gefährdet auch die Zukunft eines Landes, die darauf beruht, dass die junge Generation gut ausgebildet wird und eine berufliche Perspektive im eigenen Land hat.

Als ich 1982 die Regierung übernahm, war nicht nur die Jugendarbeitslosigkeit bedrückend hoch. Auch auf dem Ausbildungsmarkt war die Nachfrage junger Menschen nach einem Ausbildungsplatz viel höher als das Angebot an Ausbildungsstellen. Ich setzte auf die freiwillige Bereitschaft von Wirtschaft und Gewerkschaften, mehr Lehrstellen zu schaffen. Bereits in einem ersten Gespräch mit den Spitzenvertretern der Wirtschaft, des Handels, der Banken und des Handwerks noch vor meiner Regierungserklärung im Oktober 1982 wies ich auf die Dringlichkeit dieses Problems hin und appellierte an alle Beteiligten, zusätzliche Ausbildungsplätze bereitzustellen.

Zwar bin ich dafür auch manches Mal belächelt worden, aber die von mir ins Leben gerufene Lehrstelleninitiative, die auf Freiwilligkeit ohne gesetzlichen Zwang beruhte, hat sich bewährt. Bereits 1983 wurden mit 696 000 Ausbildungsplätzen 45 000 mehr Ausbildungsplätze als im Vorjahr zur Verfügung gestellt. Und 1989 konnte ich wie schon 1987 und 1988 darauf verweisen, dass das Angebot an Ausbildungsplätzen die Zahl der Ausbildungsplatzsuchenden wieder überstieg. Dass dies gelang, war ein großartiges Verdienst vieler einzelner. Auch diese positive Erfahrung der achtziger Jahre verdient es, festgehalten zu werden.

Beim Abbau der Jugendarbeitslosigkeit waren wir ebenfalls ein gutes Stück vorangekommen. Trotz der schwierigen Ausgangslage aus dem Jahr 1983, als etwa jeder zehnte Jugendliche unter fünfundzwanzig Jahren arbeitslos war, und trotz des hohen Zugangs geburtenstarker Jahrgänge gelang es uns, die Jugendarbeitslosigkeit bis 1989 zu halbieren. Damit waren wir in Europa neben Luxemburg das Land mit der mit Abstand niedrigsten Jugendarbeitslosigkeit. Auch wenn die Entwicklung nicht restlos zufriedenstellen konnte, unterstreicht sie im Vergleich mit anderen Ländern doch einmal mehr auch die Leistungsfähigkeit des von mir immer hoch geschätzten dualen Berufsbildungssystems, für das ich bei meinen ausländischen Kollegen immer viel Werbung gemacht habe.

*

Unser zentrales Anliegen für die sozialen Sicherungssysteme war, sie insbesondere vor dem Hintergrund einer wachsenden Zahl alter und älterer Menschen auf eine längerfristig tragfähige Grundlage zu stellen sowie die Eigenverantwortung des einzelnen und das Prinzip der Subsidiarität, der Hilfe zur Selbsthilfe, wieder zu stärken. Erfreulich war, dass die Sozialversicherung 1989 den höchsten Überschuss seit 1950 aufwies. Dies hatte vor allem mit der guten gesamtwirtschaftlichen Entwicklung und mit der kräftigen Beschäftigungsausweitung zu tun. Die Notwendigkeit umfassender Strukturreformen in der Renten- und Krankenversicherung blieb davon unberührt. Sie ging auch weit über die Maßnahmen hinaus, die wir unternahmen, um die sozialen Sicherungssysteme über eine höhere Eigenbeteiligung finanziell zu entlasten.

In meiner Regierungserklärung im Mai 1983 hatte ich in bezug auf die notwendige Rentenreform dargelegt, dass die Rente beitragsbezogen bleiben müsse, dass sie sich wie die verfügbaren Einkommen der Arbeitnehmer entwickeln solle und dass der Bundeszuschuss auf eine verlässliche Grundlage gestellt werden müsse. Ich hatte zugleich betont, dass ich es für wichtig hielt, diese Reform im Konsens mit der Opposition zu beschließen. Wie in der Vergangenheit wollte ich bei diesem für die Zukunft der Menschen existentiellen Thema eine Reform, die von allen mitgetragen wurde und Bestand hatte.

1989 wurde die »Rentenreform 1992« im Bundestag mit breiter Zustimmung beschlossen. Die zentralen Punkte waren die Umstellung der jährlichen Rentenanpassung von der Bruttolohn- auf die Nettolohnentwicklung, eine schrittweise Anhebung der Altersgrenze von sechzig beziehungsweise dreiundsechzig Jahren auf fünfundsechzig Jahre sowie eine Erhöhung des Bundeszuschusses. Das war ein wichtiger Schritt zur Stabilisierung der Rentenfinanzen. Insbesondere die Umstellung der Rentenanpassung von brutto auf netto bedeutete eine spürbare Entlastung für die Rentenversicherung. Gleichwohl waren wir uns innerhalb der Koalition einig, dass schon in den neunziger Jahren weitergehende Schritte folgen mussten, wollten wir einen erneuten Anstieg der Rentenbeiträge verhindern.

*

Die fortschreitende Alterung der Gesellschaft mit einer wachsenden Zahl alter und älterer Menschen stellte auch die Gesundheitspolitik vor neue Herausforderungen. Zusammen mit dem medizinischen Fortschritt, aber auch durch Fehlanreize im Gesundheitswesen bewirkte dies eine anhaltende Ausgabenexpansion im Gesundheitssystem. In der gesetzlichen Krankenversicherung waren daher ebenfalls strukturelle Maßnahmen erforderlich.

Mit dem Krankenhaus-Neuordnungsgesetz leiteten wir im Januar 1985 erste Schritte ein, um Unwirtschaftlichkeit und Überversorgung abzubauen. Die bisherige Mischfinanzierung von Bund und Ländern wurde abgeschafft. Künftig waren die Länder allein für die öffentliche Förderung der Krankenhäuser zuständig. Im Gegenzug erhielten sie einen größeren Gestaltungsspielraum bei der Krankenhausplanung. Die Beteiligung der Krankenkassen und Krankenhausträger an der Gestaltung der Pflegesätze wurde verbessert und den Krankenhäusern die Möglichkeit eingeräumt, Gewinne und Verluste zu erwirtschaften.

Mit dem Gesundheits-Reformgesetz vom 1. Januar 1989 setzten wir den Kurs zum Abbau von Überversorgung und Unwirtschaftlichkeit fort. Ein wichtiges Anliegen war die Neubestimmung der Aufgaben der gesetzlichen Krankenversicherung. Es ging um eine zeitgemäße Abgrenzung zwischen den Aufgaben der mit Pflichtbeiträgen finanzierten Solidargemeinschaft und der Eigenverantwortung des einzelnen. Die Mittel der gesetzlichen Krankenversicherung sollten stärker auf das medizinisch Notwendige konzentriert werden. Eine wesentliche Neuerung war die Einführung von Festbeträgen für Arznei-, Heil- und Hilfsmittel. Dies ermöglichte deutliche Preissenkungen. Differenzen zu höheren Preisen musste der Patient gegebenenfalls selbst tragen. Mit der Einführung einer Negativliste brauchten medizinisch wenig sinnvolle Arzneimittel von den Kassen nicht länger bezahlt zu werden. Wir erweiterten auch die Selbstbeteiligung vor allem beim Zahnersatz und kürzten weitere Leistungen, etwa bei Badekuren und Fahrtkosten.

*

All diese Maßnahmen hatten dazu beigetragen, dass sich seit unserer Regierungsübernahme ein stetiger und nachhaltiger Aufschwung auf breiter Basis entwickeln konnte. Die Daten sprechen für sich: Das Wirtschaftswachstum war 1989 mit knapp 4 Prozent gegenüber dem Vorjahr das höchste seit zehn Jahren. Neben dem Export kamen auch von der inländischen Nachfrageseite, die Ende 1982 die Aufwärtsentwicklung eingeleitet hatte, wichtige weitere konjunkturelle Impulse. Vor dem Hintergrund der verbesserten Kostensituation und günstiger Absatzperspektiven waren die Unternehmen wieder verstärkt in der Lage und auch bereit zu investieren sowie zusätzliches Personal einzustellen. Die Ausrüstungsinvestitionen der Unternehmen stiegen 1989 gegenüber dem Vorjahr mit real 8 Prozent in einem Ausmaß wie zuletzt in den Aufschwungjahren in der zweiten Hälfte der siebziger Jahre. Es lohnte sich offenbar wieder, in Deutschland zu investieren und Arbeitsplätze zu schaffen. Der private Verbrauch nahm 1989 um rund 3 Prozent zu.

Zusammen mit der Deutschen Bundesbank waren wir erfolgreich für die Wiedergewinnung der Stabilität der D-Mark eingetreten. Die übermäßige, unsoziale Geldentwertung war gestoppt, die Inflationsrate von 5,2 Prozent 1982 auf 2,8 Prozent 1989 zurückgeführt. Mit unserem Kurs einer konsequenten Konsolidierung und der Verbesserung der wirtschaftlichen Rahmenbedingungen hatten wir auch dafür wichtige Voraussetzungen geschaffen.

Die überbordende Expansion der öffentlichen Verschuldung hatten wir beendet und die Ausgabensteigerung des Bundes massiv eingeschränkt. Erstmals seit 1973 wies der öffentliche Gesamthaushalt 1989 kein Finanzierungsdefizit, sondern einen Finanzierungsüberschuss auf. In Relation zur inländischen Wirtschaftsleistung stieg die Verschuldung der öffentlichen Haushalte von 1982 bis 1989 um nur 3,1 Prozentpunkte auf rund 42 Prozent an, während sich die Schuldenstandsquote von 1969 bis 1982 von rund 20 auf rund 39 Prozent nahezu verdoppelt hatte.

Das Ausgabenwachstum des Bundes hatten wir zwischen 1983 und 1989 auf historische Tiefstände zurückgeführt. Mit durchschnittlich 2,5 Prozent jährlich lag es deutlich unter dem Wirtschaftswachstum, 1969 bis 1982 hatte es dagegen durchschnittlich rund 9 Prozent betragen.

Unsere solide Finanzpolitik wirkte sich auch auf das Zinsniveau positiv aus. Die für Investitionen und Bauvorhaben wichtigen langfristigen Zinsen waren von rund 9 Prozent auf 7 Prozent gesunken.

Die Umverteilung über den Staat hatten wir insgesamt nachhaltig eingedämmt, den Entwicklungstrend einer über drei Jahrzehnte stetig steigenden Staatsquote umgekehrt und von rund 49 Prozent auf 44 Prozent zurückgeführt.

Die Verbesserung der Wachstumsbedingungen schlug sich zunehmend auch auf dem Arbeitsmarkt nieder. Obwohl seit 1983 das Angebot auf dem Arbeitsmarkt um 2,2 Millionen Menschen kräftig gestiegen war, war es uns gelungen, die Arbeitslosigkeit seit 1983 von 9,1 Prozent auf 7,9 Prozent spürbar zu senken. In unseren sieben Regierungsjahren waren bei anhaltendem Wirtschaftswachstum 2,4 Millionen zusätzliche Arbeitsplätze geschaffen worden.

*

Die hervorragende wirtschafts- und finanzpolitische Bilanz am Vorabend der deutschen Einheit geht ganz wesentlich auf Gerhard Stoltenbergs unermüdlichen Einsatz für einen klaren Kurs finanzpolitischer Stabilität auf dem Fundament der sozialen Marktwirtschaft zurück. Meine Entscheidung, Gerhard Stoltenberg 1982 zum Bundesfinanzminister vorzuschlagen, empfinde ich noch heute als Glücksfall für unsere Politik der Erneuerung. Ihm hatte ich zugetraut, die 1982 anstehenden schwierigen Entscheidungen zur Gesundung der Staatsfinanzen mit der notwendigen Sachkenntnis und Überzeugungskraft voranzutreiben. Ich war nicht enttäuscht worden. Sein Nachfolger Theo Waigel schloss nahtlos an Gerhard Stoltenbergs Stabilitätskurs an. Seine schwerste Bewährungsprobe als Bundesfinanzminister hatte er 1989 mit der finanzpolitischen Gestaltung der deutschen Einheit allerdings erst noch vor sich.

Der Erfolg unserer Politik und die schwierige Aufgabe des Umsteuerns fanden ausdrücklich auch bei den unabhängigen Wirtschaftsexperten Anerkennung. Als der Wirtschaftssachverständigenrat 1989 für die achtziger Jahre Bilanz zog, konstatierte er, dass dieser Zeitraum wegen der langen Dauer der konjunkturellen Aufwärtsbewegung einen außergewöhnlichen Abschnitt in der Wirtschaftsgeschichte der Bundesrepublik darstellte. Die Sachverständigen erinnern zugleich daran, dass zu Beginn der achtziger Jahre noch tiefer Pessimismus in Deutschland geherrscht hatte, der weniger von der Weltwirtschaft als von hausgemachten Problemen genährt worden war und erst Ende des Jahrzehnts überwunden werden konnte, als sich bei Investoren und Verbrauchern das Vertrauen in die Nachhaltigkeit des Aufschwungs festigte. Mit unserem klaren Kurs in der Wirtschafts- und Finanzpolitik hatten wir dafür die Voraussetzungen geschaffen.

Mit etwas zeitlichem Abstand resümierte der Rat 1997, dass die Verbesserung wichtiger Angebotsbedingungen in den achtziger Jahren eine »wichtige Voraussetzung für die stetige und spannungsfreie Aufwärtsbewegung der Jahre von 1983 bis 1989« gewesen sei. Ausdrücklich hob er die Bedeutung der nationalen Wirtschaftspolitik und des Faktors Vertrauen für die wirtschaftliche Entwicklung hervor:

> »Dass erst zum Ende des Jahrzehnts der zu seinem Beginn durch weltwirtschaftliche Vorgänge, vor allem aber durch wirtschaftspolitische Fehlentscheidungen verursachte Pessimismus der Privaten vollends überwunden wurde, macht deutlich, dass die Verbesserung der Angebotsbedingungen einen langen Atem benötigt. Tiefsitzende Vertrauensschäden lassen sich nicht auf die Schnelle beheben, wirtschaftliche Verhaltensweisen ändern sich nur allmählich.«

Auf gleicher Linie lag am Vorabend der deutschen Einheit das Urteil der politisch strikt neutralitätsverpflichteten Bundesbank. Die Wirtschaft der Bundesrepublik habe »eine führende Rolle im Wachstumsprozess der westlichen Industrieländer übernommen«, die Investitionsneigung der Wirtschaft sei ungebrochen und der private Verbrauch habe sich zu einer wichtigen Triebkraft der inländischen Konjunktur entwickelt, stellte die Bundesbank in ihrer Analyse fest.

Wenn 1989 nach sieben Jahren Regierungszeit der Kurs der Erneuerung auch noch nicht abgeschlossen und noch manche strukturelle Aufgabe zu bewältigen war, bestätigten die guten Wirtschafts- und Finanzdaten doch die grundsätzliche Richtung unseres Kurses. Wirtschaftspolitisch hatten wir damit zugleich das Fundament für die vor uns liegenden Herausforderungen in Europa, aber auch im wiedervereinigten Deutschland gelegt, die mit der Umstrukturierung der ostdeutschen Wirtschaft und der wirtschaftlichen Integration der beiden deutschen Staaten eine ungeahnte Größenordnung annehmen sollten.

Den bevorstehenden Aufgaben konnten wir mit Zuversicht entgegenblicken. Wir hatten die Grundlagen der sozialen Marktwirtschaft wieder gestärkt, die neugewonnenen Freiräume wurden für persönliche Leistung und eigenverantwortliches Handeln genutzt. Es ist überhaupt keine Frage: Ohne die konsequente Verbesserung der gesamtwirtschaftlichen Rahmenbedingungen und unseren strikten Konsolidierungskurs wäre ein derart lang anhaltender und stetiger Wachstumsprozess in den achtziger Jahren nicht möglich gewesen. Die Finanzierung der deutschen Einheit wäre sehr viel schwieriger geworden.

34.
Neue Dynamik

Noch wenige Jahre zuvor hatte Stagnation das Ost-West-Verhältnis – einschließlich der innerdeutschen Beziehungen – sowie den Einigungsprozess im freien Teil Europas gekennzeichnet. 1988 waren wir auf beiden Feldern Zeugen einer Dynamik, wie sie noch vor wenigen Jahren kaum jemand für möglich gehalten hätte. Allerdings erfüllte sich manche Hoffnung auch nicht. In die Erleichterung über die merklichen Fortschritte mischte sich Bitterkeit, vor allem hinsichtlich des Klimas in der DDR, wo sich die neue Dynamik in den Ost-West-Beziehungen kaum auswirkte.

Während in der Sowjetunion und in den meisten Ländern Mittel-, Ost- und Südosteuropas versucht wurde, Änderungen in Wirtschaft und Gesellschaft herbeizuführen, machte sich Enttäuschung unter unseren Landsleuten in der DDR breit. Auf Diskussionsbedarf und Anstöße zu Veränderungen reagierten Partei- und Staatsführung mit Repression. Spannungen waren die Folge. Diese Entwicklung ließ das Verhältnis zwischen den beiden Staaten in Deutschland nicht unberührt. Gleichwohl hielt die Bundesregierung daran fest, durch eine sachbezogene, nüchterne Politik die Beziehungen in einer Weise auszubauen, dass weitere Fortschritte zum Wohl der Menschen in Deutschland möglich blieben. Eine verantwortungsvolle Deutschlandpolitik musste immer zwei Ziele gleichzeitig im Auge behalten: die Teilung zu überwinden und bis dahin den Zusammenhalt der Nation zu bewahren.

Im Blick auf unser ungelöstes nationales Problem schrieb Generalsekretär Gorbatschow in seinem Buch *Perestroika* 1988: »Was in hundert Jahren sein wird, das soll die Geschichte entscheiden.«

Damit erkannte er zwar die historische Vorläufigkeit des Status quo an, machte aber gleichzeitig klar, dass nach seiner Meinung wohl noch eine lange Wegstrecke vor uns lag.

*

Ein Thema, das uns stark bewegte und herausforderte, war der verstärkte Zuzug von Aussiedlern in die Bundesrepublik. Allein im Jahr 1988 waren hundertfünfundsiebzigtausend Landsleute zu uns gekommen. Als Deutsche hatten Aussiedler ein Recht auf Einreise und Aufnahme. Dieses Recht ist durch das Grundgesetz selber begründet. Wir sollten uns davor hüten, daran herumzudeuteln und falsche Vergleiche mit anderen Personengruppen anzustellen. Es machte einen verheerenden Eindruck, wenn sich der Ministerpräsident des Saarlands Oskar Lafontaine auf dem Niveau von Stammtischparolen zu diesem Thema äußerte und nur Deutschsprechenden den Status eines Deutschen zuerkennen wollte. Darin dokumentierte sich ein erschreckendes Maß an Unkenntnis. Offenbar wusste er nicht, dass es den meisten Aussiedlern verwehrt war, unsere Sprache zu erlernen.

Jetzt war die Zeit, praktisch zu handeln. Das tat der Bund mit dem Sonderprogramm zur Eingliederung der Aussiedler, das ein ganzes Bündel von Maßnahmen enthielt: Die Sprachförderung wurde spürbar verbessert. Die Bundesanstalt für Arbeit bot mit ihrem Programm »Arbeit und Lernen« den Aussiedlern die Möglichkeit, bei gleichzeitiger beruflicher Tätigkeit Sprachkurse zu besuchen. Der Garantiefonds für die schulischen, beruflichen und gesellschaftlichen Eingliederungsbeihilfen wurde aufgestockt. Die Jugendgemeinschaftswerke erhielten Zuschüsse zu den Personal- und Sachkosten für die Eingliederungsarbeit. Eine besonders wichtige Maßnahme war, dass der Bund den Ländern 1989 und 1990 über 1 Milliarde DM als Finanzhilfe für den Bau von fünfundvierzigtausend Wohnungen zur Verfügung stellte. Bereits ab Oktober 1988 konnten die Bundesländer Förderungsmittel für Neubaumaßnahmen, für Um- und Ausbau sowie für die Erweiterung bestehender Gebäude bewilligen.

Nicht zuletzt setzte ich mich wie schon früher persönlich dafür ein, mit den Ländern und Kommunen, mit den Kirchen und gesellschaftlichen Gruppen darüber zu sprechen, welche Beiträge sie zur Integration der Aussiedler leisten konnten. Sich in dieser wichtigen Sache zu engagieren war eine Aufgabe, die uns alle anging.

*

Nach wie vor gab es »Zwischenfälle« an der innerdeutschen Grenze, wo immer noch Schüsse fielen. Nach wie vor gab es zahlreiche Einreiseverweigerungen – vor allem für ehemalige Bewohner der DDR, die ihre Angehörigen und Freunde besuchen wollten. Nach wie vor gingen DDR-Behörden gegen die Arbeit westlicher Journalisten vor und behinderten das Erlangen und Verbreiten von Informationen. All dies und vieles weitere war Ausdruck innerer Schwierigkeiten des politischen Systems in der DDR, die aus fehlender Reformwilligkeit und Reformfähigkeit erwuchsen.

Dem gegenüber standen die Erwartungen der Menschen in der DDR, die einerseits durch die in der Sowjetunion stattfindende Diskussion über Reformen im Zeichen von »Umgestaltung«, »Offenheit« und »Demokratisierung«, andererseits gewiss aber auch durch eine größere Öffnung der DDR nach außen geweckt wurden. Die Staats- und Parteiführung der DDR jedoch schien nicht bereit, darauf einzugehen. Die Unzufriedenheit der Menschen in der DDR nahm zu. Sie äußerte sich in vernehmbaren Diskussionen, in öffentlich bekundetem Unmut – und nicht zuletzt in dem anhaltenden Ausreisedruck. Viele unserer Landsleute sahen für sich keine Perspektive mehr.

Wir beobachteten diese Entwicklung mit Sorge. Wir hatten kein Interesse daran, dass die Stimmung in der DDR immer weiter sank und dass die inneren Schwierigkeiten in der DDR weiter zunahmen. Es war nicht unser Ziel, dass immer mehr Landsleute nur noch den einen Wunsch hatten, die DDR zu verlassen. Wir wollten, dass sich das berechtigte Verlangen der Menschen nach umfassenden Reformen endlich erfüllte. Die DDR-Führung musste aufgeschlossen und sensibel auf die Reformwünsche der Bevölkerung reagieren und den Erwartungen der Menschen gerecht werden. Und die fehlende Gelassenheit im Umgang mit Kritik musste endlich der Einsicht weichen, dass eine offene Diskussion die wichtigste Voraussetzung gesellschaftlichen Fortschritts und ein hohes Gut ist, das in einer Vielzahl internationaler Vereinbarungen zum Schutz der Menschenrechte festgeschrieben ist.

Zensur und Verbot von Kirchenzeitungen, Behinderungen von Pressearbeit und Gewalt gegen westliche Journalisten, Einfuhrverbote für Zeitungen und Zeitschriften aus dem Westen und sogar aus dem Osten – dies alles löste die Probleme nicht und ließ genau das vermissen, wovon in der DDR so oft die Rede war: Souveränität. Wir konnten und wollten dazu nicht schweigen.

Auf Dauer würde sich die SED-Führung dem Trend zu Veränderungen nicht entziehen können, der Mittel-, Ost- und Südosteuropa erfasst hatte. Innerhalb der EG verschwanden Barrieren, Zäune und Schranken. Wenn das Wort vom »gemeinsamen Haus Europa« einen Sinn hatte, dann doch wohl den, dass man sich innerhalb dieses Hauses frei bewegen konnte, und zum Hausfrieden gehörte nun mal, dass den Bewohnern nicht Gewalt angetan wurde.

*

Das zu Ende gehende Jahr 1988 brachte eine Reihe positiver Veränderungen, die weit in die kommenden Jahre hineinreichten. Die im INF-Vertrag festgelegte Abrüstung der nuklearen Mittelstreckenraketen in Europa hatte begonnen, und die Vorbereitung weiterführender Abrüstungsvereinbarungen machte erhebliche Fortschritte. Die Sowjetunion kündigte den einseitigen Abbau von konventionellen Waffen und Militärverbänden an – ein Schritt, den die Nato angesichts des militärischen Ungleichgewichts in Europa seit langem forderte und der die bevorstehenden Verhandlungen über konventionelle Stabilität in Europa zweifellos erleichterte und förderte. Gleichzeitig entwickelte sich der Prozess der Umgestaltung und Öffnung in der Sowjetunion und in den meisten osteuropäischen Ländern weiter. Selbst wenn wir das Ergebnis dieses

Prozesses noch nicht kannten, waren wir gleichwohl Zeugen tiefgreifender Veränderungen.

Auch in der Europäischen Gemeinschaft kam eine neue Dynamik in Gang. Die Gipfeltreffen von Brüssel und Hannover unter deutschem Vorsitz hatten deutlich gemacht, dass die Verwirklichung des europäischen Binnenmarkts keine Phantasievorstellung war, sondern eine politische und wirtschaftliche Realität, von der uns nur noch achtundvierzig Monate trennten. Der Weg nach Europa war unumkehrbar geworden.

Das zeigte sich auch auf dem EG-Gipfel, der unter griechischer Präsidentschaft auf der Insel Rhodos stattfand. Die Staats- und Regierungschefs der EG bekräftigten in der ersten Dezemberwoche 1988 erneut ihren Willen, am 31. Dezember 1992 als Zieldatum für die Vollendung des Binnenmarkts festzuhalten. Zum ersten Mal seit langem standen wir nicht unter Entscheidungsdruck, und es war gut, die anstehenden Themen einmal ohne Spannungen zu bereden. Nur die Briten bremsten wieder und leisteten erheblichen Widerstand gegen eine Ausweitung der Kompetenzen des Europäischen Parlaments.

Zum ersten Mal wurde der Haushalt der Gemeinschaft ohne Schwierigkeiten verabschiedet. Ich war mit dem Ergebnis des Gipfels zufrieden. Wir mussten auch einmal innehalten und vor den nächsten schwierigen Etappen der Integration die Fähigkeit der Zwölf zum Kompromiss neu ausprobieren.

Ab Januar 1989 übernahm Spanien, das der EG erst seit dem 1. Januar 1986 angehörte, für die kommenden sechs Monate den EG-Vorsitz. Es war bewundernswert, wie rasch sich dieses jüngste EG-Mitglied integrieren konnte und zu einem Aktivposten des europäischen Integrationsprozesses geworden war. Der spanischen Präsidentschaft im ersten Halbjahr 1989 und der französischen im zweiten Halbjahr 1989 kam eine Schlüsselrolle bei der Umsetzung der Einheitlichen Europäischen Akte zu, in deren Vordergrund die Vollendung des Binnenmarkts stand. Bis dahin waren noch eine Reihe schwieriger Aufgaben zu lösen, beispielsweise die Harmonisierung der Steuern, die soziale Dimension oder die Vertiefung der währungspolitischen Zusammenarbeit. Doch der spanische

Ministerpräsident Felipe González und seine Regierung würden die Arbeiten mit Umsicht und Weitblick in die richtige Richtung lenken, dessen war ich mir sicher.

Diese vielfältigen internationalen Veränderungen eröffneten ungewöhnlich günstige und ermutigende Perspektiven für die kommenden Jahre. So hatten wir zur Jahreswende 1988/1989 allen Grund, zuversichtlich zu sein.

Das galt auch für die Bilanz im eigenen Land. Den meisten Menschen ging es materiell so gut wie nie zuvor. Kaum ein anderes Land zog aus der weltwirtschaftlichen Arbeitsteilung so viele Vorteile für Einkommen und Beschäftigung wie die Bundesrepublik. Mit der Vollendung des Europäischen Binnenmarkts bis 1992 ergaben sich beträchtliche weitere wachstums- und beschäftigungspolitische Spielräume. Es entstand ein großer europäischer Markt mit dreihundertzwanzig Millionen Menschen, von dem neue Impulse für die Wettbewerbsfähigkeit der Unternehmen und die Dynamik unserer Wirtschaft ausgehen würden. Zudem erzwang die weitere Globalisierung der internationalen Märkte und der Produktion tiefgreifende Veränderungen, denen sich kein Standort entziehen konnte – am wenigsten ein so exportorientiertes Land wie die Bundesrepublik. Nur wer diese Herausforderung als Chance und nicht als Bedrohung begriff, konnte dazu beitragen, dass Einkommen und Arbeitsplätze hierzulande wie anderswo weiter zunahmen.

1988 feierten wir den 40. Jahrestag der Währungsreform und damit der Einführung der sozialen Marktwirtschaft, und 1989 stand der 40. Geburtstag der Bundesrepublik Deutschland an. Beides erinnerte uns daran, dass in einer fast aussichtslos erscheinenden Situation der Grundstein für eine beispiellose Aufwärtsentwicklung gelegt worden war.

Die Herausforderungen von damals hatten sich inzwischen geändert. Unverändert gültig war jedoch die Erfahrung, dass die Menschen in unserem Land zu ungewöhnlichen Leistungen fähig sind. Wenn es uns gelang, die anstehenden großen Aufgaben gemeinsam anzugehen, dann hatten wir jede Chance, erfolgreich zu sein.

*

In den Spitzengremien der Partei grummelte es schon das ganze Jahr über. Im CDU-Präsidium, dem wichtigsten Entscheidungsgremium neben dem Bundesparteitag, hatte ich nur noch wenig Rückhalt. Von den sieben Stellvertretern im Parteivorsitz traten nur noch die Berliner Senatorin Hanna-Renate Laurien, Bundesfinanzminister Gerhard Stoltenberg und der hessische Ministerpräsident Walter Wallmann für mich ein. Lothar Späth, Rita Süssmuth und Norbert Blüm hingegen votierten mehr oder weniger versteckt gegen meinen Kurs. Auch Generalsekretär Heiner Geißler und Schatzmeister Walther Leisler Kiep ließen keinen Zweifel daran, dass sie meinen Sturz wünschten.

Noch traten sie nicht offen auf, sondern argumentierten geschickt unter dem Vorwand, die Partei reformieren und wieder eine größere Akzeptanz der Unionsparteien in der Bevölkerung gewinnen zu wollen. In Wahrheit aber ging es ihnen längst um meine Ablösung – zunächst im Amt des Parteivorsitzenden, dann auch als Bundeskanzler. Doch das konnte nur ein Parteitag erreichen. Ich war fest entschlossen, beide Ämter zu behalten und dafür zu kämpfen. Wenn sie eine Änderung der Verhältnisse erzwingen wollten, mussten meine Gegner bis zum Bremer Parteitag im September warten. Bis dahin hatten meine Freunde und ich Zeit, um den innerparteilichen Gegnern den Wind aus den Segeln zu nehmen.

In den letzten Monaten des Jahres 1988 hatte ich mich zurückgehalten und öfters geschwiegen. Das hatten viele nicht erwartet. Der Bundesvorsitzende einer großen Volkspartei hätte eigentlich stärker durchgreifen müssen, denn die innerparteilichen Auseinandersetzungen sowohl über Inhalte wie über wichtige Personalentscheidungen überschritten zeitweise das erträgliche Maß. Ich aber glaubte eine Zeitlang, im Interesse der Sache schweigen zu müssen. Das erwies sich als falsch.

Die Lage in der Bundestagsfraktion und in den Parteigremien unterschied sich nicht grundlegend von der Lage der Unionsparteien. Was auf die Stimmung drückte, war die große Diskrepanz zwischen unseren Leistungen und der Zustimmung in der Öffentlichkeit, wie sie sich in den Ergebnissen repräsentativer Umfragen ausdrückte.

Geheimes Einverständnis:
Norbert Blüm und Heiner Geißler

Eigentlich konnten wir auf eine blendende Bilanz verweisen. Wir waren das Erfolgsland Nummer eins in Europa und ernteten doch nur eine wirklich miserable, höchst unbefriedigende Einschätzung unserer Arbeit bei der Bevölkerung. Das bedrückte insbesondere unsere Parteifreunde in den Wahlkreisen, deren Stimmung sogar noch schlechter war als die der Bevölkerung insgesamt. Wenn man bei Firmenbesuchen mit Arbeitern sprach, war die Stimmung gut. Traf man dann abends mit den eigenen Parteifreunden zusammen, war sie eher schlecht.

Hinzu kam, dass den Abgeordneten des Bundestags immer wieder vorgehalten wurde, ihre Meinung spiele angeblich gar keine Rolle und sie hätten keinen Einfluss auf Personal- und Sachentscheidungen. Dieser Versuch, die Abgeordneten zu diskriminieren konnte jedoch nur dann Erfolg haben, wenn wir uns einreden ließen, es sei etwas Wahres daran. Mein Selbstbewusstsein jedenfalls hing nicht davon ab, ob ich ein Regierungsamt hatte oder nicht, es beruhte allein darauf, dass ich gewählter Abgeordneter des deutschen Volkes war.

Im Berliner Abgeordnetenhaus wählen die Parlamentarier jeden Senator einzeln. In Bonn dagegen wählt der Bundestag nur den Kanzler. Das ist natürlich ein großer Unterschied, und dieser Unterschied ist von den Vätern des Grundgesetzes gewollt. Diese sogenannte Kanzlerdemokratie war ihre Antwort auf Weimar. Anzunehmen, der Kanzler könne alles selbst entscheiden, ist zwar eine maßlose Übertreibung, aber sie enthält einen richtigen Kern. Beispielsweise ist es ganz klar, dass der Einfluss der Bundestagsabgeordneten auf Ministerernennungen schon verfassungsmäßig begrenzt ist. Das schließt keineswegs aus, dass der Kanzler auf die Talente in der Fraktion achtet, sie bewertet und bei Ernennungen berücksichtigt. Es schließt auch nicht aus, dass der Fraktionsvorsitzende und auch andere dem Kanzler Vorschläge machen. Allerdings ist die Frage, ob es klug ist, solche Vorschläge öffentlich auszusprechen.

In der Sachpolitik konnte der Einfluss der Bundestagsfraktion gar nicht hoch genug eingeschätzt werden. Niemand konnte behaupten, dass die Bundestagsfraktion auf die großen Reformvorhaben wie Steuerreform, Gesundheits- und Rentenreform keinen Einfluss gehabt hätte. Die Fraktion gestaltete an herausragender Stelle unsere Politik mit, wenn auch selbstverständlich im Zusammenspiel mit mir und meiner Regierung. Weder war die Fraktion gegen diese Regierung, noch war die Regierung ihr Antipode, sondern vielmehr der Partner, mit dem gemeinsam die Bundestagsfraktion Erfolge hatte. Anders waren Erfolge gar nicht möglich. Die Fraktion hatte Herausragendes geleistet, sie hatte allen Anlass zu Selbstbewusstsein und keinen Grund, ihr Licht unter den Scheffel zu stellen.

Wie aber konnte die Stimmung draußen im Lande, in unseren Wahlkreisen verändert werden? Das war keinem anderen möglich als uns selbst. Wir durften nicht auf Wunder warten. Entscheidend war, Selbstbewusstsein zu demonstrieren, berechtigtes Selbstbewusstsein. Damit waren andere Menschen zu überzeugen. Wer nicht von sich selbst überzeugt ist, der kann auch keine anderen überzeugen. Die entscheidende Frage für die Union Ende 1988 war, ob wir eine Klagemauer waren oder ein politischer Kampfverband. Ich war entschieden für das zweite. Mit dieser inneren Einstellung wollten wir in das neue Jahr gehen, damit die »Stimmung« oder vielmehr unsere politische Einschätzung auch dem entsprach, was wir politisch geleistet hatten.

*

Am 2. Dezember 1988 trat der rheinland-pfälzische Ministerpräsident Bernhard Vogel zurück. Er hatte diesen Schritt bereits Mitte November angekündigt, nachdem er den Kampf um den CDU-Landesvorsitz gegen seinen ehrgeizigen Herausforderer Umweltminister Hans-Otto Wilhelm verloren hatte. Tief verletzt trat er von der politischen Bühne ab.

Im Vorfeld dieser politischen Tragödie hatte ich mich mehrfach bei meinem alten Landesverband eingeschaltet, um Bernhard Vogel zu entlasten und die beiden Ämter zu trennen. Vergeblich bat ich gemeinsam mit anderen den amtierenden Kultusminister Georg Gölter, für das Amt des Landesvorsitzenden zu kandidieren und sich ganz um die Partei zu kümmern. Vielleicht hätte er gleichzeitig den Vorsitz der Landtagsfraktion übernehmen können, um so dem Ministerpräsidenten auf den beiden so entscheidenden politischen Positionen volle Unterstützung zu gewähren. Doch Gölter war dafür zunächst nicht zu gewinnen.

Es war ein Abschied voller Wehmut. Vierzehn Jahre lang hatte Bernhard Vogel als Landesvorsitzender das Vertrauen der CDU genossen, und zwölf Jahre lang stand er an der Spitze der Landesregierung. Die Ära Vogel war für das Land eine Zeit guter Entwicklung und zielbewussten Fortschritts. Vor allem Wissenschaft, Kultur, Forschung und Technologie förderte er in besonderem Maße, aber er setzte sich auch in großem Umfang für Landwirte und Winzer ein. Bei der Bekämpfung der Arbeitslosigkeit zählte Rheinland-Pfalz damals zu den erfolgreichsten Regionen der Bundesrepublik.

Schon mit vierunddreißig Jahren war Bernhard Vogel 1967 Kultusminister von Rheinland-Pfalz geworden. Wie Sozialminister Heiner Geißler trat er in das letzte Kabinett Peter Altmeiers ein, sozusagen als meine Vorhut – ich war damals Landes- und Fraktionsvorsitzender. Seit gemeinsamen Studententagen in Heidelberg waren wir beide freundschaftlich verbunden. Nachdem ich 1969 die Regierungsgeschäfte in Mainz übernommen hatte, unterstützte ich den Bildungsreformer, als er das Schulwesen entkonfessionalisierte und die Universitäten Trier und Kaiserslautern gründete. 1974 machte Bernhard Vogel gegen meinen Favoriten Geißler das Rennen um den CDU-Landesvorsitz, und 1976 folgte er mir im Amt des Ministerpräsidenten, obgleich ich mich für Finanzminister Johann Wilhelm Gaddum stark gemacht hatte.

Der stets verbindlich auftretende Bernhard Vogel, ein Mann mit enormem Arbeitspensum, bewies Integrationskraft und Weitblick. Er war viele Jahre Vorsitzender des ZDF-Verwaltungsrats in Mainz und sorgte für den »medienpolitischen Urknall« in Ludwigshafen, den Beginn des Privatfernsehens in Deutschland. Von der katholischen Soziallehre geprägt, in der Bistumsstadt Speyer zu Hause und von 1972 bis 1976 Präsident des Zentralkomitees der deutschen Katholiken (ZdK), setzte sich Bernhard Vogel immer wieder für den Schutz des ungeborenen Lebens ein. 1979 und 1983 verteidigte er die absolute Mehrheit der CDU, musste aber 1987 mit der FDP koalieren. Für die CDU ging das Land, das sie seit der Gründung 1946 regiert hatte, nach Vogels Rücktritt und seiner Ablösung durch Carl-Ludwig Wagner bei den Landtagswahlen 1991 verloren.

Bernhard Vogel übernahm den Vorsitz der Konrad-Adenauer-Stiftung (KAS) und wechselte 1992 auf meinen ausdrücklichen Wunsch als Regierungschef nach Thüringen, wo er erfolgreich den wirtschaftlichen Aufbau vorantrieb, die Verwaltung modernisierte und die Universität Erfurt wiedergründete. Er ist und bleibt der an Dienstjahren erfahrenste Ministerpräsident und der einzige, der dank der deutschen Einheit zwei Länder regierte.

35.
Haus der Geschichte

1989 beging die Bundesrepublik den 40. Jahrestag ihrer Gründung. Es fügte sich gut, dass wir in diesem Jahr des Rückblicks auch darangingen, die gesetzliche Grundlage für das »Haus der Geschichte der Bundesrepublik Deutschland« zu schaffen. Für Ende des Jahres 1989 war die Grundsteinlegung in Bonn geplant.

Ich war überzeugt, dass nach vier Jahrzehnten genau der richtige Zeitpunkt war, um eine solche Stätte zu schaffen: Eine Zeitspanne von vierzig Jahren bedeutet nach landläufiger Vorstellung den Wechsel von einer Generation zur nächsten und insbesondere das Hineinwachsen der nachfolgenden Generation in die Verantwortung. Die meisten Mitglieder des Bundestags beispielsweise und viele, die in Staat und Gesellschaft, im wirtschaftlichen und kulturellen Leben Verantwortung trugen, hatten das Ende der NS-Herrschaft und die Gründung der zweiten Republik erlebt – wenn auch zumeist als Kinder oder Jugendliche. Unter uns lebten auch noch viele Zeitzeugen aus der Generation der Gründer, die von Anfang an am Aufbau unseres freiheitlichen Gemeinwesens mitgewirkt hatten.

Inzwischen wuchs aber eine junge Generation heran, die die Anfänge unserer Demokratie nicht mehr aus eigener Anschauung kannte. Für diejenigen, die historisches Wissen aus eigenem Erleben erworben hatten, bedeutete das eine besondere Verantwortung: Wir mussten unsere Kinder und Enkel mit den Wurzeln der Bundesrepublik und mit ihrer Entwicklung vertraut machen. Wir mussten ihnen erklären, von welchen Ideen die Gründer unserer Republik geleitet wurden und worin sie, bei allem Streit, übereinstimmten. Zugleich mussten wir ihnen vermitteln, wie diese Ideen und Überzeugungen die Entwicklung der Bundesrepublik formten und bis heute prägen.

Damit ist die vornehmste Aufgabe des Hauses der Geschichte angesprochen. Es sollte vor allem auch für junge Menschen attraktiv sein und Geschichte anschaulich und nachvollziehbar präsentieren – es sollte sich an ihren Verstand und an ihre Herzen wenden. Ich wünschte mir, dass für alle Schulklassen, die nach Bonn kamen – und natürlich auch für die vielen anderen Besuchergruppen –, ein Gang durch dieses Haus zum festen Programmbestandteil ihrer Hauptstadtvisite wurde.

Nachdem ich in der ersten Regierungserklärung 1982 die politische Initiative für die Errichtung des Hauses gegeben hatte, musste zunächst die inhaltliche Konzeption erarbeitet werden. Die Vorarbeiten lagen in der Verantwortung eines Arbeitsstabs, dem namhafte deutsche Historiker und Museumsexperten angehörten. Bereits im Juni 1983 legten vier Gutachter ihre »Überlegungen und Vorschläge zur Errichtung eines Hauses der Geschichte der Bundesrepublik Deutschland« vor.

Im September 1983 fand im Kanzleramt ein ausführliches Gespräch mit den Gutachtern statt, bei dem ich noch einige Anregungen einbrachte. Vor allem war mir wichtig, die Interessen der Länder und das kulturstaatliche Gefüge der Bundesrepublik peinlichst zu beachten.

Schon im November 1983 lag das überarbeitete Gutachten vor, das als verbindliche Grundlage für die weitere Entwicklung dienen konnte. Ich gab klare Weisungen an den federführenden Bundesminister Oscar Schneider und ließ mich über den Fortgang detailliert unterrichten. Es stand außer Frage, dass

- sich alle Deutschen im Haus der Geschichte vertreten sehen sollten,
- parteipolitische Erwägungen unter allen Umständen zu vermeiden waren,
- Anlage, Konzeption, Realisierung und Leitung des Hauses so sein sollten, dass sie unter jeder demokratischen Regierung maßgeblich und verbindlich bleiben konnten,

- die Geschichte der Bundesrepublik Deutschland in ihrer ganzen Fülle nachgezeichnet werden sollte,
- alle Ausstellungen dem Prinzip der Wissenschaftlichkeit verpflichtet sein mussten.

Diese Philosophie bekräftigte ich in meiner Regierungserklärung im März 1987:

> »Wir bekennen uns zur ganzen deutschen Geschichte. Für jedes Volk ist Geschichte Quelle der Selbstvergewisserung [...]. In Bonn entsteht ein Haus der Geschichte der Bundesrepublik Deutschland [...]. Die deutsche Geschichte soll so dargestellt werden, dass sich die Bürger darin wiedererkennen, offen für kontroverse Deutungen und Diskussionen, offen für die Vielfalt geschichtlicher Betrachtungsmöglichkeiten [...].«

Das Haus der Geschichte der Bundesrepublik Deutschland sollte ein Haus der Bürgerinnen und Bürger sein. Deshalb bemühte sich die Bundesregierung von Anfang an, weite Kreise und damit auch unterschiedliche Standpunkte in die Diskussion mit einzubeziehen. Unter anderem rief die Bundesregierung einen wissenschaftlichen Beirat aus fünfundzwanzig Sachverständigen unterschiedlicher Fachrichtungen und Anschauungen ins Leben sowie einen Arbeitskreis gesellschaftlicher Kräfte, in dem beispielsweise die Kirchen, Gewerkschaften und Arbeitgeberverbände, die kommunalen Spitzenverbände und viele andere mitwirkten. Wenn es zu Anfang Misstrauen und Vorbehalte gegenüber unseren Plänen gab, so waren sie inzwischen längst ausgeräumt.

Im Juni 1984 stimmte das Bundeskabinett der Errichtung einer Zentralen Gedenkstätte in Bonn zu und billigte die bisherigen Planungen für das Haus der Geschichte und die Bundeskunsthalle. Ein Jahr später wurde auch die inhaltliche Konzeption des Hauses der Geschichte durch Kabinettsbeschluss gebilligt. Damit war der Weg frei für die Einrichtung einer selbständigen Stiftung »Haus der Geschichte der Bundesrepublik Deutschland«, die zunächst als »nichtselbständige Stiftung« im September 1986 ihre Arbeit auf-

Das Haus der Geschichte in Bonn

nahm. 1989 wurde der Gesetzentwurf in den Bundestag eingebracht, und im März 1990 schließlich trat das endgültige Stiftungsgesetz in Kraft.

Wenn ich an dieser Stelle so genau an die Fakten erinnere, dann deshalb, weil seit Jahren die abenteuerlichsten Legenden darüber im Umlauf sind, wie das Haus der Geschichte gegründet wurde. Die Tatsachen drohen dahinter zu verschwinden.

Schon im Sommer 1984 hatte sich die Bundesregierung mit dem Bundestagspräsidenten, dem Bundesratspräsidenten und dem gemeinsamen Ausschuss Bundeshauptstadt Bonn über den Standort verständigt. Am 21. September 1989 erfolgte der erste Spatenstich für den Neubau.

Aus zahlreichen Gesprächen mit jungen Menschen weiß ich, wie sehr das Interesse an Geschichte in den vergangenen Jahren gewachsen ist. Dazu gehört auch die Frage nach unserem historischen Standort in einem immer enger zusammenwachsenden Europa. Ich halte das für eine erfreuliche Entwicklung, die es zu unterstützen gilt, denn erst durch die Auseinandersetzung mit unserer Geschichte werden wir fähig, Gegenwart zu begreifen und Zukunft verantwortungsvoll zu gestalten. Dabei müssen wir uns bewusst sein, dass es den distanzierten oder wertfreien Blick auf das Vergangene nicht geben kann: Gerade die Geschichte unseres Volkes fordert immer wieder dazu heraus, Stellung zu nehmen und Position zu beziehen. Das Haus der Geschichte sollte deshalb die Vielfalt historischer Sichtweisen berücksichtigen, es sollte Streitiges streitig darstellen.

Zugleich musste dieses Haus – darauf habe ich von Anfang an großen Wert gelegt – die Entwicklungen und ihre Ursachen so objektiv wie möglich nachzeichnen. Es musste nach den Maßstäben wissenschaftlicher Seriosität informieren. Es musste zu Fragen anregen und Antworten anbieten. Es musste die Aufklärung leisten, die für ein fundiertes Wissen und ein kritisch-selbständiges Verstehen erforderlich ist.

Aber es musste dem Besucher auch deutlich machen: Am Ende jenes Jahrhunderts, das so entsetzliches Leid über die Menschen gebracht hatte, galt es, Lehren zu beherzigen. Dazu gehört vor allem, dass wir die unbedingte und absolute Würde des einzelnen Menschen in allen Bereichen seines Lebens zu achten haben; dazu gehört die Erkenntnis, dass es einen Mittelweg zwischen Demokratie und Diktatur nicht geben kann.

Die Bundeshauptstadt war aus der damaligen politischen Wirklichkeit heraus der geeignete Standort für das Haus der Geschichte: So konnten und können die zahlreichen Besucher Bonns etwas über unseren Staat im geteilten Deutschland, über seine Verfassungsorgane und seine Gesellschaftsordnung erfahren; hier können sie sich über die Wurzeln und die Entstehung unserer freiheitlichen Demokratie unterrichten.

36.
Überraschungen

Zu Beginn des Jahres 1989 blickten die Unionsparteien mit wenig Optimismus in die Zukunft. Weite Teile der deutschen Presse verbreiteten weiterhin Horrorgeschichten über den Zustand der Bonner Koalition. Immer neue Legenden erschienen über die Götterdämmerung des Kanzlers. Auch die ersten Zahlen der Demoskopen ließen im neuen Jahr wenig Änderung erkennen, schon gar keine Aufbruchstimmung für meine Partei.

Mehr als die Hälfte der Legislaturperiode lag hinter uns, in der wir dringend notwendige Reformen eingeleitet hatten, die manchen Bürger direkt betrafen. Bis zu den entscheidenden Bundestagswahlen 1990 blieb noch ausreichend Zeit, das Ruder herumzureißen und die Wähler für meine Politik und für die Koalition der Mitte zurückzugewinnen. Längst hatte ich beschlossen, dass es Zeit war für eine Regierungsumbildung. Die personellen Veränderungen mussten gut durchdacht werden, damit sie von der Öffentlichkeit als das verstanden wurden, was sie waren: ein neuer Aufbruch.

In Berlin standen Abgeordnetenhauswahlen an, außerdem fanden 1989 Kommunalwahlen in drei Bundesländern statt. Am wichtigsten war allerdings die Europawahl im Juni. Doch zunächst hieß es erst einmal, die täglichen Regierungsgeschäfte erfolgreich zu erledigen und den internationalen Verpflichtungen nachzukommen.

Der erste Staatsgast im neuen Jahr war kein Geringerer als Gorbatschows eng vertrauter Weggefährte Alexander Jakowlew. Das sowjetische Politbüromitglied, Vorsitzender der Kommission für Internationale Politik beim Zentralkomitee der KPdSU, kam am

9. Januar 1989 nach Bonn. Viele politische Beobachter sahen in ihm die Schlüsselfigur der Perestroika. Bei unserem Treffen im Kanzleramt erinnerte Jakowlew an meinen Besuch in der UdSSR im vergangenen Jahr und sagte, die sowjetische Führung habe die Absicht, alles, was in Moskau vereinbart worden sei, bis zu Gorbatschows Bonn-Besuch im Juni dieses Jahres zum Abschluss zu bringen. Für mich war das ein positives Zeichen, dass wir in der bisher umstrittenen Frage der Einbeziehung Berlins in unsere Abkommen einer Lösung nahe waren.

Zu Beginn unseres mehrstündigen Gesprächs überreichte mir Alexander Jakowlew ein »Souvenir«: Es war der Splitter einer SS-20-Rakete, die am 26. November 1988 gesprengt worden war. Nun habe diese Rakete die Bundesrepublik auf eine ganz andere Weise erreicht, sagte Jakowlew. Ich erzählte dem hohen Gast aus Moskau, wie ich als Zehnjähriger 1940 in meiner Heimatstadt Bombensplitter sammelte. Ich hatte also schon früh Erfahrungen mit solchem Teufelszeug gemacht.

Alexander Jakowlew zeichnete ein düsteres Bild von der tatsächlichen Lage in der Sowjetunion; so ungeschminkt hatte ich das noch nie gehört. Gleichzeitig erläuterte er die feste Absicht der sowjetischen Führung, ihre Haushaltsprobleme in den Griff zu bekommen, die Abrüstung nicht nur auf dem Papier durchzuführen und das militärische Engagement in Afghanistan zu beenden. Jakowlew räumte ein, dass sein Land gerade bei den Wirtschaftsreformen einige Rückschläge habe hinnehmen müssen. Er sprach von großem Pech. Allein die Reaktorkatastrophe von Tschernobyl habe bisher 7 bis 8 Milliarden Rubel gekostet, die Auseinandersetzungen in Armenien 8 Milliarden, möglicherweise noch mehr. Hinzu kämen Kosten für den Einsatz von Militär und Staatsschutz, die in keiner Statistik auftauchten. Vom Pech verfolgt schien auch die Landwirtschaft zu sein. Es sei dringend notwendig, endlich einmal eine gute Ernte einzubringen, meinte er.

Es war offensichtlich, dass Jakowlew nicht zum Dramatisieren neigte. Um so mehr war ich geschockt über diese Informationen aus erster Hand. Besorgt fragte ich mich, ob sich Gorbatschow angesichts all dieser Probleme noch lange im Amt halten würde, zumal auch Jakowlew einräumte, dass der Widerstand altkommunistischer Kräfte in der Sowjetunion stark sei.

Über alle diplomatischen und bürokratischen Beziehungen hinaus war mir sehr daran gelegen, mit dem sowjetischen Parteiführer ein vernünftiges persönliches Vertrauensverhältnis aufzubauen. Das erläuterte ich nun auch seinem Vertrauten. Die persönliche Ebene war für mich von besonderer Bedeutung, um ein Gefühl für den anderen zu gewinnen und um die Chance zu nutzen, den Partner besser zu verstehen. Nur so könne ich lernen, was ihm zuzumuten war und was nicht. Umgekehrt galt das natürlich genauso. Erst der direkte persönliche Kontakt machte es möglich, der Gegenseite sagen zu können, ob die Zeit für eine bestimmte Entscheidung reif war oder nicht.

Zum Abschluss von Jakowlews Besuch erzählte er, dass er das Karl-Marx-Geburtshaus in Trier besucht habe. Ich berichtete daraufhin, wie ich als damaliger rheinland-pfälzischer Ministerpräsident die Restaurierung des Geburtshauses und die Errichtung des Karl-Marx-Museums unterstützt hatte. Voller Stolz erzählte ich, wie es uns gelungen war, auf einer internationalen Auktion in New York Marx-Originale gegen die Gebote von KPdSU und SED zu ersteigern. Jakowlews selbstironische Reaktion: »Damit haben Sie der Sowjetunion viel Geld erspart.«

*

Vom 20. bis zum 23. Januar 1989 war der polnische Ministerpräsident Mieczyslaw Rakowski zu einem inoffiziellen Besuch in der Bundesrepublik, um an einem Essen für den SPD-Ehrenvorsitzenden Willy Brandt teilzunehmen, zu dem Bundespräsident Richard von Weizsäcker zahlreiche prominente Gäste aus dem In- und Ausland eingeladen hatte. Ich war dem früheren politischen Publizisten und langjährigen Chefredakteur der angesehenen Wochenzeitung *Polytika* einmal auf Burg Rheineck begegnet. Damals hatte ich als Mainzer Ministerpräsident die Bonner Presse eingeladen, und Rakowski zählte in jener Zeit zu den in Bonn akkreditierten Auslandskorrespondenten.

Rakowski, der erst seit vier Monaten im Amt war, galt als Pragmatiker und Reformer der polnischen Kommunisten. Bei unserem Treffen im Januar 1989 erinnerte ich an Konrad Adenauers erste Regierungserklärung, in der dieser schon 1949 in besonderer Weise die Aussöhnung mit Israel, Frankreich und Polen angesprochen hatte. Ich sah mich in dieser Kontinuität. Gleichzeitig bekräftigte ich noch einmal, dass der Warschauer Vertrag ohne Wenn und Aber gelte. Der Grundsatz »pacta sunt servanda« war unverrückbar.

Ich führte keine Verhandlungen mit dem polnischen Gast, sondern wir bemühten uns um einen offenen Meinungsaustausch. Dabei gab es für mich eine Reihe von Überraschungen. Der Warschauer Ministerpräsident zeigte große Bereitschaft, uns in strittigen Fragen entgegenzukommen. Dafür erwartete er von mir gleichfalls Kompromissbereitschaft, vor allem bei den staatlichen Garantien für Investitionskredite.

Zu den Themen, die Rakowski nannte und die aus polnischer Sicht erstmals politisch umgesetzt werden konnten, gehörten unter anderem die Gründung eines deutsch-polnischen Jugendwerks, eines deutsch-polnischen Forums und einer deutsch-polnischen Gesellschaft, die Errichtung eines Goethe-Instituts in Warschau, die Kriegsgräberpflege, die Einrichtung von Gedenkstätten in Kreisau und Rastenburg (Wolfsschanze), mehr Deutschunterricht, Kompromissbereitschaft in der Frage der Ortsbezeichnungen, die Gründung einer deutschsprachigen Zeitung und eine Vereinbarung über die Einrichtung von Generalkonsulaten in Hamburg und Krakau. Der Ministerpräsident fügte hinzu, beide Seiten sollten vergessen, was in der Vergangenheit verhandelt worden sei und welche Probleme es dabei gegeben habe. Man müsse jetzt in die Zukunft sehen. Ich pflichtete ihm bei, auch wenn man Vergangenes nicht vergessen sollte.

Wir bestimmten je einen persönlichen Sonderbeauftragten, die sich über diese Fragen verständigen sollten, damit noch vor meinem in Aussicht gestellten Polenbesuch ein unterschriftsreifes Paket geschnürt sei. Rakowski sagte, er empfinde Hochachtung und Sympathie gegenüber der Art meines Denkens und Handelns als Bundeskanzler, und bat mich, die Rolle eines Architekten zu übernehmen, der den Prozess der Verständigung zum Abschluss bringt. Es hätte dieser besonderen Bitte allerdings nicht bedurft, denn während meiner gesamten Kanzlerschaft widmete ich den deutsch-polnischen Beziehungen besondere Aufmerksamkeit.

Zum Abschluss kam der Ministerpräsident auf die wirtschaftlichen Probleme in Polen zu sprechen. Sein Land sei nicht in der Lage, seine Probleme selbst zu lösen, sagte er und nannte einige Zahlen, die dies bestätigten. Ohne Hilfe von außen sei es trotz aller Reformbereitschaft schwer, einen Durchbruch zu erzielen. Wenn Polen eine Brückenfunktion zwischen West und Ost wahrnehmen und wenn die Entwicklungen in Ost- und Mitteleuropa friedlich verlaufen und die Entspannung nicht stören sollten, sei Unterstützung von außen erforderlich. Deshalb sei die Beziehung zur Bundesrepublik so wichtig, vor allem wirtschaftlich und finanziell. Wenn es jetzt darum gehe, die Beziehungen zwischen beiden Staaten weiterzuentwickeln, stünden polnischerseits klare Erwartungen dahinter: Die deutsche Industrie müsse ihre Präsenz in Polen verstärken. Außerdem bitte Polen darum, die Rückzahlung des 1975 von Bonn gewährten Kredits in Höhe von 1 Milliarde DM in polnischer Währung vornehmen zu können, die dann für gemeinsame Projekte in Polen eingesetzt werden könnten.

Im Januar 1989 konnte noch niemand ahnen, dass im Verlauf nur eines Jahres Europa ganz anders aussehen würde und die Kommunisten in Polen nicht mehr an der Regierung wären. Aber auch ohne dieses Wissen stand die Belebung des Verhältnisses zu Warschau für mich ganz oben auf der außenpolitischen Prioritätenliste. Die Solidarność-Bewegung war nicht mehr aufzuhalten und hatte auch in Polen für ein »Neues Denken« gesorgt.

*

Am 25. Januar 1989 besuchte mich Edgar M. Bronfman, der Präsident des Jüdischen Weltkongresses. Bereits 1984 hatten wir uns in Washington getroffen, und zuletzt waren wir uns im Herbst 1988 in Bonn begegnet. Damals ging es um Bedenken der jüdischen Gemeinschaft gegen die Lieferung deutscher Waffen an arabische Staaten. Unangenehm aufgefallen war mir der ein Jahr ältere amerikanische Unternehmer, der seit 1981 dem World Jewish Congress vorstand, durch seine jahrelange Kampagne gegen den damaligen österreichischen Bundespräsidenten Kurt Waldheim wegen dessen NSDAP-Mitgliedschaft. Erst 1987 kam es zur »Aussöhnung mit Österreich«.

Bronfman, der eine eigene Ostpolitik verfolgte, indem er von den Repräsentanten der Ostblockstaaten unnachgiebig wirksame Hilfe für die Opfer des Nationalsozialismus und Ausreisemöglichkeiten für Bürger jüdischen Glaubens forderte, hatte im Oktober 1988 auch Ost-Berlin besucht. Mit Erich Honecker verständigte er sich über Entschädigungszahlungen der DDR für Nazi-Opfer. Niemals während seiner vierzigjährigen Existenz hatte der zweite deutsche Staat solche Zahlungen geleistet. Jetzt kam der Jüdische Weltkongress zu spät. Ehe Honecker seine Zusagen einlösen konnte, sollte er gestürzt sein, und wenig später existierte die DDR nicht mehr.

Bei unserer Begegnung im Januar 1989 ging es darum, ob sich deutsche Firmen oder Einzelpersonen an Lieferungen von chemischen oder biologischen Waffen an Gaddafis Libyen beteiligt hatten. Bronfman war ziemlich außer sich und sparte nicht mit Vorwürfen gegen die Bundesrepublik. Dabei war unsere Position in der Sache völlig eindeutig: Wir wollten nicht, dass sich Deutsche in irgendeiner Weise an der Produktion von derartigen Waffen beteiligten.

Zeitungen und Zeitschriften in den USA jedoch hatten in unverantwortlicher Weise über deutsche Waffenlieferungen an Libyen berichtet – Lieferungen, die bis zu diesem Zeitpunkt nicht möglich schienen und die bei einem deutschen Gerichtsverfahren nicht hatten nachgewiesen werden können. Als Folge der Libyen-Affäre waren wir allerdings bereit, Gesetze zu ändern, um gemäß dem Weltrechtsprinzip auch Handlungen außerhalb des Bundesgebiets unter Strafe zu stellen. Das war eine keineswegs einfache juristische und verfassungsrechtliche Frage. Entsprechende Entwürfe für die gesetzgebenden Körperschaften lagen bereits vor. Ich versprach dem Präsidenten des Jüdischen Weltkongresses, alles zu tun, was in unserer Macht stand, und mit größter Härte gegen Firmen vorzugehen, die im Verdacht standen, deutsche Waffentechnologie an Libyen zu liefern.

Ein anderes wichtiges Thema betraf die Juden in der Sowjetunion, für die ich mich während meines Besuchs bei Michail Gorbatschow besonders eingesetzt hatte. Unterdessen schien sich ihre Situation spürbar zu verbessern, wofür Edgar Bronfman mir ausdrücklich dankte. Allein 1988 hatten fast fünfzigtausend sowjetische Juden ihre Heimat verlassen können. Viele von ihnen suchten in jüdischen Gemeinden der Bundesrepublik, vor allem in West-Berlin, um Aufnahme nach.

37.
Desaster

Die Wahlen zum Berliner Abgeordnetenhaus am 29. Januar 1989 brachten ein unerwartetes Ergebnis: Großen Verlusten von CDU und FDP standen Gewinne von SPD und Alternativer Liste (AL), wie sich die Grünen in Berlin nannten, gegenüber. Betroffenheit löste das Ergebnis für die rechtsextremen Republikaner aus, die mit 7,5 Prozent der Stimmen ins Rathaus einzogen. Bei einer Wahlbeteiligung von 79,6 Prozent kam die CDU auf 37,7 Prozent, die SPD auf 37,3, die AL auf 11,8 Prozent, und die FDP verpasste mit 3,9 Prozent den Einzug ins Abgeordnetenhaus. Für die CDU, die gegenüber der Wahl von 1985 fast 9 Prozentpunkte eingebüßt hatte, war das eine bittere Niederlage, aus der es Konsequenzen für die künftige politische Arbeit zu ziehen galt. Im Moment war das wichtigste jedoch, nicht in Resignation zu verfallen, sondern den Berliner Freunden zu helfen, mit der schwierigen Situation fertig zu werden.

Der verheerende Wahlausgang war völlig unerwartet über die Berliner CDU hereingebrochen. Anzeichen für einen Meinungsumschwung in Berlin hatte es eigentlich erst in den letzten vierzehn Tagen vor der Wahl gegeben; vorher waren die Meinungsumfragen für CDU und FDP absolut stabil gewesen. Die CDU blieb zwar knapp stärkste politische Kraft; der Vorsprung von 0,4 Prozentpunkten vor der SPD zahlte sich in Mandaten jedoch nicht aus: Beide Parteien kamen auf fünfundfünfzig Sitze. Rechnerisch konnte die SPD mit der AL also eine Mehrheit bilden, wenngleich der SPD-Vorsitzende Walter Momper vor der Wahl erklärt hatte, eine Koalition mit der AL komme für die SPD nicht in Frage.

Trotz der schweren Niederlage lag das Gesetz des Handelns

Nach der Wahlniederlage in Berlin: Die Koalitionsgespräche zwischen Eberhard Diepgen (2.v.r.) und Walter Momper (2.v.l.) scheitern

noch immer beim Vorsitzenden der stärksten Partei, also bei Eberhard Diepgen. Er musste Gespräche mit der SPD über eine Koalitionsbildung aufnehmen, ohne sich darauf festzulegen, im Amt des Regierenden Bürgermeisters zu bleiben.

Die Niederlage war auch deshalb so bitter, weil Diepgen während seiner Amtszeit hervorragende Arbeit geleistet hatte. Das Bemühen der Union, Wohlstand für alle zu schaffen, stieß auf eine Gesellschaft, die dies immer weniger zur Kenntnis nahm. Mit Sicherheit hatte auch die Gesundheitsreform zu dem negativen Ergebnis beigetragen.

Die Hauptursache für die Stimmenverluste waren jedoch die von den Republikanern geschürten Ängste vor Asylanten, Ausländern und – unzulässigerweise damit vermischt – Aussiedlern. Ob es um Ausländerpolitik ging oder um die sogenannten Wirtschaftsasylanten – das waren Themen für die Bundespolitik, und die Parteigremien mussten sich intensiv damit befassen. Weitere drängende Probleme waren die Situation auf dem Wohnungsmarkt und die Entwicklung an den Universitäten.

Hinsichtlich der Republikaner erinnerte ich an das Prinzip von CDU und CSU, keine Partei zu dulden, die sich rechts von der Union ansiedelte. Das erreichte man natürlich nicht per Beschluss, sondern durch praktische Politik, die die Wähler dieser Gruppe wieder für die Union zurückgewann. Dass dies möglich war, hatten wir in den sechziger und siebziger Jahren schon bei der NPD gezeigt.

Ich war überzeugt, dass nicht alle Wähler, die in Berlin die Republikaner gewählt hatten, schon allein deshalb Extremisten waren, sondern dass sie mit dem Stimmzettel ihre Befürchtungen und Ängste darüber zum Ausdruck hatten bringen wollen, sie könnten von den Ausländern an den Rand der Gesellschaft gedrückt werden. Es handelte sich viel eher um eine Protest- beziehungsweise Denkzettelwahl als um eine Zunahme rechtsradikaler Tendenzen. Meiner Ansicht nach waren die Wähler der Republikaner in Fragen der nationalen Identität eher konservativ. Eine Volkspartei wie die CDU musste jedoch auch Konservativen und Heimatvertriebenen eine politische Heimat bieten und den Versuch unternehmen, sie für die demokratischen Parteien zurückzugewinnen.

Eine andere Konsequenz aus dem Berliner Wahlergebnis war, dass wir die Ergebnisse der Regierungsarbeit in der Öffentlichkeit besser darstellen mussten. In Berlin beispielsweise hatte der politische Gegner die Gesundheitsreform erfolgreich mit falschen Argumenten diffamiert.

Auch für mich persönlich war dieses Wahlergebnis eine bittere Enttäuschung, denn in den fast sieben Jahren meiner Kanzlerschaft hatte ich an keinem anderen Ort so viel Engagement gezeigt wie in Berlin. Und ich bedauerte es ganz außerordentlich, dass die Aufbauarbeit, die unsere Freunde dort geleistet hatten, jetzt aufs äußerste gefährdet war. Berlin war nicht irgendeine Stadt, Berlin war unsere alte Hauptstadt. Und diese hatte unsere volle Sympathie und Unterstützung verdient, gleichgültig wie das Wahlergebnis war.

Eberhard Diepgen sagte ich jede erdenkliche Unterstützung bei den bevorstehenden schwierigen Verhandlungen mit der SPD zu.

Doch wie sich schon bald herausstellen sollte, waren all unsere Bemühungen vergebens. Am 16. März 1989 wurde Walter Momper zum Regierenden Bürgermeister gewählt. Zusammen mit der AL bildete er den neuen Berliner Senat.

Dem Problem von rechts in Gestalt der Republikaner entsprach ein Problem von links in Gestalt der Grünen und Alternativen, die erstaunlich stabil blieben. Unverkennbar war auch, dass die SPD in der Wählergunst überall zunahm. Offenkundig musste sich bei uns fundamental etwas ändern. Wir mussten dringend ein optimales Verhältnis finden zu der Art und Weise, wie wir politische Entscheidungen vorbereiteten, Problembewusstsein weckten und erklärten, warum diese oder jene Entscheidungen getroffen werden mussten. Wir mussten eine Riesenanstrengung unternehmen, denn die nächsten Wahlen standen bereits kurz bevor, und wir konnten nicht eine Niederlage nach der anderen einstecken.

In den Parteigremien diskutierten wir wieder einmal heftig und kontrovers, wie aus dem anhaltenden Dilemma herauszukommen sei und wie wir wieder Wahlen gewinnen könnten. Mich ärgerte es, dass sich die FDP von unpopulären Themen fernhielt und es der CDU überließ, sie in der Öffentlichkeit zu vertreten. Die Freien Demokraten hatten kein einziges Ministerium, das ihnen Probleme bereitete. Statt dessen trug die Union im Landwirtschaftsministerium, im Finanzministerium, im Arbeitsministerium und im Verteidigungsministerium die politische Verantwortung mit allen daraus resultierenden Lasten. Die Koalition musste die Ergebnisse ihrer Regierungsarbeit in der Öffentlichkeit nicht nur besser darstellen, sondern sie vor allem gemeinsam tragen.

*

Zur Beurteilung der damaligen innenpolitischen Lage ist es notwendig, an einige Zahlen und Fakten zu erinnern, die längst in Vergessenheit geraten sind. Im Jahr 1988 registrierten wir knapp zweihundertdreitausend Aussiedler in den Aufnahmelagern Friedland, Unna-Massen und Nürnberg. Dazu kamen fast vierzigtausend Übersiedler aus der DDR.

Die mit Abstand größte Steigerung verzeichneten wir bei den Aussiedlern aus Polen, wo die Zahl der Deutschstämmigen, denen die Auswanderung erlaubt wurde, von gut achtundvierzigtausend auf hundertvierzigtausend anwuchs. Aus der Sowjetunion kamen 1988 mehr als siebenundvierzigtausend Aussiedler gegenüber gut vierzehntausend im Jahr 1987. Rückläufig war dagegen die Zahl der Aussiedler aus Rumänien mit knapp dreizehntausend. Insgesamt verzeichneten wir 1988 die mit Abstand größte Aussiedlerzahl seit Gründung der Bundesrepublik. Der Wunsch, als Deutsche unter Deutschen zu leben, war auch 1989 ungebrochen. Doch so groß die Herausforderung auch war, zu Zeiten des Berliner Mauerbaus hatte die Bundesrepublik mit ähnlichen Zahlen zurechtkommen müssen und sie unter ungleich schwierigeren Bedingungen dennoch bewältigt.

Ein Blick auf die gestiegene Zahl der Asylbewerber beleuchtet ein anderes Problem: 1988 registrierten wir hundertdreitausend Asylbewerber, während es im Vorjahr noch siebenundfünfzigtausend gewesen waren. Das war eine Steigerung um 80 Prozent. Dabei handelte es sich bei mehr als 90 Prozent der Asylbewerber nicht um politisch Verfolgte, sondern sie kamen überwiegend als Wirtschaftsflüchtlinge in unser Land. Hier musste dringend etwas geschehen.

Unsere Verfassung will aus gutem Grund, dass wir politisch, rassisch oder religiös Verfolgten Asyl gewähren. Daran wollten und durften wir nichts ändern. Aber wir mussten zu schnelleren Entscheidungen kommen, damit Asylbewerber, die keinen Anspruch auf Asyl hatten, auch wirklich wieder in ihre Heimat zurückkehrten. Ein wichtiger Schritt dazu war die Beschleunigung des Asylverfahrens, wie sie bereits mit den Bundesländern durchgesetzt werden konnte. Wie stark diese Maßnahme schon im Vorfeld griff, zeigten die neuesten Zahlen der Asylbewerber: Gegenüber dem April 1989 gingen sie um 22 Prozent und im Vergleich zum Jahresbeginn sogar um die Hälfte zurück. Ebenso schnell handelten wir zum Beispiel im Bereich des Wohnungsbaus sowie mit dem Gesetzentwurf zur Gleichbehandlung der Aus-, Um- und Übersiedler.

Ich war sicher, dass diese Maßnahmen zu einer weiteren Verbesserung des politischen Klimas für die Regierungskoalition beitragen würden, wenn wir sie auf allen Ebenen der Partei einig vertraten. Wir mussten uns mehr Zeit nehmen, den Bürgern unsere Politik zu erläutern und sie zu begründen. Ihre größten politischen Erfolge erzielte die CDU dort, wo sie eindeutig als Kommunalpartei verankert war, das Gespräch mit den Bürgern suchte und sich erkennbar ihrer Belange annahm. Wo dieser enge Kontakt verlorengegangen war, mussten wir ihn wiederherstellen.

Der zunehmend negative Gebrauch des Begriffs »Berufspolitiker« war ein Indiz für Verwerfungen, die wir sehr ernst nahmen. Wir mussten stärker als bisher darauf achten, dass beim Ringen um Einfluss und Mandate in der Partei nicht vornehmlich solche Kandidaten und Personen die Nase vorn hatten, die relativ viel freie Zeit hatten. Es musste uns gelingen, die Parteiarbeit wieder so zu organisieren, dass sich auch ganztägig beschäftigte Arbeitnehmer, Mittelständler, Repräsentanten der Industrie und andere, die beruflich sehr angespannt waren, intensiv daran beteiligen konnten. Die CDU fand um so mehr Akzeptanz bei den Bürgern, je unmittelbarer sie bis hinein in ihre Mandatsträger ein Spiegel der gesellschaftlichen Gruppen war. Ich war fest entschlossen, beim Parteitag in Bremen ein Konzept zur Reform der Organisationsstruktur und der Parteiarbeit vorzulegen, das diesen Anforderungen gerecht wurde.

*

Der Ausgang der Kommunalwahlen in Hessen am 12. März 1989 war ein weiterer Tiefpunkt für die CDU. Er brachte ein Minus von 6,8 Prozentpunkten für meine Partei, magere Zuwächse für die SPD, aber kräftige Gewinne für Grüne und NPD. Die NPD zog mit 6,6 Prozent der Stimmen in den Frankfurter Römer ein, während die CDU Verluste von 13 Punkten zu verzeichnen hatte. In einigen ländlichen Gebieten erzielte die NPD sogar zweistellige Ergebnisse.

Vor allem in den Großstädten Hessens waren die Ergebnisse

deprimierend. In der Union läuteten die Alarmglocken. Die Stimmengewinne der Grünen und der rechten Parteien waren äußerst beunruhigend, zumal auch die Sozialdemokraten nicht besonders gut abschnitten. Die Situation der CDU war ernst. Ich war davon überzeugt und wurde darin auch bald bestätigt, dass die SPD auch in Hessen eine Koalition mit den Grünen eingehen würde.

Der Ruf nach Konsequenzen wurde in den Parteigremien immer lauter. Kritiker innerhalb und außerhalb der Unionsparteien forderten ein Umsteuern auf Bundesebene und nannten Themen wie Wohnungsbau, Familienpolitik und die Ausländer-, Aussiedler- und Asylpolitik. Die CSU forderte Veränderungen des Profils der Bonner Regierungskoalition – was immer das heißen mochte – und einen Neubeginn, der in der Öffentlichkeit kräftig darzustellen sei. Insgesamt führte der Wahlausgang zum Wiederaufflammen des Richtungsstreits in der CDU. Heiner Geißler warnte vor einem Rechtsruck der Partei, während andere forderten, die CDU müsse ihre Öffnung nach links unverzüglich aufgeben, die Geißler propagiert habe und der sich die Stimmenverluste in Berlin und Hessen verdankten.

In der Bundestagsfraktion und im Präsidium wurde heftig gestritten. Ich hatte zwar viel Verständnis für die Nachwirkungen der Wahlergebnisse von Berlin und Hessen, aber keines dafür, wenn die Ergebnisse so interpretiert wurden, als ob die Regierung am Ende wäre. Natürlich mache die CDU Zukunftspolitik, hielt ich dagegen. Es war nur die Frage, ob diese Zukunftspolitik gut kommuniziert wurde. Das war nach meinem Eindruck nicht der Fall, vielmehr wurde unsere Politik zerredet.

Was sich hier abspielte, war nur das Vorspiel für meinen geplanten Sturz. Bereits im November 1988 hatte ich Heiner Geißler schriftlich mitgeteilt, wenn er den Richtungsstreit in den Unionsparteien – vor allem mit der CSU – weiter schüre, würde ich ihn auf dem nächsten Bundesparteitag, der für September 1989 in Bremen geplant war, nicht wieder zum Generalsekretär vorschlagen. Praktisch war das eine erste Abmahnung, die bei einem anhaltenden Dissens nur die Abberufung zur Folge haben konnte.

Die Auseinandersetzungen in den Parteigremien wurden von Woche zu Woche härter. Wer wache Augen und Ohren hatte, konnte leicht erkennen, dass es Heiner Geißler regelrecht darauf anlegte, mit mir in offenen Streit zu geraten. Den Gefallen tat ich ihm einstweilen noch nicht – lediglich hinter verschlossenen Türen ließ ich mich auf den Konflikt ein. Immerhin standen im Juni Europawahlen an, und bis zum Bundesparteitag im September dauerte es noch ein paar Monate. Bis dahin hieß das Motto: Volle Konzentration auf die Regierungsgeschäfte und möglichst viel Phantasie, um die Partei aus dem Stimmungstief herauszubekommen.

38.
Handlungsbedarf

Jetzt war der Moment für eine Umbildung des Bundeskabinetts gekommen. Die großen Reformvorhaben dieser Legislaturperiode waren entweder – wie die Steuerreform und die Gesundheitsreform – abgeschlossen oder aber – wie die Rentenreform und Postreform – so weit vorangetrieben, dass das von mir in der Regierungserklärung vom 18. März 1987 angekündigte Regierungsprogramm im wesentlichen bewältigt war. Das bewies nicht zuletzt die ausgezeichnete Gesamtlage im Bereich der Innen- und Außenpolitik. Nun kam es darauf an, längerfristige Perspektiven für die Zukunft aufzuzeigen. Das wollte ich in einer Regierungserklärung Ende April 1989 tun.

Am 13. April 1989 erläuterte ich der Bonner Presse meine personellen Entscheidungen, die mit einer besonders umfassenden Kabinettsumbildung einhergingen:

Für die weitere Arbeit der Koalition und der Bundesregierung war es wichtig, dass der CSU-Vorsitzende Theo Waigel ins Bundeskabinett eintrat, und zwar in ein Ressort von herausragender Bedeutung.

Ich bot ihm deshalb das Amt des Bundesministers der Finanzen an, und Theo Waigel nahm das Angebot an. Ich war überzeugt, dass er das Amt ganz ausgezeichnet ausfüllen würde.

Ebenso wichtig war, dass Gerhard Stoltenberg an herausgehobener Stelle Mitglied der Bundesregierung blieb. Er hatte bei der Sanierung der Staatsfinanzen und bei der Durchsetzung der großen Steuerreform vorzügliche Arbeit geleistet. Dafür dankte ich ihm ausdrücklich. Jetzt sollte er eine neue schwierige Aufgabe übernehmen: das Amt des Bundesministers der Verteidigung. Ich wusste, dass unsere Bundeswehr im Augenblick mit großen Problemen zu kämpfen hatte, vor allem weil die Notwendigkeit einer gesicherten Verteidigungsfähigkeit im öffentlichen Bewusstsein in den Hintergrund rückte. Hier lag eine wichtige Herausforderung für Gerhard Stoltenberg.

Rupert Scholz dankte ich für die Arbeit, die er geleistet hatte. Er hatte auf meine Bitte hin in einer sehr schwierigen Phase das oft undankbare Amt des Verteidigungsministers übernommen. Das Engagement, mit dem er seine großen Gaben und seine ganze Arbeitskraft in den Dienst unserer Bundeswehr und ihrer Soldaten gestellt hatte, verdiente allseits Anerkennung.

Neuer Bundesminister des Innern wurde Wolfgang Schäuble. Dass er für dieses Amt bestens geeignet war, stand außer Zweifel. Ich hatte seine großen Fähigkeiten bereits während unserer engen Zusammenarbeit in der CDU/CSU-Bundestagsfraktion zu schätzen gelernt. In den letzten viereinhalb Jahren war er ein exzellenter Chef des Bundeskanzleramts und zugleich einer meiner engsten und wertvollsten persönlichen Berater gewesen.

Nachfolger von Wolfgang Schäuble als Chef des Bundeskanzleramts wurde der bisherige Parlamentarische Geschäftsführer der CDU/CSU-Bundestagsfraktion Rudolf Seiters. Er war schon bisher eine der wichtigsten Stützen für die Zusammenarbeit in der Regierungskoalition.

Der bisherige Bundesminister des Innern Friedrich Zimmermann, der dieses Amt seit sechseinhalb Jahren ausübte und Pionierleistungen auf dem Gebiet einer fortschrittlichen Umweltpolitik vollbracht hatte, übernahm das Amt des Bundesverkehrsministers. Jürgen Warnke wurde wieder Bundesminister für wirtschaftliche Zusammenarbeit.

Einen Wechsel gab es auch an der Spitze des Bundesministeriums für Raumordnung, Bauwesen und Städtebau. Oscar Schneider hatte dieses Ressort mit dem Regierungswechsel im Oktober 1982 übernommen. Mit seinem Namen bleibt vor allem die Schaffung des Baugesetzbuchs verbunden. Auf seinen wertvollen Rat in kulturellen Angelegenheiten wollte ich auch künftig nicht verzichten, und so bat ich ihn, in enger Zusammenarbeit mit mir weiterhin an der Betreuung der großen Museumsprojekte in Bonn und Berlin mitzuwirken.

Als seine Nachfolgerin trat die CSU-Bundestagsabgeordnete Gerda Hasselfeldt in das Bundeskabinett ein. Damit gehörten erstmals in der Geschichte der Bundesrepublik drei Ministerinnen dem Bundeskabinett an. Dorothee Wilms verantwortete den Bereich der innerdeutschen Beziehungen und Ursula Lehr das Ministerium für Frauen und Gesundheit. Mit Gerda Hasselfeldt übernahm eine Vertreterin der jüngeren Generation das Bauministerium. Als Diplom-Volkswirtin und Mutter von zwei Kindern wusste sie um die besonderen Anliegen von jungen Familien in der Wohnungsversorgung.

Auch in der Leitung des Presse- und Informationsamts der Bundesregierung sah ich einen Wechsel vor. Friedhelm Ost stand nunmehr fast vier Jahre lang an der Spitze dieses Amts und musste seine Aufgaben in einer politisch sehr schwierigen Zeit erfüllen. Ich dankte ihm für seinen Einsatz und seine Loyalität. An seiner Stelle übernahm Hans Klein als Bundesminister für besondere Aufgaben die Leitung des Presse- und Informationsamts der Bundesregierung und die Aufgaben des Regierungssprechers.

Auch bei den Parlamentarischen Staatssekretären gab es Veränderungen: Manfred Carstens wurde Parlamentarischer Staatssekretär beim Bundesminister der Finanzen. Er trat dort an die Stelle von Hansjörg Häfele. Beim Bundesminister für Arbeit und Sozialordnung wurde der CSU-Bundestagsabgeordnete Horst Seehofer Parlamentarischer Staatssekretär anstelle von Stefan Höpfinger. Norbert Lammert löste Irmgard Karwatzki beim Bundesminister für Bildung und Wissenschaft ab. Beim Bundesminister für wirtschaftliche Zusammenarbeit übernahm Hans-Peter Repnik das Amt des Parlamentarischen Staatssekretärs von Volkmar Köhler.

Mein Versuch, CDU-Generalsekretär Heiner Geißler wieder ins Kabinett zurückzuholen, scheiterte an dessen Widerstand. Ich hatte überlegt, dem gelernten Juristen das Innenministerium anzubieten. Zunächst sah es auch so aus, als ob Heiner Geißler mein Angebot annehmen würde. Doch kurz vor dem 13. April 1989,

Nach der Kabinettsumbildung gehören mit Gerda Hasselfeldt (Mitte) als neuer Bundesbauministerin erstmals drei Frauen der Regierung an

dem Tag der Kabinettsumbildung, sagte er mit der Begründung ab, er könne so kurz vor der Wahl im nächsten Jahr das Amt des Generalsekretärs nicht verlassen. Offensichtlich wollte Geißler freie Hand in der Partei haben, um meine Ablösung vorzubereiten.

Die FDP-Minister blieben von dieser Kabinettsumbildung unberührt. Bereits im Dezember 1988 war Helmut Haussmann neuer Bundeswirtschaftsminister geworden, weil Martin Bangemann zur Brüsseler EG-Kommission wechselte.

Mit der Kabinettsumbildung allein war eine Verbesserung der schwierigen Situation jedoch nicht zu schaffen. Der personellen Erneuerung mussten schlüssige Veränderungen in der Sachpolitik folgen. Darauf stellte ich meine Regierungserklärung ab.

*

Deutsch-spanische Konsultationen Anfang Februar 1989 in Sevilla, deutsch-britische Konsultationen Ende Februar 1989 in Frankfurt am Main, deutsch-französische Konsultationen Mitte April 1989 in Paris – meine Begegnungen mit Felipe Gonzáles, Margaret

Thatcher und François Mitterrand drängten die innenpolitischen Probleme nur für kurze Zeit zurück. Die Bundesrepublik befand sich international auf einem Erfolgskurs ohnegleichen. Die Staats- und Regierungschefs in Europa beneideten uns. Immer penetranter stellte das Ausland die Frage: »Was ist eigentlich mit den Deutschen los?« Im Gegensatz zu allem törichten Gerede, das die wirtschaftliche Leistungsfähigkeit der Bundesrepublik in Frage stellte, gaben Experten auch für das Jahr 1989 gute Prognosen.

Den vorrangigen Handlungsbedarf, unser Arbeitsprogramm bis zur Bundestagswahl 1990 und unsere Perspektiven für die neunziger Jahre erläuterte ich am 27. April 1989 in einer Regierungserklärung vor dem Deutschen Bundestag.

Die Wahlen dieses Jahres hatten in bedrückendem Ausmaß Parteien am rechten und linken Rand gestärkt. Dies musste für die demokratischen Parteien Anlass sein, sich selbstkritisch zu fragen, ob sie etwas übersehen, falsch eingeschätzt oder vernachlässigt hatten. Wir in der Koalition dachten darüber nach, ob wir uns zu stark auf den sachlichen Fortgang unserer Arbeit konzentriert und uns zu wenig Zeit genommen hatten, sie den Bürgern zu erläutern und zu begründen. Es stand viel auf dem Spiel, denn Freiheit, Wohlstand und sozialer Ausgleich haben keine Zukunft, wenn Radikale das Sagen haben. Radikale wollten den Austritt aus der Nato und der Europäischen Gemeinschaft. Sie kämpften gegen die soziale Marktwirtschaft und hatten ein gestörtes Verhältnis zum Rechtsstaat. Manche von ihnen sympathisierten offen mit terroristischen Gewalttätern. Mich machte die Lage in Berlin besorgt, wo ein Wortführer der Senatskoalition den Besuch des amerikanischen Präsidenten für unerwünscht erklärt hatte. Das war ein Alarmsignal nicht nur für Berlin.

Bei allen Fehlern, die uns unterlaufen sein mochten – die Bürger wussten, dass wir in den Existenzfragen unseres Volkes verlässlich waren. Prinzipientreue schloss nicht aus, dass wir Korrekturen vornahmen, wo sie sich als notwendig erwiesen. Aber entscheidend war, dass wir die Fundamente unseres Gemeinwesens neu absicherten und den Berg von Problemen abtrugen, den wir bei Amtsantritt vorgefunden hatten.

Für die neunziger Jahre standen wir vor drei großen Herausforderungen:

Erstens: Wir erlebten einen atemberaubenden Aufstieg neuer Wirtschaftszentren: die neue Freihandelszone USA/Kanada und die Entwicklung im ostasiatisch-pazifischen Raum. Schon dies machte einen engen Zusammenschluss der Staaten Europas dringender denn je. Unsere Antwort auf diese Herausforderung war der gemeinsame Binnenmarkt 1992. Schon 1989 erwies er sich als das größte Konjunkturprogramm seit der Währungsreform 1949. Wir waren Zeugen beim Aufbruch Europas in eine neue Epoche, und wir mussten bereit sein, diesen Aufbruch maßgeblich mitzugestalten. Europa stand ein umfassender Wandel bevor. Zu einer tiefgreifenden Veränderung in Wirtschaft und Gesellschaft traten auch kulturell neue Horizonte. Zum ersten Mal seit dem Ende des Zweiten Weltkriegs zeichnete sich die Chance ab, aus dem Schatten des Ost-West-Konflikts herauszutreten.

Was sich auf unserem alten Kontinent entwickelte, schlug Menschen weltweit in den Bann. Die soziale Marktwirtschaft fand selbst in sozialistischen Staaten wachsende Zustimmung. Die freiheitlichen Ideen von Ludwig Erhard verdrängten mehr und mehr die Ideologie von Karl Marx. Bei unseren Nachbarn im Osten und Südosten brach sich der Wille nach Menschenrechten und mehr Freiheit Bahn.

Welches Volk könnte an diesem Fortschritt stärkeres Interesse haben als das deutsche? Das Aufbrechen jahrzehntelanger Verkrustungen in Europa schuf neue Hoffnung auf die Einheit unseres Vaterlandes. Ich beklagte, dass Teile der Opposition den jetzt bestehenden Zustand festschreiben wollten und sich längst von der Präambel unseres Grundgesetzes verabschiedet hatten. Spätere Generationen würden das unbegreiflich finden. Unser Ziel blieb ein freies und geeintes Deutschland in einem freien und geeinten Europa, erklärte ich für mich und diese Regierung.

Zweitens: Globale Umweltgefährdungen, wie zum Beispiel die weltweiten Klimaveränderungen, rührten an den Lebensnerv aller Völker. Wir brauchten deshalb eine weltumspannende Umweltpartnerschaft. Globale Gefährdungen erforderten die ökologische Pionierleistung einer großen Industrienation. Deshalb räumten wir dem Umweltschutz auch im Innern hohe Priorität ein.

Die achtziger Jahre waren die Phase des umweltpolitischen Aufbruchs in Europa mit der Bundesrepublik als treibender Kraft. Die neunziger Jahre sollten das Jahrzehnt eines weltweiten ökologischen Aufbruchs werden. Dazu gehörte auch eine neue Solidarität zwischen armen und reichen Ländern.

Drittens: In einer Zeit raschen gesellschaftlichen und technologischen Wandels wussten viele Menschen nicht mehr, woran sie sich halten sollten. Gewohnte Wertmaßstäbe und traditionelle Bindungen wurden in Frage gestellt. Diese Unsicherheit gefährdete die innere Balance unserer freiheitlichen Gesellschaft. Um so mehr waren Heimat und Geborgenheit gefragt. Deshalb mussten wir die Institutionen stärken, die Halt geben: an erster Stelle die Familie. Sie blieb der wichtigste Ort für die persönliche Entwicklung und für die Vermittlung von Werten und Tugenden. Auch der Staat musste verlässlich sein – vor allem, wenn es um die friedenstiftende Funktion des Rechts ging.

In der Krise von 1981/82 war für jedermann offensichtlich, dass es so nicht weitergehen konnte, wenn nicht das Ganze aufs Spiel gesetzt werden sollte. 1989 ging es den Menschen insgesamt besser als je zuvor. Gerade deshalb war es für viele Bürger sehr viel schwieriger geworden, ihre persönlichen Alltagserfahrungen mit der Notwendigkeit von Reformen in Übereinstimmung zu bringen, die weit in die Zukunft reichten. Wohlstand und soziale Leistungen waren jedoch nicht automatisch garantiert. Wir konnten Arbeitsplätze, Einkommen und eine intakte Umwelt nur sichern, wenn wir den neuen Herausforderungen bereits jetzt offen begegneten. Stillstand bedeutete Rückschritt – auf Kosten unserer Kinder und Enkel.

*

»Die Schöpfung bewahren – die Zukunft gewinnen«, unter diesem Leitgedanken stand unser Arbeitsprogramm für diese Legislaturperiode. Konsequenter Umweltschutz gehört zu einer werteorientierten Politik: Wer für den umfassenden Schutz menschlichen Lebens und menschlicher Würde eintritt, dem kann die uns anvertraute Schöpfung nicht gleichgültig sein.

Für die laufende Legislaturperiode hatten wir ein klares umweltpolitisches Sachprogramm:

Erstens: Wir wollten die zivilrechtliche Verantwortlichkeit der Verursacher von Umweltschäden neu regeln und die Überprüfung gefährlicher Stoffe forcieren.

Zweitens: Noch in dieser Legislaturperiode wollten wir für Kraftfahrzeuge unter zwei Litern Hubraum die gleiche steuerliche Förderung des Drei-Wege-Katalysators einführen, wie sie bisher für Kraftfahrzeuge über zwei Litern Hubraum galt. Ferner sollte die Nachrüstung von Altfahrzeugen mit einem Katalysator durch einen einmaligen Zuschuss weiter gefördert werden.

Drittens: Ebenfalls noch in dieser Legislaturperiode wollten wir in der EG durchsetzen, dass bei Neuzulassungen von Benzin-Pkw der geregelte Drei-Wege-Katalysator vorgeschrieben wird. Notfalls würden wir nationale Regelungen erlassen. Bei Neuzulassungen von Diesel-Pkw sollten die strengen amerikanischen Grenzwerte in der EG verpflichtend werden.

Viertens: Auf dem bevorstehenden Weltwirtschaftsgipfel in Paris wollte ich meine Initiative vom Gipfeltreffen in Toronto fortführen, den Umweltschutz mit Schuldenfragen zu verknüpfen. Ein erstes praktisches Beispiel war unser Schuldenerlass für Kenia, den wir davon abhängig gemacht hatten,

dass freiwerdende Mittel möglichst für konkrete Umweltmaßnahmen eingesetzt wurden.
Fünftens: Die Bundesregierung würde ihre Zustimmung zu internationalen Krediten nur geben, wenn die jeweiligen Projekte auch unter Umweltaspekten verantwortet werden konnten. Dies galt insbesondere für Projekte im Bereich tropischer Regenwälder.

Nur mit modernster Spitzentechnologie lässt sich die Umwelt besser schützen. Wer gegen technischen Fortschritt ist, kann die Schöpfung nicht bewahren. SPD und Grüne haben das bis heute nicht verstanden.

*

Es war die Koalition der Mitte, die den zu Beginn der achtziger Jahre unaufhaltsam erscheinenden Niedergang in immer größere Massenarbeitslosigkeit und internationale Zweitklassigkeit stoppte. Wir setzten die längste und zugleich stabilste wirtschaftliche Aufwärtsentwicklung der Nachkriegszeit in Gang. Dadurch schufen wir mehr als eine Million zusätzlicher Arbeitsplätze. Schnell steigende Beschäftigung und die zunehmende Zahl offener Stellen führten dazu, dass die Mehrheit der Arbeitslosen eine bessere Chance bekam, bald wieder einen Arbeitsplatz zu finden. Trotz dieser Erfolge übersahen wir nicht die Probleme derjenigen, die länger als ein Jahr arbeitslos waren. Solidarität und ökonomische Vernunft geboten es, unsere Anstrengungen auf die Bekämpfung der Langzeitarbeitslosigkeit zu konzentrieren. Wir handelten dabei nach dem Grundsatz, den Menschen zu Arbeit zu verhelfen, statt nur zur Sicherung des Lebensunterhalts.

Dafür machten wir erhebliche Mittel locker, unter anderem sollten Lohnkostenzuschüsse in Höhe von 1,5 Milliarden DM es Arbeitgebern bis einschließlich 1991 erleichtern, Langzeitarbeitslose einzustellen. Mit weiteren 250 Millionen DM sollte Langzeitarbeitslosen in besonders schwieriger Lage eine gezielte Betreuung und Unterstützung ermöglicht werden. Ein anderes Ziel war, dass der internationale Rückstand der Bundesrepublik beim Angebot von Teilzeitarbeitsplätzen Schritt für Schritt abgebaut wurde. Vor allem berufstätige Frauen mussten mehr als bisher die Möglichkeit erhalten, Teilzeitarbeit zu wählen, wenn sie dies wünschten. Auch der öffentliche Dienst musste hier einen größeren Beitrag leisten.

*

Das Füreinander-Einstehen der Generationen, Partnerschaft zwischen Mann und Frau, nicht zuletzt Liebe und gegenseitiger Respekt zwischen Eltern und Kindern – dies alles kann unsere Gesellschaft nur prägen, wenn es sich zuvor in der Familie bewährt. Gerade auch in einer Zeit tiefgreifender Veränderungen musste die Familie weiter an Bedeutung gewinnen – als Quelle menschlicher Wärme und Geborgenheit. Familie bedeutet für viele Verlässlichkeit in einer Zeit schnellen Wandels. Es blieb unsere vornehmste Pflicht, die Familie zu stärken. Hier erreichten wir eine grundlegende Neuorientierung, die bereits Hunderttausenden von Familien zugute kam: Ab 1990 standen den Familien jährlich rund 18 Milliarden DM mehr zur Verfügung als vor 1985. Erziehungsgeld, Erziehungsurlaub, die Anerkennung von Erziehungszeiten im Rentenrecht – damit beschritten wir neue Wege, und an diesem Kurs hielten wir fest.

Deshalb verlängerten wir das Erziehungsgeld und den Erziehungsurlaub zunächst auf fünfzehn, dann auf achtzehn Monate, erhöhten das Kindergeld für das zweite Kind und schufen Erleichterungen bei Familien- und Pflegehilfen. Allein im Rahmen der Gesundheitsreform sahen wir jährlich über 5 Milliarden DM für die häusliche Pflege von schwer pflegebedürftigen Personen vor.

Unsere Anerkennung, aber auch unsere politischen Anstrengungen galten ebenso den Frauen, die Familie und Beruf miteinander verbinden wollten, wie jenen, die sich auf Grund ihrer persönlichen Entscheidung vor allem der Familie und der Erziehung der Kinder widmeten. Ich wandte mich dagegen, dass der Einsatz als Hausfrau und Mutter geringer gewertet wurde als Erwerbsarbeit. Deshalb blieb die Verbesserung des Familienlastenausgleichs auf der Tagesordnung. Das war ein Herzstück der von mir verantworteten Politik.

Unser Land musste ein familien- und vor allem ein kinderfreundliches Land sein. Unser Auftrag zugunsten einer kinderfreundlichen Gesellschaft war noch längst nicht erfüllt. Kinder bedeuten Leben, Wärme, Fröhlichkeit – und letztlich Zukunft. Sie brauchen in besonderem Maß Schutz, Hilfe und Zuwendung.

Dies gilt vor allem für die schwächste Form menschlichen Lebens: für das ungeborene Kind. Ungeborenes Leben ist ohne Einschränkung menschliches Leben. Daran darf kein Zweifel aufkommen. Mir persönlich lag sehr daran, dass das Beratungsgesetz bald zustande kam.

*

Zu einer Gesellschaft mit menschlichem Gesicht gehört auch das gute Miteinander mit unseren ausländischen Mitbürgern. Ich wende mich gegen jede Form von Ausländerfeindlichkeit. Wir verdanken unseren ausländischen Mitbürgern viel. Aber wir konnten nicht alle Menschen aufnehmen, die zu uns kommen wollten. Wir waren kein Einwanderungsland und würden es auch nicht werden. Deshalb setzte die Bundesregierung dem weiteren Zuzug von Ausländern Grenzen. Die Integration jener aber, die seit langem bei uns lebten, wollten wir fördern, unter anderem durch eine erleichterte Einbürgerung.

Ein besonderes Thema 1989 war der Missbrauch des Grundrechts auf Asyl. Damals wie heute gab es unendlich viel Armut auf der Welt. Wir konnten den Millionen von Menschen, die in großer Not lebten, nicht dadurch helfen, dass wir sie bei uns aufnahmen, sondern mussten vielmehr versuchen, diesen Menschen in ihrer Heimat zu helfen. Hier bei uns mussten wir zu einer schnelleren Entscheidung über die Anträge kommen, damit Bewerber, die keinen Anspruch auf Asyl hatten, auch wirklich abgeschoben werden konnten.

Im übrigen war dies kein Problem der Bundesrepublik allein. In einem Europa der offenen Grenzen mussten wir auch Asylpraxis und Asylrecht harmonisieren. Auf meinen ausdrücklichen Wunsch hin wurde dieses Thema deshalb auf dem EG-Gipfel in Madrid beraten – ein weiteres Mal dann im Dezember 1989 in Paris. Wir wollten in der Gemeinschaft einheitliche Maßstäbe finden. Dies diente auch der Rechtssicherheit für die Betroffenen.

*

Terrorismus, organisiertes Verbrechen und Rauschgiftkriminalität waren zu einer neuen Herausforderung geworden, die die nationalen Polizeidienststellen mit den bisherigen Mitteln nicht mehr bewältigen konnten. Meiner Überzeugung nach würden wir auf Dauer ohne eine europäische Polizei – vergleichbar dem amerikanischen FBI – nicht auskommen.

Das war übrigens ein gutes Beispiel dafür, dass es beim europäischen Binnenmarkt um mehr ging als um wirtschaftliche Fragen. Die Bürger erwarteten zu Recht, dass wir auch für andere Probleme, die sie bewegten, überzeugende europäische Lösungen fanden. Dazu gehörten neben der inneren Sicherheit auch der Umweltschutz und die Sozialpolitik.

Wir strebten auf europäischer Ebene Ergebnisse an, mit denen es uns gelingen sollte, die gemeinsamen sozialen Standards an unser Niveau heranzuführen – und nicht umgekehrt. Es war übrigens erstaunlich, dass die notorischen Kritiker unserer Sozialpolitik das soziale Niveau in der Bundesrepublik Deutschland auf europäischer Ebene als beispielhaft lobten.

*

Umweltschutz und Wohlstand, Spitzentechnologie und Wettbewerbsfähigkeit, einen hohen Ausbildungsstand und das umfassende Netz sozialer Sicherungen – dies alles konnten wir auf Dauer nur mit einer leistungsfähigen Wirtschaft gewährleisten. Wenn wir wollten, dass unser Land auch morgen Spitze war, mussten wir die Weichen richtig stellen. Fleiß und Energie der Bürger, Kreativität und Freiheitswillen brauchte unser Land auch in Zukunft. Wenn wir auch morgen einen Spitzenplatz haben wollten, dann mussten wir uns heute anstrengen. Dieser Weg war nicht leicht, aber ich wusste, es war der richtige Weg.

Ich war neunzehn Jahre alt, als Konrad Adenauer als Präsident des Parlamentarischen Rats im Mai 1949 zur Schlussabstimmung über das Grundgesetz aufrief. Diesen unvergesslichen Augenblick erlebte ich als Schüler. Ich saß damals vor dem Radio und hoffte wie viele meiner Generation: Dies wird unsere Republik.

Jetzt standen wir kurz vor dem 40. Geburtstag unserer Verfassung. Für uns galt in jenen Tagen wie auch später: Unser Vaterland verdient jeden Einsatz.

39.
Festakte

Im Jahr 1989 gab es eine ganze Reihe von Jubiläen. Den Auftakt machte der 40. Jahrestag der Nato-Gründung. Am 4. April 1989 erklärte Nato-Generalsekretär Manfred Wörner während eines Festakts in Brüssel, auch im Zeichen der Entspannung zwischen den Militärblöcken bleibe die Allianz Garant der westlichen Sicherheit. Die Nato habe Europa die längste Periode des Friedens gebracht, und ohne das Bündnis werde es weder Stabilität noch friedlichen Wandel geben.

Der Generalsekretär sprach sich auch gegen den Abzug amerikanischer Soldaten aus Europa aus: »Es ist besser, hierzubleiben und einen Krieg zu verhindern, als später zurückzukommen und einen Krieg führen zu müssen.«

In meiner Erklärung hob ich die Bedeutung der Nato für die Bundesrepublik hervor und sagte:

> »Mit der Aufnahme der Bundesrepublik Deutschland in dieses Bündnis im Jahr 1955 wurde die Einbeziehung der zweiten deutschen Republik in den Kreis westlicher Demokratien für alle Welt sichtbar bekräftigt [...].
> Die Nato brauchte die Bundesrepublik Deutschland und umgekehrt. Dies wird auch in Zukunft so bleiben. Der Bundesrepublik Deutschland kommt auf Grund ihrer geostrategischen Lage, auf Grund der Stärke der Bundeswehr eine Schlüsselfunktion im Bündnis zu.
> Wir brauchen die Nato, weil sie uns Frieden in Freiheit und Sicherheit garantiert und nur die feste Verankerung im Bündnis uns die Möglichkeit bietet, gestaltend auf die West-Ost-

Beziehungen, auch auf Rüstungskontrolle und Abrüstung, Einfluss zu nehmen.«

*

Am 23. Mai 1989 bestand die Bundesrepublik Deutschland vierzig Jahre. Für die meisten Menschen war dieser Zeitraum identisch mit der von ihnen selbst erlebten Vergangenheit. Und für ein Volk, das seine moderne Geschichte vorwiegend als eine Folge von schmerzlichen Brüchen erfahren hatte, verbanden sich mit vierzig Jahren Bundesrepublik vor allem vier Jahrzehnte Frieden und Freiheit, Sicherheit und Stabilität, wirtschaftlicher Wohlstand und soziale Gerechtigkeit. Damit nahmen diese vierzig Jahre in der deutschen Geschichte der Neuzeit einen besonderen Platz ein.

Im Vergleich zu der Zeit vor 1945 nehmen sich die anschließenden vier Jahrzehnte unserer Demokratie als glückliche Periode einer friedlichen, aufwärtsgerichteten Entwicklung aus, als eine Zeit der Stabilität ohne abrupte Wendungen und störende Brüche, wenn auch beileibe nicht ohne Gefährdungen. Und dennoch durften wir nicht vergessen: Nicht allen Deutschen war dieses Glück zuteil geworden, und deshalb durften auch wir in der Bundesrepublik uns nicht zufriedengeben. Gegen seinen Willen musste noch immer ein Teil unseres Volkes in Unfreiheit leben. Und obwohl die Menschen in Deutschland zusammenleben wollten, wurden sie weiterhin durch Mauer und Stacheldraht voneinander getrennt. Vierzig Jahre Bundesrepublik, das waren eben auch vierzig Jahre vergeblicher Anstrengungen, die Einheit wiederherzustellen.

Die Entwicklung der Bundesrepublik musste um so erstaunlicher erscheinen, als die Ausgangslage des zerstörten und geteilten Deutschlands unter schlechten Vorzeichen stand. Niemand konnte damals erwarten, dass in absehbarer Zeit erneut aus Trümmern Leben, aus Verzweiflung Hoffnung, aus unvorstellbarem Chaos wieder Kultur entstehen würde.

Dass sich auf dem Boden der Bundesrepublik überraschend schnell die Elemente der Befreiung gegenüber denen der Niederlage entfalten konnten, lag nicht zuletzt an der außenpolitischen

Orientierung der jungen Republik. Mit Entschiedenheit zog Konrad Adenauer die Konsequenz aus der Erkenntnis, dass die Entscheidung für die freiheitliche Demokratie von der Entscheidung für die Gemeinschaft der freien Völker des Westens nicht zu trennen war. Beides stand in einem unauflösbaren Zusammenhang, der ungeachtet aller außenpolitischen Veränderungen auch weiterhin bestehen blieb.

Mit der Entscheidung für den Westen wagte Konrad Adenauer eine fast revolutionäre Neuorientierung und zog einen Schlussstrich unter die gescheiterten Ansätze deutscher Außenpolitik: Die von Bismarck dem Reich gestellte Aufgabe, Europa als »ehrlicher Makler« zu dienen und damit die Berechtigung der eigenen Existenz zu unterstreichen – sie hatte sich längst überlebt.

Die Grundentscheidung für den Westen wurde von Anfang an als Werteentscheidung getroffen und mit aller Klarheit in die Praxis umgesetzt. Demgemäß erteilte Konrad Adenauer auch allen Verführungen des Neutralismus stets deutliche – geradezu leidenschaftliche – Absagen. Der ganze Widersinn des Traums vom deutschen Sonderweg zwischen Ost und West fand Ausdruck in den Worten des Historikers Ulrich Noack – nach 1945 einer der prominentesten Befürworter neutralistischer Ideen –, der in kaum fassbarer Naivität noch vor der Verabschiedung des Grundgesetzes sagte: »Wenn die anderen unbedingt schießen wollen, dann machen wir uns klein und lassen sie über uns hinwegschießen.«

Mit ihrer klaren Haltung erreichte die Bundesrepublik viel mehr, und zwar nicht nur für sich selbst: Die feste Einbindung in die westliche Allianz trug dazu bei, dass in Europa überhaupt nicht mehr geschossen, mehr noch, dass der Friede immer sicherer wurde.

Der Schuman-Plan – und damit verbunden der Durchbruch zur deutsch-französischen Verständigung –, der Deutschlandvertrag und die Pariser Verträge, die Aufnahme in die Atlantische Allianz und die Gründung der Europäischen Wirtschaftsgemeinschaft: Dies alles sind entscheidende Stationen in der Geschichte der Bundesrepublik Deutschland. Sie zeigen zugleich, wie eng außen- und innenpolitische Entwicklungen verknüpft sind: Mit der fortschreitenden Integration in das westliche Bündnis festigte sich auch die

Demokratie im Innern, gewann unser Staat seine Souveränität – im rechtlichen wie im politischen Sinne – zurück, konnten Wohlstand und soziale Gerechtigkeit wachsen.

Die neue moralische Dimension deutscher Außenpolitik entfaltete sich nicht zuletzt in der Wiedergutmachung gegenüber den Juden und dem Staat Israel – wobei wir wissen: Leiden und Sterben, Schmerz und Tränen kann man nicht wiedergutmachen. Dafür gibt es nur gemeinsame Erinnerung, gemeinsame Trauer und den gemeinsamen Willen zum Miteinander in einer friedlicheren Welt.

In diesem Geist und in diesem Streben nach dem Miteinander in einer friedlicheren Welt suchten wir auch die Aussöhnung mit Polen. Es war für mich persönlich ein dringendes Anliegen, dass die Verständigung, die mit Frankreich möglich war, eines nicht allzu fernen Tages auch mit Polen möglich sein werde – und ich hoffte sehr, dass die sich abzeichnenden Chancen für mehr persönliche Freiheit in Polen einen wichtigen Beitrag dazu leisteten. Im übrigen war die ausgestreckte Hand nach Osten, das Angebot zur Zusammenarbeit im Interesse der Menschen eine Konstante unserer Außenpolitik – und zwar schon seit den Tagen Konrad Adenauers, der mit seiner spektakulären Moskaureise 1955 auch in dieser Hinsicht Weichen gestellt hatte.

Die zweite – und auf ihre Weise nicht minder revolutionäre – Weichenstellung für die Entwicklung der Bundesrepublik Deutschland gelang mit der Einführung der sozialen Marktwirtschaft. Sie verbindet sich für uns untrennbar mit einem Namen und zwei Daten. Im Juni 1948 wagte Ludwig Erhard im Zuge der Währungsreform den entscheidenden Schritt: Er setzte dirigistischer Gängelung und bürokratischen Hemmnissen ein Ende und gab so der Wirtschaft den befreienden Impuls.

Die soziale Marktwirtschaft fügte bewährte und neuartige Merkmale wirtschaftlicher Ordnung zu etwas qualitativ Neuem zusammen. Sie regte den einzelnen zur Leistung an, setzte Kreativität und Energien frei. Es gelang ihr, Effizienz und Verantwortung, ökonomischen Erfolg und soziale Sicherheit, Gewinn und Teilhabe ausgleichend miteinander zu verbinden. Und in der Tat brachte sie wirtschaftlichen Wohlstand und sozialen Halt für breite Schichten der deutschen Bevölkerung. Ohne sie wäre eine Überwindung der heute unvorstellbaren ökonomischen, sozialen und moralischen Krise der Nachkriegszeit wohl kaum möglich gewesen.

Vergessen wir nie: Hier war kein »Wunder« im Spiel, sondern die harte Arbeit, die gemeinsamen Anstrengungen aller Bürger. Zur Leistung bereit und für die Technik aufgeschlossen, gingen sie unternehmerische Wagnisse ein und erprobten zukunftsweisende Formen der Mitbestimmung. Sie verstanden sich als Sozialpartner und dienten als Arbeitgeber und Gewerkschaften einer gemeinsamen Sache.

Bis heute profitieren wir von dieser Pionierleistung der Gründergeneration. Ihre Haltung nimmt uns in die Pflicht, das Geschaffene zu erhalten und weiterzuentwickeln, und sie dient uns gleichzeitig als Vorbild für die Zukunft.

Die Auseinandersetzungen mit den Untaten und Verstrickungen der nationalsozialistischen Diktatur – ihrem Unrecht, ihren Greueln, den Schrecken des Völkermords – waren die notwendige Voraussetzung dafür, den Wert der Freiheit zu erfassen – mit dem Verstand und mit dem Herzen – und sich mit Zuversicht auf das Wagnis der Demokratie einzulassen. Sich rückblickend zu erinnern und vorausschauend zu handeln gehört für uns seither untrennbar zusammen. Wir wollen und dürfen keinesfalls die Verantwortung für das düstere Kapitel unserer Geschichte abstreiten. Vielmehr wollen und müssen wir die langen Erfahrungen deutscher und europäischer Geschichte als Hilfe bei der Gestaltung unserer Zukunft nutzen – einer Zukunft in europäischer Perspektive.

In diesem Geist legten die Deutschen mit Errichtung der Bundesrepublik den feierlichen Schwur ab: »Nie wieder Krieg, nie wieder Gewaltherrschaft!«, und wir bekräftigten diesen Schwur seither immer wieder. Auch unseren nie aufgegebenen Wunsch und unsere nie vergessene Pflicht, die Teilung unseres Vaterlands zu überwinden, suchten wir nicht im Gegeneinander der Staaten, sondern im Miteinander der Völker zu verwirklichen.

Millionen deutscher Vertriebener und Flüchtlinge entschieden sich ganz bewusst in diesem Sinne und nahmen Abstand von jedem

Revanchegedanken. In ihrer Stuttgarter Erklärung von 1950 bekräftigten sie den Gedanken der Aussöhnung und der Hoffnung auf die Überwindung der Teilung unseres Kontinents in einem vereinten Europa. Von Anfang an suchten und fanden die meisten von ihnen ihren Platz in unserem neuen Gemeinwesen – ohne dabei die Erinnerung an ihre Heimat und deren Traditionen zu verlieren. Dieser geschichtliche Vorgang suchte seinesgleichen.

Als Träger neuen politischen Denkens und ebenso bei der Auseinandersetzung mit den Lehren der Geschichte wirkten in der Bundesrepublik von Beginn an die demokratischen Parteien, die unseren Staat maßgeblich mitbegründet und mitgeformt hatten. Nicht zuletzt ihre grundsätzliche Fähigkeit zur Zusammenarbeit festigte die Stabilität unserer parlamentarischen Demokratie.

Das Grundgesetz verband auf glückliche Weise Festigkeit und Elastizität und setzte so den Rahmen für eine Modernisierung der Gesellschaft, wie sie in Deutschland bis dahin ohne Parallele war. Soziale Konflikte wurden entschärft, die Unterschiede der Klassen lösten sich auf, konfessionelle Gräben verschwanden, und an die Stelle des Überwundenen trat eine dynamische Bürgergesellschaft. Der großen Mehrheit der Menschen bot und bietet sie eine Vielfalt an Entfaltungsmöglichkeiten.

Für die überwiegende Zahl unserer Mitbürger wurde das Leben lebenswerter als jemals zuvor in Deutschland – und auch das hängt damit zusammen, dass die staatliche Form unserer Gesellschaft demokratisch verfasst ist. Denn Demokratie heißt: die Menschen so zu nehmen, wie sie sind – ohne sie zu idealisieren und ohne sie zu überfordern.

Wenn wir mit Dankbarkeit und mit Stolz 1989 auf die letzten vierzig Jahre zurückblickten, dann wussten wir natürlich auch um manche Mängel und manche Fehlentwicklungen – wie überhaupt menschliches Handeln ja nie frei von Irrtümern und Fehlern sein kann. Das galt insbesondere für ein geteiltes Volk, das so viel geschichtliche Verantwortung trägt.

Uns fehlte ja nicht zuletzt – und dies kennzeichnete vielleicht den schmerzlichsten Aspekt unserer staatlichen Existenz – die Geborgenheit, die nationale Einheit doch zu vermitteln vermag. So manche sonst kaum verständliche Aufregung in unserem öffentlichen und politischen Leben – von unseren Nachbarn zuweilen mit Verwunderung und skeptischer Distanz betrachtet – erklärte sich vor diesem Hintergrund.

Wir leben in einem Europa, dessen Einheit aus der kulturellen und regionalen Vielfalt, aus dem unverwechselbaren Charakter der Völker erwächst. Die Liebe zur Heimat, das Bekenntnis zu den eigenen nationalen Wurzeln, und daraus hervorgehend die Achtung vor dem Nachbarn – all dies zählte zu den tragenden Elementen des vereinten Europas. Sie waren auch in Zukunft unverzichtbar, wenn Europa immer enger zusammenwachsen würde.

Unsere Vision war eine europäische Friedensordnung, die alle Europäer in West und Ost in Freiheit zusammenführte. In dieser europäischen Perspektive wollten wir – in enger Verbundenheit mit dem Westen und in ausgleichender Zusammenarbeit mit dem Osten – die Teilung Deutschlands überwinden. Dieses Ziel hatte eine historische und politische, eine wirtschaftliche und nicht zuletzt auch eine kulturelle Dimension: Im Kern ging es darum, gemeinsam mit anderen daran mitzuwirken, Gräben zu überwinden und Grenzen durchlässig zu machen, Völker zu verbinden und Staaten zur Zusammenarbeit zu bewegen. In diesem Sinne war die Teilung Deutschlands – wie die Teilung Europas – zuallererst ein moralisches Problem, das uns auf die Idee der Freiheit zurückverwies. Deshalb verband sich mit der »deutschen Frage« stets die Verpflichtung, auch die Einheit Europas wiederherzustellen.

Zu den Realitäten 1989 gehörte der fortbestehende Wille zur Einheit der Nation – und ich war überzeugt, dass er sich eines Tages durchsetzen würde. Ein der Demokratie verpflichteter Patriotismus in europäischer Perspektive, die Anziehungskraft der Freiheit und der Ruf nach Menschenrechten würden schließlich eine so starke Wirkung entfalten, dass Mauern und Grenzen dem auf Dauer nicht standhalten konnten.

*

Am Verfassungstag, dem 23. Mai 1989, wurde Richard von Weizsäcker von der Bundesversammlung mit großer Mehrheit für eine zweite Amtszeit gewählt. 86,2 Prozent der Wahlberechtigten gaben ihm seine Stimme.

Am nächsten Tag fand in Bonn ein Staatsakt statt, in dem das Inkrafttreten des Grundgesetzes der Bundesrepublik Deutschland vor vierzig Jahren begangen wurde. Die Festansprache hielt der wiedergewählte Bundespräsident. Seine harsche Kritik an der Rolle der Parteien in unserem demokratischen Rechtsstaat – ihre besten Vertreter hatten ihn gerade in seinem Amt bestätigt – fand ich absolut verzichtbar.

40.
Keine Entfremdung

Auf dem Nato-Gipfeltreffen am 29. und 30. Mai 1989 machte Präsident Bush in Brüssel einen neuen Abrüstungsvorschlag. Er zielte auf die Verringerung der in West- und Osteuropa stationierten amerikanischen und sowjetischen Truppen auf jeweils zweihundertfünfundsiebzigtausend Mann sowie auf eine Reduzierung der Luftstreitkräfte um 15 Prozent unter den damaligen Stand der Nato.

George Bushs Initiative zur konventionellen Rüstungskontrolle in Europa wurde im politisch-psychologisch genau richtigen Moment plaziert – das war der Schlüssel zum Erfolg. Alle sechzehn Mitgliedsstaaten der Nato, einschließlich der sozialistisch und sozialdemokratisch geführten Regierungen, stimmten dem amerikanischen Vorschlag zu, der so gestärkt in die Wiener Verhandlungen eingeführt werden konnte. Der Westen übernahm damit erneut die Initiative zur Schaffung einer Welt mit weniger Waffen. Wir wollten die konventionelle Rüstungskontrolle in Europa in der Sache erweitern und zeitlich beschleunigen. Der amerikanische Präsident hatte sich das Ziel gesetzt, den ersten Teil seiner Initiative innerhalb von sechs bis zwölf Monaten zu erreichen. Das war eine kurze Frist, aber schließlich konnte auch das INF-Abkommen praktisch innerhalb eines Jahres unter Dach und Fach gebracht werden, nachdem sich die USA und die Sowjetunion Ende 1986, Anfang 1987 erst einmal darin einig waren, die nuklearen Mittelstreckenwaffen zu beseitigen. Jetzt musste die Sowjetunion antworten.

Die Bush-Initiative war auch deshalb von besonderer Bedeutung, weil die Verhandlungen in Wien und die Umsetzung ihrer Ergebnisse mit der Aufnahme von Verhandlungen über nukleare Kurzstreckensysteme synchronisiert werden konnten. Angesichts der gewaltigen Überlegenheit des Warschauer Pakts bei den nuklearen Flugkörpersystemen kürzerer Reichweite war zunächst die Sowjetunion aufgefordert, ihre Systeme einseitig auf den aktuellen Stand der Nato zu verringern. Wer jetzt Ergebnisse im Bereich der konventionellen Abrüstung wollte, musste die Chance ergreifen, die die amerikanische Initiative bot.

In der Gipfelerklärung der Staats- und Regierungschefs zeichnete das Bündnis seine Politik für das nächste Jahrzehnt vor. Die im Bündnis zusammengeschlossenen freiheitlichen Demokratien waren sich darin einig, dass sich in der Sowjetunion und in anderen Staaten des Warschauer Pakts tiefgreifende Umgestaltungen von historischer Bedeutung vollzogen: Generalsekretär Michail Gorbatschow öffnete sein Land nach innen und nach außen. Kommunistische Parteien schickten sich an, das Wahrheitsmonopol aufzugeben und – wie in Polen und Ungarn – die Macht zu teilen. Zentrale Planwirtschaften entdeckten die Marktwirtschaft und setzten auf die Verantwortung des einzelnen. In Diktaturen brach sich die Idee des Rechtsstaats Bahn. Die Menschenrechte sollten mehr als bisher geachtet werden. Und nicht zuletzt entdeckten Völker nach Jahrzehnten der Unterdrückung ihre nationale Identität wieder und kämpften für ihre Freiheit. Dabei wussten wir im Westen um die Möglichkeit von Rückschlägen; aber wir setzten nicht auf destabilisierende Entwicklungen, sondern auf Fortgang und Erfolg der Reformen in Politik, Wirtschaft und Gesellschaft und insbesondere auf Fortschritte bei den Menschenrechten.

Der Westen – und das ganze Bündnis – war bereit, diese Prozesse im Rahmen des Möglichen abzustützen. Für uns galt: Je mehr Reform, je mehr Öffnung, je weiter die Umgestaltung, desto mehr Chancen eröffneten sich für konstruktiven Dialog und Zusammenarbeit. Wir wollten die künstliche Teilung Europas überwinden, die durch politische, wirtschaftliche und ideologische Schranken bewirkt wurde. Wir wollten die Menschen zusammenbringen und trennende Mauern im wahrsten Sinne des Wortes einreißen. Dies musste auch für Berlin gelten. In der Brüsseler Gipfelerklä-

George Bush macht auf dem Nato-Gipfeltreffen im Mai 1989 einen neuen Abrüstungsvorschlag

rung stand der Satz: »Wir streben nach einem Zustand des Friedens in Europa, in dem das deutsche Volk in freier Selbstbestimmung seine Einheit wiedererlangt.« Ich dankte unseren Bündnispartnern für ihre Sorge um unsere alte Hauptstadt Berlin und für ihre Solidarität in der deutschen Frage.

Schließlich richtete das Bündnis seinen Blick auf die weltweiten Prozesse und Verantwortlichkeiten und rief auf zu gemeinsamen Anstrengungen, zu zukunftsorientierten und friedlichen Lösungen: für Konflikte in der Dritten Welt, für die Kontrolle militärischer Spitzentechnologien, für die wachsenden wirtschaftlichen Ungleichgewichte zwischen Nord und Süd und für die Probleme unserer natürlichen Umwelt.

Für uns und unsere Freunde waren diese Brüsseler Ergebnisse eine gute Grundlage für die bevorstehenden Spitzenbegegnungen und für die weitere Zusammenarbeit mit der Sowjetunion und anderen Staaten des Warschauer Pakts.

*

Dem Brüsseler Gipfeltreffen war ein Konsultationsmarathon vorausgegangen. Seit Ende Februar 1989 bemühte ich mich bei den deutsch-britischen Begegnungen in Frankfurt am Main und im pfälzischen Deidesheim um Einvernehmen mit der britischen Premierministerin. Neben der Vorbereitung des Nato-Gipfels spielten dabei außenpolitische Themen wie die Entwicklung in Osteuropa, in Südafrika oder im Nahen Osten eine große Rolle. Aber auch Probleme des internationalen Umweltschutzes wurden ziemlich kontrovers diskutiert. Bei den deutsch-britischen Beziehungen ging es um Formen und Inhalte der Zusammenarbeit in der EG und im westlichen Verteidigungsbündnis. Mein Eindruck war, dass Margaret Thatcher bei allen Themen, dic wir besprachen, grundsätzlich nur die Interessen ihres Landes im Auge hatte und auf Positionen und Empfindlichkeiten anderer Länder wenig, um nicht zu sagen kaum reagierte. Es war ein mühsames Geschäft, in bezug auf EG und Nato einen Konsens mit ihr herzustellen. Entmutigen ließ ich mich indes nicht, zumal ich wusste, wie sehr sie am Ende auf den amerikanischen Partner hören würde.

Meine Telefonate und Treffen mit dem französischen Präsidenten in Günzburg und in Paris vor dem Brüsseler Gipfel drehten sich zwar ebenfalls hauptsächlich um Verteidigungs- und Abrüstungsfragen, aber wir tauschten uns auch intensiv über die dramatische Entwicklung in Osteuropa und vor allem in der Sowjetunion aus. Dabei beschäftigten wir uns sehr mit Polen, Ungarn und der Tschechoslowakei, kamen aber kein einziges Mal auf die DDR zu sprechen, in der es brodelte und wo Tausende von ausreisewilligen Bürgern das Land verlassen wollten. Die deutsche Einheit war kein Thema für meinen französischen Freund. Das wusste ich seit vielen Jahren, und deshalb hielt ich mich noch bedeckt.

Anders beim amerikanischen Präsidenten. Der interessierte sich ganz stark dafür, was im zweiten deutschen Staat vor sich ging. Mit ihm hatte ich von Beginn seiner Amtsübernahme an ein ausgezeichnetes Verhältnis, und in den ersten Monaten des Jahres 1989 telefonierte ich mit George Bush so häufig wie mit keinem anderen Staatsmann. Anfang Mai 1989 begannen mit einer ausführlichen Korrespondenz und mit direkten Gesprächen, die wir führten, wann immer wir es für notwendig hielten, unsere vertraulichen Abstimmungen zur Vorbereitung des Nato-Gipfels. Außerdem schickte der Präsident zwei hohe Vertreter seiner Regierung, um seine Brüsseler Initiative mit uns direkt abzustimmen. Der erst wenige Wochen im Amt befindliche Bundesverteidigungsminister Gerhard Stoltenberg reiste in gleicher Mission nach Washington. Und Horst Teltschik, mein wichtigster außenpolitischer Berater, koordinierte die Gipfelvorbereitungen mit den Beratern der Regierungschefs in den anderen Nato-Ländern, besonders mit Frankreich und Großbritannien.

Wir waren voll und ganz in alle Überlegungen der Vereinigten Staaten einbezogen und brachten unsere Interessen in jeder Phase ein. Im Mittelpunkt all unserer Aktivitäten stand die Suche nach brauchbaren Lösungen, damit der Gipfel von Brüssel ein Erfolg wurde. Dass es so kam, daran hatten wir keinen geringen Anteil. Das Etikett »Kanzler der Abrüstung«, das mir damals zugeschrieben wurde, traf tatsächlich den Kern meiner Bemühungen, seit ich an der Spitze der Bonner Koalition stand.

*

Im Anschluss an den Brüsseler Gipfel stattete der amerikanische Präsident der Bundesrepublik am 30./31. Mai 1989 einen Staatsbesuch ab. Unsere intensiven, freundschaftlich-offenen Gespräche, die äußerst wichtige Rede des Präsidenten in Mainz, in der er erklärte, Deutschland und Amerika hätten eine »Partnerschaft in der Führung«, und seine Gespräche mit unseren Landsleuten belegten mehr als viele Worte, was George Bush auch selbst bestätigte: Nie waren die deutsch-amerikanischen Beziehungen besser als zu diesem Zeitpunkt. Ich stellte mit großer Freude fest, dass der amerikanische Präsident die von seinem Vorgänger ergriffene Berlin-Initiative mit Energie weiterverfolgte und die Sowjetunion aufforderte, auch hierzu den Worten Taten folgen zu lassen.

Besonders begrüßte ich die Ankündigung, die George Bush in seiner Mainzer Rede gemacht hatte, sobald als möglich ein weltweites Verbot chemischer Waffen zu erreichen. Selbstverständlich

Staatsbesuch des amerikanischen Präsidenten in der Bundesrepublik

standen auch transatlantische Wirtschaftsfragen auf unserer Tagesordnung. Hier hatten sich in den vergangenen Jahren und Monaten Meinungsverschiedenheiten ergeben, und zwar sowohl im beiderseitigen Verhältnis als auch in den Beziehungen zwischen EG und USA. Sie waren vor allem in der ganz natürlichen Konkurrenzsituation begründet und in unterschiedlichen Auffassungen über die Möglichkeiten und die Notwendigkeiten der Kontrolle von sensiblen Exporten in Länder des COMECON und der Dritten Welt. Wir wollten ein möglichst störungsfreies europäisch-amerikanisches Verhältnis und einvernehmliche Lösungen, in denen sich beide Seiten wiederfanden. Eingehend sprach ich mit dem Präsidenten über die Entwicklung des europäischen Binnenmarkts mit Blick auf das Ziel 1992 und bekräftigte, dass es keine Gefahr einer »Festung Europa« gebe, dass aber auch wir erwarteten, dass alle Partner konsequent den freien Welthandel vertraten und jeglicher protektionistischen Versuchung widerstanden.

Schließlich setzten wir den Brüsseler Meinungsaustausch über die Lage in der Sowjetunion und in den Ländern Mittel- und Osteuropas fort. Auch wenn die Hauptarbeit der Reform und Umgestaltung von diesen Ländern selbst zu leisten war und wir, der Westen, sie dabei nur in begrenztem Rahmen unterstützen konnten, wollten wir diesen Rahmen doch zielbewusst nutzen. Wir waren uns einig, dass das Kernproblem der Reformen in diesen Ländern noch der Lösung harrte: nämlich die Menschen in wesentlich größerem Umfang als bisher für aktives Mitdenken und Mithandeln zu gewinnen. Sie mussten erfahren, dass sich ihr Engagement lohnt und der Erfolg sich in der Besserung der eigenen Lebensverhältnisse niederschlägt.

41.
Bonn-Jubiläum

Zwischen den Gipfelvorbereitungen und Wahlkampfveranstaltungen stand ein ungewöhnliches Jubiläum an: der 2000. Geburtstag der Stadt Bonn. Die freundliche, liebenswerte und friedliche Stadt am Rhein war mir längst ans Herz gewachsen. Einmalig war das bunte Neben- und Miteinander verschiedener Lebenswelten: Politik, Diplomatie, Verwaltung und die allgegenwärtigen Medien, eine große akademische Gemeinde, Geschäftsleute und vor allem natürlich die alteingesessenen Bonnerinnen und Bonner fanden hier zusammen. Bei alledem war Bonn – im wörtlichen wie im übertragenen Sinn – überschaubar geblieben. Es orientierte sich am Maß des Menschlichen und mied das Auftrumpfen und das Gigantische.

Ich fand, dass der Verzicht auf jede monumentale Selbstdarstellung auch der Bundesrepublik gut zu Gesicht stand. In der Hauptstadt sollte sich der Staat repräsentieren; die Bürgerinnen und Bürger sollten sich in ihrer Hauptstadt wiedererkennen können. Schon lange vor der Übernahme seiner politischen Funktionen war Bonn eine Stadt der Wissenschaft und der Kultur. Mit der Geschichte der Stadt untrennbar verbunden ist ihre Musiktradition. Große Namen verpflichten: Hier wurde Ludwig van Beethoven geboren, hier fand Robert Schumann seine letzte Ruhe. Das musikalische Engagement zählte zu den liebenswürdigsten Eigenschaften dieser Stadt.

Bonn wollte und konnte keine Metropole sein. Aber es war eine weltoffene Stadt, die Staatsbesucher, Wissenschaftler, Künstler und Touristen, Diplomaten und Journalisten mit ihrem Charme für sich einzunehmen vermochte. Das übereinstimmende Kompliment »In Bonn lässt es sich gut leben« konnte die Stadt selbstbewusst entgegennehmen.

Bonn wurde zum Synonym für die Politik auf Bundesebene: die manchmal etwas künstliche, von den Medien geprägte Welt der kurzen Statements und der langwierigen Kontroversen – aber auch der Sternstunden großer Parlamentsdebatten und der unspektakulären Alltagsarbeit von Abgeordneten und all der anderen, die im politischen Betrieb ein Wort mitzureden hatten.

Bonn konnte Berlin als Hauptstadt der Deutschen allerdings nicht ersetzen. Damit stellte sich die Frage, was Bundeshauptstadt, was Hauptstadt überhaupt in der historischen Situation Mitte 1989 für uns bedeutete. Diese Frage berührte zentrale Probleme unserer Geschichte.

Im Gegensatz zu den meisten anderen Staaten unseres Kontinents hatte Deutschland über weite Epochen seiner Geschichte keine eigene Hauptstadt im Sinne einer urbanen Zusammenfügung von Regierungsstellen, Wirtschaftskraft, Kultur und einer großen Bevölkerung. Eine Hauptstadt in diesem Sinne gab es erst von 1871 an – mit Berlin seit der Reichsgründung.

Im Streit um die Frage, welches die geeignete Hauptstadt der Bundesrepublik wäre, Bonn oder Frankfurt am Main, trug 1949 schließlich Bonn den Sieg davon. In diese Entscheidung des Bundestags wurde später viel hineingeheimnist. Jenseits aller Bemühungen um eine zweckmäßige Lösung ging es dabei auch und vor allem um Fragen von großer politischer Tragweite. Bonns geographische Lage symbolisiert in gewisser Weise die von Konrad Adenauer angestrebte Einbindung des neuen demokratischen Gemeinwesens in das Bündnis mit den freien Völkern des Westens – das war die außenpolitische Entsprechung zur innenpolitischen Entscheidung für Freiheit, Demokratie und Rechtsstaatlichkeit.

Das Grundgesetz, obwohl als nur provisorische Verfassung gedacht, erwies sich als tragfähige Grundlage, um die Bundesrepublik Deutschland wachsen und erstarken zu lassen. Parallel dazu dehnten sich die hauptstädtischen Funktionen Bonns aus.

Erst langsam wuchs die Erkenntnis, dass Bonn vermutlich länger als ursprünglich erwartet seine Rolle als Bundeshauptstadt spielen werde. So war die Einstellung zu Bonn als Bundeshauptstadt immer auch Spiegelbild der deutschlandpolitischen Hoffnungen und Enttäuschungen. Neben Bonn behielten andere Städte ihre Bedeutung als Landeshauptstädte, als Wirtschaftsmetropolen und Kulturzentren. In vielem waren jene Städte wichtiger als Bonn. Selbst viele Teile der Bundesverwaltung befanden sich nicht in der Bundeshauptstadt. Der föderalistische Charakter unseres Staates fand darin einen sinnfälligen Ausdruck.

Natürlich war Bonn politischer Mittelpunkt der Bundesrepublik Deutschland und würde es wohl sein, solange die schmerzliche Teilung Deutschlands andauerte. Wir kannten 1989 nicht den Gang der Geschichte, und niemand konnte sagen, wie lange Bonn seine politische Aufgabe behalten würde.

In unmittelbarer Nähe des Parlaments- und Regierungsviertels entstanden das Haus der Geschichte der Bundesrepublik Deutschland, das Städtische Kunstmuseum und die Kunst- und Ausstellungshalle des Bundes sowie – etwas abgesetzt von diesen Bauten – das Haus der Sprache und Literatur: All diese Einrichtungen sollten eine geschichtlich-kulturelle Ergänzung zur Politik bilden. Wir legten von Anfang an großen Wert darauf, dass das Bonner Haus der Geschichte und das Deutsche Historische Museum in Berlin aufeinander bezogen waren.

Bonn musste noch mehr als bisher in die Lage versetzt werden, die geistigen und kulturellen, die wirtschaftlichen und gesellschaftlichen Strömungen in der Bundesrepublik zu sammeln und zu reflektieren. Hier wollten wir Raum schaffen für neue, wegweisende Ideen. Wo anders hätte dies besser geschehen können als im Bereich der Kultur, insbesondere der Künste, die mit seismographischer Genauigkeit gesellschaftliche Trends und Entwicklungen aufspüren und dabei oft auch den Status quo in Frage stellen? Es galt, auch in Bonn jenes Spannungsverhältnis von Geist und Macht, das nicht notwendig ein Gegeneinander ist, für die Zukunft unseres Landes fruchtbar zu machen.

Doch die politische Entwicklung wollte es anders. Für Bonn sollten ganz andere Ideen und Pläne gebraucht werden.

42.
Zukunftsfähigkeit

Wenn es nach den Vorstellungen meiner innerparteilichen Gegner gegangen wäre, hätte Heiner Geißler mich spätestens nach einer verlorenen Europawahl im Amt des CDU-Bundesvorsitzenden beerben und Lothar Späth hätte dann mein Nachfolger im Bundeskanzleramt werden sollen. In konspirativen Treffen berieten die »Parteifreunde«, wie sie mich aus beiden Ämtern jagen konnten. Währenddessen stellte ich mitten im Europawahlkampf Überlegungen an, wie die Zukunftsfähigkeit der CDU in den neunziger Jahren zu sichern sei.

In den zurückliegenden Jahren beruhten die Erfolge der CDU einerseits darauf, dass die Partei moderne, zeitnahe und in die Zukunft weisende politische Antworten geben konnte, andererseits aber auch darauf, dass die CDU frühzeitig die Bedeutung einer schlagkräftigen Organisation erkannte. Eine erfolgreiche Partei brauchte Ideen und die Fähigkeit zur programmatischen Erneuerung, aber sie brauchte auch flexible Strukturen, gutes Management und moderne Formen der Parteiarbeit – gerade in unserer Kommunikations- und Informationsgesellschaft. Neuesten Untersuchungen zufolge lasen junge Erwachsene bis zum dreißigsten Lebensjahr 1989 achtzehn Minuten täglich Zeitung. Aber sie hörten hundertsiebzehn Minuten Radio. Es war zu fragen, ob wir in unseren politischen Veranstaltungen dem Wandel der Lebensgewohnheiten der Bürger gerecht werden. Im Zeitalter der Fernseh- und Freizeitgesellschaft brauchten wir neue Formen der Bürgeransprache und der Bürgerbeteiligung.

Mit dem Einsatz von über zehntausend freiwilligen Helfern im Bundestagswahlkampf 1987 und durch offene Parteitage, wie zum

Beispiel bei unserem Jugendparteitag 1981 in Hamburg und unserem Frauenparteitag 1985 in Essen, setzte die CDU Maßstäbe für eine zeitnahe Parteiarbeit. Unsere Fähigkeit, auf neue Fragen innovative Antworten zu geben, zeigte sich nicht zuletzt durch den Aufbau der Senioren-Union. Die Entwicklung der CDU zur Mitglieder- und Programmpartei in den siebziger Jahren wäre ohne eine schlagkräftige Organisation und ohne eine effizient arbeitende Bundesgeschäftsstelle nicht möglich gewesen. Ohne einen funktionsfähigen hauptamtlichen Apparat gab es keine erfolgreiche politische Arbeit.

Die Frage der Organisations- und Strukturreform war die Frage nach der Zukunftsfähigkeit unserer Partei. Die Diskussion, die wir im Sommer 1989 darüber führten, war nicht weniger wichtig als unsere großen Programmparteitage in Ludwigshafen, Berlin, Hamburg, Essen, Stuttgart oder Wiesbaden. Letztlich ging es um die Frage: Entsprachen wir mit unserem Bild – in dem, wie wir in der Öffentlichkeit auftraten, und in dem, wie wir das Leben der Partei im Inneren gestalteten – dem Anspruch, Volkspartei zu sein?

Auf dem Bundesparteitag in Wiesbaden hatten die Delegierten den CDU-Bundesausschuss beauftragt, für den bevorstehenden Bundesparteitag in Bremen eine Vorlage zur Organisations- und Finanzreform auf allen Ebenen der CDU Deutschlands zu erarbeiten. Der Bundesvorstand setzte daraufhin eine Kommission ein, deren Mitglieder aus allen Ebenen der Partei und allen Landesverbänden und Vereinigungen kamen. Diese Kommission tagte unter meinem Vorsitz über dreißig Stunden lang.

Das Ergebnis war äußerst ernüchternd. Es gab erhebliche Defizite und Strukturprobleme. Als Parteivorsitzender fiel mir die Aufgabe zu, auch unangenehme Wahrheiten zu vermitteln:

1. Eklatant waren vor allem die Defizite bei Frauen: 52 Prozent unserer Gesellschaft waren weiblich, aber nur 22 Prozent unserer Parteimitglieder. In einem unserer Landesverbände gab es über hundert Ortsverbände, in denen es überhaupt keine weiblichen Mitglieder gab. Wir hatten in Deutschland und in unserer Partei eine große, bisher noch nicht voll erschlossene Bildungs-

und Leistungsreserve: die Frauen. Die CDU musste mehr Frauen in die Parlamente und in politische Spitzenämter bringen.

2. Die Altersstruktur in unserer Partei unterschied sich zum Teil erheblich vom Altersaufbau in der Gesellschaft. Nur 7 Prozent der CDU-Mitglieder waren jünger als dreißig Jahre, und es gab Ortsverbände, in denen kein Mitglied jünger als fünfundzwanzig war. Das hieß, wir mussten jungen Menschen den Zugang zur CDU erleichtern. Und das war nicht nur eine Frage der Inhalte unserer Politik, sondern auch eine Frage der Offenheit unserer Parteiarbeit und im Umgang untereinander. Gerade junge Menschen suchten einen anderen Stil des Umgangs: freundschaftlicher, kooperativer, brüderlicher. Sie wollten mitdiskutieren und nicht Ex-cathedra-Weisheiten von Politikern hören.
3. Ein weiterer Defizitbereich betraf unsere Arbeit in den Betrieben. Die CDU ist eine Volkspartei, weil sie gerade auch für Arbeitnehmer offen ist und weil sie als Partei der sozialen Marktwirtschaft und der Neuen sozialen Frage Lobby ist für soziale Interessen, die sich nicht organisieren lassen. Die Sozialausschüsse waren unmittelbar vor Ort in den Betrieben im Einsatz. Sie arbeiteten oft in einem feindlichen Milieu und waren auf unsere Unterstützung angewiesen. Die CDU wollte keine Parteipolitisierung der Betriebe, aber wir brauchten eine Stärkung unserer Betriebsgruppenarbeit. Insbesondere am Arbeitsplatz und in den Betrieben finden ständig politische Diskussionen und Informationen statt. Die CDU musste deshalb ihre Mitglieder in den Betrieben und Verwaltungen unterstützen, fortbilden und informieren. Sie musste die Anliegen der Arbeitnehmerschaft in ihre Parteiarbeit einbringen und die Politik der CDU in einer verständlichen Sprache vermitteln. Das galt damals, es gilt auch heute noch.
4. Unser fast schon traditionell schlechtes Verhältnis zu Kunst- und Kulturschaffenden war ein weiteres Defizit, das damals wie heute der Verbesserung bedurfte.
5. Generell musste die Bürgernähe der Partei gestärkt werden, und es mussten mehr Mitwirkungsmöglichkeiten geschaffen werden.

Es war auch nötig, auf Bürgerinitiativen einzugehen. In vielen Fällen entstanden sie, weil herkömmliche Formen von Politik versagten und Bedürfnisse und Wünsche in den politischen Willensbildungsprozess anders nicht einzubringen waren. Nicht in jedem Fall konnte sich die CDU hinter die Ziele und Absichten von Bürgerinitiativen stellen. Sie sollte es aber dort tun, wo ein berechtigtes Bürgerinteresse auch deshalb in Bürgerinitiativen mündete, weil Verwaltungen und Parteien solche Interessensituationen nicht frühzeitig aufspürten. Auch in der CDU neigten wir gelegentlich dazu, materielle Antworten zu geben, wo die Bürger immaterielle Fragen stellten.

Eine der Stärken der CDU lag in der bürgernahen Arbeit in den Kommunen. Wie sah es dort aus? Wie sehr kümmerten sich unsere Kommunalpolitiker um die Alltagssorgen der Bürger? Fanden politische Diskussionen nicht oft hinter verschlossenen Türen in Gremien und Ausschüssen statt, ohne dass die Bürger und die Öffentlichkeit beteiligt wurden? Waren die Entscheidungen von Verwaltungen für die Bürger noch nachvollziehbar? Wir mussten wieder stärker die Dominanz der Politik gegenüber der Bürokratie deutlich machen.

Ein zunehmendes Problem für die CDU, für die politische Arbeit in einer Freizeitgesellschaft war die Frage: Welchen Kontakt hielten wir zu wichtigen gesellschaftlichen Gruppen, zum Beispiel zu Kirchen, Vereinen und Verbänden? Welche Verbindungen hatte die Junge Union noch zu kirchlichen Jugendverbänden? Früher rekrutierten wir von dort unseren Führungsnachwuchs. Jetzt hatten wir Defizite in diesem Bereich. Damit beraubte sich eine Partei, die das »C« im Namen trägt, nicht nur großer personeller, sondern vor allem auch geistiger Reserven.

Bürgernähe heißt: Wenn Bürger nicht mehr zur Politik kommen, muss die Politik zu den Bürgern gehen, und zwar in deren konkreten Lebensbereichen: im Betrieb, in der Familie, in der Nachbarschaft, im Gespräch auf der Straße. Dazu brauchten wir eine Parteireform.

*

Zu den großen Herausforderungen, denen wir uns zu stellen hatten, gehörte auch der allgemeine Vertrauensverlust in die politischen Parteien und ihre Repräsentanten. Wir hatten jedoch keinen Anlass, die ungerechte Politikerschelte zu akzeptieren. Ohne den ehrenamtlichen Einsatz Zehntausender in den politischen Parteien, in Stadt- und Gemeinderäten und in den Parlamenten hätte das »Experiment Demokratie« in der Bundesrepublik nicht gelingen können. Tatsache war, dass sich Ende der achtziger Jahre die Rahmenbedingungen für Politik verändert hatten und die Sachfragen komplexer geworden waren.

Bei einer Vierzigstundenwoche hatte mancher Bundestagsabgeordnete sein Soll bereits in der Wochenmitte erreicht. Dennoch: Wir hatten keinen Anlass, uns selbstzufrieden zurückzulehnen. Das Gesetz über die politischen Parteien weist uns die Aufgabe zu, »zur Übernahme öffentlicher Verantwortung befähigte Bürger heranzubilden«. Diese Aufgabe konnte und kann – und zwar auf allen Ebenen der Partei – gar nicht ernst genug genommen werden. Die Ansprüche an die moralische Integrität, die fachliche Kompetenz und das professionelle Können waren groß. Vielleicht empfand mancher Politiker, es würden in der öffentlichen Meinung ungleiche Maßstäbe angelegt. Aber wir hatten es selbst in der Hand, das Ansehen der Politik zu verbessern. Ansehen und Würde verdient sich nur der, der auch Ansehen und Würde des anderen respektiert. Das heißt aber nicht: politisches Biedermeier. Harte Auseinandersetzung in der Sache, Kampf und Ringen um die besseren Lösungen sind Grundelemente der Demokratie. Persönliche Diffamierung gehört nicht dazu.

Es lag in unserer Verantwortung, fachlich kompetente, persönlich und moralisch integre Kandidaten für öffentliche Ämter zu präsentieren. Kandidatenrichtlinien, an denen Kandidaten zu messen waren, erleichterten uns dabei die Auswahl.

Ganz entscheidend für die Glaubwürdigkeit unserer Politik war die Frage: Wer vertritt die CDU in den Kreistagen, Stadt- und Gemeinderäten? Aber nicht nur auf kommunaler Ebene, auch auf Landes- und Bundesebene stellte sich diese Frage. Wenn man bedenkt, dass der Frauenanteil unter den Abgeordneten der CDU im

Deutschen Bundestag 1989 bei nur 7,4 Prozent lag, dann zeigte sich ganz deutlich, dass noch viel Überzeugungsarbeit zu leisten war.

Wir mussten gezielter darauf hinwirken, dass sich die Struktur der Bevölkerung in der Zusammensetzung der Parlamente widerspiegelte. Dass ein Drittel der Bundestagsabgeordneten Beamte oder Angestellte des Öffentlichen Dienstes waren, war in erster Linie ein Problem der SPD, deren Fraktion sich zu 45,6 Prozent aus diesem Bereich rekrutierte. Aber auch unsere Wahlgremien mussten bei der Aufstellung von Kandidaten sensibler dafür sein, dass manche Proportionen eklatant aus dem Lot geraten waren: Nur 6,7 Prozent der Bundestagsabgeordneten stammten 1989 aus der Berufsgruppe der Angestellten in Industrie, Handel und Gewerbe und nur 1,7 Prozent – also ganze neun von fünfhundertneunzehn Abgeordneten – bezeichneten sich als »Arbeiter« – und das bei einem Arbeiteranteil in der Bevölkerung von knapp 40 Prozent!

Das musste nicht zwangsläufig so sein. Das Wahlrecht gibt uns mit dem Listenverfahren ein Instrument an die Hand, solche Disproportionen zu korrigieren und überdies begabte Seiteneinsteiger in die Parlamente zu bringen. Diese Möglichkeit wurde viel zu wenig genutzt: Von den fünfhundertneunzehn Abgeordneten des Deutschen Bundestags waren nur siebzehn ausschließliche Listenkandidaten. Wie lebendig eine Partei ist, zeigt sich in ihrer Fähigkeit, Mitglieder und Anhänger, aber auch neue Repräsentanten ihrer Politik zu werben und zu begeistern. Nur wenn neues Personal in die Politik gebracht wird, gibt es Kraft, Fortschritt und Kontinuität für eine Partei. Neue Wähler, neue Mitglieder und neue Repräsentanten zu werben war und ist daher die Lebensaufgabe jeder politischen Partei.

Für außerordentlich bedeutsam hielt ich, dass dem Trend zum hauptamtlichen Politiker auf Landesebene entgegengewirkt wurde. Ich war und bin fest davon überzeugt, dass eine unter Umständen reduzierte, aber auf jeden Fall kontinuierliche Einbindung des Politikers in den Berufsalltag in vielen Fällen möglich und unter dem Gesichtspunkt der Bürgernähe von großem Nutzen ist. Zumindest auf der Ebene der Landesparlamente ließe sich in dieser Hinsicht viel erreichen.

*

Was wir im Sommer 1989 diskutierten und beschlossen, war nicht nur mitentscheidend für die Zukunft der CDU als der großen deutschen Volkspartei, sondern auch für die Frage, ob Volksparteien politisch zukunftsfähig sind. Ich war davon überzeugt: Die zu beobachtenden Veränderungen im Verhalten der Wähler bedeuteten nicht das Ende der Volksparteien, wohl aber eine neue Herausforderung für sie. Die Idee der Volkspartei hatte sich bewährt und war keineswegs überholt.

Als Volkspartei überwanden wir nach dem Zusammenbruch aller staatlichen Ordnung die Zerrissenheit der Demokraten der Weimarer Republik. Als Volkspartei verbanden wir die unterschiedlichen Interessen in unserem Volk durch gemeinsame Werte und Ziele und machten damit Integration und tragfähige Kompromisse möglich. Als Volkspartei konnten wir eine Politik gestalten, die unserem Land eine verlässliche Stabilität im Inneren wie nach außen brachte. Dies alles waren Leistungen und Erfolge, die ohne Volksparteien nicht möglich gewesen wären. Und angesichts des kulturellen, technologischen, gesellschaftlichen und politischen Wandels würde sich erneut erweisen, dass nur eine Volkspartei die damit verbundenen Spannungen und Konflikte zu lösen vermochte.

Die Parteiarbeit in den neunziger Jahren musste gewiss anders aussehen als die der fünfziger Jahre. Aber es war eine Arbeit, die den gleichen Werten und Zielen verpflichtet blieb, mit denen die CDU damals angetreten war. Für diese Arbeit wollten wir im Sommer 1989 und auf dem Bremer Parteitag im Herbst die Weichen stellen, indem wir offen diskutierten, Entscheidungen trafen und – am allerwichtigsten – die notwendigen Reformen dann auch durchführten.

43.
Schlüsselbegegnung

Vom 12. bis 15. Juni 1989 hielt sich Michail Gorbatschow, der Generalsekretär des Zentralkomitees der KPdSU und Vorsitzende des Obersten Sowjets, zu seinem ersten Staatsbesuch in der Bundesrepublik Deutschland auf. Es war eine Schlüsselbegegnung zwischen ihm und mir, deren weitreichende Folgen im Juni 1989 noch niemand erahnen konnte.

Der Besuch stand unter drei Leitmotiven, die wir uns bei meinem Besuch in Moskau im Oktober 1988 gemeinsam vorgenommen hatten:

- Wir wollten die Beziehungen zwischen der Sowjetunion und der Bundesrepublik auf allen Gebieten ausbauen. Diese Beziehungen waren für uns von zentraler Bedeutung.
- Wir wollten das Fundament des Vertrauens zwischen beiden Staaten und Regierungen verbreitern, um darauf dauerhaft einen Zustand guter Nachbarschaft zu gründen.
- Wir wollten einer über die Verständigung der Regierungen hinausführenden Aussöhnung der Völker den Weg ebnen.

Der 12. Juni 1989, an dem die weißblaue Iljuschin 62 mit dem Staatsoberhaupt der UdSSR und seiner Frau Raissa an Bord um 11.15 Uhr auf dem Köln-Bonner Flughafen landete, war ein herrlicher Tag. Gorbatschow wurde von siebenundsechzig Delegationsmitgliedern begleitet; die Gäste hatten sogar ihre eigenen schweren SIL-Limousinen aus Moskau mitgebracht. Mit hundertzwanzig Schuss Salut wurde der Staatsgast empfangen.

Fast zwei Stunden dauerte das erste von insgesamt drei vertraulichen Gesprächen zwischen Gorbatschow und mir im Bundeskanzleramt. Zu Beginn überreichte ich dem Gast aus Moskau zwei Silbermünzen der Bayerischen Münzanstalt, die anlässlich des Besuchs mit unseren Porträts geprägt worden waren. Gorbatschow bedankte sich und stellte mit einem ironischen Lächeln eine gewisse Ähnlichkeit der beiden Porträts fest.

In den Vorberichten zum Besuch Gorbatschows hatte ich ein Interview mit seiner Mutter im Fernsehen gesehen, das mich sehr beeindruckte. Ich erlaubte mir deshalb, dem Generalsekretär ein Geschenk für seine Mutter mitzugeben. Michail Gorbatschow war von dieser Geste sehr beeindruckt und zeigte sich von dem Geschenk sehr gerührt. Seine Mutter sei eine sehr einfache Frau, die nun schon achtundsiebzig Jahre alt sei, während sein Vater, eigentlich der robustere und sportlichere von beiden, im Alter von nur sechsundsechzig Jahren plötzlich gestorben sei.

Gorbatschow schien in viel besserer Verfassung zu sein als noch bei meinem Oktober-Besuch in Moskau. Vor allem im Blick auf seine eigene Situation schien er mir viel optimistischer.

Bei unserem Gespräch ging es zunächst um die weltpolitische Lage. Im Mittelpunkt standen dabei die Ost-West-Beziehungen und die damit verbundenen komplizierten Abrüstungsfragen. Neben den Ergebnissen des Brüsseler Nato-Gipfels behandelten wir die Konsequenzen, die sich aus der amerikanischen Präsidentenwahl ergaben. Gorbatschow wollte von mir Näheres über die Persönlichkeit von George Bush und seiner Frau Barbara erfahren. Ganz offen berichtete ich ihm über das gute Verhältnis zwischen Bush und mir und vor allem zwischen Barbara Bush und Hannelore, die sich auf Anhieb außerordentlich gut verstanden hatten. Auch mein besonderes Verhältnis zum französischen Staatspräsidenten erläuterte ich kurz.

Schließlich kamen wir auf die DDR zu sprechen. Mit allem Nachdruck unterstrich ich, dass die Bundesrepublik nicht an einer Destabilisierung der DDR interessiert sei. Im Augenblick jedoch trage Generalsekretär Erich Honecker selbst zur Destabilisierung der DDR bei, weil er nicht bereit sei, Veränderungen durchzusetzen. Ich erläuterte Gorbatschow, dass man mich immer wieder aufforderte, öffentlichen Druck auf die DDR auszuüben, damit dort wie in der Sowjetunion, Polen und Ungarn Reformen durchgeführt werden. Mir sei bewusst, dass die Lage in der DDR immer schwieriger werde, und ich würde mich deshalb mit öffentlichen Äußerungen zurückhalten, könne allerdings die innenpolitischen Wirkungen nicht völlig außer acht lassen.

Gorbatschow zeigte keine Reaktion. Er wollte offenbar keine Kritik an Honecker üben. Aber was er dann sagte, zeugte doch von einer bemerkenswerten Distanz zur Ost-Berliner Führung: Auch für die DDR gelte der Grundsatz, dass jeder für sich selbst verantwortlich sei. Moskau habe nicht die Absicht, anderen Lehren zu erteilen. Man bitte ja selbst auch nicht darum, belehrt zu werden. Sein Land trete für positive Veränderungen in allen Beziehungen, für die politische Erneuerung, für den Umbau der Wirtschaft sowie für die Selbständigkeit der sozialistischen Staaten ein.

Wir waren uns einig, dass es jetzt darauf ankam, klug zu handeln und Verständnis füreinander zu haben, trotz der unterschiedlichen Positionen. Als Vorsitzender der größten christlich-demokratischen Partei Europas war ich ideologisch vom Generalsekretär weit entfernt und dennoch an seinem Erfolg interessiert. Sicherlich stimmte ich mit ihm in der deutschen Frage nicht überein. Die Positionen mussten jedoch immer wieder dargelegt werden, nicht zuletzt, weil dies im eigenen Land erwartet wurde. Ein deutscher Bundeskanzler musste zum Beispiel über Berlin sprechen. Entscheidend war dabei die Frage, ob man sich bei diesem Problem aufhielt oder ob man auf Zusammenarbeit setzte, wo immer dies möglich war.

Am Ende unserer ersten Gesprächsrunde, als wir wieder auf den Brüsseler Nato-Gipfel zurückkamen, bot ich Michail Gorbatschow an, in den vor uns liegenden Monaten, die sehr wichtig werden dürften, sehr direkt zusammenzuarbeiten und immer dann zum Telefon zu greifen, wenn es konkrete Fragen gebe. Wichtig sei, dass man miteinander spreche; dann falle es auch leichter, zu Lösungen zu kommen, wenn tatsächlich einmal Probleme auftraten. Daraufhin schlug Gorbatschow eine Hotline als direkte Verbindung zwischen ihm und mir vor. Und schon am nächsten

Tag wurde eine Vereinbarung beider Länder über die Einrichtung einer direkten Nachrichtenverbindung zwischen dem Bundeskanzleramt und dem Kreml unterzeichnet. Ich bot dem Generalsekretär schließlich an, meinen außenpolitischen Berater Horst Teltschik direkt nach Moskau zu entsenden, wenn dies erforderlich sei. Gorbatschow stimmte zu.

Am Ende des Gesprächs, nachdem wir uns beide zufrieden über den offenen und freundschaftlichen Charakter unserer Begegnung geäußert hatten, erwähnte ich einen Punkt, der noch unbefriedigend war: die Einbeziehung West-Berlins in die Schiffahrtsabkommen. Ich fragte Gorbatschow ganz direkt, ob dieses Problem nicht doch zu lösen sei, solange er in der Bundesrepublik weile. Bei seiner Abreise war auch dieses Problem gelöst und für alle Zeit erledigt.

*

Bei den zwei folgenden Treffen am 13. und 14. Juni 1989 nahm die Frage einen breiten Raum ein, wie die Bundesrepublik der desolaten sowjetischen Wirtschaft helfen könne. Wir erörterten aber auch noch eine Reihe von weiteren Themen, zum Beispiel die Suche nach vermissten Kriegsgefangenen, die Öffnung des nordwestlichen Teils des früheren Ostpreußens für Touristen aus der Bundesrepublik oder die Wiederherstellung der Autonomie der Russlanddeutschen. Gorbatschow zeigte für all diese Einzelfragen volles Verständnis.

So aufgeschlossen er in diesen Punkten auch war, so ausweichend reagierte er jedoch, wenn es um die Entwicklung in der DDR ging.

Am Abend des dritten Tages führten wir im Park des Bundeskanzleramts, fernab jeglichen Protokolls, ein Gespräch, das von entscheidender Bedeutung für die Sache der Deutschen wurde. Gemeinsam mit unseren Frauen hatten wir im Bungalow zu Abend gegessen. Gorbatschow war wie immer ein aufgeschlossener, eloquenter Gesprächspartner voller Charme und Selbstironie. Es war schon nach Mitternacht, als der Generalsekretär und ich beschlossen, noch etwas im Park spazieren zu gehen. Nur der Dolmetscher war dabei, als wir hinunter in Richtung Rhein liefen. Dort setzten wir uns auf die Mauer, von der aus man diesen schönen Blick auf den vorbeifließenden Strom und das gegenüberliegende Siebengebirge hat. Unterhalb der kleinen Mauer schlenderten Spaziergänger vorbei und waren überrascht, dort oben Michail Gorbatschow und mich zu sehen. Aufgeschlossen, wie der Generalsekretär nun einmal ist, kam er mit den jungen Leuten ins Gespräch und scherzte mit ihnen. Sie überschütteten ihn mit Komplimenten, was er sehr genoss. Es war die ideale Voraussetzung für ein offenes und freundschaftliches Gespräch.

Wir waren einer Meinung, dass wir die deutsch-sowjetischen Beziehungen auf eine neue Basis stellen mussten, wenn sich die Lage in Europa zum Besseren wenden sollte. Daraus entwickelte sich der Gedanke, dass man einen Vertrag schließen müsse, in dem die Deutschen und die Sowjetunion zwar keinen Schlussstrich unter die Vergangenheit zogen, aber eine neue Perspektive für die Zukunft entwickelten. Ein solcher Vertrag – wir nannten ihn den »Großen Vertrag« – würde von den Menschen in beiden Staaten gewiss begrüßt werden. Ich fügte allerdings hinzu: Aus dem Vertrag werde nichts Richtiges, solange zwischen uns die Teilung Deutschlands stehe. Sie sei die entscheidende Belastung zwischen unseren beiden Völkern. Gorbatschow widersprach dem, und zwar ganz im Sinn der sowjetischen Haltung. Die Teilung sei die logische Folge der geschichtlichen Entwicklung, sagte er.

Ich zeigte auf den Rhein und meinte: »Schauen Sie sich den Fluss an, der an uns vorbeiströmt. Er symbolisiert die Geschichte; sie ist nichts Statisches. Sie können diesen Fluss stauen, technisch ist das möglich. Doch dann wird er über die Ufer treten und sich auf andere Weise den Weg zum Meer bahnen. So ist es auch mit der deutschen Einheit. Sie können ihr Zustandekommen zu verhindern suchen. Dann erleben wir beide sie vielleicht nicht mehr. Aber so sicher wie der Rhein zum Meer fließt, so sicher wird die deutsche Einheit kommen – und auch die europäische Einheit.« Meiner Meinung nach konnte die Frage nur lauten: »Machen wir es in unserer Generation oder warten wir weiter – mit all den Problemen, die damit verbunden sind?« Und ich bekräftigte noch einmal, dass sich die Deutschen nicht mit der Teilung abfinden würden. Michail Gorbatschow hörte sich meine Überlegungen an und widersprach mir nicht mehr.

Von diesem Zeitpunkt an setzte bei Gorbatschow ein Prozess des Umdenkens ein – nicht zuletzt deshalb, weil wir uns menschlich näherkamen und Vertrauen zueinander fassten. Sehr persönlich sprachen wir über unsere Herkunft und unseren Lebensweg. Gorbatschow ist Jahrgang 1932, also nur zwei Jahre jünger als ich. Wir beide gehörten der Generation an, die die Schrecken des Zweiten Weltkriegs noch bewusst erlebt hatte.

Gorbatschow erzählte mir, sein Vater sei Mähdrescherfahrer in einer Kolchose gewesen, in einem kleinen Dorf in der Nähe von Stawropol. Schon bei Ausbruch des Krieges sei er zur Roten Armee eingezogen worden und habe vier Jahre im »Großen Vaterländischen Krieg« gekämpft, sei schließlich als Minenräumsoldat schwer verwundet worden und wenige Jahre nach Kriegsende an den Folgen dieser Verwundung gestorben. Er selbst, Gorbatschow, habe als Kind in seinem Heimatdorf den Einmarsch der Wehrmacht erlebt, unter deutscher Besatzung gelitten und Schlimmes durchgemacht.

Gorbatschow erzählte weiter, sein Großvater sei unter Stalin im Lager gewesen. Dies sei der persönliche Hintergrund für sein angekündigtes Vorhaben, die Verbrechen der Stalin-Zeit offenzulegen. Schon bald sollten ein entsprechender Bericht und Akten veröffentlicht werden. Es seien schreckliche Wahrheiten, die man nicht unterdrücken könne. Auch ich erzählte Gorbatschow von meinem Elternhaus, von meiner Mutter, von meinen beiden Geschwistern und von meinem Vater, einem Finanzbeamten, der dem Nationalsozialismus ablehnend gegenübergestanden hatte. Ich berichtete von meinem Bruder, der im letzten Kriegsjahr noch gefallen war, und erläuterte meinen Lebensweg. Gorbatschow interessierte sich dafür, wie ich das Ende des Krieges erlebt hatte, wie ich schließlich im Spätsommer 1945 heim nach Ludwigshafen kam und meine Eltern wiederfand.

Es war ihm anzumerken, dass auch er innerlich bewegt war.

Friede war für uns beide nicht nur ein Wort, sondern ein existentielles Grundbedürfnis.

Als das Ehepaar Gorbatschow schließlich den Bungalow verließ, umarmten wir uns zum Abschied. Für mich war dieser Abend ein Schlüsselerlebnis. Ich denke, für Michail Gorbatschow auch.

Zum veränderten Denken über Deutschland trug bei Gorbatschow sicherlich auch die große Herzlichkeit bei, mit der ihm die Deutschen begegneten.

Unvergessliche Szenen spielten sich auf dem Bonner Rathausplatz ab. Eine Woge von Sympathie- und Freundschaftsbekundungen schlug ihm dort entgegen. Ob er den Hoesch-Konzern in Dortmund besuchte, bei Mercedes in Sindelfingen weilte oder in Köln mit Politikern und Unternehmern diskutierte, es war überall dasselbe: Eine regelrechte »Gorbimanie« hatte die Bundesrepublik erfasst. Gorbatschow sagte mir, er habe zwar gewusst, dass die Menschen in der Bundesrepublik eine positive Einstellung gegenüber den Veränderungen in der Sowjetunion hätten. Eine ganz andere Sache aber sei es, dies selbst zu sehen und zu spüren. Auf dem Bonner Marktplatz habe er sich gefühlt wie auf dem Roten Platz in Moskau.

Sichtlich beeindruckt erklärte Gorbatschow am Ende seines Besuchs den Kalten Krieg zwischen der Sowjetunion und der Bundesrepublik für beendet und sprach von einer neuen Qualität der bilateralen Beziehungen.

»Wir ziehen den Strich unter die Nachkriegsperiode.« Dies war sicherlich der bemerkenswerteste Satz in seiner Tischrede. Ich verstand das als Ziel, von der Konfrontation im Verhältnis zwischen Ost und West wegzukommen und die Zukunft auf Dialog und Zusammenarbeit zu bauen. Mit dieser Willenserklärung und diesem Ziel stimmte ich voll und ganz überein. Zugleich schöpfte ich daraus die Hoffnung: Wenn wir auf diesem Weg weitergingen, wenn wir das Verständnis und das Vertrauen zwischen unseren beiden Staaten und Regierungen weiter vertieften, so würde es auch möglich sein, fortbestehende Folgen des Krieges und der Nachkriegszeit gemeinsam zu überwinden, ohne die Erfahrungen der Geschichte zu vergessen oder zu verleugnen. Hier dachte ich in erster

Linie an die Teilung Europas und, in seiner Mitte, an die Teilung unseres Vaterlands.

Während Gorbatschows Besuch wurden elf Abkommen unterzeichnet, darunter ein Investitionsschutz- und -förderungsvertrag sowie eine Abmachung über eine vertiefte Zusammenarbeit in der Aus- und Weiterbildung von Fach- und Führungskräften.

Die Gemeinsame Erklärung, die Michail Gorbatschow und ich unterzeichneten, enthielt Formulierungen, die uns Deutschen in bemerkenswerter Weise entgegenkamen. Hier war ein politisches Programm vorgezeichnet, das wir in den kommenden Jahren Schritt für Schritt umsetzen wollten. Seine Verwirklichung hing untrennbar damit zusammen, dass es uns gelang, wie es in der Gemeinsamen Erklärung wörtlich hieß, »das Recht aller Völker und Staaten, ihr Schicksal frei zu bestimmen, und die uneingeschränkte Achtung der Grundsätze und Normen des Völkerrechts, insbesondere die Achtung des Selbstbestimmungsrechts der Völker, in ganz Europa endlich durchzusetzen«. Weiter heißt es in der Erklärung:

> »Beide Länder betrachten es als vorrangige Aufgabe ihrer Politik, an die geschichtlich gewachsenen europäischen Traditionen anzuknüpfen und so zur Überwindung der Teilung

Auf dem Bonner Marktplatz werden Michail Gorbatschow und seine Frau von einer regelrechten »Gorbimanie« empfangen

Europas beizutragen. Sie sind entschlossen, gemeinsam an Vorstellungen zu arbeiten, wie dieses Ziel durch den Aufbau eines Europas des Friedens und der Zusammenarbeit – einer europäischen Friedensordnung oder des gemeinsamen ›Europäischen Hauses‹, in dem auch die USA und Kanada ihren Platz haben – erreicht werden kann. Die KSZE-Schlussakte von Helsinki in allen ihren Teilen und die Abschlussdokumente von Madrid und Wien bestimmen den Kurs zur Verwirklichung dieses Zieles. Europa, das am meisten unter zwei Weltkriegen gelitten hat, muss der Welt ein Beispiel für stabilen Frieden, gute Nachbarschaft und eine konstruktive Zusammenarbeit geben, welche die Leistungsfähigkeit aller Staaten, ungeachtet unterschiedlicher Gesellschaftssysteme, zum gemeinsamen Wohl zusammenführt. Die europäischen Staaten können und sollen ohne Furcht voreinander und in friedlichem Wettbewerb miteinander leben.«

Als Bauelement eines Europas des Friedens und der Zusammenarbeit wurde die uneingeschränkte Achtung der Integrität und der Sicherheit jedes Staates genannt. Von besonderer Bedeutung war für die deutsche Seite dabei die Feststellung, dass jeder Staat das Recht habe, das eigene politische und soziale System frei zu wählen.

International war diese Erklärung eine Sensation. Erstmals hatten wir mit einem Partner aus einem kommunistischen Land festgeschrieben, dass die menschlichen Anliegen vorrangig vor Klassenkampf und Konfrontation waren.

Die Bonner Erklärung war ein Dokument, das weit über die bilateralen Beziehungen hinausgriff: Ausdrücklich wurde die europäische Identität und Gemeinsamkeit beschworen, die trotz jahrzehntelanger Trennung lebendig geblieben waren; ausdrücklich wurden alle Teilnehmer der KSZE zur Mitarbeit an der künftigen Architektur Europas aufgefordert; ausdrücklich wurde der Platz unserer amerikanischen und kanadischen Freunde im Europa des Friedens und der Zusammenarbeit verankert.

Einen noch weiteren Horizont eröffneten wir mit dem Eingangskapitel über die historischen Herausforderungen, vor denen die Menschheit an der Schwelle des dritten Jahrtausends stand. Hier heißt es unter anderem: »Die natürliche Umwelt muss im Interesse dieser und künftiger Generationen durch entschlossenes Handeln gerettet, Hunger und Armut in der Welt müssen überwunden werden.«

Diese Bonner Erklärung war nicht im Auswärtigen Amt entstanden. Viele Formulierungen kamen aus dem Bundeskanzleramt und wurden zum Teil gegen den Widerstand des Außenministeriums aufgenommen.

Das Dokument schloss mit einem Satz, der für mich der wichtigste war: »Diese Politik [...] entspricht dem tiefen und langgehegten Wunsch der Völker, mit Verständigung und Versöhnung die Wunden der Vergangenheit zu heilen und gemeinsam eine bessere Zukunft zu bauen.« Hier kamen wir zum Wesentlichen: Dokumente bleiben Papier, Politik bleibt abstraktes Gedankengebäude, wenn sie nicht von den Völkern angenommen und mitgetragen wird.

Mit den beiden Begegnungen in Moskau und Bonn war das Fundament der deutsch-sowjetischen Beziehungen gefestigt und erheblich verbreitert worden. Neue Chancen der Verständigung und Zusammenarbeit eröffneten sich. Wir waren fest entschlossen, jede Chance zu nutzen, die dem Frieden in Europa und weltweit diente. In Moskau und Bonn wurden Voraussetzungen geschaffen, die sich schon wenige Monate später bewähren sollten. Ohne diese Treffen wäre die deutsche Einheit so nicht zustande gekommen.

*

Am 15. Juni 1989 endete der Besuch Michail Gorbatschows in der Bundesrepublik. Noch am gleichen Tag telefonierte ich mit George Bush, mit Margaret Thatcher und Felipe González, um sie über meine Gespräche mit dem sowjetischen Generalsekretär zu informieren. Mit François Mitterrand sollte ich am 22. Juni 1989 in Paris zusammentreffen; dann würde Zeit genug sein, mit ihm über alles zu sprechen.

In einer Schlussbilanz bewerteten alle Bonner Parteien Gorbatschows Besuch als großen Erfolg. Die Bundestagsfraktionen von CDU/CSU, FDP und SPD verständigten sich darüber hinaus auf eine gemeinsame Resolution zum Gorbatschow-Besuch, die mit großer Mehrheit vom Plenum verabschiedet wurde. In einer Regierungserklärung erläuterte ich den Stellenwert des Besuchs. Ich stellte mir damals vor, welche Empfindungen wohl ein junger Mann oder eine junge Frau aus dem östlichen Teil unseres Vaterlands haben mussten, die im Fernsehen oder im Radio Berichte und Reportagen über den Gorbatschow-Besuch in der Bundesrepublik verfolgten. Ihnen musste in diesem Augenblick doch bewusst sein, dass wir sie nicht abgeschrieben hatten, sondern beharrlich daran arbeiteten, ihnen eine Zukunft in Freiheit zu ermöglichen. Auch deshalb war der Gorbatschow-Besuch ein Signal der Hoffnung für unsere Landsleute in der DDR.

44.
Wahldebakel und Gipfelpolitik

Im Europawahlkampf zählte ich wieder einmal zu den am meisten angeforderten Wahlkampfrednern. Allerdings konnte ich auch die beste Bilanz in der Europapolitik vorlegen. Um so enttäuschter war ich, als am Abend des 18. Juni 1989 die Ergebnisse der Europawahl bekanntgegeben wurden: Bei einer Wahlbeteiligung von 62,3 Prozent in der Bundesrepublik errangen CDU und CSU lediglich 37,7 Prozent der Stimmen, von den einundachtzig deutschen Mandaten allerdings immerhin die meisten, nämlich zweiunddreißig. Die SPD kam auf 37,3 Prozent und folgte uns mit einunddreißig Mandaten dicht auf den Fersen. Die Grünen schafften es auf 8,4 Prozent und acht Mandate, die FDP zog mit 5,6 Prozent wieder ins Europäische Parlament ein. Was uns alle aber erschreckte, war das Abschneiden der Republikaner: Mit 7,1 Prozent und sechs Mandaten zogen sie erstmals ins Europaparlament ein.

Ich bewertete den Wahlausgang als schwere Niederlage für die Union, um so mehr, als das Ergebnis im Widerspruch zu einer erfolgreichen Politik stand. Im Vergleich zu den Wahlen vor fünf Jahren gab es für uns ein Minus von 8,1 Prozentpunkten. Das war um so schmerzhafter, als diese Verluste in einer politischen Gesamtsituation auftraten, in der man sich fragte, wie eine politische Großwetterlage beschaffen sein müsste, um positive Wahlergebnisse zu erzielen. Außenpolitisch war die Bundesrepublik in einer Lage wie seit Jahrzehnten nicht mehr. Innenpolitisch gab es die höchste Zahl von Beschäftigten, seit die Beschäftigtenzahlen gemessen wurden. Die Arbeitslosigkeit war beachtlich zurückgegangen. Im EG-Vergleich hatten wir die geringste Jugendarbeitslosigkeit. Auch die leichte Sorgen erweckende Entwicklung der Inflationsrate war im Vergleich zu anderen Ländern noch in einem durchaus erträglichen Bereich.

Dennoch verloren wir die Wahl. Auch wenn die Erwartungen vor wenigen Wochen noch wesentlich schlechter gewesen waren, war das Ergebnis unbefriedigend. Besonders schwierig war das Abschneiden der CSU zu bewerten: Die Radikalen von rechts und links hatten in München fast 30 Prozent erreicht.

Wenn es auch einige wenige andere Stimmen in der Partei gab, so war für mich klar, dass wir niemals mit den Republikanern zusammengehen würden, in welcher Art und Weise auch immer. Vielmehr ging es darum, die Ursachen des Wählerprotestes zu analysieren und daraus Konsequenzen zu ziehen. Ich riet dringend dazu, Themen wie Aussiedler, Asylanten und Ausländer und die Frage der Wohnungsversorgung offensiv anzugehen und die Wählerschaft für die Unionsparteien zurückzuholen.

*

Gleichzeitig mit der Europawahl fanden am 18. Juni 1989 in Rheinland-Pfalz und im Saarland Kommunalwahlen statt. Auch hier erlitt meine Partei ein Wahldebakel. Im Vergleich zur Kommunalwahl an der Saar 1984 verlor die CDU 4,9 Prozentpunkte, während die Republikaner in manchen Regionen erheblich zulegten. Stimmenverluste von immerhin 3 Prozentpunkten gab es auch bei der Saar-SPD.

Noch schlimmer fiel das Wahldebakel für die CDU in meinem Heimatland aus. Meine Partei verlor 6,9 Prozentpunkte. Etwa in gleicher Größe gewannen die Republikaner. Dort, wo diese Partei nicht kandidierte, erreichten SPD und freie Wählergemeinschaften erhebliche Zugewinne. Damit verlor die CDU in Rheinland-Pfalz ihre jahrzehntelange Position als stärkste Partei im Land.

Zur Wahlanalyse gehörte auch, dass die Union gegenüber dem Frühjahr immerhin etwa 3 Punkte hinzugewinnen konnte. Trotzdem war die Union zumindest in dieser Momentaufnahme in elf

Bundesländern und auf Bundesebene nicht mehr in einer Position der Regierungsfähigkeit. Rot und Grün waren in der Regel stärker als Schwarz und Gelb. Die Mehrheit der Bevölkerung hatte etwas gegen die Union. Das lag sicher nicht an der Sachpolitik, da es den Menschen noch nie so gut ging wie jetzt.

Für meine innerparteilichen Gegner lag die Ursache für manches Wahldebakel am Spitzenpersonal der CDU, genauer am Parteivorsitzenden und Kanzler. Deshalb sannen sie darüber nach, mich loszuwerden. Ein Stichtag war der 18. Juni 1989. Wenn die Union bei der Europawahl ihre Position als stärkste Partei verloren hätte, wäre mein Sturz unausweichlich gewesen. Doch das amtliche Endergebnis wies CDU und CSU mit 37,7 Prozent als stärkste Kraft aus. Auch wenn die SPD lediglich 0,4 Prozentpunkte weniger als die Unionsparteien erzielte, so lag die Union doch immer noch an der Spitze. Das war der einzige Grund, meinen Sturz vorübergehend abzublasen und einen neuen Stichtag anzusetzen. Der wurde auf den für Anfang September geplanten Bundesparteitag in Bremen festgelegt. Bis dahin musste eine Strategie her, um meine potentiellen Nachfolger noch bekannter zu machen, als sie es ohnehin schon waren: Der baden-württembergische Ministerpräsident Lothar Späth versuchte sich als kommender Mann im Bundeskanzleramt international zu profilieren, und Heiner Geißler, der das Amt des CDU-Bundesvorsitzenden anstrebte, versuchte sich als Parteireformer links der politischen Mitte darzustellen.

Längst hatte ich das Szenario durchschaut und spürte nicht nur auf jeder CDU-Präsidiumssitzung, wie sich die Anhänger der beiden positionierten, indem sie sich ständig zu Wort meldeten und mir nur zu gerne widersprachen. Dabei hatten sie kaum Substantielles anzubieten. Im Gegensatz zu seinem Vorgänger hatte Späth, seit er das Amt des Ministerpräsidenten bekleidete, bei allen Wahlen Stimmenverluste hinnehmen müssen; bei der Europawahl beispielsweise waren die Verluste für die CDU in Baden-Württemberg besonders hoch. Was sollte, was konnte, was wollte dieser sich weit überschätzende Politiker eigentlich anders machen, wenn es zu einem Kanzlersturz kommen sollte? Hatte er nicht alle wichtigen Reformprojekte der letzten Jahre mitgetragen? Wo waren seine Alternativen in der Deutschlandpolitik? Welche Änderungen mussten dringend oder gar zwingend in der deutschen Außenpolitik vollzogen werden? Glaubten die Umstürzler in der CDU tatsächlich, mit einem Lothar Späth die FDP zu begeistern und von ihr ein positives Votum bei der Kanzlerwahl zu erhalten?

Manche Landesfürsten glaubten immer noch, die Außenpolitik spiele für die Mehrzahl der Wähler eine geringe Rolle, doch sie täuschten sich. Wie sehr die Außen- und Sicherheitspolitik seit meinem Amtsantritt dominierte und durchaus innenpolitische Wechselwirkungen mit sich brachte, dürfte niemandem entgangen sein. Im Kern wollten Späth, Geißler und ihre Sympathisanten und Helfershelfer den Kurs der Partei ändern. Das war mit mir nicht zu machen. Auch deshalb sannen sie auf Veränderung, auf Umsturz.

Obwohl sich meine innerparteilichen Gegner zu mehreren konspirativen Treffen verabredeten und ganz im geheimen Umsturzpläne schmiedeten, war ich durchweg gut informiert. Ich hatte niemals die Bodenhaftung verloren. Jetzt zeigte sich wieder einmal, wie wichtig der Kontakt zur Parteibasis war und welche Rolle die Kreis- und Bezirksvorsitzenden spielten. Das vielgeschmähte »System Kohl« stand vor einer wichtigen Bewährungsprobe.

Doch bis zum Bremer Parteitag im September ging noch einige Zeit ins Land. Bis dahin hatte ich alle Chancen, meine Bataillone zu formieren. Der Machterhalt hatte nun Priorität. Ich hätte mir niemals träumen lassen, dass ich 1989 gegen politische Gegner in der eigenen Partei würde kämpfen müssen, der ich seit über sechzehn Jahren vorstand. Und mich gerade nach den spektakulären Staatsbesuchen von George Bush und Michail Gorbatschow aus dem Kanzleramt jagen zu wollen kam einer politischen Perversion gleich.

*

Auch meinen französischen Freunden blieb nicht verborgen, welche Rolle der Ausgang bei den Europawahlen für meine politische Zukunft spielen könnte. Trotzdem war dies kein Thema zwischen

Mitterrand und mir. Als ich vier Tage nach der Wahl zu einem abendlichen Arbeitsessen nach Paris kam, analysierten wir den Wahlausgang und stellten fest, dass es bei den Wahlen einen erheblichen Mangel an Kenntnis und an Zuversicht gegeben habe. Ängstlichkeit über die Zukunft Europas war allenthalben festzustellen gewesen.

Im Mittelpunkt unserer Gespräche stand allerdings der Gorbatschow-Besuch. Mitterrand bedauerte »Missverständnisse« in den französischen Medien, die wegen des begeisterten Empfangs für Gorbatschow Zweifel an der Verankerung der Bundesrepublik im Westen geäußert hatten. Wieder einmal erläuterte ich die klare Haltung der Bundesrepublik gegenüber unseren Verbündeten im Westen. Niemand konnte ernsthaft glauben, wir würden möglicherweise nach Osten abdriften. Ich informierte meinen Gastgeber auch über persönliche Eindrücke, die der sowjetische Staats- und Parteichef in Bonn hinterlassen hatte. Seinerseits informierte mich der französische Präsident über Polens Staatschef Jaruzelski und Oppositionsführer Walesa, mit denen er in Warschau und Danzig zusammengetroffen war. Wir waren uns einig, dass wir dem wirtschaftlichen Hilferuf Polens entsprechen wollten. Breiten Raum nahm die bevorstehende EG-Ratssitzung in Madrid ein. Mitterrand zeigte sich an Fortschritten besonders interessiert, weil Frankreich am 1. Juli 1989 für ein halbes Jahr die Präsidentschaft in der EG übernahm.

*

Der Europäische Rat in Madrid verständigte sich auf das weitere Vorgehen zur schrittweisen Verwirklichung der Wirtschafts- und Währungsunion. Für uns Deutsche war wichtig zu wissen, dass diese Arbeiten dem Modell unserer bewährten geld- und währungspolitischen Strukturen folgten. Der Bericht des Ausschusses zeichnete ein föderal ausgerichtetes System und eine am Vorbild der Deutschen Bundesbank orientierte, unabhängige, der Geldwertstabilität verpflichtete Europäische Zentralbank mit einer einheitlichen europäischen Währung vor.

Noch vor wenigen Jahren hätte niemand geglaubt, dass es gelingen könnte, dieses Modell in Europa einzubringen oder gar in seinen Kernelementen zur Diskussionsgrundlage und Zielvorstellung zu machen. Dasselbe galt für den zweiten Kernbereich der Entscheidungen des Europäischen Rats in Madrid: In Weiterentwicklung der Beratungen von Hannover bekräftigten wir die Entschlossenheit, die Europäische Gemeinschaft zu einem Sozialraum zu entwickeln. Für die deutsche Politik war dies ein entscheidender, ja unerlässlicher Baustein eines gemeinsamen Europas.

Auch für die soziale Akzeptanz des Binnenmarkts waren konkrete Fortschritte in diesem Bereich unbedingt notwendig. Es ging eben nicht nur darum, neuen Freiraum für die europäischen Unternehmen zu schaffen. Die Arbeitnehmer in der Gemeinschaft sollten wissen, dass wir vor allem auch für ein soziales Europa eintraten, das ihre Rechte klar definierte. Denn Europa konnte nur dann auf Dauer bestehen, wenn wir es als Wirtschafts- und Sozialraum begriffen und in die Tat umsetzten.

*

Kein Land der Welt außer Frankreich vermag nationale Gedenktage so zu zelebrieren, dass man sie ein Leben lang nicht mehr vergisst. Eine solche Veranstaltung waren die Feiern zum 200. Jahrestag der Französischen Revolution, die mit dem 15. Weltwirtschaftsgipfel in Paris vom 13. bis 16. Juli 1989 zusammenfielen. Präsident Mitterrand ließ dabei die ganze Pracht entfalten, deren die »Grande Nation« fähig ist, zumal gerade das neuerrichtete französische Kongresszentrum in Paris eröffnet worden war. Die Gipfelteilnehmer wussten es als besondere Geste der Freundschaft zu schätzen, dass sie mit den Franzosen den 200. Jahrestag der Revolution von 1789 begehen konnten. Das freiheitliche Erbe der Französischen Revolution legte nicht nur einen wesentlichen Teil des Fundaments des heutigen Europas; es entfaltete gerade jetzt in der Idee der Freiheit neue Kraft.

Der Weltwirtschaftsgipfel nahm die Botschaft der Freiheit in seine Erklärung zu den Menschenrechten auf. Dass dies keine abstrakte Botschaft war, verdeutlichten wir vor allem auch dadurch, dass wir erneut die Unterdrückung der Demokratiebewegung in der Volksrepublik China verurteilten. Wir traten für eine weltweite Herrschaft des Rechts ein und begrüßten den Aufbruch in einer ganzen Reihe von Ländern in Ost-, Mittel- und Südosteuropa zu mehr Freiheit, zu mehr Demokratie. Gleichzeitig erneuerten wir unser Angebot zu wirtschaftlicher Zusammenarbeit mit den Staaten des Warschauer Pakts. In diesem Zusammenhang begrüßten wir es, dass Generalsekretär Gorbatschow in seinem Schreiben, das er über Präsident Mitterrand an die Staats- und Regierungschefs des Weltwirtschaftsgipfels gerichtet hatte, die Verantwortung der Sowjetunion für die Lösung weltwirtschaftlicher Probleme anerkannte. Eingehend beschäftigten wir uns mit dem Reformprozess in Polen und Ungarn und kamen überein, unsere bilateralen und multilateralen Maßnahmen gegenüber beiden Ländern systematischer aufeinander abzustimmen, um deren Wirksamkeit noch zu erhöhen. Dabei ging es auch um die Organisation einer Soforthilfe bei der Versorgung mit Nahrungsmitteln.

Ein Schwerpunkt unserer Beratungen waren die Initiativen zur Überwindung der internationalen Verschuldung. Beim letzten Gipfel in Toronto hatten wir eine Reihe von Maßnahmen auf den Weg gebracht, um die Situation der ärmsten und am meisten verschuldeten Entwicklungsländer, vor allem in Afrika, zu erleichtern. Die Bundesrepublik Deutschland erließ den ärmsten Entwicklungsländern 1989 Schulden in Höhe von insgesamt 8,7 Milliarden DM. Weitere Maßnahmen betrafen die Schuldenkrise und die sogenannten Schwellenländer, insbesondere die Länder Lateinamerikas. Diese Länder brauchten eine spürbare Entlastung durch die Verringerung von Schulden und Schuldendienst.

Gleich zu Beginn des Gipfels plädierte ich für eine »Umweltpartnerschaft« der Industrieländer mit der Dritten Welt und den Ländern Ost- und Mitteleuropas. Zugleich forderte ich, dass möglichst rasch eine Klimakonvention zur Begrenzung der Kohlendioxidemissionen festgelegt wurde. Die FCKW-Gase, die die Ozonschicht zerstörten, sollten spätestens bis Ende des Jahrhunderts abgeschafft werden. Tatsächlich wurde das Thema Umwelt eines der zentralen Themen in Paris. Selten in den letzten Jahren hatte ich so intensive Gespräche über die Herausforderungen im Bereich des Umweltschutzes erlebt. Ich begrüßte dies um so mehr, als ich diese drängenden Probleme bei allen bisherigen Gipfeltreffen, an denen ich teilnehmen konnte, immer wieder in die Diskussion einbracht hatte.

Hinsichtlich der Gefährdung der Ozonschicht bestand Einvernehmen darüber, dass auf die erfassten Stoffe sobald wie möglich und spätestens am Ende dieses Jahrhunderts verzichtet werden sollte. Zum Thema Treibhauseffekt gab es bisher überhaupt noch keine völkerrechtlichen Verpflichtungen zur Begrenzung der klimawirksamen Spurengase. Klar war aber, dass die Treibhausgase erheblich und rasch verringert werden mussten. Von daher war es ausgesprochen gut, dass die verabschiedete Wirtschaftserklärung eine entsprechende internationale Rahmenkonvention als dringend erforderlich bezeichnete. Zu begrüßen war auch die Empfehlung der Gipfelländer, den Tropenwald-Aktionsplan durch finanzielle und technische Zusammenarbeit sowie im Rahmen der internationalen Organisationen stärker zu unterstützen. Die Bundesregierung stellte für diesen Zweck allein 1989 über 250 Millionen DM zur Verfügung.

Von diesem Weltwirtschaftsgipfel ging erstmals ein deutliches Signal für die gemeinsame Verantwortung der Industrieländer zur Wahrung der Schöpfung aus. Wir waren zutiefst überzeugt, dass nur ein gemeinsames und entschlossenes Handeln jetzt helfen konnte. Die Zeit drängte.

45.
Augenmaß und Umsicht

Auch im ersten Halbjahr 1989 gab es eine rege Reise- und Gesprächsdiplomatie zwischen den beiden deutschen Staaten. Fünf bundesdeutsche Ministerpräsidenten, sowohl Christ- wie Sozialdemokraten, trafen den SED-Generalsekretär und ließen sich gerne mit ihm fotografieren. Ein besonderes Glanzlicht verlieh der SPD-Vorsitzende Vogel dem Polittourismus, als er, wie in jedem Jahr seit 1983, auch 1989 wieder Erich Honecker seine Aufwartung machte – im Mai, kurz nach den gefälschten Kommunalwahlen. Im Januar 1989 hatte Honecker verbal noch einmal kräftig zugelangt, als er dem »antifaschistischen Schutzwall« eine lange Lebensdauer prophezeite: »Sie [die Mauer] wird in fünfzig und auch in hundert Jahren noch bestehen bleiben. Das ist schon erforderlich, um unsere Republik vor Räubern zu schützen. Ganz zu schweigen von denen, die gern bereit sind, Stabilität und Frieden in Europa zu zerstören.«

Drei Wochen später waren wieder Todesschüsse an der Mauer gefallen. Der zwanzigjährige Chris Gueffroy und der gleichaltrige Christian Gaudian wollten am 5. Februar 1989 nach West-Berlin flüchten. Sie wurden von Grenzposten unter Beschuss genommen. Während Gaudian leicht verletzt festgenommen wurde, erlitt Gueffroy einen tödlichen Brustdurchschuss. Heute wissen wir: Das Ministerium für Staatssicherheit wollte den Vorfall vertuschen. Auf seine Anordnung hin musste im Totenschein für Gueffroy die Todesursache »Herzdurchschuss« durch die Angabe »Herzmuskelzerreißung« ersetzt werden.

Einen Tag später, am 6. Februar 1989, wurde der baden-württembergische Ministerpräsident Lothar Späth von Erich Honecker in Ost-Berlin empfangen und sprach mit ihm über Abrüstung, Frieden und wirtschaftliche Zusammenarbeit. Zum Tod des wenige Stunden zuvor an der Mauer erschossenen und verbluteten Flüchtlings fiel dem stellvertretenden CDU-Bundesvorsitzenden nichts ein. Anstatt bei Erich Honecker energisch zu protestieren und sein Entsetzen zum Ausdruck zu bringen, hüllte er sich in Schweigen. Lothar Späth, der sich zu diesem Zeitpunkt auf dem Höhepunkt seiner Popularität wähnte und von vielen Journalisten und manchen Parteifreunden bereits als neuer Kanzler gehandelt wurde, hielt sich bedeckt.

Der Zentralen Erfassungsstelle in Salzgitter waren allein im Lauf des Jahres 1988 neunundzwanzig Fälle von Schusswaffengebrauch an der Grenze gemeldet worden. Erst kürzlich las ich in einer Biographie über den ehemaligen Minister für Staatssicherheit Erich Mielke, wie dieser im April 1989 in geheimer Sitzung über den Tod von Chris Gueffroy sprach. Ohne Gueffroy namentlich zu erwähnen, erklärte er mit lauter Stimme, dass gegnerische Kräfte seit langem daran interessiert seien, einen Zustand permanenter Unruhe an der Staatsgrenze zu inszenieren. Und dann bezog er sich in beispielloser Offenheit und Schärfe auf den bis dahin nie zitierten Schießbefehl: »Wenn man schon schießt, dann muss man es so machen, dass nicht der Betreffende noch wegkommt, sondern dann muss er eben da bleiben bei uns. Ja, so ist die Sache. Was ist denn das? Siebzig Schuss loszuballern, und der rennt nach drüben, und die machen eine Riesenkampagne. Da haben sie recht, wenn man so mies schießt ...«

Unerträglich war auch Margot Honeckers öffentliche Erklärung, in der sie die Jugend in der DDR aufrief, die Errungenschaften des Sozialismus notfalls mit der Waffe vor äußeren Feinden zu verteidigen. Mit »äußeren Feinden« meinte sie dabei die sozialistischen Länder, die Reformen verwirklichten und ihren eigenen Weg gingen. In erster Linie dachte sie wohl an Polen und Ungarn. Von diesen furchterregenden Äußerungen aus der DDR war es nicht weit bis zu dem blutigen Massaker auf dem Platz des Himmlischen Friedens in Peking, wo das chinesische Militär Anfang Juni 1989 Hunderte von protestierenden Studenten erschoss.

Im März 1989 wurde an der innerdeutschen Grenze erneut auf Flüchtlinge geschossen, als sie mit einem Lkw die Grenzsperren zu durchbrechen versuchten. Bundeswirtschaftsminister Helmut Haussmann und Bundesbauminister Oscar Schneider sagten daraufhin ihren geplanten Besuch der Leipziger Frühjahrsmesse ab.

Wie vertrug sich das, was hier geschah, mit dem Bild, das führende Sozialdemokraten von der DDR zeichneten? Egon Bahr hatte 1988 für separate Friedensverträge mit beiden deutschen Staaten votiert und von der erstmaligen Chance der DDR gesprochen, »ihre Identität zu gewinnen, das heißt, einen Zustand zu schaffen, in dem die Regierung von der Bevölkerung akzeptiert wird«. Im gleichen Jahr sagte Willy Brandt, die »Wiedervereinigung« sei zur »Lebenslüge« der zweiten Republik geworden. Brandt ging es dabei wohl um das »*Wieder*-Vereinen« Deutschlands zum »Deutschen Reich« in den Grenzen vor dem Krieg; im Gegensatz zu manchen seiner Genossen und sogenannten Enkel hielt er am Ziel der deutschen Einheit immer fest, wie sich auch später herausstellen sollte. Doch wer plädierte in den achtziger Jahren schon für die Wiedervereinigung in den Grenzen von 1937? Ich kenne niemanden unter den ernstzunehmenden Politikern, der so dachte.

*

Während im Januar 1989 nur rund fünfundneunzigtausend Anträge auf Privatreisen genehmigt wurden, stieg die Zahl der Bewilligungen im Mai auf über hundertfünfzigtausend. Doch trotz verbesserter Reisemöglichkeiten in den Westen – ein Hauptziel meiner Politik – ging die Zahl der Ausreisewilligen nicht zurück, sondern nahm ständig zu. Die Unzufriedenheit mit den ökonomischen und mit den politischen Verhältnissen wuchs, nicht zuletzt verstärkt durch die gefälschten Kommunalwahlen vom Mai 1989.

Ich betrachtete die Lage in der DDR eher mit Besorgnis als mit Hoffnung. Mir kam es darauf an, alles zu vermeiden, was zur Destabilisierung der DDR beitragen konnte. Ich lasse mir gerne den

Vorwurf gefallen, dass unsere damalige Deutschlandpolitik die prekäre Lage der DDR nicht ausnutzte, sondern alles unternahm, um das Land nicht ins Chaos zu stürzen. Dazu gehörten insbesondere die regelmäßigen Kontakte des neuen Chefs des Bundeskanzleramts Rudolf Seiters zu den Verantwortlichen in Ost-Berlin.

Erich Honecker beschäftigte sich lieber mit den großen Themen der Weltpolitik. Im Juli 1988 hatte er mir einen Brief geschrieben, in dem er unter anderem eine kernwaffenfreie Zone vorgeschlagen hatte, und als ich am 10. Februar 1989 erneut Post vom SED-Generalsekretär bekam, ging es ihm wieder einzig und allein um Rüstungskontrolle und Abrüstungsfragen.

Unterdessen erreichten mich dramatische Berichte aus unserer Ständigen Vertretung in Ost-Berlin, die mit Franz Bertele unter neuer Leitung stand. Die Wirtschaftsmisere nahm von Tag zu Tag zu, die materiellen Lebensbedingungen wurden immer schlechter. Die DDR-Führung stand nach der Analyse unserer Diplomaten in Ost-Berlin weiterhin unter Druck von drei Seiten: dem Reformdruck aus den sozialistischen »Bruderländern«, der drängenden Erwartungshaltung der eigenen Bevölkerung und weiter Schichten in der Partei und schließlich den Menschenrechts- und Veränderungsforderungen aus dem Westen. Die Führung reagierte darauf mit einer offensiven Rundumverteidigung, indem den sozialistischen Brüdern vorgehalten wurde, Erfolge ihrer Reformbemühungen seien bisher ausgeblieben, während die konsequent Kurs haltende DDR ihrer Bevölkerung den höchsten Lebensstandard garantiere. Gegenüber der eigenen Bevölkerung berief man sich auf die soziale Sicherheit: Im Unterschied zur Bundesrepublik gebe es in der DDR keine Arbeitslosigkeit, ausreichenden Wohnraum und garantierte Ausbildungsmöglichkeiten. Westliche Forderungen wurden als Einmischung in innere Angelegenheiten zurückgewiesen, begleitet von der Aufforderung, sich um die eigenen sozialen Missstände zu kümmern.

Offensichtlich war die Attraktivität der Bundesrepublik weiterhin die größte Herausforderung für die DDR. Das erwies sich nicht nur an der unbegrenzten Zahl der Besuchswünsche und der großen Zahl der Übersiedlungswünsche, sondern auch an der intensivierten Gegenpropaganda der DDR-Führung. Dass die Menschen in der DDR die wirklichen Verhältnisse in der Bundesrepublik ganz offensichtlich so positiv einschätzten, verstand ich als Bestätigung meiner politischen Linie.

Augenmaß und Umsicht waren gefordert, Drohungen oder Mahnungen brachten uns nicht weiter. Auch wenn von politischer Routine keine Rede mehr sein konnte, ließen wir uns von der nüchtern-pragmatischen Lagebeurteilung der Experten leiten. Kanzleramtsminister Rudolf Seiters, für die operative Deutschlandpolitik meiner Regierung verantwortlich, traf sich mit dem DDR-Unterhändler Alexander Schalck-Golodkowski. Beide verständigten sich über einen Antrittsbesuch von Seiters bei Erich Honecker, der am 4. Juli 1989 auch zustande kam. Neben der Erörterung einer Reihe pragmatischer Fragen wies Seiters in Ost-Berlin auch auf die Konsequenzen der KSZE-Menschenrechtsverpflichtungen hin, die sich aus der Schlussakte von Helsinki für alle Unterzeichnerstaaten und damit auch für die DDR ergaben. Erich Honecker wiederholte daraufhin zunächst die Grundsatzpositionen der DDR, indem er auf die Unverletzlichkeit der Grenzen und die Achtung der territorialen Integrität und der Souveränität aller Staaten in Europa pochte, aber dann gab er überraschend eine Erklärung zum Schießbefehl an der innerdeutschen Grenze ab: Künftig werde nur noch im Fall von »Notwehr, Angriff und Desertion von der Waffe Gebrauch gemacht«.

Ein weiterer Rückschlag war für Erich Honecker der Ostblock-Gipfel in Bukarest am 7. und 8. Juli 1989: Der Warschauer Pakt widerrief im Schlusskommuniqué von Bukarest die Breschnew-Doktrin, mit der die Sowjetunion bei einer »Gefährdung des Sozialismus« ein Interventionsrecht der kommunistischen Bruderländer beansprucht hatte, wie es zum Beispiel bei der Niederschlagung der Reformbewegung in der Tschechoslowakei, des »Prager Frühlings«, 1968 praktiziert worden war. Jede Einmischung in die inneren Angelegenheiten, jeder Versuch, die Souveränität der Staaten zu begrenzen, sei unannehmbar, hieß es nun. Die Ähnlichkeit mit der deutsch-sowjetischen Gemeinsamen Erklärung vom Juni 1989 war unübersehbar. Honecker war so verärgert darüber, dass er den Warschauer-Pakt-Gipfel vorzeitig verließ.

*

Die Aus- und Umsiedlerproblematik beschäftigte uns im ersten Halbjahr 1989 fast auf jeder Kabinettssitzung. Schon Ende 1988 hatte sich die Situation in den Aufnahmelagern dramatisch zugespitzt. Fast täglich trafen etwa tausend Aussiedler, überwiegend aus der UdSSR, ein. Trotz aller Bemühungen reichte die Kapazität nicht mehr aus, und so beschloss das Bundeskabinett in seiner Sitzung vom 20. Dezember 1988 nach enger Abstimmung mit den Bundesländern Sofortmaßnahmen, damit die Neuankömmlinge menschenwürdige Bedingungen vorfanden. Die durch den riesigen Zustrom entstehenden Kosten konnten nur durch einen Nachtragshaushalt aufgefangen werden.

Die zuständigen Minister beschäftigten auch Fragen der demographischen Zusammensetzung der Aussiedler und die Auswirkungen auf das Alterssicherungssystem in der Bundesrepublik. Es war abzusehen, dass die Rentenversicherung auf lange Sicht erheblich belastet werden würde. Das sollten auch jene berücksichtigen, die bis zum heutigen Tag kritisieren, wir hätten die Rentenreform nur halbherzig vollzogen. Wer konnte damals mit diesen »Völkerwanderungen« rechnen, die unser Gesundheits- und Alterssicherungssystem so erheblich belasteten?

In Koalitionsabsprachen einigten wir uns, alle Leistungen für Aus- und Übersiedler zu überprüfen, von den Rentenleistungen über die Arbeits- und Sprachförderung, die Häftlingshilfe, die Fragen des Lastenausgleichs und der Eingliederungshilfen bis zu den steuerlichen Vergünstigungen. Richtschnur konnte dabei nur sein, jede Besser-, aber auch jede Schlechterbehandlung dieser Menschen zu vermeiden. Dabei wünschte ich mir keinerlei öffentliche Diskussion zu Fragen der Anpassung gesetzlicher Leistungen für Aus- und Umsiedler. Eine enge Abstimmung der Ressorts war geboten und eine lautlose Regelung dieser brennenden Probleme.

*

Als erstes osteuropäisches Land begann Ungarn am 2. Mai 1989 seine Grenzsperranlagen zu demontieren. Am 28. Juni 1989 durchschnitten der ungarische Außenminister Gyula Horn und sein österreichischer Amtskollege Alois Mock in einer symbolischen Geste den Stacheldraht. Das war für diejenigen in der DDR, denen die Ausreise in den Westen verweigert wurde oder die sich scheuten, einen entsprechenden Antrag zu stellen, das Signal zum Aufbruch – auch weil viele fürchteten, dass die Gorbatschow-Ära nicht lange andauern würde. Die Zahl der Ferienreiseanträge, die in der DDR für Ungarn gestellt wurden, war ungleich höher als in den Jahren zuvor.

Ich konnte mich gut in die neue Lage der Deutschen in der DDR versetzen. Da wurde in vielen Familien die Diskussion neu belebt, die es kurz vor dem Bau der Mauer schon einmal gab, wie ich aus vielen Gesprächen weiß. »Wenn du damals nicht gezögert hättest, wären wir noch rausgegangen«, dieser Satz war seit 1961 bei nicht wenigen Ehepaaren zur stehenden Wendung geworden. Viele hatten damals gesagt: »Wir warten noch, es ist noch Zeit.« Doch dann wurde die Mauer gebaut, und sie konnten nicht mehr hinaus. Die Kinder von damals saßen im Sommer 1989 als Eltern auf den Campingplätzen in Ungarn und sahen sich vor die gleiche Entscheidung gestellt wie einst ihre Eltern. Wir mussten annehmen, dass sich viele von ihnen in den Westen absetzen wollten.

Aber nicht nur über Ungarn suchten Ausreisewillige ihren Weg. Ab dem 8. August 1989 mussten wir die Ständige Vertretung der Bundesrepublik Deutschland in Ost-Berlin bis auf weiteres für den Publikumsverkehr schließen. Zu diesem Zeitpunkt hielten sich hundertdreißig DDR-Bürger in der Ständigen Vertretung auf, die nicht bereit waren, das Gebäude zu verlassen. Es war unmöglich, dass noch weitere Personen hinzukamen; unter menschenwürdigen Bedingungen war der Aufenthalt in der Ständigen Vertretung nicht mehr möglich. Die DDR sicherte zwar jedem, der die Ständige Vertretung verließ, Straffreiheit zu, gab jedoch keine weiterreichenden Zusicherungen in bezug auf Ausreisewünsche. Darauf wollte sich keiner der »Botschaftsflüchtlinge« einlassen. Ost-Berlin protestierte und warf der Bundesregierung Einmischung in die inneren Angelegenheiten der DDR vor.

Die Botschaft der Bundesrepublik in Budapest musste am 10. August 1989 ebenfalls wegen Überfüllung geschlossen werden. Das Auswärtige Amt registrierte dort hundertachtzig ausreisewillige DDR-Bürger. Aus den gleichen Gründen wurde unsere Botschaft in Prag zum 20. August 1989 geschlossen. Gleichwohl betreute das Botschaftspersonal auch weiterhin die Deutschen in der Umgebung der Botschaft. Sowohl die ungarische als auch die österreichische Bevölkerung und die dortigen karitativen Einrichtungen zeigten ein beeindruckendes Maß an Kooperation und Hilfsbereitschaft. Ohne ihre Unterstützung wäre diese Situation gar nicht zu bewältigen gewesen.

Die Lage in der Ständigen Vertretung blieb unverändert kritisch, Gespräche mit der DDR-Führung brachten keinerlei Bewegung. So beeindruckend das vertrauensvolle Verhältnis zwischen den Flüchtlingen und dem Personal der Ständigen Vertretung sowie die außerordentliche Einsatzfreude der dortigen Mitarbeiter auch waren – wir konnten den Flüchtlingen keine Hoffnung machen. Gleichwohl hielt ich es für wichtig, unsere Position erneut nachdrücklich darzustellen und den Ost-Berliner Gesprächspartnern deutlich zu machen, dass eine starke Belastung der Beziehungen kaum zu vermeiden sei, wenn sich an der gegenwärtigen Entwicklung nichts ändere. Unverrückbar und von jeweiligen Stimmungen nicht beeinflussbar, blieb es vorrangige Aufgabe unserer Politik, allen Deutschen das Recht auf Zuflucht und Unterstützung zu gewähren.

*

Seit dem 21. Juli 1989 befand ich mich in Sankt Gilgen, meinem Feriendomizil am Wolfgangsee, und suchte nach einem aufreibenden Jahr ein wenig Entspannung. Der einzige feste Termin war mein täglicher Anruf im Kanzleramt bei Eduard Ackermann. Alle anderen anfallenden Telefonate erledigte ich wie immer am späten Abend.

Ausreisewillige DDR-Bürger flüchten sich in die Prager Botschaft der Bundesrepublik

Obwohl ständig mit dem Kanzleramt in Kontakt und laufend über die dramatischen Ereignisse informiert, hielt ich mich zunächst mit öffentlichen Erklärungen zurück. Wir wollten die DDR-Führung nicht noch mehr verunsichern, und an einer Eskalation konnten wir nicht interessiert sein. Auf östlicher Seite warteten einige nur auf schärfere Töne aus Bonn, um einen Vorwand zu haben, zu den aggressiven Methoden des Kalten Krieges zurückkehren zu können.

Entsprechend moderat verfasste ich meine persönliche Botschaft an Honecker, die von einem leitenden Angehörigen des Bundeskanzleramts am 11. August 1989 dem stellvertretenden DDR-Außenminister Kurt Nier in Ost-Berlin überreicht wurde. Allerdings machte ich noch einmal unmissverständlich klar, dass die Bundesrepublik nicht von ihrer Praxis abrücken werde, sich für alle Deutschen verantwortlich zu fühlen und damit auch für diejenigen, die Zuflucht in den diplomatischen Vertretungen gesucht hatten. In meinem Brief an Honecker heißt es weiter:

> »Unser Wunsch ist freilich, dass die Menschen in ihrer angestammten Heimat ein für sie lebenswertes Leben führen können. Nach meinem Eindruck sehen derzeit nicht nur einzelne, sondern eine größere Zahl, insbesondere auch viele jüngere Menschen, dafür unter den gegebenen Umständen

keine Perspektive. Dies zu ändern liegt ausschließlich in der Verantwortung der Führung der Deutschen Demokratischen Republik. Ziel meiner Politik ist es, und das wissen Sie aus unseren persönlichen Gesprächen, einen Beitrag für eine konstruktive und dem Menschen dienende Entwicklung der Beziehungen zwischen unseren beiden Staaten zu leisten.
Die gegenwärtige Lage erschwert diese Bemühungen. Auf die Dauer sind Belastungen unserer Beziehungen mit negativen Auswirkungen in allen Bereichen nicht auszuschließen. Ich möchte Ihnen noch einmal versichern, dass es das Interesse der Bundesregierung und mein ganz persönliches Interesse bleibt, die Beziehungen in einer vernünftigen Weise weiterzuentwickeln, wie wir es bei Ihrem Besuch vor zwei Jahren besprochen haben. Dies erfordert Beiträge von beiden Seiten [...].
Ich möchte an Sie auch persönlich appellieren, zu konstruktiven Lösungen beizutragen, und wiederhole meine Anregung, durch vertrauliche Gespräche zwischen Vertretern der Führungen beider Seiten dafür Möglichkeiten zu suchen.«

In seinem Antwortschreiben vom 30. August 1989 hob der SED-Generalsekretär wieder einmal hervor, dass die Bundesregierung für die Bürger der DDR nicht zuständig sei, und drohte, dass »bei einer Beibehaltung dieser Praxis [...] Belastungen unserer Beziehungen nicht auszuschließen« seien. Die Lösung des entstandenen Problems sei nur möglich, wenn die Bundesregierung dafür Sorge trage, dass die Bürger der DDR »unverzüglich die Vertretung der Bundesrepublik Deutschland verlassen«. Honecker sicherte zu, dass den Betroffenen keine Nachteile entstünden. Darüber hinausgehende Zusagen seien jedoch nicht möglich. Im übrigen betrachte er meine Vorhaltungen als »Einmischung in souveräne Angelegenheiten eines anderen Staates«; dies sei der Gestaltung gutnachbarlicher Beziehungen zwischen unseren beiden Staaten nicht dienlich.

Ich war zwar grundsätzlich dazu bereit, in die DDR zu reisen, wenn die Lage in der Ständigen Vertretung in Ost-Berlin und den

Botschaften in Budapest und Prag sich zuspitzen sollte und es geboten wäre, einen direkten Kontakt aufzunehmen, aber in der gegenwärtigen Lage schloss ich einen offiziellen Besuch aus. Ich war überzeugt, dass die Zeit gegen Honecker arbeitete. Auch für ihn galt der berühmte Satz, den Talleyrand zu Napoleon sprach: »Sire, auf Bajonetten kann man nicht sitzen.«

Zum 28. Jahrestag des Mauerbaus, dem 13. August 1989, erreichte die Propaganda aus Ost-Berlin einen neuen Höhepunkt: Während am Checkpoint Charlie wieder ein Fluchtversuch scheiterte und die Verzweiflung unter den Menschen in der DDR immer weiter wuchs, konnte man im SED-Zentralorgan *Neues Deutschland* in kaum zu überbietender Verkennung der Wirklichkeit lesen, dass die »zunehmende Wirtschaftskraft« sich »als solides Fundament für wachsenden Lebensstandard, soziale Sicherheit, Vollbeschäftigung, hohes Bildungsniveau und kostenlose Gesundheitsfürsorge« erweise. Die Mauer wurde als Garant der Stabilität gefeiert und jeglicher Reform abermals eine strikte Abfuhr erteilt: »Die Mauer wird nicht niedergelegt, solange die Bedingungen weiter bestehen, die zu ihrer Errichtung führten. Und solche Bedingungen bestehen weiter.« Der Mauerbau habe die Völker Europas vor einem »neuen kriegerischen Inferno« bewahrt.

Einen Tag später pries Erich Honecker die Vorzüge des DDR-Sozialismus: Dass es dem Erfurter Kombinat Mikroelektronik gelungen sei, erste Funktionsmuster von 32-bit-Mikroprozessoren zu entwickeln, sei ein Beweis dafür, »dass das Triumphgeschrei westlicher Medien über das Scheitern der sozialistischen Gesellschaftskonzeption nicht das Geld wert ist, das dafür ausgegeben wird.« Er fügte hinzu: »Den Sozialismus in seinem Lauf hält weder Ochs noch Esel auf.« Die Ausreisewelle zeigte das Gegenteil.

46.
Eskalation

Die Lage in Ungarn spitzte sich dramatisch zu: Mehr als zweihunderttausend Deutsche aus der DDR hielten sich mittlerweile dort auf, und viele von ihnen kampierten auf grenznahen Zeltplätzen und warteten nur auf eine günstige Gelegenheit, um sich in die Freiheit abzusetzen. Am 19. August war die Gelegenheit da: Die Paneuropa-Union – eine internationale Organisation, deren Präsident Otto von Habsburg war – lud zusammen mit dem ungarischen Bund Freier Demokraten zu einem »Paneuropäischen Picknick« in den Grenzort Sopron ein. Im Verlauf der Veranstaltung sollte für kurze Zeit ein Tor im Grenzzaun geöffnet werden, um gemeinsam feiern zu können. Die Nachricht verbreitete sich wie ein Lauffeuer unter den DDR-Deutschen in Ungarn. Hunderte nutzten die Chance. Wie Augenzeugen berichteten, »drückten sie das hölzerne Tor auf, hakten sich unter, sangen ›We shall overcome‹ und stürmten in die Freiheit. Rund siebenhundert DDR-Bürger rannten einfach über die ungarische Grenze nach Österreich. Es war die spektakulärste Massenflucht von Ost nach West, die es je gab. Nach dem Durchbruch weinten viele Menschen, fielen sich in die Arme, einige knieten nieder, küssten die Erde.«

Ermöglicht hatte dies der ungarische Ministerpräsident Miklós Németh, der auf einer Länge von mehreren Kilometern um Sopron die Grenzposten hatte abziehen lassen. Die Massenflucht von Sopron wurde nicht nur von den Ausreisewilligen, die in Ungarn warteten, sondern auch von den noch Unentschlossenen in der DDR als Signal verstanden. Obwohl die Sommerferien fast vorüber waren, machten sich noch einmal Zehntausende auf den Weg nach Süden. In Budapest und vor allem in den grenznahen Städten stauten sich Trabants und Wartburgs. Wie wir heute wissen, wurden Hunderte von Stasi-Mitarbeitern nach Ungarn beordert, um wenigstens die verlassenen Pkws in die DDR zurückzuführen, damit sie der DDR-Volkswirtschaft nicht verlorengingen. Der ungarische Malteser-Caritas-Dienst und das Rote Kreuz bauten mit Unterstützung der Behörden riesige Zeltlager auf, und in der Bundesrepublik wurden Spendenkonten für die ungarischen Hilfsdienste eingerichtet.

Noch heute ärgere ich mich darüber, welche Hürden bei der Organisation der Hilfsmaßnahmen zu überwinden waren. Ich bin ein leidenschaftlicher Anhänger der Hilfe für die Dritte Welt, aber ich fand es damals zum Teil bestürzend, um nicht zu sagen beschämend, um wieviel schwieriger es war, die Unterstützung der großen gesellschaftlichen Gruppen – bis in kirchliche Kreise hinein – zu erhalten, wenn es sich bei den Bedürftigen um deutsche Landsleute handelte. Wenn das Thema Deutschland in diesen Wochen wieder in den Mittelpunkt der geschichtlichen Entwicklung zu rücken begann, konnten wir den Flüchtlingen doch nicht unsere Unterstützung versagen!

Wir alle waren in diesen Wochen durch die Berichte und Bilder aus Budapest und Ost-Berlin aufgewühlt, die Männer, Frauen und Kinder zeigten – unsere Landsleute –, die einen Weg in die Freiheit suchten. Die Bundesregierung tat alles, was in ihren Kräften stand, um den Betroffenen zu helfen, aber unabhängig davon durfte das Schicksal dieser Menschen niemanden in unserem Land gleichgültig lassen. Diejenigen, die zu uns kamen, mussten wir mit offenem Herzen aufnehmen.

Die Zeugnisse der Flüchtlinge, die in diesen Tagen in den Westen gelangten, bestätigten, dass es vor allem die Erstarrung des Systems und das Fehlen jeder Hoffnung auf Veränderung war, was die Menschen dazu brachte, der DDR den Rücken zu kehren. Wer für sich keine Zukunft sah, dem stellte sich jedes Schlupfloch zum Entkommen als einziger Ausweg dar. Es konnte die DDR-Führung nicht verwundern, dass diese Stimmung in demselben Maße zunahm, in dem sich ringsum in Osteuropa tiefgreifende Reformen durchsetzten, die den Menschen neue Freiheiten brachten. Die DDR durfte sich einer solchen Entwicklung nicht länger verschlie-

Flucht in die Freiheit: Nach dem »Paneuropäischen Picknick« stürmen rund 700 DDR-Bürger durch ein symbolisch geöffnetes Tor in der ungarisch-österreichischen Grenze

ßen. Es reichte nicht mehr, an den Symptomen herumzukurieren. Europa befand sich in einem hoffnungsvollen Aufbruch. Es konnte nicht im Interesse der DDR sein, sich hiervon zu isolieren oder diesen Prozess gar aufhalten zu wollen.

Einen Tag nach Beendigung meines Urlaubs am Wolfgangsee gab ich am 22. August 1989 vor der Bundespressekonferenz in Bonn eine Erklärung zur Deutschlandpolitik und zu der Flüchtlingswelle aus der DDR ab:

»Die Entwicklung der letzten Wochen hat deutlich gemacht, dass die deutsche Frage – entgegen dem, was hier und da auch bei uns gesagt wird – nach wie vor auf der Tagesordnung der internationalen Politik steht. Der Wille der Deutschen zur Einheit in Freiheit ist ungebrochen. Was die Lösung der deutschen Frage betrifft – hier sind nicht nur die Deutschen allein gefordert. Hierbei vertrauen wir vor allem auch auf die besondere Verantwortung der drei Westmächte. Das Verhältnis der beiden deutschen Staaten zueinander ist aber zugleich ein wesentliches Element der Stabilität in Europa, das alle europäischen Staaten berührt. In der Gemeinsamen Erklärung, die Generalsekretär Gorbatschow und ich am 13. Juni 1989 in Bonn unterzeichnet haben, sprachen wir von der ›vorrangigen Aufgabe‹ unserer Politik, ›zur Überwindung der Trennung Europas beizutragen‹. Die jetzige Lage beweist die Dringlichkeit dieser Aufgabe.«

*

Am 23. August erreichte mich ein Schreiben der Zufluchtsuchenden aus der Ständigen Vertretung in Ost-Berlin, das an Dramatik nicht zu überbieten war. Dieser Brief drückt mehr aus als alle politischen Analysen dieser bewegten Tage:

»Sehr geehrter Herr Bundeskanzler Dr. Kohl!
Wir, die 115 Ausreisewilligen in der Ständigen Vertretung der Bundesrepublik in Ost-Berlin, möchten uns mit diesem Hilfeersuchen an Sie wenden. Den Entschluss, an Sie persönlich zu schreiben, fassten wir, nachdem Kanzleramtsminister Seiters uns über das ergebnislose Gespräch mit dem stellvertretenden Außenminister der DDR, Krolikowski, informiert hatte. Wir freuen uns über Ihre uneingeschränkte Bereitschaft, sich für uns einzusetzen. Ergreifende, tränenreiche und ungerechte Schicksale haben uns hier zusammengeführt. Für uns ist es die letzte Möglichkeit, unserem humanitären Anliegen gegen die Uneinsichtigkeit und gegen die willkürliche Auslegung der ›Verordnung über Reisen von DDR-Bürgern nach dem Ausland‹ vom 30.11.1988 Ausdruck zu verleihen.
Was Menschen in diesem Staat erlebt haben und erleben müssen, ist nahezu unvorstellbar. Frauen dürfen nicht zu ihren Männern, Kinder nicht zu ihren Eltern, Pflegebedürftige erhalten keine verwandtschaftliche Hilfe. Familienbande sollen zerrissen werden, was humanitäre Gründe sind, entscheiden die Behörden der DDR willkürlich. Vielen von uns wurde die Möglichkeit genommen, ihren Beruf auszuüben,

andere werden aufgrund ihres Berufes gegen ihren Willen in der DDR festgehalten.
Politische Meinungsfreiheit wird uns nicht zugestanden. Mehrmals negativ beschiedene Ausreiseanträge von 2–5 Jahren Dauer sind keine Seltenheit. Eine erneute Antragstellung ist nur möglich, wenn die Gründe, die zur Ablehnung des Antrages führten, nicht mehr vorliegen. Und so ließe sich die Kette der Verstöße gegen die Menschenrechte seitens des Staates DDR beliebig fortführen.
So verschieden die einzelnen Beweggründe auch sein mögen – für uns alle war es ein Akt der Verzweiflung und die letzte Hoffnung auf Erfolg.
Wir alle sind deshalb fest entschlossen, bis zu einer für uns akzeptablen Lösung auf dem Gelände der Ständigen Vertretung zu verbleiben. Ohne diese werden wir niemals den freiwilligen Weg zurück in die DDR antreten. Würden wir diesen Schritt zurück wählen, gäbe es für uns und unsere Kinder keine Perspektive mehr. Ein menschenwürdiges Leben als mündige Bürger wäre für uns alle nicht möglich. Versprechen der DDR-Behörden werden erfahrungsgemäß nur selten eingehalten. Dieses sind nicht nur unsere Befürchtungen, sondern praxisnahe Erfahrungen aus unserem bisherigen Umfeld.
Wir, die hier in Ihrem Hause Hoffenden, müssen deshalb mit der uns verbleibenden Zeit, Kraft und innerlichen Stärke auf Ihre Hilfe warten. Dieses haben wir über Jahrzehnte gelernt, ja mussten es lernen. Tränen und Verzweiflungsmomente sind uns nicht fremd, doch wir haben die Hoffnung, mit Ihrer Hilfe zu erreichen, worum wir schon so lange kämpfen – um die Freiheit, unseren Wohnsitz selbst zu wählen.
Ihnen, sehr geehrter Herr Bundeskanzler, sowie Ihren Mitarbeitern und dem Personal der Ständigen Vertretung danken wir sehr herzlich für die uns täglich zuteil werdende menschliche und materielle Hilfe und gute Betreuung.
Insbesondere sind wir dankbar für das uneingeschränkte Gastrecht, welches wir hier genießen dürfen.
Alle unsere Hoffnungen ruhen auf Ihren Verhandlungen, auf

Ihrer Kraft, uns die Übersiedlung in unser freiheitliches und demokratisches Vaterland zu ermöglichen.
Unsere Hoffnungen und Wünsche begleiten Sie bei Ihren für uns so wichtigen Gesprächen mit der DDR-Führung.
Sollte es Ihre Zeit erlauben, würden wir uns über Ihren Besuch herzlich freuen.
Im Wissen um Ihre schwierige Aufgabe setzen wir unser ganzes Vertrauen in Sie und verbleiben
Hochachtungsvoll«

(Unterschrift der 115 Ausreisewilligen)

Unterdessen machten Grenzsoldaten an der ungarischen Grenze zu Österreich Jagd auf DDR-Flüchtlinge. Nach Medienberichten schossen sie mit Maschinenpistolen über die Köpfe der Flüchtenden und prügelten mit Gummiknüppeln. Selbst Kinder sollen verletzt worden sein. Gleichwohl gab es auch eine gute Nachricht: Am 24. August 1989 konnten die hundertsiebzehn Flüchtlinge, die sich in der Botschaft der Bundesrepublik in Budapest befanden, ausgeflogen werden.

Zur gleichen Zeit unternahm für uns alle überraschend der ungarische Botschafter in Bonn, István Horváth, eine Initiative. Dieser Freund der Deutschen war zur richtigen Zeit der richtige Vertreter seines Landes. Jetzt wurde er bei Horst Teltschik mit dem Wunsch vorstellig, Ministerpräsident Németh wolle mit mir so rasch wie möglich und unter Wahrung absoluter Diskretion zusammenzutreffen. Unverzüglich verständigten wir uns auf eine Begegnung am 25. August, einem Freitag. Als geheimer Treffpunkt wurde Schloss Gymnich bei Bonn verabredet.

Noch heute läuft es mir kalt über den Rücken, wenn ich daran denke. Außer Hans-Dietrich Genscher, der gerade einen Herzinfarkt hinter sich hatte, weihte ich nur meine engsten Mitarbeiter ein: Eduard Ackermann, Rudolf Seiters und Juliane Weber. Horst Teltschik wusste ohnehin Bescheid. Alle waren zu striktem Stillschweigen verdonnert. Es musste alles getan werden, um das äußerst gespannte Verhältnis zwischen Budapest und Ost-Berlin nicht weiter zu verschärfen. Wenn ich damals gewusst hätte, was die Ost-Berliner Führung alles unternahm, um die Regierenden in Budapest dazu zu bewegen, die Flüchtlinge in die DDR zurückzuschicken, hätte ich unserem Geheimtreffen kaum eine Chance eingeräumt.

Am Morgen des 25. August landeten Ministerpräsident Miklós Németh, Außenminister Gyula Horn und Botschafter Horváth mit einer ungarischen Regierungsmaschine auf dem militärischen Teil des Flughafens Köln-Bonn. Von da aus flogen sie mit einem Hubschrauber des Bundesgrenzschutzes weiter nach Schloss Gymnich, wo Hans-Dietrich Genscher und ich sie begrüßten.

Der ungarische Ministerpräsident begann das Gespräch mit einer ungeschminkten Schilderung der Lage Ungarns. Sein Land, das nach wie vor dem Warschauer Pakt angehöre, breche gültige Verträge, wenn es die »Staatsbürger der DDR« ohne gültige Dokumente ausreisen lasse, sagte er und verwies auf die bilateralen Abkommen zwischen beiden Staaten, denen zufolge es untersagt war, Staatsbürger des jeweils anderen Landes in den Westen ausreisen zu lassen, wenn sie nicht über gültige Ausreisegenehmigungen verfügten. Niemand wisse, fuhr Németh fort, wie Erich Honecker und sein Politbüro reagieren werden. Seine Sorge hatte ihren Ursprung in der Einschätzung des Ost-Berliner Regierungschefs. Németh kannte Honecker recht gut, der sich in mehreren Gesprächen als »verbohrter Reformgegner« erwiesen hatte.

Offen informierte mich der ungarische Ministerpräsident über die Reformbemühungen in seinem Land sowie über die Entwicklung in Polen und den anderen osteuropäischen Staaten. Seine Einschätzungen über den erst kurz zuvor zu Ende gegangenen Warschauer-Pakt-Gipfel und seine Erläuterung der positiven Rolle Michail Gorbatschows waren für mich von höchstem Interesse. Doch auch Gorbatschow, der ungarischen Reformen wohlwollend gegenüberstand, war in der sowjetischen Nomenklatura nicht unumstritten, und niemand wusste, wie Moskau letztendlich darauf reagieren würde, wenn Ungarn seine Grenze für die DDR-Deutschen öffnen würde. Immerhin standen zweihunderttausend sowjetische Soldaten in Ungarn.

Miklós Németh berichtete weiter, dass sich nach seinen Informationen sowohl in Bulgarien als auch in Rumänien und der Tschechoslowakei eine große Zahl deutscher Touristen aus der DDR aufhalte, um von dort den Fortgang der Ereignisse zu beobachten. Sie würden die nächsten Schritte der ungarischen Regierung abwarten, um dann entweder in die DDR zurückzukehren oder aber über Ungarn in den Westen auszureisen.

Schließlich wartete der ungarische Ministerpräsident mit der erlösenden Nachricht auf: »Eine Abschiebung der Flüchtlinge zurück in DDR kommt nicht in Frage. Wir öffnen die Grenze. Wenn uns keine militärische oder politische Kraft von außen zu einem anderen Verhalten zwingt, werden wir die Grenze für DDR-Bürger geöffnet halten.« Es sei beabsichtigt, alle Deutschen bis Mitte September ausreisen zu lassen.

Mir stiegen die Tränen in die Augen, als Németh dies ausgesprochen hatte. In diesem Moment wurde mir deutlicher denn je bewusst, wie wichtig und richtig es gewesen war, dass wir all die Jahre an der einen deutschen Staatsbürgerschaft festgehalten hatten, dass wir nicht den Forderungen aus Ost-Berlin und der SPD-Opposition, der Grünen und weiter Teile der Medien, die sich mit der Teilung unseres Landes längst arrangiert hatten, gefolgt waren, eine eigene DDR-Staatsbürgerschaft anzuerkennen. Der Gedanke, dass all diese Deutschen, die in Ungarn und anderswo ihre Ausreise in die Freiheit herbeisehnten, als Ausländer einen Antrag auf politisches Asyl hätten stellen müssen, war absurd und unerträglich.

Mehrmals fragte ich bei Miklós Németh nach, ob die Ungarn dafür keine Gegenleistung erwarteten, und jedesmal winkte er mit den Worten ab: »Ungarn verkauft keine Menschen.«

Andererseits spürte ich die große Angst der Ungarn, im Ostblock isoliert zu werden. Im schlimmsten Fall rechneten sie mit einer Unterbrechung der Energieversorgung von seiten der Sowjetunion. Bei Öl und Gas war Ungarn von Moskau völlig abhängig. Außerdem befürchteten der Ministerpräsident und der Außenminister, dass die DDR, Rumänien und die Tschechoslowakei Wirtschaftssanktionen verhängen würden. Deshalb richteten sie die Frage an mich, ob der deutsche Bundeskanzler in einem solchen Fall helfen werde. Ohne die Absicherung durch einen Kabinettsbeschluss oder die Entscheidung anderer Gremien zu haben, versicherte ich, dass die Bundesrepublik helfen werde.

Diese Hilfe konkretisierten wir auf Schloss Gymnich. Die Bundesregierung gewährte Ungarn einen Kredit von 500 Millionen DM, über den bereits seit längerer Zeit verhandelt worden war. Außerdem sagten wir die Aufhebung des Visumzwangs zu und versicherten Budapest der deutschen Unterstützung beim angestrebten Beitritt zur Europäischen Gemeinschaft. Zur Entschuldungsproblematik – Ungarns Verbindlichkeiten bei Banken in der Bundesrepublik beliefen sich auf über 400 Millionen DM – sagte ich die Entsendung des Chefs der Deutschen Bank, Alfred Herrhausen, nach Ungarn zu. Ebenso erklärte ich den ungarischen Gästen, mich in der EG und in den USA dafür einsetzen zu wollen, dass den Ungarn umgehend und unbürokratisch aus der großen Wirtschaftskrise geholfen werde.

Allesentscheidend war aber zunächst, wie die Moskauer Führung auf die ungarischen Pläne reagieren würde. Immerhin hatte sich Gorbatschow bei seinem Besuch in Frankreich Anfang Juli 1989 nicht zu einer weiterreichenden Interpretation des Selbstbestimmungsrechts der Deutschen verleiten lassen. »Die Welt«, so hatte er auf die Frage eines Journalisten nebulös geantwortet, »wird sich entsprechend unserer Haltungen verändern.«

Wenig später telefonierte ich mit Michail Gorbatschow. Ich berichtete ihm, was ich mit Németh und Horn besprochen hatte, und fragte, ob sie seine Unterstützung hätten. Gorbatschow schwieg zunächst. Dann antwortete er: »Die Ungarn sind gute Leute.« Mehr sagte er nicht dazu. Für mich war damit klar, dass der ungarische Ministerpräsident und sein Außenminister nicht auf eigene Faust handeln mussten, sondern dass sie sich des Segens aus Moskau sicher sein konnten. Für das SED-Regime war das der unweigerliche Anfang vom Ende seiner Existenz.

Ich hielt es für selbstverständlich, denen zu helfen, die uns halfen. Die Ungarn hätten sich auch ganz anders verhalten können. Es war für die Regierung in Budapest nicht leicht, in dieser Situation entgegen den geltenden Abmachungen mit der DDR zu sagen: »Wir lassen die Deutschen raus.«

47.
Gescheiterter Putsch

Während abseits der Öffentlichkeit im Dreieck Moskau–Budapest–Bonn Entscheidungen von großer Tragweite für die Deutschen fielen, beschäftigte die Bonner Korrespondenten mein vermeintlich bevorstehendes Ende als CDU-Vorsitzender. Da der für den 10. September anberaumte Parteitag in Bremen nahte, fragten sich einige Leitartikler: »Zielen die Kohl-Kritiker Ernst Albrecht, Rita Süssmuth, Lothar Späth und Kurt Biedenkopf auf die Ablösung des Kanzlers?« Oder: »Ist Heiner Geißler stärker als Kohl?«

Zwischen mir und Heiner Geißler als Generalsekretär war das Tischtuch zu diesem Zeitpunkt bereits zerschnitten. Das Ende unserer engen und erfolgreichen Zusammenarbeit kam nicht aus heiterem Himmel, sondern hatte eine lange Vorgeschichte.

Schon im Herbst 1988 war es zwischen Geißler und mir zu einem ernsthaften Dissens hinsichtlich der deutsch-polnischen Beziehungen gekommen. Bei allem Respekt für Geißlers Kompetenz in der Sozialpolitik: Von außen- und deutschlandpolitischen Fragestellungen verstand er nicht allzuviel. Trotzdem wollte er immer wieder auch auf diesen politischen Feldern Profil zeigen. Sein Ehrgeiz, sich auf möglichst allen Sachgebieten hervorzutun, verleitete ihn immer wieder zu Äußerungen, die zum Teil schlicht falsch waren oder mir einfach alles andere als behagten. So auch diesmal, als er von mir eine klare Aussage bezüglich der Sicherheit der polnischen Westgrenze verlangte. Zwar hatte ich nie einen Zweifel daran gelassen, dass die Wiederherstellung Deutschlands in den Grenzen von 1937 eine absolute Utopie war, die nur von Rechtsradikalen, aber von keinem ernstzunehmenden Politiker gefordert wurde, doch Geißler unterstellte mir, ich würde in der Grenzfrage zögern und zaudern. Gleichzeitig unterstellte er all jenen, die die Einheit der Nation nach dem Gebot des Grundgesetzes forderten, böse Absichten.

Diese unsägliche Auseinandersetzung war der Anlass, um mit Heiner Geißler ernsthaft über unser Verhältnis zu sprechen, das seit Jahren mal mehr, mal weniger angespannt und belastet war. Bei einer Aussprache im Kanzleramt, zu der ich ihn bestellt hatte, musste ich leider feststellen, wie sehr unsere Meinungen auseinandergingen. Geißler beharrte auf seinem Standpunkt, der als »Lagertheorie« in der politischen Diskussion Karriere machen sollte.

Vier Tage danach, am 7. November 1988, schrieb ich dem CDU-Generalsekretär einen Brief, der klarer und deutlicher nicht hätte sein können. Wegen der zahlreichen Legenden, die sich um mein Verhältnis zu Heiner Geißler ranken, gebe ich ihn hier vollständig wieder:

»Lieber Heiner,
ich habe am vergangenen Wochenende noch einmal sehr eingehend über unser Gespräch vom Donnerstag nachgedacht. Das Ergebnis ist für mich ebenso unerfreulich wie ernüchternd. Offensichtlich stimmen wir in immer weniger Grundfragen der Politik überein. Ich habe zudem die Überzeugung gewinnen müssen, dass Du ganz bewusst Deine Position in der Öffentlichkeit als Position der Partei festschreiben möchtest, und dies ohne jede Rücksicht auf die Autorität des Parteivorsitzenden. Deine Erklärung in der *Zeit,* dass Du wieder für das Amt des Generalsekretärs kandidieren wirst, hat, wie ich in der Zwischenzeit feststellen musste, große Aufmerksamkeit gefunden. Ich werde verständlicherweise von Journalisten bereits auf dieses Thema angesprochen, habe es allerdings bisher vermieden, dazu eine Aussage zu machen. Ich bin sicher, dass Dir bei Deiner Erklärung bewusst war, dass man zum Amt des Generalsekretärs nicht kandidieren kann, sondern dass der Parteivorsitzende dem Parteitag seinen Kandidaten vorschlägt. Deine Äußerung kann ich dementspre-

chend nur so verstehen, dass Du mich jetzt schon bewusst auf Deine Person festlegen willst. Dieses Verfahren finde ich ebenso unmöglich wie unerträglich. Ich will Dir aus diesem Grund in aller Form mitteilen, dass, wenn sich unsere Beziehungen und die Arbeitsgrundlagen nicht von Grund auf in den nächsten Monaten verändern, ich nicht die Absicht habe, Dich wiederum für das Amt des Generalsekretärs der Christlich-Demokratischen Union Deutschlands auf dem nächsten Parteitag vorzuschlagen.

Mit freundlichen Grüßen!

Dr. Helmut Kohl«

Heiner Geißler schien diesen Brief nicht ernst zu nehmen. Es war, als wollte er nicht wahrhaben, dass ich erhebliche Zweifel hatte, ob er noch der richtige Mann für das Amt des Generalsekretärs sei. Seine Amtszeit dauerte allerdings noch bis zum nächsten Bundesparteitag im September 1989.

Die Konflikte hielten an; offensichtlich stimmten wir in einer ganzen Reihe wichtiger innen- und außenpolitischer Fragen nicht mehr überein. Oft griff ich zum Telefon, wenn er sich wieder einmal mit öffentlichen Äußerungen hervorgetan hatte, die in der Partei auf heftigsten Widerstand stießen, um ihm klar zu machen, wie sehr er der Partei mit seinen nicht mit mir abgestimmten Vorstößen schadete. Viele waren der Überzeugung, Geißler wolle die Achse der Unionspolitik von der politischen Mitte weg nach links verlagern. Auch ich war immer mehr davon überzeugt, dass Geißler nicht nur seine Funktion als Generalsekretär kräftig missverstanden hatte, sondern dass er das politische Selbstverständnis der Union massiv verändern wollte. Seine Versuche, sich nach dem Tod von Strauß deutlicher von der Schwesterpartei CSU abzugrenzen, waren offensichtlich. Um die Partei stärker zu profilieren, suchte er links von der politischen Mitte Wähler zu erreichen, die ich für unerreichbar hielt. Von einer Zuwendung zur SPD versprach er sich wohl vor allem im Bereich der Sozialpolitik größere Erfolge. So war unser Vertrauensverlust in der Wählerschaft jedoch nicht zu beheben, so gerieten die Unionsparteien nicht wieder in den Aufwind, und schon gar nicht waren auf diese Weise Wahlen zu gewinnen.

Nachdem mein Versuch, Geißler ins Bundeskabinett zu berufen, gescheitert war, blieb mir nur noch, einen neuen Generalsekretär zu berufen. Dazu musste ich nicht nur einen Kandidaten finden, der auch von der Partei akzeptiert wurde, sondern vor allem der Partei und der Öffentlichkeit Geißlers Ablösung plausibel machen. Das war nicht leicht, denn er verfügte über viele Bataillone in der Partei und hatte große Teile der Presse hinter sich. Es gab kaum jemanden, der ihn so distanziert betrachtete wie ich.

Im Lauf des Jahres 1989 fühlte Heiner Geißler bei einer Reihe von Unionspolitikern vor, wie sie darüber dachten, mich als Parteivorsitzenden abzulösen, und wer für seine Umsturzpläne zu gewinnen sei. Beispielsweise besuchte er bereits Ende Januar 1989 den hessischen Ministerpräsidenten Walter Wallmann in der Wiesbadener Staatskanzlei, um ihm anhand der schlechten Umfrageergebnisse für die Union und vor allem der miserablen Sympathiewerte für den Parteivorsitzenden seine Sorgen um die Zukunft der Partei vorzutragen. Auch bei einem weiteren Treffen im April 1989 machte Geißler kein Hehl aus seiner Überzeugung, nur ein Wechsel an der Parteispitze könne die Union aus dem Umfragetief herausführen und sie wieder Wahlen gewinnen lassen. Für den Generalsekretär stand damals längst fest, dass ich nicht mehr in der Lage sei, Wahlen für die CDU zu gewinnen. »Der kann es nicht«, soll sein Fazit gewesen sein.

Dass mir Walter Wallmann seine Illoyalität nicht verschweigen würde, schien dem »Königsmörder« in spe ebensowenig in den Sinn gekommen zu sein wie die Möglichkeit, mir offen zu sagen, was er von mir hielt und was er im Schilde führte. Eine Reihe von Politikern, bei denen er vertraulich wegen seines Vorhabens vorfühlte, hatte ihn zu einem offenen Vorgehen gedrängt, doch Geißler agierte lieber verdeckt. Offensichtlich war er zu feige, mir ins Gesicht zu sagen, dass nur ein Wechsel an der Spitze der Partei die Probleme der CDU lösen könne.

Selbst bei seinen schärfsten innerparteilichen Kritikern in Bayern kannte er bei seiner vernichtenden Kritik am Zustand der CDU keine Zurückhaltung. Unter anderem wurde Geißler beim bayerischen Ministerpräsidenten Max Streibl vorstellig und erläuterte ihm mit großem Engagement, ich müsste dringend abgelöst werden. Max Streibl, mit dem mich bis zu seinem Tod eine enge Freundschaft verband, berichtete mir brühwarm von Geißlers Attacken und von der Verschwörung, die offenbar nicht mehr aufzuhalten sei. Auch Karl Carstens, mittlerweile Altbundespräsident und einer der treuesten Anhänger meiner Politik und meiner Amtsführung als Parteivorsitzender, wusste Ähnliches zu berichten.

Je weiter Geißler herumreiste, um so mehr Rückmeldungen von Bundestagsabgeordneten, aber auch von Kreis- und Bezirksvorsitzenden der Partei bekam ich. Hier zahlte sich mal wieder der Kontakt zur Basis, zur mittleren und oberen Ebene der Partei aus, den ich damals wie heute in besonderer Weise pflegte. Ausführlich erzählte mir auch Eduard Ackermann, was er von Bonner Journalisten über Heiner Geißlers Aktivitäten zu hören bekam.

So wussten wir sehr genau, wer von den Spitzenpolitikern der CDU zum Kreis der Umstürzler zählte und wer welche Rolle dabei spielte, allen voran Lothar Späth, der mich als Kanzler beerben wollte und sollte. Rita Süssmuth teilte mir ihre Loyalitätsbekundungen auch gerne schriftlich mit, gleichzeitig arbeitete sie jedoch hinter meinem Rücken an meinem Sturz. Ähnlich verhielten sich der Schatzmeister Walther Leisler Kiep, Kurt Biedenkopf und Norbert Blüm. Dieser schlug sich erst in letzter Sekunde, vor dem Bremer Parteitag, in die Büsche, als die Erfolgsaussichten für den Coup schwanden. Von diesem Zeitpunkt an war mein Vertrauen zu Blüm erheblich beschädigt. Heute weiß ich, dass es politisch wie persönlich ein schwerer Fehler war, an ihm als Sozialminister festzuhalten. Im Licht der Ereignisse frage ich mich heute, wie ich mich so in seinem Charakter täuschen konnte.

Aus Sorge um die Partei und seine Wahlaussichten in Niedersachsen gehörte Ernst Albrecht anfangs zu den Unentschiedenen. Er hatte mich im Sommerurlaub 1989 an meinem Urlaubsort besucht, und erst am Ende eines langen Gesprächs über die Weltlage fragte er, ob ich Heiner Geißler auf dem bevorstehenden Parteitag wieder nominieren würde. Zu diesem Zeitpunkt war die Entscheidung für mich zwar längst gefallen, doch mochte ich mich in dieser schwierigen Phase nicht mehr hundertprozentig darauf verlassen, dass die Vertraulichkeit solcher Gespräche gewahrt wurde. Deshalb ließ ich die Antwort offen. Ich fragte Ernst Albrecht ganz zum Schluss: »Willst du putschen?« Seine kurze, knappe Antwort war: »Nein, das mache ich nicht.« Dabei blieb er auch. Er hatte vor allem deshalb Bedenken gegen meine Abwahl, weil mein Sturz als Parteivorsitzender automatisch das Ende meiner Kanzlerschaft bedeutet hätte. Und das hielt er für einen Wahnsinn.

Anders der amtierende Bundespräsident: Richard von Weizsäcker hielt es für notwendig, mich aus dem Amt zu entfernen, da er mit meiner Politik nicht einverstanden war. Natürlich wagte er nicht, dies in irgendeiner Form offen zu bekennen, das hätte nicht seiner Art entsprochen. Doch am wärmenden offenen Kamin im Bundespräsidialamt war er Ratgeber für diejenigen, denen es um meinen Sturz ging.

*

Für den 21. August 1989 hatte ich Heiner Geißler ins Kanzleramt gebeten, um ihm in einem Gespräch unter vier Augen zu erläutern, warum ich ihn auf dem Bremer Parteitag nicht mehr als Generalsekretär vorschlagen würde. Geißler erschien mit einem Paket Akten, die er auf dem Schreibtisch ausbreitete. Er schien ganz entspannt zu sein und erkundigte sich nach meinem Urlaub.

Ich fragte ihn: »Was willst du mit den Akten?«

Geißler antwortete: »Wir müssen über den Parteitag reden.«

»Ich habe mit dir darüber nichts zu bereden. Du wirst von mir nicht mehr als Generalsekretär vorgeschlagen. Ich habe dich rechtzeitig gewarnt«, entgegnete ich ruhig.

Geißler war wie vom Schlag getroffen. Er saß völlig versteinert da und sagte: »Das kannst du nicht machen.«

Ich antwortete: »Das werden wir ja sehen.«

Daraufhin packte er seine Unterlagen zusammen und stürmte laut schimpfend aus dem Büro. Im Vorzimmer murmelte er noch etwas Unverständliches vor sich hin und verließ das Bundeskanzleramt.

Nach längeren Beratungen mit seinen engsten Mitarbeitern im Konrad-Adenauer-Haus fiel Heiner Geißler nichts Besseres ein, als noch am selben Tag vor die Bonner Presse zu treten, um öffentlich seinen Unmut über meine Entscheidung kundzutun. Dabei erweckte er den Eindruck, er sei das Opfer von Machenschaften, deren Ziel es sei, ihn, den Liberalen, aus dem Weg zu räumen, um für konservative Kräfte freie Bahn zu schaffen. Geißler prognostizierte auf der Pressekonferenz Unruhe und Unfrieden in der Partei und behauptete, ich hätte gegen den erkennbaren Willen der überwiegenden Mehrheit der Parteiführung, der Landesverbände und der Vereinigungen der Partei entschieden. Ein Rechtsruck in der CDU sei unübersehbar.

Geißlers scharfe Stellungnahme und sein trotzig-selbstbewusstes Auftreten vor der Bonner Presse schadeten ihm langfristig mehr, als dass sie ihm genutzt hätten. Zunächst fiel die Berichterstattung allerdings zu seinen Gunsten aus. Es gab sogar einen Kommentar im ZDF, in dem die Parteitagsdelegierten aufgefordert wurden, mich abzuwählen. Überhaupt war das Rauschen im Blätterwald enorm; dass Kohl nun am Ende sein sollte, passte nur zu gut zu den Vorurteilen, die viele Journalisten hegten und immer wieder verbreiteten.

Anderntags ging ich vor die Bundespressekonferenz, um meinerseits zu begründen, warum ich Geißler nicht mehr nominieren würde. Gespannt erwarteten die Journalisten die Präsentation des Nachfolgers. Bevor ich die herausragende Arbeit würdigte, die Geißler über zwölf Jahre als CDU-Generalsekretär erbracht hatte, erläuterte ich zunächst jedoch die jüngsten Nachrichten aus Ungarn und der DDR, analysierte den dramatischen Flüchtlingsstrom in Richtung Ungarn und berichtete über die Lage in unseren Botschaften in Prag und Warschau. Dann begründete ich in wenigen Sätzen den Bruch zwischen Geißler und mir, um anschließend den Hamburger Bundestagsabgeordneten Volker Rühe als neuen Generalsekretär zu präsentieren. Es herrschte große Stille. Damit hatte niemand gerechnet. Und mit dem Mann aus dem liberalen Lager der Partei war auch die Behauptung entkräftet, es ginge darum, mit der Geißler-Nachfolge den rechten Parteiflügel zu stärken.

Eine Woche später, am 28. August 1989, begründete ich vor den Führungsgremien der Partei meine Trennung von dem Generalsekretär. Im Parteivorstand wurde ich lediglich von einer Minderheit unterstützt, zu der Altbundespräsident Karl Carstens, der Fraktionsvorsitzende Alfred Dregger sowie der hessische Ministerpräsident Walter Wallmann zählten. Andere in den CDU-Führungsgremien warnten vor einer Zerreißprobe. Sie warfen mir vor, Geißlers Ablösung schade der Sache der Union. Selten habe ein Vorgang wie dieser die Öffentlichkeit und wichtige Teile der Partei derart getroffen.

Norbert Blüm meinte sogar, die Trennung von Heiner Geißler stelle eine schwere Verletzung der von Christen geschuldeten Rücksichtnahme im mitmenschlichen Umgang dar. Damit sei auch das »C« im Namen der CDU in Gefahr. Die Partei befinde sich in einer tiefen Identitätskrise. Auch wurde mir vorgeworfen, die Entscheidung an den Führungsgremien der Partei vorbei getroffen zu haben. Hier sei ein Mensch einem Zweck geopfert worden und mit diesem Streit, den ich vom Zaun gebrochen hätte, würden die Wahlchancen der CDU nicht verbessert. Andere gingen so weit, ihre künftige Mitarbeit im Präsidium und im Vorstand in Frage zu stellen.

Geißler selbst verteidigte sich gegen den Vorwurf der Illoyalität und behauptete, er habe es an Unterstützung für den Bundeskanzler nicht fehlen lassen. Man dürfe aber auch nicht immer ja und amen sagen, und im übrigen gelte seine Loyalität nicht nur dem Vorsitzenden, sondern auch der CDU. Natürlich sei es ihm manchmal schwergefallen, Entscheidungen mitzutragen, auch habe es zwischen ihm und mir unterschiedliche Auffassungen gegeben. Letztlich ginge es um den Versuch, ihn zum Sündenbock für alle Probleme der Partei zu machen. Er bedaure sehr, dass der Parteivorsitzende seine Entscheidung nicht zuvor mit ihm oder anderen Mitgliedern des Präsidiums beraten habe. Jetzt seien durch Inhalt und Stil der Auseinandersetzung erheblicher Streit und Unruhe in die Partei hineingetragen worden. Geißler berichtete weiter, dass ich ihm noch zwei Monate zuvor das Amt des Bundesinnenministers angeboten hätte. Er habe nach dreitägiger Überlegung abgelehnt, weil diese zusätzliche Belastung nicht mit seiner Aufgabe als Generalsekretär zu vereinbaren gewesen sei.

Es war eine dramatische Präsidiumssitzung. Von den zweiunddreißig Diskussionsbeiträgen setzten sich über 90 Prozent kritisch mit meiner Entscheidung auseinander. Zum Schluss ergriff ich noch einmal selbst das Wort und sagte, es sei schon merkwürdig, dass ich für manche in der einen Woche Entscheidungen »aussäße«, um in der anderen Woche dann wieder ein »Diktator« zu sein, der wie eine »Dampfwalze« über die Interessen der Menschen hinwegrolle. Beides gleichzeitig konnte doch wohl nicht stimmen. Ich hatte allerdings meine Überzeugungen, und für die stand ich ein. Die Stationierung der Mittelstreckenraketen 1983 hatte gezeigt, dass es richtig war, eine als richtig erkannte Politik auch gegen die veröffentlichte Meinung durchzusetzen. Was die Gegner und die politischen Magazine schrieben, war mir gleichgültig. Darüber beschwerte ich mich nicht. Aber ich gab zu, dass ich etwas Wärme der Partei um mich herum brauchte.

Die Entscheidung, Heiner Geißler nicht wieder zu nominieren, war eine der schwierigsten Personalentscheidungen in meinem ganzen bisherigen Leben. Ich sei aber nach reiflicher Überlegung zu der Auffassung gelangt, dass es keine ersprießliche Zusammenarbeit mehr geben konnte, sagte ich. Man könne mich kritisieren und ich musste mich dieser Kritik stellen, aber man dürfe nicht erwarten, dass ich ein Thema um des lieben Friedens willen einfach unter den Tisch kehrte. Gerade in der gegenwärtigen weltpolitischen Lage schauten viele auf die politische Führung der Bundesrepublik und fragten sich, ob diese in der Lage sei, Kurs zu halten. Jeder wusste, wofür ich stand. Wer etwas anderes wollte, musste es offen aussprechen.

Mein Angebot an Heiner Geißler, das Amt des Innenministers zu übernehmen, war keine Finte gewesen, erklärte ich. Mit der Regierungsumbildung hatte sich die Möglichkeit geboten, den Personalwechsel auch in der Partei zu vollziehen. Ich hatte mir auch sehr genau überlegt, ob ich das Präsidium mit einbeziehen sollte. Die Erfahrung mit Indiskretionen in der Vergangenheit zeigte jedoch, dass das Thema zwei Stunden später in der Öffentlichkeit gewesen wäre. Zudem hätte das Präsidium ein Votum abgegeben, und da eine Unterstützung meiner Meinung im Präsidium mehr als unwahrscheinlich war, hätte ich mich entweder gegen meine innere Überzeugung dem Ratschlag des Präsidiums anschließen oder an meiner Entscheidung festhalten müssen, was mir dann als großer Affront ausgelegt worden wäre. Ich bat die Präsidiumsmitglieder um Verständnis für die schwierige Lage, in der ich mich befand, und um Verständnis für mein Vorgehen. Nachdrücklich plädierte ich dafür, Heiner Geißler wegen seiner Bedeutung in der Partei eine Position in der Parteiführung offenzuhalten. Abschließend gab ich bekannt, auf dem Bremer Parteitag erneut zum Vorsitzenden der CDU kandidieren zu wollen.

*

Meine Widersacher hielten sich trotz aller Kritik an der Art und Weise meines Vorgehens eher bedeckt. Niemand stand auf und sagte laut und vernehmlich, dass er mir ans Leder wolle. Den Putschgerüchten zufolge, die mir zugetragen wurden, sollte Lothar Späth auf dem Bremer Parteitag gegen mich kandidieren und den Parteivorsitz übernehmen. Die Kanzlerkandidatur wäre ihm dann automatisch zugefallen. Ob er im Deutschen Bundestag allerdings eine Mehrheit bekommen hätte, wage ich zu bezweifeln.

Der baden-württembergische Ministerpräsident entfaltete vermehrt Aktivitäten in der Außen-, Sicherheits- und Deutschlandpolitik, um seine Defizite auf diesen Feldern auszugleichen. Seine Reisen nach Moskau und Ost-Berlin machten allerdings nicht den Anschein, als würde sich ein neuer Staatsmann in Szene setzen. Mit kräftiger Unterstützung Geißlers, Süssmuths und Blüms steuerte Späth auf einen Machtkampf zu, den er lange Zeit zu gewinnen glaubte. Zahlreiche bundesdeutsche Medien standen auf seiner Seite und polierten sein Image auf Hochglanz. Späth sollte mich kippen, sobald die Zeit reif war, doch die Tage vergingen, ohne dass er sich aus der Deckung wagte. Den Herausforderer verließ der Mut.

*

Der liebe Gott hat mich mit einer widerstandsfähigen Natur ausgestattet, für die ich unendlich dankbar bin, denn sonst hätte ich so manche physische und psychische Belastung nicht so gut verkraften können. Doch im September 1989 machte mir mein Gesundheitszustand so schwer zu schaffen, wie ich es noch nie erlebt hatte. Ausgerechnet in der Woche vor dem Bremer Parteitag erkrankte ich an der Prostata. Schon während der Koalitionsrunde am 5. September 1989 plagten mich unsägliche Schmerzen, so dass ich mehrmals die Gesprächsrunde verlassen musste. Geradezu unerträglich wurden die Beschwerden in der Nacht vom 7. auf den 8. September. Hannelore war in Ludwigshafen, und ich lag im Bett im Bonner Bungalow. Ich bekam wahnsinnige Schmerzen, und es kam mir so vor, als könnte ich jeden Moment ohnmächtig werden. In meiner Not rannte ich schließlich im Schlafanzug durch den Kanzlergarten zur Wache. Die Grenzschutzbeamten fuhren mich mit dem Polizeiauto ins Johanniter-Krankenhaus, wo man schon den Chefarzt des Krankenhauses, Professor Walter Möbius, alarmiert hatte. Dieser herausragende Internist befreite mich von meinen Schmerzen. In dieser Nacht begann eine große Freundschaft zwischen uns beiden, die bis heute hält. Sein Befund allerdings war eindeutig: Operation.

Ich wusste, dass einer der bedeutendsten Urologen Europas, Professor Rudolf Hohenfellner, an der Mainzer Universitätsklinik praktizierte. Ihn suchte ich auf und ließ mich untersuchen. Seelenruhig eröffnete er mir: »Das muss operiert werden. Bleiben Sie gleich da, das machen wir morgen früh.«

Für mich kam das einer Katastrophe gleich. In der damaligen Situation hätte mir niemand abgenommen, dass ich wirklich krank war. Viele würden denken, dass ich mich vor der Auseinandersetzung mit Heiner Geißler und seinen Anhängern drücken wollte. Deshalb sagte ich, dass ich auf jeden Fall nach Bremen müsse. Wir einigten uns auf einen provisorischen Eingriff, mit dem sich die Operation noch einige Tage hinausschieben ließ. Professor Möbius fuhr dann mit nach Bremen, saß dort hinter den Kulissen und weiß seitdem, wie er sagt, was wirklicher Stress ist. Während des Parteitags musste Juliane Weber unzählige Male die Frage beantworten, wer denn dieser Herr in der Umgebung des Kanzlers sei. »Ein neuer Mitarbeiter«, beschied sie die Fragenden.

*

Um die Mittagszeit des 10. September, wenige Stunden vor meiner Abreise zum CDU-Bundesparteitag, erhielt ich nach Tagen angespannten Wartens, in denen allerlei Falschmeldungen und Gerüchte für Verunsicherung gesorgt hatten, vom ungarischen Botschafter die Nachricht aus Budapest, dass es um 24 Uhr an diesem Sonntag endlich so weit sein werde: Dann könnten die Deutschen aus der DDR von Ungarn aus in ein Land ihrer Wahl ausreisen. Das zeitliche Zusammentreffen dieses Ereignisses mit dem Bremer Parteitag war weder geplant noch beabsichtigt, aber natürlich kam es mir bei der Abwehr des Angriffs der Gruppe um Geißler, Späth und Süssmuth sehr gelegen.

Wie wir heute wissen, hatte der Druck von seiten der DDR-Regierung auf die ungarische Führung erheblich zugenommen. Anfang September drohte DDR-Außenminister Oskar Fischer seinem ungarischen Amtskollegen Horn massiv mit Repressalien der sozialistischen Bruderländer, aber ohne Erfolg. Am Ende konnte dem krank darniederliegenden Erich Honecker lediglich gemeldet werden, dass Ungarn »Schritte zur Ermöglichung der Ausreise der DDR-Bürger vorbereite, die sich alle gegen die Interessen der DDR richteten«.

Verabredet war, dass die Außenminister Horn und Genscher die Öffentlichkeit über die sensationelle Nachricht aus Budapest informieren sollten. Ich bat die ungarische Seite, das Ereignis bereits um 20 Uhr öffentlich zu machen. Zu diesem Zeitpunkt begann der traditionelle Presseabend in der Bremer Stadthalle, auf dem ich dazu würde sprechen können.

Trotz der peinigenden Schmerzen bereitete es mir große Genugtuung, an jenem denkwürdigen 10. September vor die versammelten Journalisten zu treten, die mit ganz anderen Erwartungen zu dem Parteitag gereist waren, und die Nachricht von der Öffnung der ungarischen Grenze zu verkünden: »Vor wenigen Minuten hat der ungarische Außenminister die Entscheidung seiner Regierung bekanntgegeben, dass ab heute nacht null Uhr Deutsche aus der DDR in ein Land ihrer Wahl von Ungarn aus ausreisen können. [...] Wer in die Gesichter der Betroffenen schaut, wer erlebt hat, welche Spannung bis hin zur Verzweiflung in diesen Tagen und Wochen herrschte, kann ermessen, was es heißt, dass diese Entscheidung ab heute nacht null Uhr in Kraft tritt.«

Nachdem die Ungarn in jener Nacht ihr Versprechen eingelöst hatten, passierten mehr als sechstausend Menschen in den darauf folgenden Stunden die Grenze in Richtung Freiheit – über hunderttausend sollten es noch werden. Wie Geschichte sich fügt, kann man nicht vorhersagen. Niemand konnte damals wissen, wohin dieser Aufbruch in Mittel- und Osteuropa am Ende führen würde. Aber jeder konnte spüren, dass dies eine Stunde von historischer Bedeutung war. Der Eiserne Vorhang, der Europa seit fast vier Jahrzehnten trennte, hatte sich ein entscheidendes Stück gehoben. Damit war Deutschland auf seinem Weg zur Einheit in Frieden und Freiheit einen wichtigen Schritt vorangekommen.

Noch von Bremen aus schickte ich ein Telegramm an den ungarischen Ministerpräsidenten Németh:

> »Sehr geehrter Herr Ministerpräsident,
> für den großherzigen Akt der Menschlichkeit, den Ihr Land in diesen Tagen Tausenden meiner Landsleute erweist, möchte ich Ihnen im Namen aller Deutschen aufs herzlichste danken. In meinen Dank schließe ich Ihre Mitarbeiter, insbesondere Außenminister Horn, sowie die karitativen Organisationen und alle Bürger Ihres Landes ein, die in den vergangenen Wochen großzügig und selbstlos geholfen haben.
> Die weltweite Zustimmung, die Ihre Politik jetzt erntet, würdigt den Mut und die Entschlossenheit Ihres Handelns genauso wie Ihre humanitären Beweggründe, die in den besten Traditionen Europas wurzeln und auf dem festen Boden der KSZE-Dokumente von Helsinki, Madrid und Wien begründet sind. Ihre Politik ist richtungweisend und vorbildlich für eine europäische Friedensordnung, in der der Mensch mit

seiner Würde und seinen Rechten im Mittelpunkt der Politik steht.
Herr Ministerpräsident, was Ungarn in diesen Tagen für uns geleistet hat, werden wir nie vergessen. Sie haben in überwältigender Weise Ihr Wort gehalten, sich für die menschliche Lösung eines Problems einzusetzen, das in der deutschen Teilung begründet ist.
Auch ich stehe meinerseits zu dem, was wir während Ihres kürzlichen Besuchs in der Bundesrepublik Deutschland besprochen haben.
Nochmals meinen herzlichsten Dank und alle guten Wünsche für Sie und Ihre Mitarbeiter.

Gez. Ihr Helmut Kohl
Bundeskanzler der Bundesrepublik Deutschland«

*

Die siebenhundertachtunddreißig Delegierten des Bundesparteitags in der Bremer Stadthalle standen ganz unter dem Eindruck der Ereignisse, die die Welt veränderten. Nachdem ich den traditionellen Bericht des Parteivorsitzenden vorgetragen hatte, stellte ich mich der Diskussion. Von einer Schar von Delegierten wurde ich, wie von meinen Gegnern abgesprochen, hart kritisiert. Schließlich trat ich noch einmal ans Mikrofon und wies in einer leidenschaftlichen, offensiven Rede alle Angriffe zurück. Die Delegierten waren begeistert und zollten mir stehend Beifall. Dem Ansinnen, mich als Parteivorsitzenden zu stürzen, war der Boden entzogen. Für mich bedeutete der Bremer Parteitag nicht nur eine Bestätigung meiner unangefochtenen Position, wie es ein Parteienforscher formulierte, sondern auch eine große Anerkennung meiner Autorität in der Union.

Natürlich erläuterte ich den Delegierten auch meine Entscheidung, Heiner Geißler nicht wieder für das Amt des CDU-Generalsekretärs vorzuschlagen. Diese Entscheidung war mir nicht leichtgefallen, denn ich hatte mit Heiner Geißler über zwanzig Jahre lang eng zusammengearbeitet. Dass wir in dieser Zeit auch

Schwierigkeiten miteinander hatten, konnte gar nicht anders sein. Unsere lange gemeinsame Wegstrecke war gekennzeichnet durch gemeinsame Erfolge und durch gemeinsame Niederlagen. Ich zollte Heiner Geißler Respekt für seine Leistung, die er in zwölf Jahren als Generalsekretär erbracht hatte.

Wenn ich jetzt einen neuen Kandidaten für das Amt des Generalsekretärs benannte, hatte das nichts mit einer politischen Kurskorrektur zu tun. Volker Rühe kannte unsere Partei, der er seit sechsundzwanzig Jahren angehörte und für die er in unterschiedlichen Funktionen und auf den verschiedensten Ebenen tätig war, sehr genau. Seit dreizehn Jahren gehörte er dem Deutschen Bundestag an. Seit 1982 koordinierte er als stellvertretender Fraktionsvorsitzender die Außen-, Deutschland-, Sicherheits- und Entwicklungshilfepolitik. Mit seinen sechsundvierzig Jahren war er der Repräsentant einer Generation, die in der CDU jetzt viel stärker verantwortliche Aufgaben übernehmen musste.

Das Ergebnis der Bundesvorstandswahl sprach für sich: Trotz des umstrittenen Generalsekretärswechsels wurde ich mit 571 Jastimmen und gegen 147 Neinstimmen bei 20 Enthaltungen, also mit einer kaum geringeren Zahl als 1987, ein neuntes Mal zum CDU-Bundesvorsitzenden gewählt. Nach den turbulenten Auseinandersetzungen innerhalb der Partei war das ein beachtliches Ergebnis, auch wenn es das schlechteste seit meinem Amtsantritt im Jahr 1973 war. Lothar Späth, dem man offenbar übelnahm, dass er mich nicht mit offenem Visier herausgefordert hatte, wurde abgestraft und aus dem Präsidium der Partei gewählt. Volker Rühe, der neue Generalsekretär, wurde mit 84 Prozent der Stimmen gewählt, Geißler erhielt bei seiner Wahl zum stellvertretenden Parteivorsitzenden knappe 57 Prozent.

Im Vorfeld des Jahres 1990, das mit acht Wahlen aufwartete, hatte sich die CDU in Bremen als diskutierende Partei präsentiert, die einen neuen Aufbruch versuchte. Der Parteitagsbeschluss »Unsere Verantwortung für die Schöpfung« fasste die umweltpolitischen Grundsätze und Forderungen der Union zusammen, die sich damit anschickte, nach der Verwirklichung der sozialen Marktwirtschaft den zweiten großen Schritt zu tun und neben die So-

Auf dem Bremer Parteitag:
Die Trennung von Heiner Geißler als Generalsekretär ist vollzogen

zialpflichtigkeit die Ökologiepflichtigkeit der Rechts- und Wirtschaftsordnung zu setzen. Ein weiterer wichtiger Beschluss war »Moderne Parteiarbeit in den neunziger Jahren« überschrieben. Hier ging es nicht allein um die Repräsentanz der Union in den politischen Vertretungskörperschaften und die Mitgliederstruktur, die es im Hinblick auf Frauenanteil und Altersdurchschnitt zu verbessern galt, sondern eine Reihe von Empfehlungen für die Organisation und für bürgernahe Formen der Parteiarbeit sollte die Partei als Ort konsolidieren, wo »die längerfristigen Fragen in der Umsetzung unserer Grundsätze auf die neue Wirklichkeit, in der wir leben, behandelt werden können«. Nach innen wie nach außen hatte sich die Partei damit darauf eingestellt, den Herausforderungen der Zukunft erfolgreich zu begegnen.

*

Sobald der Parteitag beendet war, fuhr ich nach Mainz, um mich in der dortigen Universitätsklinik operieren zu lassen. Der Eingriff verlief ohne Komplikationen. Am Krankenbett erreichte mich ein Telegramm von George Bush. Der US-Präsident schrieb: »Lieber Helmut, Du bist in meinen Gedanken und Gebeten. Alles Beste. Dein George.« Insgesamt erhielt ich während meines Aufenthalts in der Klinik fast zweitausend Postkarten und Briefe mit Genesungswünschen.

Nach einer guten Woche wurde ich aus dem Krankenhaus entlassen, musste mich aber noch schonen, auch wenn die Nachrichten, die ich während meiner Genesung in Ludwigshafen erhielt, davon berichteten, dass die Ereignisse eine Eigendynamik gewannen, die zu Freude und Sorge gleichermaßen Anlass gab.

48.
Massenexodus

Während vielen unserer Landsleute über Ungarn die Flucht in den freien Teil ihres Vaterlandes gelang, harrten nach wie vor unzählige Menschen in drangvoller Enge in der Prager und der Warschauer Botschaft aus und hofften auf ihre Ausreisegenehmigung. Sie und all die vielen Landsleute, die in der DDR bleiben wollten, aber immer nachdrücklicher auf Reformen drängten, hörten die Nachrichten von den Veränderungen in Polen, Ungarn, der Tschechoslowakei und der Sowjetunion, ohne dass sich eine Verbesserung ihrer Situation abgezeichnet hätte.

Die Bilder aus dem Aufnahmelager in der Bundesrepublik zeigten uns junge, sympathische Gesichter. Das waren keine Aussteiger, die es sich in einer »sozialen Hängematte« bequem machen wollten. Getrieben vom Wunsch nach persönlicher Meinungs- und Bewegungsfreiheit, nach besseren Lebensbedingungen, hatten sie der DDR den Rücken gekehrt. Wer Stammtischparolen verbreitete wie: »Die kommen ja nur, weil es ihnen hier wirtschaftlich besser geht«, der hatte nichts, aber auch gar nichts verstanden. Diese Menschen verließen ihre Heimat, ihren Arbeitsplatz, ihre Freunde und Verwandten, um hier leben zu können. Wie groß musste die Bedrängnis sein, wenn jemand das alles aufgab! Schließlich gehörte zu unserer Vorstellung von Freiheit auch, dass jeder das Recht hat, durch Arbeit seinen Lebensstandard zu verbessern. Wir in der Bundesrepublik hatten über vierzig Jahre auf der Sonnenseite deutscher Geschichte leben dürfen. Wir hatten kein Recht, unsere Landsleute aus der DDR daran zu hindern, dass sie ihr ganz persönliches Glück suchten.

Andererseits konnte es nicht das Ziel einer vernünftigen Deutschlandpolitik sein, die Bürger der DDR dazu aufzufordern, in möglichst großer Zahl hierherzukommen. Die Probleme der DDR waren nicht in der Bundesrepublik zu lösen, sie mussten in der DDR gelöst werden. Aber es war eine Selbstverständlichkeit, dass jeder, der aus der DDR zu uns kam, bei uns als Deutscher unter Deutschen aufgenommen wurde. Wie wiesen niemanden zurück. Jeder Deutsche aus der DDR hatte alle Rechte und Pflichten, die sich aus dem Grundgesetz und aus unserer Rechtsordnung ergaben. Solange wir, die CDU Deutschlands, das Sagen hatten, blieb es dabei: Wir grenzten niemanden aus.

Wir vergessen nicht, dass führende Vertreter der SPD sich immer wieder für die Anerkennung einer DDR-Staatsbürgerschaft ausgesprochen hatten. 1989, unter dem Eindruck der Ereignisse, wollten sie davon nichts mehr wissen. Wir vergessen auch nicht, dass aus den Reihen der SPD immer wieder die Forderung nach einer Streichung des Wiedervereinigungsgebots aus der Präambel unseres Grundgesetzes erhoben wurde. Die SPD, einst engagierter Anwalt der Freiheit, verdrängte eine zentrale Lehre der Geschichte: Die Zeit arbeitete für, nicht gegen die Sache der Freiheit. Statt dessen suchte sie die Gemeinsamkeit mit der SED und biederte sich bei anderen kommunistischen Staatsparteien im Warschauer Pakt an.

Bei den unzähligen Gesprächen und Verhandlungen führender SPD-Politiker mit der SED-Führung hätten sie weniger gemeinsame ideologische Erklärungen und Vertragsentwürfe über fragwürdige Zonenkonzepte erarbeiten sollen, deren Wert sich 1989 als völlig nichtig erwies. Sie hätten mehr über die Lage der Menschen in der DDR sprechen sollen und darüber, dass sie endlich mehr Menschenrechte und eine menschenwürdige Zukunft zugesichert erhielten.

Die Teilung unseres Vaterlands war widernatürlich, weil es wider die Natur des Menschen ist, ihm Freiheit und Selbstbestimmung zu verweigern. Zu glauben, dass die Menschen in der DDR sich nach Jahrzehnten der Indoktrination mit der Unfreiheit abfinden würden, war eine Illusion. Das Gegenteil war der Fall: Gerade bei jungen Menschen war der Traum von der gemeinsamen Freiheit aller Deutschen lebendig geblieben. Das war auch eine Mahnung an uns in der Bundesrepublik: Unser Wohlstand durfte unsere Herzen nicht träge werden lassen. »Einigkeit und Recht und Freiheit für das deutsche Vaterland« – das war kein Spruch von gestern, sondern eine Aussage mit Zukunft.

Die Menschen in der DDR hatten eine Bewegung in Gang gesetzt, die sich nicht mehr unterdrücken ließ. Immer mehr wurden von ihr ergriffen, immer weiter breitete sie sich aus: Am 4. September demonstrierten Hunderte von Menschen vor der Leipziger Nikolaikirche für Reisefreiheit. Auf dem Alexanderplatz in Ost-Berlin protestierten DDR-Bürger gegen vermutete Wahlfälschungen bei den Kommunalwahlen vom 7. Mai. Rund achtzig Personen wurden vorübergehend festgenommen.

Nachdem den Flüchtlingen in der Ständigen Vertretung Bonns in Ost-Berlin Straffreiheit und wohlwollende Prüfung ihrer Ausreiseanträge zugesichert worden war, kehrten sie am 8. September an ihre Wohnorte zurück.

Am 12. und 13. September protestierte die DDR scharf gegen Bonn und Budapest, weil Ungarn die Ausreise aller DDR-Flüchtlinge in den Westen genehmigt hatte. Die amtliche DDR-Nachrichtenagentur ADN sprach sogar von einem »organisierten Menschenhandel«. Am 24. September einigten sich achtzig Vertreter von Reformgruppen bei ihrem ersten landesweiten Treffen darauf, das »Neue Forum« als Dachorganisation zu gründen. Wenige Tage zuvor hatte das DDR-Innenministerium die Zulassung des Neuen Forums als politische Vereinigung abgelehnt und die Gruppe für staatsfeindlich erklärt. Am 25. September protestierten etwa fünftausend Menschen in Leipzig für Reformen und gegen das Verbot des Neuen Forums.

Während die DDR innenpolitisch mehr und mehr unter Druck geriet, nahm das Flüchtlingsdrama immer drastischere Formen an. Täglich wuchs die Zahl derjenigen, die in den Botschaften der Bundesrepublik in Prag und in Warschau Zuflucht suchten. Nach Zusagen von DDR-Unterhändler Wolfgang Vogel verließen zwar etwa dreihundert von ihnen am 12. September die Prager Vertretung und machten sich auf den Heimweg, aber das Problem war damit nicht gelöst, im Gegenteil: Bis Ende September stieg die Zahl der Botschaftsflüchtlinge in Prag auf mehr als dreitausend und in Warschau auf mehr als sechshundert. Abhilfe war vorerst nicht zu erwarten, denn die Gespräche über die diplomatischen Kanäle kamen nicht voran. Ost-Berlin schaltete auf stur, und da sich die kommunistischen Machthaber auf der Prager Burg in der Ablehnung des Gorbatschowschen Reformkurses mit der Honecker-Führung einig waren, war von ihnen keine Unterstützung zu erwarten.

Über die Haltung der tschechoslowakischen Führung brauchte man sich keine Illusionen zu machen. Die Bilder von Sicherheitskräften, die brutal gegen die Flüchtlinge aus der DDR vorgingen, sprachen eine deutliche Sprache. Wenn es doch noch eine Lösung für das Problem der Botschaftsflüchtlinge gab, dann würde sie sicher nicht von dem Prager Regime kommen, sondern von den Reformern in Moskau, die hinter den Kulissen aktiv waren. Meine Telefonate mit Generalsekretär Gorbatschow während dieser dramatischen Tage zeigten, dass er die Bemühungen um unsere deutschen Landsleute in den Botschaften ebenso wie Außenminister Eduard Schewardnadse wohlwollend begleitete. Am Rande der UN-Vollversammlung in New York erhielt Außenminister Genscher von seinem sowjetischen Kollegen die Zusage, dass der Kreml mit der DDR-Führung in Verbindung treten und auf eine Verbesserung der Lage der Flüchtlinge hinwirken werde.

Die DDR hatte wohl darauf gebaut, dass wir unter dem Zwang der Verhältnisse Druck auf die Menschen ausüben würden, die Botschaften zu verlassen. Von Anfang an hatten wir jedoch klargestellt, dass dies für uns nicht in Frage kam, dass von uns niemand auf die Straße gewiesen würde und wir uns auf eine lange Wegstrecke einrichteten, wenn die DDR ihre Haltung nicht änderte. Und dabei blieben wir. Die Bilder von den menschenunwürdigen Zuständen in unserer Prager Botschaft gingen um die Welt und machten auch auf die osteuropäischen Regierungen Eindruck. So kurz vor den Feierlichkeiten zum vierzigjährigen Bestehen der DDR am 7. Oktober wollte die Ost-Berliner Führung wohl einen weiteren Ansehensverlust vermeiden, und so unterbreitete uns die

Ständige Vertretung der DDR schließlich am 30. September den Vorschlag, dass die Prager Botschaftsflüchtlinge über das Territorium der DDR in die Bundesrepublik ausreisen dürften. Erleichtert nahm ich den Vorschlag an.

Ich wollte damals unbedingt nach Prag reisen, um den Menschen das Misstrauen zu nehmen, dass mit der Ausreise über das Territorium der DDR ein Risiko verbunden sein könnte, doch meine Ärzte rieten mir dringend davon ab. So beschlossen wir, dass Hans-Dietrich Genscher und Rudolf Seiters noch am selben Nachmittag nach Prag fliegen sollten.

Am Fernsehgerät in Ludwigshafen verfolgte ich die unbeschreiblichen Szenen, die sich an jenem Abend in Prag abspielten, als Genscher und Seiters kurz vor 19 Uhr vom Balkon des Palais Lobkowitz den Tausenden die erlösende Botschaft der Freiheit überbrachten. Rudolf Seiters berichtete mir stündlich. Zur selben Zeit eröffnete Staatssekretär Jürgen Sudhoff den Botschaftsflüchtlingen in Warschau, dass auch ihre Ausreise über das Territorium der DDR gesichert sei. Schon am nächsten Morgen verließ der erste von insgesamt sechs Sonderzügen Prag. Sein Ziel: Hof in Bayern.

Mich hielt es nicht mehr zu Hause. Entgegen dem Rat meiner Ärzte unterbrach ich am 3. Oktober meinen Genesungsurlaub und eilte zurück nach Bonn. Die Lage hatte sich zugespitzt. Auf dringende Bitte des Deutschen Roten Kreuzes war unsere Prager Botschaft wegen der katastrophalen hygienischen Verhältnisse in der Nacht geschlossen worden. Zu diesem Zeitpunkt befanden sich wieder etwa viertausendsiebenhundert Menschen in der Botschaft, und rund tausend weitere Flüchtlinge hatten sich vor dem Botschaftsgebäude versammelt, nachdem sie die tschechoslowakischen Sicherheitskräfte, die den Zugang zur Botschaft abriegelten, einfach überrannt hatten. Es kam zu schlimmen Szenen: Polizisten schlugen die Menschen mit Knüppeln, Kinder wurden niedergetrampelt.

In pausenlosen Krisensitzungen suchten wir nach einem Ausweg. Da sich Ost-Berlin unnachgiebig zeigte und sich die Lage weiter zuspitzte, meldete ich ein Telefongespräch mit Erich Honecker

an, doch wir bekamen eine schroffe Absage: Aus Termingründen stehe der Generalsekretär bis zum 7. Oktober nicht zur Verfügung. Daraufhin rief ich am späten Nachmittag den tschechoslowakischen Ministerpräsidenten Ladislav Adamec an und sagte ihm, dass ich über die Vorgänge zutiefst beunruhigt sei und hoffte, dass in den nächsten Stunden eine befriedigende Lösung gefunden werde. Ich würde mir wünschen, dass diese Frage unter humanitär akzeptablen Bedingungen geregelt werde und dass die Tschechoslowakei dazu ihren Beitrag leiste.

Adamec berichtete mir, dass sich sechstausend Deutsche aus der DDR in der Botschaft der Bundesrepublik aufgehalten hätten, weitere zweitausend in deren Umgebung. Außerdem seien drei- bis viertausend Ostdeutsche auf dem Weg nach Prag. Mit der DDR sei vereinbart, dass heute ab 17 Uhr die Grenzen geschlossen werden und alle DDR-Bürger, die sich zu diesem Zeitpunkt in der Tschechoslowakei befänden, die Möglichkeit bekämen, noch am selben Abend und in der Nacht über die DDR in die Bundesrepublik auszureisen.

Die zweite Massenausreise aus Prag begann mit einiger Verspätung, weil auf den Gleisen und Bahnhöfen in der DDR Menschen standen, die auf die Flüchtlingszüge aufspringen wollten. Im Dresdner Bahnhof spielten sich dramatische Szenen ab. Mit uner-

Der 40. Jahrestag der DDR: Tausende demonstrieren in Ost-Berlin, doch scheinbar unbeeindruckt werden die offiziellen Feierlichkeiten mit einer Militärparade begangen

bittlicher Härte ließ die Dresdner SED-Bezirksleitung unter ihrem Vorsitzenden Hans Modrow die Demonstration in den Abendstunden zerschlagen. Die Volkspolizei setzte Wasserwerfer und Knüppel ein. Es kam zu Massenfestnahmen. Verletzte irrten durch die Straßen.

Die SED-Führung um den erkrankten Honecker bunkerte sich immer mehr ein. Nach wie vor unfähig, in geeigneter Form auf die Herausforderungen zu reagieren, bezichtigte sie kurzerhand alle, die Kritik übten, der »Komplizenschaft mit dem Klassenfeind«. Die Bundesregierung wurde beschuldigt, mit ihrer »propagandistischen und revanchistischen Politik« für die gegenwärtigen Probleme der DDR verantwortlich zu sein. In Wahrheit bemühten wir uns, die Entwicklung in der DDR zu entschärfen, auch wenn wir von unseren deutschlandpolitischen Grundpositionen natürlich nicht abrückten.

Die Lage eskalierte, als Michail Gorbatschow am 5. Oktober zu den Feiern zum 40. Jahrestag der DDR in Ost-Berlin eintraf. Auf ihn und seine Perestroika hatten die meisten in der DDR ihre Hoffnung gesetzt. Nun war er unter ihnen und erging sich in Anspielungen auf Honecker, etwa mit den Worten: »Wer zu spät kommt, den bestraft das Leben.« Solch ein Satz aus dem Mund des ersten

Mannes der Sowjetunion ermutigte die Menschen, ihre Unzufriedenheit immer offener zu zeigen.

Am Abend des 7. Oktober erlebte Ost-Berlin eine gewaltige Demonstration. Doch nicht nur dort gingen die Menschen zu Abertausenden auf die Straße, sondern überall im Lande: in Dresden, Karl-Marx-Stadt, Halle, Erfurt, Potsdam und Leipzig. Von Tag zu Tag wurden es mehr. Bei aller Freude über den Freiheitswillen, der sich hier so eindrucksvoll manifestierte, wuchs im Kanzleramt die Sorge, dass die Sicherheitsorgane eingreifen und ein Blutbad anrichten könnten. Mit seiner Unnachgiebigkeit nährte Honecker derartige Befürchtungen noch, beispielsweise wenn er am Rande eines Treffens mit dem stellvertretenden chinesischen Ministerpräsidenten Yao Yilin die Führungsrolle der SED bekräftigte und ankündigte, der gegenwärtige Kurs werde fortgesetzt.

Wir konnten zu dieser Entwicklung nicht schweigen. Am 9. Oktober gab ich in meiner Eigenschaft als CDU-Vorsitzender eine Erklärung ab, in der ich die verordneten Vierzigjahrfeiern der DDR zu »Tagen der nationalen Betroffenheit« erklärte:

> »Während die SED-Führung mit Fackelaufmärschen, Stechschritt und Militärparaden feierte, wurde die Weltöffentlichkeit Zeuge, wie Polizei und Staatssicherheit der DDR friedliche Demonstrationen mit brutaler Gewalt auflösten. Überfüllte Gefängnisse, zahlreiche Verletzte, anhaltende Fluchtbewegung sind heute Symbol eines erstarrten autoritären Systems, das seine Macht nur noch durch Repression nach innen und Abschottung nach außen zu sichern versucht. Sie sind zugleich Ausdruck tiefer Unsicherheit der Verantwortlichen in Ost-Berlin […].«

Den Menschen in der DDR, die ihre selbstverständlichen staatsbürgerlichen Rechte in Anspruch nehmen wollten und für mehr Freiheit und Menschenrechte auf die Straße gegangen waren, sprach ich meine Sympathie und Solidarität aus. Ich versicherte ihnen, die Bundesregierung werde alle Reformkräfte unterstützen, die für die Achtung der Menschenwürde und die Verwirklichung der Menschenrechte einträten und die ihre Zukunft selbst bestimmen wollten.

Abermals appellierte ich an die DDR-Führung, endlich politische und wirtschaftliche Reformen einzuleiten und auf die Bedürfnisse und Sorgen ihrer Bürger einzugehen:

> »Innerer Frieden und Stabilität können nicht durch Gewalt und Entmündigung der Menschen garantiert werden. Äußerer Friede und gute Nachbarschaft durch Dialog und Zusammenarbeit können nicht gedeihen, wenn die DDR-Führung fortfährt, sich von den internationalen Veränderungen und Reformen in Ost und West abzukoppeln und sich selbst zu isolieren. Die DDR allein trägt die Verantwortung für eine Politik des Unfriedens nach innen und außen.«

Für den Fall, dass die DDR-Führung bereit sei, grundlegende politische, soziale und wirtschaftliche Reformen durchzuführen, kündigte ich die Bereitschaft der Bundesregierung an, diese Reformanstrengungen umfassend und weitreichend zu unterstützen.

*

Am 11. Oktober telefonierte ich mit Michail Gorbatschow, der soeben von den Jubelfeiern aus Ost-Berlin zurückgekehrt war. Für die Bundesregierung würden die Leitlinien der Politik, die wir bei seinem Besuch in Deutschland verabredet hätten, uneingeschränkt gelten, sagte ich. Gorbatschow nahm das gern zur Kenntnis, das sei »gut«, sagte er auf Deutsch. Dann versicherte ich auch ihm, dass die Bundesrepublik keinesfalls an einem Chaos in der DDR interessiert sei; wir hofften, dass die Entwicklung dort nicht außer Kontrolle gerate, dass die Gefühle nicht überschwappten. Unser Interesse sei vielmehr, dass sich die DDR dem sowjetischen Reformkurs anschließe und die Menschen dortblieben. Es sei ihm sehr wichtig, erwiderte Gorbatschow, solche Worte aus dem Mund des deutschen Bundeskanzlers zu hören. Er hoffe, dass mein Handeln damit in Einklang stünde.

Um seine Zweifel zu zerstreuen, verabredete ich mit Gorbatschow einen noch engeren Kontakt. Ich sei für ihn stets ansprechbar, sagte ich und bat ihn, unverzüglich mit mir zu telefonieren, wann immer er es für erforderlich halte. Ich hielte es für richtig, noch häufiger miteinander zu sprechen als bisher. Gorbatschow stimmte mir zu, sprach von einem »heißen Draht«, einer vertraulichen Telefonverbindung, die wir endlich zwischen Moskau und Bonn schaffen müssten. Anschließend wollte er mir sein Vertrauen ausdrücken und sich, wie er sagte, mit einem »Händedruck« verabschieden.

Unterdessen gingen die Demonstrationen in der DDR weiter. Am 9. Oktober duldete die DDR-Regierung erstmals eine Demonstration mit etwa fünfzig- bis siebzigtausend Teilnehmern in Leipzig. Die Menschen forderten eine demokratische Erneuerung. Der Ruf »Wir sind das Volk – keine Gewalt« und ein von dem Dirigenten des Gewandhausorchesters, Kurt Masur, und drei Sekretären der SED-Bezirksleitung unterzeichneter Aufruf, der über Rundfunk übertragen wurde, verhinderten einen blutigen Zusammenstoß mit den Sicherheitskräften.

Eine Woche später, am 16. Oktober 1989, zogen bei der bislang größten Demonstration seit dem Aufstand vom 17. Juni 1953 mehr als hundertzwanzigtausend Menschen durch Leipzig.

Zwei Tage später wurde Erich Honecker gestürzt. Nummer eins des SED-Staats wurde Egon Krenz, der bisherige zweite Mann im Politbüro. Die Volkskammer wählte am 24. Oktober den neuen SED-Generalsekretär zum Staatsratsvorsitzenden und zum Vorsitzenden des Nationalen Verteidigungsrats.

Ich nahm die Nachricht aus Ost-Berlin mit einer gewissen Erleichterung auf. Endlich hatte das Drängen der Menschen wenigstens zu einer personellen Konsequenz geführt. Doch bei einem bloßen Auswechseln von Personen konnte es nicht bleiben. Die entscheidende Frage war, ob Krenz nun den Weg frei machte zu den überfälligen Reformen oder ob er weiterhin nur das Machtmonopol der SED verteidigen würde. In meinem Glückwunschtelegramm an den neuen ersten Mann der DDR brachte ich die Hoffnung der Deutschen in der Bundesrepublik zum Ausdruck, dass der Reformprozess endlich auch in der DDR seine Chance bekomme.

Mit Spannung verfolgten wir im Kanzleramt die Erklärung, mit der sich Krenz am Abend des 18. Oktober an die Öffentlichkeit wandte. Einerseits berief sich der neue Mann auf Gorbatschow und stellte eine Rücknahme der Reisebeschränkungen ins sozialistische Ausland und eine Reiseregelung für den Westen in Aussicht. Andererseits weigerte er sich jedoch wie schon sein Vorgänger, mit den Oppositionsgruppen einen gleichberechtigten Dialog aufzunehmen. Krenz beharrte darauf, die DDR könne ihre Probleme ohne fremde Einmischung lösen.

Obwohl sich also offensichtlich erst an seinen Taten zeigen würde, welchen Kurs Krenz verfolgte, erfuhr der SED-Generalsekretär vor allem aus den Reihen der SPD sogleich große Unterstützung. Berlins Regierender Bürgermeister Walter Momper sah den »dritten Weg der DDR zwischen Kapitalismus und Kommunismus« als das Zukunftsmodell schlechthin an, das durch die »überflüssige, in die Sackgasse führende Wiedervereinigungsdiskussion« nicht gefährdet werden dürfe. Andere namhafte Sozialdemokraten, wie etwa Oskar Lafontaine oder der schleswig-holsteinische Ministerpräsident Björn Engholm, äußerten sich ähnlich. Zurückhaltender gab sich der SPD-Vorsitzende Hans-Jochen Vogel, der Informations-, Meinungs- und Reisefreiheit als Prüfstein für den Reformwillen der neuen SED-Führung bezeichnete. Eine klare Linie ließen die Sozialdemokraten vermissen. Die Grünen, die einst die DDR-Dissidenten unterstützt hatten, reagierten kopflos und ohne Konzepte auf die Ereignisse in der DDR. Sie hatten sich in die Idee der Zweistaatlichkeit verrannt und warnten vor einer »Wiedergeburt eines deutschen Nationalstaats«. Damit befanden sie sich wirklich im Abseits.

*

Als ich am 26. Oktober zum ersten Mal mit Egon Krenz telefonierte, verabredeten wir, zunächst regelmäßigen Kontakt zu halten, sei es telefonisch, sei es persönlich. Ich nannte dann ein paar Punkte, die mir besonders wichtig waren: eine Neuregelung der Reisefreiheit, die in Aussicht genommene Amnestie für Personen, die wegen illegalen Grenzübertritts und Republikflucht verurteilt wurden, und die Einstellung der Verfolgung all jener, die im Verlaufe von Demonstrationen festgenommen worden waren. Die Suche nach einer positiven Lösung für die sogenannten Botschaftsflüchtlinge lag mir ebenfalls sehr am Herzen. Diese Menschen bräuchten ihre Urkunden, ihr Umzugsgut und anderes, sagte ich und bat Krenz, bei der Regelung all dieser praktischen Fragen für ein großzügiges Verhalten der Behörden zu sorgen.

Krenz erwiderte, dass er in seiner Fernsehansprache ganz bewusst von einer »Wende« gesprochen habe. »Wende bedeutet jedoch keinen Umbruch«, sagte er und fügte hinzu, ich stimmte ja wohl mit ihm darin überein, dass eine sozialistische DDR auch im Interesse der Stabilität in Europa sei. Dem widersprach ich, betonte aber, dass man die deutsche Frage natürlich nicht isoliert betrachten könne, denn sie habe eine europäische Dimension und sei eingebettet in das Ost-West-Verhältnis insgesamt. Deshalb würde ich auch Gorbatschow bei jeder Gelegenheit sagen, dass man zum Beispiel die Abrüstungsverhandlungen in Wien in diesem Zusammenhang sehen müsse. Wenn wir dort weiterkämen, würde dies den Ost-West-Gegensatz entschärfen, was nicht zuletzt den innerdeutschen Beziehungen zugute käme.

Anschließend schlug ich Krenz eine Art Geschäftsordnung vor, wie beide Seiten künftig miteinander umgehen könnten; für mich sei der beste Weg, wenn wir unsere gegensätzlichen Ansichten als gegeben zur Kenntnis nähmen und uns auf allen Gebieten, in denen eine Zusammenarbeit möglich sei, um praktische Kooperation zum Wohle und im Interesse der Menschen bemühten. Der SED-Generalsekretär stimmte mir zu und verwies auf seine Ausführungen vor dem Zentralkomitee der SED, wo er gesagt habe: »Unsere Hand ist ausgestreckt.« Ich erwiderte knapp: »Ja, also, Herr Generalsekretär! Machen wir das so, wie besprochen.«

Eine Stunde später telefonierte ich in einer anderen Sache mit Michail Gorbatschow. Bei der Gelegenheit erzählte ich ihm, dass ich gerade mit Krenz gesprochen hatte. »Was hat er denn gesagt?« wollte Gorbatschow wissen. »Krenz will Reformen«, sagte ich, »aber mit der DDR einen eigenen Weg gehen, also nicht den Polens, Ungarns oder der Sowjetunion.«

Als der Generalsekretär dazu schwieg, wusste ich, dass Egon Krenz nicht sein Mann war.

49.
Tage der Entscheidung

In diesen Tagen telefonierte ich auch mit Präsident George Bush, unserem wichtigsten Partner im Westen, und beschrieb ihm die dramatische Situation in der DDR. Keiner könne eine Prognose abgeben, sagte ich, man müsse abwarten, ob der neue Mann den Willen und die Kraft zu Reformen habe. Allerdings bestehe in der Bevölkerung eine enorme Unruhe und die Dinge würden unkontrollierbar, wenn keine Reformen durchgeführt würden. Weder wolle ich den Kessel erhitzen, noch liege es in unserem Interesse, dass möglichst viele Menschen aus der DDR weglaufen, aber falls keine Reformen durchgeführt würden, werde die Lage sehr schwierig. Zum Schluss des Telefonats lud mich der Präsident zu einem informellen Besuch nach Camp David ein. Er wollte damit ein Zeichen setzen, welche Bedeutung er den deutsch-amerikanischen Beziehungen beimesse.

Die deutsch-französischen Beziehungen traten in dieser Zeit ein wenig in den Hintergrund. Gleichwohl bemühte ich mich in der Europapolitik um mehr als nur »business as usual«. Ich kannte die Haltung des französischen Präsidenten, der im Ministerrat gesagt hatte, Frankreich verfüge in keiner Weise über Mittel, um sich der Wiedervereinigung entgegenzustellen, wenn sich diese vollziehe:

> »Man kann ja nicht gut Krieg gegen Deutschland führen, um die Wiedervereinigung zu verhindern [...]. Das einzige, was Frankreich machen kann, ist, darauf zu drängen, dass gewisse Prinzipien dabei eingehalten werden [...]. Wir können auch die EG so attraktiv machen, dass ein eventuell vereinig-

tes Deutschland die Gemeinschaft einer Balance zwischen Ost und West vorzieht.«

Beim deutsch-französischen Gipfel in Bonn am 2. und 3. November 1989 stand die Entwicklung in Osteuropa im Mittelpunkt unserer Gespräche. Ich erläuterte die immer kritischer werdende Lage in der DDR, und Mitterrand fragte mich, was – außer Repression – den Gang der Dinge in der DDR noch aufhalten könne. Ich erwiderte, wegen der großen Veränderungen seien Repressionsmaßnahmen von staatlicher Seite nicht mehr so einfach wie in der Vergangenheit möglich; für Krenz sei die Lage kritisch, denn wenn er weiter so vorgehe wie bisher, werde er sich nicht das Vertrauen der Deutschen in der DDR erwerben. Seit der erneuten Öffnung der Grenze zur ČSSR seien in unserer Botschaft in Prag binnen kürzester Zeit wieder rund fünftausend Flüchtlinge eingetroffen. Selbst wenn, wovon ich ausginge, bei der Sitzung des ZK der SED am 6. November weitgehende Personalveränderungen an der Spitze von Partei und Regierung beschlossen würden, werde dies kaum weiterhelfen.

Mitterrand sagte, aus seiner Sicht seien die Kräfte derart in Bewegung geraten, dass niemand vorhersagen könne, was passiere. Ich pflichtete ihm bei und meinte, es müsse unser Interesse sein, eine Eskalation zu vermeiden. Daraufhin kam der französische Staatspräsident darauf zu sprechen, welche Lösung er in dieser Situation favorisiere: Aufgrund der Entwicklung in Mittel- und Osteuropa müsse die Integration in Westeuropa beschleunigt werden, um die notwendige Kraft zu gewinnen, die die anderen mitziehe. Der weitere Aufbau Europas werde uns dem Tag näher bringen, an dem die Trennung des Kontinents überwunden und Deutschland wiedervereint werden könne. Zwar werde die Einsicht in diese Entwicklung für die Sowjetunion schwierig sein, doch letztlich werde die westliche Zivilisation die Oberhand gewinnen und behalten. Ich stimmte seiner Einschätzung ausdrücklich zu und verwies auf die jüngsten Bilder aus Ungarn. Bei der Abschaffung der ungarischen Volksrepublik und beim Ausrufen der Republik in Budapest hatten junge Leute Transparente hochgehalten, auf denen stand: »Ungarn ist heute heimgekehrt nach Europa.« Das sei die eigentliche Botschaft dieses Tages gewesen.

Im Verlauf unseres Gesprächs gab François Mitterrand ausdrücklich grünes Licht zur Wiedervereinigung, auch wenn er später noch manche skeptische Einschätzung formulieren sollte. Auf der Pressekonferenz zum Abschluss des deutsch-französischen Gipfels kam er meiner Bitte nach, das heikelste Thema dieser Tage von sich aus anzusprechen. Er fand Worte und Sätze, die auf den ersten Blick wie eine Unterstützung für unsere Position klangen:

> »Ich fürchte mich nicht vor der Wiedervereinigung [...]. Die Geschichte vollzieht sich. Ich nehme sie, wie sie ist. Ich meine, dass das Streben nach Wiedervereinigung bei den Deutschen legitim ist, wenn sie sie wollen und wenn sie sie verwirklichen können. Frankreich wird seine Politik danach messen, wie es am besten den Interessen Europas und den seinigen entspricht.«

Im letzten Satz schwingt eine Distanzierung mit, auf die wir in der Euphorie jener Tage vielleicht nicht genügend geachtet haben. Leider muss ich heute feststellen, dass Mitterrand im Lauf der folgenden Wochen eine Art Doppelspiel spielte. Einem engen Mitarbeiter vertraute er an, dass nach seiner Einschätzung die Wiedervereinigung der Deutschen nicht schon morgen komme. Und als ich ihm in einem Schreiben am 7. November 1989 mitteilte, dass die Bundesrepublik Deutschland 3 Milliarden DM an Polen und 2 Milliarden an Ungarn zu zahlen bereit sei, was ich als substantiellen Beitrag zur Erfüllung der zwischen Bonn und Paris gemeinsam bestimmten Zukunftsaufgaben verstanden wissen wollte, sprach Mitterrand von Spitzfindigkeiten. Wenn ich glaubte, alles mit Geld regeln zu können, würde ich mich täuschen. Doch wolle er sich nicht einmischen, Gorbatschow werde die Arbeit schon alleine machen.

Auch das war mir damals nicht so bewusst: Mitterrand wie Margaret Thatcher setzten darauf, dass Gorbatschow niemals bereit sein würde, ein vereinigtes Deutschland in der Nato zu akzeptieren. Sie sollten sich alle noch gewaltig täuschen.

Was ich damals nur ahnen konnte, ist heute, nach der Öffnung der Archive, belegbar: Margaret Thatcher wollte die deutsche Einheit mit allen Mitteln verhindern und setzte dabei ganz auf den sowjetischen Generalsekretär. Schon bei ihrem Besuch in Moskau am 23. September 1989 sagte sie zu Gorbatschow, dass ihr die Entwicklung in der DDR Sorgen bereite. Die gesellschaftlichen Zustände seien nicht zuletzt auch durch die Krankheit und persönliche Schwäche von Erich Honecker verursacht worden und sie führten dazu, dass Tausende von Menschen fluchtartig die DDR in Richtung Bundesrepublik verließen. Das seien jedoch nur Äußerlichkeiten, die sie zwar auch für wichtig halte, viel wichtiger aber sei etwa anderes. Und dann sagte sie:

> »England und Westeuropa haben kein Interesse an einer deutschen Wiedervereinigung. Es mag sein, dass in offiziellen Nato-Dokumenten etwas anderes geschrieben steht, aber das spielt ja keine Rolle. Wir wollen keine deutsche Wiedervereinigung. Sie würde eine Änderung der Nachkriegsgrenzen bedeuten – und das wollen wir nicht, weil sich dadurch die internationale Situation destabilisiert und unsere Sicherheit bedroht werden kann [...].«

Schon bei ihrem Treffen mit Mitterrand am 1. September 1989 hatte sich Margaret Thatcher, wie wir heute aus den Protokollen wissen, scharf ablehnend zur deutschen Wiedervereinigung geäußert, die sie gleichwohl für möglich hielt. Mich bezichtigte sie der Lüge, weil ich die Einheit wollte, und Gorbatschow hielt sie für zu schwach. Mitterrand unterstützte sie und erklärte, dass er für sichere Grenzen in Osteuropa sei. Er sehe die Wiedervereinigung als unmöglich an. »Niemals wird Gorbatschow ein vereinigtes Deutschland in der Nato akzeptieren«, meinte der französische Staatspräsident. »Also machen wir uns keine Sorgen. Sagen wir, dass sie geschehen kann, wenn die Deutschen es wollen, im Bewusstsein, dass die zwei Großen uns davor bewahren.«

Am Ende verweigerte Mitterrand jedoch die Bildung einer »Entente« zwischen London und Paris gegen die deutsche Einheit. Das größte Problem der britischen Premierministerin war ihre völlige Fehleinschätzung der Grundhaltungen zur deutschen Einheit von Gorbatschow, Mitterrand und Bush. Margaret Thatcher schien aus den Gesprächen, die sie führte, immer nur das herauszuhören, was sie hören wollte.

*

Die dramatischen Ereignisse in Mittel- und Osteuropa standen im Mittelpunkt unserer Diskussionen und bestimmten unser politisches Handeln. Daneben jedoch gab es die langfristig geplanten Verpflichtungen, wie beispielsweise meine Eröffnungsrede zur Frankfurter Buchmesse, auf der Frankreich diesmal Schwerpunktthema war, die Grundsteinlegung der Kunst- und Ausstellungshalle der Bundesrepublik Deutschland im Bonner Regierungsviertel oder der Tag der deutschen Heimatvertriebenen und das vierzigjährige Jubiläum der Vertriebenenverbände, das durch die politischen Veränderungen in Polen und Ungarn unerwartet aktuelle Bezüge erhielt. Schließlich gab mir der Bericht zur Lage der Nation im geteilten Deutschland am 8. November Gelegenheit, ausführlich zu den politischen Entwicklungen Stellung zu beziehen und die Perspektiven und Herausforderungen zu erläutern, vor denen wir standen:

> »Die Flucht von Zehntausenden vor allem jüngerer Menschen aus der DDR in den freien Teil Deutschlands ist vor aller Welt eine Abstimmung mit den Füßen, ein unübersehbares Bekenntnis zu Freiheit und Demokratie, zur Rechtsstaatlichkeit, zu einer Wirtschafts- und Gesellschaftsordnung, die den Menschen einen gerechten Anteil an den Früchten ihre Arbeit sichert […]. Die Bilder und die Äußerungen der Flüchtlinge, die in großer Zahl zu uns kommen, haben mehr als alles andere deutlich gemacht, um was es geht: um Freiheit. Diese überwiegend jungen Leute sind ja nicht ahnungs- und willenlose Menschen, die den verderblichen Sirenengesängen des Kapitalismus gefolgt wären. Es sind selbstbewusste, tüch-

tige Leute, die oft genug schweren Herzens ihre Heimat, ihre Freunde und Familien verlassen haben, um im freien Teil Deutschlands in einer freiheitlichen Demokratie ein neues Leben zu beginnen.«

Da ich am folgenden Tag mit einer großen Delegation nach Polen reiste, ging ich auch auf das immer noch schwierige Verhältnis zwischen unseren beiden Ländern ein. Ich hoffte, dass ich zusammen mit dem neuen Ministerpräsidenten Tadeusz Mazowiecki, dem seit Jahrzehnten ersten demokratisch legitimierten Regierungschef Polens, die Fundamente für eine gemeinsame Zukunft des deutschen und polnischen Volkes würde legen können.

Fünfzig Jahre nach dem Beginn des Zweiten Weltkriegs war im November 1989 der Zeitpunkt gekommen, einen »neuen Baum« für Europa zu pflanzen und mit Polen zu Ausgleich und Freundschaft zu gelangen. Für die Reformbewegungen in Mittel- und Osteuropa und auch in der DDR hätte es einen schweren Rückschlag bedeutet, wenn das polnische Experiment gescheitert wäre. Auf einen solchen Fehlschlag hofften die alten kommunistischen Kader in Polen wie auch ihre unbelehrbaren Genossen in der DDR. Indem wir der Regierung Mazowiecki halfen, unterstützten wir indirekt auch jene Kräfte in der DDR, die einen grundlegenden Wandel herbeiführen wollten.

Einigen Sozialdemokraten allerdings schien an einem Erfolg meiner Polen-Reise nicht viel gelegen zu sein. Wie sonst sollte ich mir erklären, dass sie ständig die Behauptung verbreiteten, ich stellte die Westgrenze Polens in Frage. Für die Bundesrepublik galt der Warschauer Vertrag von 1970, und darin hieß es unzweideutig, dass wir keine Gebietsansprüche gegenüber Polen hatten. Es stand aber ebenso eindeutig fest, dass die Bundesregierung und der Bundeskanzler nicht legitimiert waren, eine endgültige Anerkennung der polnischen Westgrenze auszusprechen, solange es keinen handlungsfähigen gesamtdeutschen Souverän gab.

Unterdessen hielt die Fluchtbewegung aus der DDR unvermindert an. Allein zwischen dem 3. und 5. November kamen achtzehntausendsechshundert Übersiedler aus der DDR über Ungarn und die ČSSR in die Bundesrepublik. Von besonderer Brisanz waren die großen Demonstrationen in Leipzig und Berlin. Dass der Name Krenz für die Deutschen in der DDR nicht für Reformen stand, zeigte sich nicht zuletzt bei der Großdemonstration auf dem Ost-Berliner Alexanderplatz am 4. November. Mehr als eine halbe Million Menschen nahmen daran teil, darunter viele namhafte, einstmals systemtreue Schriftsteller, Künstler und Wissenschaftler. Es war erstaunlich, wie rasch Leute, die lange Jahre Nutznießer des Regimes gewesen waren, auf die andere Seite überwechselten und an einer Veranstaltung teilnahmen, die zu einer Abrechnung mit den »SED-Bonzen« geriet.

*

In den Protokollen des Moskauer Politbüros ist festgehalten, wie sich westliche Besucher in jener Zeit bei ihren sowjetischen Gesprächspartnern verhielten. So äußerte der damalige FDP-Bundestagsabgeordnete Uwe Ronneburger, der als Anhänger der sozialliberalen Koalition 1982 bei der Wahl zum FDP-Parteivorsitzenden gegen Hans-Dietrich Genscher kandidierte und nur knapp unterlag, in der sowjetischen Hauptstadt seine große Besorgnis über die Situation in der DDR, die den ganzen europäischen Prozess ebenso destabilisieren könne wie auch die Entwicklung in der Bundesrepublik. Die Unionsparteien hätten die Situation ausgenutzt, um Wahlkampf unter dem Zeichen des »entfesselten Verlangens nach Wiedervereinigung« zu führen. Führende Unionspolitiker verstünden wohl nicht, dass sie dadurch innenpolitisch den Revanchismus salonfähig machten und außenpolitisch die Bundesrepublik in Europa unbeliebt. Ronneburger betonte, dass sich die Position von Hans-Dietrich Genscher von meiner grundsätzlich unterscheide, und verstieg sich zu der Feststellung, Genscher überlege, den Koalitionspartner zu wechseln. Bedauerlicherweise sei die SPD als potentieller Partner sich über ihre Ziele noch nicht im klaren.

Und als sich am 17. September 1989 der SPD-Ehrenvorsitzende Willy Brandt, Hans Koschnick, der Vorsitzende des Außenpolitischen Ausschusses in Bonn, und der niedersächsische Oppositionsführer Gerhard Schröder mit Michail Gorbatschow in Moskau trafen, meinte Brandt, er sei schon immer gegen den Begriff »Wiedervereinigung« gewesen. Dieser bedeute für ihn eine Rückkehr in die Vergangenheit, die erstens unmöglich sei und zweitens unmöglich unser Ziel sein könne.

Von besonderer Brisanz war die Begegnung von SED-Generalsekretär Egon Krenz mit Michail Gorbatschow am 1. November 1989. Krenz nannte bei diesem Gespräch Zahlen über die Verschuldung der DDR, von denen wir nicht die geringste Vorstellung hatten und wie wir sie auch später unter der Regierung Modrow nie genannt bekamen: »Ende des Jahres 1989 wird unsere Schuld 26,5 Milliarden Dollar erreichen. Unser Einkommen beträgt 5,9 Milliarden Dollar, die Ausgaben dagegen 18 Milliarden (inklusive Kreditzinsen). Wir haben also 12,1 Milliarden Dollar Staatsdefizit. Daher müssen wir neue Kredite aufnehmen. Allein die Zinsen sind 4,5 Milliarden Dollar pro Jahr. Das sind 62 Prozent von unserem Exporteinkommen.«

Spätestens jetzt musste Gorbatschow das Gefühl bekommen haben, dass die DDR zumindest wirtschaftlich nicht mehr zu retten war. Von seinem Land war keine Hilfe zu erwarten, denn in der Sowjetunion fehlte es selbst an allem.

Gleichwohl machte Gorbatschow seinem Ost-Berliner Gast Mut und sprach sich für die Koexistenz von zwei deutschen Staaten aus. Krenz müsse wissen, dass alle ernstzunehmenden Spitzenpolitiker – Margaret Thatcher, François Mitterrand, Giulio Andreotti, der polnische Staatspräsident Wojciech Jaruzelski und auch die Amerikaner, die allerdings zu dieser Zeit noch zu überlegen schienen – nicht wollten, dass Deutschland sich vereinigt. Mehr noch: Sie alle glaubten, eine solche Vereinigung würde eine Reihe von explosiven Folgen nach sich ziehen. Der größte Teil der westlichen Führungspolitiker wollte nicht, dass Nato und Warschauer Pakt aufgelöst würden, und sähen die zwei Blöcke als die wichtigsten Gleichgewichtsfaktoren. Auch wenn Mitterrand gern über seine Sympathie für die deutsche Vereinigung spreche und auch die Amerikaner ab und zu ihre Sympathie den Deutschen gegenüber zum Ausdruck brächten, glaube Gorbatschow, das sei

In Moskau erhält Egon Krenz den Rat, er solle Reformen in der DDR durchsetzen

eher taktisch motiviert, weil sie eine Annäherung der Bundesrepublik an die Sowjetunion befürchteten. Daher hielten es diese Politiker jetzt für das Beste, ihre bewährte Deutschlandpolitik fortzusetzen.

Übrigens teile Willy Brandt seine Ansicht, sagte Gorbatschow zu Krenz. Er habe zwar sein eigenes Verständnis von Sozialismus, sei aber der Meinung, die DDR sei eine große Errungenschaft des Sozialismus und ihr Ende würde das Scheitern der Sozialdemokratie bedeuten. Gorbatschow glaubte daher, der Formel von den zwei deutschen Staaten folgen zu müssen. Damit drückte Gorbatschow das aus, was ich immer vermutete: Der Westen wollte nicht, dass sich Deutschland wiedervereinigte. Er wollte es mit der »Hilfe« Moskaus verhindern, wollte, dass die Sowjetunion mit uns im Streit lag, und glaubte, dadurch eine spätere Übereinkunft zwischen der UdSSR und der Bundesrepublik verhindern zu können.

Bei Michail Gorbatschows Treffen mit dem italienischen Ministerpräsidenten Giulio Andreotti in Rom war die deutsche Frage naturgemäß auch ein wichtiges Thema. Es war Ende November und die Mauer war schon gefallen, als Gorbatschow seinem italienischen Gastgeber klar sagte: »Die Vereinigung der DDR mit der BRD ist derzeit nicht aktuell.« Und »unser Freund Kohl« solle sich beruhigen. Er sehe ja, dass der Bundeskanzler in die Versuchung geraten sei, vor den Wahlen ein bisschen Revanchismus zu spielen. Andreotti, der gewiefte Taktiker, der bereits zum sechsten Mal

Ministerpräsident war, hatte nichts Besseres zu tun, als Gorbatschows Haltung zu unterstützen. Was Deutschland betreffe, so habe er mehrmals betont, dass es zwar eine Nation, aber zwei Staaten gebe, und das sei seine feste Position. Er stimme Gorbatschow selbstverständlich zu, dass keiner von uns wissen könne, was die Zukunft bringt. – Leider musste ich auch später immer wieder feststellen, dass der einflussreiche italienische Christdemokrat der deutschen Wiedervereinigung skeptisch gegenüberstand. Ich hätte mir von ihm viel mehr Unterstützung gewünscht.

Für Krenz hatte Gorbatschow den Rat, er solle auf die Bundesrepublik zugehen und Reformen in der DDR durchsetzen. Dass Krenz daraufhin von ersten Schritten sprach, die bereits unternommen worden seien, und als Beleg dafür anführte, dass es verboten sei, an der Grenze zu schießen, ist ein unfreiwilliger Beweis dafür, dass der Schießbefehl, dessen Existenz immer in Abrede gestellt worden war, bis kurz vor dem Mauerfall immer noch Gültigkeit hatte. Gorbatschow riet Krenz am Schluss des mehrstündigen Gesprächs, die Partei müsse dort sein, wo die Massen seien. Die Wirklichkeit sah allerdings anders aus.

50.
Mauerfall

Als ich am 9. November 1989 mittags im Park des Bundeskanzleramts in einen Hubschrauber des Bundesgrenzschutzes stieg, der mich zum militärischen Teil des Köln-Bonner Flughafens bringen sollte, von wo aus ich als erster Regierungschef eines EG- beziehungsweise Nato-Mitgliedsstaats nach Warschau fliegen wollte, ahnte ich nicht, dass dieses Datum in die deutsche Geschichte eingehen würde. Meine Gedanken kreisten ganz um den vor mir liegenden schwierigen Besuch in Polen.

Nachdem die Maschine der Bundesluftwaffe auf dem Flughafen Warschau-Okecie gelandet war, standen Gespräche mit Ministerpräsident Mazowiecki und zwischen den beiden Außenministern auf dem Programm. Dabei ging es vor allem um die Grenzfrage, um die Rechte der deutschen Minderheit und um eine Entschädigung für die ehemaligen polnischen Zwangsarbeiter. Ich versicherte meinem Gesprächspartner, dass Bonn die polnische Westgrenze selbstverständlich nicht in Frage stelle. Was den Wunsch nach einer Entschädigung anging, so konnte ich keinen Zweifel daran aufkommen lassen, dass kein den polnischen Vorstellungen entsprechendes Ergebnis zu erwarten war, denn sonst hätte Bonn das Londoner Schuldenabkommen von 1953 gebrochen, und dann hätten Dutzende Staaten Forderungen an die Bundesrepublik gestellt, die in ihrer Summe nicht zu erfüllen waren.

Für den Abend hatte der polnische Ministerpräsident zu einem festlichen Bankett in den Palast des polnischen Ministerrats geladen. Unmittelbar vor der Abfahrt unserer Wagenkolonne vom Gästehaus Parkowka in der Warschauer Innenstadt erreichte mich ein dringender Anruf aus Bonn.

Kanzleramtsminister Seiters wollte mich unbedingt noch vor dem Bankett sprechen.

Seiters hatte in der Tat eine sensationelle Nachricht für mich: In Ost-Berlin habe der SED-Bezirksvorsitzende Günter Schabowski überraschend eine Übergangsregelung bis zum Inkrafttreten eines neuen Reisegesetzes verkündet. Die Genehmigung für Privatreisen in den Westen solle danach mit sofortiger Wirkung jedem Antragsteller kurzfristig erteilt werden, ebenso Visa für Personen, die die DDR verlassen wollten. Mit anderen Worten: Die Mauer sei damit für jedermann durchlässig geworden.

Erst während des Banketts wurden mir weitere Einzelheiten der dramatischen Ereignisse übermittelt. Nach den Tischreden unterbrach der Chef des Bundespresseamts Hans Klein meine Unterhaltung mit Ministerpräsident Mazowiecki und erläuterte mir mit knappen Worten die neueste Entwicklung.

Klein berichtete von der Bundestagssitzung, bei der in einem spontanen Bekenntnis zur Einheit der Nation das Deutschlandlied gesungen worden sei. Kurz darauf – es war gegen 21 Uhr – rief ich Eduard Ackermann in Bonn an. Er hatte mich schon während des Essens zu erreichen versucht und meinem Büroleiter Walter Neuer gegenüber darauf bestanden, ich solle sofort ans Telefon kommen. Nun war er am Apparat.

»Herr Bundeskanzler, im Augenblick fällt gerade die Mauer!« rief er begeistert ins Telefon.

Ich sagte: »Ackermann, sind Sie sicher?«

»Ja«, antwortete er und berichtete, dass an den Berliner Übergängen die ersten Menschen eingetroffen seien, die die Probe aufs Exempel machten. Wenn er recht informiert sei, hätten einige bereits die Grenze überquert.

Es verschlug mir fast die Sprache. Wir alle hatten ja erwartet, dass bald etwas Entscheidendes in Sachen Reisefreiheit passieren würde, aber dass es so schnell und vor allem mit solchen Auswirkungen geschehen würde, war kaum zu fassen.

Eine Stunde später telefonierte ich wieder mit Eduard Ackermann. Er bestätigte: Hunderte Ost-Berliner hätten inzwischen die Grenzposten passiert. Mehrere Grenzübergänge seien geöffnet worden, die Leute würden einfach gegen Vorlage ihres Ausweises durchgelassen. Seine innere Bewegung war unüberhörbar, als er abschließend wiederholte: »Das ist wirklich das Ende der Mauer.«

Die Tragweite dessen, was der Berliner SED-Chef auf der Pressekonferenz am frühen Abend verkündet hatte, wurde von den meisten zunächst nicht so recht verstanden. Erst im Verlauf des späten Abends fanden sich Tausende, schließlich Zehntausende und mehr an den Übergängen in den Westen ein. Gegen 22 Uhr schließlich wurden die Tore unter dem Druck der Menschenmassen vollständig geöffnet, und die Menschen strömten in den Westteil der Stadt. Dort kam es zu unbeschreiblichen Szenen, die eines nachdrücklich bestätigten: Die Deutschen fühlten sich trotz vierzigjähriger Teilung nach wie vor als ein Volk.

Im Marriott-Hotel in Warschau traf ich zur selben Stunde die mitgereisten Journalisten, die mich mit Fragen überschütteten: »Wie beurteilen Sie die Ereignisse in Berlin?« – »Wann kommt die deutsche Einheit?«

Tatsächlich werde in diesen Stunden Weltgeschichte geschrieben, erwiderte ich und sagte, ich hätte nie daran geweifelt, dass die Einheit Deutschlands einmal Wirklichkeit werden würde. Über eine lange Zeitspanne habe man davon ausgehen müssen, dass dieses Ziel erst von späteren Generationen erreicht werde, aber jetzt seien wir in einen Zeitabschnitt eingetreten, in dem sich die Dinge ungewöhnlich dynamisch entwickelten. Das Rad der Geschichte drehte sich schneller!

Dann zog ich mich mit meinen engsten Mitarbeitern zu einer kurzen Beratung im Hotel zurück. Hier sah ich die ersten Fernsehbilder aus Berlin. Sofort stand für mich fest, dass ich trotz der Wichtigkeit meines Polen-Besuchs zurück nach Deutschland musste. Der Platz des Bundeskanzlers konnte in dieser historischen Stunde nur in der deutschen Hauptstadt sein, dem Brennpunkt der Ereignisse.

Unsere polnischen Gastgeber waren wenig erfreut. Nicht nur, dass eine Unterbrechung des Besuchs das Protokoll in Verlegenheit brachte, vor allem wurde den Polen an diesem Abend bewusst, dass dies der Beginn einer Entwicklung sein könnte, an deren Ende

9. November 1989: Die Mauer ist offen!

sie sich einem wiedervereinten Deutschland mit achtzig Millionen Menschen gegenübersehen würden – gemischte Gefühle, für die ich durchaus Verständnis aufbrachte. Dennoch bestand ich auf einer Unterbrechung des Besuchs.

Der polnische Ministerpräsident wollte um jeden Preis verhindern, dass ich nach Berlin fuhr. Es sei ein Affront gegen den polnischen Staatspräsidenten, wenn ich das für den folgenden Tag vorgesehene Treffen absagen würde, sagte er, und dann telefonierte er in meiner Gegenwart mit dem Präsidenten.

Schließlich ging ich selbst an den Apparat und erläuterte Jaruzelski meine Gründe: Ich müsste am Samstag in Bonn eine Kabinettssitzung leiten, in der eine Reihe wichtiger Entscheidungen anstünden. Niemand wisse, wie viele unserer Landsleute aus der DDR sich zum Bleiben im Westen entschlössen. Aber dies sei nur die eine Seite. Viele Menschen in aller Welt schauten jetzt auf Deutschland und darauf, was die Deutschen jetzt täten. Deshalb sei die psychologische Situation so wichtig. Abschließend betonte ich noch einmal, dass mein Besuch in Polen wegen der kurzen Unterbrechung nicht an Bedeutung verliere. Schließlich sei die Entwicklung in der DDR nur möglich gewesen, weil Polen und Ungarn vorangegangen seien. Zu guter Letzt willigte der General ein, den Termin zu verschieben.

Meine Rückkehr nach Deutschland geriet unter besonderen Zeitdruck. Am Morgen des 10. November teilte Ackermann aus Bonn mit, dass für den frühen Abend eine Kundgebung der CDU nahe der Kaiser-Wilhelm-Gedächtniskirche in Berlin geplant sei, auf der ich sprechen solle. Wenig später meldete sich Ackermann noch einmal: Er sei soeben informiert worden, dass der Berliner Regierende Bürgermeister Walter Momper für den Nachmittag zu einer Kundgebung vor dem Schöneberger Rathaus aufgerufen habe und ich auch dort als Redner angekündigt worden sei. Ackermann versicherte, Jürgen Wohlrabe, der Präsident des Berliner Abgeordnetenhauses, stehe dafür ein, dass alles geordnet ablaufe.

Weil die Maschine der Bundesluftwaffe weder das Territorium der DDR überqueren noch in Berlin landen durfte, mussten wir über Schweden nach Hamburg fliegen. Während der anderthalb Stunden an Bord entwarf ich meine Rede. Als wir endlich in Hamburg landeten, war die Zeit schon knapp. Nur dank des amerikanischen Botschafters Vernon Walters, der uns eine amerikanische Militärmaschine zur Verfügung stellte, kamen wir gegen 16 Uhr noch rechtzeitig in Berlin-Tempelhof an. Vom Flughafen rasten wir mit Blaulicht durch die Stadt zum Schöneberger Rathaus.

Kaum dort angekommen, hastete ich mit meinen Begleitern die Treppen hinauf, wurde regelrecht auf die enge Balustrade geschoben, auf der sich Hans-Dietrich Genscher, Willy Brandt, Hans-Jochen Vogel, Walter Momper und andere bereits eingefunden hatten. Ein ohrenbetäubendes Pfeifkonzert empfing mich: Unten auf dem John-F.-Kennedy-Platz tobte ein linker Pöbel. Von Anhängern der CDU, die Jürgen Wohlrabe und auch der CDU-Landesvorsitzende Eberhard Diepgen angekündigt hatten, keine Spur.

Während der gesamten Kundgebung trafen laufend Meldungen über neu geöffnete Grenzübergänge ein, die abwechselnd von Momper und Genscher verlesen wurden. Jedesmal wurde den beiden zugejubelt. Noch ehe ich das Wort ergriff, überbrachte mir

Teltschik eine Nachricht von Gorbatschow. Moskaus Bonner Botschafter Julij Kwizinskij hatte sie kurz vor 18 Uhr telefonisch übermittelt. Der Generalsekretär bat mich, beruhigend auf die Menschen in Berlin einzuwirken. Die Führung der DDR habe den Bürgern der DDR die freie Ausreise in die Bundesrepublik und nach West-Berlin ermöglicht, eine Entscheidung, die der DDR nicht leichtgefallen sei. Gorbatschow warnte davor, in dieser Situation die Emotionen und Leidenschaften anzuheizen: Wer die Existenz zweier souveräner deutscher Staaten leugne, verfolge nur das Ziel, die Lage in der DDR zu destabilisieren. Seinen Informationen zufolge seien sowohl in West- als auch in Ost-Berlin Kundgebungen geplant. Es müsse alles getan werden, um ein Chaos zu verhindern; die Folgen wären sonst unabsehbar. Vor allem aber wollte Gorbatschow von mir wissen, ob Berichte zuträfen, wonach die Dinge in Berlin völlig aus dem Ruder liefen und eine empörte Menschenmenge dabei sei, Einrichtungen der Sowjetarmee zu stürmen.

Erst später erfuhr ich, dass Gorbatschow gezielt falsch informiert worden war: Reformgegner im sowjetischen Geheimdienst KGB und im Ministerium für Staatssicherheit der DDR wollten eine militärische Intervention der in der DDR stationierten sowjetischen Truppen herbeiführen; daran bestand für mich kein Zweifel. Ich aber stand eingezwängt auf dem Balkon des Schöneberger Rathauses und hatte keine Möglichkeit, Gorbatschow persönlich anzurufen – zumal es so ausgesehen hätte, als würde ich vor dem Pöbel zurückweichen, wenn ich die Balustrade verlassen hätte. Ich ließ Gorbatschow ausrichten, er habe mein Wort, dass seine Befürchtungen nicht zuträfen. Die Stimmung sei wie bei einem Familienfest, kein Mensch denke daran, den Aufstand gegen die Sowjetunion zu proben.

Später erzählte mir Michail Gorbatschow, dass er daraufhin der DDR-Führung signalisiert habe, anders als am 17. Juni 1953 werde die Sowjetunion nicht mit Panzern eingreifen. Ich bin Gorbatschow noch heute sehr dankbar dafür, dass er nicht den Scharfmachern Gehör schenkte, sondern vernünftigen Argumenten zugänglich war. Es ist ihm gar nicht hoch genug anzurechnen, dass er sich für die friedliche Lösung entschied.

Als ich vor dem Schöneberger Rathaus schließlich als letzter Redner ans Mikrofon trat, wurde ich regelrecht niedergeschrien. Unbeirrt redete ich gegen das Pfeifen und Grölen an: Dieser Tag sei ein großer Tag in der Geschichte Berlins, aber auch ein großer Tag in der Geschichte der Deutschen.

> »Wir alle haben für diesen Tag gearbeitet. Wir haben ihn herbeigesehnt. Wir sehen die Bilder vom Brandenburger Tor – Bilder von überall, wo in diesen Stunden Menschen aus der DDR zu uns kommen können und die Bürger dieser Stadt und die Bürger unserer Bundesrepublik Deutschland in den anderen Teil Deutschlands gehen können, ohne Kontrolle, ohne staatliche Gewalt, ihrem freien Willen entsprechend. Wir sollten in dieser Stunde auf diesem Platz auch an die vielen denken, die ihr Leben an der Mauer ließen. Wir sollten dies tun in einem Augenblick, in dem diese Mauer endlich fällt.«

Immer wieder musste ich neu ansetzen:

> »Wir alle stehen jetzt vor einer großen Bewährungsprobe. Wir haben in diesen Tagen von unseren Landsleuten drüben in der DDR, in Ost-Berlin, Leipzig und Dresden und in vielen Städten, immer wieder eine Botschaft der Besonnenheit erfahren – eine Botschaft, die sagt, dass es in dieser glücklichen, aber auch schwierigen Stunde in der Geschichte unseres Volkes wichtig ist, besonnen zu bleiben und klug zu handeln. Klug handeln heißt, radikalen Parolen und Stimmen nicht zu folgen. Klug handeln heißt jetzt, die gesamte Dimension der weltpolitischen und der europäischen und deutschen Entwicklung zu sehen.«

Die meisten, die vor dem Schöneberger Rathaus versuchten, mich mit Trillerpfeifen und »Antifa«-Gesängen zu übertönen und zum Schweigen zu bringen, konnten mit diesen Worten nichts anfangen. Aber ich wusste, dass die halbe Welt zusah, und fuhr unbeirrt fort:

»Wer wie wir, die wir gerade aus Warschau hierhergekommen sind, erleben konnte, was der Reformprozess in Ungarn und Polen möglich gemacht hat, der weiß, dass es jetzt gilt, mit Bedachtsamkeit Schritt für Schritt den Weg in die gemeinsame Zukunft zu finden. Denn es geht um unsere gemeinsame Zukunft, es geht um die Freiheit vor allem für unsere Landsleute in der DDR in allen Bereichen ihres Lebens. Die Menschen in der DDR haben ein Recht auf freie Meinungsäußerung, auf eine wirklich freie Presse, auf freie Bildung von Gewerkschaften, auf freie Gründung von Parteien und selbstverständlich, wie es der Charta der Vereinten Nationen und den Menschenrechten entspricht, auf freie, gleiche und geheime Wahlen. Unsere Landsleute sind dabei, sich diese Freiheiten selbst zu erkämpfen, und sie haben dabei unsere volle Unterstützung.«

Wie schon bei der Bundestagsdebatte zur Lage der Nation im geteilten Deutschland forderte ich die Verantwortlichen in der DDR auf:

»Verzichten Sie jetzt auf das Machtmonopol! Reihen Sie sich ein in jenen Reformgeist, der heute in Ungarn, in Polen die Zukunft dieser Völker sichert! Geben Sie den Weg frei für die Herrschaft des Volkes durch das Volk und für das Volk!«

Zum Schluss wandte ich mich an die Landsleute in der DDR:

»So will ich allen in der DDR zurufen: Ihr steht nicht alleine, wir stehen an eurer Seite. Wir sind und bleiben eine Nation, und wir gehören zusammen. Ich appelliere in dieser Stunde an alle unsere Landsleute, dass wir jetzt im Herzen eins sein wollen, miteinander solidarisch die Zukunft gestalten, jetzt zusammenstehen und gemeinsam die Hilfe gewähren denen, die Hilfe brauchen. Es geht um Deutschland, es geht um Einigkeit und Recht und Freiheit.«

Rund 100 000 Menschen sind am 10. November zur Kundgebung in Berlin gekommen

Ich bin heute noch verärgert, wenn ich an die Szenen vor dem Schöneberger Rathaus denke. Nun war doch mit dem Fall der Mauer ein Traum in Erfüllung gegangen. Und ausgerechnet in diesem Augenblick, an diesem Tag, an dem die Deutschen ihr Schicksal selbst in die Hand zu nehmen begannen, liefen solche Fernsehbilder um die ganze Welt. Das war bestürzend und beschämend. Am allerschlimmsten war für mich, dass das auf der Balustrade gemeinsam angestimmte Deutschlandlied in einem gewaltigen Pfeifkonzert unterging.

Das war jedoch nicht das wirkliche Berlin. Es gab auch andere Stimmen, und an eine Geste erinnere ich mich besonders gerne: Als ich ein paar Tage nach dem 10. November morgens mein Arbeitszimmer im Kanzleramt betrat, stand auf meinem Schreibtisch ein wunderschöner Blumenstrauß mit fünfzig langstieligen, roten Rosen. Dazu eine Karte: »Liebe Grüße aus Berlin – Sehn Se, det is ooch Berlin. Ihre Frau Gedeke.« Viele andere Bürger, nicht zuletzt aus der DDR, machten ihrem Herzen Luft und schrieben mir zustimmende Briefe.

Vor meinem Rückflug nach Bonn erlebte ich die wirklichen Empfindungen der meisten Berliner. Auf dem Breitscheidplatz vor der Kaiser-Wilhelm-Gedächtniskirche warteten weit über hunderttausend Menschen auf uns. Viele von ihnen waren erst wenige

Stunden zuvor über die offenen Grenzübergänge aus dem Ostteil der Stadt herübergekommen. Hier wollte keiner randalieren, hier herrschte aufrichtige Freude.

Im Anschluss an diese Kundgebung, von der das Fernsehen bezeichnenderweise keine Notiz nahm, fuhren wir zum Checkpoint Charlie, dem legendären Kontrollpunkt. Es waren unglaubliche Menschenmengen, die uns aus dem Osten entgegenströmten. Viele kamen auf mich zu und schüttelten mir die Hände, als ich die weiße, über den Asphalt gezogene Trennlinie, die nicht mehr trennte, überschritt – dort, wo sich nach dem Bau der Mauer sowjetische und amerikanische Panzer gegenübergestanden hatten.

Wie wenig weite Teile der Sozialdemokratie selbst in dieser Stunde doch mit dem Gedanken an die Einheit, der Deutschland immerhin ein ganzes Stück näher gekommen war, anzufangen wussten! Walter Momper hatte in seiner Rede am Schöneberger Rathaus erklärt, es gehe um ein »Wiedersehen und nicht um eine Wiedervereinigung«; auch sprach er vom »Volk der DDR«. Das war natürlich auch gegen mich gerichtet, denn alle wussten, dass ich das Ziel der deutschen Einheit niemals aufgegeben hatte. Die große Ausnahme unter den Sozialdemokraten war Willy Brandt, der an jenem Abend vor dem Rathaus, in dem er einst regierte, die Worte sprach, jetzt wachse zusammen, was zusammengehöre.

Ich habe Brandt immer als jemanden angesehen, der – das soll kein Vorwurf sein – in dieser wichtigen Frage andere Prognosen hatte. Er war fatalistischer, vielleicht auch pessimistischer hinsichtlich des historischen Ablaufs. Er war nicht gegen die Einheit, etwa im Sinne einer Doktrin, aber er hatte wohl die Hoffnung auf die Einheit verloren. Er gehörte einer ganz anderen Generation an, er hatte einen völlig anderen Lebensweg als ich, und das führte zu anderen persönlichen Einschätzungen. Dass Brandt die deutsche Einheit wollte, daran hatte ich keinen Zweifel. Im Gegensatz zu vielen anderen hatte er die Einheit in seinem Innersten nie endgültig abgeschrieben.

*

Noch am selben Abend flogen meine Begleiter und ich weiter nach Bonn. Jetzt waren vor allem die Anrufe bei den Staats- und Regierungschefs der drei Westmächte USA, Großbritannien und Frankreich wichtig, die gemeinsam mit der Sowjetunion als Sieger des Zweiten Weltkriegs Rechte und Verantwortlichkeiten für Deutschland als Ganzes und Berlin hatten. Ich erwartete, dass meine Gesprächspartner auf die Maueröffnung unterschiedlich reagieren würden. Am schwierigsten, so vermutete ich, würde das Gespräch mit der britischen Premierministerin werden. Deshalb rief ich sie als erste an. Um 22 Uhr stand die Telefonverbindung. Ich versuchte, Margaret Thatcher einen Eindruck von der fröhlichen Stimmung in Berlin zu vermitteln. Sie hatte bereits einiges selbst im Fernsehen verfolgt. Während des gesamten Gesprächs spürte ich sehr deutlich, dass sie der Situation mit Unbehagen gegenüberstand. Sie regte ein Sondertreffen der zwölf EG-Staats- und -Regierungschefs an. Ihr war wichtig, dass man jetzt in engem Kontakt blieb.

Gegen 22.30 Uhr folgte mein Gespräch mit dem amerikanischen Präsidenten. Er ließ sich über die Ereignisse in Berlin ständig auf dem laufenden halten. Die herzliche Verbundenheit mit uns Deutschen war ihm deutlich anzumerken. Ich berichtete ihm von der Kundgebung vor der Gedächtniskirche. Dort hatte ich ausdrücklich den USA für ihren Dienst an der Freiheit Berlins gedankt und unter dem Beifall der Zuhörer erklärt, ohne das Engagement der Vereinigten Staaten wäre dieser Tag nicht möglich gewesen. George Bush wünschte uns viel Erfolg und Gottes Segen.

Den französischen Staatspräsidenten erreichte ich an jenem späten Freitagabend nicht mehr. Als ich am nächsten Morgen mit ihm telefonierte, bemerkte er, dass ich sicherlich bewegende Stunden hinter mir habe. Ich antwortete ihm, dass man als Politiker hartgesotten sein müsse, dass es aber in der Tat Ereignisse gebe, die man im Leben nicht vergesse. Auf dem Kurfürstendamm sei eine Stimmung gewesen wie auf den Champs-Élysées am französischen Nationalfeiertag. Bisher sei alles ernst und friedlich verlaufen, doch die Lage könnte schwieriger werden, wenn die Forderungen der Menschen nach der Zulassung freier Parteien und Gewerkschaften enttäuscht würden. Ich kündigte Mitterrand an, einen Beauftragten zu SED-Generalsekretär Krenz zu schicken. Der Präsident antwortete mir, dass seine Wünsche mit dem deutschen Volk seien, das einen »großen Augenblick in der Geschichte« erlebe. Ja, es sei eine »Stunde des Volkes«. Jetzt gebe es die Chance, dass Bewegung in die Entwicklung Europas komme. Ausdrücklich versicherte er mich zum Abschluss unseres Gesprächs seiner Freundschaft.

Um 9.30 Uhr am Samstagmorgen begann eine Sondersitzung des Bundeskabinetts, an der auch die Partei- und Fraktionsvorsitzenden der Regierungskoalition teilnahmen. Ich informierte über die jüngsten Entwicklungen und über meine Gespräche mit den Regierungschefs der drei Westmächte. Nach einer halben Stunde wurde ich aus der Sitzung gerufen, als endlich eine Verbindung mit Egon Krenz zustande gekommen war. Das Telefonat, um das der SED-Generalsekretär gebeten hatte, war eigentlich für 8.30 Uhr verabredet gewesen, hatte sich jedoch wegen technischer Schwierigkeiten verzögert.

Krenz sprach zunächst davon, er habe die Mauer im Interesse der Menschen und zur Bekräftigung seiner Politik der Erneuerung durchlässig gemacht. Im selben Atemzug brachte er zum Ausdruck, dass es jetzt sehr gut wäre, wenn überall Sachlichkeit, Berechenbarkeit und guter Wille an den Tag gelegt würden. Nach wie vor bleibe ja die Grenze; sie solle lediglich durchlässiger gemacht werden. Er wäre sehr froh, so Krenz, wenn die Bundesregierung bestimmte Emotionen bei Leuten ausräumte, die nun alles am liebsten über Nacht beseitigen würden. »Da wäre ich Ihnen also sehr dankbar, wenn Sie in dieser Beziehung beruhigend einwirken könnten«, sagte er.

Nachdem ich Krenz zur Maueröffnung beglückwünscht hatte, verwies ich auf meine Berliner Reden, in denen ich immer wieder gemahnt hatte, dass jede Form von Radikalisierung gefährlich sei. In diesem wichtigen Zeitabschnitt gelte es, eine ruhige Gelassenheit zu wahren, um die richtigen Entscheidungen zu treffen. Mir ging es vor allem darum, im Interesse der Menschen in der DDR jetzt möglichst bald konkrete Abmachungen mit Ost-Berlin herbeizuführen. Deshalb wollte ich so rasch wie möglich mit ihm zusammentreffen; außerdem wollte ich gern auch den künftigen Ministerpräsidenten Modrow kennenlernen.

Krenz war mit allem einverstanden, versuchte aber doch noch einmal, mich in der Frage der deutschen Einheit festzulegen, als er sagte, er gehe davon aus, dass ich absolut mit ihm darin übereinstimme, dass die Wiedervereinigung Deutschlands gegenwärtig nicht auf der Tagesordnung stehe. Hier konnte ich ihm natürlich nicht zustimmen. In dieser Frage war ich schon von meinem Grundverständnis und meinem Amtseid her völlig anderer Meinung.

Zurück in der Kabinettssitzung, informierte ich die Kabinettsmitglieder über den Verlauf des Gesprächs und ermahnte sie, gegenwärtig keine Vorschläge in die Öffentlichkeit zu tragen, die nicht zuvor zwischen den Ressorts und insbesondere mit mir abgestimmt waren. In der augenblicklichen dramatischen Entwicklung sollte die Bundesregierung Ruhe und Gelassenheit, aber auch Entschiedenheit vermitteln. Ich bat die anwesenden Vertreter der Koalitionsfraktionen, sich nach Möglichkeit ebenfalls mit öffentlichen Vorschlägen zurückzuhalten. Am Schluss der Kabinettssitzung erläuterte Bundesinnenminister Wolfgang Schäuble die Reiseentwicklung nach Öffnung der Grenze. Insgesamt waren in diesem Jahr bis zum 11. November zweihundertdreiundvierzigtausend Übersiedler aus der DDR eingetroffen. Die Zahl der Aussiedler betrug im gleichen Zeitraum rund dreihunderttausend.

*

Nach der Kabinettssitzung telefonierte ich mit Michail Gorbatschow. Das war ein wichtiger Moment. Ich versicherte ihm abermals, dass die Bundesregierung kein Interesse an einem Chaos in der DDR habe. Wir wollten die DDR auch nicht entvölkern, zumal ein solcher Exodus mit schweren ökonomischen Schäden und Problemen verbunden sei. Die Menschen sollten vielmehr in ihrer angestammten Heimat bleiben, und wenn sich die Verhältnisse in der DDR grundlegend veränderten, würden sie das auch freiwillig tun. Alles komme darauf an, in welchem Umfang Krenz wirklich

Reformen umsetzen wolle. Die Führung der DDR täte gut daran, rasch zu handeln.

Gorbatschow antwortete, seiner Meinung nach bringe das Programm der jetzigen DDR-Führung die Dinge voran, denn inzwischen denke man dort ernsthaft darüber nach, wie das Land demokratisiert und wirtschaftlich erneuert werden könne. Das sei jedoch nicht leicht und erfordere viel Zeit. Er habe Krenz empfohlen, die Stimmung im Land in Rechnung zu stellen und einen breiten Dialog mit allen gesellschaftlichen Kräften zu führen, wenn er die Reformen in Angriff nehme.

Jede Art von Veränderung bringe ein gewisses Maß an Instabilität mit sich, fuhr Gorbatschow fort. Wenn er von der Bewahrung der Stabilität spreche, meine er damit, dass er und ich alle Schritte gemeinsam durchdenken und miteinander abstimmen sollten. Gegenwärtig vollziehe sich ein historischer Umschwung hin zu einer anderen Welt. Beide Seiten dürften diese Entwicklung allerdings nicht durch unüberlegte Schritte gefährden. Eine Beschleunigung der Ereignisse könne zu einem Chaos führen. Das wäre für die deutsch-sowjetischen Beziehungen sehr schlecht.

Auf Gorbatschows Bitte, ich möge zur Stabilisierung der Lage mein politisches Gewicht in die Waagschale werfen, erwiderte ich, dass gerade eben die Sitzung des Bundeskabinetts zu Ende gegangen sei. »Wenn Sie daran teilgenommen hätten, hätten Sie sich davon überzeugen können, dass in der Bundesrepublik Deutschlandpolitik mit Augenmaß gemacht wird. Ich bin mir sehr wohl bewusst, dass in den vierzig Jahren seit Gründung der Bundesrepublik auf einem Kanzler selten eine solche Verantwortung gelegen hat wie jetzt auf mir«, sagte ich. Dass gerade zu diesem Zeitpunkt die Beziehungen zwischen der Sowjetunion und der Bundesrepublik ein solch hohes Niveau erreicht und sich über das offizielle Maß hinaus persönliche Kontakte zwischen uns herausgebildet hätten, schätzte ich als besonders glückliche Fügung ein. Auch wenn diese persönlichen Beziehungen nichts am Wesen der Probleme änderten, so könnten sie aber zumindest deren Lösung erleichtern, sagte ich, und Gorbatschow stimmte mir zu.

Daraufhin kam ich noch einmal auf die Lage in der DDR zurück. In der aktuellen Situation sah ich die Hauptschwierigkeit im psychologischen Bereich. Honecker, der bis zum Schluss jegliche Reformen verhindert hatte, habe eine äußerst schwierige Ausgangslage für die neue Führung geschaffen, denn die Bevölkerung habe jedes Vertrauen in die SED verloren. Krenz müsse unter Zeitdruck handeln, aber Reformen seien nun einmal nicht über Nacht zu machen. Michail Gorbatschow schien meine Sicht der Dinge zu teilen.

Die Serie der Telefonate an diesem Samstag endete mit einem Gespräch unter Freunden. Überschwenglich gratulierte der spanische Ministerpräsident Felipe González den Deutschen und versicherte mir, ich könne jederzeit mit seiner Hilfe rechnen – vor allem auch dann, wenn es notwendig werden sollte, eine gesamteuropäische Haltung zu erarbeiten. Ich bedankte mich bei ihm sehr für diese Geste der Freundschaft.

Bevor ich am Nachmittag des 11. November 1989 wiederum nach Polen aufbrach, trat ich vor die Bundespressekonferenz in Bonn, um die Öffentlichkeit über die politischen Ereignisse der vergangenen Stunden zu informieren. Zu Beginn erklärte ich:

> »Wir alle stehen unter dem Eindruck der Ereignisse in Berlin und in der DDR: Wir erleben tief bewegt, dass sich die Berliner Mauer endlich für alle unsere Landsleute öffnet, dass sich die Menschen an den Grenzübergängen und überall in der Stadt voller Freude in den Armen liegen. In diesem historischen Augenblick stehen wir – alle Deutschen in Ost und West – vor einer großen Bewährungsprobe. Was in der DDR geschieht, verfolgen wir mit heißem Herzen. Aber wir wissen auch: Wir müssen besonnen bleiben und mit kühlem Verstand handeln. Wichtig ist jetzt vor allem, dass das Recht der Menschen, frei zu reisen, auf Dauer anerkannt wird. Doch Reisefreiheit allein genügt nicht. Ich bestätige, was ich schon mehrmals gesagt habe: Die Menschen in der DDR haben ein Recht auf freie Meinungsäußerung, auf freie Presse, auf freie Bildung von Gewerkschaften, auf freie Gründung von unab-

hängigen Parteien, auf freie, gleiche und geheime Wahl. Unsere Landsleute sind dabei, sich diese Freiheiten zu erkämpfen. Sie haben dabei unsere volle und uneingeschränkte Unterstützung. Die Bundesregierung ruft die Staats- und Parteiführung der DDR auf, das Tor für einen grundlegenden Wandel in Staat, Wirtschaft und Gesellschaft endlich ganz zu öffnen.«

Dann berichtete ich von den Telefonaten mit Margaret Thatcher, George Bush und François Mitterrand, die mir ihre Unterstützung zugesagt und mir persönlich gratuliert hätten. Am Ende der Pressekonferenz skizzierte ich noch einmal, was ich nun für das Gebot der Stunde hielt:

»Wir sind noch lange nicht am Ziel. Das Recht aller Deutschen auf Selbstbestimmung ist noch nicht verwirklicht. Der Auftrag unseres Grundgesetzes, die Einheit und Freiheit Deutschlands zu vollenden, ist noch nicht erfüllt. Die Reihenfolge der Ziele unserer Politik ist uns durch das Grundgesetz vorgegeben: Voraussetzung für die Wiedervereinigung in Freiheit ist die freie Ausübung des Selbstbestimmungsrechts. Freiheit war, ist und bleibt der Kern der deutschen Frage. Und das heißt vor allem: Unsere Landsleute in der DDR müssen selbst entscheiden können, welchen Weg in die Zukunft sie gehen wollen. Sie haben dabei keine Belehrungen nötig – von welcher Seite auch immer. Sie wissen selbst am besten, was sie wollen. Jede Entscheidung, die die Menschen in der DDR in freier Selbstbestimmung treffen, werden wir respektieren. Ich bekräftige meinen Appell an alle Deutschen, Besonnenheit und Augenmaß zu beweisen!«

*

Der zweite Teil meines Polen-Besuchs gestaltete sich nicht minder schwierig als der erste. Die Ereignisse der zurückliegenden Stunden hatten die Sorgen in Polen vor einem übermächtigen Gesamtdeutschland potenziert. Das bekam ich in vielen Gesprächen deutlich zu spüren.

Mein Besuch fand fünfzig Jahre nach dem Beginn des Zweiten Weltkriegs statt, der unendlich viel Leid über die Menschen gebracht hatte, zuerst und vor allem auch über das polnische Volk. Das dunkelste, das schrecklichste Kapitel der deutschen Geschichte wurde in Auschwitz und Birkenau geschrieben. Ins Besucherbuch trug ich dort ein: »Die Mahnung dieses Ortes darf nicht vergessen werden. Den Angehörigen vieler Völker, insbesondere den europäischen Juden, wurde hier in deutschem Namen unsagbares Leid zugefügt. Hier geloben wir erneut, alles zu tun, damit das Leben, die Würde, das Recht und die Freiheit jedes Menschen, gleich, zu welchem Gott er sich bekennt, welchem Volk er angehört und welcher Abstammung er ist, auf dieser Erde unverletzt bleiben.«

Wir wollen nichts von all dem Schrecklichen verschweigen, verdrängen oder vergessen – aber es kommt darauf an, für die Gestaltung einer friedlichen Zukunft die richtigen Lehren aus der Vergangenheit zu ziehen. Ganz in diesem Sinne hatte Kardinal Wojtyla, der spätere Papst, 1977 in Mainz gesagt: »Wir wollen nicht vergessen, was uns trennt, wir wollen vor allem an das erinnern, was uns verbindet. Wir wollen Verständnis und Aussöhnung zwischen dem deutschen und dem polnischen Volk. Dies ist unser historischer Auftrag, und es ist zugleich der Wunsch, ja die Sehnsucht der Menschen in unseren Ländern.«

Mit Ministerpräsident Mazowiecki sprach ich mehrere Stunden. Die sieben Bundesminister in meiner Begleitung führten mit ihren polnischen Partnern eine Fülle von Fachgesprächen. Mazowiecki und ich hatten uns vorgenommen, mit diesem Besuch einen Durchbruch in den deutsch-polnischen Beziehungen zu erzielen. Bereits mit den elf Abkommen und Übereinkünften, die wir in Warschau unterzeichneten, war dieses Ziel erreicht; sie regelten unter anderem den Jugendaustausch, den Umweltschutz, die Errichtung von Kulturinstituten, den Rechtshilfeverkehr in Zivil- und Strafsachen sowie die Förderung und den gegenseitigen Schutz von Kapitalanlagen.

Kritisch wurde es noch einmal, als der Flug von Warschau nach

Breslau wegen schlechten Wetters gestrichen werden sollte. Vom schlesischen Breslau aus, dem heutigen Wroclaw, sollte es weiter nach Kreisau gehen, wo ein gemeinsamer deutsch-polnischer Gottesdienst geplant war. In der deutschen Delegation gab es Zweifel, ob wirklich allein der Nebel der Grund für die Absage des Fluges war. Damit drohte der dort vorgesehene Gottesdienst auszufallen, und dies, wo Tausende Schlesier auf dem Weg dorthin waren. Wir beschlossen, uns auf jeden Fall nach Kreisau zu begeben. Weil ich befürchtete, dass es anders nicht klappen würde, verhandelte ich selbst mit dem polnischen Protokollchef und sorgte dafür, dass für uns ein Bus bereitgestellt wurde. Es war drei Uhr nachts, als wir schließlich aufbrachen.

Für mich war dies einer der ganz wichtigen Punkte auf dem Besuchsprogramm. Kreisau ist ein Symbol für das andere, für das bessere Deutschland auch im dunkelsten Abschnitt unserer Geschichte. Hier fanden sich großartige Männer und Frauen aus unserem Volk zusammen, um darüber nachzudenken, wie der Nationalsozialismus überwunden und ein gerechter Frieden in Europa gestaltet werden könne. Zu dem sogenannten Kreisauer Kreis gehörte der Jesuitenpater Alfred Delp, der nach dem 20. Juli 1944 hingerichtet wurde und dessen Familie ich entfernt kenne. Dazu gehörte auch mein Freund Eugen Gerstenmaier, eine der großen Gestalten der Christlich-Demokratischen Union.

Der Gottesdienst wurde vom Oppelner Bischof Alfons Nossol gehalten. Er hob hervor, wie schwierig mein Besuch sei, obwohl beide Völker europäische Nachbarn seien. Es müsse sich jetzt »das Wunder der wahren Versöhnung zwischen den so lange verfeindeten Völkern« vollziehen. Mazowiecki sprach von einem »Gefühl der Brüderlichkeit«. Vor der Kommunion tauschten wir den liturgischen Friedenskuss aus. Mit unserer Umarmung wollten wir beide zeigen, dass im Verhältnis zwischen Deutschen und Polen eine neue Zeit angebrochen war.

Alles in allem war mein Besuch in Polen ein wichtiger Schritt auf dem Weg zur deutschen Einheit. Wir hatten nicht nur die bereits erwähnten Vereinbarungen zur Verbesserung der Zusammenarbeit beider Länder unterzeichnet, konkrete Initiativen zum Schutz

Eine neue Zeit im Verhältnis zwischen Deutschen und Polen: Umarmung mit dem polnischen Ministerpräsidenten Tadeusz Mazowiecki beim Gottesdienst in Kreisau

der deutschen Minderheit in Polen ergriffen und eine Finanzhilfe in Milliardenhöhe verabredet, sondern vor allem Warschaus Sorgen und Befürchtungen hinsichtlich der Oder-Neiße-Grenze abbauen können. Dies alles wurde in der gemeinsamen deutsch-polnischen Erklärung verankert.

In der DDR schien unterdessen die Perestroika in vollem Gange zu sein. Während Krenz alle Mühe hatte, sich zu behaupten, wurden die alten Männer der Ära Honecker aus den Partei- und Staatsämtern entfernt. Selbstbezichtigungen abgedankter Spitzenpolitiker gehörten zum DDR-Alltag, selbst von strafrechtlicher Verfolgung der inzwischen aus der SED ausgeschlossenen Politiker war bald die Rede.

Am 13. November wurde Hans Modrow von der Volkskammer zum Ministerpräsidenten gewählt, und kurz darauf bildete er seine Regierung. Die sollte nicht nur aus SED-Mitgliedern bestehen, aber Vertreter der Opposition waren nicht dabei. Dafür gehörten dem Bündnis führende Funktionäre der vier inzwischen gewendeten Blockparteien an. In seiner Regierungserklärung kam auch Modrow über vage Ankündigungen hinsichtlich der beabsichtigten Verfassungsreform, des Wahlgesetzes und der Einführung des Rechtsstaats nicht hinaus. Freimütiger setzte er sich mit der desolaten DDR-Wirtschaft auseinander, wollte aber auch hier nicht von der alles hemmenden Planwirtschaft abrücken. Der

Bundesregierung bot er eine »Vertragsgemeinschaft« zweier souveräner Staaten an, »die weit über den Grundlagenvertrag und die bislang geschlossenen Verträge und Abkommen zwischen beiden Staaten hinausgeht«.

*

Eigentlich hatte ich mich darauf eingestellt, auf dem geplanten EG-Gipfel in Straßburg Anfang Dezember 1989 die deutsche Position zu den Ereignissen in der DDR und in Ost- und Mitteleuropa ausführlich darzustellen, doch aus außen- wie innenpolitischen Gründen lud der amtierende EG-Ratspräsident François Mitterrand die Staats- und Regierungschefs bereits für den 18. November zu einem Sondertreffen nach Paris ein. Ex-Präsident Giscard d'Estaing hatte zuvor ultimativ einen Sondergipfel zur »Rettung der EG« gefordert, um den westeuropäischen Integrationsprozess zu beschleunigen und um ein umfassendes Hilfsprogramm für die reformwilligen Staaten Mittel- und Osteuropas zu beschließen. Gleichzeitig sollten sich die EG-Mitgliedsstaaten verpflichten, die gegenwärtigen Grenzen nicht in Frage zu stellen.

Noch wichtiger war für die französische Präsidentschaft offenbar die Besorgnis, dass die Verabschiedung der Sozialcharta und die Wirtschafts- und Währungsunion nicht länger im Zentrum des Straßburger Gipfels stehen könnten. Immerhin vertrat Mitterrand seit Wochen die These, der Integrationsprozess müsse wegen der Entwicklung im Osten nicht nur fortgeführt, sondern verstärkt und beschleunigt werden.

Außerdem gehörte es nach französischer Auffassung zum notwendigen Selbstbewusstsein der Europäer, vor dem Gipfeltreffen von George Bush und Michail Gorbatschow am 2. Dezember 1989 ihre Position zu europäischen Fragen öffentlich festzuhalten. In diesem Zusammenhang war es für Frankreich auch innenpolitisch von Bedeutung, nach außen herauszustellen, dass die Bundesrepublik klar in die westliche Gemeinschaft und ihre Entscheidungsprozesse eingebunden war.

Am Tag der Maueröffnung befand sich François Mitterrand auf

Staatsbesuch in Dänemark. Wie wir heute aus Tagebuchaufzeichnungen wissen, hatte er sich entgegen dem Vorschlag seiner Berater nicht nach Berlin begeben. Offiziell begrüßte er die Ereignisse zwar als Zeichen des Fortschreitens der Freiheit in Europa und als Ende der Nachkriegsordnung von Jalta, aber privat äußerte er: »Diese Leute spielen mit einem Weltkrieg, ohne es zu bemerken.«

Bei unserem Treffen in Paris eröffnete Mitterrand die Diskussion mit vier Fragen, von denen keine ausdrücklich die Wiedervereinigung thematisierte. Anschließend berichtete ich über die Entwicklung in Ungarn und meine Eindrücke aus Polen und sagte: »Ich spreche zu Ihnen als Deutscher, doch zugleich als Kanzler. Ich versichere feierlich mein Engagement für Europa. Ich sehe zwei Ursachen der Entwicklung im Osten: dass die Allianz durch ihren Doppelbeschluss fest geblieben ist und die Tatsache, dass sich die Europäische Gemeinschaft dynamisch entwickelte.«

Während des Essens wurde über die Wiedervereinigung noch nicht einmal geflüstert, und ich verhielt mich so, dass nichts darüber gesprochen werden musste. Beim Dessert dann ging die britische Premierministerin aber ziemlich heftig auf mich los. Ich zitierte daraufhin eine Erklärung eines Nato-Gipfels von 1970 und sagte, dass die Nato positiv zur Wiedervereinigung stehe. Margaret Thatcher fauchte zurück und meinte, diese Erklärung datiere von einem Zeitpunkt, an dem man dachte, dass die Wiedervereinigung nie stattfinden würde. Ich blieb gelassen und entgegnete, immerhin habe die Nato diese Erklärung beschlossen und diese Entscheidung gelte immer noch. Auch Margaret Thatcher könne das deutsche Volk nicht daran hindern, seinem Schicksal zu folgen.

Außer sich vor Wut stampfte Thatcher mit den Füßen auf und schrie: »Das sehen Sie so, sehen Sie so!«

Mitterrand schien ihre Haltung zu billigen. Ich verzog keine Miene. Wenigstens wusste ich es jetzt ganz genau: Die Eiserne Lady wollte den Status quo beibehalten. Für sie stand die Frage der Grenzen nicht auf der Tagesordnung. Sie sollten bleiben, wie sie waren, und zwar nicht nur die polnische Westgrenze, sondern auch die innerdeutsche Grenze.

Natürlich war ich auf die reservierte Stimmung gefasst. Selbst wenn sich François Mitterrand nur zwei Wochen zuvor in Bonn im Namen Frankreichs – er sagte ja nie »ich«, sondern immer nur »Frankreich« – zur Einheit der deutschen Nation bekannt hatte, machte ich mir keine Illusionen über die Ansichten der politischen Klasse in Paris. Auch in Den Haag, in Rom und in London war nicht zu übersehen, dass das Misstrauen gegen uns Deutsche wieder da war. »Jetzt reden die Deutschen wieder von der Einheit der Nation, jetzt interessieren sie sich nicht mehr für Europa«, hieß es. Der Geist von Rapallo wurde warnend beschworen und damit suggeriert, Deutschland orientiere sich wieder in Richtung Russland. Es mehrten sich die besorgten Fragen: Wie schnell würde der Weg zur Freiheit im östlichen Teil Deutschlands in den Weg zur Wiederherstellung der Einheit Deutschlands münden? Alte Ängste kamen wieder auf, die Deutschen würden zu stark.

Ich versicherte unermüdlich, dass es keinen nationalen Alleingang geben werde. Gerade jetzt bräuchten wir den engen Schulterschluss mit unseren Verbündeten und das Vertrauen unserer Nachbarn in West und Ost. Zunächst müssten unsere Landsleute in der DDR selbst frei zum Ausdruck bringen können, welchen Weg in die Zukunft sie gehen wollten. Wie auch immer ihre Entscheidung ausfalle, sie werde von uns respektiert. Allerdings bedeute dies auch, dass niemand, weder im Osten noch im Westen, ein Votum aller Deutschen für die Einheit ihres Vaterlands werde ignorieren können.

*

Auch auf der Sondersitzung des Europäischen Parlaments in Straßburg am 22. November 1989 betonte ich den Zusammenhang von europäischer Spaltung und deutscher Teilung und forderte – um beide zu überwinden – abermals, den Reformprozess nach Kräften zu unterstützen: »Zu Europa gehören nicht nur London, Rom, Den Haag, Dublin und Paris. Zu Europa gehören auch Warschau und Budapest, Prag und Sofia – und natürlich auch Berlin, Leipzig und Dresden.« Die Einheit Deutschlands könne nur vollendet werden, »wenn die Einigung unseres alten Kontinents voranschreitet«. Deutschlandpolitik und Europapolitik seien zwei Seiten derselben Medaille.

Angesichts meiner wiederholten und eindeutigen Bekenntnisse, dass wir die Lösung der deutschen Frage nur im gesamteuropäischen Kontext suchen würden, verabschiedete das Europäische Parlament bei nur zwei Gegenstimmen eine Resolution, in der den Deutschen in der DDR das Recht bestätigt wurde, »Teil eines vereinigten Deutschlands und eines vereinigten Europas« zu sein.

Die Menschen in der DDR lebten unterdessen unbefangen ihre neuen Freiheiten und machten sich keine Gedanken über die Befürchtungen, die so manche ihrer europäischen Nachbarn umtrieben. Millionen Deutsche aus der DDR besuchten die Bundesrepublik, Hunderttausende Westdeutsche entdeckten in der DDR ein neues, für sie unbekanntes Land. Hinzu kamen die Massendemonstrationen. Am 20. November zog eine Viertelmillion Menschen bei der schon traditionellen Montagsdemonstration durch die Straßen von Leipzig. In Halle, Chemnitz (Karl-Marx-Stadt), Dresden, Cottbus und Ost-Berlin waren es Zehntausende, die friedlich tiefgreifende Reformen einforderten. Neben dem Ruf »Wir sind das Volk!« wurde aus ihren Reihen nun erstmals das Bekenntnis zur Einheit der Nation laut: »Wir sind ein Volk!«

Unter dem Eindruck dieser Demonstrationen fand am 20. November das von mir bei dem Telefonat mit Egon Krenz verabredete Treffen der DDR-Führung mit Kanzleramtsminister Rudolf Seiters statt. Bei dem Gespräch in Ost-Berlin, an dem neben Krenz auch Modrow teilnahm, bekräftigten die SED-Funktionäre ihre Absicht, den Reformkurs fortzusetzen. Seiters unterstrich nachdrücklich Bonns Position und nannte als Vorbedingung für die in Aussicht gestellte umfassende wirtschaftliche Hilfe noch einmal die Unumkehrbarkeit des eingeschlagenen Reformkurses einschließlich freier Wahlen, einer Verfassungsänderung und der Einführung des Rechtsstaats. Dabei war uns besonders an einer Abschaffung der politischen Strafjustiz gelegen.

Der Kanzleramtsminister überreichte in Ost-Berlin ein Papier, in dem die Möglichkeit von Direktinvestitionen, ein Investitionsschutz und der Abbau von Hindernissen im Wirtschaftsverkehr angeregt wurden. Außerdem schlug er die Gründung einer gemeinsamen Wirtschaftskommission vor.

Für meinen Besuch in der DDR wurde ein Termin im Dezember ins Auge gefasst, ohne ihn allerdings bereits zu konkretisieren, da die vorbereitenden Gespräche noch nicht weit genug gediehen waren. Hinzu kam, dass man sich in Ost-Berlin schwertat, auf die Bedingungen der Bundesregierung einzugehen. So wurde mir zum Beispiel im SED-Zentralorgan *Neues Deutschland* vorgehalten, ich würde die Bildung eines deutschen Einheitsstaats anstreben, »also Hilfe für die DDR erst, wenn sie sich als souveräner sozialistischer Staat auf deutschem Boden selbst aufgegeben hat«. Daran war soviel richtig, dass ich in der Tat die Einheit Deutschlands wollte. Mein Problem war indes zunächst rein praktischer Natur. Es wurde nämlich immer unklarer, mit wem ich in der DDR überhaupt zusammenkommen sollte. Von meinem Telefonat mit Michail Gorbatschow wusste ich, dass Krenz nicht »sein Mann« war. Der ungarische Ministerpräsident Németh, der mich im November in Ludwigshafen besuchte, vertrat dieselbe Auffassung. Ein rasches Treffen mit Krenz, wie es aus den Reihen der Opposition gefordert wurde, hätte demnach den falschen Mann gestützt. Der »richtige«, auf den Moskau und damit die Reformer setzten, war offensichtlich Modrow.

Beschleunigt wurde meine Entscheidung durch die Ankündigung des Élysée-Palastes, dass der französische Staatspräsident Ende Dezember zu einem offiziellen Besuch in die DDR reisen wolle. Wir entschlossen uns, ihm zuvorzukommen, um die befürchtete internationale Aufwertung der neuen SED-Führung zu unterlaufen, und verabredeten mit Ost-Berlin schließlich den 19. Dezember als Besuchstermin. Weil sich für mich aus statusrechtlichen Gründen ein Treffen in Ost-Berlin von vornherein verbot, einigte man sich auf Dresden.

51.
Offensive

Den Pariser Sondergipfel verstand ich als Warnung. Selbst auf meinen Freund François Mitterrand schien kein Verlass zu sein. Die britische Haltung überraschte mich kaum. Allerdings war die Schärfe, mit der die britische Premierministerin mir gegenüber auftrat, mehr als befremdlich.

Immerhin wusste ich nun, wie ich mich zu verhalten hatte. Ob sie es in den Regierungszentralen wollten oder nicht: Mit dem Fall der Berliner Mauer war die deutsche Frage über Nacht zu dem großen Thema der internationalen Politik geworden. Sie stand auf der Tagesordnung des für den 2. und 3. Dezember vor Malta im Mittelmeer geplanten amerikanisch-sowjetischen Gipfeltreffens ebenso wie auf der Agenda des Nato-Treffens, das am Tag darauf in Brüssel stattfinden sollte. Auch bei Mitterrands Besuch in Kiew, wo er am 6. Dezember mit Gorbatschow zusammentreffen wollte, würde es um Deutschland gehen. Ich hielt daher die Zeit für gekommen, nunmehr die Initiative zu ergreifen und ein Programm für den Weg zur Einheit Deutschlands vorzulegen.

Dafür gab es auch gute innenpolitische Gründe. Niemand wusste in diesen Tagen genau zu sagen, wie es mit den innerdeutschen Beziehungen weitergehen sollte. Nach dem politischen Erdbeben, das die kommunistische Herrschaft in Mittel- und Osteuropa erschüttert hatte, waren jetzt politische Führung und Konzepte gefordert, die den Entwicklungen eine klare Richtung gaben. Zunehmend wurde die Bundesregierung damit konfrontiert, dass ihre Partner wissen wollten, »wohin die Reise geht«.

In dieser Situation war es für mich besonders hilfreich zu wissen, dass mein Freund George Bush das Verlangen der Deutschen nach

Einheit und Freiheit vorbehaltlos unterstützte. Bush verstand sehr genau, dass der Westen die Deutschen tief enttäuschen, ja verstören würde, wenn er sich ihre berechtigte Forderung nach Selbstbestimmung nicht zu eigen machte. Schließlich hatten die westlichen Verbündeten der Bundesrepublik genau diese Unterstützung seit Abschluss des Deutschlandvertrags im Jahr 1952 immer wieder für den Tag X zugesichert. Nun war der Augenblick gekommen.

Unmittelbar vor dem Sondergipfel in Paris hatte ich dem amerikanischen Präsidenten in einem Telefongespräch am 17. November ausführlich die Situation in der DDR erläutert und ihm versichert, nichts zu tun, was die Lage destabilisieren könnte. Bush empfahl, bei aller Euphorie wegen der Veränderungen im Ostblock davon abzusehen, über die Wiedervereinigung oder einen Zeitpunkt zum Abriss der Mauer zu reden.

Ich unterrichtete Bush von meiner Absicht, die deutschlandpolitischen Vorstellungen der Bundesregierung in einer Art Katalog zusammenzufassen. Abermals versicherte mir der amerikanische Präsident, dass die Vereinigten Staaten das Verlangen der Deutschen nach Selbstbestimmung und Einheit unterstützten. Seiner Ansicht nach könnte der Prozess unter Umständen schneller verlaufen als erwartet.

Bush kam bei dieser Gelegenheit auch auf sein bevorstehendes Treffen mit Gorbatschow vor Malta zu sprechen und sagte, er lege größten Wert darauf, zuvor meine persönliche Stellungnahme zu hören, um sicher zu sein, jede Nuance in der deutschen Frage erfasst zu haben. Er glaube, in der Allianz gebe es Unterschiede in der Beurteilung der Lage. Zwar wolle er sich mit allen beraten, wichtiger als eine große Konsultation sei ihm jedoch das Einzelgespräch mit den Deutschen, damit er deren Standpunkt verstehe, ohne sich wegen der Anwesenheit anderer Beschränkungen auferlegen zu müssen. Er schlage daher vor, am Abend des 3. Dezember – also zwischen seinem Treffen mit Gorbatschow und dem tags darauf stattfindenden Nato-Gipfel – mit mir in Brüssel zusammenzutreffen.

*

Für den 23. November hatte ich zu einer Runde in den Kanzlerbungalow gebeten. Mit meinem engsten Beraterstab diskutierte ich zunächst darüber, wie wir unsere Öffentlichkeitsarbeit verbessern könnten. Wir durften dem Ost-Berliner Ministerpräsidenten Hans Modrow nicht die Initiative überlassen. Sein Vorschlag zu einer Vertragsgemeinschaft klang zwar gut, war jedoch vor allem ein Ablenkungsmanöver, mit dem er den Druck in Richtung Einheit, der auf der SED-Führung lastete, abschwächen wollte.

Konnten wir dem Modrow-Vorstoß die weitergehende Idee einer Konföderation entgegensetzen? Von sowjetischer Seite hatte es einige Tage zuvor Signale gegeben, dass Moskau sich dem nicht widersetzen würde. Mich störte daran jedoch, dass dadurch die Zweistaatlichkeit festgeschrieben worden wäre, denn eine Konföderation ist ein Zusammenschluss souveräner, unabhängiger Staaten. Mir ging es aber um eine Föderation, also um die staatliche Einheit Deutschlands.

Ich setzte eine Arbeitsgruppe unter Leitung von Horst Teltschik ein. Ihr gehörten die außenpolitischen Mitarbeiter Peter Hartmann, Uwe Kaestner und Joachim Bitterlich an, dazu Claus-Jürgen Duisberg und sein Mitarbeiter Rüdiger Kass vom Arbeitsstab Deutschlandpolitik sowie Norbert Prill und Michael Mertes von der Planungs- und Redenschreibergruppe. Diese Arbeitsgruppe sollte die innerdeutsche und internationale Lage sowie die von westlicher Seite geäußerten Vorstellungen analysieren.

Horst Teltschik hatte die Idee, die zu erarbeitende Leitlinie in Form von zehn Punkten zusammenzufassen. Inhaltlich ging es darum, den Weg aufzuzeigen von der »Vertragsgemeinschaft« über die »Konföderation« bis zum Ziel »Föderation«. Dann wurde aus verschiedenen Beiträgen ein erster Entwurf des »Zehn-Punkte-Programms zur deutschen Einheit« entwickelt, der von den Redenschreibern Michael Mertes und Martin Hanz zu Papier gebracht und mir durch einen Fahrer nach Ludwigshafen geschickt wurde.

Am Wochenende des 25. und 26. November überarbeitete ich den Text am heimischen Schreibtisch. Vor allem die Kernpassagen zur Konföderation und Föderation formulierte ich zum großen

Teil neu. Hannelore gab mir dabei nicht nur manche wertvolle Anregung, sie schrieb die von mir verfassten Textstellen auch auf ihrer Reiseschreibmaschine ab. Außer meiner Frau waren auch die Brüder Erich und Fritz Ramstetter mit von der Partie, der eine Stadtdekan von Ludwigshafen, der andere pensionierter Studiendirektor. Die beiden Geistlichen hatten mir schon früher bei wichtigen Reden, wie zum Beispiel den Neujahrsansprachen, wertvolle Ratschläge gegeben. Außerdem telefonierte ich ein paarmal mit dem CDU-Bundestagsabgeordneten Rupert Scholz, einem hervorragenden Professor des Staatsrechts. Alle ihre Anregungen flossen in die Formulierungen ein, die Hannelore niederschrieb. Am Montag wurde das »Zehn-Punkte-Programm« dann nach meinen Vorgaben von den Redenschreibern in seine endgültige Form gebracht.

Punkt 1 sah Sofortmaßnahmen vor, die sich aus den Ereignissen der letzten Wochen ergaben, insbesondere durch die Fluchtbewegung und die neue Dimension des Reiseverkehrs. Die Bundesregierung erklärte sich zu sofortiger konkreter Hilfe dort bereit, wo sie nötig wurde. Weiter hieß es, das Begrüßungsgeld, das jedem Besucher aus der DDR einmal jährlich gezahlt werde, könne keine Lösung für die Finanzierung von Reisen sein. Letztlich müsse die DDR selbst ihre Reisenden mit den nötigen Devisen ausstatten. Die Bundesregierung sei aber bereit, für eine Übergangszeit einen Beitrag zu einem Devisenfonds zu leisten, allerdings unter der Voraussetzung, dass der Mindestumtausch bei Reisen in die DDR entfalle, Einreisen in die DDR erheblich erleichtert würden und die DDR einen eigenen substantiellen Beitrag zu diesem Fonds leiste. Unser Ziel war ein möglichst ungehinderter Reiseverkehr in beiden Richtungen.

In Punkt 2 war festgehalten, dass die Bundesregierung wie bisher die Zusammenarbeit mit der DDR in all jenen Bereichen fortsetzen würde, die den Menschen auf beiden Seiten unmittelbar zugute kamen, insbesondere auf wirtschaftlichem, wissenschaftlich-technologischem und kulturellem Feld. Außerdem bot die Bundesregierung in Punkt 3 abermals an, ihre Hilfe und Zusammenarbeit umfassend auszuweiten, wenn ein grundlegender Wandel des politischen und wirtschaftlichen Systems in der DDR verbindlich beschlossen und unumkehrbar in Gang gesetzt würde, wobei »unumkehrbar« bedeutete, dass sich die DDR-Staatsführung mit den Oppositionsgruppen auf eine Verfassungsänderung und auf ein neues Wahlgesetz verständigte. Die Bundesregierung unterstütze die Forderung nach freien, gleichen und geheimen Wahlen in der DDR unter Beteiligung unabhängiger, auch nichtsozialistischer Parteien. Das Machtmonopol der SED müsse aufgehoben werden. Die geforderte Einführung rechtsstaatlicher Verhältnisse bedeute vor allem auch die Abschaffung des politischen Strafrechts.

Wirtschaftliche Hilfen könnten nur dann wirksam werden, wenn grundlegende Reformen des Wirtschaftssystems erfolgten: »Wir wollen nicht unhaltbar gewordene Zustände stabilisieren. Wirtschaftlichen Aufschwung kann es nur geben, wenn sich die DDR für westliche Investitionen öffnet, wenn sie marktwirtschaftliche Bedingungen schafft und privatwirtschaftliche Betätigungen ermöglicht.« Es könne kein Zweifel bestehen, dass die Menschen in der DDR eine Wirtschaftsordnung wollten, die ihnen auch wirtschaftliche Freiheit und damit Wohlstand gebe.

Punkt 4 griff Modrows Vorschlag einer Vertragsgemeinschaft auf und schlug ein immer dichteres Netz von Vereinbarungen in allen Bereichen und auf allen Ebenen vor, das zunehmend auch durch gemeinsame Institutionen zu ergänzen wäre. Bereits bestehende gemeinsame Kommissionen könnten neue Aufgaben erhalten, weitere Kommissionen gebildet werden. Insbesondere sei dabei an die Bereiche Wirtschaft, Verkehr, Umweltschutz, Wissenschaft und Technik, Gesundheit und Kultur gedacht. Selbstverständlich werde Berlin in diese Zusammenarbeit voll einbezogen.

Punkt 5 war der zentrale und gleichzeitig sensibelste Punkt des ganzen Programms. Bei manchem unserer Freunde und Partner im Ausland, aber auch bei vielen Deutschen hatte sich im Lauf der Jahre der Eindruck verfestigt, als seien die Ansprachen zum Tag der deutschen Einheit am 17. Juni oder die Erklärungen zum Jahrestag des Mauerbaus am 13. August nur Gerede, das man nicht ernst nehmen müsse. Jetzt war für mich der Augenblick gekommen, in einer Weise über die deutsche Einheit zu sprechen, dass niemand mehr an unserer politischen Entschlossenheit zweifeln konnte. Ich war mir sicher, dass unsere Landsleute in der DDR auf ein solches Wort warteten.

Konföderative Strukturen zwischen einem demokratischen und einem nichtdemokratischen Staat waren ein Unding. Für mich stand außer Frage, dass dieser Schritt nur mit einer demokratisch legitimierten Regierung in der DDR zu machen war. Erst nach freien Wahlen waren ein gemeinsamer Regierungsausschuss, gemeinsame Fachausschüsse und ein gemeinsames parlamentarisches Gremium vorstellbar. Die bisherige Politik gegenüber der DDR hatte sich auf kleine Schritte beschränken müssen, die die Folgen der Teilung für die Menschen mildern und das Bewusstsein für die Einheit der Nation wachhalten und schärfen sollten. Wenn Bonn künftig eine frei gewählte Regierung in Ost-Berlin als Partner gegenüberstünde, eröffneten sich völlig neue Perspektiven. Stufenweise könnten neue Formen institutioneller Zusammenarbeit entstehen und ausgeweitet werden. Ein solches Zusammenwachsen lag in der Kontinuität der deutschen Geschichte. Staatliche Ordnung in Deutschland hieß immer Konföderation und Föderation. Wie ein wiedervereinigtes Deutschland schließlich aussehen würde, konnte damals niemand wissen. Dass die Einheit aber kommen würde, wenn die Menschen in Deutschland sie wollten – dessen war ich sicher.

Um die Einbettung der innerdeutschen Beziehungen in den gesamteuropäischen Prozess und in das Ost-West-Verhältnis insgesamt ging es in Punkt 6. Die künftige Architektur Deutschlands musste sich in die künftige Architektur Gesamteuropas einfügen. Mit seinem Konzept der dauerhaften und gerechten Friedensordnung hatte der Westen dafür Schrittmacherdienste geleistet. Nun erwies sich auch die Gemeinsame Erklärung mit Gorbatschow vom Juni 1989, die in ihrem Wert damals gar nicht richtig eingeschätzt worden war, als wichtige Argumentationshilfe, denn dort wurden als Bauelemente eines gemeinsamen europäischen Hauses die uneingeschränkte Achtung der Integrität und der Sicherheit jedes Staates sowie dessen Recht, das eigene politische und soziale

System frei zu wählen, festgeschrieben. Darauf konnten wir uns Gorbatschow gegenüber jetzt berufen.

Punkt 7 ging auf die Bedeutung der Europäischen Gemeinschaft für die Zukunft des Kontinents und damit auch Deutschlands ein. Ich betonte die gesamteuropäische Mission und Verantwortung der EG. Das war nicht selbstverständlich, denn viele Westeuropäer hatten sich daran gewöhnt, die EG und Europa als ein und dasselbe zu betrachten und nur die wirtschaftliche Seite der europäischen Integration zu sehen. Sie hatten vergessen, dass Europa nicht am löchrig gewordenen Eisernen Vorhang endete. Ich plädierte mit großem Nachdruck dafür, dass die EG ihre Offenheit auch nach Osten wahrte. Nur in diesem Sinne konnte die Europäische Gemeinschaft Grundlage einer wirklich umfassenden europäischen Einigung werden. Nur in diesem Sinne wahrte, behauptete und entwickelte sie die Identität aller Europäer. Diese Identität war nicht nur in der kulturellen Vielfalt Europas, sondern auch und vor allem in den Grundwerten von Freiheit, Demokratie, Menschenrechten und Selbstbestimmung begründet.

Der KSZE-Prozess war und blieb Herzstück der gesamteuropäischen Architektur und musste daher energisch vorangetrieben werden. Das belegte Punkt 8. Da die Konferenz für Sicherheit und Zusammenarbeit in Europa nicht nur alle europäischen Staaten – ob sie der Nato oder dem Warschauer Pakt angehörten, ob sie neutral waren oder nicht –, sondern auch die USA und Kanada umfasste, ihr Geltungsbereich sich also »von Vancouver bis Wladiwostok« erstreckte, war sie als Forum für die Behandlung der großen Ost-West-Fragen in besonderer Weise geeignet. Dort sollte über neue institutionelle Formen der gesamteuropäischen Zusammenarbeit nachgedacht werden.

Die Frage nach der Bündniszugehörigkeit eines vereinten Deutschlands klammerte ich bewusst aus. Natürlich war mir klar, dass diese Frage früher oder später auf uns zukommen würde, und für mich stand fest, dass ein Austritt aus der Nato niemals der Preis für die Wiedervereinigung sein durfte. Aber dieses Thema in diesem Augenblick hochzuspielen wäre töricht gewesen und hätte den Kreml möglicherweise dazu veranlasst, die Notbremse zu ziehen. Es bot sich aber an, die sicherheitspolitischen Aspekte der deutschen Einheit unter der KSZE-Überschrift sowie unter dem Gesichtspunkt von Abrüstung und Rüstungskontrolle anzusprechen.

Folgerichtig hieß es in Punkt 9: »Abrüstung und Rüstungskontrolle müssen mit der politischen Entwicklung Schritt halten und, wenn notwendig, beschleunigt werden. Dies gilt im besonderen für die Wiener Verhandlungen über den Abbau konventioneller Streitkräfte in Europa und für die Vereinbarung vertrauensbildender Maßnahmen, ebenso für das weltweite Verbot chemischer Waffen. Dies erfordert auch, dass die Nuklearpotentiale der Großmächte auf das strategisch erforderliche Minimum reduziert werden. Das bevorstehende Treffen zwischen Präsident Bush und Generalsekretär Gorbatschow bietet eine gute Gelegenheit, den laufenden Verhandlungen neue Schubkraft zu geben. Wir bemühen uns – auch in zweiseitigen Gesprächen mit den Staaten des Warschauer Pakts einschließlich der DDR –, diesen Prozess zu unterstützen.«

Punkt 10 schließlich umriss mit folgenden Worten die Zielsetzung des Programms: »Mit dieser umfassenden Politik wirken wir auf einen Zustand des Friedens in Europa hin, in dem das deutsche Volk in freier Selbstbestimmung seine Einheit wiedererlangen kann. Die Wiedervereinigung, das heißt die Wiedergewinnung der staatlichen Einheit Deutschlands, bleibt das politische Ziel der Bundesregierung [...]. Wir sind uns bewusst, dass sich auf dem Weg zur deutschen Einheit besonders viele schwierige Fragen stellen, auf die heute niemand eine abschließende Antwort geben kann.«

Bewusst hatte ich jegliche zeitliche Festlegung vermieden. Wir wollten uns einerseits nicht den eigenen Handlungsspielraum verbauen, andererseits die mancherorts ohnehin schon aufgeregten Gemüter nicht unnötig reizen. Abgesehen davon waren Festlegungen gar nicht möglich.

Ich selbst war damals noch davon überzeugt, dass es zur deutschen Einheit erst in drei oder vier Jahren kommen werde – auf jeden Fall erst nach Vollendung des europäischen Binnenmarkts.

Wie sich später zeigen sollte, erwies sich der Verzicht auf zeitliche Festlegung als von unschätzbarem Wert.

*

Ich entschied kurzfristig, das Zehn-Punkte-Programm im Rahmen der für den 28. November vorgesehenen Haushaltsdebatte im Deutschen Bundestag vorzustellen. Bis dahin musste strengstes Stillschweigen gewahrt werden. Hätte ich die Zehn Punkte innerhalb der Koalition oder gar mit unseren Verbündeten abgestimmt, wären sie am Ende völlig zerredet worden. Jetzt war nicht die Stunde der Bedenkenträger, jetzt war die Stunde der Offensive. Es war der Moment, in dem der deutsche Bundeskanzler sich die Initiative in Richtung deutsche Einheit nicht mehr aus der Hand nehmen lassen durfte.

Den befreundeten europäischen Regierungen und den vier Siegermächten des Zweiten Weltkriegs wurde mein Text am Morgen der Bundestagsdebatte gleichzeitig über die Botschaften zugestellt – mit einer Ausnahme: Der amerikanische Präsident, dem ich die Initiative bereits vorab angekündigt hatte, erhielt die Zehn Punkte persönlich. In einem elfseitigen verschlüsselten Schreiben, das wegen der Zeitverschiebung Stunden früher nach Washington gesandt wurde, bat ich den Präsidenten, Gorbatschow bei seinem Treffen vor Malta noch einmal klar zu machen, dass Destabilisierung nicht durch Einmischung des Westens entstehe, wie dies einige östliche Propagandisten immer noch behaupteten, vielmehr würden die Entscheidungen über Stabilität oder Instabilität in den Staaten Mittel- und Osteuropas selbst getroffen. Ich empfahl dem Präsidenten auch, Gorbatschows bisherige Politik grundsätzlich zu begrüßen, dessen Perestroika die Reformen in anderen Warschauer-Pakt-Staaten mit ausgelöst, erleichtert oder beschleunigt hatte und der reformunwillige Führungen zur Öffnung und zum Eingehen auf die Wünsche der Bevölkerung gedrängt und Entwicklungen hingenommen hatte, die zum Teil weit über das in der Sowjetunion erreichte Maß hinausgingen. Gorbatschow habe die Breschnew-Doktrin mit ihrem Anspruch auf ein Interventionsrecht innerhalb des Warschauer Pakts praktisch für tot erklärt und statt dessen das Recht jedes Staats und Volks auf freie Wahl seines politischen und gesellschaftlichen Systems festgeschrieben. Es werde in Malta darauf ankommen, Gorbatschow auf seine eigenen Zusagen festzulegen und insbesondere zu betonen, dass das Verbot der Einmischung für jeden gelte, für die Sowjetunion vor allem auch dort, wo sie eigene Truppen stationiert habe.

Zur aktuellen Lage in der DDR übermittelte ich Bush unsere Einschätzung, dass die Situation der dortigen Führung noch nicht stabil und die Stimmung in der Bevölkerung weiterhin nicht beruhigt sei. Trotz Öffnung von Mauer und Grenze, trotz Führungswechsel und in Aussicht gestellter Reformen dauerten die Massendemonstrationen an. Deutsche aus der DDR suchten in nie dagewesener Zahl Zuflucht in der Bundesrepublik. Vom Reformwillen der Ost-Berliner Regierung werde es abhängen, ob die Bundesregierung ihr Angebot verwirklichen werde, der DDR in neuen finanziellen Dimensionen zu helfen. Ich bat Bush, Gorbatschow zu widersprechen, falls dieser die Haltung Bonns als Einmischung kritisieren sollte. Der sowjetische Generalsekretär müsse wissen, dass es dem Westen nicht zuzumuten sei, eine diskreditierte Führung und unhaltbare Zustände zu stabilisieren. Es gehe vielmehr darum, wirkliche Reformen abzustützen.

Bevor ich dem amerikanischen Präsidenten die Zehn Punkte in Kurzform erläuterte, bedankte ich mich bei ihm auch im Namen des deutschen Volkes für seine Haltung in der Frage der Wiedervereinigung. Dann skizzierte ich kurz die Argumente, die Gorbatschow ihm in Malta vermutlich vortragen würde, und fügte an:

> »Ich bitte Sie sehr herzlich, in Malta keinen Festlegungen zuzustimmen, die den Handlungsspielraum unserer Deutschlandpolitik einschränken könnten. Wir rücken nicht von dem Ziel ab, auf einen Zustand des Friedens in Europa hinzuwirken, in dem das deutsche Volk in freier Selbstbestimmung seine Einheit wiedererlangt. Freiheit, Menschenrechte und Selbstbestimmung sind die Grundwerte, auf denen unser Bündnis beruht. Sie sind auch der Kern der deutschen Frage.

Niemand hat das Recht, sie den Deutschen in der DDR zu verwehren.«

Ich betonte außerdem, dass die Bundesregierung in keiner Weise die jetzt in der DDR entstandene Lage einseitig ausgenutzt habe, um das nationale Ziel der Deutschen im Alleingang zu erreichen. Im Gegenteil, wir hätten unsere Treue zum Bündnis auch in schweren Zeiten unter Beweis gestellt.

*

Bisher hatte ich die CDU-Spitzengremien, die Koalitionsrunde, die Bundestagsfraktion und das Bundeskabinett jeweils umfassend über den neuesten Stand der Entwicklungen informiert. Niemand konnte mir Geheimniskrämerei vorwerfen. Auch mit Einzelheiten über meine Telefonate hielt ich nicht hinter dem Berg. Rudolf Seiters und Wolfgang Schäuble sorgten gleichermaßen dafür, dass die wichtigsten Informationen aus ihren Ressorts bekanntgemacht wurden.

Überhaupt klappte die interministerielle Zusammenarbeit hervorragend. Dazu zähle ich auch ausdrücklich das Außen-, Finanz- und Verteidigungsministerium. Um jedoch Gerüchten vorzubeugen, informierte ich einzig und allein den CDU-Vorstand vorab in groben Zügen über den Zehn-Punkte-Plan. Außerdem lud der Kanzleramtsminister eine kleine handverlesene Gruppe von Journalisten am Vorabend der Bundestagsdebatte ein.

Am 28. November begründete ich dann vor dem Deutschen Bundestag meine Initiative und trug die Zehn Punkte vor. Meine Rede schloss ich mit den Sätzen:

»In wenigen Wochen beginnt das letzte Jahrzehnt dieses Jahrhunderts, ein Jahrhundert, das so viel Elend, Blut und Leid sah. Es gibt heute viele hoffnungsvolle Zeichen dafür, dass die neunziger Jahre die Chancen für mehr Frieden und mehr Freiheit in Europa und in Deutschland in sich tragen. Es kommt dabei entscheidend auch auf unseren, den deutschen

Beitrag an. Wir alle sollten uns dieser Herausforderung der Geschichte stellen.«

Daraufhin erhoben sich die Mitglieder der CDU/CSU-Fraktion und spendeten mir Beifall. Auch der von mir nicht eingeweihte Hans-Dietrich Genscher lobte zumindest nach außen hin die Zehn Punkte. Selbst vom Großteil der SPD kam Applaus. Karsten Voigt, der außenpolitische Sprecher der SPD-Bundestagsfraktion, bot mir die Zusammenarbeit der Sozialdemokraten bei der Verwirklichung des Konzepts an – etwas übereilt, wie sich bald herausstellte.

Einzig die Reaktionen der Grünen waren beschämend. Deren Fraktionssprecherin warf mir eine »Heim-ins-Reich-Politik« vor. Ich hätte keine Skrupel, musste ich mir sagen lassen, das deutsche Staatsgebiet um ein Drittel zu vergrößern und mir sechzehn Millionen neue Untertanen zu verschaffen.

Noch am gleichen Tag telefonierte ich mit dem amerikanischen Präsidenten, um die letzten Abstimmungen vor dem Malta-Gipfel mit ihm vorzunehmen. Zunächst berichtete ich Bush über mein Gespräch mit dem sowjetischen Vize-Ministerpräsidenten Iwan Silajew, den ich wenige Tage zuvor in Bonn getroffen hatte. Silajew hatte erklärt, wie sehr die Lage in der Sowjetunion sich verschlechtert habe und dass die Versorgungsprobleme immer mehr zunehmen würden. Das größte Problem für die frierende Bevölkerung sei nicht der Mangel an Kohle, sondern die Unfähigkeit der Verantwortlichen, das Heizmaterial zum Verbraucher zu bringen. Gorbatschow werde im eigenen Apparat zunehmend kritisiert. Seine Stellung sei zwar ungefährdet, aber man müsse damit rechnen, dass er zur Sicherung seiner Machtposition die Zügel spürbar anziehen werde. Der Westen müsse durch Hilfsmaßnahmen verhindern, dass es soweit komme.

Bush erwiderte, er stimme mit mir darin überein, dass man nichts tun dürfe, was den Reformprozess zum Stillstand bringe. Die Sowjetunion sei ein selbstbewusstes und stolzes Land. Hierauf wolle er Rücksicht nehmen. Über die Wirtschaftslage sei auch er alarmierter als je zuvor. Er wolle die Sowjetunion nicht demütigen, sondern mit Feingefühl und großer Vorsicht versuchen, Gorbatschow zu helfen.

Dann sagte George Bush, er habe die Zehn Punkte und meine Ausführungen über die zukünftige Entwicklung in Deutschland sehr aufmerksam gelesen und befinde sich mit mir auf einer Wellenlänge. Am Abend zuvor habe er sehr lange mit seinen Europa-Experten zusammengesessen, die meine Auffassungen ebenfalls geteilt hätten. Ich bedankte mich für seine Zustimmung und sagte, jedes Wort der Sympathie für das deutsche Volk, für unser Recht auf Selbstbestimmung und die Einheit unserer Nation sei sehr wichtig und würde mit großer Aufmerksamkeit gehört. Für mich sei es ein ehernes Gesetz, dass es keine deutschen Alleingänge geben dürfe: »Die Geschichte hat uns gute Karten gegeben; mein Wunsch ist es jetzt, diese geschickt zu spielen.«

*

Ich war gerade mit dem Hubschrauber auf den Düsseldorfer Rheinwiesen gelandet und ins Auto gestiegen, um zur Tagung der Arbeitgeberverbände in der Stadthalle zu fahren, wo ich eine Rede halten sollte, als Juliane Weber anrief und mich bat, sofort mit dem Innenminister zu telefonieren. Wolfgang Schäuble überbrachte mir dann die Nachricht, dass Alfred Herrhausen, Vorsitzender des Vorstands der Deutschen Bank und einer der führenden Köpfe der deutschen Wirtschaft, am 30. November auf der Fahrt von seiner Wohnung in Bad Homburg nach Frankfurt am Main durch einen heimtückischen Anschlag der RAF ermordet worden war. Mein Freund und Ratgeber war tot – menschlich wie politisch war das ein schwerer Schlag für mich.

Auf der Tagung bat ich um Verständnis dafür, dass ich sofort zurück nach Bonn musste. In stillem Gebet gedachte ich gemeinsam mit den Anwesenden meines toten Freundes und ging nach fünf Minuten wieder fort.

Abends fuhr ich nach Bad Homburg zu Herrhausens Witwe Traudl und ihrer Tochter. Auf dem Heimweg vergegenwärtigte ich mir die Namen und Gesichter der von der RAF Ermordeten. Die

30. November 1989: Alfred Herrhausen wird bei einem Anschlag der RAF ermordet

meisten von ihnen hatte ich gekannt, mit einigen war ich eng befreundet. Alfred Herrhausen war mir ein ebenso guter Freund gewesen wie Hanns-Martin Schleyer. Er war ein aufrechter Patriot, auf dessen klugen Rat ich im Wiedervereinigungsprozess gesetzt hatte. Mit einem enormen persönlichen Einsatz hatte er das Beste für unser Land gewollt. Es war gerade erst ein Jahr her, dass Alfred Herrhausen sich einer schweren Operation hatte unterziehen müssen. Damals zwang er sich mit ungeheurer Selbstdisziplin, zu einem bestimmten Zeitpunkt wieder die Geschäfte aufzunehmen.

In den Jahren 1970 bis 1997 gab es über vierzig Opfer des Terrorismus – unter ihnen Andreas von Mirbach, Dr. Heinz Hillegaart, Siegfried Buback, Wolfgang Göbel, Georg Wurster, Jürgen Ponto, Heinz Marcisz, Reinhold Brändle, Helmut Ulmer, Roland Pieler, Dr. Hanns-Martin Schleyer, Hans-Wilhelm Hansen, Dr. Ernst Zimmermann, Prof. Dr. Karl Heinz Beckurts, Eckhard Groppler, Dr. Gerold von Braunmühl, Dr. Alfred Herrhausen, Dr. Detlev Karsten Rohwedder und Michael Newrzella.

Was war bloß los mit den Deutschen in der Bundesrepublik? Wir genossen in nie gekanntem Maß Freiheit, Frieden und Wohlstand – und standen dennoch immer wieder an den Särgen von Menschen, die von Feinden der Republik brutal ermordet worden waren. Wie war es möglich geworden, dass zunächst eine ganze Gruppe und dann einzelne der öffentlichen Anfeindung preisgegeben wurden? Was war los in einer Gesellschaft, in der führende Repräsentanten aus Politik und Wirtschaft systematisch zur Zielscheibe gemacht wurden – zunächst im übertragenen, dann im wörtlichen Sinn?

Natürlich diskutierten wir damals auch, ob der Anschlag zu verhindern gewesen wäre. Ich selbst vertrete den Standpunkt, dass es keine absolute Sicherheit gibt. Wenn ich Tag und Nacht darüber nachdächte, was mir alles passieren könnte, wäre ich völlig gelähmt. Wir alle sind in Gottes Hand, und ich erwarte getrost, was kommen mag, um es mit den wunderbaren Worten von Dietrich Bonhoeffer zu sagen.

*

Am 1. Dezember 1989, dem letzten Tag der Haushaltsdebatte, wurde über das Zehn-Punkte-Programm abgestimmt. Die Koalition votierte mit »Ja«, während sich die SPD der Stimme enthielt. Oskar Lafontaine, der meinen Vorstoß aufs schärfste verurteilte, sprach von einem »großen diplomatischen Fehlschlag«. Eine Überraschung für mich war, dass die FDP, die im Bundestag den Zehn Punkten zugestimmt hatte, kurz darauf auf Distanz ging. Nach ihrer Auffassung fehlte darin die endgültige Anerkennung der Oder-Neiße-Linie als polnische Westgrenze – ein Punkt, auf dem insbesondere Genscher beharrte. Der kurze Zeit später stattfindende kleine Parteitag der FDP lehnte es deshalb im Gegensatz zur FDP-Fraktion ab, dem Programm zuzustimmen.

In den Unionsparteien erfuhr ich zunächst einhellige Zustimmung. Doch auch hier äußerte der eine oder andere wenig später Bedenken. Überängstliche warnten, ich sei mit dem Programm über das Ziel hinausgeschossen. Wieder andere zogen es vor zu schweigen. Zu ihnen gehörte Bundespräsident Richard von Weizsäcker. Ich kann mich nicht erinnern, dass Weizsäcker in der ersten Zeit nach dem Fall der Mauer auch nur einmal öffentlich den Begriff »Wiedervereinigung« benutzt hätte. Zu einem Zeitpunkt, als die Bekenntnisse der Deutschen in der DDR zur Einheit schon längst allgegenwärtig waren, warnte der Bundespräsident noch vor einem »Zusammenwuchern« der beiden Teile Deutschlands. Hilfreich waren solche Äußerungen nicht.

Die Resonanz aus Ost-Berlin auf den Zehn-Punkte-Plan war nicht sonderlich überraschend. In der Gewissheit, Gorbatschow hinter sich zu haben, ließ Modrow einmal mehr verlauten, dass eine Wiedervereinigung nicht auf der Tagesordnung stehe. Niemand in Ost oder West wolle ernsthaft eine Veränderung des europäischen Gleichgewichts. Erklärungen wie meine gingen nicht nur an den Realitäten vorbei, sie könnten auch zu Irritationen führen, da sie die sowohl im Grundlagenvertrag als auch in der Schlussakte von Helsinki festgeschriebene Souveränität und Unabhängigkeit beider deutscher Staaten außer acht ließen. Im übrigen wolle die Mehrheit des »Volkes der DDR« die Erneuerung einer souveränen, sozialistischen DDR. Abgesehen davon konstatierte man in Ost-Berlin, dass meine Vorschläge für die Zusammenarbeit mit der DDR interessante Ansatzpunkte für Verhandlungen böten.

Die Reaktionen aus Ost-Berlin und von Modrows Gesinnungsfreunden im Westen waren zu diesem Zeitpunkt noch in etwa auf der Linie Moskaus: Konföderation ja – Einheit, zumindest in absehbarer Zukunft, nein. Das bestätigte auch Außenminister Schewardnadse, der sich mit Gorbatschow zu einem Besuch in Rom aufhielt. Er warnte vor einem »deutschen Revanchismus« und sagte, die Bundesregierung solle nicht die Realitäten vergessen. Dazu zählten die unterschiedlichen Bündnisse, die Unantastbarkeit der Grenzen und das Bestehen zweier deutscher Staaten. Ein vereintes Deutschland würde die gegenwärtige Stabilität Europas umstoßen. Der italienische Außenminister Gianni de Michelis soll Schewardnadse sogleich zugestimmt haben. Doch nicht nur in Italien, auch im übrigen Europa wirkten meine Zehn Punkte wie ein Schock. Durch die Medien, die unmittelbar nach meiner Rede im Bundestag überwältigende Begeisterung für die Zehn Punkte gezeigt hatten, geisterte jetzt das Gespenst von einem heraufziehenden »Vierten Reich«.

In dieser Situation machte sich Bundesaußenminister Genscher auf den Weg nach London und Paris, um das Programm zur deutschen Einheit zu erläutern und Ängste und Vorbehalte aus dem Weg zu räumen. Margaret Thatcher stand unserer Deutschlandpolitik nach wie vor am reserviertesten gegenüber. Sie erinnerte an das EG-Gipfeltreffen in Paris, in dessen Verlauf ihrer Auffassung nach der Status quo festgeschrieben worden wäre.

In Paris formulierte François Mitterrand die Befürchtung, Europa könne in die Vorstellungswelt von 1913 zurückfallen. Falls sich die deutsche Vereinigung in einem Europa vollziehen sollte, das letztlich nicht entscheidend weitergekommen sei, würden die europäischen Partner, die sich in Zukunft achtzig Millionen Deutschen gegenübersähen, wohl nach einem Gegengewicht suchen.

*

Am 3. Dezember traf ich wie verabredet in der Nähe von Brüssel mit dem Präsidenten der Vereinigten Staaten zum Abendessen zusammen. George Bush war für mich jetzt der wichtigste Verbündete auf dem Weg zur deutschen Einheit. Uns beide verband nicht nur gegenseitige politische Wertschätzung, sondern auch tiefe menschliche Sympathie.

Für mich ist George Bush ein Mann von gesundem Menschenverstand, sehr gläubig, immer sehr erfolgreich, aber gleichzeitig von sehr bescheidener Lebensart und zu echter Freundschaft fähig. Er ist außergewöhnlich kultiviert und weltläufig, und er verstand bei seinem Amtsantritt im Weißen Haus mehr von Außenpolitik als die allermeisten seiner Vorgänger. Gegenüber den Deutschen hatte er keine Vorbehalte. Hinzu kommt, dass er ein hochdekorierter Veteran des Zweiten Weltkriegs ist. Aber auch davon hat er nie viel Aufhebens gemacht. Lediglich ein Modell des Flugzeugs, mit dem er über dem Pazifik abgeschossen worden war, stand in seinem privaten Arbeitszimmer.

Kurzum, George Bush war ein großer Glücksfall für uns Deutsche. Für ihn stand unverrückbar fest: Ein Land darf nicht geteilt sein! Das empfand er schlicht und einfach als Verbrechen.

Für mich war es an diesem 3. Dezember besonders wichtig, aus erster Hand über das sowjetisch-amerikanische Gipfeltreffen informiert zu werden, das auf Kriegsschiffen vor Malta stattgefunden hatte. Bush erzählte, dass Gorbatschow bei der Erörterung der deutschen Frage recht angespannt gewirkt habe und der Meinung war, die Deutschen gingen zu schnell voran und ich hätte es zu eilig. Er habe dem sowjetischen Präsidenten widersprochen und darauf hingewiesen, dass mein Zehn-Punkte-Programm zwar drei Stufen, aber keinen Zeitplan vorsehe. Er kenne mich und wisse, dass ich vorsichtig sei und die Sache nicht überstürzen würde. Im übrigen solle Gorbatschow die Dinge nur einmal von der deutschen Seite aus betrachten und sehen, welche Gefühle die Vorgänge in Deutschland hervorriefen.

Ich informierte den amerikanischen Präsidenten über die jüngste Entwicklung in der DDR, wo just an diesem Tag Zentralkomitee und Politbüro zurückgetreten und die gesamte alte Garde aus der Partei ausgeschlossen worden war. Ich war überzeugt, dass die Kommunisten hinweggefegt werden würden, sobald es in der DDR zu freien Wahlen komme. Wenn der SED-Führung die Dinge derartig entglitten seien, sei das ganz bestimmt keine Folge der Bonner Politik, sondern ein hausgemachtes Problem.

George Bush teilte meine Ansicht. Gorbatschow komme einfach nicht mit dem ungeheuren Tempo zurecht, mit dem sich diese Entwicklungen vollzögen, meinte er. Der Generalsekretär stehe vor der Frage, wie er mit all den Schwierigkeiten gleichzeitig klarkommen solle, die er daheim und in Mittel- und Osteuropa habe. Er habe die Gesamtlage einfach nicht mehr im Griff.

Ich erwiderte, es sei ganz bestimmt nicht meine Absicht, Gorbatschow das Leben schwer zu machen, aber ich müsste auch auf die Stimmung im eigenen Land Rücksicht nehmen. In die deutsche Frage sei eine nie dagewesene Dynamik gekommen, und deshalb seien die Zehn Punkte so notwendig und wichtig gewesen. Der deutsche Bundeskanzler musste sagen, welche Richtung die Entwicklung jetzt nehmen sollte.

Auf Bushs Frage nach der Stimmung in der Bundesrepublik antwortete ich, dass es im Bundestag großen Rückhalt für meine Zehn Punkte gebe. Was die Zugehörigkeit eines vereinten Deutschland zum Westen betreffe, so sei zwar die Haltung der CDU/CSU ein-

Das Ende des Kalten Krieges: Beim sowjetisch-amerikanischen Gipfeltreffen vor Malta erörtern George Bush und Michail Gorbatschow auch die deutsche Frage

deutig, doch die Grünen träten ebenso eindeutig für den Austritt aus der Nato und die Abschaffung der Bundeswehr ein.

Zum Abschluss des Gesprächs sagte ich, dass ich bestimmte Vorbehalte und Befürchtungen bei unseren europäischen Nachbarn gut verstehen könne. Allerdings müsse ich aber auch daran erinnern, dass die deutsche Einheit in Freiheit jahrzehntelang als gemeinsames Ziel des Westens verkündet worden war. Da sei es gut zu wissen, dass die Vereinigten Staaten zu ihrem Wort stünden.

*

Am nächsten Vormittag begann im Nato-Hauptquartier in Brüssel das Treffen der Staats- und Regierungschefs des Atlantischen Bündnisses. Nach der Eröffnung ergriff ich das Wort. In der deutschlandpolitischen Passage meiner Rede stellte ich ausdrücklich klar, dass es heute und morgen keinen deutschen Sonderweg geben werde:

> »Wir wollen im Gegenteil eine organische Entwicklung, die den Interessen aller Beteiligten, natürlich auch der Deutschen, Rechnung trägt und ein friedliches Zusammenleben in Europa garantiert. In diesen bewegenden Tagen, in denen der Eiserne Vorhang auch in unserem Land durchlöchert wird, in denen das schlimmste Symbol des Kalten Krieges, die Berliner

Mauer, von den Menschen selbst abgebrochen wird, wissen wir als Deutsche sehr wohl: Ohne die feste Solidarität und ohne die zukunftsträchtige Politik unseres Bündnisses wäre diese historische Stunde nicht möglich gewesen, und nur mit Rückhalt aller Freunde und Verbündeten können wir unser politisches Ziel verwirklichen – eine europäische Friedensordnung, in der alle Europäer und darin eingeschlossen alle Deutschen in gemeinsamer Freiheit zusammenkommen.«

Der Auftritt des amerikanischen Präsidenten auf dem Nato-Gipfel trug entscheidend dazu bei, dass auf westlicher Seite ein weiteres wichtiges Stück auf dem Weg in Richtung deutsche Einheit geebnet wurde. Er machte unseren Partnern in der Nato klar, dass die Vereinigten Staaten meine Politik unterstützten. Bushs Kalkül war, sich zum Fürsprecher der deutschen Sache zu machen und im Gegenzug unsere Zusicherung zu erhalten, dass wir uns für eine Mitgliedschaft auch des vereinten Deutschlands in der Nato stark machten.

Beides war ganz in meinem Sinn, denn ohne Deutschlands Beitrag wäre die Nato, dieser Stützpfeiler der europäischen Sicherheit, zerstört worden. Die Amerikaner hätten sich aus Europa zurückgezogen, und die Briten und Franzosen als die beiden europäischen Kernwaffenmächte hätten sich enger zusammenschließen müssen, ohne in der Lage zu sein, eine Sicherheitsgarantie für das übrige Europa zu geben. Damit hätte sich die sicherheitspolitische Statik des Kontinents entscheidend verschoben, und das wäre das Ende der europäischen Integration gewesen.

Bush nannte auf dem Nato-Gipfel die Prinzipien, auf denen die Einheit Deutschlands gründen sollte: das Selbstbestimmungsrecht aller Deutschen, die Achtung der Verpflichtungen Deutschlands gegenüber Nato und EG unter Einbeziehung der besonderen alliierten Rechte und Verantwortlichkeiten, die Unantastbarkeit der Grenzen.

Der italienische Ministerpräsident Giulio Andreotti verwies auf die Problematik des Selbstbestimmungsrechts für die Menschen in der DDR und fragte, ob man dieses etwa auch den baltischen Staaten einzuräumen gedenke. Er mahnte zur Zurückhaltung, damit die Regierungen nicht die Kontrolle über die Ereignisse verlören.

Margaret Thatcher zeigte sogleich Verständnis für das italienische Anliegen, dem Selbstbestimmungsrecht Schranken zu setzen. Ich widersprach leidenschaftlich und verwies einmal mehr darauf, dass mit dem Zehn-Punkte-Programm kein Zeitplan verbunden war. Das Tempo der innerdeutschen Entwicklung sei eher im Ausland ein Thema, wo man die Problematik in Deutschland mit all ihren emotionalen Aspekten nicht voll in Rechnung stelle. Dass wir Europäer seien und Atlantiker, hätten wir bei der Stationierung der Mittelstreckenraketen 1983 in der Bundesrepublik mehr als jeder andere unter Beweis gestellt. Ohne uns wäre die Nato seinerzeit in eine schwere Krise geraten. Ich selbst hätte damals meine politische Existenz mit der Bündnistreue verbunden. Als Folge unserer Standfestigkeit habe Gorbatschow einsehen müssen, dass er den Rüstungswettlauf verlieren werde und dass auch seine wirtschaftliche Lage immer schlechter werde. Deshalb habe er die Perestroika begonnen, mit den bekannten Folgen in Ungarn, Polen und in der DDR – Prozesse, die es ohne uns so nicht gegeben hätte. Genauso sei es mit unsere Leistung gewesen, dass die »Eurosklerose« überwunden werden konnte.

*

Angesichts des Berichts, den der amerikanische Präsident mir über den Gipfel von Malta gegeben hatte, überraschte es, was Hans-Dietrich Genscher, der im Anschluss an seine Visiten in London und Paris nach Moskau geflogen war, kurz darauf über seine Gespräche mit dem sowjetischen Generalsekretär berichtete. Danach habe Gorbatschow der Bundesregierung vorgeworfen, sie habe in ihrem Zehn-Punkte-Programm ultimative Forderungen gegenüber der DDR vorgebracht und damit nicht nur die Sowjetunion herausgefordert. Mein Vorstoß sei geeignet, all das zu zerstören, was durch eine gemeinsame Politik aufgebaut worden sei. Sollte Bonn das fortführen, was in dem Zehn-Punkte-Programm stehe, werde die sowjetische Position schon morgen eine völlig andere sein.

Gorbatschow stand offenbar noch ganz unter dem Eindruck der Gespräche mit Modrow, die er unmittelbar vor seinem Zusammentreffen mit Genscher geführt hatte. Was Modrow aus der DDR zu berichten hatte, war alles andere als erfreulich: Nach wie vor hielt die Ausreisewelle an, und in den Städten der DDR demonstrierten Hunderttausende – jetzt zunehmend unter dem Motto »Deutschland einig Vaterland«.

Gorbatschows Bedenken veranlassten mich, ihm am 14. Dezember einen Brief zu schreiben, in dem ich das Zehn-Punkte-Programm erläuterte. Ich schrieb ihm, dass ich die Kritik Moskaus für völlig ungerechtfertigt hielte und offensichtlich vorliegende Missverständnisse ausräumen wollte. Seiner Sorge, die Dinge könnten durch unsere Politik außer Kontrolle geraten, begegnete ich mit dem Hinweis darauf, dass es die Menschen in der DDR selbst waren, die angesichts ausbleibender Reformen die deutsche Frage auf die Tagesordnung gesetzt hatten. Ich ging auch darauf ein, dass er nach der Öffnung der Berliner Mauer in seiner Botschaft an mich die Befürchtung geäußert hatte, dass eine »chaotische Situation mit unübersehbaren Konsequenzen« entstehen könnte. Dass diese Lage nicht eingetreten sei, beweise, mit welcher Umsicht und Verantwortung die Menschen in der DDR in ihrem berechtigten Protest vorgingen.

Ich bat Gorbatschow, er möge doch nicht Ursache und Wirkung miteinander verwechseln und der Bundesregierung eine Mitverantwortung für die angespannte Lage in der DDR geben. Gerade der Ablauf der Ereignisse in der DDR beweise, dass es die Hauptquelle jeglicher Destabilisierung sei, wenn überfällige Reformen verweigert wurden. Habe er nicht selbst im Oktober in Ost-Berlin gesagt: »Wer zu spät kommt, den bestraft das Leben«? Angesichts der gegenwärtigen Entwicklung könne es nicht Sinn und Aufgabe verantwortungsvoller Politik sein, den Entwicklungen hinterherzulaufen. Sie sei vielmehr gefordert, einen stabilen Rahmen zu schaffen, und ebendies hätte ich mit meinem Zehn-Punkte-Programm im Sinn gehabt.

Zum Schluss des Briefs erläuterte ich die einzelnen Schritte meines Programms und schloss: »Ich würde es sehr begrüßen, wenn wir unseren Gedankenaustausch in naher Zukunft persönlich fortsetzen könnten. Wir sollten dabei insbesondere auch den Ausbau der Wirtschaftsbeziehungen zwischen unseren Ländern erörtern. Ich schlage Ihnen deshalb vor, bald im neuen Jahr in informellem Rahmen an einem Ort Ihrer Wahl zusammenzutreffen.«

*

Jenseits des früheren Eisernen Vorhangs ging die stürmische Entwicklung weiter. Während der rumänische Staatschef Nicolae Ceauşescu auf dem Parteikongress der Kommunistischen Partei in Bukarest jegliche Reformen ablehnte, demonstrierten in Prag Hunderttausende gegen das Machtmonopol der Kommunisten. Die Führung der Partei trat zurück. Am 1. Dezember 1989 strich die DDR-Volkskammer den Führungsanspruch der SED aus der Verfassung. Zwei Tage später traten das Politbüro und das Zentralkomitee mit Egon Krenz an der Spitze zurück, und Honecker und andere führende Parteimitglieder wurden aus der Partei ausgeschlossen. Am 6. Dezember trat Egon Krenz auch als Staatsratsvorsitzender zurück.

Erstmals trafen sich in Ost-Berlin die fünf ehemaligen Blockparteien und sieben Oppositionsgruppen am Runden Tisch. Auf einem Sonderparteitag der Ost-CDU Mitte Dezember 1989 wurde der Rechtsanwalt Lothar de Maizière zum Vorsitzenden gewählt. Zur gleichen Zeit wählte der Gründungsparteitag des Demokratischen Aufbruchs den Rechtsanwalt Wolfgang Schnur zum Vorsitzenden. Und die Fluchtbewegung nahm kein Ende.

Beim EG-Gipfeltreffen am 8. und 9. Dezember hatten sich die zwölf Staats- und Regierungschefs eigentlich vor allem mit der Sozialcharta, in der Grundrechte für die Arbeitnehmer festgelegt werden sollten, und mit dem Zeitplan für eine Regierungskonferenz im Hinblick auf die Wirtschafts- und Währungsunion befassen wollen. Doch nun stand auch die deutsche Frage auf der Tagesordnung. Mein Zehn-Punkte-Plan zur Überwindung der deutschen Teilung hatte bei unseren Nachbarn kaum Begeisterung hervorgerufen. Nun spielte er in Straßburg eine herausragende

Rolle, wenn auch eher zu meiner Ernüchterung, denn meine Bemühungen, die europäische Währungsunion und die deutsche Frage voneinander zu trennen, waren zunächst wenig erfolgreich. Schließlich gelangten wir aber doch noch zu Kompromissen, die mich am Ende eines der aufregendsten Gipfeltreffen wieder versöhnlich stimmten.

In den vielen Jahren meiner Mitarbeit in europäischen Gremien, insbesondere in der Europäischen Gemeinschaft und der Nato, gab es keine Sitzung, die in einer so angespannten und unfreundlichen Atmosphäre stattfand. Das hatte einen ganz einfachen Grund: Das Thema deutsche Einheit war mit voller Wucht über die Welt und damit auch über die zwölf Staats- und Regierungschefs in Straßburg gekommen. Erst vier Wochen zuvor war die Mauer gefallen, und meine Rede im Bundestag mit dem Zehn-Punkte-Plan lag nur vierzehn Tage zurück. In diesen vier Wochen hatte sich die gesamte europäische Welt verändert. Niemand in Straßburg wusste zu sagen, wann die deutsche Einheit kommen würde, und gewiss dachte keiner der Regierungschefs an den 3. Oktober 1990, den Tag der deutschen Einheit. Es war eine Situation, in der ein bis dahin eher ruhig vor sich hin gleitender Zug plötzlich Fahrt aufnahm, und es war nicht auszuschließen, dass er möglicherweise in eine völlig andere Richtung fahren würde.

Der Wille der Deutschen zur Einheit der Nation war in den Deutschlandverträgen und bei anderen Gelegenheiten ausdrücklich festgehalten worden, allerdings immer unter dem Aspekt, dass das eine Sache kommender Generationen sein werde und nichts, was uns jetzt sehr beschäftigte und bewegte. Man konnte in Straßburg förmlich mit Händen greifen, wie die Befürchtung wuchs, dass die Deutschen, die jahrelang in die europäische Entwicklung und in die der Nato eingebunden waren, nun etwas tun würden, was sie ganz allein betraf. Konnte man dem deutschen Kanzler noch vertrauen und ihn weiterhin als zuverlässigen Partner anerkennen? Über Nacht stellte sich die Frage, wo die Deutschen standen und ob sie noch verlässliche Partner waren.

Der Straßburger Gipfel war eines der schicksalhaftesten Treffen der Europäischen Gemeinschaft. Am Ende stand die politische

Umsetzung meiner immer wiederholten These: Deutsche Einheit und europäische Einigung sind zwei Seiten der gleichen Medaille. Natürlich war ich mir stets bewusst, dass die Deutschen bei den meisten Europäern zwar als tüchtig und zuverlässig geschätzt wurden, aber nicht sonderlich beliebt waren. Das hatte mit der Geschichte des zwanzigsten Jahrhunderts zu tun, aber es lag sicherlich auch daran, dass niemand gern ein Land mit achtzig Millionen Einwohnern zum Nachbarn haben wollte. Und nicht alle gönnten uns neidlos den wirtschaftlichen Erfolg.

Obwohl ich dies alles wusste, war ich doch erstaunt über die fast tribunalartige Befragung, die mich in Straßburg erwartete. Dass wir zu den engagiertesten Befürwortern der europäischen Integration gehörten und die Gemeinschaft nicht zuletzt auch von unseren hohen Beitragszahlungen in die EG profitierte – das alles spielte in diesem Augenblick keine Rolle.

Die Vorbehalte der britischen Premierministerin waren am stärksten. Für Margaret Thatcher war ein wiedervereinigtes Deutschland schlichtweg zu groß und zu mächtig, als dass es nur einer von vielen Mitstreitern auf dem europäischen Spielfeld sein könnte. Sie sah Deutschland von vorneherein als eher destabilisierende und nicht als stabilisierende Kraft im europäischen Gefüge an. Nur das Engagement der USA in Europa und ein enges Verhältnis von Großbritannien und Frankreich würden ein Gegengewicht zur Stärke der Deutschen bilden können. In der EG sah Margaret Thatcher nur ein Instrument für nationale Interessenpolitik im Ringen um Finanz- und Wirtschaftsvorteile. Alles andere betrachtete sie mit Spott. Über mein Zehn-Punkte-Programm war sie zutiefst verärgert, weil ich die Verbündeten nicht im vorhinein informiert hatte.

Ihre Aufregung über meinen Alleingang führte in Straßburg zu hitzigen Wortgefechten. Gleich in der ersten gemeinsamen Arbeitssitzung griff sie mich heftig an, vor allem indem sie die Grenzfrage aufwarf. Ich reagierte gereizt und sagte, ich hätte den Eindruck, es gehe ihr nicht um die Westgrenze Polens, sondern um die Grenze zwischen der Bundesrepublik und der DDR.

Während die Kellner das Diner am Abend servierten, wurde um

den Text der gemeinsamen Stellungnahme zur deutschen Frage gefeilscht. Nur Felipe González und der irische Regierungschef Charles Haughey waren ohne Wenn und Aber für die Wiedervereinigung. Margaret Thatcher drohte mit dem britischen Veto, sollte nicht ein Passus über die Unverletzlichkeit der Grenzen aufgenommen werden. Ich war in hohem Maße verärgert. Gereizt wies ich darauf hin, dass die Zwölf in den Verträgen der vergangenen Jahre längst unterschrieben hatten, was jetzt in Frage gestellt wurde. Nie werde ich Margaret Thatchers zornige Feststellung vergessen: »Zweimal haben wir die Deutschen geschlagen! Jetzt sind sie wieder da!« Damit drückte sie genau das aus, was die allermeisten dachten.

In dieser Runde der europäischen Staats- und Regierungschefs war der Spanier Felipe Gonzáles ein wirklicher Anwalt für die deutsche Einheit. Auch das werde ich nie vergessen.

Mit den Repräsentanten Luxemburgs und Belgiens hatte ich keine Probleme. Misstrauisch hingegen musste ich gegenüber dem italienischen Ministerpräsidenten Andreotti sein, der vor einem neuen »Pangermanismus« warnte.

Sehr deutlich wurde auch die große Reserviertheit des niederländischen Ministerpräsidenten Ruud Lubbers gegenüber der deutschen Einheit. Ich hatte zu ihm eine ausgesprochen freundschaftliche Beziehung. Außerdem vertrat der Christdemokrat politische Grundsatzpositionen, die ich mit ihm teilte, und als Mann der sozialen Marktwirtschaft mit ausgesprochen guten Kenntnissen über wirtschaftliche Zusammenhänge war er zudem ein erprobter Europäer. In allen Deutschland betreffenden Fragen jedoch befand sich der Ministerpräsident der Niederlande in einer schwierigen Lage. Die Niederländer hegten wegen der schrecklichen Zeit der Nazibarbarei eine tiefe Abneigung gegenüber den Deutschen, zum Teil auch Hass. Die deutsche Besetzung während des Dritten Reiches war unvergessen. Nun nahm Lubbers auf dem Gipfel in Straßburg gegenüber allen Fragen, die die deutsche Einheit betrafen, eine sehr kalte, um nicht zu sagen nur mühsam verborgene ablehnende Haltung ein. Er war unübersehbar im Schlepptau von Margaret Thatcher. Angesichts unserer bis dato ausgesprochen positiven Beziehung war das für mich eine ganz große persönliche Enttäuschung.

Auch Mitterrand tat sich zunächst nicht leicht mit der deutschen Frage. Wir kannten uns aus zahlreichen Gesprächen, waren gemeinsam in vielen Gegenden Frankreichs und Deutschlands gewandert und hatten uns oft über die deutsch-französischen Kriege und die Geschichte des deutschen Widerstands unterhalten. Es bleibt mir unvergessen, wie ich mit ihm Hand in Hand vor den Gräberfeldern von Verdun stand. Damals vollendeten wir, was Adenauer und de Gaulle mit ihrer Umarmung in der Kathedrale von Reims 1962 begründet hatten: die deutsch-französische Versöhnung.

In der deutschen Frage hatte Mitterrand zunächst keine klare Strategie, sondern stand vor allem unter dem Einfluss seines Außenministers Roland Dumas. Das Pariser Außenministerium und die politische Klasse in Paris hielten die deutsche Einheit nicht für wünschenswert. In Mitterrands Brust schlugen zwei Herzen: Eines für das revolutionäre Aufbegehren, wie es die Menschen in der DDR demonstrierten; das andere für Frankreich, dessen Rolle und Rang im Fall einer Wiedervereinigung Deutschlands gefährdet schienen. So waren für mich denn manche seiner Äußerungen oder Reaktionen befremdlich und nicht akzeptabel.

Ein sehr großer Teil der gesellschaftspolitischen Führungsschicht in der Bundesrepublik, von den Kirchen über die Gewerkschaften und die Parteien bis zur Wirtschaft, zeigte in Fragen der deutschen Einheit keine Spur von Enthusiasmus. Viele hatten nach dem schlimmen Missbrauch des Nationalgefühls und des Begriffs »Vaterland« ein Problem, vom Vaterland zu sprechen. Viele betrachteten die deutsche Einheit auch als eine Art Fußnote der deutschen Geschichte. Viele waren der Überzeugung, man solle keinerlei Risiken eingehen, schon gar keine geschäftlichen Risiken gegenüber dem Warschauer Pakt oder der DDR, weil niemand wisse, wann und ob die Einheit tatsächlich käme. Klar war nur, dass die DDR der engste Partner der Sowjetunion war.

Wieso sollten Mitterrand und andere Regierungschefs anders denken als der Regierende Bürgermeister von Berlin Walter Momper, der am Tag des Mauerfalls den Menschen zurief: »Es geht nicht um Wiedervereinigung, es geht um ein Wiedersehen.« Warum sollte der französische Präsident für die deutsche Wiedervereinigung eintreten, wenn der Bürgermeister der geteilten deutschen Hauptstadt für ein »Wiedersehen« eintrat?

Heute weiß ich, was ich damals nicht glauben wollte: Ein großer Teil der sogenannten bundesdeutschen Elite wollte die deutsche Einheit gar nicht mehr, weil man es sich nicht mehr zutraute, dieses Ziel zu erreichen. Ich bin allerdings überzeugt, dass dies nicht die Meinung der Mehrheit der Menschen in Ost und West war.

Es gab in diesen Wochen und Monaten Äußerungen, bei denen ich mich fragte, ob man zwanzig Jahre umsonst miteinander gearbeitet hatte. Was mochte im Kopf meines alten Freundes Giulio Andreotti vorgegangen sein, als er in bezug auf die mögliche Wiedervereinigung von einem »Pangermanismus« gesprochen hatte? Solche Beispiele gab es zuhauf. Der Lack und die Tünche, die jahrzehntelang aufgetragen worden waren, sprangen plötzlich auf und blätterten ab.

Trotz aller Widerstände gelang es uns, in die gemeinsame Straßburger Abschlusserklärung den Wortlaut des Briefs zur deutschen Einheit aus dem Moskauer Vertrag von 1970 aufnehmen zu lassen. So erneuerten unsere westeuropäischen Partner in dieser wichtigen Phase ihr Bekenntnis zum Selbstbestimmungsrecht aller Deutschen und bestätigten damit auch deren Recht zur staatlichen Einheit. Die gleiche Textpassage wurde kurz darauf auch in das Brüsseler Schlusskommuniqué der Ministertagung des Nordatlantik-Pakts aufgenommen.

Der Straßburger Gipfel beauftragte die EG-Kommission – auch das war für uns sehr wichtig –, ein Strategiepapier zur Haltung der Zwölf zum Einigungsprozess auszuarbeiten. Das geschah dann unter der Leitung des Präsidenten der Kommission Jacques Delors, der sich in den folgenden Monaten und Jahren immer wieder als treuer Freund der Deutschen, aber auch als ein ganz persönlicher Freund erwies. Seinem Einsatz war es zu verdanken, dass später die volle Einbeziehung der neuen Bundesländer in die Europäische

Dieser Mann ist ein Glücksfall für Europa: Jacques Delors

Gemeinschaft so schnell gelang. Auch mir hat Jacques Delors viel geholfen. Ich werde ihm seine Haltung nie vergessen.

*

Dass die deutsche Frage nicht allein Sache der Deutschen war, zeigte sich am 11. Dezember 1989 in Berlin, als die Botschafter der Siegermächte, also der Sowjetunion, der Vereinigten Staaten, Frankreichs und Großbritanniens zusammenkamen. Mit dieser von Moskau initiierten Runde wollten die Vier Mächte zum ersten Mal nach achtzehn Jahren zur Stabilisierung der Lage in und um Berlin beitragen. Es war aber lediglich eine Demonstration der Macht, der vermeintlichen Verantwortlichkeit. Die wichtigen Entscheidungen fielen nicht in diesem Gremium, sondern in Washington und Moskau und natürlich in Bonn.

Am 14. Dezember hatte ich in einem Brief an den sowjetischen Generalsekretär die deutschland- und europapolitischen Ziele der Bundesregierung und die konkreten Zielsetzungen erläutert, die ich mit der Begegnung mit dem Ministerpräsidenten der DDR Hans Modrow verfolgte. Drei Tage später erhielt ich Gorbatschows Antwort, aber offenbar hatten sich unsere Schreiben überschnitten, denn Gorbatschow ging mit keinem Wort auf meinen Brief ein. Statt dessen wiederholte er in ungewöhnlich harschem Ton die Position Moskaus.

Gorbatschow kritisierte den Zehn-Punkte-Plan als »ultimativ« und die darauf beruhende Vorgehensweise als dem Geist der KSZE-Schlussakte und der Bonner Erklärung zuwiderlaufend. Die Veränderungsprozesse in Europa vollzögen sich in einer angespannten Atmosphäre. Jede künstliche Anfachung der Ereignisse hieße politischen Sprengstoff in das noch glühende Feuer zu geben. Gorbatschow mahnte »Zurückhaltung und Besonnenheit« gegenüber der DDR sowie »Nichteinmischung in die inneren Angelegenheiten« an. Die Politik der Sowjetunion »in den deutschen Angelegenheiten« sei auf dem jüngsten ZK-Plenum dargelegt worden. Die Sowjetunion wolle Genschers Beteuerungen Glauben schenken, dass wir mit unserer Politik auf dem Prinzip der Unverletzlichkeit der Nachkriegsgrenzen aufsetzten und aus der entstandenen Situation keine einseitigen Vorteile ziehen wollten beziehungsweise an der inneren Stabilität der DDR interessiert seien. Gorbatschow hoffe daher, dass mein bevorstehender Besuch in der DDR im Zeichen des Einvernehmens und der gegenseitigen Verständigung stehe.

Am Vorabend meiner Gespräche mit Modrow in Dresden hatte Gorbatschows Schreiben offenkundig den Zweck, mir die Besorgnisse der sowjetischen Führung hinsichtlich unserer Deutschlandpolitik noch einmal drastisch vor Augen zu führen. Die Sprache war teilweise hart und ging über die Formulierungen hinaus, die Gorbatschow vor dem ZK gebraucht hatte.

Gleichzeitig war festzuhalten, dass Gorbatschow keine Bedenken gegen eine Weiterentwicklung des deutsch-deutschen Verhältnisses erhob. Was die Sowjetunion im Kern besorgt machte, war das Tempo des deutsch-deutschen Einigungsprozesses und dessen Rückwirkungen auf ihre eigene geopolitische und strategische Situation einschließlich eventueller bündnispolitischer Implikationen. Dies dürfte auch damit zu tun gehabt haben, dass die innersowjetische Kritik an Gorbatschow nicht mehr nur die desolate

Wirtschaftslage, sondern zunehmend auch die Außenpolitik einbezog.

Gorbatschows Ärger war unüberhörbar. Er empfand meinen Alleingang mit dem Zehn-Punkte-Plan als völlig unangemessen. Eine Wiedervereinigung Deutschlands auf konföderativer Grundlage entsprach nach seiner Meinung nicht der politischen Besonnenheit und dem verantwortungsbewussten Handeln, die wir einander kurz vorher versprochen hatten. Er glaubte, ich hätte hier als Parteipolitiker gehandelt, der für die CDU für die nächsten Wahlen Punkte machen wollte.

*

Bevor ich mich nach Dresden begab, reiste ich am 16. Dezember zu einem offiziellen Besuch in die ungarische Hauptstadt. Es sollte ein Zeichen des Dankes sein. Der 10. September 1989, an dem die Ungarn ihre Grenze auch für die Deutschen aus der DDR geöffnet hatten, war ein Markstein in der Geschichte unserer beiden Staaten und Völker. Ungarn hatte damals den ersten Stein aus der Mauer geschlagen. In Budapest hatte ich nun die Ehre, am 18. Dezember eine Rede in der Nationalversammlung zu halten, deren Schlüsselpassagen lauteten:

> »Unhistorisch und unglaubwürdig wäre aber auch die Behauptung, es gehe nur die Deutschen an, ob und wie sie über ihr Schicksal frei bestimmen; ob sie ihren Weg mit oder gegen ihre Nachbarn gehen. Angesichts der leidvollen Geschichte weiß ich nur zu gut, dass diese Frage – und unsere Antwort darauf – keinen unserer Nachbarn in Ost und West gleichgültig lässt, mehr noch: dass wir Deutsche Mitverantwortung für die Sicherheit unserer Nachbarn tragen und ihren Gefühlen Achtung schulden. Wir wollen die Teilung Europas und unseres Vaterlandes organisch überwinden. Wir wollen, dass alle Europäer – und darin eingeschlossen alle Deutschen – in gemeinsamer Freiheit zusammenkommen. Dies ist unsere klare Absage an deutsche Alleingänge oder Sonderwege und

einen rückwärtsgewandten Nationalismus. Die Zukunft aller Deutschen heißt Europa.
Meine Aussagen über die Sicherheit unserer Nachbarn beziehen sich selbstverständlich auch auf die legitimen Sicherheitsbedürfnisse Ihres Landes. Schließlich ist der Weg konföderativer Strukturen und der Konföderation eine Antwort auf die Grenzfrage. Beide Partner können von der in der Schlussakte von Helsinki eingeräumten Möglichkeit Gebrauch machen, ›ihre Grenzen, in Übereinstimmung mit dem Völkerrecht, durch friedliche Mittel und durch Vereinbarungen [zu] verändern‹. Kommt eine derartige Vereinbarung nicht zustande, bleiben – wiederum entsprechend der Schlussakte – ›die Grenzen aller Staaten in Europa [...] unverletzlich‹.«

In Budapest musste ich keine harte Überzeugungsarbeit in Sachen deutsche Einheit leisten. So viel geballtes Lob wie in Ungarn erntete ich nicht alle Tage. Auch wenn mein Besuch keine neuen spektakulären Hilfen brachte, so machte er doch deutlich, dass Ungarn nicht vergessen war und die Bundesrepublik bereit war, Budapest auch künftig bei seinen Reformen zu unterstützen – im Interesse eines wieder zusammenwachsenden Europas und damit auch im deutschen Interesse.

52.
Schlüsselerlebnisse

Mein Schlüsselerlebnis im Prozess der deutschen Wiedervereinigung war der Besuch in Dresden am 19. Dezember 1989. Als ich mit meinen Begleitern auf der holprigen Betonpiste des Flughafens Dresden-Klotzsche landete, wurde mir schlagartig bewusst: Dieses Regime ist am Ende. Die Einheit kommt!

Tausende von Menschen erwarteten uns auf dem Flughafen, ein Meer von schwarzrotgoldenen Fahnen wehte in der kalten Dezemberluft – dazwischen eine fast vergessene weißgrüne Fahne des Landes Sachsen. Als die Maschine ausgerollt war, stieg ich die Rolltreppe hinab und sah Modrow, der mich etwa zehn Meter davon entfernt mit versteinerter Miene erwartete. Da drehte ich mich zu Kanzleramtsminister Rudolf Seiters um und sagte: »Die Sache ist gelaufen.«

Zehntausende säumten die Straßen, als wir in die Stadt fuhren, ganze Belegschaften waren der Arbeit ferngeblieben, ganze Schulklassen standen hier und jubelten uns zu. Auf den Transparenten stand: »Kohl, Kanzler der Deutschen« oder: »Bundesland Sachsen grüßt den Kanzler«. Modrow, der neben mir im Auto saß, wirkte sehr befangen. Vor dem Hotel Bellevue wurden wir von einem Menschenmeer regelrecht eingeschlossen. Immer wieder wurde »Helmut, Helmut« gerufen, »Deutschland, Deutschland« oder »Wir sind ein Volk«, aber auch, ich solle zu den Menschen sprechen.

Eigentlich hatte ich nicht vorgehabt, eine Rede zu halten, doch jetzt stand für mich fest, dass ich zu den Menschen sprechen musste. Der damalige Oberbürgermeister Wolfgang Berghofer schlug vor, ich könne vor der Ruine der Frauenkirche sprechen. Während

Dresden, 19. Dezember 1989: Entlang der Straßen stehen Tausende jubelnder Menschen mit schwarzrotgoldenen Fahnen

mein Büroleiter Walter Neuer mit kräftiger Unterstützung einiger Dresdner Funktionäre alles für meinen Auftritt vorbereitete, konferierte ich mit dem Ministerpräsidenten unter vier Augen im Hotel Bellevue.

Modrow vertrat die bekannten Ansichten der DDR-Führung, während ich auf die Position der Bundesregierung verwies, die ja bekannt sei. Wir stimmten darin überein, dass der Reformprozess unumkehrbar sei. Dann gingen die Verhandlungen in größerer Runde weiter. Verkrampft begann Modrow sich am Manuskript entlangzuhangeln: Er sei besorgt über die Lage. Die Diskussion über die Wiedervereinigung nehme immer exzessivere Dimensionen an, die Grenze zur Gewalt drohe überschritten zu werden. Was das Land jetzt brauche, sei innere Stabilität. Schließlich erläuterte er die wirtschaftliche Lage der DDR und forderte einen »Lastenausgleich« in Höhe von 15 Milliarden DM für 1990/91 – exakt denselben Betrag, den auch schon der DDR-Unterhändler Alexander Schalck-Golodkowski für den zurückgetretenen Egon Krenz eingefordert hatte.

In meiner Erwiderung hob ich hervor, dass es aus meiner Sicht in vielen Punkten elementare Unterschiede zu Modrows Ausführungen gebe, es gebe aber auch Gemeinsamkeiten. Mit immerhin neun meiner Zehn Punkte könne die DDR einverstanden sein. Das Ziel einer Föderation sei noch kein Thema, obwohl ich davon überzeugt sei, dass die Entwicklung in diese Richtung gehen werde. Was die Finanzhilfe in Milliardenhöhe betraf, so sagte ich Modrow, dass die DDR hierfür erst die Rahmenbedingungen schaffen müsse. Einen »Lastenausgleich« lehnte ich ab, auch deshalb, weil der Begriff ganz und gar unpassend war.

Als erste konkrete Hilfsmaßnahmen vereinbarten wir, einen gemeinsamen Reisedevisenfonds in Höhe von 2 Milliarden DM zu schaffen, die ERP-Kredite um 2 Milliarden DM aufzustocken, den Kreditrahmen für Lieferungen in die DDR von 1,5 auf 6 Milliarden DM sowie die Postpauschale um 100 auf 300 Millionen DM zu erhöhen. Von seiten der DDR wurden die Abschaffung der Visumpflicht sowie des Zwangsumtauschs und die Freilassung der politischen Häftlinge noch vor Weihnachten zugesagt. Darüber hinaus sollte vom 1. Januar 1990 an für Bundesbürger ein neuer Umtauschsatz von 3 Mark (Ost) für 1 D-Mark gelten.

Über unsere Bemühungen zur Öffnung des Brandenburger Tores hatte Modrow mit dem sowjetischen Botschafter in Ost-Berlin gesprochen. Er wolle einen Fußgängerübergang schaffen und habe die entsprechenden Vorbereitungen veranlasst, sagte Modrow. Wegen der symbolischen Bedeutung dieser Maßnahme sollten beide Seiten daran teilhaben. Wir einigten uns schließlich darauf, das seit fast dreißig Jahren verschlossene Tor am 22. Dezember in Gegenwart der beiden Berliner Bürgermeister wieder zu öffnen.

Am späten Nachmittag zog ich mich mit Eduard Ackermann, Horst Teltschik und Juliane Weber in mein Hotelzimmer zurück, um mich auf die Rede vor der Ruine der Frauenkirche vorzubereiten. Vor dem Hotel standen noch immer Tausende und riefen im Chor: »Helmut Kohl ans Fenster – ohne die Gespenster.« Ich war innerlich sehr angespannt, weil mir bewusst war, dass dies eine der schwierigsten, wenn nicht die schwierigste Rede überhaupt in meinem Leben werden würde. In dieser Verfassung brachte ich die Stichworte für meine Ansprache zu Papier, hoch konzentriert, denn es kam auf jedes Wort an. Jeder falsche Zungenschlag wäre in Paris, in London oder in Moskau als nationalistisch ausgelegt worden. Ich musste auch unter allen Umständen vermeiden, die Emotionen aufzuwühlen und die Stimmung unter den Zehntausenden weiter anzuheizen. Es waren auch mehrere ausländische

Journalisten anwesend, und fast alle Fernsehstationen hatten ihre Berichterstatter entsandt.

Plötzlich stellte ich mir die Frage: Was wäre, wenn die Menge statt der dritten Strophe des Deutschlandlieds »Einigkeit und Recht und Freiheit«, unsere Nationalhymne, plötzlich die erste Strophe mit der Zeile »Deutschland, Deutschland über alles« anstimmen würde? Die Augen der gesamten Weltöffentlichkeit waren ja in diesen Stunden auf Dresden gerichtet, und alles, was als Ausbruch nationalistischen Überschwangs gedeutet werden konnte, hätte der Sache der Deutschen gewiss schweren, wenn nicht verheerenden Schaden zugefügt. Das durfte auf keinen Fall passieren! Da kam mir der Gedanke, mit dem Generalvikar der Hofkirche Kontakt aufzunehmen, den ich Jahre zuvor nach einer Messe in Dresden getroffen hatte. Er erklärte sich sofort bereit, uns einen Kantor, einen Vorsänger, zu schicken. Der sollte das alte Kirchenlied »Nun danket alle Gott« anstimmen, falls irgend jemand aus der Menge anfinge, die erste Strophe des Deutschlandlieds zu singen.

Nur mit einigen Notizen in der Tasche drängte ich mich durch die Menschenmenge. Meine Sicherheitsbeamten hatten Mühe, mir den Weg zu bahnen. Auf dem Platz vor der Kirchenruine hatten sich hunderttausend Menschen eingefunden. Ein wogendes Meer schwarzrotgoldener Fahnen umgab mich. Es war eine unglaubliche, emotionsgeladene, aber überhaupt nicht fanatische Stimmung. Vor der kleinen, provisorisch zusammengezimmerten Bühne traf ich den herbeigerufenen Kantor Konrad Wagner, der in der kurzen Zeit vergeblich versucht hatte, einen Posaunenchor zu organisieren, und nun ganz verzweifelt war, weil er meinte, es würde ihm sicher nicht gelingen, diese unübersehbar große Menschenmenge dazu zu bewegen, mit ihm ein Kirchenlied anzustimmen.

Als ich die Treppe zur Holztribüne hinaufstieg, spürte ich, welch große Hoffnungen und Erwartungen die Menschen in mich setzten. Ich rief den Landsleuten einen herzlichen Gruß ihrer Mitbürgerinnen und Mitbürger aus der Bundesrepublik Deutschland zu. Schon bei diesen Worten kam großer Jubel auf. Mit einer Geste gab ich zu verstehen, dass ich weitersprechen wollte. Es wurde sehr still. Dann fuhr ich fort:

»Das zweite, was ich sagen möchte, ist ein Wort der Anerkennung und der Bewunderung für diese friedliche Revolution in der DDR. Es ist zum ersten Mal in der deutschen Geschichte, dass in Gewaltfreiheit, mit Ernst und Ernsthaftigkeit und in Solidarität die Menschen für die Zukunft demonstrieren. Dafür danke ich Ihnen allen sehr, sehr herzlich.«

Wieder kam tosender Applaus auf, wieder wurde es ganz still, als ich weitersprach. Es sei eine Demonstration für Demokratie, für Frieden, für Freiheit und für die Selbstbestimmung unseres Volkes, sagte ich, um anschließend fortzufahren:

»Und liebe Freunde, Selbstbestimmung heißt auch für uns in der Bundesrepublik, dass wir Ihre Meinung respektieren. Wir wollen und wir werden niemanden bevormunden. Wir respektieren, was Sie entscheiden für die Zukunft des Landes [...]. Wir lassen unsere Landsleute in der DDR nicht im Stich. Und wir wissen – und lassen Sie mich das auch hier in diese Begeisterung, die mich so erfreut, hinein sagen –, wie schwierig dieser Weg in die Zukunft ist. Aber ich rufe Ihnen auch zu: Gemeinsam werden wir diesen Weg in die deutsche Zukunft schaffen.«

Anschließend trug ich den Hunderttausend die Ergebnisse meiner Gespräche mit dem DDR-Ministerpräsidenten vor und sagte, dass wir noch im Frühjahr einen Vertrag über die Vertragsgemeinschaft zwischen der Bundesrepublik und der DDR abschließen wollten. Außerdem sei eine enge Zusammenarbeit auf allen Gebieten geplant:

»Wir wollen vor allem auf dem Feld der Wirtschaft eine möglichst enge Zusammenarbeit mit dem klaren Ziel, dass die Lebensverhältnisse hier in der DDR so schnell wie möglich verbessert werden. Wir wollen, dass die Menschen sich hier wohl fühlen. Wir wollen, dass sie in ihrer Heimat bleiben und hier ihr Glück finden können. Entscheidend ist, dass in Zukunft die Menschen in Deutschland zueinander kommen können, dass der freie Reiseverkehr in beide Richtungen dauerhaft garantiert ist. Wir wollen, dass sich die Menschen in Deutschland überall, wo sie dies wollen, treffen können.«

Ich hatte den Eindruck, dass die vor der Ruine der Frauenkirche Versammelten schon auf ein vereintes Deutschland blickten. Diese Möglichkeit begeisterte sie und weniger die Ergebnisse meiner Verhandlungen. So brandete zwar großer Beifall auf, als ich von den freien Wahlen sprach, die alsbald in der DDR abgehalten werden sollten, aber die Begeisterung, als ich den Menschen die sich dadurch eröffnenden Perspektiven aufzeigte, war geradezu unbeschreiblich:

»Sie werden eine frei gewählte Regierung haben. Dann ist der Zeitpunkt gekommen zu dem, was ich konföderative Strukturen genannt habe – das heißt gemeinsame Regierungsausschüsse, damit wir mit möglichst viel Gemeinsamkeit in Deutschland leben können. Und auch das lassen Sie mich hier auf diesem traditionsreichen Platz sagen: Mein Ziel bleibt, wenn die geschichtliche Stunde es zulässt, die Einheit unserer Nation. Und, liebe Freunde, ich weiß, dass wir dieses Ziel erreichen können und dass die Stunde kommt, wenn wir gemeinsam dafür arbeiten, wenn wir es mit Vernunft und mit Augenmaß tun und mit Sinn für das Mögliche.«

Um die Begeisterung auf dem Platz nicht überborden zu lassen, sprach ich wie schon am 10. November in Berlin nun überaus nüchtern von dem schwierigen, langwierigen Weg in diese gemeinsame Zukunft:

»Wir, die Deutschen, leben nicht allein in Europa und in der Welt. Ein Blick auf die Landkarte zeigt, dass alles, was sich

Vor der Ruine der Frauenkirche sind
100 000 Menschen zusammengekommen

hier verändert, Auswirkungen auf alle unsere Nachbarn haben muss, auf die Nachbarn im Osten und auf die Nachbarn im Westen. Es hat keinen Sinn, wenn wir nicht zur Kenntnis nehmen, dass viele unserer Nachbarn diesen Weg mit Sorge und manche auch mit Ängsten betrachten. Aus Ängsten kann nichts Gutes erwachsen.

Und doch müssen wir als Deutsche unseren Nachbarn sagen: Angesichts der Geschichte dieses Jahrhunderts haben wir Verständnis für mancherlei dieser Ängste. Wir werden sie ernst nehmen. Für uns heißt das, wir wollen unsere Interessen als Deutsche vertreten. Wir sagen Ja zum Selbstbestimmungsrecht, das allen Völkern dieser Erde gehört – auch den Deutschen. Aber, liebe Freunde, dieses Selbstbestimmungsrecht macht für die Deutschen nur einen Sinn, wenn wir auch die Sicherheitsbedürfnisse der anderen dabei nicht aus den Augen lassen. Wir wollen in eine Welt hinein, die mehr Frieden und mehr Freiheit hat, die mehr Miteinander und nicht mehr Gegeneinander sieht. Das Haus Deutschland, unser Haus, muss unter einem europäischen Dach gebaut werden. Das muss das Ziel unserer Politik sein.

Liebe Freunde, in wenigen Tagen, am 1. Januar 1990, beginnen die neunziger Jahre. Sie führen hinüber in das letzte Jahrzehnt dieses Jahrhunderts. Es ist ein Jahrhundert, das in Europa und auch bei uns in Deutschland viel Not, viel Elend, viele Tote, viel Leid gesehen hat. Ein Jahrhundert, das auch eine besondere Verantwortung der Deutschen für manch Schlimmes immer wieder gesehen hat. Hier, vor der Ruine der Frauenkirche in Dresden, am Mahnmal für die Toten von Dresden, habe ich gerade ein Blumengebinde niedergelegt, auch in der Erinnerung an das Leid und die Toten dieser wunderschönen alten deutschen Stadt.
Ich war damals – und das sage ich zu den Jungen hier auf diesem Platz – fünfzehn Jahre alt, ein Schüler, ein Kind. Ich hatte dann die Chance, drüben in meiner pfälzischen Heimat groß zu werden, und ich gehöre zu jener jungen Generation, die nach dem Krieg geschworen hat – wie wir hier auch: Nie wieder Krieg, nie wieder Gewalt! Und ich möchte hier vor Ihnen diesen Schwur erweitern, indem ich Ihnen zurufe: Von deutschem Boden muss in Zukunft immer Frieden ausgehen – das ist das Ziel unserer Politik!
Aber, liebe Freunde, wahrer Friede ist ohne Freiheit nicht möglich. Deswegen kämpfen Sie, demonstrieren Sie für die Freiheit in der DDR, und deswegen unterstützen wir Sie, und deswegen gehört Ihnen unsere Solidarität [...]. Jetzt kommt es darauf an, dass wir diesen Weg in der Zeit, die vor uns liegt, friedlich, mit Geduld, mit Augenmaß und gemeinsam mit unseren Nachbarn weitergehen. Für dieses Ziel lassen Sie uns gemeinsam arbeiten, lassen Sie uns gegenseitig in solidarischer Gesinnung helfen. Ich grüße hier von Dresden aus alle unsere Landsleute in der DDR und in der Bundesrepublik Deutschland.«

Zum Abschluss rief ich der Menge zu: »Gott segne unser deutsches Vaterland!«

Ich war sehr ergriffen und hatte deshalb alle Mühe, meine Rede zu beenden. Was würde jetzt geschehen? Doch die Menschen blieben besonnen. Allerdings machte keiner Anstalten, den Platz zu verlassen. Da ereignete sich etwas, das wie das Signal zum Heimgehen wirkte. Eine ältere Frau stieg zu mir aufs Podium, umarmte mich, fing an zu weinen und sagte mit leiser Stimme: »Wir alle danken Ihnen!«

Die Mikrofone waren noch eingeschaltet, und jeder konnte es hören. Nun strömten die Menschen auseinander. Erschöpft und glücklich eilten wir durch das Spalier von Menschen zu den Autos, die uns auf das gegenüberliegende Elbufer zurückbrachten.

Es folgte ein gemeinsamer Abend mit prominenten ostdeutschen Künstlern, darunter eher etablierte ebenso wie vom SED-Regime verfolgte. Rasch spalteten sie sich in zwei Gruppen auf, die sich gegenseitig vorwarfen, sich mit dem Regime gemein gemacht zu haben.

Weit nach Mitternacht gingen wir zu Fuß zum Hotel Bellevue, wo ich unsere kleine Delegation noch zu einem Umtrunk auf mein Zimmer einlud. Gemeinsam zogen wir ein erstes Resümee der zurückliegenden Stunden, und ich sagte noch einmal: »Ich glaube, wir schaffen die Einheit. Das läuft. Ich glaube, das ist nicht mehr aufzuhalten, die Menschen wollen das. Das Regime ist definitiv am Ende.«

*

Trotz des Ausnahmezustands demonstrierten im rumänischen Temesvar fünfzigtausend Menschen für die Absetzung des Ceauşescu-Regimes. Am 22. Dezember wurde der Diktator gestürzt. Aber auch ohne ihn an der Spitze verübte der rumänische Geheimdienst weiterhin schreckliche Massaker an der Bevölkerung. Drei Tage später wurde das Ehepaar Ceauşescu zum Tode verurteilt und sofort hingerichtet.

Parallel zu diesen dramatischen Ereignissen auf dem Balkan geschah im geteilten Berlin fast ein Wunder. Drei Tage nach meinem Besuch in Dresden erlebte Deutschland die Öffnung des Brandenburger Tores, so wie ich es mit Ministerpräsident Modrow abgesprochen hatte. Es war bitterkalt, und es goss in Strömen, aber

Das Brandenburger Tor ist wieder offen:
Rudolf Seiters, Hans Modrow, Hans-Dietrich Genscher,
Walter Momper und ich gehen von West nach Ost durch das Tor

trotzdem waren wieder Abertausende gekommen, als ich zusammen mit Hans Modrow und den beiden Bürgermeistern Walter Momper und Erhard Krack um Punkt 15 Uhr das Brandenburger Tor von West nach Ost durchschritt. Nachdem Modrow und ich uns für die unzähligen Fotoreporter die Hand gereicht hatten, ließen wir zwei weiße Tauben fliegen, die uns junge Ost-Berliner Künstler zuvor gereicht hatten. Mir gingen in diesem Augenblick viele Erinnerungen durch den Kopf. Wie oft hatte ich in den zurückliegenden Jahren vom Reichstag, wo ich ein Dienstzimmer hatte, hinübergeschaut zu dem Ort, an dem ich jetzt stand!

Wie schon in Dresden bemühte ich mich, aufkeimenden Überschwang zu dämpfen. Ich versicherte der Welt, die zusah, dass von diesem Platz eine Botschaft ausgehe, und die laute: »Wir wollen Frieden, wir wollen Freiheit, wir wollen unseren Beitrag zum Frieden in Europa und in der Welt leisten.« Dann appellierte ich an die Tausende Zuschauer:

Bilder, die es so noch nicht gegeben hat:
Silvester 1989 am Brandenburger Tor

»Haben wir jetzt die Geduld und das Augenmaß, mit den Schritten, die notwendig sind, in eine gemeinsame Zukunft zu gehen. Dann werden wir diese Zukunft haben. Es kommt auf uns an. Es kommt vor allem auf die vielen jungen Leute an, die hier auf dem Platz stehen, die wieder eine Zukunft haben, die Zutrauen haben dürfen zu ihrer eigenen Zukunft, weil sie auch hier in Berlin ihr Glück für das Leben finden können.«

Auch in Berlin kannte die Begeisterung keine Grenzen. Als die ersten Kundgebungsteilnehmer von östlicher Seite die Mauerkrone erklommen hatten, gab es auch im Westen kein Halten mehr. Die Absperrgitter der Polizei wurden niedergerissen. Von Ost und West, einer Walze gleich, schoben sich die Menschenmassen aufeinander zu – dazwischen das Podest, von dem aus ich inmitten zahlreicher Ehrengäste meine kurze Ansprache gehalten hatte. Wir liefen Gefahr, erdrückt zu werden. Mit tatkräftiger Unterstützung der Sicherheitsbeamten retteten wir uns gerade noch in eines der

Wachhäuschen am Brandenburger Tor. Der diensthabende Offizier der DDR-Grenztruppen versorgte uns mit heißem Kaffee – und schenkte mir als Souvenir seine Dienstmarke.

Die Kundgebungen in Dresden und Berlin, aber auch der Auftritt des früheren SPD-Vorsitzenden Willy Brandt in Magdeburg einige Tage zuvor, zeigten auf beeindruckende Weise, dass sich die Deutschen auch nach vierzig Jahren der Teilung ihr Zusammengehörigkeitsgefühl bewahrt hatten.

Am 24. Dezember 1989 konnten Bundesbürger und West-Berliner ohne Visum und Zwangsumtausch in die DDR reisen. Und Hunderttausende von Berlinern aus beiden Teilen der Stadt feierten Silvester am Brandenburger Tor. Auch diese Bilder gingen um die Welt und zeigten zum Jahreswechsel Bilder aus Deutschland, die es so noch nicht gegeben hatte.

53.
Erwartungen und Befürchtungen

Wer hätte das gedacht: Menschenströme überwanden Mauer und Stacheldraht; sogar der rumänische Diktator war gestürzt; ein jahrzehntelang politisch verfolgter Schriftsteller, Václav Havel, war neuer tschechoslowakischer Staatspräsident; eine begeisterte Menge hatte die Eröffnung des Brandenburger Tors gefeiert; Weihnachten und Silvester war die Teilung unserer alten Hauptstadt für Stunden völlig überwunden. Kurzum: Die nach Hitlers Ende den Völkern Europas von Stalin aufgezwungene Nachkriegsordnung zerfiel. Etwas Neues trat hervor, und wir Europäer standen in der Verantwortung, die Entwicklung zum Guten zu wenden.

Mein deutschlandpolitisches Zehn-Punkte-Programm konnte und sollte nicht als starres Konzept oder gar als Zeitplan missverstanden werden. Wiederholt plädierte ich für ein möglichst hohes Maß an Flexibilität und Offenheit für die künftigen Entwicklungen. Es konnte und sollte kein künstlicher Zeitdruck erzeugt werden. Wer die Zehn Punkte als Ganzes las – und sie waren nur als Ganzes verständlich –, der wusste, dass es mir vor allem um einen organischen Prozess ging: einen Prozess, der die Stabilität in Europa sicherte und die legitimen Sicherheitsinteressen aller berücksichtigte.

Wichtig war, dass der Reformprozess ungestört weiterging und von niemandem behindert wurde. Das war mein größter Wunsch zum Jahreswechsel.

Das Weihnachtsfest des Jahres 1989 und der Jahreswechsel wurden für viele Menschen in Deutschland in besonderer Weise

Tage der Freude, der Hoffnung und des Miteinanders. Auch in den Beziehungen zwischen den beiden Staaten in Deutschland ging es um ein neues Miteinander, um vertiefte Zusammenarbeit und neue Gemeinsamkeit. An der Schwelle zum letzten Jahrzehnt dieses Jahrhunderts eröffnete sich für alle Deutschen der Blick auf neue Horizonte.

Was die Deutschen erhofften, das befürchteten viele unserer europäischen Nachbarn. Margaret Thatcher war bemüht, eine Koalition gegen mich und meine Deutschlandpolitik zustande zu bringen. Nach wie vor setzte sie auf Gorbatschow, der die gleiche harte Linie zu verfolgen schien. Die Rolle von François Mitterrand war zumindest undurchsichtig. Er hatte der DDR einen offiziellen Besuch abgestattet, der mich ernsthaft irritierte. Wenn seine Ost-Berliner Gespräche mit den Altkommunisten oder den Vertretern der Blockparteien am Ende auch nichts Substantielles zutage förderten, so verstand ich die Symbolik seines Besuchs doch als destruktiv für den Prozess der radikalen Veränderungen in der DDR. Natürlich musste ich damit leben, dass mein Zehn-Punkte-Plan in Paris mit Verärgerung und Bestürzung aufgenommen worden war, zumal ich in einem Brief an Mitterrand, den ich am Tag vor meiner Bundestagsrede abgeschickt hatte, kein Wort über mein Vorgehen hatte verlauten lassen. Dass Mitterrand den Status Deutschlands nicht verändert wissen wollte, bevor nicht die Einheit Europas sehr viel weiter fortgeschritten sei, sagte er mir nie geradeheraus ins Gesicht.

Ich räume ein, dass ich selbst meinem besten Freund in Europa gegenüber sehr vorsichtig taktierte. Nie gebrauchte ich das Wort »Wiedervereinigung«, sondern immer sprach ich von der »Einheit des deutschen Volkes«, die in absehbarer Zeit kommen werde, ohne einen Zeitplan zu nennen. Allen Europäern ging das einfach zu schnell. Auch Mitterrand war wie Gorbatschow der Auffassung, man dürfe nichts überstürzen. Das wollte auch ich nicht. Aber was das Ausland nicht sah oder nicht zur Kenntnis nehmen wollte, waren Fakten, die mir überaus große Sorgen bereiteten, allen voran, dass immer mehr Menschen das Land verließen. Das konnte nicht unser Interesse sein. Unser Ziel war vielmehr, dass die Menschen ihre Zukunft und die ihrer Kinder in der angestammten Heimat sahen.

1989 waren über dreihundertvierzigtausend Menschen aus der DDR zu uns gekommen. Im gleichen Zeitraum trafen dreihundertsiebenundsiebzigtausend Aussiedler bei uns ein, vor allem aus der Sowjetunion und Polen. Seit Beginn des neuen Jahres 1990 kehrten Tag für Tag mehr als tausendfünfhundert Übersiedler der DDR den Rücken, um ein neues Leben in der Bundesrepublik zu beginnen. Unsere Freunde in Europa sollte es nicht gleichgültig lassen, wenn sich hier zunehmend Probleme auftürmten, deren innenpolitische Bewältigung eine große Herausforderung darstellte.

Die Irritationen in den deutsch-französischen Beziehungen, genauer: im Verhältnis zwischen Mitterrand und mir, ließen mir keine Ruhe. Die Belastungsprobe musste ein Ende finden. Es waren gerade einmal drei Tage im neuen Jahr vergangen, als ich mich auf den Weg nach Frankreich machte. Am 4. Januar 1990 reiste ich nach Latché südlich von Bordeaux, wo Mitterrand nahe der Atlantikküste ein Ferienhaus besaß. Bei meiner Ankunft konnte François Mitterrand seine Befangenheit nicht verbergen. So hatte ich meinen Freund noch nicht erlebt.

Zunächst unterhielten wir uns über die Entwicklung in Ost- und Mitteleuropa. Noch einmal erläuterte ich meinen Zehn-Punkte-Plan und das, was ich mit der DDR-Führung in Dresden vereinbart hatte. Wir sprachen auch über die Grenzen in Europa, die garantiert werden mussten, und ich verwies auf Premierministerin Margaret Thatcher, die mit Grenzen in diesem Sinne interessanterweise wohl auch die Grenze zwischen der Bundesrepublik und der DDR meinte. Dann kamen wir rasch auf die Westgrenze Polens zu sprechen. Die Diskussion darüber sei ein innenpolitisches Problem, erklärte ich und betonte, dass die Unverletzlichkeit dieser Grenze von uns geachtet werde. Mitterrand warf daraufhin ein, ich möge dies öffentlich sagen. Ich fuhr fort, dass man den Polen auf ihrem Weg nach Europa helfen müsse, und Deutschland und Frankreich seien dazu besonders aufgerufen.

François Mitterrand sagte, er sehe zwei Probleme: Das eine sei das russische – und er sage bewusst nicht: das sowjetische. Das andere sei das deutsche. Zwischen diesen beiden bestehe ein Spannungsfeld, das sich im Augenblick nicht auflösen lasse. Das Experiment Gorbatschow werde noch eine gewisse Zeit weitergehen, meinte er und stellte die rhetorische Frage: »Was kommt danach, wenn er scheitert?« Die pessimistische Antwort lieferte er gleich mit: eine Militärdiktatur.

Für Mitterrand stand außer Zweifel, dass die Russen in der deutschen Frage nicht nachgeben würden. Das stellte für ihn das große Problem dar. Die Schritte in Richtung deutsche Einheit dürften Gorbatschow nicht in Schwierigkeiten bringen oder gar dazu führen, dass Moskau wieder mit dem Säbel rassele, sagte er. Besorgt merkte er an, dass wir am Rande einer solchen Entwicklung stünden, weil die Dinge in Deutschland so rasant verliefen. Alles müsse langfristiger angelegt werden.

Mitterrand bat mich, immer daran zu denken, dass das Schicksal Gorbatschows mehr von mir abhänge als von seinen Moskauer Gegenspielern. Die Lösung der deutschen Frage dürfe nicht eine neue russische Tragödie heraufbeschwören. Ich versuchte, ihm seine Sorgen zu nehmen, und sagte, dass ich wahrscheinlich schon im Februar nach Moskau reisen würde, um mit Gorbatschow zu sprechen und ihm zu sagen, dass ich nichts tun wolle, was seine Lage erschwere.

Dann kamen wir auf die Zustände in der DDR zu sprechen. Mitterrand meinte, wenn er Deutscher wäre, wäre er dafür, dass die Wiedervereinigung so schnell wie möglich kommen sollte. In diesem Fall würde er sogar mit Bedauern sehen, dass nicht alle Deutschen die Wiedervereinigung so schnell wollten. Aber er sei Franzose. Allerdings ginge es ihm nicht um französische Interessen, wenn er sage, Europa habe noch keine klare Geographie, Europa wisse nicht, wohin es steuere.

Ich warf ein, gerade deshalb hielte ich die deutsch-französischen Beziehungen für so wichtig. Es gefiel mir, dass Präsident Mitterrand sich in die Deutschen hineinversetzte. Der kritische Punkt für uns war, es zu erreichen, dass die Menschen in der DDR blieben. Wir würden es nicht durchhalten, so meine Argumentation, wenn zu viele aus der DDR davonliefen.

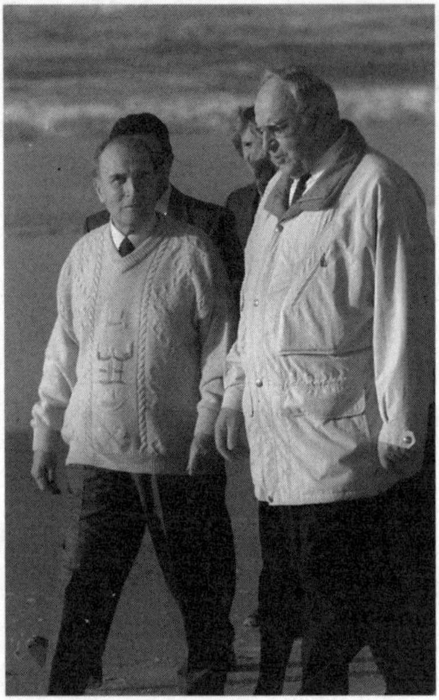

Mit François Mitterrand am Strand von Soustons

Mitterrand bemerkte hierzu, es sei richtig, wenn der Bundeskanzler sage, die Deutschen müssten Licht am Ende des Tunnels sehen. Man müsse gemeinsam vorgehen und die deutsche und europäische Einheit gleichzeitig anstreben. Das war für mich das Schlüsselwort.

In der dreistündigen Unterredung in Latché und bei ausgedehnten Spaziergängen am Atlantikstrand bekannte Mitterrand, die Wiedervereinigung sei für ihn eine Realität, der sich Frankreich stellen müsse und werde, ob es ihm gefalle oder nicht.

Unsere Gespräche drehten sich vor allem um das Tempo des Vereinigungsprozesses, da wir beide die Entwicklungen in der Sowjetunion mit größter Sorge verfolgten. Übereinstimmung herrschte zwischen uns auch, dass die deutsche Einheit parallel zur Vertiefung der europäischen Integration verwirklicht werden müsse. Einmal mehr zitierte ich Konrad Adenauer, wonach die deutschen Probleme nur unter einem europäischen Dach gelöst werden können. Außerdem wiederholte ich mein stets vorgebrachtes Argument, dass die deutsche und die europäische Einheit die zwei Seiten einer Medaille seien.

Als ich zurückflog, hatte ich das Gefühl, Mitterrand von der Ernsthaftigkeit meines europapolitischen Engagements und von der Verlässlichkeit auch eines wiedervereinten Deutschlands überzeugt zu haben. Das französische Misstrauen schien durch das offene und klärende Gespräch überwunden, unser gegenseitiges Vertrauensverhältnis schien wiederhergestellt zu sein.

*

Auch zu Beginn des achten Jahres meiner Kanzlerschaft hielt der Aufschwung an; die Wachstumsdynamik der deutschen Wirtschaft war ungebrochen. Mehr noch: Mit einer Wachstumsrate von 4 Prozent für 1989 erreichten wir das beste Ergebnis der achtziger Jahre. Diese Zahl bestätigte zugleich, dass wir im internationalen Vergleich inzwischen mit an der Spitze lagen. Dies wirkte sich auch und gerade auf dem Arbeitsmarkt positiv aus: Die Zahl der Arbeitslosen ging 1989 um über zweihunderttausend zurück. Gleichzeitig stieg die Zahl der Arbeitsplätze um rund dreihundertfünfzigtausend – und das angesichts der über siebenhunderttausend neuen Mitbürger, die 1989 als Aus- und Übersiedler zu uns kamen.

In meinem Zehn-Punkte-Programm hatte ich den Weg aufgezeigt, wie das deutsche Volk in freier Selbstbestimmung seine Einheit wieder erlangen konnte. Die Menschen in der DDR erwarteten rasche und grundlegende Veränderungen. Sie wollten spürbare Verbesserungen in allen Lebensbereichen. Wer jetzt – wie die SED, die sich in PDS umbenannt hatte – die Priorität in der Bildung eines Staatssicherheitsdienstes im neuen Gewande sah, setzte sich über die Interessen und Hoffnungen der Menschen hinweg. Der Prozess der Demokratisierung mit dem Ziel freier Wahlen in der DDR musste jetzt ohne durchsichtige Manöver und ohne Behinderungen fortgeführt werden. Dazu war es nötig, dass das neue Wahlrecht auch die Zustimmung der Opposition fand. Es kam entscheidend darauf an, dass alle politischen Parteien gleiche Chancen bei ihren Betätigungen und für den Wahlkampf erhalten mussten. Gleiche Chancen – das hieß beispielsweise eine uneingeschränkte

Präsenz der Opposition im Fernsehen, im Rundfunk und in den Zeitungen der DDR.

Die Bundesregierung sprach wie bisher weiter mit allen, die in der DDR Verantwortung trugen, mit der Regierung und mit der Opposition. Ein heikles Thema war allerdings unser Umgang mit der Ost-CDU. Viele ihrer Funktionäre hatten jahrelang als Vertreter der sogenannten Blockparteien treu den Wünschen der SED entsprochen und waren nichts als willige Erfüllungsgehilfen der Kommunisten. Ein eigenständiges Parteileben gab es nicht. Das war auch ein wesentlicher Grund, warum ich während der Zweistaatlichkeit keinerlei Kontakte zu der CDU in der DDR pflegte und mich jetzt ihr gegenüber schwertat. Die Vertreter der neu gegründeten Oppositionsgruppen fand ich weit interessanter. Doch viele von ihnen waren noch im Umbruch, und die führenden Köpfe waren für uns noch gar nicht zu erkennen. Nicht jeder, der von sich behauptete, er sei ein Oppositioneller, war es auch wirklich.

So eindeutig mein Urteil über die Führung der Blockparteien war, so sehr lehnte ich es ab, ein pauschales Urteil über ihre Mitglieder und kleinen Funktionäre abzugeben. Beim Umgang mit den Vertretern der Ost-CDU war vielen von uns vielleicht auch zu wenig in Erinnerung, dass ein beachtlicher Teil der Mitglieder der Ost-CDU noch zu den Zeiten Jakob Kaisers und Ernst Lemmers zur CDU gestoßen war. Sie waren in der CDU geblieben, obwohl die Partei inzwischen zum Erfüllungsgehilfen der SED geworden war.

Alles war im Fluss und musste genau beobachtet, analysiert und bewertet werden. Noch hatten wir genügend Zeit, uns nach Verbündeten umzusehen, noch gab es keinen Grund zur Eile. Vorsichtige Kontakte zur Ost-CDU waren sicherlich angebracht, und ein gegenseitiges Kennenlernen konnte niemandem schaden.

Noch im Dezember 1989 zweifelte ich daran, ob sich die Ost-CDU personell wie ideell weit genug vom Geist des realexistierenden Sozialismus entfernt hatte. Diese Zweifel wurden vor allem durch den Eintritt der Partei in die Koalitionsregierung Modrow genährt. CDU-Vorstand und Präsidium nahmen diesen Schritt mit

Bedauern zur Kenntnis, und wir beschlossen einvernehmlich, vorerst auf offizielle Parteikontakte zu verzichten.

Auch das Verhältnis zu kirchlichen Kreisen in der DDR war nicht ganz einfach. Als ich im Dezember 1989 mit dem Dresdner Bischof Johannes Tempel und einigen anderen evangelischen Kirchenleuten zusammengetroffen war, hatte ich mich des Gefühls nicht erwehren können, dass ein Teil meiner Gesprächspartner weder mit mir etwas anzufangen wusste noch sonderlich erfreut war, mich zu sehen. Einer brachte mehrmals seine Verwunderung darüber zum Ausdruck, dass so viele Menschen gekommen seien, um mich zu sehen und zu hören.

Es gab allerdings auch viele großartige Kirchenleute in der DDR, die sehr wohl wussten, wo die Menschen der Schuh drückte. Gerade unter den evangelischen und katholischen Pfarrern hatten sich viele dem SED-Regime nicht angepasst; im Rahmen einer Seelsorge, die diese Bezeichnung auch verdiente, machten sie den Menschen Mut und spendeten ihnen Trost. Nicht wenige von ihnen hatten Anteil an der friedlichen Revolution im Herbst 1989.

Nur wenn wir Regierung und Opposition gleichermaßen einbezogen, konnten wir nachdrücklich auf die Fortsetzung des Reformprozesses in allen Bereichen und auf die Einhaltung demokratischer Regeln hinwirken. Wir standen zu unserer Bereitschaft, einen Vertrag über Zusammenarbeit und gute Nachbarschaft zur Entwicklung einer Vertragsgemeinschaft auszuhandeln. Für mich war allerdings ganz wichtig, dass eine Vertragsgemeinschaft unter den gegenwärtigen Bedingungen in der DDR die Zustimmung aller politischen Kräfte dort, also auch der Opposition, finden musste.

*

Bei jeder sich bietenden Gelegenheit warnte ich vor einem Rückfall Europas in die Denk- und Verhaltensmuster von gestern und vorgestern. Eben diesen Rückfall beförderten das DDR-Regime und seine Sympathisanten im Westen, indem sie das Gespenst eines erstarkenden Rechtsradikalismus an die Wand malten, der die

Wiedervereinigung Deutschlands betreibe, um anschließend Europa und die Welt wieder einmal das Fürchten zu lehren. Die friedfertigen Bekenntnisse des deutschen Volkes zur Einheit der Nation wurden zum gefährlichen Nationalismus umgedeutet.

Mich irritierten weniger die vordergründigen Versuche der SED/PDS-Propaganda, Vaterlandsliebe als Nationalismus zu diffamieren, sondern vielmehr die Art und Weise, wie im Westen Deutschlands mit solchen Parolen umgegangen wurde. Viele waren vom Zeitgeist so geblendet, dass sie Patriotismus für eine Form von politischem Extremismus hielten, und schürten dadurch bei manchen unserer Nachbarn die Angst vor einer vermeintlichen deutschen Gefahr.

Der israelische Premierminister Yitzhak Schamir sprach öffentlich sogar die Befürchtung aus, dass ein geeintes und starkes Deutschland die Gelegenheit nutzen könnte, die an dem jüdischen Volk in der Vergangenheit verübten Verbrechen zu wiederholen. Ich schrieb daraufhin an Schamir, dass ich solche Äußerungen für geeignet hielte, unsere sonst so guten und spannungsfreien Beziehungen zu belasten. Wie er sei ich der Meinung, dass die von den Nationalsozialisten und ihren Helfern begangenen Untaten nicht verdrängt werden dürften. Andererseits sei ich der Überzeugung, dass er mit seinem Urteil den heutigen Deutschen in beiden deutschen Staaten nicht gerecht werde. Die Deutschen in der Bundesrepublik seien über die Europäische Gemeinschaft und die Atlantische Allianz in die Wertegemeinschaft des Westens eingebunden und hätten über vierzig Jahre hindurch unter Beweis gestellt, dass sie aus der Geschichte gelernt hatten. Und was in der DDR geschehe, sei ein großer Sieg der freien Welt. Von einem demokratischen und nach rechtsstaatlichen Prinzipien regierten Deutschland werde für niemanden in Europa oder sonstwo eine Bedrohung ausgehen. Deshalb verbiete sich jede Parallele zwischen dem demokratischen Deutschland und der nationalsozialistischen Gewaltherrschaft.

Heute ist fast vergessen, dass die DDR die Todfeinde Israels unterstützt hatte. Der Zusammenbruch des SED-Regimes bedeutete deshalb mehr Sicherheit für Israel und damit für viele Überlebende des Holocaust. Unter dem Deckmantel des »Antizionismus« hatte die SED jahrzehntelang das Existenzrecht Israels in Frage gestellt und sogar PLO-Kämpfer ausgebildet. Wahr ist auch, dass die DDR hinter der Maske des »Antifaschismus« jahrelang versuchte, jegliche Verantwortung im Blick auf die NS-Verbrechen zu leugnen; die aus der historischen Schuld sich ergebenden Konsequenzen – einschließlich der Wiedergutmachung – sollte allein die Bundesrepublik tragen. Gleichzeitig unterstützte die DDR-Staatssicherheit Neonazis und deren Aktivitäten in der Bundesrepublik, um die Bonner Republik zu diskreditieren. Ich bedaure bis heute, dass manche – auch in den Vereinigten Staaten – diese Zusammenhänge nicht sahen und sich statt dessen von der heuchlerischen SED-Propaganda beeindrucken ließen.

Leider gehörte auch der Jüdische Weltkongress (JWC) dazu. Schon Ende November 1989 traf DDR-Außenminister Oskar Fischer mit Maram Stern, dem Bevollmächtigten des JWC-Vorsitzenden Edgar Bronfman, in Berlin zusammen. Dem Gesprächsprotokoll zufolge stimmte man darin überein, dass der JWC ein Freund der DDR sei und es auch bleiben werde. Für Stern stehe die Frage der Wiedervereinigung nicht auf der Tagesordnung, der JWC werde alles tun, damit es nicht dazu komme. Die Lehren der Geschichte seien noch aktuell. Allerdings wäre es schwer, diese Position gegenwärtig öffentlich zu vertreten. Präsident Bronfman werde jedoch in den USA und anderswo in diesem Sinne wirken. Auch im US-Außenministerium würde man trotz anderslautender Äußerungen eine Wiedervereinigung nicht gerne sehen. Jedenfalls werde der JWC alles ihm Mögliche tun, um die DDR politisch und wirtschaftlich zu stärken. Stern drückte darüber hinaus »die Sorge des JWC vor einem Ausverkauf der DDR an die BRD aus«. Im Protokoll heißt es dann weiter: »Die DDR solle mit Lothar Späth engere Kontakte halten. Er sei nicht so auf die Wiedervereinigung fixiert wie der Bundeskanzler. Dr. Stern bat um Hinweise, wo und wie der JWC der DDR helfen könne. In diesem Zusammenhang erwähnte Dr. Stern, er habe gehört, dass die DDR den Auftrag, ihr Telefonnetz zu modernisieren, der Firma Siemens übertragen habe. Er stellte die Frage, warum man nicht einen Konzern eines anderen Staates gewählt habe, zum Beispiel ITT. Oskar Fischer sagte, er werde sich für diese interessieren und Dr. Stern eine Mitteilung zukommen lassen.« Was der prominente Vertreter des JWC zu diesem Zeitpunkt nicht wusste: Die DDR war längst pleite und konnte keine Rechnungen mehr begleichen – schon gar nicht für ein neues Telefonnetz aus amerikanischer Produktion.

*

In Artikel 7 des Deutschlandvertrags von 1952/54 hatten sich Frankreich, Großbritannien und die Vereinigten Staaten verpflichtet, »mit friedlichen Mitteln ihr gemeinsames Ziel zu verwirklichen: ein wiedervereinigtes Deutschland, das eine freiheitlich-demokratische Verfassung ähnlich wie die Bundesrepublik besitzt und das in die europäische Gemeinschaft integriert ist«. Als es jetzt um die Einlösung des Vertrags ging, tat zumindest die britische Premierministerin so, als ob es ihn nicht gäbe, und machte mit allen Mitteln Stimmung gegen den Prozess der Wiedervereinigung. Am Rande des Dezember-Gipfels der EG hatte sie beim Vieraugengespräch mit Mitterrand eine Karte aus ihrer berühmten Handtasche gezogen, auf der die ehemaligen deutschen Ostgebiete wie Schlesien, Pommern und Ostpreußen abgebildet waren. Ihr Kommentar dazu: Die Deutschen würden all das nehmen und die Tschechoslowakei dazu. Tagebuchaufzeichnungen eines Mitterrand-Vertrauten zufolge befürchtete Margaret Thatcher, Deutschland könne in Europa dominieren und in Osteuropa so mächtig werden wie Japan im pazifischen Raum.

In einem Interview mit dem *Wall Street Journal* Ende Januar 1990 meinte Thatcher unter anderem, eine schnell verwirklichte deutsche Einheit könnte Gorbatschow vor solch enorme politische Probleme stellen, dass er eventuell darüber stürzen würde. Die deutsche Einheit könne daher nur zu einem Zeitpunkt erfolgen, der die anderen Verpflichtungen berücksichtige und genügend Zeit lasse, um diese anderen Dinge zu erarbeiten – sonst könnte sie alles destabilisieren. Außenminister Genscher und ich sollten diese längerfristige Sicht der Bedürfnisse Europas vor unsere nationalistischen Ziele setzen. Man müsse der Bundesregierung diese weitsichtigere Vision eintrichtern. Im übrigen habe Ostdeutschland seit 1930 unter nationalsozialistischer oder kommunistischer Herrschaft gestanden, und man könne nicht über Nacht zu demokratischen Strukturen und einer freien Marktwirtschaft kommen. Die deutsche Einheit würde außerdem das wirtschaftliche Gleichgewicht der EG zerstören, in der Westdeutschland ohnehin schon dominierend sei.

Damit hatte Margaret Thatcher alle Masken fallen lassen. Was sie mir ständig im kleinen Kreis vorwarf, machte sie nun öffentlich, wobei sie durch die Schärfe ihres Tons, dic Abwertung anderer Vorstellungen und harsche Vorwürfe noch deutlich eins draufsetzte. Außerdem machte sie in diesem Interview deutlich, dass sie nicht bereit war, in der Europapolitik einer auf dem deutschen System beruhenden Wirtschafts- und Währungsunion zu folgen.

Dass vor dem Hintergrund der Geschichte des zwanzigsten Jahrhunderts die Vorstellung von einem wiedervereinigten Deutschland Unbehagen bei einigen unserer Nachbarn auslöste, war verständlich. Kein Verständnis hatte ich jedoch dafür, wenn Politiker oder Kommentatoren wider besseres Wissen Angstvisionen vor einem »Vierten Reich« oder einem »Großdeutschland« heraufbeschworen – und dies ersichtlich nur deshalb, weil ihnen die Wirtschaftskraft der Bundesrepublik Deutschland nicht genehm war.

Besondere Sensibilität erforderte der Umgang mit den polnischen Sorgen und Ängsten. Im In- und Ausland instrumentalisierten die Gegner meiner Deutschlandpolitik jetzt beinahe täglich den Streit um das Thema »polnische Westgrenze«. Auch die Versuche, mich in die revanchistische Ecke zu stellen, zählten dazu. Dabei war es gar keine Frage, dass die endgültige völkerrechtliche Anerkennung der Oder-Neiße-Linie als polnische Westgrenze eine wesentliche Voraussetzung für die Zustimmung der Vier Mächte und unserer Nachbarn zur deutschen Einheit sein würde.

Die endgültige Regelung dieser Frage war einem Friedensvertrag vorbehalten. Bis dahin galt unter anderem der Warschauer

Vertrag von 1970. Die Bundesrepublik Deutschland und Polen bekräftigten darin »die Unverletzlichkeit ihrer bestehenden Grenzen jetzt und in der Zukunft und verpflichten sich gegenseitig zur uneingeschränkten Achtung ihrer territorialen Integrität. Sie erklären, dass sie gegeneinander keinerlei Gebietsansprüche haben und solche auch in Zukunft nicht erheben werden.«

Eine andere Frage war, wie die Deutschen, deren demokratischer Wille die Haltung einer künftigen gesamtdeutschen Regierung binden würde, in ihrer zweifellos überwältigenden Mehrheit hierüber dachten. Die Deutschen hatten nicht die Absicht, eine Grenzdiskussion vom Zaun zu brechen, die die europäische Friedensordnung gefährden müsste. Die Deutschen wollten eine dauerhafte Aussöhnung mit ihren polnischen Nachbarn, und dazu gehörte auch, dass die Polen die Gewissheit haben mussten, in sicheren Grenzen zu leben. Niemand wollte eine zweite Vertreibung nach den Schrecken der Vertreibung, die die Deutschen an ihrem eigenen Leib erfahren hatten. Niemand wollte die Wiedervereinigung verbinden mit der Verschiebung bestehender Grenzen – Grenzen, die in einem künftigen Europa der Freiheit sowieso an Bedeutung verlieren würden. Wir konnten das Europa von morgen nicht bauen, wenn wir den Teufelskreis von Hass und Gewalt, von Unrecht und Vertreibung nicht durchbrachen.

Aber wir schuldeten es den Millionen deutschen Heimatvertriebenen und Flüchtlingen, die Anerkennung der Oder-Neiße-Grenze nicht auf die leichte Schulter zu nehmen. Ich wollte auch deutlich machen, dass hier ein für viele Menschen schmerzhafter Preis für die deutsche Einheit entrichtet wurde. Mit »Revisionismus« oder gar »Revanchismus« hatte das nichts zu tun. Im übrigen war es auch unsere Pflicht, sicherzustellen, dass im Gegenzug zur Grenzanerkennung die Rechte der deutschen Minderheit, deren Existenz von den kommunistischen Machthabern in Polen jahrzehntelang geleugnet worden war, in völkerrechtlich verbindlicher Form gesichert wurden.

*

Der wirtschaftliche Niedergang der DDR schien nicht mehr aufhaltbar zu sein. Am 11. Januar 1990 malte Ministerpräsident Hans Modrow in Ost-Berlin ein düsteres Bild vom Rückgang der Produktivität und bezifferte das Haushaltsdefizit auf 5 bis 6 Milliarden Mark. Die DDR stand de facto vor dem Staatsbankrott.

Modrow, dem von den Bürgern in der DDR immer weniger zugetraut wurde, verlor noch mehr an Unterstützung, nachdem er versucht hatte, als Ersatz für das MfS ein neues »Amt für Nationale Sicherheit« aufzubauen. Der Volkszorn über den Überwachungsapparat entlud sich am 15. Januar 1990, als im Zug einer Großdemonstration Tausende Bürger die verhasste Stasi-Zentrale in Berlin-Lichtenberg stürmten. Damit war das Ende der Spitzelei eingeleitet, der DDR-Geheimdienst hatte seine Macht verloren.

Auf Modrows Vorschlag wählte die pseudodemokratische DDR-Volkskammer acht Politiker von oppositionellen Parteien und Gruppierungen als Minister ohne Geschäftsbereich in eine »Regierung der nationalen Verantwortung«. Dazu gehörte auch der Vorsitzende der Ost-CDU Lothar de Maizière. Ich hielt den Eintritt der »Blockparteien« in die Regierung für falsch, zumal de Maizière die Wirtschaftslage als völlig hoffnungslos charakterisierte. Zuvor hatte sich der Runde Tisch auf vorgezogene Volkskammerwahlen geeinigt, die für den 18. März 1990 festgesetzt wurden.

In dieser Situation verständigten sich die Parteigruppen aus der Bundesrepublik auf eine Arbeitsbasis für die Wahl. Bei einem Treffen in West-Berlin schloss sich das bürgerliche Lager zu einem Wahlbündnis zusammen: »Allianz für Deutschland« nannte sich der Zusammenschluss von Ost-CDU, DSU und DA. Die Deutsche Soziale Union (DSU) wurde von der CSU unterstützt, während sich der Demokratische Aufbruch (DA) und die Ost-CDU auf die Hilfe der CDU verlassen konnten. Auch die anderen Bonner Parteien schlossen sich mit Ost-Berliner Partnern zusammen. Die DDR-Sozialdemokraten (SDP) beschlossen, sich in SPD umzubenennen, und hatten die Unterstützung der Bundes-SPD, während die FDP mit der ehemaligen Blockpartei LDPD zusammenging. Die Gruppierungen Neues Forum, Demokratie Jetzt und Initiative

Sturm auf die Stasi-Zentrale

für Frieden und Menschenrechte schlossen sich zum »Bündnis 90« zusammen. Die SED hatte sich bereits in »Partei des Demokratischen Sozialismus« (PDS) umbenannt.

Die Gewinner dieser Wahl in der DDR würden über die künftige Architektur in Deutschland und Europa wesentlich mitbestimmen. Dass sich die bürgerlichen Kräfte mit meiner massiven Unterstützung zu einem Wahlbündnis verständigt hatten, war im Moment der größte Erfolg meiner Arbeit.

Die Vorverlegung der eigentlich für Mai geplanten ersten freien Wahlen in der DDR auf den 18. März begründete Ministerpräsident Hans Modrow am 29. Januar in einer dramatischen Erklärung vor der Volkskammer, die einem Offenbarungseid gleichkam. Die ökonomischen und sozialen Spannungen hätten zugenommen und berührten bereits das tägliche Leben vieler Menschen, sagte er. Alle Maßnahmen und Appelle hätten nicht vermocht, den Aderlass der DDR abzuwenden. Dieser Aderlass schmälere die wirtschaftliche Leistungsfähigkeit. Das war eine Bankrotterklärung, aber wie wir heute wissen, war es nur die halbe Wahrheit.

Im Januar 1990 kamen wieder fünfundfünfzigtausend Übersiedler zu uns. Der Versuch, die DDR zu reformieren, einen »Dritten Weg« zwischen Kommunismus und Marktwirtschaft einzuschlagen, war damit – auch zur Enttäuschung vieler Unbelehrbarer im Westen – unwiderruflich zum Scheitern verurteilt.

Einen Tag vor Modrows Erklärung in Ost-Berlin hatte meine Partei bei den Landtagswahlen im Saarland eine Schlappe hinnehmen müssen. Oskar Lafontaine, mittlerweile Kanzlerkandidat der SPD für die nächste Bundestagswahl, erzielte mit seiner SPD erneut die absolute Mehrheit, die er noch um vier Mandate ausbauen konnte, während wir zwei Mandate verloren. Lafontaine hatte keine Chance zur Emotionalisierung ausgelassen. Das Wahlergebnis an der Saar war zwar nicht repräsentativ für dic Stimmung im Lande, aber auch ich spürte gewisse Ängstlichkeiten über die Zukunft unseres Landes. Wie viele Übersiedler waren in der Bundesrepublik noch zu verkraften? Welche finanziellen Belastungen würden auf die Bundesbürger noch zukommen, wenn die DDR total bankrott wäre? Wie sähe eine Zukunft aus, wenn wir tatsächlich wiedervereinigt sein würden? All diese Fragen waren berechtigt, wir mussten aber verhindern, dass Ängste geschürt wurden und sich Unsicherheit breitmachte. Es galt, jetzt eine aktive Rolle zu übernehmen und nicht länger abwartend die Entwicklung zu beobachten.

54.
Einsichten

Wie die Kremlherren die Lage in der DDR einschätzten, konnten wir damals nur vermuten. Heute wissen wir, dass Generalsekretär Gorbatschow am 26. Januar die Situation in der DDR mit der von Aserbaidschan verglich. In einer internen Gesprächsrunde sagte er, es gebe in der DDR keine Kräfte mehr, auf die Moskau sich verlassen und stützen könnte. Selbst Ministerpräsident Hans Modrow, der eigentlich ein Freund sei, wolle von der SED weg – es gebe keine vertrauenswürdigen Kräfte mehr in Ost-Berlin. Das hieß für Gorbatschow, dass die Sowjetunion auf die in der DDR verlaufenden Prozesse nur noch über die Bundesrepublik einwirken könne. Die Sowjetunion stehe vor der Wahl: entweder Kohl oder die SPD. Selbst die Sozialdemokraten, so Gorbatschows Analyse, würden aber trotz aller beruhigenden Erklärungen und Versprechungen von Willy Brandt die DDR in ihrem Wahlkampf instrumentalisieren.

Für Gorbatschow kam es darauf an, die deutsche Frage in den europäischen und weltpolitischen Kontext zu stellen; das fänden auch die in der Nato Verbündeten. Die deutsche Frage dürfe nicht in der verkürzten Perspektive des Wahlkampfs gesehen werden, und das müsse auch Helmut Kohl vermittelt werden: Es gehe darum, in der deutschen Frage europäisch zu denken und dies nicht nur zum Schein, sondern wirklich. Realpolitisch betrachtet, stünden sowjetische Truppen in der DDR, und in der Bundesrepublik stünden diejenigen der Nato. Das sei die Realität, das sei die Folge des Zweiten Weltkriegs. Für Gorbatschow bedeutete das, dass die Vier Mächte das Recht hatten, sich an den deutschen Ereignissen zu beteiligen. Er machte den Vorschlag, dass sich die Bundesrepublik an einem Treffen der vier Siegermächte beteiligen sollte. Am Ende kam die Diskussionsrunde zu dem Ergebnis, auch die DDR einzuladen. Damit waren auf sowjetischer Seite die Zweiplus-Vier-Gespräche geboren.

Dass das wiedervereinigte Deutschland Nato-Mitglied sein könnte, kam für Gorbatschow nicht in Frage. Allein schon die Präsenz der sowjetischen Truppen in der DDR würde dies zu verhindern wissen. Diese Truppen könnten erst dann abgezogen werden, wenn auch die Amerikaner abziehen würden, und das würden sie noch lange nicht schaffen. Helmut Kohl müsse dies ebenso berücksichtigen wie die Tatsache, dass er ein paar Jahre brauchen würde, um die DDR wirtschaftlich »aufzufressen«. Über soviel Zeit würden sie also nach Gorbatschows Einschätzung noch verfügen. Es gelte nun, diese Zeit vernünftig zu nutzen und ein gesamteuropäisches Gipfeltreffen im Jahr 1990 vorzubereiten.

Der damalige KGB-Chef Wladimir Krjutschkow, der neben Ministerpräsident Ryschkow, Außenminister Schewardnadse und anderen an dieser Gesprächsrunde teilnahm, konstatierte, die SED sei am Ende. Sie sei weder Hilfe noch Stütze für die Sowjetunion. Ministerpräsident Modrow sei ein Übergangspolitiker, der nur wegen seiner Zugeständnisse im Amt bleibe. Bald werde es in der DDR aber keine Bereiche mehr geben, in denen er noch Zugeständnisse machen könnte. Die Sowjetunion müsse ihre Freunde in der DDR, die ehemaligen Mitarbeiter der Staatssicherheit und des Innenministeriums, aktiv unterstützen. Mit Blick auf die Sowjetunion meinte Krjutschkow, das russische Volk habe Angst, dass Deutschland wieder eine Bedrohung werden könne, denn Deutschland werde die gegenwärtige Grenze nie akzeptieren. Das Volk müsse darum schrittweise damit konfrontiert werden, dass sich Deutschland wiedervereinige.

Gorbatschows Berater Jakowlew meinte, es wäre nicht verkehrt, das russische Volk daran zu erinnern, dass selbst Stalin sich nach dem Krieg für die deutsche Einheit ausgesprochen hatte. Allerdings wäre es gut, wenn Hans Modrow sein eigenes Programm der Wiedervereinigung vorschlagen würde, ohne Vorurteile, ganz realistisch. Der Kreml würde ihn dann unterstützen und die Sympathien des deutschen Volkes ernten. Dabei müsste auch darauf hingewiesen werden, dass die Sowjetunion seit 1946 für die deutsche Einheit war. Die Bedingung dafür seien Neutralität und Demilitarisierung. Natürlich würden England, Frankreich und kleine europäische Staaten gegen solche Bedingungen sein. Die USA würden weitere Schritte überlegen müssen. Unterdessen könnte die sowjetische Regierung gewissermaßen oben auf dem Berg sitzen und den Kampf beobachten.

Nikolai Ryschkow mahnte zu Realismus und meinte, die Entwicklung sei nicht mehr aufzuhalten. Jetzt ginge es nur um das Taktische, denn die Sowjetunion werde die DDR sowieso nicht behalten können. Alle Barrieren seien weg, die Wirtschaft spiele verrückt, die staatlichen Institutionen existierten nicht mehr. Die Konföderation sei vielleicht ein Weg, aber die Sowjetunion müsste Bedingungen stellen. Es wäre falsch, alles Kohl zu überlassen. »Wenn wir das tun, wird Deutschland in zwanzig bis dreißig Jahren den dritten Weltkrieg beginnen«, meinte Ryschkow.

Am Ende dieses Klärungsprozesses im Kreml kam Gorbatschow zu dem Ergebnis, das Wichtigste sei, den Prozess der Wiedervereinigung zu verzögern. Die Bundesrepublik brauche die Sowjetunion, meinte Gorbatschow, und diese brauche die Bundesrepublik. Zu berücksichtigen sei, dass in der Bundesrepublik achtundfünfzig Millionen und in der DDR sechzehn Millionen Menschen lebten. Frankreich wolle keine Wiedervereinigung, England habe Angst, in den Hinterhof gedrängt zu werden. Und dann entwickelte der Generalsekretär seine Strategie:

> »Wir dürfen unsere Siegerposition nicht aufgeben. Wir müssen die Idee ›Vier plus Zwei‹ vorschlagen, wir müssen die deutsche Frage in den Wiener Abrüstungsprozess integrieren. Was unsere Truppen in Europa betrifft, so müssen wir uns so verhalten, dass keiner auf die Idee kommt, dass wir zum 50. Jahrestag des Sieges einfach so Europa verlassen. Wir müssen die Präsenz unserer Truppen in Deutschland eng mit dem Wiener Abrüstungsprozess verbinden. Und dem Helmut Kohl müssen wir sagen: Halte dich doch endlich raus! Hier

werden uns wohl alle zustimmen. Mit der BRD bleiben wir bei Sonderbeziehungen; mit der DDR auch. Darauf müssen wir bestehen. Es gibt gegenseitige Interessen, es gibt eine Grundlage für das gegenseitige Verständnis.«

Dieses aufschlussreiche Protokoll ist der Schlüssel dafür, weshalb Ende Januar 1990 eine dramatische Wende in der sowjetischen Deutschlandpolitik eintrat. Wir konnten es zu diesem Zeitpunkt noch nicht wissen, aber die Sowjetunion sah sich gezwungen, sich den Realitäten zu beugen und den Weg zur deutschen Wiedervereinigung nicht mehr zu versperren. Der Preis sollte allerdings immens hoch sein: Moskau strebte ein neutrales, entmilitarisiertes Deutschland an, das weder ich noch die Amerikaner je akzeptiert hätten. Auch Mitterrand hätte dies ziemlich sicher abgelehnt. Bei Margaret Thatcher war ich mir nicht sicher.

*

Höchst aufschlussreich ist auch ein bislang ebenfalls unveröffentlichtes Dokument über den Besuch Hans Modrows in Moskau am 30. Januar 1990, das wir zur damaligen Zeit ebensowenig kannten. Was darin über die tatsächliche Lage in der DDR festgehalten wurde, war noch viel dramatischer, als wir glaubten. Die Bundesregierung mit ihren nüchternen Zahlen galt in den Augen unserer Kritiker schon als Scharfmacher, doch was Modrow den Kreml-Herren Ende Januar zu berichten wusste, ging weit über jene Daten und Fakten hinaus, über die das Moskauer Politbüro, geschweige denn wir, verfügte.

Es muss Gorbatschow und seinen Leuten den Atem verschlagen haben, als Modrow berichtete, der gesamte DDR-Staatshaushalt betrage 230 Milliarden Mark, die Innenverschuldung belaufe sich auf 170 Milliarden Mark, die Außenverschuldung auf 20 Milliarden Dollar. Die Verschuldung könne nur durch eine Effizienzsteigerung der Wirtschaft gelöst werden, aber die Wirtschaftslage werde immer schlechter. Es werde bereits gestreikt. Mancherorts höre man auf zu arbeiten oder arbeite langsamer. Das sei eine gefährliche Kettenreaktion. Es gebe auch Schwierigkeiten bei den Konsumgütern. Die Öffnung der Grenze habe eine negative Wirkung gehabt: Weil die Menschen in der DDR befürchteten, dass die DDR-Währung immer instabiler werde, würden viele Konsumgüter gekauft.

Auch die sozialen Spannungen würden wachsen. Der Zerfall der Machtorgane vor Ort sei nicht mehr aufzuhalten. In einigen Volksvertretungen fehlten bereits die Abgeordneten, so dass keine Entscheidungen getroffen werden könnten. Die noch funktionierenden Machtorgane würden vom Volk nicht akzeptiert, die Autorität der örtlichen Machtorgane sei ruiniert. Die Rechtsordnung wackele, Rechte der Bürger könnten nicht voll gesichert werden. Man drohe mit Terroranschlägen auf Fabriken und Behörden, und sogar Krankenhäuser würden bedroht. Linke und rechte Gruppierungen radikalisierten sich.

Die Menschen hätten Angst. Nicht nur alte Parteien, auch die neuen hätten Angst. Einige Stasi-Mitarbeiter brächten sich um. Sie seien in einer schwierigen Situation. Das seien insgesamt fünfundachtzigtausend hauptamtliche Mitarbeiter. Es gebe auch Unruhe in der NVA. Der »Bund der Offiziere« verlange nach Militärreformen und nach Lohnerhöhung. Die Möglichkeiten, die Armee innerhalb des Landes einzusetzen, seien begrenzt. Die Situation in der Volkspolizei sei einigermaßen stabil. Aber die Volkspolizei könne auf Dauer nicht alle Probleme lösen.

Auch gegenüber den sowjetischen Truppen werde man immer feindseliger. Da könnten wirklich Probleme entstehen, insbesondere wenn es Manöver gebe. Mancherorts würden die Sowjettruppen von der Bevölkerung sehr aufmerksam beobachtet.

Es gebe immer mehr Ausreisewillige. Im Januar hätten etwa fünfzigtausend Menschen die DDR verlassen. Wenn es so weitergehe, würde die DDR bis Ende des Jahres etwa fünfhunderttausend Bürger verlieren. Leider seien unter diesen Menschen besonders viele Intellektuelle und junge qualifizierte Arbeiter.

Auf die DDR werde seitens der BRD massiver Einfluss ausgeübt. Kohl wolle aktiv am Wahlkampf teilnehmen und werde deswegen sogar Auslandsreisen verschieben. Er pflege aktive Kontakte zur DDR-CDU. Die SPD verhalte sich genauso. Brandt trete bei Massenkundgebungen in der DDR auf und verlange Deutschlands Wiedervereinigung. Er erkläre sogar, dass dieser Prozess von Kohl und Modrow zu langsam durchgeführt werde und beschleunigt werden müsse.

In mehreren Städten fänden Massendemonstrationen statt, zum Beispiel in Leipzig und Dresden. Von der Bevölkerung werde die Zwei-Staaten-Theorie immer mehr abgelehnt, und er glaube, diese Idee sei nicht mehr zu retten. Die Tendenz zur Wiedervereinigung zeichne sich besonders stark in den Grenzgebieten ab. Weder die alten noch die neuen Parteien könnten diese Tendenzen stoppen. Die Destabilisierungsprozesse seien deshalb so stark, weil sowohl in der BRD als auch in der DDR Wahlen bevorstünden. Die BRD habe ihren Wahlkampf schlicht auf das Territorium der DDR verlagert. Sowohl für Kohl als auch für die Sozialdemokraten sei die DDR längst ein Schlachtfeld ihres Wahlkampfs geworden.

Die Situation sei auch deshalb kritisch, weil die Angriffe auf die SED immer stärker würden. Dies habe zur Folge, dass die Staatsorgane immer schwächer würden. Es sei sehr schwer zu sagen, wie viele Mitglieder noch in der SED geblieben seien. Leider werde die Partei auch von einflussreichen Menschen verlassen, beispielsweise von Betriebsdirektoren und so weiter.

Immer häufiger werde versucht, die Existenz der DDR als souveräner Staat in Frage zu stellen. Im Grunde sei das ein Versuch, die ganze europäische Nachkriegsordnung abzubauen. Bürger, die bei Demonstrationen die Fahne der DDR trügen, würden zusammengeschlagen. Die Straße gehöre zur Zeit den Gegnern, meinte der DDR-Ministerpräsident.

Die Wiedervereinigung sei inzwischen ein zentrales Thema des Wahlkampfs geworden. Daher versuche jede der konkurrierenden Parteien, die Lösung dieser Frage zu beschleunigen, um davon zu profitieren.

»Was können wir tun?« fragte Modrow, um dann – ganz auf Gorbatschows Linie – zu sagen, man müsse den laufenden Prozess abbremsen und ihn in eine gesamteuropäische Richtung lenken, sonst werde der Einfluss von anderer Seite immer stärker und von der eigenen Seite immer schwächer. Er glaube, dass die UdSSR ihre Rechte als eine der vier Siegermächte in Erinnerung bringen müsse. Es wäre ratsam, möglichst schnell mit den anderen drei Siegermächten eine Partnerschaft in dieser Frage zu vereinbaren, um die Lage zu stabilisieren. Was der DDR jetzt helfen würde, wäre ein Besuch von Michail Sergejewitsch [Gorbatschow] und Nikolai Iwanowitsch [Ryschkow], weil es so viele Besuche aus dem Westen gebe.

Schließlich sprach Modrow noch ein heikles Thema an: die sowjetischen Öllieferungen, die allein im Januar um fünfhundertacht Tonnen zurückgegangen waren, was negative Folgen für die Chemieindustrie, das Transportwesen, für die Heizkraftwerke und die Landwirtschaft hatte. Wegen der hohen Verschuldung der DDR sah Modrow keinerlei Spielräume, um die Lage noch einigermaßen auszugleichen. Er bat den sowjetischen Generalsekretär geradezu händeringend, in dieser Frage zu einer Übereinkunft zu kommen.

Zum Abschluss kam Modrow noch einmal auf das Währungsproblem zurück: Die Grenzen seien ja offen. Wegen des Wechselkurses 1:3 sei zu befürchten, dass in den nächsten Wochen große Probleme im Bereich der Konsumgüter entstünden.

Und schließlich könne die DDR-Sozialpolitik nur bei geschlossenen Grenzen funktionieren. Jetzt seien alle Leistungen, die der Staat seinen Bürgern garantiere, zu einem Nachteil geworden. Die Preise seien enorm niedrig und öffneten Spekulanten Tür und Tor.

Gorbatschow dankte Modrow für seine Ehrlichkeit und meinte, die DDR erlebe eine »schicksalhafte Zeit«.

Was als Ergebnis des Treffens von Hans Modrow mit der sowjetischen Führung auf der anschließenden Pressekonferenz in Moskau bekanntgemacht wurde, kam einer Sensation gleich: Die Sowjetunion habe prinzipiell nichts gegen eine Vereinigung der beiden deutschen Staaten einzuwenden. Nach Ansicht Gorbatschows bestehe bei den Deutschen in Ost und West sowie bei den vier Siegermächten des Zweiten Weltkriegs Einvernehmen darüber, dass die Wiedervereinigung der Deutschen niemals und von niemandem in Frage gestellt werde. Der Mann, der seit vielen Wochen für den Fortbestand einer reformierten DDR gekämpft hatte, sprach in Moskau plötzlich von einem »einigen deutschen Vaterland«: Er gehe davon aus, so Modrow auf der Pressekonferenz, dass es in der Tat jetzt notwendig sein werde, sich der Frage eines einigen deutschen Vaterlands – oder welche Begriffe dafür auch immer in jüngster Zeit geprägt worden seien – mit Entschiedenheit zuzuwenden.

Tags darauf legte Modrow in Ost-Berlin einen Plan »Für Deutschland einig Vaterland« vor und meinte, die Vereinigung der beiden deutschen Staaten rücke auf die Tagesordnung. Die Teilung müsse im Rahmen des europäischen Prozesses überwunden werden – von der Vertragsgemeinschaft über »konföderative Züge« bis hin zu einer bundesstaatlichen Ordnung. Deutschland solle bis dahin militärisch neutral sein.

Damit hatte sich Modrow eindeutig zum Ziel der staatlichen Einheit Deutschlands auf der Grundlage freier Selbstbestimmung und zu einem »schrittweisen Vorgehen unter Berücksichtigung der Interessen aller europäischen Staaten« bekannt. Das war zu begrüßen. Ich erinnerte an mein Zehn-Punkte-Programm, in dem ich den Weg zur Verwirklichung der deutschen Einheit aufgezeigt hatte. Über die einzelnen Schritte zur deutschen Einheit konnte man nach den Volkskammerwahlen am 18. März mit einer aus freien Wahlen hervorgegangenen Regierung der DDR verhandeln. Das Konzept einer deutschen Neutralität, das von Teilen der SPD und den Grünen nicht zurückgewiesen wurde, lehnte ich strikt ab. Es widersprach der Logik eines gesamteuropäischen Einigungsprozesses, in dem ein vereintes Deutschland keine Sonderstellung einnehmen durfte.

Anfang Februar erreichte mich ein Schreiben Gorbatschows, in dem er auf seine Gespräche mit Modrow in Moskau einging. Gorbatschow schrieb von einer Reihe interessanter Ideen und Gedanken bezüglich der Annäherung beider deutschen Staaten und zur Gestaltung von neuen Formen der Zusammenarbeit und Partnerschaft. Die Sowjetunion gehe davon aus, dass der realistischste und praktischste Weg zu diesem Ziel die Schaffung einer Vertragsgemeinschaft sei, als eine Etappe auf dem Weg zu einer Konföderation. Mit keinem Wort erwähnte Gorbatschow die entscheidende Frage der Bündniszugehörigkeit. Er schloss seinen Brief mit den Worten: »Wie auch Sie verspüre ich die Notwendigkeit, unmittelbar, persönlich und unter vier Augen mit Ihnen zu sprechen. Ich lade Sie ein, am 9. Februar 1990 nach Moskau zu fliegen, wenn dies Ihnen genehm ist, für ein Arbeitstreffen, welches inoffiziell und frei von Protokoll sein soll.«

Dieser Einladung kam ich gerne nach, doch vorher traf ich mich mit Hans Modrow am Rand des bekannten World Economic Forums in Davos. Zwar schilderte er mir sehr offen die Lage in der DDR, die sich von Tag zu Tag verschlechtere, aber in Wahrheit hatte er die DDR noch lange nicht abgeschrieben. Modrow versuchte Zeit zu gewinnen und vielleicht mit unserer Hilfe die wirtschaftliche Lage zu konsolidieren. Ganz offen meinte er, die Bundesrepublik sei nun gefordert, und wiederholte den Wunsch nach 15 Milliarden DM Wirtschaftshilfe, mit denen die DDR von März bis Mai über die Runden kommen könne. Ansonsten könnte alles zusammenbrechen.

Ich hörte Modrow zu, ließ aber keinen Zweifel daran, dass ich nicht bereit sei, den Betrag zu befürworten. Ich glaubte einfach nicht, dass selbst eine Milliardenspritze aus Bonn die Funktionsfähigkeit des DDR-Systems in seinem jetzigen Zustand wiederherstellen könnte. Und das sagte ich dem DDR-Ministerpräsidenten auch.

Von der SPD und den Grünen, aber auch vom Koalitionspartner FDP wurde massiver Druck ausgeübt, ich möge endlich der Milliardenhilfe zustimmen. In großen Teilen der deutschen Presse wurde der Eindruck vermittelt, ich würde einem Zerfall der DDR tatenlos und zustimmend zusehen. Dabei wäre es geradezu absurd gewesen, dieses Regime wenige Wochen vor der ersten demokratischen Wahl zu stützen. Unseren Landsleuten gewährten wir natürlich dringend benötigte Soforthilfe, wie zum Beispiel mit dem Reisedevisenfonds und den ERP-Krediten vor allem für kleinere und mittlere Unternehmen. Für medizinische Geräte und Ausrüstungen wurden 300 Millionen DM bereitgestellt. Alles in allem ging es um einen Betrag von fünf Milliarden DM.

*

Natürlich wurden im Kanzleramt bereits entscheidende Weichenstellungen in Richtung staatlicher Einheit vorbereitet. Wir hatten es bis dahin aus guten Gründen vermieden, die Dynamik des Einigungsprozesses zu forcieren. Inzwischen aber war die Situation so dramatisch geworden, dass wir uns nicht länger zurückhalten konnten. Wir mussten den potentiell ausreisebereiten Menschen in der DDR ein überzeugendes Signal geben, dass sich die Verhältnisse in ihrer Heimat in überschaubarer Zeit zum Besseren wenden würden. Und das hieß ganz einfach: Wenn wir verhindern wollten, dass die Leipziger zur D-Mark kamen, dann musste die D-Mark zu den Leipzigern kommen.

Politisch und ökonomisch bedeutete dies, dass wir bereit waren, auf ungewöhnliche, ja revolutionäre Ereignisse in der DDR unsererseits eine ungewöhnliche, ja revolutionäre Antwort zu geben. Ich war mir dabei durchaus bewusst, dass eine schnelle Einführung der D-Mark in der DDR mit ökonomischen Risiken verbunden sein würde. Vor allem aber war sie politisch zwingend geboten. Dass es dabei um mehr ging als nur um eine kaufkräftige Währung, nämlich um gesellschaftliche und politische Reformen, um Freiheit und Menschenrechte, begriff jeder, der sich mit der Deutschlandpolitik beschäftigte.

Neben dem CDU-Bundesvorstand und dem Präsidium hatte ich vor allem auch die Unionsfraktion stets umfassend informiert. Die Bundestagsabgeordneten waren über meine jeweiligen Schritte in der Deutschlandpolitik bestens im Bilde. In der Sitzung am 6. Februar kündigte ich meine neue Initiative an, die anderntags vom Bundeskabinett angenommen wurde. Wir mussten jetzt an die DDR herantreten und einfach sagen, dass wir bereit waren, mit ihr unverzüglich in Verhandlungen über eine Währungs- und Wirtschaftsunion einzutreten. Die Bundesregierung beschloss, einen Kabinettsausschuss »Deutsche Einheit« einzurichten, der von mir geleitet wurde. Der Ausschuss bestand aus sechs Arbeitsgruppen, die sich mit den anfallenden innen- und außenpolitischen Problemen beschäftigten und von den jeweiligen Fachministern geführt wurden. Im Brennpunkt des Interesses stand zunächst die Arbeitsgruppe, in der die Währungs- und Wirtschaftsunion vorbereitet wurde.

Ausschlaggebend für meine Initiative war nicht allein die Entwicklung in der DDR. Auch in der Bundesrepublik galt es Signale zu setzen. Die Belastungen durch die gewaltigen Übersiedlerzahlen waren sehr groß geworden; die ersten Schulen, deren Unterrichtsgebäude und Turnhallen mit Übersiedlern belegt waren, mussten wegen Überfüllung geschlossen werden. Diejenigen, die aus der DDR zu uns kamen, hatten Anspruch auf volle Sozialleistungen und erhielten überdies Begrüßungsgeld, so dass mehrere Milliarden DM für sie bereitgestellt werden mussten.

Diese Solidaritätsleistungen für unsere Landsleute wurden zum Aufhänger einer infamen Angst- und Neidkampagne, mit der die Bundesbürger gegen ihre Landsleute aus der DDR aufgehetzt werden sollten. Oskar Lafontaine, Ministerpräsident des Saarlands, sprach von einem Zugriff auf die sozialen Sicherungssysteme der Bundesrepublik und schlug vor, nur noch solche Übersiedler aufzunehmen, die sich bereits von der DDR aus Wohnung und Arbeit im Bundesgebiet gesichert hätten. Ins selbe Horn stießen zahlreiche Linksintellektuelle wie Günter Grass, die in Offenen Briefen und Unterschriftenaktionen vor den »ökonomischen Folgen eines hastigen Anschlusses der DDR an die BRD« ebenso warnten wie vor der Wiederkehr eines »großdeutschen Nationalismus«.

Eine entscheidende Frage war, in welchem Verhältnis DDR-Mark in D-Mark umgetauscht werden sollte. Ich stellte von Anfang an die Überlegung an, einen Umtausch eins zu eins in begrenztem Umfang zuzulassen. Die Formel 1:1 wäre von enormer politischer und psychologischer Bedeutung, weil damit den Menschen in der DDR signalisiert würde, dass es um Solidarität unter Gleichberechtigten ging und nicht um eine herablassende Geste des reichen Vetters gegenüber seinem armen Verwandten. Mir war bewusst, dass dies ein höchst ungewöhnliches Angebot war, für das es in keinem Lehrbuch der Ökonomie ein Beispiel gab.

Die Zahl der Bedenkenträger wuchs von Tag zu Tag, vor allem Bundesbankpräsident Karl Otto Pöhl verfolgte eine andere Strategie. Zu guter Letzt jedoch unternahmen wir sämtliche Schritte in engstem Kontakt und in vollem Einvernehmen mit der Bundesbank und ihrer Führung – in dem doppelten Bewusstsein, dass es um eine völlig neuartige Herausforderung und um eine politische Schicksalsfrage für ganz Deutschland ging.

*

Vor meiner Reise nach Moskau telefonierte ich mit François Mitterrand und George Bush, um die Lage in Deutschland zu erörtern und meine Initiative zur Errichtung einer Währungs- und Wirtschaftsunion zu erläutern. Mit der amerikanischen Führung koordinierte ich meine Moskauer Gespräche.

Aus Washington erfuhr ich, wie sehr man dort schon von der künftigen deutschen Einheit ausging. Völliges Einvernehmen herrschte zwischen dem amerikanischen Präsidenten und mir, dass die Wiedervereinigung niemals um den Preis einer Neutralität Deutschlands zu erreichen sei. Pläne, die äußeren Aspekte der deutschen Einheit über multilaterale Verhandlungen zu regeln, waren in Amerika schon weit fortgeschritten. So kam der Anstoß zu den Zwei-plus-Vier-Gesprächen, also zu Konsultationen zwischen den beiden deutschen Staaten und den vier Siegermächten des Zweiten Weltkriegs, aus Washington. Beinahe zeitgleich gab es in Moskau ebensolche Ideen.

Der Austausch zwischen Washington und Bonn war äußerst intensiv. In diesen Tagen kam es in der Außenpolitik entscheidend auf die enge Interessenverzahnung zwischen Amerika und der Bundesrepublik an.

Am 9. Februar, einen Tag vor meiner Reise in die sowjetische Hauptstadt, erhielt ich über den amerikanischen Botschafter in Bonn, Vernon Walters, zwei Briefe von George Bush – ein amtliches und ein privates Schreiben. Das private lautete:

»Lieber Helmut,
ich habe unser gemeinsames Essen in Brüssel genossen. Unser fortgesetzter, enger Meinungsaustausch, der in diesen schnell ablaufenden Zeiten entscheidend ist, ist auch eine persönliche Freude.
Ich habe mich über Ihren freundlichen Brief vom 14. Dezember gefreut und entschuldige mich für diese späte Antwort. Ihre Worte der Unterstützung in meinem ersten Amtsjahr und Ihre Bereitschaft zu weiteren tiefgehenden deutsch-amerikanischen Beziehungen sind herzlich aufgenommen worden. Ich freue mich, mit Ihnen im kommenden Jahr eng zusammenzuarbeiten und die engen Bindungen zwischen unseren Ländern auszuweiten.
Barbara und ich danken Ihnen und Hannelore für die Urlaubsgrüße und das beigefügte Foto. Vielen Dank auch für den großartigen deutschen Wein und das Fleisch. Mein Dank wäre unvollständig, wenn ich in ihn nicht besonders die wunderbare deutsche Uhr einschlösse. Sie ist ein sichtbares Zeichen unserer Freundschaft.
Mit unseren herzlichsten Wünschen für Sie und Hannelore,
Ihr George Bush

P.S. Ich freue mich sehr auf unser Treffen in Camp David.«

In dem gesonderten amtlichen Schreiben ging der Präsident ausführlich auf meine bevorstehende Reise nach Moskau ein und sagte mir seine Unterstützung zu, falls sich die Einheit schneller realisieren lassen sollte. Auch würden die Vereinigten Staaten jede Entscheidung der Deutschen akzeptieren. Gleichzeitig formulierte Bush die Bedingungen für seine Zustimmung zur Einheit. Er wolle nicht zulassen, dass sich die Sowjetunion des Vier-Mächte-Mechanismus bediene, um ein Deutschland zu schaffen, das Moskau wolle, auf einem Weg, den Moskau wolle. Damit war ein neutrales oder nach Osten orientiertes wiedervereinigtes Deutschland für die Vereinigten Staaten nicht akzeptabel. Der amerikanische Präsident sah die Rolle des zukünftigen Deutschland in der Nato.

Damit machte er die Westbindung zur Bedingung für die Wiedervereinigung. Dafür sei er bereit, einen besonderen sicherheitspolitischen Status des Territoriums der DDR hinzunehmen. Gleichzeitig forderte er eine Truppenreduzierung der Sowjetunion und bot an, der Nato eine größere politische Rolle zu übertragen. Unverzichtbar sei für ihn die Präsenz amerikanischer Truppen in Europa. Nichts, was Gorbatschow mir sagen werde, könne das verhindern.

Dieser Brief zählt für mich zu den Marksteinen der deutsch-amerikanischen Freundschaft.

55.
Durchbruch

Am Morgen des 10. Februar 1990 startete die Boeing 707 der Flugbereitschaft mit der deutschen Delegation an Bord in Richtung Moskau. Ich hatte mich intensiv auf das Gespräch mit Gorbatschow vorbereitet. Es ging vor allem darum, ihm die tatsächliche Lage in der DDR deutlich vor Augen zu führen. Ich wusste zu diesem Zeitpunkt ja nicht, wie offen und freimütig, ja verzweifelt DDR-Ministerpräsident Hans Modrow Gorbatschow kurz zuvor über die katastrophale Lage der DDR informiert hatte. Vor allem wollte ich dem Kreml-Herrn erklären, dass wir kein Interesse an einer Destabilisierung der Situation hatten, sondern dass der Wille zur Einheit in der DDR weit verbreitet sei. Und dass sich von den Warschauer-Pakt-Staaten die tschechoslowakische, die polnische, die ungarische, die rumänische und selbst die bulgarische Regierung für die deutsche Einheit ausgesprochen hatten, wusste Gorbatschow auch.

Dennoch konnte ich meine gemischten Gefühle nicht verleugnen. Welche Pläne hatte Gorbatschow? Würde er uns seine Zustimmung zu Deutschlands Einheit nur um den Preis der Neutralität anbieten und uns damit in größte Schwierigkeiten bringen?

Gegen 14 Uhr landeten wir auf dem Moskauer Flughafen. Wir spürten geradezu die angespannte Lage. Außenminister Eduard Schewardnadse begrüßte uns, und nach dem Abschreiten der Ehrenformation begleitete er mich auf der Fahrt ins Gästehaus der sowjetischen Regierung. Ich hatte mich kaum von Schewardnadse verabschiedet, da übergab mir Horst Teltschik einen von George Bush bereits angekündigten Brief des amerikanischen Außenministers, den er auf dem Flughafen vom Bonner Botschafter Klaus

Blech bekommen hatte. Dass der amerikanische Außenminister James Baker unmittelbar vor meinen Gesprächen zu einer Visite in Moskau war, empfand ich als in höchstem Maße hilfreich und kennzeichnend für unsere enge Zusammenarbeit mit den Vereinigten Staaten.

Bakers Schreiben entnahm ich, dass seine sowjetischen Gesprächspartner die Einheit Deutschlands als unabwendbar ansähen, jedoch ihre Sorge zum Ausdruck gebracht hätten, die Lage könne durch die rasante Entwicklung außer Kontrolle geraten. Die Sowjetunion würde dem nicht tatenlos zusehen. Weiter las ich, Baker habe gegenüber den Sowjets seine Überzeugung zum Ausdruck gebracht, dass ich sehr sensibel mit den sowjetischen Sicherheitsinteressen umgehen würde, dass aber niemand außer den Deutschen selbst über das Schicksal ihres Landes entscheiden könne. Da der Vereinigungsprozess nach den DDR-Wahlen am 18. März sicherlich noch an Fahrt gewinnen würde, sei es erforderlich, einen Mechanismus zu schaffen, der sich der äußeren Aspekte der deutschen Einheit annehme. Er habe Gorbatschow Zwei-plus-Vier-Gespräche vorgeschlagen, und der Generalsekretär habe den Vorschlag als eine gangbare Möglichkeit angesehen. Zur Bündniszugehörigkeit eines vereinten Deutschlands schrieb Baker, er habe Gorbatschow vorgetragen, dass die Bundesregierung in Übereinstimmung mit der amerikanischen Administration eine deutsche Neutralität strikt ablehne. Um einen Weg zu finden, habe er dem Generalsekretär vorgeschlagen, dass das vereinte Deutschland ohne das Gebiet der DDR der Nato angehören solle.

*

Am Nachmittag des 10. Februar fand meine erste Begegnung mit Michail Gorbatschow statt. Ich traf auf einen sehr konzentrierten Generalsekretär, der mich kühl begrüßte.

Nachdem sich die Türen hinter uns geschlossen hatten, schilderte ich ihm ausführlich, aber ohne jede Übertreibung die dramatische Lage in der DDR und berichtete über mein Gespräch mit dem DDR-Ministerpräsidenten in Davos.

1989 habe es dreihundertachtzigtausend Übersiedler aus der DDR gegeben, von denen zweihunderttausend unter dreißig Jahre alt seien. Es gingen aus der DDR vor allem junge Leute weg, sagte ich, Fachkräfte, Computerexperten, Ingenieure und andere mehr. Wenn man in Moskau glaube, dass diese Menschen die DDR wegen des Geldes verließen, dann sei dies eine falsche Beurteilung. Die Geldleistungen der öffentlichen Hand spielten bei dieser Entscheidung keine Rolle. Jeder Übersiedler erhalte lediglich 200 DM als Begrüßungsgeld und nach Nachweis einer Wohnung ein zinsgünstiges Darlehen von 4000 DM, das sich bei jeder weiteren Person um 1000 DM erhöhe. Im Januar dieses Jahres seien rund fünfundfünfzigtausend Menschen aus der DDR übergesiedelt, und für den Februar erwarteten wir bis zu siebzigtausend Übersiedler. Schon aus diesem Grund sei es wichtig gewesen, die Wahl in der DDR auf den 18. März vorzuziehen. Welche Wirkungen die Wahl auf die Abwanderung aus der DDR haben werde, könne man nicht voraussehen.

Ich sagte Gorbatschow klipp und klar, dass die Entwicklung in Richtung deutsche Einheit unaufhaltsam auf uns zulaufe. Man könne es drehen und wenden, wie man wolle – die Entscheidung stehe kurz bevor.

Dann erläuterte ich dem Generalsekretär meine neue Initiative für eine Wirtschafts- und Währungsunion und meinte, wenn wir jetzt nicht handelten, könne ein Chaos entstehen. Ich erinnerte Michail Gorbatschow an seinen Satz vom Oktober 1989: »Wer zu spät kommt, den bestraft das Leben« und sagte, ich hätte den Wunsch, mit ihm ganz persönlich das vor uns liegende Jahrzehnt der Geschichte so zu gestalten, dass wir beweisen könnten, dass wir beide aus der Geschichte gelernt hätten. Ich wolle deshalb ausdrücklich sagen, dass ich unser heutiges Gespräch nur als erstes von mehreren verstehe, das möglichst fortgesetzt werden sollte. Gorbatschow stimmte mir zu.

Anschließend erläuterte ich aus meiner Sicht Fragen der internationalen Einbettung der deutschen Einheit. Die staatliche Einigung Deutschlands umfasse die Bundesrepublik, die DDR und Berlin. Wenn der Zeitpunkt der Einigung erreicht würde, müsse sie ver-

Handschlag in Moskau

traglich abgesichert werden. Dann könne auch die Grenzfrage mit Polen endgültig geregelt werden. Eine gesamtdeutsche Regierung und ein gesamtdeutsches Parlament könnten die Grenzfrage definitiv entscheiden und würden sie entscheiden. In dieser Frage gebe es keinen Grund für Misstrauen.

Ein schwieriges Problem stelle die unterschiedliche Bündniszugehörigkeit beider deutscher Staaten dar. Mit Nachdruck stellte ich fest, dass eine Neutralisierung mit der Bundesregierung nicht durchsetzbar sei. Dies wäre darüber hinaus eine historische Dummheit. Die Geschichte habe gezeigt, dass es ein Fehler gewesen sei, Deutschland nach 1918 unter einen Sonderstatus zu stellen. Der Sinn von Rapallo, jenem Vertrag zwischen dem Deutschen Reich und der Russischen Sozialistischen Föderativen Sowjetrepublik von 1922, sei es gewesen, Deutschland aus diesem Sonderstatus herauszuholen. Natürlich könne die Nato ihr Gebiet nicht auf das heutige Gebiet der DDR ausdehnen. Erforderlich seien jedoch Regelungen, um ein Einvernehmen zu finden. Ich sei mir sicher, die Sicherheitsinteressen der Sowjetunion richtig einschätzen zu können.

Gorbatschow sagte dann, er glaube, dass es zwischen der Sowjetunion, der Bundesrepublik und der DDR keine Meinungsunterschiede über die Einheit gebe und über das Recht der Menschen, die Einheit anzustreben und über die weitere Entwicklung zu entscheiden. Was den Hauptausgangspunkt betreffe, bestehe zwischen ihm und mir Einvernehmen, dass die Deutschen ihre Wahl selbst treffen müssten. Die Deutschen in der Bundesrepublik und in der DDR müssten selbst wissen, welchen Weg sie gehen wollten. So hatte ich Gorbatschow noch nie sprechen gehört, solche Sätze hatte er in meinem Beisein noch nie formuliert. Ich bekräftigte, dass die Entscheidung für die Einheit eine deutsche Angelegenheit sei.

Der Generalsekretär meinte weiter, die Deutschen in der Bundesrepublik und in der DDR müssten aber auch wissen, dass die Einheit im Kontext der Realitäten vollzogen werden müsse. Zu diesen Realitäten gehöre es, dass es einen Krieg gegeben habe, unter dem die Menschen in der Sowjetunion mehr hätten leiden müssen als andere. Es gehe jetzt darum, Konfrontation und Spaltung zu überwinden. Er glaube, die Deutschen in Ost und West hätten bereits bewiesen, dass sie aus der Geschichte gelernt hätten.

Im Verlauf des mehrstündigen Gesprächs kam Gorbatschow noch einmal auf die Hauptfrage zurück: Kern des deutschen Problems bleibe die militärische Frage, zu der das Problem des europäischen und globalen Gleichgewichts hinzukomme. Seine Formel zu diesem Thema würde folgendes einschließen: Es dürfe kein Krieg von deutschem Boden ausgehen, die Grenzen seien unverletzlich, und das Territorium des zukünftigen Deutschlands dürfe nicht von äußeren Kräften genutzt werden. Wichtig sei die Frage nach dem Status des neuen Deutschlands. Wie solle er aussehen? Er wisse, dass für mich wie für die meisten anderen die Neutralität nicht nur unannehmbar sei, sondern auch einen Rahmen schüfe, der das deutsche Volk erniedrige. Er verstehe diese Argumentation und unsere Gefühle. Auch er spüre, dass das so aussehen würde und dass bei den heutigen Generationen der Eindruck entstünde, als würden alle Leistungen für den Frieden, die in der Vergangenheit erbracht worden seien, jetzt gestrichen. So dürfe man politisch nicht handeln. Trotzdem sehe er ein vereinigtes Deutschland außerhalb des militärischen Gebäudes mit lediglich nationalen Streitkräften, die für die nationale Verteidigung ausreichten. Er wisse nicht, wie der Status aussehen solle – wenn nicht neutral, so vielleicht blockfrei wie beispielsweise Indien oder China oder auch manche Staaten in Europa, als aktive Kraft in Europa und in der Welt. Dieser Gedanke müsse weitergedacht und durchgespielt werden.

Alle Überlegungen, dass ein Teil Deutschlands der Nato, der andere Teil dem Warschauer Pakt angehöre, seien nicht ernst zu nehmen. Er werde immer gefragt, was denn die Nato ohne die Bundesrepublik, ohne Deutschland noch sei. Dies gelte dann aber auch für den Warschauer Pakt. Was sei denn der Warschauer Pakt ohne die DDR mit ihren starken Truppen noch wert?

Ich gab zu bedenken, dass das Gewicht von Bundesrepublik beziehungsweise DDR für das jeweilige Paktsystem nicht vergleichbar sei.

Übereinstimmung herrschte zwischen uns beiden über den Vorschlag des amerikanischen Präsidenten, den zuvor schon ein Kreis von engsten Beratern mit Gorbatschow ausführlich erörtert hatte, wie wir heute wissen: Die Vertreter der zwei deutschen Staaten und der vier Siegermächte sollten miteinander sprechen, um eine Lösung über die strittigen Fragen zu erzielen.

Mir war völlig klar, dass ich in der Frage der Bündniszugehörigkeit kein Entgegenkommen der sowjetischen Seite erwarten konnte. Dennoch konnte ich am Ende des Treffens hochzufrieden sein: Wir hatten Gorbatschows Zustimmung zum Zwei-plus-Vier-Prozess und vor allem auch sein grünes Licht für die Regelungen der inneren Aspekte der deutschen Einheit. Ich erinnerte mich an Gorbatschows Brief vom Dezember 1989, in dem er noch kalt und unnachgiebig auf den Einigungsprozess reagiert hatte. Jetzt sah die Welt ganz anders aus. Der Durchbruch war geschafft!

Im berühmten Katharinensaal des Kreml, in dem 1970 der so häufig zitierte Moskauer Vertrag von Bundeskanzler Willy Brandt und Ministerpräsident Alexei Kossygin unterzeichnet worden war, kamen wir anschließend in entspannter Atmosphäre zusammen. Ich kann mich nicht erinnern, wann ich je bei meinen Moskau-Besuchen so zufrieden und wohlgelaunt speiste. Und das lag nicht nur an der hervorragenden Küche, die Stör und Lachs aufbot, mit Borschtschsuppe und reichlich Wodka.

Nach dem Bankett bereitete ich mich auf eine Pressekonferenz vor, die für 22 Uhr Moskauer Ortszeit im internationalen Pressezentrum vorgesehen war. Ohne lange Vorrede sagte ich den anwesenden Journalisten:

»Ich habe heute abend an alle Deutschen eine einzige Botschaft zu übermitteln: Generalsekretär Gorbatschow und ich stimmen darin überein, dass es das alleinige Recht des deutschen Volkes ist, die Entscheidung zu treffen, ob es in einem Staat zusammenleben will.
Generalsekretär Gorbatschow hat mir unmissverständlich zugesagt, dass die Sowjetunion die Entscheidung der Deutschen, in einem Staat zu leben, respektieren wird; und dass es Sache der Deutschen ist, den Zeitpunkt und den Weg der Einigung selbst zu bestimmen.
Generalsekretär Gorbatschow und ich waren uns ebenfalls einig, dass die deutsche Frage nur auf der Grundlage der Realitäten zu lösen ist: Das heißt, sie muss eingebettet sein in die gesamteuropäische Architektur und in den Gesamtprozess der West-Ost-Beziehungen. Wir müssen die berechtigten Interessen unserer Nachbarn und unserer Freunde und Partner in Europa und in der Welt berücksichtigen.
Es liegt jetzt an uns Deutschen in der Bundesrepublik und in der DDR, dass wir diesen gemeinsamen Weg mit Augenmaß und Entschlossenheit gehen.
Generalsekretär Gorbatschow und ich haben ausführlich darüber gesprochen, dass auf dem Weg zur deutschen Einheit die Fragen der Sicherheit in Europa herausragende Bedeutung haben. Wir wollen die Frage der unterschiedlichen Bündniszugehörigkeit in enger Abstimmung auch mit unseren Freunden in Washington, Paris und London sorgfältig beraten und gemeinsam eine Lösung finden.

Ich danke Generalsekretär Gorbatschow, dass er dieses historische Ergebnis ermöglicht hat.
Wir haben vereinbart, im engsten persönlichen Kontakt zu bleiben.
Meine Damen und Herren, dies ist ein guter Tag für Deutschland und ein glücklicher Tag für mich persönlich.«

*

Ich habe mich oft gefragt, wie es in so kurzer Zeit zu solchen Metamorphosen des sowjetischen Generalsekretärs kommen konnte. Was hatte Gorbatschow letztendlich zu diesem Meinungsumschwung in der deutschen Frage bewogen? Natürlich hatte auch er einen Lernprozess mitgemacht, doch in Wahrheit wollte er die deutsche Einheit nicht. Er war jedoch Realist genug zu wissen, welche Lage in der DDR entstanden war, in der die Entwicklung nicht mehr aufzuhalten war. Den Weg zur deutschen Einheit frei zu machen – wenn auch noch nicht zur souveränen Wahl des Bündnisses – fiel ihm leichter, weil er mir vertraute. Unser gutes Verhältnis, das wir in Moskau 1988 begründet und in Bonn im Sommer 1989 vertieft hatten, erwies sich als krisensicher und wetterfest. Zudem hatte es andere Gelegenheiten gegeben, in denen ich Versprechen einlösen konnte.

Gorbatschow wusste, dass ich jemand bin, der Wort hält, auf den man sich auch in schwierigen Zeiten verlassen kann. Damals im Sommer 1989 im Kanzlerbungalow in Bonn hatte er mich gefragt, ob ich ihm helfen würde, wenn es im Winter zu Versorgungsschwierigkeiten in Moskau und Leningrad käme. Ohne zu zögern antwortete ich mit einem uneingeschränkten Ja. Tatsächlich brach dann zum Jahreswechsel 1989/90 die Versorgung in den russischen Metropolen zusammen. Anfang Januar fragte mich ein Abgesandter Gorbatschows, der stellvertretende Ministerpräsident Silajew, ob meine Zusage noch gelte. Daraufhin setzte ich mich sofort mit Bundeslandwirtschaftsminister Ignaz Kiechle in Verbindung, und am 9. Februar – einen Tag vor meiner Abreise in die Sowjetunion – wurde ein entsprechendes Abkommen unterzeichnet. Unverzüglich lief nun eine gewaltige Hilfsaktion an, ohne dass wir viel Aufhebens davon machten. Mit 220 Millionen D-Mark aus dem Bundeshaushalt subventioniert, lieferte die Bundesrepublik von Mitte Februar an aus der Nato-Reserve zweiundfünfzigtausend Tonnen Rindfleischkonserven, fünfzigtausend Tonnen Schweinefleisch, zwanzigtausend Tonnen Butter, fünfzehntausend Tonnen Milchbutter und fünftausend Tonnen Käse in die Sowjetunion. Hinzu kamen Unmengen von Schuhen, Damen- und Herrenkonfektion und andere Gebrauchsgüter. Diese schnelle Hilfe machte großen Eindruck auf Gorbatschow.

*

Vor dem Heimflug nach Deutschland knallten die Sektkorken. Zusammen mit meinen engsten Mitarbeitern und gemeinsam mit Hans-Dietrich Genscher und den mitreisenden Journalisten erhob ich mein Glas auf das Wohl Deutschlands.

56.
Keine Milliarden

Von siebzehn Ministern begleitet, traf Ministerpräsident Hans Modrow am 13. Februar in Bonn ein. Es war erst der zweite Besuch eines DDR-Regierungschefs in der Bundeshauptstadt nach dem Aufenthalt Erich Honeckers im September 1987. Der Empfang war recht kühl und ohne militärisches Zeremoniell. Ich sparte nicht mit Vorwürfen. Viel zu lange habe die Verabschiedung des neuen Wahlgesetzes der DDR am Runden Tisch und in dem zuständigen Volkskammerausschuss gedauert. Freie und geheime Wahlen seien von zentraler Bedeutung für die Vertrauensbildung bei der Bevölkerung. Neue politische Gruppierungen müssten gleiche Chancen haben, vor allem hinsichtlich der Publikationsmöglichkeiten. Der DDR-Geheimdienst müsse aufgelöst und das politische Strafrecht geändert werden, damit die Menschen wieder Vertrauen in die Unabhängigkeit der Justiz gewännen.

Der Strom der Übersiedler in die Bundesrepublik schwäche sich nicht ab, sagte ich, und deshalb sei es erforderlich, jetzt dramatische Schritte zu unternehmen. Es müsste möglichst bald über die Verwirklichung der Einheit gesprochen werden. Bereits in den nächsten Wochen könnten die Expertengespräche über die Währungsunion und die Wirtschaftsgemeinschaft aufgenommen werden. Das sei mein deutliches Signal für die Menschen in der DDR. Unser mittlerweile gemeinsam mit den USA vertretener Vorschlag, Gespräche der beiden deutschen Staaten mit den vier Siegermächten zu führen, sollte bald realisiert werden.

Ministerpräsident Modrow erklärte sich mit dem Vorschlag für eine Konferenz der vier Mächte mit den beiden deutschen Staaten einverstanden. Dann übergab er mir ein Positionspapier des Runden Tischs für unsere Verhandlungen. Dabei wusste jedermann, wie kritisch ich den Beschlüssen dieses Gremiums gegenüberstand, weil es einer demokratischen Legitimation entbehrte.

Ich wiederholte noch einmal meine Auffassung, dass eine Beruhigung der Lage ohne eine schnelle Währungsunion nicht zu erreichen sei. Ministerpräsident Modrow stellte noch einmal die Frage nach einem »Solidaritätsbeitrag« der Bundesregierung. Nach seiner Meinung müsse sich vor dem 18. März noch etwas bewegen. Der Runde Tisch habe den Wunsch nach 15 Milliarden D-Mark geäußert, und die DDR-Bürger würden jetzt von der Bundesregierung erwarten, dass sich in dieser Frage etwas tue. Wie schon in Davos wies ich erneut unmissverständlich darauf hin, dass dieses Geld nicht weiterhelfen und nur sinnlos versickern würde. Ich wiederholte jedoch offiziell unser Angebot, eine Währungs- und Wirtschaftsunion zu schaffen.

In großer Runde, an der auf westdeutscher Seite auch mehrere Ministerpräsidenten und Bundesminister teilnahmen, wurden die Gespräche fortgesetzt. Es ging um den Beitritt nach Artikel 23 des Grundgesetzes, den die Gäste ablehnten. Noch einmal sprachen wir über die Beteiligung westdeutscher Parteien am Volkskammerwahlkampf, wobei ich vor allem versuchte, Ängste zu zerstreuen.

Danach gingen Modrow und ich vor die Presse. Die Delegation aus Ost-Berlin hatte so gut wie nichts erreicht und fühlte sich spürbar gedemütigt. Doch was hätte ich anders machen sollen? Für kurzfristige humanitäre Hilfe hatten wir gesorgt. In das bankrotte DDR-System noch einen Pfennig zu investieren verbot sich einfach. Später war in der DDR-Delegation die Rede von einer bedingungslosen Übergabe der DDR an die Bundesrepublik, die sich seit dem 13. Februar abgezeichnet habe. Doch davon konnte überhaupt keine Rede sein.

Vor der Presse umriss ich noch einmal die humanitäre Soforthilfe der Bundesregierung und informierte über das Angebot, so schnell wie möglich über die Währungs- und Wirtschaftsunion zu verhandeln. Dies bedeutete, dass zu einem noch zu bestimmenden Stichtag die D-Mark als einziges gesetzliches Zahlungsmittel in der DDR eingeführt werden sollte. Zum Abschluss der Pressekonferenz machte ich als Botschaft nach »drüben« deutlich, dass wir mit der D-Mark unseren stärksten wirtschaftlichen Aktivposten einbrachten.

Mit der Einführung der D-Mark beteiligten wir die Landsleute in der DDR ganz unmittelbar und direkt an dem, was die Bürger der Bundesrepublik Deutschland in jahrzehntelanger harter Arbeit aufgebaut und erreicht hatten. Damit wurden Startbedingungen geschaffen, die eine rasche Verbesserung des Lebensstandards der Bürger der DDR ermöglichten. Die D-Mark, eine der härtesten und stabilsten Währungen der Welt, war das Fundament unseres Wohlstands und unserer Leistungsfähigkeit und eine allgemein akzeptierte Währung. Entscheidend war, dieses Fundament im beiderseitigen Interesse auch künftig tragfähig zu erhalten. Die Währungsunion machte deshalb nur dann Sinn, wenn in der DDR unverzüglich umfassende marktwirtschaftliche Reformen durchgeführt wurden. Hier handelte es sich um zwei Seiten ein und derselben Entwicklung, die parallel und eng miteinander verzahnt vorangetrieben werden musste.

Das Leitwort der kommenden Wochen und Monate lautete: nationale Solidarität. Solidarität war in dieser Zeit unsere selbstverständliche menschliche und nationale Pflicht.

*

Was Kanzleramtsminister Rudolf Seiters zur Lage in der DDR zu berichten wusste – sei es im Bundeskabinett, vor der Bundestagsfraktion oder im Gespräch mit mir –, musste beunruhigen. Es wurde höchste Zeit, dass nach den Volkskammerwahlen eine demokratisch legitimierte Regierung ins Amt kam, mit der wir auf Augenhöhe verhandeln und die notwendigen Schritte zur Wirtschafts- und Währungsunion einleiten konnten. Die DDR war mittlerweile zum Offenbarungseid gezwungen und konnte aus eigener Kraft nichts mehr ausrichten.

In einem Telefongespräch mit dem amerikanischen Präsidenten unmittelbar nach Modrows Abreise aus Bonn erläuterte ich nicht nur die Lage in der DDR, sondern fasste auch das für mich nach wie vor faszinierende Ergebnis meines Treffens mit Gorbatschow zusammen. Auch bei diesem Telefonat spielte die Frage nach der Bündniszugehörigkeit eines geeinten Deutschlands eine wichtige Rolle. Wir verständigten uns auf eine Fortsetzung der Konsultationen bei meinem Besuch in Camp David, der für den 23. und 24. Februar geplant war.

57.
Abstimmungen

Der 15. Februar begann mit einer Bundestagsdebatte zur Deutschlandfrage, in der ich von meinen Begegnungen mit Gorbatschow und Modrow berichtete und die Aussichten für den Wiedervereinigungsprozess analysierte. Anschließend fand eine Besprechung mit den Regierungschefs der Länder statt, bei der die Situation in der DDR ebenfalls ganz oben auf der Tagesordnung stand. Ausführlich erläuterte ich den Stand meiner Gespräche und Verhandlungen. Schließlich ging es um eine Reihe offener Finanzfragen, bei denen die Probleme der Aus- und Übersiedler im Mittelpunkt standen. Erfreulicherweise zeichnete sich auch auf Länderebene eine breite Solidarität mit den Neuankömmlingen ab. Die meisten Regierungschefs begrüßten mit mir die zügige Entwicklung auf dem Weg zur deutschen Einheit. Sie waren der Auffassung, dass den Ländern bei der Gestaltung des künftigen deutschen Bundesstaates eine entscheidende Rolle zukomme und dass die Länder an den Vorbereitungen für die künftige Staatsstruktur in Deutschland gleichberechtigt mitwirken sollten.

Später an diesem Donnerstag hatte ich noch einen halbstündigen Meinungsaustausch mit dem israelischen Außenminister Mosche Arens. Auch ihm erläuterte ich die dramatische Lage in der DDR und den Stand der Gespräche, die ich in den letzten Tagen geführt hatte. Vor allem aber versicherte ich ihm mit Nachdruck, dass ein wiedervereinigtes Deutschland für Israel keinerlei Bedrohung darstellte.

Abends flog ich nach Paris, um François Mitterrand über den Stand der Entwicklungen zu informieren und ihn nach Möglichkeit auf meine Seite zu ziehen. Ich hatte den Eindruck, dass das

Treffen in Latché Anfang Januar 1990 uns ein gehöriges Stück vorangebracht hatte. Das bestätigte auch mein Freund Jacques Delors, mit dem ich nach meiner Rückkehr aus Moskau telefoniert hatte. Mitterrand kam mir viel offener und entspannter vor als noch vor einigen Wochen.

Ich sprach zuerst über die unklare Situation in der DDR und sagte, ich wolle beruhigend wirken, indem ich eine rasche demokratische Regierungsbildung als Vorbedingung einer stabilisierenden Wirtschafts- und Währungsunion forderte. Mitterrand interessierte sich für den Abzug der russischen Truppen aus Deutschland nach der Wiedervereinigung. Ich bekräftigte, dass das vereinigte Deutschland keine Militärmacht werden solle. Das sei auch Gorbatschows Interesse. Die deutsch-französische Freundschaft sei für mich auch in dieser Frage wichtiger als je zuvor. Daraufhin meinte Mitterrand: »Ich denke, dass sie [die deutsch-französische Freundschaft] für Gorbatschow ein beruhigender Faktor sein müsste.« Durch die deutsch-französische Zusammenarbeit und die EG verschwinde das Schreckensbild eines Vierten Reichs. »Das neue Deutschland hat jetzt den Rhein als seine Achse«, sagte der Präsident.

Wichtig sei, dass die ganze Entwicklung in der DDR und mit der Sowjetunion mit der europäischen Entwicklung verknüpft würde. »Verstehen Sie mich richtig«, sagte Mitterrand. »Die Aussicht auf eine deutsche Wiedervereinigung bereitet mir als solche keine Probleme. Ich habe es seit dem 3. November 1989 mehrmals gesagt, aber man muss es ständig wiederholen, um gehört zu werden, insbesondere bei den deutschen Zeitungen.«

Dann sprach er die Grenzfrage und ihre Regelung an, und ich erklärte zum wiederholten Male, dass es mein Wunsch sei, dass dies nach der Wahl geschehe. Nur ein gesamtdeutsches Parlament könne diese Regelung treffen, und deswegen könne sie jetzt nicht von mir gefordert werden. Das vereinigte Deutschland werde dazu aber dieselbe Position einnehmen wie die Bundesrepublik und die Grenzen bestätigen. Trotzdem insistierte Mitterrand und meinte, politisch wäre es nützlich, die Grenzen vor der Wiedervereinigung zu bestätigen.

Das Thema Bündniszugehörigkeit beschäftigte uns anschließend eine ganze Zeitlang. Am Ende sagte der französische Präsident, er wolle nicht, dass man in Deutschland glaube, in Frankreich übe man Zurückhaltung gegenüber der deutschen Einigung, aber er wolle seine Meinung über die außenpolitischen Konsequenzen sagen. Wenn wir nicht zusammen in der Gemeinschaft wären, hätten wir sehr ernsthafte Probleme. Aber er kenne ja mein europäisches Engagement. Lachend meinte er, wir hätten uns aneinander gewöhnt und würden anfangen, ein altes Paar zu werden. Es sei gut, dass ich seinen Standpunkt begriffen hätte, dass die Einigung eine deutsche Entscheidung sei und die nationalen Konsequenzen in mein Ressort fielen. Die internationalen Konsequenzen wie Fragen der Allianzen und der Europäischen Gemeinschaft allerdings müssten zwischen uns debattiert werden.

Ich war völlig einverstanden, bis auf einen Punkt: Mitterrand ging davon aus, dass der Abzug der alliierten Truppen aus Deutschland zu einem wesentlich früheren Zeitpunkt stattfinden würde, als ich für realistisch hielt.

Als ich in der Nacht nach Bonn zurückflog, wusste ich, dass Mitterrands Einwilligung zur Wiedervereinigung nur über den Weg einer weiteren engen Zusammenarbeit und Stärkung der EG zu bekommen war. Der Dissens über die Anerkennung der Westgrenze Polens blieb bestehen und sollte noch eine Weile für Gesprächsstoff sorgen. Doch auch in dieser Frage konnte sich mein Freund Mitterrand auf mich verlassen.

Am 6. März verständigten sich die Spitzen von CDU/CSU und FDP auf einen Entschließungsantrag, der zwei Tage später im Bundestag heftig diskutiert und angenommen wurde. Darin hieß es, dass möglichst bald nach den Wahlen in der DDR beide frei gewählten Parlamente und Regierungen eine gleichlautende Erklärung auf der Grundlage der Entschließung des Deutschen Bundestags vom 8. November 1989 abgeben würden, mit der sie die Unverletzlichkeit der polnischen Westgrenze garantierten. Bestandteil der Erklärung war darüber hinaus die Forderung nach einem Verzicht Polens auf Reparationsleistungen sowie die Festschreibung der Rechte der deutschen Minderheit in Polen. Dafür wäre der innen- wie außenpolitische Druck nicht notwendig gewesen.

Selbst meine Erklärung im Deutschen Bundestag jedoch vermochte die im In- und Ausland geschürten Zweifel an meiner Haltung gegenüber der polnischen Westgrenze noch nicht gänzlich aus dem Weg zu räumen. Zwar zeigten sich Bush und auch Gorbatschow befriedigt, und sogar die britische Premierministerin sprach von einem »höchst staatsmännischen Schritt«. Doch in Paris und Warschau blieben Zweifel, die mich mehr als ärgerten. Am 14. März rief mich der französische Präsident an, um erneut mit mir über das leidige Thema zu sprechen. Ich schilderte verärgert den Inhalt des Entschließungsantrags und sorgte für einige Klarstellungen, indem ich unter anderem sagte, dass ich es seltsam fände, wenn Erklärungen von Parlament und Regierung keine Bedeutung beigemessen und auch an meinen Worten gezweifelt werde. Ich sei betroffen, wie mit diesem Thema umgegangen werde. In der Grenzfrage werde der psychologische Eindruck erweckt, alles sei unklar. Aber das stimme nicht. Die Sache werde so gespielt, dass die Position der CDU geschwächt werde. Von den Polen komme keine positive Geste.

Am Ende meiner bitteren Worte beschwor ich noch einmal die deutsch-französische Freundschaft und bekundete meinen Willen, auch mit den Polen solche freundschaftlichen Beziehungen erreichen zu wollen. Mitterrand bedankte sich gleich mehrfach für den menschlichen Aspekt, den ich eingebracht hätte. Er zweifle nicht daran, dass sich an der deutsch-französischen Freundschaft nichts ändern werde. Der wichtigste Punkt, der die gesamte Lage vergiftet hätte, sei die Grenzfrage gewesen. Dazu hätte ich ja nun etwas gesagt, meinte er in dem Bemühen, die Wogen zu glätten. Er kündigte die Herausgabe einer Presseerklärung an, in der klar herausgestellt werde, dass das Verhältnis zwischen Deutschland und Frankreich, zwischen beiden Regierungen und zwischen ihm und mir gut sei.

Wenn auch die polnische Grenzfrage noch manche Irritationen mit sich brachte und für manche Aufregung sorgte, wurde das Thema schon bald auf den Stellenwert reduziert, der ihm zukam.

Im nachhinein mutet die Debatte von damals gespenstisch an. Völlig unbegründet zweifelte man im Ausland die Glaubwürdigkeit der Bundesregierung an, nur weil eine schwierige außenpolitische Frage für innenpolitische Zwecke instrumentalisiert wurde.

*

Wegen meiner ehrgeizigen Verhandlungsstrategie und weil ich absolut gelassen die deutschen Interessen vertrat, galt ich als Elefant im Porzellanladen. Schon meines körperlichen Umfangs wegen bot ich mich offenbar für einen solchen Vergleich an. Dass die deutsche Einheit nun in Sichtweite vor uns lag, war für viele natürlich ein Schock – im In- wie im Ausland. Auch in unserem Land hatten ja viele Zeitgenossen gemeint, die Wiedervereinigung sei – wenn überhaupt – eine Frage des nächsten Jahrhunderts. Nicht wenige, die bei uns immer »Einigkeit und Recht und Freiheit« gesungen hatten und sich dabei gelegentlich ein wohliges Nationalgefühl über den Rücken laufen ließen, dachten nun: Hoffentlich ändert sich für mich nichts durch die Einheit. Vor allem darf es nicht an mein Portemonnaie gehen.

Den Ängstlichen gegenüber zeichnete ich immer ein anschauliches Bild: Mit der deutschen Einheit war es wie mit dem Rhein. Wir sollten darauf achten, dass er nicht über die Ufer tritt, dass er keinen Schaden anrichtet und dass viele ihre Freude daran finden, wie ruhig und majestätisch, aber auch dynamisch dieser Fluss dahinströmt. Der alte Vater Rhein ist ein großer europäischer Strom, der vieles gesehen und eine große Zukunft hat – und so ist es auch mit den Deutschen.

Eine gute Woche nach meinem Treffen mit François Mitterrand flog ich am 24. Februar nach Amerika. Auf dem Flughafen in Washington wurde die deutsche Delegation von Außenminister Baker willkommen geheißen, dann flogen wir mit Hubschraubern der Präsidentenstaffel in Richtung Maryland. Am Sitz des Präsidenten in Camp David gab es ein herzliches Wiedersehen zwischen George und Barbara Bush und Hannelore und mir.

Barbara Bush ist die Seele der Familie, eine prächtige Frau und

Mutter, die über eine hinreißende Art verfügt, eine gute Atmosphäre zu schaffen, und einen außerordentlich starken menschlichen Einfluss auf ihre Umgebung hat. Sie hat einen herrlich trockenen Humor. Hannelore und Barbara Bush waren ein Herz und eine Seele. Mit kaum einer anderen Politikergattin verstand sich Hannelore so blendend wie mit Barbara Bush. Sie zeigte ihre großen Sympathien für die Deutschen, und das war von nicht geringer Bedeutung.

Während Hannelore und Barbara Bush plauderten, traf ich mit dem amerikanischen Präsidenten im Konferenz-Blockhaus zusammen. Hans-Dietrich Genscher fehlte in Camp David. In Bonn war von amerikanischer Seite zuvor mitgeteilt worden, US-Außenminister Baker werde ebenfalls nicht dabeisein. Zu meiner Überraschung war er dann aber doch anwesend.

Offenbar war die amerikanische Administration über den Bonner Außenminister verstimmt, weil er zu einem sehr frühen Zeitpunkt gegenüber James Baker festgestellt hatte, zwar gebe es keine Neutralität des geeinten Deutschlands und die Nato-Mitgliedschaft müsse gesichert sein, aber das Atlantische Bündnis dürfe auch nicht auf das Gebiet der DDR ausgedehnt werden und diese Garantie müsse der Sowjetunion gegeben werden. Das hatte die Amerikaner irritiert, und in Washington kursierte das Wort vom »Genscherismus«. Für die Amerikaner bezeichnete dieser Begriff eine weiche Haltung gegenüber der Sowjetunion. Dieses Misstrauen war den Amerikanern nicht zu nehmen, und deswegen, so wurde mir erklärt, habe man ihn in Camp David nicht dabeihaben wollen. Dagegen konnte ich nichts ausrichten.

Von amerikanischer Seite nahm noch Sicherheitsberater Brent Scowcroft teil, der im deutschen Einigungsprozess eine herausragende Rolle spielte, die bisher viel zu wenig gewürdigt worden ist. Zusammen mit Horst Teltschik, der ebenfalls an dieser Sitzung teilnahm, lieferte er wichtige Beiträge. In unserer ersten Gesprächsrunde schilderte ich zunächst die Situation in der Sowjetunion nach meinem Treffen mit Gorbatschow und die aktuelle Lage in der DDR. Ich unterstrich dabei nachdrücklich unsere Position, dass das vereinigte Deutschland Mitglied der Nato bleiben

Barbara Bush und Hannelore verstehen sich blendend

werde. Für mich sei die deutsche Nato-Mitgliedschaft und die Präsenz amerikanischer Streitkräfte in Europa elementare Voraussetzung für die Sicherheit des Kontinents. George Bush hob seinerseits die Entschlossenheit der Vereinigten Staaten hervor, weiter in Europa präsent zu sein. Im Verlauf des Gesprächs verständigten wir uns auf die Maximalposition gegenüber der Sowjetunion, nämlich die Mitgliedschaft des geeinten Deutschlands in der Nato. Schwierig zu beantworten war die Frage der künftigen Präsenz amerikanischer Truppen in Deutschland. Am meisten betrübte Bush der Gedanke, die Sowjets könnten im Falle der Rückführung ihrer Streitkräfte aus Deutschland den Abzug der amerikanischen Truppen fordern.

Insgeheim verständigten wir uns auf eine gewisse Arbeitsteilung: Washington würde vor allen Dingen auf die Nato-Mitglieder Einfluss nehmen und sich um die Zustimmung der britischen Premierministerin zur deutschen Wiedervereinigung kümmern. Ich beabsichtigte, mich um die Zustimmung Frankreichs und der anderen EG-Partner zu bemühen. Wir verständigten uns auch auf die Zwei-plus-Vier-Gespräche, die erst nach der Volkskammerwahl zu terminieren waren.

Alles in allem war das Treffen in Camp David ein voller Erfolg. Wir konnten in allen entscheidenden Fragen Einvernehmen erzielen. Ich hatte mein Ziel ausführlich erläutert, so schnell wie möglich eine Wirtschafts- und Währungsunion zu erreichen, und fand

In entspannter Atmosphäre: mit George Bush und Außenminister James Baker in Camp David

die volle Unterstützung der amerikanischen Freunde. Im Gegensatz zu vielen anderen wusste ich, was ich wollte. Während man sich in anderen Parteien noch unschlüssig war, konnte jedermann meine Linie klar erkennen.

Ich spürte den festen Rückhalt der amerikanischen Regierung dafür, dass ich meine ganze Kraft für den zügigen Fortgang des Einigungsprozesses einsetzte. Ich hatte dem amerikanischen Präsidenten aufrichtig zu danken, ebenso seinem Außenminister und seinem Sicherheitsberater, die großen Anteil am Erfolg unserer Begegnung hatten. Das Camp-David-Treffen hatte die Beziehungen zwischen dem amerikanischen Präsidenten und mir wesentlich vertieft. Die Amerikaner hatten im deutschen Einigungsprozess eine führende Rolle, und darauf setzte ich auch in den kommenden Tagen und Wochen. Nicht zuletzt bei den so entscheidenden Zwei-plus-Vier-Verhandlungen kam es auf Amerika an.

Auf der anschließenden Pressekonferenz interessierten sich die Journalisten am meisten für die Frage der Westgrenze Polens. Ich wiederholte, was ich schon mehrfach und immer wieder gesagt hatte, dass niemand die Einheit Deutschlands mit der Verschiebung bestehender Grenzen verbinden wolle.

George Bush ergänzte, dass die Bestimmungen der KSZE-Schlussakte und damit die Unverletzlichkeit bestehender Grenzen in Europa von Washington respektiert werden. Das war selbstverständlich auch meine Position, doch das hielt die anwesenden Journalisten nicht davon ab, zwischen Bush und mir einen Gegensatz zu konstruieren.

Nach der Pressekonferenz trafen wir uns zu einem gemeinsamen Mittagessen, und anschließend machten wir einen langen Spaziergang, bei dem wir uns über unser Leben, über unsere Familien, unsere Kinder unterhielten. Nach einem herzlichen Abschied brachte uns der Präsidentenhubschrauber wieder nach Washington, und nach sieben Stunden Flugzeit landeten wir wieder in unserer Heimat.

*

Nachdem sowjetische Zeitungen in großer Aufmachung berichtet hatten, ohne eine Veränderung seines militärpolitischen Status sei ein vereintes Deutschland in der Nato für die Sowjetunion völlig inakzeptabel, weil die sowjetischen Sicherheitsinteressen auch dann berührt seien, wenn Nato-Streitkräfte nur auf dem derzeitigen Territorium der Bundesrepublik stationiert würden, telefonierte George Bush mit Gorbatschow. Der amerikanische Präsident hob gegenüber Gorbatschow ausdrücklich hervor, dass er und ich der Auffassung seien, dass ein vereintes Deutschland Vollmitglied der Nato bleiben müsse, so wie wir es bei der abschließenden Presseerklärung in Camp David verkündet hatten. Das sei für ihn ein Problem, aber er werde darüber nachdenken, erwiderte Gorbatschow. Bush informierte auch Mitterrand und warb bei ihm für die Sache der Deutschen.

58.
Überwältigender Sieg

Am 14. März 1990 reiste ich nach Leipzig zur Abschlusskundgebung meines Wahlkampfs in der DDR. Insgesamt sprach ich auf sechs Großkundgebungen, an denen eine unglaubliche Zahl von Menschen teilnahm, die mir einen herzlichen Empfang bereiteten. Es war ein riesiger Erfolg für mich. Für jeden Beobachter des Wahlkampfs, auch für solche aus dem Ausland, war klar, dass dies für viele Wähler in der DDR auch deshalb so eine wichtige Wahlentscheidung war, weil sie noch nie eine freie Wahl erlebt hatten.

Ich bin heute noch stolz darauf, das bürgerliche Lager zusammengeführt und Ost-CDU und DSU unter einen Hut gebracht zu haben. Auch die Zustimmung des Demokratischen Aufbruchs (DA) zum Wahlbündnis »Allianz für Deutschland« zu bekommen war eine komplizierte Angelegenheit. Damals rechneten viele mit einem großen Wahlsieg der Sozialdemokraten, während für die Allianz nicht mehr als 11 Prozent der Stimmen vorausgesagt wurden, doch ich riet unserer Partei, sich von keiner Wahlprognose beeindrucken zu lassen. Ich hielt es für völlig ausgeschlossen, dass nach vierzig Jahren Diktatur in der DDR eine seriöse Vorhersage über das Wahlergebnis gemacht werden konnte. Klar war nur: Der Weg bis zum Wahlsieg war voller Risiken.

Nach Auffassung der Allianz sollte der Weg zur Wiedervereinigung nach Artikel 23 des Grundgesetzes erfolgen, das heißt über den Beitritt der noch zu gründenden neuen DDR-Länder zur Bundesrepublik. Diese programmatische Aussage hatte ich schon im Januar 1990 durchsetzen können. Vorbild für mich war die Wiedervereinigung nach dem Volksentscheid über das Saarland von 1955. Ich sah in Artikel 23 den Königsweg zur deutschen Einheit. Der Weg über eine neue Verfassung nach Artikel 146 hätte zunächst eine verfassunggebende Versammlung erforderlich gemacht, die aus beiden Parlamenten hätte beschickt werden müssen oder die aus allgemeinen Wahlen hervorgegangen wäre. Ein solches Verfahren barg jedoch große Risiken, denn anders als bei einer Änderung des Grundgesetzes, die nur mit einer Zweidrittelmehrheit in Bundestag und Bundesrat möglich ist, wäre eine verfassunggebende Versammlung an solche Einschränkungen nicht gebunden gewesen. Sie hätte mit einfacher Mehrheit eine völlig neue Verfassung beschließen können. Damit wäre denjenigen Tür und Tor geöffnet worden, die eine andere Republik wollten.

Der Beitritt nach Artikel 23 war im Februar 1990 noch höchst umstritten. Abgelehnt wurde er unter anderem vom sogenannten Runden Tisch, der einen eigenen Verfassungsentwurf vorlegte, der von der Idee eines Dritten Weges, eines demokratischen Sozialismus und einer weiterhin eigenständigen DDR getragen war. Auch weite Teile der Sozialdemokratie plädierten gegen einen Beitritt nach Artikel 23. Bundesaußenminister Hans-Dietrich Genscher sprach sich ebenfalls zunächst für eine Vereinbarung zweier frei gewählter Regierungen aus, und auch Bundespräsident Richard von Weizsäcker hatte Bedenken, den Weg über Artikel 23 als den einzig gangbaren Weg anzusehen.

In dem Sofortprogramm der Allianz für Deutschland wurden zwei Schwerpunkte gesetzt: die Schaffung der politischen Rahmenbedingungen für den Aufbau der sozialen Marktwirtschaft in der DDR und der Schutz vor negativen sozialen Folgen des schwierigen Anpassungsprozesses für die Bevölkerung in der DDR. So wurde die sofortige Einführung der D-Mark und einer unabhängigen Notenbank verlangt, aber auch die Sicherung der Sparguthaben im Verhältnis eins zu eins.

Es sollen dreihunderttausend Menschen gewesen sein, die sich am 14. März auf dem alten Augustusplatz zu Leipzig zu meiner Abschlusskundgebung in diesem Wahlkampf eingefunden hatten. Ich schüttelte unzählige Hände und begab mich aufs Podest, um meine Rede zu beginnen. Doch die Menschen hörten mich nicht.

Saboteure hatten die Hauptleitung zu den Lautsprechern durchschnitten, und das Kabel musste erst repariert werden. Die Menschen stimmten derweil das Deutschlandlied an.

Rasch war der Schaden behoben, und ich begann meine Rede von neuem. Wieder erhob sich tosender Beifall. Am Schluss der vierzig Minuten langen Rede sagte ich:

> »Wir wollen, dass die Menschen hier glücklich werden, in Sachsen und überall in der DDR, dass niemand seine Heimat verlässt, weil er an der Zukunft zweifelt. Jeder muss wissen: Wir haben gemeinsam eine gute Zukunft. Das ist die Botschaft, die ich Ihnen an diesem Abend für die Zukunft zurufen möchte: Wir sind stolz auf unsere Heimat. Sie auf Ihre Heimatstadt Leipzig, auf das hoffentlich bald wieder entstehende Land Sachsen, auf unser deutsches Vaterland und auf eine gemeinsame europäische Zukunft. Das wird unser Weg sein, den wir gemeinsam gehen wollen [...]. Helfen wir uns gegenseitig und helfen Sie auch mir auf diesem Weg. Gott segne unser Vaterland.«

Dieser Wahlkampf in der DDR war mehr als eine Erfahrung, die man nicht vergisst – es waren Erlebnisse, die nie mehr wiederkommen. Allein schon bei der Erwähnung von Deutschland wurde gejubelt und geklatscht. Und als in diese Abenddämmerung hinein mitten in Leipzig Hunderttausende die Nationalhymne sangen – das war für mich nicht irgendein Augenblick. Hier wie auch auf all den anderen Plätzen, die ich während des Wahlkampfs besucht hatte, war klar: Die Menschen wollten mit der Einheit nicht mehr warten.

Noch am selben Abend rief ich den amerikanischen Präsidenten an und schilderte ihm ganz euphorisch die Stimmung in Leipzig. Er wünschte mir zum Abschluss des Gesprächs noch viel Glück für die Volkskammerwahl am Sonntag.

Am Vorabend der Wahl ging ich mit einer Erklärung an die Öffentlichkeit, um die Bedeutung dieses Ereignisses herauszustellen:

»Wir haben gemeinsam eine gute Zukunft«:
Abschlusskundgebung auf dem Augustusplatz in Leipzig

»Die Vereinigung der beiden Staaten in Deutschland zu einem freiheitlichen, demokratischen und sozialen Bundesstaat ist die Herausforderung der Stunde. Die Wahl zur Volkskammer der DDR ist eine Schicksalswahl für ganz Deutschland. Jeder wahlberechtigte Bürger in der DDR ist aufgerufen, sein Wahlrecht zu nutzen und mitzubauen an einer besseren Zukunft in seiner Heimat, mitzubauen an einem freien und geeinten Deutschland in einem freien und geeinten Europa.«

Schon nach den ersten Hochrechnungen am Abend des 18. März 1990 war die Sensation perfekt: Die Allianz für Deutschland lag uneinholbar vorn. Mit 47,7 Prozent – davon errang die CDU allein 40,5 Prozent – schlug das Wahlbündnis entgegen allen Vorhersagen die Sozialdemokraten haushoch. Nach Auszählung der Stimmen erreichte die SPD enttäuschende 21,7 Prozent, gefolgt von der PDS, die auf 16,3 Prozent kam.

Mit diesem Votum hatte die große Mehrheit der Wähler in der DDR ein klares Signal dafür gegeben, die Wiedervereinigung nach

Artikel 23 des Grundgesetzes zu vollenden. Das war für mich das allerwichtigste Ergebnis dieser Wahl. Und ich war stolz darauf.

Dann ging es Schlag auf Schlag: Am 12. April 1990 wurde die erste frei gewählte Regierung in der Geschichte der DDR vereidigt: eine große Koalition unter Ministerpräsident Lothar de Maizière. Im Koalitionsvertrag legten die Partner sich auf die Vereinigung Deutschlands nach Artikel 23 des Grundgesetzes fest. Am 6. Mai folgten die ersten freien Kommunalwahlen in der DDR, und am 15. Mai wurde der Fonds »Deutsche Einheit« eingerichtet, mit dem bis 1994 von der Bundesrepublik insgesamt 115 Milliarden D-Mark für Ostdeutschland aufgebracht werden sollten. Am 18. Mai unterzeichneten die Finanzminister der DDR und der Bundesrepublik den deutsch-deutschen Staatsvertrag. Am 1. Juli trat die Währungsunion in Kraft, und am 31. August wurde der Einigungsvertrag unterzeichnet. Bereits am 12. September 1989 erfolgte die Unterzeichnung des Zwei-plus-Vier-Vertrags. Schließlich der Höhepunkt des Jahres 1990: Am 3. Oktober trat die DDR der Bundesrepublik Deutschland bei.

Ein großer Traum ging in Erfüllung: Nach vier Jahrzehnten Trennung war Deutschland wieder vereint.

Anhang

Zeittafel

1930
3. April: geboren in Ludwigshafen am Rhein

1936 bis 1940
Besuch der Volksschule in Ludwigshafen-Friesenheim

1940 bis 1944
Besuch der Oberrealschule in Ludwigshafen
Dezember 1944: Kinderlandverschickung, zunächst nach Erbach im Odenwald, dann nach Berchtesgaden (bis Mai 1945)

1945
August bis November: Landwirtschaftslehre in Düllstadt
Dezember: Rückkehr an die Oberrealschule in Ludwigshafen

1947
Eintritt in die CDU (Mitgliedsnummer 00246);
Mitbegründer der Jungen Union Rheinland-Pfalz

1948
Tanztee im Gasthof »Zum Weinberg« in Friesenheim; erste Begegnung mit Hannelore Renner (15)

1950
8. Juni: Abitur in Ludwigshafen
Herbst: Aufnahme des Studiums an der Universität Frankfurt/Main mit dem Schwerpunkt Rechtswissenschaft und Geschichte

1951
Fortsetzung des Studiums an der Universität Heidelberg; Hauptfächer Geschichte und Staatswissenschaften

1953
Mitglied des geschäftsführenden Vorstands der CDU Pfalz

1954 bis 1961
Stellvertretender Landesvorsitzender der Jungen Union Rheinland-Pfalz

1955 bis 1966
Mitglied des Landesvorstands der CDU Rheinland-Pfalz

1956 bis 1958
Wissenschaftlicher Mitarbeiter am Alfred-Weber-Institut der Universität Heidelberg

1958
28. Juli: Promotion zum Dr. phil. an der Universität Heidelberg; Thema der Dissertation: »Die politische Entwicklung in der Pfalz und das Wiedererstehen der Parteien nach 1945«

1958 bis 1959
Direktionsassistenz bei der Ludwigshafener Eisengießerei Willi Mock

1959
Vorsitzender des CDU-Kreisverbands Ludwigshafen

1959 bis 1969
Referent beim Verband der Chemischen Industrie mit Sitz in Ludwigshafen

1959 bis 1976
Mitglied der CDU-Landtagsfraktion von Rheinland-Pfalz

1960
27. Juni: Heirat mit Hannelore Renner

1960 bis 1969
Vorsitzender der CDU-Stadtratsfraktion in Ludwigshafen

1961
25. Oktober: Wahl zum stellvertretenden Vorsitzenden der CDU-Landtagsfraktion (mit 25 von 47 Stimmen, bei 19 Gegenstimmen und 3 Enthaltungen)

1963
9. Mai: Wahl zum CDU-Fraktionsvorsitzenden (mit 38 von 41 Stimmen bei 3 Enthaltungen)
16. Juli: Sohn Walter wird geboren

1964
12. Oktober: Wahl zum Vorsitzenden des CDU-Bezirksverbands Pfalz (mit 236 von 250 abgegebenen Stimmen)

1965
7. November: Wiederwahl zum Bezirksvorsitzenden (mit 263 von 274 gültigen Stimmen)
28. August: Sohn Peter wird geboren

1966
6. März: Wahl zum Landesvorsitzenden der CDU Rheinland-Pfalz (mit 415 von 477 gültigen Stimmen), designierter Nachfolger von Ministerpräsident Peter Altmeier
21. bis 23. März: auf dem 14. CDU-Bundesparteitag in Bonn scheitert die Kandidatur fürs CDU-Präsidium; als CDU-Landesvorsitzender kraft Amtes Mitglied des Bundesvorstands

1967

23. April: bei der Landtagswahl in Rheinland-Pfalz gewinnt die CDU 46,7 Prozent der Stimmen; die SPD erreicht 36,8 Prozent, die FDP 8,3 Prozent

23. Mai: auf dem 15. CDU-Bundesparteitag in Braunschweig in den CDU-Bundesvorstand gewählt (mit 398 von 566 Stimmen)

1968

27. April: Wiederwahl zum Landesvorsitzenden der CDU Rheinland-Pfalz (mit 347 von 428 gültigen Stimmen)

1969

19. Mai: Wahl zum Ministerpräsidenten von Rheinland-Pfalz (mit 57 von 96 gültigen Stimmen); im Amt bis 1976

1. Juni: Ende der Tätigkeit beim Verband der Chemischen Industrie

17. November: auf dem 17. CDU-Bundesparteitag in Mainz Wahl zum stellvertretenden Bundesvorsitzenden der CDU (mit 392 von 476 gültigen Stimmen)

1970

25. Mai: Wiederwahl als Landesvorsitzender der CDU Rheinland-Pfalz

1971

25. bis 27. Januar: auf dem 18. CDU-Bundesparteitag in Düsseldorf wird die zweite Fassung des »Berliner Programms« verabschiedet

21. März: bei der Landtagswahl in Rheinland-Pfalz gewinnt die CDU mit 50 Prozent die absolute Mehrheit der Stimmen (53 von 100 Mandaten)

4. bis 5. Oktober: auf dem 19. CDU-Bundesparteitag in Saarbrücken bei der Wahl zum CDU-Bundesvorsitzenden unterlegen (520 Delegierte stimmen für Rainer Barzel, für den Mainzer Ministerpräsidenten 174)

1972

27. April: Konstruktives Misstrauensvotum der CDU/CSU-Opposition gegen Bundeskanzler Willy Brandt; Rainer Barzel scheitert knapp: Es fehlen ihm zwei Stimmen zur erforderlichen absoluten Mehrheit der Abgeordnetenstimmen

9. bis 11. Oktober: auf dem 20. CDU-Bundesparteitag in Wiesbaden wird das »Wiesbadener Arbeitsprogramm« verabschiedet

19. November: bei der Bundestagswahl wird die sozialliberale Regierungskoalition bestätigt; die SPD (45,8 Prozent der Stimmen) wird erstmals stärkste politische Kraft vor der CDU/CSU mit 44,9 Prozent; FDP 8,4 Prozent

1973

12. Juni: Wahl zum CDU-Bundesvorsitzenden auf dem 21. CDU-Bundesparteitag in Bonn (mit 520 von 600 gültigen Stimmen), nachdem Rainer Barzel zurückgetreten ist

18. bis 20. November: der 22. Bundesparteitag in Hamburg fasst Beschlüsse zum sozialen Baubodenrecht, verabschiedet vermögenspolitische Leitsätze und Grundsatzthesen zur beruflichen Bildung

1975

9. März: bei der Landtagswahl in Rheinland-Pfalz erzielt die CDU mit 53,9 Prozent der Stimmen wieder die absolute Mehrheit und ihr bisher bestes Ergebnis

20. Mai: Bestätigung im Amt des Ministerpräsidenten (mit 55 von 105 gültigen Stimmen)

19. Juni: die Präsidien von CDU und CSU bestimmen in gemeinsamer Sitzung den CDU-Bundesvorsitzenden zum Kanzlerkandidaten der Unionsparteien für die Bundestagswahl 1976

23. bis 25. Juni: Wiederwahl zum Parteivorsitzenden auf dem 23. CDU-Bundesparteitag in Mannheim (mit 696 von 707 Stimmen); Verabschiedung der »Mannheimer Erklärung«, die die außen-, innen- und gesellschaftspolitische Position der CDU beschreibt (»Alternative '76«)

1976

29. April: Gründung der Europäischen Volkspartei (EVP)

24. bis 26. Mai: der 24. Bundesparteitag in Hannover steht unter dem Motto »Aus Liebe zu Deutschland – Freiheit statt Sozialismus«

3. Oktober: bei der Bundestagswahl verfehlt die Union mit 48,6 Prozent der Stimmen nur knapp die absolute Mehrheit

19. November: die CSU kündigt die Fraktionsgemeinschaft mit der CDU im Deutschen Bundestag auf (Kreuther Beschluss)

1. Dezember: Wahl zum Nachfolger von Karl Carstens im Amt des Fraktionsvorsitzenden der CDU im Bundestag (mit 184 von 189 Stimmen)

2. Dezember: Rücktritt vom Amt des Mainzer Ministerpräsidenten

12. Dezember: Einigung von CDU und CSU auf die Wiederaufnahme der Fraktionsgemeinschaft

13. Dezember: Wahl zum Vorsitzenden der CDU/CSU-Bundestagsfraktion (mit 230 von 241 gültigen Stimmen)

1977

7. bis 9. März: auf dem 25. CDU-Bundesparteitag in Düsseldorf als Parteivorsitzender im Amt bestätigt (mit 767 von 810 gültigen Stimmen)

1978

23. bis 25. Oktober: Verabschiedung des ersten Grundsatzprogramms der CDU auf dem 26. CDU-Bundesparteitag in Ludwigshafen

1979

25. bis 27. März: auf dem 27. CDU-Bundesparteitag in Kiel erneut als Bundesvorsitzender bestätigt (mit 617 von 740 Stimmen)

28. Mai: der CDU-Bundesvorstand nominiert Ernst Albrecht zum Kanzlerkandidaten für die Bundestagswahl 1980

10. Juni: bei der ersten Direktwahl zum Europäischen Parlament erzielen CDU/CSU 49,2 Prozent der Stimmen (SPD 40,8 Prozent, FDP 6,0 Prozent, die Grünen 3,2 Prozent)

2. *Juli:* die CDU/CSU-Bundestagsfraktion nominiert den bayerischen Ministerpräsidenten Franz Josef Strauß zum gemeinsamen Kanzlerkandidaten der Unionsparteien

1980

19. *bis 20. Mai:* Verabschiedung des Wahlprogramms der CDU/CSU auf dem 28. Bundesparteitag in Berlin

5. *Oktober:* bei der Bundestagswahl verlieren die Unionsparteien über 4 Prozentpunkte im Vergleich zur Wahl 1976 und erzielen 44,5 Prozent der Stimmen; die SPD/FDP-Koalition kann ihre Regierungsarbeit fortsetzen

7. *Oktober:* Bestätigung als Vorsitzender der CDU/CSU-Bundestagsfraktion (mit 210 von 214 gültigen Stimmen)

1981

20. *Januar:* Vereidigung von Ronald Reagan als 40. Präsident der Vereinigten Staaten

9. *bis 10. März:* der 29. Bundesparteitag in Mannheim verabschiedet das Arbeitsprogramm »Aufgaben der achtziger Jahre«; Bestätigung als Parteivorsitzender (mit 689 von 715 Stimmen)

2. *bis 5. November:* der 30. Bundesparteitag in Hamburg verabschiedet die Grundsätze »Mit der Jugend. Unser Land braucht einen neuen Anfang«

1982

1. *Oktober:* Konstruktives Misstrauensvotum gegen Bundeskanzler Helmut Schmidt; Wahl zum Bundeskanzler der Bundesrepublik Deutschland mit den Stimmen von 256 der 495 Abgeordneten

4. *Oktober:* erste Auslandsreise als Kanzler; Treffen mit dem französischen Staatspräsidenten François Mitterrand in Paris

13. *Oktober:* erste Regierungserklärung; darin Bekenntnis zum Nato-Nachrüstungsbeschluss und zur Fortsetzung guter Beziehungen zur DDR bei entsprechenden Gegenleistungen

15. *bis 18. November:* erste offizielle Reise als Kanzler in die

USA; Treffen mit dem amerikanischen Präsidenten Ronald Reagan

17. Dezember: das erfolgreiche Misstrauensvotum zur Auflösung des Deutschen Bundestags macht den Weg zur Neuwahl am 6. März 1983 frei

1983

20. bis 21. Januar: 20. Jahrestag des deutsch-französischen Freundschaftsvertrags; Ansprache des französischen Staatspräsidenten Mitterrand vor dem Deutschen Bundestag; Feierstunde im Pariser Élysée-Palast

6. März: bei den vorgezogenen Wahlen zum 10. Deutschen Bundestag erhalten CDU und CSU 48,8 Prozent der Stimmen; erneute Regierungsbildung aus Unionsparteien und FDP

29. März: Bestätigung im Amt des Bundeskanzlers mit 271 von 486 gültigen Stimmen der Bundestagsabgeordneten

4. Mai: Regierungserklärung – Abbau der Arbeitslosigkeit, die Wiedergewinnung wirtschaftlichen Wachstums und die Sanierung der Bundesfinanzen sind Schwerpunkte der Regierungstätigkeit

26. Mai: Wiederwahl zum Parteivorsitzenden der CDU auf dem 31. Bundesparteitag in Köln mit 631 von 651 gültigen Stimmen.

17. bis 19. Juni: als Vorsitzender des Europäischen Rats auf dem Stuttgarter EG-Gipfel Weichenstellung zur Erweiterung der Europäischen Gemeinschaft (Spanien und Portugal)

29. Juni: Kabinettsbeschluss über die Bürgschaft für einen Bankkredit über eine Milliarde DM an die DDR

4. bis 7. Juli: erste Reise als Kanzler in die Sowjetunion; Treffen mit Generalsekretär Andropow

28. September: Beginn des Abbaus von Selbstschussanlagen an der innerdeutschen Grenze (beendet am 30. November 1984)

21. bis 23. November: Regierungserklärung zum Nato-Doppelbeschluss und Beschluss des Deutschen Bundestags zur Stationierung neuer US-Mittelstreckenraketen

1984

17. bis 19. Januar: Stockholmer Konferenz über vertrauens- und sicherheitsbildende Maßnahmen und Abrüstung in Europa (KVAE)

24. bis 29. Januar: erste Reise als Kanzler nach Israel

13. Februar: erstes Treffen mit SED-Generalsekretär Erich Honecker am Rande der Moskauer Trauerfeierlichkeiten für Andropow

14. Februar: das Europäische Parlament billigt den Vertrag zur Gründung der Europäischen Union

9. bis 11. Mai: 32. CDU-Bundesparteitag in Stuttgart; Verabschiedung der Stuttgarter Leitsätze »Deutschlands Zukunft als moderne und humane Industrienation«

23. Mai: Richard von Weizsäcker wird zum Bundespräsidenten gewählt

17. Juni: zweite Direktwahl zum Europäischen Parlament; Unionsparteien erzielen 46 Prozent der Stimmen (SPD 37,4)

22. September: Treffen mit dem französischen Präsidenten François Mitterrand auf einem Soldatenfriedhof bei Verdun

1985

20. Januar: Ronald Reagan beginnt seine zweite Amtszeit als Präsident der USA

10. März: Tod des sowjetischen Staats- und Parteichefs Tschernenko; neuer Generalsekretär der KPdSU wird Michail Gorbatschow; bei den Moskauer Begräbnisfeierlichkeiten am 12. März Treffen mit Erich Honecker und Michail Gorbatschow

23. März: Wiederwahl zum Parteivorsitzenden der CDU auf dem 33. Bundesparteitag in Essen mit 667 von 727 gültigen Stimmen

21. April: Rede anlässlich des 40. Jahrestags der Befreiung des Konzentrationslagers in Bergen-Belsen

2. bis 4. Mai: 11. Weltwirtschaftsgipfel in Bonn; Gastgeber von Vertretern der sieben führenden Industrienationen

5. Mai: Treffen mit Präsident Reagan in Bergen-Belsen und Bitburg

1986

19. März: Einigung über eine Beteiligung der Bundesrepublik an der Strategischen Verteidigungsinitiative (SDI) der USA

26. April: die Reaktorkatastrophe von Tschernobyl bewirkt eine grundlegende Neubestimmung der Energie- und Umweltpolitik

6. Juni: Walter Wallmann wird erster Umweltminister der Bundesrepublik

14. Juni: Schengener Abkommen

24. bis 26. September: internationale Konferenz über Reaktorsicherheit in Wien auf Bonner Initiative

7. bis 8. Oktober: 34. Bundesparteitag in Mainz; Verabschiedung des »Zukunftsmanifests« der CDU

26. Oktober: Träger der erstmals verliehenen Robert-Schuman-Medaille für hervorragende Verdienste um die europäische Einigung

1987

25. Januar: Wahlen zum 11. Deutschen Bundestag: 44,3 Prozent für die Unionsparteien

11. März: mit 253 von 484 gültigen Stimmen der Bundestagsabgeordneten erneut als Bundeskanzler bestätigt

12. Juni: Präsident Reagan besucht West-Berlin und fordert Gorbatschow auf, die Mauer niederzureißen

1. Juli: Inkrafttreten der Einheitlichen Europäischen Akte (EEA), auf die sich der Europäische Rat am 2./3. Dezember 1985 in Luxemburg geeinigt hatte

26. August: mit dem Verzicht auf die Modernisierung der Pershing Ia erleichtert die Bundesregierung die amerikanisch-sowjetischen Abrüstungsverhandlungen

7. bis 11. September: Besuch von SED-Generalsekretär Erich Honecker in Bonn

9. November: Wiederwahl zum Parteivorsitzenden der CDU auf dem 35. Bundesparteitag in Bonn (581 von 662 gültigen Stimmen); Gründung der Senioren-Union innerhalb der CDU

12. bis 13. November: 50. deutsch-französischer Gipfel in Karlsruhe; Bildung einer gemeinsamen Brigade

6. *Dezember:* bei der EG-Konferenz in Kopenhagen übernimmt die Bundesrepublik den Vorsitz des Europäischen Rats
8. *Dezember:* erstes Abrüstungsabkommen zwischen den USA und der UdSSR zum vollständigen Abbau und zur Vernichtung der Mittelstreckenwaffen (INF-Vertrag)

1988

22. *Januar:* Feiern in Bonn und Paris zum 25. Jahrestag des deutsch-französischen Vertrags
13. *bis 15. Juni:* 36. CDU-Bundesparteitag in Wiesbaden; Beschlüsse »Unsere Verantwortung in der Welt«, »Politik auf der Grundlage des christlichen Menschenbildes« und »Die CDU als moderne Volkspartei«
27. *bis 28. Juni:* nach einer erfolgreichen deutschen EG-Präsidentschaft werden in Hannover die Weichen für den Europäischen Binnenmarkt 1992 gestellt
3. *Oktober:* Tod des CSU-Vorsitzenden und bayerischen Ministerpräsidenten Franz Josef Strauß
24. *bis 27. Oktober:* Besuch in Moskau; entscheidender Durchbruch bei den Gesprächen mit Generalsekretär Michail Gorbatschow zur Intensivierung der bilateralen Beziehungen
1. *November:* zusammen mit François Mitterrand Träger des Internationalen Karlspreises der Stadt Aachen
8. *November:* Wahl von George Bush zum 41. Präsidenten der USA; Amtsantritt am 20. Januar 1989

1989

2. *Mai:* Ungarn beginnt mit dem Abbau der Grenzsperren zu Österreich
23. *Mai:* Bundespräsident Richard von Weizsäcker wird in Bonn für seine zweite Amtszeit wiedergewählt
30. *bis 31. Mai:* Besuch von George Bush in der Bundesrepublik; in Mainz spricht er sich für eine gemeinsame Führungsrolle der USA und der Bundesrepublik Deutschland innerhalb der Nato aus
14. *bis 16. Juni:* Besuch Michail Gorbatschows in Bonn; gemein-

same Bekräftigung der Grundsätze der Menschenwürde, des Völkerrechts und des Selbstbestimmungsrechts der Völker

18. Juni: bei den dritten Direktwahlen zum Europäischen Parlament erhalten die Unionsparteien mit 37,7 Prozent die meisten Stimmen

25. August: Geheimtreffen mit dem ungarischen Ministerpräsidenten Németh und Außenminister Horn auf Schloss Gymnich

10. bis 11. September: Ungarn genehmigt die Ausreise aller DDR-Flüchtlinge in den Westen

11. September: Wiederwahl zum Parteivorsitzenden der CDU auf dem 37. Bundesparteitag in Bremen (571 von 718 gültigen Stimmen); Nachfolger von Heiner Geißler als CDU-Generalsekretär wird Volker Rühe

1. Oktober: erste Ausreisewelle aller DDR-Flüchtlinge aus Prag und Warschau

7. Oktober: 40. Jahrestag der DDR-Gründung; Gorbatschow fordert Reformen: »Wer zu spät kommt, den bestraft das Leben«

16. Oktober: bisher größte Demonstration in der DDR seit dem Aufstand vom 17. Juni 1953 in Leipzig

18. Oktober: Egon Krenz löst den gestürzten Staats- und Parteichef Erich Honecker ab

9. November: Öffnung der Mauer; Unterbrechung des Staatsbesuchs in Polen; Rede vor über 100 000 Menschen vor der Kaiser-Wilhelm-Gedächtniskirche in Berlin

13. November: Hans Modrow wird neuer DDR-Ministerpräsident

15. November: Warschauer Vereinbarungen über eine engere bilaterale Zusammenarbeit

28. November: Vorlage des »Zehn-Punkte-Programms zur schrittweisen Überwindung der Teilung Deutschlands und Europas« im Deutschen Bundestag

30. November: Ermordung des Vorstandssprechers der Deutschen Bank Alfred Herrhausen durch die RAF

19. Dezember: begeisterter Empfang in Dresden; Verabredung mit Ministerpräsident Modrow über eine Vertragsgemeinschaft beider deutscher Staaten für das Frühjahr 1990

22. Dezember: das Brandenburger Tor wird für Fußgänger geöffnet

24. Dezember: erstmals können Bürger aus der Bundesrepublik und West-Berliner ohne Visum und Zwangsumtausch in die DDR reisen

31. Dezember: Hunderttausende von Deutschen aus beiden Teilen des Landes feiern Silvester am Brandenburger Tor

1990

15. Januar: Sturm auf die Stasi-Zentrale in Ost-Berlin

5. Februar: Gründung der »Allianz für Deutschland« als Wahlbündnis von CDU, Deutscher Sozialer Union (DSU) und Demokratischem Aufbruch (DA) für die Volkskammerwahlen

6. Februar: Angebot an die DDR-Führung zu Verhandlungen über eine »Währungsunion mit Wirtschaftsreform«

7. Februar: Kabinettsausschuss »Deutsche Einheit« in Bonn gebildet

10. bis 11. Februar: Treffen mit Gorbatschow in Moskau; Einverständnis zur Schaffung der Einheit Deutschlands

20. Februar: die DDR-Volkskammer verabschiedet ein Gesetz über freie, allgemeine, gleiche und direkte Wahlen

24. bis 25. Februar: Treffen mit Präsident Bush in Camp David; das vereinigte Deutschland soll Mitglied der Nato bleiben

8. März: der Deutsche Bundestag gibt eine Garantieerklärung für die polnische Westgrenze ab

15. März: Wahlveranstaltung der »Allianz für Deutschland« in Leipzig mit über 300 000 Menschen

18. März: erste freie Volkskammerwahl in der DDR: Die »Allianz für Deutschland« erhält mit 48,1 Prozent die meisten Stimmen (CDU 40,9 %, DSU 6,3 %, DA 0,9 %), die SPD 21,8 %, PDS 16,3 %, Liberale 5,3 %, Bündnis 90 2,9 % und die Grünen 2,0 %

12. April: die Volkskammer wählt Lothar de Maizière (CDU) zum Ministerpräsidenten; Bildung einer Großen Koalition

24. April: Angebot an die neue DDR-Regierung zur Schaffung einer Wirtschafts-, Währungs- und Sozialunion

28. April: auf der Sondersitzung des Europäischen Rats in Dublin sprechen sich die Staats- und Regierungschefs vorbehaltlos für die deutsche Einheit aus

21. Juni: Regierungserklärung zum Vertrag vom 18. Mai 1990 über die Schaffung einer Währungs-, Wirtschafts- und Sozialunion zwischen der Bundesrepublik Deutschland und der Deutschen Demokratischen Republik, zu den äußeren Aspekten der deutschen Einheit und zu den deutsch-polnischen Beziehungen; der Bundestag stimmt sowohl dem Staatsvertrag als auch der Entschließung über den endgültigen Verlauf der deutsch-polnischen Grenze zu

1. Juli: die Währungs-, Wirtschafts- und Sozialunion zwischen der Bundesrepublik und der DDR tritt in Kraft; erste Stufe der europäischen Wirtschafts- und Währungsunion

31. August: Vertrag über die Herstellung der Einheit Deutschlands in Ost-Berlin; mit dem Beitritt der DDR zum Geltungsbereich des Grundgesetzes gemäß Artikel 23 des Grundgesetzes am 3. Oktober 1990 werden die fünf Länder Brandenburg, Mecklenburg-Vorpommern, Sachsen, Sachsen-Anhalt und Thüringen Länder der Bundesrepublik Deutschland; Berlin bildet ein eigenes Land

12. September: in Moskau wird das »Zwei-plus-Vier-Abkommen« unterzeichnet; Deutschland erhält seine volle Souveränität

3. Oktober: die DDR tritt der Bundesrepublik Deutschland bei; Tag der deutschen Einheit

Literaturauswahl

Archiv der Gegenwart: *Deutschland 1949 bis 1999*, Bde. 8 und 9, Sankt Augustin 2000

Jacques Attali: *Verbatim I, II, III*, Paris 1995

Wolfgang Benz: *Deutsche Geschichte seit 1945. Chronik und Bilder*, München 1999

Elke Bruck: *François Mitterrands Deutschlandbild. Perzeption und Politik im Spannungsfeld deutschland-, europa- und sicherheitspolitischer Entscheidungen 1989–1992*, Frankfurt/Main 2003

Dokumente zur Deutschlandpolitik, hrsg. vom Bundesministerium des Inneren und vom Bundesarchiv, München 1998

Dokumente zur Deutschlandpolitik: Deutsche Einheit. Sonderedition aus den Akten des Bundeskanzleramtes 1989/90, hrsg. von Hans J. Küsters / Daniel Hofmann, München 1998

Konrad-Adenauer-Stiftung (Hrsg.): *Kleine Geschichte der CDU*, Stuttgart 1995

Helmut Kohl: *Ich wollte Deutschlands Einheit*, Berlin 1996

Karl-Rudolf Korthe: *Deutschlandpolitik in Helmut Kohls Kanzlerschaft. Regierungsstil und Entscheidungen 1982–1989*, Stuttgart 1998

Dona Kujacinski, Peter Kohl: *Hannelore Kohl – Ihr Leben*, München 2002

Heinrich Potthoff: *Im Schatten der Mauer. Deutschlandpolitik 1961 bis 1990*, Berlin 1999

Gerhard Stoltenberg: *Wendepunkte. Stationen deutscher Politik 1947–1990*, Berlin 1999

Bildnachweis

S. 2: © SV-Bilderdienst / Lothar Kucharz
S. 19: © picture-alliance / dpa / Peter Popp
S. 21: © picture-alliance / dpa
S. 22: © picture-alliance / dpa / Jörg Schmitt
S. 23 li.: © picture-alliance / dpa / Martin Athenstädt
S. 23 re.: © Schulze-Vorberg
S. 25: © picture-alliance / dpa / Alfred Hennig
S. 33: © SV-Bilderdienst / Werek
S. 37: © picture-alliance / dpa / UPI Emile Pavani
S. 41: © ullstein / Poly-Press
S. 43: © picture-alliance / dpa / Heinrich Sanden
S. 47: © picture-alliance / dpa / Heinrich Sanden
S. 53: © picture-alliance / dpa / Heinrich Sanden
S. 60: © picture-alliance / dpa / Egon Steiner
S. 61: © picture-alliance / dpa / PA
S. 65: © picture-alliance / dpa / UPI
S. 79: © SV-Bilderdienst / Kucharz L.
S. 81: © SV-Bilderdienst / Kucharz L.
S. 90: © picture-alliance / dpa / Roland Holschneider
S. 99: © picture-alliance / dpa / UPI
S. 105: © picture-alliance / dpa / Martin Athenstädt
S. 120: © SV-Bilderdienst / Werek
S. 125: © ullstein / Poly-Press
S. 127: © SV-Bilderdienst / AP
S. 137: © picture-alliance / dpa / UPI
S. 150: © SV-Bilderdienst / AP
S. 177: © ullstein / Rieth
S. 184: © ullstein / Poly-Press
S. 205: © picture-alliance / dpa / Roland Witschel
S. 206: © picture-alliance / dpa / Roland Witschel
S. 211: © picture-alliance / dpa / Panasia
S. 216: © picture-alliance / dpa / UPI

S. 221: © ullstein / BPA
S. 223: © ullstein / BPA
S. 231: © picture-alliance / dpa / Heinrich Sanden
S. 233: © ullstein / Poly-Press
S. 239: © ullstein / Poly-Press
S. 241: © picture-alliance / dpa / Peter Popp
S. 249: © ullstein / Sticha
S. 252: © SV-Bilderdienst / Werek
S. 259: © ullstein / AP
S. 271: © picture-alliance / dpa / DB adn
S. 274: © SV-Bilderdienst / AP
S. 276: © ullstein / dpa
S. 285: © picture-alliance / dpa / AFP
S. 288: © picture-alliance / dpa / Wolfgang Eilmes
S. 291: © picture-alliance / dpa / PA
S. 303: © picture-alliance / dpa / Peter Popp
S. 306: © ullstein / AP
S. 311: © ullstein / Sven Simon
S. 312: © ullstein / dpa
S. 315: © picture-alliance / dpa / Peter Popp
S. 321: © picture-alliance / dpa / Tass
S. 328: © ullstein / dpa
S. 333: © SV-Bilderdienst / Werek
S. 336: © picture-alliance / dpa / Steiner
S. 357: © ullstein / Kucharz
S. 369: © ullstein / dpa
S. 387: © picture-alliance / dpa / Dieter Klar
S. 399: © picture-alliance / dpa / Heinrich Sanden
S. 409: © picture-alliance / dpa / Wolfgang Eilmes
S. 423: © ullstein / Sven Simon
S. 433: © ullstein / Gadewoltz
S. 439: © SV-Bilderdienst / AP
S. 443: © picture-alliance / dpa / Martin Athenstädt
S. 447: © picture-alliance / dpa / epa
S. 454: © picture-alliance / dpa / Roland Scheidemann
S. 459: © picture-alliance / dpa / Ruppenthal
S. 470: © ullstein / dpa
S. 483: © Helmut R. Schulze, Heidelberg
S. 486: © ullstein / Kucharz
S. 495: © SV-Bilderdienst / Kucharz L.

S. 504: © dpa / Heinrich Sanden
S. 511: © SV-Bilderdienst / Werek
S. 513: © dpa / Roland Witschel
S. 522: © ullstein / dpa
S. 531: © ullstein bild / dpa
S. 558: © picture-alliance / dpa / dpa
S. 561: © ullstein / Karwasz
S. 573: © picture-alliance / dpa / Istvan Bajzat
S. 583: © picture-alliance / dpa / AFP
S. 592: © AFI / Interfoto
S. 595: © picture-alliance / dpa / Frank Mächler
S. 600: © picture-alliance / dpa / AFP
S. 603: © picture-alliance / dpa / Heinz-Juergen Goettert
S. 613: © picture-alliance / dpa / Fritz Fischer
S. 616: © ullstein / Xinhua Nachrichtenagentur
S. 625: © ullstein / Peters
S. 633: © ullstein / CARO / Muhs
S. 637: © picture-alliance / dpa / Consolidated White House
S. 641: © SV-Bilderdienst / Kucharz L.
S. 650: © picture-alliance / dpa / Tass
S. 652: © picture-alliance / dpa / Martin Athenstädt
S. 655: © SV-Bilderdienst / Kucharz L.
S. 661: © SV-Bilderdienst / AP
S. 667: © picture-alliance / dpa / DB Thelen
S. 671: © ullstein / AP
S. 674: © SV-Bilderdienst / AP
S. 703 © ullstein / Sven Simon
S. 707: © Jürgens. Ost und Europa Photo
S. 715: © ullstein / Sven Simon
S. 730: © SV-Bilderdienst / Werek
S. 740: © ullstein / dpa (85)
S. 742: © Interfoto / Wolfgang Maria Weber
S. 747: © ullstein / Reuters AG
S. 748 li.: © SV-Bilderdienst / dpa
S. 748 re.: © SV-Bilderdienst / Weber W.
S. 749: © SV-Bilderdienst / AP
S. 750: © SV-Bilderdienst / AP
S. 751: © ullstein / Freiheit
S. 757: © ullstein / Nowosti
S. 762: © ullstein / Presseagentur Nowosti

S. 771: © picture-alliance / dpa / akg-images
S. 775: © picture-alliance / dpa / Roland Scheidemann
S. 785: © ullstein bild / dpa
S. 787: © picture-alliance / dpa / Martin Athenstädt
S. 791: © picture-alliance / dpa / Martin Athenstädt
S. 795: © picture-alliance / dpa / Martin Athenstädt
S. 807: © SV-Bilderdienst / AP
S. 823: © picture-alliance / dpa / dpa
S. 830: © picture-alliance / dpa / DB Felix Heyder
S. 840: © ullstein / Scherhaufer
S. 850: © picture-alliance / dpa / Martin Athenstädt
S. 870: © picture-alliance / dpa / AFP
S. 873: © SV-Bilderdienst / Werek
S. 892: © ullstein / dpa
S. 893: © SV-Bilderdienst / Werek
S. 912: © SV-Bilderdienst / AP
S. 917: © SV-Bilderdienst / AP
S. 939: © ullstein / Poly-Press
S. 946: © ullstein / Lammel
S. 947: © SV-Bilderdienst / Werek
S. 962: © SV-Bilderdienst / AP
S. 967: © ullstein / Röhrbein
S. 972: © picture-alliance / dpa / dpa
S. 982: © ullstein / BPA
S. 1001: © SV-Bilderdienst / AP
S. 1006: © picture-alliance / dpa / AFP
S. 1016: © ullstein / Schüring
S. 1021: © SV-Bilderdienst / dpa
S. 1026: © ullstein / Spiegl
S. 1029: © picture-alliance / ZB / Holger Busch
S. 1030: © ullstein / Zenit Bildagentur
S. 1036: © picture-alliance / dpa / AFP
S. 1046: © SV-Bilderdienst / AP
S. 1065: © picture-alliance / dpa / Martin Athenstädt
S. 1081: © picture-alliance / dpa / Photoreporters 15780
S. 1082: © picture-alliance / dpa / Consolidated White House
S. 1087: © picture-alliance / dpa / Martin Athenstädt

Farbbildteile:

S. I / 1:	© SV-Bilderdienst / dpa
S. I / 2:	© picture-alliance / dpa / Horst Ossinger
S. I / 3:	© Helmut R. Schulze
S. I / 3:	© Helmut R. Schulze
S. I / 4:	© Helmut R. Schulze
S. I / 5:	© picture-alliance / dpa / Frank Kleefeldt
S. I / 6 oben:	© ullstein / BPA
S. I / 6 unten:	© ullstein / Peters
S. I / 7:	© picture-alliance / dpa / AFP
S. I / 8:	© Helmut R. Schulze
S. I / 9:	© Helmut R. Schulze
S. I / 10:	© ullstein / BPA
S. I / 11 oben:	© ullstein / BPA
S. I / 11 unten:	© picture-alliance / dpa / Martin Athenstädt
S. I / 12:	© Helmut R. Schulze
S. I / 13:	© Helmut R. Schulze
S. I / 14:	© Helmut R. Schulze
S. I / 15:	© Helmut R. Schulze
S. I / 16:	© Helmut R. Schulze

S. II / 1:	© ullstein / dpa
S. II / 2:	© Helmut R. Schulze
S. II / 3:	© Helmut R. Schulze
S. II / 4 oben:	© ullstein / BPA
S. II / 4 unten:	© Helmut R. Schulze
S. II / 5:	© Helmut R. Schulze
S. II / 6:	© Helmut R. Schulze
S. II / 7:	© Helmut R. Schulze
S. II / 8:	© Helmut R. Schulze
S. II / 9:	© Helmut R. Schulze
S. II / 10:	© ullstein / AP
S. II / 11:	© ullstein / BPA
S. II / 12:	© ullstein / BPA
S. II / 13:	© ullstein / BPA
S. II / 14:	© ullstein / Schlemmer
S. II / 15:	© ullstein / Cordes
S. II / 16:	© ullstein / Cordes

Register

Abdullah, Kronprinz von Saudi-Arabien 207
Abkommen über die Mitwirkung des Bundes an der Kulturstiftung der Länder 628
ABM-Vertrag 363 f., 636
Abrüstung/Rüstungskontrolle 466 f., 526 f., 585, 676 ff., 769, 792, 795, 819, 868 ff., 907, 952, 995, 1050
– Genf 39, 62 f., 88, 90, 106, 140, 142 ff., 150, 191, 199, 215 f., 269, 276, 320, 365, 392, 395, 404 f., 467 f., 523, 550 ff., 584, 636, 638
– Reykjavík 442 f., 449, 467 f., 584
Achromejew, Sergej 764
Ackermann, Eduard 26, 42, 45 f., 48 f., 409, 503, 911, 920, 928, 965, 968, 1022
Adamec, Ladislav 946
Adam-Schwätzer, Irmgard 495
Adenauer, Konrad 24, 28, 37, 54, 58, 64, 93, 102 f., 111, 124, 200, 209 f., 218, 224, 230, 261, 265, 297, 312 f., 315, 343, 356, 370, 373, 385, 427 f., 483, 497, 510, 536, 589 ff., 599 f., 606, 587, 669, 697, 740, 743, 774, 835, 859, 862 f., 876, 1014, 1036
Aeroflot 435
Afghanistan 36, 40, 445, 833
Afrikanischer Nationalkongress 440
Afrikapolitik 617 ff.
Agrarpolitik 441, 444, 526, 587 f., 597, 645, 681 f.
Ägypten 206, 226
Airbus 739
Akademie der Wissenschaften (UdSSR) 759, 767
Akademie für Gesellschaftswissenschaften 540
Albertus Magnus 604
Albrecht, Ernst 116, 131, 244 f., 250 f., 258, 429, 924, 928 f.
Allgemeiner Rat der Außenminister 440
Allgemeines Zoll- und Handelsabkommen (GATT) 360, 425
Allianz für Deutschland 1045, 1084 f., 1087
Alternative Liste (AL) 329, 839, 842
Altmeier, Peter 825
American Jewish Committee 64

Amnestiegesetz 301 f.
Amt für Nationale Sicherheit 1045
Andreotti, Giulio 961 f., 1007, 1013, 1015
Andropow, Jurij 62, 90, 149 ff., 215, 270 f., 274 ff., 320, 451, 716
Andropowa, Tatjana 275
Apel, Hans 54, 300, 399
Arbeitslosigkeit 130, 261 ff., 268, 693 f., 803 ff., 808 f., 813, 855
Arbeitsmarktförderungsgesetz (AFG) 452
Arens, Mosche 1075
Arte 777
ASEAN 214, 741
Asien 209–217
Asylbewerber 432–437, 444, 840 f., 843, 857 f.
Atlantisches Bündnis/Allianz *siehe* Nato
Attali, Jacques 310, 443
Augustinus, hl. 533
Auschwitz, KZ 980
Ausländerpolitik 840 f., 857
Außen-/Sicherheitspolitik 40, 58–66, 152 ff., 213 f., 327, 361, 468, 508, 550 ff., 610, 617, 694 ff., 698 f., 794, 863, 899
Aussiedler 817 f., 842 f., 909, 1075
Aussperrungsparagraph 452
Axen, Hermann 437

Bacher, Gerd 24
Baeck, Leo 779
Bahr, Egon 436 f., 539, 546, 642, 906
Baker, James 1063, 1080, 1082
Balkan Airlines 435
Bangemann, Martin 293, 303, 496, 549, 559, 850
Barschel, Uwe 115, 529–534
Barschel-Affäre 530–534, 640, 647, 700, 721
Barzel, Rainer 20, 31 f., 45, 117 ff., 163, 246 f., 297, 304, 306, 786
Bastian, Gert 211
Baum, Gerhart Rudolf 17, 19, 27
Bayerische Landesbank 179
Beck, Ludwig 370
Beckurts, Karl Heinz 1001
Beethoven, Ludwig van 440, 571, 875
Begin, Menachem 204, 218 f.
Beil, Gerhard 559
Beitz, Berthold 756
Ben Gurion, David 218, 224, 230, 510
Benedikt XVI., Papst 742
Bergen-Belsen, KZ 338 f., 341 ff., 345, 354, 356, 367, 510, 667
Berger, Lieselotte 497 f.
Berghofer, Wolfgang 409, 1020
Bergsdorf, Wolfgang 26, 46 ff., 707
Bericht zur Lage der Nation 168–173, 278, 577, 958
Berlin, Blockade 516
– 750-Jahr-Feier 515–523, 547

Berliner Mauer 386 f., 432–437, 515
– Fall der 964–979
Bertele, Franz 907
Bewegung 2. Juni 499
Biedenkopf, Kurt 77, 116, 131, 924, 928
Birkenau, KZ 980
Bismarck, Otto von 584, 862
Bitburg 348–359, 381
Bitterlich, Joachim 990
Blank, Theodor 399
Blech, Klaus 503, 1062 f.
Blockparteien 1038, 1045
Blüm, Norbert 18, 32, 34, 55, 77, 116, 131, 266, 496, 822 f., 928, 931, 933
Bodelschwinghsche Anstalten 398
Boenisch, Peter 190, 334
Böhringer 245
Bölling, Klaus 46, 54
Bonhoeffer, Dietrich 1002
Bonn, 2000-Jahr-Feier 875 ff.
Bonner, Jelena 759, 761 f., 764
Born, Max 230
Börner, Holger 327 f., 430
Botha, Pieter Willem 736, 739
Botschaftsflüchtlinge 318 f., 952
– Budapest 911, 914, 916, 920 f., 935
– Prag (1985) 318
– Prag (1989) 911 f., 914, 930, 941, 943 ff., 955
– Warschau 930, 941, 943 ff.
Brandenburger Tor 1022, 1028 ff.
Brändle, Reinhold 1001
Brandt, Rut 483
Brandt, Willy 20 ff., 24, 28, 71, 75, 80, 96, 103, 117, 120, 195, 213, 219, 249, 261 ff., 300, 327, 465, 477, 537 f., 541, 659, 834, 906, 960 ff., 968, 973, 1031, 1048, 1053, 1067
Braunmühl, Gerold von 469 f., 1001
Brentano, Heinrich von 45
Breschnew, Leonid 39, 62, 83, 146, 149, 270, 275, 320, 451, 753, 1067
Breschnew-Doktrin 908, 996
Briand, Aristide 347, 605
Brief zur deutschen Einheit 83, 372, 567, 1015
Brokdorf, KKW 455
Bronfman, Edgar M. 836 ff., 1041
Brückner, Christine 369
Brüske, Klaus 432
Buback, Siegfried 1001
Bubis, Ignatz 338, 784
Buchenwald, KZ 465
Bund der Offiziere 1052
Bund Freier Demokraten 915
Bundesanstalt für Arbeit 452, 806 f.
Bundesgrenzschutz 177, 565
Bundeskunsthalle 627, 829
Bundesnachrichtendienst (BND) 334
Bundesrat 456
Bundestagswahlen
– 1976 476
– 1983 30, 67–76, 92–97
– 1987 475 ff.

Bundesverband der Schlesier 368
Bundesverfassungsgericht 70, 76, 161, 298, 372, 397, 412, 808
Bundesversammlung 244, 246 f., 256 ff., 867
Bundeswehr 235, 238 ff., 350, 356 f., 396–402, 448, 552, 557, 594, 703 ff., 743, 848, 860, 1006
Bundeswehrverband 40
Bündnis 90 1046
Bündniszugehörigkeit 1049, 1056, 1060 f., 1063, 1065, 1067, 1074, 1077, 1080 f.
Burkert, Rudolf 164
Bush, Barbara 886, 1060, 1079 ff.
Bush, George H. W. 192, 194, 275, 675, 730, 792 ff., 868, 870 ff., 886, 895, 899, 940, 954, 958, 974, 979, 983, 988 f., 995 ff., 999 f., 1004 ff., 1059 f., 1062, 1078 f., 1081 ff.
Bush, George W. 366

Camdessus, Michel 108 f.
Camus, Albert 606
Carl XVI. Gustaf, König von Schweden 449
Carl Zeiss Jena (Fußballklub) 709
Carlsson, Ingvar 449
Carrington, Lord Peter Alexander Rupert 240, 702
Carstens, Karl 24 f., 34, 45, 70, 72 f., 75 f., 83, 119 f., 124, 168, 193, 244, 247 f., 250, 252 f., 258, 378, 484, 786, 928, 931
Carstens, Manfred 849
Carstens, Veronika 484
Castro, Fidel 274
Ceauşescu, Nicolae 154, 275, 367, 1010, 1028
Celibidache, Sergiu 756, 762
Chamberlain, Sir Austen 347
Charta 77 662
Charta der deutschen Heimatvertriebenen (Stuttgart 1950) 371, 865
Chemieunfälle 423, 459 f.
China 390, 611–617, 902
Chirac, Jacques 441 f., 444, 582 f., 585, 587, 589, 591, 596, 701
Chopin, Frédéric 275
Christlich-Demokratische Arbeitnehmerschaft (CDA) 32
Christlich-Demokratische Union (CDU) 18, 42, 67, 77 f., 87, 89, 92–96, 106, 115 f., 123, 128 ff., 154, 160, 164, 185, 200, 204, 237, 244 ff., 250 f., 257, 259, 261, 264, 292, 294, 324, 326, 329, 423, 428, 430, 452 f., 456, 463, 469, 471, 477 f., 495 f., 498, 524–530, 640, 669, 683–689, 694–698, 712, 721, 839 ff., 844 f., 896 ff., 926 ff., 930 ff., 1005, 1045, 1077 f.
– Bundesparteitag
  – 1983, Köln 129 ff.
  – 1984, Stuttgart 294
  – 1985, Essen 330 f.
  – 1986, Mainz 457 f.

– 1987, Bonn 533 ff., 712
– 1988, Wiesbaden 713 ff., 720–726, 740
– 1989, Bremen 934 f., 937 ff.
– DDR 1038, 1045, 1053, 1084, 1087
– Finanzierung 297–301
– Frauenunion 786
– Mitglieder 295 f., 725, 879 f.
– Parteireform 647 f., 878–884
– Präsidium 131, 180, 822, 845, 932 f.
Christlicher Gewerkschaftsbund 40
Christlich-Soziale Union (CSU) 18, 28 f., 42, 48, 67, 70, 77, 87, 93, 95, 97, 106, 115 f., 118, 122 ff., 126, 132, 154, 160 f., 164, 181 ff., 200, 244 ff., 257, 294, 428, 430, 453, 455 f., 471, 477, 493 ff., 525, 534, 647, 683, 750 ff., 786, 841, 845, 896 ff., 926, 1005, 1045, 1077
– Kreuther Trennungsbeschluss 498, 752
Chruschtschow, Nikita 50, 146
Churchill, Winston 97, 111, 613
Ciba-Geigy 459
Colombo, Emilio 100
COMECON 873
Conservative Party 59
Cooperative for American Remittances to Europe (CARE) 403 f.
Craxi, Benedetto (»Bettino«) 287
Cuéllar, Pérez de 64
Daimler-Benz 299
Dalai Lama 615
Davignon, Etienne 284
DDR 816 ff., 886 ff., 904–908, 954 f., 982 f., 986 f., 1014, 1016 f., 1020–1028, 1037–1042, 1045–1059, 1062–1069, 1071–1076
– Beitritt zur BRD 1088
– Demonstrationen 960, 986
– D-Mark-Einführung 1054, 1057 f., 1072 f., 1085, 1088
– Flüchtlingswelle 1989 910–923, 931, 936 f., 941–953, 957 ff.
– Juni-Aufstand (1953) 168
– »Konzentrationslager« 464 ff.
– Mauerfall 964–979
– Milliardenkredit 162, 167, 173–183, 185–189, 203, 279, 318, 544, 621
– Privatbesuch 706–711
– Reiseerleichterungen 177, 187 f., 322, 545 ff., 560, 562, 576, 906, 952
– Selbstschussanlagen 178, 186 f., 318
– Schießbefehl 563 ff., 576 ff., 904 ff., 908, 963
– Staatsbürgerschaft 163, 270, 277, 942
– Vierzigjahrfeier 947 f.
– Volkskammer 950, 982, 1010, 1045 f., 1071 f.
– Wahlen 1037, 1045 f., 1053, 1071 f., 1084–1088
Delors, Jacques 110 f., 285 f., 439, 597, 702, 735, 737, 1015 f., 1076

Delors-Paket 681, 737
Delp, Alfred 981
Democrazia Cristiana 61
Demokratie Jetzt 1045
Demokratischer Aufbruch (DA) 1010, 1045, 1084
Deng Xiaoping 390, 611 ff.
Dettling, Warnfried 49
Deutsche Angestellten-Gewerkschaft (DAG) 40, 756
Deutsche Bank 24, 299, 179, 756, 923, 1000
Deutsche Bundesbank 109, 180 f., 262, 644, 900, 1059, 812, 814
Deutsche Bundespost 644, 800
Deutsche Einheit (Fonds) 1088
Deutsche Kommunistische Partei (DKP) 195 f.
Deutsche Krebshilfe e. V. 484
Deutsche Multiple Sklerose Gesellschaft 485
Deutsche Soziale Union (DSU) 1045, 1084
Deutsche Volksunion (DVU) 528
Deutscher Beamtenbund 40
Deutscher Bundestag 372, 784, 823 f., 883
– Auflösung 70–76
– CDU/CSU-Fraktion 17 ff., 21, 30, 44, 56, 73, 95, 162, 248, 299, 412, 456, 475, 489, 502, 555, 784 f., 787, 799, 824, 845, 895
– konstruktives Misstrauensvotum (1982) 19 ff., 23
– Wahlen *siehe* Bundestagswahlen
Deutscher Evangelischer Kirchentag 245
Deutscher Gewerkschaftsbund (DGB) 40, 452, 756, 808
Deutsches Atomforum 409
Deutsches Historisches Museum (DHM) 316, 382, 624 ff., 631 ff., 779, 877
Deutsches Rotes Kreuz 616, 945
Deutsch-französische Gipfeltreffen
– 1984, Rambouillet 287 ff.
– 1984, Verdun 289 f., 309–313, 348 f., 354, 593, 1014
– 1987, Karlsruhe 596 f.
– 1988, Bonn 776 f.
Deutsch-französischer Freundschaftsvertrag *siehe* Élysée-Vertrag
Deutsch-Französisches Jugendwerk 59, 103, 593
Deutschlandpolitik 83 ff., 121, 160–183, 185–190, 203, 257 f., 277 ff., 319, 333, 372, 407, 498, 517, 542, 554, 578, 621, 642 f., 694–698, 716 f., 816, 907, 917
Deutschlandvertrag 347, 372, 697, 862, 1042
Diepgen, Eberhard 329, 515, 520, 532, 840 f., 968
Dohnanyi, Klaus von 78
Dollinger, Werner 28, 497 f.
Dregger, Alfred 23, 30, 52, 69, 73, 116, 118, 180, 185, 280, 304, 755, 931
Dresden 1020–1028
Dresdner Bank 756
Duisberg, Claus-Jürgen 990

Dukakis, Michael 794
Dumas, Roland 35, 386, 1014
Dynamo Dresden 709

Echternach, Jürgen 497
Ehmke, Horst 54
Ehre, Ida 785
Ehrenbreitstein 314 f., 317
Ehrlich, Paul 230
Eichmann, Adolf 790
Einheitliche Europäische Akte (EEA) 100, 159, 387, 439 f., 501, 588 f., 680, 734 f., 737, 820
Einigungsvertrag 1088
Einstein, Albert 230
Elbgrenze 163, 277, 564
Elisabeth II., Königin von England 287, 519
Élysée-Vertrag (1963) 58 f., 102–111, 582, 593, 599 ff., 605 f., 608, 773
– Zusatzprotokolle (1988) 608
Energiepolitik 411–417
Engelhard, Hans Arnold 28, 495
Engholm, Björn 530, 532, 951
Eppler, Erhard 300, 327, 540
Erhard, Ludwig 24, 28, 261, 264 f., 297, 483, 497, 536, 691, 694, 759, 852, 863
Ertl, Josef 17, 27, 121, 123, 494
Eureka 383 f., 386, 602
Europahymne 440
Europäische Gemeinschaft (EG) 59, 61, 98 ff., 106, 108, 110, 154–159, 171, 210, 214, 226, 281–287, 385, 438 ff., 444 f., 587 ff., 597, 619, 653, 675, 680 ff., 695, 697, 719, 736, 765, 776, 820, 851, 901, 923, 994, 1007 f., 1011 f., 1015 f., 1040, 1042 f., 1076 f.
– Binnenmarkt 99, 385, 387, 589, 643, 680 ff., 714, 732 ff., 820 f., 852, 858, 873, 901
Europäische Kommission 100, 138, 284, 286, 385, 440, 597, 732 f., 737, 850, 1015
Europäische Politische Zusammenarbeit (EPZ) 100, 387, 597, 680
Europäische Union (EU) 158 f., 281, 383, 737 f.
Europäische Wirtschaftsgemeinschaft (EWG) 385, 862
Europäische Zentralbank 900
Europäischer Rat (ER) 100, 108, 155 f., 286, 440
– 1982, Kopenhagen 98 f.
– 1983, Athen 281 f.
– 1983, Stuttgart 156 ff., 281
– 1984, Brüssel 282 f.
– 1984, Schloss Fontainebleau 283 ff.
– 1985, Luxemburg 386 ff., 439
– 1985, Mailand 383, 385
– 1986, Den Haag 440 f.
– 1986, London 444 f.
– 1987, Brüssel 587
– 1987, Kopenhagen 596 ff.
– 1988, Brüssel 681 f.
– 1988, Hannover 732–738
– 1988, Rhodos 820
– 1989, Madrid 900 f.
– 1989, Paris 983 f.
– 1989, Straßburg 1010 ff., 1015

Europäisches Parlament 38, 100 f., 159, 589, 732, 738, 820, 985 f.
– Direktwahlen 292 f., 896 ff.
– Liberale Fraktion 303
Europäisches Währungssystem (EWS) 102, 109 f., 158, 596 f.
Europapolitik 38, 98 ff., 108 ff., 154–159, 203, 279, 281–287, 438 ff., 501, 643, 954, 1043
Evangelische Kirche in Deutschland (EKD) 373, 407, 497
EWG-Kommission 606

Fabius, Laurent 581
Fahd, König von Saudi-Arabien 207
Familienbund der Deutschen Katholiken 336
Familienpolitik 335, 457, 478, 646, 798 f., 856
Fanfani, Amintore 99
Fechter, Peter 432 f.
Ferraris, Luigi Vittorio Graf 695
Finckenstein, Finck von 193
Finck, Johannes 720 f.
Fischer, Joschka 328
Fischer, Oskar 273, 549, 559, 935, 1041 f.
FitzGerald, Garret 283
Flick-Affäre 299–308
Flugbenzin 740
Force d'Action Rapide 594
Frank, Anne 339
Frankfurter Flughafen, Startbahn West 327, 646
Frankfurter Paulskirche, Nationalversammlung 359, 783
Franz I., König von Frankreich 283
Französische Revolution 901
Freie Demokratische Partei (FDP) 17–21, 27 ff., 42, 48, 50, 56, 67 f., 70, 75, 78, 92 f., 106, 115 f., 120 ff., 126, 129 f., 154, 160, 180, 185, 195, 200, 204, 245, 247, 250 f., 257 ff., 264, 292 ff., 302 f., 329, 412, 423, 428, 430, 435, 453, 463 f., 475 ff., 493 ff., 524–528, 532, 534 f., 549, 683, 688 f., 700, 784, 839, 842, 895 f., 899, 1002, 1045, 1056, 1077
Freie Deutsche Jugend (FDJ) 499
Freie Universität (FU) West-Berlin 499
Freisler, Roland 272
Friderichs, Hans 300
Friedensbewegung 142, 150, 194 ff., 211, 294, 317, 638, 704
Fuchs-Panzer 208
Fünfunddreißigstundenwoche 805 ff.
Für Deutschland einig Vaterland (Plan) 1055
Fußballweltmeisterschaft 1986 447 f.

G-7-Treffen *siehe* Weltwirtschaftsgipfel
Gaddafi, Muammar 837
Gaddum, Johann Wilhelm 31, 826
Galen, Clemens August Graf von 513

Galinski, Heinz 780, 782
Gallus, Georg 496
Gandhi, Indira 216
Gaudian, Christian 904
Gaulle, Charles de 36 f., 58, 102, 111, 312 f., 315, 589–593, 599 f., 605, 671, 1014
Gaus, Günter 539
Geißler, Heiner 18, 20, 32, 34, 55, 77, 96 f., 116, 130, 305, 335 f., 528 f., 536, 549, 822 f., 825 f., 845 f., 849 f., 878, 898 f., 924–934, 937 f.
Geldern, Wolfgang von 496
General Agreement on Tariffs and Trade (GATT, Allgemeines Zoll- und Handelsabkommen) 360, 425
Genfer Luftreinhaltekonvention 802
Genscher, Hans-Dietrich 17–21, 27 f., 34 f., 42, 45, 52, 54, 67 ff., 73, 75, 92, 100, 109, 115, 122, 126, 129, 153, 158, 160 f., 174, 180, 238, 273, 281, 301 f., 323, 395, 420, 436, 490, 493 ff., 527, 549 f., 577, 617 f., 651, 739, 755 f., 767, 769, 920 f., 935, 944 f., 960, 968, 999, 1002 f., 1008 f., 1017, 1029, 1042, 1070, 1080, 1085
Genscher-Colombo-Plan 100, 159
Geraer Forderungen 163 f., 270, 407
Gerstenmaier, Eugen 370, 762, 981
Gerstenmeier, Cornelia 761
Gestapo 271
Gesundheitspolitik 810 f., 840, 856
Gewerkschaften 40, 266, 297, 452, 725, 800, 803, 805 ff.
Giraudoux, Jean 605
Giscard d'Estaing, Valéry 36, 102 f., 290, 315, 983
Gnade der späten Geburt 228 f., 382
Göbel, Wolfgang 1001
Goebbels, Joseph 450 f.
Goerdeler, Carl 370
Goethe-Institut 211 f., 615
Goldmann, Nahum 230
Golfkrieg 208
Gölter, Georg 825
González, Felipe 438 f., 821, 850, 895, 978, 1013
Goppel, Alfons 750
Gorbatschow, Michail 275, 320 f., 393 ff., 404 ff., 416, 441 ff., 449 ff., 467, 490, 508, 521 ff., 544, 551, 555, 561, 584, 598, 621, 635 ff., 639, 649–655, 658 f., 673, 717 f., 728, 739, 753–759, 762–771, 792 f., 816, 832 f., 838, 869, 885–893, 895, 899 f., 902, 910, 918, 921, 923, 944, 947, 949–953, 956 ff., 961 ff., 969, 976 ff., 983, 987 ff., 994 ff., 999 f., 1003, 1005 f., 1008 f., 1016 ff., 1033, 1035, 1042, 1048 ff., 1053 ff., 1061–1070, 1074 ff., 1078, 1080, 1083

Gorbatschowa, Raissa 321, 762 f., 885, 891 ff.
Gorleben, atomares Zwischen-/ Endlager 455
Görres, Joseph von 26
Graf, Willi 271 f.
Grass, Günter 1058
Grauer Orden 271
Greiffenklau zu Vollrads, Richard von, Kurfürst von Trier 314
Gröbl, Wolfgang 496
Gromyko, Andrei 146 ff., 639, 650
Groppler, Eckhard 1001
Grosz, Károly 622 f., 636
Grün-Alternative Liste (GAL) 430, 524
Grundgesetz 70 ff., 83, 346, 372, 407, 489, 567, 610, 696 f., 865, 867, 876, 942, 1084 f.
Grundlagenvertrag 83 f., 161, 171, 372, 559, 567 f., 983, 1003
Grüne/Alternative (Partei) 48, 79 f., 90, 92 f., 117, 124 f., 127, 168, 195 f., 259, 292 ff., 324–329, 378, 418, 430, 448, 455 f., 464 f., 471, 475–479, 524 f., 528 f., 532, 629, 632, 688, 700, 839, 842, 844 f., 855, 922, 951, 999, 1006, 1056
Grüner, Martin 496
Gueffroy, Chris 904 f.
GUM 763
Gurion, Ben 64
Gutman, Natalia 756
Haber, Fritz 230
Habsburg, Otto von 915
Häfele, Hansjörg 496, 849
Hahn, Carl Horst 756
Hájek, Jiři 662
Hallstein, Walter 606
Hambacher Schloss 349, 358 f.
Hamm-Brücher, Hildegard 17, 20
Handlos, Franz 182
Hannelore-Kohl-Stiftung 484
Hansen, Hans-Wilhelm 1001
Hanz, Martin 990
Harmel-Bericht 143, 636, 670, 674
Hartmann, Peter 990
Hassel, Kai-Uwe von 115, 399
Hasselfeldt, Gerda 849 f.
Haughey, Charles 99, 1013
Haus der deutschen Wirtschaft, Moskau 770
Haus der Geschichte der Bundesrepublik Deutschland 382, 627 ff., 827–831, 877
Hausenstein, Wilhelm 606
Haushaltssanierung 56 f.
Haussmann, Helmut 850, 906
Havel, Václav 1032
Haydn, Joseph 571, 632
Heath, Edward 59
Heimatvertriebene 367–375, 864 f.
Heinemann, Gustav 246 f., 626
Heinemann, Hilda 484
Hengsbach, Franz 709
Hennig, Ottfried 496
Henrik, Prinz von Dänemark 99
Hernu, Charles 287

Herrhausen, Alfred 24, 756, 923, 1000 f.
Herrhausen, Traudl 1000
Herrmann, Frank Joachim 273
Herz, Gustav 230
Herzog, Chaim 510 ff.
Heuss, Theodor 345, 380, 397
Heuss-Knapp, Elly 484
Heydrich, Reinhard 661
Hilfsgemeinschaft auf Gegenseitigkeit der Soldaten der ehemaligen Waffen-SS (HIAG) 225
Hillegaart, Heinz 1001
Himmler, Heinrich 184
Hirohito, Kaiser von Japan 209
Hirsch, Burkhard 27
Hitler, Adolf 219, 222, 224, 272, 338, 343, 346 f., 353 f., 370, 397, 450, 515, 654, 656, 1032
Hitler-Jugend (HJ) 271, 353
Hitler-Tagebücher 183 f.
Hoesch-Konzern 891
Hoffmann von Fallersleben, August Heinrich 358, 632
Höffner, Joseph 513
Hohenfellner, Rudolf 934
Honecker, Erich 83, 85 f., 151, 154, 163–167, 176, 178 f., 188 f., 191, 269–275, 277, 279 f., 322, 386 f., 407, 436 f., 449, 515, 538 f., 542, 580 f., 636, 643, 649, 698, 707, 739, 766, 837, 886 f., 904 f., 907 f., 912 ff., 921, 935, 944 f., 947 f., 950, 957, 978, 982, 1010, 1071
– Besuch in der BRD 544–550, 553–579, 621
Honecker, Margot 905
Höpfinger, Stefan 496, 849
Horn, Gyula 910, 921, 923, 935 f.
Horváth, István 920 f.
Hu Yaobang 390
Hugo, Victor 106
Hürland-Büning, Agnes 496, 501
Husák, Gustav 636, 660
Hussein, König von Jordanien 205

IG Metall 805 ff.
Indien 215 ff., 408 f.
Indonesien 214 f., 741
INF-Vertrag 143 f., 550 f., 635 ff., 641 f., 654, 659, 673, 675 f., 718, 760, 766, 769, 819, 868
Initiative für Frieden und Menschenrechte 1045 f.
Institut für Demoskopie Allensbach 431
Interflug 435, 557
Internationale Atomenergie-Organisation (IAEO) 417, 461
Internationale Gesellschaft für Menschenrechte (IGFM) 465
Internationaler Karlspreis der Stadt Aachen 773 ff.
Internationaler Währungsfonds (IWF) 108
Israel 64, 204 ff., 208, 218–234, 344, 510 ff., 784, 863, 1040 f., 1075

Issen, Roland 756
ITT 1042

Jahn, Friedrich-Adolf 496
Jakeš, Miloš 660
Jakowlew, Alexander 832 ff., 1049
Japan 209–213
Jaruzelski, Wojciech 388, 792, 900, 961, 967
Jasow, Dimitrij 756
Jenninger, Philipp 34, 48, 162 f., 179 ff., 185, 259, 273, 304, 306, 492, 520, 575, 784 ff.
Johannes Paul II., Papst 61, 446 f., 512 ff., 775, 980
Jordanien 204 ff., 226
Judentum 64, 134 f., 221, 223 f., 338, 344 f., 378, 510, 637, 662, 665 ff., 760, 778–784, 788 ff., 836 ff., 863, 980
Jüdische Gemeinde 780
Jüdischer Weltkongress (JWC) 355, 666, 836 ff., 1041 f.
Jüdisches Dokumentationszentrum Wien 760, 788
Jüdisches Museum Frankfurt 778 ff.
Junge Union 453, 499
Jünger, Ernst 311

Kaestner, Uwe 990
Kaiser, Jakob 1038
Kamerun 618
Kant, Immanuel 44, 605
Karl der Große 596, 604, 774, 776
Karl-Marx-Museum 834
Karwatzki, Irmgard 497, 849
Kass, Rüdiger 990
Katyn 388
Kecker Spatz (Manöver) 594 f.
Kenia 619
Kernenergie 32, 48, 408–419, 421, 448 f., 455, 461
Ketteler, Wilhelm Emmanuel von 376
Keynes, John Maynard 261
KGB 149, 759, 969
Kiechle, Ignaz 123, 494, 496, 588, 755, 1069
Kiesinger, Kurt Georg 24, 28, 169, 261, 297, 536, 669–672
Kiesinger, Marie-Luise 483
Kießling, Günter 235–239, 703
Klein, Hans 335, 497, 849, 965
Knesset 227 f.
Knoop-Graf, Anneliese 272
Knopp, Werner 632
Koalitionsverhandlungen 115 ff., 489 ff.
Kohl, Hannelore 22 f., 25 f., 38, 48, 89 f., 94, 119, 136, 138, 209, 230 ff., 356, 359, 391, 408 f., 446, 476, 480–487, 493, 609, 664, 706–710, 755, 759, 762 f., 886, 934, 991, 1060, 1079 ff.
Kohl, Peter 22 f., 26, 59, 481, 706 f.
Kohl, Walter (Bruder) 289
Kohl, Walter (Sohn) 22 f., 26, 481, 706
Köhler, Volkmar 497, 849
KoKo-Imperium 196

Kollek, Tamar Anna 230
Kollek, Teddy 230 f.
Komitee für Frieden, Abrüstung und Zusammenarbeit (KOFAZ) 195
Kommunalwahlen
– Hessen (1989) 844 f.
– Rheinland-Pfalz (1989) 897
– Saarland (1989) 897
Kommunistische Partei Deutschlands (KPD) 540
Kommunistische Partei Frankreichs 36
Konferenz für Sicherheit und Zusammenarbeit in Europa (KSZE) 736, 767 f., 895, 994 f.
– Folgetreffen in Madrid 145, 893, 936
– Folgetreffen in Wien 467, 659 f., 768, 893, 936
– Schlussakte von Helsinki (1975) 66, 171, 189, 569, 893, 908, 936, 1003, 1017, 1019, 1083
Konferenz über Abrüstung in Europa (KAE) 143
Konferenz über vertrauens- und sicherheitsbildende Maßnahmen und Abrüstung in Europa (KVAE) 273, 405, 449, 467
Konrad-Adenauer-Stiftung (KAS) 95, 826
Körber-Stiftung 564
Koschnick, Hans 960
Kossygin, Alexei 1067
KPdSU 834
Krack, Erhard 1029
Krefeld, Jubiläumsfeiern 192 f.
Krefelder Appell 195
Kreisau 981 f.
Kreisauer Kreis 370 f., 981
Krenz, Egon 575, 950 ff., 960 ff., 975 ff., 982, 986 f., 1010, 1021
Krjutschkow, Wladimir 1049
Krolikowski, Werner 918
Krone, Heinrich 45
Krupp 756
Kulturpolitik 212, 624–634
Kuratorium ZNS für Unfallverletzte mit Schäden des Zentralen Nervensystems e. V. (ZNS) 482–486
Kwizinskij, Julij 658, 969

Lafontaine, Oskar 327, 329, 436, 538 f., 817, 951, 1002, 1047, 1058
Lagertheorie 528 f., 925
Lambsdorff, Otto Graf 17, 27, 122, 181, 264, 266, 299 f., 302 f.
Lambsdorff-Papier 264
Lammert, Norbert 849
Landgericht Bonn 302
Landtags-/Senatswahlen
– Baden-Württemberg (1984) 292
– Baden-Württemberg (1988) 688 ff., 721
– Bayern (1982) 48
– Bayern (1986) 430
– Berlin (1979) 250
– Berlin (1981) 80, 250
– Berlin (1985) 328 f., 721
– Berlin (1989) 839 ff.

– Bremen (1983) 204
– Bremen (1987) 527 f., 640, 721
– Hamburg (1982) 78
– Hamburg (1986) 430
– Hamburg (1987) 524, 640, 721
– Hessen (1983) 204
– Hessen (1986) 423, 640, 721
– Niedersachsen (1986) 429 f., 452, 721
– Nordrhein-Westfalen (1985) 328 f., 721
– Rheinland-Pfalz (1983) 93
– Rheinland-Pfalz (1987) 524 ff., 640, 721
– Rheinland-Pfalz (1991) 826
– Saarland (1985) 328 f., 721
– Saarland (1990) 1047
– Schleswig-Holstein (1983) 115
– Schleswig-Holstein (1987) 527, 529 f., 533, 640, 721
– Schleswig-Holstein (1988) 532, 700
Landwirtschaftspolitik *siehe* Agrarpolitik
Laurien, Hanna-Renate 131, 822
Leber, Georg 399, 806
Lehmann, Karl 709
Lehr, Ursula 787, 849
Leisler Kiep, Walther 78, 131, 297, 822, 928
Lemke, Helmut 115
Lemmer, Ernst 1038
Lenin, Wladimir Iljitsch 542
Leopard-2-Panzer 207
Lessing, Gotthold Ephraim 220
Li Xiannian 390
Liberal-Demokratische Partei Deutschlands (LDPD) 1045
Libyen 837 f.
Lidice 661
Ligeti, György 516
Löbe, Paul 380
Locarno, Vertrag von 347, 605
Lorenz, Peter 248 f., 251, 498 ff.
Löwenthal, Richard 44
Lubbers, Ruud 1013
Lübke, Friedrich-Wilhelm 115
Lübke, Wilhelmine 484
Lufthansa AG 800
Lukaschek, Hans 370

Maastricht-Vertrag (1991) 159
Maier, Sepp 447
Maizière, Lothar de 1010, 1045, 1088
Malta, amerikanisch-sowjetischer Gipfel 988 f., 996 f., 999, 1005 f., 1008
Malteser-Caritas-Dienst 916
Mandela, Nelson 440, 736
Mann, Thomas 605, 774
Mannesmann 756
Mao Zedong 612, 739
Marcisz, Heinz 1001
Margarethe, Königin von Dänemark 99
Marshallplan 404
Marx, Karl 834, 852
März, Josef 175 f., 179
Massachusetts Institute of Technology (MIT) 364
Masur, Kurt 950
Matthöfer, Hans 300
Mauer *siehe* Berliner Mauer
May, Ulrich 488

Mayer, Heinz Werner 756
Mayer, Rupert 513
Mazowiecki, Tadeusz 959, 964 f., 980 ff.
MBFR-Verhandlungen, Wien 143, 273, 405
Mendes-France, Pierre 606
Mengele, Josef 341
Mercedes-Benz 891
Mertes, Alois 34
Mertes, Michael 990
Messerschmitt-Bölkow-Blohm (MBB) 614
Mexiko 447
Michelis, Gianni de 1003
Mielke, Erich 175, 905
Militärischer Abschirmdienst (MAD) 235 ff.
Ministerium für Staatssicherheit (MfS, Stasi) 164, 175, 465 f., 530 f., 578, 904, 916, 969, 1045 f., 1049, 1052
Mirbach, Andreas von 1001
Mischnick, Wolfgang 18 ff., 180, 302, 549, 784
Mittag, Günter 165, 545, 559, 575
Mittelstreckenwaffen, Stationierung 85, 140–145, 150, 167, 191–202, 210, 216, 269 f., 277, 550 ff., 636, 642
Mitterrand, François 35 ff., 60, 86, 99, 103–109, 111, 137 f., 156, 275, 282–290, 309 ff., 314, 316 f., 348 f., 360, 383–389, 393, 439, 441 f., 444, 518 f., 581–587, 594–599, 608, 678, 700 f., 728, 732, 773–777, 851, 895, 900 ff., 955 ff., 961, 974, 979, 983 ff., 988, 1004, 1014, 1033–1037, 1042, 1051, 1059, 1075–1079, 1083
Möbius, Walter 934
Mock, Alois 910
Modrow, Hans 947, 961, 976, 982, 986 f., 990, 992, 1003, 1009, 1016 f., 1020 ff., 1028 f., 1038, 1045–1049, 1051, 1053 ff., 1062, 1071 ff., 1976
Möllemann, Jürgen 34, 208, 494, 497
Moltke, Helmuth James Graf von 370 f.
Momper, Walter 839 f., 842, 951, 968, 973, 1014 f., 1029
Monnet, Jean 606, 738, 774
Montanunion 606
Mosambik 618 f.
Moskauer Vertrag 39, 372, 375, 757, 770 f., 1015, 1067
Mubarak, Mohammed Hosni 206
Müller Armack, Alfred 265
Mulroney, Brian 727, 730
Multilaterale Umweltkonferenz München 1984 802
Münchner Philharmoniker 756, 762
Museum für Deutsche Geschichte 631
Mutter und Kind – Schutz des ungeborenen Lebens (Stiftung) 457
Müttergenesungswerk 484

Nachmann, Werner 665 ff.
Nachrüstung *siehe* Nato-Doppelbeschluss
Naher Osten 203–208, 226 f., 233, 512
Nakasone, Yasuhiro 209 f., 287, 367
Napoleon I. 914
Napoleon III. 314
National Missile Defense (NMD) 366
Nationalbewusstsein 375 ff.
Nationaldemokratische Partei Deutschlands (NPD) 526, 528, 841, 844
Nationale Volksarmee (NVA) 1052
Nationalsozialismus 218–225, 271 f., 278, 338–347, 380 f., 450, 515, 778–784, 864, 980 f.
Nato 59, 61, 65, 94, 106 ff., 143, 145, 152, 171, 198, 216, 236, 240, 277, 327, 355, 365, 389, 395 f., 401, 406, 438, 451, 468, 526, 594 f., 642, 670, 673 ff., 695, 702 ff., 744, 793 f., 819, 851, 860, 862, 956 f., 961, 984, 994, 1006, 1011, 1040, 1048 f., 1060 f., 1063, 1065, 1067, 1069, 1080 f., 1083
– Doppelbeschluss 36 f., 39, 51 f., 62 f., 88, 90, 140 ff., 152, 191–203, 269, 299, 364, 393, 402, 406, 459, 538, 551, 635, 642, 676, 679, 703, 723
– Gipfel 1982, Bonn 194
– Gipfel 1988, Brüssel 676 ff.
– Gipfel 1989, Brüssel 868–872, 886 f., 988 f., 1006 ff.
Neeman, Yuval 231
Németh, Miklós 915, 920 ff., 936 f., 986
Nepal 616 f.
Neudeutschland (ND) 271
Neuer, Walter 965, 1021
Neues Forum 943, 1045
Newrzella, Michael 1001
Nier, Kurt 559, 912
NKWD 388
Noack, Ulrich 862
Nordatlantisches Bündnis *siehe* Nato
Nordseeschutzkonferenz, London 645
Normandie, Jahrestag der Invasion 287 ff.
Nossol, Alfons 981
Nullösung, doppelte 526
Nur, Königin von Jordanien 205

Oder-Neiße-Grenze 388, 924 f., 1002, 1034, 1043 f., 1065, 1076 ff., 1082 f.
Ost, Friedhelm 334, 450, 503, 559, 707 f., 849
Ostausschuss der deutschen Wirtschaft 756
Ostpolitik 120, 162, 372, 498, 675
Ostverträge 252
Overath, Wolfgang 447

Palästinensische Befreiungsfront (PLO) 64, 1041
Palme, Olof 165

Paneuropäisches Picknick 915, 917
Paneuropa-Union 915
Pariser Club 730
Pariser Verträge 347, 607, 696 f., 862
Parlamentarischer Rat 346, 859
Partei des Demokratischen Sozialismus (PDS) 1037, 1040, 1046, 1087
Parteienfinanzierung 297–308
Parteiengesetz 298 ff.
Pei, Ieoh Ming 316
Peking, Platz des Himmlischen Friedens 905
Perschau, Hartmut 524
Personalentscheidungen 27–34, 42–48, 117–123, 242, 332–337, 493–502, 847 ff.
Pertini, Sandro 217
Pfeifer, Toni 496
Pieler, Roland 1001
Pinochet Ugarte, Augusto 154, 739
Plattform: Europäische Sicherheitsinteressen 678
Pogrome *siehe* »Reichskristallnacht«
Pöhl, Karl Otto 109, 181, 1059
Polen 388, 834 ff., 902, 959, 964–968, 979 ff.
- Grenzfrage 388, 924 f., 959, 1002, 1034, 1043 f., 1065, 1076 ff., 1082 f.
Ponto, Jürgen 1001
Portugal 99 f., 157, 281, 391, 438
Porzner, Konrad 448
Posser, Diether 192
Prager Frühling 908
Prager Vertrag (1973) 659
Preuß, Hugo 783
Prill, Norbert 990
Privatisierungen 800 f.
Probst, Albert 497

Rakowski, Mieczyslaw 834 f.
Ramstetter, Erich 991
Ramstetter, Fritz 991
Rapallo 985, 1065
Rassemblement pour la République (RPR) 441
Rat für gegenseitige Wirtschaftshilfe (RGW) 279, 660, 719, 736, 765
Ratzinger, Josef 742
Rau, Johannes 164, 330, 406, 430, 436 f., 453, 477, 538, 540, 544, 575 f.
Rawe, Willy 497
Reagan, Nancy 136, 348, 355 f., 359, 520
Reagan, Ronald 38, 62 f., 65, 86, 133, 135, 137, 194, 198 f., 287, 291, 348 f., 351, 354–362, 366, 391 ff., 404 f., 442 f., 449, 453, 467, 520 ff., 584, 635, 637, 639, 658 f., 673 ff., 718, 728, 792 ff.
Rechtsradikalismus 64 f., 221 f., 471, 526, 528, 839 ff.
Regierungserklärung
- 1982 49–54, 69, 83, 265, 798, 801
- 1983 125 ff., 197, 810
- 1987 504–509

»Reichskristallnacht« (Pogrome) 221, 778, 780 ff., 784
Reinhold, Otto 540
Renger, Annemarie 119, 541, 786
Rentenpolitik 810
Repnik, Hans-Peter 849
Republikaner (Partei) 182, 839 ff., 896 f.
Republikanische Partei (USA) 794
Résistance 310
Reuter, Ernst 249, 516
Reykjavík 442 f., 449, 467 f., 584
Ridgeway, Matthew B. 356
Riedel, Erich 496
Riesenhuber, Heinz 32, 409, 497, 755
Riesser, Gabriel 783
Rinser, Luise 259
Rivau, Jean du 606
Rocard, Michel 701
Rohwedder, Detlev Karsten 1001
Roik, Michael 486 f.
Röller, Wolfgang 756
Römische Verträge (1957) 385, 387, 588 f., 734
Ronneburger, Uwe 68, 960
Rossi, Aldo 633 f.
Rote Armee 272, 890
Rote Armee Fraktion (RAF) 248, 469, 1000 f.
Rotes Kreuz 916
Rühe, Volker 77, 399, 661, 755, 930, 938
Russische Sozialistische Föderative Sowjetrepublik (RSFSR) 38
Ryschkow, Nikolai 756, 765 f., 1049 f., 1054

Saarfrage 602 ff., 606
Sacharow, Andrej 759 ff., 764
SALT-Verträge 142
Salzgitter AG 800
Sandoz 423, 459
Saud al-Feisal, Prinz von Saudi-Arabien 207
Saudi-Arabien 207 f., 218, 225 f.
Schabowski, Günter 575, 965
Schäfer, Helmut 495
Schäfer, Norbert 503
Schalck-Golodkowski, Alexander 175–179, 185, 196, 333, 436, 544, 574, 908, 1021
Schamir, Yitzhak 219 f., 222 ff., 226, 1040
Scharnhorst, General Gerhard Johann David von 397
Scharping, Rudolf 525
Schäuble, Wolfgang 30 f., 77, 332 ff., 409, 436, 495, 497, 504, 544 f., 547 ff., 553, 557, 559, 562 f., 572, 574, 848, 976, 998, 1000
Scheel, Mildred 484
Scheel, Walter 72, 247 f., 256, 484, 626
Scheremetew, Graf Nikolaj 763
Schewardnadse, Eduard 394 f., 652, 654–658, 679, 756, 767, 944, 1003, 1049, 1062
Schiller, Karl 262
Schily, Otto 304 ff.
Schiwkow, Todor 636, 739
Schlesier 367–375

Schleyer, Hanns-Martin 1001
Schmich, Günther 271
Schmid, Carlo 346, 606
Schmidt, Helmut 17, 19 ff., 24, 26, 29, 36, 48 f., 52, 54 f., 67 f., 71, 78 ff., 89, 91, 102 f., 107, 133, 138, 140 f., 167, 174, 207, 213, 219, 248, 261, 263 f., 267, 315, 399, 406 f., 413, 477, 538, 549, 551, 567, 627, 642
Schmidt, Loki 483
Schmücker, Kurt 297
Schmude, Jürgen 407
Schneider, Oscar 28, 497, 627, 828, 848, 906
Schnur, Wolfgang 1010
Scholl, Hans 272
Scholl, Sophie 272
Scholz, Rupert 704 f., 755 f., 769, 848, 991
Schön, Helmut 447
Schönhuber, Franz 182
Schreckenberger, Waldemar 43 f., 48, 73, 109, 125, 334, 503
Schröder, Gerhard (CDU) 246 f., 399
Schröder, Gerhard (SPD) 164, 327, 961
Schuld, Gabriel 26
Schulte, Dieter 496
Schumacher, Karl 463
Schumacher, Kurt 352 f., 540 f.
Schuman, Robert 606
Schuman-Plan 862
Schumann, Robert 875
Schutzstaffel (SS) 224 f., 351 ff., 661 f., 666, 790
Schwangerschaftsabbruch 456 f.
Schwarz-Schilling, Christian 32, 77, 496 f.
Scowcroft, Brent 1080
Seeber, Eckhard 26
Seehofer, Horst 849
Seiters, Rudolf 848, 907 f., 918, 920, 945, 965, 986, 998, 1020, 1029, 1073
Semjonow, Wladimir 17
Severding, Franz 756
Shultz, George P. 62, 638 f., 641, 673, 675
Sicherheitsdienst (SD) 352
Siemens 614, 1041
Silajew, Iwan 999, 1069
Silvia, Königin von Schweden 449
Sindermann, Horst 560
Solidarność 792, 836
Solomenzew, Michail S. 38 ff.
Solon 744
Sopron 915
Sozialdemokratische Partei Deutschlands (SPD) 36, 48, 52, 54 f., 68, 70, 73, 75, 78 ff., 89–96, 104, 106 f., 115, 120, 150, 164, 168, 193 ff., 204, 236, 250, 257 f., 266, 293 f., 297, 305, 327 ff., 363, 406 f., 412, 430, 435 ff., 448, 451, 453 f., 459, 461, 464 f., 468 f., 471, 475 ff., 501, 524 f., 528, 530, 537–544, 551, 640, 642 f., 688, 700, 784, 786, 799 f., 805, 839 f., 842, 844 f., 855, 883, 895 ff., 906, 922, 926, 942, 951, 960, 973, 999,

1002, 1045, 1047 f., 1053, 1056, 1084, 1087
Sozialdemokratische Partei in der DDR (SDP) 1045
Soziale Marktwirtschaft 264 f., 294, 691 ff., 796 f., 800 f., 815, 821, 852, 863
Sozialistische Einheitspartei Deutschlands (SED) 160, 164 f., 178, 188 f., 195 f., 258, 278, 318 f., 406, 436 f., 538–543, 546, 561 ff., 566, 642, 819, 834, 923, 942, 947 f., 950 f., 955, 978, 982, 990, 1005, 1010, 1037–1041, 1046, 1048 f., 1053
Sozialistische Internationale (SI) 103 f.
Sozialpolitik 468 f., 809 f., 858
Spanien 99 f., 157, 281, 391, 438
Späth, Lothar 116, 131, 250 f., 292, 532, 651, 689, 702, 721, 822, 878, 898 f., 904 f., 924, 928, 933, 938, 1041
SPD/SED-Grundsatzpapier 538–543, 556, 942
Spende 297–308
Spranger, Carl-Dieter 495
Staatsbürgerliche Vereinigung e. V. (SV) 297 f., 305
Staatsvertrag, deutsch-deutscher 1088
Stalin, Josef 275, 656, 753, 890, 1032, 1049
Ständige Vertretungen 163, 277, 907
– Flüchtlinge 910 f., 913, 916, 918 f., 943
START-Verhandlungen 143, 636, 674, 676
Stasi *siehe* Ministerium für Staatssicherheit
Stauffenberg, Claus Graf Schenk von 278
Stavenhagen, Lutz 334, 497, 500
Stein, Edith 512
Stein, Heinrich Friedrich Karl Freiherr vom 397, 694
Steinhoff, Johannes 356
Stern, Maram 1041 f.
Steuerpolitik/-reform 643 ff., 689–694, 740 f., 798
Steyler Missionsgesellschaft 301
Stiftung Deutsche Altershilfe 484
Stobbe, Dietrich 80
Stoiber, Edmund 238
Stoltenberg, Gerhard 18, 31, 50, 55 f., 69, 75, 108 ff., 115 f., 122, 131, 180 f., 250 f., 266, 399, 469, 496, 529 ff., 549, 689, 691, 740, 800, 813, 822, 847 f., 872
Stolze, Diether 43, 46, 190
Stölzl, Christoph 632
Stoph, Willi 670
Strategische Verteidigungsinitiative (Strategic Defense Initia-tive, SDI) 361–366, 385, 394, 449, 638, 642, 793
Strauß, Franz Josef 18, 28 f., 42, 48, 67, 73, 92 f., 97, 115, 118 f., 121 ff., 126, 129 f., 132, 153 f., 160 f., 175–179, 181 ff., 185 ff., 191, 236, 238, 245, 247, 252 f., 258, 301 f., 304, 399, 421 f., 430, 455, 463, 472, 490, 493, 496,

525, 527 f., 536, 544, 549 f., 650, 652, 739–752, 926
Strauß, Marianne 741, 750 f.
Streibl, Max 742, 752, 928
Streik 806 ff.
Stresemann, Gustav 153, 347, 605
Štrougal, Lubomír 660 f.
Stücklen, Richard 20, 117 ff.
Stürmer, Michael 49
Stuttgarter Erklärung (1950) 371, 865
Stuttgarter Leitsätze für die 80er Jahre 294 f.
Südafrika 440, 617 ff., 728 f., 736
Sudhoff, Jürgen 945
Suharto 214
Sukarno, Achmed 214
Süssmuth, Rita 336, 496, 786 f., 822, 924, 928, 933
Swing-Verhandlungen 322
Syrian Arab Airlines 435

Taiwan 614
Talleyrand, Charles Maurice de 914
Tel Aviv, Universität 231
Teltschik, Horst 26, 42 ff., 47 ff., 273, 285, 443, 503, 662, 706, 872, 888, 920, 969, 990, 1022, 1062, 1080
Tempel, Johannes 1039
Terrorismus 248, 469 ff.
Thatcher, Margaret 38, 59 ff., 86, 99, 136, 138, 156, 203, 275, 281, 283 f., 385, 388, 444 f., 580, 649, 730, 850 f., 871, 895, 956 ff., 961, 974, 979, 984, 1004, 1008, 1012 f., 1033, 1042 f., 1051
Thorn, Gaston 138, 284 f.
Tibet 615 f.
Tito, Josip 154
Tomášek, František 663
Töpfer, Klaus 423, 755
Trotha, Carl Dietrich von 370
Trudeau, Pierre Elliott 287
Tschechoslowakei 659–664, 960
Tschernenko, Konstantin 276, 279, 320 f., 451
Tschernobyl 408–418, 455, 459, 461, 656, 833
Turkish Airlines 435

UdSSR-Besuch (1988) 755–772
Ulbricht, Walter 188
Ulmer, Helmut 1001
Umwelt-/Naturschutz 293, 324 ff., 409, 418–423, 425, 445, 459 ff., 489 f., 508, 645, 731, 734 f., 801 ff., 853 ff., 858, 902 f.
Ungarn 621 ff., 902, 910 f., 914 ff., 921 ff., 930, 955 f., 960, 1018 f.
– Grenzöffnung 935 ff., 941, 943, 1018
United States Holocaust Memorial Museum (USHMM) 134 f.
UNO *siehe* Vereinte Nationen

Veba AG 800
Verband der Keramischen Industrie in Bayern 29
Verband der Kriegsblinden 378

Verdun 289 f., 309–313, 348 f., 354, 381, 592, 605, 1014
Verein für das Heilige Land 232
Vereinte Nationen (UNO) 64, 189, 391, 461, 944
Vermögenspolitik 797
Versailler Vertrag (1920) 603
Vertrauensfrage 72, 74 f.
VIAG 800
Viermächteabkommen (1971) 372, 516 ff., 757
Vogel Greif (Kanone) 314 ff.
Vogel, Bernhard 43, 93, 131, 525, 575, 825
Vogel, Friedrich 34, 500
Vogel, Hans-Jochen 79 ff., 89 ff., 93, 104, 180, 238, 327, 407, 538 f., 541, 552, 904, 951, 968
Vogel, Wolfgang 565, 943
Vogt, Wolfgang 496
Voigt, Ekkehard 182
Voigt, Karsten 999
Völkerbund 603
Volksbund Deutscher Kriegsgräberfürsorge 351
Volksgerichtshof 272
Volkspolizei 947, 1052
Volkswagen AG (VW) 614, 756, 800
Voltaire 605
Voss, Friedrich 496
Vranitzky, Franz 448

Wackersdorf, Wiederaufbereitungsanlage 48, 448 f., 455
Waffenschmidt, Horst 495
Waffen-SS 218, 224 f., 351 ff., 355
Wagner, Baldur 49
Wagner, Carl-Ludwig 826
Wagner, Konrad 1023
Wagner, Richard 709 f.
Wahlkampf
– 1983 77–82, 87 ff.
– 1986 452–469
Waigel, Theo 30, 80, 751 f., 813, 847
Waldheim, Kurt 837
Walesa, Lech 792, 900
Wallmann, Walter 77, 131, 204, 250 f., 420 ff., 496, 640, 822 f., 927, 931
Walter, Fritz 447
Walter-Poppelreuther-Haus 485
Walters, Vernon 968, 1059
Warnke, Jürgen 29, 496, 848
Warschauer Pakt 85 f., 88, 108, 140, 145, 165, 198, 202, 277, 365, 402, 544, 555, 562, 621, 623, 636, 638, 660, 718, 728, 869 f., 902, 921, 942, 961, 994, 997, 1014, 1062, 1067
– Gipfel 1989, Bukarest 908 f., 921
Warschauer Vertrag (1970) 372, 375, 959, 1043 f.
Wartenberg, Ludolf-Georg von 496
Weber, Juliane 26, 47 f., 305, 706, 920, 934, 1000, 1022
Wehner, Herbert 20, 463, 537, 539, 672
Wehrmacht 315, 352, 388, 590, 890
Wehrpflicht 397 f.
Weidenfeld, Werner 49

Zentrale Erfassungsstelle (Salzgitter) 163, 270, 277, 554, 905
Zentrale Gedenkstätte 377 f., 381 f., 627, 829
Zentralkomitee der deutschen Katholiken (ZdK) 826
Zentralrat der Juden in Deutschland 338, 564, 665, 667 f.
Zhao Ziyang 367, 390, 611
Zimmermann, Ernst 1001
Zimmermann, Friedrich 18, 21, 28, 30, 118, 122, 409, 421 f., 495, 848

Zinck, Madame 316
Zivildienst 398
Zukunftsmanifest 458
Züricher Modell 174
Zwei-plus-Vier-Gespräche 1049 f., 1059, 1063, 1067, 1071, 1081 f.
Zwei-plus-Vier-Vertrag 1088

Weimarer Verfassung 783
Weiße Rose 272
Weizmann-Institut 230
Weizsäcker, Richard von 80, 131, 185, 244–259, 332, 345, 367, 378 f., 492, 499, 504, 518, 520, 560 ff., 649 ff., 742, 764, 774, 834, 867, 929, 1085
Weltbank 731
Weltwirtschaftsgipfel (G-7-Treffen) 484
– 1983, Williamsburg 133–145, 209
– 1984, London 287–291
– 1985, Bonn 348, 359 f.
– 1986, Tokio 423 ff.
– 1987, Venedig 520, 586
– 1988, Toronto 727–731, 735
– 1989, Paris 901 ff.
Werner, Pierre 61, 99
Westeuropäische Union (WEU) 240, 596, 602, 643, 678
Westphal, Heinz 119
Wex, Helga 248
Wiedervereinigung 954–963, 976, 979, 984–1000, 1002–1088
Wiesenthal, Simon 352, 760, 788 ff.
Wilhelm, Hans-Otto 825
Willoch, Kåre 702
Willstätter, Richard 230
Wilms, Dorothee 33, 496, 504, 549, 559, 716, 849
Wilson, Woodrow 108
Windelen, Heinrich 120 f., 497 f.
Winkelmann, Egon 273
Wirtschafts- und Währungsunion (WWU) 387, 735, 900, 1011, 1043
Wirtschafts-/Finanzpolitik 261–268, 294 f., 461 f., 468 f., 643 f., 692 f., 796 f., 803, 812 ff.
Wischnewski, Hans-Jürgen 174, 448
Wissenschaftliche Sachverständigenkommission 632
Wohlrabe, Jürgen 968
Wohnungsbaupolitik 803
Wojtyla, Karol *siehe* Johannes Paul II., Papst
Wolff von Amerongen, Otto 756
World Economic Forum Davos 1056
Worms, Bernhard 131, 330
Wörner, Manfred 18, 32, 131, 235–241, 287, 399, 496, 702 ff., 860
Worotnikow, Witalij Iwanowitsch 753, 755
Wurps, Richard 119
Wurster, Georg 1001
Würzbach, Peter-Kurt 496

Yad Vashem 220 f., 345
Yao Yilin 948
Yorck von Wartenburg, Peter Graf 370

ZDF-Verwaltungsrat 826
Zehn-Punkte-Programm zur deutschen Einheit 990–1000, 1002 f., 1005, 1008–1012, 1017 f., 1021, 1032 ff., 1037, 1055